Hansers Sozialgeschichte
der deutschen Literatur

Band 4

Hansers Sozialgeschichte der deutschen Literatur vom 16. Jahrhundert bis zur Gegenwart

Herausgegeben von Rolf Grimminger

Band 4

Klassik und Romantik
Deutsche Literatur im Zeitalter der Französischen Revolution 1789–1815

Von Gert Ueding

Carl Hanser Verlag

Für Esther und Rahel

ISBN 3-446-12777-1
© 1987 Carl Hanser Verlag München Wien
Alle Rechte vorbehalten
Ausstattung: Klaus Detjen, Hamburg
Gesamtherstellung: Appl, Wemding
Printed in Germany

Inhalt

Vierter Teil
Erzählende Prosa

Fünfter Teil
Lyrik

Vorwort

Dieses Buch handelt von der reichsten Epoche der deutschen Literaturgeschichte: So viele Gipfelwerke – mit kanonischer Wirkung bis heute – hat es in einem vergleichbaren anderen Zeitraum nicht gegeben. Der europäische Umbruch, der die Jahre 1789 und 1815 kennzeichnet, hat in Deutschland zwar keine politische, dafür aber literarische und philosophische Zeitgenossenschaft gefunden wie nirgendwo sonst. »Man erzeigt wirklich dem Maximilian Robespierre zuviel Ehre, wenn man ihn mit dem Immanuel Kant vergleicht«, spottete Heinrich Heine, und die Überzeugung von der Überlegenheit der geistigen Umwälzungen in Deutschland über die Französische Revolution liegt seinem ganzen Buch ›Zur Geschichte der Religion und Philosophie in Deutschland‹ zugrunde. Die alte Streitfrage soll hier nicht erörtert oder gar entschieden werden, auch Heine vertagt sie zuletzt auf die Zukunft. Sicher ist, daß die Französische Revolution die deutsche Literatur nach 1789 wesentlich bestimmt hat, und ebenso sicher ist, daß ihre Autoren sich nicht mit bloßer Reaktion begnügten, sondern ihr Werk als eine schöpferische Antwort auf die Fragen verstanden und entworfen haben, die im Nachbarland politisch auf der Tagesordnung standen, und zu denen dann noch die ihnen mindestens ebenso wichtigen Probleme kamen, die erst mit den französischen Zuständen entstanden sind.

Diese literarische Auseinandersetzung versuche ich mit historischer Genauigkeit zu beschreiben, doch halte ich auch nicht mit meiner Sympathie zurück, denn das, was ich von Goethe und Schiller, Kleist und Hölderlin, Jean Paul und Johann Peter Hebel, Tieck oder Novalis gelesen und bei der Lektüre erfahren habe, war von so bedrängender und vitaler Wirkung, daß alles Interesse darauf gerichtet bleibt, das, was sich groß, wahr und lebendig in der deutschen Literatur der Klassik und Romantik gehalten hat, zu einer möglichst anziehenden, überraschenden, auch unterhaltlichen Darstellung zu bringen. Mit einem gewiß hochgegriffenen Ziel, das – in der Konsequenz zumindest – auf eine Revision des chronologischen Index unserer Zeiterfahrung hinausläuft: den Sinn der Werke zu erschließen, der nicht an die Vergangenheit gebunden ist, sondern uns unsere eigene Zukunft zu bedeuten vermag. In diesem Buch werden Weimar und Jena so aufgefaßt, wie Klassiker und Romantiker Athen, Rom, selbst das Mittelalter gesehen haben, nicht als vergangene Größen, die unwiederbringlich verloren sind, sondern als das Geschehen und der Traum der Geschichte zugleich.

Das Vorhaben scheint der deklarierten Absicht einer Sozialgeschichte zu widersprechen, die es schließlich gerade mit den vergänglichen Erscheinungen des historischen Lebens zu tun hat, mit der besonderen Struktur und dem zeitgebundenen Gepräge der Gesellschaft, in welcher die Literatur entstand. Geschichtsschreibung als Rubrifizierung und Erledigung ist in diesem Buch nirgendwo gemeint, auch keine sozialgeschichtliche Dechiffrierung, die zuletzt immer auf eine sinnlose, weil selbstverständliche Tautologie hinausliefe – nach dem Muster: die bürgerliche Literatur ist die Literatur der bürgerlichen Gesellschaft. Die politische und soziale Geschichte unseres Zeitraums dient allein als Bezugsrahmen, um die literarischen Tendenzen und Impulse identifizieren zu helfen, die ihn transzendieren. Er liefert damit freilich auch einen Ankergrund, der immer wieder die historische Distanz offenkundig macht, die uns von dieser Epoche trennt, doch auch dies nicht, um etwa zu entmutigen, im Sinne Jacob Burckhardts, daß nämlich von unserem Knirpstum zu jener historischen Größe Weimars und selbst noch Jenas kein Weg zurück führte, sondern als uns verpflichtende Zukunft in der Vergangenheit, wie der Terminus schon bei Novalis lautet, und welche ja um so verpflichtender erscheinen wird, je mehr wir uns klar machen müssen, daß wir unsere Zeit schlecht genutzt und es durchaus nicht weit gebracht haben auf dem Wege zu jener umfassenden Humanisierung der Lebens- und Kulturwelt, die in den Modellen Weimar und Jena auf ganz verschiedene Weise beabsichtigt ist. Durch die sozialgeschichtliche Einfassung und ihre im Zusammenhang der Gattungsgeschichte allerdings nur gelegentliche Pointierung erwächst zudem ein wirksames Hindernis gegen die falsche, erzwungene Aktualisierung (mit der unsere Theater mitunter brillieren), die aber auf ihre wohl spektakuläre, aber gleichsam putschistische Art eine lebendige literarische Traditionsausbildung verhindert.

Um eine solche aber geht es in diesem Buch, denn Geschichtsschreibung ist nicht bloß Indikator, sondern auch wirkender Bestandteil der geistigen Traditionen eines Volkes und muß sich ein Stück Verantwortung für deren Zustand zuweisen lassen. Auch ein Grund, weshalb hier nicht sozialgeschichtliche Strukturanalyse der klassischen und romantischen Literatur unternommen wurde, da sie die Werke in ein ihnen wesentlich unangemessenes Paradigma gezwängt hätte. Nicht um von seiner Autorität zu zehren, sondern weil er die genaue und glückliche Formulierung für diese Diskrepanz gefunden hat, möchte ich einige Sätze Siegfried Kracauers hierhersetzen. Menschliche Geschichte, sagt er, ist unwiderrufbar von Naturgeschichte dadurch unterschieden, daß sie sich gegenüber geschichtlichen Längsschnitt-Gesetzen – Gesetzen, die stillschweigend Geschichtsprozeß und Naturprozeß verwechseln – als unzugänglich erweist. Im Gegensatz zur Naturgeschichte, deren erzählerische Bestandteile mittels solcher Gesetze prinzipiell zu überwinden sind, muß die Geschichte menschlicher Verhältnisse eine epische Qualität bewahren. Ihr irreduzibler Anteil an Freiheit spricht letztendlich jeglicher Behandlung auf naturwissenschaftliche Weise, die jene Freiheit aussperrt, Hohn. Daher beharre ich auf dem erzählerischen Prinzip der Geschichtsschreibung, die deswegen (diese skizzenhaften Vorbemerkungen, vor allem aber das Buch selber mögen es demonstrieren) nicht theorielos sein muß, und sehe meine Hauptaufgabe darin, die Werke selber beredt zu machen als unabgeschlossene Zeugnisse einer Geschichte, die von den Anfängen des griechischen Dramas bis zu jener »Republik der Freiheit« reicht, die in der Verlängerungslinie Weimars liegt. Weimars, wie ich es sehe, nicht durch die Brille einer höfischen Gesellschaft, sondern durch das Fern- und Brennglas der Werke, die in ihrem Einflußbereich entstanden und doch weit darüber hinaus sind.

Gerade deshalb darf man von diesem Buch nicht verlangen, daß es ein Kompendium sei. Es behandelt die Literatur dieser Epoche durchaus ungleichmäßig, verteilt die Schwergewichte dem großen Thema gemäß, das ich hier nur mit wenigen Worten umrissen habe, das aber bis in die Massenliteratur der Zeit die schriftstellerische Produktion beherrscht. Auch persönliche Vorlieben spielten eine Rolle, und ich habe auf die Blätter dieses Buches gesetzt, was ich gesehen habe und wie ich es gesehen habe, habe die sozialgeschichtlichen Realien ausgeführt, die mir notwendig und wichtig für meine Deutung waren und habe diejenigen Werke in ausführlichen exemplarischen Gängen illuminiert, in denen meine Vorstellung von dem, was ich ihrer Vergangenheit für die Zukunft abgewinnen wollte, am deutlichsten und zugleich schönsten zum Ausdruck kommt. Den Gang mit der Sache selber gehen, war dabei methodisches Grundprinzip, ihn einnehmend und fesselnd zu schildern, die eigene schriftstellerische Ambition. Bis in das 19. Jahrhundert hinein war die Geschichtsschreibung eine Domäne der Rhetorik, ihr Zweck daher immer dreifach: zu belehren, zu vergnügen und zu bewegen. Geht das noch bei der Rede über Goethes ›Iphigenie‹, seinen ›Faust‹, über ›Wallenstein‹ und ›Wilhelm Tell‹, ›Hyperion‹ und ›Heinrich von Ofterdingen‹? Jedenfalls geht es nur dann, wenn die Werke selber wieder sichtbar werden hinter den Gebirgen an Forschungsliteratur, die sich davor auftürmen. Sich von ihrer einschüchternden Wirkung zu befreien, ist die beste Maxime jeder Literaturgeschichtsschreibung, die zweite: sie nur instrumentell zu benutzen, wo es ihr – selten genug – gelungen ist, neue Blicke durch die alten Schlüssellöcher zu werfen oder gar einmal eine Tür aufzustoßen, die in ganz überraschende Gegenden führt. Ausdrücklich im Text zitiert wurde daraus nur in den seltensten Fällen; die klassischen und romantischen Werke sollten selber zu Worte kommen, nicht durchs Medium einer ihnen oft völlig entfremdeten Denk- und Schreibweise. Anmerkungsteil und Literaturverzeichnis geben aber hinreichend Aufschluß über die wichtigsten Bezüge, die ich anderen verdanke, und weisen auch den Weg zu weiterem detaillierten Studium. In einer Zeit, in welcher das Spezialistentum sämtliche Bereiche des Wissens erobert hat, ist ein Unternehmen wie diese Literaturgeschichte ein Wagnis, doch gilt Schillers berühmte Diagnose im 6. Brief ›Über die ästhetische Erziehung des Menschen‹ (»Ewig nur an ein einzelnes kleines Bruchstück des Ganzen gefesselt, bildet sich der Mensch

selbst nur als Bruchstück aus . . .«) auch für die Selbstbeschrän-
kung in den Geisteswissenschaften, die wesentlich für ihren Verlust an geistiger Bedeutsamkeit und öffentlicher Geltung verantwortlich ist. Der Verzicht auf einheitliche Perspektive, auf
Autorschaft im emphatischen Sinne des Wortes, und die Fragmentierung des Wissens gehören zusammen und haben die Vernunft selber versehrt, indem sie ihr wesentliche Teile, das Schöne
und das Gute, Moral und Ästhetik abspalteten, so daß nur noch
das instrumentelle, allein quantifizierende Vermögen übrig blieb.
Hier Widerstand zu leisten, anstatt sich anzupassen, wäre eine
große Aufgabe der Geistes- und damit auch der Literaturwissen-
schaften. Daher möchte ich abschließend meinem Buch ein Zitat
Schillers voranstellen, das sich in einem Brief an den Freund Körner in Dresden findet:

»Was ist das Leben der Menschen, wenn ihr ihm nehmet, was
die Kunst ihm gegeben hat? Ein ewiger aufgedeckter Anblick der
Zerstörung. Ich finde diesen Gedanken sogar *tief,* denn wenn
man aus unserem Leben herausdenkt, was der Schönheit dient, so
bleibt nur das *Bedürfniß;* und was ist das Bedürfniß anders, als
eine Verwahrung vor dem immer drohenden Untergang?«

Erster Teil
Deutsche Literatur und
Französische Revolution

I. Vorbild Frankreich

Natürlich war die Französische Revolution ein europäisches Ereignis, und es fällt schwer, ihre Bedeutung in den einzelnen Ländern gegeneinander abzuwägen. Nur England, herausgehoben durch seine Insellage und die besonderen Bedingungen seiner politischen Entwicklung, spielt eine Sonderrolle; doch indem sie den Widerstand hervorruft, bestimmt die Revolution auch hier die Politik und das politische Denken. In Deutschland war ihre Wirkung ziemlich einheitlich. Gewiß gab es schon zu Anfang radikale Parteigänger der Revolution, im allgemeinen aber überwog ein Interesse, das vor allem die französischen Belange berücksichtigte und damit die schon lange auf der Tagesordnung der Geschichte stehende Erneuerung Frankreichs begrüßte. In seiner Würdigung der Ereignisse vom 14. Juli 1789 in den ›Göttingischen Staatsanzeigen‹ hebt August Ludwig von Schlözer hervor, daß es nicht nur eine »der größten Nationen der Welt«, sondern auch »die erste in allgemeiner Kultur« sei, die endlich »das Joch der Tyrannei« abwerfe.[1] Die kulturelle Überlegenheit Frankreichs, für die deutsche Literatur seit ihrer aufklärerisch-bürgerlichen Neubegründung durch Gottsched und seine Schule ein widerspruchsvolles Faktum, mit dem sie sich stets auseinanderzusetzen hatte, ist auch eine der wichtigsten Voraussetzungen für die Aufnahme der revolutionären Ereignisse durch Schriftsteller, Publizisten, durch die bürgerliche Intellektuellenschicht überhaupt. Denn ungeachtet aller zwiespältigen Gefühle, aller lautstark vorgetragenen Vorbehalte oder gar offenen Ressentiments gegen die Nachbarnation und ihre oft als überfeinert empfundene Kultur, ist die französische Aufklärung bestimmend für das geschichtliche Selbstverständnis der Deutschen geworden. Die Auseinandersetzung mit der französisierenden höfischen Kultur in den deutschen Kleinstaaten und die Aneignung der aufklärerischen, literarischen und philosophischen Errungenschaften Frankreichs bezeichnen die zwei Pole eines spannungsreichen Verhältnisses, das Gottsched ebenso wie Lessing, Herder ebenso wie Klopstock geprägt hat, und das auch noch, denkt man an ihre Auseinander-

setzung mit Wieland, in den Kämpfen der romantischen Schule
eine Rolle spielte. Dazu stimmt auch schon Gottscheds Selbsteinschätzung, der für die Grundlegung und Durchsetzung einer
deutschen Nationalliteratur, für die Entwicklung der deutschen
Literatursprache, für die Reform der Schaubühne und die Ausführung einer deutschen Beredsamkeit so viel mehr geleistet hat
als jeder andere nach ihm, und der dann doch ein Opfer der
deutschen Unfähigkeit zu kontinuierlicher Traditionsbildung
wurde: »Niemand in Deutschland hat Frankreich so sehr gelobt
wie ich. Kaum schenkt Frankreich der schönen Literatur ein
neues Buch, so versuche ich, etwas Entsprechendes in Deutschland zu machen. Ich ahme Frankreich in vielen Dingen nach und
sicher bewundere ich die Franzosen, wenn nicht in jeder, so doch
in mannigfacher Hinsicht ⟨. . .⟩ Denn um die Wahrheit zu sagen:
welcher deutsche Schriftsteller hat so viel getan, um die besondere Leistung der französischen Nation in den letzten dreißig
Jahren gebührend bekannt zu machen?«[2] Er beläßt es nicht bei
diesen allgemeinen Bekenntnissen, sondern zählt seinem Pariser
Briefpartner nun einige dieser Leistungen auf, von seinen Übersetzungen Boileaus, Racines und Fontenelles bis hin zur Gründung von Gesellschaften, »wie sie in Paris bestehen«. Überall wurden die Impulse aus Frankreich aufgenommen und verarbeitet. In
den ›Göttingischen Gelehrten Anzeigen‹ wurden alle wichtigen
Werke der französischen Aufklärung besprochen, auch wenn sie,
wie die religionskritischen Schriften Voltaires, überwiegend auf
die Ablehnung der Rezensenten stießen.[3] Nicht anders das Interesse für die Romanliteratur, und der Übersetzer einer Sammlung
französischer Exempel gebraucht recht deutliche Worte für den
unzureichenden Standard der deutschen Schriftsteller: »Wir
haben weder einen Marivaux noch einen Crebillon, noch einen
Prévost, noch einen Moutry, da Frankreich alle diese Schriftsteller
zu einer Zeit hat; ja wir haben nicht einmal Romanschreiber, die
nur so gut wären wie diejenigen, deren Namen sich in dem Pöbel von Romanschreibern verlieren.«[4] Und Ludwig Wekhrlin
übertreibt nicht, wenn er 1779, am Ende des Jahrzehnts, das
(mit den Worten Jean Pauls) »nach abgetaner Gallomanie – einige Anglo- und noch mehr Germanomanie« erlebt hatte, frei-

mütig und unzeitgemäß feststellt: »Der Muse Galliens bin ich mein weniges Wissen ganz schuldig.« Und dann fortfährt: »Wisset eure Geschichte, Verächter der Franzosen! Eure Väter waren einst so dumm und so pedantisch, als ihr itzt stolz und vielwissend seid.

Die französische Nation hatte längst ihre Corneilles, ihre Arnaulds und ihre Bossuets, als jene nach Thesen, Konkordanzen, Kommentaren und Systemen schrieben. Deutschland war längste Zeit das Reich der Schulfüchse, der Silbenrichter und der Mückentöter ⟨...⟩ Die Begierde, womit ihr alles, was aus Frankreich kam, verschlanget, bewies die Armut eures Geistes und den Hunger eurer Seele. Man hatte in Frankreich bereits die Briefe des Pascal, die Oden des Rousseau, die Lustspiele des Molière, den ›Geist der Gesetze‹, als ihr noch an den Romanen des Urfé, an der Tausendundeine Nacht und den Märchen des Marivaux hinget.

Endlich finget ihr an nachzuahmen. Eure erste Arbeit war Romanen. Zuerst hattet ihr nicht sonderlich Glück, weil sich ein schulgerechter Verstand noch nicht über die Schranken der Logik und der Dialektik zu erheben getraute.

Kaum wart ihr glücklicher ⟨...⟩, so zeigte sich eure Unterwerfung unter den französischen Genie sichtbarlich. Alles, was ihr dachtet und schriebet, hatte einen französischen Schimmer. Euer sklavischer Gang auf dem Wege der Franzosen bezeugte, daß ihr sie für eure Meister erkennet ⟨...⟩«[5]

Das ist aus zeitbedinger Reaktion gegen wohlfeilen Franzosenhaß gesprochen und damit gewiß auch allzu aufgetrumpft, vernachlässigt die eigentümliche Veränderung, die das französische Aufklärungsdenken bei seiner Transformation in deutsche Verhältnisse vor allem unter protestantisch-pietistischem Einfluß erfuhr, etwa die Legitimation der gesellschaftlichen Ordnung, Anerkennung der religiösen Überlieferung und ihrer kirchlichen Institutionen. Dennoch erkennt (und anerkennt) Wehrlin die enge und manchmal schon symbiotische Abhängigkeit der deutschen von der französischen Aufklärung[6] und ruft sie ins Gedächtnis zu einer Zeit, da die vorübergehende Dominanz englischer Einflüsse und die Hypertrophie germanischer Eigenart die

Erinnerung an die ältere und so viel grundlegendere Kulturbeziehung zu verdrängen drohte. Noch im Jahre 1831 rühmt Goethe bei Gelegenheit einer Unterhaltung mit Eckermann über Courier, Beaumarchais, Diderot, Voltaire und d'Alembert den französischen Einfluß:»Es war die Metamorphose einer hundertjährigen Literatur,... die seit Ludwig dem Vierzehnten heranwuchs und zuletzt in voller Blüte stand.« Der einstige Wortführer einer jungen deutschen Opposition gegen die französisierende Kultur der tonangebenden Schichten in Deutschland hatte längst erkannt, daß man neben den französischen Kollegen,»um nur *etwas* zu sein ⟨. . .⟩ *viel* sein muß, und es galt kein Feiern«[7].

Auffallend ist nun sofort nach 1789, daß die Zwiespältigkeit, die dennoch vorher immer wieder bei aller Anerkennung die Rezeption französischer Kultur begleitet hatte und die der bürgerlichen Opposition gegen die höfische Gesellschaft bei gleichzeitiger Abhängigkeit vom französischen Geistesleben entsprungen war, fast schlagartig mit der Revolution verschwand, ja die Fronten hatten sich plötzlich verkehrt. Es änderte sich, wie Georg Forster ironisch bemerkte, sogar »der ekle Geschmack des lispelnden und lallenden Aristokraten; die Sprache freier Männer verwundet seine Zunge; gern möchte er uns überreden, daß er durch und durch ein Deutscher, daß er sich sogar der französischen Sprache schäme, um hinterdrein mit dem Wunsch hervorzutreten, daß wir doch nicht den Franken nachahmen sollten ...«[8] Solche Entdeckungen sind geeignet, ganz neue Allianzen erstehen zu lassen und die entschlossene Abhängigkeit der deutschen von der französischen Aufklärung bedeutet endlich keine Verlegenheit mehr, sondern historische Weitsicht und gemeinsame Stellungnahme an der vordersten Linie des Geschichtsprozesses.

»... O Schicksal! Das sind sie also, das sind sie, / Unsere Brüder, die Franken; und wir?«[9] dichtete Klopstock, der ehemalige Stammvater germanischer Bardenpoesie. Das befreiende Ereignis der französischen Revolution beendete auch mit einem Male alle geistigen Mißverständnisse und kulturellen Mißverhältnisse: nicht die höfische Gesellschaft erwies sich ja als das legitime Erbe der französischen Kultur, wie sie es in ihrer Nachahmungssucht zur Schau gestellt hatte, sondern die bürgerliche Literaturbewegung, die damit ganz zu Unrecht der Nichtachtung der herrschenden Schichten ausgeliefert gewesen war und ohne ihre entschiedene Förderung sich hatte durchsetzen müssen. In bedeutsamer, wenngleich nicht völlig gegenstandsloser Überschätzung, galt die französische Revolution auch in Deutschland als »das Werk der Philosophie«[10] und Überlegungen dieser Art bestimmen etwa Joachim Heinrich Campe, wenn er in seinen ›Briefen aus Paris‹ fast buchhalterisch die Ursachen zusammenstellt, »denen Frankreich den Sieg der Menschenrechte über die unnatürliche Anmaßung des Despotismus verdankt«: »Man kann sie in entferntere, welche mittelbar und nach und nach wirkten, und in nähere und unmittelbar wirkende eintheilen, welche der schon auf der Kippe stehenden despotischen Staatsmaschine den letzten entscheidenden Anstoß gaben. Lassen Sie mich jene zuerst aufzählen.

Ganz obenan und mit Dank gegen die Vorsehung, die es aufsteckte, muß das wohlthätige Licht der Aufklärung gestellt werden, welches Frankreich früher, und besonders allgemeiner, als irgendeinen anderen despotischen Staat in Europa erleuchtete. Sie kennen die ehrenvollen Nahmen derer, welche Gott als Werkzeuge dazu brauchte; und wie gut der Vernunftsame, den jene Männer, oft mit Gefahr ihrer Freiheit und ihres Lebens, auszustreuen wagten, in allen Klassen dieser Nation Wurzeln geschlagen habe und aufgegangen sei, das werden Sie aus dem Inhalte meiner vorigen Briefe vielleicht auf eine etwas anschaulichere Weise erkannt haben, als wir es in Deutschland bisher zu bemerken schienen.«[11]

Die Überzeugung vom konstitutiven Zusammenhang zwischen Aufklärung und Revolution geht durch alle Fraktionen der Zeitgenossen. Von Georg Forster (»Ohne hier den Wert der Revolutionsideen im geringsten untersuchen und ihre Sittlichkeit nach konventionellen Vorstellungen abmessen zu wollen ⟨. . .⟩ wird man mir zugeben müssen, daß die außerordentliche Verbreitung wissenschaftlicher Begriffe und Resultate in Paris der Grund von jener großen Empfänglichkeit seiner Einwohner für Revolutionsideen geworden ist.«[12]) bis hin zu Christoph Martin Wieland, der die Revolution als Konsequenz einer Zeit ansah, ›wo die Vernunft schon so viele große Siege über die Vorurteile und Wahnbegriffe barbarischer Jahrhunderte erhalten hatte‹, und selbst die Gegner der Revolution waren sich mit ihren liberalen oder radikalen Befürwortern darin einig:»Dies taten Philosophen! Philosophen, betrachtet euer Werk!«[13] ruft einer von ihnen entsetzt angesichts der jüngsten Ereignisse 1803 aus. Das ist eine vereinfachende Sichtweise, ohne Zweifel, aber sie wird ziemlich konstant durch alle Phasen der geistigen, literarischen Auseinandersetzung mit der Französischen Revolution in Deutschland beibehalten. Spielte auch noch eine Hauptrolle bei der Lösung des spezifisch deutschen Problems, wie es nämlich möglich sein könnte, die ideellen Errungenschaften der Revolution, und also der Aufklärung, nicht preiszugeben, auch wenn in Deutschland eine soziale Umwälzung nach ihrem Muster weder wünschenswert noch aussichtsreich und möglich erschien. Denn eben die deutsche Ungleichzeitigkeit im europäischen Rahmen, unüberwindbare Folge des Dreißigjährigen Krieges (der deshalb im Zentrum von Schillers Geschichtsdenken stand), aber auch die Ungleichzeitigkeit der gegenwärtigen sozialen und politischen Verhältnisse zum Stand der Literatur und Philosophie in Deutschland selber, ergaben eine in dieser Form und Höhe sonst nirgendwo erreichte Reflexion des Revolutionsproblems, anfangend mit Goethe und Schiller, bis zu Kant, Hölderlin und Hegel hinaufreichend. Das moralische Argument, Bezug zur Natur und zur antiken Kunst, der ästhetische Gedanke überhaupt, bildeten dabei weder die ultima ratio einer illusionären Utopie[14], noch eine Ausflucht überhaupt, sondern erwiesen sich als durchaus, wenn auch unterschiedlich brauchbare Medien für die Erkenntnis der Widersprüche, die die Revolution selber bewegten, vor allem für die Analyse ihres Grundwiderspruchs: daß sie nämlich als etablierte Macht – die sie werden mußte, um ihre Erfolge zu sichern – nicht bleiben konnte, was sie als Bewegung war, daß sie eine neue Herrschaft aufrichtete, wie sie sie zuvor negiert hatte. In der Formulierung von Schillers drittem Brief über die ästhetische Erziehung:»Das große Bedenken also ist, daß die physische Gesellschaft *in der Zeit* keinen Augenblick aufhören darf, indem die moralische *in der Idee* sich bildet, daß um der Würde des Menschen willen seine Existenz nicht in Gefahr geraten darf. Wenn der Künstler an einem Uhrwerk zu bessern hat, so läßt er die Räder ablaufen; aber das lebendige Uhrwerk des Staats muß gebessert werden, indem es schlägt, und hier gilt es, das rollende Rad während seines Umschwunges auszutauschen.«[15]

II. Literarische Aspekte der Revolution

1. *Veränderungsbereitschaft*

Das Ereignis der Französischen Revolution traf die literarische Öffentlichkeit in Deutschland also nicht unvorbereitet, hatte man doch die philosophischen Wegbereiter, Rousseau, Voltaire und Diderot, Fontenelle und Montesquieu nicht bloß interessefrei zur Kenntnis genommen, sondern die derart gewonnenen Erkenntnisse auch schon für die eigene Situation fruchtbar zu machen gesucht. Doch war es nicht ratsam (die Schicksale Schubarts oder Carl Friedrich Bahrdts bewiesen das), die Kritik unverstellt auf die heimischen Verhältnisse anzuwenden. Das geschah allenfalls versteckt in umfangreichen Werken wie in Herders ›Auch eine Geschichte der Philosophie zur Bildung der Menschheit‹ von 1774, in welcher das Zeitalter Friedrichs des Großen als widersprüchliche Einheit (»mit Freiheit zu denken, immer Sklaverei zu handeln, Despotismus der Seelen unter Blumenketten«[1]) divergierender fort- und rückschrittlicher historischer Tendenzen dargestellt ist. Eine andere Möglichkeit der versteckten Opposition gegen den absolutistischen Staat bot die Freimaurerei, eine dritte die direkte mündliche oder briefliche Kommunikation innerhalb der literarischen Öffentlichkeit, und wenn Lessing in einem Brief an Friedrich Nicolai Preußen »das sklavischste Land von Europa« nennt, während man in Frankreich »gegen Aussaugung und Despotismus seine Stimme« erheben könne[2], so blieb das im Rahmen eines Meinungsaustausches unter in ihren Grundsätzen zumindest gleichgesinnten Schriftstellern. Im übrigen werden seit Mitte der siebziger Jahre die eigenen Wünsche und Beschwerden auf dem Umwege der Berichterstattung über außerdeutsche Verhältnisse oftmals wenigstens indirekt zur Geltung gebracht. Insbesondere die Schweiz, aber auch die amerikanische Gründungsgeschichte und die englischen Verhältnisse, deren soziale Entwicklung den Antagonismus von Klassen und Ständen weitgehend entschärft hatte. In seiner ›Deutschen Chronik‹ berichtet Schubart von der helvetischen Freiheit, »wovon vernünftige Religion, Einfalt der

Sitten, Genügsamkeit und Leibes- und Seelenstärke die Folgen sind«[3]. »Helvetien lebt immer noch in seinen Tälern ruhig. Arbeitsamkeit, Kunstfleiß, wahre Weisheit, Freiheitsgefühl macht die Lage des glücklichen Schweizers zu Frühlingstagen in Elysium.«[4] Von seiner Englandreise weiß ein anderer aufrührerischer Geist, Carl Friedrich Bahrdt, Vorbildliches zu berichten. »Aber den größten Reiz für mich hatte die englische Freiheit. Da fühlt man doch, daß man freigeborner Mensch ist. Da bin ich Herr von mir selbst. Da kann ich reden, schreiben, und tun, was ich will. So lange ich nicht die öffentliche Sicherheit störe und anderer Rechte verletze, bin ich von aller Obrigkeit unabhängig. Ich bin der Herr in meinem Hause.«[5] Kein Wunder, daß auch alle Sympathien dem »edle⟨n⟩ Kampf für Freiheit und Vaterland« in der Neuen Welt galten und man darin am liebsten den vorlaufenden Spiegel der eigenen Geschichte sehen wollte: »Und du Europa, hebe das Haupt empor! / Einst glänzt auch dir der Tag, da die Kette bricht, / Du, Edle, frei wirst; deine Fürsten / scheuchst, und Ein glücklicher Volksstaat grünest«, heißt es 1783 in einer Hymne auf die ›Freiheit Amerikas‹, wobei mit Europa, der letzte Vers der zitierten Strophe verrät es, Deutschland gemeint ist.[6] In derselben Art wurde schließlich die Gründung der Vereinigten Staaten von Amerika als historischer Wendepunkt empfunden (»Kann man ⟨...⟩ wohl was bessers tun, als wegschlüpfen über unsre entartete Halbkugel, und sehen, was auf der andern Hälfte vorgeht!«[7]) und zugleich als ein erstes Exempel für die praktische politische Bedeutung der Aufklärung und als ihr politischer Vollzug angesehen. Diese Erfahrungen trugen dazu bei, daß sich seit Mitte der siebziger Jahre die aufrührerischen, den absolutistischen Staat bekämpfenden Stimmen in Deutschland mehrten, zum Teil kaschiert als geniezeitliche Jugendbewegung (›Sturm und Drang‹), zum Teil durch sie verstärkt. Es entsteht eine Stimmung, die man mit Recht als »Revolutionsbereitschaft«[8] gekennzeichnet hat und die beinahe alle Richtungen der deutschen Literatur erfaßte. Die neue bürgerliche Literatur ist, ausgesprochen oder nicht, eine betont antifeudale Literatur, in der Fürstenhaß, das politische Motiv der Einheit Deutschlands und die Forderungen nach Freiheit und Gleichheit zusammenfielen. ›Weissagung‹

heißt eine 1773 geschriebene Ode Klopstocks, der man revolutionäre Ungeduld am wenigsten nachsagen kann:

Nicht auf immer lastet es. Frei, o Deutschland,
   Wirst du dereinst! Ein Jahrhundert nur noch;
     So ist es geschehen, so herrscht
      Der Vernunft Recht vor dem Schwertrecht.[9]

Klopstock hat das Gedicht den Grafen Friedrich Leopold und Christian zu Stolberg gewidmet, die in ihrem ›Freiheitsgesang aus dem zwanzigsten Jahrhundert‹ nun kaum noch zu übersteigernde, ekstatische Töne vernehmen lassen:

Der Tyrannen Rosse Blut,
Der Tyrannen Knechte Blut,
Der Tyrannen Blut!
Der Tyrannen Blut!
Der Tyrannen Blut![10]

Schubarts ›Fürstengruft‹, der aufsässige Balladenton Bürgers, Schillers Kampfruf von der deutschen Republik und die überall anklingenden Fahnenwörter der französischen Aufklärung, Freiheit, Gleichheit, Brüderlichkeit, die schon seit den siebziger Jahren zu Schlüsselwörtern deutscher Literatur geworden sind[11], verraten alle, daß die revolutionären Ereignisse in Paris die deutschen Schriftsteller und die von ihnen repräsentierten bürgerlichen Schichten nicht unversehens trafen. Längst war man gewohnt, die internationalen Ereignisse auf ihre Bedeutung für die eigene gesellschaftliche und staatliche Wirklichkeit hin zu dechiffrieren, seinen Aufsatz über die englische Republik begann Gottfried August Bürger mit dem geschichtsphilosophisch programmatischen Satz: »In der Vergangenheit spiegelt sich manche Erscheinung der Zukunft . . .«[12], und daß man nun auch den Ausbruch der Revolution nicht allein nach seiner Bedeutung für die französische Geschichte hin erörterte, versteht sich von selbst. Anfangs mochte eine nationalstaatliche Begrenzung noch nahegelegen haben, gerade weil das alte Regime in Frankreich unvergleichbare Formen angenommen hatte. Doch die Erkenntnis keimte schnell, daß es sich dabei um ein europäisches, ja weltgeschichtliches Ereignis handelte. Identifizierung lautete das geheime Stichwort und die Einigkeitsbestrebungen, bisher gegen die deutsche Kleinstaaterei gerichtet, gingen auf in dem begeisterten Wunsch nach einer revolutionären Allianz der Völker. Ausdrücklich revidierte Klopstock seine bisherige Haltung; »die größte Handlung des Jahrhunderts« sieht er nun nicht mehr in Friedrichs II. Feldzügen: »So denk' ich jetzt nicht. Gallien krönet sich / Mit einem Bürgerkranze, wie keiner war!«[13] Die generalisierenden Ausdrucksweisen und Metaphern, mit denen das Ereignis beschrieben, bejauchzt und kommentiert wurde, haben alle den einen Sinn: »Sei uns gegrüßt, du holde Freiheit«, beginnt ein ›Gesang für freie Bürger‹, in dem es dann noch bekräftigend heißt: »Wir feiern die Freiheitserweiterung!«[14] In der Tat also wurde die Französische Revolution sogleich als Sozialrevolution identifiziert, als ganz allgemeiner Kampf um die bürgerlichen Rechte und Freiheiten. Auch dies natürlich war nur möglich aus dem Geist der gemeinsamen Aufklärungsgedanken und wenn die Auseinandersetzung der deutschen mit der französischen Aufklärung zu einem entscheidenden Beweggrund der deutschen Selbstverständigung in der Vergangenheit hatte werden können[15], so setzt sich dieser Klärungsprozeß in der Auseinandersetzung mit der vorrevolutionären Situation ebenso wie mit dem revolutionären Ereignis selber gesteigert fort. Es wäre viel zu einfach, die widersprüchliche Rezeptionsgeschichte der Französischen Revolution in Deutschland allein nach politischen Standortbestimmungen wie Fortschrittlichkeit und Reaktion zu erklären, die moralisch-ethische Reflexion des Revolutionsproblems als bloße Folge deutscher Zurückgebliebenheit zu interpretieren oder gar den ganzen Revolutionsenthusiasmus bloß auf der Ebene eines Mißverständnisses abzuhandeln, wonach sich dann die deutschen Zeitgenossen bloß an idealistischen Phrasen delektierten, dem Schlagwort philanthropischer Brüderlichkeit huldigten, weil es sich besonders leicht mit der protestantisch-freimaurerischen Tradition vermitteln ließ, und im übrigen zumeist an der Stabilisierung einer gesellschaftlichen Lage interessiert waren, deren Nutznießer sie von Darmstadt bis Weimar inzwischen geworden waren. Das Gegenteil ist richtig. Die ambivalente Einstellung ist Zeichen eines komplexen Reflexionsverhältnisses, das es sich nicht leicht macht – und daß es die Möglichkeit dazu besitzt, verdankten die deutschen Schriftsteller nun einer fast idealen Position: sie sind beteiligte Beobachter, erkennen und empfinden, daß in Frankreich auch ihre eigene Sache verhandelt wird und haben doch die Distanz, die zur Erkenntnis nötig ist, weil sie nicht in die revolutionäre Praxis einbezogen sind. Wer erkennen will, darf nicht mitspielen, darf allenfalls mitgespielt haben. Kennzeichnend für diese Position die fast schon topische Verwendung der Theaterallegorie für das große historische Drama der Französischen Revolution (Campe, von Halem), die – so Kants vielzitiertes Wort – »in den Gemütern aller Zuschauer (die nicht selbst in diesem Spiele mit verwickelt sind) eine *Teilnehmung* dem Wunsche nach ⟨findet⟩, die nahe an Enthusiasm grenzt«.[16] Problematisch erscheint die revolutionäre Praxis in Deutschland auch deshalb schneller, weil sich aus größerer Entfernung ein genaueres Bild ergibt.

2. Begeisterung und Ernüchterung (1789-1793)

Zustimmung und Begeisterung waren im aufgeklärten deutschen Publikum bei Ausbruch der Französischen Revolution allgemein, die Beifallsäußerungen gingen quer durch die Generationen. Ob August Ludwig von Schlözer oder Gerhard Anton von Halem (»Dieser einzige Anblick war uns vorbehalten, die wir die letzte Hälfte des achtzehnten Jahrhunderts erleben. Wir *sahn* das Schauspiel *vorbereiten;* wir *sahn* es *ausführen.*«[17]), ob Friedrich Gentz, Ludwig Tieck oder Georg Forster. »Das Scheitern der Revolution würde ich für einen der härtesten Unfälle halten, die je das menschliche Geschlecht getroffen haben. Sie ist der erste praktische Triumph der Philosophie ⟨. . .⟩«[18] Offenkundigstes Zeugnis sind die Reiseberichte, die alsbald den deutschen Buchmarkt überschwemmten, der Revolutionstourismus blühte, ›Briefe aus Paris‹ (Joachim Heinrich Campe, 1790) und andere Augenzeugenberichte von Wekhrlin, Laukhard oder Rebmann[19] fanden schnell ihre Leser, das Informationsbedürfnis des Publikums war groß, ob in der Stuttgarter Karlsschule oder im Tübinger Stift, die Begeisterung schlug hohe Wellen, revolutionäre Zirkel entstanden: »›In tyrannos!‹ wütet der eine mit Hutten«, berichtet Karl Rosenkranz. »›Tod dem Gesindel!‹ ruft ein anderer, ›Vive la liberté!‹ ein dritter, ›Vive Jean-Jacques!‹ ein vierter, ›Et périsse à jamais l'affreuse politique, qui prétend sur les cœurs un pouvoir absolu!‹ ein fünfter, ›Vaterland und Freiheit!‹ ein sechster.«[20] Auch Revolutionsfeste fanden bald auf deutschem Boden statt, eines der berühmtesten am 14. Juli 1790 in Hamburg, genauer auf dem Landsitz des Kaufmanns Georg Heinrich Sieveking in Harvestehude. »Alles, was an rechtlichen, für Freiheit warmen Leuten in Hamburg lebte, war zugegen«, berichtet ein prominenter Gast, der »freie Herr Knigge«, wie er sich gerne nannte, seine freiherrliche Herkunft demokratisch umdeutend. Um zwölf Uhr mittags nach Pariser Zeit (in Hamburg war es schon eine halbe Stunde später) ertönten die Böllerschüsse zur Eröffnung der Feier. »Die jungen Mädchen, alle weiß gekleidet, hatten große Schleifen in den Nationalfarben am Hut und über die Schulter schräge Schärpen von dunkelblau, ponceau und weiß gestreiftem Bande – die jungen Frauen trugen sie um die Taille. Zum Frühstück versammelte sich alles in Harvestehude ⟨. . .⟩ Die jungen Damen stellten sich im Halbkreise, und das Lied, welches ich Dir mitschicke, wurde gesungen. Erst sangen wenige im Chor mit, bald aber alle, und es war fast kein Auge ohne Tränen. Es war, als ob eine Saite berührt wäre, in deren Ton alle einstimmten. Nachdem gab es eine Stille, als wenn jeder den Wert des Gutseins bei sich überdacht hätte, und nun war auch jeder für den Tag zur Freude gestimmt.«[21] Ihrem Bericht an den Bruder Hennings in Plön legte die Doktorin Reimarus – auch sie befand sich unter den hundert geladenen Gästen – das Bundeslied bei, das der Gastgeber verfaßt hatte.

Freie Deutsche, singt die Stunde,
Die der Knechtschaft Ketten brach;
Schwöret Treu dem großen Bunde
Unsrer Schwester Frankreich nach!

Eure Herzen sei'n Altäre
Zu der hohen Freiheit Ehre!
Chor:
Laßt nun großer Tat uns freun,
Frei, frei, frei und reines Herzens sein!
⟨. . .⟩
Hebt den Blick! der ganzen Erde
Galt der Kampf und floß das Blut,
Daß sie frei und glücklich werde,
Aufgeklärt und weis' und gut!
Gnädig sah Gott auf uns nieder,
Dankt ihm, dankt ihm freie Brüder![22]

Zum Forum einer mehr nüchternen, die Vergleichsmöglichkei-
ten diskutierenden und den Gang der Ereignisse wachsam beglei-
tenden Diskussion ist der Zeitschriftenmarkt geworden. Ob
August Ludwig von Schlözers ›Staatsanzeigen‹, die seit 1783
bestanden und 1793 verboten wurden, Wielands ›Merkur‹
(1773-1810), die von Stäudlin weitergeführte ›Deutsche Chronik‹ (1791-1793), die Schubarth begründet hatte oder die vielen
oft kurzlebigen Periodica, Monatsschriften und Journale (›Hamburgische Monatsschrift‹, ›Schleswigsches Journal‹) – sie alle
verhalfen ihrem Publikum zu einer engagierten und meist auch
ziemlich umfassenden Unterrichtung. Bei näherer Betrachtung
fällt allerdings schon in der Frühphase der Revolutionsreflexion
trotz allgemeiner Sympathie eine Reihe von Unterschieden ins
Auge. Die Skala der Stellungnahmen reicht von bewußter und –
sieht man die Entwicklung der Revolution – auch scharfsichtiger
Skepsis (wie sie Goethe von Anfang an, Schiller etwas später formulierte) über eine wohl sympathetische, insgesamt aber vernünftig abwägende Haltung (wie sie Wieland in seinen Merkur-
Aufsätzen vertrat) bis hin zur Identifizierung mit der jakobinischen Fraktion (wie sie am spektakulärsten und zeitweise
erfolgreichsten die Mainzer Republikaner einnahmen). Ein weites
Spektrum, das nach den Ereignissen der Jahre 1792 und 1793,
nach den Septembermorden und der Hinrichtung des Königs,
schließlich im Zuge der revolutionären Machtpolitik des Direkto-

riums noch größer wurde, vermehrt durch eine immer entschiedener hervortretende Gegnerschaft.

Im ›Teutschen Merkur‹ vom September 1789 veröffentlichte Wieland eine erste umfängliche Erörterung der zeitgeschichtlichen Ereignisse und läßt sie von einem Gegner und einem Befürworter diskutieren; über seine eigene Entscheidung der Titelfrage ›Über die Rechtmäßigkeit des Gebrauchs, welchen die Französische Nation dermalen von ihrer Aufklärung und Stärke macht‹ kann dabei kaum ein Zweifel bestehen. »Die Bewegungen eines zur Verzweiflung gebrachten Volkes sind, ihrer Natur nach, stürmisch, und niemand kann für ihre Folgen verantwortlich gemacht werden, als der – oder diejenigen, die das Volk durch eben so unverständige als tyrannische Maßregeln zu dieser Verzweiflung getrieben haben.«[23] Wielands Position entbehrt jeder Zweideutigkeit, sie legitimiert sich Schritt für Schritt aufklärerisch, akzeptiert mit anderen Worten allein den Richterstuhl der Vernunft und stellt als erstes die Frage nach der Übereinstimmung des revolutionären Geschehens mit den Prinzipien eines Geschichtsprozesses, der nach ihm immanenten, vernünftigen Regeln abläuft und auf die Verwirklichung menschlicher Glückseligkeit ausgerichtet bleibt. Je mehr der Revolutionsverlauf dieser aufklärerischen Geschichtskonzeption widerspricht, um so distanzierter wird Wielands Verhältnis zu ihr. Überwiegen in seinen ersten Stellungnahmen noch die fast naturrechtlichen Legitimationen für die Rechte eines unterdrückten Volkes (wobei freilich zu berücksichtigen ist, daß im oben angeführten Dialog Wielands Position nicht einfach mit der Walthers, des Befürworters der Revolution, identifiziert werden darf, daß er dem advocatus diaboli »Adelstau« gewiß auch eigene Befürchtungen in den Mund legt, um sie sich anschließend noch selber zu zerstreuen), so finden wir schon 1790 die Verlagerung seiner Hoffnungen auf die »edlen Männer, die für die Befreiung ihres Verstands alles taten und wagten«[24], womit er die aufgeklärten Führer meint, die tief in »die wesentlichsten Angelegenheiten der bürgerlichen Gesellschaft, der Staatsökonomie, der Gesetzgebung und Rechtspflege« eingedrungen sind. Er meint damit die Vertreter einer »neue⟨n⟩ Ordnung der Dinge, welche notwendig war, wenn die

Nation gerettet und ein dauerhafter Grund zu ihrer künftigen gemeinen Glückseligkeit gelegt werden sollte« und die alle revolutionären Übel nur als vorübergehende Mittel zum Zweck betrachten und wissen, »daß die unermeßliche Wohltat einer freien Konstitution um keinen Preis zu teuer erkauft werden könne«[25]. Je höher der Preis freilich wurde, um so weiter ging Wieland auf Distanz, um so schärfer betonte er, daß nur eine neue Verfassungsordnung der bürgerlichen Rechte und Pflichten die ständischen Gegensätze ausgleichen könne.[26]

Wieland hat die Entwicklung der Französischen Revolution bis zum Jahre 1794 mit großer Intensität, kontinuierlich und umfangreich theoretisch begleitet. Er war, zumindest bis Schiller seine große ausdrückliche Auseinandersetzung mit der Französischen Revolution veröffentlichte (die Briefe ›Über die ästhetische Erziehung des Menschen‹, 1795), in dieser Frage durchaus der Vordenker des Weimarer Kreises. Wenn Goethe und Schiller auch nie eine derart engagierte Zustimmung zu den Zielen des dritten Standes in der Nationalversammlung zum Ausdruck brachten – in der Quintessenz der politischen Beurteilung waren sie sich mit dem Herausgeber des ›Merkur‹ einig: Verteidigung der Natur- und Bürgerrechte, Mißtrauen gegen die plebejischen Tendenzen der Revolution, Geringschätzung oder gar Mißachtung der sozialen Frage, Hoffnung auf ein neues bürgerliches Ordnungsbewußtsein des Mittelstandes und des darin vorgesehenen Interessenausgleichs der Stände, Kritik an der kurzsichtigen absolutistischen Politik in den Ländern und Fürstentümern, Abwehr der radikalen republikanischen Ideen und Einverständnis mit einer gemäßigt demokratischen Haltung, die den unreifen deutschen Verhältnissen am ehesten entsprach, wie eine Kompromißlösung aussah, aber doch kein feudalbürgerlicher Kompromiß im schlechten Sinne war, weil die ideologische Überwältigung und der Vollzug bürgerlicher Aspirationen auf kulturellem und ökonomischem Wege darin einbegriffen, zumindest offengehalten wurde.

Goethe erfuhr die Revolution lebensgeschichtlich als Rückfall in alte, längst überwundene Positionen, er reagierte auf sie, wie er inzwischen der Sturm- und Drang-Zeit gegenübertrat und wie

er über Schillers ›Räuber‹ geurteilt hatte. Er, der immer mehr
Historie und Lebensgeschichte in ihrer wechselseitigen Durchdringung erfuhr, sah sich hier im Mißklang mit den objektiven
Ereignissen und fühlte sich schmerzlich in der Existenz irritiert.
Von hier aus klärt sich ein merkwürdiger Widerspruch: denn da
Goethe sehr deutlich den Untergang des Ancien Régime als
zwangsläufige Folge seiner eigenen selbstverschuldeten Unterminierung begreift und im ›Groß-Cophta‹ von 1791 die Anfällig-
keit der höfischen Gesellschaft zu Obskurantismus und Scharlatanerie als deren Krisensymptom dramatisch analysiert, so müßte
es gewiß allzu verwunderlich erscheinen, wenn er so gar nichts
von der Französischen Revolution verstanden hätte, wie es die
beiden nun gewiß nicht sehr weit reichenden Revolutionsstücke
›Der Bürgergeneral‹ und ›Die Aufgeregten‹ sonst nahelegen
könnten. Die Wahrheit sieht anders aus, und alle Äußerungen
Goethes sprechen dafür. Es gibt auch keinen Grund zu vermuten,
daß die am Schluß des ›Bürgergenerals‹ vorgetragene Lösung des
Revolutionsproblems (»In einem Land, wo der Fürst sich vor niemand verschließt; wo alle Stände billig gegeneinander denken;
wo niemand gehindert ist, in seiner Art tätig zu sein; wo nützliche Einsichten und Kenntnisse allgemein verbreitet sind – da
werden keine Parteien entstehen. Was in der Welt geschieht, wird
Aufmerksamkeit erregen; aber aufrührerische Gesinnungen ganzer Nationen werden keinen Einfluß haben.«[27]) von ihm auf französische Verhältnisse gemünzt sein könnte, wo das Ancien
Régime gerade das Scheitern einer solchen historischen Konzeption vorgeführt hatte. Diese Zusammenhänge waren ihm klar
bewußt. Bei den kleinstaatlichen deutschen Verhältnissen sah
Goethe für einen solchen Kompromiß aber Chancen, und einzig
darauf ist er zu beziehen, die Ungleichzeitigkeit der deutschen
Verhältnisse berücksichtigend, und zuerst aus der eigenen Lebenssituation formuliert. Das geht schon aus den ersten epigrammatischen Stellungnahmen hervor, formuliert in Venedig. Daß Goethe
sie schrieb, während er auf die Herzogin Anna Amalia wartete,
die er nach Weimar zurück begleiten sollte, gewinnt über das
Anekdotische hinaus zumindest im Kontext des fünfzigsten Epigramms eine symptomatische Bedeutung, denn die Kritik an der

Revolution schloß nicht etwa Blindheit gegenüber der höfischen
Gesellschaft und der eigenen Stellung in ihr ein:

Alle Freiheitsapostel, sie waren mir immer zuwider;
Willkür suchte doch nur jeder am Ende für sich.
Willst du viele befrein, so wag es, vielen zu dienen.
Wie gefährlich das sei, willst du wissen? Versuch's![28]

Der Autor des ›Tasso‹ wußte, wovon er auch hier sprach. Die
vor allem nach 1792/93 allgemeiner kursierenden Argumente
von der Anarchie und Willkür, dem Terrorismus und Despotismus der Masse und des Pöbels (»Da war Menge der Menge
Tyrann.«[29]) werden von Goethe wohl als dem ersten der repräsentativen Schriftsteller der Epoche vorgebracht, doch nicht etwa
verfassungspolitisch begründet. In einem später berühmt gewordenen rückblickenden Gespräch mit Eckermann hat er noch einmal ein ganz persönliches, nur die subjektiven Voraussetzungen
erklärendes Bekenntnis zu den Fragen der Epoche formuliert.
Darin heißt es:»Es ist wunderlich, gar wunderlich ⟨...⟩, wie leicht
man zu der öffentlichen Meinung in eine falsche Stellung gerät!
Ich wüßte nicht, daß ich je gegen das Volk gesündigt, aber ich
soll nun ein für allemal kein Freund des Volkes sein. Freilich bin
ich kein Freund des revolutionären Pöbels, der auf Raub, Mord
und Brand ausgeht und hinter dem falschen Schilde des öffentlichen Wohles nur die gemeinsten egoistischen Zwecke im Auge
hat. Ich bin kein Freund solcher Leute, ebensowenig als ich ein
Freund eines Ludwig des Fünfzehnten bin. Ich hasse jeden
gewaltsamen Umsturz, weil dabei ebensoviel Gutes vernichtet als
gewonnen wird. Ich hasse die, welche ihn ausführen, wie die, welche dazu Ursache geben ⟨...⟩ Sie wissen, wie sehr ich mich über
jede Verbesserung freue, welche die Zukunft uns etwa in Aussicht
stellt. Aber, wie gesagt, jedes Gewaltsame, Sprunghafte ist mir in
der Seele zuwider, *denn es ist nicht naturgemäß*.«[30] Man muß
diese freimütige Selbstanalyse ganz ernst nehmen, sowohl in ihrer
psychologischen Grundierung wie in ihrem theoretischen Gehalt.
Goethes Psychologie ist immer historisch begründet und sein
Geschichtsverständnis das Ergebnis lebensgeschichtlicher Erfah-

rung. Da er sich selber zeitlebens von jener Verworrenheit bedroht fühlte, die von ›Werther‹ bis zur ›Trilogie der Leidenschaften‹ eines seiner Hauptthemen ist (der Autor von ›Dichtung und Wahrheit‹ wird es, unter Berufung auf antikes Verständnis »das Dämonische« nennen), war er auch besonders empfänglich für deren historisches Pendant. Geschichtliches Dasein ist für Goethe verworrenes, sprunghaftes Dasein, weil es keine kontinuierliche Entwicklung allein, sondern immer wieder Dissonanzen und Sprünge gibt. Zeit seines Lebens blieb er auch aus ganz persönlichem Sicherungsbedürfnis ein Anhänger der lex continua von Leibniz, wonach die Natur keine Sprünge kennt. Wenn er sich in den Jahren 1789/90 wieder verstärkt seinen naturwissenschaftlichen Studien widmete, so war damit zugleich eine pronuncierte Abwendung vom historischen Leben gemeint. Woraus nicht etwa folgt, daß Goethe historisches Verständnis abginge, seine an Idiosynkrasie grenzende Empfindlichkeit machte ihn vielmehr für die widersprüchlichen Erscheinungen historischer Dialektik besonders feinfühlig. »Revolutionen sind ganz unmöglich, sobald die Regierungen ⟨. . .⟩ ihnen durch zeitgemäße Verbesserungen entgegenkommen und sich nicht so lange sträuben, bis das Notwendige von unten her erzwungen wird.«[31] Mit diesem Satz faßt Goethe den Kernbegriff seiner politischen Vorstellungen, wobei freilich der versteckte Imperativ zeigt, daß er damit eher ein Wunschprogramm, denn ein historisches Gesetz formuliert: die Vorgänge in Frankreich hatten die Fragwürdigkeit solcher Hoffnungen schließlich gerade erwiesen.

Die politischen Standpunkte Goethes und Schillers waren sich wohl von Anfang an viel näher, als es Goethe vor der entscheidenden Begegnung im Juli 1794 selber glauben mochte, und erst recht als es die Zeitgenossen ihrem Bild vom Autor der ›Räuber‹, der ›Verschwörung des Fiesco zu Genua‹ und des ›Don Carlos‹ entsprechend sich zu eigen gemacht haben werden. Gewiß hielt er sich mit direkten Stellungnahmen während der ersten Phase der Revolution zurück, gewiß ist auch, daß diese Zurückhaltung eher Sympathie als Antipathie vermuten läßt, wenn man die indirekten Konfessionen zu Rate zieht, wie man sie für diese Zeit vor allem in den historischen Schriften findet. ›Die Geschichte des

Abfalls der vereinigten Niederlande‹ – im selben Jahr (1787) begonnen, da in Brüssel bürgerliches Emanzipationsstreben in Aufständen mündete und ausländische, also preußische und englische Truppen auf den Marsch gesetzt waren[32] – hat der Freund Karl Friedrich Reinhard gewiß zu Recht als ein revolutionäres Manifest gedeutet und den Geist des Autors gerühmt, »der der Epoche vorsprang, wo die französische Revolution Europas Denkungsart entfesselt hat«[33]. Reinhard war es auch, der sich besonders nachdrücklich für die Verleihung der Ehrenbürgerwürde der Französischen Revolution an Schiller eingesetzt hatte – sie wurde ausgestellt auf »Monsieur Gille«. In der ins Revolutionsjahr fallenden Antrittsvorlesung des gerade zum Jenaer Geschichtsprofessor ernannten Dramatikers ›Was heißt und zu welchem Ende studiert man Universalgeschichte?‹ wird die Geschichtsschreibung auf den Maßstab der aktuellen Bedeutung verpflichtet. »Aus der ganzen Summe dieser Begebenheiten hebt der Universalhistoriker diejenigen heraus, welche auf die *heutige* Gestalt der Welt und den Zustand der jetzt lebenden Generation einen wesentlichen, unwidersprechlichen und leicht zu verfolgenden Einfluß gehabt haben.«[34] Den historischen Fortschritt sieht Schiller (wie Kant) in der fortschreitenden Verwirklichung von Gerechtigkeit und Freiheit bei der staatlichen und gesellschaftlichen Verfassung der Völker. »Unser *menschliches* Jahrhundert herbeizuführen, haben sich – ohne es zu wissen oder zu erzielen – alle vorhergehenden Jahrhunderte angestrengt.«[35] Eben dieses immanente teleologische Prinzip der Geschichte gilt es herauszustellen und in den Begebenheiten nachzuweisen, denn dem derart geschulten Blick zeigt die Geschichte, »daß der selbstsüchtige Mensch niedrige Zwecke zwar verfolgen kann, aber unbewußt vortreffliche befördert«[36]. Es liegt nahe (die Vorlesung wurde sieben Wochen vor dem Sturm auf die Bastille gehalten), daß Schiller wenig später das revolutionäre Geschehen eben auch dieser geschichtsphilosophischen Überzeugung von der List der historischen Vernunft gemäß interpretierte; daß er in ihr einen Fortschritt sah und die Goethe (und späterhin viele andere) irritierenden Gewaltmaßnahmen zunächst als bewußtlose, selbstwidrige Zweckmäßigkeit im Dienste des darüber hinaus gehenden großen und moralischen Zwecks der Weltgeschichte auffassen durfte. Gründe, solche Überzeugungen nicht gleich geradewegs zu verkünden, gab es für einen Schriftsteller schließlich genug, der seine Existenz in einem deutschen Fürstenstaat begründen wollte. Dafür machte er sich daran, die historischen Forschungen der eigenen Programmatik gemäß zu verfolgen. »Jetzt über die Reformation zu schreiben«, erläutert er Göschen einen seiner Pläne, »halte ich für einen großen politisch wichtigen Auftrag und ein fähiger Schriftsteller könnte hier ordentlich eine welthistorische Rolle spielen.«[37] Die Gefangennahme und Hinrichtung Ludwigs XVI., für den er sogar eine Verteidigungsschrift geplant hatte, haben Schiller in seiner an Wieland erinnernden, doch wohl nur oberflächlich derart abwartend-unparteiisch erscheinenden Haltung erschüttert. Wie in den Ereignissen der folgenden Terrorzeit, hatte er Schwierigkeiten, darin noch ein insgeheim vernünftiges, durch das moralische Endziel legitimiertes Handeln zu entdecken. Doch zeigt noch sein letztes vollendetes Drama ›Wilhelm Tell‹, daß er die Vorstellung von der Identifikation revolutionären und vernünftig-moralischen Geschehens als regulative Idee beibehalten hat und sie in einer Konstellation verwirklicht fand, in welcher subjektiver und objektiver Faktor im Geschichtsprozeß zusammentreffen, so daß auf die List der Vernunft verzichtet werden kann. Doch bevor wir nun über diese allzu idealistische Konzeption etwa lächeln, erinnern wir uns, daß ›Wilhelm Tell‹ als utopisches Festspiel geschrieben wurde, aus Elementen der Geschichtslegende zusammengesetzt.

»Wer in keinem ganz anelektrischen Körper steckt, dem muß die Weltgeschichte die Nerven und die Feder mit Äther füllen.«[38] Jean Paul, der diese Zeilen 1791 an seinen Freund Christian Otto schrieb, erlebte die Entwicklung der Revolution nicht sehr viel anders als Schiller, auch wenn er, inspiriert von der satirisch-politischen Kritik seines Jugendwerks und als begeisterter Rousseauist eine erregtere Sprache spricht, wenn die Rede in diesen ersten Jahren auf das Hauptthema der Epoche kommt. Höchste Hoffnungen setzte er in das französische Ereignis, sah in ihm die Verwirklichung eigener Überzeugungen, die er vor allem mit Rousseaus ›Contrat social‹ abgestimmt hatte. Natürlich – dazu

war er ein viel zu guter und wacher Kenner deutscher Kleinstaaterei – verlor er die Unterschiede in den Verhältnissen der beiden
Länder nie aus den Augen; allenfalls träumte er davon, die französischen Zustände auf Deutschland zu übertragen, wäre aber
schon froh gewesen, wenn einige Errungenschaften der Revolution sich hätten exportieren lassen: Zurückdrängung, vielleicht
Aufhebung der feudalen Vorrechte, Übergang zu konstitutionel-
len Monarchien – also etwa das Programm, das Mirabeau in
Frankreich vertrat.[39] Direkte politische Konfessionen dürfen wir
aber auch bei Jean Paul nicht in einem größeren Maße erwarten.
Der Roman, von ›Hesperus‹ bis ›Titan‹, erschien ihm als das
geeignete Medium, das Revolutionsgeschehen zu reflektieren, das
er weit über seine konkreten historischen Dimensionen hinaus »in
der Menschheit und Zeit zugleich gegründet« sah.[40] Damit sind
allemal die »höhern Beziehungen« gemeint, von denen er bei Gelegenheit seines ›Hesperus‹ spricht, darauf hinweisend, daß sie
»sich in dem Roman verstecken«[41]. Ob es gerechtfertigt ist, seine
Romane deshalb epische Revolutionsdichtungen zu nennen[42], soll
hier noch nicht erörtert werden. Zweifellos gehört es zu dem
Bestand großer deutscher Literaturwerke, die sich mit der Revolution als einer wahrsagenden Geschichte der Menschheit ausein-
andersetzen, um den glücklichen kantischen Ausdruck aus dem
»Streit der Fakultäten« zu benutzen. Doch gilt das für alle anderen Schriftsteller der Epoche mit gleichem Verständnis, egal, welcher Generation sie angehören. Für Hölderlin, der im Tübinger
Stift seine revolutionäre Erweckung feierte und dessen hymnische
Gedichte aus diesen Jahren mit gleichem Recht als lyrische Revolutionsdichtungen bezeichnet werden dürfen. Und es gilt ohne
Abstriche für die Schriftsteller der romantischen Schule. »Oh,
wenn ich itzt ein Franzose wäre! Dann wollt ich nicht hier sitzen,
dann – – – Doch leider bin ich in einer Monarchie geboren, die
gegen die Freiheit kämpfte, unter Menschen, die noch Barbaren
genug sind, die Franzosen zu verachten. . . . Oh, in Frankreich zu
sein, es muß doch ein groß Gefühl sein, unter Dumouriez zu
fechten und Sklaven in die Flucht zu jagen, und auch zu fallen –
was ist ein Leben ohne Freiheit?«[43] Derart begeistert schrieb der
neunzehnjährige Tieck an den Freund Wackenroder, der im glei-

chen Geist antwortete: »Ich denke ganz mit Dir gleich von ihnen (den Franzosen), und stimme von ganzem Herzen in Deinen Enthusiasmus ein, das versichere ich Dich.«[44] Nicht anders Friedrich Schlegel, der sich selber einen Republikaner nennt, mit seinem ihm darin widersprechenden Bruder August Wilhelm manche Streitrede führt und im Gefolge Fichtes eine Rechtfertigung der französischen Umwälzungen schreiben wird: den großen Essay über den Republikanismus (1796). »Der *politische Wert* eines republikanischen Staats wird bestimmt durch das extensive und intensive Quantum der wirklich erreichten Gemeinschaft, Freiheit und Gleichheit. Zwar ist die gute moralische Bildung des Volks nicht möglich, ehe der Staat nicht republikanisch organisiert ist und wenigstens einen gewissen Grad an technischer Vollkommenheit erreicht hat: aber auf der andern Seite ist *herrschende Moralität* die notwendige Bedingung der *absoluten Vollkommenheit* (des Maximums der Gemeinschaft, Freiheit und Gleichheit) des Staats, ja sogar jeder höhern Stufe politischer Trefflichkeit.«[45] In solchen Gedankenfiguren liegt aber auch schon der Maßstab verborgen, der späterhin Kritik und Abwendung von der Revolution motivieren wird, nämlich das Festhalten am Perspektiven-Inhalt der moralischen Freiheit. Einstweilen versteht sich die romantische Schule, verstehen sich Novalis, Schelling und Schleiermacher, Tieck, Wackenroder und Friedrich Schlegel als Parteigänger revolutionärer Humanität. Das sowohl ausdrücklich, wie in ihrer Kunsttheorie. Denn sie unterscheiden sich wesentlich vom Flügel der radikalen Publizisten, von Georg Forster, Friedrich Cotta oder Georg Wedekind (und darin sind sie dann die legitimen Erben Weimars, vor allem Schillers), indem sie ihr Hauptgeschäft in der Übertragung des »Incitaments« (Novalis) der Revolution auf die Grundbestimmungen des Seienden und der Kunst als einer Universalpoesie erblicken. Dieser Weg führt schließlich konsequent zur Entwicklung einer umfassenden Kulturpädagogik[46], die mit einer Literaturrevolution, nicht zum ersten Male in der deutschen Ideengeschichte, verbunden ist. So daß dann Friedrich Schlegel schon im Essay ›Über das Studium der Griechischen Poesie‹ (1795) wünschen kann, daß »die große moralische Revolution, durch welche die Freyheit in ihrem

Kampfe mit dem Schicksal (in der Bildung) endlich ein entschie-
denes Uebergewicht über die Natur bekommt«[47], auch die physische Revolution bestimmen werde, die alleine die ästhetische Bildung und den Fortschritt zur Freiheit gefährden könnte.

3. Rettungsversuche, Abkehr, Revolutionsfeindschaft (1793-1815)

Überblickt man die Reaktionen auf die zweite Phase der Revolution, findet man, quer durch die Reihen der Befürworter oder
Ablehner, ein Motiv, das auch schon die erste Rezeptionsphase
bestimmt hatte: die Beurteilung von der lehrhaften Vorbildlichkeit des Geschehens wird beibehalten, bekommt aber nun, dem
oft modifizierten Standpunkt entsprechend, eine andere Deutung.
In seinen ›Beiträgen‹ hat Fichte diesen Gedanken vielleicht am
klarsten ausgedrückt. »Die französische Revolution erscheint mir
wichtig für die gesamte Menschheit.« Diese Bedeutung behalte sie
auch unabhängig von den »politischen Folgen« für Frankreich:
»So scheinen mir alle Begebenheiten der Welt lehrreiche Schilde-
reien, die der große Erzieher der Menschheit aufstellt, damit sie
an ihnen lerne, was ihr zu wissen not ist.« Wir kennen diese
Gedankenfigur nun zur Genüge: die Französische Revolution als
Muster- und Modellfall, als »reiches Gemälde über den großen
Text: Menschenrecht und Menschenwert«[48], aus dem man zwar
nicht direkt Lektionen für die eigene nationale Entwicklung
beziehen könne, die es aber ermögliche, den eigenen Weg zum
gemeinsamen Ziele zu finden. Während Fichte in der Auseinandersetzung mit der Revolution die Leitgedanken von der Volkssouveränität, dem Recht auf Umsturz, der Gedankenfreiheit entwickelt und am Weltauftrag der Französischen Revolution
festhält, finden sich prinzipiell ganz ähnliche Vorstellungen auch
bei den älteren Aufklärern, die aus ihrer großen Enttäuschung
kein Hehl machen. Wieland verwirft mit scharfen Worten den
Terror, spricht »der anarchischen und mehr als tyrannischen
Regierung des Jakobinerklubs« ein vernichtendes Urteil, fügt
aber hinzu:»Mein Trost bei allem diesem ist, daß das mannigfal-
tige Gute, das die französische Revolution mitten unter den gräß-
lichsten Ausbrüchen des aristokratischen und demokratischen

Fanatismus und aller übeltätigen Leidenschaften in Bewegung
gebracht hat, für die Menschheit nicht verlorengehen, sondern
nach und nach, im stillen und ohne gewaltsame und erschütternde Bewegungen tausendfältige Früchte tragen wird. Denn
nichts Gutes kann verlorengehen ⟨...⟩«[49] Wieland formuliert hier
mit einfachen Worten das politische Programm der Klassik, das
in einer Art Läuterung der Revolution unter Beibehaltung ihrer
Ziele besteht. Ein Gedanke, der sich ins Ethische gewendet ebenso
bei Kant findet, wenn er in der bereits abgekürzt zitierten Stelle
aus dem ›Streit der Fakultäten‹ die »Revolution eines geistreichen
Volkes« ein »Experiment« nennt, das, ob es gelingen oder scheitern mag und selbst bei allen inzwischen deutlich sichtbaren
Gestehungskosten »doch in den Gemütern aller Zuschauer (die
nicht selbst in diesem Spiele mitverwickelt sind) eine *Teilnehmung* dem Wunsche nach« weckte.[50] Und unter der Überschrift
»Wahrsagende Geschichte der Menschheit« wird er noch deutlicher: »Denn ein solches Phänomen in der Menschengeschichte
vergißt sich nicht mehr, weil es eine Anlage und ein Vermögen in
der menschlichen Natur zum Besseren aufgedeckt hat, dergleichen kein Politiker aus dem bisherigen Laufe der Dinge herausge-
klügelt hätte...« Selbst wenn alle Absichten wirklich fehlschlü-
gen, fährt er fort, »so verliert jene philosophische Vorhersagung
doch nichts von ihrer Kraft. – Denn jene Begebenheit ist zu groß,
zu sehr mit dem Interesse der Menschheit verwebt und ihrem
Einflusse nach auf die Welt in allen ihren Teilen zu ausgebreitet,
als daß sie nicht den Völkern bei irgendeiner Veranlassung gün-
stiger Umstände in Erinnerung gebracht und zu Wiederholung
neuer Versuche dieser Art erweckt werden sollte...«[51] So erhält
die Französische Revolution von Kants Fortschrittsidee her ihren
Platz im Plan der Geschichte, als Anfang einer historischen Ver-
suchsreihe gleichsam, die zu jenem Stadium hinführt, wo »die
beabsichtigte Verfassung diejenige Festigkeit erreichen muß, welche die Belehrung durch öftere Erfahrung in den Gemütern aller
zu bewirken nicht ermangeln würde...«[52]

Je mehr das Bild der Revolution sich in den Jahren nach
1792/93 verdunkelte, je mehr der Eindruck des Terrors, dann der
expansiven Eroberungspolitik Frankreichs die Ansichten zu

beherrschen begann und Kriegserfahrungen hinzutraten, desto
dringender stellte sich nun die Aufgabe, an die Stelle des imitatio-
Prinzips eine neue Begründung der historischen Lektion zu finden, deren Zeuge man war. Mit der Idee vom Export der Revolution, auch wenn sie bis zuletzt ihre Anhänger besaß, war kein
Glück mehr zu machen, die Wirklichkeit desavouierte sie ständig
und im zunehmenden Maße und auch Fichte hat 1793 in seinen
›Beiträgen zur Berichtigung der Urteile des Publikums über die
französische Revolution‹ erklärt, daß jede Nation »durch Beurteilung wirklicher Begebenheiten auf eine leichtere Art aus sich
selbst entwickele, was ihr selbst liegt«[53], also nicht einfach die
Wege anderer Nationen kopieren könne. Die nationalgeschichtli-
che Relativierung des Vorbilds der Französischen Revolution
basiert auf einer illusionslosen Reflexion der deutschen Verhältnisse und entspringt nicht allein der moralischen Verurteilung
und Ablehnung revolutionärer Gewalt. Daß in ihrem Gefolge
auch alte Vorurteile erneut reaktiviert werden konnten, der französische Nationalcharakter für manche Exzesse verantwortlich
gemacht wurde und etwa Friedrich Leopold Stolberg von den
»Westhunnen« spricht[54], gehört zu den fatalen Reaktionen der
bald einsetzenden nationalstaatlichen Propaganda, die in der Zeit
der Befreiungskriege kulminieren sollte. Selbst ein Mann wie Forster konnte sich davon nicht freihalten. »Die Nation ist, was sie
immer war, leichtsinnig und unbeständig, ohne Festigkeit, ohne
Wärme, ohne Liebe, ohne Wahrheit – lauter Kopf und Phantasie,
kein Herz und keine Empfindung.«[55] Nach allen Zeugnissen, die
ich angeführt habe, kann es kaum zweifelhaft sein, welche Alternative zur politischen Revolution nun in den Köpfen vieler
Schriftsteller neuen Glanz bekam, die aus der Aufklärung stam-
mende Idee nämlich, über die Umwälzung der kulturellen Verhältnisse, über die ideologische und moralische Revolution also,
eine sämtliche Gruppen der Gesellschaft umfassende soziale Veränderung herbeizuführen, die schließlich auch politische Konsequenzen, gleichsam zwanglos, nach sich ziehen würde. »Mithin ist
das letzte, höchste Ziel der Gesellschaft völlige Einigkeit und Ein-
mütigkeit mit allen möglichen Gliedern derselben«[56], dekretierte
Fichte die ›Bestimmung des Menschen in der Gesellschaft‹

(1794), und konnte sich mit solchem höchsten, alle sozialen Widersprüche versöhnenden Zielinhalt ebenso mit Friedrich Schiller wie mit der Politik der romantischen Schule einig fühlen. Hier spricht sich ein allgemeiner Standpunkt aus, der aus moralischer Kritik und eigenen schmerzlichen Erfahrungen heraus denen Blick für die besonderen historischen, die sozialen und kulturellen, kaum schon ökonomischen Bedingungen schärfte, unter denen zwar in Frankreich eine revolutionäre Situation entstehen konnte, die aber in Deutschland fehlten und hier auch nicht fingiert werden konnten. Im ›Neuen Teutschen Merkur‹ warnte Wieland 1793 davor, über die Wahrnehmung der Ähnlichkeit der europäischen Verhältnisse und dem Gedanken, »daß ähnliche Ursachen auch bey uns ähnliche Wirkungen« hervorbringen könnten[57], die großen Unterschiede in den staatlichen und verfassungsmäßigen Ordnungen zu übersehen: »Das zuträglichste für jedes Volk ⟨...⟩ ist, nicht das Ideal der vollkommensten Gesetzgebung, sondern gerade die zu haben, oder zu bekommen, die es dermahlen am besten ertragen kann. Welche Furien müßten uns zu der Raserey treiben, unsern Zustand, der freylich noch mancher Verbesserungen bedürftig ist, durch ein Mittel besser machen zu wollen, das ihn unfehlbar sehr verschlimmern würde ⟨...⟩?«[58] Wieland sieht die Deutschen in vielen Staaten bereits »im wirklichen Besitz eines großen Theils der Freyheit, die unsre westlichen Nachbarn erst erobern mußten«, fügt aber gleich hinzu, daß »dies alles nicht von allen Theilen des teutschen Reiches« gilt[59] und legt damit auf die innerdeutsche, aber auch europäische Ungleichzeitigkeit das Hauptgewicht seiner Argumentation. Sie knüpft, wenn auch allzu optimistisch, an einem konstitutiven sozialen Unterscheidungsmerkmal an, über dessen Wirksamkeit man sich ungeachtet verschiedener politischer Fraktionierungen doch allgemein klar geworden war. Georg Friedrich Rebmann hat ihn, ohne daß ihm seine revolutionäre Gesinnung dabei störend ins Konzept geraten wäre, mit klaren, unmißverständlichen Worten dargestellt. »In Frankreich waren nur zwei Hauptinteressen, das Interesse des Hofes, dessen, was zum Hof gehört, des Adels, der Geistlichkeit, und das Interesse des Volks, der Bürger. Daher entstanden zwei Parteien, die miteinander um

die Oberhand kämpften. In Deutschland hingegen haben wir
dreihundert kleine Höfchen, zweierlei Religionen und statt einer
gleich leidenden Nation mehrere ungleichartige, durch Religion,
Sitten, Regierungsform getrennte, hie und da ganz leidlich
regierte Völker, die nie gleichen Schritt halten können und werden, ehe eine gänzliche, jetzt noch nicht zu erwartende Konsolidierung erfolgt.«[60]

Aus solchen Überlegungen, die je nach Interessen- und Kennt-
nisstand mehr oder weniger historisch begründet wurden, entwickelte sich folgerichtig die verschiedenartig bedauerte Erkenntnis, daß die deutschen Zustände einer revolutionären Entwicklung nicht nur ungünstig waren, sondern gar nicht den Stand
erreicht hätten, in dem sie überhaupt möglich sein könnte.
Bestand nun nicht aber die Gefahr, daß sich die bürgerlichen
Emanzipationsbestrebungen überhaupt als illusionär und mit
dem historischen Prozeß nur mangelhaft vermittelt herausstell-
ten, galt es nicht einzuräumen, daß die geistigen Errungenschaften in Deutschland nicht in praktisch-politisches Handeln sich
verwandeln ließen? Gedanken, die naheliegen, die aber schon deshalb keine Aussicht hatten, sich wirklich durchzusetzen, weil die
Lebens- und Arbeitsbedingungen der meisten Schriftsteller und
bürgerlichen Intellektuellen noch durchaus auf demselben Stand
waren wie vor 1789 (also etwa der freie Schriftsteller wie bisher
keine Überlebenschance besaß, wenn er nicht auch ein Amt oder
mäzenatische Unterstützung fand) und weil die Machtverhältnisse dem bürgerlichen Menschen nur wenige und meist geringfügige Betätigungsmöglichkeiten einräumten. Kirche, Militär,
Beamtenschaft, und auch da meist nur in den unteren Rängen,
auch Schulen und Universitäten boten nur geringe Möglichkeiten. So galt es, neue Konzepte für die immer noch als notwendig
angesehenen Veränderungen zu finden. Eine nichtrevolutionäre
Reformidee nach älterem aufklärerischem Muster lag da am
nächsten, sie existierte zwar in der Form eines einheitlichen politischen Programms nirgendwo, einfach deshalb, weil es keine einheitlichen politischen Parteien gab; aber die wesentlichen Elemente lassen sich aus den politischen und staats- und gesell-
schaftstheoretischen Schriften Fichtes oder Kants ebenso ablesen,

wie aus Wielands ›Merkur‹-Aufsätzen, Schillers Briefen ›Über die ästhetische Erziehung des Menschen‹ oder sogar Goethes Maximen seines politischen Handelns. Zentral für den reformpolitischen Katechismus der Zeit war die Freiheit in allen Belangen des geistigen, sozialen und wirtschaftlichen Lebens. Das bedeutete Toleranz in religiösen und weltanschaulichen Fragen, Zensur- und Pressefreiheit, Aufhebung feudaler und zünftischer Privilegien, Gleichheit vor dem Gesetz und Schutz des bürgerlichen Privateigentums. Den Schriftstellern und Intellektuellen kam bei der Verwirklichung dieses Programms die führende Rolle zur »Lenkung der öffentlichen Überzeugung (opinion publique)« zu, die »alle gewaltsamen Revolutionen unmöglich« machen sollte, wie es Karl Leonhard Reinhold seinen Zeitgenossen erläuterte.[61] Wobei er ihnen einschärfte, daß, »solange die bürgerliche Freiheit, als die äußere Möglichkeit, zu tun, was keinem andern schadet, nur von einer durch positive Einrichtungen und Gesetze allein zu erhaltenden äußern Unmöglichkeit, zu tun, was andern schadet, abhängt, zwischen bürgerlicher und natürlicher Freiheit ein Widerspruch stattfinde, der nur durch innere Beschränkung der Zügellosigkeit, nur durch moralische Kultur, durch Veredlung der Personen nach und nach verschwinden kann«[62]. Erziehung wird zum Schlüsselwort für alle Fragen, die sich aus historischem Veränderungswillen ergeben und erneut rückt dabei auch das Übel der politischen und staatlichen Zersplitterung Deutschlands in den Vordergrund, das patriotische Motiv gewinnt neue Anziehungskraft. In seinen Betrachtungen und Zweifeln ›Über teutschen Patriotismus‹ mußte Wieland im Mai 1793 das Fehlen eines allgemeinen Einigungswillen feststellen (»Es giebt vielleicht – oder vielmehr es giebt ohne Zweifel Märkische, Sächsische, Bayrische, Würtembergische, Hamburgische, Nürnbergische, Frankfurtische Patrioten, u. s. w. aber teutsche Patrioten, die das ganze Teutsche Reich als ihr Vaterland lieben ⟨. . .⟩ wo sind sie?«[63]), blieb dabei aber nicht stehen. Denn dieser Mangel hat seine Ursachen und Wieland nennt die Namen: Um sein Vaterland zu lieben, braucht man nicht nur patriotische Gefühle; diese müssen notwendig sogar fehlen, wenn es für sie keinen Grund gibt. Man liebt nur, was liebenswert ist und indem der Autor nun

einzeln aufzählt, was alles dazu gehört, ein Vaterland für seine
Bürger liebenswert zu machen, kommt er zu einem fast vollständigen Katalog von Forderungen, wie sie auf die eine oder andere
Weise in alle bürgerlichen Reformpläne der Zeit eingegangen
sind. »Niemand kann stärker als ich überzeugt seyn, daß das was
den Patriotismus hervorbringt oder ausschließt, nicht das ist, was
man die Form der Regierung nennt, in sofern sie monarchisch
oder republikanisch, aristokratisch oder demokratisch, gemischt
oder einfach ist; niemand kann überzeugter seyn, daß Patriotismus die natürliche Frucht einer auf die Gerechtigkeit der Gesetze
und die Zuverlässigkeit ihrer Vollziehung gegründeten Zufrieden-
heit des Volks mit seinem Zustande ist; unter welcher Regierungsform es auch sey. Nicht eine schimärische, nur unter Wilden, ja unter diesen kaum mögliche Gleichheit, welche allen
Unterschied der Stände oder alle Vorzüge eines Standes vor dem
andern, aufhebt, sondern die Gleichheit aller Glieder des Staats
vor dem Gesetz; nicht die Größe, sondern die Sicherheit des
Eigenthums, – nicht das einem jeden Bürger durch eine demokratische Konstitution zugetheilte Recht unmittelbar an der höchsten Gewalt im Staate Antheil zu haben, sondern die Gewisheit
eines jeden Bürgers, daß er von der höchsten Gewalt kein
Unrecht zu erleiden hat; nicht das, was die schwindlichten Franzosen politische Freyheit nennen, sondern die Freyheit von Unterdrückung, von ungerechter Einschränkung des Gebrauchs seiner
Kräfte und Talente, die Befreyung von allen unklugen, auf den
gegenwärtigen Zustand nicht mehr passenden, und eben darum
ungerechten Gesetzen, Gebräuchen und alten Einrichtungen –
sind die ersten und nothwendigsten Bedingungen, unter welchen
es möglich ist, daß ein Volk sich glücklich genug fühle, um das
Land ⟨...⟩ mit Anhänglichkeit zu lieben ⟨...⟩«[64] Wieland gehört
dabei, wie die Weimarer Klassiker, zu den Schriftstellern, die
zunehmend, auch angesichts des »unbegreiflichen Unsinn⟨s⟩ der
gallischen Schwärmer und Fakzions-Männer«[65] dem schnell um
sich greifenden patriotischen Wesen skeptisch gegenüberstanden
und an die kosmopolitischen politischen Bestrebungen der Aufklärung anknüpften. Ja, darin bestand gerade eine wichtige Tendenz des gemeinsamen Kulturprogramms von Goethe und Schil-

ler (und ein populärer Angriffspunkt späterer Patrioten, von den Befreiungskriegen bis zum Vormärz), Humanität und Freiheit in weltbürgerlicher Absicht zu verwirklichen. »Der Dichter wird als Mensch und Bürger sein Vaterland lieben«, erläutert Goethe noch 1832 Eckermann, »aber das Vaterland seiner *poetischen* Kräfte und seines poetischen Wirkens ist das Gute, Edle und Schöne, das an keine besondere Provinz und an kein besonderes Land gebunden ist, und das er ergreift und bildet, wo er es findet. Er ist darin dem Adler gleich, der mit freiem Blick über Länder schwebt, und dem es gleichviel ist, ob der Hase, auf den er hinabschießt, in Preußen oder in Sachsen läuft.«[66]

Während Herder, Wieland, Schiller und Goethe immer auf der Grundlage der Idee eines allgemeinen Weltbürgertums ihre Reformvorstellungen entwickelten und auch das weitumfassende Projekt einer Nationalerziehung ohne vaterländische Affekte auskam (was vielleicht nicht unwesentlich zur Erfolgsigkeit des Modells Weimar beigetragen haben mag), entfaltete die romantische Schule, vermittelt mit ihren historischen Interessen, einen patriotischen Konsens, der unter dem Eindruck der Revolutionskriege und der napoleonischen Eroberungen in ungehemmten Nationalismus übergehen konnte und mit antifranzösischem Ressentiment aufgeladen war. »Waren es denn nicht eben jene quietistischen Romantiker«, fragt Eichendorff rückblickend auf die Anfänge der Schule, »welche das alte Sagenbuch der deutschen Nationalpoesie wieder aufgeschlagen, und auf die alten Burggeister weisend, überall im stillen deutschen Sinn und deutsches Recht weckten und an Tugenden erinnerten, die der Gegenwart nottaten? Oder habt ihr die männlichen Klagen und gewaltigen Lieder schon vergessen, womit Friedrich Schlegel unausgesetzt zur Umkehr aus der moralischen Verwesung mahnte und die wie ein unsichtbarer Heerbann durch alle Herzen gingen? Und dies alles in einer Zeit, wo Napoleon sein Schwert über Deutschland gelegt hatte, wo es keine müßigen Spaziergänge europamüder Poeten galt, um für hochtrabende Floskeln den Lobpsalm der Journale einzuwechseln, sondern, wo es galt, das Leben für den Ernst des Lebens einzusetzen.«[67] Zwei Richtungen der nationalen Einigungsbewegung erblicken wir nach der Jahrhundertwende.

Die eine liegt direkt in aufklärerischer Traditionslinie und setzt die nationalstaatlichen Vorhaben des 18. Jahrhunderts fort, von Fichte bis Ernst Moritz Arndt reichen ihre Repräsentanten. Die andere ist mit der Frühromantik verbunden und häufig ein, deshalb nicht weniger wirkungsvolles, Kunstprodukt, genährt und unterhalten von der Begeisterung für die nationale Geschichte und ihre Zeugnisse, für Meistersang und Minnewesen. Politische Romantik läßt sich nicht von ästhetischem Denken trennen, sie ist vielmehr ein ästhetisches Faktum durch und durch. Auch an ihre Adresse richtet sich Fichtes leidenschaftliche Mahnung in seinen ›Reden an die deutsche Nation‹: »Laßt uns auf der Hut sein gegen diese Überraschung der Süßigkeit des Dienens, denn diese raubt sogar unsern Nachkommen die Hoffnung künftiger Befreiung. Wird unser äußeres Wirken in hemmende Fesseln geschlagen – laßt uns desto kühner unsern Geist erheben zum Gedanken der Freiheit, zum Leben in diesem Gedanken, zum Wünschen und Begehren nur dieses einigen.«[68]

Fast bis zur Jahrhundertwende gibt es trotz aller Differenzierungsbemühungen, aller Modifikationen im Verhältnis der Schriftsteller zur Französischen Revolution dennoch keine bedeutsame, ausdrücklich gegenrevolutionäre Strömung in der deutschen Literatur, die offen eine Restauration ständisch-monarchischer oder feudaler Herrschaft propagiert hätte. Einzelne radikal konservative Gegner traten zwar schon früh auf, konnten aber, außer in der höfischen Gesellschaft selber, nur auf wenig Resonanz rechnen. Einer von ihnen war August Wilhelm Rehberg, der in seinen ›Untersuchungen über die französische Revolution‹ (1793) dieses Ereignis als Sonderfall der französischen Geschichte und mit deutschen Verhältnissen unvereinbar erklärte. Die Adelsprivilegien verteidigte auch er nicht offen, wollte den Adel jedoch allenfalls zum freiwilligen Verzicht auf einige, etwa die Rechtsstellung betreffende Bevorzugungen bewegen. »Freiheit besteht in einem Volke nur durch durchgängige Gesetzmäßigkeit. Denn nur dadurch, daß alle den Gesetzen unterworfen sind, wird die Freiheit jedes einzelnen gegen Gewalttätigkeiten Mächtiger (sei es wichtiger Großer oder übermächtiger Bettler) gesichert.«[69] Im selben Jahr wie Rehbergs ›Untersuchungen‹ erschien auch die deutsche Übersetzung von Edmund Burkes ›Betrachtungen über die französische Revolution‹ durch Friedrich Gentz, der späterhin zu einem der wichtigsten Wortführer der Restauration und engen Vertrauten Metternichs werden sollte. Grundgedanke dieser und der von ihnen inspirierten Schriften, etwa auch der historischen Rechtsschule und dann Adam Müllers, war eine neue gegen den alten aufklärerischen Konsens gerichtete Staatsidee, die Recht und Staat aus der Sphäre rationaler Planung und Praxis rückte und zu einem in sich lebendig sich entwickelnden, über Generationen wachsenden Körper, einem Organismus erklärte.

Parallelen dazu finden sich bei den frühromantischen Schriftstellern durchaus, und wenn etwa Friedrich Schlegel auch den Gedanken der Volkssouveränität zunächst wirklich nicht preisgeben will, kündigt sich in der schon zitierten Stelle aus dem ›Versuch über den Republikanismus‹ mit dem dort verfochtenen Gemeinschaftsideal doch schon eine über das nationale Einigungsstreben im pragmatischen Sinne hinausgehende Tendenz an, die er später in seinen Vorlesungen von 1804 ausführen sollte. So daß schließlich Treue und Liebe, die freiwillige Unterwerfung zu den wichtigsten Tugenden und Garantien staatsbürgerlichen Lebens aufgedonnert werden und zuletzt sogar die Wiederbelebung des feudalen Ständestaats am Gedankenhorizont auftaucht. Nicht nur bei Schlegel natürlich. 1798 hat Novalis seine Fragmentensammlung ›Glauben und Liebe oder der König und die Königin‹ veröffentlicht, ein besonders merkwürdiges Dokument frühromantischen Bemühens, die Gegensätze, hier feudale Staatsidee und Revolutionsideale, zu versöhnen. In diesem Projekt, wie wir es ruhig mit dem romantischen Ausdruck für eine unendliche Realisation des Gedankens bezeichnen dürfen, kommt dem König als dem idealen Repräsentanten vor allem erzieherische Funktion zu. »Der ganze Staat läuft auf Repraesentation hinaus. Die ganze Repraesentation beruht auf einem Gegenwärtig machen – des Nicht-Gegenwärtigen und so fort – (Wunderkraft der *Fiction*). Mein Glauben und Liebe beruht auf *Repraesentativen Glauben*. So die Annahme – der ewige Frieden ist schon da – Gott ist unter uns – hier ist Amerika oder Nirgends – das goldne Zeitalter ist hier – wir sind Zauberer – wir sind moralisch, und so fort.«[70] Der König als anschauliche Projektion eines Idealbildes, hinter dieser Auffassung steht die Renaissance-Idee vom vollkommenen Hofmann und Fürsten, der Vorbild und Erziehmedium seines Volkes ist. »Erziehungsmittel« nennt ihn Novalis, sein fernes Ziel soll es sein, »alle Menschen ⟨...⟩ thronfähig« zu machen[71] und erst aufgrund der solcherart erlangten Mündigkeit kann auch an die Verwirklichung der Menschenrechte und der Revolutionsziele gedacht werden. Aber das ist nicht alles. In seiner etwas späteren Rede ›Die Christenheit oder Europa‹ (1799), der selbst seine Weggenossen aber oft nicht mehr folgen wollten (sie hätten sie »einstimmig verworfen«, erinnerte sich Tieck[72]), begründet Novalis nun seine pädagogische Idee vom Königtum durch geschichtsphilosophische, besser heilsgeschichtliche Spekulationen, indem er ganz konsequent nicht mehr das (demokratische) Griechenland, sondern die »ächt katholischen oder ächt christlichen Zeiten« des Mittelalters[73] als Paradigma auch der zukünftigen historischen Entwicklung behauptet. Wenige Jahre später, 1803, faßt dann Schelling die Grundlinien der neuen, antirevolutionären Staatstheorie skizzenhaft zusammen. Er würdigt Fichtes Unternehmen, »den Staat wieder als reale Organisation zu construieren«, kritisiert freilich die Beschränkung auf die bloß endliche Seite, auf die äußere Erscheinung, wodurch der »Organismus der Verfassung in einen endlichen Mechanismus« ausgedehnt und »der Staat nur als Mittel, als bedingt und abhängig begriffen« wird. Dagegen sei die eigentliche Aufgabe die Konstruktion »des absoluten Organismus in der Form des Staats«.[74] Der eigentliche Ideologe der neuen romantischen Staatsidee, Adam Müller, führte Schellings Grundriß mit Burkes Ideen in seinen ›Vorlesungen über das Ganze der Staatskunst‹ (1808/09) zusammen. Staat bedeutet ihm die Totalität des Lebens, lebendige Beziehung der einzelnen Glieder der Gemeinschaft untereinander, eine »innige Verbindung ... des gesamten inneren und äußeren Lebens einer Nation, zu einem großen, energischen, unendlich bewegten und lebendigen Ganzen«[75]. Jeder einzelne ist organisch verbunden mit dem Ganzen durch dessen Keimzelle, die Familie. Müller nennt daher den Staat die »Familie aller Familien«[76]. Entsprechend seiner Lehre vom Gegensatz und analog zum inneren

Antagonismus der Familie (Mann – Weib) lebt auch der Staat aus der Polarität zweier Gegensätze, der ständischen Gegensätze von Adel und Bürgertum: »Wir brauchen zwei Ideen, um unseren Staat zu bilden: nur aus Gegensatz und Streit, welchen die Natur angerichtet hat, können wir Frieden erzeugen; die beiden streitenden Ideen müssen persönlich, verkörpert, in lebendigen Stellvertretern in jedem Staat auftreten; wir müssen durch äußere Entgegensetzung der Glieder des Staates in allen unseren Lebensverhältnissen daran erinnert werden, daß ohne Streit der Kräfte, nicht bloß einzelner industrieller Kräfte, sondern aller Kräfte der menschlichen Natur, kein Friede zu denken und zu bilden ist.«[77] Es ist nicht schwer zu begreifen, worauf diese Theorie hinauslaufen soll: auf die ständisch geordnete, halbfeudale Monarchie, »die ewig unerschütterliche, heilige Institution des Adels«[78] und die Notwendigkeit ständischer und korporativer Vorrechte. Müllers ›Elemente der Staatskunst‹ sind schon als eine Art Programmschrift der ›Christlich-Deutschen Tischgesellschaft‹ bezeichnet worden[79], jenes von Achim von Arnim im Januar 1811 gegründeten Kreises, dessen Wirken sich gegen die napoleonische Eroberungspolitik richtete. Der Staat, erinnert sich Arnim rückblickend in einer Rede am 18. Januar 1815, »stand durch die äußere Noth und Unbedeutenheit gedrängt, auf dem Scheidewege, sich entweder gänzlich dem gleisnerischen französischen mechanischen Staatseinrichtungen nachzubilden, oder sich innerlich treflich zu ordnen, sich eine freye Verfassung zu geben . . .«[80] Arnim und manch anderes Mitglied der Gesellschaft, wie Iffland oder Schleiermacher oder Eichhorn, können zwar nicht ohne weiteres zur Adelsfronde gerechnet werden wie Müller oder von Gerlach, doch die antiliberale Staatsidee ergab doch so etwas wie einen gemeinsamen Nenner, weil sie gegen den äußeren Feind gerichtet war und mit manchen bürgerlichen Idealen (Verfassungsstaat) vereinbar schien. Zu welch merkwürdigen Konstruktionen man kommen konnte bei dem Versuch, das Gegensätzliche in einer einheitlichen Vorstellung zu verschmelzen, zeigt Arnims Bemühen, die Stellung des Adels neu zu durchdenken. Dessen Abschaffung billigt er zwar, wo seiner äußeren Form kein innerer Gehalt mehr entspricht (»Der Adel muß nie als eine blos künstliche Einrichtung aus der Idee angesehen werden, er kommt vom Blut, er ist eine veredelte Rasse.«[81]), doch ist die Alternative nicht eine adelslose Gesellschaft, sondern die Regenerierung des Adels aus anderen gesellschaftlichen Schichten, so daß man »so viele wie dessen fähig zum Adel heraufbringt«[82]. Der Adlige als edles Vorbild der Menschenbildung – auch das ist eine romantische Idee eher im ästhetischen als im politischen Sinne – und ein ganz und gar hilfloses Reaktionsbild gegen die »Weltidee zu Pferde«, wie Hegel Napoleon genannt hat.

4. Revolutionsfreunde, besonders Georg Forster

Wenn wir uns die politische Landkarte der Zeit vergegenwärtigen, sind die Zentren einer revolutionären, pro-französischen Einstellung und Praxis schnell auszumachen. Süddeutschland kann man kaum dazurechnen, hier fanden die Revolutionsanhänger sehr viel ungünstigere Wirkungsvoraussetzungen als anderswo, da sie weder mit der Duldung durch liberale Staatsregierungen, noch mit der Protektion ausländischer Mächte rechnen konnten. Selbst die Hoffnungen schwäbischer Demokraten, bei der Gründung einer »Schwäbischen Republik« nach dem Vorbild etwa der Schweiz die Unterstützung von französischen Truppen zu bekommen, mußte endgültig aufgegeben werden, nachdem General Jourdan am 16. März 1799 proklamiert hatte, politische Unruhen würden nicht toleriert. Sieht man von dem Wiener Jakobiner-Zirkel um Andreas Riedel ab, der das Vertrauen und die Gunst Kaiser Leopold II. genoß und unter dessen kurzer Regierungszeit (1790-1792) allerlei reformerische Pläne verfolgen konnte (Verfassungsentwurf und Wahlordnung 1791[83]), so wirkten die meisten süddeutschen Jakobiner unter dem Schutze der Anonymität, verbreiteten ihre Überzeugungen in Broschüren, Liedern, vor allem aber in Flugschriften, die an aktuelle Ereignisse, also etwa die Friedensschlüsse des Jahres 1801 anknüpften und ihre Leser bei dieser Gelegenheit zu agitieren suchten. »Ist es nicht eine wahre Torheit«, fragt der Autor einer Münchener Flugschrift im März 1801, »von einem einzelnen

Menschen zu erwarten, daß er uns schütze und beglücke? Kann denn ein einziger Mensch eine große Nation von einer Million und etwelchen hunderttausend Menschen beschützen und beglücken? Gewiß nicht. Aber wer soll uns denn hernach schützen? werdet ihr fragen. Niemand anderer als ihr euch selbst, denn die beschützende Kraft und das Vermögen, euch zu beglücken, liegt vielmehr in eurer Mitte oder bei euch selbst. Ein Regent hat keine anderen Mittel, keine andere Werkzeuge als eure Kräfte. Ihr seid es, die ihr alles zum Schutz und Beglückung hergeben mußtet. Ihr selbst habt bisher euer Geld, eure Ärme, euer Gut und euer Blut dazu liefern müssen. Ihr selbst könnt euch also schützen und beglücken, wenn ihr wollt, und zwar besser und wirksamer, als es irgendein einzelner Regent zu tun imstande sein kann. Wär es demnach für das Land nicht weit nützlicher und besser, wenn die Nation sich selbst eine Verfassung, selbst eine Staatsregierung gäbe und dasjenige befolgte, wozu wir in einer jüngst im Druck erschienenen Bekanntmachung aufgefordert wurden, als daß wir mehr einen sowohl an physischen als moralischen Kräften blutarmen Regenten, der uns weder raten noch helfen, sondern nur Verwirrungen auf Verwirrungen häufen kann, der uns nicht den geringsten Nutzen, wohl aber den größten Schaden bringt, noch länger umsonst auf der Schüssel haben und mit so viel Millionen für nichts und wieder nichts unterhalten sollten?«[84] Immer wieder gibt es hier und da Unruhen, Einzelaktionen wie die Aufrichtung einer Stange mit der roten Freiheitsmütze am 30. Juli 1794 in Nürnberg oder den öffentlichen Anschlag von Aufrufen, doch von größerer politischer oder gar literarischer Bedeutsamkeit ist das alles nicht.

In Norddeutschland sah es etwas anders aus. Die großzügige liberale Duldung der jakobinisch-demokratischen Publizistik durch die Freie und Hansestadt Hamburg mußte zwar auf massiven Druck Preußens nach 1793 eingeschränkt und schließlich weitgehend aufgegeben werden, doch war weiterhin das benachbarte Altona, unter dänischer Herrschaft stehend, ein Zufluchts- und Publikationsort revolutionär-demokratisch gesinnter Autoren. Dorthin zog sich, um nur ein Beispiel zu nennen, auch der gebürtige Hamburger Heinrich Würzer zurück, der zu den radi-

kalsten Revolutionsfreunden seiner Heimatstadt gezählt wurde.
Er stammte aus kleinen handwerklichen Verhältnissen, der Vater
war Bäckermeister gewesen, er selber hatte in Göttingen Jura studiert und es dann zum Hofmeister, Doktor und später gar Privat-
dozenten gebracht. Ein Freund Rebmanns und Anwalt Robespier-
res in Deutschland, versuchte er auch den Jakobinerterror zu
rechtfertigen, indem er ihn mit den Verwüstungen durch das
Braunschweigische Kriegsheer verglich und als kleineres Übel
bezeichnete. 1793 veröffentlichte er einen ›Revolutionskatechis-
mus‹ und 1795, schon von Altona aus, ›Neue Hyperboreische
Briefe oder politische Träumereien, Einfälle und Erzählungen aus
meines Vaters Brieftasche‹, in denen er preußischen Despotismus
und Aberglauben geißelt und die privilegierten Stände für das
Elend der Handwerker und Bauern verantwortlich macht.

Sammelort einer jakobinischen Bewegung in Deutschland
sollte freilich das Rheinland werden und die Voraussetzungen
waren dort denn auch besonders günstig. Die Universitäten
(Köln, Bonn, Mainz, Trier) waren der Aufklärung und der ratio-
nalistischen Wissenschaft verpflichtet, das Bürgertum in Handel
und Wandel zwar noch von alten Zunftgesetzen eingeengt, aber
selbstbewußt genug, um diese Schranken in Frage zu stellen, um
Toleranz, Freiheit und Eigentumssicherung zu fordern, eine
starke bäuerliche Bevölkerung (allein in Kurmainz dreiviertel der
Gesamtbevölkerung), die von den französischen Revolutionsideen
schneller berührt war als das andernorts möglich gewesen wäre
– allein wegen der nachbarschaftlichen Lage zur französischen
Republik. Nach Rudolf Eickemeyers Bericht ›Die Übergabe der
Festung Mainz‹ hat auch General Custine »den guten Erfolg seines Unternehmens auf die schlechte Zusammensetzung der Gar-
nison, vorzüglich aber auf die Unzufriedenheit der Bürger mit
dem Kurfürsten und ihre Begeisterung für die Sache der Franzosen gegründet . . .«[85] Freilich muß man derartige Berichte mit
Vorsicht nehmen, weil sie natürlich die französische Kriegspolitik
entlasten sollten. Auch hat die innere Entwicklung der Mainzer
Republik gezeigt, wie wenig Verlaß auf Handels- und Handwer-
kerstand schließlich war, und daß die jakobinische Führung,
organisiert in der ›Gesellschaft der Freunde der Freiheit und

Gleichheit‹, mit ihren etwa 450 Mitgliedern ziemlich autoritär
ihre Vorstellungen durchsetzte (am 17. März wurde mit dem
›Rheinisch-deutschen Nationalkonvent‹ das erste moderne Parlament auf deutschem Boden eröffnet), so daß etwa 15 000 Mainzer Bürger ausgewiesen wurden oder emigrierten.[86]

Keiner der Mainzer Revolutionäre aber übertraf an politischer
Weitsicht, an geistiger Schärfe und Empfindlichkeit, schließlich
an engagierter, doch unfanatischer Gesinnung den Bibliothekar
der Mainzer Universität Georg Forster, den neben Lichtenberg
auch Goethe zu seinen Freunden zählte; er war Goethe mehrfach
begegnet, 1785 hatte er ihn auch in Weimar besucht und er traf
ihn wieder zu Beginn des Frankreichfeldzugs, über den Goethe
später unter dem Titel ›Campagne in Frankreich‹ (1822) berichtet.[87] Seiner Herkunft nach ein konsequenter Aufklärer, gehörte
Forster schon früh zu den Revolutionsfreunden und ab 1792 zu
den führenden Mitgliedern des Mainzer Jakobinerklubs, als dessen Deputierter er im März 1793 nach Paris gesandt wurde,
dann nicht mehr zurückkehren konnte, weil Mainz inzwischen,
am 23. Juli 1793, gefallen war. Goethe berichtet in seiner ›Belagerung von Maynz‹ (1822) die Geschehnisse, weiß auch von
»mancher heroischen Tat der tüchtigen Stadtbürger« zu berichten[88], und vermutet wohl zu recht, daß die Übergabe der Festung
durch die Partei in Paris, »wozu die Mainzer Komissarien gehörten«[89], frühzeitig veranlaßt worden war, weil noch genug Reser-
ven vorgefunden wurden. Ein Jakobinerfreund war Goethe nicht,
und sein Urteil fällt hart, aber nicht ungerecht aus: »Denn nicht
der Krieg allein, sondern der durch Unsinn aufgelöste bürgerliche
Zustand hatte ein solches Unglück bereitet und herbeigeführt.«[90]

Bis zum Jahre 1792 unterscheidet sich Georg Forsters Leben
und Geistesentwicklung vom Muster eines aufklärerischen
Lebenslaufs eigentlich nur in der ersten frühen Phase, in der er
gerade elf Jahre alt als Begleiter des Vaters Rußland bereist hatte
(1765/66), ihm anschließend nach England gefolgt war und ihn
1772, mit 17 Jahren, als Botaniker auf Cooks zweiter Entdek-
kungs- und Forschungsreise hatte begleiten dürfen. Ein spektakuläres Unternehmen, drei Jahre hatte die bisher längste Segelfahrt
um die Erde gedauert, eine Erfahrung, die Forsters Denken für

immer auf Beobachtung und Induktion verpflichtet hat. Von einer kurzen schwärmerischen Phase abgesehen, in der Jacobis Einfluß dominierte und die ihn bis in die Nähe der Rosenkreutzer brachte, ist er ein aufgeklärter, vorurteilsloser Mann geblieben bis zuletzt, frei von jedem Schematismus, ganz nach dem Herzen Lichtenbergs, der mit ihm zusammen das ›Göttingische Magazin der Wissenschaften und Litteratur‹ herausgegeben hatte. »Allein soviel bleibt gewiß, daß der Widerspruch noch keiner *Wahrheit* geschadet hat, und daß es vielmehr das einzige untrügliche Merkmal ist, woran wir hienieden Wahrheit unterscheiden können, wenn sie nämlich jede Probe besteht und allen Einwürfen getrost entgegentreten darf«[91], schrieb er 1787 in der Vorrede zu seiner Schrift ›Zweifel gegen die Entwicklungstheorie‹. Ausgangspunkt seiner Forschungen und Schriften, ob sie sich nun mit seinen Reiseerfahrungen beschäftigten, mit Natur, Kunst, Religion, dem Staat oder der Gesellschaft, bildet immer die Empirie – in seiner Generation natürlich längst keine Ausnahme oder Seltenheit mehr – um derart das aufklärerische Ziel »einer höhern gesellschaftlichen Glückseligkeit, als die Welt noch kannte« zu erreichen.[92] Die Aufklärung besaß auch in Deutschland seit Leibniz' Zeiten die Tendenz, Fortschritte der Erkenntnis in die Lebenspraxis zu übersetzen. Das gelang selten, doch fehlte nicht die Absicht und auch die Reflexion war dazu nicht etwa zu unzulänglich, die Bedingungen fehlten, unter denen ihre Ergebnisse nun auch wirklich erprobt werden konnten. Liegt in dieser Tatsache ein wichtiger Grund für Goethes Hinwendung zu den Naturwissenschaften, so motivierte sie umgekehrt die Entscheidung des Naturwissenschaftlers Forster für die politische Praxis, sobald sich dazu die Gelegenheit bot; und sei es unter der Protektion der französischen Besatzungsarmee. Eine Hypothek der jakobinischen Politik in Mainz und anderswo von Anfang an, so daß etwa Lichtenberg spottete: »Die Franzosen versprechen in den adoptierten Ländern Bruderliebe; sie schränckten sich am Ende blos auf Schwesterliebe ein.«[93] In seiner ›Anrede an die Gesellschaft der Freunde der Freiheit und Gleichheit am Neujahrstage 1793‹ hat Forster das politische Programm einer jakobinisch-radikal gewordenen Aufklärung zusammengefaßt. Wichtig die Stellungnahme zum Gewaltproblem, das vielen Zeitgenossen unlösbar schien und zu dem sich der Redner bemüht, einen historischen Standpunkt zu gewinnen: »Die Nachwelt wird es nicht vergessen, daß unsere Brüder zuerst die Denkmäler der Tyrannei eines barbarischen Zeitalters stürzten, zuerst unser tief gedemütigtes Volk gewöhnten, das Haupt emporzuheben und sich als Menschen und Freigewordene zu fühlen.«[94] Freilich sind Forsters Ansichten von der Revolution so ungebrochen nicht, wie manchmal behauptet.[95] Zwar präzisierte er unter dem Eindruck der eigenen empirischen Erfahrungen von der kurfürstlichen Politik und nach der Lektüre einiger radikaler Reformer wie Carl Wilhelm Froelich seine ursprüngliche, die Revolution allein als notwendige, krisenhafte Erschütterungen begreifende Auffassung, die unerläßlich zur Erreichung höherer sozialer und kultureller Stufen sei, und begann, sie als einen dynamischen historischen Prozeß zu sehen, eine Gärung, den unabänderlichen Naturereignissen vergleichbar (»Die Lava der Revolution fließt majestätisch und schaut nichts. Wer kann sie abweisen?«[96]), dennoch menschliches Werk, begonnen durch die Aufklärung und hervorgetrieben aus dem Widerspruch zwischen Arm und Reich. »Wir werden es bald erleben, daß die Nation alles Reichtumes in Frankreich Depositair sein wird, und alsdann realisiert sich, freilich anders, als man gewöhnlich versteht, aber doch bis auf die Modifikation der Art und Weise, immer noch im eigentlichen Verstande, die lakedämonische Republik und Familienschaft in einem Haufen von vierzig Millionen.«[97] Er findet sich mit solchen Auffassungen übrigens ganz an der Seite eines anderen namhaften Mitstreiters bei der Gründung der Mainzer Republik, Georg Wedekind, der, ebenfalls in einer Rede vor der Mainzer ›Gesellschaft‹ seine Überzeugung verfocht, daß unter dem Einfluß einer demokratischen Verfassung »die Menschen fleißig werden, ohne sich eben plagen zu müssen, um eine Menge Müßiggänger zu ernähren«[98] und daß die Reichtümer verteilt, und so die Zahl der armen Leute durch Verfügung des Besitzes der reichen Leute vermindert werden.

Ein bedenkenloser Praktizist und Gewaltapologet ist aber auch Georg Forster niemals gewesen. Revolutionäre Gewalt galt ihm als notwendiges Übel, und er hoffte, wenn die Auftritte des Blutgerichts vorüber seien, übersehe man sie in der Geschichte, um der heilsamen Folgen willen, die man zwar nicht durch sie, aber nebenher durch die Revolution erlangte. So kommt es, daß er zunehmend diesen heilsamen Nebenfolgen seine Aufmerksamkeit widmete, daß ihm die politische, äußere Freiheit wieder in genuin aufklärerischem Sinne allein noch als bloße Voraussetzung des eigentlichen historischen Ziels der kulturellen Bildung und moralischen Weiterentwicklung wünschenswert schien, womit er, wie wir sehen werden, dem »Modell Weimar« nicht sehr ferne stand. Den politischen Weggefährten rechnete er die Aufgaben vor, und schon in der Neujahrsrede finden wir dabei eine wichtige Modifikation des jakobinischen Programms. Denn »im festen Beharren auf Freiheit und Gleichheit, auf den unverjährbaren Rechten unserer Natur«[99] sieht er zwar die wichtigsten Grundsätze des Mainzer Klubs, schränkt dessen Tätigkeit aber eindeutig auf Erziehung ein, sieht auch sich vorzüglich in der Funktion des »*Menschenlehrers*«[100], der die Mitbürger zur Freiheit aufruft und »von ihren Segnungen zu belehren« hat.[101] Wichtig dabei ist, daß er nicht bloß die bürgerlichen Schichten als Adressaten des freiheitlichen Erziehungsprogramms anspricht, sondern sein besonderes Augenmerk »dem guten, redlichen Landmanne« gilt[102] und die Bauern insgesamt in den Stand versetzt werden sollen, »sich als freie Menschen zu organisieren«: »*Dies* meine Brüder, ist also der wichtigste Zeitpunkt, wo auf unserm Rate, unserer Belehrung, unserm Beispiele vielleicht das Heil des ganzen Staats beruht.«[103] Das geht weit über die Intentionen der Volksaufklärung hinaus, die seit den achtziger Jahren die Bauern auch an den aufklärerischen Errungenschaften hatte beteiligen wollen, womit aber vor allem eine Anhebung ihrer agrarwirtschaftlichen Fertigkeiten und moralischen Bildung gemeint war. Kein Zweifel, Forsters politisches Programm, vorgetragen von einem Meister klassischer deutscher Kunstprosa, einem Redner und Essayisten von Rang, der keinem der großen französischen Schriftsteller auf diesem Gebiet, von Diderot bis Voltaire, nachsteht, beschränkt sich nicht bloß auf die Übertragung französischer Ideen und Erfahrungen auf deutsche Verhältnisse; Forster versucht vielmehr,

gewisse Fehlentwicklungen von vornherein zu verriegeln. Das
geschieht vor allem durch die beharrliche Betonung der ethischen
Perspektive, durch die Einschätzung der Revolution als eines bloßen Mittels zu größeren, aufklärerisch-humanistischen Zwecken,
durch die Einsicht in eine umfassende Volkserziehung, um auf
diese Weise eine notwendige Voraussetzung politischer Kultur zu
schaffen, und bloß vernichtenden, sinnlosen Terror zu verhindern. Wobei sich für ihn von selbst versteht, daß allein das souve-
räne Volk politische Macht legitimiert, daß die politische und
rechtliche Gleichheit aller Menschen unabhängig von ihren
Besitzverhältnissen gegeben sein muß, und in der sozialen Frage
der Staat gegenüber den besitzlosen verelendeten Schichten zur
Fürsorge verpflichtet ist.

Georg Forster ist, das Schicksal eines deutschen Revolutionärs,
am 10. Januar 1794 als Emigrant in Paris gestorben. Er war
Augenzeuge der Terrorzeit, er hat die Diskrepanz erfahren zwischen der Revolution als aktueller Bewegung und der Revolution
als Institution: »Schlagen Sie übrigens die Geschichte aller Revolutionen, oder zum Beispiel auch nur die der neuesten, nach, und
sehen Sie die Ehrgeizigen aller so schnell aufeinanderfolgenden
Parteien, sowie sie an das Ruder des gärenden Staates gelangten,
am lautesten die kühnen Revolutionsmittel verwerfen, wodurch
sie das Volk zum Werkzeug ihrer Ziele gemacht hatten, und
dagegen Ordnung, Ruhe, Gehorsam gegen die Gesetze und
Unverletzbarkeit sowohl der Personen als des Eigentums predigen, nachdem sie zuvor die tobenden Tribünen, die Verleumdun-
gen, die Anklagen, die Justizmorde, die Plünderungen, die heiligen Insurrektionen in Umtrieb gesetzt hatten.«[104] Die Sätze
stehen in einer Schrift aus dem Jahre 1794 ›Über die Beziehung
der Staatskunst auf das Glück der Menschheit‹, und gehören zu
der fortgeschrittensten Revolutionsanalyse, die die Zeit hervorgebracht hat. Unbeschadet seiner Verachtung der »herzlosen Teufel«, wie er die Revolutionsführer einmal tituliert (»Immer nur
Eigennutz und Leidenschaft zu finden, wo man Größe erwartet
und verlangt; immer nur Worte für Gefühl, immer nur Prahlerei
für wirkliches Sein und Wirken – wer kann das aushalten?«[105]),
unterzieht er die feudale Politik einer vernichtenden Kritik und

zeigt ihre Analogie mit der revolutionären Politik auf, beide erscheinen als verschiedene Spielarten von Menschenverachtung, darauf gerichtet, die Vervollkommnungsfähigkeit des Menschen zu zerstören, ihm das Recht zur »freien Entwicklung unserer Kräfte« zu nehmen[106], um derart ihre Herrschaft dann legitimieren zu können. So findet er als letzten Maßstab zu einem naturrechtlichen Prinzip, das bis heute über das Gelingen oder Scheitern von Politik urteilen läßt: »Endlich, mein Freund, scheint die Zeit gekommen zu sein, wo jenes lügenhafte Bild des *Glücks*, das so lange am Ziele der menschlichen Laufbahn stand, von seinem Fußgestelle gestürzt und der echte Wegweiser des Lebens, *Menschenwürde*, an seine Stelle gesetzt werden soll.«[107]

Zweiter Teil
Weimar und Jena

I. Modell Weimar

1. Klassizität als produktive Ungleichzeitigkeit

Weimar verstehen wir bis heute als ein Losungswort der deutschen Geistesgeschichte, in diesem Sinne ist es ein Begriffsprodukt des 19. Jahrhunderts, genauer: jener Epoche, die Immermann in seinen ›Epigonen‹ (1836) porträtierte und aus welcher er die Züge des Übergangs und der Herbststimmung, der Vergangenheitsfixierung und Zukunftsverzagtheit herauslas. »Unsere Zeit«, beschreibt er seine Arbeit in einem Brief an den Bruder, »die sich auf den Schultern der Mühe und des Fleißes unserer Altvordern erhebt, krankt an einem gewissen geistigen Überflusse. Die Erbschaft ihres Erwerbes liegt zu leichtem Antritte uns bereit, in diesem Sinne sind wir Epigonen. Daraus ist ein ganz eigenthümliches Siechtum entstanden, welches durch alle Verhältnisse hindurch darzustellen, die Aufgabe meiner Arbeit ist.«[1] Nun, das ist nicht die einzige Möglichkeit, sich zu einer als groß und vorbildhaft empfundenen Tradition zu verhalten, und es wird gerade die Enttäuschung sein, die das Ergebnis der Julirevolution von 1830 hinterläßt[2], wodurch die Vergangenheit nun ein ganz anderes Angesicht und Gewicht gewinnt. In der Einleitung zu seiner selber musterhaften ›Geschichte der Deutschen Dichtung‹ (1837) hat Gervinus die deutsche Literatur zur ersten in Europa erklärt, weil »alle Bekanntschaft mit den Alten nur durch uns vermittelt werden kann«. Eine Leistung, die wir zuallererst Goethe und Schiller verdankten, deren Weg zu einem Kunstideal vorgestoßen sei, »das seit den Griechen Niemand mehr als geahnt hatte«[3]. Aber das ist nicht alles. Die eigentliche Musterhaftigkeit der klassischen Epoche der deutschen Literatur besteht für ihn darin, wie sie den »Druck der Verhältnisse«, unter dem auch die Gegenwart leide[4], produktiv überwunden hat. Ich setze die Stelle vom Schluß des Bandes in aller Ausführlichkeit hierher, weil aus ihr mit der wünschenswertesten Deutlichkeit hervorgeht, wie wenig quietistisch oder antiquarisch der Begriff Weimarer Klassik verstanden wurde, ja daß Klassizität sich als ein Utopikum der deutschen Geschichte erwies, als noch längst nicht vollzogener Traum eines historischen Zustandes, den es fortdauernd noch zu erwirken gilt. Ein, überblicken wir die Kontinuität dieser deutschen Geschichte bis heute, immer noch zukunftsreiches Programm nicht bloß unserer Literaturgeschichtsschreibung.«»Nur das Staatsleben beugt die freie Entwickelung noch nieder; und ehe dieses reformirt ist, werden wir vergebens auf eine große Zeit in irgend einer Richtung warten dürfen. Das hatte Göthe in seiner Jugend, dem großen britischen Tragöden gegenüber, schon empfunden, daß es das mangelnde Staatsleben war, was unsere Literatur darniederhielt: denn nur wo sich die Dichtung auf den großen Markt des Lebens wagt, das Gefahrvollste und Größeste zu ihrem Gegenstande zu nehmen nicht scheut, mit den öffentlichen Zuständen Bund macht, und mit dem Leben selber wetteifert, nur da sondert sich ächter Waizen aus der Spreu, und während bei uns das dürftige Talent mit dem ächten Genius in einerlei Joch geht, ist unter freieren Ordnungen dem Laufe freie Bahn gegeben, und die Kraft scheidet sich von dem Unvermögen. Noch im späten Alter war Göthe derselben Einsicht; nur wollte er der Nation ›die Umwälzungen nicht wünschen, die in Deutschland klassische Werke hervorbringen konnte.‹ Wir aber wünschen diese Veränderungen und Richtungen; und wenn die Natur der Entwickelung Umwälzungen dabei nöthig machen sollte, so werden wir auch diesen klüger entgegenkommen, als ausbeugen. Denn wer in der moralischen Welt zu Hause ist, wie Göthe in der Natur war, der wird sie so wohlthätig nennen müssen und so wenig scheuen dürfen, wie dort den Sturm und das Gewitter. Und wäre dann *dazu* durchaus Umwälzung nöthig, daß wir Kräfte endlich gebrauchen möchten, die wir haben? daß wir Rechte gesichert wünschen, deren Unsicherheit sie nutzlos macht? daß wir ein Regiment begehren, das des Volkes innere Kräfte schätzen lerne und ihnen Spielraum gäbe? daß wir die Nation, die den Kern des Weltheils bildet, der spöttischen Stellung entnommen sehen möchten, die sie einnimmt? daß wir die Mündigkeit antreten wollen, zu der wir gebildet und gewachsen sind unter sauerer Schule und schwerer Erfahrung?«[5]

Die Interpretation der klassischen deutschen Literatur als Vorschein politischer Vollendung der deutschen Geschichte in einem einheitlichen und freien Nationalstaat ist ein bürgerlich-liberaler Traum des 19. Jahrhunderts geblieben, ein Wunschtraum aber mit einer ganz eigenen historischen Energie, die noch in der Gründung der Weimarer Republik und der Wahl für den Ort ihrer konstituierenden Versammlung sichtbar geworden ist. Alle Zeugnisse zusammengenommen sprechen von Klassizität dabei durchaus als von einem vieldeutigen Begriff. Er meint ebenso den Rückgang zur wahren klassischen Kunst und Dichtung der Griechen in Winckelmanns Verständnis wie auch deren erneuerte Vollendung auf einer weiteren historischen Stufe, also eine Weiterentwicklung den historischen Erfordernissen der Epoche entsprechend. Insofern ist er ein historischer Begriff, auch wenn er eine verpflichtende Invariante in der Geschichte immer mitbedeutet, eine regulative Idee, die durch die Verwandlungen hindurchgeht, aber gleichsam in sie eingesenkt ist, ihnen Richtung, Maßstab und das Substrat der Veränderung zugleich gebend. Ich kann daher in der Reduktion des Begriffs Klassik auf die Stilkategorie Klassizismus, wie das gelegentlich in der Literaturgeschichtsschreibung vorgeschlagen wurde, nur eine Entleerung und Verkürzung der Sache selber sehen, wie sie sowohl von ihren Produzenten nach 1789 gemeint war und auch im 19. Jahrhundert die Wirkungsgeschichte bestimmte. Daß dabei aus der Not durchaus verschiedene und, denken wir an die monumentalen Schillerfeiern des Jahres 1859, auch zweideutige Tugenden gemacht wurden, beweist nur ein schöpferisches Vermögen im Umgang mit Tradition, das uns fremd geworden ist und dem wir daher gerne eine historische Erblast aufbürden, mit der wir zu rechnen haben, die aber nichts mit der behandelten Epoche zu tun hat. Es kann wohl keinen törichteren Kehraus geben als den immer noch kursierenden Gemeinplatz, die deutsche Geschichte spätestens unseres Jahrhunderts habe Weimar, sein Bildungs- und Kunstideal, seinen Humanismus widerlegt. Als könne eine utopische Konzeption ernsthaft desavouiert werden dadurch, daß die Wirklichkeit ihr nicht folgt, sondern sogar die Gegenrichtung zum historischen Fahrplan wird. Was nur heißen kann, daß allein die barbarische

Wirklichkeit, die sich als angemessener Vollzug des Gedankens erweist, diesen dann auch als Schein zu entlarven vermöchte. Wo die Idee nur dazu herhalten muß, den Betrug zu kaschieren, kann ihr der nichts anhaben, im Gegenteil wird sie immer noch den Maßstab enthalten, der ihn richtet.

Goethe hat es nicht anders gesehen, auch für ihn bedeutet Klassik ein Projekt, keinen Besitz, sie ist, um eine Formulierung Schlegels über die romantische Universalpoesie zur Illuminierung umzumünzen, noch im Werden und unvollendet, eine grenzenlos wachsende Klassizität.[6] »Wenn er ⟨der Dichter⟩ in der Geschichte seiner Nation große Begebenheiten und ihre Folgen in einer glücklichen und bedeutenden Einheit vorfindet; wenn er in den Gesinnungen seiner Landsleute Größe, in ihren Empfindungen Tiefe und in ihren Handlungen Stärke und Konsequenz nicht vermißt; wenn er selbst, vom Nationalgeiste durchdrungen, durch ein einwohnendes Genie sich fähig fühlt, mit dem Vergangnen wie mit dem Gegenwärtigen zu sympathisieren; wenn er seine Nation auf einem hohen Grade der Kultur findet, so daß ihm seine eigene Bildung leicht wird; wenn er viele Materialien gesammelt, vollkommene oder unvollkommene Versuche seiner Vorgänger vor sich sieht, und so viele äußere und innere Umstände zusammentreffen, daß er kein schweres Lehrgeld zu zahlen braucht, daß er in den besten Jahren seines Lebens ein großes Werk zu übersehen, zu ordnen und in Einem Sinne auszuführen fähig ist.«[7]

Die Bedingungen dafür waren zur Zeit der Niederschrift dieses Katalogs nicht gegeben und danach auch nicht. Weimar ist ein Modell, so haben es seine wichtigsten Autoren, Goethe und Schiller zumal, verstanden, doch auch Wieland und Herder, selbst die poetae minores, selbst Musäus und Bertuch und Eckermann hatten ihren Anteil daran. Der Gedanke einer geglückten und vernünftigen, einer moralisch und ästhetisch kultivierten Welt wurde als Weimar in die Wirklichkeit hineingebildet, und so entstand nun allerdings ein sehr produktives Zwitterwesen. In Goethes Gedicht ›Auf Miedings Tod‹ (1782) stehen die oftmals zitierten, zwischen Übermut und Ernsthaftigkeit pendelnden Verse:

O Weimar! dir fiel ein besonder Los:
Wie Bethlehem in Juda, klein und groß!
Bald wegen Geist und Witz beruft dich weit
Europens Mund, bald wegen Albernheit.
Der stille Weise schaut und sieht geschwind,
Wie zwei Extreme nah verschwistert sind.[8]

Das Modell Weimar ist ein Kunstprodukt, und wer wollte die
parodistischen Elemente darin verkennen, die, wie im ›Faust‹,
auch zu seiner Vitalität gehören? Ein Kunstprodukt freilich, das
aus genialen Gedankenkeimen und überlieferten Fragmenten, aus
Idee und Wirklichkeit zusammengesetzt wurde. Oder der chronologischen Ordnung nach: Am Anfang steht eine Konzeption, steht der Gedanke einer neuen institutionellen Ordnung,
die wesentlich der Aufklärung verpflichtet bleibt und nun in einzelnen Zügen den besonderen Zeit- und Sozialverhältnissen
angepaßt wird; parallel, ja manchmal vorweg gehen Perioden
der Erprobung und praktischen Verwirklichung. Am besten
beschreibt man die komplizierte Struktur des Modells Weimar
nach Analogie der Schaubühne, was um so näher liegt und in der
Sache selbst begründet, als die Schaubühne selbst wieder von
Schiller, theoretisch, und von Goethe, praktisch, zum Muster
historischer und sozialer Realität gemacht wurde. Dieses Modell
erscheint in solcher Perspektive dann als die Einheit von dramati-
schem Text, regiegeleiteter Probe mit der entsprechenden Einrichtung und Modifikation des Textes und lebendiger Aufführung:
dabei gibt Weimar die Bühne ab, den Rahmen, der das Modell
heraushebt und ihm den Status eines überschaubaren, nach außen
relativ abgeschlossenen und daher kontrollierbaren Experiments
unter vereinfachten Bedingungen gibt.

Dessen Voraussetzungen und Merkmale sind oft geschildert
worden. Mitte der siebziger Jahre, als Goethe in Weimar eintraf, zählte das Herzogtum Sachsen-Weimar etwas mehr als
106 000 Einwohner, die auf insgesamt 36 Quadratmeilen in
383 Ortschaften lebten. Ein deutscher Kleinstaat ländlichen Charakters, der zwar eine nicht unbedeutende Textilindustrie besaß
(Apolda war der Hauptsitz der Strumpfmanufaktur, und 1729

wurden dort eine halbe Million Paar Strümpfe produziert), deren
Absatz aber seit Ende der siebziger Jahre stagnierte und die zum
wirtschaftlichen Sorgenfall wurde.[9] »Das arme Volk muß immer
den Sack tragen, und es ist ziemlich einerlei, ob er ihm auf der
rechten oder linken Seite zu schwer wird«, kommentierte Goethe[10] und fühlte sich auch sonst »beschämt wie man vor so vielen
tausenden begünstigt ist«[11]. Allein die Residenzstadt und Jena
machten eine Ausnahme vom sonst ländlichen Gepräge, wenn
auch beide Städte trotz Schloß-, Verwaltungs- und bescheidenen
Repräsentationsbauten, zu denen in Jena die freilich bedeutende
Universität kam, einen eher anspruchslosen Eindruck hinterlie-
ßen. »Die Stadt selbst, das innere Weimar, zeichnet sich weder
durch Größe noch durch den Geschmack aus, der es bewohnt.
Weimar erscheint in diesem Stücke wie seine Genies, die wenig
auf das Äußere halten. Doch erblickt das Auge hier allenthalben
Reinlichkeit und Ordnung; und wenn auch der Geschmack durch
die Gestalt dieser kleinen Stadt eben nicht erfreut wird, so stößt
er doch auch nirgend auf etwas, das ihn beleidigen könnte.«[12]
Das schrieb immerhin ein Bewunderer Weimars, der Philosoph
und Historiker Joseph Rückert, 1799 in seinen ›Bemerkungen
über Weimar‹ – enthusiastisch kann man die Schilderung nicht
nennen. Etwas über sechstausend Einwohner besaß die Stadt in
unserem Zeitraum, davon waren ein Drittel Bedienstete und
Tagelöhner, ein reichliches Viertel Beamte, Geistliche, Lehrer und
Ärzte, zweiundzwanzig Prozent Handwerker und Kaufleute, sieb-
zehn Prozent Handwerksgesellen. Adel und Hof entsprechen dem
ganz durchschnittlichen, ja eher minderbemittelten Zuschnitt von
Stadt und Land. Herausragende Fürsten hatte die Geschichte
Weimars bisher nicht aufzuweisen gehabt, die Fürstenfamilie
hatte ihren Besitz immer als Pfründe zur Finanzierung ihres
Lebensaufwandes und gewisser Liebhabereien wie Jagen und Sol-
datenspiel betrachtet, der Großvater Karl Augusts war immer-
hin noch ein leidenschaftlicher Bauherr gewesen; aber erst
Anna Amalia begann mit einer Förderung der Künste. Unter den
Hofleuten gab es nur wenige herausragende Köpfe. Friedrich von
Einsiedel, der Kammerherr der Herzoginmutter, ein umfassend
gebildeter Mann, der musikalisches und schauspielerisches Talent

besaß, Singspiele verfaßte und Dramen aus dem Lateinischen und Italienischen übersetzte. Oder Siegmund von Seckendorff, der ebenfalls übersetzte und schriftstellerte, zudem komponierte. Oder Luise von Göchhausen, »die geistreiche Hofdame der Herzogin«, wie sie die ihr sonst nicht sehr wohlgesonnene Karoline Jagemann nennt[13]; ihren literarischen Interessen verdanken wir den Urfaust, der nur in ihrer Abschrift überliefert ist. Es gab noch einige fähige Köpfe im Ministerrat, aber sonst entsprach die »gute Gesellschaft« Weimars so ziemlich dem Bild, das Rückert von ihr zeichnete:»Der gewöhnliche Teil des Adels erscheint desto steifer und geblähter. Er sieht unter dem Schuhe des Fürsten den Bürger tief unter sich – zum Ersatz für die Demütigung, die er selbst in der Nähe des Fürsten empfindet. Er wird, wie fast allenthalben auch hier, von dem Bürger bitter gehaßt.«[14]

Es ist viel darüber gerätselt worden, warum Goethe einen so kleinen und unbedeutenden Hof zu seinem Dauer-Aufenthalt erwählte, denn die vielen Vorzüge, die er Eckermann im September 1823 anpreist, um ihn zur Übersiedlung nach Weimar zu bewegen (»Ich bin seit fünfzig Jahren dort, und wo bin ich nicht überall gewesen! Aber ich bin immer gern nach Weimar zurückgekehrt.«[15]), waren bei seiner Ankunft noch nicht gegeben, trotz Wielands, des Organisten und Musikers Wolf oder Karl Ludwig von Knebels, trotz der Bemühungen Anna Amalias für das Theater. Um Geist und Bildung, Kunst und Wissenschaften war es durchaus schlecht bestellt, und Goethe wußte wohl, worauf er sich einließ. Natürlich gab es zunächst ein paar ganz pragmatische Gründe. Die großen Höfe, Berlin oder Wien, waren, wie Klopstock, Lessing, auch Wieland hatten erfahren müssen, durchaus desinteressiert an den Repräsentanten der neuen bürgerlichen Literatur. Goethe suchte eine ökonomische Grundlage für seine bürgerliche Existenz, die es ihm auch noch gestatten sollte, seinen künstlerischen und kulturpolitischen Ambitionen zu leben – und von Weimar erhielt er eben ein Angebot. Gerade der kleine Hof eröffnete zudem die Aussicht für einen Außenseiter ohne Anhang und Freunde, der sich allein auf die Gunst des Regenten stützen konnte, ohne allzu große Schwierigkeit Fuß zu fassen. Probleme gab es dann natürlich doch genug, schon bald etwa die Kraft-

probe mit dem ersten Minister von Fritzsch, der sein Rücktritts-
gesuch einreichte, als der junge Herzog seinen bürgerlichen
Günstling ins Geheime Consilium berief, nachdem nicht einmal
ein Jahr seit seiner Ankunft verstrichen war und er gerade erst
das Weimarer Bürgerrecht erworben hatte. Aber die Festigkeit
des Herzogs, der Goethe brauchte, um seine Vorstellungen eines
weniger konventionellen Hoflebens gegen die überlieferten
Strukturen durchzusetzen, die Liebenswürdigkeit, das diplomati-
sche Geschick und der Ernst, mit dem er sich in allen wichtigen
Fragen alsbald sachkundig machte, halfen Goethe bei der Überwindung aller Widerstände. Es gab auch einen lebensgeschichtlichen Grund, der für Weimar sprach. Goethe war, wir wissen es
längst, eine von inneren Gefährdungen stets bedrohte Persönlichkeit, und wenn wir auch nicht in den Fehler einer rein biographischen Interpretation seiner Werke fallen dürfen, geben sie doch
einen durchaus zutreffenden Eindruck von der Seelenlage ihres
Autors: von Werther bis Clavigo, Orest und Tasso ergibt sich daraus das Bild eines Mannes, der der äußeren Ordnung um der
eigenen inneren Sicherheit wegen bedurfte. Auch wenn ihm dies
Interesse nicht klar bewußt war, sprach es für Weimar, weil sich
auch dafür an einem kleinen Hof bessere Bedingungen vorfan-
den. Die ungemeine Disziplin, der sich Goethe in seinem ersten
Weimarer Jahrzehnt unterwarf, die Energie, mit der er alle Ent-
behrungen und beruflichen Belastungen trug, sprechen für diese
Interpretation. Daß er sich, als er nach Italien entfloh, als
gescheitert sah, ist verständlich, vor allem wenn man die literarische Produktion betrachtet, doch entsprach solch resignative Einsicht nicht den Tatsachen. Er hatte im Gegenteil in diesen Jahren
vor 1786 (Beginn der italienischen Reise) seine Stellung in Weimar so gefestigt, daß nicht einmal die extravagante Nacht-und-
Nebel-Flucht sie gefährden konnte.

Aber das ist nicht alles. Weimar war für Goethe auch ein
soziales und kulturelles Experimentierfeld, eignete sich, bei realistischer Einschätzung der eigenen Kräfte, gerade wegen seiner
politischen Randständigkeit und Überschaubarkeit dazu. Er hat
nur indirekt über diese Bedeutung gesprochen, die das Herzogtum für ihn besaß, das wäre öffentlich auch nicht anders möglich

gewesen, und im Alter, als er den Erfolg dieses Projekts eher mit
Zweifeln bedachte, sah er erst recht keinen Grund, die alten Vorstellungen programmatisch etwa zusammenzufassen. Aber es gibt
genug indirekte Zeugnisse, zwei von ihnen seien hier des näheren
betrachtet. Im Mai 1795 hat Goethe den Aufsatz ›Literarischer
Sansculottismus‹ verfaßt, in dem er die Bedingungen für die
Möglichkeit eines klassischen Nationalautors entwickelt. »Eine
bedeutende Schrift ist, wie eine bedeutende Rede, nur Folge des
Lebens; der Schriftsteller so wenig als der handelnde Mensch bildet die Umstände, unter denen er geboren wird und unter denen
er wirkt. Jeder, auch das größte Genie, leidet von seinem Jahrhundert in einigen Stücken, wie er von andern Vorteil zieht, und
einen vortrefflichen Nationalschriftsteller kann man nur von der
Nation fordern.«[16] Kann man deutlicher sagen, was die gewiß
nur unzureichend zu erfüllende Aufgabe des Schriftstellers ist,
der nicht das Glück hat, einer Nation zu entstammen, die ihm
Bedingungen für seine Größe bieten könnte? Er muß sich eben
jenes Leben, und sei es modellhaft, als eine Art Derivat selber zu
schaffen suchen, das ihm eine bedeutende Arbeit erst ermöglicht.
Was das im einzelnen heißt, führt Goethe dann unmißverständlich weiter aus: »Nirgends in Deutschland ist ein Mittelpunkt
gesellschaftlicher Lebensbildung, wo sich Schriftsteller zusam-
menfänden und nach *einer* Art, in *einem* Sinn in seinem Fache
sich ausbilden könnten. Zerstreut geboren, höchst verschieden
erzogen, meist nur sich selbst und den Eindrücken ganz verschiedener Verhältnisse überlassen; von der Vorliebe für dieses oder
jenes Beispiel einheimischer oder fremder Literatur hingerissen;
zu allerlei Versuchen, ja Pfuschereien genötigt, um ohne Anleitung seine eigenen Kräfte zu prüfen; erst nach und nach durch
Nachdenken von dem überzeugt, was man machen soll; durch
Praktik unterrichtet, was man machen kann; immer wieder irre
gemacht durch ein großes Publikum ohne Geschmack, das das
Schlechte nach dem Guten mit eben demselben Vergnügen verschlingt; dann wieder ermuntert durch Bekanntschaft mit der
gebildeten, aber durch alle Teile des großen Reichs zerstreuten
Menge; gestärkt durch mitarbeitende, mitstrebende Zeitgenossen
– so findet sich der deutsche Schriftsteller endlich in dem männ-

lichen Alter, wo ihn Sorge für seinen Unterhalt, Sorge für eine Familie sich nach außen umzusehen zwingt, und wo er oft mit dem traurigsten Gefühl durch Arbeiten, die er selbst nicht achtet, sich die Mittel verschaffen muß, dasjenige hervorbringen zu dürfen, womit sein ausgebildeter Geist sich allein zu beschäftigen strebt. Welcher deutsche geschätzte Schriftsteller wird sich nicht in diesem Bilde erkennen, und welcher wird nicht mit bescheidener Trauer gestehen, daß er oft genug nach Gelegenheit geseufzt habe, früher die Eigenheiten seines originellen Genius einer allgemeinen Nationalkultur, die er leider nicht vorfand, zu unterwerfen? Denn die Bildung der höheren Klassen durch fremde Sitten und ausländische Literatur, so viel Vorteil sie uns auch gebracht hat, hinderte doch den Deutschen, als Deutschen sich früher zu entwickeln.«[17]

Nicht anders hat Schiller im neunten Brief ›Über die ästhetische Erziehung‹ argumentiert, und Goethe hat auch sehr viel später noch dieses Konzept bekräftigt, im Gespräch mit Eckermann am 3. Mai 1827, wo er nun direkter als in dem früheren Aufsatz die Folgerungen aus dem unzureichenden »Kulturzustand seiner Nation« nachdrücklich abermals zieht, daß nämlich dem Schriftsteller nichts anderes übrigbleibt, als sich »auf einsamem Wege durchzuhelfen«.[18] Weimar ist ein solcher einsamer Weg gewesen, wenn er ihn auch nicht allein gegangen ist, der Versuch nämlich, einen begrenzten Ausschnitt aus einer unbefriedigenden nationalen Wirklichkeit so umzugestalten, daß einerseits dem Ganzen damit die Grundrichtung gewiesen wird, andererseits sich Bedingungen ergeben, die schon jetzt bedeutende Literatur möglich machen. Um es nun klar heraus zu sagen: Weimar ist die Herstellung realer Ungleichzeitigkeit, eines sozialen, politischen und kulturellen Oppositionszustandes zur umgebenden nationalen Misere. Nicht was wirklich dabei am Ende herauskam (daß Goethe eine vernünftige, sparsame Staatswirtschaft einführte, daß Künste und Wissenschaften etwa auch durch seine Berufungspolitik an der Universität Jena beträchtliche Förderung erfuhren, daß das Großherzogtum 1816 als erster deutscher Staat eine landständische Verfassung erhielt, um nur einiges zu nennen), ist dabei von Wichtigkeit – die Ergebnisse blieben allemal hinter den

Wünschen und Hoffnungen zurück, waren nur im kulturellen Bereich von wirklich staunenswertem Umfang und Gewicht –, sondern daß Weimar als ein Realmodell erscheinen konnte, das wie viele mögliche andere verändert werden kann, und daß in ihm die Aufforderung zur Veränderung den Status von Wirklichkeit angenommen hat. Mit Weimar wird die deutsche Kleinstaatenwelt der vernünftigen Prüfung und bürgerlichen Aktivität anvertraut, die schlechte, unbefriedigende nationale Wirklichkeit relativiert und in ihrem Verbindlichkeitsanspruch außer Kraft gesetzt. Darin besteht die gewaltige Anziehungskraft Weimars auf fast alle bedeutenden Geister der Epoche, darin besteht seine fortdauernd-normative Gültigkeit bis heute, und darin liegt sein wirklicher (für deutsche Verhältnisse unumgänglicher) Alternativanspruch zur Französischen Revolution. Denn wie diese den Feudalismus und die höfische Gesellschaft aus den Angeln hob, so hat das Modell Weimar die nationale Welt Deutschlands in ihrer Wirklichkeitssicherheit nachhaltig erschüttert. Diese Leistung kann nicht hoch genug bewertet werden, sie zu mißachten, gar als Hofklassik zu diffamieren und im nachhinein umzukehren heißt, gewollt oder nicht, sich in die Tradition zu stellen, gegen die das Modell Weimar sich richtete und gegen die es heute noch als unser wichtigstes historisches Zeugnis fungiert. »Wir Deutschen sind von gestern«, schließt Goethe das Gespräch mit Eckermann. »Wir haben zwar seit einem Jahrhundert ganz tüchtig kultiviert; allein es können noch ein paar Jahrhunderte hingehen, ehe bei unseren Landsleuten so viel Geist und höhere Kultur eindringe und allgemein werde..., daß man von ihnen wird sagen können, es sei lange her, daß sie Barbaren gewesen.«[19]

2. Goethe und Schiller

Zweck- und Freundschaftsbünde gehören zum literarischen Leben, Bodmer und Breitinger, Lessing und Mendelssohn, Lichtenberg und Forster, der Hainbund und die Geniebewegung, der Jenaer Zirkel der frühen Romantik und die Berliner Salons: das sind nur einige wenige Beispiele, aber alle werden überragt durch das ›Glückliche Ereignis‹, wie Goethe die »nähere Verbindung mit

Schiller« rückblickend 1817 genannt hat.[20] In dem kurzen Aufsatz schildert er all die Gründe, die ihn von Schiller trennten,
dann das berühmte Gespräch über die ›Metamorphose der Pflanzen‹, das die beiden Männer nach einer Sitzung der Naturforschenden Gesellschaft am 20. Juli 1794 führten: »Wir gelangten
zu einem Hause, das Gespräch lockte mich hinein; da trug ich die
Metamorphose der Pflanzen vor und ließ, mit manchen charakteristischen Federstrichen, eine symbolische Pflanze vor seinen
Augen entstehen.«[21] In den Überlegungen, die Goethe über sich
und sein Verhältnis zu Schiller verschiedentlich angestellt hat,
finden wir beides: die ganz pragmatischen Motive, die bei ihrem
»Bund«[22] eine Rolle spielten, die lebensgeschichtlichen Veranlassungen, aber auch die darüber hinausweisenden Absichten und
die exemplarische Bedeutung, die er diesem Geschehen zumessen
wollte. Das letztere wirklich erst im nachhinein und in stilisierender, den Nachruhm bedenkender Berechnung, wie ihm das trotz
aller ironischen Distanz zur eigenen Wirkungsgeschichte durchaus auch nahelag? Man hat es so sehen wollen, hat die Allianz als
ein, von Schiller aus gesehen, doch ziemlich weitgehend zweckdienliches Unterfangen dargestellt, aus zwar gemeinsamen, doch
sehr verschieden begründetem Ungenügen geboren, in welchem
dann Goethe gerade das, was er am meisten vermißte – menschlich-freundschaftliche Nähe – nicht finden konnte.[23] Tatsächlich fällt auf, wenn Schiller von Goethe spricht, daß dies mehr
mit dem Tone der distanzierten Schätzung und Bewunderung
geschieht als mit dem Enthusiasmus, der die Freundschaftsbünde
der Epoche sonst kennzeichnet. Schon nach der ersten Begegnung
im Anschluß an Goethes italienische Reise berichtet er nach Dresden dem Freunde Körner: »Im ganzen genommen ist meine in der
Tat große Idee von ihm nach dieser persönlichen Bekanntschaft
nicht vermindert worden; aber ich zweifle, ob wir einander je
sehr nahe rücken werden.«[24] Und fast sechs Jahre später nach
jenem Gespräch in seinem Jenaer Haus lautet das Resümee (wieder an Körner) noch nicht viel anders: »Wir hatten vor sechs
Wochen über Kunst und Kunsttheorie ein langes und breites
gesprochen und uns die Hauptideen mitgeteilt, zu denen wir auf
ganz verschiedenen Wegen gekommen waren. Zwischen diesen

Ideen fand sich eine unerwartete Übereinstimmung, die um so interessanter war, weil sie wirklich aus der größten Verschiedenheit der Gesichtspunkte hervorging. Ein jeder konnte dem andern etwas geben, was ihm fehlte, und etwas dafür empfangen. Seit dieser Zeit haben diese ausgestreuten Ideen bei Goethe Wurzel gefaßt, und er fühlt jetzt ein Bedürfnis, sich an mich anzuschließen und den Weg, den er bisher allein und ohne Aufmunterung betrat, in Gemeinschaft mit mir fortzusetzen. Ich freue mich sehr auf einen für mich so fruchtbaren Ideenwechsel ⟨. . .⟩«[25] Es stimmt, sehr warm klingt das nicht, aber war das wirklich in dem Alter der beiden Männer zu erwarten? Der eine Mitte dreißig, der andere Mitte vierzig, der eine ein zwar gefeierter, aber ökonomisch auf drückende Weise abhängiger Schriftsteller aus kleinen Verhältnissen, der andere, aus patrizischem Hause, zehn Jahre älter und von schon legendärem Ruf, zudem ein Mächtiger in seinem Lande und wohl in der Lage, den jüngeren Kollegen in arge zusätzliche Bedrängnis zu bringen. Fast ist es ein Wunder zu nennen, daß es bei diesen Voraussetzungen überhaupt zur Annäherung kam, und Goethe hat ein weiteres Haupthindernis illusionslos bemerkt: »Die Schwierigkeit liegt hauptsächlich darin, daß die notwendigen Lebensmethoden voneinander abweichen und daß im Dekurs der Zeit niemand den andern übersieht.«[26]

Fest steht, daß die beiden Schriftsteller diese Schwierigkeiten überwunden haben, daß beide der Meinung waren, der eine ergänze den andern (»Selten ist es aber«, so Goethe, »daß Personen gleichsam die Hälften voneinander ausmachen, sich nicht abstoßen, sondern sich anschließen und einander ergänzen.«[27]), und daß ihr Bündnis ein Jahrzehnt bis zu Schillers Tode hielt, daß sie in dieser Zeit brieflich und mündlich die fruchtbarsten Werkstattgespräche führten, so daß man sagen kann, keines ihrer in dieser Zeit entstandenen Werke, der ›Wallenstein‹ nicht und nicht der ›Faust‹, die Balladen nicht und nicht der ›Wilhelm Meister‹, wäre so ausgeführt worden ohne den anderen. Fest steht weiter, daß sie eine gemeinsame Literatur- und Kulturpolitik verfolgten und darin in allen wesentlichen Punkten zur Übereinstimmung gelangten, daß sie nach außen als eine Allianz empfunden wurden und einander beisprangen, wo es nötig war, und fest steht schließlich, daß sie sich auch persönlich in einem Maße schätzen lernten, das eine so lange und intensive Zusammenarbeit auf Dauer überhaupt nur möglich macht. Indizien dafür gibt es genug: der gegen Krankheit und Tod so überaus idiosynkratisch empfindliche Goethe beherbergte doch den kranken Freund in seinem Hause, und der schrieb in einem großen Rechenschaftsbericht an die Gräfin Schimmelmann, daß er die Begegnung mit Goethe »für das wohltätigste Ereignis meines ganzen Lebens halte«, und wenn er ihn auch (darin natürlich den Gemeinspruch der Weimarer Gesellschaft wiedergebend) in seinem »häuslichen Verhältnisse« bedauert, so sieht er davon doch sein persönlich-freundschaftliches Verhältnis zu ihm nicht berührt, im Gegenteil bekräftigt er ausdrücklich: »Aber diese hohen Vorzüge seines Geistes sind es nicht, die mich an ihn binden. Wenn er nicht als Mensch für mich den größten Wert von allen hätte, die ich persönlich je habe kennen lernen, so würde ich sein Genie nur in der Ferne bewundern. Ich darf wohl sagen, daß ich in den sechs Jahren, die ich mit ihm zusammen lebte, auch nicht einen Augenblick an seinem Charakter irre geworden bin.«[28] Ein glückliches Ereignis haben also beide darin gesehen, daß sie sich begegneten und aus dieser Begegnung eine Freundschaft wurde, die zwar ebenfalls den verschiedenen »Lebensmethoden« folgte, die aber in dem je eigenen Leben auch als solche empfunden und verwirklicht worden ist. Goethe hat später, nach Schillers Tod, eine Art Mythos daraus gemacht, der ein wesentliches Movens in der Wirkungsgeschichte Weimars im 19. und 20. Jahrhundert bildete. »Daß Göthe und Schiller diesen eigensinnigen Abschluß überwanden und in der Anschauung ihrer himmelweit getrennten Naturen einen Genuß fanden, dies war das erfreuliche Zeichen, daß jene ächte Kultur und Menschheit, die sie anstrebten, jene Versöhnung von Natur und Geist, unter uns möglich geworden ist. Sie selber wirkten dahin, mit schönem Beispiele ihre großen Theorien in der Wirklichkeit darzustellen, und uns Deutschen muß dies ein Lob und eine Tugend heißen, der wir nachtrachten sollen, und die um so lauter für die Aechtheit unserer Bildung sprechen wird, in je weitere Kreise wir diese Mehrseitigkeit und Versöhnlichkeit des Geschmacks und der Einsicht verbreiten können, je aufrichtiger wir uns der jeseitigen Vorzüge beider Dichter in ihrem eigenen Sinne ergänzend zu erfreuen vermögen.«[29] Das war noch einmal Gervinus und die emphatische Bedeutung, die er ganz zeitgemäß dem Wirken Goethes und Schillers zumißt, sollte uns doch nicht davon abhalten zu sehen, daß sie vollkommen in der eigenen Linie jenes modellhaften Denkens liegt, das Schiller und Goethe gemeinsam war. Klassizität auch auf dieser Ebene der Gemeinschaft. Wobei es nicht dagegen, sondern nur dafür spricht, daß auch diese Freundschaft ein Ergebnis gemeinsamer Kultur und damit ein Kunstprodukt im Sinne des gemeinsamen Erziehungsideals darstellt und schließlich in der romantischen Geselligkeit eine zwar anders geprägte, aber doch in vielem den kunst- und sozialethischen Tendenzen nach vergleichbare Parallele gefunden hat, deren ästhetischer Charakter nicht minder evident ist.

Setzt man an den Lebensbedingungen beider Schriftsteller an, gibt es zunächst einen ganz greifbaren Grund der gemeinsamen Interessen. Man weiß, Schiller war auf die Einkünfte aus seiner schriftstellerischen Tätigkeit angewiesen; weniger bekannt ist, daß dies auch für Goethe galt, wenngleich dabei natürlich von ganz unterschiedlichen Gewohnheiten und Bedürfnissen ausgegangen werden muß. »Einen Parvenu wie mich«, schrieb er dem Kanzler Müller, »konnte bloß die entschiedenste Uneigennützigkeit aufrecht halten ⟨. . .⟩, ich habe meinen schriftstellerischen Erwerb und zwei Drittel meines väterlichen Vermögens hier zugesetzt.«[30] Die Einkünfte aus dem Schriftstellerberuf reichten zwar nicht aus, um einen Mann mit seiner Familie wirklich zu ernähren, sie vermochten ihm aber einen nicht unbeträchtlichen Zugewinn zu geben, da sich auf dem deutschen Buchhandelsmarkt die Verhältnisse nach 1789 zwar nicht spektakulär, aber doch stetig verändert hatten. Die Französische Revolution hat die Verbreitung der Lektüre gewiß befördert, insofern einerseits das Informationsbedürfnis gewachsen war, andererseits aber das Lesen – gemeinsam mit anderen kulturellen Privilegien – von immer breiteren Bevölkerungsschichten als Anrecht reklamiert wurde. Beschränkte sich noch Mitte des 18. Jahrhunderts das Lesepublikum weitgehend auf die gelehrte Welt, so hat sich das in den

letzten Jahrzehnten des 18. und am Anfang des 19. Jahrhunderts
gewaltig verändert, so daß Lesesucht und Lesewut bereits wieder
zu Themen aufklärerischer Kulturkritik geworden waren. Das
Lektürebedürfnis richtete sich dabei freilich vor allem auf die
Massenliteratur. Selbst wenn die Verhältnisse von Stadt zu Stadt,
zwischen Stadt und Land unterschiedlich waren – Perthes etwa
sogar meinte, Schiller sei einer der meistgelesenen Schriftsteller
des klassischen Zeitalters gewesen –, so stimmen doch die meisten Buchhändler darin überein, daß die Bücher Goethes, Schillers, Herders, Wielands, Lessings oder Tiecks zu den am wenigsten gefragten schriftstellerischen Produktionen gehörten. »Man
sage mir nichts von dem Absatze dieser Schriften«, meinte der
Buchhändler Wilhelm Fleischer in Frankfurt. »Im Verhältniße der
ihnen eigenthümlichen Popularität, in einem Menschenhaufen
von dreißig Millionen, kann der Debit gar nicht in Anschlag
kommen.«[31] Als 1797 Ludwig Kehr in Kreuznach eine Leihbibliothek gründete, machte er eine ganz ähnliche Erfahrung: »Ich
hätte nämlich zuvor mein Terrain studiren und den Geschmack
des Publikums, auf das ich rechnen mußte, kennen lernen sollen,
ehe ich zur Wahl der Bücher schritt. Das that ich aber nicht, denn
ich glaubte den Geschmack leiten zu können, was mir aber,
besonders anfangs, nicht gelingen wollte.«[32] Die Einschränkung
ist aufschlußreich, auch kommt hinzu, daß eine Leihbibliothek
vor allem ein wenig kaufkräftiges, auf Zerstreuung und Unterhaltung ausgerichtetes Publikum anspricht, so daß Kehr auf den
Ausgaben der Werke von Gellert, Hagedorn, Klopstock, Lessing,
Wieland, Goethe, Schiller, Pfeffel, Tieck sitzenblieb und statt dessen »Ritterromane, welche damals an der Tagesordnung waren,
wie denn die Geistergeschichten von Spieß und Cramer's Werke«
anschaffen mußte.[33] Das gebildete Publikum, das Gottfried
August Bürger von dem üblichen »Pöblikum« unterschied[34],
war zwar zahlenmäßig nicht sehr viel größer als vor der Revolution, aber offenbar, vergleicht man die Preise für die von ihnen
bevorzugten Werke, durchaus kaufkräftig. »Schillers ›Geschichte
des Dreißigjährigen Krieges‹ (mit 2 Bildern und 1 Kärtchen)
kostete bei Göschen 18 Mk. (2 Rthlr. 12 gr.), auf Schreibpapier
21,60 Mk. (3 Rthlr.), auf holländischem Papier 28,80 Mk.

(4 Rthlr.). Die ›Geschichte des Abfalls der Niederlande‹ kostete bei Crusius (C. W. Vogel) in Leipzig 10,80 Mk. (1 Rthlr. 12 gr.), auf Schreibpapier 18 Mk. (2 Rthlr. 12 g.), auf Velinpapier 25,20 Mk. (3 Rthlr. 12 gr.). Schillers kleinere prosaische Schriften in vier Teilen kosteten bei demselben 31,20 Mk. (3 Rthlr. 8 gr.), auf Schreibpapier 40,80 Mk. (5 Rthlr. 16 gr.), auf Velinpapier 72 Mk. (10 Rthlr.). Goethes ›Hermann und Dorothea‹ kostete bei Vieweg in Braunschweig (Neue Ausgabe, Oktav, zehn Kupfer) 16,80 Mk. (2 Rthlr. 8 gr.), auf Velinpapier 25,20 Mk. (3 Rthlr. 12 gr.). Goethes Schriften kosteten bei Göschen in vier Bänden auf Druckpapier 26,40 Mk. (3 Rthlr. 16 gr.; der Band 6,60 Mk.), in acht Bänden auf Schreibpapier und mit Kupfern 57,60 Mk. (8 Rthlr.; der Band 7,20 Mk.). Der ›Benvenuto Cellini‹ kostete bei Cotta 24 Mk. (3 Rthlr. 8 gr.). Goethes Neue Schriften in sieben Bänden kosteten bei Unger (Schade) in Berlin 37,20 Mk. (5 Rthlr. 4 gr.), auf Schweizerpapier 74,40 Mk. (10 Rthlr. 8 gr.). Goethes Werke in dreizehn Bänden Großoktav, 1806-1810, kosteten bei Cotta 115,20 Mk., auf weiß Druckpapier 153,90 Mk., auf Schreibpapier 185,40 Mk., auf Schweizerpapier 224,40 Mk., auf Velin 273,60 Mk. (16 Rthlr., 21 Rthlr. 9 gr., 25 Rthlr. 18 gr., 31 Rthlr. 4 gr. und 38 Rthlr.; der Band 8,80 Mk., 11,80 Mk., 14,20 Mk., 17,20 Mk. und 21 Mk.).«[35]

Wenn diese Schriften auch alle in billigeren Ausgaben zu haben waren, fanden sie doch offenbar selbst in aufwendiger Gestalt ihre Käufer. Sogar die Honorare, welche die Buchhändler zahlten, waren gestiegen. Für seine ›Geschichte des Dreißigjährigen Krieges‹ bekam Schiller 400 Taler Vorschuß, Goethe nahm 2000 Taler für seine ›Sämtlichen Werke‹ bei Göschen ein und erhielt für seine Beiträge in Schillers ›Horen‹ pro Bogen sogar 40 Taler.[36] Zum Vergleich: man hat errechnet, daß eine Familie für ihren auskömmlichen Lebensunterhalt im Jahr etwa 600 Taler benötigte.[37] Schreiben war also zumindest ein lohnendes Nebengeschäft geworden, und Goethes und Schillers Werkbund ruhte auch auf solidem ökonomischem Interesse.

In seiner Erinnerung hat Goethe sehr klarsichtig notiert, daß Schillers Liebenswürdigkeit einen weiteren pragmatischen Grund hatte und er daher seinen Gast »auch wegen der Horen, die er herauszugeben in Begriff stand, mehr anzuziehen als abzustoßen gedachte«[38]; zum Abschluß des Gesprächs hat Goethe dann seine Mitarbeit zugesagt und Wort gehalten. Daß er sich mit dem Programm der Zeitschrift identifizierte, erhellt seine Zugehörigkeit zu jenem Redaktionsausschuß, der die eingegangenen Manuskripte zu prüfen hatte (neben Humboldt, Fichte, Körner und Woltmann). Die »vorzüglichsten Schriftsteller der Nation in eine literarische Assoziation« zu bringen, um die »ganze lesende Welt« in einem Publikum zu vereinen, war die literaturpolitische Absicht.[39] Dahinter steckt der Popularitätsbegriff, den Schiller in seiner Auseinandersetzung mit Bürger entwickelt hatte und der auf eine Synthese der Gebildeten aller Schichten hinauslief. Damit hatte er den Schriftsteller mit der Anforderung konfrontiert, sowohl dem Kenner wie dem »Kinderverstand des Volks« Genüge zu tun[40], und den zu kultivieren ihm als seine gleichzeitige Aufgabe zugewiesen. Diese Adressatenbestimmung setzt nun, soll das Publikum der Zeitschrift nicht doch wieder gleichsam in Fraktionen zerfallen, die Abstinenz von Themen voraus, die es trennen könnten. »In der Tat scheinen die Zeitumstände einer Schrift wenig Glück zu versprechen, die sich über das Lieblingsthema des Tages ein strenges Stillschweigen auferlegen und ihren Ruhm darin suchen wird, durch etwas anders zu gefallen, als wodurch jetzt alles gefällt. Aber je mehr das beschränkte Interesse der Gegenwart die Gemüter in Spannung setzt, einengt und unterjocht, desto dringender wird das Bedürfnis, durch ein allgemeines und höheres Interesse an dem, was *rein menschlich* und über allen Einfluß der Zeiten erhaben ist, sie wieder in Freiheit zu setzen und die politisch geteilte Welt unter der Fahne der Wahrheit und Schönheit wieder zu vereinigen.«[41] Schiller argumentiert hier ganz wie die Baronesse in Goethes ›Unterhaltungen deutscher Ausgewanderten‹, die im ersten Jahrgang der ›Horen‹ 1795 vorabgedruckt wurden. Zu einer Zeit der Krise, der Entzweiung und Entfremdung geht es darum, eine Kultur der menschlichen Versöhnung zu stiften und zu pflegen, damit die Gesellschaft nicht in Barbarei untergehe. »Mitten in diesem politischen Tumult soll sie für Musen und Charitinnen einen engen vertraulichen Zirkel schließen, aus welchem alles verbannt sein wird, was mit einem unreinen Parteigeist gestempelt ist.«[42] Dieser negativen Abgrenzung, die, wie aus dem Folgenden ersichtlich, durchaus nicht die Perspektive der Zukunft und der möglichen Entwicklungen in der Welt versperren soll, setzt Schiller nun eine programmatische Zielsetzung an die Seite: »Aber indem sie sich alle Beziehungen auf den *jetzigen* Weltlauf und auf die *nächsten* Erwartungen der Menschheit verbietet, wird sie über die vergangene Welt die Geschichte und über die kommende die Philosophie befragen, wird sie zu dem Ideale veredelter Menschheit, welches durch die Vernunft aufgegeben, in der Erfahrung aber so leicht aus den Augen gerückt wird, einzelne Züge sammeln und an dem stillen Bau beßrer Begriffe, reinerer Grundsätze und edlerer Sitten, von dem zuletzt alle wahre Verbesserung des gesellschaftlichen Zustandes abhängt, nach Vermögen geschäftig sein. Sowohl spielend als ernsthaft wird man im Fortgange dieser Schrift dieses einige Ziel verfolgen, und so verschieden auch die Wege sein mögen, die man dazu einschlagen wird, so werden doch alle, näher oder entfernter, dahin gerichtet sein, wahre Humanität zu befördern. Man wird streben, die Schönheit zur Vermittlerin der Wahrheit zu machen und durch die Wahrheit der Schönheit ein dauerndes Fundament und eine höhere Würde zu geben. Soweit es tunlich ist, wird man die Resultate der Wissenschaft von ihrer scholastischen Form zu befreien und in einer reizenden, wenigstens einfachen, Hülle dem Gemeinsinn verständlich zu machen suchen. Zugleich aber wird man auf dem Schauplatze der Erfahrung nach neuen Erwerbungen für die Wissenschaft ausgehen und da nach Gesetzen forschen, wo bloß der Zufall zu spielen und die Willkür zu herrschen scheint. Auf diese Art glaubt man zu Aufhebung der Scheidewand beizutragen, welche die *schöne* Welt von der *gelehrten* zum Nachteile beider trennt, gründliche Kenntnisse in das gesellschaftliche Leben und Geschmack in die Wissenschaft einzuführen.«[43] Wenn man diese Sätze genau betrachtet, findet man darin eine Abbreviatur der ästhetischen Erziehung, die Schiller in den Briefen an seinen Mäzen, den Herzog von Augustenburg, entwickelt hat. Damit konnte sich Goethe weitestgehend identifizieren, wie er ja schon aus dem gemeinsamen Kontaktgespräch über Urpflanze, Idee und Erfahrung hatte entnehmen können, daß zwischen ihren beiden Standpunkten »irgend etwas Vermittelndes, Bezügliches obwalten« müßte[44], wenn sie, obgleich unter verschiedenen Namen, doch etwas Gleiches meinten. Eine Diskrepanz übrigens, die sich auch in den Berichten über jenes Gespräch terminologisch darin widerspiegelt, daß der eine, Schiller, es als eine Unterhaltung »über Kunst und Kunsttheorie«[45] erinnert, während Goethe das glückliche Ereignis als eine Diskussion über Naturerfahrung und seinen eigenen »hartnäckigen Realismus« im Gedächtnis behalten hat. »Das kann mir sehr lieb sein«, will er auf Schillers Einwand, die Urpflanze sei eine Idee, erwidert haben, »daß ich Ideen habe, ohne es zu wissen, und sie sogar mit Augen sehe.«[46] Indem Goethe die Natur symbolisch sieht – also in Schillers Begriff nach Weise des Künstlers –, erfährt er das Urbild der Dinge, was für den Philosophen Schiller eben die Idee ist, die niemals mit einer Erfahrung zusammenfallen, sondern allenfalls im Kunstwerk bedeutet werden kann. Womit sich vor den beiden Gesprächspartnern das weite, in ihrem Verständnis universale Gebiet auftat, in dem sich ihre Ansichten vermittelten: die Kunst mit ihrer Aufgabe der symbolischen Darstellung des Allgemeinen (das dann auch Idee genannt werden kann) durch das Individuelle (das dann auch Erfahrung genannt werden kann). Von hier aus gesehen, scheint die plötzliche Verständigung der »zwei Geistesantipoden«[47] nun gar nicht mehr bloß ein taktisches oder aus Vereinsamung erzwungenes Manöver: es muß beiden wie Schuppen von den Augen gefallen sein, daß sie denselben Berg, nur von zwei verschiedenen Seiten her, zu durchbrechen suchten und sich, recht gedacht, in der Mitte beim gemeinsamen Duchbruch aufs glücklichste treffen mußten; ihr Briefwechsel zeigt den gemeinsamen Triumph.

Und noch etwas Wesentliches kam hinzu – oder ließ sich vielmehr als Konsequenz aus ihrem kontroversen Gespräch ziehen: eine weitere, diesmal politische Bezüglichkeit nämlich. Wenn Idee und Erfahrung nicht kongruieren, allenfalls im Kunstwerk scheinhaft zur Deckung kommen können, gilt das nicht nur für die Natur, sondern ebenso für den ganzen Bereich der Geschichte, und jede zwangsweise Identifizierung ist notwendig

zum Scheitern verurteilt. Eine antirevolutionäre Denkfigur, die
Schiller auch von dieser Seite Goethe als Bundesgenossen präsentierte. Er konnte daraus mit Fug und Recht auf ein gesellschafts-
politisches Gedankenmodell schließen, das dem seinen entsprach
und das er mit seiner Weimarer Wirksamkeit hatte ins Werk setzen wollen: das Modell einer symbolischen (Schiller wird vorge-
zogen haben zu sagen: ästhetischen) Identifizierung von Idee und
Erfahrung im humanistischen Gemeinwesen nach Art jener Stadt-
republiken, die in der italienischen Renaissance die Zentren der
Kultur und Wissenschaft bildeten und von denen die Kultur der
Neuzeit ihren Ausgang genommen hatte. So daß das Ideal der
Gleichheit als ethisch-ästhetische Erfahrung und Konsens der
Gebildeten oder das Ideal der Freiheit als schönes Gesellschafts-
werk, als ästhetische Geselligkeit und zwanglose, herrschaftsfreie
Kommunikation erscheinen konnte.

All das kam zusammen, um Schiller für Goethe zum bedeutsa-
men Kombattanten zu machen, der ihm die Aussicht eröffnete,
das bisher doch vor allem auf die deutschen Belange ausgerichtete Gegenmodell Weimar als eine zureichende Antwort auf die
Französische Revolution gleichsam umzuadressieren, ihm jene
grundsätzliche Qualität zu verleihen, die dann von welthistori-
scher Bedeutung wäre. Das wirkt für unser heutiges Verständnis
zwar vermessen, entspricht aber Goethes in allem die nationalen
Grenzen sprengenden Denken, etwa seiner Konzeption der Weltliteratur, aufs beste. Erst von diesen Dimensionen aus wird verständlich, welche Katastrophe über den persönlichen Verlust hinaus für ihn der Tod Schillers bedeuten mußte und worin auch die
Berechtigung liegen mag, die Gestalt des Freundes nun fast
mythische Ausmaße annehmen zu lassen, ja ihm später gar messianische Züge zu verleihen, wie in dem Brief an Zelter vom
9. 11. 1830: »Jedes Auftreten von Christus, jede seiner Äußerungen gehen dahin, das Höhere anschaulich zu machen. Immer von
dem Gemeinen steigt er hinauf, hebt er hinauf, und weil dieses
bey Sünden und Gebrechen am auffallendsten ist, so kommt dergleichen gar manches vor ⟨...⟩ Schillern war eben diese echte
Christus-Tendenz eingeboren, er berührte nichts Gemeines, ohne
es zu veredeln.«[48]

3. Ästhetische Erziehung

Schillers ästhetische Erziehung geht von der Überzeugung aus,
daß man sich, um die politischen Probleme seiner Zeit praktisch,
in der Erfahrung, zu lösen, zuerst im ästhetischen Bereich ausbilden müsse, »weil es die Schönheit ist, durch welche man zu der
Freiheit wandert«[49]. Seine Absicht besteht also nicht etwa darin,
die politische Erziehung zu einer Angelegenheit der Ästhetik zu
machen, wie er schon mißverstanden wurde[50], und er grenzt
sogar sein Vorhaben in den ersten Briefen über die ästhetische
Erziehung des Menschen scharf von all den Ereignissen ab, die
den politischen Schauplatz seiner Zeit bestimmen und die ihm
allesamt als Zeichen einer Krise der bürgerlichen Gesellschaft
erscheinen, nicht aber als deren Überwindung. Zur Stützung seiner These untersucht Schiller zunächst die Ursachen dieser Krise,
die sich ihm als Herrschaft des Bedürfnisses und des Nutzens, als
Verwilderung der niederen und zahlreichen Klassen und als barbarische Depravation des Charakters in den zivilisierten Klassen
darstellen. Auf doppelte Weise erkennt er den Menschen als
sich selber entgegengesetzt, und die Vereinigung dieser beiden
Extreme menschlichen Zerfalls in einem Zeitraum macht den
spezifischen Charakter der Krise aus. Deren Ursachen aufzudek-
ken, bedient sich Schiller der kritischen Methode des Vergleichs
eines schlechten Zustands mit einem glücklichen, wie ihn die
politisch-philosophische Literatur seit Platon gebraucht. Dabei
spielt es keine Rolle, ob diese maßstabsetzende Gegenwelt utopisch konstruiert oder als in der Vergangenheit bestanden
behauptet wird. Für ihn wie für Goethe (und beide bewegen sich
damit auf Winckelmanns Spuren) gewinnt die griechische Welt
diesen paradigmatischen Rang: »Damals, bei jenem schönen
Erwachen der Geisteskräfte, hatten die Sinne und der Geist noch
kein strenge geschiedenes Eigentum; denn noch hatte kein Zwiespalt sie gereizt, miteinander feindselig abzuteilen und ihre Mar-
kung zu bestimmen.«[51] Die Rousseau entlehnte Terminologie
(Ursache der Ungleichheit unter den Menschen) verrät den politischen Inhalt der Analyse. Erst durch die Trennung des Ganzen
und die Überführung der so entstandenen Teile in das Eigentum

einzelner entstand die Voraussetzung für jene unglückliche Vereinzelung, die Schiller als Stigma seines Zeitalters betrachtet, für
die Entzweiung der ehemals harmonisch vereinten Kräfte. Immer
wieder bricht in seinen Überlegungen durch die idealistische
Hülle die Einsicht in gesellschaftliche Ursachen der Krise, die aus
der Zersplitterung der Individuen und der Desintegration der
verschiedenen menschlichen Vermögen im einzelnen Individuum
selber besteht. »Ewig nur an ein einzelnes kleines Bruchstück des
Ganzen gefesselt, bildet sich der Mensch selbst nur als Bruchstück aus, ewig nur das eintönige Geräusch des Rades, das er
umtreibt, im Ohre, entwickelt er nie die Harmonie seines
Wesens ⟨. . .⟩«[52] Die Konsequenz liegt auf der Hand, und Schiller
sieht sie auch, wenn er feststellt, daß die Wiederherstellung
menschlicher Totalität weder von dem derart ausgebildeten Individuum noch auch von der Gesellschaft insgesamt zu erwarten
ist, welche sich schließlich in ihrer staatlichen Verfassung selber
eine Ursache des Übels geschaffen hat. Auch der Staat, »wie ihn
die Vernunft in der Idee sich aufgibt«[53], kann keine Wendung
zum Besseren bringen, denn er verlangt als Begründung eine bessere Menschheit, die vom bestehenden Staat gerade verhindert
wird.

Eine weitere Erschwerung hatte Schiller schon im 3. Brief zu
bedenken gegeben: daß nämlich »um der Würde des Menschen
willen seine Existenz nicht in Gefahr geraten darf«[54], eine Gefahr,
welche die Zerstörung der Gesellschaft mit sich führt, wobei
schon sicher scheint (diesem Nachweis gilt die referierte Argumentation), daß das bloß mögliche Ideal von Gesellschaft auf
diesem Wege nicht zu verwirklichen ist. Das Dilemma, in das er
durch diese Überlegungen gelangt, provoziert den Entwurf einer
ästhetischen Erziehung in politischer Absicht. Daß die durch
Kunst bewirkte Wiederherstellung menschlicher Totalität als
Voraussetzung einer politisch-gesellschaftlichen Veränderung des
Bestehenden allerdings nicht Ergebnis erschütterungslosen Um-
denkens sein wird, daran läßt Schiller keinen Zweifel: der Zusammenhang dieses Prozesses mit der Französischen Revolution
wird sprachlich manifest und der 8. Brief liest sich über weite
Strecken wie eine Rechtfertigung jenes Geschehens, das ihm

immer noch »der freigebige Augenblick«[55] oder in der Formulierung der Xenien: die große Epoche, der große Moment[56] ist. Die Vernunft wird zwar nicht selber am Kampf teilnehmen, aber einen würdigen Streiter wählen, der mit göttlichen Waffen und »durch seine siegende Kraft die große Entscheidung«[57] bewirkt. In den schönen Künsten glaubt er dieses Werkzeug entdeckt zu haben, weil sie allein sich »von aller politischen Verderbnis rein und lauter erhalten«[58] und damit über die Veredlung des Charakters auch eine Verbesserung im Politischen erreichen können. Insofern der Künstler der einzige ist, der dieses Werkzeug zu bedienen versteht, kommt ihm eine hervorragende Stellung zu. Nicht um sein Jahrhundert »mit seiner Erscheinung zu erfreuen«, ist er »unter fernem griechischem Himmel« zum Manne gereift, sondern als Fremder kehrt er zurück, »furchtbar wie Agamemnons Sohn, um es zu reinigen«[59]. Das ist ziemlich buchstäblich so gemeint, und das Bild beschreibt anschaulich die umwälzende, apokalyptische Wirksamkeit des Künstlers. Er soll der Welt, auf die er wirkt, die Richtung zum Guten geben, ohne sich aber in die bedenkliche Gesellschaft seiner Zeitgenossen einzulassen: »Denke sie dir, wie sie sein sollten, wenn du auf sie zu wirken hast, aber denke sie dir, wie sie sind, wenn du für sie zu handeln versucht wirst.«[60] Schillers Auffassung vom Künstler läßt sich leicht entziffern als die Wiederaufnahme und militante Verschärfung des rhetorisch-humanistischen Ideals der Menschenbildung, wie es von Cicero und Quintilian vorbildhaft im vir bonus gedacht worden war. Dessen allseitige Erziehung und einwandfreie Charakterbildung hat schon Quintilian durch eine frühzeitige Isolierung von seiner Umgebung und durch den Eintritt des Kindes in die Rhetorenschule erreichen wollen. Nur so, meinte er, kann verhindert werden, daß die fachtechnische Unterweisung später zum Mißbrauch der Redekunst verführt und an die Stelle der Überzeugungsherstellung die Überredung des Publikums tritt. Die Überzeugung, daß die Rhetorik als Muster »besonders den menschlichen Charakter bilde, das künstlerische Gewissen wecke und schärfe«[61], daß die rhetorische Erziehung erst den Menschen zur Verwirklichung aller seiner Anlagen führe und der Rhetor daher als der vorbildliche Mensch überhaupt zu gelten habe, hat zusammen mit dem Wirkungsaspekt rhetorischer Kunstäußerung insgesamt jene so weitreichende Vorstellung »von der die menschliche Gesellschaft begründenden und erhaltenden Macht der Rede«[62] erzeugt, wie wir sie in zeitgemäßer terminologischer Verkleidung noch in Schillers ästhetischen Schriften wiederfinden. Ablesbar selbst noch an jener Kategorie der »Veredlung«, die den Prozeß der Charakterbildung bezeichnen soll und auf das humanistische Hofmannsideal des Cortegiano verweist. Während aber Castiglione den vollkommenen Hofmann lediglich im geborenen Edelmann verwirklichbar findet, eine »Veredlung« von Menschen niedriger Herkunft nicht möglich erscheint (und herrschten auch bei ihnen dieselben Tugenden wie bei den Adligen), so bedeutet für Schiller Veredlung das tätige Erwerben eines hohen Grades von geistiger, sittlicher und künstlerischer Vollkommenheit: Veredlung bedeutet den Prozeß der Annäherung an das Ideal vollkommener Menschlichkeit und steht also mit der höfischen Adelsvorstellung nur insofern in einer Beziehung, als es auch bei Schiller zunächst Zeichen eines auserlesenen Charakters ist: des Dichters. Doch auf diesen allein beschränkt es sich nicht. Der Dichter soll die ganze Menschheit »von allen zufälligen Schranken befreien«[63] und sie damit zu der Höhe der Vollendung heraufführen, die er selber bereits erreicht hat.

Es ist nicht leicht zu sagen, wie eine solche Veredlung durch Schönheit zu erreichen sei, da die Erfahrung ein eher gegenteiliges Zeugnis ablegt. Dieser Schwierigkeit widmet sich Schiller vom 11. Brief ab. Über die an Fichte und Kant anknüpfende Erörterung der beiden den Menschen bestimmenden »Triebe«, den »Formtrieb« und den »Stofftrieb«, und den Entwurf einer Spielkultur, die auf dem harmonischen Wechsel, dem Gleichgewicht der beiden den Menschen jeweils einseitig, anspannend bestimmenden Kräfte beruht, befindet er sich aber bereits wieder in der europäischen Diskussion, die in Kant ihren einseitigen Abschluß gefunden hatte. Schiller entdeckt den »vorkritischen« Geschmacksbegriff wieder und findet in ihm alle die Eigenschaften versammelt, die er dem ästhetischen Zustand zuschreibt.

Wenn im ästhetischen Urteil die ganze Natur, also auch der Mensch, als Darstellung von freien, ihr eigenes Leben und Gesetz erfüllenden Wesen erscheint, das Kunstwerk also den Vorschein menschlicher Wahrheit als einen ästhetischen Zustand entwirft, so muß dieser ästhetische Zustand auch das pädagogische Endziel einer Erziehung sein, die die Vervollkommnung und Veredlung des Menschen als ihre Aufgabe begreift. In der europäischen Geschmacksdiskussion, die weitgehend auf den Anstoß und unter der Ägide Gracians geführt wurde, bezeichnete der Begriff nicht lediglich ein Unterscheidungsvermögen geistig-ästhetischer Art, sondern »ein allgemeines Kulturelement ⟨...⟩, kein nebensächliches, sondern ⟨...⟩ die Wurzel aller, ja ⟨...⟩ die treibende Kraft der gesamten Kultur«[64]. Die Auffassung von der kulturstiftenden Wirkung des Geschmacks, der allein »Harmonie in die Gesellschaft ⟨bringt⟩, weil er Harmonie in den Individuen stiftet«[65], begründet auch Schillers Humanitätsideal und ist Zeichen seines Protests gegen eine Kultur, welche die Vereinzelung, Zerstückelung und Entfremdung des Menschen bewirkt. Da »das Reich des Geschmacks ein Reich der Freiheit« ist[66], kann unter seinem Einfluß der Mensch zu einem freien, seine sinnlichen und geistigen Kräfte harmonisch vereinigenden Wesen werden: »Der Geschmack befördert nicht nur unsre Glückseligkeit, sonder *zivilisiert* und *kultiviert* uns auch. Der Mensch darf nicht ganz allein genießen, sondern muß auch bedacht sein, seine Vergnügen mitzuteilen ⟨...⟩. *Allgemeine Mitteilbarkeit* seiner Empfindungen muß sich der Mensch zum Gesetz machen. In dem Vermögen, diese Eigenschaft zu äußern ⟨...⟩ zeigt sich der Geschmack.«[67] Wie sich Schiller schon in den ästhetischen Vorlesungen mit einer möglichen »Frivolität des Geschmacks«[68] auseinandersetzt, so erörtert er auch, ungleich ausführlicher, im 10. Brief über die ästhetische Erziehung die Einwände, die sich gegen eine Geschmackserziehung vorbringen lassen. Die »Reize des Schönen«, überlegt er, »können in guten Händen zu löblichen Zwecken wirken, aber es widerspricht ihrem Wesen nicht, in schlimmen Händen gerade das Gegenteil zu tun und ihre seelenfesselnde Kraft für Irrtum und Unrecht zu verwenden. Eben deswegen, weil der Geschmack nur die Form und nie den Inhalt achtet, so gibt er dem Gemüt zuletzt die gefährliche Richtung, alle Realität überhaupt zu vernachlässigen und einer reizenden Einkleidung Wahr-

heit und Sittlichkeit aufzuopfern.«[69] Schiller bringt hier die traditionellen Einwände vor, die von den Philosophen (vor allem in
der Tradition Platons) gegen die Rhetorik und deren Anspruch,
die Jugend zu erziehen, gerichtet waren und die von den bürgerlichen Intellektuellen des 18. Jahrhunderts wieder aufgegriffen
wurden als Instrument der polemischen Auseinandersetzung mit
der höfischen Geschmackskultur. Und wenn Schiller die dafür
bezeichnenden Beispiele in der »vergangenen Welt« Athens und
Spartas aufsucht, so gilt die Festellung, »daß Geschmack und
Freiheit«, wohin immer man blickt, »einander fliehen«[70], in ihrer
Allgemeinheit auch der unmittelbaren Vergangenheit und seiner
eigenen Gegenwart. »Aber vielleicht ist die *Erfahrung* der Richterstuhl nicht, vor welchem sich eine Frage wie diese ausmachen
läßt«, schließt er vorläufig seine Erörterung, um sich der Aufgabe
zuzuwenden, die Schönheit »als eine notwendige Bedingung der
Menschheit« aufzuzeigen.[71]

Schiller versucht mit seiner Auffassung vom Menschen als
einem Wesen, das durch zwei einander entgegengesetzte Triebe,
den Form- und den Stofftrieb, bestimmt wird – soviel können
wir, seiner Erörterung folgend, jetzt sagen –, auf anthropologi-
schem Wege die Ursachen für die in der Erfahrung vorfindbaren
Deformationen des Menschen zu bestimmen. Auch seine Lösung,
den Antagonismus von Form- und Stofftrieb, der zu einer wechselseitigen Unterordnung des einen unter den anderen führt, aufzuheben in einem Zustand des wechselseitigen Ineinanderspielens
beider Triebe (der Spieltrieb als Resultante dieses Vorgangs),
bleibt eine anthropologische Konstruktion, die auf eine Veränderung der Individuen durch Schönheit abzielt, um sie auf diesem
Wege erst fähig zu einer vom Geschmack bestimmten Gesellschaftlichkeit oder Geselligkeit zu machen. Die Harmonie sämtlicher Gemütskräfte wird erst dann Ereignis im Spiel als der
gemeinschaftlichen, harmonischen Wechselwirkung von Form-
und Stofftrieb, wenn deren gemeinsames Objekt die Schönheit
ist. Daraus folgt für die pädagogische Absicht: »So gibt es eine
Erziehung zur Gesundheit, eine Erziehung zur Einsicht, eine
Erziehung zur Sittlichkeit, eine Erziehung zum Geschmack und
zur Schönheit. Diese letztere hat zur Absicht, das ganze unsrer

sinnlichen und geistigen Kräfte in möglichster Harmonie auszubilden.«[72]

Wie seit Gracian der Geschmack das Zeichen des vollendet
gebildeten Mannes, des Hombre universal, ist, der »aus sich
gemacht hat, was zu machen war«[73], und jene Vollkommenheit
erreicht hat, die sich als die Totalität seines Charakters darstellt,
so entwickelt auch Schiller das Ideal der allseitig, zwanglos entwickelten Individualität als eine ästhetische, an die Person gebundene Wertkategorie, die sowohl Führung wie Antizipation bedeutet. Die Ähnlichkeit beider verweist auf die gemeinsame Wurzel
in der rhetorisch-humanistischen Bildung. Schillers Spielbegriff,
die anthropologische Fassung des Geschmacks, fußt auf dem
Ethos der Rhetorik. Den Zustand, in dem allein der Mensch ganz
Mensch sein kann, findet er gekennzeichnet durch Zwanglosig-
keit, Widerspruchslosigkeit, durch einen Ausgleich von Vernunft
und Sinnlichkeit, durch Leichtigkeit – Attribute, mit denen die
Rhetorik die durch Charakterdarstellung (ethos) erzielten Emotionen beschreibt. Gewiß gehört das delectare (conciliare qua
Charakterdarstellung) der klassischen Rhetorik zur *emotionalen*
Wirkungsart, doch im Gegensatz zum movere, zur einschneiden-
den Gefühlserregung, fehlt es ihm an eindeutigen Bestimmungen.
Das movere zielt ganz auf die heftige Überwältigung des Publikums, in ihr manifestiert sich der leidenschaftliche Wille des Redners mit größtem Nachdruck. Wogegen das delectare, die unterhaltlichen, milden Emotionen, als ein gewisser Gegensatz dazu
empfunden werden, der andererseits doch wieder in einer schwer
zu unterscheidenden Ähnlichkeit aufgeht. Da die Rede ein dauerndes Beschwichtigen und Aufwiegeln, ein wechselweises Steigern und Beruhigen der Affekte verlangt, fällt dem delectare die
beschwichtigende Funktion zu, seine Aufgabe ist Temperierung
und Erzielung eines emotionalen Gleichgewichtszustandes.[74] Da
es andererseits meist den intellektuellen Teil der Rede davor
bewahren soll, Müdigkeit beim Publikum zu erzeugen, und so die
lehrhaften Redeteile im allgemeinen begleitet, nimmt es eine Art
von Mittlerstellung ein: es beschwichtigt die heftige Spannung
der Leidenschaftserregung und gibt der Beweisführung ein gefäl-
lig-einnehmendes Aussehen. Sofern sich also das delectatio-erre-

gende ethos überhaupt eindeutig bestimmen läßt, so nur von der
zunächst formalen Zwischenposition aus, die es in dem rhetorischen Dispositionsschema einnimmt. Diese aber bedeutet im Hinblick auf die Wirkung: das ethos stellt im Zuhörer eine Art von
Gleichgewichtszustand her, der nicht wertneutral ist, sondern
gerade im Gegensatz zu der anspannenden Wirkung des movere
(Anspannung der Affekte) wie des docere (Anspannung der Ver-
standeskräfte) als angenehm empfunden wird und für den Redner und die von ihm vertretene Sache einnimmt. So ist an dieser
Stelle eine merkwürdige Offenheit in dem sonst recht geschlossen
systematisierten Wirkungsschema der Rhetorik. In seinem Inhalt
unbestimmt, in der Richtung, die damit angegeben ist, eindeutig,
ist das rhetorische ethos daher besonders tauglich für Erweiterungen – eine sehr produktive, zukunftsweisende können wir aus
Schillers Spielbegriff herauslesen.

Die Entdeckung des Geschmacks als Grund der Menschlichkeit führt Schiller wie selbstverständlich an den Anfang der europäischen Geschmacksdiskussion zurück. Gebildet im weitesten
Sinne nannte Gracian denjenigen Menschen, dem die »Vergeisti-
gung seiner Animalität zur zweiten Natur« gelungen war[75], und
eben diese Veredlung des physischen Menschen ist für Schiller
Ergebnis einer durch Schönheit erreichten ästhetischen Gemüts-
stimmung, welche »die Selbsttätigkeit der Vernunft schon auf
dem Felde der Sinnlichkeit eröffnet«[76], so daß der geistige
Mensch sich nach Gesetzen der Freiheit aus dem physischen bloß
zu entwickeln braucht. »Es gehört also zu den wichtigsten Aufgaben der Kultur, den Menschen auch schon in seinem bloß physischen Leben der Form zu unterwerfen und ihn, soweit das Reich
der Schönheit nur immer reichen kann, ästhetisch zu machen,
weil nur aus dem ästhetischen, nicht aber aus dem physischen
Zustand der moralische sich entwickeln kann.«[77]

Die der Schönheit zu verdankende harmonische Wechselwirkung der beiden entgegengesetzten Triebe wird von Schiller deutlich als Ideal gekennzeichnet, das in der Wirklichkeit nie ganz
erreicht werden kann. Für die ästhetische Erziehung folgt aus
dieser Tatsache, daß sich ihr Theoretiker mit den wirklichen,
empirisch erfahrbaren Wirkungen des Schönen, mit dem, was

durch Schönheit real erreichbar ist, zu beschäftigen hat, um sich dort dem Ideal soweit wie möglich anzunähern. An dieser Stelle geht seine Argumentation daher in eine Analyse des Schönen über. Als auflösend bezeichnet Schiller seine Wirkung, wenn die Schönheit den Menschen im Spiel von der einseitigen Spannung des Stofftriebs oder des Formtriebs befreit, anspannend nennt er sie dagegen, wenn sie der Erschlaffung dieser Triebe entgegenwirkt. Die eine ist somit die schmelzende, die andere die energische Schönheit. Schiller kehrt in dieser Phase seiner Überlegungen an den Anfang der Briefe zurück, als er die beiden Extreme zeitgenössischer Verderbtheit beschrieb – in der energischen und in der schmelzenden Schönheit ist ihnen ein Pendant in der ästhetischen Welt entstanden: »Für den Menschen unter dem Zwange entweder der Materie oder der Formen ist also die schmelzende Schönheit Bedürfnis, denn von Größe und Kraft ist er längst gerührt, ehe er für Harmonie und Grazie anfängt empfindlich zu werden. Für den Menschen unter der Indulgenz des Geschmacks ist die energische Schönheit Bedürfnis, denn nur allzugern verscherzt er im Stand der Verfeinerung eine Kraft, die er aus dem Stand der Wildheit herüberbrachte.«[78] Schiller gibt mit Recht die Nomenklatur »schmelzende und energische Schönheit« im Laufe seiner Erörterung wieder auf, sie wird ersetzt durch die traditionelle des Schönen und Erhabenen, wobei letztere erst in dem Aufsatz ›Über das Erhabene‹ in dem ihr zukommenden Wert für die ästhetische Erziehung ausführlich diskutiert wird: »Ohne das Schöne würde zwischen unsrer Naturbestimmung und unsrer Vernunftbestimmung ein immerwährender Streit sein ⟨. . .⟩. Ohne das Erhabene würde uns die Schönheit unsrer Würde vergessen machen ⟨. . .⟩. Nur wenn das Erhabene mit dem Schönen sich gattet und unsre Empfänglichkeit für beides in gleichem Maß ausgebildet worden ist, sind wir vollendete Bürger der Natur, ohne deswegen ihre Sklaven zu sein und ohne unser Bürgerrecht der intelligiblen Welt zu verscherzen.«[79]

Die Diskussion um das Schöne und Erhabene im 18. Jahrhundert reflektiert auf ästhetischer Ebene Opposition und Aspiration des aufstrebenden Bürgertums in einer das wachsende Selbstbewußtsein trefflich charakterisierenden Umwälzung der ihnen ehemals zukommenden, sozialen Beziehungen. Der Bürger reklamiert das Erhabene als den ihm und seinem Wollen angemessenen Ausdruck, als Ausdruck seiner gesellschaftlichen Bedeutung, während das Schöne, häufig als Bloß-Schönes deutlich minderbewertet, eher Ausdruck der überkommenen, zur Ablösung anstehenden Kultur des Adels ist. »Das Erhabene verschafft uns also einen Ausgang aus der sinnlichen Welt, worin uns das Schöne gern immer gefangenhalten möchte. Nicht allmählich *(denn es gibt von der Abhängigkeit keinen Übergang zur Freiheit),* sondern *plötzlich und durch eine Erschütterung* reißt es den selbständigen Geist aus dem Netze los, womit die verfeinerte Sinnlichkeit ihn umstrickte, und das umso fester bindet, je durchsichtiger es gesponnen ist. Wenn sie durch den unmerklichen Einfluß eines weichlichen Geschmacks auch noch so viel über die Menschen gewonnen hat ⟨...⟩, so ist oft eine einzige erhabene Rührung genug, dieses Gewebe des Betruges zu zerreißen.«[80] Der erhabene Charakter entdeckt sich als der Charakter des revolutionären Bürgers, der sich scharf von der »Erschlaffung eines ununterbrochenen Genusses« distanziert, ihm gegenüber seine Würde behauptet und erst in einem dritten Schritt die Synthese von Schönem und Erhabenem als harmonischen Endzustand antizipiert, in dem »vollendete Bürger der Natur«[81] möglich sind. Der zeitgemäßen Bindung der Kategorien an den Kampf des Bürgertums um seine Emanzipation entspricht auch ihre »historische« Einordnung: »denn die Schönheit ist unsre Wärterin im kindischen Alter und soll uns ja aus dem rohen Naturzustand zur Verfeinerung führen.«[82] Und so begreift man, wie Schiller dazu kommt, diese Verfeinerung und Kultivierung unserer Empfindungsfähigkeit durch das Schöne später durch die Entwicklung der »Empfindungsfähigkeit für das Große und Erhabene aus der Vernunft«[83] ergänzen zu wollen, denn »der Mensch hat noch ein Bedürfnis mehr, als zu leben und sich wohl sein zu lassen, und auch noch eine andere Bestimmung, als die Erscheinungen um ihn herum zu begreifen«[84]. Eben diese andere Bestimmung gibt sich mit dem »regulären Wirtschaftsgarten« nicht zufrieden, sie eröffnet dem »begeisterungsfähigen Gemüt, selbst in der bedenklichen Anarchie der moralischen Welt, die Quelle eines ganz eigenen Vergnügens«[85]: »Die Freiheit in allen ihren moralischen Widersprüchen und physischen Übeln ist für edle Gemüter ein unendlich interessanteres Schauspiel als Wohlstand und Ordnung ohne Freiheit, wo die Schafe geduldig dem Hirten folgen und der selbstherrschende Wille sich zum dienstbaren Glied eines Uhrwerks herabsetzt.«[86]

Die wohl kaum vor 1794 entstandene Abhandlung ›Über das Erhabene‹ liest sich streckenweise wie eine Rechtfertigung der Revolution auch noch nach der von Schiller sonst als Justizmord gewerteten Hinrichtung Ludwigs XVI. und läßt die vorsichtige Anfrage Frau von Steins an Charlotte Schiller, ob ihr Mann denn nun nicht mehr darüber entsetzt sei, wenn sie den Nationalkonvent als Räuber kennzeichne, in einem andern Licht erscheinen.[87] Wir haben in dieser Schrift die kaum verhüllte Auseinandersetzung Schillers mit der Französischen Revolution, eine ausführliche Diskussion der Standpunkte, die überraschenderweise nicht zur völligen Verurteilung des revolutionären Geschehens führt, sondern es in einem anderen Medium und bei vermindertem Risiko fingieren möchte. Denn »so gefällig die Natur in ihrem *organischen Reich* sich nach den regulativen Grundsätzen der Beurteilung richtet oder zu richten scheint, so unbändig reißt sie im Reich der Freiheit den Zügel ab, woran der Spekulationsgeist sie gern gefangen führen möchte.«[88] Und Schiller diskutiert und verteidigt auch die Folgerungen, die derjenige zieht, der mit der physischen Welt nicht auf Kosten der moralischen in Einvernehmen stehen will, sich daher in die »heilige Freiheit der Geister« flüchtet und gestärkt dann sogar imstande ist, »das wirkliche Leiden in eine erhabene Rührung aufzulösen«[89]. Schillers Auseinandersetzung mit der Französischen Revolution führt nicht zur Preisgabe ihrer Ziele, nicht einmal zur letzten Preisgabe ihrer historischen Erscheinung (»dieses gesetzlose Chaos von Erscheinungen«[90]), sondern zu ihrer Projektion in den ästhetischen Bereich. Seine Absicht, die er gleichwohl hellsichtig als »Spekulationsgeist« kennzeichnet, ist, den Bürger erst auf dem Wege der ästhetischen Erziehung dem citoyen-Ideal so nahe zu bringen, daß zwischen physischer und moralischer Welt, Sinnlichkeit und Sittlichkeit, Freiheit und Notwendigkeit kein unüberbrückbarer

Gegensatz mehr besteht und das Reich der Freiheit verwirklicht werden kann, ohne daß der Mensch seine Würde hingeben muß. Bis dahin allerdings muß er gelernt haben, »zu ertragen, was er nicht ändern kann, und preiszugeben mit Würde, was er nicht retten kann«[91]! Wie ambivalent Schillers Position trotz dieser ausdrücklichen Resignation immer noch bleibt, wie sehr seine Theorie des Erhabenen und Pathetischen revolutionären Willen kaschiert, wird immer wieder sprachlich manifest in Bildern und Worten, die der politischen Schreib- und Redeweise der Zeit entnommen sind: »Also hinweg mit der falsch verstandenen Schonung und dem schlaffen verzärtelten Geschmack, der über das ernste Angesicht der Notwendigkeit einen Schleier wirft und, um sich bei den Sinnen in Gunst zu setzen, eine Harmonie zwischen dem Wohlsein und Wohlverhalten *lügt,* ⟨wovon⟩ sich in der wirklichen Welt keine Spuren zeigen.«[92] Das idealistische Pathos Schillers zeigt eine ganz eigene Form von Sklavensprache, die den aufrichtigen Jugendgedanken des Ehrenbürgers der Französischen Revolution auch im Exil, im Reich des Scheins, festhält und immer wieder eindringlich der Behauptung widerspricht, daß »der ganze Zauber des Erhabenen und Schönen nur in dem Schein und nicht in dem Inhalt liegt.«[93] Daß ausgerechnet der antike Erhabenheitsbegriff, an die Spitze der gesellschaftlichen Hierarchie gebunden, für eine derartige Erbschaft aus revolutionärem Gewissen tauglich sein konnte, ist die erstaunliche Konsequenz der rhetorischen Überzeugung Schillers.

II. Jena
oder der Traum
einer romantischen Volksbewegung

1. Romantische Schule

Gleich zu Anfang des ausgedehnten Essays, mit dem Heine sein
französisches Publikum mit der modernen deutschen Literatur
bekannt machen wollte, finden wir die Erklärung über die »End-
schaft der ›Goetheschen Kunstperiode‹« als Voraussetzung der
neuen Literatur und gleich darauf deren metaphorische Beschreibung: »Sie war nichts anders als die Wiedererweckung der Poesie
des Mittelalters, wie sie sich in dessen Liedern, Bild- und Bauwer-
ken, in Kunst und Leben manifestiert hatte. Diese Poesie aber war
aus dem Christentume hervorgegangen, sie war eine Passionsblume, die dem Blute Christi entsprossen. Ich weiß nicht, ob die
melancholische Blume, die wir in Deutschland Passionsblume
benamsen, auch in Frankreich diese Benennung führt und ob ihr
von der Volkssage ebenfalls jener mystische Ursprung zugeschrieben wird.«[1] Die religiöse Grundierung, die Heine hier und im folgenden als wesentlich für die romantische Literatur nennt, ist in
ihrer Anfangszeit noch nicht so ausgeprägt, wenn sie auch in
manchen Schwärmereien (etwa Wackenroders über »die Mysterien unsrer heiligen Religion«[2]) sich bereits ankündigt. Selbst von
einer polemischen Entgegensetzung zur Goetheschen Kunstperiode, also zur Weimarer Klassik, kann man zunächst noch nicht
sprechen. Zwar gab es Feindseligkeiten vor allem zwischen Schiller und den Gebrüdern Schlegel, doch Goethe unterhielt zum
Jenaer Kreis ziemlich lange recht freundschaftliche Beziehungen.
So freundschaftliche, daß sich Schiller in dem schon weitläufig
zitierten Brief an die Gräfin Schimmelmann bemüßigt fühlte, den
Freund auch in dieser Frage zu verteidigen. »Dieses Verhältniß ⟨zu
den beiden Schlegels⟩ ist durchaus nur ein literarisches und kein
freundschaftliches, wie man es in der Ferne beurtheilt.«[3] Ohne
der Literaturgeschichtsschreibung in den entsprechenden Kapi-

teln dieses Buches vorgreifen zu wollen und ohne mich in die verzweigte Geschichte des Begriffs Romantik zu verirren und zu verlieren, sei hier nur soviel gesagt, daß er bis zur Jahrhundertwende auf äußerst vieldeutige Weise Verwendung findet. Als Ausdruck des Romanhaften, Phantastischen, Träumerischen in Poesie und Lebenshaltung, womit man dann das Mittelalter mit seinem Burgen- und Ritterwesen meinte identifizieren zu können; als Bezeichnung für die großen romanischen Dichter, die jetzt wiederentdeckt werden, also für Ariost, Dante, Calderon zum Beispiel[4]; schließlich aber auch als Begriff für eine bestimmte ästhetische Qualität und emotionale Auffassung der Natur und Kunst. In dieser Bedeutung deckt er sich weitgehend mit der rhetorischen Kategorie der sublimitas[5], der hinreißenden, enthusiasmierenden, schmelzenden Gemütsbewegung. Die begrifflichen Vorprägungen für das spätere Epochenverständnis und für die dichotomische Gegenüberstellung von Klassik und Romantik lassen sich am besten in den frühen Fragmenten Friedrich Schlegels verfolgen, die er in Reichardts Zeitschrift ›Lyceum der Schönen Künste‹ 1797 in Berlin veröffentlicht hat. Darin finden sich schon die meisten Merkmale romantischen Literaturverständnisses, wie die Auffassung vom Fragment (»Auch in der Poesie mag wohl alles Ganze halb, und alles Halbe doch eigentlich ganz sein.«[6]), von Witz, Ironie und poetischer Spekulation, doch vertragen sie sich durchaus mit der herrschenden Literaturströmung, ja noch wird sogar der Begriff Klassik für Ideen verwandt, die schon bald »romantisch« heißen: »Eine klassische Schrift muß nie ganz verstanden werden können. Aber die, welche gebildet sind und sich bilden, müssen immer mehr draus lernen wollen.«[7] Doch entdecken wir auch schon den vielberufenen Satz: »alle klassischen Dichtarten in ihrer strengen Reinheit sind jetzt lächerlich.«[8] Bei der Interpretation dieser Sentenz gilt es aber vorsichtig zu sein. Richtig betrachtet wendet sie sich gegen eine allzu schulgerechte Gattungstheorie und gegen eine auf ihr fußende Kritik, steht also im Zusammenhang mit anderen Lyceumsfragmenten, die alle gegen einen rigorosen Schematismus in Sachen der Kunst zu Felde ziehen. Also etwa mit der Verteidigung der »metrische⟨n⟩ Sorglosigkeit der Goetheschen Gedichte«[9] oder der Entlarvung des Scheins von Ganzheit vieler Werke, »deren schöne Verkettung man preist«, die aber doch »weniger Einheit ⟨haben⟩ als ein bunter Haufen von Einfällen«[10]. 1799 bringt freilich Ludwig Tieck seine gesammelten Dramen unter dem Titel ›Romantische Dichtungen‹ heraus, womit der Begriff dann endgültig zur Schulbezeichnung wird. Wenige Jahre später, 1803, entfaltet ihn August Wilhelm Schlegel nun seinem ganzen in Zukunft maßgebenden Umfang nach. ›Über Literatur, Kunst und Geist des Zeitalters‹ heißt der grundlegende Aufsatz, und er veröffentlicht ihn in der Zeitschrift seines Bruders, ›Europa‹. Eine harte und kompromißlose Abgrenzung der neuen Epoche von der alten, die mit der Aufklärung identisch gesetzt und überall, mit Ausnahme der »physikalischen Erfahrungswissenschaften«[11] als unzureichend, flach, mittelmäßig, beschränkt denunziert wird. In dieser Programmschrift haben wir die wirkungsmächtige Quelle aller Vorurteile über die bürgerliche Aufklärung, die seither durch die deutsche Literatur kursieren, bis hin zu ihrer Herabstufung als bloßer Vorbereitung und Übergangsepoche, die sich in der Romantik vollendet. »Laßt uns doch unsern Blick über die enge Gegenwart erheben«, ermuntert Schlegel seine Leser und fährt nach einigen Zwischenbemerkungen fort, »laßt uns einen Standpunkt erschwingen, von wo aus wir dies Ganze, was ich eben als das letzte Zeitalter geschildert, vielleicht gar nicht als etwas für sich Bestehendes, sondern als einen Übergang, eine Vorbereitung, eben als jenen Verbrennungsprozeß erblicken ... Mehrere meiner Freunde und ich selbst haben den. Anfang einer neuen Zeit auf mancherlei Art, in Gedichten und in Prosa, im Ernst und im Scherz verkündigt, und gewisse ehrenfeste Männer, die von keiner andern Zeit einen Begriff haben als der, welche die Turmglocken anschlagen und die Nachtwächter ausrufen, haben uns aus diesen frohen Hoffnungen ein großes Verbrechen gemacht.«[12]

Wen alles August Wilhelm Schlegel mit seinen Freunden meint, ist leicht auszumachen. Es sind die romantischen Zirkel in Berlin, die Salons der Rahel Levin und Henriette Herz, wo Schleiermacher, die Gebrüder Tieck, das Ehepaar Bernhardi und natürlich auch sein Bruder Friedrich verkehrten. Der kehrte 1799 nach Jena zurück, um dort für knapp zwei Jahre mit seinem an der

Universität lehrenden Bruder August Wilhelm und dessen Frau
Caroline, mit Schelling und Novalis, Ritter, Steffens, Hülsen und
Brentano den wichtigsten Zirkel der ganzen romantischen Bewegung zu bilden. Dies war gleichsam die Keimzelle aller anderen
Gruppenbildungen der Folgezeit, ob sie sich abermals in Berlin
oder in Heidelberg und Bamberg oder selbst in Tübingen konzentrierten, wo ein Kreis junger Poeten um Uhland und Kerner noch
fast ein Jahrzehnt später das Jenaer Vorbild nachzuahmen
suchte. Ob man bei diesen Schriftstellern, zu denen noch Zacharias Werner oder Varnhagen von Ense, Achim von Arnim, Joseph
Görres und die Gebrüder Grimm, aber auch die Frauen, vor allem
Caroline Schlegel-Schelling, geborene Michaelis, Dorothea Schlegel, Sophie Mereau und Bettina Brentano zu zählen sind, wirklich im Wortsinne eine Schule nennen kann, wie Heinrich Heine
das tut, ist schon manchmal angezweifelt worden[13], allein, die
Bezeichnung ist auch nicht aus der Luft gegriffen und wird
schon sehr früh verwendet, so etwa 1804 in Wilhelm von Humboldts Verteidigung der Romantik gegen einige geläufige Vorurteile: »Die Poesie, behaupte ich noch immerfort, muß durch die
Schule gewinnen und gewinnt dadurch.« Doch hat der Ausdruck
bei ihm auch einen leicht negativen Beiklang. »Sie werden selbst
eingestehen«, schreibt er in dem zitierten Brief an den schwedischen Diplomaten, Dichter und Geschäftsträger in Berlin, Karl
Gustav von Brinckmann, »daß in der *Ante*Schlegelschen Periode
keine Elemente dazu ⟨zum Spielerischen der Poesie⟩ vorhanden
waren. Göthe und Schiller sind hier nicht sehr zu rechnen. Damit
eine Literatur weiter gehen, damit eine Schule entstehen kann,
müssen Formen aufgestellt werden, und gerade das ächte Genie
giebt zu viel von Unnachahmlichem in sein Werk, als daß es fürs
Ganze gebraucht werden könnte.«[14] Der Sprachgebrauch kann
sich des weiteren auf die oft engen persönlichen Bindungen der
Schriftsteller, Philosophen und Wissenschaftler untereinander
berufen, auf ihre gemeinsame Frontstellung gegen die voraufge-
gangene Epoche und ihre Vertreter, schließlich auf den kollektiven Aspekt ihrer Tätigkeit, der in Ausdrücken wie »Symphi-
losophieren« oder »Synästhetisieren« hervorgehoben wird. Auch
Eichendorff übrigens handhabt die Bezeichnungen »neuere ro-

mantische Poesie« oder einfach »neuere Romantik« in seiner Schrift
›Über die ethische und religiöse Bedeutung der neueren romantischen Poesie in Deutschland‹ durchaus im Sinne einer Schul-
bildung. Was ja natürlich nicht ausschließt, daß zwischen den einzelnen Schriftstellern mitunter sogar gravierende Unterschiede
statthaben, daß also, um nur ein Beispiel zu nennen, zwischen
Brentano und August Wilhelm Schlegel, nicht nur in ihrer dichterischen Anlage, sondern auch in ihrem persönlichen Gepräge, ihrer geistigen Eigenart die größten Unterschiede auszumachen sind. Doch wie groß sie immer ausfallen mögen, es gibt
doch genug grundsätzliche Gemeinsamkeiten in der Einschätzung
der Gegenwart, in der Geschichtsansicht, in ästhetischen und poetologischen Grundfragen. Auch in dem umfassendsten, freilich
mehr oder weniger konkret auf die Gegenwart bezogenen Zielge-
danken, dem sowohl die Idolatrie des Mittelalters wie die eigene
poetische Ausrichtung dienen soll, dem utopischen Projekt einer
romantischen Volksbewegung. Das Muster dafür gibt eine idealisierte Vergangenheit, womit freilich nicht mehr die Antike angesprochen ist, sondern eine Epoche, die das Mittelalter und die
Zeit Dürers und Hans Sachs' umfaßt: »In jenen Zeiten unsrer
deutschen Vorfahren aber, – denn vorzüglich auf den stillen, ernsten Charakter unsrer vaterländischen Nation ist jene Schilderung gegründet, – als die Menschen bei aller Fröhlichkeit doch
fromm, ernsthaft und langsam das Turmgebäude des Lebens aus
aufeinandergesetzten Stunden und Tagen aufbauten; welche
unter den damaligen Menschen können unsrer zurücksehenden
Einbildungskraft wohl ein herrlicheres und werteres Bild darbie-
ten als die Künstler, die also lebten?«[15]

2. Freie Geselligkeit

Wie künstlich und nur aus dem Bestreben um eigene Konturierung verständlich die schroffe Entgegensetzung von Aufklärung
und Romantik ist, läßt sich am besten an einem Hauptmerkmal
romantischer Kunst und Lebensführung zeigen, ich meine an
dem, was man die romantische Geselligkeit nennt, die sämtliche
Bereiche durchdringt und die Wirksamkeit dieser Schriftstellerge-

neration auf allen Ebenen kennzeichnet. »Geselligkeit ist das wahre Element für alle Bildung, die den ganzen Menschen zum Ziel hat«, behauptet Schlegel in einem seiner Fragmente[16], Novalis ergänzt: »Die Gesellschaft ist nichts, als gemeinschaftliches Leben: eine untheilbare denkende und fühlende Person. Jeder Mensch ist eine kleine Gesellschaft.«[17] Oder den Gedanken mit seinen subjektiven Konsequenzen weitergeführt: »Gemeinschaft, Pluralismus ist unser innerstes Wesen – und vielleicht hat jeder Mensch einen eigentümlichen Anteil an dem, was ich denke und tue, und so ich an den Gedanken anderer Menschen.«[18] Das gerade sind aber alles keine neuen Entdeckungen, und wenn wir uns nur das Grundbuch aufklärerisch-praktischer Lebensphilosophie, Knigges Schrift ›Über den Umgang mit Menschen‹ (1788) vor Augen führen, wird es ganz offenbar, wieviel die romantische Schule dem Denken des 18. Jahrhunderts schuldig ist. Knigges Bemühen, die »unglückliche, ungesellige Gemütsart«[19] der Deutschen durch die »wahre Kunst der gesellschaftlichen Beredsamkeit«[20] überwinden zu helfen, seine Lehre von der Leichtigkeit, Natürlichkeit im menschlichen Umgang, davon, daß Unterhaltsamkeit, daß Humor und Witz zu den geselligen Tugenden gehören, faßt Gedanken zusammen, die die gesamte Aufklärung bestimmen und die noch von weit älterer Überlieferung sind. Die grundlegende Gewißheit vom menschlichen Charakter als eines wirkenden, geselligen kann man in der neueren europäischen Bildungsgeschichte zumindest bis zu Gracian und Castiglione zurückverfolgen, durch Vermittlung aufklärerischer Popularphilosophie (Thomasius, Gottsched, Gellert) bestimmt sie die anthropologischen und gesellschaftsethischen Konzeptionen der Epoche, also Campes, Jean Pauls, Pestalozzis oder der Weimarer Klassik. Die romantische Geselligkeitskonzeption unterscheidet sich davon zunächst einmal nur in der Formulierung und der geradezu usurpatorischen Art, mit der die Idee aus dem romantischen Geist abgeleitet wird. Novalis spricht vom »Gesellschaftstrieb«[21], die gesellige Welt ist ihm die schöne[22], die fröhliche gar[23], und er sieht in ihr einen unbestimmten, freien Zweck am Werk: »Humanität überhaupt.«[24] Vergleichbare Sätze kann man in Schlegels Fragmenten finden, aber den stringentesten Entwurf, das romantische Denken zu diesem Thema zusammenzufassen, ist uns in Schleiermachers ›Versuch einer Theorie des gesellligen Betragens‹ (1789) überliefert, eine Schrift, die schon im Titel erkennen läßt, daß sich ihr Autor der Tradition, in die er sich stellt, wohl bewußt war. »Freie, durch keinen äußeren Zweck gebundene und bestimmte Geselligkeit wird von allen gebildeten Menschen als eins ihrer ersten und edelsten Bedürfnisse laut gefordert.«[25] Geht man in Richtung dieses Anfangssatzes weiter, so kommt man nun aber bald zu dem Punkt, wo die romantische Geselligkeit eine andere Gestalt annimmt, als sie etwa in dem exemplarischen Buch des Freiherrn Knigge vorgesehen ist. Gewiß, Freiheit ist auch dessen Gesellschaftskunst eingeboren, und über seine Verachtung einer Haltung, die den Menschen nur als Mittel benutzt, macht er kein Hehl (»Nur ein Schurke kann das und will das, weil nur ihm die Mittel, zu seinem Zwecke zu gelangen, gleichgültig sind 〈. . .〉«[26]). Doch genau betrachtet erscheint ihm das Ziel des gesellligen Umgangs, nämlich der Verkehr mit einem gebildeten Manne, »der philosophischen Geist, Gelehrsamkeit und Witz verbindet« und welcher »durch die milden Einwirkungen der Musen das Herz zu Liebe, Freundschaft und Wohlwollen gestimmt« hat[27], als ein Ideal, das nur selten und dann annäherungsweise auch zu erreichen ist, so daß es ihm vor allem um den pragmatischen Zweck geht, »Vorschriften zu einem glücklichen, ruhigen und nützlichen Leben in der Welt und unter Menschen« zu geben.[28]

Die Vermutung liegt nahe, daß Schleiermachers Eingangssatz zunächst jeden Zweifel darüber beseitigen will, daß er mit einer solch utilitaristischen Betrachtungsweise des Themas nichts im Sinn hat, und er beschreibt denn auch sofort in den nächsten Sätzen die beiden Lebensbereiche, die der freien Geselligkeit ungünstig sind: Beruf und häusliche Wirksamkeit. »Es muß also einen Zustand geben«, fährt er fort, »der diese beiden ergänzt, der die Sphäre eines Individui in die Lage bringt, daß sie von den Sphären Anderer so mannigfaltig als möglich durchschnitten werde, und jeder seiner eigenen Grenzpunkte ihm die Aussicht in eine andere und fremde Welt gewähre, so daß alle Erscheinungen der Menschheit ihm nach und nach bekannt, und auch die fremdesten Gemüter und Verhältnisse ihm befreundet und gleichsam nachbarlich werden können. Diese Aufgabe wird durch den freien Umgang vernünftiger sich untereinander bildender Menschen gelöst.«[29] Das Modell, nach dem Schleiermacher seine Gesellschaftstheorie entwirft, ist uns schon bekannt, es ist Schillers Konstruktion einer Spielkultur, die auch ganz zweckfrei sein soll und einen dritten, vermittelnden, eben ästhetischen Zustand darstellt, in welchem Stoff (Schleiermachers »Einseitigkeit und Beschränkung« des Berufs) und Form (Schleiermachers im häuslichen Leben sich verwirklichende »sittliche Ökonomie«)[30] zur Versöhnung kommen. Später wird er Schillers Terminologie sogar ausdrücklich benutzen, wenn er nämlich die Geselligkeit ihrer Form (»Alles soll Wechselwirkung sein...«) und ihrem Stoff (»Alle sollen zu einem freien Gedankenspiel angeregt werden durch die Mitteilung des meinigen.«)[31] nach untersucht. Vom »freien Spiel seiner Kräfte« spricht der romantische Theoretiker dann auch, wenn er die Funktion des Individuums in einer so aufgefaßten Gesellschaft beschreiben will[32], und möchte dann sogar »das gesellige Leben als Kunstwerk konstruieren«[33], in welchem die Einwirkung der Menschen aufeinander »auf keine Art einseitig sein darf«, sondern »völlig bestimmte und vollendete Wechselwirkung sein soll«[34]. Erst wenn alle diese Bedingungen erfüllt sind, kann man von »Gesellschaft im eigentlichen Sinn«[35] reden. »Dies ist also das wahre und endliche Resultat unserer Untersuchung: Suche die Sphäre der Gesellschaft zwischen den angegebenen Grenzen immer genauer zu bestimmen. Die gesellige Vollkommenheit, welche sich hierauf bezieht, besteht also darin, daß man sich zwischen den äußersten Grenzpunkten der Gesellschaft, welche auf die erörterte Art sehr bestimmt gefunden werden können, mit Leichtigkeit bewege; daß man alles dazwischenliegende auf eine solche Weise berühre, welche, wenn Empfänglichkeit da ist, ihrer Wirkung nicht verfehlen kann, und wenn es daran fehlt, Niemanden in Verlegenheit setze, und daß man aus den leisesten Andeutungen merke, was diesem oder jenem zu hoch ist. Diese Kunst ist es, welche eigentlich die Feinheit in der Konversation ausmacht.«[36]

Kaum ein romantischer Schriftsteller, bei dem sich nicht sol-

che Gedanken finden; kurz zu Wort kommen lassen möchte ich
noch einen, Adam Müller, der in seinen ›Zwölf Reden über die
Beredsamkeit und deren Verfall in Deutschland‹ (1812) die
romantische Gesellschaftsauffassung nun auch ausdrücklich mit
dem rhetorisch-humanistischen eloquentia-Ideal und der damit
verbundenen Überzeugung von der Wirkung des Gemeinsinns
(sensus communis) in Zusammenhang bringt. Auch für diesen
zwielichtigsten der romantischen Autoren mit politischer Ambition ist das lebendige, freie Gespräch auf der Grundlage eines
allen gemeinsamen guten Geschmacks als Vorbild und Muster
jeder gemeinschaftlichen Verfassung anzusehen, als eine Grundform des öffentlichen Lebens ebenso wie des Privatlebens, und ist
sie in dieser die »Bedingung des französischen Gesprächs«, so in
jener die Voraussetzung für das »beinahe tausendjährige britische
Gespräch über das Recht, die Freiheit und alle Heiligtümer der
Menschheit, dessen Herd und Mittelpunkt das Parlament ist, von
wo es sich unaufhörlich verbreitet über die Gerichtshöfe und
über alle Gemeinden und Familien, und alle Gewerbe und
Gespräche jener wunderbaren Insel«[37]. Müllers Vorlesungen viel
mehr als Schleiermachers ›Versuch‹ probieren das romantische
Geselligkeitsideal durch sämtliche Sphären des öffentlichen und
privaten Lebens hindurch aus: in Gesellschaft, Staat und Kirche,
in Liebe, Ehe und Familie, im Verhältnis zu Kunst, Literatur und
Politik; sie sind ein Exempel romantischen Geistes auch darin,
daß sie ungeniert in Widersprüche verfallen und den Parlamenta-
rismus Englands ebenso loben wie den österreichischen Feudalismus und schließlich auch vor offensichtlichen Anachronismen
nicht zurückschrecken. Um das gesellige Gespräch romantischer
Provenienz zu einer allgemeinen Kultur zu machen, soll die tote
Schriftsprache zugunsten des mündlichen Austauschs zurückgedrängt und ein gleichsam vorgutenbergscher Zustand wiederhergestellt werden. »Ich wünsche Deutschland Glück, daß jenes
Schrift- und Formelwesen allmählich zerfällt, daß das Ansehn
der Druckerpresse durch den Mißbrauch allmählich abnimmt,
daß die Liebhaber dieses Unwesens von den Zeitumständen mehr
und mehr mit Auswahl zu kaufen, und anstatt zu lesen lieber zu
sprechen genötigt werden; was echtes Gold ist, wird dennoch

bestehen.«[38] Womit wir zugleich die theoretische Überlegung kennengelernt haben, welche das öffentliche, von den Erziehungsinstitutionen unabhängige Vorlesungswesen begründet, das die romantischen Schriftsteller eingeführt und ausgiebig praktiziert haben, ob in Dresden, Berlin oder Wien. Nicht vergessen dürfen wir dabei einen zusätzlichen Vorteil der mündlichen Rede, sie ist der Zensur allenfalls nachträglich zugänglich. Selbst ein Mann wie Adam Müller mochte davon gelegentlich profitieren: unter den Zuhörern seiner ›Reden über die Beredsamkeit‹ in Wien waren auch der Erzherzog Maximilian, Graf Stadion oder der Prinz de Ligne, die seinen Lobpreis englischer Zustände gewiß nicht gänzlich goutiert haben werden. Engherzig war man freilich nicht, so äußerte sich der Erzherzog Johann von Österreich: »Adam Müller war bei mir, es ist ein Vergnügen mit ihm zu sprechen; ich will ihn brauchen; was sonst seine Ansichten, bekümmert mich wenig.«[39]

Freie Geselligkeit, gebildetes Gespräch, gemeinschaftliche Wirksamkeit sind für die romantischen Schriftsteller nicht bloße Theorie geblieben. Überspitzt formuliert: was für die Klassiker das reale Herzogtum Sachsen-Weimar, das war für die Romantiker ihre eigene soziale Lebenswirklichkeit in der Gruppe. Ein wichtiger Unterschied besteht, soziologisch gesehen, zunächst einmal darin, daß die romantische Gruppe in Distanz zur höfischen Gesellschaft ihre Geselligkeitsformen entwickelt, ihr Ort ist die erweiterte Familie oder der Salon. Die Schriftsteller des frühromantischen Kreises stammten zwar in ihrer Mehrheit aus dem mittelständischen Bürgertum (die Schlegels, Schelling, Schleiermacher waren Pfarrerssöhne, Wackenroders Vater war preußischer Beamter, und Tieck kam aus einer Handwerkerfamilie), doch aufs ganze gesehen setzt sich die romantische Schule wie andere Elitebildungen zuvor aus gebildetem Bürgertum und Adel zusammen: Novalis, Achim von Arnim, Kleist, auch Brentano sind adliger Herkunft. Immerhin läßt sich eine deutliche Tendenz zur Verbreiterung der sozialen Basis erkennen. Man versteht sich als Repräsentant der breiten Volksschichten, und Frauen, Jugendliche und Juden, die bisher oft ausgeschlossen waren, gehören selbstverständlich zur Gruppe und bilden sogar, denken wir an

Rahel Levin und Henriette Herz, in vielen Fällen das organisatorische und intellektuelle Zentrum.[40]

Das gilt auch für den Jenaer Kreis, der ohne Caroline Schlegel undenkbar gewesen wäre. Schon in Dresden, wo sich die Schlegels, Schelling, Fichte, der Übersetzer Johann Diedrich Gries und Novalis im Sommer 1798 getroffen hatten, war sie das gesellschaftliche Zentrum, in dem Aufsatz, der aus ihren gemeinsamen Museumsbesuchen hervorging und den sie zusammen mit ihrem Mann August Wilhelm verfaßt hat, können wir noch einen Nachklang davon spüren. Hauptthemen des geselligen Gesprächs lieferten Kunst, Literatur, Philosophie. Das blieb auch in Jena so im wesentlichen, sieht man einmal von dem Atheismusstreit um Fichte ab, in welchem die junge bürgerliche Intelligenz, die sich da im Hause des Professors Schlegel traf, ebenso wie die Jenaer Studenten ganz auf seiten Fichtes standen. Die Stimmung, die hier herrscht, gibt sehr schön ein Bericht über Tiecks ersten Besuch in Jena wieder: »Es war ein schöner Abend, als die Freunde während des Besuchs, den Tieck 1799 in Jena machte, zum ersten Male vereint waren. Novalis war aus Weißenfels gekommen. A. W. Schlegel hatte den Vermittler gemacht. In bewegten Gesprächen hatten sie die Herzen gegeneinander aufgeschlossen, geprüft und erkannt; die Schranken des alltäglichen Lebens fielen, und beim Klange der Gläser tranken sie Brüderschaft. Mitternacht war herangekommen, die Freunde traten hinaus in die Sommernacht. Wieder ruhte der Vollmond, des Dichters alter Freund seit den Tagen der Kindheit, magisch und glanzvoll auf den Höhen um Jena. Sie erstiegen den Hausberg, und eilten weiter über den Hügel. Endlich begleiteten sie Novalis nach Hause; der Morgen war nicht mehr fern. Als man Abschied nahm, sagte Tieck: ›Jetzt werde ich den *Getreuen Eckart* vollenden.‹ ›Wenn du das kannst nach diesem Abende, nach diesem Spaziergange‹, erwiderte Schlegel, ›dann will ich dich hoch in Ehren halten!‹ Tieck löste sein Wort. In den Morgenstunden vollendete er die Erzählung, und noch an demselben Tage theilte er sie den Freunden mit.«[41] Eine romantische Szene, wie sie im Buche steht, auch Tieck hat sie derart im ›Phantasus‹ erinnert. Sie gibt eine gewiß zutreffende Momentaufnahme, auch wenn in ihr von den komplizierten Verhältnissen, die etwa zwischen Caroline, August Wilhelm Schlegel und Schelling herrschten, nichts hervortritt und die persönlichen Beziehungen auch sonst nicht etwa so romantisch-spannungslos waren, wie es nach dergleichen Schilderungen scheinen könnte. Zwischen Schelling und Novalis herrschte wenig Sympathie, auch Dorothea Veit mochte den jungen Poeten zunächst nicht sehr, und Fichte hielt eigentlich überhaupt ziemlich auf Abstand. Als im Oktober 1799 Tieck mit Frau und Tochter nach Jena zog, war dann aber der Kreis ziemlich komplett, in dessen Diskussionen und Schriften jenes Programm endlich feste Umrisse anzunehmen begann, das den Grundstock der Romantischen Schule bildete und die eigentliche Bedeutung des Jenaer Kreises ausmacht. Eine Phase des Übergangs und der Suche, des Experimentierens mit neuen Denkformen und künstlerischen Ausdrucksweisen. Tieck wohnte mit Familie »in dem Hause A. W. Schlegels, welches für ihn und andere Freunde der Mittelpunkt des gemeinsamen Lebens ward ⟨. . .⟩. Andere Freunde traten diesem Kreise bei, Friedrich Schlegel und Dorothea Veit, dann Fichte und Schelling. Oft kam auch Novalis aus Weißenfels. Brentano, der in Jena studierte, Gries, die Künstler Bury und Genelli, und noch mancher Andere gesellte sich vorübergehend zu ihnen. In heiterer Weise vereinte man sich in dem Hause des ältern Schlegel zum gemeinsamen Mittagstisch; Tieck wenigstens und die Seinen regelmäßig. Hier fanden sich jene angeregten Gesellschaften in Wirklichkeit, welche er in den spätern Novellen so meisterhaft zu schildern verstand ⟨. . .⟩. Schlegel selbst las sein Gedicht auf die Schauspielerin Bethmann. Ein anderes Mal hielt Novalis einen Vortrag, der einen eifrigen Streit hervorrief, weil man fand, daß er sich darin zum Katholicismus bekannt habe. Brentano trug seine ›Naturgeschichte des Philisters‹ vor, als auch Fichte zugegen war ⟨. . .⟩«[42]

So sah also das romantische Ideal der Symphilosophie und Sympoesie verwirklicht aus, es beruht auf dem geselligen Gespräch, entwickelt sich aus Rede, Kommentar und Kritik und ist Ergebnis eines gemeinschaftlichen Geistes, zu dem jeder seinen Teil beiträgt, so daß die individuelle Autorschaft in der Gruppe aufgehoben ist. So jedenfalls die reine Zielvorstellung, aber

Ansätze zu ihrer Verwirklichung gab es genug, die Fragmente Schlegels und Novalis' sind eigentlich Gesprächsfragmente, viele entstanden in wechselseitiger Reaktion aufeinander. Um es an einem Beispiel zu verdeutlichen: Notizen und Aphorismen in Studienheften des Novalis sind oft Glossen zu Schlegels Fragmenten, und im Sommer 1798 hat er ganz systematisch seine kritischen Bemerkungen und Ergänzungen zu Schlegels Athenäumsfragmenten gesammelt[43]; darin finden sich längere Ausführungen die Religion betreffend, manchmal umfangreicher als die Vorlage, auch private Notizen (»Ich folge diesem Worte, theurer Freund«, notierte er an Schlegels Mahnung, nicht »in die Politische Welt 〈...〉 Glauben und Liebe« zu verschleudern, sondern sich der »göttlichen Welt der Wissenschaft« zu widmen.[44]) oder lapidare Entzifferungen der Vorlage, so des 126. Fragments:»Nur um eine liebende Frau her, kann sich eine Familie bilden« – daneben steht nur der Name »Caroline Schlegel«.[45]

Der literarische Ertrag dieser zwei Jahre, bevor die Gruppe 1801 auseinandergeht, ist reich und vielfältig. Um nur einige Beispiele zu nennen: Novalis' Rede über die ›Christenheit oder Europa‹, seine philosophischen Studien auf Kants und Hemsterhuis' Spuren und die geistlichen Gedichte; Friedrich Schlegels Roman ›Lucinde‹, seine Fragmente und ›Ideen‹, seine Rede über die Mythologie und das ›Gespräch über die Poesie‹; Tiecks ›Romantische Dichtungen‹ und ein großer Teil seiner Lyrik, August Wilhelm Schlegels Shakespeare-Übersetzungen, Schellings ›Erster Entwurf eines Systems der Naturphilosophie‹ und sein ›System des transcendentalen Idealismus‹; endlich natürlich das publizistische Organ der Gruppe, die vielleicht bedeutendste Zeitschrift der Frühromantik, das ›Athenäum‹. Doch reichen die literarischen Wirkungen über den durch diese Titel markierten Bereich weit hinaus. Viele spätere Werke der in Jena versammelten Autoren wären nicht denkbar ohne die hier gemachten Erfahrungen und ohne die gemeinsame Geselligkeit, den Nährboden ihrer aller Geistesentwicklung; das gilt ebenso für Novalis' ›Heinrich von Ofterdingen‹ wie für Tiecks spätere Märchen, Novellen und Erzählungen. An geistiger Ausstrahlungskraft und literarischer Bedeutung (die Poetik der Romantischen Schule wurde ebenfalls hier entwickelt) übertrifft wohl keines der anderen Zentren romantischer Wirksamkeit Jena, das in diesem Sinne also mit Recht die neben Weimar zweite literarische Hauptstadt Deutschlands in seiner Zeit genannt wurde, ja es gleichsam virtuell auch nach 1801 noch einige Jahre geblieben ist. Dahinter verblaßt Dresden, auch Halle natürlich, wo Steffens und Schleiermacher wirkten und Eichendorff studierte, oder Bamberg, wo die naturphilosophische Medizin eine Hausmacht besaß und Schubert tätig war. Selbst Heidelberg, das Ricarda Huch »die eigentliche Stadt der Romantik« genannt hat, zeigt demgegenüber eine vergleichsweise schmale, wenn auch auf einem Gebiet unübertroffene Wirkung. 1804 ließ sich Clemens Brentano hier nieder, Achim von Arnim ein Jahr später, an der Universität lehrte Görres. Von Heidelberg gingen die kräftigsten Impulse zur Rettung und Erforschung der altdeutschen Dichtung und Volkspoesie aus. Hier entstanden ›Des Knaben Wunderhorn‹ (1805/1808) von Arnim und Brentano, Görres ›Teutsche Volksbücher‹ (1807), und die ›Kinder- und Hausmärchen‹ (1812/1815) der Gebrüder Grimm wären ohne diesen Einfluß vor allem Brentanos nicht denkbar. Entdeckungen, die in den Jahren der napoleonischen Kriege eine weitreichende Aktualität bekamen. Vergewisserung eigener nationaler Größe durch die kulturellen Zeugnisse der Vergangenheit, patriotisches Selbstbewußtsein angesichts einer einheitlichen, lebendigen Volksüberlieferung – das sind die wichtigsten Stichworte für die Bedeutung der Heidelberger Romantik. Sie finden sich auch schon in Arnims Ankündigung des ›Wunderhorns‹: »Wären die deutschen Völker in einem einigen Geiste verbunden, sie bedürften dieser gedruckten Sammlungen nicht, die mündliche Überlieferung machte sie überflüssig; aber eben jetzt, wo der Rhein einen schönen Theil unsres alten Landes loslöst vom alten Stamme, andre Gegenden in kurzsichtiger Klugheit sich vereinzeln, da wird es nothwendig, das zu bewahren und aufmunternd auf das zu wirken, was noch übrig ist, es in Lebenslust zu erhalten und zu verbinden.«[46]

Was die Seite der konkreten sozialen und politischen Wirkung romantischer Geselligkeit und Gruppenbildung anbelangt, sind freilich die Berliner Zirkel unerreicht geblieben. Man vergegen-

wärtige sich nur den berühmten Berliner Salon Rahels, eine
Gesellschaft ohne Schein und Prunk, im unprätentiösen Rahmen
einer Bürgerstube, ein altes Dienstmädchen bringt Tee, und wer
sich gerade hier versammelt, hat der Zufall ausgewählt, nicht der
gesellschaftliche oder berufliche Stand, die politische Richtung
oder nationale Zugehörigkeit, das Geschlecht oder die künstlerische Profession. Immer ist es ein gemischtes Publikum, Aufklärer
wie Friedrich von Meyern oder die Brüder Humboldt treffen hier
mit jungen Schriftstellern, mit Tieck, den Brüdern Schlegel oder
Friedrich Gentz zusammen, der Prinz Louis Ferdinand unterhält
sich mit dem Historiker Johannes von Müller, Diplomaten,
Schauspieler und Musiker begegnen sich, und trotz der napoleonischen Bedrohung sieht man unter den ausländischen Gästen
auch immer wieder Franzosen, Gegner und Freunde des Regimes
gleichermaßen. »Im ganzen Leben, wie in Kunst, deren Übung
und Ansicht«, beschrieb die Gastgeberin ihr Programm, »müssen
sich immer mehr Beziehungen dartun (dies allein heißt weiterleben), und dies nicht, weil dadurch mehr gelebt würde: das könnte
keine Wiederholung schaffen. Aber in jeder besonderen Beziehung wird etwas Neues erschaffen; und deswegen ist deren Ver-
mehrung allein wünschenswert, belebend, freudebringend, würdig, reell.«[47] Freiheit, Gleichheit, Vielfalt, Wechselwirkung: die
Bestimmungen romantischer Geselligkeit sind im Salon der Rahel
Levin, spätere Varnhagen, Wirklichkeit geworden, und der
unparteiische, auch die politischen Widersprüche im geselligen
Sinne fruchtbar machende Geist hat hier noch eine Ausprägung
gefunden wie nirgendwo sonst. Wie nicht einmal in der Zeit-
schriftenpolitik der Romantischen Schule, die sonst durchaus in
den Bereich ihrer geselligen Bestrebungen fällt. Das publizistische
Forum vertritt im Bereich der Schrift den Salon, die gesellig-
gebildete Unterhaltung, macht »Gespräche mit dem Leser« möglich, trägt zu seiner »Bildung und Universalität« bei. »Das wahre
Journal ist universell, d. h. moralisch«, dekretierte Friedrich Schlegel, der rührigste Zeitschriftenherausgeber der Schule.[48] Die Praxis blieb freilich hinter solchen Zielsetzungen zurück, die
erstrebte enzyklopädische Tendenz, der Wunsch, den Geist des
Zeitalters zu erfassen, wurden kaum annäherungsweise erfüllt,

nationale Repräsentanz der Beiträger wohl nicht ernsthaft angestrebt. Da erscheint selbst ein so geschlossener Zirkel wie die Berliner ›Christlich-deutsche Tischgesellschaft‹ manchmal vielfältiger; auch wenn in ihr die Bandbreite politisch-weltanschaulicher
Meinung nicht so groß war wie in Rahels Salon, trafen sich doch
auch hier die verschiedenen Berufsstände, und die Gesinnungen
reichten von liberaler Reform- bis konservativ-preußischer
Staatsgesinnung. Schleiermacher, der auch schon die Rolle der
Frauen bei der Konstituierung romantischer Geselligkeit hervorgehoben hat[49], subsumierte solche Liberalität unter dem Begriff
der freien Wechselwirkung: »Der Zweck der Gesellschaft wird
gar nicht als außer ihr liegend gedacht; die Wirkung eines Jeden
soll gehen auf die Tätigkeit der übrigen, und die Tätigkeit eines
Jeden soll sein seine Einwirkung auf die anderen. Nun aber kann
auf ein freies Wesen nicht anders eingewirkt werden, als dadurch,
daß es zur eigenen Tätigkeit aufgeregt, und ihr ein Objekt dargeboten wird; und dieses Objekt kann wiederum zufolge des obigen
nichts sein, als die Tätigkeit des Auffordernden; es kann also auf
nichts anderes abgesehen sein, als auf ein freies Spiel der Gedanken und Empfindungen, wodurch alle Mitglieder einander gegenseitig aufregen und belehren. Die Wechselwirkung ist sonach in
sich selbst zurückgehend und vollendet ⟨. . .⟩«[50]
    Auch in diesen Sätzen spricht sich der romantische Stand-
punkt aus, und zwar auf so grundsätzliche Weise, daß man darin
viel mehr als bloß eine theoretische Begründung zeitgenössischer
Salongeselligkeit erblicken darf: das Gedankenmodell läßt sich
auf alle Lebensbereiche übertragen und eine seiner wichtigsten
Realisierungen ist die bedeutsamste Gründung einer deutschen
Universität in unserer neueren Geschichte, die Gründung der Berliner Universität 1810 durch Wilhelm von Humboldt. Das wird
nicht nur durch die personelle Zuordnung deutlich, die neben
den Gebrüdern Humboldt und dem Begründer der neuen Alter-
tumswissenschaft Friedrich August Wolf, Vertretern der älteren,
durch Aufklärung und Klassik geprägten Generation, auch Männer wie Fichte und vor allem Schleiermacher aufweist, dessen
›Gelegentliche Gedanken über Universitäten im deutschen Sinn‹
(1808) die Hoffnungen der Romantischen Schule erkennen las-

sen, die neue Universität zum Mittelpunkt ihrer Bestrebungen zur
Befreiung und Einigung des ganzen deutschen Volkes zu machen.
Durch Arnim und Brentano gelang die Berufung Savignys, des
Begründers der Historischen Schule in den Rechtswissenschaften,
der den Ursprung des Rechts aus dem Volksgeist lehrte; auch
mancher andere Gelehrte wie der Mediziner Reil oder der Heidelberger Philologe Philipp August Böckh, ein Freund Schleiermachers, standen der romantischen Bewegung nahe. Clemens
Brentano dichtete gar für die zum 15. Oktober 1810 geplante,
dann aber nicht zustande gekommene offizielle Einweihungsfeier
der Universität eine Kantate ›Universitati Litterariae‹, deren ›Allgemeiner Chor‹ schlagwortartig zusammenfaßt, was in den Strophen der anderen Stimmen (wie Lehrer, Bürger, Dichter, Studenten) ziemlich langatmig entfaltet wird. »Fleiß ziert Deutschland, /
Wenn es nährt, / Treu ist Deutschland, / Wo es wehret, / Groß
ist Deutschland, / Wenn es lehret, / Pflug und Schwert und Buch
es ehret.«[51]

Wilhelm von Humboldt selber kommt in der Gründungsgeschichte der Universität eine vermittelnde Wirksamkeit zu, insofern der Bildungs- und Wissenschaftsbegriff, den seine Hoch-
schule verwirklichen soll, eine Synthese aus klassisch-aufkläreri-
schen Gedanken mit denen seiner romantischen Berater darstellt.
Er kannte Schellings Programmschrift ›Über die Methode des
akademischen Studiums‹ und beriet sich mit Schleiermacher und
Fichte bei den Vorbereitungen zur Gründung. Und wenn er als
Bildungsziel das klassisch-humanistische Ideal nennt, die »harmonische Ausbildung *aller* Fähigkeiten«[52], wenn er immer den Menschen als Ganzes vor Augen hat, so bestimmt er aber Wissenschaft ganz im Sinne der neuen Schule »als etwas noch nicht ganz
Gefundenes und nie ganz aufzufindendes«, als ein Forschen, das
»immer im Forschen bleiben« müsse, und betont auch in diesem
Zusammenhang, wie wichtig »der freie mündliche Vortrag« sei[53].
Die Übereinstimmung mit romantischem Programm geht dabei
oft bis in die Terminologie hinein: »Wird aber endlich in höheren
wissenschaftlichen Anstalten das Princip herrschend: Wissenschaft als solche zu suchen, so braucht nicht mehr für irgend
etwas Anderes einzeln gesorgt werden. Es fehlt alsdann weder an

Einheit noch Vollständigkeit, die eine sucht die andere von selbst
und beide setzen sich von selbst, worin das Geheimniss jeder
guten wissenschaftlichen Methode besteht, in die richtige Wechselwirkung.«[54] Noch sein Prinzip bei der Aufstellung des Profes-
sorenkollegiums: »Man beruft eben tüchtige Männer und läßt
das Ganze allmählich sich ankandieren«[55], also die Abstinenz von
jeder Doktrin und das Setzen auf die Wechselwirkung nach dem
Schleiermacherschen Gesetz der Geselligkeit werden durchsichtig
auf das romantische Gesellschaftsideal, das ihnen zugrunde liegt.
Humboldt hat die romantische »Revolution« (sein eigener Ausdruck[56]) in ihren wichtigsten Repräsentanten erlebt, sie gegen
Angriffe verteidigt, wie aus den Briefen an K. G. von Brinckmann
hervorgeht, und ihren Ideen eine praktische, kulturpolitische
Wendung gegeben, über deren Bedeutung für das deutsche Bil-
dungs- und Unterrichtswesen wir keine weiteren Worte zu verlieren brauchen.

Das war nun Berlin, und die preußische Hauptstadt bot einer
solchen öffentlichen Wirksamkeit auch deshalb die größten Möglichkeiten, weil die Repräsentanten des staatlichen, politischen
Lebens mit denen der Kunst und Literatur ständig in denselben
Salons, also bei Rahel Levin und Henriette Herz, zusammentra-
fen oder sich in der ›Christlich-deutschen Tischgesellschaft‹
beratschlagten. In den anderen Zentren der Romantischen Schule
waren diese Voraussetzungen nicht gegeben, romantische Geselligkeit hatte hier notwendig einen anderen Charakter, beschränkte sich vielmehr auf literarische Kreise, und die dichterische Profession stand auch thematisch neben Problemen der
privaten Lebensführung im Vordergrund. Wobei ich abschließend
noch auf eine soziale Errungenschaft hinweisen möchte, die
unabhängig vom Ort die romantische Geselligkeit mit sich
brachte und praktizierte: die gleichberechtigte Beziehung zwischen Männern und Frauen wenigstens im privaten und künstlerischen Bereich. Friedrich Schlegels Roman ›Lucinde‹ (1799), den
verschlüsselten Roman seines Verhältnisses zu Dorothea Veit, der
Tochter Moses Mendelssohns, die nach der Scheidung von ihrem
ersten Mann seine Frau wurde, kann man als das Manifest des
neuen Geschlechterverhältnisses lesen, das die Romantische

Schule zu verwirklichen suchte. »Laß mich's bekennen«, schwärmt
Julius seiner Lucinde darin vor, »ich liebe Dich nicht allein, ich
liebe die Weiblichkeit selbst. Ich liebe sie nicht bloß, ich bete sie
an, weil ich die Menschheit anbete, und weil die Blume der Gipfel der Pflanze und ihrer natürlichen Schönheit und Bildung
ist.«[57]

3. Politische Romantik

Mit guten Gründen, und einem strikten Begriff des Politischen
folgend, haben die Skeptiker der Romantik eine politische Qualität abgesprochen. Ihre durch und durch ästhetische Wirklich-
keitsauffassung lasse keinen Raum für politisch-rationales Denken, vielmehr werde die politische Realität zum Gegenstand eines
ästhetischen Spiels und Anlaß rein künstlerischer Phantasietätigkeit. »Die politische Romantik ist ein Begleitaffekt des Romanti-
kers zu einem politischen Vorgang, der occasionell eine romantische Produktivität hervorruft. Ein Eindruck, den die historisch-
politische Wirklichkeit suggeriert, soll zum Anlaß subjektiven
Schöpfertums werden.«[58] In dieses Resümee münden die Analysen
Carl Schmitts, und seine Überlegungen können uns manche
Ungereimtheit, manchen krassen Widerspruch im politischen
Denken der romantischen Schriftsteller erklären, die in wenigen
Jahren von enthusiastischen Anhängern der Französischen Revolution zum Katholizismus konvertierten, die, wie Schlegel, von
einem radikalen Demokratiebegriff unter Einschluß der Volkssouveränität (in seinem ›Versuch über den Republikanismus‹,
1796) zur erneuten Proklamation des Ständestaats fanden
(›Signatur des Zeitalters‹, 1820); die den König und die Königin
Preußens ebenso zu ästhetischen Gegenständen wie kurz vorher
die Helden der Revolution erklären konnten (Novalis) oder gar,
wie Adam Müller, Sympathien mit dem englischen Parlamenta-
rismus und feudal-ständische Gesinnung im selben Augenblick
vereinbaren konnten. Schlegels vielzitiertes Athenäumsfragment
kann man für solch eine durchgehend ästhetische Struktur des
romantischen Denkens als überzeugenden Beleg anführen: »Die
Französische Revolution, Fichtes Wissenschaftslehre und Goethes

Meister sind die größten Tendenzen des Zeitalters. Wer an dieser
Zusammenstellung Anstoß nimmt, wem keine Revolution wichtig scheinen kann, die nicht laut und materiell ist, der hat sich
noch nicht auf den hohen weiten Standpunkt der Geschichte der
Menschheit erhoben.«[59] Denn so überlegt diese Zusammenstellung auch ist, insofern in allen drei von Schlegel genannten Systemen das sich selbst erzeugende Subjekt, die Vernunft als sich
selbst schaffendes Tun zur Darstellung oder zur revolutionären
Tat kommt, so muß man doch die alle methodologischen Unterschiede nivellierende Gleichbehandlung von politisch-sozialen
und ideologischen Phänomenen, krass gesprochen: von Revolution und Bildungsroman als Zeugnis der ästhetischen Denkart
der romantischen Schule ansehen. Doch eben diese hat (von
Schmitt übrigens nicht bestrittene) politische Auswirkungen,
denen wir auch schon mehrfach begegnet sind und die in meinen
späteren Darlegungen und Deutungen der romantischen Literaturentwicklung immer wieder eine wichtige Rolle spielen. An die
patriotische Grundlegung einer neuen zur lebendigen Volksüberlieferung hin orientierten Kultur beim Heidelberger Kreis sei
erinnert, oder an die Verbindung romantischer Gruppen mit der
antinapoleonischen Opposition in Berlin und der preußischen
Reformpolitik. Sinnvoll von politischer Romantik zu sprechen,
ist gewiß nur möglich in dieser vermittelten Weise, insofern die
romantische Schule, und sei es ganz »occasionalistisch« Vorstellungen und Ideen produzierte, deren politische Brauchbarkeit (ob
nun in progressiv-bürgerlicher oder reaktionär-feudaler Hinsicht)
sich dann durchaus erweisen konnte.

Allen voran die Konstruktion einer romantischen Volksbewegung als Substrat jeder historischen Veränderung, ob im politisch-sozialen oder im kulturellen Bereich. Im Begriff des Volkes
haben die romantischen Schriftsteller die umfassendste Version
ihrer Gesellschaftskonzeption gedacht.[60] Das beginnt schon früh
mit dem Bild, das Tieck und Wackenroder sich vom Volk
machen; bei ihrer Pfingstreise durchs fränkische Land 1793 verweilen sie beim Anblick einer Wallfahrt (»Eine Menge von Männern und Frauen hatten sich am Wege gelagert, und sangen, oder
beteten vielmehr Lieder ganz unverständlich her.«)[61] oder des

Zuges von Bauern zum Markt[62], ihre Auffassung vom Volksroman, von Volkspoesie und vom Volksdichter (wie Shakespeare
von Tieck im Essay über ›Shakespeares Behandlung des Wunderbaren‹ genannt wird)[63] bezieht sich immer auf das treue,
anspruchslose, gute und natürliche Volk, also eigentlich auf die
rousseauistische Imago von den unteren Gesellschaftsschichten,
nicht auf diese selber, die oftmals als das gemeine Volk dem
desillusionierten Blick erscheinen.

Die Idealisierung des Volkes hat doppelte Funktion und weist
übrigens zurück auf ihren Ursprung in der Geniebewegung, die
dafür bereits Rousseau als Gewährsmann entdeckt hatte. Sie
dient als Maßstab für die Analyse der gesellschaftlichen Wirklichkeit, insofern an ihm ihre Mängel und Verzerrungen erst
deutlich werden. Solch kritischer Antagonismus bestimmt etwa
Arnims Aufsatz ›Von Volksliedern‹ (1805), in welchem das
Absinken der Volkskultur mit der Entfremdung zwischen Regierung und Regierten, mit der Unterdrückung des Volks und der
Konsolidierung der aufklärerisch-berufsbürgerlichen Gesellschaft
in Zusammenhang gebracht wird. Die Gedankenfigur erscheint
noch, nun völlig reaktionär gewendet, bei Adam Müller: »Der
einfache Landmann unter dem täglichen Einfluß der Jahreszeiten
und des Segens Gottes, der stille Handwerker, der unscheinbare
Teilnehmer des gemeinen Wesens sind die Erhalter unserer Stände
und Freiheiten, retten die Gesinnung, welche Europa groß
gemacht.«[64] Die Idee des einfachen, ehrlichen und treuen Volkes,
wie es einmal gewesen ist, dient somit als Korrektiv zur Kritik
und gleichzeitig als Modell zur Wiedergewinnung der eigenen,
verloren gegangenen »Germanität«, wie sich Novalis ausdrückt.[65]
Wobei man allerdings gerade ihm nicht[66] methodologische Naivität unterstellen sollte. Geschult an der Philosophie Kants und
Hemsterhuis’, weiß er genau, daß diese »Deutlichkeit ⟨...⟩ ein
Ideal« ist[67] und auch das Volk nach seinem Verständnis eine Idee.
›Blüthenstaub‹-Fragment 49: »Das Volk ist eine Idee. Wir sollen
ein Volk werden. Ein vollkommener Mensch ist ein kleines Volk.
Ächte Popularität ist das höchste Ziel des Menschen.«[68] Die sammelnde Tätigkeit der Romantiker zeigt gleichfalls diese beiden
Tendenzen: zum einen, die Zeugnisse einer noch unverbildeten

Volkstätigkeit in Lied, Märchen und Sage zu dokumentieren und vor dem Vergessen zu retten (»Es ist vor allem daran gelegen, daß diese Gegenstände getreu und wahr, ohne Schminke und Zutat, aus dem Munde der Erzählenden ⟨...⟩ auf das genaueste und umständlichste aufgefaßt werden«, schreibt Jacob Grimm in seinem »Zirkular wegen Aufsammlung der Volkspoesie« von 1815; denn der Zweck sei, heißt es weiter unten, »dem heutzutage immer mehr einreißenden Untergange und Abschleifen der Volkssitten« zuvorzukommen)[69]; zum anderen eben dadurch erzieherisch zu wirken und die einfache, natürliche Volkspoesie zum Mittel der Erneuerung des Volkes aus sich selber zu gewinnen. »Diese Sagen«, glaubt man zum Beispiel Jacob Grimm, »sind grünes Holz, frisches Gewässer und reiner Laut entgegen der Dürre, Lauheit und Verwirrung unserer Geschichte, in welcher ohnedem zu viel politische Kunstgriffe spielen statt der freien Kämpfe alter Nationen ...«[70] Vage taucht in diesem Wunschbild schon die historische Gestalt auf, in welcher das deutsche Volk nun tatsächlich und für lange Zeit leider auch ausschließlich geschichtswirksam werden sollte: im Krieg, diesesfalls im Befreiungskrieg gegen Napoleon. In der gesamten romantischen Schule bleibt auch in ihrer späteren Entwicklung, die nicht mehr zum hier erörterten Thema gehört, der Glaube an die »tiefere Natur des Volkslebens« (Ludwig Uhland) erhalten[71] und motiviert dann gerade in politisch düsteren Zeiten, wie nach 1848 wieder, die Beschäftigung mit Volkslied und Volkskultur. Wesentliche Elemente über das hinaus, was in der Frühromantik zu diesem Gegenstand gedacht und ausgeführt wurde, kommen aber nicht mehr hinzu.

Das betrifft auch die Vorstellung vom kindlichen Charakter des Volkes, eine gleichfalls von Rousseau herkommende Idee. »Ein Volk ist, wie ein Kind, ein individuelles pädagogisches Problem. Dieses und jenes Volk hat, wie dies und jenes Kind, ein vorzügliches Talent – die andern müssen nicht über dies eine auszubilden vergessen werden.«[72] Novalis hat die Vergleichung so ausgeführt und damit den Punkt bezeichnet, an dem Volksbildung und Kindererziehung eins werden. Das Kind erscheint gleich dem einfachen Mann aus dem Volk als ein natürliches

Wesen, dessen Fähigkeiten und Anlagen es einem harmonischen Ganzen gemäß auszubilden gilt. »Ein Talent, isoliert in die Höhe geschossen«, fährt daher Novalis in seiner Überlegung fort, »verwelkt frühzeitig, weil es ihm an Nahrung fehlt. Diese Nahrung können ihm nur die übrigen Talente gewähren. Die sämtlichen Talente machen gleichsam einen Körper aus.«[73] Eben deshalb konnten die Grimmschen Volksmärchen Kinder- und Hausmärchen werden, wurde dem ›Wunderhorn‹ eine eigene Abteilung ›Kinderlieder‹ beigefügt und ist die gesamte romantische Kinderliteratur im wesentlichen identisch mit den Märchen, Sagen, Legenden und Volksbüchern, deren Überlieferung und literarische Modellierung wir Brentano, Arnim oder den Brüdern Grimm verdanken. Doch damit nicht genug. Wie die individuelle Kindheit, das kindliche Paradies für den Menschen die Bedeutung eines Ideals gewinnt (»So ist die Kindheit in der Tiefe zunächst an der Erde, da hingegen die Wolken vielleicht die Erscheinungen der zweyten, höhern Kindheit, des wiedergefundnen Paradieses sind, und darum so wohlthätig auf die Erstere herunterthauen.«)[74], so erblickt man in der Kindheit der Völker das goldene Zeitalter, den mythischen Ursprung der Geschichte. Die Konsequenz liegt nahe, daß nämlich das Volk in jener romantischen Vorstellung die Nabelschnur zum Anfangsstadium der Geschichte darstellt und damit die naturverbundene, harmonische und glückliche Existenz der ersten Menschheitsstufe in Wirklichkeit verkörpert.

Der romantischen Geschichtsauffassung liegt das Schema einer dreistufigen Entwicklung zugrunde. Aus der Perspektive einer zunehmend als heillos, zumindest aber als prosaisch und vorläufig erlebten Gegenwart gewinnt die Vergangenheit die Züge einer vollendeten, doch verlorenen Menschheitsepoche, und die Zukunft malt sich nach ihrem Bilde. In seiner Rede über ›Die Christenheit oder Europa‹, die Novalis am 13. oder 14. November 1799 im Jenaer Kreise vortrug, und die zunächst eine ziemlich umstrittene Aufnahme fand, auch nicht im ›Athenäum‹ gedruckt wurde, vollzieht sich der entscheidende Paradigmenwechsel im geschichtsphilosophischen Denken der Epoche. Das Skandalon, weswegen auch Schleiermacher sie verwarf: Novalis entwirft in ihr das idealisierte Vorbild des christkatholischen Mittelalters als Muster für die Wiederherstellung Europas. »Es waren schöne glänzende Zeiten, wo Europa ein christliches Land war, wo *Eine* Christenheit diesen menschlich gestalteten Welttheil bewohnte; *Ein* großes gemeinschaftliches Interesse verband die entlegensten Provinzen dieses weiten geistlichen Reichs. – Ohne große weltliche Besitzthümer lenkte und vereinigte *Ein* Oberhaupt, die großen politischen Kräfte. – Eine zahlreiche Zunft zu der jedermann den Zutritt hatte, stand unmittelbar unter demselben und vollführte seine Winke und strebte mit Eifer seine wohlthätige Macht zu befestigen. Jedes Glied dieser Gesellschaft wurde allenthalben geehrt, und wenn die gemeinen Leute Trost oder Hülfe, Schutz oder Rath bei ihm suchten, und gerne dafür seine mannigfaltigen Bedürfnisse reichlich versorgten, so fand es auch bei den Mächtigeren Schutz, Ansehn und Gehör, und alle pflegten diese auserwählten, mit wunderbaren Kräften ausgerüsteten Männer, wie Kinder des Himmels, deren Gegenwart und Zuneigung mannigfachen Segen verbreitete. Kindliches Zutrauen knüpfte die Menschen an ihre Verkündigungen. – Wie heiter konnte jedermann sein irdisches Tagewerk vollbringen, da ihm durch diese heilige Menschen eine sichere Zukunft bereitet, und jeder Fehltritt durch sie vergeben, jede mißfarbige Stelle des Lebens durch sie ausgelöscht, und geklärt wurde. Sie waren die erfahrenen Steuerleute auf dem großen unbekannten Meere, in deren Obhut man alle Stürme geringschätzen, und zuversichtlich auf eine sichre Gelangung und Landung an der Küste der eigentlichen vaterländischen Welt rechnen durfte.«[75] Natürlich hat auch das 18. Jahrhundert das Mittelalter nicht lediglich als eine dunkle Epoche des Aberglaubens und der sozialen und kulturellen Stagnation betrachtet, ein Vorurteil, das sich verflüchtigt, wenn man bloß an Gottscheds und der Schweizer altdeutsche Studien denkt – zum Paradigma geschichtsphilosophischer Konstruktion hat es aber erst die Romantische Schule gemacht. Die Enthüllungen in Novalis' Rede waren dabei gewiß zunächst zu kontroversem Gespräch geeignet, da von ihnen aus der gesamte Geschichtsverlauf eine eigentümliche Deutung erfuhr. Der Verfall der mittelalterlichen Religion als Abfall von einer Ära glücklicher und vollendeter Menschheit in einer einheitlichen Kultur, die Reformation als Ferment dieser Zerstörung und die Französische Revolution als ihre Fortsetzung mit anderen Mitteln, das waren ebenso provozierende Gedanken wie die Verteidigung der Jesuiten und die Vorstellung eines aufs neue geeinten und versöhnten Europa mit Hilfe der wiederhergestellten, erneut lebendig gewordenen christkatholischen Religion. »Angewandtes, lebendig gewordenes Christentum war der alte katholische Glaube. ⟨...⟩ Seine Allgegenwart im Leben, seine Liebe zur Kunst, seine tiefe Humanität, die Unverbrüchlichkeit seiner Ehen, seine menschenfreundliche Mittheilsamkeit, seine Freude an der Armuth, Gehorsam und Treue machen ihn als ächte Religion unverkennbar und enthalten die Grundzüge seiner Verfassung.« Die Rede kulminiert in der prophetischen Vision von der Wiederkunft dieses Zeitalters:»Nur Geduld, sie wird, sie muß kommen die heilige Zeit des ewigen Friedens, wo das neue Jerusalem die Hauptstadt der Welt seyn wird ⟨...⟩«[76] Das ist wirklich keine politische, sondern eine poetische Idee, und als solche hat sie gewirkt, in der Mittelalteridolatrie der romantischen Literatur wie in der ästhetischen Religiosität der Schriftsteller, die schon Heine ziemlich drastisch beschrieben hat, wenn er in der »Wollust des Schmerzes« den schauerlichsten Reiz dieses Christentums erblickt.[77]

Eine letzte wichtige Folge der romantischen Volksidee sei zum Schluß dieses Gedankengangs noch erwähnt: der organische Staatsbegriff. Ob Novalis, Adam Müller, Görres oder Baader, sie alle treffen sich in der Überzeugung, daß der Staat durch eine rationalistische Theorie nicht zureichend erfaßt und gedeutet werden kann. »Der Staat ruhet ganz in sich; unabhängig von menschlicher Willkühr und Erfindung, kommt er unmittelbar und zugleich mit den Menschen eben daher, woher der Mensch kommt: aus der *Natur:* – aus Gott, sagten die Alten.«[78] Derart bündig drückt sich Adam Müller sonst selten aus. Der lebendige Staat ist solcher Anschauung nach nur der natürliche, organisch gewachsene Staat, eine »innige Verbindung ⟨...⟩ des gesamten inneren und äußeren Lebens einer Nation, zu einem großen, energischen, unendlich bewegten und lebendigen Ganzen«[79]. Der einzelne ist mit diesem Ganzen untrennbar verflochten, denn »für den Menschen aber, in so weit er lebt, ist jeder Gegenstand seiner Beobachtung, oder seines Handelns, so weit er selbst jedes Individuum dieser Art auch wieder in neue Individuen auflösen mag, für ihn ist jedes Glied seines Körpers, seiner Geschichte – lebendig, persönlich, es tritt auf den Vertrag von Gegensatz und Wechselwirkung, in den Verein des höhren Organismus, es unterwirft sich dem Ganzen, in so fern das Ganze sich auch wieder seines Orts ihm unterwirft«[80]. Die Keimzelle des staatlichen Organismus sieht Müller in der Familie, die ebenfalls als Naturgeschehen im kleinen aufgefaßt wird, da auch in ihr die natürlichen Gegensätze sich vereinen und in der Vereinigung neues Leben erzeugen. »Familie aller Familien«[81] ist der Staat, doch an die Stelle des natürlichen Geschlechtergegensatzes tritt jetzt der – ebenfalls »natürlich« gesehene – Stände-Antagonismus: »Wir brauchen zwei Ideen, um unseren Staat zu bilden: nur aus Gegensatz und Streit, welchen die Natur angerichtet hat, können wir Frieden erzeugen; die beiden streitenden Ideen müssen persönlich, verkörpert in lebendigen Stellvertretern in jedem Staat auftreten; wir müssen durch äußere Entgegensetzung der Glieder des Staates in allen unseren Lebensverhältnissen daran erinnert werden, daß ohne Streit der Kräfte, nicht bloß einzelner industrieller Kräfte, sondern aller Kräfte der menschlichen Natur, kein Friede zu denken und zu bilden ist«[82]. In Müllers Lehre vom Gegensatz steckt ein undeutlicher dialektischer Gedanke, der auch seine Staatslehre kennzeichnet. Der Widerstreit der Kräfte ist notwendig und ewig und bildet gerade deshalb das Fundament des Staates, der »der Unterschiede bedarf, damit er ewig etwas auszugleichen habe, also lebendiger Staat sei«[83]. Zuletzt wird der Staat von Müller, wie auch schon von Novalis in der Fragmentensammlung ›Glauben und Liebe‹, zu einem gottähnlichen absoluten Wesen mystifiziert. »Die Einheit, der lebendige Nationalzusammenhang, ist euer höchstes Gut: um dessentwillen müssen alle anderen Güter dasein und darauf sich beziehen; und dieser große Vaterlandsgedanke verträgt sich mit allen anderen Gütern und erhebt sie alle: aber es ist ein eifersüchtiger Gedanke, der keinen Nebengötzendienst irgendeines einzelnen, noch so kostbaren irdischen Gutes dul-

det.«[84] Die biblische Allusion mit dem Hintergrund des ersten
Gebotes macht deutlicher als alle quasistaatstheoretische Rede,
wie das Verhältnis Individuum / staatliche Gemeinschaft gedacht
ist: als ein Einordnungs-, Gehorsams- und Nichtigkeitsverhältnis.
Dergleichen Gedanken finden sich bei Novalis, nur in mehr poetischer Form, wenn er den Staat mit der alten Idee des Makanthropos identifiziert und seine Institutionen zu »Organe⟨n⟩ des
mystischen Staatsindividuums« erklärt.[85] Die irreale, phanta-
stisch-poetische Denkart, die in solchen Konzeptionen sichtbar
wird und von den politischen Repräsentanten des preußischen
wie des österreichischen Feudalstaats eher belächelt als ernstge-
nommen wurde, hat aber eine politische Wirkung natürlich nicht
verhindert. Als ästhetische Legitimation und Verherrlichung des
ständisch geordneten Feudalstaats, der als des Pudels Kern in all
den kühnen Gedankenfiguren steckt, waren diese Vorstellungen
natürlich allemal willkommen.

4. Ironie und Fragment

Unter den Grundzügen der romantischen Literarästhetik
kommt der Ironie eine herausragende Bedeutung zu, weil damit
nicht nur ein rhetorisches Stilmittel gemeint ist (es wird in der
Ironie ersichtlich das Gegenteil von dem ausgedrückt, was man
sagen will), sondern sie überdies ein besonderes Verhältnis der
Subjektivität zur Welt, des Ichs zu seinem Gegenstand bezeichnet.
Friedrich Schlegel, ihr frühester und unter den Schriftstellern der
Schule wichtigster Theoretiker, hat diese Unterscheidung schon
in den ›Lyceumsfragmenten‹ ausgeführt. »Die Philosophie ist die
eigentliche Heimat der Ironie, welche man logische Schönheit
definieren möchte: denn überall, wo in mündlichen oder geschriebenen Gesprächen, und nur nicht ganz systematisch philosophiert
wird, soll man Ironie leisten und fordern; und sogar die Stoiker
hielten die Urbanität für eine Tugend. Freilich gibts auch eine
rhetorische Ironie, welche sparsam gebraucht, vortreffliche Wirkung tut, besonders im Polemischen; doch ist sie gegen die
erhabne Urbanität der Sokratischen Muse, was die Pracht der
glänzenden Kunstrede gegen eine alte Tragödie in hohem Stil. Die

Poesie allein kann sich auch von dieser Seite bis zur Höhe der Philosophie erheben und ist nicht auf ironische Stellen begründet, wie die Rhetorik. Es gibt alte und moderne Gedichte, die durchgängig im ganzen und überall den göttlichen Hauch der Ironie atmen. Es lebt in ihnen eine wirklich transzendentale Buffonerie. Im Innern die Stimmung, welche alles übersieht, und sich über alles Bedingte unendlich erhebt, auch über eigne Kunst, Tugend oder Genialität: im Äußern, in der Ausführung die mimische Manier eines gewöhnlichen guten italienischen Buffo.«[86] So plausibel die Auslegung uns vorkommen mag, so sehr vereinfacht sie den Tatbestand. Quintilian spricht in seiner ›Institutio oratoria‹, dem maßgebenden rhetorischen Lehrbuch seit der Antike, davon, daß »sogar ein gesamtes Leben Ironie ⟨. . .⟩ enthalten« könne, »wie es bei Sokrates der Fall zu sein schien – denn deshalb hieß er ›der Ironiker‹, weil er den Unwissenden spielte und Bewunderer anderer vermeintlich Weiser ⟨. . .⟩«[87] Weshalb die Rhetorik auch zwischen der Wort- und der Gedankenfigur der Ironie wohl zu trennen wußte; schließlich – das kommt noch hinzu – hat auch die Sokratische oder philosophische Ironie, die von Friedrich Schlegel dann schnell mit der romantischen Ironie identifiziert wird, einen stilistisch-figürlichen Ausdruck, beides läßt sich kaum voneinander trennen. Doch stimmt vom Begriff her überhaupt die Tradition, in die sich der romantische Autor bei seiner Berufung auf den Platonischen Sokrates stellt? Um die Frage zu entscheiden, nehmen wir ein anderes einschlägiges Lyceumsfragment hinzu. »Die Sokratische Ironie ist die einzige durchaus unwillkürliche, und doch durchaus besonnene Verstellung. Es ist gleich unmöglich sie zu erkünsteln, und sie zu verraten. Wer sie nicht hat, dem bleibt sie auch nach dem offensten Geständnis ein Rätsel. Sie soll niemanden täuschen als die, welche sie für Täuschung halten, und entweder ihre Freude haben an der herrlichen Schalkheit, alle Welt zum besten zu haben, oder böse werden, wenn sie ahnden, sie wären wohl auch mit gemeint. In ihr soll alles Scherz und alles Ernst sein, alles treuherzig offen, und alles tief verstellt. Sie entspringt aus der Vereinigung von Lebenskunstsinn und wissenschaftlichem Geist, aus dem Zusammentreffen vollendeter Naturphilosophie und vollendeter Kunstphilosophie. Sie enthält und erregt ein Gefühl von dem unauflöslichen Widerstreit des Unbedingten und des Bedingten, der Unmöglichkeit und Notwendigkeit einer vollständigen Mitteilung. Sie ist die freieste aller Lizenzen, denn durch sie setzt man sich über sich selbst weg; und doch auch die gesetzlichste, denn sie ist unbedingt notwendig. Es ist ein sehr gutes Zeichen, wenn die harmonisch Platten gar nicht wissen, wie sie diese stete Selbstparodie zu nehmen haben, immer wieder von neuem glauben und mißglauben, bis sie schwindlicht werden, den Scherz grade für Ernst, und den Ernst für Scherz halten.«[88] Bei einer genauen Untersuchung dieser Sätze stellt sich nun bald heraus, daß die Schlegelsche Ironie mit der Sokratischen nur die rhetorische Gestalt, den figürlichen Ausdruck, aber gerade nicht das methodische Ziel und damit die philosophische Haltung gemein hat. Sie ist die Form, in der sich der Künstler als die absolute Subjektivität über alles hinwegsetzt, wodurch jeder Ernst, jedes wirkliche Interesse aufgehoben und an dessen Stelle ein unverbindliches, heiteres Spiel mit allen nur erdenklichen Gegenständen, in jeder möglichen Verhaltensweise gesetzt wird – ein ästhetisch-selbstzweckhaftes Spiel, dessen Freiheit in vollkommener Bindungslosigkeit besteht und sich durch die Entwicklung und Auflösung von Widersprüchen erhält. Insofern gibt das Fragment nicht bloß die Erklärung der Ironie, sondern zugleich ihre exemplarische Anwendung, Demonstration: sie führt den »unauflöslichen Widerstreit« vor (»ihr soll alles Scherz und alles Ernst sein« oder: »Zusammentreffen vollendeter Naturphilosophie und vollendeter Kunstphilosophie«). Die Sokratische Ironie ist dagegen eine methodische Dialektik, die zwar durch Fragen, Gegenfragen, Widersprüche, die unaufhörliche Verstellung des Wissens zum Nichtwissen und des Nichtwissens zum Wissen das zuvor scheinbar Sichere, Feste verflüssigt und ins Schwanken versetzt, doch nicht mit dem Ziel der vollständigen Auflösung, sondern um eine Untersuchung in Gang zu bringen, die den Begriff (zum Beispiel: Was ist Tugend?) auf seinen substantiellen Gehalt hin überprüft. Wobei Erkenntnis eine sittliche Aufgabe heißt, die auf praktische Konsequenz, auf das richtige, sittlich-glückliche Tun abzielt.

Die romantische Ironie kennt diesen Zielinhalt nicht. Die Entgegensetzung von Meinungen, Begriffen, Gegenständen geschieht um der freien ironischen Balance willen. »Ironie ist die Form des Paradoxen«, heißt daher eine andere Definition Schlegels[89], und er gibt in einem weiteren Fragment auch an, wie solche Widersprüchlichkeit zu erreichen ist. »Ein recht freier und gebildeter Mensch müßte sich selbst nach Belieben philosophisch oder philologisch, kritisch oder poetisch, historisch oder rhetorisch, antik oder modern stimmen können, ganz willkürlich, wie man ein Instrument stimmt, zu jeder Zeit, und in jedem Grade.«[90] Schlegels Ironie, das wird inzwischen deutlich geworden sein, läuft hinaus auf eine permanente Verwandlung sämtlicher Verhältnisse, auf die Aufhebung ihrer fixen Gestalt in ständige Bewegung durch das freie und unendliche Spiel der Widersprüche. Karl Wilhelm Ferdinand Solger hat diese unendliche Vielfalt der Widersprüche auf einen einzigen Grundwiderspruch zurückgeführt. »Sie ⟨die künstlerische Ironie⟩ macht das Wesen der Kunst, die innere Bedeutung derselben aus; denn sie ist die Verfassung des Gemüthes, worin wir erkennen, daß unsere Wirklichkeit nicht sein würde, wenn sie nicht Offenbarung der Idee wäre, daß aber eben darum mit dieser Wirklichkeit auch die Idee etwas Nichtiges wird und untergeht. Die Wirklichkeit gehört freilich nothwendig zur Existenz der Idee; aber damit ist immer zugleich die Aufhebung derselben verbunden.«[91]

Der schärfste Kritiker der romantischen Ironie, Hegel, hat Solger als einzigem ihrer Theoretiker den Respekt nicht versagt, und das ist auch nicht verwunderlich, weil sicher in dessen Auffassung der Keim der Realdialektik, die Wirklichkeit als Erscheinung und Aufhebung der Idee zugleich, enthalten ist. Freilich rudimentär und als Negation gefaßt, noch nicht als Bewegung durch die Negation hindurch zu neuer Position, so daß auch Solgers Standpunkt von Hegels Einspruch zuletzt nicht verschont bleibt. »Und nun erfaßt sich diese Virtuosität eines ironisch-künstlerischen Lebens als eine *göttliche Genialität,* für welche alles und jedes nur ein wesenloses Geschöpf ist, an das der freie Schöpfer, der von allem sich los und ledig weiß, sich nicht bindet, indem er dasselbe vernichten wie schaffen kann ⟨. . .⟩ Dies ist die Bedeutung der genialen göttlichen Ironie, als dieser Konzentration des Ich in sich, für welches alle Bande gebrochen sind und das nur in der Seligkeit des Selbstgenusses leben mag. Diese Ironie hat Friedrich von Schlegel erfunden, und viele andere haben sie nachgeschwatzt oder schwatzen sie von neuem wieder nach.«[92]

Hegels Ableitung der Ironie aus der Absolutheit des abstrakten Ich, unter Hinweis auf Fichtes Philosophie und die vorwurfsvolle Konzentration auf ihre Funktion der reinen Negativität, kann bei aller Scharfsichtigkeit dennoch nicht befriedigen, weil sie einen wesentlichen Aspekt übersieht und einem anderen aus gleichsam klassizistischer Befangenheit heraus gar nicht gerecht zu werden vermag. Die romantische Ironie ist ja auch der ästhetische Ausdruck für die Revolutionierung aller Lebensverhältnisse, die die Romantische Schule als Konsequenz ihrer künstlerischen und philosophischen Tätigkeit erreichen wollte: sie ist die Revolution als Kunstprinzip, und zwar im Sinne einer permanenten Veränderung und Verwandlung. Diesem Gedanken liegt sogar eine subtile Einschätzung der Revolution zugrunde, indem er sich gegen ihre Verfestigung und Institutionalisierung wendet und auf dem Wege eines unendlichen Wechsels durch Widersprüche ihr Scheitern zu verhindern sucht. Mag hier die in der Hegelschen Philosophie selber liegende Paradoxie eines Abschlusses der Dialektik in der zu ihrer Wirklichkeit gekommenen Vernunft die angemessene Einschätzung der romantischen Ironie verhindert haben, so kommt in der Kritik an der absoluten Subjektivität des Genies als Schöpfungsgrund und Prinzip der Kunst Hegels kategorische Forderung nach einem substantiellen Gehalt zum Ausdruck, danach also, daß sie »die tiefsten Interessen des Menschen, die umfassendsten Wahrheiten des Geistes zum Bewußtsein zu bringen und auszusprechen« hat.[93] Der moderne, ironische Künstler dagegen wendet sich von diesen objektiven Wahrheiten ab, und so kommt es dazu, »daß es die blanke Subjektivität des Künstlers selber ist, die sich zu zeigen gedenkt und der es deshalb nicht auf die Gestaltung eines für sich fertigen und auf sich selbst beruhenden Werkes ankommt, sondern auf eine Produktion, in welcher das hervorbringende *Subjekt* nur sich selber zu sehen gibt«[94]. Was da angefochten wird, ist nicht allein der romantische Künstler und überhaupt dessen Verabsolutierung des Individualitätsanspruchs, sondern der Mensch als Subjekt seiner Geschichte, der sich seine Welt selber erzeugt. Der Künstler als Alleinerschaffer, als Subjekt und Objekt seiner Produktion zugleich, darin liegt auch ein prometheischer Zug und die Auflehnung gegen eine als völlig inadäquat erfahrene Wirklichkeit. Mit diesem Schlüssel vor Augen muß man ebenfalls die poetologischen Fragmente von Novalis lesen, die alle schließlich auf eine umfassende Poetisierung – und das heißt nach dem soeben dargelegten Verständnis: auf die Humanisierung – hinauslaufen. »Der Sinn für Poësie hat viel mit dem Sinn für Mystizism gemein. Er ist der Sinn für das Eigenthümliche, Personelle, Unbekannte, Geheimnißvolle, zu *Offenbarende,* das Nothwendigzufällige. Er stellt das Undarstellbare dar. Er sieht das Unsichtbare, fühlt das Unfühlbare etc. Kritik der Poësie ist Unding. Schwer schon ist zu entscheiden, doch einzig mögliche Entscheidung, ob etwas Poësie sey, oder nicht. Der Dichter ist wahrhaft sinnberaubt – dafür kommt alles in ihm vor. Er stellt im eigentlichsten Sinn *Subj⟨ect⟩ Obj⟨ect⟩* vor – *Gemüth und Welt.* Daher die Unendlichkeit eines guten Gedichts, die Ewigkeit. Der Sinn für P⟨oësie⟩ hat nahe Verwandtschaft mit dem Sinn der Weissagung und dem religiösen, dem Sehersinn überhaupt. Der Dichter ordnet, vereinigt, wählt, erfindet – und es ist ihm selbst unbegreiflich, warum gerade so und nicht anders.«[95]

Alles zusammengenommen war aber die Romantische Schule weit davon entfernt, den Künstler nun wahrhaft zum Demiurgen machen zu wollen, zu genau wußten Schriftsteller wie gerade Friedrich Schlegel oder Novalis um die Diskrepanz zwischen Anspruch und Wirklichkeit, Idee und Realisierungsmöglichkeit und entwickelten daraus den anderen Hauptpunkt ihrer Ästhetik: die Theorie des Fragments, die den Begriff durchaus anders faßt, als er bislang gebraucht wurde. Das Wort selber kursierte schon vorher, Lessing hat es berühmt gemacht, als er 1774 ›Fragmente eines sehr merkwürdigen Werks unter den allerneuesten Handschriften unserer ⟨der Wolfenbütteler⟩ Bibliothek‹ veröffentlichte, nämlich Auszüge aus Hermann Samuel Reimarus' ›Apologie oder Schutzschrift für die vernünftigen Verehrer Gottes‹, die, solange

ihr Verfasser unbekannt war, als Werk des Ungenannten Wolfen-
büttelschen Fragmentisten galten. Fragmente hießen darüber hinaus Bruchstücke jeder Art: »fragmente grosz und klein, und uner-
gänzlich hiengen / um deine röcke her, die auf die neige giengen«,
dichtete 1790 der Halberstädter Poet Klamer Eberhard Schmidt
in seinen ›Neuen poetischen Briefen‹. Aufs Literatur- und Kunstwerk bezogen, bezeichnen Fragmente Bruchstücke eines Ganzen,
das als Ganzes zurückgehalten, verschollen oder zerstört wurde.
Von einigen antiken Tragödien sind uns derart nur wenige Verse,
von anderen nur die Titel überliefert, das literarische Fragment
gleicht in diesem Falle dem Torso antiker Bildwerke, es ist Zeichen eines ehemalig Ganzen.

Doch auch in einer anderen Bedeutung kam das Wort in der
zweiten Hälfte des 18. Jahrhunderts in Umlauf: als Ausdruck des
nicht fertig gewordenen Werks, das äußerer Umstände oder innerer Hemmnisse wegen liegenblieb, zu Lebzeiten der Dichter nicht
oder bloß mit schlechtem Gewissen und der Ankündigung einer
Ergänzung oder Fertigstellung publiziert wurde. Die klassische
Kunstanschauung fand ihre Forderungen allein im vollendeten
Werk erfüllt, das (mit Schillers Worten) »in *allen* seinen Teilen
ideell sein muß, wenn es als ein Ganzes Realität ⟨. . .⟩ haben ⟨. . .⟩
soll«.[96] Ein Aphorismus Goethes macht freilich schon deutlich,
daß Vollendung nicht immer zu erreichen ist, daher oftmals ein
Ideal bleiben muß:»Aus vielen Skizzen endlich ein Ganzes hervorzubringen, gelingt selbst den Besten nicht immer.«[97] In Überlegungen dieser Art erhält das Fragmentproblem eine neue Dimension, denn offensichtlich sind Skizze oder Bruchstück nicht
notwendige Zeichen mangelnder Kunstfertigkeit, sondern auch
aus anderen, im Gegenstand selber liegenden Gründen möglich.
Beispiele dafür gab es schließlich schon genug, darunter so ange-
sehene wie Herders Fragmente ›Über die neuere deutsche Literatur‹ (1766/67), die ihr Autor allerdings selber mit Vorbehalten
versehen hatte: »Diese Fragmente«, schrieb er in der Vorrede, »sollen nichts minder, als eine Fortsetzung der ›Literaturbriefe‹ sein:
man darf also über ihren Titel nicht erschrecken. Es sind Beiträge, Beilagen zu denselben, nach dem Schluß aller ihrer vier-
undzwanzig Teile.«[98] Auch ein Werk wie Hamanns ›Aesthetica in

nuce‹ (1762) ist hier zu nennen, da in ihm auch bereits der eschatologische Gedanke wirksam ist und der Dichter als Prophet einer künftigen Wiederherstellung der Harmonie im göttlichen Schöpfungswerk auftritt. Allein, dies alles gehört noch zur Vorgeschichte des Fragmentproblems, das Ende des 18. Jahrhunderts von der Romantischen Schule ganz entschieden aufgegriffen, neu gefaßt und zum Zentrum der ästhetischen Reflexion gemacht wird, und es war wieder zuerst Friedrich Schlegel, der ihr genaues Losungswort formuliert und ausgelegt hat: »Viele Werke der Alten sind Fragmente geworden. Viele Werke der Neuen sind es gleich bei der Entstehung.«[99]

Das ist zunächst einmal nur der Befund, wenn auch gleichsam in einem programmatischen Ton gesprochen. Schlegel hat sich damit nicht begnügt, sondern ihn an vielen Stellen seines Werkes erklärt; die Analyse dieses Phänomens steht auch im Mittelpunkt seines berühmten Fragments über die Bestimmung der romantischen Poesie als einer progressiven Universalpoesie, die uns noch einige Male beschäftigen wird. »Die romantische Poesie ist eine progressive Universalpoesie. Ihre Bestimmung ist nicht bloß, alle getrennten Gattungen der Poesie wieder zu vereinigen und die Poesie mit der Philosophie und Rhetorik in Berührung zu setzen. Sie will und soll auch Poesie und Prosa, Genialität und Kritik, Kunstpoesie und Naturpoesie bald mischen, bald verschmelzen, die Poesie lebendig und gesellig und das Leben und die Gesellschaft poetisch machen, den Witz poetisieren und die Formen der Kunst mit gediegnem Bildungsstoff jeder Art anfüllen und sättigen und durch die Schwingungen des Humors beseelen. Sie umfaßt alles, was nur poetisch ist, vom größten wieder mehrere Systeme in sich enthaltenden Systeme der Kunst bis zu dem Seufzer, dem Kuß, den das dichtende Kind aushaucht in kunstlosen Gesang. ⟨. . .⟩ Die romantische Poesie ist unter den Künsten, was der Witz der Philosophie, und die Gesellschaft, Umgang, Freundschaft und Liebe im Leben ist. Andre Dichtarten sind fertig und können nun vollständig zergliedert werden. Die romantische Dichtart ist noch im Werden; ja das ist ihr eigentliches Wesen, daß sie ewig nur werden, nie vollendet sein kann. Sie kann durch keine Theorie erschöpft werden, und nur eine divinatorische Kritik dürfte es wagen, ihr Ideal charakterisieren zu wollen. Sie allein ist unendlich, wie sie allein frei ist und das als ihr erstes Gesetz anerkennt, daß die Willkür des Dichters kein Gesetz über sich leide. Die romantische Dichtart ist die einzige, die mehr als Art und gleichsam die Dichtkunst selbst ist: denn in einem gewissen Sinn ist oder soll alle Poesie romantisch sein.«[100]

Das ist in der Tat ein neues Programm, wobei wir nur irritiert werden durch die Vielfalt der Bestimmungen, die darin enthalten sind, sie bürden der Poesie geradezu welthistorische Verpflichtungen auf. Nicht nur sollen die getrennten Bereiche und Sonderentwicklungen in Kunst und Literatur wieder zusammengeführt und die verschiedenen Formen des Wissens mit ihnen vereint werden, auch der eigentliche Sündenfall der Geschichte steht zur Revision, die Scheidung von Literatur und Leben, von göttlicher Poesie und Prosa der Verhältnisse. Fürwahr, selten in ihrer Geschichte ist von der Literatur höher gedacht worden als in dem Moment, da ihre Fragmentgestalt als die eigentliche Form ihres Wesens proklamiert wurde. Die apodiktische Beschaffenheit und der enthusiastische Ton der Aussage täuschen uns freilich nicht mehr, sie werden im zweiten Teil, wenn wir es richtig sehen, sogar entscheidend relativiert. Denn die progressive Unvollkommenheit der romantischen Poesie ist mindestens ebensosehr Merkmal eines heillosen Zustandes, wie sie dessen Überwindung als eine Art kategorischen Imperativ der Ästhetik in ihre – fragmentarische – Form aufgenommen hat.

Das Ideal der perfectio als Verbindung von Einheit und Mannigfaltigkeit, die in der Erscheinungswelt zur Schönheit wird und früheren Generationen als wirkliches Ereignis des Kunstwerks, hervorgebracht vom Künstler, galt, ist dem romantischen Dichter hoffnungslos unerreichbar geworden. An dem, was ihm statt dessen genügt, ist (mit Hegel zu sprechen) die Größe seines Verlustes zu ermessen. Insofern die romantische Dichtart ewig nur Werden, nie vollendet sein kann, teilt sie in Wahrheit das Schicksal Ahasvers, bezeichnenderweise einer Lieblingsfigur der Epoche. Das Werk ist nicht mehr fertiges Resultat, das die Stadien seiner Entstehung in sich aufgehoben hat, sondern immer nur Zwischenstufe auf dem Durchgang zu einer größeren Annäherung an die nie erreichbare Idee der Vereinigung des mannigfaltig Getrennten. Zwischen dem Künstler als Subjekt und dem Ideal seines Wirkens besteht eine unüberwindbare ontologische Kluft, seine Intention bleibt auf ein unerreichbares Ziel gespannt. »Die Idee eines Ganzen muß durchaus ein ästhetisches Werk beherrschen und modifizieren«, ergänzte Novalis Schlegels Doktrin, doch die Idee dieses Ganzen bleibt ewig außerhalb des Werkes, wenn sie ihm auch als regulatives Prinzip vorausgesetzt ist. Dem Hegel-Satz »Das Wahre ist das Ganze« hätten die Romantiker natürlich zugestimmt, doch sogleich hinzugesetzt, es lasse sich eben immer nur annäherungsweise im poetischen Werk verwirklichen, erreichbar seien nur Bruchstücke, Fragmente, die freilich das Ganze virtuell, als eine Art Fahrplan aufs unerreichbare Ziel hin, repräsentieren. So ergänzen sich die Fragmente durch die Idee, auf welche hin sie angelegt sind, wenigstens in der Vorstellung zum vollendeten Ganzen. Wenn die romantische Schule das Fragment als die ureigene Ausdrucksform ihrer ästhetischen Möglichkeiten ganz ersichtlich um seines Verweisungscharakters willen ergriffen hat, so hat sie sich damit zugleich ein Höchstmaß an künstlerischer Freiheit gesichert. Gewiß, der verbindliche Maßstab für die Kunstwürdigkeit eines Gegenstandes war längst außer Kraft gesetzt, doch für seine, sei es bildnerische, sei es literarische Bearbeitung galt es nach wie vor, das harmonische Maximum aller Einzelelemente zu finden, wodurch alleine Schönheit erreichbar war. Die Konsequenz aus dem Wegfall auch dieser Schranken hat Novalis unmißverständlich klargemacht: »Alle Zufälle unseres Lebens sind Materialien, aus denen wir machen können, was wir wollen. Wer viel Geist hat, macht viel aus seinem Leben. Jede Bekanntschaft, jeder Vorfall wäre für den durchaus Geistigen erstes Glied einer unendlichen Reihe, Anfang eines unendlichen Romans.«[101] Und wirklich: wenn es allein auf den Verweisungscharakter noch ankommt, weil ja jedes Ding eine ganze mitverwandte Welt ausspricht und sie bedeutet, so unterscheiden sich die Werke nur noch quantitativ voneinander, nach der Offenheit, mit der sie den verschiedensten Spiegelungen der Welt und des Lebens Raum und Verbindung geben, ohne sie allerdings jemals erschöpfen zu können. Die alte Analogierede

vom Universum als dem höchsten und größten Kunstwerk
scheint hier noch durch, denn konsequent weitergedacht ist das
offenste Kunstwerk dasjenige, das ausnahmslos über alle Verwei-
sungsmöglichkeiten verfügte, es fiele seiner Idee nach zusammen
mit dem absolut beliebigen Nullpunkt oder aber dem absolut
bestimmten Universum selber.

Doch gilt es an dieser Stelle einem Mißverständnis vorzubeu-
gen, könnte es doch so scheinen, als gewänne das romantische
Fragment seine Bestimmung allein aus der notwendigen Differenz von Ideal und Wirklichkeit, aber das Fragment enthält nicht
nur ein Zeichen, sondern auch eine Tendenz aufs Ganze hin, das
als abwesend ebenso antizipiert wie zugleich darauf hingeführt
werden soll. Novalis hat ein schönes Gleichnis dafür gefunden,
welches das Fragment nun auch ins Verhältnis zu *seiner,* das
heißt zu seiner ihm allein zukommenden Zeit setzt: »Jede künstliche Gestalt, jeder erfundene Charakter hat mehr oder weniger
Leben und Ansprüche und Hoffnungen des Lebens. Die Galerien
sind Schlafkammern der zukünftigen Welt. – Der Historiker, der
Philosoph und der Künstler der zukünftigen Welt ist hier einhei-
misch – er bildet sich hier und er lebt für diese Welt. Wer
unglücklich in der jetzigen Welt ist, wer nicht findet, was er
sucht, der gehe in die Bücher- und Künstlerwelt, in die Natur,
diese ewige Antike und Moderne zugleich, und lebe in dieser
Ecclesia pressa ⟨leidenden Kirche⟩ der bessern Welt ⟨...⟩ Einst
kommt die Zeit, wo jeder Eingeweihte der bessern Welt, wie Pygmalion, seine um sich geschaffene und versammelte Welt mit der
Glorie einer höhern Morgenröte erwachen und seine lange Treue
und Liebe erwidern sieht.«[102] Die eschatologische Perspektive
rückt das Fragment in eine neue Funktionsreihe, es ist nicht mehr
bloß Abdruck der Trennung von Ideal und Wirklichkeit, sondern
Gleichnis eschatologischer Hoffnung und zugleich ihr Unterpfand; ja mehr noch. Kunst und Literatur vergegenwärtigen das
noch ausstehende Heil, die bewußte Ungelungenheit des Fragments ist gleichsam die Hohlform der ausstehenden Gelungenheit. Wie Novalis diesen Gedanken auch verstanden wissen
wollte, hat er selber in einem weiteren Gleichnis dargelegt, es
steht im ›Heinrich von Ofterdingen‹, den ich am liebsten einen

Bildungsroman der Poesie nenne – ich meine des näheren jene Episode, die Heinrich ins labyrinthische Innere eines böhmischen Bergwerks führt und wo er von dem dort lebenden Einsiedler ein Buch zur Einsicht erhält. Es ist zwar in einer ihm unbekannten Sprache geschrieben, enthält aber Illustrationen, auf denen er sich selber und seine vertrauten Mitmenschen entdeckt. Es sind Bilder seiner vergangenen Lebensgeschichte darunter, doch auch solche, die offenbar zukünftige Ereignisse betreffen, zuletzt werden sie immer undeutlicher. »Die letzten Bilder waren dunkel und unverständlich ⟨...⟩; der Schluß des Buches schien zu fehlen.« Auf seine Frage erläutert der Einsiedler dem begierigen Leser: »Soviel ich weiß, ist es ein Roman von den wunderbaren Schicksalen eines Dichters, worinn die Dichtkunst in ihren mannigfachen Verhältnissen dargestellt und gepriesen wird. Der Schluß fehlt an dieser Handschrift, die ich aus Jerusalem mitgebracht habe...«[103] Das Motiv ist aufgetragen auf die Legende vom Buch des Lebens, die Herkunft des Manuskripts erinnert ausdrücklich daran. Daß es Fragment geblieben ist, macht aber seine eigentliche Bedeutung aus: Heinrichs Leben, das es ergänzen soll und wird, gehört ja aus seiner Perspektive der zukünftigen Welt an. Novalis' Roman bringt also auch eine Auslegung des romantischen Fragment-Verständnisses: ob es nun mehr als Differenzgestalt von Ideal und Wirklichkeit oder als Antizipationsfigur von Zukunft beleuchtet wird – in der Auffassung vom tätig-offenen Fragment sind beide Bedeutungen geeint. Geht doch auf Heinrich von Ofterdingen von jenem Romanfragment eine anfeuernde, aktivierende, lebensverändernde Wirkung aus, die demonstriert, was der Autor des wirklichen (und ebenfalls Fragment gebliebenen) Romans, Novalis, sich von der Wirkung *seines* Werks erhoffte. So ist zuletzt in der Theorie des Fragments auch die romantische Bildungsidee aufgehoben; mit den Worten Friedrich Schlegels: »Jeder gute Mensch wird immer mehr und mehr Gott. Gott werden, Mensch sein, sich bilden, sind Ausdrücke, die einerlei bedeuten.«[104]

Dritter Teil
Drama

I. Antikes und modernes Drama

1. Abbilden und Fortbilden auf dem Theater

»Der eintzige Weg für uns, groß, ja, wenn es möglich ist, unnach-
ahmlich zu werden, ist die Nachahmung der Alten, und was
jemand vom Homer gesagt, daß derjenige ihn bewundern lernet,
der ihn wohl verstehen gelernet, gilt auch von den Kunst-
Wercken der Alten, sonderlich der Griechen.«[1] Winckelmanns
›Gedanken über die Nachahmung der griechischen Werke in der
Malerei und Bildhauerkunst‹ fassen einen der wichtigsten kulturellen Programmpunkte der Epoche so wirkungsmächtig zusammen, daß man sagen muß, die Aneignung der Antike in Deutschland geschah fortan durch seine Augen, und sein Einfluß ist das
ganze 19. Jahrhundert über spürbar geblieben[2] – trotz der
archäologischen Fortschritte und der altphilologischen For-
schung, die schon bald sein Bild des klassischen Griechenland als
ein Ideal erweisen sollten. Winckelmann war darin nicht ohne
Vorläufer (schon Gottsched hatte es für selbstverständlich
erklärt, »daß die Regeln und Exempel der Griechen, in allen
freyen Künsten, die beste Anleitung zum guten Geschmacke
gewesen sind.«[3]), wie schließlich die Auseinandersetzung mit der
Antike seit der Renaissance die Kultur in Europa bestimmte.
Auch das imitatio-Prinzip selbst, das er zur Grundlage aller
modernen Bildung erhob, entstammt dem antiken Denken: die
Nachahmung der vorbildlichen Autoren (auctores) galt für
Cicero und Quintilian als Bedingung der eigenen Vortrefflichkeit,
freilich nicht etwa als deren eigentliches Ziel. Sie wurde als
bestimmte Stufe im Bildungsgang angesehen, doch verlangte man
vom Schriftsteller wie vom Redner, vom Bildhauer wie vom
Maler, daß er dabei nicht stehenblieb, sondern die Vorbilder
überbot und selbst wieder musterhafte Werke hervorbrachte.
Abbildung sollte in Fortbildung übergehen, und dementspre-
chend schätzten Goethe und Schiller, Klinger und Hölderlin ihre
Übersetzungen als mit ihren sonstigen Werken prinzipiell gleich-
rangige Leistungen ein, keine pedantische Nachahmung, sondern

schöpferische Weiterentwicklung eines vorgegebenen Modells[4], das, da es der Kunst entstammt, gegenüber der Natur einen entscheidenen Vorzug hat. Goethe in seinem großen Essay über Winckelmann:»Dagegen tritt nun die Kunst ein: denn indem der Mensch auf den Gipfel der Natur gestellt ist, so sieht er sich wieder als eine ganze Natur an, die in sich abermals einen Gipfel hervorzubringen hat. Dazu steigert er sich, indem er sich mit allen Vollkommenheiten und Tugenden durchdringt, Wahl, Ordnung, Harmonie und Bedeutung aufruft und sich endlich bis zur Produktion des Kunstwerkes erhebt, das neben seinen übrigen Taten und Werken einen glänzenden Platz einnimmt. Ist es einmal hervorgebracht, steht es in seiner idealen Wirklichkeit vor der Welt, so bringt es eine dauernde Wirkung, es bringt die höchste hervor: denn indem es aus den gesamten Kräften sich geistig entwickelt, so nimmt es alles Herrliche, Verehrungs- und Liebenswürdige in sich auf und erhebt, indem es die menschliche Gestalt beseelt, den Menschen über sich selbst, schließt seinen Lebens- und Tatenkreis ab und vergöttert ihn für die Gegenwart, in der das Vergangene und Künftige begriffen ist. Von solchen Gefühlen wurden die ergriffen, die den olympischen Jupiter erblickten, wie wir aus den Beschreibungen, Nachrichten und Zeugnissen der Alten uns entwickeln können. Der Gott war zum Menschen geworden, um den Menschen zum Gott zu erheben.«[5]

Die deutsche Aneignung der Antike steht auch im 18. Jahrhundert zusätzlich in einem europäischen Kontext, ihr entsprechen in Frankreich die klassizistischen Dramen Corneilles und Racines, Chéniers und Lemerciers oder Chauteaubriands Revolutionsgeschichte ›Essai historique, politique et moral sur les Révolutions anciennes et modernes ⟨...⟩‹, ein Werk, in dem sich das Selbstverständnis der Französischen Revolution als einem Parallelereignis zu den antiken Umwälzungen auch auf der Ebene der Geschichtsschreibung widerspiegelt.[6] In England war es vor allem die Auseinandersetzung mit Homer, die von der Mitte des Jahrhunderts an für die englische Literatur bestimmend wurde, auch entdeckte man die antiken Tragiker, Sophokles' Dramen standen im Lehrplan der public-schools, und die klassische Philologie war in England fortgeschrittener als irgendwo sonst. Die produktive

Aneignung auf dem Theater in Gestalt von Neubearbeitungen der großen antiken Tragödien, Goethes ›Iphigenie‹ oder Racines ›Phèdre‹ vergleichbar, fehlte allerdings.

Auch in Deutschland sah die Praxis dieser Nachahmung der Alten in den verschiedenen Künsten und Wissenschaften ganz unterschiedlich aus. Wir verdanken ihr früh schon philologische Pioniertaten wie Ernestis Cicero-Ausgabe (1737-39), und das letzte Drittel des 18. Jahrhunderts wurde die Zeit der großen Übersetzungen: 1771 begann Gottfried August Bürger, die ›Ilias‹ in jambischen Versen zu übersetzen, Friedrich Leopold von Stolbergs Hexameterübertragung (1778) galt bald als der »Deutsche Homer«, bis 1781 Johann Heinrich Voß seine ›Odyssee‹ veröffentlichte, die philologisch und dichterisch die bisherigen Versuche übertraf und 1793 durch die Übersetzung auch der Ilias ergänzt wurde. Schon der junge Lessing hatte in seinen ›Rettungen des Horaz‹ (1754) die imitatio als das wesentliche Bildungsprinzip verteidigt, und seine Aristoteles-Übersetzung wurde maßgebend für die poetologischen Diskussionen der Epoche. In das Jahrzehnt, dessen Ende die Französische Revolution bestimmt, fallen auch Wielands Horaz-Übertragungen, die ganz im Zeichen der republikanischen Gesinnung des römischen Autors stehen. Wie überhaupt Wieland die Antike weniger als ein exzeptionelles, alles überragendes Vorbild, sondern in ihrer gewöhnlichen Menschlichkeit und deshalb zeitlosen Nähe sehen wollte, damit aber in Opposition zur vorherrschenden Antikenrezeption seiner Zeit geriet.[7] Und die wurde nun freilich auf allen Ebenen zur Modeerscheinung. Heinses Antikenschwärmerei, die Graecomanie in Mode und Gartenarchitektur, die Plünderung der griechischen Götterwelt für alle möglichen geselligen und literarischen Zwecke, die obligatorischen Bildungsreisen nach Italien und die Sammelleidenschaft nach antiken Kunstwerken oder wenigstens ihren Abgüssen zeugen von einer durchgehenden kulturellen Tendenz. Auch die Bühnen machten keine Ausnahme. Bei der Eröffnung des »Königlichen Nationaltheaters in Berlin am 5. Dezember 1786 war ein Altar mit den Büsten von Euripides, Sophokles, Plautus und Terenz geschmückt, Lessing und Shakespeare standen daneben«[8]. Längst hatten die Reformopern Christoph Willi-

bald Glucks sich auch gegen das anfängliche Unverständnis des
deutschen Publikums durchgesetzt und Winckelmanns Ideale auf
das Musikdrama übertragen. Wieland, der – wie Klopstock und
Herder – Gluck gegen die bornierte Musikkritik Forkels oder
Agricolas verteidigt hatte, leistete mit seiner Singspieltheorie
einen eigenen Beitrag zu dieser Diskussion: »Das *Singspiel,* in so
fern es ein dramatisches Werk ist, hat alle wesentlichen Eigenschaften eines solchen mit allen andern Arten von Schauspielen,
und in so fern es der Tragödie der Alten, besonders der *Euripideischen,* näher kommt, als irgend eine andre moderne Gattung, –
Endzweck und Mittel mit dieser letztern gemein.«[9] Mit seiner
Fassung der ›Alceste‹ (1773) hatte er den Anlaß für die erste produktive Auseinandersetzung Goethes mit der antiken Dramatik
geliefert: seine »Farce« ›Götter, Helden und Wieland‹, im Herbst
1773 entstanden, zeigt sein Antikenbild noch ganz von Herder
und Lessing bestimmt.

In die Spielpläne selbst fanden die antiken Stücke freilich nur
selten Eingang, wenn einmal, dann aber in Bearbeitung aus zweiter Hand: so greift etwa Friedrich Wilhelm Gotter mit seiner
melodramatischen Fassung des Medea-Stoffes (uraufgeführt am
31. August 1787 in Berlin) auf Corneilles ›Médée‹ zurück.[10]
Unter Goethes Ägide hat auch das Weimarische Hoftheater keine
Ausnahme gemacht. Von den zwischen 1791 und 1817 insgesamt
601 aufgeführten Stücken finden sich, sieht man von Goethes
und Schillers eigenen Bearbeitungen noch dazu ab, nur wenige
antike Dramen: August Wilhelm Schlegels ›Ion‹ (nach Euripides)
hatte am 2. Januar 1802 Premiere, August Klingemanns freie
Nachdichtung des Ödipus-Dramas am 17. Februar 1803 unter
dem Titel ›Ödipus und Iokaste‹ oder Sophokles' ›Antigone‹ in
der Übersetzung von Friedrich Rochlitz am 30. Januar 1809.[11]
Goethe hat die Bühnenbearbeitung seines eigenen »gräzisierenden
Schauspiels«[12], der ›Iphigenie auf Tauris‹, Schiller überlassen, in
dessen für die Bühne überarbeiteten Fassung das Stück dann am
15. Mai 1802 uraufgeführt worden ist.

2. *Ein humanistisches Lehrstück: Goethes ›Iphigenie auf Tauris‹*

Die Beschäftigung mit der antiken Tragödie ist ein Merkmal der
Epoche, und wenn man auch Goethes Kenntnisse davon in ihrem
ganzen Umfang nicht genau mehr zu ermitteln vermag, so
kannte er doch schon vor seiner Leipziger Studienzeit eine ganze
Reihe antiker Schriftsteller, sei es aus der väterlichen Bibliothek,
sei es vermittelt über einige der populären dramaturgischen Bearbeitungen der Zeit wie Johann Elias Schlegels ›Orest und Pylades‹ (1755) oder die französischen Tragödien. Die Beweggründe
für ein eigenes Iphigenie-Drama sind gewiß vielfältig und haben
in der langen Entstehungszeit zwischen Februar 1779 (Beginn
mit der Niederschrift an der Prosa-Iphigenie) und Dezember
1786, als in Rom die Versfassung fertiggestellt wurde, manche
Veränderung oder Gewichtsverschiebung erfahren. Ein Modell-
drama mag ihm zu Anfang noch nicht vorgeschwebt haben, es ist
dann, auch unter dem Einfluß von Wielands und Herders Kritik
an der ersten Fassung, immer mehr dazu geworden, je weiter er
sich auf den antiken Stoff einließ. »Ich schrieb meine Iphigenia
aus einem Studium der griechischen Sachen«[13], erinnert er sich,
und wenn dies Studium auch unzulänglich gewesen sei, habe
gerade das die Produktivität angeregt. Daneben vermag noch das
ältere Motiv gewirkt haben, das ihn einst den Prometheus-
Stoff hatte aufgreifen lassen: »Doch auch die Kühneren jenes
Geschlechts, Tantalus, Ixion, Sisyphus, waren meine Heiligen«[14],
und in dieser Vorliebe scheint ihm noch der Aufmarsch der
»ungeheuren Opposition im Hintergrunde meiner ›Iphigenie‹«
begründet.[15] Seine Bemerkung, er habe seine Stücke und gerade
die ›Iphigenie‹ »*gegen* das Theater geschrieben«[16], darf man allerdings nicht mißverstehen. Er hat sie gegen das Theater in seinem
noch ungeschliffenen Zustand, doch für eine zukünftige kultivierte deutsche Schaubühne geschrieben. »Ich hatte wirklich einmal den Wahn, als sei es möglich, ein deutsches Theater zu bilden. Ja, ich hatte den Wahn, als könne ich selber dazu beitragen
und als könne ich zu einem solchen Bau einige Grundsteine legen.
Ich schrieb meine ›Iphigenie‹ und meinen ›Tasso‹ und dachte in
kindischer Hoffnung, so würde es gehen.«[17] Ein bitter scheinen-

des Urteil aus dem Jahre 1825, doch pflegte Goethe stets eine
gewisse Koketterie mit seiner historischen Rolle, auch die
berühmte Erklärung seines Stückes im Brief an Schiller (»Ich habe
hie und da hineingesehen, es ist ganz verteufelt human.«[8]) zeugt
davon. Alle diese Äußerungen aber haben eins gemeinsam: Goethe hat, ob mit positivem oder negativem Akzent, seine Bearbeitung der Euripideischen ›Iphigenie‹ als ein humanistisches
Musterdrama aus jenem Geist der Nachahmung griechischer
Kunst gesehen, dessen vorbildlichster Vertreter auch für ihn
Winckelmann war. In einer späten Aufführungsbesprechung
empfiehlt er sogar den Schauspielern dieses Stücks, »die auf uns
gekommenen antiken Bildwerke« wohl zu studieren.[19] Er wußte
sich übrigens in dieser Hinsicht mit Schiller durchaus einig, der
seine eigene und aus Mangel an griechischen Sprachkenntnissen
ganz anders geartete Beschäftigung mit den antiken Tragikern
gleichfalls im Sinne des imitatio-Prinzips rechtfertigte: »Setze
noch hinzu«, schreibt er dem Freunde Körner, »daß ich mir, bey
mehrerer Bekanntschaft mit griechischen Stücken, endlich das
Wahre, Schöne und Wirkende daraus abstrahiere und mir mit
Weglaßung des Mangelhaften ein gewisses Ideal daraus bilde,
wodurch mein jetziges corrigiert und vollends geründet wird –
so wirst Du mich nicht tadeln, wenn ich zuweilen darauf verfalle,
mich damit zu beschäftigen.«[20] In einer solchen Bemerkung kehrt
die Überzeugung verwandelt wieder, die aus der Nationaltheaterbewegung des 18. Jahrhunderts vertraut ist: auch die Aneignung
des antiken Theaters geschieht um des aktuellen Interesses willen,
und das ist auf eine umfassende, nicht bloß ästhetische Wirkung
hin ausgelegt. Friedrich Maximilian Klinger hat diesen Aspekt
offen in seinen ›Betrachtungen und Gedanken über verschiedene
Gegenstände der Welt und der Literatur‹ (1801-04) ausgesprochen: »Allen kultivirten Völkern Europa's hat man bisher in den
Schulen die Griechen vergebens zum Muster aufgestellt; nur bei
uns Deutschen hat es endlich so gewirkt, daß wir sie überfliegen
werden und müssen. Schon haben unsere Dichter ihre Tragödie
erobert, und mit Recht haben sie damit angefangen; ahmt nicht
jedes Kind vorerst seiner Amme nach? Ihre hohen Tugenden werden wir gewiß erreichen, wenn nur erst das Schicksal, das leider

bis jetzt noch allein auf der neuen Bühne herrscht, die Regierung über uns Deutsche mit eben der eisernen, gewaltigen Faust ergreift und ausübt, wie es auf der Bühne thut. Mit einer neuen Moral, einer neuen Götterlehre müssen dann doch die Deutschen endlich Männer wie die Griechen werden, und unsere Nachbaren sollen die politische Umwandlung empfinden. So zeigen uns also die Dichter allein den Weg zur Rache und zum Ruhm.«[21]

Dieser militante Optimismus liegt Goethes ›Iphigenie‹ nun gewiß fern, allenfalls Pylades huldigt ihm – mit welchem Erfolg, lehrt das Drama. Doch daß darin ein umfassendes humanistisches Programm eingeschrieben ist, das nicht nur die schöne Bildung betrifft, wird bald deutlich. Die Gestalt der Iphigenie selbst ist ganz ersichtlich Winckelmanns Ideal nachgebildet, jener Imago von griechischem Geist, die eine Konstruktion des 18. Jahrhunderts war und der historischen Wirklichkeit nur teilweise entsprach, aber für die Entfaltung des Modells Weimar so überaus folgenreich gewesen ist. Schon im Eingangsmonolog taucht die große Antithese auf, die das ganze Stück durchzieht und die nicht nur räumlich zu sehen, sondern ebenso auf die historische Distanz, auf das Verhältnis von antiker Vergangenheit und moderner Gegenwart zu beziehen ist: der Gegensatz Griechenland und Barbarei, er kulminiert in dem Bittruf Iphigenies an Diana »So gib auch mich den Meinen endlich wieder / Und rette mich, die du vom Tod errettet, / Auch von dem Leben hier, dem zweiten Tode!«[22] Die Vorbildlichkeit der griechischen Kultur hat Iphigenie zur Lehrerin der Skythen gemacht (Arkas rühmt es ihr nach)[23], an die Stelle des blutigen alten Opferkults sind die freundlichen, hilfreichen, segenspendenden Götter Griechenlands getreten (»Denn die Unsterblichen lieben der Menschen / Weit verbreitete gute Geschlechter, / Und sie fristen das flüchtige Leben / Gerne dem Sterblichen...«)[24], und Iphigenie selbst erscheint als reine Verkörperung jenes Menschenideals, das Winckelmann in die einprägsame, erst später trivialisierte Formel gefaßt hat: »Das allgemeine vorzügliche Kennzeichen der Griechischen Meisterstücke ist endlich eine edle Einfalt, und eine stille Grösse, so wohl in der Stellung als im Ausdruck.«[25] Einfalt heißt Einfachheit, der Inbegriff des Wahren und Absoluten der Idee;

bedeutet aber auch Einheit (nämlich Unteilbarkeit, Ganzheit, Vollkommenheit) und schließlich Schlichtheit, also Ursprünglichkeit im Sinne von Schillers Naivität des antiken Geistes, die dem sentimentalischen modernen Charakter entgegengesetzt ist. Diese vollendete Identität, die mit stiller Größe, also mit Erhabenheit, Würde und Ruhe der Seele einhergeht und auch die Übereinstimmung der Person mit sich selber meint, zeichnet Iphigenie aus, auch wenn Goethe an ihr gerade demonstriert, daß diese Vorzüge kein unverlierbarer Besitz sind, sondern immer gefährdet, von seiten eines barbarischen Naturzustandes, der stets erneut wieder durchbrechen kann, ebenso wie durch die moderne, aufgeklärte, bindungslose Kultur und Lebensart, für die im Drama stellvertretend Pylades steht.

Iphigenies Wirksamkeit, die Wirksamkeit des antiken Ideals erweist sich an Thoas, Orest und Pylades auf je verschiedene Weise. Der König der Taurier hört »die Stimme / der Wahrheit und der Menschlichkeit«, weil, wie Iphigenie sagt, sie jeder hört, »dem / Des Lebens Quelle durch den Busen rein / Und ungehindert fließt.«[26] Thoas hat sich aus barbarischem Naturzustand unter dem Einfluß der Priesterin zum sittlich-schönen Menschen gebildet. Orest wird von der Schwester geheilt; in der Szene, da der Wahnsinn von ihm abfällt und die fluchbeladene Vergangenheit in einem Versöhnungsbilde aufgehoben wird[27], hat Schiller »die feinste edelste Blüte moralischer Verfeinerung«[28] gerühmt, doch sogleich hinzugefügt, daß in ihr der Autor sich am weitesten von dem historischen Ursprung seines Dramas entferne: »Was für ein glücklicher Gedanke, den *einzig möglichen* Platz, den Wahnsinn, zu benutzen, um die schönere Humanität unsrer neueren Sitten in eine griechische Welt einzuschieben ⟨...⟩. Vor und nach dieser Szene sehen wir den edlen Griechen, nur in dieser einzigen Szene erlaubt sich der Dichter ⟨...⟩ eine höhere Menschheit uns gleichsam zu avancieren!«[29] Ein klarsichtiges Urteil, denn wirklich deutet Goethe mit seinem Stück die antike Vorlage entscheidend neu: der antike Mythos erscheint als Antizipation eines humanistischen Heilsweges und wird auf seinen anthropologischen Kern zurückgeführt. Die Götter bekleiden die Stelle menschlicher Idealbilder, und Goethe verdeutlicht diese anthropologische Interpretation gleichnishaft an dem Bedeutungswandel, den das Bild der Göttin Diana ⟨Artemis⟩ im Drama durchmacht. Zunächst ist damit das Kultbild der Göttin gemeint, das Orest und Pylades dem Orakelspruch folgend von Taurus entführen wollen. Doch Iphigenie, im Widerstreit zwischen religiöser Gesinnung und Sorge für den Bruder, in der Angst, ihrem Wesen untreu werden zu müssen, nimmt das Götterbild schon als Gleichnis: »Kaum wird in meinen Armen mir mein Bruder / Vom grimm'gen Übel wundervoll und schnell / Geheilt ⟨...⟩ / So legt die taube Not ein doppelt Laster / Mit ehrner Hand mir auf: das heilige, / Mir anvertraute, viel verehrte Bild / Zu rauben und den Mann zu hintergehn, / Dem ich mein Leben und mein Schicksal danke. / O daß in meinem Busen nicht zuletzt / Ein Widerwillen keime! der Titanen, / Der alten Götter tiefer Haß auf euch, / Olympier, nicht auch die zarte Brust / Mit Geierklauen fasse! Rettet mich / Und rettet euer Bild in meiner Seele!«[30] Diese Deutung wird in der Schlußszene durch Orest vollendet und damit bekräftigt, wenn er des segensreichen, heilenden Einflusses Iphigenies gedenkt und die Schwester nun als »einem heilgen Bilde«[31] gleich sieht, sie also als das lebende Abbild der göttlichen Schwester feiert.

Iphigenie hat die Götter in ihre Lebenspraxis hineingenommen, sie wohnen nicht in olympischer Transzendenz, sondern sind Idealbilder der Einheit von Gottheit und Menschheit, die jeder einzelne zu verwirklichen hat, damit sie dann an ihm erscheinen und wiederum wirkungskräftig werden. Derart ist Iphigenie wirklich zum Bild der Göttin geworden, und ihre Bestimmung wird ausgesprochen im göttlichen Wesen: in dieser Zurückführung einer in Schillers Sinne moralisch verfeinerten Mythologie auf ihren anthropologischen Gehalt besteht ein wesentliches Moment der Weimarer Klassik, und in Verbindung mit Goethes entelechetischer Vorstellung vom Individuum gewinnt es auch eine eminent praktische Funktion. Denn der Mensch ist als Individuum auf Vollendung hin angelegt, und diese Bedingung für die Möglichkeit menschlicher Bildung und Entwicklung ist es auch, die den Fortschritt der Gattung ermöglicht. Unter dieser Perspektive erscheint die Insel der Taurier als eine Schule

der Humanität, als ein fiktiver Modellversuch des klassischen
Humanismus, der im utopischen Entwurf seinen Realisierungsan-
spruch bekräftigt.

Goethes ›Iphigenie‹ – ein einfaches didaktisches Lehr- und
Propagandastück für das Modell Weimar? Ja und nein, denn
gegen die Apologie steht der Zweifel, und neben Iphigenie zeigt
sich die Gestalt des Pylades, dieses modernen Charakters in all
seiner Fragwürdigkeit, und antizipiert das mögliche Scheitern der
humanistischen Utopie. Pylades ist Rationalist, die Götter sind
ihm allein noch metaphorische Größen, die er zu seinem Bedarf
und seinen Interessen folgend zitiert und interpretiert. Ein sonni-
ger Ränkeschmied, Intrigant und Verführer hat er seine Sache
allein und auf sich gestellt und praktiziert die Hauptmaxime der
Lebensklugheit, wonach der Zweck allemal die Mittel heiligt.
Daß Goethe ihn als problematisches Exempel vor Augen hatte,
lehrt der Erfolg oder vielmehr Mißerfolg all seiner Anstrengungen. Sein Versuch, Iphigenie zu hintergehen, scheitert an der
Wahrhaftigkeit Orests, der der Priesterin die Wahrheit gesteht;
seine Intrige gegen Thoas scheitert an der Wahrhaftigkeit Iphigenies, die sich dem König offenbart; und auch sein letztes Wagnis
scheitert, der Gewaltstreich mißlingt, er steht mit leeren Händen
da und verdankt seine Freiheit gerade den Gesinnungen und Haltungen, die ihm eigentlich längst nichts mehr bedeuteten. Welche Wirkung die Niederlage all seiner Pläne, das Desaster all seiner Taten auf ihn haben könnte, läßt Goethe offen: in der
Schlußszene fehlt er, und nichts, was wir von ihm erfahren
haben, berechtigt uns zu glauben, er habe einen Sinnes- oder Cha-
rakterwandel durchgemacht, der dem des Thoas oder Orests vergleichbar wäre. Er ist, wie im historischen Geschehen selbst, der
heimliche Nutznießer, verkörpert die List des geschäftigen, pragmatischen Lebens und wird immer wieder hervortreten, wenn der
Vorhang des klassischen Theaters gefallen ist. Ein zweideutiger
Dramenschluß wider den ersten Anschein.

3. Vom Mythos zur Geschichte: Schillers Antikendramen

Aus dem Werkbund zwischen Goethe und Schiller erwuchs noch ein weiteres Stück mit der Tochter Agamemnons und Klytämnestras als Haupt- und Titelfigur, es behandelt die Vorgeschichte zur taurischen ›Iphigenie‹ und fußt gleichfalls auf einer Vorlage von Euripides: Schillers ›Iphigenie in Aulis‹. Eine Frucht aus dem »Studium der Griechen«[32] schloß die Arbeit daran unmittelbar an die intensive Lektüre Homers und der griechischen Tragiker, die er mit seinen Freunden im Sommer 1788 in Volkstädt und später in Rudolstadt (»die Alten geben mir jezt wahre Genüße.«)[33] betrieben hatte; Goethes ›Iphigenie‹ gehörte natürlich dazu. Bedenkt man, daß auch Klingers Dramatisierungen griechischer Vorlagen, seine ›Medea‹ (1786), sein ›Aristodemos‹ (1787) und ›Damokles‹ (1787/88) in diesen Jahren entstanden sind, so erstreckt sich die produktivste Phase der Aneignung der antiken Tragödie für die deutsche dramatische Literatur nur auf eine kurze Zeit, und man ist wirklich geneigt, in ihr mit Schiller eine Art Verjüngungskur zu sehen (»denn die wahre Jugend ist doch in der alten Zeit«)[34], nach welcher das Stadium der Reife um so reichhaltiger ausfallen konnte.

Schiller benutzte als Vorlage vor allem eine französische Prosaübersetzung und eine sehr wortgetreue lateinische Übertragung (»Ich konnte nicht ⟨. . .⟩ mit den Feinheiten des Griechischen mir helfen – ich mußte mein Original *errathen,* oder vielmehr, ich mußte mir eins erschaffen.«)[35], was dem Drama von vornherein keine gute Kritik eingetragen hat. Doch wollte sich Schiller, darin Goethe ähnlich, des antiken Dramas selbstverständlich auch als Medium eigener Vorstellungen und moderner Probleme bedienen. Neben den artistischen Vorzügen, die ihn bis hin zum Gebrauch des Chors in der ›Braut von Messina‹ führen sollten, interessierte die Vorlage in zweierlei Hinsicht: er fand darin die dramatische Wirksamkeit der Sprache als Problem der Authentizität des gesprochenen Wortes entfaltet[36] und zugleich, im tragischen Geschick Iphigenies, das zur freiwilligen Selbstopferung führt, den Antagonismus von subjektivem und objektivem Faktor im Geschichtsprozeß als das eigentliche dramatische Bewegungsgesetz.

Die bittere Erfahrung Agamemnons besteht ja gleich zu
Anfang des Stücks darin, daß er zur Marionette seiner eigenen
Politik geworden ist. »In dieser fälschlich vorgegebnen Hochzeit /
Hab ich des Kindes Opferung der Mutter / Verhüllet. Außer
Menelaus, Kalchas / Und mir weiß nur Ulyß um das Geheimnis. /
Doch was ich damals schlimm gemacht, mach ich / In diesem
Briefe wieder gut ⟨. . .⟩«[37] Die Absicht, das rasche Wort »nach
beßrer Überlegung«[38] zurückzunehmen, mißlingt; »ein Dämon,
listiger als ich, / Vernichtet alle meine Künste«[39], klagt er und
wird gezwungen, die Verantwortung für seine Politik anzuerkennen und die Folgen zu übernehmen, auch wenn sie seinen subjektiven Interessen zuwiderlaufen. Die Wallenstein-Frage »Ich müßte /
Die Tat *vollbringen,* weil ich sie *gedacht* ⟨. . .⟩?«[40] stellt sich ebenso
dem griechischen Feldherrn auf seinem Wege nach Troja, die
schlimme Zweideutigkeit seines Verhaltens läßt ihn schuldig werden. Erst der freie Entschluß der Tochter, ihre sittliche und
authentische Tat, löst ihn aus selbstverschuldeter Unfreiheit.

Das Problem der Authentizität des Handelns wird Schiller zur
politischen Hauptfrage des Dramas und kann deshalb dazu werden, weil es bereits in der antiken Vorlage enthalten ist. Schon die
Euripideische ›Iphigenie in Aulis‹ enthält ein Plädoyer für die
bedrohte Einheit Griechenlands und gewinnt ihre Glaubwürdigkeit durch die freiwillige Identifizierung subjektiver und objektiver Zwecke – oder wie Schiller es im Kommentar zu seiner Dra-
menfassung ausdrückt: »Kann etwas wichtiger und erhabener
sein als die – zuletzt doch freiwillige – Aufopferung einer jungen
und blühenden Fürstentochter für das Glück so vieler versammel-
ter Nationen?«[41] Der Gedanke des individuellen Opfers für die
Sache eines Volkes, oftmals mit religiösen Heilsvorstellungen grundiert[42], besaß natürlich besondere Anziehungskraft in einer Zeit
und in einem Land, wo einerseits die Aussicht darauf, daß das
Volk seine Rechte selber verfocht, denkbar gering war und andererseits die Hoffnung darauf angesichts französischer Verhältnisse später mehr und mehr desavouiert erschien. Schiller läßt das
Drama daher auch mit Iphigenies Vorsatz enden, als Opfer zu
fallen (»Ich werde Griechenland errettet haben, / Und ewig selig
wird mein Name strahlen.«)[43], die Zeremonie selber, das Erschei-

nen der Göttin und die Entrückungs-Szene hat er gestrichen, weil seine eigentliche Absicht undeutlich geworden wäre: »Ich gebe Griechenland mein Blut. / Man schlachte mich, man schleife Trojas Feste! / Das soll mein Denkmal sein auf ewge Tage, / Das sei mir Hochzeit, Kind, Unsterblichkeit! / So wills die Ordnung und so seis: *Er* herrsche / Der Grieche und es diene der Barbare! / Denn *der* ist Knecht, und jener frei geboren!«[44] Manifestation der Freiheit im Selbstopfer, doch die Hoffnung transzendiert die individuelle Tragödie, daß in ihr sich die kollektive Freiheit ankündigt: der Griechen, wie die antike Chiffre dafür lautet.

In die Jahre seiner Beschäftigung mit dem antiken Theater fallen die ausführlichen Erörterungen über die tragische Kunst, die Schiller zwischen 1790 und 1792 in seinen Vorlesungen und einigen Aufsätzen zusammengefaßt hat (›Über den Grund des Vergnügens an tragischen Gegenständen‹, ›Über die tragische Kunst‹). Darin geht er immer wieder von anthropologischen Fragestellungen aus, um die spezifisch tragische Wirkung zu begründen. Und wenn auch die Affekterregung zuletzt notwendig auf den Zweck festgelegt wird, »diejenige Kraft des Gemüts aufzuregen, deren Tätigkeit jenes Vergnügen an sympathetischen Leiden erzeugt« und die »keine andre als die Vernunft«[45] ist, so muß er doch immer wieder die selbständige ästhetische Wirksamkeit der erregten Affekte zugestehen: »Der Zustand des Affekts für sich selbst, unabhängig von aller Beziehung seines Gegenstandes auf unsre Verbesserung oder Verschlimmerung, hat etwas Ergötzendes für uns; wir streben, uns in denselben zu versetzen, wenn es auch einige Opfer kosten sollte! Unsern gewöhnlichsten Vergnügungen liegt dieser Trieb zum Grunde; ob der Affekt auf Begierde oder Verabscheuung gerichtet, ob er seiner Natur nach angenehm oder peinlich sei, kommt dabei wenig in Betrachtung. Vielmehr lehrt die Erfahrung, daß der unangenehme Affekt den größern Reiz für uns habe und also die Lust am Affekt mit seinem Inhalt gerade in umgekehrtem Verhältnisse stehe. Es ist eine allgemeine Erscheinung in unsrer Natur, daß uns das Traurige, das Schreckliche, das Schauderhafte selbst mit unwiderstehlichem Zauber an sich lockt, daß wir uns von Auftritten des Jammers, des Entsetzens mit gleichen Kräften weggestoßen und wieder

angezogen fühlen. Alles drängt sich voll Erwartung um den
Erzähler einer Mordgeschichte; das abenteuerlichste Gespenster-
märchen verschlingen wir mit Begierde, und mit desto größrer, je
mehr uns dabei die Haare zu Berge steigen.«[46] Eine Besonderheit
von Schillers Aneignung des antiken Dramas besteht darin, daß
er auf dem »Ernst der Handlung«[47] insistiert und die Freiheit der
Vernunft darin nicht nur darstellt, sondern das humanistische
Ideal gleichsam dynamisiert, es im Bilde des dramatischen
Geschehens bis an die Grenzen menschlicher Möglichkeiten oder
gar darüber hinaus führt, indem er es der Zerreißprobe der
Affekte aussetzt. »Den Menschen sich so ewig selbstgleich zu finden, dieselben Leidenschaften, dieselben Collisionen der Leidenschaften, dieselbe Sprache der Leidenschaften«[48], schrieb er
bewundernd nach seiner Euripides-Lektüre an Charlotte von Lengefeld. Einen idealistischen Heroismus in dieser Form (Schillers
Nähe zum französischen klassizistischen Theater!) findet man
sonst nur noch in Klingers Dramen. Zwar ist auch in Goethes
›Iphigenie auf Tauris‹ die Gefahr des Scheiterns, mit Schiller
gesprochen,»der sittlichen Zweckwidrigkeit«[49], stets gegenwärtig,
allein ihr fehlt, wie er es in einem Brief an Körner moniert, »die
sinnliche Kraft, das Leben, die Bewegung und alles, was ein Werk
zu einem ächten dramatischen specificirt«[50]. Das eigentliche dramatische Geschehen spielt sich jenseits der Erscheinungswelt in
der Subjektivität, im seelischen Innenraum der Personen, Thoas'
und Orests ebenso wie Iphigenies, ab. Auch aus diesem Grunde
hat Schiller seine ›Iphigenie in Aulis‹ bis zur Opferszene geführt
und die Entrückung durch die Göttin ausgelassen. Noch seine
freilich vermitteltere Beschäftigung mit einem weiteren antiken
Stoff, der ›Phädra‹, die er in Racines Fassung, nicht der des Euripides, zwischen Dezember 1804 und Januar 1805 ins Deutsche
übertrug, steht unter dem Primat des dramatischen Konflikts als
eines objektiven Widerspiels von Leidenschaften und Vernunft.
Schillers psychologisches Interesse ist evident, doch weniger auf
eine subtile Seelendarstellung gerichtet als vielmehr auf die Wirkung der Leidenschaftserregung, die deshalb kräftiger und sozial
unregulierter erscheint als im französischen Original. Thematischer Schwerpunkt auch hier: neben der geradezu dem Pathologi-

schen sich nähernden affektiven Ausschweifung und Selbstpeini-
gung das Problem der Heterogonie von subjektiven Absichten
und ihren objektiven Wirkungen, die dadurch entsteht, daß der
individuell erzeugte Schein Selbständigkeit gewinnt und seine
Funktion sich gegen seinen Urheber richten kann.[51] Phädras Lie-
besgeständnis, die Zurückweisung durch Hipolytus, darauf die
von ihrem Rachebedürfnis diktierte Beschuldigung, der Geliebte
habe sie mit seiner verbotenen Liebe verfolgt, schließlich seine
Verpflichtung zum Schweigen erzeugen einen immer undurch-
schaubarer und zweideutiger werdenden Täuschungszusammen-
hang, der zwangsläufig zur tragischen Katastrophe führen muß.
Daß »die moralische und ästhetische Beurteilung«[52] eines solchen
Konflikts sich grundsätzlich unterscheiden, hatte Schiller schon
in der Schrift ›Über das Pathetische‹ von 1793 bekräftigt und
dabei auch den Affekt, der Phädra zugrunde richtet, an einem
anderen antiken Beispiel erläutert: »Rache ⟨...⟩ ist unstreitig ein
unedler und selbst niedriger Affekt. Nichtsdestoweniger wird sie
ästhetisch, sobald sie dem, der sie ausübt, ein schmerzhaftes
Opfer kostet. Medea, indem sie ihre Kinder ermordet, zielt bei
dieser Handlung auf Jasons Herz, aber zugleich führt sie einen
schmerzhaften Stich auf ihr eigenes, und ihre Rache wird ästhetisch erhaben, sobald wir die zärtliche Mutter sehen.«[53]
   Als Höhepunkt seiner Beschäftigung mit den griechischen Tragikern hat Schiller selber ›Die Braut von Messina‹ betrachtet, in
zahlreichen Briefen hebt er die strenge Form des Dramas hervor,
beschreibt den »hohen Eindruck vom Aeschylus«[54], dem er habe
nacheifern wollen, und vergleicht den Handlungsaufbau mit dem
des ›Ödipus‹ von Sophokles.[55] »Die ganz neue Form hat auch
mich verjüngt, oder vielmehr das antikere hat mich selbst alter-
thümlicher gemacht ⟨...⟩«[56] Für seinen »kleinen Wettstreit mit den
alten Tragikern«[57] hat er sich nun nicht an einen der überlieferten
mythologischen Stoffe gehalten, sondern die Handlung selbst
erfunden. Sie spielt in Messina, »wo sich Christenthum, Griechische Mythologie und Mahomedanismus wirklich begegnet und
vermischt haben«[58]; der kürzlich gestorbene König hat seine Frau
Isabella und zwei tödlich verfeindete Söhne, Manuel und Cesar,
zurückgelassen, so daß sich die Flüche seines Vaters, dem er die

einst ihm bestimmte Braut entrissen, zu verwirklichen scheinen. Doch gelingt es der Königin, die entzweiten Brüder zu versöhnen, auch berichtet sie ihnen jetzt von der Existenz einer Schwester, die verborgen in einem Kloster aufgezogen wurde. Der Vater hatte sie auszusetzen befohlen, da nach einer alten Traumdeutung durch sie der Untergang des ganzen Geschlechts erfolgen sollte, aber Isabella ließ die Tochter retten, sie hielt sich an eine andere Deutung des Traumes, wonach gerade die Versöhnung der Brüder durch die Schwester käme. Manuel und Cesar sind ihr aber unwissentlich schon begegnet, beide haben sich in sie verliebt, ohne sie zu erkennen oder voneinander zu erfahren. Es kommt zum Zweikampf, Cesar tötet Manuel, der ihm bei der Geliebten zuvorgekommen war; als er erkennt, daß er in Wahrheit um der gemeinsamen Schwester willen zum Brudermörder wurde, gibt er sich zur Sühne selber den Tod.

Schiller hat eine Fülle antiker Elemente in dem Drama verarbeitet: sowohl formaler Art (Prolog, Reden und Berichte, Stichomythie und Chorlieder, Ekphrasis und Verhörszene)[59] wie auch beim Handlungsaufbau selbst. Der Prolog ist nach dem Muster von Euripides' ›Phönissen‹ geschrieben, die er 1788 zu übersetzen begonnen, dann aber liegengelassen hatte; das Motiv der feindlichen Brüder genoß zwar besondere Beliebtheit in der Geniezeit des Sturm und Drang und war von ihm schon wirkungsvoll in den ›Räubern‹ benutzt worden, doch findet es sich auch bereits in der Antike im Umkreis des Ödipus-Stoffes (Eteokles und Polyneikes), und wie in der Tragödie des thebanischen Königs geht es auch hier um die Aufdeckung eines verborgenen Geschehens. Schon bald ist das Stück als Schicksalsdrama mißverstanden worden, doch obwohl Traumorakel, Ahnungen und Geschlechterfluch (auch dies alles Motive von antikem Ursprung) für das intensive und rastlose Fortschreiten der Handlung eine wichtige Rolle spielen[60], beruht die Tragik in der ›Braut von Messina‹ gerade nicht auf einem fatalistischen Schicksalsglauben, wie er etwa in Zacharias Werners berühmtem Erfolgsstück ›Der 24. Februar‹ (1810) strukturbestimmend wurde. Vielmehr muß man Schillers Tragödie geradezu als Gegenentwurf zu einer solchen Schicksalsauffassung lesen, die auch nur oberflächlich, im

Bereich der Stoffe und Motive, an antike Vorbilder erinnert. Die Charaktere in Schillers Stücken nehmen die Schuld in freier Entscheidung als ihre eigene an, gewinnen so ihre Größe und die Entsühnung des Geschehens.[61]

Hauptsächlich zwei Handlungsebenen bestimmen das Stück. Auf der ersten erscheint das dramatische Geschehen als die pragmatische Folge menschlicher Taten und Versäumnisse. Der Bruderzwist hat seinen Ursprung »in unverständger Kindheit«[62], in der Rivalität um die Gunst der Eltern, und hat sich schließlich »fortgezeugt in unglückselger Kette«[63]. Die abergläubische Furcht des Vaters führt zur Entfernung der Tochter und ihrer heimlichen Auferziehung im Kloster; eben diese wohlmeinende Heimlichkeit Isabellas macht den Anfang von weiteren Listen, Unwahrheiten und Mißverständnissen: »Und verflucht sei deine Heimlichkeit, / Die all dies Gräßliche verschuldet!«[64], so Don Cesar zur Mutter. Auf der zweiten Ebene entfaltet sich die symbolische Handlung in Form der mythologischen Deutung des historischen Geschehens: in ihr erscheint es zwanghaft und aussichtslos, und ihr Medium ist vorzüglich die Volksphantasie, die der Chor, und zwar besonders in seiner dramatischen Funktion, darstellt, »wo er als wirkliche Person und als blinde Menge mithandelt«[65]. Der Hinweis aufs verhängte Geschick[66] dient allemal, ob er vom Chor, von Isabella (»Alles dies / Erleid ich schuldlos, doch bei Ehren bleiben / Die Orakel und gerettet sind die Götter.«)[67] oder dem Sohne kommt, der eigenen individuellen Entlastung: die Verantwortung für das Geschehen wird objektiven, überirdischen Mächten zugewiesen. Doch geht der Erkenntnisprozeß Don Cesars weiter, ist also nicht auf die Entdeckung der verborgenen Familienbeziehungen beschränkt, und darin liegt nun der moderne Charakter der Tragödie.

Ihr eigentliches Thema ist gerade die Befreiung vom Bann des Schicksals, vom mythischen Denken und die Anerkennung der eigenen Taten bis zur Übernahme der Verantwortung und damit zur Sühne. Dabei führt das Drama zwei ganz verschiedene Befreiungsversuche vor. Denn auch Isabella versucht sich dem Zwang des Geschicks zu entziehen, indem sie es zu überlisten versucht. Die Folge sind Heimlichkeit und »Verstellung«[68], aus denen wie-

der neue Mißverständnisse, neues Unrecht (Brautraub), neue
Feindseligkeiten als Momente einer Kette von unentrinnbaren
Fatalitäten entstehen, welche zwar den Schicksalsglauben zu
bestätigen scheinen, in Wahrheit aber folgerichtige Reaktionen
aus falschen Voraussetzungen sind. So führt dieser Weg notwendig an den Ausgangspunkt zurück, er beruht auf der grundsätzlichen Anerkennung von des Schicksals Macht, will sie nur in
einem bestimmten Einzelfall durch allerlei Vorkehrungen außer
Kraft setzen.

Der zweite Befreiungsversuch gelingt, wenn auch um den Preis
des Lebens, und er gelingt nur um diesen Preis. Don Cesar, »den
der Flüche schwerster drückt«[69], nämlich der des Verbrechens am
Bruder, klärt Fluch und Schicksalszusammenhang als Verknüpfung menschlicher Handlungen und Gewalt der Geschichte auf.
Wenn er vom Fluch spricht, den es zu versöhnen gelte[70], so ist
das nur mehr metaphorisch gemeint und bezieht sich auf seine
Tat, die er keinem anderen, auch keiner höheren Instanz mehr
anlastet, sondern sich allein, so daß sie auch bloß von ihm selbst
zu sühnen ist. Isabella hält bis zum Schluß an der mythologischen
Interpretation ihrer Geschichte fest, so daß das letzte Gespräch
zwischen Mutter und Sohn ganz zweideutig verläuft[71], denn
beide meinen etwas anderes, wenn sie dieselben Worte benutzen.
Der zum geflügelten Wort gewordene Schlußvers des Chors (»Das
Leben ist der Güter höchstes *nicht*, / Der Übel größtes aber ist die
Schuld.«)[72], der hier in seiner Funktion als ideale Person spricht,
die die Handlung reflektierend und distanzierend begleitet[73], enthält wirklich die Quintessenz dieses Aufklärungsdramas, dessen
eigentlicher Gegenstand die Ablösung vom Bann des Mythos
durch die Gewalt der Geschichte ist und an dem Beispiel der
erfundenen dramatischen Fabel der Schwester als Braut verfein-
deter Brüder die Brüche und Katastrophen vor Augen führt, die
immer eintreten, wenn eine alte Welt untergeht, doch die neue
noch zu keiner Klarheit gelangen konnte, weil sie noch in den
Kampf mit ihrer Vorwelt verstrickt ist.

Eben diese Zweideutigkeit, die schließlich die historische
Erfahrung nach 1789 prägte, zeigt besonders ausdrücklich der
Chor, über dessen antiken Ursprung und moderne Verwendung

Schiller seine berühmte Vorrede zur ›Braut von Messina‹, ›Über den Gebrauch des Chors in der Tragödie‹ geschrieben hat. »Ich habe den Chor in zwei Teile getrennt und im Streit mit sich selbst dargestellt; aber dies ist nur dann der Fall, wo er als wirkliche Person und als blinde Menge mithandelt. Als *Chor* und als ideale Person ist er immer eins mit sich selbst.«[74] In eben dieser Rolle als ideale Person interessiert er Schiller insbesondere, denn als solche vertritt er den Standpunkt der Kunst überhaupt, insoweit sie die Wirklichkeit überschreitet und nicht nur in sie verwickelt ist. Der Chor wird daher für ihn zum ausgezeichneten ästhetischen Paradigma. »Die wahre Kunst aber hat es nicht bloß auf ein vorübergehendes Spiel abgesehen, es ist ihr Ernst damit, den Menschen nicht bloß in einen augenblicklichen Traum von Freiheit zu versetzen, sondern ihn wirklich und in der Tat frei zu *machen,* und dieses dadurch, daß sie eine Kraft in ihm erweckt, übt und ausbildet, die sinnliche Welt, die sonst nur als ein roher Stoff auf uns lastet, als eine blinde Macht auf uns drückt, in eine objektive Ferne zu rücken, in ein freies Werk unsers Geistes zu verwandeln und das Materielle durch Ideen zu beherrschen.«[75] Durch poetische Sprache und Rhythmus, »einem lyrischen Prachtgewebe gleich«[76], schließt sich der Chor vor der wirklichen Welt ab, distanziert sich vom »engen Kreis der Handlung, um sich über Vergangenes und Künftiges, über ferne Zeiten und Völker, über das Menschliche überhaupt zu verbreiten«[77], und ermöglicht auch dem Zuschauer die Distanzierung, ohne welche er der Raub seiner Eindrücke, das Opfer der dramatischen Täuschung würde. »Dadurch, daß der Chor die Teile auseinanderhält und zwischen die Passionen mit seiner beruhigenden Betrachtung tritt, gibt er uns unsre Freiheit zurück, die im Sturm der Affekte verlorengehen würde. Auch die tragischen Personen selbst bedürfen dieses Anhalts, dieser Ruhe, um sich zu sammeln; denn sie sind keine wirkliche Wesen, die bloß der Gewalt des Moments gehorchen und bloß ein Individuum darstellen, sondern ideale Personen und Repräsentanten ihrer Gattung, die das Tiefe der Menschheit aussprechen. Die Gegenwart des Chors, der als ein richtender Zeuge sie vernimmt und die ersten Ausbrüche ihrer Leidenschaft durch seine Dazwischenkunft bändigt, motiviert die Besonnenheit, mit

der sie handeln, und die Würde, mit der sie reden. Sie stehen
gewissermaßen schon auf einem natürlichen Theater, weil sie vor
Zuschauern sprechen und handeln, und werden eben deswegen
desto tauglicher, von dem Kunsttheater zu einem Publikum zu
reden.«[78] Der Chor als Medium der Reflexion und Instrument
einer gleichsam epischen Wirkungsabsicht – damit hat Schiller
sehr genau seine Funktion auch in der antiken Tragödie beschrieben[79], doch gewinnt er für ihn darüber hinaus noch eine andere
Bedeutung. Er wird, im Rahmen des Dramas, zum ästhetischen
Grund von menschlicher Freiheit und Unabhängigkeit und damit
zum Paradigma für die Möglichkeit des Individuums, seine
Widerstandskraft in einer ihn von allen Seiten bedrängenden und
widerspruchsvoll affizierenden historischen Realität zu wahren.

4. Wirrwarr der Gefühle im Spiegel des antiken Dramas: Friedrich Maximilian Klinger

Den Freiheitsidealismus teilt Klinger, der Jugendfreund Goethes
und Autor des Geniestücks ›Sturm und Drang‹ (1776) mit Schiller, dessen ›Don Carlos‹ er liebte und der immer wieder seine
dramatischen Ambitionen beflügelte, doch dachte er sie zu einem
ganz anderen Ende. Das Thema des individuellen Opfers für die
Freiheit des Volkes findet sich auch in seinen Adaptionen griechischer Stoffe, vor allem im ›Aristodemos‹ (1787), dessen Handlung auf dem Buche Messenika des Pausanias beruht. Auch hier
opfert der Vater seine Tochter um des bedrohten Staates willen,
auch hier nimmt das Mädchen, Hermione, seine Opferrolle
schließlich freiwillig hin: »Ja, Apollo ist es, der das Opfer fordert.
Mutter, sind wir nicht durch die Götter? Dank ich nicht ihnen
das selige Glück, welches ich mit dir, mit dem Vater genossen?
Und nun zeigen sie mir den Weg unsterblichen Ruhms, da sie
mich vor allen Jungfrauen erwählten, dich, den Vater und das
Vaterland zu retten.«[80] Daß die Geschichte anders ausging, wenngleich Klingers Drama das Gegenteil zu suggerieren scheint, und
somit nach der Quelle sich das Opfer der Tochter als sinnlos
erweist, wirkt wie eine Provokation, die Klingers geistige Distanz
zu den verehrten und beneideten Weimarer Kollegen beleuchtet.

Ziemlich genau folgt er der Überlieferung in einem anderen Punkt: der Vater selbst tötet die Tochter, ja er stellt auch noch eigenhändig ihre Reinheit unter Beweis: »Seht Matronen! ob sie ein reines Opfer gefallen ist; weit hab' ich ihre Seite geöffnet!«[81] Klinger übernimmt selbst dies krude Motiv, doch hat er neben der Quellentreue noch andere Gründe dafür, die in seiner Bearbeitung desjenigen Stoffes am deutlichsten werden, der ihn offenbar besonders fasziniert hat: der ›Medea in Korinth‹, 1786 entstanden und 1790 mit der ›Medea auf dem Kaukasos‹ in einem zweiten Stück fortgesetzt. Im Gespräch mit Kreon bezeichnet Jason Medea gleich in der dritten Szene des ersten Akts als »der Sonne Enkelin, der furchtbaren Hekate Tochter«[82] und pointiert damit ihre übermenschliche Größe; sie »stehe außer unserm Fassungskreis und fühle nicht einstimmig ins schwache Herz der Menschen«[83]. Dieser Einschätzung entspricht auch Medeas Selbstbewußtsein, sie warnt die Griechen davor, die »Tochter der furchtbaren Hekate«[84] in ihr zu wecken, und verkündet in ihrem Rachemonolog am Schluß des Stücks, auf ihrem Drachenwagen stehend: »Jason! gefallen dir die Knaben? ⟨...⟩ Starrst du auf die Ermordeten in endloser Qual? Sieh herauf auf Medea, die sie ermordete, die mit den Sterblichen furchtbar riß! Auf den Knien fleht' ich dich, du möchtest meiner dich erbarmen, und nun hab' ich gerissen! sieh' herauf in meine starren, trocknen Augen! keine Thräne entlockt mir eure Noth! keinen Seufzer die ermordeten Jasoniden! Ich bin gehüllt in mein furchtbares Selbst ⟨...⟩. Hier sitz ich in meiner furchtbaren Größe.«[85] Dieser furchtbaren Größe will im zweiten Stück die Einsiedlerin auf dem Kaukasos entsagen, und der Hirtenstamm, dem sie begegnet, erfährt sie als »gut und freundlich«, der taurischen Iphigenie nach Goethes Verständnis gleichsam nacheifernd: »Ein freundliches Wesen herrscht über diese Erde und den ausgespannten unermeßlichen Himmel; Zeus heißt er, der Erhalter und Vater der Menschen. Er hasset eure blutigen Opfer und wird euch für den Frevel strafen. Vergebens sucht ihr ihn; denn wo er wohnt, dringt das Aug' des Sterblichen nicht hin.«[86] Doch bricht dann in der Krise die Kehrseite der freundlichen Göttin wieder durch, und im Gespräch mit der allegorischen Erscheinung des Schicksals werden abermals Übermaß und Schrankenlosigkeit für ihr Unglück namhaft gemacht. Am Schluß sieht sie sich gescheitert, die Menschen, denen sie eine verfeinerte Sittlichkeit und schöne Humanität bringen wollte, wenden sich, von falschen Priestern verführt, gegen sie: »Mit tiefem Schmerz überlass' ich euch euern Verirrungen – Ihr verschloßt euer Ohr meinen sanften Lehren und zwingt nun, die Enkelin der Sonne, ihr Leben gewaltsam zu enden. Nie werdet ihr das Glück und die Genüsse geselliger Menschen empfinden und schmecken. Zerstreut, wie die übrigen Thiere der Erde, werdet ihr euch nie zu einem gesitteten Volke versammeln ⟨. . .⟩«[87]. ›Medea auf dem Kaukasos‹ liest sich wie eine Widerlegung der Goetheschen ›Iphigenie‹, deren humanistisches Programm erweist sich als schöner Schein, der keiner Realitätsprüfung standhält. Sowohl die eigene übermenschliche Natur, die Medea ihrer zwiespältigen Abstammung verdankt (während sie Iphigenie durch die Ebenbildlichkeit mit der Göttin zukommt), als auch das rohe Barbarentum des Volkes machen ihre Absichten zunichte.

Natürlich spiegeln sich in dieser pessimistischen Wendung Klingers eigene Erfahrungen wider, und sie mögen seine Vorliebe gerade für diesen griechischen Stoff zusätzlich begründet haben. Seit 1781 lebte er in der Kulissenwelt Katharinas II. und hatte längst verstanden, daß europäische Kultur und Aufklärung die russische Gesellschaft nur wenig zu verändern vermochten. Alle Versuche der Zarin, die fortgeschrittene Kultur Westeuropas durch Reformbemühungen den von ganz anderen sozialen und religiösen Überlieferungen geprägten Verhältnissen des eigenen Landes aufzupfropfen, waren zwar nicht bloße Scheingefechte, blieben aber fremde Zutat und verkamen in Verschwendung und Günstlingswirtschaft nach altrussischer Tradition, im Schlendrian und einem rücksichtslosen Kampf um die Macht, mit dem Katharina ihre Herrschaft errungen hatte und nun dauernd aufs neue zu befestigen gezwungen war. Vor diesem Hintergrund entfalten Klingers Medea-Dramen nun einen ganz konkreten politischen Sinn. Der überlieferte Stoff wird für ihn zum Spiegel zeitgenössischer Bezüge und überraschender Entsprechungen, das gilt auch für ›Damokles‹, das Drama des vom Volk herbeigerufenen, von ihm dann verlassenen und verratenen Befreiers. Klinger überträgt darin seine eigene historische Erfahrung, daß nämlich die monarchische Verfassung den Interessen des Adels entgegenkommt, auf die antike Tyrannis, die eigentlich popularen Ursprungs und dem Adel ungünstig, ja verderblich war.

Mit Schillers Antikenrezeption auf dem Theater verbindet Klinger also das unmittelbar politische Interesse, das Interesse an einer Haupt- und Staatsaktion im antiken Gewande. Doch kommt noch eine weitere Gemeinsamkeit hinzu. Schiller hat die Tragödie als eine Kunst des Affekts aufgefaßt, die »unter der Dienstbarkeit eines besondern Zweckes ⟨des Pathetischen⟩«[88] stehe, und diesen Hauptgedanken in allen seinen dramentheoretischen Schriften von verschiedenen Seiten entwickelt. »In moralischen Gemütern geht das Furchtbare ⟨der Einbildungskraft⟩ schnell und leicht ins Erhabene über. So wie die Imagination ihre Freiheit verliert, so macht die Vernunft die ihrige geltend; und das Gemüt erweitert sich nur desto mehr nach innen, indem es nach außen Grenzen findet. Herausgeschlagen aus allen Verschanzungen, die dem Sinnenwesen einen physischen Schutz verschaffen können, werfen wir uns in die unbezwingliche Burg unsrer moralischen Freiheit und gewinnen eben dadurch eine absolute und unendliche Sicherheit, indem wir eine bloß komparative und prekäre Schutzwehre im Feld der Erscheinung verlorengeben. Aber eben darum, weil es zu diesem physischen Bedrängnis gekommen sein muß, ehe wir bei unsrer moralischen Natur Hülfe suchen, so können wir dieses hohe Freiheitsgefühl nicht anders als mit Leiden erkaufen.«[89] Der tragische Vorgang ist Ergebnis einer Interaktion zwischen Bühne und Zuschauer, und auch Klinger ist es in seinen Stücken immer darauf angekommen, das Sinnenwesen im Menschen zu peinigen, damit das Geistwesen in seiner kämpferisch errungenen Selbständigkeit zur Erscheinung kommen und auch im Zuschauer geweckt werden kann. Er hat dies mit einer zuweilen kruden und grausamen Direktheit zu erreichen gesucht, wie ›Aristodemos‹ und besonders ›Medea in Korinth‹ zeigen. Und wirklich trennen sich an dieser Stelle die Wege. Denn für Klinger bleibt die kämpferisch errungene Autonomie des Individuums monadisch beschränkt und darf nicht als Vorschein künftiger sozialer Freiheit mehr genommen werden.

5. Drama der Affekte: Kleists ›Penthesilea‹

Affektregulierung und Freiheit der Vernunft sind immer das letzte Ziel von Schillers Protagonisten, doch gibt es in Theorie und dramatischer Praxis, auch wenn er nicht so weit geht wie Klinger in seiner ›Medea‹, auch bei ihm eine Tendenz, die immer wieder das idealistische Programm durchbricht, weil moralische und ästhetische Zwecke durchaus getrennt bleiben. »Woher kann es sonst kommen, daß wir den halbguten Charakter mit Widerwillen von uns stoßen und dem ganz schlimmen oft mit schauernder Bewunderung folgen?«[90] Maßlosigkeit und Grenzüberschreitung, die alle Schranken menschlicher Persönlichkeit sprengende titanische oder göttliche Natur interessierten ihn vor allem am antiken Drama, und noch der Gebrauch des Chors wird ihm wichtig, damit »das Gemüt des Zuschauers ⟨. . .⟩ auch in der heftigsten Passion seine Freiheit behalten«[91] kann. Doch die radikalste Konsequenz aus einer Antikenrezeption, die in den literarischen oder mythologischen Vorlagen das ganze Übermaß der Natur bewunderte und in ihnen das Urmodell des dionysischen Dramas entzifferte, war dann nicht Schiller (obwohl er dieser Auffassung in seinen dramentheoretischen Schriften sehr nahe kam), war auch nicht Klinger (obwohl er mit seiner ›Medea in Korinth‹ schon weit in diese Richtung fortgeschritten ist), sondern lange vor Nietzsche Heinrich von Kleist. Seine ›Penthesilea‹ (1808) ist das andere Extrem zum humanistischen Lehrstück der Weimarer Klassik, wenn auch in ihm schon angelegt; vielleicht der Grund, warum Goethe dem Autor zwar recht gleichgültige, aber doch nicht so heftige oder ablehnende Bemerkungen darüber zukommen ließ, wie das allgemein geschah. Man kann ›Penthesilea‹ als das Drama der wilden, ungehemmten, barbarischen Affekte lesen, welche alle sozialen und kulturellen Übereinkünfte und sittlichen Hemmungen sprengen. Die Antithese von rationaler Rede, kultivierter Beredsamkeit und besinnungsloser Raserei bestimmt die Struktur des Stücks, doch nicht etwa so, daß der diskursive Charakter der griechischen Kultur dem affektbestimmten Wesen der Amazonen gegenüberstünde[92]: der Gegensatz ist auf beiden Seiten in zerstörerischer Weise wirksam. Die

Rednerkunst des Antilochus wird an Achilles' Raserei ebenso zuschanden (»Versuchs, o Antiloch, wenns dir beliebt, / Und sieh, was deine rednerische Kunst, / Wenn seine Lippe schäumt, bei ihm vermag.«)[93] wie die Beredsamkeit der Hauptmännin an der zügellosen »Kampflust« der Amazonenkönigin: »Jedwede Kunst der Rede ward erschöpft, / Nach Themiscyra sie zurückzuführen. / Doch taub schien sie der Stimme der Vernunft: / Vom giftigsten Pfeile Amors sei / Heißt es, ihr jugendliches Herz getroffen.«[94] Kein Zweifel, das Drama läßt eine bestimmte Perspektive auf die griechische Kultur, wie sie etwa Winckelmann zur Geltung brachte und die in der humanistischen Verbindung von sapientia und eloquentia das Prinzip antiker Bildung ausgedrückt fand, als zumindest einseitig und nur relativ gültig erscheinen. Auch die Krise in Penthesilea wird ausgelöst durch ihre Überzeugung, Achilles habe sie über die Natur seiner Liebe getäuscht, den Absolutheitsanspruch bloß geheuchelt: »Was ich ihm zugeflüstert, hat sein Ohr / Mit der Musik der Rede bloß getroffen? / Des Tempels unter Wipfeln denkt er nicht, / Ein steinern Bild hat meine Hand bekränzt?«[95]

Kleist wurde in besonderem Maße der Dichter der Krise, in welche die bürgerliche Aufklärung geraten war.[96] Zwar geht die Weimarer Klassik ebenfalls vom Scheitern der Aufklärung aus, Goethe und Schiller hatten ihr diese Diagnose schon in ihren Frühwerken, im ›Werther‹ wie in den ›Räubern‹ gestellt, allein ihre spätere Entwicklung ist doch anders verlaufen, als es ihre geniezeitlichen Anfänge vermuten ließen, und führte eigentlich zur Restitution des aufklärerischen Denkens auf einer höheren Stufe: die ›Briefe über die ästhetische Erziehung des Menschen‹ zeugen ebenso davon wie der Winckelmann-Essay oder ›Wilhelm Meister‹. Zum Modell Weimar gehört konstitutiv die Krise, doch nicht als Scheitern, sondern als vorwärtstreibendes Moment im Bildungsgang des Individuums ebenso wie der Gesellschaft, in dem sie zuletzt ebenso aufgehoben ist wie der Irrtum in der Wahrheit, die hervorzutreiben jener nach Goethes Ansicht allein gesetzt ist. Kleists Vertrauen in den Übergangscharakter dieser Krise aber ist dahin, und wenn er sich auch bis zur Verzweiflung darum bemüht, ihr einen neuen Sinn zu geben, sei es in der Hoffnung auf eine Versöhnung im Kunstwerk, sei es in patriotischer Begeisterung, am Schluß stehen regelmäßig Enttäuschung und Trostlosigkeit, steht zuletzt der Tod. In dem berühmten Kant-Brief an Wilhelmine von Zenge (vom 22. März 1801) gesteht der Autor, seit seiner Knabenzeit der Anschauung angehangen zu haben,»daß die Vervollkommnung der Zweck der Schöpfung wäre. Ich glaubte, daß wir einst nach dem Tode von der Stufe der Vervollkommnung, die wir auf diesem Sterne erreichten, auf einem andern weiter fortschreiten würden, und daß wir den Schatz von Wahrheiten, den wir hier sammelten, auch dort einst brauchen könnten. Aus diesen Gedanken bildete sich so nach und nach eine eigne Religion, und das Bestreben, nie auf einen Augenblick hienieden still zu stehen, und immer unaufhörlich einem höhern Grade von Bildung entgegenzuschreiten, ward bald das einzige Prinzip meiner Tätigkeit. *Bildung* schien mir das einzige Ziel, das des Bestrebens, *Wahrheit* der einzige Reichtum, der des Besitzes würdig ist. – Ich weiß nicht, liebe Wilhelmine, ob Du diese zwei Gedanken: *Wahrheit* und *Bildung,* mit einer solchen Heiligkeit denken kannst, als ich – Das freilich, würde doch nötig sein, wenn Du den Verfolg dieser Geschichte meiner Seele verstehen willst.«[97] Und dann schildert er, welche Erschütterung seines Denkens und seiner Welt- und Lebensanschauung in ihm die Lektüre der kantischen Philosophie ausgelöst habe. »Wenn alle Menschen statt der Augen grüne Gläser hätten, so würden sie urteilen müssen, die Gegenstände, welche sie dadurch erblikken, *sind* grün – und nie würden sie entscheiden können, ob ihr Auge ihnen die Dinge zeigt, wie sie sind, oder ob es nicht etwas zu ihnen hinzutut, was nicht ihnen, sondern dem Auge gehört. So ist es mit dem Verstande. Wir können nicht entscheiden, ob das, was wir Wahrheit nennen, wahrhaft Wahrheit ist, oder ob es uns nur so scheint. Ist das letzte, so *ist* die Wahrheit, die wir hier sammeln, nach dem Tode nicht mehr – und alles Bestreben, ein Eigentum sich zu erwerben, das uns auch in das Grab folgt, ist vergeblich –

Ach, Wilhelmine, wenn die Spitze dieses Gedankens Dein Herz nicht trifft, so lächle nicht über einen andern, der sich tief in seinem heiligsten Innern davon verwundet fühlt. Mein einziges, mein höchstes Ziel ist gesunken, und ich habe nun keines mehr –«[98]

Man weiß, daß diese Worte nicht übertrieben sind, daß ihn die kantische Erkenntniskritik wirklich in eine persönliche Katastrophe gestürzt hat und er die neue Überzeugung, »daß hienieden keine Wahrheit zu finden ist«[99] auch als Krise der Sprache erfahren hat, die ja eben in aufklärerischer Doktrin das Medium der Vernunft abgegeben hatte. Das dramatische Werk der folgenden Jahre ist der Versuch, die durch die Kant-Lektüre ausgelöste und von ihr geprägte Krise in dramatischer Handlung auszuagieren, zu verarbeiten und ihr derart einen ästhetischen Sinn zu geben. Das Drama der Antike erfüllt dabei eine besondere Funktion: es bietet Kleist die Möglichkeit, sich mit seinem untergegangenen Bildungsglauben am Ort seines historischen Ursprungs auseinanderzusetzen und die vorgefundenen Muster nun dem Säurebad jener Kritik auszusetzen, die ihn erschüttert hatte. Auch ein Stück Vergeltungswille, der unbewußte Drang, sich für die erlittene Niederlage dort schadlos zu halten, von wo ihm das falsche Bewußtsein seinen Anfang genommen hatte, also die Chimäre, die ihn genarrt hatte, zu zerstören, mag mitgewirkt haben.

›Penthesilea‹, nach den beiden anderen Antikendramen, dem ›Zerbrochnen Krug‹ und ›Amphitryon‹ entstanden, enthält auch die radikalste Absage an den klassischen Humanismus, wie er seit dem 15. Jahrhundert die neuzeitliche europäische Kultur ausgebildet hatte. An die Stelle der vernünftigen Rede ist die Rhetorik der Affekte getreten und durchbricht alle Dämme der Zivilisation und Bildung, die Sprache bleibt doppeldeutig, uneigentlich und wird dann wieder beim Wort genommen, Symptom eines Zerfalls und zugleich dessen Ferment. Hochbedeutsam die Tiermetaphorik, die alle Reden durchzieht. Als Penthesilea in sinnloser Wut die Rosenkränze zerhaut, die für das Fest des Triebes, die marsischen Orgien vorbereitet, verflucht sie die »Begierden, die, wie losgelaßne Hunde, / Mir der Drommete erzne Lunge bellend, / Und aller Feldherrn Rufen, überschrein! –«[100] doch nicht allein, wie es zunächst scheint, weil ihr diese Vorbereitungen allzu voreilig, sondern weil sie ihr ganz unangemessen zur inkommensurablen Größe des Affektgeschehens scheinen, das sich auf diesem

Schlachtfeld der Begierden und Triebe in Wahrheit abspielt. So nimmt sie wenig später das Hundegleichnis wieder auf, als sie, anstatt zu fliehen, trotzig den Peliden erwartet: »Laß ihn mit Pferden häuptlings heim mich schleifen, / Und diesen Leib hier, frischen Lebens voll, / Auf offnem Felde schmachvoll hingeworfen, / Den Hunden mag er ihn zur Morgenspeise, / Dem scheußlichen Geschlecht der Vögel bieten. / Staub lieber, als ein Weib sein, das nicht reizt.«[101] Wie buchstäblich das gemeint ist, lehrt, spiegelverkehrt, der Dramenschluß, wenn die unerhörte Phantasie Wirklichkeit wird: »Penthesilea, / Sie liegt, den grimmgen Hunden beigesellt, / Sie, die ein Menschenschoß gebar, und reißt, – / Die Glieder des Achills reißt sie in Stücken!«[102]

Was hier geschieht, ist eine Verrückung ohnegleichen und wird von den hilflosen, fassungslosen Zeugen auch immer wieder mit der unzureichendsten Erklärung begleitet, die sich denken läßt, obwohl sie so nahe liegt. »Sie ist von Sinnen!«[103], »Sie ist außer sich –!«[104], »Sie ist wahnsinnig!«[105] heißt es von ihr, und auch Achilles wird von seinen Kampfgenossen nicht mehr anders verstanden: »Ist dieser Mann bei Sinnen, Sohn des Peleus?«[106] entsetzt sich Odysseus, als er erfährt, daß sich Achilles schutzlos der Gewalt Penthesileas ausliefern will. Tatsächlich haben sich beide außerhalb aller Übereinkünfte gestellt, und es gibt keine Gemeinsamkeiten mehr zwischen ihnen und ihren Gefolgsleuten, auch keine gemeinsame Sprache. Wenn Penthesilea vom Rosenfest spricht, meint sie etwas anderes als ihre Gefährtinnen: »Hier dieses Eisen soll, Gefährtinnen, / Soll mit der sanftesten Umarmung ihn / (Weil ich mit Eisen ihn umarmen muß!) / An meinen Busen schmerzlos niederziehn.«[107]; wenn sie zum Zweikampf mit Achilles auf das Schlachtfeld zieht, nennt sie ihr Ziel das »Fest der Rosen«[108], und wenn sie mit ihrem Pfeil die Schenkel des Achilles »ihm zusammen heften will«[109], so bleibt auch diese Rede zweideutig. Wo diese dramatischen Personen voneinander oder miteinander sprechen, reden sie durch ihre Worte von etwas anderem, doch gebrauchen sie keinen gewöhnlichen Code, wie ihn Liebende sich schaffen, um von ihrer Umwelt nicht verstanden zu werden. Im Dialog Achilles – Prothoe hat Kleist die beiden Sprachen kunstvoll kontrastiert: »Achilles. Mein Will ist, ihr zu tun,

muß ich dir sagen, / Wie ich dem stolzen Sohn des Priam tat. //
PROTHOE. Wie, du Entsetzlicher! ACHILLES. – Fürchtet sie dies? //
PROTHOE. Du willst das Namenlos' an ihr vollstrecken? / Hier die-
sen jungen Leib, du Mensch voll Greuel, / Geschmückt mit Rei-
zen, wie ein Kind mit Blumen, / Du willst ihn schändlich, einer
Leiche gleich –? // ACHILLES. Sag ihr, daß ich sie liebe. PROTHOE:
Wie? – Was war das?«[110]

Die Sprache der Affekte ist die Sprache der Sinne und des Körpers, und sie kann in menschlicher Rede nur zum Ausdruck kommen, wo diese selber materiell und körperhaft, in sinnlicher
Gestalt aufgefaßt wird. So begreift niemand sonst, was sich zwischen den beiden abspielt und daß sie nicht von Begierden reden
(wie die anderen Amazonen, die den gefangenen Griechen »Entzücken ohne Maß und Ordnung« bloß versprechen)[111], sondern
diese Begierden verkörpern und selber die losgelassenen Hunde
sind. In diesem Stück wird nicht das Bild der Liebe aufs Theater
gebracht, das Sitte und Kultur der Menschen daraus gemacht
haben, die Elementaraffekte selbst treten auf, die am Grunde
jeder noch so domestizierten Liebesgeschichte lauern und auf
ihren Moment warten. Der ekstatische Liebestod ist ihre letzte
Konsequenz und erscheint nur von außen als »Verwirrung deiner
⟨Penthesileas⟩ wilden Sinne«[112]. So ungriechisch die Zeitgenossen
dieses Stück empfunden haben, so nahe ist Kleist dem antiken
Drama gerade in der Erregung der reinen physischen Elementaraffekte, der tragischen Lust am Schrecklichen gekommen.[113]
Indem er, in der Sprache des Kantbriefes, die Welt mit den
»Augen« des Affekts ansah, ist er dem kultischen Beweggrund der
antiken Tragödie sehr nahe gekommen, und die Krise des modernen Bewußtseins hat jene Monstren wieder hervorgebracht, welche die humanistische Kultur endgültig gebändigt, sublimiert
glaubte.

Doch hat Kleist die Elementartragödie Penthesilea - Achilles
auch als Probe auf ein größeres und allgemeines Exempel verstehen wollen, das im umfangreichen und zentralen 15. Auftritt des
Dramas, im Gespräch der beiden Protagonisten aufscheint. Penthesilea berichtet darin vom Ursprung des Amazonenstaates, und
es handelt sich bei dieser Erzählung um eine auf die besonderen

Bedingungen dieses Staates zurechtgeschnittene Fassung der üblichen Ursprungsgeschichte der staatlichen Organisation des Menschen. Aus einem Zustand der Unterdrückung, Rechtlosigkeit
und Vergewaltigung entsteht nach einem Akt der Empörung »Ein
Staat, ein mündiger ⟨...⟩ / Ein Frauenstaat, den fürder keine
andre / Herrschsüchtige Männerstimme mehr durchtrotzt, / Der
das Gesetz sich würdig selber gebe ⟨...⟩«.[114] Doch in der vernünftigen Ordnung dieser Gesellschaft gibt es ein Ausfalltor ins
archaische Reich der Sinne, eben das Rosenfest, zur generativen
Erneuerung der Frauengesellschaft, und trotz aller kultischen
Regelungen handelt es sich dabei um ein rauschhaftes, unkon-
trollierbares Geschehen von naturhafter Gewalt: »Und wie die
feuerrote Windsbraut brechen / Wir plötzlich in den Wald der
Männer ein, / Und wehn die Reifsten derer, die da fallen, / Wie
Samen, wenn die Wipfel sich zerschlagen, / In unsre heimatlichen
Fluren hin.«[115] Der Konflikt Penthesileas, ihre Willenlosigkeit und
völlige Unzugänglichkeit für rationale Argumente, für die Erinnerung an ihre staatlichen und herrschaftlichen Pflichten, sobald
ihr Achilles begegnet (das Motiv erscheint, märchenhaft verkleidet, im ›Käthchen von Heilbronn‹ wieder und offenbart erst in
dieser Kombination seine Tiefe und seine tragischen Möglichkeiten)[116], diese Entfremdung von ihrer Person und allen Funktionen zeigt, wie unsicher alle sozialen und kulturellen Vorkehrungen gegen die menschliche Elementar-Natur schließlich wirken
und daß es kein Heilmittel gegen sie gibt, ja selbst die Repräsentanten des Staats ihnen gänzlich verfallen. Bestürzend wirkte auf
die Zeitgenossen wohl weniger diese Einsicht als vielmehr die
moralische Indifferenz, mit der Kleist diese Annahme durchgespielt hat. Hier wurde nicht aus der Perspektive der Vernunft auf
das Drama der Affekte geblickt, sondern die Perspektive der
Affekte selber zur Geltung gebracht, die aller Verständigkeit und
Moral spottet, alle Maßstäbe verrückt. Mit dieser Ansichtsweise
gehört Kleist schon einer anderen Epoche und der romantischen
Schule an, sie ist freilich nicht antiaufklärerisch im platten Sinne,
sondern bedeutet die Anerkenntnis vieler Wahrheiten, also auch
derjenigen der Sinne, der gelassenen Emotionen ebenso wie der
hinreißenden, entsetzenden Affekte. Sie bedeutet zuletzt die Auf-

hebung des Dualismus von menschlicher und unmenschlicher Leidenschaft in einem umfassenden Verständnis von humanitas.

6. Adams Prozeß und Jupiters Sündenfall:
Kleists ›Zerbrochner Krug‹ und ›Amphitryon‹

Es gibt einen Brief Schillers an Goethe (2. Oktober 1797), in dem
er sich, im Zusammenhang mit seiner Arbeit am Wallenstein-
Drama, mit der analytischen Form der Tragödie auseinandersetzt,
dabei deren Grundgestalt, den »Oedipus Rex« zugrunde legt und
die Vorteile aufzählt, die diese Dramenform bietet. »Der Ödipus
ist gleichsam nur eine tragische Analysis. Alles ist schon da, und
es wird nur herausgewickelt. Das kann in der einfachsten Handlung und in einem sehr kleinen Zeitmoment geschehen, wenn die
Begebenheiten auch noch so complicirt und von Umständen
abhängig waren. Wie begünstiget das nicht den Poeten!
  Aber ich fürchte, der Ödipus ist seine eigene Gattung, und es
gibt keine zweite Species davon: am allerwenigsten würde man,
aus weniger fabelhaften Zeiten, ein Gegenstück dazu auffinden
können. Das Orakel hat einen Antheil an der Tragödie, der
schlechterdings durch nichts andres zu ersetzen ist; und wollte
man das Wesentliche der Fabel selbst, bei veränderten Personen
und Zeiten, beibehalten, so würde lächerlich werden, was jetzt
furchtbar ist.«[117] Indem Schiller sich überlegt, wie denn dieser
Stoff als modernes Drama zu fassen wäre, kommt er auf eine
Konzeption, wie sie dann später wirklich Kleist erfüllt hat. Daß
dessen Gedanken zu ganz ähnlichen Ergebnissen gelangten, mag
auch an ihrem Ausgangspunkt liegen: bevor er sich mit seiner
Version des Ödipus-Dramas, dem ›Zerbrochnen Krug‹, zu beschäftigen begann (die direkte Motiv-Anregung erhielt er 1802
durch einen Kupferstich in niederländischer Manier von Le Veau,
worauf eine Gerichtsszene zu sehen ist)[118], hatte er sich intensiv
in Schillers ›Don Carlos‹ und die Wallenstein-Trilogie vertieft.
Die praktischen Konsequenzen, die er in seinem Stück zog, übersetzen Schillers theoretische Überlegungen in die theatralische
Wirklichkeit – wobei freilich dessen distanzierte, ja ablehnende
Haltung einer solchen Variation gegenüber den Mißerfolg schon

vorwegnimmt, den Kleists Schauspiel in Goethes Inszenierung am 2. März 1808 in Weimar haben sollte.

In einer von ihm selbst nicht veröffentlichten Vorrede hat Heinrich von Kleist selbst auf das antike Modell verwiesen, das seiner Komödie zugrunde liegt: er beschreibt das Personal und dessen Konstellation auf dem Kupferstich Le Veaus, den Richter, die alte Frau mit dem zerbrochenen Krug in der Hand, den angeklagten jungen »Bauernkerl«, ein Mädchen, das verlegen an seiner Schürze spielt, »und der Gerichtsschreiber sah (er hatte vielleicht kurz vorher das Mädchen angesehen) jetzt den Richter mißtrauisch zur Seite an, wie Kreon, bei einer ähnlichen Gelegenheit, den Ödip. Darunter stand: der zerbrochene Krug.«[119] Durch die Einbildung des antiken Mythos in die neuzeitliche niederländische Genreszene oder umgekehrt: durch deren Deutung nach dem tragischen Muster, entsteht der komische Widerspruch zwischen den äußeren Verhältnissen und dem Individuum, das sich die Welt nach seinen subjektiven Bedürfnissen modeln möchte und daran scheitert. So ist ein negatives, komisch verzerrtes Spiegelbild der Vorlage entstanden.[120] Ob man freilich so ohne weiteres Kleists Bildbeschreibung, in welcher der Gerichtsschreiber mit Kreon, der Richter mit Ödipus verglichen wird, in allen Zügen auf die dramatische Fassung übertragen kann, bleibt fraglich. Gewiß fällt Licht (der Name ist Programm) eine wichtige Rolle bei der Aufklärung des Falles zu, doch auch der Gerichtsrat Walter beteiligt sich maßgebend am detektorischen Geschehen, das Adam mit allen ihm zur Verfügung stehenden Mitteln zu behindern sucht. Entscheidend für die Wirkung des Stücks ist nun nicht wie beim »*Urstoff des Detektorischen schlechthin*«[121], dem Ödipus-Drama, der Wille zur Wahrheit, der den um seine Verbrechen unwissenden Helden zur Selbsterkenntnis treibt, so daß er sich schließlich selbst als den von ihm gesuchten Verbrecher identifizieren muß, sondern im Gegenteil das Geschick zur Lüge, das Talent der Verdrehung, Indizienfälschung, Mißdeutung, Falschbeschuldigung und Beschönigung, also gerade der Kunstfertigkeiten, die Ödipus nicht auszeichnen, deren Verführung er auch widersteht. Dennoch ist der ›Zerbrochne Krug‹ ein analytisches Drama, selbst für den, der das Vorbild darin nicht erkennt und

derart durch die Identifizierung des Richters Adam mit dem thebanischen König den wahren Schuldigen weiß. Denn der Dorfrichter tritt uns in der ersten Szene, gleich im ersten Wortwechsel
als Gestrauchelter entgegen: »LICHT. Ei, was zum Henker, sagt,
Gevatter Adam! / Was ist mit Euch geschehn? Wie seht Ihr aus? //
ADAM. Ja, seht. Zum Straucheln brauchts doch nichts, als Füße. /
Auf diesem glatten Boden, ist ein Strauch hier? / Gestrauchelt bin
ich hier; denn jeder trägt / Den leidgen Stein zum Anstoß in sich
selbst.«[122] Für das antike Drama garantierte die mythische Überlieferung die Kenntnis des Handlungsverlaufs, die freie, moderne
Variation kann damit nicht mehr rechnen, sondern suggeriert
statt dessen dem Publikum die Identität des Schuldigen durch
zweideutige Rede, durch die Traumerzählung im dritten Auftritt[123] und vor allem durch die Kombination des antik-griechi-
schen mit dem jüdisch-christlichen Mythos: Adam heißt der
Dorfrichter bedeutungsvoll und Eve die Vertraute seiner Misse-
tat. Mit der Erörterung von Adams Fall (hinter dem sich der Sündenfall des Dorfrichters verbirgt) beginnt das Drama, und im
10. Auftritt, als der Gerichtsrat den schon halb entdeckten Delin-
quenten ins Verhör nimmt, antwortet der auf die Frage, worüber
er gefallen sei: »Über – gnädger Herr Gerichtsrat, / Die Wahrheit
Euch zu sagen, über mich.«[124] Hier wie auch sonst verbirgt die
zweideutige Rede die Wahrheit nicht, sondern läßt sie gerade
durchscheinen. Adams Fall, das ist der Sündenfall vor Anfang der
Geschichte, das angestammte Übel, dessen Fortdauer und Forter-
zeugung das Stück auf komische Weise demonstriert.

Mit alledem erweist sich der ›Zerbrochne Krug‹ als sehr artifizielle Synthese ganz verschiedener Sphären, von Sündenfall und
Ödipus, Kriminalhandlung und dörflicher Posse, Satyrspiel und
bürgerlichem Trauerspiel. Doppelsinn ist das durchgehende
Formprinzip, nichts gilt so oder allein so, wie es direkt an Ort
und Stelle scheint, die komischen Hin- und Herzüge des Humors
verbinden das Entfernteste und lassen eins am andern zweideutig
sich spiegeln. Das gilt auch für das Titelmotiv, die bildliche Entsprechung des Verhandlungsgegenstands: der Krug ist das
tönerne Gefäß, das der Dorfrichter bei seiner überstürzten Flucht
aus Eves Zimmer zerbricht, doch ist er auch das alte Symbol der

verlorenen Unschuld (»Die Hochzeit ist es, die ein Loch bekommen«[125], sagt Ruprecht, und Frau Marthe assistiert: »Dein guter Name lag in diesem Topfe, / Und vor der Welt mit ihm ward er zerstoßen ⟨...⟩«[126]), und er bedeutet schließlich mit seinen geschichtserzählenden Malereien und Frau Marthes großem Bericht über die historischen Wechselfälle seiner Überlieferung den Lauf der Geschichte selbst, gibt also bildlich den sarkastischen Kommentar auf eine Krise von größter Dimension. Als sehr bedeutsam erweist sich an dieser Stelle die Umwandlung der mythologischen Modelle ins niederländische Milieu, ihre entschlossene Verbürgerlichung also. Die komische Depravierung der historischen Krise reicht von den satirischen Elementen (Willkürjustiz auf dem Lande, Soldatenpressen) bis hinauf zur Auflösung aller Sicherheiten. Indem Kleist das, was ihn ängstigte, zum Gegenstand seines Spottes und komischer Verzerrungen machte, versuchte er sich davon zu befreien oder wenigstens die Distanz zu gewinnen, die er zum Weiterleben und Dichten benötigte. Der tragische Horizont dieser Komödie ist früh bemerkt worden, sein eigentlicher Grund ist eine Untat, von der die komische Handlung ständig zeugt und die sie gleichwohl ständig bedeckt hält: ihre Aufklärung bleibt dem Leser, dem Zuschauer überlassen.

Denn kann man sicher sein, zum Schluß die Wahrheit erfahren zu haben? Gewiß, Eves Rede gibt eine plausible Begründung des Geschehens, der Dorfrichter steht als gesuchter Sünder da, die Indizien haben einen Kontext gefunden, in den sie sich widerspruchslos einfügen. Aber besteht nicht das ganze Stück aus einer Fülle von Exempeln, die zeigen, daß man nie gewiß sein kann, was Wahrheit, was Lüge? Entpuppen sich nicht ganz unglaubwürdige Geschichten wie die vom kranken Perlhuhn[127] als zutreffend und so plausible Erklärungen wie die von der angesengten Perücke[128] als falsch, so daß Wahrheit und Irrtum ständig die Gesichter zu wechseln scheinen? Und ist nicht schließlich die Hauptklägerin Marthe zum komödiantischen Schluß durchaus unzufrieden und entschlossen, den Fall weiterzuverfolgen, zu Utrecht, dem Sitze der Regierung? Also Vorhang zu und alle Fragen offen?

Um Wahrheitsfindung geht es in jeder Szene dieses Stücks,

dabei werden die verschiedenen Methoden gleichsam durchprobiert. Da ist zunächst die sinnliche Wahrnehmung, die Überzeugung durch den Augenschein: von den Kopfverletzungen des Dorfrichters bis zu den Fußspuren zwischen seinem Haus und dem der Frau Marthe, vom corpus delicti, dem zerbrochnen Krug, bis zur verlorenen Perücke. Das sind alles sinnlich manifeste Zeichen, die als Indizien in dem Gerichtsverfahren eine wichtige Rolle spielen. Dem Stück liegt insgesamt Forensik zugrunde[129], es enthält fast sämtliche wichtigen Argumentationsmöglichkeiten der juristischen Beredsamkeit, und sie sind es eigentlich, die hier zur Verhandlung stehen und sich vor der Frage rechtfertigen müssen, welche Sicherheit sie vermitteln. Dabei wird die sinnliche Gewißheit von zwei Seiten her in Frage gestellt. Zunächst können die Sinne selber trügen, zumindest bleibt ihre Botschaft so zweifelhaft, wie das Ruprecht erfährt, als er sich dem Haus der Geliebten nähert: »Sieh da! Da ist die Eve noch! sag ich, / Und schicke freudig Euch, von wo die Ohren / Mir Kundschaft brachten, meine Augen nach – / – Und schelte sie, da sie mir wiederkommen / Für blind, und schicke auf der Stelle sie / Zum zweitenmal, sich besser umzusehen, / Und schimpfe sie nichtswürdige Verleumder ⟨...⟩«[130] Sind schon die Signale, die die Sinne empfangen, unzuverlässig, so ist es ihre Deutung erst recht. Das betrifft die zentrale nächtliche Szene (die schon für sich selbst undurchsichtig ist), aber auch jede Spur, jedes Indiz, selbst die Fußstapfen im Schnee können, je nachdem, welche Brille ihr Betrachter benutzt, um in der Metaphorik von Kleists Kant-Brief zu bleiben, als Manifestationen des Teufels (Frau Brigitte), aber auch als Abdrücke von Adams Füßen (Licht) gelten.

Auch die zweite Möglichkeit der Wahrheitsfindung: Argumentation und Beweisführung, erweisen sich als höchst unzuverlässige Instrumente, ob nun Körperbeschaffenheit oder soziale Stellung, Vorlieben und Abneigungen, Wesensart oder Vorgeschichte die Beweisgründe abgeben sollen, sie führen alle, wie auch Gerichtsrat Walter erfahren muß, in ein Labyrinth aus Mutmaßungen und Wahrscheinlichkeiten. Gleich im ersten Auftritt zwischen Adam und Licht wird der klassischen Beredsamkeit ein zweifelhaftes Zeugnis ausgestellt; die Namen Cicero, Demosthenes fallen, doch von »wohlgesetzter Rede«[131] befürchtet Adam bloß die Begünstigung des Konkurrenten, der sich dadurch besser ins Licht setzen könnte als er, der unstudierte Dorfrichter.

Dessen Rede sieht nun wirklich ganz anders aus, als es die klassische Rhetorik will, und mit ihr wird die dritte Ebene erreicht, auf der das Wahrheitsproblem im Stück diskutiert wird. Daß Adam eigentlich ein schlechter Lügner ist, wurde mehrfach bemerkt[132], von Anfang an ist seine Rede so offen zweideutig, ein so leicht durchschaubares und von Licht auch durchschautes Gemisch aus Fakten und Fiktionen, daß seine Aussichten, auf diese Weise durchzukommen, gleich äußerst gering erscheinen müssen. Er wird, je näher er der Entdeckung kommt, auch ständig waghalsiger; was immer ihm aus den Reden der anderen überliefert wird, nimmt er zum Anlaß einer Geschichte, selbst Frau Brigittes Pferdefußassoziationen greift er alsbald begierig auf: »Mein Seel, ihr Herrn, die Sache scheint mir ernsthaft.«[133] Alles, was aus des Richters Munde kommt, ist bewußte Konstruktion, die, aus dem Augenblick geboren, Entlastung bringen soll, aber das Gegenteil bewirkt. Der Richter Adam ist ein Schelm, doch gleichwohl ein begabter Erzähler, der mit seinen Geschichten die Gerichtsgesellschaft in Atem hält; er hat etwas von Eulenspiegel und vom Dichter, er konstruiert aus Fakten und Fiktionen eine Wirklichkeitssuggestion, mehr oder weniger täuschend, an der sogar Walter irre wird. Er will nicht Wahrheit finden, sondern, ein wahrhaft verkehrter Ödipus, Wahrscheinlichkeit produzieren und antwortet damit auf die selbstverschuldeten Irritationen und Erschütterungen seines Lebens mit ästhetischen Mitteln. Das findet, man weiß es, keine Anerkennung, am Schluß läuft er, eine erbärmliche Gestalt, übers Feld davon, untauglich fürs berufsbürgerliche Leben, doch zur weiteren Gemütsergötzung möglicherweise brauchbar, weshalb ihn der Gerichtsrat, »sind die Kassen richtig«, nicht weiter verfolgen lassen will: »Zur Desertion ihn zwingen will ich nicht. / Fort! Tut mir den Gefallen, holt ihn wieder!«[134]

Es liegt jetzt nahe, den ›Zerbrochnen Krug‹ auch als tragikomische dramatische Parabel Kleists auf seine eigene Krisenerfahrung zu lesen. Er macht sich nichts vor damit, im Gegenteil macht er sich selbst den Prozeß. Der wahre Ödipus dieses Dramas, der sich wirklich Klarheit über die Bedingungen und Möglichkeiten seiner Existenz und über die Untat verschaffen will, die sie verdüstert, ist der Autor Heinrich von Kleist. Man darf ihn natürlich nicht allein mit dem Dorfrichter identifizieren, das ganze Stück ist ihm, wie Hamlet die »Mausefalle«, Instrument der Wahrheitsfindung. Mit sämtlichen Figuren und auf niederländische Manier läßt er sich ein Stück seines Lebens vorspielen und siehe, an ihnen allen erweist sich die Wahrheit, daß sie ihr Handeln durch sich selber in Widerspruch bringen. Das ist die beherrschende historische Erfahrung, die im Widerspruch von Citoyen und Bourgeois, von den Idealen der Revolution und ihrer Veränderung und Verkehrung in der Wirklichkeit, das Bewußtsein der Zeitgenossen prägte – und es ist eine ganz persönliche Erfahrung Kleists. Im Brief an Ulrike vom 5. Oktober 1803 hat er dieses Ineinander von subjektiven und objektiven Faktoren seines Lebens dargestellt. »Das Schicksal, das den Völkern jeden Zuschuß zu ihrer Bildung zumißt, will, denke ich, die Kunst in diesem nördlichen Himmelsstrich noch nicht reifen lassen. Töricht wäre es wenigstens, wenn *ich* meine Kräfte länger an ein Werk setzen wollte, das, wie ich mich endlich überzeugen muß, für mich zu schwer ist ⟨. . .⟩. Ist es aber nicht unwürdig, wenn sich das Schicksal herabläßt, ein so hülfloses Ding, wie der Mensch ist, bei der Nase herum zu führen? Und sollte man es nicht fast so nennen, wenn es uns gleichsam Kuxe auf Goldminen gibt, die, wenn wir nachgraben, überall kein echtes Metall enthalten? Die Hölle gab mir meine halben Talente, der Himmel schenkt den Menschen ein ganzes oder gar keins.«[135] Und drei Wochen später berichtet er: »Ich habe in Paris mein Werk ⟨gemeint ist das Drama ›Robert Guiskard‹⟩, so weit es fertig war, durchlesen, verworfen, und verbrannt: und nun ist es aus. Der Himmel versagt mir den Ruhm, das größte der Güter der Erde; ich werfe ihm, wie ein eigensinniges Kind, alle übrigen hin.«[136] Fortan wird auch der Verlust der ästhetischen Sicherheit, der Selbstgewißheit als Künstler Kleists Leben und Werk bestimmen bis hin zur Selbsttötung am Wannsee. ›Der zerbrochne Krug‹ ist ein erster Versuch, das antike Drama als Medium dieser Erfahrungen zu benutzen. Kann man darin wirklich eine Widerlegung der Klassik, des Modells Weimar, sehen? Oder stellt dieses Drama nicht eher eine Aufdeckung des desperaten Grundes dar, der auch in Goethes, Schillers und erst recht in Hölderlins Werk immer anwesend ist? Denn das Modell Weimar ist gegen dieselben historischen Tendenzen, im selben Krisenbewußtsein aufgerichtet wie Kleists Schaffen, das sich ebenso wie das der Weimarer den humanistischen Idealen der Aufklärung verpflichtet weiß, sie ebensowenig preisgibt, sondern im Gegenteil ihre Preisgabe verurteilt. Kleist teilt freilich nicht mehr die Überzeugung von der historischen Wirksamkeit, gar Geschichtsmächtigkeit der Kunst, und in der solcherart gesteigerten Radikalisierung eines Zweifels, der sich bei Schiller schon wie bei Goethe, wie erst recht bei Hölderlin findet, ist seine eigenartige und selbständige Position zu sehen.

In der zweiten Bearbeitung einer ursprünglich antiken Vorlage, in seinem Amphitryon-Drama (»nach Molière«, wie der Untertitel zufügt), hat Kleist, wiederum im Gewande des Lustspiels, den Verlust der Selbstgewißheit, der die eigentliche Entdeckung des Autors vom ›Zerbrochnen Krug‹ (nicht etwa seiner Protagonisten) war, nun zum Ausgangs- und Angelpunkt des dramatischen Geschehens und zur tragischen Erfahrung seiner Figuren gemacht. Goethe, der Kleists Natur zwar als Bedrohung empfand – zu sehr erlebte er an ihm gesteigert die eigenen Gefährdungen – sein Genie aber erkannt und ihn auch zu fördern gesucht hat, konnte den springenden Punkt dieses Lustspiels (er nennt es nach Empfang »das seltsamste Zeichen der Zeit«) kaum übersehen, und Molière mit der antiken Fassung vergleichend, betonte er: »Der gegenwärtige, Kleist, geht bei den Hauptpersonen auf die Verwirrung des Gefühls hinaus.«[137] Goethe meint damit ein ganz bestimmtes Gefühl, das Selbstgefühl nämlich, die unmittelbare Selbstgewißheit, die auf dem körperlichen Selbstempfinden beruht und der Ursprung der Ich-Identität überhaupt ist; der kognitiven Selbsterkenntnis also vorhergeht und sie bedingt. Dem Autor des ›Werther‹, des ›Faust‹, des ›Tasso‹ war dies Problem nicht fremd – und es war ebenso dem Autor der ›Iphigenie‹ natürlich vertraut. Orests Heilungsprozeß ist auch ein Prozeß der Selbstfindung, und in dem Verhältnis Iphigenies zur Göttin, in

der Zweideutigkeit des Ebenbild-Gleichnisses liegt auch schon
jene Möglichkeit verborgen, die Kleist am Amphitryon-Stoff faszinierte. Was nämlich geschieht, wenn die Identifizierung des
Menschen mit dem göttlichen Bilde wirklich personhaft sich vollzieht, aber mißglückt, wenn das Selbstgefühl und das Selbstbewußtsein des Menschen das Wesen der göttlichen Hypostase ist,
damit aber auch dem Menschen verlorengeht? Iphigenies Glück
beruht auf der grundsätzlichen Harmonie ihres Selbstbewußtseins mit dem göttlichen Bewußtsein als dem hypostasierten,
idealisierten Selbst des Menschen. Ist diese Harmonie verloren,
kommt es zur tragischen Entzweiung, zum Rückfall ins Atriden-
schicksal (der im Parzenlied droht) oder aber zu dessen komischer Travestie – Kleist hat wiederum diese letzte Alternative
gewählt, dabei aber keinen Zweifel gelassen, wie nahe der tödli-
che Umschlag dauernd ist.

Der Ursprung des verwirrenden Spiels der Identitäten liegt in
Alkmenes Verhältnis zu den Göttern. Von Jupiter bezichtigt, bei
ihrem Gottesdienst eigentlich Abgötterei zu treiben, antwortet sie
empört:

ALKMENE. Entsetzlicher! Was sprichst du da? Kann man
Ihn frömmer auch, und kindlicher, verehren?
Verglüht ein Tag, daß ich an seinem Altar
Nicht für mein Leben dankend, und dies Herz,
Für dich auch du Geliebter, niedersänke?
Warf ich nicht jüngst noch in gestirnter Nacht
Das Antlitz tief, inbrünstig, vor ihm nieder,
Anbetung, glühnd, wie Opferdampf, gen Himmel
Aus dem Gebrodel des Gefühls entsendend?
JUPITER. Weshalb *warfst* du aufs Antlitz dich? – Wars nicht,
Weil in des Blitzes zuckender Verzeichnung
Du einen wohlbekannten Zug erkannt?
ALKMENE. Mensch! Schauerlicher! Woher weißt du das?
JUPITER. Wer ists, dem du an seinem Altar betest?
Ist ers dir wohl, der über Wolken ist?
Kann dein befangner Sinn ihn wohl erfassen?
Kann dein Gefühl, an seinem Nest gewöhnt,

Zu solchem Fluge wohl die Schwingen wagen?
Ists nicht Amphitryon, der Geliebte stets,
Vor welchem du im Staube liegst?
ALKMENE. Ach, ich Unsel'ge, wie verwirrst du mich.
Kann man auch Unwillkürliches verschulden?
Soll ich zur weißen Wand des Marmors beten?
Ich brauche Züge nun, um ihn zu denken.[138]

Im Fortgang des doppeldeutigen Gesprächs, bei dem Alkmene fälschlicherweise überzeugt ist, mit ihrem menschlichen Gatten Amphitryon zu reden, der ihr eröffnet, daß in jener Nacht sie Jupiter in seiner Gestalt besucht habe, schwört sie nun, zukünftig immer nur die Züge jenes nächtlichen Geliebten bei ihren Gebeten sich vorzustellen. Doch wird ihre Beteuerung (»Ich weiß / Auf jede Miene, wie er ausgesehn, / Und werd ihn nicht mit dir verwechseln.«[139]) angesichts der leiblichen Gleichheit der »zwei Amphitryonen«[140], zum ironischen Versprechen und heißt im Klartext, daß sie weiterhin dasselbe Bild imaginieren wird, das ihr immer schon als Jupiter vorschwebte, nämlich das ihres Mannes. Worin besteht aber ihre Abgötterei anders als daß sie Amphitryon vergöttlicht, sein sinnliches Wesen als absolutes Wesen setzt, alles, was sie an ihm liebt, bewundert und was seinen menschlichen Reichtum ausmacht, als göttlich identifiziert, ins göttliche Wesen verlegt, es ihm entfremdet? Das Drama, das vor Alkmene abläuft und auch in ihrem Bewußtsein so katastrophale Folgen hat (»Ist diese Hand mein? Diese Brust hier mein? / Gehört das Bild mir, das der Spiegel strahlt?«[141]), wird tatsächlich zunächst für sie inszeniert, sie ist sein wahrer Adressat, so wie sie seine Idee selber in die Welt gesetzt hat. Es ist ein Lehrstück, aufgebaut auf der Frage: Was wäre, wenn? – wenn wirklich ihr das Wesen erschiene, das am Altar ihr vorschwebte, wenn also die religiös motivierte Zerlegung des Menschen in verschiedene Wesen von verschiedener Natur nun leibhaftig Wirklichkeit würde? Was dann geschieht, lehrt das Stück bis in die letzte Konsequenz der Identitätsverwirrung und Entfremdung. Es zeigt damit ex negativo, daß man den Menschen als einheitliches Wesen nehmen und lieben muß, als ein Wesen von einer Natur, das in sich alle Züge, die großen und die niedrigen, die guten und die schlechten, die göttlichen und die menschlichen, Sinnlichkeit und Geist vereinigt. Mit diesem am einheitlichen, sinnlich erfahrbaren und sich erfahrenden Individuum orientierten Humanismus ist Kleist den anthropologischen Vorstellungen der Aufklärung und ihrer Weimarer Modellierung sehr nahe. Das Komödienmuster verlangt zwar Geltung und setzt sich mit seiner ganzen Maschinerie, mit Blitz, Donnerschlag, Adler und Donnerkeil auch theatralisch durch, doch haben diese Requisiten keine substantielle Bedeutung mehr. Der rätselhafte, vielbedachte und vielgedeutete Satz Jupiters bietet die Annahme der Identität als Versöhnung an: »Was du, in mir, dir selbst getan, wird dir / Bei mir, dem was ich ewig bin, nicht schaden. / Willst du in meiner Schuld den Lohn dir finden, / Wohlan, so grüß ich freundlich dich, und scheide.«[142] Mit der Aufforderung, in allen Tätigkeiten sich als einheitliches Wesen zu erfassen, dessen Wahrheit in sich selbst liegt, und mit seinem unendlichen Wesen als einem Ideal des eigenen Ich nicht im Widerstreit liegt, verabschieden sich die Götter, und es kommt zu jener Vereinigung, die im gemeinsamen Wunsch Jupiters und Amphitryons auf einen Sohn »Groß, wie die Tyndariden«[143] mythologisch vorweggenommen ist.

In dem Prozeß des Identitätszweifels, dem Alkmene und Amphitryon, Sosias und Charis ausgesetzt waren, findet man auch alle Gedankenfiguren wieder, mit denen Kleist bisher sein Krisenbewußtsein zum Ausdruck brachte: von der Rednerkunst, die an die Stelle authentischer Erfahrung tritt[144], über die Ungewißheit der sinnlichen Wahrnehmung[145] bis hin zur Verrücktheit[146], doch tritt nun noch ein Motiv hinzu, das dem Identitätsproblem eine ganz andere, wenngleich dem 18. Jahrhundert durchaus vertraute Dimension gibt und das Kleist zunächst gewiß der Lustspiel-Tradition verdankt: das Verhältnis von Herr und Knecht. Für die Aufklärung hatte es am vollkommensten Diderot in seinem Roman ›Jaques le Fataliste et son maître‹ (1776) entwickelt, für das 19. Jahrhundert wird ihm Hegel die entscheidende Fassung in der ›Phänomenologie des Geistes‹ (1807) geben. Kleist hat das Thema, wie gesagt, aus dem stehenden Komödienpersonal entfaltet, ihm aber durch die Verbindung mit dem Problem des Selbstzweifels und der Entfremdung eine moderne Richtung gegeben. Das geschieht nun weniger am Beispiel Amphitryon-Sosias als an dem Verhältnis, das diese beiden Figuren zu ihren jeweiligen göttlichen Herren einnehmen. Dabei führt die Konstellation Sosias-Merkur zu handgreiflicheren Ergebnissen als die distanziertere und wesentlich durch Alkmene vermittelte Begegnung zwischen Amphitryon und Jupiter, die ihr gleichwohl strukturell ähnlich ist. »Ach laß mich gehn. / Dein Stock kann machen, daß ich nicht mehr bin; / Doch nicht, daß ich nicht *Ich* bin, weil ich bin. / Der einzge Unterschied ist, daß ich mich / Sosias jetzo der geschlagne, fühle.« Als Merkur, damit nicht zufrieden, weiterprügelt: »Ich bin jetzt, was du willst. Befiehl, was ich / Soll sein, dein Stock macht dich zum Herren meines Lebens.«[147] Der Sieg im Kampf macht Merkur zum Herrn des Sosias, soweit, daß er ihm sogar das Selbstbewußtsein nimmt; ein Kampf ist das, der nicht nur den physischen Zwang kennt, sondern auch auf der Ebene des Bewußtseins geführt wird: »Durch seine Unverschämtheit ward er schon / Und seinen Stock, Sosias, und jetzt wird er, / Das fehlte nur, es auch aus Gründen noch.«[148] Merkur, der Sosias dazu zwingen konnte, ihn als Herrn und Meister anzuerkennen, zwingt ihn auch, in ihm, dem Herrn, sein eigentliches Wesen anzuerkennen. Doch dieser Prozeß ist zweideutig. Merkur wie Jupiter, der dies Alkmene offen eingesteht, die auch nicht ohne Grund Amphitryon zum Inhalt ihrer Gebete macht (»Ich brauche Züge nun, um ihn zu denken.«[149]), führen eine schattenhafte Existenz auf einem öden Olymp, daher sind ihnen die Menschen unentbehrlich, nur durch sie werden sie zu geschichtlich wirksamen Gestalten. Die Abhängigkeit der Herrengötter von den Menschenknechten wird in Kleists Drama also nicht nur von einem anthropologisch-kritischen Standpunkt aus entwickelt, sondern auch nach dem dialektischen Mechanismus von Herrschaft und Knechtschaft: »Großmütiges und edles Ich, / Faß dich! Verschon ein wenig den Sosias, / Sosias! Wer wollte immer bitterlich / Erpicht sein, auf sich selber loszuschlagen?«[150] In diesem Zusammenhang mag noch von Bedeutung sein, daß es im Drama immer Sosias ist, der als erster mit den Widrigkeiten der Verhältnisse konfrontiert wird und sich an ihnen abarbeiten muß, bevor sein weltlicher Herr in die Auseinandersetzung mit den überirdischen Herren eintritt. So daß Kleist nicht nur deren Wesenlosigkeit enthüllt, indem er sie als angewiesen auf die Identität ihrer menschlichen Knechte zeigt, sondern auch die Vermitteltheit deutlich macht, mit denen sich die irdischen Herren auf die Realität beziehen, denen sich ihre Knechte unvermittelt konfrontiert sehen. Es wäre zweifellos zuviel gesagt, wollte man in dem Lustspiel Kleists schon die Erkenntnis vollkommen ausgeprägt finden, daß damit nur das Bewußtsein des Knechtes zu wahrer Selbständigkeit finden kann, doch die Umrisse dieses großen, der Aufklärung verpflichteten Themas hat er in seine Fassung des Amphitryon-Stoffes eingetragen.

7. Das antike Drama als Medium der reißenden Zeit: Hölderlin

»Es kling paradox. Aber ich behaupt es noch einmal und stelle es Deiner Prüfung und Deinem Gebrauche frei: Das eigentliche Nationelle wird im Fortschritt der Bildung immer der geringere Vorzug werden. Deswegen sind die Griechen des heiligen Pathos weniger Meister, weil es ihnen angeboren war, hingegen sind sie vorzüglich in Darstellungsgabe, von Homer an, weil dieser außerordentliche Mensch seelenvoll genug war, um die abendländische *junonische Nüchternheit* für sein Apollonsreich zu erbeuten und so wahrhaft das Fremde sich anzueignen.

Bei uns ist's umgekehrt. Deswegen ist's auch so gefährlich, sich die Kunstregeln einzig und allein von griechischer Vortrefflichkeit zu abstrahieren. Ich habe lange daran laboriert und weiß nun, daß außer dem, was bei den Griechen und uns das Höchste sein muß, nämlich dem lebendigen Verhältnis und Geschick, wir nicht wohl etwas *gleich* mit ihnen haben dürfen.

Aber das Eigene muß so gut gelernt sein wie das Fremde. Deswegen sind uns die Griechen unentbehrlich. Nur werden wir ihnen gerade in unserm Eigenen, Nationellen nicht nachkommen, weil, wie gesagt, der *freie* Gebrauch des *Eigenen* das schwerste ist.«[151]

Die Sätze schrieb Hölderlin fast zwei Jahre, nachdem er seine Arbeit an dem antikisierenden Trauerspiel ›Der Tod des Empedo-

kles‹ in einer dritten Fassung abgebrochen hatte, am 4. Dezember
1801, an den Freund Böhlendorff; zu einer Zeit also, da er sich
wohl bereits mit seiner Übersetzung der Trauerspiele des Sophokles beschäftigte, von denen ›Ödipus der Tyrann‹ und ›Antigonä‹
(so seine Schreibweise) fertig wurden und 1804 im Druck
erschienen sind. Seit seinem Studium hat sich Hölderlin immer
wieder mit der antiken Dichtung, vor allem mit Sophokles,
beschäftigt, und zahlreiche Übersetzungsfragmente zeugen
davon. Auffällig in allen seinen Äußerungen ist immer wieder die
Betonung des Unterschieds zwischen antikem und modernem
Dichter, des Abstands, der die Zeiten trennt. »Übrigens sind die
Resultate dieses Studiums ⟨der Griechen⟩, die ich gewonnen
habe«, schrieb er im Winter 1799 auf 1800 an Christian Gottfried Schütz, »ziemlich von andern, die ich kenne, verschieden.«[152]
Und dann hebt er die Strenge hervor, mit der die Alten die Dich-
tungsarten unterschieden, und führt das auf die »heilige Schick-
lichkeit« zurück, »womit sie in göttlichen Dingen verfahren mußten«[153]. Stärker noch in einem Brief an Neuffer vom 3. Juli 1799,
in dem er das Dilemma der zeitgenössischen Schriftsteller betont,
zwischen zwei Extremen nur, »der Regellosigkeit – und der blinden Unterwerfung unter alte Formen«, wählen zu können; doch,
fährt er dann fort, »sowie wir irgendeinen Stoff behandeln, der
nur ein wenig modern ist, so müssen wir, nach meiner Überzeugung, die alten klassischen Formen verlassen, die so innig ihrem
Stoffe angepaßt sind, daß sie für keinen andern taugen.«[154] Mit
diesen Gedanken zur Antikenrezeption steht Hölderlin nicht
alleine, der Gegensatz durchzieht Winckelmanns Schriften ebenso[155] wie die Goethes und Schillers, der ihm durch die Be-
griffsprägung griechisch-naiv und modern-sentimentalisch den
wirkungsvollsten Ausdruck verliehen hat. Ja, man muß Hölderlins Überlegungen direkt in dieser Tradition sehen, wie er überhaupt in allem zunächst seinen Ausgang von Friedrich Schiller
genommen hat, der in seiner Schrift ›Über naive und sentimentalische Dichtung‹ (1795) schließlich nichts anderes versucht hat,
als das Recht und die irreversible Eigenart der Moderne gegen
das Übergewicht der Antike zur Geltung zu bringen, derart, daß
alle Vorteile, die zu Anfang den naiven Dichter kennzeichnen,

dann auf den sentimentalischen übergehen; denn: »Dichter von dieser naiven Gattung sind in einem künstlichen Weltalter nicht so recht mehr an ihrer Stelle. Auch sind sie in demselben kaum mehr möglich, wenigstens auf keine andere Weise möglich, als daß sie in ihrem Zeitalter *wild laufen* und durch ein günstiges Geschick vor dem verstümmelnden Einfluß derselben geborgen werden ⟨. . .⟩. So wohltätige Erscheinungen sie für den Künstler sind, der sie studiert, und für den echten Kenner, der sie zu würdigen versteht, so wenig Glück machen sie im ganzen und bei ihrem Jahrhundert.«[156] Auch Schiller also geht es um die Bestimmung der Distanz, und wenn er die Nachahmung der Muster als Bestandteil künstlerischer Bildung empfahl, wie etwa in der Bürger-Rezension, so verstand er es in einem propädeutischen Sinne, und der Dichter, er sich derart gleichsam ins Altertum begibt, soll dann in seine Gegenwart zurückkehren, um in ihr, rächend wie Agamemnons Sohn, die Entfernung von der Natur zu seinem eigentlichen Gegenstand zu machen.[157] An solchen Bestimmungen hat Hölderlin angesetzt, ihnen aber eine eigene charakteristische Note gegeben, die sich schon im terminologischen Gebrauch äußert, wenn er das Eigene, Moderne das »Nationelle« nennt. Schiller führte die Auseinandersetzung mit den griechischen Klassikern zu einer Theorie der Moderne, Hölderlin benutzte sie zur Reflexion seines eigenen Standorts in der Zeit und seiner politischen Hoffnungen.

Dabei stehen seine verschiedenen Anläufe zu einem Empedokles-Drama, ihr Scheitern und die Übersetzung der beiden Sophokles-Tragödien in einem engen geistigen Zusammenhang, der sich auch in der zeitlichen Abfolge ausdrückt. Ohne ihr zuviel Gewicht zuzumessen, sei dabei auch der unglücklichen persönlichen Situation Hölderlins gedacht, welche die Arbeit an diesen drei Stücken voraussetzt; ihr Widerschein verstärkte noch die harte Heterogenität, die in ihnen herrscht, und die Melancholie des Empedokles ist ein weiteres Zeugnis dafür. Als er sich mit diesem Stoff zu beschäftigen begann (der sogenannte Frankfurter Plan von 1797 entstammt den Anfängen), näherte sich die Krise im Haus Gontard dem Höhepunkt, ein Jahr später, im Herbst 1798, kam es zum endgültigen Bruch; Hölderlins wirtschaftliche

Verhältnisse wurden immer desolater, seine politischen Aspirationen auf eine grundlegende demokratische Erneuerung in Süddeutschland wurden durch die französische Weigerung, die deutschen Republikaner zu unterstützen, enttäuscht, und Ende des
Jahres 1801 brach er nach Bordeaux auf, von wo er mit völlig
zerrütteter Gesundheit im Sommer 1802 zurückkehren sollte.

Denkbar schlechte Bedingungen für eine schöpferische Arbeit,
die Werkgeschichte des Empedokles-Dramas beleuchtet sie auf
seine Weise. Der Frankfurter Plan begnügt sich im wesentlichen
damit, der Überlieferung die Umrisse einer dramatischen Gestalt
zu geben, erst die beiden folgenden Fragmente, Fassung eins und
zwei von 1798/99, machen den Stoff zum Medium der zeitgeschichtlichen Erfahrung ihres Autors.[158] Die Empedokles-Figur
wird zum Träger demokratisch-revolutionärer Ideale, die
zunächst im Volk auf fruchtbaren Boden fallen, dann aber an seinem durch die Machenschaften der Priester und Aristokraten
geweckten und verstärkten Widerstand zuschanden werden.
Empedokles wird verbannt, soll aber wenig später, als die Stimmung umkehrt und sich gegen die Volksverführer richtet,
zurückgeholt werden, ja das Amt des Königs übernehmen. Er
weigert sich: »Dies ist die Zeit der Könige nicht mehr.« Und:
»Euch ist nicht / Zu helfen, wenn ihr selber euch nicht helft.«[159]
Nachdem er den Repräsentanten des Volkes sein politisches Vermächtnis in Form einer großen Ratsrede vermittelt hat,
beschließt er in den Tod zu gehen und sich zur Vereinigung mit
den Elementen in den Ätna zu stürzen. »So wagt's! was ihr geerbt,
was ihr erworben, / Was euch der Väter Mund erzählt, gelehrt, /
Gesetz und Brauch, der alten Götter Namen, / Vergeßt es kühn
und hebt, wie Neugeborne, / Die Augen auf zur göttlichen
Natur, / Wenn dann der Geist sich an des Himmels Licht / Entzündet, süßer Lebensothem euch / Den Busen wie zum ersten
Male tränkt / Und goldner Früchte voll die Wälder rauschen /
Und Quellen aus dem Fels, wenn euch das Leben / Der Welt
ergreift, ihr Friedensgeist, und euch's / Wie heil'ger Wiegensang
die Seele stillet, / Dann aus der Wonne schöner Dämmerung /
Der Erde Grün von neuem euch erglänzt / Und Berg und Meer
und Wolken und Gestirn, / Die edeln Kräfte, Heldenbrüdern

gleich, / Vor euer Auge kommen, daß die Brust, / Wie Waffenträgern, euch nach Taten klopft / Und eigner schöner Welt, dann reicht die Hände / Euch wieder, gebt das Wort und teilt das Gut, / O dann, ihr Lieben, teilet Tat und Ruhm / Wie treue Dioskuren; jeder sei / Wie alle – wie auf schlanken Säulen, ruh / Auf richt'gen Ordnungen das neue Leben, / Und euern Bund befest'ge das Gesetz.«[160]

Von Anfang seines Wirkens an hat sich Empedokles, wie Hölderlin in seinem Aufsatz ›Grund zum Empedokles‹ schreibt, »als religiöser Reformator, als politischer Mensch«[161] verhalten, und sein Schüler Pausanias rühmt seine »Taten, da der wilde Staat von dir / Gestalt und Sinn gewann«[162], erinnert sich der Erzählungen seines Meisters, der aus dem vergangenen goldenen Zeitalter (»Glück / Der alten Urwelt«[163]) »der Zukunft große Linien«[164] gezeichnet habe: ein Hauptmotiv von Hölderlins geschichtsphilosophischem Denken, das wie Schiller und die Tübinger Stiftskommilitonen Hegel und Schelling den historischen Prozeß als triadisches Fortschreiten bestimmt. Den Gedanken der Zukunft in der Vergangenheit formuliert auch Empedokles ausdrücklich bei seinem Abschied: »Wenn dann die glücklichen Saturnustage, / ⟨. . .⟩ gekommen sind, / Dann denkt vergangner Zeit ⟨. . .⟩ / ⟨. . .⟩ / Zum Feste komme, wie vom Frühlingslicht / Emporgesungen, die vergessene / Heroenwelt vom Schattenreich herauf ⟨. . .⟩«[165]

In der ersten und zweiten Fassung des Dramenfragments dominieren in der Empedokles-Gestalt zweifellos die Züge des Reformators in seiner Zeit, der eine geistige und politische Erneuerung eingeleitet hat, welche das emanzipierte Volk nun selbsttätig vollenden muß. In den Idealen der Freiheit, Gleichheit, Mündigkeit, die Empedokles vor allem in seinem politischen Testament formuliert, kann man den Widerschein der Französischen Revolution erkennen, doch auch Hölderlins zumindest geistige Verwicklung in die republikanische Bewegung in Deutschland.[166] Damit verträgt sich durchaus eine Gedankenfigur, die in der ersten Fassung noch hinter der Konzeption des politischen Reformators zurücktritt oder vielmehr sie bloß verstärkt, in der zweiten an Selbständigkeit gewinnt und in der dritten Fassung schließlich beherrschend wird: die Gestalt des messianischen

Erneuerers, aufgetragen auf ihrer bedeutungsvollsten und geschichtsmächtigsten Erscheinung, der Jesusfigur des Neuen Testaments. Auch in ihr ist ja die charakteristische Mischung von politischer und religiöser Gesinnung vorgebildet[167], die Hölderlin vorschwebte und die er besonders in der Deutung vom freiwilligen Tod des Empedokles aus Enttäuschung über das Volk und dem Drang, sich mit der Natur zu vereinen (Frankfurter Plan), als einem Opfertod betonte; eine Mischung, die dann in der dritten Fassung zum punctum saliens des ganzen Dramas werden sollte. Die Hinweise sind deutlich genug und reichen von der Situation der Einsamkeit und Verlassenheit vor dem Tode (»bin ich ganz allein? / Und ist es Nacht hier draußen auch am Tage? / ⟨...⟩ / Wo seid ihr meine Götter?«[168]) über den Pakt zwischen Priesterschaft und weltlicher Macht (»Versammle mir das Volk; ich klag ihn an«; verlangt Hermokrates von Mekades, der nichts lieber wünschte, als seine Hände in Unschuld waschen zu können: »Ich wollt, ich wär aus dieser Sache, Priester!«[169]) bis zu Empedokles' Anerkennung als »Opfertier, das nicht vergebens fällt«[170] und ein Zeichen künftiger Erlösung setzt: »Der Eine doch, der neue Retter, faßt / Des Himmels Strahlen ruhig auf, und liebend / Nimmt er, was sterblich ist, an seinen Busen, / Und milde wird in ihm der Streit der Welt. / Die Menschen und die Götter söhnt er aus, / Und nahe wieder leben sie wie vormals.«[171]

Keine der Metamorphosen, die das Empedokles-Drama durchgemacht hat, konnte Hölderlin befriedigen. Es sind viele Gründe für das schließliche Scheitern dieses Tragödienplanes geltend gemacht worden, lebensgeschichtliche und politische, wie der Aufstieg Napoleons und die französische Expansionspolitik[172]; entscheidend waren aber wohl vor allem die inneren Widersprüche der Konzeption, die keinen dramatischen, gar tragischen Konflikt zuließen. Denn daß ein Wohltäter des Volkes von diesem selber verstoßen wird, diese übrigens im Zeitalter der Französischen Revolution ganz gewöhnliche Erfahrung, die auch Klinger zu seinem ›Damokles‹ inspirierte, kann zwar als traurig und beschämend gelten, hat aber für sich noch keinerlei tragische Dimension. Hölderlin wollte diesem Mangel vor allem im Frankfurter Plan und auch noch in der ersten Fassung durch das Motiv der Hybris abhelfen: Empedokles hat sich über sich selbst erhoben und sich vor dem Volke seiner Gottähnlichkeit, ja Göttlichkeit gerühmt. Doch eben diese Überhebung ließ sich aus seinem Charakter, wie ihn sein Autor andererseits brauchte, nicht anders begründen, als dies dann später in Fassung zwei und drei geschah: er machte sie zum Ausdruck göttlicher Berufung und des Auftrags, den der »Sohn des Himmels«[173] getreulich erfüllte bis in den Tod – allein, tragische Wirkung gab gerade das nicht her.

Wenn sich Hölderlin daher schon bald nach dem endgültigen Abbruch seines ›Empedokles‹[174] den Trauerspielen des Sophokles zuwandte und ›Ödipus der Tyrann‹ und ›Antigone‹ übersetzte, so muß man diese Tätigkeit gewiß auch im Sinne der alten imitatio-Doktrin auffassen: er wollte die Machart und Struktur der griechischen Trauerspiele bis in Einzelheiten studieren, um daran zu lernen, und zwar nicht die Kunstregeln und jetzt auch weniger den Stil und die sprachliche Verfassung, wie noch bei den Pindar-Übersetzungen von 1800, als vielmehr die Auffassung, Konzeption und Entwicklung ihres tragischen Prinzips, an dem sein eigenes Stück gescheitert war. Dazu gehört auch sein erklärter Wille, das Original zu verbessern, lebendiger und dadurch das Fremde in ihm dem modernen Leser vertrauter zu machen: »Ich hoffe, die griechische Kunst, die uns fremd ist durch Nationalkonvenienz und Fehler, mit denen sie sich immer herumbeholfen hat, dadurch lebendiger als gewöhnlich dem Publikum darzustellen, daß ich das Orientalische, das sie verleugnet hat, mehr heraushebe und ihren Kunstfehler, wo er vorkommt, verbessere.«[175] Hölderlin meint mit dem Orientalischen wohl das Ekstatische, Leidenschaftliche, doch nicht in dem späteren Sinne Nietzsches, gleichsam als ungebändigt Dionysisches, sondern schon verfeinert, sublimiert zu »schöner Leidenschaft«.[176]

Dadurch erklären sich leicht die Eigentümlichkeiten und Nachlässigkeiten der Übersetzung, die schon die Zeitgenossen belustigten. Denn anders als Schiller war Hölderlin von Schule und Universität her des Griechischen durchaus mächtig, wenn er auch seine Studien nie im pedantischen Sinne als Sprachstudien, sondern als Bemühen um den Geist der Griechen verstanden hat.[177] Ebenso seine Beschäftigung mit Sophokles, die nicht Übersetzung, sondern Deutung des griechischen Originals anstrebt: und zwar sowohl zum eigenen Nutzen wie für das moderne Verständnis überhaupt. In seinen Anmerkungen beschreibt er unmißverständlich das Interesse, von dem aus er seine Deutung der Dramen unternommen hat. Das Unmaß, das im ersten Stück Ödipus' Untergang, im zweiten das Unglück Kreons und Antigones verursacht, ist zwar subjektiv die Folge der tragischen Begegnung von Mensch und Gott (»Die Darstellung des Tragischen beruht unverzüglich darauf, daß das Ungeheure, wie der Gott und Mensch sich paart und grenzenlos die Naturmacht und des Menschen Innerstes im Zorn eins wird, dadurch sich begreift, daß das grenzenlose Eineswerden durch grenzenloses Scheiden sich reiniget.«[178]), objektiv aber nur eine Folge »der reißenden Zeit«[179]. Der Gott schlägt die nieder, die sich ihm nahn, um sich anzugleichen: »wo einer in Gottes Sinne nie *gegen* Gott sich verhält und den Geist des Höchsten gesetzlos anerkennt.«[180] Doch kommt es zur Katastrophe und nicht zur Erlösung, die auch möglich wäre, wie der Chor anfangs des dritten Akts der ›Antigone‹ sagt, weil die Begegnung aus der »Wildnis«, aus Verwilderung heraus geschieht.

In beiden Tragödien herrscht Endzeit. Die Stadt ist am »Abgrund«[181] und krank »das ganze Volk«[182], heißt es im ›Ödipus‹. Eine Zeit des Übels nennt der Chor in der ›Antigone‹ die Gegenwart[183] und sieht, auch er, »von gewaltiger / Krankheit die ganze Stadt / ⟨. . .⟩ befangen«[184]; Hämon klagt seinen Vater an: »Ein rechter Herrscher wärst allein du in der Wildnis«[185], und Tiresias flucht Urlons »Tyrannenart«[186]. In beiden Fällen kann die Krankheit nur geheilt werden durch das Opfer derer, die dem »reißenden Zeitgeist am unmäßigsten« folgten.[187] Rückblickend von diesem Begriff des Tragischen erweist sich tatsächlich die Schwäche des Empedokles-Stoffes im Fehlen eben dieses objektiven Grundes zur Tragik: der Wankelmut eines verführbaren Volkes ist zu wenig. Nicht in der selbständigen dramatischen Adaption eines untragischen antiken Stoffes, sondern durch die deutende Übersetzung des ›Ödipus‹ und der ›Antigone‹ gelang es Hölderlin daher, am Fremden das Eigene, »Nationelle« zu lernen und durch das Medium des antiken Dramas, die moderne

Geschichte, die reißende Zeit sich zu deuten. Der Klage über die öde Gegenwart, die wie »ein wüst gewordenes Land«[188] in den Menschen zerstörerisch wirkt, antwortet dann aber am Schluß des ›Ödipus‹ wie der ›Antigone‹ die utopische Zukunftshoffnung; Hölderlin selber erläutert ihren Sinn: »Die Art des Hergangs in der ›Antigone‹ ist die bei einem Aufruhr, wo es, sofern es vaterländische Sache ist, darauf ankommt, daß jedes, als von unendlicher Umkehr ergriffen und erschüttert, in unendlicher Form sich fühlt, in der es erschüttert ist. Denn vaterländische Umkehr ist die Umkehr aller Vorstellungsarten und Formen. Eine gänzliche Umkehr in diesen ist aber, so wie überhaupt gänzliche Umkehr, ohne allen Halt, dem Menschen als erkennendem Wesen unerlaubt. Und in vaterländischer Umkehr, wo die ganze Gestalt der Dinge sich ändert und die Natur und Notwendigkeit, die immer bleibt, zu einer andern Gestalt sich neiget, sie gehe in Wildnis über oder in neue Gestalt ⟨...⟩«[189] Wenn am Ende von Sophokles' Dramen die Anerkennung des Göttlichen als des unumstößlichen, bleibenden, verläßlichen Prinzips steht, so bringt Hölderlin eine neue moderne Deutung, indem er die Versöhnung als Zukunftsereignis aufscheinen läßt und damit die Geschichte als den unerschütterlichen Horizont bewußt macht, von dem aus die Negativität der Gegenwart ihren Sinn erhält. »Die Vernunftform, die hier tragisch sich bildet, ist politisch, und zwar republikanisch, weil zwischen Kreon und Antigone, Förmlichem und Gegenförmlichem, das Gleichgewicht zu gleich gehalten ist. Besonders zeigt sich dies am Ende, wo Kreon von seinen Knechten fast gemißhandelt wird.«[190]

II. Vom Charakterstück zum historischen Drama

1. Geschichte im Drama

»Was sodann die großen historischen Süjets betrifft; so ist es schwer, solche zu finden, die alle unsern verschieden gestimmten, verschieden erzognen Rang-Ordnungen, gleich wichtig vorkommen könnten. Was für ein National-Interesse haben wir, die wir hundert Natiönchen ausmachen und oft nicht wissen, welchem Herrn zu huldigen man uns morgen allergnädigst befehlen wird?«[1] Diese Ansicht ist noch Gemeingut, als Knigge sie 1793 in seinem Essay ›Über Schriftsteller und Schriftstellerei‹ ausdrückt; deutsche Geschichte kann nicht mehr sein als »die Erzählung von den Lebensläufen und willkührlichen Handlungen der einzelnen Regenten und was sie zu thun befohlen haben«[2], wobei er in solchem Urteil aber schon ein neues Geschichtsverständnis voraussetzt. Denn natürlich gab es auch bisher schon genug Dramen mit historischer Fabel, zu denken ist etwa an Gottscheds ›Sterbenden Cato‹ (1732), an Johann Elias Schlegels ›Hermann‹ (1743) oder die Hermann-Trilogie Klopstocks: ›Hermanns Schlacht‹ (1769), ›Hermann und die Fürsten‹ (1784) und ›Hermanns Tod‹ (1787); schließlich hatte auch die Sturm-und-Drang-Bewegung historische Stoffe für die Bühne bearbeitet und mit Goethes ›Götz von Berlichingen‹ ein überaus erfolgreiches Musterdrama in der neuen genialischen Manier hervorgebracht. Doch wurde der historische Stoff, wurde Geschichte überhaupt rein funktional betrachtet, nicht als substantielles Geschehen aller dramatischen Konflikte. Für Gottsched hatte die dramatische Fabel »nur eine Hauptabsicht; nämlich einen moralischen Satz«[3]. Ihm gegenüber ist es belanglos, ob die Fabel nun erfunden oder der Geschichte entnommen oder aber (wie im ›Sterbenden Cato‹) eine Mischung aus historischen Fakten und Erfindungen wiedergibt. Doch solle der Dichter immerhin »die Personen, die aus der Historie schon bekannt sind, genau bey dem Charaktere lassen ⟨...⟩, den man von ihnen längst gewohnt ist«[4]. Die Geschichte wird also generell

als ein Reservoir von exemplarischen Fällen und Figuren angesehen, an denen sich gültige moralische Einsichten, eine sittliche
Lebensführung und die aus ihr folgenden Konflikte demonstrieren lassen. Grundlegend wirkt die rhetorische Perspektive: die
historische Fabel fungiert als anschaulicher, beweiskräftiger
Beleg, der der dramatischen Rede Überzeugungskraft verleiht; in
den deklamatorischen Übungen der Redeschulen herrschte seit
der Antike der Brauch, in die Rolle historischer Persönlichkeiten
zu schlüpfen und durch ihren Mund über beliebige Gegenstände
ganze Reden zu halten. Nicht anders verfuhr Gottsched in seinen
Trauerspielen, nicht viel anders verfuhren die patriotischen Dichter in ihren Stücken, wobei sie die moralische Thematik mit
patriotischer Rhetorik verbanden: »Ein Nationalgedicht interes-
sirt die Nation, die es angeht!«, kommentierte Klopstock die
›Hermannsschlacht‹, und schließlich seien es die Cherusker gewesen, »die durch *Varus* Schlacht unter andern verursacht haben,
daß wir jetzt nicht halbrömisch, wie die Franzosen reden«[5]. Seine
Dramen seien »Bardiete für die Schaubühne« und sie bedeuteten
»die mit der Geschichte verbundene Poesie ⟨...⟩. Ohne mich auf
die Theorie dieser Gedichte einzulassen, merke ich nur noch an,
daß der Bardiet die Charaktere und die vornehmsten Theile des
Plans aus der Geschichte unsrer Vorfahren nimmt, daß seine selt-
neren Erdichtungen sich sehr genau auf die Sitten der gewählten
Zeit beziehn, und daß er nie ganz ohne Gesang ist.«[6]

Klopstocks Einfluß auf die Genieperiode äußerte sich besonders in deren Hinwendung zu nationalen Stoffen, die in der jungen Generation freilich niemals die Bedeutung erlangen sollten,
wie das ihr Stammvater wohl gerne gesehen hätte. Tatsächlich
tritt auch das patriotische Motiv in den Hintergrund, und die
Geschichte erhält wieder eine allgemeinere Funktion, so daß die
nationale Geschichte bloß für ein, wenn auch bevorzugtes The-
menreservoir unter anderen genommen wird. Das Drama des
Sturm und Drang demonstriert vor allem das Drama der Affekte,
die von großen genialischen Kraftnaturen ausagiert werden. Der
»rohe⟨⟩, wohlmeinende⟨⟩ Selbsthelfer⟨⟩ in wilder anarchischer
Zeit«[7], wie Goethe später seinen Götz charakterisierte, benötigt
die Geschichte eigentlich nur als Widerstand, an dem er zu seiner

eigentümlichen Größe sich emporsteigern kann. Diese Aufgabe
erfüllt auch eine Familiengeschichte, oder sie kann im Zusammenstoß mit den sozialen und staatlichen Verhältnissen vor
Augen geführt werden, oftmals findet man mehrere dieser Faktoren vereinigt zu jenem »notwendigen Gang des Ganzen«, mit welchem nach Goethes Wort »das Eigentümliche unsres Ichs, die prä-
tendierte Freiheit unsres Wollens«[8] dann zusammenstößt.

Rhetorik liegt auch dieser Wendung zugrunde, wie das Drama
überhaupt, unbeschadet der ästhetischen Autonomiediskussion,
die bei Kant ihren Anfang nimmt, eine Domäne der Beredsamkeit
geblieben ist. Dabei darf man sich nicht von dem antirhetori-
schen Affekt beirren lassen, der gerade die Sturm-und-Drang-
Bewegung, doch auch die Diskussionen der Klassiker und der
romantischen Schule leitmotivisch durchzieht. Die polemische
Distanzierung von der rhetorisch dominierten Regelpoetik bedeutet in Wahrheit die Fortführung bestimmter rhetorischer (nämlich der emotionalen) Wirkungsintentionen im Sinne einer rheto-
rica contra rhetoricam. Im rhetorischen Wirkungsschema von
docere, delectare, movere, von Belehren, Unterhalten und Bewegen oder Mitreißen, verschiebt sich nach der Jahrhundertmitte
die Tendenz auf die affektische Beredsamkeit, auf die Erregung
von Leidenschaften und die Stimulierung der Interessen an den
neuen, seltsamen und wunderbaren Begebenheiten. Das sind keine
Fluchterscheinungen oder Exaltationen, die politische und soziale
Hemmungen zu kompensieren hätten, sie folgen zwar aus einem
Ungenügen an der Realität, doch mit dem gesteigerten Willen, es
zu überwinden, zu bekämpfen. In der Leidenschaftserregung kulminiert rhetorische Wirkungsintensität, »Höhepunkt und Gipfel
der Rede« wird sie in einer Schrift genannt, die wahrscheinlich
aus dem ersten nachchristlichen Jahrhundert stammt, deren Verfasser unbekannt ist, wiewohl sie lange Kassios Longinos, einem
bekannten Rhetor des 3. Jahrhunderts nach Christus, zugeschrieben wurde und im 17. und 18. Jahrhundert ihre größte europäische Wirkung entfaltete: ›Über die Höhen‹, ›Peri Hypsous‹, heißt
ihr Titel; »Vom Erhabenen« wurde er vielfach übersetzt. Von den
Schweizern Bodmer und Breitinger bis zu Kant und Schiller
reicht ihr Einfluß, und der erhabenen, großen, leidenschaftserre-

genden Rede wird, ganz rhetorischem Konsens folgend, deshalb
der Vorzug vor allen anderen Redeweisen gegeben, weil sie »über-
gewaltig« ist und »was uns erstaunt und erschüttert, jeder Zeit
stärker als das Überredende und Gefällige ⟨wirkt⟩, denn ob wir
uns überzeugen lassen, hängt meist von uns selber ab, jenes aber
übt eine unwiderstehliche Macht und Gewalt auf jeden Zuhörer
aus und beherrscht ihn vollkommen. Die Versiertheit im Finden
rechter Gedanken und die Anordnung und Ökonomie des Stoffes
beobachten wir nicht an ein oder zwei Sätzen, sie ziehen sich
durch das ganze Gewebe der Rede und zeigen sich nur bei müh-
samem Hinsehen. Das Erhabene aber, bricht es im rechten
Moment hervor, zersprengt alle Dinge wie ein Blitz und zeigt
sogleich die gedrängte Gewalt des Redners.«[9]

Die genialische Kraft- und Tatnatur des Sturm-und-Drang-
Dramas von Gerstenbergs ›Ugolino‹ und Goethes ›Götz‹ bis zu
Klingers ›Simsone Grisaldo‹ und Schillers ›Räubern‹ ist nach diesem Modell des zwingend mitreißenden Redners entworfen, der
auch den historischen Mächten, den Fürsten, Bischöfen und
Patriziern zu widerstehen vermag. Der Wille, sich zu behaupten,
einzugreifen in den objektiven Gang der Ereignisse, prägt diese
Schriftsteller, und das tragische Scheitern ihrer Helden ist nicht
etwa Zeichen einer realistischen, zuletzt gar pessimistischen Einsicht in die Übermacht der geschichtlichen oder sozialen Kräfte,
im Gegenteil: es bekräftigt ihren Anspruch, insofern die dramatischen Vorbilder ihrer eigenen grenzüberschreitenden, die sozialen
Beschränkungen sprengenden Intentionen zu würdigen Figuren
der Tragödie, der höchsten literarischen Kunstform avancieren.
Sie gehen nicht an ihrem individuellen, der Gesinnung nach
immer bürgerlichen Selbsthelfertum an sich zugrunde, sowenig
wie Macbeth oder Richard III. an ihrem Königtum oder adligen
Wesen zugrunde gehen, sondern an Übersteigerung und Abweichung von ihrer Bestimmung, an der Verletzung des substantiellen Verhältnisses, aus dem sie kommen und das sie trägt.

Friedrich Schiller ist von allen Dramatikern des 18. Jahrhunderts derjenige, der das genuine Produkt menschlicher Praxis, die
Geschichte, als Grundstoff der modernen Tragödie recht eigentlich entdeckt und entfaltet hat, und das schon sehr früh in dem

republikanischen Trauerspiel ›Die Verschwörung des Fiesco zu Genua‹ (1783). Seine ›Vorrede‹ und die ›Erinnerung an das Publikum‹ zeigen auch einen sehr hohen Grad von Bewußtheit, mit dem sich der junge Autor über das Verhältnis Literatur – Geschichte Rechenschaft ablegt, wenn dies auch noch in den überkommenen poetologischen Kategorien geschieht. Zwar distanziert er sich mit deutlichen Worten vom Geschichtsschreiber, besonders deutlich in der ›Erinnerung‹, die der Mannheimer Bühnenfassung des Dramas gilt. Kein tragischer Ausgang, Fiesco überwindet sich zum Schluß gar selbst, verwirft »den verführerischen schimmernden Preis seiner Arbeit, die Krone von Genua«, um nur noch »der glücklichste Bürger«[10] zu sein: das bedurfte gewiß einer eingehenderen Begründung als die Buchfassung, die auch auf die Korrektur der empirischen Geschichte hinausläuft, ohne die Fakten nun geradezu in ihr Gegenteil zu verkehren. So heißt es zunächst: »Die wahre Katastrophe des Komplotts, worin der Graf durch einen unglücklichen Zufall am Ziel seiner Wünsche zugrunde geht, mußte durchaus verändert werden, denn die Natur des Dramas duldet die Finger des Ohngefährs oder der unmittelbaren Vorsehung nicht.«[11] Aus der dramatischen Betrachtung der Geschichte entwickelte sich aber nach und nach ein moderner Geschichtsbegriff, der wesentlich konstruktiver Natur ist und wiederum auf die Konzeption der Dramen zurückwirkte. Die Historizität der Fabel bleibt gewahrt, »aber die kalte, unfruchtbare Staatsaktion aus dem menschlichen Herzen herauszuspinnen, und eben dadurch an das menschliche Herz wieder anzuknüpfen – den *Mann* durch den *staatsklugen Kopf* zu verwickeln – und von der erfindrischen Intrige Situationen für die Menschheit zu entlehnen – *das* stand bei mir«[12]. In der ›Erinnerung‹ gibt Schiller gezwungenermaßen das historische Verständnis der Fabel auf, ordnet sie gänzlich, fast in Gottschedscher Manier, der Moral unter (»Über die moralische Beziehung dieses Stücks wird wohl niemand zweifelhaft sein.«[13]) und leiht sich vom »Genueser Fiesco« ausdrücklich »nichts als den *Namen* und die Maske«. Die Rechtfertigung knüpft ans geniezeitliche Persönlichkeitsideal an: »*Mein* Fiesco ist allerdings nur untergeschoben, doch was bekümmert mich das, wenn er nur größer ist als der

wahre – wenn mein Publikum nur Geschmack an ihm findet.«[14]
Ähnlich wird Schiller dann ja auch mit dem ›Don Carlos‹ verfahren, doch wird ihm diese Art, mit »der Historie ⟨...⟩ bald fertig
zu werden«[15] zunehmend problematisch; wobei man allerdings
nicht einmal den ›Fiesco‹ unhistorisch nennen kann, wenn man
einmal von der Faktizität absieht und die Aufmerksamkeit auf
die Behandlung des Stoffes richtet: in ihr manifestiert sich nämlich eine eminent historische Perspektive. Geschichte, Fiesco
demonstriert es, wird von Menschen gemacht, entsteht nicht
etwa aus dem Zusammenspiel von Zufall und Geschick, wie es
die Überlieferung (auch der genuesischen Begebenheiten) so oft
suggeriert. Doch indem der Mensch die Geschichte seinen Absichten gemäß schafft, errichtet er zugleich die Schranken, an denen
seine Absichten zuschanden werden, seine Handlungen erzeugen
einen objektiven Bedingungszusammenhang, der mit seinen subjektiven Plänen kollidieren kann, auch wenn er in sie schon hineingenommen wurde. Eben hat Leonore den geliebten Gemahl
von den notwendig unglücklichen Folgen seiner politischen
Ambitionen überzeugt (»Wenn er den Herzog verfehlt, ist Fiesco
verloren. Mein Gemahl ist hin, wenn ich den Herzog
umarme.«[16]), man wendet sich zur Flucht, da ertönt der Kano-
nenschuß, den Fiesco selber mitverursacht hat (»Fiesco springt
los. Alle Verschworene treten in den Saal.«[17]), und macht ihn zum
Gefangenen seiner eigenen Entschlüsse. Da sind wir beinahe
schon bei dem Gegensatz, der seine späteren Dramen beherrschen
wird.

Im Jahre der Französischen Revolution, am 26. und 27. Mai
1789, beginnt Schiller seine historischen Kollegs mit der berühmten Antrittsvorlesung ›Was heißt und zu welchem Ende studiert
man Universalgeschichte?‹ In ihr macht er deutlich, daß es sich
bei seiner Geschichtsansicht, der Frucht seiner bisherigen schriftstellerischen Arbeiten und historischen Studien, zwar um ein
Postulat handelt, »weil sie durch tausend beistimmende Fakta
bestätigt und durch ebenso viele andre *widerlegt*« würde, also
empirisch unbeweisbar bleibt, sie aber »dem Verstande die höhere
Befriedigung und dem Herzen die größre Glückseligkeit anzubie-
ten hat«[18]. In eben dem Sinne ist auch der Zeitpunkt nicht zufäl-

lig, an dem Schiller seine Gedanken entwickelt, die auf den Begriff der Geschichte als einer Freiheitsgeschichte hinauslaufen, in der sich die Vernunft auf der Stufe einer höheren Kultur verwirklicht. »Unser *menschliches* Jahrhundert herbeizuführen, haben sich – ohne es zu wissen oder zu erzielen – alle vorhergehenden Zeitalter angestrengt ... Ein edles Verlangen muß in uns entglühen, zu dem reichen Vermächtnis von Wahrheit, Sittlichkeit und Freiheit, das wir von der Vorwelt überkamen und reich vermehrt an die Folgewelt wieder abgeben müssen, auch aus *unsern* Mitteln einen Beitrag zu legen und an dieser unvergänglichen Kette, die durch alle Menschengeschlechter sich windet, unser fliehendes Dasein zu befestigen. Wie verschieden auch die Bestimmung sei, die in der bürgerlichen Gesellschaft Sie erwartet – etwas dazusteuern können Sie alle! Jedem Verdienst ist eine Bahn zur Unsterblichkeit aufgetan, zu der wahren Unsterblichkeit, meine ich, wo die Tat lebt und weiter eilt, wenn auch der Name ihres Urhebers hinter ihr zurückbleiben sollte.«[19]

Das Ganze der Geschichte bekommt Mittelrelation und Absicht, und erst in solcher Konzeption hat auch der Mensch als Täter, als betreibender subjektiver Faktor eines insgesamt objektiven Geschehens einen Platz. Man kann diese Antrittsvorlesung ebenso als historische wie auch als dramentheoretische oder allgemein literaturästhetische Programmschrift lesen, die auch schon das Konzept der großen Dramen von ›Wallenstein‹ bis ›Wilhelm Tell‹ und ›Demetrius‹ enthält. Aus ihrem Gesichtspunkt gesehen, sind empirische Faktentreue und das historische Ideal durchaus nicht entscheidend für das geschichtliche Verständnis der menschlichen Taten; sogar Erfindungen, wie Schiller es am Beispiel der Legende von der Schweizer Befreiungsgeschichte kenntlich machte, sind der historischen Anschauung und Bearbeitung zugänglich. Denn der Autor »nimmt ⟨...⟩ diese Harmonie aus sich selbst heraus und verpflanzt sie außer sich in die Ordnung der Dinge, d. i. er bringt einen vernünftigen Zweck in den Gang der Welt und ein teleologisches Prinzip in die *Weltgeschichte*«[20]. Er verhält sich, anders gesagt, wie der Dramatiker, der den historischen Stoff ebenfalls in diesem Sinne zweckgerichtet bearbeitet. Das nationale Bildungsprogramm, das Schiller mit seinen großen Dramen verknüpfte, wird derart hier geschichtsphilosophisch begründet. Goethe hat dieser Ansicht übrigens durchaus nicht widerstanden und schreibt etwa am 21. August 1799 an Schiller: »Es ist gar keine Frage daß wenn die Geschichte das simple Factum, den nackten Gegenstand her giebt und der Dichter Stoff und Behandlung; so ist man besser und bequemer dran, als wenn man sich des Ausführlichern und Umständlichern der Geschichte bedienen soll; denn da wird man immer genöthigt das besondere des Zustands mitaufzunehmen, man entfernt sich vom rein Menschlichen und die Poesie kommt ins Gedränge.«[21]

Eine Idee, die wir immer vor Augen haben müssen, wenn wir von seinen Schwierigkeiten lesen, den Stoff poetisch zu organisieren, so daß er »eine ganze Welt« repräsentiert und den »Blick in eine gewiße Weite des Menschengeschlechts« öffnet[22], wenn wir von seinem intensiven Quellenstudium erfahren, von der Unterscheidung zwischen poetischer und historischer Wahrheit[23], von seinem Kampf mit der trockenen, ungeschmeidigen Materie. Hinzu kommen dann natürlich noch die Probleme, die sich aus der ästhetischen Form ergeben und durch die »engen Grenzen einer TragödienOeconomie«[24] gesetzt werden. »Keins meiner alten Stücke hat soviel Zweck und Form, als der Wallenstein jetzt schon hat«, schreibt er noch im ersten Arbeitsstadium an Körner, »aber ich weiß jetzt zu genau, was ich will und was ich soll, als daß ich mir das Geschäft so leicht machen könnte.«[25] Dieser ganze Brief ist ein bis ins Detail gehender Rechenschaftsbericht über die Schritte, die er unternehmen muß, um »durch die einzige innere Wahrheit, Nothwendigkeit, Stätigkeit und Bestimmtheit meinen Zweck«[26] zu erreichen, weil die Geschichtshandlung für sich ungeschmeidig, zerstreut, heterogen und nur mit wenigen heroischen Zügen versehen ist.

Doch unterscheiden sich Historiker und Geschichtsschreiber nun auch selber in der Wirkungsintention: der Dramatiker erblickt seine Endabsicht nicht in der solcherart beschriebenen Rekonstruktion der Geschichte. Sie ist ihm das Mittel, seine besondere dramatische Wirkungsabsicht zu erreichen: »unser Mitleid zu erregen«[27]. Geschichte tritt in das Drama unter dem

Aspekt der tragischen Wirkung und bleibt in ihrer Darstellung somit nicht nur an das teleologische Prinzip ihres Prozesses, sondern auch an diesen ästhetischen Zweck gebunden. »Aber die Tragödie hat einen poetischen Zweck, d.i. sie stellt eine Handlung dar, um zu rühren und durch Rührung zu ergötzen ⟨...⟩ sie erhält Macht, ja Verbindlichkeit, die historische Wahrheit den Gesetzen der Dichtkunst unterzuordnen ⟨...⟩«[28] Manchmal scheint es, als schwanke Schiller zwischen mehreren Konzeptionen seines historischen Dramas, doch löst sich der Widerspruch, wenn wir seine Begriffe jeweils richtig beziehen. Historische Wahrheit heißt hier Richtigkeit der Fakten, nicht ihre vernünftige Ordnung, die ebenfalls ein Kunstprodukt ist und mit den ästhetischen Operationen koinzidiert. Beide zusammen erst ergeben jenen Begriff von Geschichte, den Schiller metaphorisch als Nemesis gefaßt hat. Der Gedanke der Geschichte als eines rächenden Gerichts, schon der Antike nicht fremd, gewinnt in Schillers teleologischer Geschichtskonzeption einen neuen und modernen Sinn: die Rekonstruktion der Geschichte ist immer parteiisch im Sinne ihres letzten telos, der Vernunft und Freiheit, sie ist es also in der historischen wie der poetischen Organisation gleichermaßen, da der Dramatiker ernstlich darauf abzielt, das, was er als Tendenz der Geschichte darstellt, auch im Menschen selber exemplarisch zu verwirklichen, ihn »nicht bloß in einen augenblicklichen Traum von Freiheit zu versetzen, sondern ihn wirklich und in der Tat frei zu *machen*, und dieses dadurch, daß sie eine Kraft in ihm erweckt, übt und ausbildet, die sinnliche Welt, die sonst nur als ein roher Stoff auf uns lastet, als eine blinde Macht auf uns drückt, in eine objektive Ferne zu rücken, in ein freies Werk unsers Geistes zu verwandeln und das Materielle durch Ideen zu beherrschen.«[29] Derart hat die Gerichtsbarkeit der Bühne einen subjektiven und einen objektiven Bezugspunkt, als historische Nemesis, die den Freiheitsplan der Geschichte betreibt, und als ästhetische Kraft, die das Individuum von äußeren Zwängen freisetzt. Beide Tendenzen müssen, wie sie Schiller zusammengedacht hat, auch von uns immer zusammengesehen werden, wollen wir nicht dem gängigen Irrtum verfallen und Schiller zum Repräsentanten einer Ideologie der Innerlichkeit machen, die erst das Produkt einer späteren Zeit ist. Auch die Geschichtsdramen, und gerade sie, sind Medien einer umfassenden ästhetischen Erziehung, die die Kultur des Individuums und des Gattungswesens, die Vervollkommnung historischer Praxis und menschlicher Individualität als unauflöslichen Bedingungszusammenhang entwerfen.

2. Dramatische »Rekapitulation meines Lebens«:
Goethes ›Egmont‹ und ›Torquato Tasso‹

In seiner sehr grundsätzlichen Rezension von Goethes ›Egmont‹ (20. 9. 1788) hat Friedrich Schiller das Stück gleich nach der Veröffentlichung 1788 genau analysiert und als ein Charakterdrama herausgestellt, dessen Handlungen, nur lose miteinander verbunden, einem Bilderbogen gleich, aufeinanderfolgen. »Die Einheit dieses Stücks liegt also weder in den Situationen noch in irgendeiner Leidenschaft, sondern sie liegt in dem *Menschen*.«[30] Dessen »schöne Humanität«[31] habe mit seiner wahren Geschichte wenig gemein, vermöge auch allenfalls zu rühren, aber nicht zu erstaunen, und zwischen seinen privaten Verhältnissen und dem politischen Leben fehle der Zusammenhang, ja das eine behindere die Wirkung des anderen. Der Rezensent drückt seine Kritik natürlich weniger herb aus, als es hier in der Zusammenfassung erscheint, und verpackt sie recht geschickt in einigen Lobreden, doch wird klar, was ihm nicht paßt: die Diskrepanz zwischen historischem Schein und unhistorischer Behandlungsweise des Stoffes und der Charaktere sowie die Beliebigkeit, ja Zufälligkeit, womit schließlich Egmonts Untergang herbeigeführt wird.

Und er hat auf dieser Argumentationsebene recht, wie Goethe selbst einräumt.[32] Haupt- und Nebenhandlungen (Volksszenen, Staatsaktionen, Klärchenhandlung) beleuchten die Hauptfigur von jeweils verschiedenen Seiten, ohne damit aber eine gemeinsame Egmont-Handlung zu konstituieren. Sie alle spiegeln seinen Charakter, den Bürgern erscheint er »wie ein Engel des Himmels«[33], dem Sekretär als unzuverlässiger Regent (»Er kommt immer nicht! und ich warte schon zwei Stunden, die Feder in der Hand ⟨. . .⟩«[34]), dem Oranier als Blinder, der die Zeichen der Zeit und seines eigenen Untergangs nicht sieht, selbst Alba erblickt in ihm nicht seinen gefährlichsten Widersacher, sondern einen unpolitischen Menschen, dessen »Verblendung« ihn fast schon zu Mitleid rührt[35]; Klärchen schließlich tritt er als der sanfte Geliebte gegenüber. Auf ihre Frage »Sage! ich begreife nicht! bist du Egmont? der Graf Egmont? der große Egmont ⟨. . .⟩?« antwortet er »Nein, Klärchen, das bin ich nicht«, bekräftigt dann: er sei nur der Egmont, den sie kennt, »ruhig, offen, glücklich, geliebt und gekannt von dem besten Herzen, das auch er ganz kennt ⟨. . .⟩«[36]

Der Egmont, den das Stück zeigt, und der Egmont, dessen Taten das Volk im Munde führt und zur Legende gemacht hat, zeigen nicht viel mehr Gemeinsamkeit als den Namen, so daß man sich wirklich angesichts seines arglosen, vertrauensseligen Wesens, seiner ganzen unpolitischen Natur fragen muß, ob es sich dabei um dieselbe Figur handeln kann. Worauf Goethe freilich gar nicht hinauswollte, war die Teilung der Person in öffentliche und private Funktionen, jenes Schisma der berufsbürgerlichen Gesellschaft, dem in der feudalen Welt nichts entsprechen konnte, weil es in ihr eine Kultivierung und Separierung der privaten Sphäre nicht gab oder vielmehr erst spät als Ergebnis einer Verbürgerlichung der höfischen Gesellschaft geben konnte.[37] Das war zwar gegen Ende des 18. Jahrhunderts längst der Fall, und Goethe hatte mit dem Weimarer Hof ein auch unter seinem Einfluß fortgeschrittenes Exempel vor Augen. Allein, Egmont ist doch ein vollkommen konsistenter Charakter, dessen Unglück gerade darin besteht, daß er sich *nicht* den verschiedenen Erfordernissen gemäß auch unterschiedlich verhalten kann, in Regierungsgeschäften anders als im bürgerlichen Gespräch, als Politiker anders als in Klärchens Stube. Immer und in allen Situationen zeigt er schöne Humanität, er ist, um es mit einem anderen, für das 18. Jahrhundert gar nicht abschätzigen, sondern auszeichnenden Begriff zu sagen: ein schöner Geist, den es in eine feindliche politische Welt verschlagen hat.

Bei aller Zustimmung zu Schillers Kritik setzt aber an dieser Stelle Goethes Vorbehalt an: »Was den poetischen Theil ⟨des Stücks⟩ betrift; möchte Recensent andern noch etwas zurückgela-

ßen haben.« Mit anderen Worten: Schillers Verständnis habe dort
seine Grenze, wo auch der »sittliche⟨⟩ Theil des Stücks« endet.[38]
Nimmt man Egmont in der Tat als einen schönen Geist, der nach
dem Verständnis des Jahrhunderts Sinnlichkeit und Sittlichkeit,
Empfindungs- und Denkvermögen zu harmonischer Vollendung
ausgebildet hat oder wenigstens kein anderes substantielles Ziel
seines Lebens kennt, als sich derart zu vervollkommnen, so
gewinnt das Trauerspiel an Konsequenz, und sein Untergang
erscheint ebenso notwendig wie in Schillers Drama später derjenige Max Piccolominis, der ganz aus Egmonts Geist und Charakter ist. Erst in dieser Perspektive verstehen wir nun auch die Konstruktion des Dramas nach dem Prinzip des Bilderbogens
gänzlich konsequent, insofern die Teilhandlungen nicht in einer
fortschreitenden Entwicklung tragische Notwendigkeit konstituieren, sondern die feindliche Wirklichkeit panoramisch entfalten
sollen, an deren Heterogenität der Held scheitern muß: auf welche konkrete Weise, ist gleichgültig und in der Kette der
Geschehnisse daher nur oberflächlich und zufällig begründet.

So gesehen verliert auch die vielgescholtene, opernhafte
Schlußszene jede Anstößigkeit, ja: man kann sagen, daß in diesem
utopischen Traumbilde erst sich die Wege Goethes und Schillers
wieder begegnen. Die Antinomie des schönen Charakters zur
Geschichte und zur politischen Welt, das ist, auf einen kurzen
Nenner gebracht, das Thema des Stücks, und während Schiller
vom tragischen Helden erwartet, daß er sich in diesem Kampf
vom schönen in den erhabenen Charakter verwandele, seine
Anmut in Würde übergehe[39] und er somit erst aus der ästhetischen Sphäre in die der Geschichte übertrete, beharrt Goethe auf
dem menschlichen Bildungsrecht des Individuums in schroffer
Abgrenzung von den Erfordernissen der Gesellschaft, des Staates,
der geschichtlichen Welt. Er ist sich über den experimentellen
Status solcher Existenz im klaren und macht das an der Fremdheit Egmonts sichtbar, der nicht fremd ist durch Größe, womit er
sich den Erwartungen adäquat zeigte, sondern gerade dadurch,
daß er sich der historischen Herausforderung nicht gewachsen
erweist. Im utopischen Schlußbild ist allerdings, wie unkonkret
und märchenhaft auch immer, die Hoffnung enthalten, daß die

historische Welt, diese »Masse von Torheiten und Schlechtigkei-ten«[40] einmal überwunden und damit jenes Leben möglich sein wird, für das Egmont die Bedingungen fehlten: »Die göttliche Freiheit, von meiner Geliebten borgte sie die Gestalt; das reizende Mädchen kleidete sich in der Freundin himmlisches Gewand.«[41]

Mit der Niederschrift des ›Egmont‹ hatte Goethe im Herbst 1775 begonnen, mit vielen und langen Unterbrechungen zieht sich die Entstehungsgeschichte bis hin zur italienischen Reise, und erst 1787 im römischen Sommer ist das Stück umgearbeitet und fertig geworden. Der Vollendungszeitpunkt ist bedeutungsvoll, nicht nur hinsichtlich des Brabanter Konflikts, der den histori-schen Stoff unvermutet wieder aktuell machte, oder der vorrevo-lutionären Stimmung wegen, die es, freilich ganz zeittypisch, ein-fängt. Die italienische Reise ist in Goethes Leben insgesamt Ausdruck einer Krise, in die er in Weimar zunehmend geraten war, sowie auch schon das erste Stadium einer Lösung: die Dra-men, die Goethe während dieser Zeit schrieb und fertigstellte (›Egmont‹, ›Iphigenie‹, ›Tasso‹) ergründen sie in dramatischer Reflexion und tragischem Widerspruch in allen Richtungen. Goe-the sah seine politische Wirksamkeit weitgehend als gescheitert an, seine Reformpolitik war mißlungen, im Großen und im Klei-nen: bei der Sanierung des Bergwerks in Ilmenau ebenso wie bei der Steuerordnung, in der Agrarwirtschaft wie in dem Bemühen, das Land aus außenpolitischen, kriegerischen Verwicklungen her-auszuhalten. Doch wurde das Maß so recht erst voll, als auch der schriftstellerische Ertrag des ersten Weimarer Jahrzehnts wegen der vielfältigen Regierungsgeschäfte dürftig und unbefriedigend geblieben war. Goethe stand vor einem Scherbenhaufen, in dem sich allerdings Unterschiede ausmachen lassen: als Politiker kann er nur von einer Ruine als Ergebnis seines Wirkens sprechen, als Dichter von Fragmenten: dort ein Nicht-mehr, hier ein Noch-nicht, in Weimar abgegoltene, schal gewordene Vergangenheit, in Italien lebensvolle, ästhetisch aufgeladene Zukunft. Der Konflikt Egmonts ist auch der Konflikt seines Autors – und der war sich dieser Verbindung durchaus bewußt: »Noch eine andre Epoche denke ich mit Ostern zu schließen: meine erste (oder eigentlich meine zweite) Schriftsteller-Epoche. Egmont ist fertig . . . Daß ich meine älteren Sachen fertig arbeite, dient mir erstaunend. Es ist eine Rekapitulation meines Lebens und meiner Kunst, und indem ich gezwungen bin, mich und meine jetzige Denkart, meine neuere Manier, nach meiner ersten zurückzubilden, das was ich nur entworfen hatte, nun auszuführen; so lern ich mich selbst und meine Engen und Weiten recht kennen. Hätte ich die alten Sachen stehen und liegen lassen, ich würde niemals soweit gekommen sein, als ich jetzt zu reichen hoffe.«[42]

Die Schlußszene des ›Egmont‹ enthält – aus der Sicht von Goethes Lebenserfahrung betrachtet – in allegorischer Verschlüsselung das Programm seines Autors: sich künftig den politischen Anforderungen wo immer möglich zu verweigern. Egmonts Exodus ins Traumbild, die ästhetische Vorwegnahme der Versöhnung bleiben ihm allein noch übrig nach dem Scheitern aller seiner anderen Anstrengungen. Doch wäre es falsch, darin nur Resignation und Flucht zu sehen: es bedeutet auch eine ungeheure Befreiung, die Goethe erlebt, die Erfahrung der Unabhängigkeit und der Rechte des Individuums, nicht aufgeopfert zu werden der Gesellschaft, gar noch einer bestimmten Klasse dieser Gesellschaft, und sich seinen Fähigkeiten und Bedürfnissen gemäß in schöner Humanität zu entwickeln, so weit dies unter den gegebenen, starren Lebensbedingungen möglich ist. Und möglich ist das nur in der ästhetischen Sphäre.

Goethe ist sich der Generallinie seiner künftigen Lebensführung in Italien bewußt geworden, einen realistischen Sinn bekommen seine Gedanken erst in der Zusammenarbeit mit Schiller, ja das Modell Weimarer Klassik in seiner ganzen Wirkungsmacht und heute wieder bewußt werdenden Aktualität, das der Bildung des Individuums den Vorrang gibt, sie aber mit einem Kulturplan verknüpft, in dem die individuellen Grenzen aufgehoben sind, dieser zugleich lebenspraktische wie utopische Entwurf ist nicht allein das Ergebnis einer Distanzierung (geographisch und geistig zugleich), sondern auch einer erneuten Annäherung, die nun aber in der eigenen Sphäre bleibt. Insofern stimmt es zwar, daß es Schiller war, der mit dem ihm eigenen diplomatischen Geschick den aus Italien zurückgekehrten Goethe für seine Zwecke zu gewinnen vermochte, aber der Boden zu dieser künstlerischen

Allianz, die an die Stelle der politischen treten sollte, war denkbar günstig vorbereitet. Das zeigt sich auch an dem anderen Stück, in dem Goethe sein Leben und dessen soziale Bestimmung rekapituliert: im Künstlerdrama ›Torquato Tasso‹, in welchem das Egmont-Thema von der Antinomie des schönen Charakters zur historisch-politischen Sphäre noch verschärft wird; zuletzt bietet nämlich auch die Konzentration auf die Kunst, der ästhetische Zustand des Lebens keine Versicherung vor dem lebensbedrohenden Konflikt, welchem Egmont zum Opfer fiel. Tasso: »So seh' ich mich am Ende denn verbannt, / Verstoßen und verbannt als Bettler hier! / So hat man mich bekränzt, um mich geschmückt / Als Opfertier vor den Altar zu führen! / So lockte man mir noch am letzten Tage / Mein einzig Eigentum, mir mein Gedicht / Mit glatten Worten ab und hielt es fest!«[43]

Goethe hat später, 1827, auserücklich der Deutung Ampères zugestimmt, wonach er sich im ›Tasso‹ »von demjenigen frei zu machen 〈versucht habe〉, was mir noch immer aus meinen weimarischen Eindrücken und Erinnerungen Schmerzliches und Lästiges anklebte. Sehr treffend nennt er 〈Ampère〉 daher auch den ›Tasso‹ einen gesteigerten ›Werther‹.«[44] Doch so unvermittelt, wie auch manche Weimarer Zeitgenossen und vor allem Zeitgenossinnen Goethe und seine Umgebung in dem Stück (es wurde 1789 nach fast zehnjähriger Arbeit in Rom fertig) gespiegelt sehen wollten, darf man den lebensgeschichtlichen Zusammenhang nicht sehen. Ein gesteigerter ›Werther‹ ist das Drama mindestens auch in dem Sinne, als es die ästhetische Verfremdung, die Formkunst, sehr viel weiter getrieben zeigt als im frühen Roman. Das hängt mit dem historischen Sujet zusammen, mit der Verssprache, aber paradoxerweise auch mit Goethes italienischen Erfahrungen, die ihm die Hofkultur der italienischen Renaissance greifbar nahe brachtcn. (»Den größten Theil meines Aufenthalts in Florenz verbrachte ich in den dortigen Lust- und Prachtgärten. Dort schrieb ich die Stellen, die mir noch jetzt jene Zeit, jene Gefühle unmittelbar zurückrufen.«[45])

Rekapitulation des Lebens; doch vielfach gebrochen und im literarischen Kunstwerk so verarbeitet, daß ›Torquato Tasso‹ zum Drama des modernen Künstlers wurde und selbst die Bin-

dung an die höfische Gesellschaft – gar in Gestalt des Weimarischen Musenhofes – heute nur noch von untergeordneter Bedeutung erscheint. Noch mehr als im ›Egmont‹ spielt sich hier die
eigentliche Handlung jenseits der empirischen Ereignisse ab, oder
vielmehr diese sind bloß die Abdrücke eines verborgenen Geschehens in der Erscheinungswelt. Derart beginnt das Stück mit einer
der längsten (nimmt man ›Wallensteins Lager‹ mit seiner mehrfachen Zwecksetzung einmal aus) Charakterexpositionen in der
Geschichte des deutschen Dramas. Zwei Auftritte lang steht
Tasso ausgesprochen oder unausgesprochen im Mittelpunkt der
Szene, ohne doch auch wirklich in Person schon hervorzutreten.
Diese Form des Indirekten, so daß das eigentlich Gemeinte, die
wirklich verhandelte Hauptsache vom Leser und Zuschauer
erschlossen, entdeckt werden muß, bestimmt die ästhetische
Struktur. Wenn Leonore Sanvitale den frohen Frühlingskranz, die
Prinzessin den ernsten Lorbeer, wenn die eine Ariosts ›Orlando
furioso‹, die andere Vergil bevorzugt, so werden damit nicht nur
Temperament und Charakter in ihrer Verschiedenheit herausgestellt, sondern ebenso ihre literarischen Vorlieben und ihr Dich-
terbild, in das sich natürlich die Züge des Hofdichters Tasso, die
Erwartungen und Beziehungen mischen, die sie mit seiner Person
und Berufung verbinden. Auch als die beiden Frauen sich ihm
direkt zuwenden, sprechen sie in Gleichnissen und Bildern, nicht
viel anders als vorher. »In diesem eignen Zauberkreise wandelt /
Der wunderbare Mann und sieht uns an, / Mit ihm zu wandeln,
teil an ihm zu nehmen: / Er scheint sich uns zu nahn, und bleibt
uns fern ⟨…⟩«[46] Damit ist schon das Stichwort gefallen, unter
dem man Tassos Existenz bei Hofe am genauesten fassen kann: er
ist in aller scheinbaren Nähe doch der Ferne und Fremde, den es
in diese ihm unangemessenen Lebensverhältnisse verschlagen hat
und der an ihnen scheitert. Als Herzog Alfons hinzutritt,
bekommt diese Unzugehörigkeit einen besonderen gesellschaftlichen Akzent, wird als »ein alter Fehler«[47], als Ungeselligkeit und
Ungeschliffenheit, schließlich als Weltfremdheit, ja Lebensun-
tauglichkeit getadelt. In diesem Licht erscheint dann allein der
Hof, übrigens ganz renaissancehaft und auch der Überzeugung
des 18. Jahrhunderts gemäß, als Schule des Lebens und Hort der

Kultur; die Folgerung des Herzogs gehört freilich ganz Goethes Zeit an: »Ich nehme meinen Teil des Ruhms davon ⟨von des Dichters Werk⟩, / Und er wird in das Leben eingeführt.«[48] Ein Tauschgeschäft, das, wie das Stück lehrt, zuletzt dann doch allein auf Kosten des Dichters geht.

Denn er lebt in einem existenziellen Mißverhältnis zur Sphäre des Hofes, den man hier nicht bloß als Abbild feudaler Verhältnisse auffassen darf, der darüber hinaus die Welt repräsentiert und das theatrum mundi in seiner glänzendsten und zweideutigsten Form darstellt.[49] Dieses, wir erinnern uns, eigentlich barocke Lebensgleichnis war im 18. Jahrhundert ja durchaus noch gebräuchlich, wenn es seinen symbolischen Gehalt auch mehr und mehr zugunsten einer realistischen Auffassung verlor. Tassos Schicksal wird dadurch nur um so aussichtsloser, denn es gibt für ihn kein Entrinnen, die Entfernung nach Florenz oder Rom, die ihm auch Leonore aus nicht uneigennützigen Motiven anrät (»Soll ich dir raten, so begibst du dich / Erst nach Florenz und eine Freundin wird / Gar freundlich für dich sorgen.«[50]), würde keine Rettung bringen, weil nicht im Ort oder in der Gesellschaft, sondern in ihm selber die Gründe seines existenziellen Scheiterns liegen, die zugleich die Gründe seines künstlerischen Gelingens sind: ausgerechnet Alfons spricht diese Wahrheit aus. »Dich führet alles, was du sinnst und treibst, / Tief in dich selbst. Es liegt um uns herum /Gar mancher Abgrund, den das Schicksal grub; / Doch hier in unserm Herzen ist der tiefste, / Und reizend ist es, sich hinabzustürzen. / Ich bitte dich, entreiße dich dir selbst! / Der Mensch gewinnt, was der Poet verliert.«[51] Das Ansinnen beantwortet Tasso mit dem berühmten Seidenwurm-Gleichnis, das auf unerhörte Weise die Existenz des modernen Künstlers in seiner ganzen Ausweglosigkeit faßt; die Gesinnung, die aus ihm spricht, gehört schon ganz der Goethezeit an. »Wenn ich nicht sinnen oder dichten soll, / So ist das Leben mir kein Leben mehr. / Verbiete du dem Seidenwurm, zu spinnen, / Wenn er sich schon dem Tode näher spinnt: / Das köstliche Geweb' entwickelt er / Aus seinem Innersten und läßt nicht ab, / Bis er in seinen Sarg sich eingeschlossen.«[52] Kann man die Erkenntnis, »daß es die blanke Subjektivität des Künstlers selber ist, die sich zu zeigen gedenkt und der es deshalb ⟨...⟩ auf eine Produktion ⟨ankommt⟩, in welcher das hervorbringende *Subjekt* nur sich selber zu sehen gibt«[53], kann man die desperate Seite des nur noch seiner Subjektivität verpflichteten modernen Künstlers poetischer und zugleich radikaler fassen?

Die Kollisionen dieser ihrem Wesen nach maß- und gesetzlosen künstlerischen Subjektivität zeigt das Drama in einer Kette von Steigerungen. Es beginnt mit der Krönungsszene (I,3), die das Mißverhältnis zwischen modernem Künstler und seiner längst vergangenen Bestimmung zum Ausdruck bringt, so daß Tasso den Kranz Vergils, des Dichters als eines Propheten und Führers, nicht ertragen kann; setzt sich fort im schiefen Gespräch zwischen der Prinzessin und Tasso, in dem beide aneinander vorbeireden und also der Dichter selbst der Geliebten ein Fremder bleibt; findet seinen ersten Höhepunkt in der Auseinandersetzung mit Antonio (II,3), der ihm die Augen öffnet über seine wahre Stellung bei Hofe und in der Welt. Es zeugt von Goethes feinem Kunstsinn (und entbehrt auch lebensgeschichtlich nicht einer gewissen bitteren Pikanterie), daß der eigentliche tragische Höhepunkt ganz traditioneller Weise im dritten Akt durch Aussparung bedeutet wird. Nichts anderes kann das Unglück seiner Verbannung am sinnfälligsten machen als seine Abwesenheit von der Szene.

Der Dichter, ein Außenseiter, verbannt in die Welt und an den Hof. Das ist die Bedeutung, die der Arrest für Tasso hat, er faßt die Bedingungen seiner Existenz im Realsymbol. Aus dieser erschütternden Erkenntnis erklärt sich seine maßlose, der höfischen Umgebung ganz unverständliche Reaktion auf eine auch in ihrem Kontext zwar symbolische, doch ganz anders symbolische, nämlich bildliche Strafe, die ihr als milder Verweis gilt. Zur Katastrophe und zugleich zur äußersten Zuspitzung des Mißverhältnisses in seinem Dasein kommt es, als Tasso verzweiflungsvoll mit dem Mute dessen, der nichts zu verlieren hat, den Ausbruch wagt und versucht, enthusiastisch und gewaltsam, in der Sprache des Gefühls und der Unmittelbarkeit seine Isolation zu durchbrechen: im Moment der scheinbar größten Übereinstimmung mit der scheinbar verwandtesten Seele, der Geliebten, verflüchtigt sich

auch die letzte Hoffnung seines Daseins, vor dessen nun endgültig aufgedecktem Anblick Tasso völlig vernichtet steht (V,4).

Auch ›Torquato Tasso‹ müssen wir als analytisches Drama
lesen, an tragischer Wucht dem ›Ödipus‹ vergleichbar, auch in
Goethes Stück wird der Held unerbittlich an die Wurzeln seiner
Existenz geführt, und er selber (mit Antonio als Katalysator) ist
es, der diesen Detektionsprozeß betreibt und zum katastrophalen
Ende führt. Alles, was zur tragischen Kollision beiträgt, ist
schließlich vor allem Anfang schon da, wird in den Szenen der
Charakterexposition (I,1 ff.) und auch im Bewußtsein Tassos
(II,1) schon zum Vorschein gebracht, wenn auch noch undeutlich
und verworren, und braucht in der Folge nur entwickelt zu werden. Was dem in die innere Freiheit seiner Subjektivität unentrinnbar eingeschlossenen Dichter bleibt, ist wirklich nur noch
die künstlerische Hervorbringung dieser Subjektivität im Werk:
»Hilft denn kein Beispiel der Geschichte mehr? / Stellt sich kein
edler Mann mir vor die Augen, / Der mehr gelitten, als ich jemals
litt, / Damit ich mich mit ihm vergleichend fasse? / Nein, alles ist
dahin! – Nur *eines* bleibt: /Die Träne hat uns die Natur verliehen,
/ Den Schrei des Schmerzens, wenn der Mann zuletzt / Es nicht
mehr trägt – Und mir noch über alles – / Sie ließ im Schmerz
mir Melodie und Rede, / Die tiefste Fülle meiner Not zu klagen:
/ Und wenn der Mensch in seiner Qual verstummt, / Gab mir ein
Gott, zu sagen, wie ich leide.«[54]

Daher ist Tasso auch der melancholische Künstler in einem
neuen Verständnis, das, denken wir an die romantische Schule,
seine ganze Wirksamkeit noch entfalten sollte. Sein Hang zur
Einsamkeit zieht Argwohn nach sich, der Argwohn dann Men-
schenfurcht und diese wiederum Misanthropie – und alle diese
Melancholiesymptome kulminieren in Tassos Wahnvorstellungen.
Was einst als Auszeichnung und Ausweis aller außerordentlichen
Geister, der Herrscher, Feldherren und Dichter angesehen wurde,
die göttliche Melancholie, die heilige Krankheit, wird von Goethe
in die moderne Dichtermelancholie umgedeutet[55], die kein Rang-
zeichen mehr ist, sondern Menetekel seines unheilbar versehrten
Daseins: Symptom und Symbol der Widersprüche zwischen
Kunst und Leben, Künstler und Gesellschaft, historischer Wirk-

lichkeit und der dichterischen Möglichkeit, deren einziges Korrelat jenes neue »Sonnental« des Paradieses ist, wo in Tassos Gleichnis der Seidenwurm »die Flügel rasch / Und freudig zu entfalten« vermag.[56] Daß dem modernen Künstler als Paradigma der Moderne überhaupt zuletzt für sein empirisches Dasein keine andere Rettung bleibt als die Identifikation mit dem feindlichen Prinzip (»So klammert sich der Schiffer endlich noch / Am Felsen fest, an dem er scheitern sollte.«[57]), das Arrangement mit den Kräften, die ihn zerstören, geht über bloße Resignation hinaus und zielt auf jenen Goetheschen Begriff der aktiven Versagung[58] oder Entsagung, die dennoch eine Bestätigung des Lebens ist und sich in Goethes gesellschaftlicher Wirksamkeit auch nach der Rückkehr aus Italien aufs schönste gezeigt hat.

3. Dramatische »Nachbildungen des Zeitsinnes«: Goethes Revolutionsstücke

Goethes Zeitdramen haben nicht einmal bei seinen Freunden Anklang gefunden (über den ›Bürgergeneral‹ bemerkt er: »das Stück brachte die widerwärtigste Wirkung hervor, selbst bei Freunden und Gönnern, die, um sich und mich zu retten, hartnäckig behaupteten: ich sei der Verfasser nicht ⟨...⟩«[59]), auch er selber findet keine guten Worte, spricht von Zeugnissen seines »ärgerlich guten Humors«[60] und kann der allgemeinen Mißachtung, man spürt es auch im Gespräch mit Eckermann (4. Januar 1824), doch nicht gänzlich beistimmen. Das liegt gewiß an der lebensgeschichtlichen Bedeutung dieser Stücke für ihn selbst, aber auch an dem Mißverständnis des Publikums, das sie, wie er merkte, mit einem Sinn belastete, der mit ihnen gar nicht gemeint war. »Aber auch aus diesem gräßlichen Unheil ⟨nach der Hinrichtung des Königs⟩ suchte ich mich zu retten, indem ich die ganze Welt für nichtswürdig erklärte«[61], erinnert er sich und bezeichnet damit einen psychologischen Mechanismus, angsterregende übermächtige Bedrohungen durch Verkleinerung und Herabsetzung zu bewältigen. Eine Technik aller komischen und satirischen Dichtung und von Goethe ganz bewußt gehandhabt, nicht nur in seinem Verhältnis zur Französischen Revolution. War nicht schon die Entscheidung für Weimar, den überschaubaren und in nichts außerordentlichen Kleinstaat, auch von diesem Bedürfnis diktiert, und kann man nicht gerade den Klassizismus Goethes, seine Vorliebe für Symmetrie, Ordnung, Harmonie auch als eine völlig legitime künstlerische Methode betrachten, alles bedrohlich Irreguläre und Verworrene gleich einer Krankheit nicht bloß abzuwehren, sondern künstlerisch aufzuheben?

Sieht man von dem Fragment ›Das Mädchen von Oberkirch‹ ab, das nur aus zwei Szenen besteht, so hat sich Goethe in vier Stücken eingehend mit dem Thema der Französischen Revolution befaßt: ›Der Groß-Cophta‹ (1791), ›Der Bürgergeneral‹ (1793), ›Die Aufgeregten‹ (1793, Fragment, zwei Akte) und schließlich ›Die natürliche Tochter‹ (1803), die als der erste Teil einer Dramentrilogie geplant war, aber darüber nicht hinauskam. Die drei früheren hängen zeitlich, thematisch und ihrer Zwecksetzung nach eng zusammen; das Trauerspiel von 1803, ihnen auch ästhetisch weit überlegen, hatte Goethe als eine Summe seiner politischen Ansichten angelegt. Die Dramen und dramatischen Projekte vorher muß man also einerseits gewiß als Vorstufen betrachten, andererseits als Zeugnisse eines bewußten Willens, dem großen Thema provokativ und polemisch auf ganz unangemessene Weise zu begegnen, ja diese Unangemessenheit zum eigentlichen dramaturgischen Programm zu machen. Daß diese Lösung auch heute ästhetisch nicht zu überzeugen vermag, versteht sich, doch nicht wegen des Prinzips der Unangemessenheit selber, sondern weil der Zerrspiegel, mit dem Goethe die zeitgeschichtlichen Ereignisse beleuchtete, den zeit- und ortsgebundenen Verhältnissen allzusehr verhaftet bleibt und schon den Schein für das eigentliche Wesen nimmt: Nur die Oberfläche wird verzerrt.

Doch das geschieht auf durchaus vergnügliche – und, wie etwa Augusto Fernandes' Hamburger Inszenierung des ›Groß-Cophta‹ (1983) zeigte, theaterwirksame – Weise, mit Einsichten nebenbei, die erst im Lichte unserer Erfahrung so recht zur Geltung kommen. Der Stoff des ›Groß-Cophta‹ geht zurück auf die Halsbandaffäre des ausgehenden Ancien Régime, die gewiß zur Vorgeschichte der Französischen Revolution gehört und allgemein als spektakuläres Indiz für den sittlichen Verfall der höfischen Gesellschaft aufgenommen wurde, jedoch über diese vor allem propagandistische Bedeutung hinaus wenig Aussagekraft besitzt und eher eine farbige Verzierung am Rande der Weltgeschichte darstellt. Goethe hat sie zum Angelpunkt einer Sittenkomödie gemacht, in welcher auch eine andere Figur des zeitgenössischen Sensations-Interesses, der Graf Cagliostro, seine Rolle als Logen-Chef und oberster Eingeweihter in die ägyptischen Mysterien spielt. Das eigentliche Thema, das sich aber für uns herausschält, nachdem die Zeit alle Schlacken hat abfallen lassen, ist von höchster Aktualität: die Fabrikation des täuschenden Scheins, die Fälschung der Wirklichkeit und die Manipulation des Publikums. Ihr Urheber im Stück: »Graf Rostro, der größte und wunderbarste aller Sterblichen«[62], wie ihn der Marquis nicht ohne Ironie nennt, denn er selbst ist nur ein lauer Anhänger des Magiers und von der Marquise gewarnt, die ihn durchschaut, weil sie aus dem gleichen Stamme ist und das gleiche täuschende Geschäft betreibt. Die Entstehung und skrupellose Ausbeutung betrügerischer Mythen, der Kollektivwahn mit seinen lächerlichen Ausgeburten, die Projektion eigener Wünsche und Bedürfnisse in einen Wundermann werden in verschiedenen, sich steigernden Fällen durchgespielt, wobei die Kriminalhandlung von dem gestohlenen Halsband nur eine beiherspielende und die Entlarvung des Groß-Cophta motivierende Funktion hat.

Alle angeblichen Zaubereien und übernatürlichen Kräfte, die der Graf bestochenen Dienern, niederen Tricks, der eigenen Beredsamkeit, Menschenklugheit und Geistesgegenwart, aber auch der wohlstimulierten Einbildungskraft seines begierigen Publikums im Stück verdankt, sind nur dazu da, ein Klima der Unsicherheit und Angst zu erzeugen, das seine Anhänger zu Werkzeugen seines Geistes macht. Und sie fallen ihm, mit einer Ausnahme, alle zum Opfer, ja Goethes Drama präsentiert in exemplarischen Szenen die pessimistische Einsicht in die Manipulierbarkeit aller Menschen, der Leichtgläubigen und der Skeptiker, der Idealisten und selbst der Betrüger; es gilt, sie nur richtig zu präparieren. Der Domherr, in Ungnade gefallen und von unseliger, aussichtsloser Leidenschaft zur Prinzessin zermürbt, ist das

leichteste Opfer, das schwerste die Marquise: ihr Mißtrauen fällt
erst, nachdem die eigene Situation so aussichtslos geworden ist,
daß wirklich nur ein Wunder sie noch retten könnte: und schon
hält sie genau das, aller vernünftigen Einsicht zum Trotz, auch
für möglich (V,7). Im Mittelpunkt jedoch steht der Kampf des
Grafen um die Seele des Ritters. Der tritt uns als der Typ des reinen Toren und Weltverbesserers entgegen, ein idealistischer Jüngling nach dem Geschmack der siebziger Jahre. Doch gute Absicht
und reine selbstlose Ideologie helfen ihm nicht, Rostro benutzt
diese unverdächtigen Motive virtuos zu seinem Zwecke und
macht, auf dem Höhepunkt des Dramas (III,6), den Ritter zur
willenlosen Marionette in seiner Hand. An ihm demonstriert das
Stück noch mehr als die Allmacht der Täuschung: die Dialektik
der Aufklärung. Denn die Augen geöffnet hat dem Ritter die
Nichte, das unverdorbene Mädchen vom Lande, das, kaum hat es
die höfische Gesellschaft aufgenommen, auch von ihr schon zum
Instrument gemacht wird: verführt vom Marquis und von der
Marquise und dem Grafen für ihre betrügerischen Ziele mißbraucht, steht sie hilflos da, wird sogar vom Ritter mit denen
identifiziert, die ihr Unglück waren. »O hätte dieser Mann
geglaubt, daß meine Gesinnungen aufrichtig seien, so wären wir
alle nicht, wo wir sind. Ritter, Sie haben nicht edel gehandelt.«[63]
Die Aufklärung – so die Lehre am Schluß – hat nur eine neue
Täuschung erzeugt, in deren Lichte Täter und Opfer nicht mehr
zu unterscheiden waren. Des Ritters Eingeständnis, »ich habe
nicht recht gehandelt«[64], bestätigt die Zweideutigkeit des Geschehens.

Der Gegensatz von Schein und Sein und die Verführbarkeit des
Publikums, das eigentlich, nach aufklärerischer Theorie, die neue
bürgerliche Öffentlichkeit als Medium der Vernunft konstituieren sollte, spielt auch in den beiden folgenden Stücken noch eine
Rolle: im ›Bürgergeneral‹, in dem der Gauner Schnaps die revolutionäre Maskerade nur benutzt, um sich derart etwas für den
Magen zu erschleichen, oder in den ›Aufgeregten‹, wo der Amt-
mann das entscheidende Dokument verborgen hält, das mit
einem Schlag den Schein von Ungerechtigkeit und Willkür aufheben könnte. Doch tritt das Thema nun in den Hintergrund, und

an seine Stelle rücken andere Bezugspunkte, die im ›Groß-Cophta‹ nur nebenbei oder verdeckt wirksam waren.

›Der Bürgergeneral‹, eine Typenkomödie nach italienisch-französischem Vorbild, handelt nur sehr vermittelt von der Revolution, betreibt deren spießige Verballhornung unter kleinstdeutschen, dörflichen Verhältnissen. Schnaps berichtet dem leichtgläubigen Märten von seiner angeblichen Begegnung mit dem Abgesandten des Jakobinerklubs und seinem Auftrag: »So fangt die Revolution in Eurem Dorfe an.«[65] Tatsächlich ist das Stück, liest man es aus der Entfernung und erkennt den dörflichen Schauplatz als Sinnbild der zurückgebliebenen deutschen Zustände, eine böse Satire auf Revolution in Deutschland, die auch weiterhin ihre Gültigkeit behalten sollte. Illustration von Hegels historischer Erfahrung, daß alle Begebenheiten der Weltgeschichte zweimal auftreten: das erste Mal als Tragödie, das zweite Mal als Farce. Und wirklich sahen die revolutionären Umtriebe in Deutschland aus kritischer Distanz meist nicht sehr viel anders aus, als Goethe sie im Stück schildert, und deren Verspottung als Dorfgeschichte verfügt auch schon über eine längere Tradition, die dann in den Kleinbürgerromanen der Epoche zur bloß unterhaltlichen Posse entschärft werden sollten; ihre ursprüngliche Intention kommt erst in den Revolutionskomödien des Vormärz wieder zur Geltung. Auch der von Goethe gewiß nicht sarkastisch gemeinte, wenn auch bald schon so wirkende, alle Sturm-im-Wasserglas-Wirren lösende Schluß bezeichnet die historische Wirklichkeit: »Wir haben nichts zu befürchten«, beschwichtigt der Edelmann die aufgeregten Gemüter. »Kinder, liebt euch, bestellt euren Acker wohl und haltet gut haus.«[66]

Daß sich in solchen Sätzen ein Lebensprogramm mit politischen Konsequenzen verbirgt, versteht sich, und Goethe hat es in ›Hermann und Dorothea‹ auch künstlerisch befriedigend bewältigt. Doch darf man die Stücke nicht aus ihrem Zusammenhang lösen, nicht vergessen, welches Bild vom Hof Goethe im Tasso entworfen hat und wie illusionslos er das bürgerliche Publikum, diese »närrische Karikatur des Demos«[67] beurteilte. Denn wenn der »Edelmann«, von Goethe zwar sicher als Muster und Idealbild der höfischen Gesellschaft gemeint und mit den Vorzügen von

Castigliones Cortegiano ausgestattet, mit schönen Worten sein Regierungsprogramm erläutert (»In einem Lande, wo der Fürst sich niemand verschließt; wo alle Stände billig gegeneinander denken; wo niemand gehindert ist, in seiner Art tätig zu sein; wo nützliche Einsichten und Kenntnisse allgemein verbreitet sind – da werden keine Parteien entstehen.«[68]), wenn dann die zuhörende Röse andächtig bemerkt »Es hört sich Ihnen so gut zu!« und Görge bekräftigt: »Wahrhaftig, Röse! – Reden Sie weiter gnädiger Herr!«[69], dann fällt es schwer, die Ironie zu überhören, mit der hier spießiger Untertanengeist bedacht wird und durch welche der Autor die dramatische Konstellation des Stückes insgesamt zweideutig gemacht hat.

Gleichwohl muß man den absichtsvoll so genannten ›edlen Mann‹ im ›Bürgergeneral‹ mit seinen Ansichten als Parteigänger der Gräfin in den ›Aufgeregten‹ ansehen. »Als Repräsentanten des Adels hatte ich die Gräfin hingestellt«, notierte Eckermann Goethes erläuternde Bemerkungen zum Stück, »und mit den Worten, die ich ihr in den Mund gelegt, ausgesprochen, wie der Adel eigentlich denken soll. Die Gräfin kommt soeben aus Paris zurück, sie ist dort Zeuge der revolutionären Vorgänge gewesen und hat daraus für sich selbst keine schlechte Lehre gezogen. Sie hat sich überzeugt, daß das Volk wohl zu drücken, aber nicht zu unterdrücken ist und daß die revolutionären Aufstände der unteren Klassen eine Folge der Ungerechtigkeit der Großen sind. Jede Handlung, die mir unbillig scheint, sagt sie, will ich künftig streng vermeiden, auch werde ich über solche Handlungen anderer in der Gesellschaft und bei Hofe meine Meinung laut sagen. Zu keiner Ungerechtigkeit will ich mehr schweigen, und wenn ich auch unter dem Namen einer Demokratin verschrien werden sollte!

Ich dächte, fuhr Goethe fort, diese Gesinnung wäre durchaus respektabel! Sie war damals die meinige und ist es noch jetzt.«[70]

Natürlich hat gerade dieses Stück, Goethe betont es verdrießlich, viel politischen Unmut hervorgerufen, und wirklich erscheint es zunächst wie eine kritiklose Empfehlung des feudal-bürgerlichen Ständekompromisses, der in der deutschen Geschichte des 19. Jahrhunderts so fatale Folgen haben sollte.

Exemplarisch in dem Gespräch zwischen Gräfin und Luise (II,4), wo es »die guten häuslichen Gesinnungen« und Tugenden des bürgerlichen Mädchens sind[71], die zur Erziehung Friederikes gebraucht werden, andererseits Luise die gesellschaftliche Kultur, »gesitteten und verständigen Umgang« vermittelt erhält und zu der Einsicht gelangt: »Wer die Menschen nicht kennte, würde sie jetzt leicht kennen lernen. So viele nehmen sich der Sache der Freiheit, der allgemeinen Gleichheit an, nur um für sich eine Ausnahme zu machen, nur um zu wirken, es sei, auf welche Art es wolle.« Worauf die Gräfin trocken erwiderte: »Sie hätten nichts mehr erfahren können, und wenn Sie mit mir in Paris gewesen wären.«[72] Exemplarischer aber noch, wenn Gräfin und Hofrat im Gespräch das jeweils entgegengesetzte Standesideal als eigene Zielvorstellung reklamieren (II,1): Die eine will die demokratischen bürgerlichen Tugenden der Gerechtigkeit, Gedankenfreiheit und Menschlichkeit zu Maximen ihrer künftigen Handlungen machen; der andere (»eben deswegen, weil ich ein Bürger bin, der es zu bleiben gedenkt«[73]) erkennt in aristokratischer Gesinnung und Geschlechterstolz die kulturellen Werte an.

Allein, was bedeuten diese die Klassengrenzen überschreitenden Vorstellungen wirklich? Goethe hat sie als Ideale gekennzeichnet, als Leitbilder zukünftigen Verhaltens, nicht als soziale und kulturelle Wirklichkeit, die ihm vielmehr – ohne Rücksicht auf die Standeszugehörigkeit – korrumpiert und verderbt vorkommt: die Revolution erweist sich als bloßer Minoritätenaustausch um der nun bürgerlichen selbstischen Zwecke willen. Obendrein droht in seinen Augen jene Kulturlosigkeit und Barbarei wiederzukehren, »welche für ewig zu beschwichtigen sich das Königtum vor Jahrhunderten kräftig eingesetzt hatte«[74]. Bildungsideale stellen nichts anderes als vorbildliche Konstruktionen des einleuchtend Wahren in der kulturellen Überlieferung dar, Maßstäbe also, mit denen sich eine Gesellschaft musterhaft selbst entwirft – was lag da näher, als die politische Praxis an diesen Idealen zu überprüfen, nicht im Sinne rückwärts gewandter Vergoldung, sondern ihrer erneuten Aktivierung gegen den Zerfall der Menschlichkeit. Goethe beabsichtigt eine Allianz der Bildungsideale als Wertkategorien und Bestimmungen der Vollkommenheit, weil er, hellsichtig genug, die unheilvollen Folgen voraussieht, die der Traditionsabbruch durch Revolution und durch die Ablehnung einer Erbschaft haben kann, die aus der »Reihe tapferer, bekannter, ehrenvoller Väter« hervorgeht.[75] Nicht korrumpierender Kompromiß zweier Gesellschaftsklassen – jede auf ihre Weise kulturell depraviert und moralisch zerrüttet –, sondern Allianz ihrer unabgegoltenen, weil längst nicht verwirklichten Ideale. Und dafür, spottet Goethe zu Recht, »nannte man mich einen *Freund des Bestehenden.* Das ist aber ein sehr zweideutiger Titel, den ich mir verbitten möchte. Wenn das Bestehende alles vortrefflich, gut und gerecht wäre, so hätte ich gar nichts dawider. Da aber neben vielem Guten zugleich viel Schlechtes, Ungerechtes und Unvollkommenes besteht, so heißt ein Freund des Bestehenden oft nicht viel weniger als ein Freund des Veralteten und Schlechten.«[76]

Goethe hat ›Die Aufgeregten‹ nicht fertiggestellt, der dramatische Konflikt hätte nicht genug Tragfähigkeit besessen, um die sich auf Nebenschauplätzen zerfasernde Handlung wirklich zusammenzuhalten. Seinem geistigen Gehalt nach stellt aber schon das Fragment die in den politischen Stücken vorher entwickelten Ansichten in differenzierter Weise und Form dar. Bürger- und Adelskritik vereinigen sich mit der farcenhaften Abschilderung deutscher Revolutionscharaktere zu dem einen Ziel, die ursprünglichen, aber längst verratenen Bildungsideale ihrer unabgegoltenen, eminent praktischen Bedeutung nach zur Geltung zu bringen: wahrhaftig nicht zugunsten des Bestehenden. Den unzweifelhaften Höhepunkt dieser Tendenz in ihrer dramatischen Bearbeitung bringt das 1802 begonnene, als erster Teil einer nie zuendegeführten Trilogie geplante und 1803 fertiggestellte Trauerspiel ›Die natürliche Tochter‹.

Eugenie, die natürliche Tochter im Drama, hat ein historisches Vorbild in Stéphanie-Louise de Bourbon-Conti, deren ›Mémoires historiques‹ (1798) Goethe schon ein Jahr nach dem Erscheinen durch Schiller kennengelernt hat; bis in Einzelheiten der Charakter- und Handlungskonzeption folgt er der Quelle. Doch nicht etwa aus diesem Grunde verdient die ›Natürliche Tochter‹ von allen Stücken Goethes am ehesten die Bezeichnung eines historischen Dramas. »In dem Plane bereitete ich mir ein Gefäß, worin ich alles, was ich so manches Jahr über die Französische Revolution und deren Folgen geschrieben und gedacht, mit geziemendem Ernste niederzulegen hoffte.«[77] Selbst über diese Absicht geht das Stück hinaus, und nicht zufällig überschneiden sich seine Entstehungsdaten mit dem Veröffentlichungszeitpunkt von Schillers ›Jungfrau von Orleans‹ (1802): beides sind Dramen, die nicht bloß geschichtliche Zustände als Sujet behandeln, sondern eine umfassende Deutung von Geschichte überhaupt geben wollen und dies beide durch das Medium einer überragenden Frauenfigur versuchen. Uraufgeführt wurde ›Die natürliche Tochter‹ am 2. April 1803 in Weimar, das Stück fand beim Publikum wenig Anklang, die Freunde, wie Herder oder Schiller, schätzten es hoch, doch ist es ein Stiefkind unseres Theaters geblieben bis heute, weil es aus der dramatischen Literatur der Zeit herausfällt und die Fabel, trotz aller symbolisch-allegorischen Einrichtung, viel mehr an die Funktionen der höfischen Gesellschaft (Königtum – Adel, Geschlechterfolge) gebunden bleibt, als dies etwa bei Schillers fast gleichzeitigem themenverwandten »romantischen Trauerspiel« der Fall ist.

Schon das Personenverzeichnis verrät etwas über das Programm des Stücks: allein Eugenie finden wir namentlich verzeichnet, alle anderen Personen erscheinen als Repräsentanten und Funktionsträger, als »König« oder »Herzog«, »Sekretär« oder »Gerichtsrat«. Vollends in eine unhistorische Sphäre versetzt fühlt man sich in der ersten Szene des ersten Aufzugs: »*König.* Das flücht'ge Ziel, das Hunde, Roß und Mann, / Auf seine Fährte bannend, nach sich reißt, / Der edle Hirsch, hat über Berg und Tal / So weit uns irr' geführt, daß ich mich selbst, / Obgleich so landeskundig, hier nicht finde.«[78] Fabeln dieser Art kennt jeder, aus den höfischen Ritterromanen, aus Märchen und Sage, aus der Abenteuerliteratur aller Zeiten. Immer führt die Jagd nach außen, in Wildnis als Abenteuerlandschaft, das seltene, flüchtige Tier lockt weit hinein, auf den Weg des Irrens und der Bewährung. So auch hier. Die Jagd ist der Anlaß, daß der Herzog dem Könige die Identität der Tocher entdeckt, seine Absicht, sie zu legitimieren und auf den hohen Platz in der höfischen Hierarchie zu stellen, der ihr gebührt. Doch schließt an dies Gespräch gleich der Höhepunkt der allegorischen Jagdszene an: Eugenie, »die Amazonentochter, / Die in den Fluß dem Hirsche sich zuerst / Auf raschem Pferde flüchtig nachgestürzt«, hat ihn bis auf die Höhe eines Felsgesteins verfolgt, da »gehn dem Pferde / Die letzten, schmalen Klippenstufen aus, / Es stürzt herunter, sie mit ihm«[79].

Man darf diese Expositionsszenen nicht buchstäblich auf einen Jagdausflug und Jagdunfall beziehen. Goethe benutzt ein altes Initiations- und Abenteuermotiv, um damit etwas anderes zu bedeuten: des »Entfernten Weltgetöses« Gegensphäre[80], einen Raum, wo die Geschichte gleichsam ihr Recht verloren hat und den Ereignissen ein anderer Sinn zukommt. In diesem künstlichen Bildsystem, dessen einzelne Teile in einem vieldeutigen allegorischen Verweisungszusammenhang stehen[81] und Wirklichkeit nicht abbilden, sondern deuten sollen, kommt natürlich dem Sturz Eugenies (darin ganz ähnlich dem Absturz Euphorions in Faust II) eine besondere Bedeutung zu. Prompt geschehen, nachdem der König seine Bereitschaft erklärt hat, ihre wahre Identität anzuerkennen, weist er auf das Geschick voraus, das ihr bevorsteht, und tut dies auf vielfältige Weise. Denn die Allegorie des Absturzes durchzieht das Drama leitmotivisch. Wie von der Felswand ist sie in die Welt, »den Kreis / Der Sorgen, der Gefahr herabgestürzt«[82]; zu einem freilich scheinbaren Todessturz haben auch die Verschwörer sie getrieben[83] und damit zugleich »Vaterland und Thron«[84] dem Falle nahegebracht: »Wie heftig wilde Gärung unten kocht, / Wie Schwäche kaum sich oben schwankend hält ⟨...⟩«[85] In diesem Bilde deutet Eugenie selbst ihr Schicksal[86], welches ihr wiederum (V,8) zum Sinnbild für den »gähe⟨n⟩ Umsturz« im Reiche wird.[87] Jagdunfall, Lebenssturz und historischer Umsturz bilden eine Verweisungskette, ihr entspricht die Dialektik von Höhe und Tiefe: daß alles Hohe dem Abgrund nahe ist und alles Niedrige die Höhe will.

Als Eugenie aus ihrer todähnlichen Ohnmacht nach dem Sturz von der Klippe erwacht und der Vater sie vor den Augen seines Königs als Tochter anerkennt, erfährt sie ihren Zustand als eine Wiedergeburt: »O verzeihe mir / Die Majestät! wenn aus geheimnisvollem, / Verborgnem Zustand ich, ans Licht auf einmal / Hervorgerissen und geblendet, mich, / Unsicher, schwankend, nicht zu fassen weiß.«[88] Der König beruft sie daraufhin als treues Unterpfand, als Stützerin des Königtums, das »Rechte, das Beständige« zu wahren.[89] »O diese Zeit hat fürchterliche Zeichen: / Das Niedre schwillt, das Hohe senkt sich nieder ⟨. . .⟩«[90] Doch freilich muß sie sich dieser Rolle (symbolisiert im »Schmuck der Fürstin«[91]) würdig weisen, und eben diese Probe besteht sie nicht. Gefangenschaft, Verstoßung, Verbannung sind die Folge, und durch Unglück und Verzweiflung, die schlimmsten Prüfungen ihrer Gesinnung und ihres Herzens reift sie heran für ihre eigentliche zukünftige Rolle als verborgene, wartende Retterin und Heilsfigur. Wo Schillers Drama ›Die Jungfrau von Orleans‹ einsetzt, endet Goethes Stück, es liefert zu jenem gleichsam die Vorgeschichte: Eugenies Weg in die Verborgenheit, an die Seite eines bürgerlichen, edlen Mannes, wo sie auf ihre Berufung wartet: »Im Verborgnen / Verwahr' er mich, als reinen Talisman. / Denn wenn ein Wunder auf der Welt geschieht, / Geschieht's durch liebevolle, treue Herzen. / Die Größe der Gefahr betracht' ich nicht, / Und meine Schwäche darf ich nicht bedenken: / Das alles wird ein günstiges Geschick / Zu rechter Zeit auf hohe Zwecke leiten. / Und wenn mein Vater, mein Monarch mich einst / Verkannt, verstoßen, mich vergessen, soll / Erstaunt ihr Blick auf der Erhaltnen ruhn, / Die das, was sie im Glücke zugesagt, / Aus tiefem Elend zu erfüllen strebt. / Er kommt! Ich seh' ihm freudiger entgegen, / Als ich ihn ließ. Er kommt. Er sucht mich auf! / Zu scheiden denkt er – bleiben werd' ich ihm.«[92]

Die Geschichte Eugenies ist aufgetragen auf den Lebenslauf des mythischen Heilsbringers, mit dem sie die wichtigsten Stationen gemein hat und der in zahlreichen Sinnbildern und Gleichnisreden gemeint ist: vom Dornenkranz, den der Herzog nennt[93], über den Tempel inmitten einer paradiesischen Landschaft, die durch Eugenies Hand entstehen soll, bis zur Anspielung auf die Gethsemane-Situation (»Getrost, mein Herz, und schaudre nicht, / Die Neige dieses bittern Kelchs zu schlürfen.«[94]) und die einer Apotheose gleichende stellvertretende Anerkennung durch den Gerichtsrat. »Wie du zum ersten Male mir erschienen, /

Erscheinst du bleibend mir, ein Gegenstand / Der Neigung, der Verehrung. Deinetwillen / Wünsch' ich zu leben, du gebietest mir. / Und wenn der Priester sich, sein Leben lang, / Der unsichtbaren Gottheit niederbeugt, / Die im beglückten Augenblick vor ihm / Als höchstes Musterbild vorüberging, / So soll von deinem Dienste mich fortan, / Wie du dich auch verhüllest, nichts zerstreun.«[95] Die historische Krise, die das Drama zu fassen sucht, rückt in seinem Verlauf zunehmend aus der pessimistischen Perspektive heraus, nicht der notwendige Untergang, sondern die mögliche Rettung erscheint schließlich als eigentlicher Fluchtpunkt der Handlung. Sie wird, und das ist eine spezifisch Goethesche Wendung, die sich im ›Faust‹ so findet wie im ›Wilhelm Meister‹, als eine Heilkrise verstanden, die nicht nur die Macht des Negativen provoziert, sondern ebenso zur Entwicklung und Stärkung der Menschlichkeit und aller edlen Kräfte führt. So sehen wir auch die naturgeschichtliche Sicht der Zeitereignisse zuletzt durchbrochen, und wenn Goethe, in bezug auf sein Stück und dessen Bildlichkeit aufnehmend, auch selber sich derart ausgedrückt hat (»Im ganzen ist es der ungeheure Anblick von Bächen und Strömen, die sich, nach Naturnotwendigkeit, von vielen Höhen und aus vielen Tälern gegeneinander stürzen und endlich das Übersteigen eines großen Flusses und eine Überschwemmung veranlassen, in der zugrunde geht wer sie vorgesehen hat so gut als der sie nicht ahndete.«[96]), so geschah das natürlich zur metaphorischen Vereindringlichung und Erläuterung.

Die ›Natürliche Tochter‹ ist ein allegorisches Stück zur heilsgeschichtlichen Deutung der Zeit, und Goethe hat die Bestandteile dazu aus verschiedenen Bereichen genommen, der Naturgeschichte und Religion, dem Mythos und der Legende, der Wirklichkeit und der Fiktion, und daraus ein höchst artifizielles Bildsystem geschaffen. Hoch und Niedrig, die oberen und die unteren Mächte fungieren darin nicht als Symbol einer Gesellschaftsordnung, gar ihrer Verherrlichung, sondern einer durch sämtliche Klassen und Schichten reichenden Wertordnung, die sich in den ursprünglichen Adelstugenden ebenso verwirklicht findet wie in der wahrhaft bürgerlichen Menschlichkeit. So kommt es zur symbolischen Verbindung Eugenies mit dem

Gerichtsrat, sie deutet auf eine Gemeinsamkeit, die nicht als Synthese der Stände aufgefaßt werden darf, sondern als eine gemeinsame Tendenz der Menschlichkeit jenseits aller bisherigen falschen oder falsch gewordenen sozialen Verhältnisse. Das allegorische Verfahren bewirkt den Abstand, der zur historischen Erkenntnis benötigt wird, und entspricht der utopischen Sichtlinie, an der Goethe allen ihn irritierenden Erfahrungen zum Trotz immer noch festhielt: als eine Hoffnung, deren einziges Unterpfand die Kunst ist. Die Diagnose stimmte, die Geschichte hat sie auch weiterhin bestätigt, und noch jede Revolution hat schon im Vollzug und wie erst im Ergebnis erwiesen, daß die sie betreibende Gesellschaftsklasse in keiner Weise dem Bilde gleicht, das sie in der Theorie zuvor darstellte, so daß die eigentlichen Frontlinien quer zur Klassengeschichte laufen. Solange sie bestehen, galt für Goethe die schließlich historisch noch nicht desavouierte Maxime, die er dem König in den Mund legt und später durch Eugenies Erfahrung bestätigen läßt: »Wenn dir die Menge, gutes, edles Kind, / Bedeutend scheinen mag, so tadl' ich's nicht; / Sie ist bedeutend, mehr noch aber sind's / Die wenigen, geschaffen, dieser Menge / Durch Wirken, Bilden, Herrschen vorzustehn.«[97] Indem die natürliche Tochter in den Bürgerstand gleichsam auswandert, wird er zum Schoß einer zukünftigen Befreiung und jene Bildungskraft zum inneren Prinzip der zukünftigen Geschichte, das den Menschen nicht mehr äußerlich, als Herrschaft und Unterdrückung, gegenübersteht: nur derart verwandelt sollen die königlichen Maximen in der Zukunft wiederkehren.

4. Das Doppelspiel von Wahrheit und Handeln: Schillers ›Wallenstein‹

In der Geschichte des deutschen Dramas wird mit der Wallenstein-Trilogie eine neue Epoche eröffnet; gegen diese historisch-politische Tragödie erscheinen alle vergleichbaren Stücke vorher wie bloße Proben auf ein Exempel, das auch nachher unerreicht geblieben ist – mehr noch: mit diesem Drama ist es Schiller gelungen, die Tragödie auf dem Boden und aus dem Geist der modernen Welt neu zu begründen und nicht allein der aktualisierenden Übertragung antiker Modelle abzugewinnen oder sich gar damit zu begnügen, das tragische Prinzip in seiner Strenge durch Mischformen (wie das übliche bürgerliche Trauerspiel) zu negieren. Ein so singuläres Ereignis wie der ›Wallenstein‹ wird nur noch Goethes Faust-Drama in der Literaturgeschichte der Epoche bringen. »Aber freilich ist es keine griechische Tragödie und kann keine seyn«, schrieb Schiller dem Freunde Körner mitten aus der Arbeit, »wie überhaupt das Zeitalter, wenn ich auch eine daraus hätte machen können, es mir nicht gedankt hätte. Es ist ein zu reicher Gegenstand geworden, ein kleines Universum, und die Exposition hat mich erstaunlich in die Breite getrieben.«[98] Noch entschiedener urteilte Wilhelm von Humboldt, wenn er sich »im eigentlichsten Verstande in eine neue Welt versetzt« fühlte.[99] Hegel hat diese neue Welt in einer scharfsinnigen Analyse genauer zu bestimmen gesucht, ist dabei aber zu einem bedeutungsvollen Mißverständnis gekommen: Daß im Schlußteil der Trilogie »Tod gegen Leben« aufsteht, findet er »unglaublich! abscheulich! der Tod siegt über das Leben! Dieß ist nicht tragisch, sondern entsetzlich! Dieß zerreißt das Gemüth, daraus kann man nicht mit erleichterter Brust springen!«[100] In ähnlichem Zusammenhang spricht er später vom Verlust der sittlichen Substanz in der modernen Tragödie, so daß die Gerechtigkeit »kälterer, kriminalistischer Natur« sei, wenn sie den Verbrecher schließlich ereile, und sich darüber hinaus bloß »unglücklicher Umstände und äußerer Zufälligkeiten« bediene.[101] Doch verteidigt Hegel hier mehr sein triadisches Geschichtsbild in der Darstellung der Kunstentwicklung, als daß er sich um eine Deutung der Wallenstein-Trilogie bemühte, die in ihrer Grundidee seinem Verständnis gar nicht so ferne liegt. Denn die unhistorische, ewige sittliche Substanz wird von Schiller in das Werden der Geschichte aufgelöst oder, ganz in Hegels Verständnis: darin aufgehoben. Aus der widersprüchlichen Einheit von subjektiven und objektiven Faktoren entsteht jene absolute, wenngleich ihrer Erscheinung nach wechselnde Instanz (die Schiller, ich sagte es schon, nur metaphorisch Nemesis nennt), die als ein übergeordnetes Drittes den Einzelereignissen gegenübertritt und sie zur Übereinstimmung bringt. Daran ist also das Subjekt selber beteiligt, aktiv, nicht bloß als Opfer, das gezwungen wird, sondern Teil des Gerichts selbst, dem es sich stellen muß. Zuletzt ist der entsetzliche Tod die reinigende Kraft, nun aber nicht etwa in der absoluten Negativität, die Hegel darin sah, sondern gerade als lebenssteigerndes Prinzip, denn er soll geschichtsmächtig wirken; ein Gedanke, der dem Autor der ›Phänomenologie des Geistes‹ eigentlich nicht fremd war.

Aus intensiven und ausschweifenden historischen Studien, aus dem Geschichtsbuch über den Dreißigjährigen Krieg ist die Wallenstein-Trilogie entstanden. Erste Pläne gehen zurück bis Anfang der neunziger Jahre, es folgten anfängliche Prosaskizzen, eine Zeitlang konkurrierte das Projekt mit einer anderen Idee, dem Malteserstück. Vom Frühjahr 1796 bis zum Frühjar 1799 dauert die gewaltige und mühevolle Arbeit: am 17. März wurde ›Wallensteins Tod‹ abgeschlossen. Es gibt wenige Dramen, über deren Entstehung wir so gut unterrichtet sind, und Schiller hat vor allem Goethe und Körner brieflich Rechenschaft abgelegt, die Schwierigkeiten geschildert und seine Lösungen beschrieben. Die größte technische, dramaturgische Leistung bestand gewiß darin, aus dem unübersichtlichen Stoff »eine reine tragische Fabel«[102] zu gewinnen. »Der Stoff ist, ich darf wohl sagen, im höchsten Grad ungeschmeidig für einen solchen Zweck; er hat beynahe alles, was ihn davon ausschließen sollte. Es ist im Grund eine Staatsaction und hat, in Rücksicht auf den poetischen Gebrauch, alle Unarten an sich, die eine politische Handlung nur haben kann, ein unsichtbares abstractes Objekt, *kleine* und *viele* Mittel, zerstreute Handlungen, einen furchtsamen Schritt, eine ⟨...⟩ viel zu kalte trockene Zweckmäßigkeit, ohne doch diese biß zur Vollendung und dadurch zu einer poetischen Größe zu treiben; denn am Ende mislingt der Entwurf doch nur durch Ungeschicklichkeit.«[103]

Beginnen wir mit der erstaunlich breiten Exposition, mit ›Wallensteins Lager‹: ein Geniestreich, auf den ihr Autor nicht wenig stolz sein konnte. Eine durchdringende Charakter- und Handlungsexposition und zugleich die Sammellinse der historischen Kräfte in ihrem Widerspruch und Zusammenspiel. Der Friedländer tritt nicht auf, und er ist doch in jeder Szene gegenwärtig, der geheime und offene Bezugspunkt aller Gespräche und Aktionen, das »Schattenbild«[104], von dem der Prolog spricht, das aber auch Schatten wirft, ja das ganze Lager kann man als solchen Schatten betrachten. Bis zur abergläubischen Bewunderung sind ihm Soldaten und Offiziere ergeben, die Identität von Haupt und Gliedern läßt den Kapuziner beinah aus der Haut fahren, und daß Quantität in Qualität umschlagen kann, lehrt schlagend der Erste Jäger: »Ja, ja, im Ganzen, da sitzt die Macht! / Der Friedländer hat das wohl erfahren, / Wie er dem Kaiser vor acht – neun Jahren / Die große Armee zusammenbracht. / Sie wollten erst nur von Zwölftausend hören: / Die, sagt' er, die kann ich nicht ernähren; / Aber ich will sechzigtausend werben, / Die, weiß ich, werden nicht Hungers sterben. / Und so wurden wir Wallensteiner.«[105]

Die so scharfsinnig erläuterte Tatsache verleiht dem ›Lager‹ politisches Gewicht, das verbreitete Bewußtsein davon erscheint als Zweideutigkeit. Im komisch-satirischen Spiegel der Kapuzinerpredigt ist sie das Hauptthema, bestimmt aber auch Reden und Verhalten der Soldaten (»Werden uns viel um den Kaiser scheren.«[106]). Ein anderes wichtiges Thema der Revolutionszeit schält sich heraus: die Abhängigkeit der politischen Führer von der Menge, der sie Macht und Aufstieg verdanken – oder, um es dem wichtigsten zeitgenössischen Modell dieses Verhältnisses nach zu formulieren: die Abhängigkeit des Herrn vom Knecht. Wallensteins Untergang wird nicht unwesentlich davon bestimmt, daß er seine Abhängigkeit von dem, was doch seine Schöpfung ist, verkennt oder vielmehr, ganz nach Weise klassisch-hybriden Verhaltens, auf die unverbrüchliche Sicherheit dieses Verhältnisses baut. Die Vorstellung vom Neid und der Unzuverlässigkeit der Götter, ein altes Mythologem und zugleich Rest archaischer Seelentätigkeit, in allen Durchsetzungs- und Aufstiegsphasen neuer sozialer Klassen ein Spiegel kollektiver Ängste, war – denken wir an ›Iphigenie‹, denken wir an die ›Kraniche des Ibykus‹ – auch im 18. Jahrhundert eine geläufige Gedankenfigur. Sie kehrt hier wieder in bezeichnender Übertragung, in welcher auch die Erfahrung von 1789 verarbeitet wurde. Denn natürlich sind es vor allem die unteren Stände, die die Macht des Lagers ausmachen, aber ebenso unzuverlässig, ebensowenig berechenbar sind wie die Mächte des Schicksals.[107] Tatsächlich werden derart die Erschütterungen des Dreißigjährigen Krieges auch zum Lehrfall für die politischen und sozialen Erschütterungen der Zeit, und in dieser aktuellen Perspektive erst gewinnt Wallensteins Utopie, die Utopie des Friedens in Europa, ihre ganz unveraltete Bedeutsamkeit. Man muß sich klarmachen, was diese Umwendung aussagt, um die unvergleichliche Leistung Schillers auch angemessen bewundern zu können. Aus der poetischen Notwendigkeit, die realen historischen Kräfte in ihrer besonderen Verkörperung auf der Bühne darzustellen, erwächst die zukunftsweisende moderne Geschichtskonzeption des ›Lagers‹ und aus ihr wiederum die neue Fundierung der Tragik in einer ebenso vielfältigen historischen Gestaltenreihe als die antiken Götter waren. In Wallensteins Lager erblicken wir den vom Himmel auf die Erde geholten Olymp. Auch gegen diese Verkehrung wettert wortgewaltig und vergebens die Geistlichkeit. Ohne zu erkennen, daß eben diese Ergebenheit, daß die Hoffnungen und Wünsche, Ängste und Befürchtungen, die alle auf Wallenstein hin koordiniert sind, ihn damit aber unfrei, ja zum Gefangenen dieser ganzen fremden, wenn auch nicht ohne seine Beteiligung erzeugten Vorstellungen machen, da er ihnen – bei Strafe seines Untergangs – immer wird entsprechen müssen. In dem von mir anfangs beschriebenen, vielschichtigen Sinne hat erst Schiller das moderne politisch-historische Drama geschaffen, kein späterer Stückeschreiber, wenigstens des 19. Jahrhunderts, und auch Büchner nicht, hat ihn diesem Begriffe nach überholt.

Wallensteins eigentliches Ziel ist eine neue europäische Friedensordnung, die zu schaffen die Kräfte des alten Reiches nicht mehr ausreichen und die der Kaiser nicht will; das erkennt auch sein Gegner, der erste Repräsentant der alten Ordnung in Wallensteins Heer, Octavio Piccolomini: »Nichts will er, als dem Reich den Frieden schenken; / Und weil der Kaiser *diesen* Frieden haßt, / So will er ihn – er will ihn dazu *zwingen!* / Zufriedenstellen will er alle Teile, / Und zum Ersatz für seine Mühe Böhmen, / Das er schon innehat, für sich behalten.«[108] Der Sarkasmus, mit

dem das gesagt wird, die ironische Verbindung von uneigennützigen und eigennützigen Motiven, vermag Wallensteins politischer
Integrität wenig anzuhaben, dazu sind Elend, Dauer und Unrecht
des Krieges zu groß. Das weiß auch Octavio, deshalb setzt er
gleichfalls das Friedensargument für seine Zwecke und zum
Ruhm der »alten, engen Ordnungen«[109] ein, ohne damit allerdings
bei seinem Sohne die beabsichtigte Unterstützung zu finden
(»Wer sonst ist schuld daran, als ihr in Wien? – / ⟨. . .⟩ / Ihr seid
es, die den Frieden hindern ihr!«[110]). Wenn es in den politischen
Kämpfen des Dramas um Frieden geht, ist Wallenstein sein Sach-
walter in der Wirklichkeit, Max Piccolomini aber der Repräsentant des utopischen Gedankens, der in ihm steckt: »O schöner
Tag! wenn endlich der Soldat / Ins Leben heimkehrt, in die
Menschlichkeit ⟨. . .⟩«[111] Was hier in enthusiastischer Beredsamkeit erscheint, hatte 1795 Kant in seiner berühmten Schrift ›Zum
ewigen Frieden‹ in Form eines philosophischen Entwurfs begründet und ausdrücklich hervorgehoben, daß es sich dabei nicht um
eine »leere Idee« handle, »sondern eine Aufgabe, die, nach und
nach aufgelöst, ihrem Ziele (weil die Zeiten, in denen gleiche
Fortschritte geschehen, hoffentlich immer kürzer werden) beständig näher kommt.«[112] Schiller kannte die Schrift und war
pikiert, daß der um Beiträge gebetene Philosoph sie nicht den
›Horen‹ zur Veröffentlichung überlassen hatte. Viel Neues wollte
er in ihr daher auch nicht dargelegt finden[113], doch kann kein
Zweifel bestehen, daß er mit den Ideen des sonst verehrten Meisters in Königsberg auch diesmal so ziemlich einig ging, und daß
sie ihm manche Anregung für die Formulierung von Wallensteins
Friedensutopie geben konnten. Der hat die Aufgabe, den Kriegs-
zustand in Europa zu beenden, als ultima ratio seiner Politik
erfaßt, und wenn er zuletzt daran zugrunde geht, so nicht einer
höheren tragischen Notwendigkeit und Nemesis wegen[114], vielmehr entdeckt er den tragischen Konflikt als einen Konflikt des
geschichtlichen Handelns selber, das Wahrheit notwendig zerstört. Darin zeigt sich keine irrationale Macht, sondern die Dialektik der Tat, sie ist unentrinnbar, weil mit der Handlung gesetzt
und ihre Folge. »Nach meiner Ueberzeugung hat das moralische
Gefühl niemals den Helden zu bestimmen, sondern die Handlung

allein, insofern sie sich auf ihn allein bezieht oder allein von ihm ausgeht. – Der Held einer Tragödie braucht nur soviel moralischen Gehalt, als nöthig ist um Furcht und Mitleid zu erregen.«[115]

Da haben wir das punctum saliens des ganzen Dramas. Das Ziel steht klar vor Augen, doch wird es verbarrikadiert durch politische Macht, die wiederum nur durch politische Macht gebrochen werden kann. Verzichtet Wallenstein darauf, bleibt sein Ziel eine leere Idee, handelt er, so muß er zu Mitteln greifen, die er gerade abschaffen will, und desavouiert die Idee. Sein vielgescholtenes Zögern, sein astrologischer Hang sind direkter Ausfluß seines Dilemmas und – natürlich ohnmächtige – Versuche, den Konsequenzen zu entgehen oder wenigstens die Verantwortung nicht übernehmen zu müssen. So experimentiert er mit ganz verschiedenen politischen Möglichkeiten, von denen das Bündnis mit den Schweden und also der Verrat am Kaiser nur eine, dazu besonders ungeliebte darstellt; seinem bösen Genius in dieser Sache, der Gräfin Terzky, widerspricht er heftig: »Fort, fort mit ihnen ⟨. . .⟩ / Es soll nicht von mir heißen, daß ich Deutschland / Zerstücket hab, verraten an den Fremdling, / Um meine Portion mir zu erschleichen. / Mich soll das Reich als seinen Schirmer ehren / ⟨. . .⟩ / ⟨. . .⟩ keine fremde Macht / Mir Wurzeln fassen, und am wenigsten / *Die* Goten sollens, diese Hungerleider, / Die nach dem Segen unsers deutschen Landes / Mit Neidesblicken raubbegierig schauen. / Beistehen sollen sie mir in meinen Planen, / Und dennoch nichts dabei zu fischen haben.«[116] Wallenstein hat die Rechnung ohne die Feinde im eigenen Lager gemacht. Was ihm selber rein instrumentell zu anderen Zwecken (zum obersten, dem Frieden) dienen soll, münzen sie um, unterstellen sie als sein eigentliches Ziel, und weil er ihrer Auffassung zufolge den Verrat schon begangen hat, mit dem er erst spielt, muß er ihn nun, um sich zu retten, wirklich begehen.[117] In seinem großen Monolog (›Wallensteins Tod‹, I,4) reflektiert er die historischen Aporien am eindrucksvollsten selber: »Denn mich verklagt der Doppelsinn des Lebens ⟨. . .⟩«[118] Die Rede ist gleichermaßen ein rhetorisches wie ein geschichtsphilosophisches Meisterstück. Sobald ein Beschluß den Innenraum der Subjektivität verläßt, trifft er auf ein objektives Beziehungsgeflecht von Taten, Plänen, politischen

Kräften, mit denen zusammen er jenes Netz bildet, in dem Wallenstein sich gefangen sieht. Der erste Teil der Rede gilt diesem subjektiven Anteil am objektiven Geschehen, und wie es – zu dessen Bestandteil werdend – seine Richtung ändert, sich gegen seinen Urheber wendet, die Zweckreihe kehrt sich um. Man kann verstehen, daß sich Wallenstein mit dieser Erkenntnis nicht zufrieden gibt und sich nun, im zweiten Teil des Selbstgesprächs, den objektiven Ursachen dieser Heterogonie seiner politischen Zwecke zukehrt. Er nennt Gewohnheit, Trägheit, die Ehrwürdigkeit des Hergebrachten, kurz die Macht der Tradition in den Köpfen, Herzen und Lebensgewohnheiten der Menschen. Das sind die idola theatri und idola fori, die Vorurteile der öffentlichen Meinung und der autoritären Überlieferung, die einst Francis Bacon an einer Umbruchstelle der Geschichte als entscheidende Widerstände gegen die Durchsetzung des Neuen analysiert hatte. Wie auch in seiner übrigen Wirksamkeit führt Wallenstein in diesem Selbstgespräch eine Diskussion des 18. Jahrhunderts fort, und er führt sie weit über diese Epoche hinaus. Daß Geschichte nicht Fortschritt bedeutet im Sinne einer geradlinigen Ablösung des Alten durch das jeweils Neue, war natürlich eine vertraute Erkenntnis gerade unter deutschen Verhältnissen. Das Neue entwickelt sich im Schoß des Alten und in kämpferischer Auseinandersetzung mit ihm, so daß sich ein neues Stadium herausbildet, das auf dem vorhergehenden fußt, von ihm grundgelegt wird: im historischen Erziehungsplan Lessings oder Herders ist diese Idee am schönsten ausgeprägt. Doch geht Wallensteins Erfahrung weiter. Die Momente des Alten existieren zugleich mit denen des Neuen als wirksame Gegenkräfte fort und entfalten ihre Macht auch dadurch, daß sie Gut und Böse definieren. Die Moral ist Bestandteil der Überlieferung, die das Neue durchbrechen will. Wallenstein, als ihm der schwedische Oberst gemeldet wird, den Monolog vielsagend beschließend:»Noch ist sie rein – noch! Das Verbrechen kam / Nicht über diese Schwelle noch – so schmal ist / Die Grenze, die zwei Lebenspfade scheidet!«[119]

Es ist auch die Grenze, die ihn von Max Piccolomini trennt. »Ist das ein guter Krieg, den du dem Kaiser / Bereitest mit des Kaisers eignem Heer?«[120] In diesem Dissens zwischen Wallenstein und Max prägt sich der Konflikt zwischen Idee und historischer Realität, Entwurf und Tat, Utopie und Wirklichkeit aus, eine Konstellation, die im politischen Drama immer wiederkehrt und noch im Antagonismus von Shente und Shuita (in Brechts ›Gutem Menschen von Sezuan‹) oder in der Auseinandersetzung zwischen Hoederer und Hugo (in Sartres ›Schmutzigen Händen‹) hervorkommt. Daß Schiller die Position der reinen Utopie von einer erfundenen, also unhistorischen Figur vertreten läßt, hat einen tiefen Sinn, und er hatte an Goethes ›Egmont‹ gerade das umgekehrte Verfahren getadelt. Max ist die Verkörperung schöner Humanität, eine »schöne Seele« im Schillerschen Verstande, die in aller bisherigen Geschichte nur als Ideal, nicht als Wirklichkeit denkbar war, aber gerade als solches auch immer regulative Bedeutung besaß. So ist er das utopische Gewissen Wallensteins und der Stellvertreter einer fernen glücklichen Zukunft (des ewigen Friedens) in schlimmer Zeit, damit aber Paradigma für die Wirksamkeit des Schönen überhaupt – und für sein historisches Verhängnis, wenn es mit der Wirklichkeit kollidiert: »– Da kommt das Schicksal – Roh und kalt / Faßt des Freundes zärtliche Gestalt / Und wirft ihn unter den Hufschlag seiner Pferde – / – Das ist das Los des Schönen auf der Erde!«[121] Und man versteht jetzt auch, warum Schiller unwillig auf die allzugroße Teilnahme des Freundes Körner an dieser Dramengestalt reagierte (Brief vom 13. Juli 1800): Max' Untergang ist maßlos rührend, tragisch ist er nicht.

Wallensteins Größe ist aus anderem Stoff. Ein Melancholiker, doch klarsichtig nimmt er die Folgen der von ihm selbst betriebenen tragischen historischen Analysis auf sich. Wahrheit und Handeln zerstören sich wechselweise, eine im Zeitalter der Französischen Revolution kraß beglaubigte Erfahrung. Die Wahrheit kann, in Handeln überführt und mit Zwecken verbunden, die ihr widersprechen (Krieg, Kampf, Verrat), nicht mehr dieselbe sein, die sie in der Theorie war: sie verrät, handelnd, sich selbst und wird falsch. Wallenstein versucht (ein anderer Ödipus, ein Ödipus der Geschichte), sich vor der unerbittlichen Konsequenz dieser Erkenntnis zunächst noch in allerlei Ausflüchten wie denen der Astrologie zu bergen, bevor er sich dem historischen Prozeß

stellt, den er begonnen, in dessen Verlauf er untergeht und, wie
sein antikes Vorbild, die Nacht wählt: durchaus in jenem Doppelsinn von Blendung und Tod gemeint. »Ich denke einen langen
Schlaf zu tun, / Denn dieser letzten Tage Qual war groß, / Sorgt,
daß sie nicht zu zeitig mich erwecken.«[122] Man braucht nicht
lange zu raten, wem diese letzten Worte Wallensteins auch gelten:
jener Kunstfigur der Bühne nämlich, in die hinein ihn Schiller
wieder erweckte. Zu früh? Er wurde zum Träger der größten
politischen Hoffnungen des 18. Jahrhunderts, des europäischen
Friedens und eines unzerstückelten Deutschlands, die, betrachtet
man die deutsche, die europäische Geschichte, nichts von ihrer
Aktualität verloren haben, weil sie dringliche Utopie geblieben
sind bis heute. Es ist wirklich größter Bewunderung wert, wie
weit Schiller mit der Konzeption des ›Wallenstein‹ alles hinter
sich gelassen hat, was in seiner Epoche über politisches Handeln
und den historischen Prozeß gedacht und geschrieben wurde: und
daß ihm dies mit genuin poetischen, genuin dramatischen Mitteln
gelungen ist. Wie naiv und einer märchenhaften Sphäre verwandter als der Wirklichkeit erscheinen demgegenüber Goethes, des
Staatsministers und politischen Praktikers, Versuche bis hin zur
›Natürlichen Tochter‹?

Wenn derart die Weltgeschichte zum Weltgericht wurde, so
gewiß nicht mehr in dem frühen Verständnis des Gedichts, in
dem diese Verse zum ersten Mal auftauchen[123] und zum Schlüsselwort von Schillers Dramatik wurden, sondern durch die Perspektive der Zukunft, unter welcher Geschichte erst jetzt erscheinen konnte, nachdem sie auch als Kontinuum von Vergangenheit,
Gegenwart, Zukunft begriffen war. So daß die Gegenwart von
dem, was war, ebenso bestimmt wird wie von dem, was erst noch
kommt, weil Zukunft immer schon in der Gegenwart anwesend
ist: als Utopie und Plan, als das Schöne und die Kunst überhaupt.
Über das Urteil, das im ›Wallenstein‹ ergeht, gibt es keine
Unklarheit. Im Akt der absoluten Freiheit, mit der Schiller seine
Figur in den Tod gehen läßt, (die ihm eigene Form der Katharsis)[124] und in dem hohnvollen, sarkastischen Schlußsatz, der, wie
man weiß, so wenig Frieden bringen wird wie alle kaiserliche
Politik vorher, gibt es keine Zweideutigkeit.

5. Verantwortung und geschichtlicher Auftrag: ›Maria Stuart‹, ›Die Jungfrau von Orleans‹, ›Demetrius‹

Die großen historischen Dramen in der Nachfolge der Wallenstein-Trilogie sind in nur fünf Jahren entstanden, in der kurzen
Zeit zwischen 1800 und dem Jahr von Schillers Tod, und wenn
ihnen allen auch kein ausgearbeiteter Gesamtplan zugrunde liegt,
so kann man ihnen doch eine gemeinsame Grundidee entnehmen.
Ihr Autor beabsichtigt mit ihnen nichts Geringeres als das Drama
des politischen Lebens in seinen Haupttendenzen auf die Schaubühne zu bringen, die für ihn schon immer der Ort war, wo die
Rechtshändel der Menschheit zur Darstellung gelangen sollen. Er
wollte nicht »in einem andern Jahrhundert leben und für ein
andres gearbeitet haben«[125], und so schrieb er immer, einen Beitrag zur Lösung der großen Fragen zu leisten, die seine Zeitgenossen bewegte: seine Dramen sind, aus welcher Epoche auch
immer sie ihren Stoff beziehen, nach dem lebendigen Modell der
eigenen Zeit gegossen. Weil er aber nach durchgehenden Strukturen suchte, wenigstens nach durchgehenden Invarianten, die das
politische Drama nicht nur mit der Vergangenheit, sondern auch
mit der Zukunft verbinden, um so eine Richtschnur für die
Gegenwart zu finden, ist es ihm wirklich gelungen, die – mit
Kant zu sprechen – intuitiven Grundsätze auszumachen, welche
die Evidenz seines politisch-historischen Theaters bis heute garantieren. Die Französische Revolution bedeutete Einschnitt und
Umbruch zugleich, dennoch aktualisierte sie bestimmte Möglichkeiten, in denen sich die Interessen einer Gesellschaft resümieren
(nichts anderes heißt Politik), die auch in bisheriger Geschichte
schon wirksam waren, wenn auch nicht sich durchzusetzen vermochten und denen 1789 erst die wahre Zukunft eröffnet wurde. Diese Möglichkeiten galt es gerade am vergangenen Modell
zur Erscheinung zu bringen, weil Distanz und Abgeschlossenheit
die wichtigsten Voraussetzungen jedes – auch geistigen – Experi-
mentierstatus sind. Schiller, darin gewiß ein größerer philosophischer Kopf als Goethe, wollte diese Überlegungen auch zu theo-
retischer Klarheit bringen und hat sich in den Briefen ›Über die
ästhetische Erziehung des Menschen‹ (1795), geschrieben in den

Jahren unmittelbar vor der Entstehung des ›Wallenstein‹, ein
ästhetisches Programm ausgedacht, das umfassend sein sollte und
damit natürlich auch die dramatische Poesie einschloß. Wobei
auffällt, daß ihr Autor, damit einer üblichen Ausdrucksweise sich
bedienend, das zeitgeschichtliche Geschehen schon nach Analogie
theatralischer Wirklichkeit erfährt. »Erwartungsvoll sind die
Blicke des Philosophen wie des Weltmanns auf den politischen
Schauplatz geheftet, wo jetzt, wie man glaubt, das große Schicksal der Menschheit verhandelt wird.«[126] Schiller wird im Verlaufe
seiner Untersuchung dann zeigen, daß die Krise, deren Ausdruck
die Französische Revolution ist, in der menschlichen Geschichte
selbst erzeugt wurde und Konsequenz eines sich immer noch ver-
schärfenden universalen Entfremdungsgeschehens ist. Um dieses
sichtbar zu machen, um zugleich Mittel und Wege zur Abhilfe zu
erproben, um jene höhere Kultur zu entwickeln, die Wunden,
welche die bisherige Kultur geschlagen, zu schließen und zu heilen, bedarf es eines besonderen Experimentierfeldes. »Das große
Bedenken also ist, daß die physische Gesellschaft *in der Zeit* keinen Augenblick aufhören darf, indem die moralische *in der Idee*
sich bildet, daß um der Würde des Menschen willen seine Existenz nicht in Gefahr geraten darf. Wenn der Künstler an einem
Uhrwerk zu bessern hat, so läßt er die Räder ablaufen; aber das
lebendige Uhrwerk des Staats muß gebessert werden, indem es
schlägt, und hier gilt es, das rollende Rad während seines
Umschwungs auszutauschen. Man muß also für die Fortdauer
der Gesellschaft eine Stütze aufsuchen, die sie von dem Natur-
staate, den man auflösen will, unabhängig macht.«[127] Von diesen
Gedanken ausgehend, hat Schiller seine wichtigsten, wirkungsmächtigsten ästhetischen Ideen entwickelt; die Kunst wurde ihm
zu jenem Austausch- und Bildungsmedium für das lebendige
soziale Leben und politische Herrschaftsgefüge.

Derart zeigt sich Schillers Theater als eine politische Schaubühne, auf welcher im Drama, als künstlich und reflektierend, all
die Konstellationen durchprobiert werden, die das »Schicksal der
Menschheit« entscheiden können. Nichts widerspricht diesem
experimentellen, versucherischen Grundzug seiner Stücke mehr
als die spätere Rezeptionsgeschichte, die aus ihnen marmorne,

klassizistische Muster machte und an die Stelle einer ideellen
Experimentierdramatik die nationalistische Bestätigungsdramatik
setzte. Insofern große Kunstwerke offen sind, ihre Programmatik
sich also nicht in einem Sinn erschöpft und zudem vieldeutig
chiffriert erscheint, sind sie freilich auch für Mißverständnisse
jeder Art offen: nicht ›Faust‹, nicht ›Wallenstein‹, nicht ›Prinz
Friedrich von Homburg‹ blieben davon verschont.

Doch daß Schiller mit allen spätern Dramen ausländische
Stoffe verarbeitet und gerade mit ihnen zum Autor des deutschen
Nationaldramas wurde, muß zu denken geben. Gewiß war die
deutsche Geschichte arm an zukunftsweisenden und folglich zum
zeitgenössischen dramatischen Experiment tauglichen Sujets –
das Studium der wichtigsten historischen Ursachen für die
zurückgebliebenen Verhältnisse in Deutschland hatte der Geschichtsschreiber Schiller schließlich zu seiner Hauptaufgabe
gemacht, indem er sich dem Dreißigjährigen Krieg zuwandte.
Doch auch hier war der Ansatz schon universalgeschichtlich, er
ist es erst recht im Drama, weil Schiller Politik immer als ein
europäisches Phänomen betrachtete, und Deutschland zu einer
gleichzeitigen Nation mit den anderen fortgeschrittenen Nationen zu machen, sein wichtigstes Ziel darstellte. In diese Haupt-
richtung geht sein bis heute unabgegoltenes Erziehungskonzept
auf dem Theater, das er nicht zum Selbstgenuß der eigenen nationalen Beschränktheit anzuleiten dachte, sondern auf andere,
ästhetische Weise zum »Beisitzer jenes Vernunftgerichts«[128] erheben wollte, zu dem sich jeder Zeitgenosse allein durch die politischen Geschehnisse schon berufen glaubte, ohne doch wirklich
berufen zu sein.

Nun darf man sich Schillers Stoffwahl gewiß nicht so vorstellen, daß er, von bestimmten theoretischen Einsichten ausgehend,
nur noch (gleichsam Gottscheds Ratschlag folgend) die historische Fabel gesucht habe. Er war zwar ein sehr bewußt arbeiten-
der Autor, nannte den Poeten »einen Macher« und sprach von
seinen »Operationen«[129], doch verschafften ihm vielfach erst die
historischen Studien auch Aufschluß über die Richtung, in der er
seine eigene mit ›Wallenstein‹ begonnene Gedankenarbeit fortzusetzen hatte. »Indessen habe ich mich an eine Regierungsge-

schichte der Königin Elisabeth gemacht und den Prozeß der
Maria Stuart zu studieren angefangen. Ein paar tragische Hauptmotive haben sich mir gleich dargeboten und mir großen Glauben an diesen Stoff gegeben, der unstreitig sehr viele dankbare
Seiten hat.«[130] Dabei hat Schiller immer wieder zwischen verschiedenen Stoffen geschwankt, sich dann in einer »höchst ver-
drüßlichen Lage« gefühlt[131] und etwa wegen seines »langen Hin
und Her Schwankens zwischen *Imhof* und *Maria Stuart*« die
Beschäftigung mit beiden Stoffen für einige Zeit unterbrochen[132],
bis er sich der englischen Geschichte nach Fertigstellung des
›Wallenstein‹-Dramas wieder konzentriert zuwandte.

Nicht unwichtig dürfen wir es nehmen, daß er sich damit ein
Sujet ausgesucht hat, das einem Rechtsverfahren entstammt.
Nichts ist für seine Wirkungsintention bezeichnender. Zwar
schreibt er an Goethe, daß er dabei auf die Möglichkeit setze,
»den ganzen Gerichtsgang zugleich mit allem politischen auf die
Seite zu bringen, und die Tragödie mit der Verurtheilung anzufangen«[133], doch bezieht sich diese Einschränkung auf den un-
poetischen, widerständigen Charakter der bloßen Staats- und
Gerichtsaktion, die für sich kein dauerhaftes Interesse zu wecken
vermag – ein Problem, das er bei der Arbeit am ›Wallenstein‹ viel
erörtert hat. Wirklich muß man das Drama selber seiner ganzen
Struktur und Wirkungsintention nach als ein ästhetisches Wie-
deraufnahmeverfahren ansehen, mit dem der wahre Gerichtsgang
revidiert und umgekehrt wird, der Zuschauer somit wirklich in
die Rolle eines Beisitzers gerät. In diesem dramatischen Prozeß
gibt es den Richter (Elisabeth) und die Angeklagte (Maria Stuart), den Ankläger (Burleigh) und den Verteidiger (Shrewsbury)
sowie Zeugen für die eine wie für die andere Partei. Weshalb der
Autor auch die von ihm erfundene Begegnung zwischen Elisabeth
und Maria als »moralisch unmöglich« qualifizieren mußte.[134]
Eine private Begegnung zwischen höchster Richterin und der des
schlimmsten politischen Verbrechens Beschuldigten! Doch gerade
sie brachte die heimlichen, sorgsam gehüteten, mit politischer
Klugheit umgewandelten Bindungen an den Tag, die beide Figuren aneinanderketten; so galt es, sie dennoch um einer höheren
(nämlich ›unhistorischen‹, poetischen) Gerechtigkeit willen mög-

lich zu machen – paradoxerweise der einzige Weg, jenem Weltgericht Genüge zu tun, das die Weltgeschichte insgesamt aus dieser Perspektive darstellt. So wird eine Urteilsfindung vorbereitet, in der plötzlich die Positionen vertauscht sind, der Richter zum Angeklagten, der Angeklagte zum Richter wird. Diese ausgleichende Verkehrung ist die Fluchtlinie des ganzen Stücks.

Doch entdecken wir noch einen anderen Sinn in dieser fiktiven szenischen Konfrontation der beiden Gegnerinnen: sie repräsentieren zwei gegensätzliche Möglichkeiten des geschichtlichen Handelns, der politischen Tat und müssen mit ihrer ganzen Person für das einstehen, was aus ihrer Subjektivität ins äußere Geschehen und von diesem wieder in jene übergeht. Denn vor allem eines wird auf diesem dramatischen Gericht verhandelt: die Frage, wieweit die Verantwortung des politischen Handelns reicht und ob Authentizität von ihm gefordert werden muß. Die beiden antithetischen, gegeneinandergesetzten Schlüsselszenen liegen daher weit auseinander: in der vierten Szene des ersten Aktes bemüht sich die treue Kennedy mit großer Beredsamkeit um ihre Herrin: »Da Ihr die Tat geschehn ließt, wart Ihr nicht / Ihr selbst, gehöret Euch nicht selbst.«[135] Doch alle Argumente der Dienerin – Jugend und Verführbarkeit ihrer Herrin, die besonderen Zeitverhältnisse und Intrigen ihrer Vergangenheit betreffend – vermögen Maria nicht mehr zu überzeugen: sie läßt sich nicht abbringen von der Überzeugung, immer schon sie selbst gewesen zu sein und authentisch gehandelt zu haben und die Folgen dieses Handelns auf sich nehmen zu müssen. Sie gibt sich nicht dem bequemen, durch den zweifelhaften Fortschritt der Moral möglich gewordenen, Trugschluß hin, den Teil ihres Handelns von ihrer Person gleichsam abzuspalten, von dessen Motiven sie keine Kenntnis hatte, deren Folgen sie nicht übersah, die sie eigentlich nicht gewollt hatte oder die durch das Hinzutreten anderer, fremder Zwecke verändert wurden. Ungerührt von dem Rechtsempfinden, dem das 18. Jahrhundert und die bürgerliche Gesellschaft zu allgemeiner Geltung verhalfen, reklamiert sie Wollen, Tun und Vollbringen in ihrer Totalität und mit allen Konsequenzen als die eigenen, auch wenn sie damit ihr Todesurteil spricht. Wallenstein sahen wir zu dieser Größe und Würde des Menschlichen sich aufrichten, Maria besitzt sie schon gleich zu Beginn des Stücks, obwohl deutlich wird, daß auch sie leidvoll sie erworben hat. Die Gegenspielerin Elisabeth (in der anderen Schlüsselszene, IV, 10) wird bis zum Schluß diesen Anspruch abweisen, mit allerlei Selbstbeschwichtigungen (»Doch wars denn meine eigne freie Wahl / Gerecht zu sein? Die allgewaltige / Notwendigkeit, die auch das freie Wollen / Der Könige zwingt, gebot mir diese Tugend.«[136]) sich zu beruhigen suchen und schließlich gar dem ›Knecht‹ alle Verantwortung zuschieben. »DAVISON. *Dein* Name, Königin, unter dieser Schrift / Entscheidet alles, tötet, ist ein Strahl / Des Donners, der geflügelt trifft ⟨. . .⟩ / ⟨. . .⟩ / Hier ist kein Aufschub, jene hat gelebt, / Wenn ich dies Blatt aus meinen Händen gebe.« / »ELISABETH. Ja, Sir! Gott legt ein wichtig groß Geschick / In Eure schwachen Hände. Fleht ihn an, / Daß er mit seiner Weisheit Euch erleuchte. / Ich geh und überlaß Euch Eurer Pflicht.«[137]

Wäre nichts anderes aus diesem Stück herauszulesen als die Reklamierung des Subjekts für seine Tat, seine ununterbrochene Modernität bis heute stände schon außer Frage. Elisabeth stellt den Normalfall des politischen Akteurs dar bis in die Karikaturen unserer heutigen politischen Welt – die Folge der kulturhistorischen Entwicklung und der allgemein menschlichen Entfremdungsgeschichte, die im politischen Leben von besonderem Unheil ist. Unerbittlich, als dramatisches Postulat, bindet Schiller Politik an substantielle Sittlichkeit, und Ausreden sind vor diesem Richterstuhl schon Geständnis. Doch er ist auch ein großer Psychologe und hat in dem dramatischen Zwiespalt Elisabeths samt ihrem schändlichen Selbstbetrug ein unübertroffenes Porträt des modernen homo politicus gezeichnet. Nach vorne interpretiert (und das muß zuletzt das Ziel jeder Interpretation sein), zeigt die Konstellation Elisabeth – Maria schon die wichtigsten Züge der Konstellation Robespierre – Danton in Büchners Drama. Die Handlungsmotive werden bis in die feinsten Machinationen der Seele bloßgelegt, die Rationalisierung privater Ängste und weiblicher Rivalitätsgefühle, das Ineinander von Herrschaftsanspruch und Legitimationszwang, von Tugend und öffentlicher Meinung, von quasi demokratischer Kontrolle und ihrer Manipulation

durch eine künstlich erzeugte Imago. Eins tritt im Denken, Sprechen und Handeln der Elisabeth für das andere ein, keines läßt
sich isolieren, ohne daß nicht alle anderen in Mitleidenschaft
gezogen würden, und wir sehen: die Verantwortung Elisabeths
für ihr Tun ist unentrinnbar, weil es authentisch ist noch in den
Entfremdungen, die es im objektiven historischen Kontext erfährt.

In all diesem ist Maria Stuart Elisabeths Gegenentwurf. Selbständige Gediegenheit und Totalität zeichnen sie aus, alles, was
von ihr einst ausging und auf sie bezogen ist, erfährt sie nun als
authentisches Geschehen. Eben deshalb bleibt ihr nichts anderes
übrig, als sich wie Wallenstein auf ihren langen Schlaf, auf den
Tod vorzubereiten als die einzige Weise, die wieder frei macht
von allen Fesseln, mit denen sie sich – authentisch – selbst
gebunden: »– Wohltätig, heilend, nahet mir der Tod, / Der ernste
Freund! Mit seinen schwarzen Flügeln / Bedeckt er meine
Schmach – den Menschen adelt, / Den tiefstgesunkenen, das
letzte Schicksal. / Die Krone fühl ich wieder auf dem Haupt, /
Den würdgen Stolz in meiner edeln Seele!«[138] Und in dem Autor
auch dieses Stückes hat man törichterweise einen übertriebenen
Moralisten sehen wollen, obwohl es doch eben die neuzeitliche
Moral kennzeichnet, wie Hegel so fein bemerkt, daß sie die subjektive Seite des Wissens von einer Handlung und ihren Folgen
entscheidend sein läßt für ihre Beurteilung.[139] Daher die Beicht-
szene (V,7). Das Authentizitätsverhältnis zu lösen, liegt allein, jenseits menschlicher Möglichkeiten, aufgehoben im religiösen
Wunschbild, das zunächst wenig mehr signalisieren soll als die
vollständig andere Sphäre, in welcher allenfalls Rechtfertigung
durch Erlösen geschehen könnte. Eine unvermutete Korrespondenz zum Schluß von ›Faust II‹. Gerettet ist Maria, gerichtet Elisabeth, verlassen von allen, ein Bild schuldhaft selbst hervorgeru-
fener Isolation vor der Geschichte.

Nicht zufällig ist es daher im Drama auch Maria, die die
Hoffnung und den Traum der Geschichte trägt, wiederum einge-
fangen in die Bilder einer Friedensutopie, in der die verfeindeten
Völker »brüderlich vereint« und alle Zwietracht begraben ist.[140]
Doch spielt das Hauptmotiv von Wallensteins Handeln hier nur

eine untergeordnete Verstärkerrolle, insofern die historische Hoffnungsperspektive an ein politisches Ideal geknüpft wird, das Maria Stuart, nicht die Königin Elisabeth vertritt; es wird zum alles beherrschenden Beweggrund des nächsten Stückes, an dem Schiller vom 1. Juli 1800 bis zum 16. April 1801 gearbeitet hat: ›Die Jungfrau von Orleans‹.

»Eine romantische Tragödie« hat der Autor das Stück benannt, natürlich nicht im Sinne jener Schulbezeichnung, die etwa gleichzeitig in Absetzung gegen die Klassik in Umlauf kam, sondern von ihm hier noch in dem älteren Verständnis gebraucht. Das bezieht sich oberflächlich auf die Motive des Wunderbaren, des Legenden- und Heiligenglaubens, die von ihm ganz zweckbestimmt mit historischen Geschehnissen verwoben werden, doch durch diese hindurch auch auf die von ihnen gemeinte romantische, religiös heilsgeschichtliche Deutung von Geschichte. Wobei diese Heilsgeschichte selber nur wiederum gleichnishaft verstanden werden darf für die fortschreitende Verwirklichung der Freiheit, die dem Autor als Tendenz in allen historischen Abläufen wirkt. Er bedient sich dafür der überlieferten Sagen (wie die von Johannas Gesichten und Träumen), erfindet aber auch selber wunderbare Begebenheiten wie die mit dem Schwarzen Ritter und die Selbstbefreiung Johannas von ihren Ketten. Daß diese Erscheinungen allerdings nur in den Köpfen der Menschen existieren, wird schnell deutlich. In der Psychologie Johannas finden sie ihre erste Erklärung, und wenn sie dem Erzbischof ihre Geschichte erzählt, liefert sie die inneren Motive gleich mit: ein naives, glaubensvolles Mädchen tritt auf die weltpolitische Bühne; von den Legenden und Wunderfabeln ihrer Umgebung ganz erfüllt und mit einem Vater aufgewachsen, der in eigener Weise als Geisterseher gelten muß, erfährt sie die Welt mit Märchenaugen. Daß sie Glauben findet bei ihren Anhängern, die ihr blind von Sieg zu Sieg folgen, bei den feindlichen Truppen, die entsetzt vor ihr zurückweichen, zeigt nur, wie allgemein die Seelenlage ist, aus der heraus sie wirkt und handelt. Die politischen Repräsentanten und aufgeklärten Hofmänner bedienen sich dieser Psychologie zu ihren eigenen Zwecken; sobald sie den Wunderglauben nicht mehr benötigen, existiert auch das Wunder nicht mehr für sie. Entsprechend aufgeklärt sehen die politischen Führer der anderen Seite das Phänomen. »TALBOT. Unsinn, du siegst und ich muß untergehn! / Mit der Dummheit kämpfen Götter selbst vergebens. / Erhabene Vernunft, lichthelle Tochter / Des göttlichen Hauptes, weise Gründerin / Des Weltgebäudes, Führerin der Sterne, / Wer bist du denn, wenn du dem tollen Roß / Des Aberwitzes an den Schweif gebunden, / Ohnmächtig rufend, mit dem Trunkenen / Dich sehend in den Abgrund stürzen mußt! / Verflucht sein, wer sein Leben an das Große / Und Würdge wendet und bedachte Plane / Mit weisem Geist entwirft! Dem Narrenkönig / Gehört die Welt. –«[141] Wie weit die Macht Johannas auf Einbildungskraft beruht, bestätigt auch die Erkennungsszene zwischen ihr und Lionel (III,10), denn hier begegnen sich Mann und Frau in jenem Sinne, der das Erkennen ans Geschlechtliche knüpft, das Mädchen im gleichen Augenblick waffenlos macht und aller Legenden entkleidet.

Kein anderes Stück Schillers hat die Parodie so herausgefordert wie dieses, weil man es noch unter dem Bann des Mythos glaubte, den es in Wahrheit ganz aufklärerisch bricht, indem es von seiner Fabrikation und Wirksamkeit handelt. Auch dies eine Demonstration von Ungleichzeitigkeit und der unheiligen Allianz zwischen einem naiv-gläubigen vormodernen Bewußtseinszustand (dessen Religiosität noch in den Gestalten der Natur, in Träumen und Gesichten gegenwärtig ist) und dem aufgeklärten neuzeitlichen Denken (das sich dieser Gestalten des naiven Bewußtseins rational bedient). Natürlich schon eine Erfahrung des Zeitalters, dem Schiller angehört. Goethe hat sie zwar schon im ›Groß-Cophta‹ zum Gegenstand gemacht, doch hat Schiller sie in der ›Jungfrau von Orleans‹ erst in ihrer wahren historischen und politischen Dimension dramatisch entwickelt. Geschichtsmacht bringt die Täuschung hervor, weil sie sich der religiösen Bindungen der Menschen, ihrer geheimen Ängste und alltäglichen Hoffnungen bedient. So wird aus dem Mädchen, der Träumerin, »entschlafen unterm Zauberbaum«[142], das »Furchtbild der erschreckten Einbildung«, das »Phantom des Schreckens«, wie Talbot die Jungfrau nennt.[143]

Schiller war von der realen Wirkungsmacht der Vorstellungen

und Einbildungen fasziniert wie die meisten seiner Zeitgenossen, deren Interesse für die pathologischen Verwachsungen der Seele, für die Verirrungen der Leidenschaft und die Verrückungen des Verstandes notorisch geworden sind. Daß das reine Idol, die wesenlose Ausgeburt der Einbildungskraft die Welt zu verändern vermag, ist eine zweideutige Erkenntnis; daß ihr auch die Aufklärung nichts anzuhaben vermag, eine noch bitterere Konsequenz.

Das durch Schillers Tod nicht mehr vollendete spätere Drama um den falschen Zaren ›Demetrius‹, den Schiller selbst »in gewissem Sinn das Gegenstück zu der Jungfrau v. Orleans« genannt hat[144], treibt das Problem auf die Spitze. Johanna, mit ihrer Sendung identisch, handelt in allem, was sie tut, authentisch, weshalb sie Geschichte nicht nur gleichnishaft verkörpern, sondern aktiv beeinflussen kann. Auch Demetrius handelt zunächst in gutem Glauben, er ist, wie es der Erzbischof von Gnesen schon vor dem Reichstag mutmaßt, ohne es zu wissen, »*selbst* der Betrogne«[145], doch die Überzeugung von seiner Rechtmäßigkeit verleiht seiner Rede, seinem Auftreten Überzeugungskraft (»Und kräftger noch aus seiner schlichten Rede / Und reinen Stirn spricht uns die Wahrheit an. / Nicht solche Züge borgt sich der Betrug, / Der hüllt sich täuschend ein in große Worte / Und in der Sprache rednerischen Schmuck«[146]). Ausdrücklich und glaubhaft betont er, daß die vermeintliche Entdeckung seiner Geburt ihn auch sich selbst finden ließ: »Es lösten sich mit diesem einzgen Wort / Die Rätsel alle meines dunklen Wesens.«[147] Im Dialog zwischen Marina und Odowalsky wird uns deutlich, daß es für die politische Wirkung ohne Belang ist, ob Demetrius wirklich der Zarensohn ist oder nicht, solange er es zu sein glaubt; die politischen Konstellationen und Beziehungen haben sich längst verselbständigt, sie bedürfen mehr des Scheins als des Wesens, dann läßt sich »Mit kluger Kunst« der größte Zweck erreichen.[148] Geschichtsmächtig wird also sogar die gänzlich fingierte Geschichte des Protagonisten, und Demetrius' persönliche Katastrophe beginnt dort, wo er sich als Kunstgeschöpf (»Ich habe dich dazu erschaffen ⟨...⟩«[149]) erkennen muß, nun aber nicht mehr von seiner falschen Identität lassen kann, sondern sie durch die politische Tat erzwingen will.

Auf seine Weise macht Demetrius das Ödipus-Drama sogar mehrfach durch, doch auch ihm, der sehnsüchtig sich mit seinem falschen Selbst in eins setzen will, die historische Rebellion gegen die eigene historische Mißgeburt, wäre die Erkenntnis nicht erspart geblieben, daß er nur werden kann, was er in Wahrheit seinem Ursprung nach schon ist. Weshalb sich auch sein messianischer Anspruch ins diktatorische Gegenteil verkehrt. So ist Demetrius wirklich das Gegenstück zur Johanna, verkörpert er Geschichte als Unterdrückung und Gewalt, die er auch an sich selbst exekutiert: in dieser Täuschung lebt nicht die Wahrheit, sondern der Irrtum und das Falsche fort. Auch dieses letzte Drama Schillers bewegt sich derart im Felde der historischen Möglichkeit des politischen Handelns und spielt ein Modell durch, das in der Geschichte mit der Degenerierung der Revolution entstanden war. Worin besteht die Wahrheit einer politischen Bewegung, und warum geht sie verloren? Die Antwort auf diese Frage hat offensichtlich – Johanna und Demetrius erfahren das auf unterschiedliche Weise – nicht allein etwas mit der Dynamik des objektiven Geschehens zu tun, sondern mit den Individuen, die es beeinflussen. Denn Geschichte als zunehmende authentische Selbstverwirklichung des Individuums – so Schillers Konzeption – kann durch ihr Gegenteil nur entfremdet, nicht verwirklicht werden. Im Falle Johannas liegen die Dinge freilich noch komplizierter. Der opernhafte Schluß mit der so ungemein rührenden Vision des Mädchens aus Dom Remi (»Und ich bin wirklich unter meinem Volk, / Und bin nicht mehr verachtet und verstoßen? / Man flucht mir nicht, man sieht mich gütig an?«[150]), eine künstlerisch auf Wagnerpomp und Gründerzeit vorausweisende Szene, von Schiller frei erfunden und üppig ausgemalt, bringt den Triumph des Scheins, der von Johanna und ihrer Wirksamkeit ausging und von dem sie sich dann nicht mehr zu lösen vermochte. Doch dieser Schein erweist sich nun als die Apotheose der Wahrheit, die (nach Schillers eigenem Wort) in der Täuschung fortlebt.[151] Und das nicht erst, wie man vermuten darf, zum Dramenschluß.

Und wirklich wird Johanna von Anfang an mit Eigenschaften ausgestattet, die eine andere Wirksamkeit im Drama belegen: sie

repräsentiert den paradiesischen Ursprung und das utopische Ziel
der Geschichte gleichermaßen und übernimmt darüber hinaus die
messianische Rolle, den Himmel auf die Erde zu holen. Sie scheitert, doch indem sie den Vorschein jener noch nicht eingetrete-
nen, noch nicht eintretenkönnenden Zukunft in ihrer Gegenwart
verkörpert hat, ist dies nur ein Scheitern auf Zeit: einen anderen
Sinn kann man wohl in Schillers auffälligster Korrektur der
Geschichte, im fünften Akt, nicht sehen. Von arkadischer Herkunft, in naiver Unschuld und selbstverständlicher Einheit mit
der Natur aufgewachsen, wird sie nicht allein in die Geschichte
vertrieben, sondern erfüllt einen Auftrag, über dessen ganze
Tragweite sie sich vollkommen im klaren ist. Die neutestamentli-
chen Bilder und Gleichnisse, mit denen sie ihre Sendung
beschreibt und beglaubigt zugleich (»Zerstreuet euch, ihr Lämmer
auf der Heiden, / Ihr seid jetzt eine hirtenlose Schar, / Denn eine
andre Herde muß ich weiden, / Dort auf dem blutgen Felde der
Gefahr, / So ist des Geistes Ruf an mich ergangen, / Mich treibt
nicht eitles, irdisches Verlangen.«[152]) schließen sie mit der christlichen Interpretation von Geschichte zusammen, und der letzte Akt
des Dramas ist aufgetragen auf die mächtigste Überlieferung
messianischer Sehnsucht in der Geschichte: den Opfertod Jesu.
Auch ihr politisch-historisches Ziel darf nicht bloß vordergrün-
dig, den nationalen und feudalen Interessen Frankreichs folgend,
verstanden werden: »Dieses Reich soll fallen? Dieses Land des
Ruhms, / Das schönste, das die ewge Sonne sieht / In ihrem Lauf,
das Paradies der Länder, / Das Gott liebt, wie den Apfel seines
Auges, / Die Fesseln tragen eines fremden Volks!«[153] Das Lob
Frankreichs geht über in das revolutionäre Lob des paradiesischen Urzustands, und der König, den sie wieder in seine Rechte
einsetzen will, hat keinerlei Ähnlichkeit mehr mit seinem feudalen Abklatsch in der Geschichte, er entstammt den eschatologi-
schen Reichs-Vorstellungen, die auch noch in der Kaisersage des
Mittelalters lebte, ja allen Märchenkönigen den eigentlichen
Goldgrund gibt: »Wir sollen keine eigne Könige / Mehr haben,
keinen eingebornen Herrn – / Der König, der nie stirbt, soll aus
der Welt / Verschwinden – der den heilgen Pflug beschützt / ⟨. . .⟩
und fruchtbar macht die Erde, / Der die Leibeignen in die Frei-

heit führt, / Der die Städte freudig stellt um seinen Thron – / Der dem Schwachen beisteht und den Bösen schreckt, / Der den Neid nicht kennet, denn er ist der Größte, / Der ein Mensch ist und ein Engel der Erbarmung / Auf der feindselgen Erde.«[154] Schillers › Jungfrau von Orleans ‹ trägt die Tradition des chiliastischen Mysterienspiels auf die Höhe der Epoche und verbindet sie mit seinen geschichtsphilosophischen Überzeugungen. Auf den paradiesischen Urzustand, der im Bilde des alten Frankreichs gefaßt ist und in Johannas Arkadien gleichsam als Asyl aufscheint, folgt das Zeitalter des Abfalls, der Entzweiung, der räuberischen und kriegerischen Wirrnis in der Handlungsgegenwart des Stücks, in welcher die Retterin und Befreierin Johanna erscheint, eine neue, erlöste Endzeit einzuleiten, alle Feinde zu verjagen und das goldene Zeitalter mit einem neuen Königtum zu bringen, das mit feudaler Realität nur den Namen, nicht den Begriff mehr teilt.

Und so begreift man, wie es kommt, daß Johanna als Fremde durch das Drama geht und sich nicht gemein machen will und darf mit den Leuten ihres Dorfes, den Kriegsgenossen, dem Geliebten, der höfischen Gesellschaft, das Motiv ist bekannt aus den Rettermythen der Kulturgeschichte. Hinzu kommt, daß Schiller seine Figur auch gegen Voltaire zu führen hatte, welcher »seine Pücelle zu tief in den Schmutz herabgezogen«, und so in die Gefahr geraten war, die eigene Figur »vielleicht zu hoch« zu stellen.[155] Aber er begnügte sich nicht allein damit, der Jungfrau von Orleans wieder jene Heldenrolle zuzuschreiben, die Voltaires Stück mit aufklärerischer Radikalität zerstört hatte, er entwickelt sogar aus ihr die menschliche Dimension der Figur. So hat er die Legende nicht wie Voltaire zerstört, sondern ihre Entstehung und historische Wirksamkeit gezeigt, im Sinne der eigenen Geschichtsdeutung uminterpretiert und den Zwiespalt, in den Johanna gerät, den Zwiespalt zwischen unmenschlicher historischer Rolle und menschlicher Verfassung, als das persönliche Drama des Mädchens von Orleans herausgestellt.[156]

Denn es ist ja nicht so, daß sie glücklich wird mit ihrer Berufung, und es gibt Momente, in denen sie nichts mehr wünscht, als daß dieser Kelch an ihr vorübergehen möge (»Und bin ich strafbar, weil ich menschlich war?«[157]). Ihre heroische Existenz an sich ist anstößig. Sie, das Bauern- und Hirtenmädchen, verletzt die Sitten und Grenzen ihres Standes, so daß der eigene Vater sie verstößt. Als Jungfrau, die auf Liebe, Ehe, Mutterschaft verzichtet, verweigert sie sich der Bestimmung ihres Geschlechts, und als Frau in Waffen,»der strengen Pallas« gleich[158], sprengt sie alle sozialen Schranken. Als Heldin und Erlöserin schließlich wächst sie über alles menschliche Maß. So daß die Fahnen zum pompösen Schluß mit ihrem Leib auch das menschliche Drama verdecken, das sie in ihrer Rolle erlitt: Symbol der Überlieferung, die nichts anderes von ihr übriglie, schon gar nicht die Irrungen und Wirrungen des Gefühls, die Anfechtungen des gewöhnlichen menschlichen Glücks, die doch das Schlimmste waren, das sie zu überstehen hatte, und die vorausweisen auf das Drama Kleists und eines der wichtigsten literarischen Themen des 19. Jahrhunderts, ja der ganzen Folgezeit bis heute.

6. Mythos in der Geschichte: ›Wilhelm Tell‹

»Wenn es nur mehr Stoffe wie Johanna und Tell in der Geschichte gäbe, so sollte es an Tragödien nicht fehlen«, hat Schiller nach dem Zeugnis Karoline von Wolzogens geäußert und es beklagt, daß unsere»deutsche Geschichte, obgleich reich an großen Charakteren, zu sehr auseinander〈liege〉, und es sei schwer, sie in Hauptmomenten zu konzentrieren«[159]. Die Tell-Sage schien ihm trotz aller Züge, die sie historisch fragwürdig machten, einen solchen Hauptmoment in der Gründungsgeschichte der Eidgenossenschaft darzustellen. Diese selber aber war ihm über alle lokale und zeitliche Gebundenheit hinaus erinnerungswürdig, weil sie den »Blick in eine gewisse Weite des Menschengeschlechts« öffne[160], also auch dem deutschen Publikum Anstoß und Vorspiel zugleich sein könnte.

Nicht wegen seiner Historizität, das ist sicher, interessierte Schiller der Tell-Stoff. Wie schon im ›Wallenstein‹ und der ›Jungfrau von Orleans‹ machte sich die Faktizität des Historischen nur störend und ablenkend bemerkbar, und es gilt, aus dessen Elementen eine dramatische Konstruktion zu bilden, die zwar unhistorisch im wissenschaftlichen Verständnis, aber nicht ahistorisch ist. Schiller versuchte den ästhetischen Aporien des historischen Dramas dadurch zu entgehen, daß er der »Phantasie eine Freiheit über die Geschichte« verschafft[161], indem er das Historische für das Drama selbst nur als Grund und Rahmen beläßt, die Handlung aber gerade als Widerstand dagegen entwickelt. Die Wirksamkeit Tells besteht ja darin, durch die Tat die entgegenstehende Gewalt der Geschichte zu besiegen, deren Fürsprecher im Drama Ulrich von Rudenz ist. Eben damit aber setzt er Geschichte, und sein Schicksal wird aus der Sphäre des Wunschmärchens wieder an den Geist der Geschichte zurückgewiesen.

Dabei führt allerdings nicht allein Schillers Insistieren auf der poetischen Operation, die Aufhebung der historischen Elemente ihrer Faktizität nach und deren poetische Neukonstruktion im Drama, zu der Einsicht, daß Geschichte nur durch Vermittlung des Menschen und seiner Handlungen existiert und ihren Gang bestimmt. Wenn Schiller verspricht, »von allen Erwartungen, die das Publikum und das Zeitalter gerade zu diesem Stoff mitbringt, wie billig ⟨zu⟩ abstrahire⟨n⟩«[162], und somit seine aktuelle und allzusehr in Analogien verfangene Bedeutung aufzuheben, so doch nur mit dem Ziel, deren Substanz hervortreten zu lassen. In einer Zeit, so heißt es in einem anderen Brief, in der »von der schweizerischen Freiheit desto mehr die Rede ⟨ist⟩, weil sie aus der Welt verschwunden ist«, gewinnt das schweizerische Freiheitsdrama seine Qualität als projektive Erinnerung nicht an zufällige Ereignisse, aber an den durchgehenden Sinn der Geschichte – »womit ich den Leuten den Kopf wieder warm zu machen gedenke«[163]. Denn indem Schiller die Geschichte der Eidgenossenschaft durch Vermittlung der (märchenhaften) Taten Tells als Heilsgeschichte interpretiert[164], zeigt dieses Drama gerade mit seinem gelungenen Ausgang die janusköpfige Struktur von Schillers Historienstükken besonders eindringlich. Geschehen und Traum der Geschichte sind auf gleiche Weise Träger der dramatischen Handlung, aus beider Widerstreit entsteht der tragische Antagonismus; er kann aber auch zu jener festlichen Versöhnung führen, die die Schlußszene von ›Wilhelm Tell‹ präsentiert[165], dem einzigen seiner Dramen, in welchem der utopische Gedanke seiner Geschichtsphilosophie und Ästhetik zum theatralischen Ereignis wird und nicht bloß als regulative Idee über den tragischen Ausgang triumphiert.

Das Drama beginnt mit einem deutlichen Zeichen. Baumgarten auf der Flucht vor seinen Häschern erreicht knapp und mit echter Not das Ufer des Vierwaldstätter Sees, nur die Überfahrt kann ihn retten. Aber ein Gewitter zieht auf, der Fährmann weigert sich überzusetzen. »So muß ich fallen in des Feindes Hand, / Das nahe Rettungsufer im Gesichte!«[166] Da taucht »Tell mit der Armbrust« (Regieanweisung) auf. Sein erster Satz: »Wer ist der Mann, der hier um Hülfe fleht?«[167] dient nicht nur seiner Charakterisierung als eines mutigen, hilfsbereiten und tatkräftigen Mannes, sondern eröffnet im Drama das Rettungsgeschehen, das von nun an mit seiner Person verknüpft bleiben wird. Tells zufälliges Erscheinen im Augenblick der höchsten Not, die Interpretation seiner Fahrt als Sturz in den »Höllenrachen«[168], schließlich die geglückte Rettung, die durch Wernis und Kuonis Mauerschau angedeutet und von den Häschern erkannt (»Verwünscht! Er ist entwischt«[169]) wird, machen charakteristische Umstände der Berufung des Helden deutlich, wie sie die Sage überliefert hat und auch die Geschichte der meisten Religionsstifter aufweist[170]. Tells Wirksamkeit im Drama erhält ihre besondere Bedeutung durch die jeweiligen merkwürdigen Begleitumstände, die von den in der Funktion des Chors agierenden Beobachtern als Zeichen und Wunder interpretiert werden. Vom Meisterschuß auf den Apfel bis zur Rettung aus der Gewalt seines Erzfeindes Geßler erscheint jedes Wagnis als »Wunder Gottes«[171], und Tells Bestimmung zum Retter des Landes in der 1. Szene des 1. Aufzugs erfährt eine fortgesetzte Beglaubigung, die eigene Befreiung aus dem Bauch des Kerkerschiffes in der 1. Szene des 4. Aufzugs nimmt die Berufung nochmals auf und bekräftigt sie, so daß Hedwigs Klagen dem um die Befreiung Tells längst wissenden Leser und Zuschauer eine weitere, dringlichere Prophezeiung bedeuten, die in der nächsten Szene eingelöst wird: »Was könnt *ihr* schaffen ohne ihn? – Solang / Der Tell noch frei war, ja, da war noch Hoffnung, / Da hatte noch die Unschuld einen Freund, / Da hatte einen Helfer der Verfolgte, / Euch alle rettete der Tell – Ihr alle / Zusammen könnt nicht *seine* Fesseln lösen!«[172]

Anders und deutlicher als in der »Jungfrau von Orleans« nimmt Schiller in seinem letzten vollendeten Drama die Problematik seines ersten Dramas wieder auf, um nun die Dialektik des Selbsthelfertums nicht mehr in einen extremen Antagonismus und damit ad absurdum zu führen, sondern in einem historischen Endspiel zur utopischen Aufhebung zu bringen. Denn trotz seines schroffen Selbsthelfertums scheitert Tell nicht; ausdrücklich wird er als »unsrer Freiheit Stifter«[173], als »Retter von uns allen«[174] bezeichnet und im Schlußchor als der »Schütz und der Erretter« gefeiert, der nicht nur die staatliche Freiheit seinem Lande zurückgebracht hat, sondern dessen ganze Wirksamkeit als Freiheit stiftend verstanden werden muß: Rudenz' Schlußwort »Und frei erklär ich alle meine Knechte«[175], als Schlußakkord dieses Festspiels, kann nur bedeuten, daß die Freiheitsidee, deren Träger im Drama Wilhelm Tell ist, als unteilbares und umfassendes Prinzip nicht nur der staatlichen Beziehungen, sondern auch des sozialen Zusammenlebens zu gelten hat[176]. Eine Konsequenz, die schon in der ständischen Zugehörigkeit des Retters selbst liegt und die der sterbende Attinghausen mit prophetischem Auge vorausgesehen hatte:»Hat sich der Landmann solcher Tat verwogen, / Aus eignem Mittel, ohne Hülf der Edeln, / Hat er der eigenen Kraft so viel vertraut – / Ja, dann bedarf es unserer nicht mehr, / Getröstet können wir zu Grabe steigen, / Es lebt *nach* uns – durch andre Kräfte will / Das Herrliche der Menschheit sich erhalten.«[177]

Daß Tell von Beruf Jäger, nicht Handwerker oder Bauer ist, charakterisiert ihn von Anfang an als den wagemutigen, aus einer anderen Zeit herüberragenden Abenteurer, der zwar nicht zum Rat, dafür um so mehr zur Tat taugt und dessen kriegerischer Sinn durch seine Beschäftigung ausgebildet wurde. Auch sein Verhältnis zu Geßler sieht er hier am Ende seines Monologs wie das des Jägers zu seinem besonders edlen Wild, eine Betrachtungsweise, die nur schlecht mit den moralischen und naturrechtlichen Reflexionen harmoniert, mit denen er zuvor dem Opfer die Schuld an dem bevorstehenden Mord aufladen möchte. Ersichtlich geraten an dieser Stelle zwei Bedeutungsebenen miteinander in Konflikt: die neuzeitliche, durch Aufklärung und bürgerliche Moral bestimmte, in der das Problem des Tyrannenmordes von großer Aktualität und moralischer Fragwürdigkeit war[178], und jene Ebene der antiken Götter- und Heroengeschichte, in der die Jagd auf feindliche Tiere ebenso wie der Kampf mit Riesen und Helden allein unter dem Aspekt der göttlichen Bewährung erschien[179]. Immer hat der Jäger etwas von diesen mythologischen Beziehungen behalten, sie erhöhen die Aura des gefährlichen Lebens, die ihn umgibt, wie insbesondere die mittelalterlichen Jagdgeschichten zeigen, offen für mancherlei allegorische Auslegung. Wenn Tell sich mit seinem Vorhaben, heute erst den eigentlichen »Meisterschuß« zu tun, und zwar mit jenem einzigen ihm noch verbliebenen Pfeil[180], auf jene Probe des Apfelschusses zurückbezieht, so irritiert ihn in diesem Augenblick kein moralischer Skrupel mehr. Die Stilisierung Geßlers zur Verkörperung des Bösen an sich, zur ganz unmenschlichen und psychologisch unwahrscheinlichen Typenfigur, schon von Schillers Zeitgenossen mitunter tadelnd bemerkt, entspricht doch vollkommen jenen Gestalten der griechischen Sagenwelt, die nur dazu geschaffen waren, damit »die Helden sich Götterrang erkämpften«[181]. Etwas von dieser Bedeutung Geßlers hat Körner bemerkt: »Geßler durfte nicht als Caricatur erscheinen, aber das Wichtigste an ihm nicht zu sehr gemildert werden. Hassen soll man ihn, aber nicht verachten. Es muß einleuchten, daß sein Tod die Schweizer von ihrem gefährlichsten Feinde befreit.«[182] Tells Tat wird damit aus dem Geist jener Drachentöter gedeutet, die ausgezogen sind, Dörfer, Städte und Länder von den mannigfachen Tyrannen in Menschen- oder Tiergestalt zu befreien, die die menschliche Gemeinschaft bedrohen. Tells Selbstverständnis in diesem höchsten Augenblick der Entscheidung konvergiert endgültig mit dem Bild, das sich die anderen schon längst von ihm gemacht haben. Als Jäger wird Tell der Retter des Landes, nachdem er zuvor schon in der Apfelschuß-Szene sich als der neue Heilsbringer zu erkennen gegeben hatte.

Wie des Odysseus Pfeil durch alle zwölf Axtringe traf und er sich damit als der rechtmäßige Herrscher zu erkennen gab, bevor er mit einem zweiten Pfeil den Antinoos tötete, so gilt auch Tells Apfelschuß dem Nachweis, daß er rechtmäßig die Sache seiner

Landsleute gegen den Vogt ergriffen hat: Auch er tötet mit dem zweiten Geschoß seinen Feind und Rivalen, so daß sich Geßlers Versuch, seinem Schicksal durch Gefangennahme Tells zu entgehen, als schäbiger und hilfloser Trick erweist, der sein Ende zwar hinauszögert, aber nicht verhindert. Wie bei der »primitiven Probe im Bogenschießen des Anwärters auf das Königtum«, die der Homerischen Erzählung zugrunde liegt und bei der der Pfeil durch einen Ring geschossen wurde, »der auf den Kopf eines Knaben gesetzt war«[183], so bestreitet auch Tell die Rechtmäßigkeit der Gewalt und Ordnung, die Geßler repräsentiert. Daß dieser selbst in dem Apfelschuß zudem auch eine Meisterprobe sah – ganz analog dem mittelalterlichen Schützenbrauch, einen »auf einen Kopf gelegten Apfel oder einen Pfennig in der Mütze des eigenen Sohnes zu treffen«[184] –, verrät seine Rede: »Hier gilt es, *Schütze,* deine Kunst zu zeigen, / Das Ziel ist würdig und der Preis ist groß! / ⟨...⟩ *der* ist mir der Meister, / Der seiner Kunst gewiß ist überall«[185]. Auch Geßlers übrige Kommentare bleiben zweideutig, spielen einmal auf den oberflächlichen Anlaß des Geschehens an, Tells Gehorsamsverweigerung und Stolz, um dann aber sogleich dunkel auf den tieferen Sinn der ganzen Veranstaltung hinzuweisen: »Gewaffnet sei niemand, als wer gebietet«[186] bis hin zu jener nun ganz offenen Rede: »Ich will dein Leben nicht, ich will den Schuß. / – Du kannst ja alles, Tell, an nichts verzagst du, / Das Steuerruder führst du wie den Bogen, / Dich schreckt kein Sturm, wenn es zu retten gilt, / Jetzt, Retter, hilf dir selbst – du rettest alle!«[187]

Die Ermordung Geßlers rechnete Schiller gewiß zu den schwierigsten Teilen der Überlieferung, schien sie doch zu den Taten der Schweizer Befreiungsgeschichte zu gehören, deren Roheit er verabscheute (»Aber ich danke dem Himmel, daß ich unter Menschen lebe, die einer so großen Handlung, wie die That des Winkelried ist, nicht fähig sind«[188]). Dem »böslich angefochtenen Schatten Tells die rühmlichste Ehrenerklärung, das wohlgefälligste Sühn- und Totenopfer darzubringen« war daher nach Karl August Böttigers Zeugnis[189] sein selbstgesetztes Ziel, und dies erklärt auch die Unnachgiebigkeit, mit der er an Tells Monolog und der Parricida-Szene entgegen allen Einwänden fest-

hielt[190]. Der Zweck beider Szenen besteht ja in nichts anderem
als Tells Tat jeden Verdacht eines feigen Meuchelmordes aus
gekränkter Eigenliebe zu nehmen und die »edle Simplicität« und
»schlichte Manneswürde« des Helden hervortreten zu lassen[191],
indem er den Motivzusammenhang der Tat in einer für den Charakter Tells bislang ungewohnten Weise bloßlegt. Tell gibt die
schroffe Trennung von Wort und Tat auf. Die Rettung Baumgartens war für ihn allein ein Gebot der Menschlichkeit, weiterer
Worte bedurfte es nicht; dem Apfelschuß ging als Beweggrund
die Herausforderung durch Geßler voraus; die eigene Befreiungs-
tat war hinreichend durch das vorausgegangene Geschehen und
die augenblickliche Gefahrensituation motiviert. Allein die
Ermordung Geßlers trug Züge des Mißverständnisses, deren
Beseitigung nun ein sehr weitgehendes Zugeständnis Schillers an
den »Zeitgeist« darstellt, allerdings wiederum meisterhaft durchgeführt, indem er diese Wandlung Tells nach seinem Verschwinden und seiner Wiederkehr setzt und sie somit aus dem mythologischen Sinn dieser Episode als Wiedergeburt und Erneuerung
entwickelt. Hatte Tell seine Handlungen bisher in völliger Übereinstimmung mit seinem Charakter erbracht, so daß Wille, Tat
und Vollzug eine unmittelbare Einheit genau wie bei den antiken
Helden bildeten, so tritt er nun in dem großen Reflexionsmono-
log aus dem unmittelbaren Zusammenhang seines Lebens heraus,
um durch die Reflexion seinen Vorsatz, die Ausführung und die
Folgen der Tat zu vermitteln. Wiedergeboren wird der Held Wilhelm Tell, so kann man resümieren, als moderner Freiheitskämpfer, der nachweisen muß, daß er bewußt und absichtlich handelt,
unter Berücksichtigung aller ihm einsichtigen Bedingungen und
Umstände.

   Deshalb sollte man Tells Monolog als eine imaginäre Verteidi-
gungs- und Rechtfertigungsrede lesen, die im Kontext von Schillers Ansicht »Die Weltgeschichte ist das Weltgericht« gedeutet
werden will. Am Anfang steht die Versicherung Tells, als Arm
einer höheren Gerechtigkeit zu wirken: »Mach deine Rechnung
mit dem Himmel, Vogt, / Fort mußt du, deine Uhr ist abgelau-
fen«[192]. Dann hebt er an mit der Beschreibung seines friedlichen
Lebens, das erst durch Geßler vergiftet wurde: die idyllische Ord-

nung der Dinge wurde durch einen Drachen, ein Ungeheuer in Menschengestalt, zerstört, das die »Milch der frommen Denkart« in »Drachengift« verwandelte[193]. Der allgemeinen Anklage folgen die detaillierten Beschuldigungen, die Aufzählung der Taten, in denen der Vogt sich gegen Vaterland, Sittlichkeit und Familie vergangen hat, und nach jedem Abschnitt der Anklagerede stets erneut Tells Versicherung, Stellvertreter der göttlichen Gerechtigkeit zu sein, eine »heilige Schuld«[194] abtragen zu müssen:»Es lebt ein Gott, zu strafen und zu rächen«[195]. Geßler, der das Zeitalter der Unschuld und Kindlichkeit ablöste durch ein Zeitalter der Verbrechen gegen Unschuld und Kindlichkeit[196], hat alles Recht verwirkt, selbst das Recht auf einen fairen Zweikampf, das er in der Apfelschuß-Szene, als er sich weigerte, die Folgen der Probe anzuerkennen, gegen allen Brauch verletzte. Geßler zwang Tell dadurch erst das »Geschäft« des Mordes auf und brachte ihn zur Anerkennung seiner Bestimmung als Retter, der er nun allein durch Mord noch genügen kann. Nachdem Schiller so weit den Erfordernissen einer auf Gesetz und Moralität gegründeten Denkweise entsprochen hatte, enthüllte er auch noch die tiefere, frühere Verflechtung des Verhältnisses zwischen Tell und Geßler, des »Todfeinds«[197], den zu jagen Tell mit Bedacht sein eigentliches Geschäft nannte.

Am Ende dieses großen Monologs, der noch einmal in einer geistigen Anstrengung und dramatischen Gespanntheit ohnegleichen das bisherige und alles künftige Geschehen seiner Substanz nach zusammengefaßt und der zu den schönsten seiner Art in der deutschen Dramenliteratur zählt, legt Schiller die ebenso mythologischen wie archetypischen Beziehungen bloß, die Geßler und Tell gleich Jäger und Wild wie manichäische Zwillinge aneinanderfesseln und der alten chronikalischen Überlieferung ihre weiterdauernde Sprengkraft garantieren. »An heilger Stätte« wird von nun an die Armbrust aufbewahrt[198], nachdem sie das Übel aus der Welt gebracht.

Der Dialog zwischen Parricida und Tell, sagte ich, bekräftigt die besondere politische Qualität jener Tat. Der eine: Mörder aus Eigenliebe und Ehrsucht, der andere: Verteidiger des Naturrechts und der Sittlichkeit; beider Tat ist nur oberflächlich vergleichbar,

substantiell aber so verschieden wie Drachenopfer und Drachen-
tötung: »Gemordet / Hast *du,* ich hab mein Teuerstes verteidigt«[199]. Allein Parricidas Schmerz und Reue unterscheiden den
Kaisermörder vom teuflischen Statthalter Geßler, und so weist
Tell, damit seine ›religio‹ abermals bekundend, dem Mörder den
Weg zur Buße. In bewußt doppeldeutigen Worten, die den topo-
graphischen Straßenverlauf und seine initiatorische Bedeutung
allegorisch in eins setzen (»Schreckensstraße«, vom Einbruch
gefährdete Brücke, »schwarzes Felsentor«, »Tal der Freude«[200]),
beschreibt er dem falschen Mönch den Weg der Buße, der diesem
auf ganz andere Weise ein Weg der Erneuerung und Wiedergeburt werden soll, als er selber ihn durchgemacht hat. Durch
Nacht zum Licht führen beide. Der Tells hatte aus dem Dunkel
des unmittelbaren Lebens und seiner substantiellen Einheit mit
Gott, Natur und Menschen über die Entzweiung durch Geßler
zum Licht der Erkenntnis und des sittlichen Handelns aus Wissen
und Verantwortung geführt. Parricidas Straße ist die des Büßers
ins Gelobte Land, wo Strafe und Verzeihung seiner warten.
Beschreibt jener einen geistigen, so dieser einen geistlichen Prozeß, der Erlösung bringen soll.

Doch gibt es noch eine andere Zweideutigkeit. Schiller hat in
seinen eigenen Kommentaren keinen Zweifel daran gelassen, wie
er Tells Stellung zum Volk und seinen verschiedenen Standesver-
tretern gesehen und inszeniert wissen wollte. »So ⟨. . .⟩ steht der
Tell selbst ziemlich für sich in dem Stück, seine Sache ist eine Pri-
vatsache, und bleibt es, bis sie am Schluß mit der öffentlichen
Sache zusammengreift.«[201] Die Absonderung Tells ist denn auch
von Beginn des Dramas an augenfällig und wird von Schiller mit
ganz verschiedenen Mitteln hervorgehoben. Auf der Ebene des
dramatischen Geschehens stehen seine Handlungen jedesmal in
Widerspruch zu den kollektiven Auffassungen und Haltungen,
die nach Weise des antiken Chors von den Repräsentanten des
Volkes an den Tag gelegt werden. Seiner von ihm selbst immer
wieder betonten Einsamkeit entspricht die in der szenischen Darstellung deutliche Abgrenzung seines Privatbereichs. »Das ist
meine Hütte! / Ich stehe wieder auf dem Meinigen!«[202], so beantwortet er Hedwigs Begrüßung, und obwohl sein Monolog vor

der Ermordung Geßlers dem Vogt auch noch den Einbruch in seinen Privatbereich zur Last legt, damit Baumgartens Schicksal auch als Drohung des eigenen reklamierend, gibt es im Drama keine Szene, die diese Bedrohung darstellte. Geßlers Angriff auf das väterliche Selbstverständnis, wollte man den Apfelschuß allein einmal auf dieser oberflächlichen Ebene sehen, geschieht ebenfalls jenseits dieser Insel in der Öffentlichkeit.

Auch seine großen Taten, so sehr man sie bewundert, isolieren ihn sogleich wieder von den übrigen Protagonisten und schaffen jene Distanz, die Volk und Held trotz gegenseitiger Liebe und Bewunderung trennt. Das Hineinrücken Tells und seiner Taten in die Sphäre des Wunders, der Sage und Legende ist der deutlichste Ausdruck dieser Distanzierung, die eine Gemeinsamkeit nicht duldet, weil sie vom Helden nicht gewünscht wird. Dessen Einsamkeit und Verschlossenheit, die Unbegreiflichkeit seiner Entschlüsse und Taten bewirkend, entrücken ihn einem menschlich durchschnittlichen Verständnis.

Dennoch ist jene allgemeine Übereinstimmung, die das Schlußtableau des ›Wilhelm Tell‹ trägt, nicht bloß zustandegekommen durch die zufällige Harmonie, in welcher sich Volk und Held einmal gefunden haben. Der Selbsthelfer Wilhelm Tell, ob er nun als mythischer Heilsbringer und politischer Messias erscheint, wie dem Volk, seiner Sage und Legende, oder als der gute Naturmensch, wie er sich selber sehen möchte, ein Abkömmling jener Lieblingsgestalt des 18. Jahrhunderts, deren verbreitete Verkörperung der edle Wilde[203] darstellt – alle Einsamkeit, Fremdheit und Zurückhaltung dienen dazu, den Einklang deutlich zu machen, in dem sich hier geschichtsmächtiges Individuum und historischer Prozeß befinden. Allein dadurch werden seine Handlungen zuletzt legitimiert, und sein Erfolg beruht darauf, daß sich in diesem welthistorisch einmaligen Moment die geschichtliche Tendenz auch als kollektive Handlungsbereitschaft durchgesetzt hat. Es spricht aber für die im Laufe seines Lebens wachsende Skepsis Schillers gegenüber den individuellen Möglichkeiten in der Geschichte, daß die Gestalt, an der er deren Verwirklichung zeigt, nicht Stauffacher, sondern Wilhelm Tell, die Wunsch- und Märchenfigur der Volksüberlieferung ist.

Die historische Wirksamkeit Tells, nicht seine Existenz, wird von den Ereignissen beglaubigt, die in der Schweizer Befreiungstradition erinnert werden; daran hat Schiller nichts geändert. Sein Stück entfaltet den Licht- und Freiheitsmythos als einen Bestandteil der Geschichte, als ihre mehr oder weniger verborgene Tendenz, bringt sie zum dramatischen Vorschein – bis hin zu jenem historischen Zielpunkt, den das Schlußtableau anvisiert und in den das Drama mündet wie die vergangene Geschichte in die Zukunft, wie das Reich der Notwendigkeit in das Reich der Freiheit. Die Figur des Wilhelm Tell ist in diesem präzisen Sinne ein »Symbolische(s) Wesen«[204], als sie eine verborgene Dimension der Geschichte erschließt. Tell und Geßler verkörpern ihre Alternativen, nachdem die alte idyllische Einheit, die urzeitlich-paradiesische Ordnung der Dinge, zerbrochen ist. Schillers historische Hoffnung, die auch seine philosophischen Schriften aussprechen, wird in der heilsgeschichtlichen Perspektive sichtbar, die alle Ereignisse des Dramas auf die Apotheose der Freiheit im Schlußtableau hin ausrichtet. Nicht daß mythische Geschehnisse und historische Begebenheiten eine homogene Ereignisfolge abgeben, wird im ›Tell‹ demonstriert. Eine solche Auffassung entspräche einem vorgeschichtlichen Denken, dessen Friedrich Schiller am wenigsten verdächtigt werden kann. Durch die mythologischen Figuren und Konstellationen tritt die Deutung zu den historischen Begebenheiten hinzu und wird von ihnen sogar in die Ereignisfolge mit einbezogen, indem sie in ihr wirksam werden. So wurde schon Wilhelm Tell von der Schweizer Volksüberlieferung dergestalt in die eigene Geschichte integriert, daß er beinahe historische Realität errang. »Dieses Werk soll«, schrieb Schiller an Iffland, »hoff ich, Ihren Wünschen gemäß ausfallen, und als ein Volksstück Herz und Sinne interessiren.«[206] Gerade darin zeigt sich ja die ungeheure Transformationskraft kollektiver Wunschträume, daß sie geschichtliche Erfahrungen zu historischen Bestimmungen bildhaft, unter Verwendung mythologischer und religiöser Vorstellungen, entwickeln. Ob Wilhelm Tell für die Schule oder fürs Theater – dieser Mythos bedarf keiner Entmythologisierung, sondern allein einer fortwährenden, auch theatralischen Bekräftigung.

7. Im Grab der Geschichte: Kleists Geschichtsdramen und das patriotische Tendenzstück

Wir haben verfolgen können, wie im Drama Schillers die Geschichtlichkeit des menschlichen Handelns zum eigentlichen theatralischen Ereignis wird, doch so, daß es in allen seinen Möglichkeiten ausgeschritten wird. Dazu gehören auch die unheilvollen, zernichtenden, dazu gehört Geschichte als Negation und Abgrund: Wallenstein *und* Max Piccolomini, Johanna *und* Demetrius. Beide Pole sind auch noch in Kleists Dramatik erkennbar, doch nicht mehr als Pole der Geschichte selbst, sondern als die Spannung zwischen historischem Prozeß und geschichtstranszendenter Utopie. Schon in dem nur fragmentarisch überlieferten Trauerspiel ›Robert Guiskard‹, das Kleist 1802 begonnen und, fast fertiggestellt, im Oktober 1803 während seines Pariser Aufenthaltes verbrannte.

Im Heer des Normannenführers Guiskard, das vor Konstantinopel steht, wütet die Pest und macht alle großen Pläne und Entwürfe zunichte. Auch der Herzog selbst ist schon angesteckt, als eine Botschaft seiner Truppen von ihm den Abzug vom Kriegsschauplatz zu fordern kommt. »Jedoch dein Volk ist, deiner Lenden Mark, / Vergiftet, keiner Taten fähig mehr, / Und täglich, wie vor Sturmwind Tannen, sinken / Die Häupter deiner Treuen in den Staub. / Der Hingestreckt' ists auferstehungslos, / Und wo er hinsank, sank er in sein Grab. / Er sträubt, und wieder, mit unsäglicher / Anstrengung sich empor: es ist umsonst! / Die giftgeätzten Knochen brechen ihm, / Und wieder nieder sinkt er in sein Grab. / Ja, in des Sinns entsetzlicher Verwirrung, / Die ihn zuletzt befällt, sieht man ihn scheußlich / Die Zähne gegen Gott und Menschen fletschen, / Dem Freund, dem Bruder, Vater, Mutter, Kindern, / Der Braut selbst, die ihm naht, entgegenwütend.«[206] In diesem Bild des Grauens finden wir das Sinnbild der Geschichte vorgeprägt, das ›Die Hermannsschlacht‹ ebenso wie ›Prinz Friedrich von Homburg‹ beherrschen wird und das der dunkle Grund ist, von dem sich ›Das Käthchen von Heilbronn‹ nur als Märchenspiel abzuheben vermag. Krieg wird als Krank-

heit zum Tode gedeutet und ist der Zustand, in dem für Kleist
geschichtliches Wesen am deutlichsten hervortritt. Geschichte hat
er nur als das Grab der Ideen und der Menschlichkeit erfahren,
und daß er selber mit seinem Drama verfuhr wie die Geschichte
mit den Werken und Taten des menschlichen Geistes, daß zudem
der Tatort dieser Selbstaggression, die schon vorausdeutet auf das
letzte Zerstörungswerk, den Selbstmord im November 1811,
Paris war, wo ihn die Zerrgestalt des Citoyen erstmals von der
Eitelkeit seiner politischen Hoffnungen überzeugte, offenbart in
einem prägnanten Moment den alle Widersprüche in sich fassen-
den Zusammenhang von Leben und Werk. Der Traum, der auch
auf Guiskards Schlachtfeld noch lebendig ist, hat – Kleist konnte
das kaum deutlicher sagen – keinerlei Realität für sich, denn der
Adressat ist ohnmächtig und hilflos, selber schon ein Opfer der
Krankheit, die er heilen soll, und von den ersten Zeichen der Pest
geschlagen:»O führ uns fort aus diesem Jammertal! / Du Retter
in der Not ⟨. . .⟩ / Führ uns zurück, zurück, ins Vaterland!«[207] Das
Vaterland als Chiffre für Heimat und Versöhnung – Kleist wird
zu diesem Wunschbild zurückkehren und es zugleich bis zur
Karikatur übertreiben – ob im ›Katechismus der Deutschen‹
(1809) oder im patriotischen Drama ›Die Hermannsschlacht‹ –
allein, er wär nicht Kleist, wenn sich darin nur die nationalistische Tugend und nicht zugleich die menschliche Not verriete.

Das germanische Heldenstück ist 1808 entstanden, eine Reaktion auf die Zeitereignisse, die Kleist außerordentlich bewegten.
Den empfindlichsten Eindruck verrät ein Brief an seine Schwester
Ulrike, den er am 24. Oktober 1806, nach dem militärischen
Zusammenbruch Preußens, schrieb.»Wie schrecklich sind diese
Zeiten! Wie gern möcht ich, daß Du an meinem Bette säßest, und
daß ich deine Hand hielte; ich fühle mich schon gestärkt, wenn
ich an Dich denke! Werdet Ihr flüchten? Es heißt ja, daß der Kaiser den Franzosen alle Hauptstädte zur Plünderung versprochen
habe ⟨. . .⟩ Ich leide an Verstopfungen, Beängstigungen, schwitze
und phantasiere, und muß unter drei Tagen immer zwei das Bette
hüten. Mein Nervensystem ist zerstört ⟨. . .⟩ Es wäre schrecklich,
wenn dieser Wüterich sein Reich gründete. Nur ein sehr kleiner
Teil der Menschen begreift, was für ein Verderben es ist, unter

seine Herrschaft zu kommen. Wir sind die unterjochten Völker
der Römer. Es ist auf eine Ausplünderung Europas abgesehen,
um Frankreich reich zu machen.«[208] Die Diagnose ist, trotz des
hysterischen, jedenfalls angstbewegten Tons gewiß nicht aus der
Luft gegriffen, und ein wesentliches Motiv in der ›Hermannsschlacht‹ wird diese Ausplünderung sein, die zugleich eine kulturelle Überwältigung bedeutet. Denn Varus und seinem Volk – im
Klartext Napoleon und den Franzosen – wird vor allem angela-
stet, daß sie »keine andre Volksnatur / Verstehen« können als die
ihrige, so daß auf keine Schonung zu rechnen ist und selbst der
Traum, den er verkörpern könnte, daß »unter *einem* Königszep-
ter, / Jemals die ganze Menschheit sich vereint«[209], bloß zum Alp-
traum taugt. Der Feldzug der Eroberer gilt auch der deutschen
Kultur, und das ist nun freilich das größte Unglück, das für
Kleist vorstellbar ist, denn er weiß doch: die ganze nationale
Identität der Deutschen wurzelt in der gemeinsamen Tradition
von Literatur und Kunst, Philosophie und Wissenschaft; deutsche
Größe, um es mit Schillers Worten zu sagen, »wohnt in der Kultur und im Charakter der Nation, die von ihren politischen
Schicksalen unabhängig ist«[210]. Diese gemeinsame Grundüberzeu-
gung vereint auch die sonst unterschiedlichsten geistigen und
politischen Tendenzen in der deutschen Geschichte des 18. und
19. Jahrhunderts; fiele sie, so hätte Deutschland als eine die
kleinstaatliche Zerrissenheit übergreifende national-kulturelle
Einheit aufgehört zu existieren. Man muß sich diesen Hintergrund immer vergegenwärtigen, wenn man die heftigen militari-
stischen und chauvinistischen Reaktionen deutscher Schriftsteller
und Philosophen zur Zeit der Befreiungskriege bedenkt und um
auch zu verstehen, wie sehr Kleist von den Ereignissen persönlich
niedergedrückt und bis an die Grenzen seiner psychischen
Gesundheit belastet wurde. Gegenüber dieser Gefahr schienen die
Errungenschaften, die Napoleon mitbrachte, kaum ins Gewicht
zu fallen. Das nationalistische Pathos der ›Hermannsschlacht‹,
die übersteigerten Haßgesänge, die im Gegner nur noch den
Feind, nichts Menschliches mehr befehden, und die ausschwei-
fendsten Grausamkeitsphantasien sind es ja, die dieses auf Klopstock auch im Ton zurückgreifende, ihn aber bis ins Unerträg-

liche steigernde und die historischen Geschehnisse sehr frei behandelnde Zeitstück unüberhörbar bewegen.

Denn ein zeit- und nationales Propagandastück ist die ›Hermannsschlacht‹ zuallererst, die schlimme Wirkung in späteren Epochen der deutschen Geschichte ist also nicht durch Verfälschung zustande gekommen, sondern darin überall schon angelegt. Der Traum vom Zusammenschluß aller deutschen Stämme, die Brandmarkung der verräterischen Fürsten ist aufgetragen auf eine bittere Interpretation der deutschen Geschichte und Gegenwart. Das Drama soll aufrütteln, klagt die politische Verantwortung der Fürsten ein, da das Volk, eine dumpfe und stumpfe Masse, die Hermann auch mit allerlei kruden Propagandatricks (darunter die Zerstückelung einer geschändeten Mädchenleiche und die Versendung der Teile an die feudalen Stammeshäuptlinge) erst scharf auf den Feind machen muß, von sich aus zum selbstbewußten Widerstand unfähig ist. Die Plakatierung der fremden römischen Eroberer als hinterhältige, grausame, die Sitten und Bräuche anderer Völker verletzende, gebildete Barbaren, als höfische Schmeichler und Frauenhelden – in allen diesen Zügen malt Kleist, ohne sich mit der Camouflage große Mühe zu geben, ein karikaturistisch verzerrtes Porträt des aktuellen Feindbilds, dessen eigentlicher Zweck, in immer neuen Wendungen ausgesprochen, dem Publikum eingehämmert wird. »Einen Krieg, bei Mana! will ich / Entflammen, der in Deutschland rasselnd, / Gleich einem dürren Walde, um sich greifen, / Und auf zum Himmel lodernd schlagen soll.«[211]

Könnte man nichts anderes aus diesem Stück entnehmen, sollte man es (wie oft geschehen) gewiß als zeitgeschichtlich verständliche, doch bedauerliche Entgleisung eines allzusehr von den politischen Ereignissen mitgenommenen Autors abtun. Ein Propagandastück zum Zwecke demagogischer Wirkung im Krieg und damit eines unter vielen dramatischen Produkten, das der Kampf gegen Napoleon, die Befreiungskriege hervorgebracht haben. Ein Seitenblick auf einige von ihnen macht aber auch den Unterschied sichtbar, der Kleist selbst hier von ihnen trennt.

1806, ein Jahr nach der Niederlage Preußens und Österreichs gegen Napoleon bei Austerlitz, schrieb Zacharias Werner, einer

Anregung Ifflands folgend, sein Drama ›Martin Luther, oder die
Weihe der Kraft‹. Der Autor war durch einige andere Stücke
(›Die Söhne des Tals‹, 1803/04, den Untergang des Templeror-
dens behandelnd, oder ›Das Kreuz an der Ostsee‹, 1805/06, in
dem die Unterwerfung und Christianisierung Altpreußens den
Rahmen abgibt) in der Behandlung historischer Sujets in der
Nachfolge Schillers nicht ungeübt, doch lag in ihnen das Schwergewicht auf einer inneren Handlung, die Werners Sehnsucht nach
einer neuen Religiosität zum Ausdruck bringen sollte. Historisie-
rende Märtyrerdramen mit patriotischen Zügen, mehr nicht. Das
änderte sich beim Lutherdrama: »Einen deutschen Helden wollte
ich den Deutschen darstellen, in einer Zeit, wo selbst Heldensee-
len dem Drucke der Verhältnisse, wo nicht erliegen, doch weichen müssen.«[212] Werner hat auch einiges Quellenstudium getrieben, sein Drama umfaßt die Zeit vom Banne Luthers (1521) bis
zur Reichstagsszene und kulminiert in seiner Verbindung mit
Katharina von Bora (1525); er bemüht sich, mit wenigen Ausnahmen, dem Geschichtsverlauf zu folgen, entwickelt die Handlung
aus der Verbrennung der Bannbulle, läßt Luther sozusagen im
Originalton sprechen, indem er seine Schriften oft wörtlich
zitiert, und verklärt ihn zum Musterbild des deutschen Patriotismus: »Weil er, ein freigeborner deutscher Mann, / Die Fessel
nicht ertrug, von schnöden Kutten / Und fremden Mantelträgern
uns geschmiedet / Wer ist im Lande rechtlicher als er, / Wer ade-
liger und von bess'rer Sitte? / Der Erste wär' er, ohne Fürstenhut. /
Gesindel sind wir gegen ihn. – Und dennoch / Könnt ihr es tragen, daß der fremde Söldner / Auf deutschem Boden
wüthet ⟨. . .⟩«[213] Die Mixtur aus Patriotismus und Theatralik
machte das Stück eine Zeitlang erfolgreich, obwohl sein Autor
vor allem im zweiten Teil seiner Vorliebe freien Lauf ließ und
Katharina zur höchsten Verkörperung von Glaube, Kunst und
Reinheit unerträglich verklärte, ja sogar seine katholisierende
Liebesmystik an ihr exekutierte. »Ziehen wir nun das Resultat«,
schrieb selbst die Werner eigentlich wohlgesonnene Tina von
Brühl, »so sind wir die Reformation einer Liebesgeschichte und
einer Heyrath schuldig.«[214]

Das Rezept bestimmt auch die folgenden Dramen dieses in sei-

ner Zeit so erfolgreichen Schriftstellers: die »romantische Tragö-
die« von ›Attila, König der Hunnen‹ (1807), welche den Feldzug
gegen Rom im Jahre 452 und Attilas Tod auf die Bühne bringt,
aber patriotische Anklänge nur noch von ferne vernehmen läßt.
Eigentlich ein Erlösungs- und Gnadendrama aus dem Geiste von
Werners romantisch-religiöser Weltanschauung. Nicht anders
›Wanda, Königin der Sarmaten‹ (1808). Die Dramatisierung der
Sage von der schönen Polenkönigin, die sich der gewaltsamen
Werbung Rüdigers versagt, ihn und sein Heer schlägt, um sich
dann selber von einem Felsen in den Fluß zu stürzen: damit sich
im Tod »dem Bräut'gam eint die Götterbraut«[215], hat nichts mehr
mit den Historienstücken der Zeitgenossen zu tun, sondern geht
ganz in einer anderen Lieblingsidee der Epoche auf, deren Faszination bis zu Richard Wagner und darüber hinaus anhalten
sollte: die Frau als Heiland und Erlöserin des Mannes.

Derartige Ablenkungen finden sich in den Tendenzstücken
der Zeit sonst kaum. Fouqués monumentale Mythendramen,
allen voran die Nibelungen-Trilogie ›Der Held des Nordens‹
(1808–1810), haben kein anderes Ziel, als das deutsche Natio-
nalbewußtsein und die Widerstandsbewegung gegen Napoleon
zu stärken durch Kenntnis von germanischen Sagen und Sitten
und die Begeisterung an den heroischen Taten der großen Ahn-
herren. Die Zueignung des ersten Teils ›Sigurd, der Schlangentödter‹ an Fichte, den Autor der ›Reden an die deutsche Nation‹
(1808), enthält auch schon die ganze Absicht dieser Stücke: »Aus
deutschen Wäldern nahend stieg der Klang / Uralten Heldenlie-
des, halb verweht, / Ja, meist geahnt nur mit der Schatten Säuseln, / Der Wiese Duften zu den Enkeln auf, / Anschwellend in
manch liebevoller Brust / Verwandte Regung, Sehnen nach den
Thaten / Den Liedern auch der alt ehrbaren Zeit.«[216] Fouqué war
ein überaus fleißiger Schriftsteller und hat neben den Edda-Lie-
dern den ganzen Sagenschatz der germanischen Überlieferung
von ›Rübezahl‹ (1803), ›Eginhard und Emma‹ (1811), ›Alboin
der Langobardenkönig‹ bis ›Hermann‹ (1817) und den ›Sängerkrieg auf der Wartburg‹ (1828) für seine patriotischen Helden-
stückchen geplündert. Das Programm ist immer gleich: »Laß
mich's Dir klagen, altes, ehrenwerthes Gebäu, und Euch, Ihr Hel-

dengeister, die Ihr noch in diesen Mauern hausen sollt. Es steht schlecht mit uns: der Feind trotzt in unsern Gränzen, herrscht auf unsern Thronen, – und die mehrsten Deutschen fügen sich ganz gemächlich d'rin. Es ist nicht, – ach, Ihr Heldenschatten, es ist nicht das deutsche, stille Aushalten, das fromme Ergeben ins Unabänderliche, das kräftige Insichzurückgehen vor einer schlechten Außenwelt, – Nein, Sie nehmen die ganze fremde Oberflächlichkeit mit an, finden's allerliebst, reden wohl gar von Plumpheit, wo Einer anders spricht ⟨...⟩ Such' Du es ihnen begreiflich zu machen, wie der echte deutsche Sinn nicht untergehen könne, so lang man seiner in deutschen Herzen pflege, wie es gerade jetzt Trost, Schuldigkeit, Bedürfnis sei, das innere Leben deutsch zu erhalten, jetzt Wissenschaft und Poesie noch inniger zu hegen ⟨...⟩«[217] So in einem Monolog aus dem Drama ›Burg Geroldseck‹ aus dem Jahre 1808. Fouqués Erfolg war groß, man bescheinigte ihm 1816 einen »bedeutenden Einfluß auf das Berliner Theater«[218], stellte ihn gar neben Goethe[219], doch dann nahm schon in den zwanziger Jahren seine Geltung rasch ab, denn unermüdlich dichtete er fort im einst bewährten, doch bald schon veralteten Geist und Stil.

Ob es so auch einem anderen Liebling des patriotisch aufgeregten Publikums gegangen wäre, dem Dichter Theodor Körner, wenn er nicht als zweiundzwanzigjähriger Jäger in Lützows wilder, verwegener Schar 1813 jenen Heldentod gestorben wäre, den er in seinen Liedern besungen? Die Frage ist müßig, Talent hatte der Sohn Christian Gottfried Körners jedenfalls, schon als Knabe eiferte er dem großen Freunde seines Vaters, Friedrich Schiller, nach und hat das erfolgreich fortgesetzt. »In Wien heißt er allgemein der zweite Schiller«, berichtete Dorothea Schlegel nach seiner Ernennung zum Hoftheater-Dichter, sparte dann aber nicht mit Kritik: »Sie meinen ihn damit zu ehren, eigentlich aber geben sie ihm diesen Beinamen, weil ihnen Schiller ganz natürlich bei diesen Dramen einfallen muß, da er aus lauter Reminiszenzen an Schiller besteht.«[220] Rechnet man die frühen dramatischen Proben und Versuche nicht (darunter das Fragment eines Konradin-Dramas), so hat er insgesamt 16 Dramen, Tragödien und Lustspiele hinterlassen – eine gewaltige Produktion.

Kurzen Erfolg hatten die meisten von ihnen, auf den Bühnen des 19. Jahrhunderts behauptet hat sich nur eines: ›Zriny‹ (1812). Ein Durchhaltedrama um den Feldherrn Kaiser Ferdinand I., der 1566 als Kommandant von Sziget die Stadt gegen die Truppen des Sultan Soliman verteidigte, sich nach ihrem Verlust mit 800 Mann ins Schloß zurückzog und den Angriffen zehn Tage lang standhalten konnte, ehe er und die Seinen bei einem letzten Sturm niedergemacht wurden; doch war es ihm noch gelungen, an die Pulverkammern Lunte zu legen, so daß eine große Zahl der türkischen Feinde mit in die Luft flog. Der Preis für den Sultan war hoch: 20 000 Mann soll ihn die Belagerung gekostet haben. Wie man sieht ein Stoff nach dem Geschmack der Zeit. Aus Zrinys weitschweifiger Abschiedsrede eine Kostprobe: »Zum letzenmal sprech ich zu meinen Freunden. / Erst Dank euch allen für die Heldentreue, / Mit der ihr diesen Kampf bestanden habt. / Mit frohem, freiem Herzen darf ich's sagen: Verräter gab es nie in meinem Volk. / Wir alle haben treu den Schwur gehalten, / Die meisten gingen kühn im Tod voraus / Und warten dort auf ihres Siegs Genossen. / Kein einz'ges Herz ist hier im ganzen Kreis – / Das ist mein Stolz – das nicht mit frohem Mut / Das letzte Leben für sein Vaterland, / Den Kaiser und den heil'gen Glauben wagte. / ⟨. . .⟩ / Wer so wie wir den großen Schwur gelöst, / Wer so für Gott und Vaterland gefallen, / Der lebt im Herzen seines Volkes fort / Und kämpft sich oben in das ew'ge Leben / Und gehet ein in Gottes Herrlichkeit.«[221] Patriotischer Schwulst und Kitsch, wie er in diesen Jahren auf den deutschen Bühnen blühte, vor allem in den süddeutschen Staaten, in Österreich. Die Stoffe nahm man, wo man sie fand. Und ob Heinrich Joseph von Collin die römische Geschichte bevorzugte (›Coriolan‹, 1804) oder andere Tagesgrößen wie Paul Weidmann und Joseph von Hormayr die österreichischen Annalen plünderten, zuletzt reimen sie sich alle auf den Schlußvers von Körners ›Zriny‹: »Für Gott und Vaterland.«

Wäre aus der ›Hermannsschlacht‹ nicht mehr herauszulesen, sagte ich, brauchten wir sie nicht weiter zu beachten. Indes zeigt sich bei näherem Zusehen (und im Kontext der anderen Dramen Kleists), daß die Handlung des Stücks und die Durchführung der vaterländischen Motive sehr doppelbödig strukturiert sind und sowohl der aktuelle Anlaß wie seine historische Kostümierung von Kleist zuletzt auf ein sehr viel größeres und aussichtsloseres Exempel gemünzt sind. »Ja, Kind! Die Zeiten sind entartet«, sagt Hermann zu Thusnelda beim Einzug der Römer in das eigene Lager[222], doch bezieht er sein Verhalten und das der Frau mit ein. Die Zeiten sind entartet, daß der Germane sich den fremden römischen Sitten anpaßt, dem Weingenuß ausgerechnet unter der Eiche frönt (III,3) und sich auf politisches »Perserschach«[223] hinterhältig vorbereitet. Daß der Deutsche, was er »in der Römer Augen« scheint (»Eine Bestie, / Die auf vier Füßen in den Wäldern läuft!«[224]) auch in Gesinnung und Tat wird, daß Haß und Rache regieren, wo menschlichere Regungen gefordert wären[225], daß Nacht und Grab und öder Trümmerhaufen die Stimmung auch nach dem Sieg über die römischen Legionen noch beherrschen. Die Zeit ist aus den Fugen, und niemanden gibt es, der davon nicht berührt, ja verändert würde, verändert zu einer Kenntlichkeit, die schaudern macht. Der Vater wird zum »Rabenvater«[226], der Landesfürst zum Greuelpropagandisten, der die eigene Bevölkerung drangsalieren läßt, um Haß zu ernten[227], und von seiner Frau Unmensch und Ungeheuer genannt wird[228]: die enttäuschte Liebende verwandelt sich gleichsam in eine reißende Bärin, den treulosen Geliebten zu zerreißen[229]. In der ›Hermannsschlacht‹ herrscht nicht Weltzeit, sondern apokalyptische Zeit und bricht die patriotische, ja nationalistische Tendenz ab ins Bodenlose eines zutiefst pessimistischen Krisenbewußtseins. Hier (wie in der ›Penthesilea‹) fällt kein Hoffnungsstrahl ins grauenhafte Geschehen, die tierisch-elementaren Gewalten brechen los und verschlingen alles, auch die Errungenschaften der eigenen deutschen Kultur. In dieser Endzeit triumphiert allein die Barbarei, ihre Helden sind desperate Figuren hier und dort, und nicht Freiheit oder Unterdrückung lautet die Alternative, sondern Verwilderung oder kulturelle Verderbnis: jenes Gleichgewicht des Schlimmen, das schon Schiller, die Revolutionsepoche vor Augen, diagnostiziert, doch dem er noch die Utopie einer höheren Kultur vorhergeschickt hatte.

Das vaterländische Tendenzstück Kleists bleibt ziel- und hoffnungslos, aber nicht das letzte Wort, das sein Autor auf die ihn so verzweiflungsvoll berührenden historischen Erfahrungen zu sagen wußte. Erst in ›Prinz Friedrich von Homburg‹, im Sommer 1811 fertiggestellt, formuliert er es, doch nicht als reale Möglichkeit der Geschichte, sondern als Imperativ, dem nur im individuellen Traumbild Genüge geschieht. Das Ende des Dramas führt ringkompositorisch an den Anfang zurück, im ersten wie im letzten Auftritt finden wir den Prinzen in jenem sonderbaren Zwischenzustand, in welchem die Grenzen von Wirklichkeit und Möglichkeit verschwimmen, hier wie dort ist es die harte Kriegsrealität, die ihn aus seinen Tagträumen reißt, am Anfang wie am Ende steht die unversöhnliche Dissonanz, die den Prinzen verstört und zugrunde richtet, daran ändert das märchenhafte Happy-End nichts und auch nicht die enthusiastische Kriegsbegeisterung, mit der das Stück schließt: »ALLE. In den Staub mit allen Feinden Brandenburgs.«[230]

Als Fremdling wandelt der Prinz durch die Szenerie des Stücks, schon beim ersten Auftritt erscheint er abwesend, nimmt nicht wahr, was um ihn geschieht. Er bewegt sich gleichsam immer in den Randzonen der Gesellschaft, die ihn für sich beansprucht und die sie meidet, weil dort ihre Macht verfällt. Wenn er träumend Natalie »Mein Mädchen! Meine Braut!« nennt[231], befindet er sich zwar auf der Höhe seiner Gefühlserkenntnis (und nicht nur seiner eigenen, wie sich zeigen wird), macht sich aber nur lächerlich in der höfischen Welt und wird als Narr zu allgemeiner Belustigung behandelt. Graf Hohenzollern nennt ihn einen »sinnverwirrte⟨n⟩ Träumer«[232] und spricht von der »Unart seines Geistes«[233]; unaufmerksam und zerstreut steht er inmitten der anderen Offiziere, wenn es darum geht, den Tagesbefehl entgegenzunehmen, und völlig verwirrt folgt er dem Schlachtgeschehen (II,2), bis er in immer größerer Erregung, gegen seine Ordre und alle Einwände (»Auf Ord'r! Ei, Kottwitz! Reitest du so langsam? / Hast du sie noch vom Herzen nicht empfangen?«[234]), mit seiner Reiterei in die Schlacht eingreift. Dieser sonderbare Zustand wird erstmals irritiert, als er, statt Lohn für den Sieg, Strafe und Arrest empfängt, dann aber nachhaltig durchbrochen, als ihn der Anblick des ausgehobenen Grabes den Todernst seiner Lage erfahren läßt.

So betrachtet, macht der Prinz eine allmähliche Initiation durch. Tagträumen und Schlafwandeln bedeuten dann in der Tat eine Unart, eine Unreife auch, die nach der Psychologie des 18. Jahrhunderts eine Fixierung auf die vorrationalen, dunklen und verworrenen Vorstellungen einschließt. Sie sind dem Kinde und dem Dichter eigentümlich, von Werther bis Tasso und Wilhelm Meister, ja bis in den romantischen Künstlerroman reicht die Auseinandersetzung mit der Wert-Hierarchie, die die Aufklärungsphilosophen an die Distinktionen der Erkenntnisweisen knüpften, am Ende steht ihre Umkehrung, die Nobilitierung der ehemals unteren sinnlichen und phantasiegeleiteten Erfahrung. Homburg, so kann man in dieser Perspektive fortfahren, wird durch mehrere Proben und Lektionen von seiner verworrenen Erfahrungsweise auf die Höhe menschlicher Erkenntnisfähigkeit gebracht; und wirklich spricht der Kurfürst, die Rolle des Präzeptors übernehmend, von der »Schule dieser Tage«, in welcher der Prinz »durch Trotz und Leichtsinn«[235] versagt habe, nun aber, wie Kottwitz assistiert, nach dieser Lehre, selbst »um dir zu helfen, dich zu retten, / Auch nicht das Schwert mehr zückte, ungerufen!«[236] Die Sicherheit ist nicht verwunderlich, wird sie doch vom Prinzen durch den höchsten Einsatz, den Einsatz seines Lebens, verbürgt. »Ich will das heilige Gesetz des Kriegs / Das ich verletzt, im Angesicht des Heers, / Durch einen freien Tod verherrlichen!«[237] Einsicht in die Notwendigkeit, Staatsvernunft beschließen einen Bildungsprozeß, der das Individuum durch Hoffen und Leiden geführt und schließlich am Tode sich bewähren ließ.

Die zentrale Szene, in welcher der Prinz die tiefste Erschütterung seines Daseins vor der Kurfürstin und Natalie, vor der Mutter und der Geliebten, rekapituliert (III,5), muß hier genauer untersucht werden. »Ach! Auf dem Wege, der mich zu dir führte, / Sah ich das Grab, beim Schein der Fackeln, öffnen, / Das morgen mein Gebein empfangen soll.«[238] Das ist keine jener Begegnungen mit dem Tode, die der Prinz im Krieg so oft bestanden; Natalie klagt deshalb den Kurfürsten an: »Der denkt jetzt nichts, als nur dies eine: Rettung! / Den schaun die Röhren, an der Schützen Schultern, / So gräßlich an, daß überrascht und schwindelnd, / Ihm jeder Wunsch, als nur zu leben, schweigt: / Der

könnte, unter Blitz und Donnerschlag, / Das ganze Reich der
Mark versinken sehn, / Daß er nicht fragen würde: was
geschieht? / – Ach, welch ein Heldenherz hast du geknickt!«[239]
Durch keinen Vorwand mehr vermag der Prinz die Furcht des
Todes sich zu verstellen; nicht auf Vaterland, Familie oder die
Geliebte kann er die Angst noch ablenken oder wenigstens in
Haß auf den Feind umwidmen. Er hat um sein ganzes Wesen
gezittert, hat erlebt, daß nichts auf der Welt, die Welt selber für
ihn nicht existiert, wenn er zu existieren aufgehört hat, und diese
Erfahrung hat alle früheren Sicherheiten, Bindungen und Gegenstände aufgelöst und ihn zum baren Selbstbewußtsein gebracht:
er weiß nun, daß es für ihn nichts gibt, was ihn für die elementare Existenz entschädigen könnte. Das Ergebnis dieser schlimmsten Probe heißt nun nicht einfach Unterwerfung unter das
Gesetz aus paralysierender Hoffnungslosigkeit. Indem sich der
Prinz, durch den Erlaß des Kurfürsten aufgefordert, selbst zu
entscheiden, ob er sein Schicksal dem Recht oder der Willkür
verdanke, nun gezwungen sieht, das Angsterregende in die Form
des eigenen Geistes aufzunehmen, verliert es seine Macht und
wird zum Produkt seiner Anstrengung, seiner Sittlichkeit, nicht
einer fremden Negativität. Zurück von dieser Höllenfahrt nach
innen ist der Prinz in der Tat ein anderer geworden, selbstbewußt
und frei, und der Tod hat seinen Schrecken verloren.

Es ist nicht leicht zusammenzufassen, was dieser Bildungsgang
des Individuums zu freiem Selbstbewußtsein seinem ganzen
Umfang nach bedeutet. Sicher mehr als eine bloße Affirmation
der preußischen Staatsidee und des Kriegsgesetzes, auch kein
abschreckendes Exempel in jenem planen Sinne, daß der Staat
derart seine Außenseiter diszipliniert. In diesem Gang der Sache
verrät das Stück sicher schon etwas von der letzten Geistesentwicklung seines Dichters, führt gleichsam die Stadien vor, die
Kleists »Triumphgesang« vorausliegen, »den meine Seele in diesem
Augenblick des Todes anstimmt«[240], »zufrieden und heiter ⟨. . .⟩
mit der ganzen Welt«[241]. Selbsttäuschung bedeutet diese Stimmung nicht, sondern die Geisteshaltung, mit der auch der Prinz
in den Tod gegangen wäre – oder genauer: mit welcher er dem
Tod tatsächlich konfrontiert wurde, denn bis zuletzt, bis zu sei-

ner symbolischen Wiederauferstehung ist er überzeugt, zur Hinrichtung geführt zu werden. Doch kann man wirklich sagen, daß in dieser verführerischen Todesharmonie (»Ach, wie die Nachtviole lieblich duftet!«[242]) und der zweifelhaften Rettung, die doch nur aufs Schlachtfeld führt, die Quintessenz des Stückes liegt? Oder ist jener schmerzhafte Bildungsgang zum Selbstbewußtsein nur die Tugend aus der Not? Auf die Schlußfrage des Prinzen: »Nein, sagt! ist es ein Traum?«, antwortet der ihm vor allen anderen ergebene Kottwitz: »Ein Traum, was sonst?«[243] Das kann man ironisch auffassen, doch im Kontext des Traumspiels, das ins historische Preußendrama (Kleists Quelle war ein historisches Lesebuch[244]) eingewirkt ist, paßt eine solche Note schlecht. Auch würde der Kurfürst auf ganzer Linie recht behalten, obwohl ihm in einer Schlüsselszene des fünften Aktes (V,5) vom Grafen Hohenzollern die Augen über seine zweideutige Rolle in der Unglücksgeschichte des Prinzen geöffnet werden: er selbst hat ihn dahin gebracht, indem er ihn im Traum verführte, so daß der Prinz schließlich nur mit gleichsam nachtwandlerischer Sicherheit vollzog, was als Bild und Antrieb zuvor in ihn gelegt worden war. Und noch auf ein weiteres Motiv macht Hohenzollern, diesmal den verurteilten Prinzen, aufmerksam: der Kurfürst hat mit Natalie noch andre, größre Dinge vor, der schwedische Gesandte ist schon eingetroffen, eine weitreichende Verbindung vorzubereiten, und bei diesen Plänen ist Homburg, dem die Prinzessin von Oranien sich versprochen hat, im Wege. Des Kurfürsten Beharren auf Gesetz und Recht offenbart sich demnach als bequeme Vernunftfassade vor anderen selbstsüchtigen oder politischen Motiven und führte, konsequent durchgesetzt, nur zu seelenlosen Maschinenwesen, zur blinden Befehlsempfängerei, zum »Werkzeug«, was der Oberst Kottwitz seinem Herrn beredsam ausmalt.

Man wird dem Stück wohl nur gerecht, wenn man die Dissonanzen, die zerreißenden Widersprüche, aus denen es besteht, klar herausstellt und sich nicht jener Versöhnungsstimmung hingibt, welche die Schlußszene den meisten Interpreten zu suggerieren scheint. Durchs Medium des Historienstücks zeigt Kleist sein sehr gegenwärtiges und zugleich ein zukünftiges Drama, das die moderne Literatur bis heute beschäftigt: das Individuum als

Regelverletzung, als Unsicherheitsfaktor in einer Welt der instrumentellen Vernunft, in denen Menschen nur als Werkzeuge noch überleben. Mit der Figur des Schlafwandlers hat Kleist ein eindringliches, bis ins 20. Jahrhundert von den Schriftstellern immer wieder aufgegriffenes Symbol gewählt, das einerseits die groteske, traumhaft verzerrte Realitätserfahrung einer Krisenzeit wiedergibt, andererseits die individuelle Gefährdung signalisiert, denn (wie ein Dichter unserer Epoche, Hermann Broch, es formulierte) »der Weg der Sehnsucht und der Freiheit ist unendlich und niemals ausschreitbar, ist schmal und abseitig wie der des Schlafwandlers.«[245] Auch droht dauernd der Absturz: »Ruf ihn bei Namen, so fällt er nieder«, warnt Hohenzollern[246] die übrige Gesellschaft. Der Schlafwandler lebt in einer zerteilten und zersplitterten Welt, »von Wundern ganz umringt«[247] und zugleich in fremden Gesetzen und feindlichen Ordnungen gefangen. Die Geschichte ist ihm wirklich das Grab seiner Wünsche und Hoffnungen, die zerfallende Wirklichkeit, vor der er flieht. Wenn der Prinz sich diesem Anblick zuletzt stellt, weil keine Ausflüchte mehr bleiben, so zeigt sich darin noch ein Widerschein jener heroischen Selbstauslieferung, die die Katharsis von Schillers Tragödien ausmachte. Doch die mit ihnen verbundene Hoffnung, daß die subjektive Probe ein Unterpfand der Zukunftsgeschichte sei, ist Kleist verlorengegangen. Indem er sie derart demonstrativ an den preußischen Staat knüpfte, der ihn, den Gescheiterten, längst aufgegeben hatte und dessen Vernunft sich in der Rationalität selbstsüchtiger Zwecke erschöpft und auf dem Schlachtfeld triumphieren soll, hat er auch das scheinbar glückliche Ende in sich selber verkehrt: »Ein Traum, was sonst?«

8. Geschichtsmärchen auf der Bühne: Ritter-, Schauer- und Sagenstücke, aber auch Kleists ›Käthchen von Heilbronn‹

Die Entdeckung des Mittelalters als der gelobten Zeit des genuin deutschen Dramas geht auf den Sturm und Drang zurück, der ja auch sonst der romantischen Bewegung (Betonung der Affekte, Naturschwärmerei, Shakespearomanie) vorgewirkt hat. ›Geschichte Gottfriedens von Berlichingen mit der eisernen Hand

dramatisirt‹ lautete der Titel von Goethes erstem Versuch mit
diesem Stoff (1771), das Schauspiel von 1773 nannte er dann
›Götz von Berlichingen mit der eisernen Hand‹. Die Änderung
hat schon ihren Sinn. Denn wirklich verkörpert ihm die Figur des
Ritters ein ganz aktuelles Ideal, den Täter und Kämpfer; der
»rohe⟨⟩, wohlmeinende⟨⟩ Selbsthelfer⟨⟩ in wilder anarchischer
Zeit«[248] entspricht dem Freiheits- und Rechtsideal der Geniebewegung. Doch nicht minder wichtig wurde ein anderes Motiv.
»Ich dramatisire die Geschichte eines der edelsten Deutschen,
rette das Andencken eines braven Mannes«, schrieb der junge
Autor an Salzmann[249]. Auch in ›Dichtung und Wahrheit‹ spricht
Goethe rückblickend diesen Punkt an. »Es entsteht ein eigenes allgemeines Behagen«, heißt es da, »wenn man einer Nation ihre
Geschichte auf eine geistreiche Weise wieder zur Erinnerung
bringt; sie erfreut sich der Tugenden ihrer Vorfahren und belächelt die Mängel derselben, welche sie längst überwunden zu
haben glaubt.«[250] Das ist aus großem Abstand gesagt und noch
dazu von einem Schriftsteller, dem man kaum eine übertriebene
patriotische Gesinnung – gewißlich nicht nach dem Verständnis
der Epoche – zuschreiben wird. Goethe stand damit nicht alleine.
Auch Wieland hob in seinem ›Sendschreiben an einen jungen
Dichter‹ (1782) jene Verkehrung des natürlichen Verhältnisses
hervor, daß nämlich die ausländischen Schauplätze im deutschen
Drama dem Publikum vertrauter geworden seien als die einheimi-
schen der eigenen Vergangenheit. »Deutsche Geschichte, deutsche
Helden, eine deutsche Scene ⟨...⟩ waren etwas ganz *Neues* auf
deutschen Schaubühnen.«[251] Die Aufnahme von Goethes ›Götz‹
hatte gezeigt, wie groß das Bedürfnis wirklich war, und in seiner
Nachfolge entstand eine Fülle von Ritterdramen, die es mehr
oder minder geschickt zu befriedigen suchten: 1775 Klingers
›Otto‹, wenig später Jakob Maiers ›Sturm von Boxberg‹ und
Ludwig Philipp Hahns ›Robert von Hohenecken‹ (beide 1778).
Doch schon Klingers Erstling macht den Weg deutlich, den die
meisten Schriftsteller einschlagen sollten: das Drama ist nicht
Ergebnis ernsthafter nationaler Geschichtsstudien wie der ›Götz‹,
sondern versetzt eine erfundene Fabel auf einen Schauplatz, der
ganz allgemein dem mittelalterlichen Deutschland nachgebildet

ist. Diese Machart beruht nicht allein auf dem Temperament der jungen Genies, die zumeist den antiquarischen Studien abhold waren, sondern hatte auch objektive Gründe, wie Goethe Eckermann erläuterte: »Unsere deutsche Geschichte in fünf Bänden 〈Goethe meint Ludens ›Geschichte des deutschen Volkes‹, von welcher bis 1831 fünf Bände erschienen waren〉 ist 〈...〉 eine wahre Armut, so daß man auch nach dem ›Götz von Berlichingen‹ sogleich ins Privatleben ging und eine ›Agnes Bernauerin‹ und einen ›Otto von Wittelsbach‹ schrieb, womit freilich nicht viel getan war.«[252] Der Autor des ›Götz‹ hatte, mit anderen Worten, eine Mode kreiert, die man gern kopierte. Sie war – betrachtet man sie im größeren kulturgeschichtlichen Zusammenhang – schon lange vorbereitet: in den Quelleneditionen deutscher Altertümer (wie Bodmer und Breitingers Minnelieder-Sammlung, das Nibelungenlied oder Wolframs ›Parzival‹) oder Herders historischem Denken: »in gewißem Betracht ist also jede Menschliche Vollkommenheit *National, Säkular,* und am genauesten betrachtet, *Individuell.*«[253] Insgesamt gilt, daß die Aneignung altdeutscher Literatur noch weit entfernt war von einer engen national beschränkten Auffassung der Kultur und im europäischen Kontext geschah: zusammen mit der Entdeckung und Übersetzung spanischer, italienischer, aber auch nordischer Poesie, zusammen auch mit der Rezeption der antiken Literatur und dem allgemeinen Bemühen, »das Vergessene und Verkannte ans Licht zu ziehen«[254] (A. W. Schlegel), Mythologie und Sage der anderen Völker gehörten dazu. So hat Brentano in seiner Selbstanzeige des »historisch-romantischen Dramas« ›Die Gründung Prags‹ (1815) die gemeinsame Überzeugung der romantischen Schule ausgedrückt: »Auch die frühste Kindheit der Geschichte ist stumm, und wer das Wesen ihrer ersten Jugend erfahren will, kann dieses allein, wo sie noch lebt, von ihrer Amme, der Sage, die an ihrer Wiege gewacht und gesungen, erfragen.«[255] Das Interesse an den frühen Zeugnissen und Urkunden der Völkergeschichte bildeten zusammen mit Sagen und Legenden »ein wunderbares romantisches Konglomerat«[256], wobei aber eine spezifisch historische Perspektive noch erhalten geblieben ist, die Brentano auch immer betont hat: »Der ganze Inhalt der vorliegenden Arbeit aber ist die

Entstehung eines Staates, der Kampf und Untergang einzelner Leidenschaft gegen die Ordnung und das Gesetz des Ganzen.«[257]

Mit diesem Zweck allerdings haben die meisten deutschen Ritterdramen auch der Romantiker wenig gemein. Sie benutzen die Motive und Requisiten eines bereits kolportierten Mittelalters, um damit einen Schauplatz von nationaler Eigentümlichkeit zu fingieren: so wie Dalberg es mit den ›Räubern‹ tat, als er die Handlung aus der Gegenwart ins ausgehende Mittelalter versetzte. Die wichtigsten Bestandteile dieser »Mittelalter« genannten Trivialmythologie sind schnell hergezählt: das Femegericht vor allem, zumeist in seiner Funktion als heimliches oder stilles Gericht, dessen Faszination ungleich größer als die offene Gerichtsversammlung war, in welcher die Feme normalerweise die üblichen Rechtssachen aburteilte. ›Das Vehmgericht‹ heißt etwa ein »dramatisches Gemälde« von August Klingemann (1777-1831), das 1810 in München und Berlin uraufgeführt wurde. Das auch in Goethes ›Götz von Berlichingen‹, Kleists ›Käthchen von Heilbronn‹ und auch sonst vielerorts (›Ida oder das Vehmgericht‹ von J. N. Komareck, 1792; oder ›Das heimliche Gericht‹ von L. F. Huber, 1788/89) auftretende Thema wurde von Klingemann wirkungsvoll auf die Spitze getrieben: Ritter Hugo als Mitglied der Feme ist gezwungen, seine eigene geliebte Frau Adelheid dem Gericht auszuliefern, weil sie einst bei der Ermordung ihres ersten Mannes, Veit von Hohenau, schwere Schuld auf sich geladen hat. Die Wirkung solcher Sujets (auch der Geheimbund gehört hierher, das Inquisitionsgericht und noch die Freimaurerloge) verdankt sich ursprünglich gewiß der undurchschaubaren feudalen Gerichtsbarkeit und einer Politik, der gegenüber sich der bürgerliche Mittelstand ebenso wie oft noch der niedere Adel, von Bauern und plebejischen Schichten ganz zu schweigen, als bloße Spielfigur in einer Partie fühlte, deren Regeln rätselhaft blieben. Auch ältere Vorstellungen paßten dazu, vom Menschen als Marionette Gottes, vom letzten Strafgericht und seiner Vertretung auf Erden. Späterhin, im fortschreitenden 19. Jahrhundert – denn es existierte fort, vor allem in der Kolportage- und Abenteuerliteratur –, mag man darin noch das irritierende Gefühl einer neuen Abhängigkeit, der vom

Markt mit seinen unverständlichen Gesetzen und Abläufen, gespiegelt sehen. Doch sind dergleichen Realitätsspuren schon in unserer Epoche nur noch sehr vermittelt wirksam; das Thema ist längst derart ästhetisiert und zum beliebig verfügbaren Bestandteil ebenso des Ritterromans und der Ballade, selbst der populären Grafik und des Bilderbogens auf dem Jahrmarkt geworden, daß es vor allem seiner affektsteigernden, schauererregenden Qualitäten wegen geschätzt wurde. Übrigens auch in der Kunstliteratur, wenn wir an Jean Paul, an Goethes ›Wilhelm Meister‹ oder natürlich an Schillers ›Geisterseher‹ denken.

Andere Motive werden ebenso stereotyp gebraucht: die Bindung an einen ungeliebten Mann, der eines Kreuz- oder anderen Ritterzuges wegen sein Land verläßt, fälschlich totgesagt wird, nach seiner unvermuteten Rückkehr den von der Frau nun wirklich geliebten Nebenbuhler vorfindet und ermordet oder im Zweikampf getötet wird. In seinem Trauerspiel ›Karl von Berneck‹ (1797) hat Ludwig Tieck dieses Sujet nun um die archetypische Variante des Orest-Themas erweitert: da Mathilde den beiden Kämpfenden in den Arm fällt und so den Tod ihres rechtmäßigen Gatten mitverursacht, verfällt sie ebenso wie ihr Geliebter Leopold von Wildenberg der Rache des Sohnes Karl. Das Rivalitätsmotiv weitet sich übrigens in anderen Stücken, nach dem Vorbild von Shakespeares ›Romeo und Julia‹, auf die Liebe zweier Kinder aus feindlichen Familien aus (Klingers ›Otto‹, 1775, oder Johann Aloys Senefelders ›Mathilde von Altenstein‹, 1793). Ein besonders erfolgreiches Zierstück dieses Genres: Christian Heinrich Spieß’ ›Klara von Hoheneichen‹ (1790). Der ungeliebte Mann ist diesmal Ritter von Hoheneichen, der eigentlich von Klaras Jugend auf Geliebte ein Ursmar von Adelungen. Doch hat es noch ein Dritter, Heinrich von Thüringen, ein adliger Wollüstling, auf Klara abgesehen, überfällt Hohenlinden, tötet den Burgherrn, Klara flieht zu Otto von Schönborn. Nach allerlei Mißgeschicken geraten Klara und Ursmar in des Feindes Hand. Um den Geliebten zu retten, will die Unglückliche scheinbar die Wünsche Heinrichs erfüllen, in Wahrheit aber sich selbst töten, doch in letzter Minute gelingt es Otto, beide zu befreien, der Hochzeit steht nun nichts mehr im Wege.

So stereotyp wie das Personal (zu den Hauptpersonen treten Pilger, Köhler, böse, hexenhafte Frauen), so beständig wie die Konflikte (erzwungene Ehe, Geschlechterfluch, Frauenraub und Entehrung) sind auch die Nebenmotive: Kerker und Gewölbe, unterirdische Gänge und Ruinen, Belagerung und Zweikampf, Geistererscheinungen und Unwetter. Eine künstliche Ritterwelt, aus Versatzstücken zusammengesetzt, doch vielfach theaterwirksam und gleichsam der Nährboden, auf dem auch andere theatralische Früchte wuchsen. Tiecks ›Karl von Berneck‹ wurde schon genannt, auch Achim von Arnims ›Auerhahn‹ gehört dazu, 1813 in der ›Schaubühne‹ erschienen, eine Anthologie, die zunächst altdeutsche, volkstümliche Dramen neu edieren sollte, dann aber zu einer Sammlung eigener dramatischer Bearbeitungen dieser Stoffe wurde. Auch dies Drama benutzt die Motive des Ritterstücks, konzentriert sich aber auf den unaufhaltsamen, notwendigen Untergang eines Geschlechts. Das Schicksal wird nicht, wie meist in der sogenannten Schicksalsdramatik der Zeit, durch einen Fluch, ein äußeres Verhängnis oder eine alte Schuld begründet, sondern in den Charakteren selber – nach dem Muster des ›Wallenstein‹: »In deiner Brust sind deines Schicksals Sterne.«[258] Diesmal handelt es sich um unmäßige Leidenschaften und unbeherrschte, übermenschliche Triebe, die zur Katastrophe führen. Ottnit, der natürliche Bruder des maßlosen Heinrich, Landgraf von Thüringen mit dem Beinamen »der Eiserne«, spricht zum Schluß die Moral des Stückes aus: »Ein anderes Geschlecht geht auf aus mir und Jutta. Ich spiegle mich in diesem nahverwandten Blute und schwöre heilig Treu' und Glauben der Vernunft, Kampf gegen jede blinde Wut! Gerechtigkeit sei unsres neuen Stammes Wurzel; Gott sei anheimgestellt, was Menschenleben überdauern soll.«[259] Arnim, der den Erlös aus dem ersten und einzigen Bande der Schaubühne zum Waffenkauf, also zur Verstärkung des Landsturms, verwenden wollte, verfolgt auch in den Dramen selber patriotische Ziele, doch nicht auf jene plumpnationalistische Weise wie andere Schriftsteller der Befreiungskriege. Durchaus noch der aufklärerischen Tradition verpflichtet, sollte das Theater nicht allein deutsche Sitten und Gesinnung, sondern den Kampf des großen Individuums durch Nacht zum

Licht der Wahrheit, der Vernunft, schließlich der Religion vorführen, in nationalpädagogischer, dann volkserzieherischer Absicht. Goethes Weimarer Theater erschien ihm als Vorbild für
Deutschland, als Maßstab, nach dem er andere Bühnen in Berlin
oder Frankfurt beurteilte: »Das Frankfurter Theater hat das sonderbare Schicksal eben so durch die reichliche Unterstützung der
Bewohner verdorben zu werden, wie in den meisten andern Städten durch Mangel und Vernachläßigung: es muß ein Theater da
seyn, was alle Tage möglich etwas anderes zur Abwechselung
giebt, dies geschieht.«[260] Arnims Liebe zum Theater blieb freilich
einseitig, und seine Stücke, ob historische Genrebilder[261] oder
Ritterdramen, reichlich mit Wundern und übernatürlichen
Erscheinungen durchsetzt (in der ›Päpstin Johanna‹, zwischen
1808 und 1813 entstanden, erscheint Lucifer in Gestalt des
Engels Gabriel, der dämonische Spiegelglanz erhält durch
Johanna die teuflische Botschaft; das Flügelweib Melancholia
und die Fürstin Venus komplettieren das phantastische Personal),
sind Produkte einer ausschweifenden Phantasie und artistischen
Kombination, dem Dialogroman oft näher als dem Drama. Der
Preis unter allen Ritter- und Sagenstücken der Epoche gebührt
daher fast konkurrenzlos dem einstmals vielgescholtenen und bis
in die Gegenwart[262] unterschätzten »großen historischen Ritter-
schauspiel«: Kleists ›Käthchen von Heilbronn oder Die Feuerprobe‹ (1810).

Mit der Arbeit an dem Stück hat Heinrich von Kleist im
Herbst 1807, nach der Beendigung der ›Penthesilea‹ begonnen;
deren »Kehrseite« hat er das ›Käthchen‹ genannt: beide gehörten
»wie das + und das − der Algebra zusammen.«[263] Der Hinweis
ist bedeutsam, auch für die Einschätzung der Quellen, die der
Autor benutzte. Die wichtigste zweifellos: jene künstliche, von
mir skizzierte Mittelaltermythologie, die in den zahlreichen Ritterromanen und Ritterdramen der Zeit entwickelt und endlos
repetiert worden war. Mittelalterliche Szenerie, Ritter- und
Femehandlung, das märchenhafte Inkognito Käthchens und die
träumerische Mystifikation einer Silvesternacht, die romantischen Verwicklungen und Wunderlichkeiten des vordergründigen
Bühnengeschehens: ein Kaleidoskop der Trivialromantik, so hat

es schon Goethe gesehen und verworfen, obwohl es doch zu
ganz anderen Zwecken und nicht zur Bestätigung oder bloßen
Wiederholung jener Elemente zusammengefügt wurde. Ironisches Zitat ist schließlich schon die Gattungsbezeichnung im
Untertitel, kennzeichnet das Stück als Produkt einer artistischen Ars
combinatoria, nach den fortgeschrittensten literarischen Techniken entstanden, eine ästhetische Konstruktion, deren Reiz sich
erst erschließt, wenn man sie als sinnreiches Rätselspiel zur
Erzeugung ungewöhnlicher Vorstellungen und einschneidender
Gemütserregungen versteht, als Zeugnis eines Kunstverständnisses, das die Moderne, die künstlichen Paradiese Baudelaires
ebenso wie die surrealistischen Montagestücke unseres Jahrhunderts vorwegnimmt.

Kleists Mittelalter ist ein künstliches Szenarium, eine artifizielle Welt jenseits des gewöhnlichen Alltags, unabhängig von ihr
und autonom, geformt aus den Trivialmythen der Zeit, den
Bestandteilen der kollektiven Tagträume der Gesellschaft zwischen bürgerlichem Aufstieg und Niedergang. Und dies sogar in
einem ganz präzisen Sinne: Kleist konstruiert aus den Fragmenten
einer zerfallenen Bilderwelt das ingeniöse System seines Dramas
– so ist es auf der einen Seite gewiß Zeugnis eines gesplitterten
Bewußtseins, auf der anderen aber die ästhetische Figur seiner
Trümmer – und setzt sie zu neuen Bedeutungen, neuer Wirksamkeit zusammen. Daher ist das teuflische Fräulein Kunigunde von
Thurneck auch mehr als das nach dem Vorbild der Adelheid in
Goethes ›Götz‹ abermals kolportierte Hexenbild des Märchens;
sie ist eine poetologische Figur, an der Kleist sowohl sein Verfahren wie auch die Zweideutigkeit des Produkts demaskiert:»Sie ist
eine mosaische Arbeit, aus allen drei Reichen der Natur zusammengesetzt. Ihre Zähne gehören einem Mädchen aus München,
ihre Haare sind aus Frankreich verschrieben, ihrer Wangen
Gesundheit kommt aus den Bergwerken in Ungarn, und den
Wuchs, den ihr an ihr bewundert, hat sie einem Hemde zu danken, das ihr der Schmied, aus schwedischem Eisen, verfertigt
hat.«[264] Kunigunde, ein Kunstprodukt, ein Mosaik, zusammengesetzt aus allen drei Reichen der Literatur: des Märchens, der Sage
und des Ritterstücks. Exempel für die Fabrikation des Ästheti-

schen, bewußt gemachte Montage zum Zwecke eines trügerisch-schönen Scheins[265]. Ihre Schönheit ist nicht Ausdruck innerer Harmonie, Zeichen ihrer wesentlichen Eigenschaften, sondern sie suggeriert sie nur, um die Leere zu verdecken, die sich dahinter auftut. Eine Prothesenfigur, die alle Zweifel bestätigt, welche zunehmend seit Ende des 18. Jahrhunderts die Kunstproduktion begleiteten.

Mit dieser Figur haben wir den Schlüssel zum gesamten Mittelalterspektakel des Dramas, zu dem Jahrmarkt der Seltsamkeiten und Mysterien, der sich mit dem ersten Bild darin auftut. Gewiß ist Kleists Absicht auch spielerische Parodie, und sie reicht bis zur grotesken Verzerrung der Vorbilder. Doch bedeutet die Bilderfolge mehr, denn sie ist nicht nach der Natur, auch nicht nach der Geschichte, sondern nach der Kunst gebildet. Anregungen, Elemente, Probestücke hat sie aus der künstlichen Welt der literarischen Werke empfangen. Kleist konstruiert ein ganzes Weltbild, doch es hat nichts mit dem des Mittelalters zu tun, ist ihm sogar schroff entgegengesetzt: es repräsentiert die Welt als eine Welt von Bildern, als menschliches Kunstprodukt, dem jegliche Sicherheit mangelt und keine objektive Wahrheit zukommt. So führt gerade die vielfach als bloße Staffage interpretierte mittelalterliche Szenerie in das Bedeutungszentrum dieses Dramas, ja auf Kleists beherrschend gewordene, durch Kant vermittelte Denkfigur: die Erschütterung jeder objektiven Gewißheit durch die Erkenntniskritik, die radikale Subjektivierung und damit Relativierung des Wahrheitsbegriffs. Eben darin besteht ja die Zweideutigkeit des Scheins in diesem Drama, denn ob er der Schein innerer Wahrheit oder gerade deren Verfälschung, Übertünchung, ob er aufrichtiger oder lügenhafter Schein ist – es gibt keinen sicheren Prüfstein einer solchen Unterscheidung.[266] Kleist ist auch deshalb so gebannt von diesem Problem, weil er es als Fortsetzung der historischen Krise ins Denken, in sein eigenes Bewußtsein erfährt: in einem labyrinthischen Bilderkabinett, das an keiner Stelle durchbrochen wird, weder im Traum noch in der Farce des Gottesurteils, weder vor dem Femegericht noch unterm Holunderbusch, und durch das hindurch Käthchen mit traumwandlerischer Sicherheit findet, während ihr gräflicher Geliebter

erst eine ganze Maschinerie in Bewegung setzen muß, weil er
ohne den Anschein einer höheren Wahrheit, ohne die doch wieder nur auf Bildern, auf austauschbaren Erinnerungsbildern
gegründete kaiserliche Bürgschaft, nicht auskommt.

Bei näherem Zusehen finden wir also einen in sich geschlosse-
nen dramatischen Bilderbogen, dessen Teile aufeinander verweisen und in einem inneren Fortbedeutungszusammenhang stehen,
also nirgendwo aus sich heraus, in eine andere Sphäre, sei es der
Natur, sei es der historischen Begebenheiten, führen. Aus dieser
Hermetik folgt ja die Zweideutigkeit der Bilderwelt, und auch
die Traumbilder haben an ihr teil: darin steht Kleist in krassem
Gegensatz zur romantischen Schule.[267] Bei Novalis ist der Traum
des Heinrich von Ofterdingen ein Wahrtraum, der zwar in einer
negativen Beziehung zur Wirklichkeit steht, aber in diesem
Bezugsrahmen bleibt. In Kleists Drama fehlt aber der Gegenpol
zur Bilder- und Scheinwelt völlig, auch der Traum ist in ihr aufgehoben, und so geht ihm jede Sicherheit ab. Ob er nämlich
Wahrheit oder Lüge kündet, ist nicht schon dadurch ausgemacht,
daß er Traum ist, seine Glaubwürdigkeit kann er nicht durch den
Widerspruch zur Wirklichkeit erweisen.

Einem solchen Mißverständnis begegnen schon die Eingangs-
szenen. Der biederbürgerliche Meister Theobald Friedeborn,
zusammengesetzt aus einer Ahnengalerie voller Galottis und Mil-
lers, wird nach seiner Vorstellung von einem der Femerichter
bündig charakterisiert: »Der aberwitzige Träumer, unbekannt /
Mit dem gemeinen Zauber der Natur!«[268] Theobalds Sprache ist
der Abdruck seines Bewußtseins; ein Meister des bildhaften Sprechens, bewegt er sich in einer von jedem Einspruch unberührt
bleibenden Bilderwelt. Seine Anklage überstürzt sich in einer Flut
gräßlicher Vorstellungsbilder und kulminiert in einem bildkräftigen Fluch: »Nehmt ihn, ihr irdischen Schergen Gottes, und überliefert ihn allen geharnischten Scharen, die an den Pforten der
Hölle stehen und ihre glutroten Spieße schwenken: ich klage ihn
schändlicher Zauberei, aller Künste der schwarzen Nacht und der
Verbrüderung mit dem Satan an!«[269] Auch wenn er den Richtern
sein Käthchen beschreibt, verfällt er in eine blumige, gleichnis-
und metaphernreiche Redeweise: »⟨...⟩ ein Kind recht nach der

Lust Gottes, das heraufging aus der Wüsten, am stillen Feierabend meines Lebens, wie ein gerader Rauch von Myrrhen und
Wacholder! Ein Wesen von zarterer, frommerer und lieberer Art
müßt ihr euch nicht denken, und kämt ihr, auf Flügeln der Einbildung, zu den lieben, kleinen Engeln, die, mit hellen Augen, aus
den Wolken, unter Gottes Händen und Füßen hervorgucken.«[270]
Dies ist die Beschreibung einer Erlebniswirklichkeit, in ihrem
ungeordneten Durcheinander, den Zäsuren, den verschiedenen
Phantasiebereichen, von denen sie bestimmt wird. Dennoch ein
Bild, in dem eine noch verborgene Wahrheit zum Bewußtsein
dringt, ohne aber schon zur Geltung zu kommen. Denn Käthchens überraschende Heraufkunft »am stillen Feierabend« ist
bedeutungsvoller, als Theobald es wahrhaben möchte. So
beschreibt er das ihm Unbegreifliche in religiösen und natur-
frommen Bildern, als göttliches Geschenk und Opfer zugleich
und ist damit den Richtern weit voraus. Die haben nicht mehr
von dem ganzen ihnen berichteten Geschehen begriffen als eben
den gemeinen Zauber der Natur, die Anziehungskraft der
Geschlechter. Ihre Aufforderung an Theobald, »bessere Beweise«
zu bringen[271], zeigt sie als Männer mit einem ganz naiven Wahrheitsbegriff. Theobald aber, so besessen er von seinen Wahn- und
Traumbildern auch ist, so unrecht er seinem Widersacher auf der
vordergründigen Seite des Geschehens auch tut und so hilflos
sich seine Erklärungsversuche ausnehmen, begegnet dem Irregulären und Wunderbaren der Bilderwelt, deren Teil er ist, mit seinen metaphorischen Akrobatenstücken, seiner Idolenmontage
und hypertrophen Denkweise sehr viel angemessener als die versammelten Richter und der angeklagte Graf vom Strahl. Daher
wird er auch von Käthchen, das ihn doch liebt und an seinem
Leide teilhat, nicht berichtigt; ein vielgescholtener Zug des Dramas, der aber in der Konsequenz seiner Grundform liegt: nämlich
Darstellung der Welt als einer Welt von Bildern zu sein. Ihren
dramatischen Kernbereich bildet jener Doppeltraum in der Silvesternacht, dem zu folgen für Käthchen eine unbezweifelbare
Notwendigkeit darstellt, kein äußerer oder innerer Zwang, der
ihr fremd wäre und sie zum willenlosen Opfer niederdrückte, das
suggeriert nur der äußere Schein des Bildes. In Wahrheit folgt sie

einer ihr träumerisch offenbar gewordenen Bestimmung – der zu
widerstreben erst Zwang wäre und die Harmonie ihres Wesens in
die Dissonanzen auflösen würde, unter denen der Graf vom
Strahl leidet. Dessen Weg ist kein kognitiver Prozeß, keine
Erkenntnis im Sinne der seit dem analytischen Muster des antiken Dramas herrschenden Tradition, sondern eine labyrinthische
Einweisung, Anerkennung seiner Traumexistenz, seiner Identität
mit dem Bilde aus der Wunderkammer einer Silversternacht. Und
es sind wiederum vor allem Bilder, die sich dieser Entwicklung
verzögernd in den Weg stellen, nachdem sie endlich begonnen
hatte, angerührt von der Macht, die er auf jenes Bürgermädchen
ausübte. »O du – – – wie nenn ich dich? Käthchen! Warum kann
ich dich nicht mein nennen? ⟨. . .⟩ Warum kann ich dich nicht aufheben, und in das duftende Himmelbett tragen, das mir die Mutter, daheim im Prunkgemach, aufgerichtet hat? Käthchen, Käthchen, Käthchen! Du, deren junge Seele, als sie heut nacht vor mir
stand, von wollüstiger Schönheit gänzlich triefte, wie die mit
Ölen gesalbte Braut eines Perserkönigs, wenn sie, auf alle Teppi-
che niederregnend, in sein Gemach geführt wird! ⟨. . .⟩ – – – Ihr
grauen, bärtigen Alten, was wollt ihr? Warum verlaßt ihr eure
goldnen Rahmen, ihr Bilder meiner geharnischten Väter, die meinen Rüstsaal bevölkern, und tretet, in unruhiger Versammlung,
hier um mich herum, eure ehrwürdigen Locken schüttelnd? Nein,
nein, nein! Zum Weibe, wenn ich sie gleich liebe, begehr ich sie
nicht; eurem stolzen Reigen will ich mich anschließen: das war
beschloßne Sache, noch ehe ihr kamt.«[272]

Bis hin zu jener zentralen Szene, dem abermaligen Verhör
Käthchens durch den Grafen, nun aber unter dem Holunderbusch und im Medium des Schlafes, des Traumes, steigern sich
seine Gefährdung und Verwirrung und gipfeln schließlich, angesichts des wiederholten Traumbildes, in einer tiefen Identitäts-
krise (»Nun steht mir bei, ihr Götter: ich bin doppelt! / Ein Geist
bin ich und wandle zur Nacht!«[273]), die zunächst, beinah mit
parodistischem Unterton, konstatiert wird, dann aber alle
gewöhnlichen Versicherungen seines Lebens ins Wanken bringt:
»Was mir ein Traum schien, nackte Wahrheit ists ⟨. . .⟩«[274] Freilich,
das gelöste Rätselbild zieht das nächste, noch ungelöste, nach

sich: »Weh mir! Mein Geist, von Wunderlicht geblendet, / Schwankt an des Wahnsinns grauem Hang umher! / Denn wie begreif ich die Verkündigung, / Die mir noch silbern widerklingt im Ohr, / Daß sie die Tochter meines Kaisers sei?«[275] Wetter vom Strahl lernt schließlich, sich im Bilderlabyrinth seiner Welt zurechtzufinden, so daß der Kaiser dann ebenso gezwungen ist, das Traumbild (»Ein Cherubim, der dir zur Nacht erschienen, / Hab dir vertraut, die Maid, die bei dir wohnt, / Sei meiner kaiserlichen Lenden Kind«[276]) zu beglaubigen, und er tut das, indem er sich und seine Liebesgeschichte nun selbst ins Traumbild hineinfabuliert: »Der Engel Gottes, der dem Grafen Strahl versichert hat, das Käthchen sei meine Tochter: ich glaube, bei meiner kaiserlichen Ehre, er hat recht!«[277] Das ist die Prämisse, von der aus nun die Logik der Traum- und Bilderwelt aufs neue in Kraft tritt: »O Himmel! Die Welt wankt aus ihren Fugen! Wenn der Graf vom Strahl, dieser Vertraute der Auserwählten, von der Buhlerin, an die er geknüpft ist, loslassen kann: so werd ich die Verkündigung wahrmachen, den Theobald, unter welchem Vorwand es sei, bewegen müssen, daß er mir dies Kind abtrete, und sie mit ihm verheiraten müssen.«[278] Wiederum war es die Macht von Bildern, die diesen Wechsel bewog, des Erinnerungsbildes an eine Liebesnacht und des Andenkenbildes, das der Kaiser einst einer unbekannten Geliebten zurückließ. Zwischen dieser Vaterschaft und der Engelsfreundschaft gibt es keine Grenzen, beide gehören derselben Sphäre an, Konstellationen eines Traumspiels mit eigenen Regeln, einer eigenen Folgerichtigkeit und Schönheit, die erst aus der Korrespondenz aller Einzelbilder und ihrer wechselseitigen Spiegelung entsteht.

Und Kunigunde? In welches Spiel paßt sie? »Nun, du allmächtiger Himmel, meine Seele, / Sie ist doch wert nicht, daß sie also heiße! / Das Maß, womit sie, auf dem Markt der Welt, / Die Dinge mißt, ist falsch; scheusel'ge Bosheit / Hab ich für milde Herrlichkeit erstanden!«[279] Die Kunstwirkung, die Kunigunde ausübt, die Seelenblindheit, die ihre Veranstaltungen bewirken, sind freilich nicht allein Ergebnis ihrer virtuosen Fähigkeiten. Der Bann, in den ihr Bild schlägt, verweist auf den mythischen Kern ihrer Anziehungskraft, und so sind die Vergleichsfiguren, die zu ihrer Beschreibung zitiert werden, zugleich Hinweise auf den tieferen Beweggrund ihrer Unwiderstehlichkeit. Eva, Helena, Kleopatra (»Wann hätte sie je einem Freier ihre Hand verweigert?«[280]) bezeichnen jene Bildschicht, die vor den Idolen der historischen Tradition wirkt, ja in ihnen fortwirkend mächtig bleibt. Kunigundes eigentliche Kunstfertigkeit besteht nun darin, diesen mythologischen Traumschein zu erregen, ohne irgendeine Entsprechung dafür ausweisen zu können: sie mißbraucht den mythologischen Schein für ihre betrügerischen Zwecke. Sie vermag es, den alten Wunschtraum der ewigen, alterslosen, unergründbaren Verführerin als ihr eigenes Versprechen auszugeben, und er tut seine Wirkung, obwohl er von einer Betrügerin vorgebracht wird. Das Bild, das sie vorstellt, dient ihr wie die Leimrute beim Vogelfang dazu, ihre ganz pragmatischen Geschäfte zu machen. Sie ist die künstlichste Figur des Stückes und ragt als einzige aus einer anderen Sphäre in die Traumwirklichkeit hinein. Deshalb versteht sie sich so gut auf mittelalterliches Feudalrecht, es bezeichnet ja, wie die Episode mit der im brennenden Schloß verlorenen Schenkungsurkunde beweist, das Ziel ihrer verschiedenartigen Bestrebungen.

Die Kunigunden-Handlung zeigt Aufbau, Verfertigung und Demontage eines Idols, seine Enthüllung als eine bloße illusionäre Gestalt, ein Blendwerk mit ganz wesenlosen, auf unrechtmäßigen Besitz und betrügerischen Erwerb gerichteten Beweggründen. Kunigunde erscheint mit allen Zügen einer wahnhaften Zeit ausgestattet, und sie hinterläßt eine breite Spur betrogener Liebe, Begeisterung und Hingebung. Indem sie nichts anderes verkörpert als betrügerischen Schein, wächst sie aber weit über das Drama und seine Entstehungszeit hinaus und hinein in ein späteres Jahrhundert mit den fortgeschrittenen Errungenschaften der betrügerischen Illusionstechnik. Wie nur war es möglich, daß das ›Käthchen von Heilbronn‹ als reaktionäre Verherrlichung eines vermeintlich dunklen Mittelalters gelesen, verkannt werden konnte? Denn selbst, wenn es überhaupt ein historisches Bezugsbild hätte, es würde mit Kunigunde als Wahnbild demontiert. So aber ist es die mächtige, zuletzt aber flüchtige Erscheinung in einer universalen Bilderwelt, die nicht schon deshalb gestürmt

wird, weil es auch gewissenlose Nutznießer und Räuber ihrer
Schönheit gibt. Kunigundes Geschichte ist die Geschichte eines
Wahns, aber sie lehrt auch, daß den angemaßten, geraubten Bildern – der verfolgten Unschuld wie der selbstlosen Großmut und
reinen Schönheit – eine eigene Tendenz zur Bewährung und
Erfüllung innewohnt und daß sie dann Zeugnis ablegen können
wider die Hochstapler und Räuber, die glaubten, sich ihrer unge-
stört bedienen zu können. Es ist kein Zufall, daß Kunigunde
angesichts des brennenden Schlosses aus der Rolle fällt!

Wie anders der Zauber, den Käthchen ausübt. Auch sie trägt
Züge eines Fernidols – ihr Vater stattete sie, wie ersichtlich, mit
solchen aus, und auch für Wetter vom Strahl behält sie diese Faszination von seinem ersten Monolog nach dem Femegericht bis
zu dem Zeitpunkt, in dem er sie nun endlich aus der Ferne eines
anderen Standes wie seiner eigenen Verblendung heimgeholt hat:
»O Mädchen, wenn die Sonne wieder scheint, / Will ich den Fuß
in Gold und Seide legen, / Der einst auf meiner Spur sich wund
gelaufen. / Ein Baldachin soll diese Scheitel schirmen, / Die einst
der Mittag hinter mir versengt. / Arabien soll sein schönstes
Pferd mir schicken, / Geschirrt in Gold, mein süßes Kind zu tragen, / Wenn mich ins Feld der Klang der Hörner ruft ⟨. . .⟩«[281]

Herr und Knecht, Gottschalk, Graf und Kaiser erliegen ihrem
Reiz, aber es ist der Knecht, der ihr zuerst angemessen begegnet,
weil er einen unmittelbareren Zugang zu dem Bild der Reinheit
und Unschuld besitzt als seine Herren. Denn eben das ist der
wichtigste Unterschied zwischen Kunigunde und Käthchen: Ist
deren Bild das Werk eines absichtsvollen Täuschungsmanövers, so
das ihre das Produkt einer ganz unbewußten Tätigkeit – wie das
erste Spiegelbild jenes Dornausziehers in Kleists Aufsatz »Über
das Marionettentheater«. Käthchens Bild erscheint als die exemplarische Verkörperung der natürlichen Grazie des Menschen vor
dem Sündenfall der Reflexion, im Stande paradiesischer
Unschuld und Lieblichkeit. Daher wirkt ihr Verhalten zunächst
so autistisch verschlossen und unzugänglich, daher rührt aber
auch ihre Gefährdung, die Kleist ebenfalls an der Anekdote vom
Dornauszieher erläutert hat: die Gefahr des Absturzes von dem
schmalen Grat ihrer Lebenswanderung. Es ist nicht Begriffsstut-

zigkeit im üblichen Verständnis, daß sie bis zum Schluß, bis in die
Hochzeitsvorbereitungen, bis zur Heiratszeremonie die Veränderung der äußeren Verhältnisse und ihre Stellung in einem neuen
Bedeutungsgefüge nicht zu erfassen vermag. Die komplizierten
und gegen die Einfachheit ihres Traumerlebnisses lächerlich wirkenden Anstalten und Vorkehrungen, die nichts anderes bezwek-
ken, als diesem Erlebnis eine zusätzliche, überflüssige Beglaubigung zu verleihen, müssen ihr fremd bleiben.

In mehreren Bildschichten also begründet Kleist die Erscheinung Käthchens; dazu tritt noch eine literarische, die gerade die
erotische Anziehungskraft (unverhüllt kommt sie in Wetter vom
Strahls Phantasie zum Ausdruck) der Unschuld stets neu thematisiert hat und deren Konjunktur im 18. Jahrhundert durch
Samuel Richardsons Romane begründet wurde. Kleist zitiert in
der Traumszene diese Tradition, wenn Wetter vom Strahl die einfache Kammer Käthchens träumerisch-entzückt beschreibt: wie
Faust in Gretchens Kemenate. Ist Käthchen mächtig durch Hingabe, so nicht zuletzt, weil ihre natürlich-unschuldige Erschei-
nung von großer Anziehungskraft ist. In ihr mutmaßen die Rich-
ter nicht ganz zu Unrecht den Beweggrund des rätselvollen
Falles, auch Käthchen ist sich dieser Wirkung traumbewußt:
»Verliebt ja, wie ein Käfer, bist du mir.«[282]
Ihre Unschuld feit sie auch gegen Kunigundes Kunstgriffe –
im Unterschied zum Grafen. Der läßt sich immer mehr in deren
Lügengespinst verstricken, fällt auf alle von ihr ausgelegten
Leimruten herein, ob es sich um die Fabrikation weiblicher
Schönheit oder des Scheins der Einsicht und Selbstlosigkeit han-
delt, der durch die Übergabe der »Urkunden, Briefe, Zeug-
nisse«[283] hervorgerufen wird.

Damit aber werden die Rollen getauscht, denn der Rettung
und der Gnade, der Verzeihung bedürftig ist nicht Käthchen, sondern der Graf, und tatsächlich befreit sie ihn aus dem Labyrinth
einer in sich verkehrten Bilder- und Scheinwelt. Käthchen rettet
ihn, indem sie sein Bild aus den niederstürzenden Trümmern des
Schlosses von Thurneck rettet. Weil sie dergestalt unversehrt aus
der Feuerprobe hervorgeht, beginnt seine Umkehr, die Erhellung
und Aufklärung seines Bewußtseins, und er fängt an zwischen

dem aufrechten und dem falschen Schein zu unterscheiden: »Nun über dich schwebt Gott mit seinen Scharen!«[284] Eine vieldeutige Szene, voll allegorischer Verweisungen: beginnend mit dem Schloß der Frau Welt, Kunigunde von Thurneck, über das allein stehengebliebene Portal, durch das Käthchen, von einem Cherub geleitet, tritt, bis hin zur Bildrolle mit des Grafen Porträt, das unversehrt bleibt, derweil die Urkunden und Zeugnisse verbrennen. Nach dem apokalyptischen Untergang der feilen Welt, wenn Gut und Böse sich scheiden, weil sie erkennbar werden, beginnt »das letzte Kapitel von der Geschichte der Welt«, wie es im Aufsatz ›Über das Marionettentheater‹ heißt[285], und die Reste der alten Welt bilden nur noch das Portal, durch welches hindurch man in das wiedergewonnene Paradies gelangt. Und es ist die reine, die selbstlos liebende Frau, die dies Heilsgeschehen bewirkt – ein alter Erlösungsmythos, und er wird in vielen Formen, märchenhaften, trivialen, kunstvoll verschnörkelten, die kollektiven Tagträume des 19. Jahrhunderts beherrschen.

Dabei ist der glückliche Ausgang durchaus nicht von vornherein ausgemacht, der Ernst des Stückes, der dauernd drohende Absturz in die Katastrophe (das Schicksal des Prinzen von Homburg, dem sie auch sonst so schwesterlich nahesteht) ist der Schwarzgrund seiner märchenhaften Szenerien. Gerade weil Käthchens Liebe so ungesichert, von ihrem Gegenstand ungedeckt ist und sich erst zu objektiver Geltung herausarbeiten muß, indem Käthchen die Bilderwelt sich anverwandelt, gerade weil sie zunächst allein subjektiv begründet ist, könnte sie auch zuschanden werden. Das ist der Ernst des Stückes, die Verzweiflung und Vernichtung aller Hoffnung, die auch in seinem Horizont steht. Des Grafen Traum in der Silvesternacht, zur hochbedeutsamen Jahreswende, bedeutet schließlich beides: die Möglichkeit des Vereitelns aller Hoffnungen und die Möglichkeit ihres Gelingens. Auf den Tod krank, nimmt er schon Abschied, »das Mädchen, das fähig wäre, ihn zu lieben, sei nicht vorhanden; Leben aber ohne Liebe sei der Tod; die Welt nennt er ein Grab, und das Grab eine Wiege, und meinte, er würde nun erst geboren werden«[286]. Drei Nächte dauert die Krise, und »in dem Augenblick, da eben das Jahr wechselt«, verlangt er Helm, Harnisch, Schwert, liegt dann wie tot. Es ist der Augenblick des Doppeltraums, dann erwacht er und sagt: »nun wünsch ich zu leben«[287]. Eine Wiedergeburtsszene mit allen überlieferten Merkmalen: der Einsatz des ganzen Lebens ist gefordert, und das gibt der ästhetischen Überwindung der Krise, der Krankheit zum Tode, die hier gemeint ist und der dramatischen Handlung sowohl vorausgeht als auch ihren Ausgang antizipiert, ihre dauernde Überzeugungskraft und das historische Gewicht.

Kleists ›Käthchen von Heilbronn‹ stellt sich derart als ein hochentwickeltes Laboratorium der Bilder und Träume heraus, in dem nach Herkunft und Zugehörigkeit ganz verschiedene Bildbereiche zu einer einheitlichen Bilderwelt mit einem einheitlichen Verweisungszusammenhang verknüpft werden, der nun freilich über die Dramenhandlung weit hinausgeht. Ein lebensgeschichtlicher Sinn ist darin ebenso aufgehoben wie ästhetische Antwort auf die Erschütterungen der bürgerlichen Welt. Der Untergang Kunigundes, die Epiphanie Käthchens und Strahls Erlösung: das sind allegorische Deutungen eines objektiven Geschehens, das für Heinrich von Kleist nicht mehr und noch nicht anders vorstellbar ist als in künstlichen Bildern.

III. Romantische Dramen:
Tieck, Werner, Müllner, Brentano

1. Hintergründige Legendenspiele:
Tieck

Adam Müller besaß durchaus das richtige Gespür, wenn er feststellt, »das unverkennbare, große und glänzende Talent des Ludwig Tieck ⟨kann sich⟩ im Lustspiele zu der Reinheit, Arglosigkeit
und Unschuld echter Ironie hindurcharbeiten«, wogegen »aus
jeder Seite seiner ›Genoveva‹ die von ihm so glücklich verspottete
Sentimentalität der neusten Dichter, obwohl potenziert und sublimiert, doch sehr empfindlich entgegen⟨wehe⟩«[1]. Legende und
Volksbuch gehören ebenso wie Volkslied und Märchen zu den
beliebtesten romantischen Studiengegenständen, doch freilich
nicht als Ausdruck einer naiven Gesinnung, sondern eines sentimentalischen, reflektierten Interesses, das einen historisch längst
vergangenen Zustand (der ursprünglichen Einheit von Poesie und
Volksleben) in der ästhetischen Repräsentation zu retten sucht.
Verbunden ist damit eine Aufwertung in der Kritik, so daß
gerade der Grund für die bisherige abschätzige Beurteilung als
Unterhaltungs- und Massenliteratur zum Angelpunkt der
Umwertung wird. Die Volksbücher, meinte August Wilhelm
Schlegel, »haben alle unläugbar eine unvergängliche poetische
Grundlage, bey einigen ist sogar die Ausführung vortrefflich, und
wenn sie bey andern formlos erscheint, so ist dieß vielleicht bloß
die Schuld einer zufälligen Verwitterung vor Alter. Sie dürfen nur
von einem wahren Dichter berührt und aufgefrischt werden, um
sogleich in ihrer ganzen Herrlichkeit hervorzutreten«[2]. Auch
wenn, wie wir längst wissen, eine solche Ansicht nicht ganz den
Tatsachen entspricht, die »Volksbücher« weder im Volk, also den
unteren Schichten, entstanden noch für sie geschrieben sind, es
sich dabei vielmehr um abgesunkene Kulturgüter handelt, hat der
»Mythos vom Volksbuch«[3] in der romantischen Schule ausgesprochen stimulierend gewirkt. Worum es sich bei jener von
Schlegel angesprochenen Auffrischung handeln kann, macht

Tiecks romantisches Legendenstück ›Leben und Tod der heiligen
Genoveva‹ (1799) ganz offenbar, das der Autor selber in einem
Brief an seinen Freund Solger als den Anfang einer neuen dramatischen Mode bezeichnet, der »das Heer jener katholischen Dichter ⟨folgte⟩, die nicht wissen, was sie wollen«[4]. Auch das wieder
(wie schon das Trauerspiel selber) Traditionsbildung aus einem
Mißverständnis heraus, unter dem seine Rezeption leidet bis
heute. Tieck hat zwar keinen Zweifel daran gelassen, daß die
»Religion ⟨...⟩, die Wüste, die Erscheinungen ⟨...⟩ wie der Ton
des Gemähldes ⟨sind⟩, der alles zusammenhält«[5]; doch schon in
dieser Äußerung verrät sich ein primär ästhetisches Interesse am
Legendenstoff. Leben und Tod der heiligen Genoveva gelten
Tieck nicht mehr als Glaubens-, sondern als Kunstgegenstän-
de. Im Vorbericht zur ersten Lieferung seiner ›Schriften‹
(1828-1854) hat er seine Absicht dann rückblickend und ohne
Beschönigung nochmals verdeutlicht.»Ich hatte mich vorsätzlich
von allem Theater und dessen Einrichtungen entfernt, um größern Raum zu gewinnen, um einige Stellen ganz musikalisch,
andere ganz malerisch behandeln zu können. Die Begeisterung
des Kriegers, die Leidenschaft des Liebenden, die Vision und das
Wunder sollte jedes in einem ihm geziemenden Tone vorgetragen,
und das Ganze durch Prolog und Epilog in einem poetischen
Rahmen traumähnlich festgehalten und auch wieder verflüchtigt
werden, um auf keine andre Wahrheit, als die poetische, durch
die Phantasie gerechtfertigte, Anspruch zu machen.«[6] Das ist
deutlich genug. Allerdings hat er doch eine Zeitlang auf die theatralische Aufführung gerechnet, deswegen auch mit Iffland korrespondiert (»Sie können sich ohngefähr eine Vorstellung davon
machen, wenn Ihnen die alte Legende bekannt ist, an die ich mich
im Ganzen sehr angeschlossen habe, weil sie so schön und ächt
poetisch ist, dadurch ist nun in das Stück viel katholisches
Gemüth und Wesen gekommen, welches unseren Zuschauern
vielleicht etwas fremd seyn dürfte, oft gehen die Vorstellungen
ganz in's Kindliche, weil sie nur dadurch rühren und meinem
Zwecke dienen konnten.«[7]) und ihm für eine Bühnenbearbeitung
weitgehende Zugeständnisse gemacht. Das Gattungsverständnis
der Zeit stand aber dieser Absicht unüberwindbar im Wege, und

die entschlossene Nichtbeachtung theatralischer Erfordernisse
war freilich auch in Zeiten, die einer Form aufgeschlossener
gegenübertritt, »die so wunderbar Epik und Drama verschmilzt«[8],
der Bühnenrezeption hinderlich. Denn es ist doch fast ausschließlich innere Dramatik, die das Geschehen bestimmt, und die geringen Aktionen erscheinen nur als ein schwacher und zudem in die
Irre führender Spiegel der seelischen Dynamik. Hinzu kommt,
daß von den Charakteren nur die beiden Protagonisten Genoveva
und Golo wirklich scharf und deutlich herausgearbeitet sind. Insgesamt genommen steht Tiecks Werk den Dialogromanen des
18. Jahrhunderts, Wielands oder Klingers, näher als der dramatischen Literatur der Zeit, was wohl für die meisten romantischen
Stücke gilt. Daher bürgerte sich die Bezeichnung Lesedrama für
sie ein.

Tieck benutzt Volksbuch und Legende, Erlöserspiel und
Schicksalsdrama als Vermittlung für ganz andere Ideen und zur
Darstellung eines Charakterdramas, das in der romantischen
Schule sonst eher im Roman (›Geschichte des Herrn William
Lovell‹) ausgetragen wurde: das Drama des genialen Menschen,
der an sich selbst leidet und zugrunde geht, der seine eigene Hölle
ist und ihr daher nur um so aussichtsloser verfallen. Golo ist eine
Luzifer-Gestalt und trägt alle Züge jener, der Romantik so teuren
Imago, die auf Miltons Deutung des gefallenen Engels zurück-
geht und sich mit Elementen der »Gothic Novel« verbunden hat.
»Ein edler Herr«, wird Golo vom Schäfer Heinrich genannt: »Er
kann alles: er singt, er musiziert, er kann Gemälde machen und
Reimweisen.«[9] Sonst auch heißt er »Der schöne Golo«[10], doch sein
Frohsinn, seine Leichtlebigkeit verschwinden, Traurigkeit und
Melancholie treten an ihre Stelle, dann Verzweiflung und Raserei.
Er liebt Genoveva, doch sie weigert sich, seiner Werbung zu folgen. Als er die Aussichtslosigkeit seiner Bemühungen einsehen
muß, erscheint er wie ausgewechselt, ein teuflischer Bösewicht
par excellence, doch ist er Täter und Opfer zugleich, hat gänzlich
die Macht über sich verloren. Er, der Grund und Urheber von
Genovevas Leid, leidet unaufhebbar und hilflos an sich selbst: »O
Gräfin! Genoveva! Herzensqual! / O Engel mir! – was soll ich
reden? Klagen? / Du kennst mich. Sprich ein Wort und sage mir /

Was soll ich tun? Ob du mir hast vergeben? / Der Satan trieb mich an, da mußt ich folgen –«[11] Vollends im mythologischen Bilde bleibt der alte Wolf, wenn er die schlimme Wandlung seines Pflegesohns bedenkt. Auch er macht den Satan verantwortlich, der »vom Guten dich gelockt«: »Ja, wehe Dir! dich hat dein Gott verlassen, / Die guten Engel sind es, die dich hassen. / Ach Golo, denke doch, wohin das führt, / Wie ungern man die Seele doch verliert! / Bedenke doch die lange Ewigkeit, / Doch hilft es nichts, daß dich zu spät gereut, / Dann bist du in die Finsternis gestoßen ⟨. . .⟩«[12]

Die Elemente des romantischen Luzifer-Bildes finden wir hier schon alle versammelt: Schönheit, Melancholie, Verzweiflung und Rebellion. Aus Auflehnung besteht Golos ganzes Wesen. In der Abwesenheit des Herrn schwingt er sich auf zum Beherrscher der Burg, zum Gebieter über Leben und Tod, die Frau begehrend, die er schützen soll. Er ist der große amoralische Täter, der seine Lust findet an der Zerstörung der Geliebten, die sich ihm verweigert. Immer tiefer gerät er in das Labyrinth seiner eigenen Triebwelt; als er Siegfried das erste Mal nach einem Jahr wieder gegenübertritt, findet der ihn bleich und »kranken Blickes«[13]. Schließlich beherrscht ihn nur noch der Gedanke, zu zerstören, was ihn selber zerstört, und der Befehl zur Ermordung Genovevas hat keinen anderen Grund: »Schlag frei mein Herz, nun bist du frei von Furcht, / Es hat sich alles so begeben müssen. / Sie ist gestorben, du hast überwunden, / Dein Schlaf und deine Ruhe kehrt zurück.«[14] Auch diese Hoffnung erweist sich dann aber als trügerisch.

In ähnlicher Weise haben wir mit Genoveva eine Figur mit langer Ikonographie vor uns. Als Schlange, die ihn verdarb, erscheint sie Golo zuletzt[15], doch ihr Reiz wirkt unwiderstehlich wie am ersten Tag: »Aber diese, diese herzbannenden Augen, diese Blicke sind es, die den Angel in meinen Busen geworfen haben, da streb ich und ringe mich loszureißen, und immer immer tiefer gräbt sich der Haken hinein.«[16] Im 18. Jahrhundert schon erlebte dieser Figurentypus seine Konjunktur. Verführerisch gerade durch Unschuld, Naivität und Schamhaftigkeit, wird das jungfräuliche Mädchen zum auserlesenen Opfer subtiler Wollust. Die Heldin-

nen in Richardsons Romanen, das Fräulein von Sternheim, Emilia
Galotti, Fausts Gretchen – das sind nur einige wenige aus dem
Geschlecht, dem auch Genoveva entstammt und dessen so literarische wie erotische Wirksamkeit vom Marquis de Sade bloß auf
die Spitze getrieben wurde. Genoveva weiß nicht um ihre Schönheit und Anziehungskraft[17], um so unwiderstehlicher aber ist ihre
verführerische Wirkung. »O welche Phantasien / gibt mir der
wilde Satan ein!« ruft Golo aus, wenn er sich ihren Leib, ihre
Glieder, ihren Gang vergegenwärtigt.[18] Sie wird zwar, ganz ohne
es zu wollen, in den Strudel der Leidenschaften gerissen, die sie
erregt, doch bleibt sie nicht unberührt davon.

Golo weckt in ihr die Ahnung eines Paradieses, das ihr verschlossen bleiben muß und das sie daher für sich und ihn zur
Hölle verwandelt. Dies nicht erst, als er ihr seine Liebe gezeigt.
Der vertrauten Getrud berichtet Genoveva von einem verräterischen Traum in einer Klosternacht, kurz bevor der Graf sie auf
sein Schloß als Gemahlin holte. Der Erscheinung, die sie darin zu
sehen glaubte, »Den Gottessohn, das Siegeslamm, den Schönen, /
Der plötzlich alle Seelenwünsche stillet«[19], begegnet sie, so
kommt es ihr vor, wenig später leibhaftig, doch nicht in der
Gestalt Siegfrieds, sondern als sein »treuester Diener« Golo: »Ich
schaute an das glänzende Gesicht, / Die Locken, seine Augen, dieses Lächeln, / Und ⟨...⟩ / Mir war, als leuchteten in ihm die
Blicke, / Als lächelte in ihm, was ich geschaut, / Als mir der hohe
Traum herniederkam, / Sein dacht ich gleich, um gleich ihn zu
vergessen, / Das irdische Gesicht verfinsterte / In Lieb und Herrlichkeit den Himmel mir.«[20] Genovevas Religiosität sublimiert
ihre Triebwünsche, und sie selber weiß um diesen Vorgang, daher
spricht sie, als Golo sie im Gefängnis besucht und sich an sie als
die einzige wendet, die ihn erlösen kann, von »unser beider
Elend«[21]. Die innere Neigung, die sie sich längst verboten hat,
kommt wenigstens im Mitleid mit dem zum Ausdruck, der sich
einer Liebe wegen peinigt, die sie selber kennt.

Es gibt eine ganze Reihe von Motiven, die Tiecks Drama mit
der späteren Schicksalstragödie verbinden. Das Verhängnis von
Golos Geburt: »Er zeugte Euch in wildentbrannter Lust, / Und
vor ihm stand ein Bild von Tod und Blut, / Kein Stern am Him-

mel war zur Liebe gut, / Drum kamet Ihr mit wunderbarem Sinn / Und richtet Euch nach Tod und Elend hin; / Ihr könnt nicht anders, so sind die Gewalten, / Die Sternenkräfte, die sich nur entfalten.« So deutet ihm die Wahrsagerin Winfreda die dunkle Herkunft.[22] Auch seine Verfluchung durch den Pflegevater Wolf gehört hierher, und wahrsagende Träume interpunktieren die Handlung. Vom bedeutungsvollsten berichtet Genoveva: daß sie »für Gram und Leid nur geboren« sei, hat ihr Christus[23] offenbart. Ihre Ängste und Unsicherheiten, nachdem der Gatte sie allein zurückgelassen, tragen wesentlich zur bedrohlichen Atmosphäre bei. Dennoch haben wir es hier nicht mit einem Schicksalsdrama im späteren Verständnis zu tun. Und es ist auch kein geistliches Spiel. Die melodramatische Erlösungsgeschichte weist ebenso wie die erbaulichen Reden des Heiligen Bonifatius auf den legendarischen Ort, und der freilich ist Tieck wichtig: als Quelle einer in der Moderne noch längst nicht ausgeschöpften, poetisch fruchtbaren Mythologie. Der christliche Gehalt des Trauerspiels verflüchtigt sich bei näherem Hinsehen sowieso mehr und mehr. Genovevas Todesvision zum Beispiel verbindet christliche und pantheistische Gedanken zu einem recht romantischen Gemälde aus allerlei Mythologemen, kulminierend in dem Vers: »Auch meine Seel muß sich dem Tod entringen / Und in dem Lebensmeer als Welle klingen.«[24]

Tieck hat in den beiden Hauptfiguren des Trauerspiels ein Lebensthema seiner Generation aufgegriffen, doch wenn er sehr subtil die psychologischen Reaktionsformen zur Anschauung bringt, so hütet er sich gleichwohl davor, es bei einem bloßen Seelendrama bewenden zu lassen. Zur psychologischen tritt die mythologische Deutung, die mit ästhetischen Mitteln, durch das Aufgreifen der Luzifer-Figur, des Engelsturzes und der Metaphorik von Himmel, Hölle und Satan, vorgetragen wird. Die Wirksamkeit des Bösen in der Welt, der »Schmerz und Ernst des Negativen« (Hegel) erschöpft sich nicht in der Psychologie des Täters, es gibt noch eine weitere Schicht dahinter, die von Tieck und seinen romantischen Bundesgenossen im mythologischen Bilde bedeutet wird. Darin steckt natürlich ein Gegenzug gegen den inzwischen als flach empfundenen Aufklärungsglauben von der

stetigen Vollendung der Welt und des Menschen. Das Widersacherische ist nicht bloß eine krankhafte Deformierung der Seele,
entstanden aus einem deformierten sozialen Leben und mit ihm
überwindbar, sondern mit dem menschlichen Dasein existenziell
verknüpft. In der Gestalt Luzifers und aller seiner satanischen
Abkömmlinge von Golo bis zum Mönch Medardus oder dem
Advokaten Coppelius bei E. T. A. Hoffmann, erkennen die
romantischen Schriftsteller, daß eigentlich sie selbst es sind, die
aus dem Paradies herausgestoßen und in die Finsternis des
Daseins gestürzt wurden, so daß das Böse untrennbarer Bestandteil ihres Lebens ist. Im Widersacher, der stets das Böse will und
schafft, weil ihm keine Wahl bleibt, sehen sie die eigene Hoffnungslosigkeit ins Heroische gesteigert. Doch kann man daraus
mehr ablesen und etwa auf eine künstlerische Dekadenz schlie
ßen? Jeder voreilige Schluß verbietet sich, gerade auch wegen des
revolutionären Grundzugs der frühen Romantik. Golo ist ja auch
als Rebell eine übermenschliche Figur, die Bewunderung verdient,
gerade weil sein Scheitern von vornherein beschlossene Sache ist.
Sein Kampf ist hoffnungslos, doch er gibt ihn nicht auf, darin
liegt tragische Größe.

Tieck hat einen ähnlichen Stoff zu einem anderen Drama verarbeitet, dort allerdings zum Lustspiel: ›Kaiser Octavianus‹
(1804). Auch darin wird eine Ehefrau der Untreue verdächtigt,
nämlich Felicitas, des römischen Kaisers Gattin, und sie muß mit
ihren Kindern, den Zwillingen Florens und Leo, Hof und Heimat
verlassen, erhält übernatürliche Hilfe (das Christkind selber
erscheint ihr, sie zu trösten), verliert aber Florens und wird
schließlich in der großen Versöhnungsszene des Schlusses wieder
mit ihm und dem Gatten zusammengeführt. Allein, das Thema
der verleumdeten Ehefrau hat Bedeutung nur im ersten Teil des
umfangreichen Dramas, das mehr noch als die ›Genoveva‹ eigentlich ein Dialogroman ist, in dem sein Autor auch alle ihm geläufigen literarischen Formen virtuos versammelt: Prosa und Vers,
Stanzen, Sonette und Terzinen, altdeutsche Strophen und Reimpaare. Der Hauptakzent dieses, die abendländisch-christliche Kultur mit der morgenländischen versöhnenden, allegorisch-märchenhaften Spiels liegt auf dem zweiten Teil, in dem Florens die

Hauptperson ist, durch seine Liebe, seinen Glauben, seine Taten die Gegner besiegend. In allen Zügen ist er eigentlich eine Gegenfigur zu Golo und ähnelt ihm doch darin, daß auch er in seinem Leben nur verwirklichen kann, was ihm durch Geburt und Charakter (schon als Säugling verfügt er über außergewöhnliche Anziehungskraft) bestimmt ist. Eine weitere Vorprägung der Schicksalsidee, die auch hier ganz legendenhaft gedeutet wird. Florens wächst bei einem einfachen, seiner Herkunft unangemessenen Pflegevater auf, doch seine kaiserliche Natur bleibt davon stets unberührt. Mit jeder Handlung tritt er mehr aus seinem Inkognito hervor, sich als der zeigend, der er in Wahrheit ist. Retter, Erlöser, Weltkaiser eines utopischen regnum humanum, die Lichtgestalt, die nicht, wie Golo, aus dem Paradies gefallen ist und zum Untergang verurteilt, sondern auserwählt, das Paradies zu verwirklichen.

Doch hat das Thema im romantischen Drama auch noch einmal eine nicht ganz belanglose tragische Variation erfahren, in Zacharias Werners Trauerspiel ›Kunigunde, die Heilige, römisch-deutsche Kaiserin‹ (1814). Angeregt hat es, wie zuvor schon Werners Erfolgsstück ›Der vierundzwanzigste Februar‹, Goethe. Lange mußte der Autor nach einer passenden Fabel suchen, bevor er sie in der ›Geschichte Keyser Heinrich II und seiner Gemahlin Cunegunde‹ fand, »die beyde nach ihrem Tode heilig gesprochen und in Bamberg begraben sind. Der Keyser hielt seine Gemahlin in einem fälschlichen Verdacht, ein Gottesgericht (Ordalie) sollte über ihre Schuld oder Unschuld entscheiden. Ein junger Ritter vertheydigte diese im Zweykampf, rettete sie, indem er die Verleumder Cunegundens erlegte, starb aber an den erhaltenen Wunden.«[25] Werner hat den Stoff frei bearbeitet und die Tat der biblischen Judith als zusätzliches Motiv in die Handlung eingeführt. Es sind auch leicht zu dechiffrierende politische Akzente darin (»Baiern, Sachsen und Schwaben, / Die gibt's noch! Deutsche sind nicht zu haben!«[26]). Doch im Mittelpunkt steht die Zweideutigkeit menschlichen Verhaltens, selbst dort, wo es den erhabensten, den heiligsten Motiven folgt. Kunigundes Besuch beim feindlichen Feldherrn Harduin (»Mein Volk erretten!«[27]), den sie durch Beredsamkeit und Gebet zum Verzicht auf die Herrschaft

bewegt, wird ihr zum Verhängnis und als Untreue ausgelegt.
Wirklich ganz zu Unrecht? Die Handlung selbst ist zweideutig,
nicht erst ihre spätere Interpretation durch den Kaiser und seine
Gefolgsleute. Kunigunde, einem Gelübde treu, lebt in strenger
Josephsehe, leidet aber unter ihrer Kinderlosigkeit. Und just
angesichts des gewalttätigen Harduin, dem sie als eine zweite,
wenngleich inkonsequente Judith begegnet, erfährt sie die visio-
näre Gewißheit, der Knappe Florestan (in Wahrheit Harduins
Sproß) sei doch der von ihr ersehnte, ihr eigener und eigentlicher
Sohn. Werner, sehr sensibel für die religiösen Sublimierungen der
menschlichen Triebnatur, hat die schon Tiecks ›Genoveva‹ aus-
zeichnende Doppelbödigkeit auf die Spitze getrieben, indem er
nun gar ein Inzestmotiv anklingen läßt. Kunigunde begegnet Florestan, dem einzigen, der für sie kämpfen will, mit den Worten:
»Du – Harduins Sohn – mein Einz'ger –!«, ja ihre Rede scheint
an Deutlichkeit nicht mehr zu überbieten: »Bist du's, schöner
Jüngling, ihm und mir verwandt, / Der im Morgendämmer – liebend mich umwand?!«[28] Schließlich, als Florestan seinen Wunden
erliegt, stößt sie in größter Gefühlserregung gegen den Gatten
heraus: »Fort von ihm! – Du hast ihn umgebracht! – / Er! – Mein
Geliebter war's! Ja – jetzt ist Ehebruch! –«[29] Die Erfüllung der
Liebe im Tod – der erotische Wunschtraum der Epoche. Die Integration von legendarischer Handlung und menschlicher Tragödie
ist allerdings nicht gelungen, dennoch kommt Werner in keinem
anderen Stück der Entzauberung der widersprüchlichen Motive
so nahe, die selbst die heldenhaftesten Taten noch zweideutig
machen. Wenn zum Schluß Kunigunde als Mutter ihres Volkes
und nationale Retterin erhöht wird, so bleibt auch diese Apotheose vor dem Hintergrund des Vergangenen zweideutig. Daß
Werner gerade an diesem Stück besonders hing und es als Lehrstück seines eigenen – inzwischen katholischen (Konversion
1810, Priesterweihe 1814) – Bekenntnisses auffaßte, spricht dafür,
daß er sich auch über die Beweggründe seiner Konversion durchaus nicht völlig im unklaren war. Kunigundes Schicksal ist Trieb-
schicksal, und es zeigte sich um so unentrinnbarer, je mehr sie
ihm (durch Gelöbnis und Enthaltsamkeit) ein Schnippchen zu
schlagen versuchte.

2. Die Macht des Schicksals: Werner

Heine rechnete diese Tragödie »zu den kostbarsten Zeugnissen unserer dramatischen Literatur«[30], Achim von Arnim nannte sie »das trefflichste und darstellbarste Werk« ihres Autors[31], und Goethe hatte sie ursprünglich sogar angeregt, dann in Weimar uraufgeführt (am 24. Februar 1810) und gegen Kritik, allerdings etwas zweideutig, verteidigt (»Man trinkt ja nicht immer Wein, man trinkt auch einmal Branntwein.«[32]) – die Rede ist von Zacharias Werners Erfolgsstück ›Der vierundzwanzigste Februar‹ (1809). Es steht am Anfang einer besonderen literarischen Schicksalsidolatrie, die das 19. Jahrhundert über anhielt und – denken wir an Müllner, Grillparzer, Houwald oder Raupach – recht ungleiche Folgen zeitigte. Gewiß war es nicht ohne Vorläufer: einige Dramen Schillers können – mißverstanden – Pate gestanden haben (Tieck nennt die ›Jungfrau von Orleans‹ und die ›Braut von Messina‹)[33], Karl Philipp Moritz' Schauerstück ›Blunt oder der Gast‹ (1781), auch die Übersetzung von Lillos Trauerspiel ›Fatal Curiosity‹, ›Unglückliche Neugier‹ (1778) gehen voraus, aber eine derart wirkungsvolle und ausgearbeitete Dramaturgie des Schicksals weist keines von ihnen auf. Sogar Ludwig Tiecks frühe Dramen ›Der Abschied‹ (1792) und ›Karl von Berneck‹ (1797) zeigen längst nicht die Konsequenz, mit welcher Werner seine Idee durchgeführt hat.

Das eine ist eine Liebestragödie in des Wortes banaler Bedeutung. Nach ihrer Hochzeit tritt plötzlich zwischen Karl und Louise der für verschollen und untreu geglaubte, in Wahrheit todkrank gewesene Ramstein, der frühere, doch im Herzen niemals aufgegebene Geliebte Louises. Als beide nach einigem Zögern fliehen wollen, ermordet Karl den Nebenbuhler, Louise gibt sich darauf selbst den Tod. Vom Schicksal ist zwar die Rede – »Das Verhängniß spielt fürchterlich mit dem Glück der Menschen, Louise«, lamentiert Ramstein –,[34] doch ist das in dem allgemeinen, fast umgangssprachlichen Sinne gemeint, den wir alle kennen, und für die Bluttaten ist Karls unbändige Eifersucht verantwortlich, kein Schicksalsfluch oder dergleichen. Im Ritterdrama ›Karl von Berneck‹ finden wir gewiß schon mehr prototy-

pische Motive: den dies fatalis (hier der Johannistag), die alte
Prophezeiung, einen Geschlechterfluch, dem ein Brudermord
zugrunde liegt, aber der eigentlich tragende Beweggrund des
unglücklichen Geschehens ist der totgeglaubte Ehemann, der
unvermutet aus dem Morgenlande zurückkehrt und im Zweikampf mit dem Nebenbuhler getötet wird, weil seine Frau
dazwischentritt und ihn beim Fechten stört: »Daß Du verflucht
seist, Du hast mich ermordet, nicht er. –«[35] Das Schicksal erweist
sich in diesen Stücken als beiherspielendes, die emotionale Wirkung verstärkendes Moment, nicht als tragende Idee. Dazu hat es
erst Zacharias Werner gemacht.

»Der Gegenstand ist die bekannte Anekdote, daß zwei Eltern
ihren als Reisenden bei ihnen einkehrenden Sohn, ohne zu wissen,
daß es ihr Sohn sey, umbringen«, faßt der Autor selber den Stoff
in einem Brief an den Berliner Theaterdirektor August Wilhelm
Iffland zusammen.[36] Mehr als drei Personen hat das Stück denn
auch nicht: Kunz und Trude, die Eltern, Kurt, der unerkannte
Sohn. Die Handlung spielt in einer Schweizer Bauernkate,
genauer in deren Wohnstube und einer kleinen Kammer, »durch
eine Seitenwand getrennt, an der eine kleine Wanduhr, eine Sense
und ein großes Messer hangen«[37], die Zeit: zwischen elf Uhr
nachts und kurz nach Mitternacht. Mit wenigen Requisiten und
Andeutungen entsteht eine unheimliche, bannende Atmosphäre:
vor der Hütte tobt der Sturm, die Uhrzeiger rücken unaufhaltsam vor (»Wie der Perpendikel rennt!«[38]), gegen das Fenster fliegt
eine Eule (»Die Eulen, sagt man, wittern nahe Leichen ⟨...⟩«[39]),
die Erinnerung an den fluchbeladenen Tag wird durch einen der
Bibel entfallenen Zettel geweckt, das Unglücksmesser, mit dem
der Sohn zum Mörder der Schwester, der Vater zum Mörder seines Vaters geworden war, hängt als sichtbare Mahnung an der
Wand, dicht neben der Hippe, der Sense, dem alten Todessymbol;
»Mich schaudert immer, komm ich ihr zu nah!« sagt Trude.[40]

Je nach Standpunkt hat man den ›Vierundzwanzigsten
Februar‹ mehr als Schicksalsdrama oder als Erlösungsspiel deuten wollen. Es ist beides. Schicksalsdrama, insofern seine Gestalten zu Symbolen eines unentrinnbaren Geschicks gesteigert sind
und die fatalen Requisiten und Unglückswerkzeuge zu objekti-

ven, dinglichen Korrelaten der menschlichen Schicksalsabhängigkeit. Das Grauen, von dem ständig die Rede ist, kommt nicht allein aus der Einbildungskraft, die auch geringfügige Anlässe schreckenerregend macht, sondern ist im Interieur selber anwesend, hat die Dingwelt aufgeladen, den Raum zur Falle gemacht. Hier sind keine anderen Reaktionen mehr möglich, als die zu Untergang, zu Blut und Mord führen. Die Instrumente, mit denen sie sich ihr Verderben selbst bereiten, springen den Protagonisten gleichsam in die Hand: wenn Kurt in seiner Kammer den Nagel tiefer in die Wand treibt, damit seine Joppe daran hängenbleibt, fällt auf der anderen Seite das Mordwerkzeug aus seiner Halterung und geradewegs vor Trudens Füße.[41] Seine konsequente Reaktion: »Mit Geschrei, mit Graus / Erfüllt des Vaters Fluch dies unheilschwangre Haus!« wird sogleich bestätigt (»Man hört an die Türe klopfen«), doch nicht durch eine Geistererscheinung, wie die beiden zunächst vermuten, sondern durch den Eintritt des Fremden, an dem sich das Schicksal des Hauses erfüllen soll.[42]

Es erfüllt sich aber nicht in tiefster Aussichtslosigkeit. Zacharias Werner hat seinem Drama die Idee des Opfertodes unterlegt. Sie kommt zwar nicht so deutlich zum Ausdruck, wie er es selbst nach seiner Konversion gerne gesehen hätte und im nachträglich geschriebenen Prolog ausmalt (»Eisernes Schicksal nannten es die Heiden; / Allein seitdem hat Christus aufgeschlossen / Der Höllen Eisentor den Kampfgenossen, / So schafft das Schicksal weder Lust noch Leiden / Den Weisen, die, mag Hölle blinken, blitzen, / In treuer Brust des Glaubens Schild besitzen!«[43]), wird aber immerhin am Schluß als Hoffnung, ja als gläubige Zuversicht sichtbar, die an den sterbenden Sohn geknüpft ist: »KURT. Vergeben – / Hat euch – der Vater –! – Ihr – seid fluchentsühnt –! – // KUNZ. (vor dem Kurt hinkniend) Und du – vergibst du? – // KURT. Ja –! – // KUNZ. Und Gott – vergibt er –?! – // KURT. Amen –! –«[44] Worauf sich nun der Mörder getröstet dem Blutgericht und Gottes Urteil überantwortet. Dieser Gedanke, daß sich der schuldbeladene Mensch durch das stellvertretende Leiden und Selbstopfer eines unschuldigen anderen von seiner Last befreien und Gnade selbst vor göttlicher Gerechtigkeit finden

kann – christlich inspiriert und begründet –, war eine Lieblingsidee der Zeit, findet sich aber in dieser spezifischen Ausprägung
nur bei der jüngeren, der romantischen Generation. Wo eine vergleichbare Konfiguration in Goethes oder Schillers Werk auftaucht, wird sie zeichenhaft verwendet: als Wunschbild eines
Sprungs aus der Geschichte (›Natürliche Tochter‹) oder als Vorschein einer möglichen Freiheitsgeschichte (›Jungfrau von Orleans‹), niemals aber als geistliches Heilsgeschehen buchstäblich.
Auch nicht, worüber noch zu reden sein wird, in ›Faust II‹. Res
spirituales aber sind bei Werner zum Dramenschluß bedeutet und
heben als solche jedes Verhängnis auf. An dieser Stelle setzt
eine Interpretationsrichtung an, die den ›Vierundzwanzigsten
Februar‹ als ein Stück gegen das Schicksal auffaßt[45], doch spricht
man besser von einer religiös-christlichen Funktionalisierung der
Schicksalsidee, die dabei in einen Heilsplan umgewandelt wird.
An die Stelle von Verhängnis und Verbrechen treten zuletzt
Schuld und Sühne, doch diese Umdeutung betrifft nicht die Dramenstruktur. Weil das Schicksal nur in Gang gebracht wurde, um
in der Erlösung überraschend aufgehoben zu werden, beherrscht
es bis dahin um so sicherer die Handlung und ihre Dramaturgie.

Dieser zweideutigen Anlage gemäß entwickelte sich das
Schicksalsdrama fort. Wurde der Akzent mehr auf den Schicksalsglauben gelegt, entstanden jene Modestücke, die es nur auf
den kruden Effekt abgesehen haben und in denen die Untaten
und Scheußlichkeiten nicht gräßlich und gehäuft genug auftreten
können. Adolf Müllner, der sich dieses Rezept ausdrücklich selbst
zunutze machte, berichtet von einer epischen Imitation des durch
Werner berühmt gewordenen Stoffes: »Er ⟨der Verfasser⟩ suchte
darin sein Vorbild hinsichtlich der *Schrecknisse* zu überbieten: der
Sohn, auf welchem der Vaterfluch lastet, kommt in eine so verzweifelte Lage, daß er *zwei* Kinder, sammt der Mutter, mit eigner
Hand tödtet, und selbst der treue *Pudel* der Familie entgeht der
Strenge des Schicksals nicht, er verliert bei dieser Gelegenheit ein
Bein.«[46] Die Notiz findet sich im Vorwort zur dritten Auflage
eines einaktigen Stücks, das schon im Titel ganz unverhohlen an
Werners Bühnenerfolg anknüpft: ›Der neun und zwanzigste
Februar‹ (1812). Sein Autor sucht auch gar nicht erst nach Aus-

reden, er gibt die Abhängigkeit von »Werner's geniale⟨r⟩ Dichtung« freimütig zu[47], und wirklich markiert er mit seiner Nachbildung den Übergang vom Prototyp zur Serienproduktion. Die Motive sind alle da, das Unwetter, das um die Hütte tobt, der Fremde, der unvermutet eintritt und vom Glücks- zum Unglücksboten wird, die Böses voraussagenden Wahrträume, der Vaterfluch, Ort und Stunde der Unheilstat, und selbst das Unglückswerkzeug ist wieder ein Messer. Ein von nun an in den Grundzügen feststehendes Kulissen-Szenarium, das zwar weiter vervollkommnet, auch den unterschiedlichen Bedürfnissen nach variiert wird, an dem sich aber nichts Entscheidendes mehr ändert und in das hinein nur noch die Fabel geschrieben zu werden braucht. Diesmal besteht das fortwirkende Verbrechen in einer blutschänderischen Geschwisterehe, ein andermal (›Die Schuld‹, 1813) in einem Brudermord, aber die besondere Ausprägung der Handlung ist hier wie dort nebensächlich. Über den Erfolg entscheidet das mehr oder weniger geschickte Arrangement der stehenden Motive, die allein der emotionalen Stimulierung dienen. Sie wirken gleichsam nach dem Reiz-Reaktions-Schema, und auch bei ihrer Verknüpfung kommt es auf Affektsteigerung oder Affektminderung, auf die Folgerichtigkeit der Gefühle, nicht auf die Logik der Handlung an.

3. Leben als Puppentheater – Anfänge des romantischen Märchenspiels bei Tieck

Das deutsche Märchendrama ist ein genuines Produkt der Romantik, die zur Rehabilitierung und Aufwertung der Volksliteratur überhaupt angetreten war. Vorläufer gibt es genug, märchenhafte Motive in Stücken früherer Epochen, vom Fasnachtsspiel bis zum Sturm und Drang. Friedrich Maximilian Klinger wäre zu nennen mit seinen beiden Dramen ›Der Derwisch‹ (1780) – einer luftigen Satire auf das Magier-Unwesen der Zeit, von Goethes ›Groß-Cophta‹ nicht weit entfernt – und ›Prinz Seidenwurm der Reformator, oder die Kron-Kompetenten‹, ebenfalls 1780, im fünften Bande des großen Kolportageromans ›Der Neue Orpheus‹ erschienen; auch deshalb bemerkenswert, weil es

die später vor allem von Tieck zur Vollkommenheit gebrachte
Dramaturgie des »Spiels im Spiel« ausgesprochen theaterwirksam
und virtuos vorwegnimmt. In Klingers Werk sind das Zwischen-
spiele geblieben, zu stark war seine Orientierung am Verständnis
klassischer Literatur, wie es Goethe und Schiller in Weimar entwickelt haben. Wobei freilich Goethes Werk selber, denken wir
an die frühen Puppenspiele, an gewisse Motive des ›Faust‹, aber
auch an die Märchennovellen, vom ›Märchen‹ bis zur ›Neuen
Melusine‹, sich durchaus nicht über diesen Kamm scheren läßt,
sondern alle literarischen Tendenzen seiner Zeit in sich aufgenommen hat und in sich darstellt, darunter die Hinwendung zur
Volkserzählung, zu Märchen und Legende.

Doch war Ludwig Tieck der erste, der ganze Märchenhand-
lungen in dramatische Spiele verwandelte, dabei aber durchaus
nicht nur, wie das populärste, ›Der gestiefelte Kater‹ es nahelegen
könnte, das komische Genre allein bevorzugte. ›König Braddek‹,
das Jugenddrama von 1790, war schon ein Trauerspiel, eine
Komposition aus Ritterstück und Feenmärchen, Shakespeare und
Gozzi zusammengesetzt. Die Mischung aus Narrenspiel, Posse
und Tragödie zeigt dann auch das erste eigentliche Märchendrama »in fünf Akten«, Tiecks ›Ritter Blaubart‹ (1796), das später in den ›Phantasus‹ aufgenommen und dort von Lothar als ein
Versuch aus jener Zeit vorgetragen wird, »als ich den Gozzi am
eifrigsten las«.[48] Der ursprüngliche Titel lautete »Ritter Blaubart,
ein Ammenmärchen« und zeigt schon so etwas wie eine literaturpolitische Tendenz. Ein Ammenmärchen für die Bretter, die die
Welt bedeuten und wo die großen, nationalen und gemein-
menschlichen Probleme abgehandelt werden: das war auch als
Affront gedacht, als grimassierende Depravierung eines Genre
und einer Institution, von deren hochfliegender Bestimmung
meist nur die gewöhnliche Unterhaltung und larmoyante Wirkung übriggeblieben waren. »Ich hätte mir eher des Himmels Einfall vermutet, als ein solches Stück auf unserm Theater zu sehn –
auf unserm National-Theater!«, so entrüstet sich der Müller dann
ausdrücklich im Prolog zum späteren Stück, dem ›Gestiefelten
Kater‹.[49]

Die Dramatik der Romantischen Schule entwickelt sich ganz

allgemein in Opposition zum Repertoire der zeitgenössischen
Theater und ihrer Aufführungspraxis, hat immer auch parodisti-
sche Tendenz, die sogar gänzlich zur Literatursatire werden kann.
Virtuoses Beispiel: Brentanos ›Gustav Wasa‹, eine Persiflage von
Kotzebues gleichnamigem Historienstück über den schwedischen
Aufstand gegen die dänische Unterdrückung (1799). Brentanos
Parodie beginnt mit der Schlußpartie eines anderen Kotzebue-
Stücks, ›Der hyperboreische Esel oder die heutige Bildung‹, in
dem sich der Erfolgsschriftsteller über die Romantische Schule
lustig machte, und das nun hier in einem Streiche miterledigt
wird. Literaturparodien dieser Art, mit Anspielungen, wörtlichen
Übernahmen im verfremdenden Kontext und karikaturistischer
Manier finden sich auch in den meisten Märchenstücken Tiecks.

Die Handlung des ›Ritter Blaubart‹ folgt in ihren wesentlichen
Zügen der Märchenvorlage Perraults, doch gibt es einige mit der
Haupthandlung nur lose verknüpfte Nebenschauplätze mit
Gefecht, Brautraub und Zechgelage, die vor allem die populären
Ritterdramen aufs Korn nehmen, aber auch, besonders in den
Szenen mit dem Ratgeber und dem Narren (wobei jener der
eigentliche Narr und dieser ein vorausschauender Ratgeber ist),
Aufklärungssatire beabsichtigen. Die dramatische Spannung ent-
steht im wesentlichen aus der inneren Verführungsgeschichte: wie
lange widersteht Agnes der Versuchung, die verbotene siebte
Kammer zu betreten? Ihre schrittweise Kapitulation vor der
magischen Anziehungskraft des Verborgenen, das quälende Warten auf Blaubarts Rückkehr, die Entdeckung der Übertretung,
Strafandrohung und Hilfe in höchster Not: das ist auf wenige
Szenen zusammengedrängt und durchaus, wie Tieck schreibt,
»bühnengerecht und für den Theatereffekt einzurichten«[50] (die
erste Aufführung fand an Immermanns Haus in Düsseldorf am
3. Mai 1835 statt). Er hat auch im ›Phantasus‹ selber über seine
künstlerische Absicht mit solchen Stoffen gesprochen. Mögen es
auch »allgemein bekannte Geschichten« sein, »womöglich ganz
kindische und alberne«, Tieck will ihnen »durch ihre Darstellung
ein neues Interesse geben«[51].

Dieses neue Interesse manifestiert sich gewiß zunächst in der
Form. Tieck spricht im Vorbericht zur ersten Lieferung seiner

Schriften (1828) von dem »Humoristische⟨n⟩ und Bizarre⟨n⟩«,
davon, daß er »auf andere Weise ⟨als Gozzi⟩ und in deutscher Art
ein phantastisches Märchen für die Bühne« habe bereiten wollen[52], in einem Brief nennt er es »das grillenhafte Stück«[53], und
Eduard Devrient schreibt er anläßlich eines Aufführungsplanes:
»Das Komische im Blaubart selbst mit dem Gespenstigen und
Grausamen zu vereinigen ist auch nicht leicht.«[54] Formziel ist die
Spannung des Irregulären, der Stilgegensatz, das Wechselbad
widerstreitender Empfindungen, die effektvolle Kombination der
einander fremden Elemente. Hoch und niedrig, Tiefsinn und
Narretei, Scherz und Grauen gehen unvermittelt ineinander über.
Tieck charakterisiert selber die Figur des Simon in lauter solchen
Gegensätzen: »Komisch, träumerisch, rührend, albern, kränklich,
tiefsinnig und am Ende fast heroisch.«[55] Doch die zersprungene,
dissonante Formwelt ist nicht nur aus ästhetischem Interesse und
einem antiklassischen Affekt geboren, sondern zeigt ein despera-
tes Lebensgefühl, das man ernst nehmen muß, auch wenn man
die modische Attitüde nicht verkennen darf. Lebensschmerz und
Vanitas-Gepräge waren Kennzeichen und Ausweis der romantischen Boheme, man inszenierte sie ebenso wie eine Generation
zuvor die Werther-Tableaus der Geniezeit. Soviel wie möglich
auffallen und sich vom Gros abheben, am Interessanten das
Interessiertsein genießen, in der Extravaganz des Gefühls die
Überlegenheit der eigenen Subjektivität feiern: das waren die
wichtigsten Maximen. Und doch wäre es falsch, wollte man diesen ästhetischen Spielformen des Lebens jeden Ernst absprechen.
»Und was ist denn das Leben selbst?« fragt sich der Narr Claus
im ›Blaubart‹. Antwort: »Eine beständige Furcht vor dem Tode,
wenn man an ihn denkt, und ein leerer, nüchterner, genußloser
Rausch, wenn man ihn vergißt, denn man verschwendet dann
einen Tag nach dem andern, und vergißt darüber, daß die Gegenwart so klein ist, und daß jeder Augenblick vom nächstfolgenden
verschlungen wird.«[56] Der Tod als Aufhebung eines an sich selber
als nichtig erfahrenen Daseins und zugleich der Zielpunkt, der
ihm Bedeutung dadurch gibt, daß er das Individuum auf seine
Subjektivität als den einzigen Wert verweist. So daß alles äußere
Leben nur als Ausdruck des inneren, eigentlichen Lebens begrif-

fen wird und die Vielheit der Formen und Gestalten so groß ist, weil sie für sich genommen gar nichts bedeuten. Allein, diese Wendung hat unliebsame Folgen; sie treten im ›Ritter Blaubart‹ sichtbar hervor. An einer Stelle definiert Simon den Verstand als »eine Zwiebel, eine Menge von Häuten«: »Recht verständig sind nun also die Menschen, die ihren zwiebelartigen Verstand durch lange Uebung so abgerichtet haben, daß sie jeden Gedanken, nicht nur mit den äußern Häuten, sondern auch mit dem innern Kerne denken. Bei den meisten Leuten aber, wenn sie auch die Hände vor den Kopf halten, ist nur die oberste Haut in einiger Bewegung, und sie wissen es gar nicht einmal, daß sie noch mehrere Arten von Verstand haben ⟨...⟩«[57]

Dieses Stück, so können wir es jetzt formulieren, führt durch sämtliche Häute des Verstandes hindurch, bis die letzte, die siebte, sich lüftet, jener Vorhang, den auch Agnes noch zurückzieht, so daß sie vis à vis dem Schrecklichen, Grauenhaften, Drachenhaften des Menschen steht, der Sphäre also, aus der Mord, Blut und Verbrechen kommen und wo das Böse seine Heimat hat. Es ist zugleich die Sphäre des Trieblebens, das als Kern im Innern der Zwiebel steckt, somit ihr eigentliches Wesen ist. Die Konstellation Blaubart-Agnes variiert das alte Motiv von dem Tier und der Schönen, das Tieck wohlvertraut war; in dem Libretto ›Das Ungeheuer und der verzauberte Wald‹ (1800) hat er es nochmals verarbeitet, und es liegt auch seiner aus demselben Jahre stammenden dramatischen Fassung des ›Rotkäppchen‹-Märchens zugrunde: ›Leben und Tod des kleinen Rotkäppchens. Eine Tragödie‹ lautet der vollständige Titel dieses einaktigen Spiels in fünf Szenen. Wir finden darin die Blaubartgeschichte wie auf den Kern, das siebte Zimmer, konzentriert. Auch das kleine Mädchen wird mit allen Merkmalen verführerischer Unschuld ausgestattet: im neuen weißen Kleid, mit bunten Blumen, der roten Mütze, ein Kind noch, doch nicht ohne Koketterie, das mit dem Jäger flirtet und Braut und Bräutigam, die ihr begegnen, schlagfertig zusetzt. (»Die ist so klug wie wir jezt wohl sind / Und ist noch ein kleines buttiges Kind.«[58]) Tiecks Rotkäppchen ist bereits eine jener Kindergestalten, die alsbald die romantische Literatur bevölkern sollten. Das Kind wird darin mehr und mehr zum fremden, unheim-

lichen Wesen, die heile Kinderwelt ist nur der äußere Schein, der
trügt. Immer steht es als Opfer da, doch (und das ist das
Erschreckende) in ihm selber kommt etwas der äußeren Überwältigung entgegen. Wenn Rotkäppchen alle Warnungen kokett in
den Wind schlägt, so tut sie damit auf der Gleichnisebene des
Märchens nichts anderes, als ihren eigenen Liebreiz wirkungssi-
cher zur Schau zu stellen. Der Wolf ist ihr äußeres und ihr inneres Schicksal zugleich, sie erlebt im Innern des Waldes, was Agnes
im Innern von Blaubarts Schloß erfuhr.

»Sie werden hier ein Stück sehen, meine Verehrungswürdigen,
das ein wenig wunderlich aussieht, das es aber von Herzen gut
meint. Es ist nützlich, wenn wir zuweilen des mannigfachen
Elends dieser großen Erde vergessen, oder auch es milder im Spiegel der Torheit anschaun, und dazu dient vielleicht nachfolgen-
des.«[59] Die Sätze spricht der Prologus, und sie stehen ganz am
Schluß des »historische⟨n⟩ Schauspiel⟨s⟩ in fünf Aufzügen« von
1798 ›Die verkehrte Welt‹. Ein kurzes Programm jener Lustspiele
Ludwig Tiecks, in welchen die Märchen und Märchenmotive nun
ausschließlich zu Elementen einer virtuosen Erfindungskunst
werden, deren Hauptabsichten Parodie und Satire, die komische
Verzerrung und der dramatische Narrenspiegel sind. »Ich wollte
Sie durch gegenwärtiges Stück nur vorerst zu noch ausschweifen-
deren Geburten der Phantasie vorbereiten«, erklärt der Dichter
dem Publikum des ›Gestiefelten Katers‹[60]. Zur Gruppe dieser
Märchenstücke gehören auch ›Prinz Zerbino oder die Reise nach
dem guten Geschmack. Gewissermaßen eine Fortsetzung des
gestiefelten Katers‹ (1799) und ›Leben und Thaten des kleinen
Thomas, genannt Däumchen‹ (1811). Das zweiteilige Märchen-
lustspiel ›Fortunat‹ (1816) ist Höhe- und Schlußpunkt dieses
Genres in Tiecks Werk und eigentlich schon darüber hinaus. In
ihnen allen herrscht der Geist des Phantastischen und Humoristischen, ein freies Spiel mit den Gegenständen der Einbildungskraft, eine Verwandlung des Stoffes für alle möglichen Bedeutungen, die ihm ganz willkürlich verliehen werden. Diese Stücke sind
zuallererst Aufklärungssatire und Literaturparodie, »Spielwerk«,
heißt es im ›Zerbino‹[61], doch immer eins, das den »Garten der
Poesie« (wie eine Szenenseite darin überschrieben ist) in polemi-

scher Antithese zu einer platten, prosaischen Wirklichkeit setzt. Diese selber ist Ergebnis einer unfruchtbar gewordenen, in Konventionen erstarrten Kultur, deren kleinbürgerlich-spießige Träger im Parkett des ›Gestiefelten Katers‹ sitzen und sich über die abgeschmackten »Kinderpossen«[62] abwechselnd ennuyieren und erregen: »Ei was, genau genommen sind wir über Fratzen und Aberglauben weg; die Aufklärung hat ihre Früchte getragen, wie sich's gehört.«[63] Dabei erfaßt die Satire alle wichtigen und natürlich den vorherigen Generationen noch so unverzichtbaren Errungenschaften der Zeit. Das manische Bücherlesen und die Vielschreiberei: die Prinzessin (im ›Gestiefelten Kater‹), Karikatur einer wohlerzogenen, empfindelnden Tochter, gesteht: »Bücher machen all mein Glück aus«[64] und fühlt überdies »einen unbegreiflichen Drang ⟨. . .⟩, irgendeine gräßliche Geistergeschichte zu schreiben«[65]; den Erziehungsoptimismus und die pädagogische Mechanik: »Ich muß den Jungen«, sagt Rabe in der ›Verkehrten Welt‹, »doch wohl in die neumodische Schule schicken ⟨. . .⟩. Ich war neulich bei der Prüfung der Kinder zugegen, o teuerste Elisa, als sie so wunderbar mauzten und prauzten ⟨. . .⟩«[66]; das krude materialistische Menschenbild: »Wie ein solcher Mensch inwendig muß beschaffen sein«, wundert sich der König über den sprechenden Kater! »Ob es eine Walze sein mag, die sich umdreht, oder ob es nach Art der Klaviere eingerichtet ist?«[67]; schließlich die Vaterlandsschwärmerei. Skaramuz' Schlachtgesang in der ›Verkehrten Welt‹: »Das Vaterland! das Vaterland! / Daß nur keiner davonläuft! / Ihr kennt doch wohl den Stock? – / Das Vaterland ! das Vaterland! / Frisch in den Feind hinein, / Sonst soll der Stock – / O Vaterland! o Vaterland! / Für dich nur fechten wir: / Du bist der Stock.«[68] Auch die Revolution bleibt nicht verschont, und wenn Kater Hinze »Freiheit und Gleichheit« verkündet, nachdem er den Popanz vernichtet, fügt er gleich hinzu: »Das Gesetz ist aufgefressen!« Worauf es aus dem Publikum jakobinerschnüffelnd tönt: »Halt! Ein Revolutionsstück! Ich wittere Allegorie und Mystik in jedem Wort!«[69]

Es versteht sich, daß besonderer Spott die literarische Aufklärung trifft: Gottsched und die Vertreibung des Hanswurst von der Bühne[70], das klassizistische Drama[71], Kotzebue[72] und das

zum Rührstück verkommene bürgerliche Trauerspiel[73], die
Naturschwärmerei[74] und das Menschheitspathos. »Welche schöne
menschliche Gesinnung!« wird dem Kater nachgerühmt. Dabei
schont Tieck aber auch die selbst kreierte Mode nicht. Vor allem
die ›Verkehrte Welt‹ steckt auch voller Parodien auf die Gemein-
plätze der romantischen Schule. Von der »Sucht zum Exzentri-
schen«[75] bis zum historischen Schauspiel[76] und den patriotischen
Begeisterungen. Wichtigstes Instrument der Ironie und des satirischen Maskenspiels, zugleich das Hauptthema dieser Stücke, ist
aber das Spiel im Spiel, das Theater auf dem Theater und die
spielerische Reflexion der Zuschauerrolle und auf der Bühne
selbst, die bis zum Rollentausch führt: »GRÜNHELM, ein Zuschauer:
Herrlich! herrlich! bei meiner Seele herrlich! Aber, um nicht eins
ins andre zu reden, so möchte ich zur Abwechslung gern einmal
mitspielen ⟨. . .⟩«[77] Derart werden alle Begrenzungen aufgehoben,
alle herkömmlichen Festlegungen verflüssigt, ein Masken- und
Rollenwechseln nach den Einfällen des Humors, dem kein sub-
stantieller Gehalt im Drama selbst mehr entspricht. »Es ist gar zu
toll«, sagt einer der Zuschauer in der ›Verkehrten Welt‹. »Seht,
Leute, wir sitzen hier als Zuschauer und sehn ein Stück; in jenem
Stück sitzen wieder Zuschauer und sehn ein Stück, und in jenem
dritten Stück wird jenen dritten Akteurs wieder ein Stück vorge-
spielt.«[78] In der Tendenz ist die Reihe unendlich, ein Spiegelpro-
zeß, in welchem die Reflexion sich bildlich ausdrückt und der die
nach außen gebrachte Tätigkeit des Verstandes illustriert. In der
anschließend an diese Szene intonierten Zwischen-»Musik« heißt
es (und hier kehrt das Zwiebelgleichnis aus dem ›Ritter Blaubart‹
verwandelt wieder): »Ja der Verstand, wenn er sich recht auf den
Grund kommen will, wenn er sein eigenes Wesen bis ins Innerste
erforscht, und sich nun selbst beobachtet und beobachtend vor
sich liegen hat, sagt: darin ist kein Verstand.«[79] Hier haben wir
den eigentlichen komischen Widerspruch: daß der Verstand, bei
dem Versuch, sich selbst zu erkennen, in die Unendlichkeit, in die
Verirrung eines Labyrinths gerät und das Begrenzte, die Subjektivität als das eigentlich Unermeßliche sich herausstellt. Reflexion,
welche die ganze romantische Kunst begleitet, hat daher kein
festes, selbstbestimmtes Objekt zum Gegenstand, sondern ist

immer Selbstreflexion bei Gelegenheit eines Gegenstandes, der in
eine Reihe von Prozessen aufgelöst wird. Trotz aller Naturschwärmerei bevorzugen die Schriftsteller für diese künstlerische
Prozedur den Artefakt, das bereits hergestellte, geformte, reflektierte Phänomen der Kultur. Nicht imitatio naturae oder die
Nachahmung der Alten, um über diesen Umweg zu einer substantiellen Erfahrung der Natur zu gelangen, sondern die Mimesis von Kunstwerken selber (auch in diesem Sinne als das Theater
auf dem Theater) steht im Mittelpunkt, ob es sich um Märchen
und Volksbücher oder (das Stück im Stück im Stück) um bereits
vorliegende Bearbeitungen solcher Stoffe wie Gozzis ›Liebe zu
den drei Pomeranzen‹ handelt, die Tieck seinem ›Zerbino‹
zugrunde legte.

Auch der ›Fortunat‹ geht auf einen eigentlich schon doppelt
gespiegelten Vorwurf zurück, denn das Volksbuch, nach dem er
geschrieben wurde, stellt ja schon die epische Entfaltung eines
Märchens dar, das in manchen Versionen verbreitet war. Ihr Kern
ist allemal die Geschichte des armen oder verarmten Wanderbur-
schen, der durch die Gunst des Zufalls an ein Glückssäckel und
ein Wunschhütlein kommt und damit nun seine Wohlfahrt
macht. Doch mehr als in den anderen Stücken handelt es sich
hier nicht mehr darum, Kunstfertigkeit und phantastische Laune
in bizarrer Manier zur Schau zu stellen. Das Märchenstück ist
Gleichnis einer für sich selbst substantiellen Handlung, die im
Medium der dramatischen Form erzählt wird: auf theatralische
Verwirklichung ist wohl weniger denn je gerechnet. Dem Autor
kann man nur zustimmen, wenn er (im Brief an den Freund Solger) sein Märchendrama »für das gewagteste, was ich bisher
gemacht habe, das grellste Bild« erklärt.[80] Auf der anderen Seite
hofft er auch, nicht wieder in den abenteuerlichen und jugendlichen Ton verfallen zu sein, den ihm seine »Nachahmer zu verhaßt
gemacht haben.«[81] Was wohl auch der Grund dafür ist, warum er
in anderem Zusammenhang den zweiten Teil des Buchs, der das
Gleichnis von der menschlichen Verführbarkeit bis zum unheilvollen Ende führt, über den ersten stellt und betont: »Spaß verstehen an der wahren Lust, Lust haben, ist auch eine Kunst ⟨. . .⟩«[82]

Fortunat, ein romantischer Taugenichts, wie er im Buche steht, begegnet auf einem Tiefpunkt seiner bislang schon wechselreichen Laufbahn der Glücksfee, die ihm (er hat mehrere Wünsche frei:»Gesundheit, Weisheit, langes Leben, Schönheit auch; / Verlangst du lieber Herrschermacht, des Goldes Kraft / ⟨. . .⟩«[83]) das Goldsäckel, das nie leer wird, schenkt. Die Märchenattrappen treten nun in den Hintergrund, und die Frage: Was wird er damit machen? regiert alles Geschehen, das auch weiterhin in der ständigen Wiederholung von Glückswechseln besteht: Sturz und Rettung, Leid und Freude kehren, dem Modell des Fortuna-Rades entsprechend, im steten Wechsel wieder. Eine Glücksrad-Dramaturgie des Lebens selber wird bedeutet, die den Helden nicht unberührt läßt. So unrealistisch die Glücksfälle selber sind, so märchenhaft Konstantinopel und London als Schauplätze geschildert werden, die Kunstwelt ist ein Gleichnis, das ganz nahe an der Wirklichkeit liegt und sie meint. Nicht ohne Grund wird im Stück selber die Parallele zum Faust-Stoff gezogen (»Fortuna ist Faustus gleichbedeutend«, sagt der Richter zwar ironisch, aber hintersinnig[84]). Das Wechselbad von Glück und Unglück erscheint als Initiationsszenarium, am Ende hat sich der Taugenichts die Hörner abgestoßen, kehrt in die Heimat zurück, legt sein Geld gut an, heiratet und zeugt Kinder. Im zweiten Teil tritt das Märchenhafte noch deutlicher in seiner Funktion als Rahmen eines ganz konkret gemeinten Gedankenspiels hervor. Zum Glückssäckel tritt das Zauberhütchen, das im Augenblick an jeden gewünschten Ort entführt. Wie er ihn erworben hat, erzählt Fortunat seinen beiden Söhnen auf dem Sterbebett, wir erleben das Abenteuer selber gar nicht mit, und das ist signifikant. Wie werden nun die Erben mit den Zauberdingen umzugehen lernen, ist die neue alte Frage. In den Händen Andalosias entpuppen sich die Wunderdinge als Unheilsbüchsen, Ampedo kann ihren Mißbrauch nicht verhindern, der eine wird ermordet, der andere stirbt und wirft den Zauberhut ins Feuer. Im allegorischen Prologspiel, das die von einigen gescheiterten Existenzen angeklagte Fortuna zeigt, fällt auch schon das entscheidende Wort über diese beiden unwürdigen Erben: »Hätte er mit Weisheit meine Gunst gebraucht ⟨. . .⟩, so glänzte er noch mit meinen Gaben, und meine freigebige Güte umkleidete ihn noch.«[85]

Tiecks Märchenspiele stehen am Anfang dieser dramatischen Gattung in der deutschen Literatur und bringen es bereits zu einer Meisterschaft, die später selten mehr erreicht und allenfalls, denken wir an Ferdinand Raimund oder Johann Nestroy, an theatralischer Einrichtung und Wirksamkeit noch übertroffen wurde. Ob Sophie Bernardi, Tiecks Schwester, in ihren ›Dramatischen Phantasien‹ (1804) das Genre gewissermaßen biedermeierlich entspannt und verharmlost, ob Fouqué es mit Elementen der Ritterschauspiele (›Dramatische Spiele von Pellegrin‹, 1804) versetzt oder, es abermals kolportierend, die bekannten Motive schnellfertig zu einem recht grob geschnitzten poetischen Bilderbogen von der Entführung einer Königstochter ins unterirdische Zwergenreich verknüpft (›Die Zwerge‹, 1805) oder ob Adelbert von Chamisso sich an einem Fortunat (›Fortunati Glückssäckel und Wunschhütlein‹, 1806 ff.) versucht, sie bleiben alle im Schatten des Vorbilds, der mit seiner virtuosen ars combinatoria (in seinem ›Däumchen‹ von 1811 verschlägt es den Titelhelden, den kleinen Thomas, sogar an den Artushof, wo er dem König mit seinen Siebenmeilenstiefeln allerlei gute Dienste verrichten kann: »ARTUS. Ha, dieses Wunder giebt höchst seltnen Stoff / Zu hohem Heldenlied den künftgen Zeiten. – / Schon wieder da, Du schneller Wandersmann?«[86]), mit den Kreuz-und-quer-Zügen seines ausgelassenen Humors, der Täuschungskunst und dem Anspielungsreichtum alle anderen übertrifft. Tiecks Märchenspiele, mehr noch als seine Romane und Gedichte, gelten uns heute als vollkommene Zeugnisse einer manieristischen Kunstabsicht, in der Intellekt und Spiel, Logik und Traum, Einbildungen und Rätselfiguren verschmelzen. Sie verlangen auch ein anderes Publikum, »das nicht in der Illusion begriffen ist, sondern sich außerhalb derselben befindet; kühl, vernünftig, bei sich, vom Wahnsinn der Kunst unberührt.«[87] Das sagt zwar der Hanswurst, doch der Logik der verkehrten Theaterwelt gemäß, die auch im ›Gestiefelten Kater‹ schon herrscht, dürfen wir diese Forderung für bare Münze nehmen. Sie gilt auch für ein Lustspiel, das den satirischen Märchenstücken Tiecks, vielleicht als einziges, vergleichbares Drama, gewiß ebenbürtig ist: für Brentanos ›Ponce de Leon‹, im Sommer 1801, angeregt von einer ›Dramatischen Preisauf-

gabe‹ Goethes und Schillers, entstanden und 1803/04 im Buch
erschienen. Vorlage war kein Märchen, sondern eine französische
Erzählung, ›Don Gabriel Ponce de Leon‹ der Madame d'Aulnoy,
doch für die dramatische Manier, in der Brentano den Stoff
bearbeitete, standen, wie für Tieck, vor allem Gozzi, den er seit
seiner Jugend liebte, und Shakespeares ›Sommernachtstraum‹
Pate. Die Handlung dieser Masken- und Degenkomödie im spanischen Kostüm gleicht der Technik Tiecks von den wiederholten
Spiegelungen, nur daß sie sie hier nicht als solche eines buchstäblich genommenen Stücks im Stück präsentiert, sondern als ein
Rollen- und Verwandlungsspiel, so daß unter der einen Maske
bereits die nächste hervorlugt und man nie sicher sein kann, nun
der wahren Person darunter ansichtig zu werden. »Es ist ein allgemeiner Mangel an Charakter in Sevilla«, sagte Aquilar zu seinem
Freund. »Aber nicht an Masken«, antwortet ihm Ponce.[88] Das ist
ebenso doppeldeutig gemeint wie der ganze Maskenball, auf dem
Don Sarmiento die Fäden seiner Erziehungsintrige knüpft. Er selber ist als »Automate« verkleidet, und die verwickelte Intrige hat
etwas von einem kunstreichen, doch eigentlich seelenlosen
Mechanismus, der die Menschen zu Marionetten macht, einem
fremden Willen unterworfen, einer Versuchsanordnung, die nur
das Ziel hat, sie kennenzulernen, zu bestimmten Handlungen zu
bewegen und ihre Entwicklung in einer bestimmten Richtung zu
fördern: »Ich will sie probieren und in der Eile wissen, was ich an
ihnen habe, da ich sie so lange vermißte, daß ich nicht viel Zeit
verlieren mag, sie kennen zu lernen.« Als er hört, daß sein Sohn
Felix ein Mädchen liebt, das schön, reich und liebenswürdig
zugleich ist, sich aber mit Serenaden und allerlei Schwärmereien
von weitem begnügt, fügt er hinzu: »Pfui – das ist dumm – der
Junge hat keinen Mut – aber ich habe schon gesorgt, das wird
anders werden.«[89] Daß Sarmientos Regietheater zu erzieherischen
Zwecken am Ende gut ausgeht und alle einander bestimmten
Paare sich finden, ist ein bewußt ganz unwahrscheinliches
Happy-End. Theatralisches Ereignis und gattungskonform, doch
im Kontext einer durchgehenden Ironie zweideutig. Gemeint ist
etwas ganz anderes, und der glückliche Ausgang erscheint als die
Ausnahme der Kunst, welcher die Regel des Lebens antagoni-

stisch gegenübersteht. Wie in Kleists Lustspielen droht auch in
Brentanos Komödie dauernd der Absturz, der Umschlag in die
Tragödie, das Unglück. Denn das Maskenspiel macht unkenntlich, Freund und Feind sind nicht mehr zu unterscheiden (so hält
Felix seine Freunde Ponce und Aquilar, die als Pilger verkleidet ins
streng bewachte Schloß seiner Schwestern Einlaß gefunden
haben, für Ehrenräuber und erkennt erst im letzten Moment seinen Irrtum), und auf den glücklichen Zufall kann nicht verzichtet werden – allein, wer darf auf ihn rechnen, außerhalb der hei-
teren Kunst?

Durch das turbulente Verwechslungsspiel zieht wie ein heimlicher Antipode Don Gabriel Ponce de Leon, wohl wissend, daß
dies alles ein flatterhafter Schein ist, von dem man sich nicht täuschen lassen darf. Ein »wunderlicher, wetterwendischer Kerl, der
alle Leute unterhält und immer lange Weile hat«, nennt ihn Vale-
rio, »witzig und verlegen, hart und wohltätig, geht immer wie ein
Verliebter herum, hat alle Weiber nach der Reihe in sich vernarrt,
und quält sie mit Kälte«[90]. Dem Idealbild der Frau, das ihm vor-
schwebt, gleicht kein lebendes Exemplar, sie ist, auch wenn er es
in sich trägt, ein Fernidol, zu dem er niemals gelangen kann, und
es ist ein besonders hübscher Einfall, daß er auf dem Maskenball
das Bild einer schönen Unbekannten (die traditionelle Attrappe
des Fernidols, mit dem sie, vorzugsweise in Märchen und Oper –
»dies Bildnis ist bezaubernd schön« –, die fernen Männer bezaubert) mit dieser, seiner geheimen Sehnsucht identifizieren kann:
»Der Gedanke, der Ruf, das Bild eines Weibes, diese fernen Strahlen ihrer Sonne können mich allein erwärmen und stärken, der
Sonne nach und nach entgegenzugehen.«[91] Die Liebe bleibt auf
ein Wunschbild bezogen, das ferne liegt und nur als solches zu
fesseln vermag: als Projektionsfläche des eigenen Ich. Im undeutlichen Leben bleibt es bei dem Abstand, vor dem Fernidol wird
alle Wirklichkeit zuschanden, und jede scheinbare Erfüllung provoziert nur die Melancholie aus der Erfahrung ewiger Nichtüber-
einstimmung. Das ist der Ausgangspunkt eines utopischen
Traumspiels inmitten der Intrigenkomödie. Ponce begegnet der
Entelechie jener Imago in Isidora, Felix' Schwester, in ihr fallen
Fern- und Nahbild zusammen, und die Faszination des Idols wird

zur Aura der Frau ihm gegenüber. »Und wenn sie vor dich tritt, so bricht der ganze schöne Traum zusammen, du warst im Traum ein Held, und nun, da du sie siehst, bist du so arm und wünschest, ein Bettler nur zu sein, damit sie gerührt sich zu dir wende und dir einen Pfennig gebe ⟨...⟩, so schön, so ohne Anspruch, wie der Engel giebt, so hast du einen Schatz gesammelt, und bauest einen Tempel auf, gehst still vor ihr hinein, und betest, denn auf dem Altar steht ihr Bild, und bist du dann recht fromm, so recht ergeben, so steigt sie vom Altare zu dir nieder, und hat dir alles hingegeben – in ihren Armen liegst du, der Tempel, den du dir aus ihren Reizen aufgebaut, erscheint dir wie ⟨die⟩ Welt – die Welt ist schön, Fernand, wenn sie die Liebe neu erschafft.«[92] In begeisterter Rede schildert Ponce, was ihm geschah, und gerade das Zurücktreten des eigenen Ich, das im Fernbild vorherrschend mitgemeint war, ist die Bedingung dafür, daß es sein Versprechen in der Nähe einlöst. Neben dem ›Käthchen von Heilbronn‹ ist Brentanos Lustspiel (an das Büchners ›Leonce und Lena‹ anknüpfen wird) der vollkommenste Ausdruck jener romantischen Liebesauffassung, die nichts mit dem Klischee zu tun hat, das daraus geworden ist. Sie bedeutet zuletzt Aufhebung der Entfremdung, die mit dem Fernidol, der Entäußerung des eigenen Ich und seiner Illusionen bedeutet war, und die versöhnte Rückkehr zu sich selbst. Derart gibt Ponce das Bewußtsein seiner selbst, das ihn maßlos beherrschte, auf, um sich in Isodora zu vergessen und in diesem Vergessen sich selbst und die Welt wiederzufinden. So soll es sein! Die romantischen Lebensläufe, vorab derjenige Brentanos, lehren die Machtlosigkeit dieses Imperativs; es bleibt die Erfahrung, daß die Imagobildung der Kunst zuletzt nur Fernidole erzeugt, aber solche, die fortglänzen und als Hoffnung weiterleben, welche noch von keiner Wirklichkeit eingeholt werden konnte.

IV. Rührstücke: Kotzebue, Iffland

1. *Die Vermenschlichung bürgerlicher Tugenden*

»Unser Theater befindet sich gegenwärtig bezüglich der Stücke in einem embarras de richesse, indem uns alle Manuskripte des Herrn Geheimrats v. Goethe, Herrn von Kotzebues und Herrn Ifflands zugehen. Außerdem gibt uns Herr Hofrat Schiller seine Originalstücke und Übersetzungen zur erstmaligen Aufführung ⟨. . .⟩«[1] Der Weimarer Hoftheater-Sekretär Kirms hatte mit seiner Einschätzung ganz recht, wobei man allenfalls hinzufügen muß, daß Goethe und Schiller mit ihren beiden Konkurrenten weder in der Produktivität noch im Erfolg wirklich mithalten konnten; und das galt natürlich nicht nur für das Theater in Weimar, wo sie zudem die größten Heimvorteile genossen. Rührstück und bürgerliches Trauerspiel, deren Grenzen gegeneinander kaum genau zu bestimmen sind, beherrschten seit den achtziger Jahren die deutschen Bühnen allerorten, Iffland, Kotzebue, Schröder waren die meistgenannten Namen, der erfolgreichste Dramatiker von ihnen war zweifellos der so vielgelobte wie vielgeschmähte »Thränenschleusen-Director«, wie Kotzebue von einem zeitgenössischen Kritiker genannt wurde.[2] Goethe, der ihn ein »vorzügliches, aber schluderhaftes Talent«[3] nannte, »in seinem Wesen eine gewisse Nullität«[4] feststellte und seinen Produkten abwechselnd ein gewisses Talent (»Ich las Kotzebues Indianer in England und bedachte das Talent dieses merkwürdigen Mannes.«[5]) attestierte und sie dann wieder als »Niederträchtiges Zeug«[6] beschimpfte – Goethe, der, übrigens auch wie Schiller, alles in allem genommen gerade im ambivalenten Urteil seinem Gegenstand so ziemlich gerecht wurde, hat als Theaterdirektor selber 87 Stücke des Erfolgsautors aufführen lassen, Iffland steuerte demgegenüber vergleichsweise wenig (31 Stücke) zum Spielplan bei: Das Publikum, ob aus Adel, Groß- oder Kleinbürgertum stammend, verlangte solche Unterhaltung und hat den produktiven Autor für Jahrzehnte zum meistgespielten deutschen Dramatiker gemacht.

Er traf die Bedürfnisse seiner Zuschauer genau, die geistigen wie vor allem die emotionalen. Dabei war seine politische Haltung, die schließlich zu seiner Ermordung durch den fanatisierten Studenten Sand führen sollte, für seine enorme Wirkung gewiß wenig belangvoll. »Ich bin kein Freund der französischen Revolution. Die Raisonnements unserer Aufklärer mögen in thesi wahr seyn; daß sie aber alle in der Ausübung nichts taugen, lehrt uns die neueste Mordgeschichte von Frankreich. Ströme von Blut sind geflossen, Millionen von Menschen sind unglücklich geworden; glücklicher keiner. Wenn man den Kindern Messer in die Hände giebt, so schneiden sie sich damit. Der Streit über Regierungsformen ist ein Streit um Bohnen. Auf das Ruder kömmt es nicht an, sondern auf den Steuermann.«[7] Diese Einschätzung der französischen Zustände war in den neunziger Jahren nichts Ungewöhnliches, das Gegenteil war die Ausnahme, und die sowieso nicht große Anhängerschar der Revolution in Deutschland schrumpfte nach der Hinrichtung des Königs noch mehr. An der bürgerlichen Gesinnung Kotzebues kann dennoch kein Zweifel bestehen. Ebenso wie Iffland (»Jedoch, vom Einfluß des Schauspiels auf die Sitten so sehr überzeugt, bin ich ängstlich gewissenhaft über Empfindungen, welche ich einflöße, Grundsätze und Richtungen, welche ich veranlasse.«[8]) gehört er zu den Schriftstellern, die die bürgerliche Lebensweise, Gefühlsart, das ganze kulturelle Gepräge der Mittelschichten geprägt, durchgesetzt, verfestigt und die höfische Gesellschaft damit von innen her, von ihrer Moral und Gesinnung, überwältigt haben. Ein unaufhaltsamer, aber gezielter Prozeß der Verbürgerlichung, der zwar zunächst keine politische Macht eintrug und ohne den allzeit drohenden Hintergrund der großen Revolution nicht möglich gewesen wäre, aber schließlich nachhaltiger gewirkt hat als sie selber. Dabei darf man sich von den Vorwürfen nicht irre machen lassen, die Kotzebues Unmoral betrafen, ihm »sittliche Freigeisterei« (A. W. Schlegel)[9] oder den Franzosen gleiche »Schamlosigkeit« (Z. Werner)[10] vorhielten. Gerade die romantische Schule tat sich auf diesem Felde wie schon in ihren, für seinen Nachruhm so verhängnisvollen Feldzügen gegen den großen Christoph Martin Wieland unrühmlich hervor. Goethe hatte auch diesmal wieder den schärferen Blick, wenn er rückblickend resümiert: »Iffland und Kotzebue blühten in ihrer besten Zeit, ihre Stücke, natürlich und faßlich, die einen gegen ein bürgerlich redtliches Behagen, die anderen gegen eine lockere Sittenfreiheit hingewendet; beide Gesinnungen waren dem Tage gemäß und erhielten freudige Teilnahme, mehrere, noch als Manuskript ergötzten durch den lebendigen Duft des Augenblicks, den sie mit sich brachten.«[11] Längst war ja das bürgerliche Tugendsystem zu einer Zwangsjacke geworden, seine rigorose Starrheit, für die Frühgeschichte der bürgerlichen Gesellschaft als Abgrenzungsmaßnahme und um eigenes Selbstbewußtsein zu entwickeln, sicher von hoher Bedeutung, schlug nach innen und wurde zu einem Disziplinierungsinstrument, das Freiheit und Leben zu ersticken drohte. Die bürgerlichen Trauerspiele von Lessing bis Schiller sind ja nicht nur bürgerliche Propagandastücke gegen die Übergriffe des Hofes, seine Zucht- und Sittenlosigkeit, sondern zeigen, vor allem in den unbeugsamen, innerlich erstarrten Vaterfiguren, ob des alten Galotti oder des Musikus Miller, auch die unmenschlichen Auswirkungen bürgerlicher Moral. Von Lenz bis Büchner werden dann gerade sie sogar zum bevorzugten Gegenstand der Schaubühne. Kotzebue hat gewiß zu einer moderaten Auflockerung der Moral, zur Aufweichung rigoroser Tugendforderungen und zur Freizügigkeit der Sitten beigetragen, damit befreiend auf das gesellschaftliche Gepräge der Mittelschichten gewirkt.

Wie sehr er dabei aber Grenzen wahrte, mag an dem ein oder anderen Beispiel verdeutlicht werden. ›Menschenhaß und Reue‹, 1788 geschrieben, am 3. Juni 1789 im königlichen Schauspielhaus Berlin uraufgeführt, hat Kotzebues Ruhm begründet. Die Fabel ist schnell erzählt: Von einem falschen Freund verführt, hat Eulalia von Meinau ihren Mann und die Kinder verlassen, sie bereut, glaubt aber nicht zurückkehren zu können, um dem Gatten die Schande zu ersparen. Nach einigen Wechselfällen treffen sich die Eheleute wieder (als Misanthrop hatte sich der Baron von Meinau unerkannt und unwissend in ihrer unmittelbaren Nähe in die Einsamkeit zurückgezogen), bekennen sich ihre Liebe, vermögen aber erst durch die rührende Intervention der Kinder die konventionellen Schranken zu überwinden und wieder zusammenzufinden. Die Botschaft ist klar, doch tut der Autor alles, um Eulalia nun nicht in dem gewöhnlichen Ruf einer gefallenen Frau zu belassen, die noch dazu die gesellschaftlichen Folgen nicht tragen muß. Er schildert sie als erschütterte, innerlich von Reue umhergetriebene, bußfertige Frau (»Ich hatte einst Stärke genug zu sündigen; Gott wird mir heute Kraft verleihen zu büßen.«[12]), die an ihren Nächsten nur Gutes tut, jeden Pfennig den Armen gibt, die Einsamkeit sucht, jede Zerstreuung flieht, unsagbar leidet und doch zum Verzicht bereit ist; die Katastrophe ihres Lebens ist eigentlich exterritorial zu diesem Tugendideal, einer unbegreiflichen Verwirrung der Sinne, einer Art Wahnsinn nur zuzuschreiben. In einem anderen Schauspiel, ›Das Kind der Liebe‹ (1790), heiratet der adlige Verführer die Bauerntochter Wilhelmine, nachdem er sie zunächst für Jahre im Elend verlassen, und legitimiert den gemeinsamen Sohn als Erben seiner Güter. Reue, Gewissenskonflikte, Bußbereitschaft und Selbstüberwindung fallen hier dem Manne als dem eigentlichen moralisch Schuldigen zu. Noch ein drittes Beispiel für viele: ›Bruder Moritz, der Sonderling oder die Kolonie für die Pelew-Inseln‹ (1791). Graf Moritz, verarmt, doch als Kaufmann zu neuem Reichtum gelangt, demonstriert Freisinn und Liberalität gleich in Serie: er veranlaßt eine seiner beiden Schwestern, seinen arabischen Diener und Freund Omar (der freilich Sohn eines Scheichs ist), die andere Schwester, den redlichen, unvermögenden Assessor zu heiraten, und verbindet sich schließlich zum Höhepunkt selber mit dem – Kammermädchen Marie, die noch dazu einen unehelichen Sohn mit in die Ehe bringt. »Hört Kinder!« verkündet er kurz vor Dramenschluß, »ich habe einen Entwurf euch mitzuteilen. Wir müssen alle, wie wir da stehen, nur eine Familie ausmachen. Ein Häuflein gute Menschen, die abgesondert von dem kultivierten Unwesen das Feld mit eignen Händen bauen, die Früchte unsers Fleißes ernten, ungeneckt von den Gewaltigen im Lande, von niemanden beneidet, als von den Engeln – eine solche Freistatt bietet uns ein Fleckchen Erde mitten im Ozean, das zu arm ist, um die Habsucht der Menschen zu reizen. Ein Engländer Wilson hat die Pelewinsel entdeckt, dort wohnen gute, unverdorbene Geschöpfe.«[13]

2. Utopie und Familie

Kotzebue hat das populäre Motiv eines exotisch-arkadischen Freiraumes jenseits der Grenzen der alten Zivilisation mehrfach aufgegriffen, in mehr kritischer Absicht (›La Peyrouse‹, 1795; oder ›Die Sonnen-Jungfrau‹, 1791) oder wie hier als Entlastungs-Raum und Rahmen für die Lösung gesellschaftlicher Konflikte, die unter den herrschenden Konventionen sonst nicht vorstellbar schien. Ein kritisches Element liegt auch in dieser Verwendung: die natürliche, unverdorbene, noch in einer Art paradiesischem Urzustande vor dem Sündenfall verbliebene Welt wird polemisch gegen die Kultursphäre gesetzt. In dieser weit ins 18. Jahrhundert zurückreichenden Lieblingsvorstellung der Zeit fließen natürlich viele Quellen zusammen: Rousseauismus und geographische Uto-pie, Wunschtraum und Reiseliteratur. Auf diese Weise zieht sich dann auch der Baron von Meinau mit seiner Eulalia zurück – wie der Major ganz richtig vorhersah: »Die Welt? Nun, die muß er fliehen; der muß er auf immer entsagen. Eulalia gewährt zehn-fachen Ersatz für sie.«[14] In dem die Handlung fortsetzenden Ein-akter ›Die edle Lüge‹ (1792) finden wir das glückliche Ehepaar (auch wenn Eulalia nach wie vor an dem »ewige⟨n⟩ Stachel« in ihrem Herzen leidet[15]) auf der »Insel Meinau im Constanzer See«[16]. Hinter solchen Sujets steht einer der beliebtesten Lese-stoffe des 19. Jahrhunderts, in zahlreichen Robinsonaden ausge-führt, von dort aber auch, man denke an den Schluß von ›Wil-helm Meisters Wanderjahren‹, in die höchsten Etagen der Literatur gelangt. Kotzebue, der unter anderem ›Robinson Cru-soe‹ und die ›Insel Felsenburg‹ zur ersten Lektüre hatte, sagte es ausdrücklich: wenn »der Himmel mir meinen brennendsten Wunsch gewährt, so wirft er mich in einem lecken Schiffe einst auf eine Klippe, und läßt mir nichts als ein Wrack, um mir aus den Trümmern eine Hütte zu bauen«[17]. In Schnabels ›Insel Felsen-burg‹ stand früh schon das Gedankenmodell zur Verfügung, das Kotzebue und viele andere faszinierte (so auch Tieck, der eine überarbeitete Fassung des Romans 1828 herausgab), nämlich das patriarchalisch-familiär gestaltete Gemeinwesen in einem exoti-schen Asyl, meist einer Insel, weit ab von Europa. Eine Utopie, in

der sich zwei Versöhnungsfiguren des bürgerlichen Denkens im
18. Jahrhundert begegnen. Das geographische Wunschbild und
das Familientableau. Auch dieses hat inzwischen schon eine lange
Geschichte und geht zurück auf das vielleicht wirkungsmächtigste Drama der europäischen Aufklärung: ›Le père de famille‹ von
Diderot (1758), das Lessing schon zwei Jahre nach seinem ersten
Erscheinen unter dem Titel ›Der Hausvater‹ ins Deutsche übersetzt hatte. Diese ernsthafte Komödie – so nannte Diderot sein
Drama – sollte nicht nur Vorbild des bürgerlichen Trauerspiels
und des Rührstücks werden, sondern darüber hinaus für das
europäische, zumal das deutsche Bürgertum zum Lehrstück seines sozialen und moralischen Selbstverständnisses. Ein Vater ver-
wehrt seinem Sohn die Heirat mit dem geliebten Mädchen aus
Sorge vor einer Mesalliance, der Sohn wird ungehorsam, doch
bevor es zu einer Familienkatastrophe kommen kann, entpuppt
sich das Mädchen als standesgemäße und begüterte Partie, und
das Schlußtableau des Dramas glänzt als Apotheose der wiederhergestellten Familienordnung mit dem Vater in der Mitte. Wieder und wieder ist diese Geschichte kolportiert worden, von
Gemmingen (›Deutscher Hausvater‹, 1780), Schröder (›Der Vet-
ter in Lissabon‹, 1786), Brandes (›Der Landesvater‹, 1790/91)
und natürlich, mit manchen Zutaten und Nebenkonflikten auf-
geputzt, auch von Kotzebue: ›Der Brief aus Cadix‹ (1813), ›Das
Schreibepult oder die Gefahren der Jugend‹ (1800), ›Die silberne
Hochzeit‹ (1799) oder ›Die Stricknadeln‹ (1805), um nur einige
zu nennen. In Ifflands Stücken gewinnt das Sujet sogar wieder
etwas von seinem moralischen Ernst zurück, weil sie noch direkter die Tradition des bürgerlichen Trauerspiels mit seinem antihö-
fischen Affekt fortführen. Die Figur des intriganten adligen Ver-
führers (›Die Mündel‹, 1785) gehört für diesen Schriftsteller
ebenso zum stehenden Personal wie die gefährdete Tochter, die
sozial ehrgeizige, doch eben dadurch Unheil heraufbeschwörende
Mutter (›Verbrechen aus Ehrsucht‹, 1787) und natürlich der
Hausvater, der zwar einmal selber Fehler machen kann, aber
sonst gemeinhin die anerkannte, Harmonie wiederherstellende
Autoritätsinstanz darstellt. Wendet sich der Oberförster zum
guten Schluß (›Die Jäger‹, 1785) an die Seinen mit den Worten:

»Anton stütze deine Mutter – Friederike – nimm deinen Mann gefangen – Herr Pastor – führen Sie uns zum gesegneten Eingange in die Hütte des Friedens. Herr Schulze – komm er mit zum großen Dankfeste, welches Er bereitet hat. Und wer Freude hat an unserm Glücke – Ihr Alle, die ihr Gott dankt mit Wasser im Auge – kommt in acht Tagen auf das Hochzeitsfest der jungen Leute; dann wollen wir sagen und singen: Zwanzig Jahr wie heute!«[18]

Das ist nicht nur in den Bühnenraum gesprochen, sondern auch von ihm herab ins Publikum, schließt es zu einer großen Familie in der Gemeinsamkeit des Gefühls zusammen. Daß solche Ordnung nicht ohne Unterordnung zustande kommt, hat vorher die Handlung zumeist demonstriert. Der Gehorsam, den alle diese Hausväter im deutschen Rührstück verlangen, ist allerdings nicht blind, sondern Folge ihrer eigenen Einsicht und praktischen Vernunft (»– Wilhelm – meine Brüder – meine Schwestern – in diesem feierlichen Augenblicke gebt mir das Gelübde, daß Ihr den Armen – der sich verging – vor dessen Reue die Welt mit Spott und Kälte zurück tritt – daß Ihr ihm helfen wollt, den Weg der Ruhe, der Tugend, der stillen Freude wieder zu betreten, wie mich mein Vater leitete!«[19]). Auch wenn die Probe schwerfiel (»Die Kur war etwas hart – aber auch ein böser Schaden«, sagt der Oberkommissär im ›Verbrechen aus Ehrsucht‹ erläuternd[20]), siegt doch zuletzt die Vernunft, die rät, sich der Lebenserfahrung des Vaters oder des väterlichen Stellvertreters anzuvertrauen. Unterordnung unter die gütige Herrschaft erscheint zuletzt als Vergnügen, und jeder ist glücklich zu schätzen, der sich der Obhut und Fürsorge des Vaters erfreut.

Derart wurde die Schaubühne abermals – aber nun in einem anderen Sinne als vom jungen Schiller einst proklamiert – zur moralischen Anstalt und zugleich – bedenkt man, daß im Hausvater auch stets der Landesvater angesprochen war – ein nationales Erziehungsinstitut für gute bürgerliche Untertanen. Das Rührstück à la Iffland und Kotzebue weckt und pflegt den bürgerlichen Sinn für häusliche Freuden, preist das Familienband. Ganz realistisch propagiert es die Familie als den wichtigsten Ort, wo die Bereitschaft zu Solidarität und Unterordnung gestiftet, das Programm der Gesellschaft, ihre Einstellungs-, Meinungs- und Urteilsformen an die jeweilig neue Generation weitergegeben werden. Sagt der Oberkommissär zum Sohne Ruhberg in Ifflands Drama: »Unglück mag ihn bessern! Ehre Er eine edle Freiheit, bleibe Er bei seines Gleichen – sey Er redlich, gut und froh – und wenn ich schon lange vermodert bin – sage Er seinen Kindern, daß sie es auch so machen – und, wenn es Ihm dann nach geändertem Wandel gut geht, so trinkt ein Glas deutschen Weins zum Andenken des alten Oberkommissärs.«[21] Dem Sohn kommt in allen diesen Stücken, auch das der Realität entsprechend, eine besondere Rolle zu, soll er doch direkt für die Kontinuität der patriarchalischen Familientradition sorgen.

Vergessen wir aber nicht: die ideologische Zwecksetzung garantiert noch lange nicht die Wirkung von Literatur, und die Rührstücke Kotzebues wurden nicht deswegen zu dramatischen Bestsellern, weil sie dem Geist der Zeit so besonders konform gingen. Ja gerade Kotzebue liefert ein gutes Beispiel, wie man den Zeitgenossen auch unangenehme Wahrheiten konsumierbar machen kann, wenn nur die Form, in der das geschieht, die nötigen Gratifikationen bietet. Dafür sind nicht nur die Vorstöße für eine etwas freiere Sexualmoral beispielhaft (also etwa die Vorstellung einer Ehe zu dritt nach dem alten Vorbild des Grafen von Gleichen, die Kotzebue in ›La Peyrouse‹ als Möglichkeit aufscheinen läßt), sondern auch die satirischen Tendenzen in seinen Stücken, vor allem in dem Lustspiel, das am längsten und bis in unser Jahrhundert zum Repertoire der Bühne gehörte: ›Die deutschen Kleinstädter‹ (1803). Das Handlungsgerüst bildet auch diesmal eine Liebesgeschichte mit ihren Hindernissen (bevor Karl Olmers seine Sabine, die Tochter des Bürgermeisters von Krähwinkel, heiraten kann, sind allerlei Hindernisse zu überwinden), allein, sie ist dem Autor diesmal vor allem Anlaß, seine Spießbürgersatire zu entfalten, die Enge und Muffigkeit der Provinz zu verspotten, allerlei literarische Parodien anzubringen (der Dichter Sperling erscheint als Karikatur A. W. Schlegels) und das Porträt kleinbürgerlichen Unwesens mit seiner bigotten Moral und Klatschsucht, seiner intellektuellen Beschränktheit und Grausamkeit vor Augen zu führen. Der Erfolg legte seinem Autor die

Fortsetzung des Stücks nahe, die unter dem Titel ›Carolus Magnus‹ (1806) erschien, nach einem historischen Drama des Krähwinkler Dichters Sperling fingiert, das als Spiel im Spiel für zusätzliche komische Effekte sorgt.

3. Affekterregung

Sind es in diesen Stücken Parodie, Witz und komische Unterhaltung, mit denen Kotzebue seine Karikaturen den Karikierten schmackhaft macht, so wirken die meisten seiner anderen Stücke durch ein anderes Medium: die Emotionalisierung aller Gegenstände und Figuren; es hat der ganzen Gattung den Namen gegeben und findet sich ebenso natürlich bei Schröder und Iffland, wenngleich bei ihnen oft schwerfälliger und daher penetranter. – Differenzen, die allerdings aus heutiger Sicht wenig ins Gewicht fallen, aber doch den unterschiedlichen Erfolg begründeten. Das Rührstück hat viele Wurzeln, in der comédie larmoyante, was Lessing absichtsvoll mit »weinerliches Lustspiel« bezeichnete, aber auch in der sentimental comedy oder domestic tragedy der englischen Literatur (Steele, Lillo); das bürgerliche Trauerspiel als deren deutscher Abkömmling gehört sogar unmittelbar zu den Vorläufern und stellte, wie angedeutet, vor allem für Iffland eine Reihe bewährter Handlungsmuster bereit. Doch in all diesen Gattungsgliederungen wirkt in nur durch Nuancen oder gar bloß terminologisch unterschiedlicher Weise doch ein einheitliches Konzept der Wirkungsästhetik, das sich in der rhetorischen Affektenlehre am reinsten ausgeprägt wiederfindet und von dort aus die literaturästhetische Diskussion ebenso wie die literarische Praxis bestimmt hat.

Um es an einem Beispiel zu zeigen, das für unzählige stehen mag, wähle ich den Monolog der Eulalia im 7. Auftritt des zweiten Akts von ›Menschenhaß und Reue‹: »Was ists, das mich so fürchterlich erschüttert hat? Mein Herz blutet; meine Tränen fließen. Schon war es mir gelungen, Herr über meinen Kummer zu scheinen, und mindestens jene frohe Laune zu erheucheln, die einst mir so eigen war. Ach! da schlägt der Anblick des Kindes mich tief, tief zu Boden. – Als die Gräfin den Namen Wilhelm nannte – ach! sie wußte nicht, daß sie mir einen glühenden Dolch durchs Herz stieß. – Ich habe auch einen Wilhelm! Er muß jetzt so groß sein, als dieser, wenn er noch lebt – ja, wenn er noch lebt! Wer weiß, ob er und meine kleine Amalia nicht schon lange vor Gottes Richterstuhl Wehe! über mich schreien! – Warum quälst du mich, marternde Phantasie? warum kreischest du mir ihr hülfloses Wimmern in die Ohren? warum malst du mir die Kleinen, kämpfend gegen Masern- und Blatterngift, lechzend mit dürrer Zunge nach einem Trunk, den die Hand eines Mietlings ihnen darreicht – vielleicht auch versagt. – Denn ach! Sie sind ja verlassen von ihrer unnatürlichen Mutter. – *Bitterlich weinend.* O ich bin ein elendes, verworfenes Geschöpf! Und daß eben heute dies ganze schreckliche Gefühl in mir rege werden mußte! eben heute, da mein Gesicht einer Larve so bedürftig war!«[22]

Die Diagnose einer fürchterlichen Erschütterung steht in merkwürdigem Gegensatz zu deren Ausdruck, der gerade nicht entsetzend, schauererregend ist, sondern eine eher gedämpfte, schmerzlich-schmelzende Seelenbewegung anzeigt. Und wirklich ist der aufbrausende, jeden Fassungsversuch zunichte machende Affektausbruch, mit dem das Sturm-und-Drang-Drama bei derartigen Konflikten ausgiebig arbeitete und der im Pathos etwa der großen Schiller-Dramen aufgehoben ist, einer gefühlshaften, gebändigten Emphase gewichen. Eulalias Selbstgespräch ist nicht Ausdruck einer großen, überwältigenden Leidenschaft des Schmerzes, vielmehr gibt sie sich ihrem Jammer hin, zerschmilzt gleichsam in ihren schmerzlichen Gefühlen: Selbstgenuß zeigt sich darin, vom Dramatiker absichtsvoll inszeniert, führt seine Protagonistin hier doch vor, was (auf dem Wege sympathetischer Übertragung) auch dem Publikum blühen soll. Das Rührstück kultiviert also nicht den starken, hinreißenden Affekt, die Leidenschaften, die auch das Publikum mitreißen sollen (movere in der Sprache der Rhetorik), sondern die mittleren, rührend-gewinnenden Emotionen, das Ethos, das sich vor allem in der Charakterdarstellung zeigt und seine Glaubwürdigkeit ausmacht. Die dem familiären Raum, in dem alle diese Stücke angesiedelt sind, angemessene Affektlage ist die anmutende, Vergnügen und sanfte Gefühlsschwärmerei erlaubende, Wohlwollen erweckende Rührung, die im Wirkungsschema der Rhetorik (docere – delectare – movere) die mittlere Position einnimmt. Ein gebändigter, regulierter Affekt, domestiziert im Wortsinne, und er hat im Deutschland des 18. Jahrhunderts schon längst seinen festen Platz im Gefühlshaushalt des bürgerlichen Menschen gefunden. Pietistische Kultivierung des individuellen Gefühlslebens und deren säkularisierte Form in der ästhetischen Empfindsamkeit, die Hochschätzung der Anmut als Verhaltens- und Kunstideal gleichermaßen, das Bildungsideal der schönen Seele und die besondere Form der weiblichen Mitsprache bei der Ausgestaltung der Privatsphäre – das sind alles die unterschiedlichen Erscheinungsformen, die verschiedenen historischen Differenzierungen einer Gefühlstradition, die rhetorischen Ursprungs ist. Alle hier aufgeführten Tendenzen, bis hin zur Religiosität mit ihrer pietistisch geprägten Herz-Metaphorik, finden sich in verschiedener Ausprägung im Rührstück wieder. Dessen Wirkungsabsicht zielt auf die häuslichen Neigungen der Gesellschaft, wozu Milde, Frömmigkeit, Liebenswürdigkeit und der ganze Bereich der res humanae sowie der von ihnen erregten Empfindungen gehört. Die Charaktere bleiben immer menschlich gewöhnlich, selbst adlige Abenteurer wie der alte Graf Klingsberg in Kotzebues ›Die beiden Klingsberge‹ (1801) erscheinen eher als komische Narren (»Ach, ich sehe schon, Klingsberg hat ausgelebt! – Es bleibt ihm nichts weiter übrig, als seine alte Schwester!«[23]) denn als verzückte Verführer. Ihre Sprache bewegt sich auf einer mittleren Ebene, Affektausbrüche kommen selten vor, der hohe, erhabene Ausdruck wird allenfalls in parodistischer Absicht gebraucht. Die Situationen und Konflikte, so ungewöhnlich, verwickelt und kompliziert sie immer sind, wurden aus Bestandteilen des gewöhnlichen Lebens konstruiert, überraschend wirkt nur ihre Kombination und Kumulation. Familienkrisen wegen drohender Mesalliance, Störwirkung durch gesellschaftliche Vorurteile, Liebesgeschichten, die Wechselfälle des Geschäftslebens, wobei, nach Lillos Vorbild, der Kaufmannsstand bevorzugt wird (so droht ein Bankrott in Kotzebues ›Brief aus Cadix‹ eine erwünschte Heirat zu verhindern) – das alles sind im Grundsatz vertraute Sujets, und ihre dramatische Wirkung hängt davon ab, ob es gelingt, die

Elemente in eine rührende, gefühlsstimulierende Konstellation zu
bringen.

Wer hier Wiederholungszwang und Einfallslosigkeit beklagt,
hat die Dramaturgie dieser Stücke nicht begriffen. Sie wollen
nicht Staunen und Bewunderung erregen, das Neue, Überraschende, Wunderbare liegt außerhalb ihrer Absicht. Ihre Autoren
arbeiten mit Versatzstücken, die auf einem eng begrenzten Spielfeld, dem der Familie, hin und her geschoben, umgestellt, kombiniert oder auseinandergebracht werden, Szenarien der Gefühlserregung, die im Idealfall sogar ohne Sprache, welche immer die
Unmittelbarkeit des Gefühls stört, auskommen können. Daher
die Wichtigkeit der oft ausführlichen Regieanweisungen oder,
wie im zitierten Monolog der Eulalia, die eine Gefühlsäußerung
begleitende Schilderung des inneren Zustands. Manche Regieanweisungen gleichen kleinen Genreszenen: »LIDDY *ist bewegt, Tränen stehen ihr in den Augen; sie wendet sich ab von Kaberdar,
faltet die Hände, blickt gen Himmel und bleibt einige Augenblicke in dieser Stellung. Darauf kehrt sie sich rasch zu ihm, und
reicht ihm die Hände.*«[24] Kaberdar ist Inder und Liddy die Tochter eines geschäftlich angeschlagenen englischen Kaufmannes, die
beiden begegnen sich in Kotzebues Stück ›Die Indianer in England‹ (1790), sollen auch ein Paar werden, doch verzichtet Kaberdar (in Wahrheit ein indischer Fürst) auf das Mädchen, als er
erkennt, daß sie eigentlich Fazir liebt, und der sich noch dazu als
sein totgeglaubter Sohn herausstellt. Es wäre töricht, sich an dergleichen Unwahrscheinlichkeiten zu stoßen, die oft erst durch die
Häufung für sich gewöhnlicher oder doch glaubwürdiger Ereignisse entstehen – plausibel sind sie allemal für die emotionale
Erfahrung. Die Autoren des Rührstücks reihen Momentbilder
der Liebe und des Schmerzes, des Mitleids und Wohlwollens, der
Unschuld und Güte, des Streits und der Versöhnung aneinander,
und deren Folge richtet sich nach der Dynamik der Gefühlsbewegungen, nicht nach der Logik des Verstandes.[25] Alles Menschliche
löst sich in Szenen der Gefühlsdarstellung auf, kulminierend im
Schlußtableau, das den harmonischen Ausgleich zur lebendigen
Anschauung bringt. »SOPHIE *tritt ein, weiß gekleidet, den Schleier
und das Tuch vor dem Gesicht. Die* GRÄFIN *führt sie zum* GEHEIME-

RATH. *Er setzt sich ermattet in einen Stuhl. Sie umfaßt seine Kniee; man hört sie schluchzen. Die* GRÄFIN *steht hinter des* GEHEIMRATHS *Stuhle und weint. Der* BARON *an der anderen Seite.* RUHBERG *etwas hinterwärts in der Mitte. Der* GEHEIMERATH *beugt sich nach Sophien, sie zu umarmen.* RUHBERG *umarmt den* BARON *heiß, trennt sich gewaltsam von ihm, wirft einen Blick auf* SOPHIEN; *man hört einen wehmüthigen Ton von ihm, da er aus dem Zimmer scheidet. Wie die Thüre hinter* RUHBERGEN *zufällt – läßt der Vorhang sich sanft herab.«*[26] So wortlos endet (das ist der ganze 17. und letzte Auftritt) Ifflands Drama ›Bewußtseyn‹ (1786), und Worte sind auch nicht nötig. Wer Gefühle erregen will, muß von eben diesen Gefühlen sichtlich bewegt sein – eine seit Aristoteles gültige rhetorische Maxime, die auch Grundlage der Schauspieltheorie war bis in die Neuzeit. Sie beschreibt den Wirkungsmechanismus solcher Genreszenen, die lebenden Bildern gleichen und keiner Sprache zur Affekterregung bedürfen. Die Tränen, die in allen Rührstücken so reichlich fließen, sind dabei der sichtbarste Gefühlsanstoß, den man sich denken kann, Zeichen schmelzender Menschlichkeit und seelenvoller Verfeinerung, die auch verstockte Herzen und Verhältnisse zu lösen vermögen. Sie sind nicht Merkmale der Resignation und eines erzwungenen schmerzlichen Selbstgenusses, weil die wirklichen Krisen ja gar nicht ausgetragen werden können, sondern im Gegenteil die Lösungsmittel, denen menschliche Entfremdung und Verhärtung nicht standhalten. Und ist diese Überzeugung so gänzlich ideologisch verblendet und falsch, wie es ein Gemeinplatz will? Die Kultivierung der Emotionen der humanitas, der geselligen Zuneigung und der mitleidigen Rührung haben den bürgerlichen Sozialcharakter gerade auch nach seiner altruistischen Seite geprägt, Selbstbezogenheit und individuelle Untugenden gemildert und den Sinn für die allgemeinmenschliche Gleichheit, für Toleranz und Brüderlichkeit ausgebildet. Sehr schön kommt das in der Anverwandlung des exotischen Milieus fürs Rührstück zum Ausdruck. Ob Kotzebue Inder nach London versetzt oder Europäer auf eine Insel in der Südsee (»La Peyrouse‹) – Domestizierung und Familiarisierung beschreiben nur die eine Seite des Vorgangs. Gewiß verhalten sich die edlen Wilden wie kostümierte Mitteleuropäer von vergleichbarer Gesinnung, gewiß ist ihr Gefühlshaushalt im wesentlichen (immerhin ist es das eingeborene Mädchen Malwina, das La Peyrouse und seiner Frau Adelaide eine Ehe zu dritt als Lösung ihres Konflikts anträgt) nach dem Muster heimischer Psychologie angelegt. Familiäre Gesinnung und bürgerliches Tugendsystem bilden auch die Grundlage menschlicher Beziehungen zwischen den fremden Völkern. Da zeigt sich in ethnologischen Wunschvorstellungen das Ideal der Völkerfamilie, das eine der großen Errungenschaften der europäischen Aufklärung bis heute darstellt und in der Schlußszene von Lessings Nathan ihre mustergültige (auch für das Rührstück mustergültige) Erscheinungsform gefunden hat. »Laß uns Schwestern sein! –« bittet Malvina die Europäerin Adelaide, die darauf antwortet: »Schwestern? *Sie versinkt einen Augenblick in starres Nachdenken.* Schwestern? – Gutes Mädchen! Du weckst einen trostreichen Gedanken in mir! Ja! Schwestern laß uns sein, wenn dieser Mann unser *Bruder* sein will. Teilen können wir ihn nicht, keine darf ihn besitzen. *Schwärmerisch.* Wir, die Schwestern, bewohnen eine eigene Hütte, er, der Bruder, die andere; wir erziehen unsre Knaben, er hilft dir und mir – am Tage machen wir eine frohe Familie, der Abend trennt uns – die Mütter bleiben bei ihren Kindern, der Vater in seiner Hütte – willst du das? wollt ihr das?«[27] Dem Leser fällt es leicht, über dieses »Paradies der Unschuld«[28] zu lächeln, und Triebverzicht und Entsagung mögen – bezogen auf den individuellen Fall – in der Tat illusionär wirken. Doch liegt eine andere Deutung – das Stück als allegorische Verschlüsselung genommen – gewiß ebenso nahe: als Modell für den Prozeß der Zivilisation und Kultur und kolportiertes Idealbild der besten Bestrebungen des Jahrhunderts.

Die Wirkungsmacht des Rührstücks im 19. Jahrhundert kann man gar nicht überschätzen. Von der Bühne breitete es sich in die anderen Kunst- und Literaturgattungen, in Oper und Operette, die Trivial- und Kolportageromane aus, beherrschte Bilderbogen und Populärgraphik, die zahllosen Familienzeitschriften und die sich in Festen und Tagesabläufen ausdrückende bürgerliche Alltagskultur. Seine Rahmenbedingungen sind stabil geblieben bis heute und lassen sich im Film und vor allem den populären Fami-

lienserien des Fernsehens wiederentdecken. Sie waren andererseits
weit genug, um alle möglichen Elemente zu integrieren, ob sie
nun aus dem exotischen Abenteuerroman oder der Kriminalerzählung stammen. Das war schon so bei ihren Vätern, und besonders Kotzebue hat sich darin hervorgetan, das Genre in seiner
ganzen Spannweite auszumessen, es nicht nur mit Posse und
Lustspiel, sondern auch mit dem historischen Drama zu verbinden (›Die Spanier in Peru oder Rollas Tod‹, 1796), das daher
meist eine Mischung aus Geschichtshandlung und Rührstück darstellt und nicht selten in einem glücklichen Schlußtableau mit
zwei Liebenden endet: ›Gustav Wasa‹ von 1801 zum Beispiel, dessen Titelheld mit der geliebten und zwischenzeitlich grausam eingekerkerten Margarethe vereinigt wird; oder ›Die Corsen‹ (1799),
in welchem der historische Rahmen nun wirklich nur noch Vorwand für ein Rührstück nach bewährter Manier abgibt.
Bemerkte schon ein zeitgenössischer Rezensent des Trauerspiels
›Octavia‹ (1801): »Nein, das Ganze ist ein modernes Familiengemählde mit römischen Nahmen. Diese Häuslichkeit, diese Liebe,
diese Ansicht der sogenannten Mutterwürde, dieser alberne
Heroismus, er ist nur in den Kotzebueschen Stücken, nicht im
alten Rom zu Hause.«[29]
    Die Idolatrie von Haus und Familie galt einem Gegenraum zur
feindlichen, mindestens emotional enttäuschenden Außenwelt,
aber der stets naheliegende Vorwurf des Eskapismus trifft
nur die halbe Wahrheit. Die ängstliche Abwehr des staatlichen
Einflusses und die vorbildliche Familienordnung enthalten auch
eine politische Forderung: nämlich, die Gesellschaft nach diesem
Muster zu bilden und so die Bedingungen zu schaffen, unter
denen sich erst Humanität und brüderliche Gemeinsamkeit herstellen ließen. Vom Innenraum des bürgerlichen Lebens geht so
ein Gestaltungszwang aus, der zwar das Bewußtsein der Individuen verhäuslicht, doch eigentlich auch die Welt selber wohleingerichtet und in guter Ordnung wissen will. Vom Abglanz solcher, zwar abstrakter, aber ganz unverächtlicher Utopie zehrt das
Rührstück, und sie brachte es zum nicht endenwollenden Erfolg,
weil auch der Wunsch, der darin steckt, noch nicht nach Hause
gekommen ist.

V. Goethes ›Faust‹

1. Herkunft

»Da es höchst nötig ist, daß ich mir, in meinem jetzigen unruhigen Zustande, etwas zu tun gebe, so habe ich mich entschlossen
an meinen Faust zu gehen und ihn, wo nicht zu vollenden, doch
wenigstens um ein gutes Teil weiter zu bringen, indem ich das
was gedruckt ist, wieder auflöse und, mit dem was schon fertig
oder erfunden ist, in große Massen disponiere, und so die Ausführung des Plans, der eigentlich nur eine Idee ist, näher vorbe-
reite.«[1] Als Goethe diesen Brief am 22. Juni 1797 an Schiller
schrieb (von innerer Unrast und Beklemmung zeugen viele Briefe
in diesem Jahr), existierte in dem »Packet«, wie er das Faust-Kon-
volut an anderer Stelle nennt[2], schon allerlei. Nach Weimar 1775
mitgebracht hatte er eine Szenenfolge, die uns glücklicherweise in
einer Abschrift des Hoffräuleins von Göchhausen erhalten geblieben und erst spät (1887) wiederentdeckt worden ist: der
›Urfaust‹, Anfang der siebziger Jahre begonnen, ein exemplari-
sches Drama der Geniezeit, natürlich in Prosa. Am Anfang steht
der große Faust-Monolog (»Hab nun, ach, die Philosophei
⟨...⟩«[3]), es folgen: Erscheinung des Erdgeistes, der Dialog zwischen Faust und Wagner, das possenhafte Gespräch Mephistos
mit dem Studenten, die Szenen in Auerbachs Keller und auf der
Landstraße, schließlich die Gretchentragödie mit ihrem in dieser
Fassung noch unbarmherzigen Ende. Weiterarbeit 1788 in Rom
(Hexenküche) und Weimar. 1790 erscheinen die inzwischen
umgearbeiteten Teile als ›Faust, ein Fragment‹ im siebenten Band
der ›Schriften‹, durchgängig in Versen gehalten, die letzte Szene
zeigt Gretchen im Dom, außer der ›Hexenküche‹ wurden noch
›Wald und Höhle‹ und einige Gesprächssequenzen zwischen
Faust und seinem teuflischen Gefährten ergänzt. In die Jahre zwi-
schen 1797 und 1801 und in das Jahr 1806 fällt die fruchtbare
Arbeitsperiode im dauernden Kontakt mit Schiller, der an der
Vollendung des ersten Teils wesentlichen Anteil hat und Goethe
vor allem zu einer symbolischen Behandlung des Stoffes anhielt:

»Ihre Aufforderung an mich, Ihnen meine Erwartungen und Desideria mitzuteilen, ist nicht leicht zu erfüllen; aber soviel ich kann, will ich Ihren Faden aufzufinden suchen, und wenn das auch nicht geht, so will ich mir einbilden, als ob ich die Fragmente von Faust zufällig fände und solche auszuführen hätte. So viel bemerke ich hier nur, daß der Faust, das Stück nämlich, bei aller seiner dichterischen Individualität, die Forderung an eine symbolische Bedeutsamkeit nicht ganz von sich weisen kann, wie auch wahrscheinlich Ihre eigene Idee ist. Die Duplizität der menschlichen Natur und das verunglückte Bestreben, das Göttliche und das Physische im Menschen zu vereinigen, verliert man nicht aus den Augen, und weil die Fabel ins Grelle und Formlose geht und gehen muß, so will man nicht bei dem Gegenstand stille stehen, sondern von ihm zu Ideen geleitet werden. Kurz, die Anforderungen an den Faust sind zugleich philosophisch und poetisch, und Sie mögen sich wenden, wie sie wollen, so wird Ihnen die Natur des Gegenstandes eine philosophische Behandlung auflegen, und die Einbildungskraft wird sich zum Dienst einer Vernunftidee bequemen müssen.«[4]

Unter dem Titel ›Faust, I. Theil‹ ist das Stück 1808 so gedruckt worden, wie wir es heute kennen, mit dem ›Prolog im Himmel‹ zu Beginn. Zwischen 1825 und 1831 entsteht im wesentlichen der zweite Teil des Stücks, auf einigen Vorarbeiten (Helena-Tragödie) aufbauend, er ist erst, dem Wunsch des Autors folgend, nach Goethes Tod veröffentlicht worden: 1832 im ersten Band der ›Nachgelassenen Werke‹. Ein Lebenswerk auch in wörtlicher Bedeutung, denn nimmt man die Begegnung mit dem Puppenspiel und dem Volksbuch hinzu, so hat die Geschichte vom sagenhaften Dr. Faustus Goethe wirklich seit der Kindheit begleitet (»Die bedeutende Puppenspielfabel des andern ⟨gemeint ist ›Faust‹⟩ klang und summte gar vieltönig in mir wider. Auch ich hatte mich in allem Wissen umhergetrieben und war früh genug auf die Eitelkeit desselben hingewiesen worden. Ich hatte es auch im Leben auf allerlei Weise versucht, und war immer unbefriedigter und gequälter zurückgekommen. Nun trug ich diese Dinge ⟨. . .⟩ mit mir herum und ergetzte mich daran in einsamen Stunden, ohne jedoch etwas davon aufzuschreiben.«[5]), als Medium seines Selbstverständnisses und seiner Welterfahrung. Das hatte Folgen auch für das Werk, es ist nicht in einer einheitlichen Lebensperiode entstanden, an ihm haben gleichsam verschiedene Autoren gearbeitet, deren Identität mit Goethe es nicht verhindert hat, daß sehr unterschiedliche Interessen, Sehweisen und Haltungen darin zum Ausdruck kommen. Auch geschlossene Überarbeitungsphasen haben zwar zum Ausgleich, aber nicht zur vollkommenen inneren Vereinheitlichung führen können. Diese Ungleichzeitigkeit erscheint als Vielschichtigkeit im Text und macht einen guten Teil der Interpretationsschwierigkeiten aus.

Um es am augenfälligsten Beispiel zu erläutern: der ›Urfaust‹ ist ein Sturm-und-Drang-Drama in allen wesentlichen Zügen, sein Held ein titanischer, prometheischer Selbsthelfer, den Wissensdurst und Welthunger umtreiben und an dem sich (wie später an Karl Moor) die Dialektik des Selbsthelfertums erweist, es führt notwendig in Übermaß, Schuld und Untergang: jener Faust, dem das niedergerissene Gretchen am Schluß »Heinrich! Heinrich!« klagend nachruft[6], ist der eigentlich Gerichtete, nicht aber das leidende Opfer, dem Mephisto höhnisch dies Verdikt spricht. Die Haupt- und Titelfigur der späteren Tragödie hat den Überschwang und die Zügellosigkeit der Sturm-und-Drang-Gestalt gewiß abgelegt, ihr Drang ist bohrender und immer auch nach innen gerichtet, ist leidenschaftliche Forscherbegierde und ebenso bedingungslos, doch auf äußeres und inneres Erfahren zugleich gerichtet, seiner selbst bewußt und überlegt. Das Motiv des ewigen Ungenügens und unaufhörlichen Strebens blieb so erhalten, verwandelte sich aber derart, daß seine Formen (›Auerbachs Keller‹) oftmals mit dem Ernst kollidieren, der Faust nun erfüllen soll. Auch die Gretchentragödie, nach dem beliebten Muster des bürgerlichen Trauerspiels gebaut (hoher Herr verführt Mädchen aus dem Volke und stürzt es ins Unglück), bedurfte nun einer anderen Begründung, da sie als Medium und Zwischensphäre gebraucht wurde, das traditionelle Motiv (im Sinne von Wagners »Kindsmörderin«) aber nicht mehr ausreichte. Auch die Janusköpfigkeit Mephistos gehört hierher: das eine Gesicht nach rückwärts zeigt die Physiognomie eines übermütigen und skrupellosen, mit allen Wassern gewaschenen, aber durchaus nicht

unsympathischen Gesellen, wie er von den spanischen Schelmen-
romanen vielfach kreiert worden ist; die Züge, die nach vorne
weisen, sind der Ausdruck einer blanken Negativität und wahrhaft teuflisch. Beide Gesichter changieren, im zweiten Teil kommt
über weite Strecken das anfängliche wieder zum Vorschein, und
beide machen erst zusammengenommen jene Figur aus, die stets
das Böse will und doch das Gute schafft.

Wie sich die ›Faust‹-Tragödie lebensgeschichtlich aus verschiedenen Schichten zusammensetzt, so sammelt sie auch gleich
einem Kaleidoskop viele und uneinheitliche Stränge der stoffli-
chen Überlieferung. Neben der Faust-Sage mit ihrem historischen
Kern, die in verschiedenen Berichten und den Volksbüchern auf-
gezeichnet wurde und wonach es sich bei Faust um einen um
1480 wahrscheinlich in Knittlingen geborenen und bald nach
1540 gestorbenen fahrenden Gaukler und Scholasten handelte,
der die Jahrmärkte unsicher machte, als Quacksalber auftrat und
zur Werbung allerlei Kunststückchen vorführte, sind die wichtigsten: die Simon-Magus-Sage, die auch zum Gegenstand jüdisch-
gnostischer Spekulationen geworden war und schon die Vereinigung des Magiers mit Helena als Symbol der himmlischen
Hochzeit von Sonnengott und Mondgöttin und der Befreiung
von den Fesseln der Materie in ekstatischer Liebesvereinigung feierte; die paracelsischen Ideen, in denen sich Mystik und Magie
begegnen; die Volks- und Puppenspiele mit ihren phantasievollen
Erweiterungen der Vorlage; schließlich auch Christopher Mar-
lowes Faust-Tragödie, die Goethe zwar nicht direkt gekannt, die
aber viele Puppenspielfassungen beeinflußt hat. Jedenfalls weist
der große Faust-Monolog zu Beginn von Goethes Stück überraschende Parallelen mit der entsprechenden ersten Szene des ersten
Aktes in dem elisabethanischen Drama auf. Schließlich kannte
Goethe natürlich das kleine Fragment, das im wesentlichen von
Lessings Faust-Plan übriggeblieben und im 17. Literaturbrief veröffentlicht worden war: die Szene, in der sich die Höllengeister
zu mitternächtlicher Stunde in einer Domruine versammeln, einer
von ihnen seine Absicht verkündet, Faust zu verderben, und diesem auch alsbald in einer Beschwörungsstunde begegnet. An dieser Stelle setzt, in kunstvoller Verkehrung, die Idee des Prologs

im Himmel ein, die zur Erscheinung Mephistos vor Faust führen wird.

Goethes Tragödie ist, alles zusammengenommen, die schöpferische Nachahmung literarisch bereits vielfältig zuvor gestalteter Handlungen; daß seine erste Quelle dabei Volksbuch und Puppenspiel waren, entspricht ganz dem Geist der Geniebewegung, die sich damit ein weiteres Mal als Vorläufer der romantischen Schule erweist. Wegen der lebensgeschichtlichen Bedeutung des Stücks und seines Geistesgehalts wurde das Moment einer virtuosen Adaption und Kombination von Artefakten bei der Faust-Deutung meist vernachlässigt. Ein spielerischer, mit den Vorlagen jonglierender Zug, ein manieristisches Kunstinteresse an direktem und apokryphem Zitat, an dem Hin-und-Her-Schieben der vorgeformten Bilder und Bedeutungen, an ihrer Deformierung, Fragmentierung und überraschenden Neuformierung ist ja nicht nur in den dafür wie reserviert erscheinenden Szenen ›Hexenküche‹ oder ›Klassische Walpurgisnacht‹ zu beobachten, sondern Merkmal der ganzen Dichtung. Aus einiger Entfernung um so genauer betrachtet, offenbart sie sich als kühne Montage aus nord- und südeuropäischer Mythologie und Sage, aus bürgerlichem Rührstück und mittelalterlichem Mysterienspiel, aus Gotik, Renaissance und Klassizismus, aus paracelsischer Mystik und Aufklärung, aus Ritterdrama und Utopie, Farce und Tragödie, Hoch und Niedrig. Und dies alles dialogisierend, im Medium eines Schauspiels zusammengefaßt, das überall offen ist, ohne undeutlich zu werden, weil alle seine verschiedenen Bestandteile und Kultursphären in einem Lebensgespräch verknüpft werden, also nicht bloß zum pittoresken Gemälde vereinigt – das ist schon ein unvergleichliches Wunderwerk und ein Glücksfall der deutschen Literatur.

2. Die Wette im Himmel

Der Himmel sieht so aus, wie Kinder ihn sich vorstellen: der erhabene Herr und drei Engel, die die Schöpfung preisen, mit bildkräftigen Versen, welche in die Phantasie greifen, kontrastreich und im hohen Stil, wie es dem Gegenstand geziemt. Dann tritt Mephistopheles auf, und auch wenn man den Tonfall des genialen Gustaf Gründgens in dieser Rolle nicht mehr im Ohr hat, liest sich diese Partie wie Narrenspiel vor Königsthronen: »Da du, o Herr, dich einmal wieder nahst / Und fragst, wie alles sich bei uns befinde, / Und du mich sonst gewöhnlich gerne sahst, / So siehst du mich auch unter dem Gesinde. / Verzeih, ich kann nicht hohe Worte machen, / Und wenn mich auch der ganze Kreis verhöhnt; / Mein Pathos brächte dich gewiß zum Lachen, / Hättst du dir nicht das Lachen abgewöhnt.«[7] Der Ton wird durchgehalten, Mephisto gibt sich als Hofnarr, der allerlei muntere Possen zur Erheiterung des Hofstaates vorführt, ein ergötzliches Bild vom Menschen, dem wunderlichen »kleine⟨n⟩ Gott der Welt« zeichnet (»Er scheint mir, mit Verlaub von Euer Gnaden, / Wie eine der langbeinigen Zikaden / ⟨...⟩«[8]) und schließlich auch den Herrn an sein Narrenseil zu nehmen sucht. Er schlägt ihm die Wette um Fausts Seele vor, aber der Herr geht nicht darauf ein, man wettet nur mit Gleichgestellten, wenn überhaupt, doch gibt er seinem »Schalk« freie Bahn. Der tollt fort, ohne irgendwo aus seiner Rolle zu fallen: »Es ist gar hübsch von einem großen Herrn, / So menschlich mit dem Teufel selbst zu sprechen.«[9]

Aber nun muß dieser Prolog genauer untersucht werden. Er enthält nicht weniger als den Aufriß des ganzen Dramas, und damit meine ich nicht nur die Handlung, sondern auch die geistige Struktur. Denn natürlich ist das höfische Possenspiel im Himmel nur das flitterbunte Gewand der Wahrheit. Faust ist das Subjekt menschlicher Welterfahrung, der das Unmögliche, das Höchste und Tiefste zugleich sein will: für Mephisto eine Witzfigur, mit der er seine Späße treibt, dem Herrn ein Gleichnis, er selber will ihn aus der Verworrenheit »in die Klarheit führen«[10]. Fausts von oben lächerlich aussehendes Streben macht gerade seine göttliche Natur aus. Das hierarchische Modell aufkläreri-scher Psychologie, das unten mit der sinnlich-undeutlichen, eben verworrenen Erkenntnis beginnt und bei der klaren Vernunfter-kenntnis endigt, erhält (die ironische Wendung darf man nicht überhören) das göttliche Siegel. Als Goethe den ›Prolog im Him-mel‹ schrieb, war eine solche Ansicht schon nicht mehr selbstverständlich, und die Neugierde, die Faust durch alle irdischen Himmel und Höllen treibt, begann zweideutig aufgefaßt zu werden. So ist der Prolog auch Programm. Fausts Bildungsgang durch die verschiedenen Sphären erhält sogar noch eine weitere Dimension. Als seinen »Knecht« bezeichnet ihn der Herr, und es wäre merkwürdig, wenn Goethe bei dieser Konstellation nicht an ein Muster gedacht hätte, von dem er schon als junger Mann begeistert war und welchem er 1805 immer noch nachrühmt, »die heterogensten Elemente der Wirklichkeit in ein ideales Ganzes«[11] vereinigt, als genau das vollführt zu haben, was er auf ganz anderen Wegen im Faust anstrebte: Diderots Roman ›Jaques le fataliste‹. Auch im Faust-Drama bezieht sich der Herr nur durch seinen Knecht auf die Wirklichkeit, überläßt ihm ganz die Seite des Widerstands und der Stofflichkeit, zwischen beiden findet das engste gegenseitige Bindungsverhältnis statt, das freilich nicht erst Diderot gefaßt hat, das sogar schon religiös gedacht worden war, wenn man sich an des Angelus Silesius Verse erinnert: »Ich weiß, daß ohne mich Gott nicht ein Nu kann leben: / Werd ich zunicht, er muß von Not den Geist aufgeben.«[12] In diesem Sinne stellt das Faust-Drama auch den Bildungsgang des Herrn durch seinen Knecht dar oder, sachlicher ausgedrückt: mit der Bewegung des Subjekts geschieht auch die Bewegung des lebendigen Objekts selber, mit Faust wandeln sich die Weltgestalten von Stufe zu Stufe: in dem Mysterienspiel, das ›Faust II‹ abschließt, wird auch diese Entelechie bedeutet.

Doch wodurch wird die Bewegung in Gang gehalten, werden die Veränderungen bewirkt? Der Prolog beantwortet die Frage ganz eindeutig. »Des Menschen Tätigkeit kann allzuleicht erschlaffen, / Er liebt sich bald die unbedingte Ruh; /Drum geb' ich gern ihm den Gesellen zu, / Der reizt und wirkt und muß als Teufel schaffen. –«[13] Der forttreibende Widerspruch macht das Prinzip der Faust-Dialektik aus, als ihr Agent im faustischen Leben fungiert Mephistopheles, von dem der Herr daher sagt, er dürfe »auch da nur frei erscheinen«.[14] Die in der Rezeptionsgeschichte des Stücks so oftmals monierte Auflösung des Vertrages zwischen Mephisto und Faust durch den beschließenden Eingriff von »Oben«, so daß eigentlich der Teufel, dem der Sieg nach der

Logik des Pakts gebührt, als der schmählich Betrogene erscheint, wird von Goethe mit feiner Ironie schon im Prolog vorweggenommen – oder vielmehr: Mephistos Enttäuschung beruht auf Selbstbetrug. Der Herr übergeht das Angebot zur Wette, er nimmt es nicht an, denn allzu ungleich wären die Bedingungen: in Wahrheit ist nämlich weder Mephisto frei, denn das Negative ist gerade die Triebkraft zur Höherentwicklung, der Irrtum ein Instrument der Wahrheit, noch Fausts Schicksal dadurch wirklich ungewiß und offen. Um es in der Gleichnissprache des Dramas auszudrücken: Mephistopheles bekommt die Erlaubnis, Faust zum Irrtum zu verführen, damit dieser immer wieder erneut bis zum Lebensende die Möglichkeit erhält, im Irrtum sich bewährend der *Wahrheit* näher zu kommen. Je mehr sich Mephistopheles bemüht, den Gefährten seine Straße zu ziehen, um so wirksamer betreibt er das Geschäft des Herrn. Betrogen ist der Teufel (Goethe greift auch dabei im Ansatz auf eine beliebte Figur der Volkserzählung zurück) von Anfang an, und wenn ihn engelhafte Gestalten zum Schluß boshaft necken und in die Falle locken, bestätigen sie nur im frivolen Spiel, was vor allem Anfang feststand.

Doch darf man nicht den Fehler machen, daraus auf einen Schicksalsbann zu schließen, dem Faust, was immer er tut, auf Gedeih und Verderb ausgeliefert ist. Der Widerspruch, der in seinem Leben wirkt und uns in teuflischer Gestalt vor Augen tritt, ist zwar die Bedingung und Wurzel aller Lebendigkeit und Bewegung, doch damit zugleich auch wahrhafte Bewährung, die zeigt, was es mit dem Gesetz von Fausts eigener Entwicklung als Mensch nun wirklich auf sich hat. Das ist der Sinn der beiden viel- und damit totzitierten Verse: »Ein guter Mensch in seinem dunklen Drange / Ist sich des rechten Weges wohl bewußt.«[15] Sich aller Tätigkeit enthalten und aus der Welt zurückziehen, heißt nicht Gutsein, nur die Probe der Welt kann zeigen, was in Faust steckt, kann es zur Wirklichkeit bringen und diese wieder zur Vollendung.

Die schiefe, allenfalls einseitige Wette im Himmel ergibt die Perspektive, in welcher nun auch der irdische Teufelspakt sich aufschließt. »In die Welt weit, / Aus der Einsamkeit«[16] führt der abenteuerreiche Weg, und Mephistopheles bietet sich nicht allein als Führer und Gefährte, sondern auch als eine Art Küchenchef an, der »beim Doktorschmaus«[17] beginnen will. Die Welt als Gegenstand des Genusses, das ist sein Angebot, doch wie bei der Wette im Himmel wird der Teufel auch diesmal Opfer eines Mißverständnisses. »Ward eines Menschen Geist, in seinem hohen Streben, / Von deinesgleichen je gefaßt?«[18] fragt Faust, und dann folgt jene exemplarische Aufzählung von Gütern (»Speise, die nicht sättigt«[19]), die nur zeigen soll, daß Genuß und Zerstreuung lediglich Durchgangsstadien sein können, keine Befriedigung gewähren. Faust wettet auf ein Ziel, das, wenn er es erreicht, jenseits der Sphäre der Negativität liegt, weil es die Erfüllung ist, die keinen Widerspruch mehr kennt und daher für Mephisto unerreichbar; erreicht er das Ziel nicht, bleibt alles, wie es ist, ein ewiger unstillbarer Drang, der ihm Mephistos Dienste auf ewig sichert. Ein Risiko geht er in keinem Fall ein, während sein Gefährte nur Scheinfütterung anbieten kann, die niemals satt macht, und seine Wette verlieren muß. Da es noch eine dritte Möglichkeit gibt, welche die Wette (»Werd' ich zum Augenblicke sagen: / Verweile doch! du bist so schön! / Dann magst du mich in Fesseln schlagen, / Dann will ich gern zugrunde gehn!«[20]) gar nicht erfaßt, ist eine Erfahrung, die an dieser Stelle noch nicht vorhersehbar ist, weil sie den Bildungsgang voraussetzt, der jetzt erst beginnt. Ob Wette oder Teufelspakt, sie eröffnen wirklich ein Spielfeld, doch die Regeln sind dadurch nicht vorgegeben, entwickeln sich erst mit jedem Zug aus Spruch und Widerspruch. Eine Konzeption, nur möglich auf dem Boden der modernen bürgerlichen Welt, ohne daß nun Faust in deren Repräsentation völlig aufgehe. Denn Stillstand und Ruhe bedeuten nicht nur Fesselung als Unproduktivität. In ihnen wird auch – und zwar, je weiter Faust fortschreitet, um so deutlicher – ein Wunschpotential sichtbar, das in früheren Epochen kulturbestimmender gewirkt hat und in so unterschiedlichen Idealen wie dem Carpe diem, der Meditation und Muße, der Harmonie und des Ausgleichs vorgestellt wurde, ohne aber mit deren sozialem Korrelat auch schon abgetan zu sein.

3. Ausfahrt in die Nähe

Die allegorische Deutung des Lebens als einer Reise und Wanderschaft ist alt und findet sich in allen Kulturen, ein archetypischer Grundbestand, der unerschöpflich scheint und wohl von Anfang an schon mit der Initiationserfahrung verbunden war. Jede Station der Reise bedeutet Einführung in neue Erfahrungen, Eröffnung neuer Sehweisen durch die Auseinandersetzung mit dem Fremden, Überraschenden, so daß der Reisende mit dem äußeren auch seinen inneren Gesichtskreis erweitert. Er schreitet fort in Erkenntnissen und Fähigkeiten und erlebt diesen Prozeß als Reinigung und Abtun seiner bisherigen Verfassung, als Fortentwicklung und Erneuerung. Mannigfach variiert, doch in seinen Grundzügen stets deutlich erkennbar, findet sich das Modell in den mythischen Initiationsreisen, und die Odyssee ist in diesem Sinne sprichwörtlich geworden. Ihre Stationen sind selbst noch Haltepunkte des faustischen Hinfahrens und Hinstrebens, und ihrer aus dem kollektiven Unbewußten herrührenden Wirkkraft muß man es schließlich auch zuschreiben, daß das 19. Jahrhundert daraus wiederum ein anthropologisches Sinnbild gewinnen konnte: den »faustischen Menschen«. Vom Aufbruch und der Berufung durch einen göttlichen oder Schicksalsboten über die Schwelle, die in neue Bereiche und damit zur Erneuerung, Verjüngung des Helden führt, so daß er den Weg der Proben und Gefahren besteht, an dessen Ende ihm Erhöhung und Aufnahme in den Kreis der Eingeweihten winken. Goethe hat das Modell freilich im Sinne des neuzeitlichen Denkens und eines modernen, nämlich bürgerlichen Lebensgefühls umgedeutet, hat es aus der Sphäre des Religiösen gelöst, in der es bis dahin vorzugsweise überliefert wurde (Bunyans ›The Pilgrims progress‹, 1678, als eines der erfolgreichsten Beispiele), wenn ihm dabei auch von Schnabel (›Insel Felsenburg‹, 1731-1743) bis Wieland (›Agathon‹, 1766-1767) vorgearbeitet worden war, und ihm nun eine entschieden bürgerliche Richtung gegeben. Darüber wird noch zu sprechen sein. Der Zustand von Faust, wenn er uns erstmals gegenübertritt, ist reif für eine Lebenswende. Trotz allen Wissens und aller Wissenschaft fühlt er sich beengt und eingesperrt, nicht in die Weite des Lebens, sondern in die Erstarrung geführt. Das enge gotische Zimmer: ein »dumpfes Mausloch«, mit Büchern, »angeraucht Papier«, allerlei Instrumenten und »Urväter-Hausrat« vollgestopft. »Statt der lebendigen Natur, / Da Gott die Menschen schuf hinein, / Umgibt in Rauch und Moder nur / Dich Tiergerripp' und Totenbein.«[21] Der Affekt des Stürmers und Drängers gegen trockene Gelehrsamkeit, gegen die Pedanterie der Wissenschaften, gegen abgeschmackte Konventionen und Trampelpfade der Erkenntnis kehrt hier machtvoll wieder, ein Leitmotiv des Stücks, das mal in satirischer (Mephistopheles-Schüler-Gespräch), mal in mehr diskursiver Form (Fausts Verhandlungen mit Wagner) auftritt. Alle anfänglichen Versuche Fausts, aus seinem Gefängnis herauszufinden, Zugang zu einer anderen Form des Wissens zu erlangen (Nostradamus' Buch, Beschwörung des Erdgeists) mißlingen, doch für den letzten Ausweg, den Selbstmord, sind noch die Lebenskräfte zu stark. Auch die Absicht, aus der natürlichen Daseinsfülle des Volkes neue Impulse zu gewinnen, geht zuletzt schief, der Osterspaziergang bekräftigt nur Fausts Fremdheit, verstärkt aber zugleich seinen Wunsch, die Kerkerexistenz mit einem neuen Leben zu vertauschen (»O daß kein Flügel mich vom Boden hebt ⟨. . .⟩«[22]).

Jetzt ist der Zeitpunkt zu einer neuen Geisterbeschwörung gekommen, die aber nicht mehr inszeniert wird, sondern die Lebenssituation selber ist: »O gibt es Geister in der Luft, / Die zwischen Erd' und Himmel herrschend weben, / So steiget nieder aus dem goldnen Duft / Und führt mich weg, zu neuem bunten Leben! / Da, wäre nur ein Zaubermantel mein ⟨. . .⟩«[23] Es ist dieselbe Gesprächssequenz, in der Faust die zwei Seelen in seiner Brust für seine Unrast, sein Ungenügen verantwortlich macht, und nur wenige Augenblicke, bevor der schwarze Pudel erstmals auftaucht, dessen Kern, wie wir wissen, Mephisto ist. Wie hier in einer kurzen Episode Schillers Forderung nach der Einheit von Idee und Poesie, nach der symbolischen Bedeutsamkeit verwirklicht ist, ebenso muß das ganze Stück immer auf mehreren einander korrespondierenden, doch auch in Kontrast oder gar Dissonanz zueinander verlaufenden Ebenen gelesen werden. Der Gefährte, der sich Faust nun zugesellt, ist ein Kunstgeschöpf, aus

vielen Gegenden zusammengetragen, doch auch ein Spiegelwesen
für Fausts geheimste Wünsche, Medium der Selbsterziehung, aber
dadurch, daß es ihn in Verbindung mit der Objektwelt setzt:
»Drum frisch! Laß alles Sinnen sein, / Und grad' mit in die Welt
hinein!«[24] In ironischer, ja kabarettistischer Form zeigt die hier
folgende Schüler-Szene den Kurs an, den Mephisto vorhat, denn
während der Studiosus in Strebermanier seine Bitte um Einweisung in die Geheimnisse der Wissenschaften vorträgt, versucht
ihm Mephisto (was ihm wohl auch nötiger ist) die Wonnen des
Lebens schmackhaft zu machen, nicht ohne Erfolg. Als Faust
wieder auftaucht, bedarf es nur einer kleinen Wendung, um die
Verbindung zwischen Farce und dramatischer Haupthandlung
herzustellen: »Wir sehn die kleine, dann die große Welt. / Mit
welcher Freude, welchem Nutzen / Wirst du den Cursum durch-
schmarutzen!«[25]

Damit stehen die Zielorte des Fahrplans fest, die ersten Stationen liegen ganz in der Nähe, Auerbachs Keller, die Hexenküche,
die alle Wonnen der Gewöhnlichkeit, die derben Freuden des
sinnlichen Lebens zusammenfaßt und doch der Ort ist, wo das
himmlische Gegenbild im Zauberspiegel erscheint.[26] Eine im einzelnen vieldeutige und vielgedeutete Szene, doch mit einheitlicher,
derb-burlesker Tendenz, Venusberg der gröberen Fleischeslust
und Buhlerei, eine Bordellszenerie, wie sie William Hogarth ange-
standen hätte. Und dann der harte Schnitt, der Eingang in Gretchens Welt, diese letzte Station der Ausfahrt in die Nähe und die
erste ernsthafte Probe, die so große Anziehungskraft entfaltet,
daß Mephisto darin eine Gefahr für seine Pläne wittert. Die
Anziehungskraft eines Glücks in der Beschränkung: Erst der
große Anlauf und dann das katzenjammrige Ende, nachdem sich
der Held gehörig die Hörner abgestoßen hat. Faust als Spießbür-
ger, das ist die andere, die wenig rührende Seite dieses Ausflugs
in Gretchens Kammer. Geplant hatte Mephisto dagegen eine
Fortsetzung der Hexenküche mit verfeinerten Ingredienzien,
Abwechslung für die Sinne durch eine neue, naiv-mädchenhafte
Geliebte, verführerisch in Anmut und Unschuld, aufreizend in
ihrer Reinheit.

Das Vorbild ist deutlich, und Goethe hat die Gretchentragödie im wesentlichen aus seinem Sturm-und-Drang-Stück in den ersten Teil des ›Faust‹ transponieren können. Allein, ihre Funktion, schon im ›Urfaust‹ vorbereitet, wird nun gänzlich den Intentionen entgegen gerichtet, die es an seinem Herkunftsort, dem bürgerlichen Trauerspiel, besaß. Die im Stoff liegende Sozialkritik an Verhältnissen, die durch Standesunterschiede geschaffen sind und an denen die Individuen – im üblichen Falle die aus kleinbürgerlichen oder plebejischen Schichten stammenden Mädchen – zugrunde gehen (Wagners ›Kindsmörderin‹ von 1776 als Beispiel, der Autor verarbeitete darin manche Anregung aus Goethes Faustfragment, doch in ganz anderer Richtung, so daß Goethes Plagiatsvorwurf übertrieben scheint), ist im Faust-Drama nur von untergeordneter, beiherspielender Bedeutung. Goethe benutzte es als Szenarium einer kleinen Welt, dessen Einzelelemente in den empfindsamen Romanen, in Rühr- und Trauerspielen schon vorgeprägt waren, und er komponierte daraus ein Gebilde, das ebenso artifiziell ist, wie die ›Hexenküche‹, wenn auch die Verweisungsrichtung diesmal sicherlich auf ein Segment der sozialen Wirklichkeit zeigt. Der Zweck ist eine ernste und harte Prüfung, die dem Probanden aber eine neue Seite seiner selbst bloßlegt: »Und du! Was hat dich hergeführt? / Wie innig fühl' ich mich gerührt! / Was willst du hier? Was wird das Herz dir schwer? / Armsel'ger Faust! ich kenne dich nicht mehr.«[27] Wenige Verse darauf die metaphorische Umschreibung der Veränderung: »Der große Hans, ach wie so klein!«[28] Goethe hat an anderer Stelle die Verführung des kleinen, engen Weltglücks nochmals und in einem für die Interpretation der Gretchentragödie fruchtbar-ähnlichen Sinne ausgemalt: im Märchen von der ›Neuen Melusine‹, wo der große Abenteurer der feenhaften Geliebten in das Miniaturleben folgt: »nach dem allerkleinsten Maßstabe zusammengezogen«[29]. Er kann dann aber auch nicht glücklich werden, ein Faust im Zwergenreich: »Ich empfand in mir einen Maßstab voriger Größe, welches mich unruhig und unglücklich machte.«[30] Er zersägt den Ring, der ihn ans unangemessene Dasein kettet, und kehrt in seine Sphäre zurück.

Das ist ein Märchen, aber es enthält die Quintessenz der Gretchentragödie, bis auf einen Akzent, der hinzukommt. Nicht nur kann die Sphäre, für die Gretchens »kleines reinliches Zimmer«[31] steht, Faust nicht befriedigen, er selber ist noch nicht so weit, um die Fülle in dieser Armut, die Seligkeit in diesem Kerker, das Himmelreich in dieser Hütte[32] in sich aufnehmen zu können. Er ist es zwar, der diese paradoxen Erkenntnisse formuliert, aber die Unangemessenheit ist wechselseitig, das macht seine Schuld umso größer, als er sich, von Mephisto fortgerissen, von Gretchen löst. »Er facht in meiner Brust ein wildes Feuer / Nach jenem schönen Bild ⟨gemeint ist das der Helena, welches ihm ausgerechnet in der Hexenküche erschienen war⟩ geschäftig an. / So tauml' ich von Begierde zu Genuß, / Und im Genuß verschmacht' ich nach Begierde.«[33] Daß Faust den Göttern, wie er sein Bildungsziel metaphorisch nennt, gerade in seiner Begegnung mit Gretchen, in nächster Nähe, in der Niedrigkeit und Kleinheit ihrer Stube, bedeutend näher gekommen ist, wird an der Distanz offensichtlich, in die er mehr und mehr zu seinem Geist des Widerspiels gerät. Zwar kann er ihn je länger je weniger entbehren, allein, er genügt ihm immer weniger. Mitten im Hexenkessel wildester Ausschweifung, in der ›Walpurgisnacht‹, dessen überschäumend tolles Treiben selbst Mephistopheles zuviel wird (und wo Goethe alle Register satirischer, zweideutiger, komischer Laune zieht), erscheint ihm Gretchens Bild in unheilvoller Weise, Distanz schaffend und für den Moment zu einer Selbstbegegnung führend, die Faust zutiefst ergreift, so daß er aus dem hexischen Vergnügen zu laufen droht. Erst recht der Schluß, wo Faust den Gefährten zur Rettung Gretchens zwingen will, ein Unternehmen, in sich paradox, weil es vom Geist der Verneinung im selben Zuge die Bejahung fordert, und das daher an Gretchen selber scheitern muß. In Fausts Lebenswanderung markiert diese Erfahrung einen großen Einschnitt, bekräftigt durch die Mephistopheles widersprechende »STIMME *von oben*«[34], die Gretchens Rettung verkündet. Die Schlußszene von ›Faust I‹ enthält, wenn auch weniger deutlich als die des zweiten Teils, auch eine religiöse Denkfigur, durch die hindurch Goethe die Gestehungskosten reflektiert, die der Faustsche Kursus mit sich bringt, die Mittel also gerade nicht zynisch mit dem Zweck rechtfertigt. Zuletzt vermag auch er diesem Widerspruch nur mit einer Hoffnung zu begegnen, deren über-

zeugendste symbolische Fassung noch allemal in den Bildern der
Religionen zu finden ist. Das hat nichts mit Vertröstungen auf
einen jenseitigen Ausgleich für alles Elend hienieden zu tun, sondern mit der im Prolog ausgesprochenen, von Goethe leidenschaftlich bejahten Verfassung des Menschen als eines Wesens, das
notwendig irrt, ja ohne Irrtum nicht zur Wahrheit gelangen
kann. Und wer schuldlos in den Strudel fremden Irrtums gerät –
welche Position folgt auf diese Negation? Und bezeichnet diese
Frage nicht genau den metaphysischen Ort, der bleibt, auch nach
dem Ende und jenseits aller Religion?

Die Gretchentragödie bringt damit die erste wirkliche Grenzüberschreitung Fausts, sie wird symbolisch im religiösen Bilde
gefaßt, weil es keine andere Möglichkeit gibt. Ein kritischer
Impuls, der – wenden wir einmal wieder den Blick von der
Kunstfigur Faust ab – die objektive Bewegung trifft, für die er
einsteht. Der Aufbruch in die Welt führt, schon in nächster
Nähe, in der kleinen Welt des Hauses und der gewissermaßen
familiären Bedürfnisse, am Anfang der Stufenleiter, im verworrenen und undeutlichen Leben der Sinne und der Einbildungskraft,
in Aporien, die gerade auf dem Boden der modernen bürgerlichen Gesellschaft unaufhebbar sind. Nur die bewußte, machiavel-
listische Nichtachtung der Sittlichkeit bleibt als anderes Extrem,
eine bloß subjektive Ausflucht, weil objektiv im sozialen Leben
jeder Weg und jeder Irrweg seine notwendigen Kreuzpunkte hat.
Gegen eine Verkürzung der Moral auf Geschäftsmoral und die
soziale Kleinmünze des »Was du nicht willst, das man dir tu«,
hält Goethe an der Idee eines den Tod transzendierenden gerechten Schicksals der Menschenmonade fest. Gretchens Leid, das
Unglück ihres kaum geborenen Kindes können von keinem Triumph Faustens aufgewogen werden. Damit verhält sich Goethe
kritisch gegen eine Säkularisierungsbewegung, die im bürgerlichen Denken den Weg nur frei gemacht hat für den unbarmherzigen Fortschritt des Geistes und der ihm zugrundeliegenden
materiellen Entwicklung der Wirtschaft, Technik und Sozialität.
Doch bringt diese Kritik keinen Rückfall in alte Denkweisen, und
Goethe entwickelt aus ihr nach vorne gewendet die Utopie einer
anderen Grenzüberschreitung, die allerdings im Gegensatz zu

Fausts Utopie des tätigen Lebens und des ihm korrespondierenden erfüllten Augenblicks nur erst in – der Religion entlehnten –
Bildern und Symbolen umschreibbar ist.

4. Weltfahrt des unbefriedigten Lebens

Eine schwere Krise ist das Ergebnis der Propädeutik, die Faust
absolviert hat, und wir finden ihn wieder »ermüdet, unruhig,
schlafsuchend«[35]; Erschütterung und Krankheit bezeichnen wie
oft bei Goethe (etwa in der ›Natürlichen Tochter‹ oder dem
›Wilhelm Meister‹, um nur diese beiden zu erwähnen) auch hier
eine Heilkrise, das psychosomatische Korrelat zu den Veränderungen, die das Initiationsgeschehen verursacht und die den Menschen gestärkt und erneuert entläßt. Eine Wiedergeburtsszene
steht daher am Anfang des zweiten Kursus: »Des Lebens Pulse
schlagen frisch lebendig, / Ätherische Dämmerung milde zu
begrüßen; / Du, Erde, warst auch diese Nacht beständig / Und
atmest neu erquickt zu meinen Füßen, / Beginnst schon, mit Lust
mich zu umgeben, / Du regst und rührst ein kräftiges Beschließen, / Zum höchsten Dasein immerfort zu streben. –«[36] Auch
diesmal lesen wir aus Fausts Rede die Verschränkung von Subjekt
und Objekt, die Entsprechung des subjektiven Durchbruchs im
Welt- und Naturgang, wie das schon der Osterspaziergang mit
seiner naturhaften Frühlingseuphorie vorgeführt hatte. Die Verlegung des Schauplatzes ist in diesem Sinne bedeutsam: die große
Welt kündigt sich nicht erst in der nächsten Szene ›Kaiserliche
Pfalz. Saal des Thrones‹ an, wo sie im Gegenteil sogar satirisch
relativiert wird, sondern in der Landschaft vor Fausts Augen. Er
selber erwacht zwar in anmutiger Gegend, in idyllischem Heil-
klima gewissermaßen, doch befindet er sich dabei inmitten erha-
benster Natur: »Hinaufgeschaut! – Der Berge Gipfelriesen / Verkünden schon die feierlichste Stunde; / ⟨. . .⟩«[37]
    Mit diesem Anblick kann die höfische Gesellschaft nicht kon-
kurrieren, in die wir nun eingeführt werden. Eine oberflächliche
Scheinwelt, nur an Vergnügen und Abwechslung interessiert: »So
sei die Zeit in Fröhlichkeit vertan«, ist des Kaisers Wahlspruch.[38]
Goethe, den man Fürstenknecht geschimpft hat, entfaltet hier ein

böses Spektakel alter, abgetakelter Maskenwesen, die sich zu einem Karneval versammeln, dieweil draußen im Reiche Ungerechtigkeit, Korruption und Elend herrschen; die farcenhafte Szene von der Erfindung des Geldes zur weiteren Finanzierung der seichten Ausschweifungen darf man nicht als allegorische Verschlüsselung wirklicher ökonomischer Verhältnisse lesen, dafür griffe sie zu kurz. Sie gehört zur Verschwendungswirtschaft des Hofes, ist das Zeichen ihrer Unsolidität, mit Mitteln des grob travestierenden Puppenspiels sinnfällig gemacht. Gewiß sind die Szenen am kaiserlichen Hofe auch sarkastische Reflexe von Goethes eigenen Erfahrungen. Der Musenhof als Amüsierbetrieb: »Erst haben wir ihn reich gemacht, / Nun sollen wir ihn amüsieren.«[39] Und doch gibt es inmitten dieses talmihaften Wohllebens erneut eine Begegnung, die Faust verändert und Mephistopheles in nicht geringe Verlegenheit versetzt. Der teuflische Geselle verliert übrigens mehr und mehr sein diabolisches Wesen, verwandelt sich in einen geplagten Maître de plaisir, der nur manchmal noch, wenn es ihm gar zu toll wird, an alte Verträge erinnert. Die Negativität, die er – auch moralisch – verkörpert, wird zunehmend ein Moment der Handlung selber, an deren Fäden er mitunter ebenso zappelt wie sein Reisegefährte.

Eine Beschwörungsszene, diesmal als Spiel im Spiel, Theater auf dem Theater inszeniert (»Beginne gleich das Drama seinen Lauf, / Der Herr befiehlt's, ihr Wände tut euch auf!«[40]), bringt abermals den Umschlag. Die magische Heraufführung der Helena galt schon in der Renaissance als höchster Preis der Kunst, wie überhaupt in der Beschwörung der antiken Helden der unbezwingbare Wunsch nach einer wirklichen Wiederbegegnung mit den Klassikern lebte. Die Sehnsucht nach dieser berühmten Frau des Altertums meinte aber ebenso Verkörperung erotischer Allmacht und vollkommener Schönheit. Der höchste aller Genüsse galt in einer christlichen Welt als gottloser Frevel und der Wunsch nach Vermählung mit der heidnischen Helena schon als Sünde in Gedanken. Ein weiteres Renaissance-Motiv also in Goethes ›Faust‹, dessen Held in dem aufsteigenden Weibe das Zauberbild aus der Hexenküche wiedererblickt, nur jetzt um ein Vielfaches gesteigert: »Du bist's, der ich die Regung aller

Kraft, / Den Inbegriff der Leidenschaft, / Dir Neigung, Lieb',
Anbetung, Wahnsinn zolle.«[41] Das ist der Moment, in dem Faust
»aus der Rolle«[42] fällt – nicht nur des mephistophelischen Zau-
berstücks vor dem versammelten Hof, sondern des ganzen Welt-
schauspiels, das der kunstreiche Gefährte für ihn und zur Beförderung der eigenen niederen Zwecke schuf. Dieser Moment ist
ein tiefer Einschnitt in der Weltfahrt, die sich mit einem Male als
zweifelhafte Veranstaltung entpuppt, als eine traumhafte Form
der Zerstreuung, die vor dem konzentrierten Idealbild Helenas
nichtig wird. Weshalb Faust ganz konsequent an den Ausgangspunkt der Reise, in sein enges, gotisches Zimmer, zurückkehrt.
Wie immer man die phantastischen Szenen des zweiten und dritten Aktes, vor allem also in der »Klassischen Walpurgisnacht‹
und der Helena-Tragödie im Detail deuten mag (und sie gehören
zu den vieldeutigsten und meistinterpretierten der deutschen Literatur), sie führen ins vielgestaltige und zugleich verwesentlichte
Reich der Kunst. Eine Reise in die Antike in ihren schauerlichen
und idealen, ihren komischen und erhabenen Erscheinungsformen, wo in aller Vielheit doch Harmonie und Einfalt herrschten,
Geist und Sinnlichkeit versöhnt waren (und wo bezeichnenderweise ja auch das luftige Geistwesen Homunculus aus Wagners
nordischem Vernunftlaboratorium zur Körperlichkeit findet).
Hier ist wieder Winckelmann sehr nahe, grundiert von Zügen,
die sich bei ihm noch nicht finden, aber durch die neueren
Kenntnisse der Archäologie und Altphilologie bestätigt wurden:
in der Figur der Helena erscheint ganz am Ende von Goethes
klassischem Theater wie an seinem Anfang in der ›Iphigenie‹
jenes Bild klassischer Schönheit und Humanität der Alten, das
Winckelmann aus ihren Meisterstücken gelesen haben wollte.
Eine ästhetische Utopie als Zeitreise, wie sie in späterer Zeit
Mode werden sollte, als Reise in ein fernes Jahrhundert, unter
den sanften und reinen Himmel der Antike, zu einem schöneren
und vollkommeneren Geschlecht. Welch eine verzehrende Sehnsucht steckt in diesen Bildern, nur wer sie miterfaßt, dem gerin-
nen sie nicht zu klassizistischem Marmor.

Dennoch sind es Kunstgebilde, und Goethe läßt keinen Zweifel
daran. Die Form dieses klassischen »Vollglücks in der Beschrän-

kung« (Jean Paul) ist die zeitlose Idylle, in welcher der Raum über die Geschichte herrscht. Arkadien im goldenen Zeitalter der Antike, ewig verlorener Heimatort mit einem Glücksversprechen, das in die Zukunft weist:»So ist es mir, so ist es dir gelungen; / Vergangenheit sei hinter uns getan! / O fühle dich vom höchsten Gott entsprungen, / Der ersten Welt gehörst du einzig an. // Nicht feste Burg soll dich umschreiben! /Noch zirkt in ewiger Jugendkraft / Für uns, zu wonnevollem Bleiben, / Arkadien in Spartas Nachbarschaft. // Gelockt auf sel'gem Grund zu wohnen,/ Du flüchtetest ins heiterste Geschick! / Zur Laube wandeln sich die Thronen, / Arkadisch frei sei unser Glück!«[43] Die griechische Traumexistenz Fausts und Helenas ist ein Asyl, das beide der Kunst verdanken. Sinnbild der ästhetischen Theorie Goethes, wobei die Kunst trotz der unentbehrlichen Funktion für Humanität und Lebensglück zwar keine Dauer, aber auch nicht bloß Illusionsstückchen zu schaffen vermag. Der Helena-Akt steht vor Fausts Ausfahrt ins tätige Leben und seine ihm ganz eigene Utopie, beide Seiten gehören zusammen. Gewiß ist es zunächst nur ein augenblicklicher Traum von Freiheit, in den die Kunst versetzt, doch macht sie frei zum schöpferischen, produktiven Weltverhältnis. Auch wenn Mephisto hier nur in Phorkyas' Gestalt kommentierend zugegen bleibt, die Kunstidylle treibt aus sich selbst den Widerspruch hervor: in Gestalt des Euphorion, den faustisches Wesen hinaus- und hinaufdrängt (»Was soll die Enge mir / ⟨. . .⟩«[44]). Die Sprengung der Kunstidylle durch das Übermaß des Künstlers selber, Goethe hat es, Byrons unglückliches Exempel vor Augen, als Unvereinbarkeit von poetischer und politischer Existenz ausgeführt: als eine Grenzüberschreitung der Poesie, die den Blick nicht bloß auf deren Beschränkung (daher Euphorions Absturz), sondern auch auf die Weite des Lebens richtet, von dem die Kunst nur ein, wenn auch unverzichtbares Moment darstellt. Helena verschwindet im Hades, die Idylle zerstiebt, die Selbstzufriedenheit macht neuer Tätigkeit Platz, Kunstproduktion geht über in Weltentstehung.

Recht betrachtet, bringt das Geschick der Helena-Idylle auch eine entschlossene Revision des Bildungsideals, das mit ihm verbunden war. Winckelmanns ganzheitlich harmonisches Menschenbild war insofern wesentlich ästhetisch ausgerichtet, als es sich jenseits der Sphäre der Reproduktion des Lebens, der Arbeit befand, sie hatte darin keinen Platz und war somit, hier übrigens der Antike ganz folgend, nur für die freien, also von Arbeit und Dienst freien Bürger zugänglich, für die es im 18. Jahrhundert keine soziale Realität mehr gab – es sei denn, man sieht sie in der höfischen Gesellschaft – eine Betrachtungsweise, die Goethe längst nicht mehr möglich erschien und die er in den Szenen am kaiserlichen Hof satirisch glossiert. Die rein ästhetische Utopie hält dem Widerspruch nicht stand, dem die berufsbürgerliche Gesellschaft ihre Existenz verdankt und der in der seinsmächtig werdenden und von Naturzwängen befreienden Arbeit liegt. Formierung, Bildung des Subjekts durch Sich-Abarbeiten an der Natur, durch die zum freien Selbstbewußtsein führende Entäußerung in die Gegenstandswelt, aus welcher es mit der Erfahrung der Selbständigkeit und Produktivität zurückkehrt: das ist der Wegabschnitt, der Faust nun noch bevorsteht. Hier liegt auch das Verbindungsglied zwischen Goethes Stück und Hegels ›Phänomenologie des Geistes‹[45]. Beiden vorweggegangen war freilich Schiller mit seinen ›Briefen über die ästhetische Erziehung des Menschen‹ (1795), in welchen auch bereits die entfremdenden Auswirkungen der Arbeit durch die Arbeitsteilung bedacht und durch eine neue Kulturtheorie aufgehoben werden, welche die schöpferischen und befreienden Momente der sinnlichen Tätigkeit durch eine höhere Kultur retten möchte.

5. Fausts Utopie

Es ist ein besonders fruchtbarer Einfall, daß Goethe, angeregt von zeitgenössischen Berichten über Landgewinnung an der Nordsee, als Exempel für die neue Phase in Fausts Bildungsgang dessen Wunsch, »Das herrische Meer vom Ufer auszuschließen«[46], als neuen Ausgangspunkt wählt. Vom Kaiser als Dank für kriegerische Hilfeleistung mit einem Stück Meeresküste belohnt, setzt er seine begeisterte Vision in die Tat um: Weltentstehung durch Arbeit, ein genaues und sinnkräftiges Bild. Als wir Faust freilich in seinem Palast (»im höchsten Alter«[47]) wiederbegegnen, ist das

Maß des Weltglücks durchaus nicht voll. Die Philemon-und-Bau-
cis-Episode hat am idyllischen Gegenbild erhellt, was Faust im
neuen Tatendrang versäumte und daß sich auch in dieser letzten
lebensgeschichtlichen Phase das Negative gerade im schöpferischen Prozeß geltend macht. »Menschenopfer mußten bluten, /
Nachts erscholl des Jammers Qual; / ⟨. . .⟩«[48] Daher ist es auch
nicht etwa wörtlich zu verstehen, wenn Faust die Hand aus-
streckt nach der Enklave der beiden Alten, die außerhalb seines
Eigentums leben. Ihre Exterritorialität zu seiner Sphäre ist anderer Art: das Glöckchen, das vom »morschen Kirchlein« herüber-
läutet[49] und ihn so stört, deutet es an: die Philemon-und-Baucis-
Idylle enthält in ihrer fleckenlosen Positivität alle Glücksmo-
mente, die außerhalb des Bereichs liegen, in welchem allein
Fausts Bildungsgesetz sich verwirklichen konnte. Das Zauberbild
der kleinen Welt, Korrespondenz zu Gretchens Stube, erfülltes
Miniaturleben, das ihm versperrt blieb. Doch nicht allein aus subjektiver Nichteignung: die Zeit für diese Form der Weltbeglük-
kung (ein Sehnsuchtsbild schon immer und von Goethe, denken
wir an Faust in Gretchens Stube, von Anfang an mit imaginären
Zügen ausgestattet) auch in Form der Annäherung ist vorbei, und
wenn Faust ihre Zerstörung betreibt, so tut er das als Agent, als
Vollzieher eines historischen Fortschritts, der so fragwürdig wie
unaufhaltsam geworden ist. Was natürlich seine Schuld nicht
mindert, sondern ihn im Gegenteil auf die notwendige sittliche
Aporie in seinem Handeln hinweist. So ist auch diese dritte (denn
die Gretchen-Tragödie hat die gleichen Züge und gehört hierher)
und letzte Idylle zum Untergang verurteilt. Wobei in dem desperaten Zerstörungstrieb, in der totalitären Gebärde (»Die wenig
Bäume, nicht mein eigen, / Verderben mir den Weltbesitz.«[50])
auch der ohnmächtige, irreale und daher in sich selbst verkehrte
Wunsch steckt, den Platz zu tauschen, auszuwandern in ein fremdes Leben, das ihm unzugänglich war: »Die Alten droben sollten
weichen, / Die Linden wünscht' ich mir zum Sitz, / ⟨. . .⟩«[51]

Was also bleibt übrig von Fausts Utopie der neuen Erde, dem
aufgewühlten Meer der Geschichte abgewonnen? In begeisterter
und daher mitreißender, doch dem Kontext nach zweideutiger
Rede entfaltet Faust diesen regulativen Rest selber: »Ein Sumpf

zieht am Gebirge hin, / Verpestet alles schon Errungene; / Den faulen Pfuhl auch abzuziehn, /Das Letzte wär' das Höchsterrungene. / Eröffn' ich Räume vielen Millionen, / Nicht sicher zwar, doch tätig-frei zu wohnen. / Grün das Gefilde, fruchtbar; Mensch und Herde/ Sogleich behaglich auf der neuesten Erde, / Gleich angesiedelt an des Hügels Kraft, / Den aufgewälzt kühnemsige Völkerschaft. / Im Innern hier ein paradiesisch Land, / Da rase draußen Flut bis auf zum Rand, / Und wie sie nascht, gewaltsam einzuschießen, / Gemeindrang eilt, die Lücke zu verschließen. / Ja! diesem Sinne bin ich ganz ergeben, / Das ist der Weisheit letzter Schluß: / Nur der verdient sich Freiheit wie das Leben, / Der täglich sie erobern muß. / Und so verbringt, umrungen von Gefahr, / Hier Kindheit, Mann und Greis sein tüchtig Jahr. / Solch ein Gewimmel möcht' ich sehn, / Auf freiem Grund mit freiem Volke stehn. / Zum Augenblicke dürft' ich sagen: / Verweile doch, du bist so schön! / Es kann die Spur von meinen Erdetagen / Nicht in Äonen untergehn. – / Im Vorgefühl von solchem hohen Glück / Genieß' ich jetzt den höchsten Augenblick.«[52] Ironie kennzeichnet den Redefluß. Faust ist, von der Sorge geschlagen, blind und hält die Arbeit der Lemuren, die sein Grab schaufeln, für das Geklirr aufbauender, urbar machender Spatenstiche. Der Tod ist die dunkle Folie, auf der sich seine Vision entfaltet. Doch wird diese Ironie nicht abermals durchsichtig, wenn wir bedenken, daß das Motiv des blinden Sehers eine bis in die Antike zurückreichende Tradition hat und mit der Erkenntnis der Wahrheit verbunden ist? Der blinde Faust ist bei der höchsten ihm möglichen Erkenntnis angelangt. Das »paradiesisch Land« der »neusten Erde«, das die Erfüllung aller menschlichen Bedürfnisse bringt, kann nicht gefunden oder entdeckt werden, ein Insel-Utopia nach Morus' oder Schnabels Vorstellung, sondern ist Ergebnis menschlicher Planung und Arbeit, ist selber Menschenwerk, anders kann es nicht Wirklichkeit werden. Außerdem kann es niemals als sicherer Besitz betrachtet, sondern nur in unermüdlicher Tätigkeit mit der dauernden Gefahr der Vergeblichkeit vor Augen errungen und erhalten werden.

Steckte nicht mehr in Fausts letzten Worten, sie bedeuteten freilich bloß den Wunsch nach einer Verlängerung und Verbesserung des schon Erreichten, zögen die Linie aus der Gegenwart ein Stück weit in die Zukunft, und Mephistopheles könnte sich mit Recht noch als Sieger des Wettkampfs wähnen. Doch die Prägung vom »freie⟨n⟩ Grund mit freiem Volk« besagt ja so viel mehr! Sie enthält die Aufhebung jeder Fremdheit zwischen dem Subjekt und seiner Welt, ein freies Ineinanderspiel (auch an dieser Stelle wird spät noch Schillers Einfluß spürbar) und die Aufhebung der sittlichen Aporie, die in der von Faust erfahrenen Vorgeschichte schroff und unaufhebbar bis zuletzt geblieben ist. Diese nun wirklich veränderte und qualitativ Neue Welt, das Endziel aller Geschichte, das regnum hominis in einer menschlich vermittelten Natur kann (noch) keine empirische Erfahrung sein, sondern ist allein als utopisches Ereignis, als Vorschein-Erleben, als utopische Erfahrung zugänglich. So kommt es zu der konditionalen Formulierung der Wettbedingung durch Faust, die von der ursprünglichen Verabredung bedeutsam abweicht. Eine Nuance, von der Mephistopheles keine Notiz nimmt, weil er ihre Motive nicht begreift: sie liegen jenseits seines Bereichs (»Was soll uns denn das ew'ge Schaffen! / Geschaffenes zu nichts hinwegzuraffen! / ›Da ist's vorbei!‹«[53]), so daß er allenfalls behaupten kann, die Wette nach der formalen Seite hin gewonnen zu haben. Ihr Ausgang ist so schief wie bei der Wette zwischen dem tapferen Schneiderlein mit dem Riesen im Märchen. Denn noch stehen die objektiven Verhältnisse für eine schrankenlose Bejahung des Lebensaugenblicks aus, ja sie erscheinen unausdenkbar fern. In ihm nun wäre mit der Negativität auch die Zeit aufgehoben. Ein so hohes Ziel kannte Fausts Streben zu Anfang nicht, es ist gleichsam klug geworden durch Fehler und Irrtum, hat sich berichtigt und ausgerichtet am höchsten Gut, das denkbar ist. Trotz aller Rückfälle (Philemon und Baucis) ist Faust der Schule längst entwachsen, die Mephisto mit ihm durchexerzierte, und weiß gerade deshalb, daß er das eigentliche Ziel, das ihm immer deutlicher vorschwebte, niemals erreicht, daß er den erfüllten Augenblick verfehlen muß und deshalb endlich unter der Herrschaft der Zeit bleibt; so daß die Schaufeln, die die Zukunft bereiten, auch immer zugleich Grabschaufeln für die Gegenwart sind, die in Vergangenheit versinkt. Sich darüber hinwegzusetzen, trotzdem der Zukunft zugewandt zu bleiben, ist die paradoxe Situation, die diese Szene im ›Vorhof des Palasts‹ ausführt. So löst sich, was anfangs Ironie schien, in ein scharfes Sinnbild menschlicher Existenz unter den Bedingungen der Vorläufigkeit auf. Faust stirbt, muß man also resümieren, weil Mephisto die Bedingungen gar nicht einhalten kann, die den erfüllten Augenblick wirklich machen und ihn seiner Herrschaft endgültig entziehen würden – nicht aber, wie Mephisto meint, weil er nun endlich diesem unersättlichen Geist Genüge getan hat.

Das Spektakelspiel der Grablegung im Angesicht der »greuliche⟨n⟩ Höllenrachen«[54], mit Dürrteufeln und Rosenengeln, eine übermütige Paraphrase des »betrogenen Teufels«, entwirrt die Fäden und bereitet sie vor zur Figur einer neuen Parabel. Denn wenn die Utopie regulativ auch schon in der Vorgeschichte wirkte, wie man rückblickend auf Fausts Bildungsgang jetzt sagen kann, dem sie Sinn verleiht und antwortet, so ist eine Frage offengeblieben, die Faust begleitet, seit er Gretchen begegnet ist, und die das ganze Stück insistierend durchsetzt: sie ist zwar, wie dargelegt, im Vorschein der Utopie potentiell aufgehoben, doch damit immer noch nicht gegenstandslos geworden. Ich meine die Bezweiflung einer das Einzelleben überdauernden Gerechtigkeit, die Mephisto zynisch im Verdikt über Gretchen aussprach. In Fausts Vision ist diese Idee nicht mehr mitgedacht, weil es auf jener neuen Erde den Widerspruch nicht mehr geben wird, der Opfer fordert – doch bedeutet allein diese so ferne Aussicht auch schon die Rechtfertigung aller Opferungen bis dahin? Gretchen, auf ihre Weise Euphorion und Helena, und natürlich Philemon und Baucis und alle die unzähligen Blutopfer, die sie repräsentieren, sind die offene Wunde im Faust-Prozeß des Menschen und der Welt.

6. »Die Überzeugung unserer Fortdauer entspringt mir aus dem Begriff der Tätigkeit ...«

Die Topographie, welche den Grund der letzten Szene von ›Faust II‹ bildet, kennen wir längst: aus der ›Natürlichen Tochter‹ oder ›Wilhelm Meisters Wanderjahren‹: es wird damit keine realistische, sondern eine allegorische Landschaft bedeutet, deren stufenförmige, gebirgig aufsteigende Formation einen Initiationsweg darstellt, der auf die Höhe, zu Reinigung und Wiedergeburt führt. Hier sind die einzelnen Stationen zusätzlich personifiziert in den heiligen Anachoreten, Einsiedlern, deren Waldzellen am Gebirgshang übereinander liegen. In einem neuen, in sich kohärenten Bild- und Symbolsystem, das freilich auch vorher hier und da schon einmal hervortrat (etwa in der Gretchentragödie), ohne sich aber durchzusetzen, spielt sich hier das Faust-Drama auf anderer Ebene in seinen wesentlichen Zügen noch einmal ab. Eine Art Epilog, in sich geschlossen, Echo auf das Vorspiel im Himmel, und dessen Impulse in verwandter Sprache wiederaufnehmend. Die Struktur des mittelalterlichen Mysterienspiels scheint durch. Die Einleitung, die das Thema erläutert, das Streitgespräch mit dem sakralen Personal und den allegorischen Verkörperungen über Schuld und Sühne des Menschen, welches schließlich von Gott entschieden wird, und einer dramatischen Handlung, die in den großen Mysterienspielen von der Schöpfung bis zum Jüngsten Gericht reicht. Doch der Zweck eines solchen Echos aus fernen literaturgeschichtlichen Gegenden ist nicht religiös im üblichen Verständnis. Der festliche Kultcharakter ist erhalten geblieben, doch nicht zur Feier religiöser Handlungen oder als Rahmen, in welchem die stete Gegenwart der Heilswahrheiten überzeugungskräftig vorgeführt werden soll. Goethe benutzt die Formen und Motive zu anderem Zweck: der Schlüssel dazu liegt im Gesang der »Seligen Knaben«, die Fausts »Unsterbliches«[55] erhalten, das nach einer anderen Handschrift ursprünglich und genauer (doch damit auch allzu gedanklich spröde) »Faustens Entelechie« hatte heißen sollen[56]. Sie empfangen ihn im »Puppenstand« – Anspielung auf das schöne Bild, mit dem Tasso seine Daseinshoffnung beschloß[57] –, um dann, nach Zuspruch und

Beistand durch die Büßerinnen, unter denen sich auch Gretchen befindet, feststellen zu können:»Er überwächst uns schon / An mächtigen Gliedern, / Wird treuer Pflege Lohn / Reichlich erwidern. / Wir wurden früh entfernt / Von Lebechören; / Doch dieser hat gelernt, / Er wird uns lehren.«[58]

Da sind wir bei der Vollendung von Fausts Entelechie angelangt. Goethe hat, vor allem in Gesprächen mit Eckermann, die hier poetisch ausgemachte Überzeugung mehrmals kommentiert, allerdings auch betont, daß solche »unbegreifliche⟨n⟩ Dinge« zu fern liegen, »um ein Gegenstand täglicher Betrachtung und gedankenzerstörender Spekulation zu sein«[59]. Andererseits hat er aber auch wieder mehrmals betont, daß ihn der Gedanke an den Tod in völliger Ruhe läßt, »denn ich habe die feste Überzeugung, daß unser Geist ein Wesen ist ganz unzerstörbarer Natur; es ist ein fortwirkendes von Ewigkeit zu Ewigkeit«[60]. Eine Weiterexistenz, die sich aber nicht von selbst ergibt. Der Mensch ist nicht unsterblich, er erwirbt sich Unsterblichkeit durch eigene Kraft und Tätigkeit, indem er sich derart erweitert, erhöht und verwesentlicht, daß es sogar als Schuldigkeit der Natur aufgefaßt werden kann, ihm die Fortdauer zu gewähren:»Die Überzeugung unserer Fortdauer entspringt mir aus dem Begriff der Tätigkeit; denn wenn ich bis an mein Ende rastlos wirke, so ist die Natur verpflichtet, mir eine andere Form des Daseins anzuweisen, wenn die jetzige meinen Geist nicht ferner auszuhalten vermag.«[61] Das ist eine starke Provokation, etwas vom prometheischen Überschwang und Anspruch der Geniezeit schwingt darin mit. Zur »Entpuppung«, die Fausts Entelechie beschreibt, gibt es noch ein anderes sehr dezidiertes Wort zu Eckermann:»Ich zweifle nicht an unserer Fortdauer, denn die Natur kann die Entelechie nicht entbehren; aber wir sind nicht auf gleiche Weise unsterblich, und um sich künftig als große Entelechie zu manifestieren, muß man auch eine sein.«[62]

»Er wird uns lehren« – höher hinauf gelangt niemand, doch wenn auch eigene Kraft und Tätigkeit darüber entscheiden, alles Mühen bliebe unvollständig, wäre es bloß isoliert. Der Gedanke der Fortdauer wendet sich kritisch gegen die Preisgabe der Moral in einer säkularisierten, modernen Welt und verbindet die Idee

einer transzendenten Gerechtigkeit mit dem menschlich-empiri-
schen Dasein. Nur wer von der Nichtigkeit und Endlichkeit des
Ichs überzeugt ist wie Mephistopheles (»Es ist so gut, als wär' es
nicht gewesen, / Und treibt sich doch im Kreis, als wenn es wäre./
Ich liebte mir dafür das Ewig-Leere.«[63]), dem ist ethische Gesinnung bloß funktional als auf sich selbst bezogene Vorsicht oder
ganz und gar verächtlich. Die alle Erfahrung natürlich übersteigende
Ahnung vom gegenseitigen Ausgleich der entelechetischen
Monaden im Ganzen der Natur stiftet schon davor eine Gemeinschaft aller Lebenden, deren Verletzung ganz natürlich als Schuld
zu bewerten und erfahrbar ist. In dieser Ahnung liegt auch für
Goethe die symbolische Wahrheit der Religion, die sie den Wis-
senschaftlern voraus hat und sie zum poetischen Erbe so tauglich
macht, auch wenn sich ihre Glaubenswahrheiten sonst aufgelöst
haben. »Es ist mir nämlich gelungen«, berichtete er Sulpiz Boisserée am 8. September 1831, »den zweiten Teil des ›Faust‹ in sich
selbst abzuschließen. Ich wußte schon lange her, was, ja sogar,
wie ich's wollte, und trug es als ein inneres Märchen seit so vielen
Jahren mit mir herum ⟨. . .⟩«[64]

Vierter Teil
Erzählende Prosa

I. Seelengeschichte und die »Stimmung des wirklichen Lebens«

1. Widerspruch von Wirkung und Geltung des Romans

Die Grundlagen für den klassischen und romantischen Roman liegen in Aufklärung und Empfindsamkeit, der Prozeß seiner ästhetischen Gleichstellung mit den überlieferten Gattungen läßt sich spätestens seit Gottsched verfolgen und ist auch im letzten Drittel des Jahrhunderts theoretisch nicht völlig entschieden, wenngleich die Praxis der Schriftsteller, die sehr viel schneller auf das Leserbedürfnis reagierten, der theoretischen Reflexion da schon weit voraus war. Ohne hier vorschnell auf die Darstellung der einzelnen Positionen im Zusammenhang mit der konkreten Romangeschichte vorauszugreifen, möchte ich wenigstens die wichtigsten gedanklichen Linien verdeutlichen, an denen sich die zeitgenössische Diskussion um die immer noch zweifelhafte Gattung orientierte.

In einem kleinen Aufsatz über die ›Deutsche Sprache‹ (1817) hat Goethe die Zusammensetzung des mittelständischen Publikums sehr plastisch beschrieben, das im Durchschnitt die Leserschaft der neuen Romanliteratur ausmachte. »Wir geben gerne zu, daß jeder Deutsche seine vollkommene Ausbildung innerhalb unserer Sprache ohne irgendeine fremde Beihülfe hinreichend gewinnen könne. Dies verdanken wir einzelnen vielseitigen Bemühungen des vergangenen Jahrhunderts, welche nunmehr der ganzen Nation, besonders aber einem gewissen Mittelstand zugute gehn, wie ich ihn im besten Sinne des Worts nennen möchte. Hiezu gehören die Bewohner kleiner Städte, deren Deutschland so viele wohlgelegene, wohlbestellte zählt: alle Beamten und Unterbeamten daselbst, Handelsleute, Fabrikanten, vorzügliche Frauen und Töchter solcher Familien, auch Landgeistliche, insofern sie Erzieher sind. Diese Personen sämtlich, die sich zwar in beschränkten, aber doch wohlhäbigen, auch ein sittliches Behagen fördernden Verhältnissen befinden, alle können ihr Lebens-

und Lehrbedürfnis innerhalb der Muttersprache befriedigen.«[1] Mit welchen literarischen Mitteln sie das taten, zeigen die Statistiken der Zeit. Die Zahl der Neuerscheinungen hatte sich zwischen 1780 und 1800 verdoppelt (von 2000 auf 4000 Titel), wenn man nur die Meßkataloge zugrunde legt, tatsächlich aber wohl verdrei- oder vervierfacht[2]; mehr als sechstausend Schriftsteller wirkten 1789 in Deutschland, fünfzehn Jahre vorher war es nur die Hälfte gewesen. »Die Leserey ist zum beynahe unentbehrlichen und allgemeinen Bedürfniß geworden«, schrieb Kant 1793.[3] Es richtete sich zuallererst auf Romane, dann auf Gedichte und Komödien, nach zeitgenössischen Schätzungen belief sich die Romanproduktion im Anfang unseres Zeitraums auf dreihundert Titel, samt Übersetzungen, jährlich und stieg zu Beginn des 19. Jahrhunderts immer weiter an.

In diesem Zusammenhang muß man die wirkungsästhetische Rechtfertigung und die Kritik am Roman sehen. Herder hat im neunundneunzigsten seiner ›Briefe zur Beförderung der Humanität‹ auch den historischen und politischen Zusammenhang am Beispiel des so viel fortgeschritteneren England ergründet. »Keine Gattung der Poesie ist von weiterem Umfange, als der Roman; unter allen ist er auch der *verschiedensten Bearbeitung* fähig: denn er enthält oder kann enthalten nicht etwa nur Geschichte und Geographie, Philosophie und die Theorie fast aller Künste, sondern auch die Poesie aller Gattungen und Arten – in Prose. Was irgend den menschlichen Verstand und das Herz intereßiret, Leidenschaft und Charakter, Gestalt und Gegend, Kunst und Weisheit, was möglich und denkbar ist, ja das Unmögliche selbst kann und darf in einen Roman gebracht werden, sobald es unsern Verstand oder unser Herz intereßiret. Die größesten Disparaten läßt diese Dichtungsart zu: denn sie ist Poesie in Prose.«[4] Daraus konnte Friedrich Schlegel, konnten die Romantiker ihr Programm einer neuen Universalpoesie und eine modifizierte Auffassung vom Roman entwickeln. Doch ungleich bedeutungsvoller ist in unserem Zusammenhang, daß Herder das grenzüberschreitende Wesen des Romans aus den Interessen des dritten Standes ableitete, die in England zuerst »über Angelegenheiten des Reichs« mitsprechen konnten und die Toleranz gegenüber den

»eigenthümlichen Sitten« aller Sozial- und Berufsstände ausbilden halfen: »Ihr *humour* nämlich war ein Sohn der Freimüthigkeit und eines eignen Betragens in allen Ständen.« Auch die Ausbildung einer kulturellen Öffentlichkeit in Rede, Zeitung und Monatsschrift hat die geistige und ästhetische Integrationskraft für ein Universum des Verschiedenen und sogar »Einkleidungen und Schreibart« entwickeln helfen.[5] Derart gewinnt die Rede vom bürgerlichen Charakter des Romans Verbindlichkeit und Präzision und noch eine poetologische Sentenz wie des Novalis' Diktum: »Ein Roman ist ein *Leben,* als Buch«[6], verliert den Anschein von l'art pour l'art; das ist eine spätere Entwicklung, die sich daraus erst im Laufe des 19. Jahrhunderts ergeben sollte. Denn wirklich ist der Roman, darin stimmen alle Theoretiker mehr oder weniger überein, Ausdruck einer Lebensform, und er ist es gerade in seiner Regellosigkeit und Offenheit, die beide auf ästhetischem Gebiet als Affront gegen die politisch-gesellschaftlichen Einschränkungen wirkten und in denen sich daher auch Hoffnungen und Ambitionen des Publikums auf besondere, aber verdeckte Weise geltend machen konnten.

Doch gerade diese unterschwellig wirksamen Ansprüche verlangten auch, daß der Roman sich durchsetzte in der Konkurrenz und Hierarchie der Gattungen, und wir erleben dabei eine ähnliche Konkurrenz wie fast gleichzeitig bei dem Kampf um die Anerkennung des bürgerlichen Trauerspiels neben der hohen Tragödie. Auch die Argumente sind oftmals fast austauschbar. Nicht nur, daß Johann Karl Wezel ausdrücklich die »bürgerliche Epopoee«, wie seine berühmte Definition des Romans lautet, als Synthese aus Biographie und Lustspiel entstanden sieht[7], daß Blanckenburg die Parallele zum antiken Epos ausdrücklich zog (»Ich sehe den Roman, den *guten Roman* für das an, was, in den ersten Zeiten Griechenlands, die Epopee für die Griechen war; wenigstens glaub' ichs, daß der *gute Roman* für uns das werden könnte.«[8]), auch die Zweckbestimmung, daß der Roman »zu gefallen und zu unterrichten, auf den Verstand und auf die Empfindung zu wirken« habe (Eschenburg)[9], lehnt sich wortwörtlich an das überlieferte und für die anderen literarischen Künste ebenso geltende rhetorische Wirkungsschema an. Wobei bald schon, unter dem Einfluß der Erfahrungsseelenkunde (K. Ph. Moritz), die Affektdarstellung an die psychologische Wahrheit gebunden und in ihr die eigentliche Domäne des modernen bürgerlichen Romans gesehen wird: »Belehrung durch Darstellung in vollständig ausgeführten Seelengemählden«, so Friedrich Bouterwek in seiner ›Philosophie der Romane‹ (1798).[10] Der Roman als Gefühls- und Seelengeschichte zur Verbesserung unserer Selbst- und Menschenkenntnis, die meisten Schriftsteller sind sich in dieser Überzeugung einig, in der sich Tendenzen einer aus pietistischem Selbsterforschungsauftrag speisenden autobiographischen Literatur, das erwachende psychologische Interesse mit der älteren rhetorischen Wirkungsästhetik und Affektenlehre mischen. Das gilt natürlich auch für Germaine de Staëls ›Versuch über die Dichtungen‹, der durch Goethes Übersetzung (1796) Autorität für die deutsche Romanästhetik bekommt. Eng soll der Roman mit dem Leben verbunden sein, und wenn er »mit Feinheit, Beredtsamkeit, Tiefe und Moralität das Leben darstellt, wie es ist«, so gibt es für sie keinen Zweifel, daß er »die nützlichste von allen Dichtungen sey«.[11] Der Akzent liegt freilich auf der inneren Erfahrung des menschlichen Lebens: »Man hat eine besondere Klasse für die philosophischen Romane errichten wollen, und hat nicht bedacht, daß alle philosophisch seyn sollen. Alle sollen, aus der innern Natur des Menschen geschöpft, wieder zu seinem Innern sprechen 〈. . .〉«[12] Die Diskussion, das zeigen gerade die von ihr verwendeten Kategorien, verläuft in den durch eine lange ästhetische Tradition vorgezeichneten Bahnen. Die Proklamation des Romans als eines philosophischen Dichtwerks benutzt unausgesprochen die aristotelische Unterscheidung von Geschichtsschreibung und Poesie, welch letztere eben auch durch ihren philosophischeren Charakter der Historiographie überlegen gesehen wurde. Ähnliches gilt für ein anderes Argument, mit dem die Autorin die Distanz des Romans von der Geschichtsschreibung bekräftigt. Denn daß die Darstellung historischer Ereignisse, Schlachten und anderer Staatsaktionen nur die äußere Seite trifft, während die wahren Motive (»Der Ehrgeitz, der Stolz, die Habsucht, die Eitelkeit 〈. . .〉«[13]) dahinter verborgen bleiben, ist ein bis zu Plutarch[14] zurückreichendes Argument für eine mehr anekdotisch-biographisch verfahrende Darstellungsweise, die auch die Möglichkeiten des Romans nutzt.

In sehr viel stärkerem Maße als bisher beachtet bedient sich der Roman insgesamt der rhetorischen Kategorien, er ist, läßt sich sogar sagen, ein legitimer Abkömmling der Rhetorik, die schließlich eine differenzierte und in Jahrhunderten immer weiter entwickelte Theorie der ungebundenen Rede, der Prosa also, bereitstellte und damit nicht nur über die besten Argumente zur Durchsetzung der neuen Gattung verfügte, sondern auch die Technik zur Romanproduktion vermittelte. Wenn Germaine de Staël den Roman als eine besondere Form der Überzeugungsherstellung beschreibt, seine Wirkung »auf die Gesinnungen der Privatpersonen« und dadurch auf »die öffentlichen Sitten« würdigt[15], wenn sie also zwischen dem ethos des einzelnen und dem sensus communis der Gesellschaft einen notwendigen Zusammenhang sieht und die Lektüre als einen Dialog zwischen Leser und Buch auffaßt[16], bei dem Herz zu Herzen spricht und die Darstellung von Emotionen wiederum affektisch wirke, so bewegt sie sich bis in Einzelheiten innerhalb des rhetorischen Systems. Und ganz selbstverständlich folgt ihr darin auch Goethe, wenn er als Gegenstand des Romans die »menschliche Natur und Handlung« oder gar »Gesinnungen und Begebenheiten« nennt[17], wohinter sich ethos und pragma beziehungsweise mores und res verbergen, die im rhetorischen Wirkungsschema Unterhaltung und Belehrung begründen. Obwohl auch der Autor des ›Werther‹ und des ›Wilhelm Meister‹ – beides für die Zeitgenossen Musterstücke der neuen Gattung – nicht ohne Vorbehalte war, den Roman als besonders geeignetes Instrument der Zerstreuung betrachtete (er bringe »Zerstreuung in die Zerstreuung«, kritisiert er[18]), wohingegen die Poesie »Sammlung« gebiete, und somit den Gegensatz von Poesie und Prosa zum Nachteil des Romans aufnimmt, so darf man dergleichen Bemerkungen nicht zu gewichtig nehmen, und da sie zudem in einem Brief an Schiller stehen, wohl auch von der Erwartung des Adressaten nicht ganz unbeeinfluß geblieben sind. Dieser nämlich erwies sich als hartnäckiger Skeptiker und war auch durch die gemeinsame Gedankenarbeit am ›Wilhelm Meister‹ nicht zu überzeugen gewesen.

Denn der Aufsatz ›Über epische und dramatische Dichtung‹, eine Gemeinschaftsarbeit Goethes und Schillers, spielt in dieser Frage keine Rolle, er bezieht sich auf Tragödie und Epos im traditionellen Verständnis, nicht auf den Roman, dessen Autor (so heißt es wörtlich im Essay ›Über naive und sentimentalische Dichtung‹) für Friedrich Schiller nur der »Halbbruder« des Dichters genannt werden kann: »Was der Dichter sich erlauben darf, hieß es, sollte dem prosaischen Erzähler nicht nachgesehen werden dürfen? Die Antwort ist in der Frage schon enthalten: was dem Dichter verstattet ist, kann für den, der es nicht ist, nichts beweisen.«[19] Trotz seiner Wertschätzung für den ›Wilhelm Meister‹, den er nach eigenem Zeugnis »verschlungen«[20] und im Briefwechsel mit Goethe scharfsinnig und klar kommentiert hat, betrachtet Schiller den Roman prinzipiell nach wie vor als »unreine(s) Medium«: »Die Form des Meisters, wie überhaupt jede Romanform, ist schlechterdings nicht poetisch, sie liegt ganz nur im Gebiete des Verstandes, steht unter allen seinen Forderungen und participiert auch von allen seinen Grenzen.«[21] Bei seiner eigenen Romanlektüre hat er immer Unterhaltung und Vergnügen[22] hervorgehoben, ja manchmal sogar eine gewisse »Trunkenheit«[23] verspürt, Kategorien, die zeigen, daß für ihn die Gattung nur, wie für Lessing und die älteren Theoretiker, zum »vernünftigen und ergötzenden Zeitvertreib« taugte[24], ihre Kunstform noch nicht gefunden hat und vermutlich nicht finden wird, weil »das Schwanken zwischen einer prosaischen und poetischen Stimmung« zu seinem Wesen gehört.[25]

Die geistig-literarischen, ideologischen Auseinandersetzungen werden im 18. Jahrhundert auf dem Gebiet des Dramas, vor allem des bürgerlichen Trauerspiels und der Tragödie ausgetragen; die traditionelle ästhetische Wertung, die dabei übernommen wird, unterstützt das Verständnis einer bürgerlichen Öffentlichkeit, die in der moralischen Anstalt des Theaters gleichsam modellhaft vorweggenommen ist. Das betrifft sowohl die politische Meinungsbildung im öffentlichen Streit der Argumente, die der dramatische Dialog vorführt, wie auch die kollektive, Standesgrenzen nivellierende Rezeptionsform. Die Vorliebe für den Dialogroman, wie sie bei manchen gerade noch der älteren Aufklärung besonders verpflichteten Schriftstellern (Wieland, Knigge oder Klinger) festzustellen ist, hat darin den wichtigsten Grund. Das gilt auch für das besondere Interesse am philosophisch-rhetorischen Roman, und wenn Schiller an Goethes ›Wilhelm Meister‹ den »Hang zum reflektieren« hervorhebt[26], so nicht, weil er die Momente des Wunderbaren und Phantasiereichen, die den Romantikern so wert werden sollten und Novalis sogar noch viel zu schwach entwickelt erschienen, nicht gesehen und – auf seine Weise: als Leser – zu würdigen verstanden hätte, sondern weil er, wiederum Aristoteles folgend, in dieser Tendenz, wenn überhaupt, die Bedeutung des Genres erblickte. Es mußte auch einiges an politischem Optimismus und kämpferischem Elan verlorengehen, bevor der Roman wirklich als das ausgezeichnete bürgerlich-literarische Medium reüssieren konnte. Seine Karriere ist auch Ergebnis eines Desillusionierungsprozesses, so daß er selbst dort, wo er – wie in der Frühromantik angestrebt – ins Märchenhafte übergeht, Erzeugnis einer die Realität absichtsvoll distanzierenden Phantasiekunst, doch Ausdruck einer realistisch-prosaischen Gesinnung bleibt, die sich keine falschen Hoffnungen auf eine schnelle und radikale, eben ›dramatische‹ Veränderung der Lebensverhältnisse mehr macht. Nicht Ausflucht im simplen Verständnis ist die Folge, sondern Entdeckung neuer Bildungsmöglichkeiten im Bereich der Phantasie, der Emotionen, der Sinnlichkeit und die Kultivierung des Individuums und seiner Subjektivität als Widerstandspotential gegen die zerstörerischen und entfremdenden Wirkungen der sozialen und politischen Misere. Zu diesem letzteren Zweck wurde der Roman nun allerdings zu einem besonders geschickten Medium und Instrument, und die Schriftsteller konnten sich wiederum auf die Errungenschaften der früheren Aufklärung verlassen und sie fortführen: nicht vorzüglich auf dem Gebiete des Romans zunächst, sondern auf dem der Autobiographie und teildokumentarischen Lebensbeschreibung, die Knigge mit der Titelformulierung ›Roman meines Lebens‹ (1781 ff.) auf den besten Begriff gebracht hat.

Die Geschichte des Romans ist im 18. Jahrhundert untrennbar mit der Geschichte der Autobiographie verbunden; schon Blanckenburg sah gerade in der Darstellung der Charaktere seine

eigentliche Qualität, den Lebenslauf eines »wirklichen, einzelnen
Menschen, eines wahren lebenden Individuums«[27] betrachtete er
als die Hauptaufgabe des Romanciers, und an Wielands ›Agathon‹ bewunderte er gerade die psychologische Wahrscheinlichkeit. Darin steckt die Distanzierung vom längst diskreditierten
Abenteuerroman des 17. und frühen 18. Jahrhunderts, aber ohne
Zweifel auch ein rhetorisches Grundverständnis, das nicht nur
von der empirischen Wirkung auf die »Menge« (Blanckenburg)[28]
ausgeht, sondern auch die Wirkungsabsicht der angenehmen,
unterhaltsamen Belehrung mit einschließt. In dieser Funktion hat
sich die Lebensbeschreibung aus der epideiktischen Rhetorik entwickelt, und die loci a persona haben ebenso wie die ausführlichen Erörterungen der Lobgegenstände des Menschen in den rhetorischen Lehrbüchern seit Quintilian[29] Struktur und Schreibweise der Biographien und Autobiographien bestimmt. Noch
Herder wird Confessionen nach dem Vorbild Rousseaus eher
zurückhaltend beurteilen (»Ja wenn sein Buch einem der Weisen
des Alterthums ⟨. . .⟩ vorgelegt würde, ist wohl zu zweifeln, daß
dieser darüber ein mißbilligendes Urtheil fällen würde?«[30]) und
sie von den Lebensbeschreibungen abheben, welche die Fehler
und Vorzüge eines Menschen »in einem nützlichen Licht zeigen«:
»Lebensbeschreibungen dieser Art sind wahre *Vermächtnisse der
Sinnesart* denkwürdiger Personen, *Spiegel der Zeitumstände,* in
denen sie lebten, und eine *practische Rechenschaft,* was sie aus
solchen und aus sich selbst gemacht, oder worin sie sich und ihre
Zeit versäumt haben.«[31] In diesem Sinne wird die Autobiographie
»ein vortreflicher Beitrag zur *Geschichte der Menschheit*«[32]
genannt und in das umfassende Erziehungskonzept der Aufklärung einbezogen.

2. *Exemplarische Lebensläufe: Bräker, Bahrdt, Laukhard, Seume*

Überblickt man die autobiographische Literatur des 18. Jahrhunderts, treten vorzüglich zwei unterschiedliche Tendenzen hervor,
die sich zwar nicht voneinander trennen lassen, auch in vielen
Lebensbeschreibungen nebeneinander auftreten, deren Gewichte
sich aber mit fortschreitendem Jahrhundert verschieben. Da ist

zunächst der ältere Antrieb, die eigene Vita als bedenkenswertes und zur Nachahmung empfohlenes Exempel dem Publikum vorzustellen, ein pädagogisches Motiv also, das selbst noch den abenteuerlichsten und romanhaften Versionen des Lebens zur Legitimation vorangestellt wird. »Der allerwichtigste Beweggrund ⟨...⟩ dieser meiner Lebensgeschichte ist diese, jungen Leuten, von den Schulen an, bis zu ihrem Eintritt in allerley Arten von öffentlichen Aemtern, gleichsam in einem Spiegel zum voraus allerley Fälle zu zeigen, die sich bey ihnen eben so leicht, als bey mir, zutragen können.«[33] Das schreibt Johann Jakob Moser in der Vorrede zu seiner ›Lebens-Geschichte‹ (1768-1777), die auch den besonderen Vorzug dieser Literatur im aufklärerischen Erziehungsplan zur Geltung brachte, weil man aus ihr »mehr nützliches lernen ⟨könne⟩, als aus manchem andern Collegio«[34]. Erfahrung tritt zunehmend gleichberechtigt neben die Vernunfterkenntnis und ist schon zu dem wichtigsten Beweggrund der Autobiographie geworden. Mosers Selbstlebensbeschreibung, eines der aufschlußreichsten Bücher der Epoche, gibt das Musterbeispiel aufklärerischer Lebenshaltung, gerade auch mit ihrem schwäbisch-pietistischen Einschlag. Der Pietismus mit seiner Selbsterforschungsdoktrin hat die empirische Orientierung verstärkt und ihr einen religiösen Sinn gegeben, so daß er zwar die Aufmerksamkeit auf die individuelle Seelengeschichte konzentrierte, an ihrer exemplarischen Bedeutung in missionarischer Absicht aber höchst interessiert blieb. Solcherart gibt er auch das ideologische Verbindungsglied ab zur zweiten vorherrschenden Tendenz der Autobiographieliteratur unserer Epoche, die sich zunehmend auf die Geschichte des Einzelwesens und seine irreduzible Eigenart einläßt. Als größtes oder, je nach eigener Haltung, auch abstoßendstes Beispiel galten Rousseaus Bekenntnisse. Die deutsche Literatur hat derart radikale Selbstentblößungen nicht hervorgebracht, doch von Johann Heinrich Jung-Stillings Lebensgeschichte (1777-1804) und Karl Philipp Moritz' romanhafter Autobiographie ›Anton Reiser‹ (1785-1790) bis zu Ulrich Bräkers ›Lebensgeschichte und Natürliche Ebentheuer des Armen Mannes im Tockenburg‹ (1788/89) und Carl Friedrich Bahrdts ›Geschichte seines Lebens, seiner Meinungen und Schicksale‹

(1790/91) reichen die Zeugnisse einer immer wieder vorzüglich an der eigenen Selbsterfahrung orientierten Publizistik. Sie entbehren zwar niemals der exemplarischen Wirkungsabsicht, doch diese hat sich von den Sachen und Begebenheiten auf die Person und ihre Eigenart verlagert. Auch tritt nach 1789 ein weiteres Motiv hinzu, das wie im großen welthistorischen, so auch im literarischen Zusammenhang an die ältere aufklärerische Überlieferung anknüpft und den republikanischen Lebenslauf als ein beispielhaftes Geschehen zur Geltung bringen will; ich denke etwa an Georg Friedrich Rebmanns ›Vollständige Geschichte meiner Verfolgungen und Leiden‹ (1796) oder Johann Gottfried Seumes autobiographische Schriften.

»Ich möchte meine Lebenstage durchwandern, und das Merkwürdigste in dieser Erzählung aufbehalten. Ist's Hochmuth, Eigenliebe? Freylich! Und doch müßt' ich mich sehr mißkennen, wenn ich nicht auch andere Gründe hätte. Erstlich das Lob meines guten Gottes, meines liebreichen Schöpfers, meines beßten Vaters 〈...〉. Zweytens meiner Kinder wegen. Ich hätte schon oft weiß nicht was darum gegeben, wenn ich so eine Historie meines sel. Vaters, eine Geschichte seines Herzens und seiner Seele gehabt hätte. Nun, vielleicht kann's meinen Kindern auch so gehen, und dieses Büchlein ihnen so viel nützen, als wenn ich die wenige daran verwandte Zeit mit meiner gewohnten Arbeit zugebracht hätte.«[35] Ulrich Bräkers Lebensgeschichte gehört zu den herausragenden autobiographischen Zeugnissen der Zeit, er selber zu den beliebtesten Vorzeigeexemplaren der Aufklärung: ein sichtbarer Beweis für die Überzeugung, daß Unmündigkeit wirklich selbstverschuldet ist, weil der sicherste Weg aus ihr heraus durch Selbsterziehung und Bildung von jedermann gewonnen werden kann. Und wirklich war es Bräker nicht an der Wiege gesungen worden, daß er einmal Totengespräche verfassen, Shakespeare-Studien betreiben und eine der literarisch bedeutendsten Autobiographien seiner Zeit verfassen würde. Sohn armer Eltern, »die sich kümmerlich nähren mußten«[36], und eines von elf Kindern, gelang es auch ihm nie, die niederdrückenden bäuerlichen Verhältnisse seiner Umgebung in der Lebensführung zu überwinden. Als Hirtenjunge begann er, auf seiner 1755 begonnenen Reise durch Deutschland wurde er in preußische Dienste gepreßt, desertierte, kehrte ins heimatliche Tockenburg zurück, versuchte sich zunächst als Salpetersieder, wurde dann Garnhändler und Tuchmacher, die meiste Zeit von Schulden gedrückt und von Gläubigern verfolgt, in nicht sehr glücklicher Ehe mit einer zank- und herrschsüchtigen Frau verheiratet und Vorstand einer kinderreichen Familie – wahrlich ein nicht sehr vielversprechender Boden für das »Saamenkorn meiner Authorschaft«[37], und doch war es gerade der Mangel, der ihn, wie so viele andere, wie Moritz oder Jung-Stilling oder Fichte, nach Kompensation und Entschädigung verlangen ließ. »Und da ⟨...⟩ nahm ich in diesen muthlosen Stunden meine Zuflucht zum Lesen und Schreiben; lehnte und durchstänkerte jedes Buch das ich kriegen konnte, in der Hoffnung etwas zu finden das auf meinen Zustand paßte ⟨...⟩«[38] Die autodidaktischen Studien bescheren ihm schließlich eine Preisschrift und die Aufnahme in eine Lesegesellschaft, wo er nun Zugang zur lang entbehrten Bibliothek, zu Cervantes und Shakespeare, Schubart und Campe, Moritz und Lavater findet.

Bräkers Selbstlebensbeschreibung ist eine Synthese der Bestrebungen der Zeit auf dem Gebiete der Autobiographie und zugleich etwas Neues. Beweggrund ist eine pietistische Geisteshaltung, die ihm lange die Beschäftigung mit weltlichen Büchern versagte und zur Unterdrückung seiner Triebnatur anhielt, vor allem aber sein Rechenschaftsbedürfnis kultivierte. Die Geschichte seines Herzens dient ebenso wie seine Tagebücher der Selbstprüfung und Beichte; ›Meine Geständnisse‹ ist das Kapitel überschrieben, in dem er seine leidenschaftliche Natur und die Krisen beschreibt, in die sie ihn stürzte, und das immer wieder von Expektorationen unterbrochen wird (»Barmherzigkeit – welch ein beruhigendes Wort! – Barmherzigkeit meines Gottes, dessen Güte über allen Verstand geht, dessen Gnade keine Grenzen kennt! ⟨...⟩ Indessen bin ich, wie andre Menschen freylich nicht weniger geneigt, auch etwas Tröstendes in mir selbst aufzusuchen. Und das sagt mir nämlich die Stimme in meinem Busen: Freylich bist du ein großer, schwerer Sünder, und kannst mit dem allergrößten um den Vorzug streiten; aber deine Vergehen kamen meist auf deinen Kopf heraus, und die Strafen deiner

Sinnlichkeit folgten ihr auf dem Fuße nach.«[39]). Doch geht es dem Verfasser ebenso darum, die Leistung seines Lebens, den Bildungsgang seines Geistes ungeschminkt und stolz zur Darstellung zu bringen, »daß auch Ihr stolz darauf werdet, meine Kinder!«[40] Realistische Schreibabsicht, die nichts beschönigen will, weil die Wirklichkeit der beredteste Zeuge für die eigene Leistung ist[41], zugleich das eigentliche Schatzhaus seiner Erfahrungen, zu denen erst spät Literatur und Philosophie treten, macht den besonderen Charakter dieser Aufzeichnungen aus. Die Perspektive von unten verhilft der Schilderung zu ungewohnter Genauigkeit und Schärfe. Hier schreibt einer, der abseits steht, weil ihm Geburt und soziale Stellung eine selber als unangemessen empfundene Außenseiterrolle zugedacht haben, und der daher auch kein Interesse hat, irgend etwas zu vertuschen. »Ich schreibe nur, was ich gesehen, was allernächst um mich her vor- und besonders was mich selbst angieng. Von den wichtigsten Dingen wußten wir gemeine Hungerschlucker am allerwenigsten, und kümmerten uns auch nicht viel darum.«[42] So formuliert Bräker sein Erzählprogramm, und da begreift man, wie es kommt, daß dieses Buch ein ganz ungeschminktes kritisches Bild der Zeitverhältnisse (des preußischen Kriegsdienstes, des Lagerlebens, der Lazarette, des Drills und der unmenschlichen militärischen Strafen), des sozialen Lebens in der Schweizer Provinz, der ökonomischen Umstände der Kleinhändler, Bauern und Knechte liefert, obwohl sein Verfasser weder Revolutionär noch erklärter Republikaner war und den politischen Neuerern mit demselben Mißtrauen begegnete wie den Repräsentanten der alten Ordnung, weil er in vielen von ihnen jene von ihm verabscheute Gesinnung entdeckte, die nur darauf aus ist, die eigenen Geschäfte unter dem Deckmantel allgemein menschlicher Zwecke um so wirksamer zu betreiben. Was natürlich nicht der Tatsache widerspricht, daß Bräkers Autobiographie zuletzt jenem scharf gewordenen Aufklärungsdenken verpflichtet ist, das sich 1789 in politisch-praktischer Konsequenz zu verwirklichen suchte. Die Lebensgeschichte des armen Mannes im Tockenburg kündet nicht mehr von der Bewährung im bürgerlichen Leben, sondern von dessen Verhinderung und Deformierung: nicht Helden bürgerlicher Lebensgeschichte treten vor uns, sondern Opfer, Außenseiter und Verfemte, die, ungeachtet ihrer sozialen Herkunft, ihr Scheitern und ihre Anklagen zu den wichtigsten Themen machen.

»Ich hatte in Deutschland alle meine Konnexionen aufgegeben. Ich hatte in Bünden alle meine Schriftstellerarbeiten unterbrochen, und mein ganzes theologisches Studium auf die Seite gelegt. Ich war noch überdies mit dem bösen Namen aus Deutschland gegangen, daß ich ein Irlehrer sey ⟨...⟩. Man denke sich diese Hofnungslosigkeit, bei jener Furcht vor einer möglichen Verschlimmerung meines schon an sich höchst traurigen Schicksals, und sage dann, ob dieses Leben nicht – fast eine Hölle war?«[43] Carl Friedrich Bahrdt gehörte nicht zu den Begünstigten des Lebens, obwohl sich alles für ihn so vielversprechend angelassen hatte. Sohn eines evangelischen Landpfarrers, der es aber bis zum einflußreichen Theologieprofessor in Leipzig und Prediger an der dortigen Peterskirche gebracht hatte, war er sorgfältig erzogen, mit 19 Jahren zum Magister und sechs Jahre darauf zum außerordentlichen Professor für geistliche Philosophie ernannt worden. Doch war er ein erregbarer und widerspenstiger Mann, der immer wieder die Regeln des bürgerlichen Lebens zu liederlichen Zwecken außer Kraft setzte und vor allem unerschrocken seine Kämpfe mit der orthodoxen Theologie austrug. Auch als philanthropinischer Erzieher im Geiste Basedows hatte er kein Glück. Vom Reichshofrat als Ketzer des Landes verwiesen, suchte er in Preußen neuen Fuß zu fassen, pachtete eine Gastwirtschaft, gründete eine Freimaurerverbindung, die ›Deutsche Union‹, und wurde deshalb und seiner satirischen Ausfälle gegen Friedrich Wilhelm II. wegen 1789 verhaftet. Während seiner Gefangenschaft in Magdeburg schrieb er seine Lebensgeschichte, ihr Erscheinen 1790/91 hat er nur um ein Jahr überlebt: als Schankwirt des Gasthauses, in dem er schon zuvor untergekrochen war, und in Gemeinschaft mit der Dienstmagd; seine geplagte, aber auch unerträgliche Ehefrau war ihm längst davongelaufen.

Ein unbequemer Mann und Ketzer dazu, angefeindet von den meisten, verschrien und verleumdet, kein Wunder, daß seine Konfessionen einer großen Verteidigungsrede gleichen, denn »Recensenten und Priester und Theologen und Maurer und Gott

weiß, was noch sonst für Menschenracen, haben mich bereits
⟨...⟩ an den Pranger der Publicität gestellt ⟨...⟩«[44]. Motiv und
Perspektive ähneln denen Rousseaus, und wenn auch vielfach
Spekulationen, Irrtümer und höchst eigenwillige Selbstdeutungen
dieser Lebensgeschichte einen romanhaften Charakter geben,
zeugt sie von großem psychologischen Scharfsinn und einer
ungemeinen Genauigkeit in der Schilderung des Alltagslebens,
getreu der Maxime des Autors, daß es für die innere (das galt
auch schon für Moritz), aber eben auch für die äußere Biographie keine unwichtigen Details geben könne, weil sie untrennbar
sind und beide Sphären wechselseitig voneinander abhängig.
»Verständige Leser werden solche Bemerkungen gewiß nicht als
unbiographische Lappalien ansehen, da es ihnen ohnstreitig einleuchten wird, daß für die Kenntniß der Geschichte des Menschen, d.h. der Art und Weise, wie sein fixirter Karakter, seine
Tugenden und Torheiten, seine Handlungsweisen und Fertigkeiten, seine Schiksale und Auftritte entstanden sind – oft gerade
die kleinsten Umstände von Wichtigkeit sind, wenn sie die allmä-
lige Formung seiner Sitten und Begebenheiten ins Licht setzen.«[45]
     Bahrdt war eine Abenteurernatur, ein Typus, den die Aufklä-
rung freigesetzt hatte und der ohne die Diskrepanz zwischen
Anspruch und Wirklichkeit, zwischen einem kritischen, ja revolutionären Bewußtsein und der realen gesellschaftlichen Unterordnung und politischen Machtlosigkeit in einem Feudalsystem
gewiß nicht denkbar ist. Er unterscheidet sich damit bedeutend
von anderen Protagonisten des abenteuerlichen Lebens, die, wie
etwa Friedrich von der Trenck (›Des Freyherrn Friedrichs von der
Trenck merkwürdige Lebensgeschichte‹, 1786-1796), als ehemalige Repräsentanten und politisch Handelnde mit der staatlichen
Herrschaft in Konflikt geraten waren, aber deshalb nicht etwa
die Grenzen ihrer Gesellschaftsordnung sprengten. Zwar haben
auch seine Erinnerungen (gewidmet dem »Geist / Friedrich des
Einzigen, / Königs in Preussen, / in den elisäischen Feldern«) apo-
logetischen Charakter, doch ihr Zweck ist es, sich von dem Vorwurf des Hochverrats und anderer Beschuldigungen reinzuwa-
schen und als »besten Patrioten«[46] und treuen Untertan des
Königs auszuweisen, dem einzig und allein Unrecht geschehen ist.

(Daß er es dabei mit der Wahrheit nicht gar so genau, angeblich im Leserinteresse, zu nehmen gedenkt, kündigt er freimütig im Zueignungstext an: »die Welt ist vorwitzig, neue Romanen zu lesen: sie bezahlt sie am besten, auch wenn wirkliche Geschichten in Romanengestalt vorgetragen werden ⟨...⟩«[47]) Der Aufklärer Bahrdt aber war Ketzer durch und durch, auch durch seinen Auszug in ein unbürgerliches, von den Zeitgenossen als skandalös empfundenes Leben; vergleichbar einem anderen berühmten Abweichler der Epoche, dem Magister Laukhard, Pfarrersohn auch er und von genialischer Natur, wozu sozialrebellisches Verhalten, die Provokation der Sitten und herausragende Talente gleichermaßen gehörten. In ihrem überspitzten, Manier und derbe Volkstümlichkeit verbindenden Auftreten stehen diese Schriftsteller noch im Banne der Genieperiode und ihres Persönlichkeitsideals, Christian Daniel Schubart hätte ihr Vorbild sein können (dessen ›Leben und Gesinnungen‹, zwischen 1778 und 1781 geschrieben, aber erst 1791 erschienen, die vielleicht bitterste Selbstanklage des eigenen Charakters in der deutschen Literatur der Aufklärung, pietistisch vertieft und nachträglich mit ausdrücklicher Berufung auf Rousseau gerechtfertigt), aber auch der junge Goethe und sein Kreis oder der Autor der ›Räuber‹. Wobei sich Friedrich Christian Laukhards ›Leben und Schicksale von ihm selbst beschrieben‹ (1792-1802) durch ihre Welthaltigkeit auszeichnen. Gewiß, auch er hat Grund zu beichten und versteht seine Autobiographie als einen »nicht unebnen Beitrag zur praktischen Pädagogik«[48]. (»Sie aber, meine jungen Leser, Sie bitte ich recht angelegentlich, überdenken Sie meine Verirrungen recht aufmerksam, gehen Sie auf deren Ursprung und Folgen zurück, und ich bin versichert, meine Begebenheiten werden Ihnen zur Warnung dienen, mehr denn hundert Romane.«[49]) Hochtalentiert, doch leichtsinnig und verführbar, ein studentischer Brausekopf, der keine Gelegenheit zu Schulden und Streichen vorübergehen ließ und die Langmut des Vaters überstrapazierte, hatte er sich die Aussichten auf eine Karriere selber verbaut, ließ sich daher von preußischen Werbern für den Kriegsdienst verpflichten, zog mit der Armee durch Europa, begann sich immer mehr für die republikanischen Ideale der gegnerischen Nation zu erwärmen, wechselte die Fronten zur Revolutionsarmee hinüber und war auch späterhin für ein ordentliches bürgerliches Leben in Deutschland ein für allemal verdorben. Einige Versuche, seßhaft zu werden, scheitern, es bleibt beim vagabundierenden Abenteuerleben, und man braucht nicht lange zu raten, wohin es ihn schließlich führte: auf die soziale Stufe des Almosenempfängers, der, von Pfarrhaus zu Pfarrhaus ziehend, sich so einigermaßen durchbringt und schließlich in größtem Elend stirbt. Dabei waren es nicht nur die unerfüllten sozialen Wünsche, die ihn immer weiter trieben (»Niemals habe ich meine Würde als freigeborener Mensch lebhafter gefühlt als damals, da ich – dem Namen nach – verloffener preußischer Soldat, zwischen einem Repräsentanten der mächtigen französischen Nation und zwischen zwei Divisionsgenerälen saß und diesen so ganz in allen Stücken gleich gehalten wurde.«[50]). Abenteuer bedeutet immer Flucht und Expedition zugleich: Flucht aus einem engen, statischen, der Veränderung unzugänglichen gesellschaftlichen Ordnungssystem und Expedition in eine freie Welt, in der tätige Selbstverwirklichung noch möglich scheinen konnte. Bei Laukhard verband sich mit dem sozialen Motiv auch ein existentieller Mangel, die Gefühlsüberzeugung: wo du nicht bist, ist das Glück. »Aber ich weiß es nicht zu sagen, es fehlte mir immer was, und ich war in einsamen Stunden oft unzufrieden, ohne daß ich wußte, warum.«[51]

Laukhard hat selber über sein verpfuschtes Leben geklagt, aber es auch abgelehnt, dem Publikum »so was vorzuwinseln«[52], seine Darstellung der Zeitereignisse, deren Zeuge er war, erscheint wirklichkeits- und geschichtsgesättigt, und es ist wieder, ähnlich wie bei Bräker, der unbestechlich realistische Stilwille, der ihn zum Kritiker der deutschen Verhältnisse, der preußischen Kriegsführung, des rückständigen Bildungssystems und zum Anhänger der bürgerlichen Revolution in Frankreich werden ließ. Eine Lebensbeschreibung insgesamt, wie Schiller sie als »unentbehrliche⟨n⟩ Führer« für den Geschichtsforscher schätzte, gekennzeichnet durch »eine Miene von Wahrheit, einen Ton von Überzeugung, eine Lebendigkeit der Schilderung, die kein Geschichtsschreiber, der Revolutionen im großen malt und entfernte Zeiträume aneinander kettet, seinem Werk mitteilen kann«[53].

Laukhard konnte es, weil er Welt und Geschichte als Erfahrung mitteilte, einer Leidenserfahrung vor allem, die aber scharf und hellsichtig machte fürs Detail, für die konkrete Erscheinung sonst verborgener Zusammenhänge. Daher kommt ja überhaupt die Entdeckung der Autobiographie durch die unteren sozialen Schichten. Ihre eigene Lebenserfahrung ergab das Medium und die Perspektive für das Zeitgeschehen auf denkbar fruchtbare Weise, denn ihr einziges Interesse war, klar und genau zu sehen, niemandem Glauben zu schenken als sich selbst und den eigenen Standpunkt nicht durch fremde Ansichten und Ansprüche vernebeln zu lassen. Das gilt für den studierten Pfarrerssohn Laukhard ebenso wie für den Nürnberger Schneidergesellen Johann Christoph Händler (›Biographie eines noch lebenden Schneiders, von ihm selbst geschrieben‹, 1798) oder den Seiler Johann Gotthilf August Probst, dessen Autobiographie schon im Titel die kritische Absicht zu erkennen gibt: ›Handwerksbarbarei oder Geschichte meiner Lehrjahre. Ein Beitrag zur Erziehungsmethode deutscher Handwerker‹ (1790). Von den großen historischen Ereignissen ist hier nur selten oder am Rande die Rede, diese Autoren schreiben über das, was sie genau kennen, dabei handelt es sich im wesentlichen um Handwerkstätten und kleinbürgerliches Milieu. Aber eben damit werden sie zu Spiegeln, die einen klaren und sprechenden Anblick der Weltverhältnisse im kleinen bieten, Fragmente aus der unübersehbaren und namenlosen Menge von Geschehnissen, die zusammengenommen den historischen Prozeß erst bilden und sein Substrat ausmachen. »Da er ⟨der Meister⟩ so wenig Lust zur Arbeit selbst hatte, so forderte er desto mehr von mir. Seine Lehrmethode dabey war folgendergestalt. Erst trat er hin und machte mir die Sache zweimal vor, dann gebot er mir unter den fürchterlichsten Drohungen, es auch so zu machen ⟨. . .⟩. Und nun gings die Treppe hinunter; statt daß er mir bey der Arbeit hätte zu Hülfe kommen sollen, überließ er mich mir selbst ⟨. . .⟩. Allein wenn er dann kam, nachzusehen ⟨. . .⟩, wenn er dann sahe, wie schlecht und nicht selten zum Schaden ich gearbeitet hatte, so erhub sich ein solches Donnerwetter ⟨. . .⟩ und dann eine ungemeßne Tracht Schläge, daß ich oft ohnmächtig darnieder sank ⟨. . .⟩«[54]

Solche Lehrmethode zerbricht den Menschen oder fördert seine Aufsässigkeit, seinen Aufklärungswillen und sein Mißtrauen gegen die Obrigkeit. Ein anderer Schriftsteller der Zeit hat es ebenso erfahren und daraus auch die reflektierte politische Konsequenz gezogen: ich meine Johann Gottfried Seume, den »berühmten Wanderer⟨⟩« und bedeutenden »Pilgermann⟨⟩«[55], wie ihn Goethe genannt hat, in dem die Reiselust nicht weniger mächtig wirkte als im Magister Laukhard und dessen Leben sie doch nicht verpfuscht hat, weil er ein strengerer Denker und ernster Selbstprüfer war, der mit seinem Leben auch vor dem Richterstuhl der Vernunft bestehen wollte. Seine Autobiographie hat er zwar spät erst, ein Jahr vor seinem Tode, 1809, begonnen, sie ist Fragment geblieben, weil er mitten in der Arbeit an ihr starb, und bricht mit der bewegenden Wendung »Und nun –«[56] ab, doch seine berühmtesten Schriften sind autobiographischer Natur, allen voran der ›Spaziergang nach Syrakus im Jahre 1802‹ (1803), aber auch der Bericht über eine Nordlandreise ›Mein Sommer im Jahre 1805‹ (1806); das Fragment ›Mein Leben‹ ist posthum 1813 erschienen. Seume war Sohn eines Bauern und wurde in einem Dorf bei Weißenfels geboren. Die Familie war völlig mittellos, doch Freunde und Gönner verhalfen dem begabten Sohn zu Schule und Studium. Dann aber stockte der Lebensgang, und alle Versuche, sich eine angemessene Stellung zu verschaffen, scheiterten an seiner plebejischen Herkunft; anders als Friedrich Maximilian Klinger, mit dem er manches gemein hat, gelang ihm auch keine Karriere in russischen Diensten, obwohl er es immerhin bis zum Offizier und Adjutanten im Generalstab brachte. Zuletzt arbeitete er als Privatlehrer und hatte eine Stelle als Korrektor in Göschens Verlag.

Er war Republikaner aus innerster Überzeugung, auch wenn ihn die Widrigkeiten der Zeit und seiner persönlichen Verhältnisse oft beruflich auf die falsche Seite zwangen. In der autobiographischen Literatur des 18. Jahrhunderts verstärkt er die Tendenz der authentischen Selbst- und Welterfahrung (»Ich stehe für alles, was ich gesehen habe, insofern ich meinen Ansichten und Einsichten trauen darf«[57]). Wenn er auch in der Vorrede zum ›Spaziergang‹ bemerkt, daß fast jeder Schriftsteller in seinen

Büchern nur sein Ich schreibt«[58], so will er das doch nur im Sinne des Mediums und der Zeugenschaft verstanden wissen: »In Romanen hat man nun lange genug alte, nicht mehr geleugnete Wahrheiten dichterisch eingekleidet, dargestellt und tausendmal wiederholt. Ich tadle dieses nicht, es ist der Anfang: aber immer nur Milchspeise für Kinder. Wir sollten doch endlich auch Männer werden und beginnen, die Sachen ernsthaft geschichtsmäßig zu nehmen, ohne Vorurteil und Groll, ohne Leidenschaft und Selbstsucht. Örter, Personen, Namen, Umstände sollten immer bei den Tatsachen als Belege sein, damit alles soviel als möglich aktenmäßig würde. Die Geschichte ist am Ende doch ganz allein das Magazin unseres Guten und Schlimmen.«[59] Den eigentlichen Akzent allerdings, den Seume setzte, müssen wir woanders suchen, das realistische Darstellungsziel teilte er mit manchen Autoren, wenn er es auch mit vollkommeneren literarischen Mitteln verwirklichte als die meisten; er kultivierte einen Stil der knappen Präzision, des nüchternen Lakonismus, der zwischen Sachlichkeit und Vergnüglichkeit wechselt, aber die großen Affekte eher meidet. Seine Profession ist das Wandern in einem sehr genauen Sinn und gleichnishafter Bedeutung in einem.

Wenn Goethe von Seumes Pilgerschaft spricht, ist dieser doppelte Aspekt gemeint, doch der berühmte Wanderer selber hat vor allem den einen herausgestellt: »Wer geht, sieht im Durchschnitt anthropologisch und kosmisch mehr, als wer fährt.«[60] Damit ist nicht bloß empirische Beobachtung gemeint: »Sowie man im Wagen sitzt, hat man sich sogleich einige Grade von der ursprünglichen Humanität entfernt.«[61] Wandern egalisiert, es bringt alle, die reisen, auf die gleiche Ebene des aufrechten Ganges, und nur die natürlichen Unterschiede sind es, die den Schnelleren vom Langsamen, den Bedächtigen vom Hastigen trennen. Seume war ein Meister des republikanischen Spaziergangs, der promenades republicaines, und von hier aus zieht sich das Motiv durch die deutsche Literatur, mit einem nochmaligen Höhepunkt bei den Jungdeutschen und im ganzen Vormärz. »Wenn ich nicht mehr zuweilen einem Armen einen Groschen geben kann, so lasse mich das Schicksal nicht länger mehr leben.«[62] Mit gutem Recht zählt Seume seine autobiographischen Berichte zu den politischen

Büchern (»Wenn man mir vorwirft, daß dieses Buch zu politisch ist, so ist meine Antwort, daß ich glaube, jedes gute Buch müsse näher oder entfernter politisch sein.«[63]); sie sind es nicht allein der mitgeteilten Botschaft und ihrem revolutionären Geist nach (»Ich bin ein Mensch, ein freier Mann, glaube vernünftig zu sein und will allen meinen Mitbrüdern ohne Ausschluß gleichwohl.«[64]), sondern auch nach Haltung, Perspektive und Methode. Dabei ist freilich noch ein zweiter Aspekt wirksam: indem Seume die republikanische Tendenz des gemeinsamen und gleichen Gangs mit der archetypischen Vorstellung der Lebenswanderung verknüpfte, von der auch die christliche und da besonders die pietistische Literatur zeugt, schuf er ein ausgesprochen erfolgreiches Identifikationsmodell zur Daseinsorientierung, das in der gesamten republikanischen Reiseliteratur bis Börne und Heine und darüber hinaus fortleben sollte. Daß von seiner eigenen Lebenserfahrung darin auch immer ein Motiv des Auswanderns steckt, diskreditiert es nicht, im Gegenteil. Sind doch der Exodus aus einem unbefriedigenden Leben und der aktive Einsatz in eine neue Welt der Freiheit und Gerechtigkeit gemeint, welche sein Bild von der Französischen Revolution insgesamt prägten; wobei ihm zur Erklärung und Beschreibung wieder ein anderes archetypisch-pietistisches Denkbild zur Verfügung stand: »Die Franzosen sind seit fünfzehn Jahren erst zur Nation im höheren Sinne des Worts geworden; freilich durch eine furchtbare Wiedergeburt, um die sie niemand beneiden wird, aber sie sind es geworden.«[65]

3. Dichtung und Wahrheit

»Es sind lauter Resultate meines Lebens, ⟨...⟩ und die erzählten einzelnen Fakta dienen bloß, um eine allgemeine, eine höhere Wahrheit, zu bestätigen ⟨...⟩. Ich dächte ⟨...⟩, es steckten darin einige Symbole des Menschenlebens. Ich nannte das Buch ›Wahrheit und Dichtung‹, weil es sich durch höhere Tendenzen aus der Region einer niedern Realität erhebt ⟨...⟩. Ein Faktum unseres Lebens gilt nicht, insofern es wahr ist, sondern insofern es etwas zu bedeuten hatte.«[66] Diese Bemerkungen im Gespräch mit Eckermann gehören zu den vielen Kommentaren, die Goethe über seine

Autobiographie abgegeben hat, in dem Bewußtsein, daß sein Publikum »etwas Ungewohntes« dieser Art[67], wie auch die meisten seiner anderen Werke, wohl kaum angemessen zu nehmen und zu beurteilen wußte. Der Titel hat dabei gewiß einen Doppelsinn, insofern er »die halb poetische, halb historische Behandlung«[68] akzentuiert, doch auch ihren Gegenstand mitmeint. Im Vorwort schildert der Autor nämlich, wie gering, lückenhaft und unverbunden die »zwölf Teile« seiner bei Cotta zusammengestellten dichterischen Werke auf den Leser wirken: »Im ganzen aber bleiben diese Produktionen immer unzusammenhängend; ja oft sollte man kaum glauben, daß sie von demselben Schriftsteller entsprungen seien.«[69] Sein Leben historisch als Ganzes zu behandeln bedeutete eben auch, »die Lücken eines Autorlebens auszufüllen, manches Bruchstück zu ergänzen und das Andenken verlorner und verschollener Wagnisse zu erhalten«[70]. Dichtung und Wahrheit, Werk und Leben sind die Gegenstände dieses Buches, doch nicht gesondert, sondern zusammenhängend, Teile eines einheitlichen Lebensvollzugs und nur künstlich voneinander isolierbar.

Die letzten beiden Jahrzehnte seines Lebens war Goethe mit diesem großen Projekt beschäftigt; am 11. Oktober 1809 lesen wir im Tagebuch: »Schema einer Biographie«[71], 1814 wurde der dritte Teil und dann, nach einer langen, wenngleich immer auch mit autobiographischen Studien beschäftigten Pause, im Juli 1831 der vierte Teil beendet, aber erst nach dem Tode veröffentlicht. Goethe hat das Werk sorgfältig komponiert und die empirischen wie auch poetischen Bestandteile seiner Vita in der Autobiographie nicht allein thematisch, sachlich integriert, sie bezeichnen darüber hinaus die zwei Seiten des schriftstellerischen Verfahrens, das somit nicht willkürlich, sondern substantiell, aus der Eigenart dieses Lebens selber begründet ist. In einem Brief hat Goethe den »paradoxen Titel« noch einmal unmißverständlich auf die Prinzipien bezogen, die einer autobiographischen Darstellung notwendig zugrunde liegen. »Wenn aber ein solches in späteren Jahren nicht möglich ist, ohne die Rückerinnerung und also die Einbildungskraft wirken zu lassen, und man also immer in den Fall kommt gewissermaßen das dichterische Vermögen auszuüben, so ist es klar, daß man mehr die Resultate und, wie wir uns das Vergangene jetzt denken, als die Einzelnheiten, wie sie sich damals ereigneten, aufstellen und hervorheben werde.«[72]

Da sind wir bei einer Reflexionsstufe, die nun freilich alles übertrifft, was Autobiographen bisher über ihr Metier gedacht haben. Gewiß, einzelne Züge und Ideen finden wir auch vorher schon, vor allem die Integration des Individuums in die vielfältigen objektiven Bedingungen seines Lebens und die Erklärung seiner individuellen Vita aus ihnen heraus, gehörte bereits für Bräker, Bahrdt oder Seume zur selbstverständlichen Zielsetzung. Aber wie vorläufig wirken gegenüber Goethes methodischem Problembewußtsein die Legitimation durch ihre Augenzeugenschaft und der Glaube, gleichsam als Sekretär der Realität wirken zu können. Gewiß, Goethes Ausgangspunkt ist unvergleichbar. Nach Herkunft und Werdegang alles andere als ein Außenseiter, begann er auch seine Lebensgeschichte aus einem ganz anderen Bewußtsein seiner selbst. Wilhelm von Humboldt gestand er wenige Monate vor seinem Tode, »daß in meinen hohen Jahren mir alles mehr und mehr historisch wird: ob etwas in vergangener Zeit, in fernen Reichen oder mir ganz nah räumlich im Augenblicke vorgeht, ist ganz eins, ja ich erscheine mir selbst immer mehr und mehr geschichtlich«.[73] Daß dies schon eine länger zurückgehende Erfahrung ist, belegen auch andere Äußerungen, darunter ein Aphorismus ›Aus Makariens Archiv‹ in den ›Wanderjahren‹: »Sogar ist es selten, daß jemand im höchsten Alter sich selbst historisch wird und daß ihm die Mitlebenden historisch werden ⟨...⟩«[74] Erfahrung und Bewußtsein des historischen Abstands, die historische Verfremdung auch des Gegenwärtigen schließen jede naive Reproduktion von Erinnerungen als Gestalt dessen, wie alles gewesen ist, aus. Geschichte ist Erfahrung, Erkenntnis und Deutung in einem, also eine bewußte Konstruktion, so aufgefaßt, aber durchaus nicht etwa unwahr. Das Gegenteil gilt vielmehr: nur wer historische Wahrheit nicht empiristisch mißversteht, hat auch die Chance, ihr nahezukommen, sie im Idealfall sogar zu erreichen. Das bedeutet nun nicht etwa eine geschichtsphilosophische Synthese im Sinne des Hegelschen Idealismus und seiner Schule, auch nicht die Übertragung natur-

wissenschaftlicher und naturgeschichtlicher Prinzipien auf die
Gestalt des historischen Verlaufs. Daß Goethe sich selber im
Laufe seiner autobiographischen Arbeit erst über diese komplizierten Gedankengänge Klarheit verschafft hat und nicht von
vornherein ein festgefaßtes Konzept besaß, geht aus einem Vorwort zum dritten Teil des Buches hervor, das er dann aber
bezeichnenderweise verworfen hat:»Ehe ich diese nunmehr vorliegenden drei Bände zu schreiben anfing, dachte ich sie nach
jenen Gesetzen zu bilden, wovon uns die Metamorphose der
Pflanzen belehrt.«[75] Daß er sich an diesen Vorsatz nicht gehalten
hat, bezeugt die Autobiographie. Selbstdeutung und Erdichtung
in jenem, dem 18. Jahrhundert geläufigen Verständnis, das
Wolffs Psychologie mustergültig ausgeprägt hatte, traten als die
eigentlichen Prinzipien der historischen Darstellung an die Stelle,
weil sie ihr nicht fremd (wie andere Gesetzmäßigkeiten), sondern
eigentümlich sind. Erdichtung bedeutet ebenso wie Erinnerung
die Vorstellung abwesender Gegenstände und ist damit von gleicher Erkenntnisart, nur daß diese Gegenstände nicht bloß als vergangen, sondern als möglich eingebildet werden und damit eben
jenen Status von Bedeutung und Allgemeinheit erreichen, den die
bloße Geschichtsschreibung als Chronik vergangener Ereignisse
immer verfehlt.[76] In diesem Punkt folgte Goethe ganz dem Aristoteles, dessen Poetik auch durch die Vermittlung Lessings für
die Epoche so wichtig geworden war und die er ausführlich mit
Schiller diskutiert hatte. Insofern ist ›Dichtung und Wahrheit‹
nicht allein ein großes episches Werk unserer Literatur, sondern
auch ein grundlegender Entwurf der modernen Historiographie,
freilich nicht in ihrer positivistischen Ausprägung. Die wird hier
sogar schon überholt und statt dessen unübersehbar die epische
Qualität der Geschichtsschreibung herausgestellt. Sie entspricht
dem Grad an unaufhebbarer Freiheit, durch die menschliche
Geschichte ebenso konstituiert wird wie durch die in einigen
ihrer Teilbereiche wirksamen Gesetzmäßigkeiten.[77]

»Der Mensch kennt nur sich selbst, insofern er die Welt kennt,
die er nur in sich und sich nur in ihr gewahr wird. Jeder neue
Gegenstand, wohl beschaut, schließt ein neues Organ in uns
auf.«[78] Das ist nicht auf ›Dichtung und Wahrheit‹ gemünzt,

macht aber einprägsam die Funktion deutlich, die ihr Verfasser dem Individuum zumaß. Nicht mehr Selbstbeobachtung und Selbstenthüllung sind die autobiographischen Absichten, auch Apologie scheidet aus, sondern die Erkenntnis des eigenen Lebens als einer Agentur seiner Zeitverhältnisse, als selber wirkende Institution der Geschichte. Das Individuum und die objektiven Begebenheiten können dann nicht mehr als getrennte Sphären aufgefaßt werden, sondern als Bestandteile eines gemeinsamen Kräftefeldes, auf dem das Ganze durch Zusammenwirken seiner Teile entsteht. Wobei im Falle des Künstlers, der seiner Profession nach die derart gewonnenen Einsichten als Werk nach außen abspiegelt und somit daran beteiligt ist, neue und objektiv wirksame Faktoren in der Geschichte zu schaffen, die Aufgabe noch vielfältiger wird, ihm aber auch ein besonderer Rang zukommt. In einem anderen, vermittelteren und zugleich intensiveren Sinne als für seine Vorgänger gewinnt damit für Goethe die eigene Lebensbeschreibung exemplarischen Bildungswert, und er hat diese Überzeugung auch mit dem ihm eigenen Selbstbewußtsein im Vorwort formuliert: »Der Schriftsteller soll bis in sein höchstes Alter den Vorteil nicht aufgeben, sich mit denen, die eine Neigung zu ihm gefaßt, auch in die Ferne zu unterhalten; und wenn es nicht einem jeden verliehen sein möchte, in gewissen Jahren mit unerwarteten, mächtig wirksamen Erzeugnissen von neuem aufzutreten: so sollte doch gerade zu *der* Zeit, wo die Erkenntnis vollständiger, das Bewußtsein deutlicher wird, das Geschäft sehr unterhaltend und neubelebend sein, jenes Hervorgebrachte wieder als Stoff zu behandeln und zu einem Letzten zu bearbeiten, welches denen abermals zur Bildung gereiche, die sich früher mit und an dem Künstler gebildet haben.«[79]

›Dichtung und Wahrheit‹ ist ein großes sozial- und kulturgeschichtliches Dokument, gerade weil es die objektiven Faktoren, den unübersehbaren Reichtum der historischen Welt im Kleinen des Privatlebens wie im Großen der politischen Ereignisse nur hinsichtlich ihrer individuellen Bildungsfunktion darstellt (das gilt auch für die anderen autobiographischen Schriften Goethes, für die ›Italienische Reise‹ wie für die ›Campagne in Frankreich‹ und die ›Belagerung von Mainz‹), womit schon allen späteren im

bornierten Sinne sozialhistorischen Literaturinterpretationen der
Boden entzogen wird, da sie auf der Ebene der Geschichtsschreibung auf jene naiv-empiristische Erkenntnistheorie zurückfallen,
die die Autobiographie vor Goethe bestimmte. Erzählung der
Ereignisse heißt Auswahl und Begrenzung und schließlich vor
allem Verwesentlichung, so daß sie über ihre individuelle Bedeutung hinaus zu Symbolen menschlichen Lebens werden können.
Ich will es an dem einen oder anderen Beispiel abschließend zeigen.

Gleich zu Anfang des Buches berichtet Goethe von den heimlichen und wiederholten Besuchen des Kindes im Römer und von
der Ehrfurcht, die ihn vor allem im Kaisersaale befiel, oder dem
Eindruck, den die Rangordnung des Senats im Sessionszimmer
auf ihn machte.[80] Warum er unter den unzähligen Kindheitser-
lebnissen gerade dies aussuchte, wird dem Leser klar, wenn er
den Kontext berücksichtigt, der in verschiedenen Episoden von
einer »gewisse⟨n⟩ Neigung zum Altertümlichen«[81] berichtet und
darüber hinaus bedenkt, welche Rolle bald schon für Goethe und
seine Generation die vaterländisch-altüberlieferten Gegenstände
der deutschen Geschichte spielen sollten, wie stark sie gerade von
dem jungen Autor mit seinem ›Götz‹ beeinflußt wurden und daß
der Stoff des sein ganzes Leben leitmotivisch durchziehenden
Faust-Dramas aus eben jener historischen Gegend stammt. Wie
die Chiffre »Klopstock« im ›Werther‹ stehen diese Episoden für
eine bestimmte Kulturtendenz, indem sie für Goethe die subjektive Wurzel in der eigenen Erfahrung repräsentieren.
Nicht anders die berühmten Puppenspielreminiszenzen. Auch sie
erscheinen als episches Organon subjektiver Bildung und der Zeitereignisse in einem, eine Art Vorspiel der Nationaltheaterbewegung auf der Puppenbühne und Keim zu jenem weitausholenden
Bildungsprogramm, das Goethe im ›Wilhelm Meister‹ entwik-
kelte und worin dem Theater eine so wichtige Funktion eingeräumt wird, schließlich auch als Vorausdeutung auf die eigene
bühnenreformerische Tätigkeit in Weimar. Wahrhaftig Fakten,
die etwas zu bedeuten hatten, in denen sich historische Erfahrung
und historische Erkenntnis durchdringen und ihr Konvergenz-
punkt zum Ausgang der Selbstdeutung und der individuellen

Orientierung im Universum der Geschichte werden kann. In einem davon unterschiedlichen Sinne und anders bedeutsam verhält es sich bei dem von mir hierhergesetzten dritten Exempel, der Berufungsszene nach Weimar. Mit dem auf der Durchreise in Frankfurt Station machenden fürstlichen Paar aus Weimar »ward folgendes verabredet. Ein in Karlsruhe zurückgebliebener Kavalier, welcher einen in Straßburg verfertigten Landauer Wagen erwarte, werde an einem bestimmten Tage in Frankfurt eintreffen, ich solle mich bereit halten, mit ihm nach Weimar sogleich abzureisen.«[82] Man weiß, der Wagen verzögerte sich, der Vater Goethe, ein Gegner des ganzen Planes, bestimmt den Sohn, die Enttäuschung zu überwinden und dafür die lange geplante Bildungsreise nach Italien anzutreten. Rückblickend räsoniert der Autobiograph: »Wunderbare Dinge müssen freilich entstehn, wenn eine planlose Jugend, die sich selbst so leicht mißleitet, noch durch einen leidenschaftlichen Irrtum des Alters auf einen falschen Weg getrieben wird. Doch darum ist es Jugend und Leben überhaupt, daß wir die Strategie gewöhnlich erst einsehn lernen, wenn der Feldzug vorbei ist. Im reinen Geschäftsgang wär ein solches Zufälliges leicht aufzuklären gewesen, aber wir verschwören uns gar zu gern mit dem Irrtum gegen das Natürlichwahre, so wie wir die Karten mischen, eh wir sie herumgeben, damit ja dem Zufall sein Anteil an der Tat nicht verkümmert werde; und so entsteht gerade das Element, worin und worauf das Dämonische so gern wirkt und uns nur desto schlimmer mitspielt, je mehr wir Ahndung von seiner Nähe haben.«[83] Hier haben wir ein besonders wichtiges Bekenntnis. Insofern es der Geschichtsschreiber des Lebens mit Menschen zu tun hat, die wählen und verwerfen, irren und verstehen, wird er immer wieder auf Zufälligkeiten stoßen, die er aber nicht scheinbar vernünftig auf irgendein geheimes Kausalitätsgeschehen reduzieren darf, sondern als die Erscheinung der Freiheit (auch wenn es eine solche zum Irrtum hin sein sollte) ansehen muß, welche die menschliche Geschichte auszeichnet. Notwendig muß daher der Geschichtsschreiber zum Erzähler, der Autobiograph zum Dichter werden, weil sich die Geschichte angemessen nur als geschichtenreihendes Medium darstellen läßt. Goethe hat es eben so gehalten, hat erzählt, wie er zur italienischen Reise aufbrach, in Heidelberg Station machte, von der Demoiselle Delph einen ganzen Lebensplan eröffnet bekam und wie ihn just in der Nacht vor der Weiterreise die Stafette von Frankfurt erreichte mit der Nachricht, der vermißte und schon zur Schimäre erklärte Reisewagen sei angekommen: »›Der Wagen stand vor der Tür, aufgepackt war, der Postillon ließ das gewöhnliche Zeichen der Ungeduld erschallen, ich riß mich los, sie wollte mich noch nicht fahren lassen, und brachte künstlich genug die Argumente der Gegenwart alle vor, so daß ich endlich leidenschaftlich und begeistert die Worte Egmonts ausrief: ›Kind, Kind! nicht weiter! Wie von unsichtbaren Geistern gepeitscht, gehen die Sonnenpferde der Zeit mit unsers Schicksals leichtem Wagen durch, und uns bleibt nichts als, mutig gefaßt, die Zügel festzuhalten und bald rechts, bald links, vom Steine hier, vom Sturze da, die Räder abzulenken. Wohin es geht, wer weiß es? Erinnert er sich doch kaum, woher er kam.‹«[84]

Ein prägnanter Moment und ein archetypisches Muster, nach dem er gedeutet wurde, aus dem Horizont der Zukunft, nicht der Vergangenheit heraus. Ein Initiationsszenarium, wie es im Buche steht, mit der literarischen Zitierung verdeutlicht, und das Band zu den anderen »Bruchstücke⟨n⟩ einer großen Konfession«[85], als welche er sein Werk verstanden wissen wollte. Da sind wir schon ganz nah dem Genre, von dem sich die Autobiographen bisher so empfindlich abgesetzt hatten: dem Roman nämlich. Und wirklich hat Goethe in den Aufzeichnungen aus seinem Leben ›Dichtung und Wahrheit‹ die Grenze zwischen Autobiographie und Bildungsroman aufgehoben, indem er sein Leben als Bildungsroman und historisches Faktum zugleich rekapitulierte und damit das Muster einer ganzen Literaturgattung schuf, die die großen epischen Selbstporträts des 19. Jahrhunderts bis zum ›Grünen Heinrich‹ und darüber hinaus antizipierte.

II. Lehrjahre der Lebenskunst.
Vom klassischen Erziehungs- und
Bildungsroman zum
romantischen Künstlerroman

1. Der didaktische Erziehungsroman:
zum Beispiel Knigge, Engel, Pestalozzi

»Warum schreiben also nicht mehr Menschen, ungeschminkt, die Geschichte ihres Lebens? Kann den Menschen etwas näher angehn, als eine mit Treue und Beobachtungsgeist geschriebene Lebensgeschichte eines andern, auch noch so geringen Menschen? Oder schämt man sich, seine und anderer Leute Fehler und Thorheiten aufzudecken? – Als wenn nicht jeder wüßte, daß wir dergleichen haben! – Wird man deswegen den Mann hassen, weil man erfährt, daß er durch Leidenschaften irregeführt, einst oder oft nicht so gehandelt hat, wie wir – bey einer Tasse Caffee glauben, daß wir handeln würden? – Und wenn auch ein Mensch in einer solchen Erzählung vorkäme, der uns als *durchaus schlecht* gemalt würde, ⟨. . .⟩ verdiente er es dann nicht, öffentlich an den Pranger, Andern zur Warnung, gestellt zu werden? Würde das nicht mehr Nutzen stiften, als manche bürgerliche Strafe, die ohnehin nicht jeden vornehmen Bösewicht erreichen kann?«[1] Nach einer Reihe von Beispielen fährt der Autor dieser Überlegungen fort: »Glauben Sie nicht, bester Herr! daß solche Romanen Nutzen stiften könnten, daß sie Toleranz und Menschenliebe verbreiten würden?«[2] Das ist Knigge, und ich habe das Zitat aus dem ›Roman meines Lebens‹ so ausführlich hierhergesetzt, weil er die herrschende Meinung wiedergibt, wonach der Roman, um Kunst zu werden, »das Abentheuerliche, Verstiegene in Handlungen, in Begebenheiten und in den Empfindungen« verlieren (so drückt es Sulzer 1794 in seiner ›Allgemeinen Theorie der Schönen Künste‹ unter dem Stichwort »Romanhaft« aus) und sich dafür »dem natürlichen Charakter der wahren Geschichte immer mehr« annähern müsse.[3] Knigge hat mit seinem autobiographi-

schen Roman ein Musterbeispiel hinterlassen für die Integration
von Fiktion und Wirklichkeit, für die Aufhebung der Lebensgeschichte in einer exemplarischen Darstellung der individuellen
Entwicklung zu lehrhaften Zwecken. Das Romanhafte bezeichnet dabei den Anteil der Kunst, der darin besteht, die wahre
Geschichte nach einer konzisen Erzählstruktur einzurichten, um
gerade ihre didaktischen Züge hervortreten zu lassen. Wobei dem
Erzähler die Aufgabe leichtgemacht wird, weil das Leben selber
romanhaft ist (»Wunderbar, wie der Himmel unsre Begebenheiten lenkt, in ein ander verwebt, Menschen vereinigt, trennt, wieder zusammenbringt – so magisch, daß, wenn nur mancher, ohne
alle Zusätze, die Geschichte seines Lebens schreiben wollte, wir
einen ⟨. . .⟩ Roman bekommen würden ⟨. . .⟩«[4]), ein Argument, das
zum vielgebrauchten Gemeinplatz der Vorredenpoetik werden
sollte und in späteren Epochen zur Legitimation noch der abenteuerlichsten und phantastischsten Erfindungen benutzt wurde.
Im 18. Jahrhundert dient das Argument, das Leben selber sei ein
Roman, zur Durchsetzung der neuen Gattung, die damit die einzig angemessene Form der Wiedergabe von Lebenswahrheit wird.

Mit dieser realistischen Tendenz verbindet sich aber auch eine
kritische Absicht und rückt den autobiographischen Roman in
die Nähe der Satire – beider Durchdringung läßt sich in Knigges Romanwerk besonders schön beobachten. Erzählt wird der
Musterfall eines Lebens nicht bloß als Vorbild oder zur Abschreckung. Es geht Knigge ebensosehr darum, die vielfältigen
Ursachen und Motive herauszufinden, die einem Lebenslauf seine
spezifische Ausprägung und Richtung verliehen haben, und deren
Darstellung ist ja deshalb besonders lehrreich, weil sie den Leser
über die Vermittlung des individuellen mit dem sozialen Leben
aufklärt und ihm die objektiven Faktoren deutlich macht, mit
denen auch er in seiner eigenen Lebenswirklichkeit rechnen muß.
Knigge besaß hier seine eigenen Erfahrungen von Jugend auf.
Früh der Eltern beraubt, die ihm nur Schulden hinterlassen hatten, fehlten seiner Erziehung und Ausbildung die sicheren Voraussetzungen, die klaren Ziele und das soziale Medium. So kam
es, daß er in der höfischen Gesellschaft scheiterte und ein unstetes Wanderleben führen mußte, und daß ihm die Schriftstellerei

zum Broterwerb wurde. So kam es aber auch, daß er zu einem
der wichtigsten Repräsentanten bürgerlicher Gesinnung, zum
scharfen Gesellschaftskritiker seiner eigenen Klasse und zum
Anhänger der französischen Revolution wurde. In seinen Romanen hat er die Motive seines Lebens stets aufs neue variiert. Ob er
im ›Zauberschloß‹ (1791) die Geschichte des Grafen Tunger
durch die »Rache eines verschmähten Weibes«[5] verunglückt sieht,
eigene Erfahrungen am Kassler Hofe paraphrasierend, ob er in
der ›Geschichte des Amtsraths Gutmann‹ (1794) adlige Pleite-
wirtschaft und Verschwendungssucht schildert oder immer wieder die betrügerischen Machenschaften geheimer Verbindungen
(in der Geschichte Gutmanns etwa die der Rosenkreutzer) auf-
deckt, stets schöpfte er aus dem eigenen Leben den Stoff zum
Roman. »Ich liefere größtentheils Skizzen von dem Gewebe
meiner eigenen Empfindungen und herrschenden Leidenschaften, Geschichte meines eigenen, oft irregeführten Herzens«,
heißt es in der Vorrede zu den ›Verirrungen des Philosophen oder
Geschichte des Ludwigs von Seelberg‹ (1787), und Knigge ist niemals müde geworden, seine Erfahrung als den sichersten Bürgen
für die Authentizität seiner Schriften zu berufen. Wobei er sich
besonders in aufklärerischer Tradition auf die Wirkungen der
Gefühle und Leidenschaften, aber auch auf die Irrwege der zeitgenössischen Verstandesbildung, der »Sophisterey« (›Verirrungen
des Philosophen‹) oder der Lesesucht konzentrierte. Durch und
durch Aufklärer, der die Kritik als Prinzip der menschlichen Ver-
standestätigkeit auffaßte, verschonte er weder sich selber noch
die eigene Geistesrichtung von ihrer Dynamik. Deutlichkeit, die
uns heute meist allzu doktrinär-naiv erscheint, gehört dabei zum
Programm: man sagt dem Leser, was ihn erwartet und welche
Wirkungsintention man verfolgt: »Der Zweck dieses Buches ist: /
zu zeigen, wie früh schon im Menschen der Grund zu großen,
edeln Handlungen, so wie zu unzähligen Irrthümern und Verge-
hungen gelegt werden kann«[6]; mit diesem Satz beginnt die
Geschichte Ludwigs von Seelberg, und er macht uns auch schon
deutlich, warum der Lebenslauf in seiner Gesamtheit und nicht
bloß gewisse herausragende Begebenheiten zum bevorzugten
Sujet werden mußten. Denn auf Beweggründe, Anhiebe, Ursa-

chen kommt alles an, wenn man durch die Oberfläche der Erscheinungen hindurchgelangen und sie erklären will. So legt denn Knigge seine Absichten auseinander: daß es darum geht zu zeigen, wenn die Leidenschaften (»ursprünglich die wohlthätigsten, reinsten Triebe und Federkräfte«[7]) in Disharmonie geraten, und daß »eben dies schon sehr früh bey der Bildung des Kindes und Jünglings geschieht«; darüber hinaus »zu beweisen, daß durch unsre jedesmaligen Gefühle unsre Systeme von Moralität ohnmerklich umgebildet werden«[8], und schließlich auf diese Weise die Selbsterkenntnis und »Duldung und Bruderliebe«[9] zu fördern. Bürgerliche Gesinnung erweist sich dabei gerade in dem Erziehungspathos, in der optimistischen Ansicht, daß die Erkenntnis der Fehler der erste Schritt zu Unabhängigkeit und Mündigkeit und der Mensch nicht determiniert durch Schicksalsmächte oder göttliche Vorherbestimmung ist, sondern sein Leben selber in die Hand nehmen kann und soll – homo faber und Subjekt seiner Geschichte, nicht deren Opfer. Die gesellschaftlichen Wirkkräfte werden nicht vernachlässigt, sondern in ihrem Widerstandspotential gewürdigt und zuletzt als formbar, überwindbar zum Zwecke der eigenen Wohlfahrt und Glückseligkeit aufgefaßt. Mit seinem Buch ›Über den Umgang mit Menschen‹ (1788) hat Knigge das Instrument einer solchen aufgeklärten, handfesten Lebenskunst bereitstellen wollen, und wenn seine Romane ebenfalls diesen instrumentellen Charakter niemals verleugnen, wollen sie diese Absicht vermittelt über das autoritätshaltige Vorbild eines authentischen Lebenslaufs erreichen. Demonstration dafür (wie es eine zeitgenössische Rezension der ›Geschichte des armen Herrn von Mildenburg‹, 1789/90, ausdrückt), »daß jeder Mensch der Bauherr seines eigenen Schicksals ist«[10].

Das Muster der didaktischen Lebensgeschichte ist, auch unter englischem und französischem Einfluß (von Defoe bis Rousseaus ›Émile‹, diesem wirkungsmächtigsten Manifest der europäischen Erziehungsliteratur) zu Knigges Zeit längst vollständig entwickelt und frei verfügbar. Die einzelnen Elemente sind fast austauschbar. Der Held entstammt der mittelständischen Gesellschaftsklasse, welche nach dem Verständnis der Zeit den niederen (vorzüglich Land-)Adel ebenso umfaßt wie die gehobenen bürgerlichen Schichten. Das Milieu wechselt zwischen Hof und Residenzstadt, den Sphären korrupter Machtentfaltung, Intrige, Heuchelei und Ungerechtigkeit, und der ländlichen, dörflichen oder kleinstädtischen Szenerie, die idyllische Züge trägt, Hort von Natur und Natürlichkeit und insgesamt der Gegenpol zu allem höfischen Unwesen. In Hippels ›Lebensläufen nach aufsteigender Linie‹ (1778-1781) tritt der Held aus dem kurländischen Pfarridyll hinaus in die Hauptstadt Königsberg, seine Geliebte wird Opfer einer Adelsintrige. Nach allerlei Enttäuschungen und verfehlten Entscheidungen (so versucht er im Kriegsdienst sein Glück) kehrt er schließlich nach Kurland zurück, heiratet und macht auch gesellschaftlich sein Glück, da sich beim Tode des Vaters herausstellt, daß auch er von adliger Herkunft war. Die Struktur ist typisch und mindestens seit Michael von Loens Roman ›Der redliche Mann am Hofe‹ (1740) vielerprobt. Austritt aus der natürlichen, einfachen und glückseligen Sphäre des ländlichen Lebens, Eingang in die große Welt der Residenz- und Universitätsstädte, der gesellschaftlichen Intrigen und kriegerischen Entwicklungen, schließlich die Rückkehr des dadurch gebildeten, an den Widerständen gereiften Helden in seine Heimat – oder im entgegengesetzten Falle seine Kapitulation vor der feindlichen Welt und sein Untergang (wie in Christian Gotthilf Salzmanns sechsbändigem Roman ›Carl von Carlsberg oder über das menschliche Elend‹, 1783-1788). Auf der Bewährungsphase liegt der eigentliche Schwerpunkt der Darstellung, hier ereignen sich die Kämpfe des Individuums mit sich selbst und einer feindlichen, mindestens gleichgültigen, auf jeden Fall fremden Umwelt, auf welche vorzubereiten und einzuüben die ganz praktische Wirkungsintention dieser Bücher ist. Sujets und Motive des Pikaro- und Abenteuerromans boten sich als reiches Stoffreservoir an, das darüber hinaus die erwünscht unterhaltsame Wirkung garantierte, ohne die sämtliche Belehrung unbeachtet bliebe. Von Johann Gottwerth Müller, der mit ›Siegfried von Lindenberg‹ (1779) schon das vielgelesene Exempel einer komisch-parodistischen Variation auf das beliebte Genre geschrieben hatte, stammt der abenteuerliche Roman mit kolportage-

haften Zügen ›Friedrich Brack oder Geschichte eines Unglücklichen‹ (1793/95), dessen Held, in früher Jugend von
Zigeunern geraubt, ein unstetes Leben am Rande der Gesellschaft
zu führen gezwungen ist, von einem Pfarrer gerettet wird und
mühsam den Weg zurück ins bürgerliche Dasein finden muß.

Dieser Romantypus hat viele Berührungspunkte mit der sati-
risch-humoristischen Lebensgeschichte nach dem Muster von Cervantes' ›Don Quijote‹ und Lawrence Sternes ›Tristram Shandy‹. In
beiden Fällen handelt es sich ja um einen »Blitz-, Donner- und
Hagelroman«[11], und die humoristische Verzerrung des Musters
bewahrt doch dessen Struktur. Die parodistische Bezeichnung
stammt aus Theodor Gottlieb von Hippels ›Kreuz- und Querzü-
gen des Ritters A bis Z‹ (1793/94) und ist dort auf die ›Asiatische Banise‹ (1689) des Anselm von Zigler und Kliphausen
(1663-1696) bezogen, ein Paradebeispiel des barocken Abenteuerromans, dessen Grundgestalt im bürgerlichen Reiseabenteuer-
roman des 18. und 19. Jahrhunderts noch fortwirkt. Auch der
Ritter von A bis Z wird (nachdem wir mit epischer Umstandskrä-
merei über seine Vorfahren, Geburt und Erziehung unterrichtet
wurden) seinen Zickzack-Kurs durch die Welt legen, um einer
entschwundenen Geliebten wieder habhaft zu werden. Die parodistische, mit satirischen Reflexionen und Abschweifungen arbeitende Erzählweise gibt dem Autor mannigfach die Gelegenheit,
seine kritischen Ansichten über Adelsdünkel und Mißwirtschaft,
falsche Erziehung (»Unser Junker erhielt eine wohlriechende
Erziehung, bei der es nur auf gutes Wetter angelegt ward.«[12]) und
das Unwesen der Geheimbünde oder Logen zu verbreiten, damit
aber unter der Hand die bürgerlichen Maßstäbe einer natürlichen
Erziehung der Kinder und die Sicherung der weiblichen Rechte
im Ehestande zur Geltung zu bringen. Hippels Ritter hat in der
deutschen Literatur der Zeit zahlreiche Vor- und Mitstreiter auf
dem Papier gefunden, darunter so unbedeutend flache Persifla-
gen wie Carl August Gottlieb Seidels (1754-1822) ›Kühnemund
von Thoreneck‹ (1795), dessen törichter Held in alter Weise die
Lektüre von Ritterromanen um den gesunden Menschenverstand
gebracht hat, oder vorher den ganz in der Sphäre der Karikatur
bleibenden Junker von Achten in Johann Karl August Musäus'

erstmals 1760 bis 1762 erschienenen, 1781 umgearbeiteten
Roman ›Der deutsche Grandison‹, in welchem der Held zunächst
durch Defoes ›Robinson‹, dann durch Richardsons Romane auf
die Sprünge seiner Einbildungskraft gebracht worden war.

Nur über das parodistisch verfremdete Muster der Lebensgeschichte und die Absicht, mit dem Mittel des Narrenspiegels das
Ziel vernünftiger Menschenbildung zu verfolgen, bleibt der
humanistisch-parodistische Roman der didaktischen Entwicklungsgeschichte verbunden, erst Jean Paul wird die geschiedenen
Stränge zusammenfügen. Fragt man aber nach dem Bildungsziel,
auf das hin alle diese Romane positiv oder negativ bezogen sind,
so genügt bei etwas sorgfältiger Auswahl wiederum die Kenntnis
eines einzigen, um es in seinen wesentlichen Momenten zu erhalten. Es tritt uns aus allen Romanen Knigges oder Hippels als der
rechtschaffene, aufrichtige Mann, erfahren in den theoretischen
und praktischen Dingen des Berufs und des Alltags, entgegen,
dem es gelungen ist, Verstand und Empfindungen in Einklang zu
bringen, Gelehrsamkeit und Menschenliebe zu verbinden, und
dessen Kultiviertheit sich darin zeigt, daß er in allen Lebenslagen
die Extreme meidet. Während der Held aller dieser Entwick-
lungsromane auf dieses Ideal hin erzogen wird, es erreicht oder
verfehlt, gibt es eine Figur, die es von Anfang an repräsentiert
und die sich auch von erstaunlicher Konstanz erwiesen hat. Es ist
der Erzieher, und wenn er auch in verschiedener Gestalt auftaucht, Wirksamkeit und Charakter bleiben beständig. Ob als
Vater (wie Herr Stark in Engels Dialogroman ›Herr Lorenz
Stark‹, 1795/96, der allerdings eine Sonderrolle spielt, über die
noch zu handeln ist) oder wie meistens als Pfarrer (in Müllers
›Friedrich von Brack‹), Lehrer (der Hofmeister Schmidt in Knigges ›Gutmann‹) oder ganz allgemein als Ratgeber wie jener Wild-
mann in Gottwerth Müllers Roman ›Die Herren von Waldheim‹
(1784/85), der die Reform auf den Waldheimschen Gütern inspiriert und in Gang setzt, sogar dafür sorgt, daß die Bauern befreit
werden, alle Untertanen zu Glück und Wohlstand gelangen,
Ungerechtigkeiten in der Rechtsprechung und im Abgabewesen
beseitigt werden, so daß endlich auch Waldheim selber in die
Rolle eines landesväterlichen Gutsherrn hineinwächst – immer

repräsentiert er den guten Genius des Menschen. Bis zum Abbé der Turmgesellschaft im ›Wilhelm Meister‹ und den verschiedenen pädagogischen Lenkern in Jean Pauls Romanen reicht die Ausprägung und Wirkungsgeschichte dieser Wunschfigur, in welcher der Erziehungsoptimismus der Aufklärung auch nach seiner schrittweisen Demontage überlebt hat.

Einige Sonderentwicklungen verdienen noch die etwas nähere Betrachtung. In den ›Horen‹ erschien 1795 Johann Jakob Engels Roman ›Herr Lorenz Stark‹, der auf Entwürfe des vor allem als philosophischer Schriftsteller hervorgetretenen Autors zwanzig Jahre früher zurückgeht. Aus dem Stoff hatte ursprünglich ein Drama werden sollen, Engel hatte es in weiten Teilen bereits fertiggestellt, dann aber liegengelassen und sehr viel später zum Roman umgearbeitet, dessen dialogischer Charakter noch auf seine Ursprünge zurückweist und exemplarisch zeigt, daß der Dialogroman seine Wurzel in der dramatischen Literatur hat und vom Renommee dieser ästhetisch unanfechtbaren, unzweideutigen Gattung profitierte. »Der deutsche Hausvater« hatte der Titel ursprünglich lauten sollen, in bewußter Nachfolge von Diderots berühmtem und in Deutschland ungemein erfolgreichem Rührstück; womit schon einiges über die Handlung gesagt ist. Ort und Zeit sind, der dramatischen Vorlage entsprechend, begrenzt. In einer Woche spielt sich das Geschehen ab, auf häuslichen Schauplätzen, wie Wohnung und Handelshaus des Kaufmannes Stark oder anderer Personen. Wie bei Diderot steht ein Vater-Sohn-Konflikt im Mittelpunkt, der Zerfall der Familie droht, weil Stark junior keine Verständigung mehr mit seinem ehrbaren, doch demonstrativ autoritär auftretenden Vater mehr sieht, der ihn seinerseits für einen Versager hält. Des Sohnes Liebe zu einer fälschlicherweise nicht zum besten beleumundeten Witwe verstärkt die Krise, doch ist das glückliche Ende nicht aufzuhalten, als Lorenz Stark seine Irrtümer erkennt und der Sohn die Berechtigung der väterlichen Ideale bestätigt: »Die Ehe ward eine der glücklichsten in der Stadt. Die Familie hing, jedes Glied mit jedem, durch die zärtlichste Liebe zusammen. Herr *Stark* erfreute sich, bis ins höchste Alter hinaus, des Wohlstandes und der vollkommenen Eintracht aller der Seinigen, und genoß das süße,

kaum mehr gehoffte Glück, Enkel an seine Brust zu drücken, die
nicht bloß seines Blutes waren, sondern auch seinen Namen trugen.«[13]

Engels ›Lorenz Stark‹ gehört zu den ersten Romanen einer
Gattung, die ihre wahren Triumphe im 19. Jahrhundert, in der
aufkommenden Massenliteratur und schließlich vor allem im
Zeitschriftenroman feiern sollte: der sentimentale Familienroman
nach Art von Langbein und Clauren, der seine populärsten Autoren freilich später in Frauen wie Eugenie Marlitt oder Wilhelmine Heimburg fand. Er verband sich dabei noch mit einem
anderen Traditionsstrang, an dem zufälligerweise ziemlich zu
Anfang ein Roman stand, der seine Erstpublikation ebenfalls in
Schillers Zeitschrift ›Horen‹ erlebte, und zwar 1796, ein Jahr
nach Engels Erfolgsroman. Es handelt sich dabei um Karoline
von Wolzogens ›Agnes von Lilien‹, einen Roman in der Nachfolge von Sophie la Roches ›Geschichte des Fräuleins von Sternheim‹ (1771), den man sogar Goethe hat zuschreiben wollen, der
freilich wußte, wer sich hinter der anonymen Verfasserschaft ver-
barg und Schiller gegenüber das Buch mehr tadelte als lobte, ausgenommen die Partien, die »den Einfluß *Ihres* Umgangs auf die
Entstehung und *Ihrer* Feder auf die Vollbringung des Werks« verraten[14]: die Autorin war schließlich Schillers Schwägerin. Aber
zurück zum Hauptpunkt. Der Roman ist eine Liebesgeschichte
mit moralisch-didaktischer Zwecksetzung, die über das ›Fräulein
von Sternheim‹ hinaus zurückweist auf die gemeinsamen Vorbilder, nämlich Richardsons Romane, und ein Bindeglied abgibt
zum zeitgenössischen Liebesroman der Charlotte von Ahlefeldt
oder, auf einem höheren literarischen Niveau, der Sophie
Mereau, deren erster Roman einen ganz programmatischen
Titel trägt: ›Blüthenalter der Empfindung‹ (1794). Das Grund-
muster kursiert auch seither in zahllosen Abwandlungen:
zwei Liebende, deren erste Begegnung bereits über ihr gemeinsames Schicksal entscheidet, werden durch eigenes Unge-
schick, durch Mißverständnisse und Fehlinterpretationen ihres
wechselseitigen Verhaltens, durch den schädlichen Einfluß Dritter
und eine Familienintrige eine Zeitlang an der Erfüllung ihrer
Liebe gehindert und müssen eine ganze Reihe von Abenteuern

und Prüfungen überstehen, die besonders für die Frau als Proben auf ihre Treue und Unschuld aufgefaßt werden. Am Schluß stirbt der Fürst, der alle Hindernisse verursacht und verkörpert hat, Agnes von Lilien heiratet ihren Grafen Nordheim, und die Welt ist wieder in Ordnung. Ein weiblicher Erziehungsroman zur Ehe-Tauglichkeit, in der die Aufklärung das Ziel weiblicher Bildung sah.

In der Gesellschaftsphilosophie der Zeit bildet die Familie die Keim- und Kernzelle des gesamten bürgerlichen Lebens, sie mußte in Opposition zur höfischen Gesellschaft entwickelt und gefestigt werden; die Rollenzuteilungen, wie sie der meist mit autobiographischen Erfahrungen durchsetzte Frauen-, Liebes- und Familienroman des 18. Jahrhunderts propagiert, ergaben sich aus der historischen Situation; die nonkonformistischen Haltungen, welche in der romantischen Schule Mode wurden und nicht allein deren Literatur, sondern auch das Leben ihrer Autoren vielfach prägte, waren einer Elite vorbehalten, die sich der Tagesordnung der Geschichte entziehen konnte, weil ihr Verhalten folgenlos blieb. Sie deshalb zu verkannten Vorreitern einer längst fälligen Opposition zu machen ist eine naive, ganze Entwicklungsstadien überspringende Analogierede, in welcher die sozialkonstitutive Funktion der Frau im 18. und 19. Jahrhundert gar nicht vorkommt. Tatsächlich gelang die Verbürgerlichung der höfischen Gesellschaft von innen her, über die Familie, deren Werte und Normen sich zuletzt als übermächtig erwiesen. Ihre Träger waren Mann und Frau gleichermaßen; vielleicht kann man sogar sagen, daß für die innere Ordnung und Kultivierung der Familie, für die psychische Möblierung des bürgerlichen Haushalts der Frau die entscheidende Wirksamkeit zukam – unter Verzicht vor allem auf die beruflichen und politischen Möglichkeiten, die freilich in den seltensten Fällen (das Hauptthema des späteren Bildungs- und Künstlerromans bis zum ›Grünen Heinrich‹ und zum ›Zauberberg‹) zur Befriedigung der Person und Verwirklichung ihrer Strebungen führte. Wilhelmine Caroline von Wobesers Erziehungsroman ›Elisa oder das Weib wie es seyn sollte‹ (1795) bedeutet daher über alle uns heute befremdenden Ansichten hinaus den Höhepunkt einer Literatur, die ein zeitgemäßes, dem Stand des sozialen Widerspruchs zwischen Adel und Bürgertum entsprechendes weibliches Bildungsideal entworfen und durchzusetzen geholfen hat.

Der Roman ist ein Frauenspiegel aller Tugenden, die die bürgerliche Gesellschaft von der Geliebten, Hausfrau und Mutter erwartete: Entsagungsbereitschaft, Zurückhaltung und Bescheidenheit, peinliche Einhaltung ehelicher Moralvorschriften, Leidensfähigkeit und Standhaftigkeit auch im Unglück. In einer Konvenienzehe mit einem Mann verheiratet, dem sie nach Geist und Herzensbildung überlegen ist, der sein Vermögen mit einer Mätresse verschwendet und ihr gegenüber hart und despotisch auftritt, hält Elisa unbeirrbar an ihren Tugenden fest und gewinnt durch diese exemplarische Lebensführung einen derartigen Einfluß, daß sie ihren Mann von seinen Fehlern und Irrtümern überzeugt und so (darin liegt ihre eigentliche Aufgabe) die Familie durch alle Gefährdungen hindurch erhält. So gibt es schließlich durchaus eine geheime Allianz zwischen Agnes von Lilien, der tugendhaften Elisa, den vielen literarischen Frauenfiguren, die ihr folgten und den ihnen auf den ersten Blick so fremden Heldinnen der romantischen Romanliteratur von Sophie Mereaus Nanette im ›Blütenalter der Empfindung‹, ihrer Amanda (›Amanda und Eduard‹, 1803) bis zu Friedrich Schlegels ›Lucinde‹ (1799). »Nur Liebe bringt Selbsttätigkeit und Leben in den dumpfen Kreis ihrer Ideen. Hier, und hier allein, ist es ihr vergönnt, ein freieres Dasein zu genießen und mit dem Mann die Rechte des Lebens zu teilen«, notierte Sophie Mereau in ihr Tagebuch[15] und bezeichnete damit ihrer Zeit den Königsweg, auf dem die Frau zu Einfluß, Geltung, ja sogar Macht gelangen konnte. Natürlich meint sie es anders als Karoline von Wobeser und ihresgleichen. Wenn aber Albert von seiner Nanette sagen kann: »Sie selbst faßte das Ruder, und wir schwammen dahin«[16], so hat auch Elisa unter der Maske der tugendhaften Dulderin nichts anderes getan, als eben das Ruder ihrer Ehe und Familie auf die ihr eigene Weise in die Hand zu nehmen, von ihrem Erfolg berichtet dann die Geschichte.

Dem gemeinsamen Zweck der didaktischen Lebensgeschichten, ob sie ihn nun auf mehr oder auf weniger kunstfertige Weise ver-

folgen, entspricht die gemeinsame Stilebene, die zwischen anmu-
tig-gewinnender und (seltener) erregend-pathoshaltiger Schreibweise wechselt, sowie eine ziemlich einheitliche Formensprache,
die aus dem Briefroman stammt, dem seit Rousseau, seit Sophie
la Roches ›Fräulein von Sternheim‹ und Goethes ›Werther‹
bevorzugten Medium der inneren Biographie. Er ist sehr vielfältig verwendbar, eignet sich zur Dastellung von Gefühlsverwirrungen und der Seelengeschichte ebenso wie zur Wiedergabe autobiographischer Erfahrung oder wenigstens ihrer Fingierung wie
schließlich sogar zur polyperspektivischen Brechung und Auffä-
cherung der Biographie und damit ihrer Objektivierung (wie in
Knigges ›Roman meines Lebens‹), wenn sich mehrere Absender
und Adressaten über die Geschehnisse austauschen. Je mehr freilich die äußere Realität und die Vielfalt des sozialen Lebens zu
konstitutiven Bestandteilen des Erziehungskonzepts werden,
desto unbefriedigender muß die eingrenzende Perspektive der
Ich-Erzählung erscheinen, die – bei Strafe der Orientierungslosig-
keit – sich auch nicht auf beliebig viele Ich-Erzähler oder Korre-
spondenten auffächern läßt. Sie war daher auch untauglich für
einen Schriftsteller, der den Erziehungs- und Entwicklungsroman
nun in einem ganz praktischen Sinne als Lehrbuch der individuellen und sozialen Daseinsbewältigung, als modellhafte Anwendung und Erprobung seines pädagogischen Systems auffassen
und benutzen wollte. Wer damit gemeint ist und uns als der herausragende Stellvertreter einer Sonderentwicklung des didaktischen Romans im 18. Jahrhundert gegenübertritt, ist leicht zu
erraten: nämlich Johann Heinrich Pestalozzi (1746-1827), der
Autor nicht nur pädagogischer Lehrschriften, sondern auch ihrer
wirkungsvollen romanhaften Darstellung.

»Es wohnt in Bonnal ein Mäurer. Er heißt Lienhard – und
seine Frau Gertrud. Er hat sieben Kinder und ein gutes Verdienst.
– Aber er hat den Fehler, daß er sich im Wirtshaus oft verführen
läßt. Wann er da ansitzt, so handelt er wie ein Unsinniger; – und
es sind in unserm Dorf schlaue abgefeimte Bursche, die darauf
losgehen, und daraus leben, daß sie den Ehrlichern und Einfälti-
gern auflauern, und ihnen bei jedem Anlaß das Geld aus der
Tasche locken ⟨. . .⟩. Gertrud ist die beste Frau im Dorf – aber sie

und ihre blühenden Kinder waren in Gefahr, ihres Vaters und
ihrer Hütte beraubt, getrennt, verschupft ins äußerste Elend zu
sinken, weil Lienhard den Wein nicht meiden konnte.«[17] Ohne
Umschweife beginnt Pestalozzi seinen Erziehungsroman ›Lienhard und Gertrud‹, von 1781 bis 1787 erstmals erschienen, vom
Autor aber zweimal (1790-92 und 1818-20) tiefgreifend überar-
beitet und neugefaßt, wobei der romanhafte Charakter mehr
und mehr von der Lehrabsicht zurückgedrängt und die philoso-
phisch-pädagogischen Züge verstärkt werden. Mit den wenigen
Anfangssätzen ist die Versuchsanordnung gegeben, die Krise
beschrieben, deren Entwicklung und Behandlung den Hauptge-
genstand des umfangreichen vierteiligen Werkes ausmacht. Und
sofort fällt auf, daß sie nicht bloß als individuelles Versagen
(Lienhards Trunksucht), sondern als soziales Symptom erscheint:
im Dorf herrschen Korruption, Mißwirtschaft und Intrigen, eine
gesellschaftliche Unordnung also, in welcher die menschliche
Schwäche erst ihre ganzen schädlichen und zerstörerischen Wirkungen entfalten kann. Deshalb begnügt sich Gertrud nun nicht
etwa damit, nach Elisas Beispiel als tugendhaftes Vorbild indirekt
auf ihren Lienhard einzuwirken, sondern sie geht aktiv und unerschrocken daran, die Verhältnisse zu ändern, die dem Übel
zugrunde liegen: sie klärt den Gutsherrn Arner über die Misere in
seinem Dorf und den wahren Charakter des von ihm eingesetzten
Vogts auf: »Und Arner ließ sich jetzt die Taten des Vogts und seiner Mitgesellen und die Not und die Sorgen vieler Jahre erzählen; hörte aufmerksam zu, und einmal fragte er sie – Wie hast
du, Gertrud! das Spargeld deiner Kinder retten können in aller
dieser Not?«[18] Das ist der Anfang, und auf die Entmachtung und
Zurückdrängung der ungerechten, liederlichen Herrschaftsträger
folgt nun die Reorganisierung des sozialen Gefüges, der handwerklichen und landwirtschaftlichen Betriebe, der Haushaltsfüh-
rung und der Erziehung, wobei Gertrud vor allem die Verwirklichung der pädagogischen Konzeptionen zufällt. Dabei wird im
Laufe der Entwicklung der Blick von der Geschichte Lienhards
und Gertruds immer weiter weggelenkt auf das soziale Gemeinwesen, auf seine Absicherung gegen innere (die besitzenden Bauern) und äußere (Adel und Regierung) Widerstände und Feinde.

Die »neue Ordnung«[19] des Dorfes gewinnt dabei zunehmend Modellcharakter für die Bedingungen und Möglichkeiten des sozialen Glücks aller Menschen, der Erziehungsroman geht über in die Utopie, in welcher das Dorf Bonnal die Funktion von Morus' Inselstaat oder der glückseligen Kolonie in Knigges ›Geschichte Peter Clausens‹ (1783-85) hat; der Erziehung kommt dabei die Aufgabe der Verwirklichung und Umwandlung zu: »Im übrigen aber baute der Junker in seiner Meinung, das Dorf zu ändern, gar nicht auf das alte Volk, sondern auf die Jugend und seine Schul.«[20] In diesen Partien des Romans setzt Pestalozzi seine pädagogische Theorie und Methode ins anschauliche Exempel um (auch später benutzte er dafür die hier einmal eingeführte Figur: ›Wie Gertrud ihre Kinder lehrt‹, 1801, eine lebendige Demonstration seines methodischen Prinzips des schrittweisen Fortgangs von der Anschauung zum Begriff) und zieht damit aus der Pädagogisierung des utopischen Denkens im 18. Jahrhundert weitreichende Konsequenzen. Bonnal bedeutet eine neue Welt und führt im kleinen, bewußt realistischen Maßstab vor, was die Aufklärung in die Idee einer Erziehung des Menschengeschlechts gefaßt hatte: »Lies Freund! diese Bogen. Ich ende mit ihnen das Ideal meiner Dorfführung. – Ich fing bei der Hütte einer gedrückten Frauen, und mit dem Bild der größten Zerrüttung des Dorfs an, und ende mit seiner Ordnung. – / Das Vaterland sagte laut und allgemein, als ich anfing, das Bild der armen Hütte und der Zerrüttung des Dorfs ist Wahrheit. – Der Mann am Ruder des Staats und der Taglöhner im Dorf fanden einstimmig, es ist so! –«[21]

Vergleicht man erste und letzte Fassung von Pestalozzis populärstem Roman (ein weiterer, ›Christoph und Else‹, 1782, knüpfte an das Erfolgsrezept an, ohne aber eine vergleichbare Wirkung zu erreichen), so fallen entscheidende und teilweise wie nachträgliche Dementis wirkende Änderungen auf, die freilich nicht allein Pestalozzis Geistesentwicklung widerspiegeln, sondern die Widersprüche der Aufklärung selber. Deutlich distanziert er sich später von dem aufklärerischen Utilitarismus, der die erste Phase seiner Wirksamkeit bestimmte, und der »bürgerliche Wert des Menschen«[22] ist nicht mehr schlechthin der Maßstab seines pädagogischen Handelns. Erziehung soll sich nicht mehr allein auf die »der Gesellschaft nutzbare⟨n⟩ und brauchbare⟨n⟩ Kräfte«[23] konzentrieren, sondern den ganzen Menschen, seine sämtlichen Anlagen und Vermögen, ausbilden. Dieses klassisch-humanistische Bildungsideal, wie es etwa auch Schiller mit seiner ästhetischen Erziehung verfolgte, wird zwar aus dem Erlebnis der Französischen Revolution heraus konzipiert und ist Ausdruck der Enttäuschung an ihr, kann aber doch nicht nur als Verinnerlichung der ehemals expliziten politischen Interessen gedeutet werden. Die literarische und philosophische Kritik richtet sich vielmehr jetzt auf den Zustand der bürgerlichen Gesellschaft und ihrer Idole, von denen Schiller und Pestalozzi an erster Stelle den Nutzen nennen. Die Funktionalisierung aller Fähigkeiten und Bedürfnisse hinsichtlich ihres sozialen Nutzens liefert den Menschen gänzlich der Entfremdung aus, die in der Gesellschaft herrscht.

Der humanistische Traum von einer keinem Zwang unterworfenen, natürlichen Menschenbildung korrigiert derart den empiristischen Zug in Pestalozzis Doktrin, der den Menschen widerspruchslos aufs »Gleis der bürgerlichen Ordnung«[24] schieben wollte. Es ist damit ganz konsequent, daß Pestalozzis Spätwerk abstrakter, daß die dritte Fassung von ›Lienhard und Gertrud‹ weniger »volksnah« und die »Nachforschungen über den Gang der Natur in der Entwicklung des Menschengeschlechts‹ (1797) reflexiver sind als die von einem naiven Erziehungsoptimismus und dem Vertrauen in die bürgerlichen Errungenschaften erfüllten Romane und Erziehungsschriften. Doch schon mit deren »Volkston«[25] ist es eine eigene Sache, und wenn Gervinus die »Einfalt und Schlichtheit« rühmt, die Pestalozzi dem Gesichtskreis des Volkes entlehnt habe, so ist dieses Urteil aus der Perspektive einer Literaturentwicklung gesprochen, die aus einem gewiß produktiven Mißverständnis heraus einen Roman wie ›Lienhard und Gertrud‹ als ihren Anfang sah. Pestalozzis Volksbuch ist (wie übrigens auch das noch erfolgreichere ›Noth- und Hülfsbüchlein‹, 1787-1798, seines Nachahmers Zacharias Becker) entgegen der eigenen Vorrede ein sorgfältig stilisiertes Kunstprodukt, dessen Stilhöhe, Dialektfärbung und Lebendigkeit dem Verständnis

und Sprachgebrauch der Adressaten entsprechen mußte, die von
ihm belehrt und überzeugt werden sollten. Im übrigen enthält es,
von der Predigt bis zum Dialog, von der Anekdote bis zur effekt-
sicher ausgeführten Exempelerzählung, von der Sentenz bis zur
sprichwörtlichen Rede, sämtliche erprobten Formen der didaktischen und rhetorischen Kunstprosa, über die ein aufgeklärter
Schriftsteller verfügen konnte. Daß Pestalozzi einige von ihnen
später seltener einsetzte, ist Folge eines bewußten Adressaten-
wechsels oder doch wenigstens einer Öffnung zu anderen Publi-
kumsschichten hin.

2. Das Ich des Humoristen und seine Welt: Jean Paul

In der ›Vorschule der Ästhetik‹ (1804), der systematischen
Zusammenfassung seiner poetologischen Ansichten, die Jean Paul
sonst in Vorreden, eingeschobenen Reflexionen in seinen Romanen und Erzählungen, aber auch in unveröffentlichten Notizen
und Stoffsammlungen angestellt hatte, beginnt das XII. Programm ›Über den Roman‹ mit einer Kritik am programmatischen Aufklärungsroman auf der Grundlage einer Rehabilitierung des Romantischen. Ein Begriff, in welchem sich für Jean
Paul die ältere Bedeutung des romanhaft Phantastischen und
Wunderbaren trifft mit den neuen von Schlegel und Novalis
getroffenen Präzisierungen (Novalis: »Absolutisirung – Universa-
lisirung – Classification des individuellen Moments, der ind.
Situation etc. ist das eigentliche Wesen des Romantisirens«[26]). Er
geht sogar soweit zu erklären: »Das Unentbehrlichste am Roman
ist das Romantische, in welche Form er auch sonst geschlagen
und gegossen werde.«[27] Hier haben wir ein sehr anschauliches
Beispiel dafür, wie fragwürdig die Zuordnung der Schriftsteller
zu bestimmten Schulen oder gar Epochen sein kann, denn in diesem Punkt sind Goethe und Schiller sehr viel mehr in der aufklärerischen Tradition von Blanckenburg bis Sulzer verwurzelt als
ihr Antipode Johann Paul Friedrich Richter, der sich (auch aus
der Verehrung Rousseaus heraus) seit 1792 Jean Paul nannte und
mit seinen Satiren, seinen philosophischen und politischen
Anschauungen immer ein Aufklärer geblieben ist. Die Zwiespäl-

tigkeit ist in der ›Vorschule‹ selber spürbar, der in allen wesentlichen Bestimmungen Rhetorik zugrunde liegt und die zugleich
eine Entbindung der Phantasie in einem bisher allenfalls den
Frühromantikern vergleichbaren Maße fordert.

Mit ihnen einig war sich Jean Paul auch noch in einem anderen Punkt, darin nämlich, daß die Subjektivität das eigentliche
organon der Dichtung sei. Zwar soll das zunächst nur für die
romantische Poesie gelten, die aber alsbald zum Inbegriff der
Dichtkunst überhaupt erklärt wird: »Wenn Schlegel mit Recht
behauptet, daß das Romantische nicht eine Gattung der Poesie,
sondern diese selber immer jenes sein müsse: so gilt dasselbe noch
mehr vom Komischen; nämlich alles muß romantisch, d. h. humoristisch werden.«[28] Die humoristische Haltung zur Welt bedeutet
ihre Auflösung in der Subjektivität, die sich an ihre Stelle setzt
und die Gestalt der Wirklichkeit nur in ihrer subjektiv gebroche-
nen Spielform zum Ausdruck bringt. Was immer als Gegenstand
dem Humoristen vor Augen kommt, wird zum Material seiner
Einbildungskraft, aufgeladen mit neuen und wechselnden Bedeutungen, die von den Weltdingen widerhallen, zwischen ihnen hin
und her geschickt, so daß es immer der Autor selber ist, der sich
in ihnen zur Darstellung bringt als derjenige, der über sie verfügt,
sie kombiniert oder kontrastiert, aufhebt oder potenziert, »weil
vor der Unendlichkeit alles gleich ist und nichts«[29]. Die Beziehungen, die Jean Paul in seinen Romanen zwischen den entferntesten
Themen, Bildern, Gedankengängen stiftet (»Wie die Fürsten aus
Turmglocken, so können wir aus der Glockenschüssel Glockenta-
ler gewinnen. Du wirst dich doch nicht schämen, elendes Eßge-
schirr, solche tierische Särge, fein auszumünzen, da der Herzog
Christian zu Braunschweig 1662 einen silbernen Fürsten-Sarg in
eigentlichem Sinne zu Geld machte, nämlich zu Talern. Ist denn
ein Teller ein Apostel? – Und doch haben große Fürsten viele
Apostel ⟨...⟩«[30]), sind subjektiv begründet, und die Vielfalt, der
Reichtum, die bizarre Ornamentik dieser Kreuz- und Querzüge
machen seine eigentliche Kunstfertigkeit aus. »Daher spielt bei
jedem Humoristen das Ich die erste Rolle; wo er kann, zieht er
sogar seine persönlichen Verhältnisse auf sein komisches Theater,
wiewohl nur, um sie poetisch zu vernichten. Da er sein eigener

Hofnarr und sein eigenes komisches italienisches Masken-Quartett ist, aber auch selber der Regent und Regisseur dazu: so muß der Leser einige Liebe, wenigstens keinen Haß gegen das schreibende Ich mitbringen ⟨...⟩«[31] Überlegungen dieser Art begründen Jean Pauls Erzählweise, die mit ihren Exzessen an Abschweifungen, Anmerkungen, Einschüben, Extrablättern, Umschreibungen, Zwischen- und Beiseitegesprächen ganz fremd und singulär in der deutschen Romanlandschaft ist und beim Leser wirklich den Willen voraussetzt, sich der individuellen Eigenart dieses Schriftstellers auszuliefern. Aus einem alten rhetorischen Kunstmittel, der Digression, hat er einen ganzen Orchesterklang entwickelt, nach dem Vorbild Laurence Sternes, des wohl vornehmsten Heiligen in seinem literarischen Kalender, doch mit einer, wenn möglich, gar noch größeren Konsequenz. Der aufklärerischen Poetik nach war die Abschweifung an bestimmte Funktionen gebunden: als unterhaltender Einschub zur Sympathiegewinnung, um einen trockenen Gegenstand dennoch wirkungsvoll darzustellen; als spannungssteigerndes Mittel in der historia interrupta, um die Emotionen des Lesers zu verstärken; schließlich als moraldidaktische Reflexion, die die Erzählung begleitet und unterbricht. Das gilt auch für Jean Paul, der die Abschweifung aber vor allem zur humoristisch-ironischen Brechung der Erzählung und ihres Gegenstandes nutzt. So spricht er als Autor in die Romanhandlung hinein, um in direkter Anrede an den Leser seine Motive und Zwecke zu erläutern, taucht selber namentlich als Kunstfigur im berichteten Geschehen auf und bietet das gesamte Wissen seiner Zeit in Zitationen, Anspielungen, Exkursen auf, die die Verflechtung des Einzelnen mit dem Ganzen bis an die Grenze der Unübersichtlichkeit treiben. Auch gestattet das abschweifende Erzählen, indem es mit einem dauernden Perspektiven- und Themawechsel verbunden ist, eine Vieltönigkeit und abrupte Veränderungen in der Erzählweise (vom pathetischen zum sachlich-nüchternen, vom gefühlvoll-sentimentalischen zum spöttisch-karikierenden Sprechen), die desillusionierend wirkt, dabei aber einen eigenen Erzählraum schafft, in dem die Subjektivität des Erzählers absolut dominiert, auch wenn er mit der empirischen Wirklichkeit nichts zu tun hat und eine eigene Form von Fiktionalität ergibt.

Aus diesen Gründen ist es also zu begreifen, daß Jean Paul an
so vielen Stellen in seinen Romanen sein Ich ganz ausdrücklich
ins Spiel bringt und betont, »daß die Personen, die ich hier in
Handlung setze, zugleich mich in Handlung setzen und daß der
Geschicht- oder Protokollschreiber selber unter die Helden und
Parteien gehört«[32]. Der Biograph als Kunstfigur in einer Kunstwelt, das ist die letzte Konsequenz des humoristischen Erzählers,
der sich selber auch noch gleichsam fiktionalisiert und zum
Gegenstand der Einfälle und seines Witzes macht. Das geht zum
Schluß (in ›Der Komet‹, dem letzten und ungewollt fragmenta-
risch gebliebenen Roman Jean Pauls, dessen drei fertig gewordenen Bände 1820 und 1822 erschienen sind) sogar soweit, daß der
Erzähler nun auch dem bürgerlichen Taufnamen nach als Kunstfigur des Romans agiert und damit den zeitlebens lebendigen
Wunsch, sich selber in seine Bücher hineinzuschreiben, auf die
radikalst mögliche Weise erfüllt. Denn natürlich steckt hinter
der poetologischen Begründung solcher Erzählerfiktionen in Jean
Pauls Fall ein unübersehbares lebensgeschichtliches Motiv. In seiner – wie ›Der Komet‹ (in dessen Zusammenhang sie ursprünglich stehen sollte) unvollendet gebliebenen – ›Selberlebensbeschreibung‹ berichtet Jean Paul, wie ihm die kargen Anregungen
in dem ärmlichen Wunsiedeler Pfarrhaushalt seiner Eltern und
die wenigen Abwechslungen in der eintönig-dörflichen Umgebung seiner Kindheit die Bausteine zu Traumreisen, Wunschlandschaften und einer ganzen Phantasiewelt lieferten, »so daß er, es
mochte noch so schwarz um ihn sein, immer weiß aus schwarz
machen konnte und mit einem beidlebigen Instinkt für Land und
Meer weder ersaufen noch verdursten konnte«[33]. Eine Besonderheit fällt schon in diesem kurzen Zitat auf: der Autobiograph
spricht von seinem Gegenstand, sich selbst, in der dritten Person,
und durchgängig findet man die Rede von der Geschichte »unseres Helden«[34], von »unserem Friedrich Richter«[35] oder »unserem
Pfarrsohne«[36], als handle es sich um einen Protagonisten seiner
biographischen Romane und Erzählungen, um Gustav in der
›Unsichtbaren Loge‹, Walt in den ›Flegeljahren‹, um Wutz, Fix-
lein oder Fibel. An einer Stelle heißt es gar von ›Hans Paul‹: »so
wollen wir ihn einige Zeit lang nennen, jedoch immer mit andern

Namen abwechseln«[37], ein Verwirrspiel, wie wir es etwa auch aus
dem ›Hesperus‹ kennen, dessen Held mal Horion oder Sebastian
– verkürzt Bastian –, mal Viktor genannt wird (»ich heiß' ihn
bald so, bald so, wie es grade mein prosaisches Silbenmaß
begehrt«[38]). Werden die fiktiven Helden seiner Romanbiogra-
phien vom Erzähler behandelt, als ob es wirkliche Personen seien,
und wird die Fiktion durch allerlei artistische Vorkehrungen
beglaubigt – wie besonders die Kunstfigur eines in die erzählte
Geschichte integrierten Biographen, der von seinen Schwierigkeiten berichtet und über die Herkunft seiner Quellen Rechenschaft
abliefert (diese vorgebliche Authentizität aber sogleich humoristisch aufhebt, indem etwa, wie im ›Hesperus‹, als Überbringer
all der biographischen Zeugnisse an den vielen »Hundposttagen«
ein Spitz fungiert) –, so verfährt Jean Paul bei seiner Autobiographie gerade umgekehrt: er behandelt sich selber wie eine Romanfigur, deren Lebensgeschichte er mit allen Details zum Gegenstand seiner unerschöpflichen ars inveniendi macht. Durch dies
gegensinnige Verfahren wird besonders eins erreicht: daß die
unserem Denken gewohnten Grenzen zwischen Fiktion und
Wirklichkeit, Wahrheit und Dichtung ihre Gültigkeit verlieren.
»Wahrheit aus Jean Pauls Leben«, wie er in polemischer Absicht
gegen Goethe die eigene Autobiographie nennen wollte (»Als ob
die Wahrheit aus dem Leben eines solchen Mannes etwas anderes
sein könnte, als daß der Autor ein Philister gewesen!« replizierte
Eckermanns Gesprächspartner boshaft[39]), ist in diesem Kontext
ein zweideutiger Titel. Bleibt doch zu fragen, ob nicht gerade die
Verwandlung der eigenen Lebensgeschichte in ein poetisches
Sujet die eigentliche Wahrheit verbürgt, so daß Jean Paul gar
nicht gegen den Bestandteil Dichtung in Goethes Autobiographie
stichelt, sondern die demonstrative Trennung beider Bereiche
nicht mitmachen will. »Jetzo arbeit' ich an der Beschreibung meines Lebens; ich bin aber durch die Romane so sehr ans Lügen
gewöhnt, daß ich zehnmal lieber jedes andere beschriebe«[40],
bemerkt er ironisch klagend und durchaus im Bewußtsein der
Relativität von faktischer Wahrheit und dichterischer Lüge.
Wahrheit fand schon der Knabe mehr in seinen Träumen und
Phantasien als in der so unangemessen empfundenen Lebenswirk-

lichkeit. Freilich gab es dann ein Erlebnis, das ihm die Grenzen der Einbildungskraft mit einem Mal enthüllte und als Schock fortwirkte ein Dichterleben lang. »An einem Vormittag stand ich als sehr junges Kind unter der Haustüre und sah links nach der Holzlege, als auf einmal das innere Gesicht ›ich bin ein Ich‹ wie ein Blitzstrahl vom Himmel vor mich fuhr und seitdem leuchtend stehen blieb; da hatte mein ich zum ersten Male sich selber gesehen und auf ewig.« So die Erinnerung an die »Geburt meines Selbstbewußtseins«[41], ein zwiespältiges Erlebnis, denn mit dem Identitätsbewußtsein untrennbar verbunden war die Einsicht, niemals aus der eigenen Haut heraus zu können, ewig dazu verurteilt, der zu sein, der man ist, und die vielen Möglichkeiten reduziert zu sehen auf die eine so wenig anziehende Wirklichkeit des armen Pfarrersohnes aus der Markgrafschaft Bayreuth. In den Tagträumen von einer anderen, gemäßeren Identität, in dem untrüglichen Gefühl des eigenen Inkognitos und der unentrinnbaren Rollenhaftigkeit des so zufälligen Lebens haben wir die Hauptquellen der dichterischen Einbildungskraft Jean Pauls gefunden und zugleich den frühesten Grund für den Antagonismus von Spiel und Ernst, von Daseinsfreude und Todesangst, von dem sein Werk zeugt. Die Todesvision vom 15. November 1790 stellt nur einen weiteren Höhepunkt in der Kette von Erfahrungen dar, die mit dem inneren Gesicht des Kindes ihren Anfang genommen hatte – und es ist auch nicht zufällig, daß er dieses ebenso einem pietistischen Erweckungserlebnis gleich aufnimmt und beschreibt, in welchem schließlich Tod und Auferstehung, Ablegen des alten unpassenden Selbst und Ergreifen einer neuen Identität eins werden.

3. Irdische Himmelfahrten des gedrückten Lebens:
›Die unsichtbare Loge‹, ›Hesperus‹

Gleich der erste Roman, mit dem Jean Paul schlagartig berühmt wurde, nachdem er mit seinen Satiren (den ›Grönländischen Prozessen‹, 1783, und der ›Auswahl aus des Teufels Papieren‹, 1789) wenig Anklang beim Publikum gefunden hatte, stellt sein Lebensthema in das grelle Licht eines bizarren Einfalls. Die Obristforstmeisterin von Knör will die Tochter Ernestine nur dann heiraten lassen, wenn ihr erstes Kind, um »für den Himmel groß gezogen ⟨zu⟩ werden«, nach herrnhutischen Regeln »acht Jahre *unter der Erde*« erzogen würde.[42] Und wirklich wird dann Gustav von Falkenberg von seinem zweiten bis zu seinem zehnten Lebensjahr in einem »unterirdischen Pädagogium« gehalten und lediglich von einem schwarzen Zwergpudel und dem herrnhutischen Lehrer, einem schönen Jüngling, begleitet, welcher nur »der Genius« heißt. Erziehung, Bildung werden bei diesem Experiment als Initiation gefaßt und in ihrer Stufenfolge nach deren Muster beschrieben. Am Anfang die Trennung des Knaben von den Eltern, seine Isolierung unter der Erde in der »Katakombe« unter der Aufsicht eines Lehrers (»Er *widersprach* weder sich noch dem Kinde, ja er hatte das größte Arkanum, ihn gut zu machen – er wars selbst.«[43]); der Unterweisung folgt die Vorbereitung des Knaben auf die »Auferstehung aus seinem heiligen Grabe«[44], also die Zurüstung zum rituellen Tod, welcher der Wiedergeburt vorausgeht; deren Höhepunkt fällt mit dem Anblick der noch nie geschauten aufgehenden Sonne zusammen: »Gustav rief: ›Gott steht dort‹ und stürzte mit geblendetem Auge und Geiste und mit dem größten Gebet, das noch ein kindlicher zehnjähriger Busen faßte, auf die Blumen hin ⟨...⟩«[45]

Offensichtlich ist aber die isolierte Erziehung Gustavs nicht auf den Zugang zur Kulturwelt gerichtet, wie das bei Initiationen sonst der Fall ist, sondern soll ihn (pietistische Radikalisierung eines Rousseau-Motivs) von ihr gerade fernhalten und beabsichtigt Gustavs innere Entwicklung zu höherer Menschlichkeit. Der Knabe lernt nichts an praktischen Fertigkeiten, sozialen Verhaltensmodellen und Wertvorstellungen des gesellschaftlichen Umgangs. Das stört besonders den Vater an der Erziehung des Sohnes, so daß er ihn in die Scheerauer Kadettenanstalt steckt, wo er all das lernen soll, was er bisher versäumte. »Das Exerzieren und Studieren machen mich zu einem ganz andern Menschen, aber zu keinem glücklichern«[46], schreibt Gustav darauf seinem bisherigen Hofmeister und Paten, der ihn zuvor in die klassische Literatur und Bildung eingeführt hatte und mit dem Lebensgeschichten-Erzähler identisch ist. Überhaupt entfaltet sich die Geschichte Gustavs, nachdem er Auenthal, das Paradies seiner Kindheit, verlassen und in die Residenz Scheerau gekommen ist, zunehmend als die Geschichte einer Entfremdung und des Widerstands dagegen. Ihren Höhepunkt können wir leicht ausmachen, nämlich die Verführung Gustavs durch die Regentin Bouse: »Schutzgeist meines Gustavs! Du kannst ihn nicht mehr retten; aber heil ihn, wenn er verloren ist, wenn er verloren hat, alles, seine Tugend und seine Beata!«[47]

Hätte Jean Paul an Gustavs Geschichte nur die Folgen einer verfehlten Erziehung zeigen wollen, wäre solche Einrede überflüssig, und natürlich dürfen wir die ›Unsichtbare Loge‹ nicht etwa bloß als einen umgedrehten Erziehungsroman auffassen. Gewiß, auch die unterirdische Schulung des Helden in Gesellschaft eines lichten Genius und eines schwarzen Pudels wird von ihm humoristisch behandelt, doch keineswegs behält der Rittmeister mit seiner Kadettenanstalt recht. Das zeigt schon der Brief, den der scheinbar unwürdige Liebhaber nach seinem Fall der betrogenen Beata schickt (»Lebe nur wohl, Freundin! Gustav war der Stunde, die du haben wirst, nicht wert.«[48]). Denn auch die beste Erziehung bewahrt nicht vor Irrwegen und Verfehlungen, doch kommt es auf die sittliche Kraft der Erkenntnis und Umwelt an. Wohl zeigt der Roman, was dem Kinde geschieht, wenn es sein Paradies verläßt – dessen mütterliche Geborgenheit symbolisiert das unterirdische Kabinett, die »Platos-Höhle«[49] – doch nicht, um das kindliche »Idyllenreich und Schäferweltchen«[50] zu desavouieren. Jetzt erst zeigt sich ja, was in dem individuellen Menschen steckt, und da freilich enttäuscht der Held nicht, sondern erfüllt alle Erwartungen. Weshalb Gustav wieder auftaucht im elysischen Traumgefilde Lilienbachs, diesem Stück Liebesutopie, wo sich die vergangenen Wirrnisse lösen: »Gustav und Beata gingen, in den Himmel versunken ⟨...⟩«[51] Hier zieht Jean Paul alle Register aus den kollektiven Wunschträumen der Zeit, Arkadien und Utopien verschwistern sich, die glückselige Insel Otaheiti und die Landidylle von Hof und Stadt tauschen die Gesichter. Erneute Wiedergeburt auf einer anderen Ebene, Korrelat zur Auferstehung des Kindes, und wie damals so folgt auch jetzt der Absturz, nur jäher und unerwarteter: »Es ist vorbei mit den Freuden in Lilienbad ⟨...⟩. Denn Gustav liegt da im *Gefängnis*. Es ist alles unbegreiflich ⟨...⟩. Wahrscheinlich wird die folgende Hiobspost dieses ganze Buch so wie unsere bisherigen schönen Tage beschließen.«[52] So ist es dann auch, und der Roman bricht ab mit dem Selbstmordversuch von Gustavs Freund Ottomar, der Schlußsatz lautet vielsagend: »Er lebt aber noch.«[53] Jean Paul selber hat den Roman für fragmentarisch ausgegeben, doch ist er es wirklich? Ist nicht der Schluß zwar ebenso vieldeutig wie der Anfang und doch ringkompositorisch auf ihn bezogen? Die Untersuchung dieser Frage führt zum Kernpunkt des Romans.

Gustavs Biographie (und sie steht auch in diesem Zusammenhang am Anfang einer langen Reihe in Jean Pauls Werk) wird als Initiationsgeschichte erzählt, wobei die einzelnen Lebensstationen immer auf mindestens zwei Ebenen bezogen bleiben: als biographische Etappen mindestens zwei Bedeutungsebenen angehören; die eine, die der subjektiv-biographischen Handlung, bezieht von dem darunterliegenden utopisch-archetypischen[54] Bildgrund ihre allgemeingültige Form und hebt sie über bloße Partikularität hinaus. Das unterirdische Pädagogium und das Gefängnis am Ende, die Lilie, die dem kleinen Gustav als Zeichen des Todesengels von seinem Genius vor der Wiederauferstehung in den Chorstuhl gelegt wird[55], und die elysischen Gefilde Lilienbads gehören einer einheitlichen Welt an, bedeuten im einen Fall Hoffnung und Erlösung, im anderen Isolierung und Probe, die es vor jedem Glück zu bestehen gilt. Ist es am Anfang der Genius, der den Ausgang Gustavs aus dem unterirdischen Dasein als symbolische Todes- und Wiedergeburtsszene sichtbar macht, so erscheint das Zeichen zum Schluß an Ottomar, dem Freund, von dessen Selbsttötungsversuch und dennoch Überleben im selben Brief berichtet wird wie von Gustavs Gefangenschaft. Zwei extreme Stationen hier wie dort, und zwischen ihnen erstreckt sich der Weg der Prüfungen durch die Welt von Hof und Residenzstadt, die Begegnung mit der Geliebten als Sehnsucht, Verlust und Wiedergewinn. Drei Phasen, drei Orte: Auenthal, Scheerau, Lilienbad, und das letzte erscheint als der Himmel, auf den hin die Erziehung im unterirdischen Puppenstand bezogen ist, freilich als ein ganz immanentes Ziel: »›Wenn du recht gut bist und nicht ungeduldig

und mich und den Pudel recht lieb hast: so darfst du sterben.
Wenn du gestorben bist: so sterb' ich auch mit, und wir kommen
in den Himmel‹ (womit er die Oberfläche der Erde meinte) – ›da
ists recht hübsch und prächtig.‹ «[56]

Dabei bleibt es in Jean Pauls gesamtem Werk: Die Traumbilder
vom paradiesischen Leben sind immer utopische Chiffren für
eine neue Welt, für ein menschliches und irdisches Dasein.
»Nimm uns in dein Blumen-Eden auf, eingehülltes Lilienbad,
mich, Gustav und meine Schwester, gib unsern Träumen einen
irdischen Boden, damit sie vor uns spielen, und sei so dämmernd
schön wie eine Vergangenheit.«[57] Über das Metaphernspiel hinaus, wonach der Himmel für den kleinen Gustav die Erde und
Lilienbad für die Liebenden den irdischen Boden ihrer Wünsche
darstellen, über die zeitgemäße, bei Schiller und Hölderlin wie
vorher bei Rousseau erschienene Anknüpfung der Utopie an die
Kindheit setzt Jean Paul auch ein unmißverständliches politisches
Zeichen, das den Verdacht, er könnte doch transzendente Vertröstungen im Sinn gehabt haben, ausdrücklich abweist. Ich denke
an den Geheimbund, für dessen Zugehörigkeit Gustav verhaftet
wurde und dessen Geist am besten von dem rebellischen Ottomar
verkörpert wird, einer Sturm-und-Drang-Figur, die sich aber die
Verwirklichung des Menschenglücks auf Erden als eine politische
Befreiung auf die Fahne geschrieben hat. Die vielen memento-
mori-Motive, die weitverzweigte Todessymbolik, die auch noch
bis in die Liebesutopie von Lilienbad hineinreicht, bleiben immer
bezogen auf die Auferstehung zu durchaus irdischem Glanz, und
der Roman endet mit einem Hoffnungsakkord, der stärker nicht
gedacht werden kann, gerade vor seinem Initiationshintergrund.
»Er lebt aber noch« – alle Niederlagen und Dunkelheiten (auch
das erneute, diesmal ernsthafte Kerkerdasein Gustavs einschlie-
ßend) verblassen, verlieren ihre Schrecken, weil das Leben siegreich bleibt und sie nur seiner Steigerung, seiner Verwesentlichung dienen. Wie einst der Scheintod und das Wiedererwachen
Ottomar erst zum Freiheitskämpfer bereit und bewußt machte,
so sind die Todes- und Sterbeszenen in Jean Pauls Werk niemals
Zeichen abschließender Verzweiflung und Trostlosigkeit, eines
gleichsam barocken Weltpessimismus, der den Tod als die Per-

spektive des Lebens sieht. Sie dürfen gewiß auch nicht (nicht einmal in der selbstpersiflierenden Form des ›Siebenkäs‹) in ihrer Negativität unterschätzt werden, dafür steckt zuviel Lebenserfahrung darin. Aber die Furcht des Todes, worin alles Feste und Sichere sich auflöst, reinigt von allen falschen, bloß äußerlichen Bindungen, so daß wirkliches Selbstbewußtsein übrigleibt, das auch zu anderem, neuen Leben bereit macht, sich nicht mehr mit Unterdrückung, Unglück, Gefangenschaft abfindet.

Wie zur Bekräftigung hat Jean Paul dem Roman seine Muster-Idylle, das zwei Jahre vor der ›Unsichtbaren Loge‹ beschriebene ›Leben des vergnügten Schulmeisterlein Maria Wutz in Auenthal‹, angeschlossen. En miniature, gleichsam nach den Maßen der Wutzschen »Taschendruckerei«[58], erhalten wir damit ein Paradebeispiel des »*Vollglücks* in der *Beschränkung*«, als welches der Autor der »Vorschule« die Idylle bestimmte.[59] Schauplatz ist das Auenthaler Kindheitsparadies, das Gustav verlassen hat und in dem Wutz geblieben ist; von ihm heißt es bedeutungsvoll, sein Charakter habe immer »etwas Spielendes und Kindisches« behalten.[60] Und doch ist es kein Gegenentwurf zu Gustavs Biographie, sondern eine Möglichkeit, die in der seinen als Bestandteil ihres Weltgehalts aufgehoben, doch nicht aktualisiert ist. Verbindung zur Romanbiographie Gustavs hält die Wutzsche Kunst, »stets fröhlich zu sein«, eine Weltbejahung, die auch die engsten Verhältnisse transzendiert, weil sie sich auf ihre Art ebensowenig damit abfindet, wie es die Mitglieder der Loge tun, sondern alles Entgegenstehende dem eigenen Frohsinn unterwirft. Jean Paul hat diesen Sinn im Idyllenkapitel der ›Vorschule‹ (in welchem er auch den ›Wutz‹ als Exempel ja behandelt) offen ausgesprochen und übrigens auch die Linie zur Kindheit gezogen, welche der Idylle als »Widerschein« ihren Zauber verleiht.[61] »Es ist nämlich nicht wahr, daß Kinder am stärksten von Leidens-Geschichten ⟨. . .⟩ ergriffen werden; sondern Himmelfahrten des gedrückten Lebens, langsames, aber reiches Aufblühen aus dem Armut-Grabe, Steigen vom Blutgerüste auf das Throngerüste und dergleichen, solche Darstellungen entrücken und entzücken schon das Kind in das romantische Land hinüber, wo die Wünsche sich erfüllen, ohne das Herz weder zu leeren noch zu sprengen.«[62]

Wie genau Jean Paul seine Metaphern setzt, wird an einer solchen Stelle sichtbar. Denn die Idylle, von ihm bewußt im Romankapitel der ›Vorschule‹ abgehandelt und als Bestandteil der Romankunst reklamiert, wird von ihm als ästhetischer Vorschein auf ein Glück verstanden, worauf alle Menschen Anspruch haben und das allen durch die Erfahrung der Kindheit (auch der Freundschaft und Liebe) verbürgt ist. In seinem zweiten Roman, ›Hesperus oder 45 Hundposttage‹ (der im Untertitel »Eine Lebensbeschreibung« heißt und 1795 erschienen ist), hat Jean Paul, der sich auch diesmal wieder als Kunstfigur, sogar als Fürstensohn, in das Ensemble des Romans stellt, die politische Verbindlichkeit dieser Glücksutopie noch klarer herausgestellt als in der ›Unsichtbaren Loge‹. Ihre Träger sind, wiederum nicht zufällig, die illegitimen Kinder des regierenden Fürsten Jenner, gezeugt während einer England-Reise mit den dort eroberten Mätressen, von Lord Horion aufgespürt und bei sorgfältiger Erziehung in verschiedener Obhut aufgewachsen. Horion ist es auch, der sich vorgenommen hat, das heruntergekommene Fürstentum Flachsenfingen zu reformieren, der die Fäden in der Hand behält und am Schluß als eine Art deus ex machina den gewaltsamen Umsturz verhindert oder besser: überflüssig macht, dabei das Glück Viktors, des Pfarrersohnes, den er solange als sein eigenes Kind ausgegeben hat, rettet. Durch sein Selbstopfer und Vermächtnis sichert er schließlich sogar den Umschwung im Lande, doch was wären seine Absichten ohne die Söhne, die Repräsentanten der kommenden Generation, erzogen im republikanischen Geiste und gewillt, die Ideale der Französischen Revolution, Freiheit, Gleichheit, Brüderlichkeit, zu verwirklichen? Auch beginnt der Roman mit einer durchaus symbolisch aufzufassenden Handlung: der Operation Horions durch Viktor, der jetzt noch als sein Sohn gilt. »Das Schicksal sagte: es werde Licht, und es ward. – Das unsichtbare Schicksal nahm eines Sohnes ängstliche Hand und schloß damit ein Auge auf, das einer schönern Nacht als dieser *ungestirnten* würdig war: Viktor drückte die reife Starlinse ⟨. . .⟩ in den Boden des Augapfels hinab; und so ⟨. . .⟩ hatte ein Mensch die Unermeßlichkeit wieder und ein Vater den Sohn.«[63]

Eine vieldeutige Szene, denn daß die Söhne den Vätern die Augen aufschließen, ist eine Überzeugung, die den Autor des pädagogischen Buches ›Levana oder Erziehlehre‹ (1806/07) mit dem Erfinder dieser Staroperation verbindet. Wie »dem Menschen sein individueller Idealmensch am hellsten ⟨...⟩ gerade in der Vollblüte des Jugendalters« erscheint[64], so sind es in Jean Pauls Romanen gerade immer die Jünglinge, die der Welt den Star stechen; eine Fußnote in der ›Vorschule‹ stellt dabei ausdrücklich die Verbindung zum historischen Geschehen her: »Jugend eines Volks ist keine Metapher, sondern eine Wahrheit; ein Volk wiederholt, nur in größeren Verhältnissen der Zeit und der Umgebung die Geschichte des Individuums.« Das ist als Erläuterung zur Bezeichnung der Griechen als »frische Jünglinge der Welt«[65] gedacht und faßt doch das Grundschema der aufklärerischen Geschichtsphilosophie, ob Lessings oder Herders, zusammen.

Diesen gedanklichen Hintergrund gilt es bei der Lektüre Jean Pauls immer gegenwärtig zu halten, denn in ihm sind die auf den ersten Blick häufig so differierenden Handlungsebenen geeint. Im ›Hesperus‹ speziell die politische Geschichte und die Lebens- und Liebesgeschichte Viktors: sie treffen in der Schlüsselfigur des Lords, der sich selbst als Erzieher des Flachsenfingischen Menschengeschlechts sieht, zusammen. Nicht die Konkurrenz zweier Konzeptionen bestimmt, wie man meinen könnte, den Roman: eine ältere von der Fürstenerziehung und eine dazugewonnene neue, jakobinische, die von Flamin und seinen drei englischen Brüdern vertreten wird. Die eine sollen wir vielmehr als den jugendlichen Ausdruck der anderen auffassen, beide gehen eine Allianz zum gemeinsamen Zwecke ein. Denn wie wenig Aussicht auf Erfolg das Konzept der Fürstenerziehung für sich allein haben konnte, das war längst keine überraschende Einsicht mehr und von Jean Paul wie von den anderen führenden Geistern der Epoche preisgegeben: »Da sie ⟨die Fürsten⟩ die ihrem Stande eigene Unverschämtheit besitzen, Torheiten und Ungerechtigkeiten zu gleicher Zeit zu begehen und einzusehen: so bringt sie kein Licht ⟨...⟩«[66] Welche Gefahren andererseits der isolierte revolutionäre Weg bringen würde, lehrten die französischen Verhältnisse. So werden beide Möglichkeiten von Jean Paul in einem utopischen Entwurf zusammengebracht, der auch in die offene Bauform des Romans eingegangen ist. Gemäß dem späteren pädagogischen Konzept (»Nicht für die Gegenwart ist das Kind zu erziehen ⟨...⟩, sondern für die Zukunft, ja oft noch wider die nächste.«[67]) ist nichts ausgemacht, und auch eine jakobinische Reinigungsperiode könnte notwendig werden, wenn das vom Herrn der ganzen (Roman-)Geschichte, dem Lord, in Gang gesetzte Erneuerungsgeschehen mißglückt. Dessen vorläufig erste Etappe wird beschlossen durch einen Bund, der alle Beteiligten auf ein gemeinsames und nicht weiter ausgeführtes kosmopolitisches Programm verpflichtet und gelten soll »so lange *bis er uns wiedersähe*«[68]. Gerade weil der Lord sich indessen selber den Tod gegeben hat, diese Verpflichtung fixierend, bleibt die Rede hier ganz zweideutig – berücksichtigt man nämlich auch die messianischen Untertöne, die das geschichtsphilosophische Konzept des ›Hesperus‹ grundieren, seit Viktor zum Lichtbringer Horions wurde. Jean Paul benutzt die in der aufklärerischen Geschichtsphilosophie mehr oder weniger ausgedrückte, aber immer mitgedachte heilsgeschichtliche Deutung der historischen Verläufe mit ihren christlichen Anklängen zu seinen konkret auf die deutschen Verhältnisse bezogenen Zwecken. Daher wird das Geschehen auf der »Insel der Vereinigung« ein Traum genannt und gleich darauf: »Es war aber kein Traum.«[69] Wenn sich hier die Brüder erstmals frei und gleich in die Arme fallen und einvernehmlich mit Jenner verpflichten, eine neue Regentschaft unter Flamin an die Stelle der alten zu setzen, so ist im Wunschbild ein Ziel vorweggenommen, das aber doch praktische Folgen haben soll und in dem das Konzept der Fürstenerziehung wie das der Revolution aufgehoben wurde.

Die Frage, warum Jean Paul nicht einer radikalen Lösung des Problems im Sinne der Französischen Revolution den Vorzug gegeben hat, ob er es aus Angst vor Zensur, aus politischer Überzeugung oder aus Einsicht in die Zurückgebliebenheit der deutschen Verhältnisse getan oder sogar im Gegenteil[70] eine solche Entwicklung eigentlich begrüßt hätte und als Zeichen dafür den jakobinisch gesinnten Flamin in Zukunft über die Flachsenfingischen Angelegenheiten bestimmen ließ, fällt hinter die Position des Romans selber zurück, da kein Zweifel an dem republikanischen Wesen der politisch-kulturellen Utopie bestehen kann, die in die Lebensbeschreibung Viktors hineingebaut wurde. Im utopischen Motiv der Insel der Vereinigung wurde auch das Recht auf individuelles Glück als ein besonderes Menschenrecht festgehalten, am sichtbarsten in Gestalt, Liebes- und Freundschaftsgeschichte des Helden dieser Biographie, also Viktors. In seiner durchgehend mit idyllischem Goldgrund versehenen Lebensbeschreibung kommt indirekt auch eine grundsätzliche Kritik an der Revolution und den unmenschlichen Zügen ihrer Egalisierungstendenz zum Ausdruck, die vorwegweist auf das Kernproblem von Georg Büchners Danton-Drama. Die revolutionären Impulse Jean Pauls sind jedenfalls, und auch darin ist er der Aufklärung immer verpflichtet geblieben, auf das Ziel menschlicher Glückseligkeit gerichtet (in der ›Levana‹ nennt er sie auch »Gottseligkeit«[71]), erhalten von daher Maß und Grenze. Zu ihrer Verwirklichung als der Verwirklichung eines allgemeinen Rechts bedarf es einer anderen, neuen, bürgerlich-demokratischen Verfassung, für die er allerdings eher das englische als das französische Vorbild vor Augen hatte. Daher die englische Erziehung der illegitimen Jenner-Söhne. Ein Jakobiner ist er sicher nie gewesen, und auch seine zeitweilige Sympathie für die radikale Fraktion der Revolution war sofort zu Ende, als der »Pariser Blut-Sumpf«[72] jede Hoffnung auf die Verwirklichung menschlicher Glückseligkeit und brüderlicher Liebe zunichte gemacht hatte.

4. Deutsche Romane: ›Siebenkäs‹, ›Flegeljahre‹ und danach

Das Ziel einer umfassenden historischen Erneuerung wird nicht preisgegeben, doch sehen sich Jean Pauls Helden wieder in eine Vorzeit zurückversetzt, deren Probleme sie für sich allein bewältigen müssen. Das Menschenrecht auf Glück auch in der Beschränkung und selbst auf begrenzte Weise zu verwirklichen, wird nun zu ihrer Hauptaufgabe. Die Kraft des Auswegs zeigt sich dabei auch in der individuellen List, die das Verhängnis unterläuft und dem Schicksal die Nase dreht – gleich einem tapferen Schneider-

lein, das sich selbst unter den erdrückendsten Umständen Rat
und Hilfe weiß. Das ist das Thema von Jean Pauls nächstem
Roman ›Blumen-, Frucht- und Dornenstükke oder Ehestand, Tod
und Hochzeit des Armenadvokaten F. St. Siebenkäs im Reichs-
marktflecken Kuhschnappel‹ (1796/97).

Nur auf den ersten Blick erscheint es wie ein waghalsiger
Sprung heraus aus der Sphäre des ›Hesperus‹ mit seinen zeitgeschichtlichen Bezügen, wo das Schema der Lebensgeschichte eingeblendet ist in das Schema des satirischen und utopischen
Staatsromans, wenn wir uns nun mit dem Anblick eines trostlo-
sen Provinznests konfrontiert sehen, das zumindest in den großen
Romanen Jean Pauls keine Parallele hat. Auch die Geschichte selber scheint für die großen Themen der Zeit unergiebig.[73] Eine
Ehegeschichte, noch dazu in der spießigen Umgebung eines
schwäbischen Provinznestes mit seinen typischen Krähwinkeleien
– was hat das zu tun mit dem Niedergang des feudalabsolutisti-
schen Staats, mit den französischen Ereignissen, mit den großen
Fragen nach einer bürgerlichen Erziehung für die Zukunft, nach
der Verwirklichung von Freiheit, Gleichheit und Brüderlichkeit
auch unter Verhältnissen, die mit denen in Frankreich wenig Vergleichbares hatten? (»Denn nur, wenn Europa ein gepreßtes, abge-
fressenes Gallien wäre, dann müsste sich dieser Riesengeist aufrichten von seiner über den ganzen Weltteil hinreichenden
Lagerstätte. Aber jetzt, da uns nicht dasselbe gemeinschaftliche
Bedürfnis ⟨. . .⟩ emporspornt, da muß noch weit mehr Licht unter
unsere Hirnschalen und weit mehr Tortur-Schwefeltropfen an
unser Herz geworfen werden: eh sich die liegende Welt
ermannt.«[74]) Für Jean Paul wie für die meisten seiner Zeitgenossen bedeutete aber das historische Ziel nicht die Herrschaft der
politischen Vernunft, die immer mit Unfreiheit und Entfremdung
verbunden ist, sondern ihre Aufhebung, weil sie funktionslos
geworden ist. Zweifellos ein idealistischer Gedanke, der aber als
Korrektiv gegenüber einer mit der Französischen Revolution allgemein gewordenen Vorstellung und Praxis wirkt: der Politisie-
rung sämtlicher Lebensbereiche, so daß sich das Mittel zur Herstellung menschenwürdiger staatlicher und sozialer Verhältnisse
verselbständigte. Doch selbst vorausgesetzt, diese ließen sich poli-

tisch verwirklichen, so wären für die menschliche Glückseligkeit nur günstige Rahmenbedingungen, aber noch lange nicht sie selber gewonnen.

Mit logischem Scharfsinn sondergleichen, dem in den Erweiterungen der zweiten Fassung die eigenen bitteren Eheerfahrungen so nahtlos weiteren Stoff liefern, daß man geneigt ist, Jean Pauls Eheleben als eine sich selbst erfüllende Prophezeiung aus der Perspektive des ›Siebenkäs‹ zu betrachten, wird in diesem Buch jene Institution auch noch in ihren feinsten Verzweigungen seziert, die als natürliches sittliches Gemeinwesen am Anfang der bürgerlichen Gesellschaft steht und sich zur Staatsgesellschaft erweitert.

Wenn bislang literarisch die Ehe zur Disposition gestellt wurde, so allein unter dem Gesichtspunkt der Mesalliance und des adligen Mißbrauchs, als eine Institution also, deren Gefährdungen von außen, vornehmlich durch adlige Verführer kamen. Unter der Voraussetzung vernünftiger Liebe, die keine Standesschranken noch höfische Intrige fürchten muß, in der nur die Gefühle mit den wirtschaftlichen Erfordernissen in Einklang gebracht werden müssen, galt die Ehe als sichere Grundlage des gesellschaftlichen Lebens. Eine erste, freilich im wesentlichen einseitige Irritation hatte Goethes ›Werther‹ mit seinem anarchischen Gefühlspantheismus gebracht, doch trat auch er von außen in das ordnungsgemäß verabredete Verhältnis von Albert und Lotte störend ein. Die romantische Eheskepsis war anders begründet und ging von einem Ideal der individuellen Freiheit und Selbstbestimmung aus, das keine substantielle Bindung zulassen konnte. Mit Siebenkäs verhält es sich nicht so. Er schließt mit seiner Lenette einen durchaus vernünftigen Ehebund und ist mit seinen 29 Jahren im richtigen Alter dazu, hat einen bürgerlichen Beruf, eine kleine Erbschaft zu erwarten und genießt genügend Ansehen. Als Braut hat er sich eine lebhafte, junge und hübsche Frau ausgesucht, die gelernt hat, im Leben zurechtzukommen, als Putzmacherin tätig war und mit ihrer kleinbürgerlichen Herkunft ganz in das gesellschaftliche Milieu Kuhschnappels hineinpaßt. Gibt es bessere Voraussetzungen? Dennoch ist die Geschichte dieser Ehe die Geschichte eines Unglücks, dessen Ursachen der Autor zu eruieren sucht, indem er sie allen Proben

aussetzt, die man gemeinhin für das Scheitern solcher Verhältnisse verantwortlich macht – nur um auf die eine oder andere
Weise festzustellen, daß sie zwar zur Zerrüttung ihren Beitrag
geleistet, doch nicht an deren Anfang gestanden haben. Ob die
wirtschaftlichen Schwierigkeiten, weil Siebenkäs von einem betrügerischen Erbschaftsverwalter hintergangen wird (daher zu
schriftstellern beginnt, um seiner Hauswirtschaft aufzuhelfen), ob
der vergebliche, doch Lenette verwirrende Verführungsversuch
durch den Finanzrat Rosa von Meyern, der bereits eine Kindsmörderin auf dem Gewissen hat, ob schließlich die Begegnung mit
einer anderen, ihn tief beeindruckenden Frau, Natalie, ausgerechnet der Verlobten Meyerns: alle diese Zufälle stellen keine ernste
Gefahr dar – oder sie werden erst zur Gefahr, weil sie sich in dem
Spannungsgefüge dieser Ehe in zersetzende Faktoren verwandeln.
Wirklich liegt der Ehe vom ersten Tag an ein Mißverhältnis
zugrunde, das allen Übereinstimmungen den Boden entzieht. Im
Anfangskapitel wird es uns auf doppelte Weise sichtbar gemacht:
die Braut verspätet sich um einen Tag, wodurch das Geschehen in
ein Ungleichmaß gerät, eine Verrückung notwendig und die Hoch-
Zeitigkeit verfehlt wird – mehr als ein böses Omen, vergleicht man
den Kultus des günstigen und erfüllenden Moments in Jean Pauls
Werk, vom Sonnenblick Gustavs in der ›Unsichtbaren Loge‹ bis
zum Wunderblick Albanos über die Borromeischen Inseln im
›Titan‹. Die Unsymmetrie im Zeitmaß deutet darauf, daß die Tendenzen zur Zuordnung und Orientierung, die jedem von beiden,
Siebenkäs und Lenette, eigen sind, keine harmonische Einheit bilden. Das Wesentliche kann ihnen nicht glücken und gelingen, und
noch der Vorsatz, dem anderen angenehm zu sein, bringt das
Gegenteil hervor, so daß Lenettes Bemühen, nur dann zu putzen,
wenn ihr Mann nicht arbeitet, also auch dadurch nicht gestört
werden kann, nur die Reaktion provoziert: »›Den Henker noch
einmal! ich merk' dich schon: du passest auf mein Laufen.‹«[75]
Heterogonie bestimmt das Verhältnis der beiden Eheleute bis in
Kleinigkeiten hinein, und auch die ehemals noch von beiden gegen
die eigenen Antriebe erpreßte Versöhnung hat immer seltener
Erfolg:»Firmian ging mit einem Herzen voll Versöhnung und mit
Augen, die er im Dunkeln nicht mehr trocknete, langsam nach

Hause; er sagte sich jetzt alles, womit er seine Lenette entschuldigen konnte – er suchte sich auf ihre Seite zu ziehen ⟨. . .⟩. Wie ging alles anders!«[76]

Doch diese Nicht-Übereinstimmung finden wir noch in einem anderen Punkte, und er berührt die zentrale Lebensthematik Jean Pauls. Im ersten Kapitel bereits tritt uns Hoseas Heinrich Leibgeber, der Freund und Doppelgänger von Firmian Stanislaus Siebenkäs entgegen. Beide sind sich so ähnlich, fühlten schon immer so enthusiastisch füreinander, daß sie als Studenten ihre Namen tauschten. Die Gemeinsamkeit betrifft sowohl ihren Charakter – und macht sie »zu *einer* in zwei Körper eingepfarrten Seele«[77] – als auch die äußere Erscheinung, die nur in einem Punkt differiert: Leibgeber (der früher, vor dem Namenstausch, also Siebenkäs hieß) hinkt nämlich, während sich Siebenkäs ein unterscheidendes Muttermal hat entfernen lassen. »Doppeltgänger« nennt Jean Paul die beiden Freunde selber und fügt als Fußnote hinzu: »So heißen Leute, die sich selber sehen.«[78] Lenette erfährt von diesem Namenstausch ausgerechnet durch Rosa von Meyern, als der vergeblich sein Glück bei ihr versucht: »Da fing die geplünderte Frau bitterlich an zu weinen, nicht über die Einbuße der Erbschaft, sondern über das lange Schweigen ihres Mannes und am meisten über die Zweifelhaftigkeit ihres jetzigen – *Namens* ⟨. . .⟩«[79] Da vermögen dann die Beteuerungen Firmians, »daß er ja seinen oder ihren jetzigen Namen niemals mehr ändere und daß ihre Ehre und Ehe und Liebe ja nicht an elenden Namenzügen hängen, sondern an seiner Person und an seinem Herzen«[80], sie nicht mehr umzustimmen, denn mit jenen sind ihr ja eben diese fragwürdig und unsicher geworden. Derart verfehlen sie sich in ganz fundamentaler Weise und können sich auch ihrer Identität nicht gewiß sein. Daß diese Verwirrung nicht allein auf seiten Lenettes liegt, sondern in der Konfiguration Leibgeber/Siebenkäs ihren Grund hat, wird dann schnell die Geschichte erweisen. Wenn nämlich Siebenkäs, nachdem er den sorgsam inszenierten Scheintod gestorben ist, als Leibgeber in den Diensten des Grafen von Vaduz wieder auftaucht, um ein neues Leben mit Natalie zu beginnen. Lenette bleibt zurück und wird den biederen Freund ihres totgeglaubten Mannes, den

Schulrat Stiefel, heiraten, für den sie lange schon eine Neigung
spürte. Also mit Hilfe von etwas Scharlatanerie ein glückliches
Ende? Es gibt einen Mißton, der aufmerken läßt. Als Siebenkäs in
der Hinkegestalt Leibgebers in sein Heimatdorf zurückkehrt,
sieht er neben dem seinen auch ein frisch aufgeworfenes, neues
Grab für die im Kindbett gestorbene Lenette. Vom Friseur
erfährt er, daß sie »nach dem Krankenabendmahl« gefragt habe:
»›ich komme doch nach meinem Tod zu meinem Firmian?‹«[81]
und somit eine Treue ihm bewahrt hatte, in deren Licht nun
wirklich »seine Nachäffung der letzten Stunde für sündlich«[82]
erscheinen muß.

Was bleibt nun vom menschlichen Glücksanspruch anderes
übrig »als leere Stätten des zerstörten Jerusalems«?[83] Offensichtlich geht es in diesem Roman um mehr als eine verunglückte Ehe;
das Eheunglück und seine fragwürdige Annullierung durch
Scheintod und Wiederauferstehung ist die alltägliche Farce nach
einer viel größeren und umfassenderen Leidensgeschichte, die in
zahlreichen Anspielungen und Sprachchiffren indirekt bedeutet,
aber auch offen angesprochen wird, nämlich in der ›Rede des
toten Christus vom Weltgebäude herab, daß kein Gott sei‹[84].
Immer wieder erscheint hinter Siebenkäs die schattenhafte
Gestalt Christi. Er trage eine Dornenkrone auf dem Kopf, heißt
es ausgerechnet nach seinem zweifelhaften Triumph als »König«
beim Andreasschießen[85], und als er mit Lenette und Stiefel am
Abend den Kirchhof besucht, kommt es zu einem Gespräch über
die Kleinheit der Erde angesichts der Unendlichkeit; doch sei sie,
ergänzt der Freund, durch die Liebe und den Tod Christi herausgehoben aus allen anderen Gestirnen. Darauf Siebenkäs: »Für die
Erde und die Menschen sind schon mehre Erlöser als einer
gestorben – und ich bin überzeugt, Christus nimmt einmal mehre
fromme Menschen bei der Hand und sagt: ›ihr habt auch unter
Pilatussen gelitten‹. Ja mancher Schein-Pilatus ist wohl gar ein
Messias.«[86] Auf jenen nächtlichen Spaziergang über den Kirchhof
folgt gleich die Rede des toten Christus, die nun in der Tat jenes
Tremendum ausspricht, das dem Ehemartyrium der beiden ihre
Tiefe gibt: »Wie ist jeder so allein in der weiten Leichengruft des
Alles!«[87]

Zu der Erfahrung der Einsamkeit inklinieren Firmians und Lenettes Lebensgeschichten, auch wenn sie von ganz verschiedenen Ausgangspunkten kommen – diese Erfahrung ist der Widerhall jener metaphysischen Angst des Traumbilds im Alltag des Lebens, und verhält sich wie die ganze Ehefarce zur großen Welt- und Menschentragödie, erscheint als ihr Abdruck im Maßstab des Gewöhnlichen, aber nicht minder qualvoll und schneidend. Ein Leid, das vor der Passion Christi erblassen sollte und doch mit ihr korrespondiert, eine Negation der Erhabenheit, doch für den, der unter seinem Pilatus Qualen erleidet, nicht weniger ausweglos. Ein blasphemischer Gedanke? Wohl eher wirkt darin die mystische Überzeugung fort, für die Jean Paul an anderer Stelle – in der »Levana« – einen ihm wohlbekannten Gewährsmann zitiert: »Wenn die Frage geschieht: was meinst du mit dem Laute Gott? so lass' ich einen alten Deutschen, Sebastian Frank, antworten: ›Gott ist ein unaussprechlicher Seufzer, im Grunde der Seelen gelegen.‹ «[88] Und er hätte sich auch auf Angelus Silesius berufen können, der Mensch und Gott durch einen ununterscheidbaren Grund in der Tiefe des Subjekts verbunden wußte (»Ich bin so groß wie Gott, er ist als ich so klein; / Er kann nicht über mich, ich unter ihm nicht sein.«[89]), der auch Leid und Kreuz Jesu Christi mit dem Leid und Kreuz des Menschen identifizierte. Das Pathos des Kleinen, der menschlichen Nähe und der göttlichen Verborgenheit im Unscheinbaren, ist ein durchgängiger Zug in Jean Pauls Werk und kommt, auch seiner Metaphorik nach, zuletzt aus mystischen Quellen. Nicht deren Travestie ist beabsichtigt, sondern ihre Bewahrheitung in einer Lebensbeschreibung, wobei Jean Paul diese mystische Einbildung des Höchsten im Niedrigsten (die mit dem Verfahren der humoristischen Verkehrung des Erhabenen korrespondiert) schon in den Kapitelüberschriften sichtbar werden läßt, die von blasphemisch wirkenden Vergleichen (»Besen und Borstwisch als Passionswerkzeuge«), metaphorischen Übersteigerungen (»Auszug aus Ägypten«) bis hin zu allegorischen Legenden reichen (»das Eden der Nacht und der Engel am Tor des Paradieses«). Auch Tod und Wiedergeburt des Armenadvokaten dürfen wir nicht als bloß frivole Komödie zur eigenen Entlastung des Protagonisten von einem unerträglich

gewordenen Ehekreuz ansehen, der rituell-initiatorische Grund
kommt immer wieder durch und bringt den Ernst des Negativen
in die komische Handlung. »In der ersten Stunde des Nachtgan-
ges kämpften in Firmians Herzen noch verworrene Bilder der
Vergangenheit und der Zukunft durcheinander, und ihm war, als
gäb' es für ihn gar keine Gegenwart, sondern zwischen Vergangen und Zukünftig sei Öde. Aber bald gab der frische, reife Ern-
temonat August ihm das weggespielte Leben zurück, und als der
glänzende Morgen kam: so lag die Erde vor ihm sanft erhel-
let 〈. . .〉 – es war eine neue Erde, er ein neuer Mensch, der durch
die Eierschale des Sarges mit reifen Flügeln durchgebrochen war
– o eine breite, sumpfige überschattete Wüste, in der ihn ein langer, schwerer Traum herum getrieben, war mit dem Traum zer-
sprungen, und er blickte weit und wach ins Eden 〈. . .〉«[90] Der
gemeinsame Grund von subjektiver Erfahrung und objektiver
Geschichte ist die Sehnsucht, der Drang nach Erneuerung und
radikaler Veränderung der Existenz. Derart wird Siebenkäs zur
Exempelfigur für die Hoffnung, daß alles sich wendet, das eigene
Leben, aber auch die Bedingungen dafür. Jean Paul drückt sie in
Bildern aus, in der sich einerseits aufklärerisches Denken (die auf-
gehende Sonne, die das Dunkel lichtet und alles Verworrene,
Nebelhafte, klärt), andererseits eschatologische Heilserwartung
emblematisch ausprägte (der Zug durch die Wüste zum Garten
Eden, ins gelobte Land). Mit anderen Worten: die Lebensgeschichte des Armenadvokaten fällt gewiß nicht aus der Haupt-
tendenz von Jean Pauls Romanwerk heraus, welches das
schlechthin Eine der Welt darstellt, ob in den besonderen Formen
des menschlichen Alltagslebens oder der Geschichte oder des
Mythos, so daß das republikanische Morgenrot des ›Hesperus‹
nur Firmians Lebenswanderung durch Nacht zum Licht wiederholt und umgekehrt. »Jeder Roman muß einen allgemeinen Geist
beherbergen, der das historische Ganze ohne Abbruch der freien
Bewegung, wie ein Gott die freie Menschheit, heimlich zu *einem*
Ziele verknüpfe und ziehe 〈. . .〉«[91]

Wenn Jean Paul in seiner Romantheorie in der ›Vorschule‹
auch drei Romantypen unterscheidet, nämlich den italienischen,
deutschen und niederländischen, so bedeutet diese Klassifizie-

rung, doch keine Besonderung im Sinne thematischer Abgrenzung: »Derselbe romantische ⟨das heißt hier soviel wie »romanhafte«⟩ Geist findet nun drei sehr verschiedene Körperschaften zu
beseelen vor«, betont der Autor nachdrücklich.[92] Die dem
18. Jahrhundert geläufige Dreigliederung ist übrigens vom rhetorischen Wirkungsschema abgeleitet, das ja seit der Antike schon
für die dramatische Gattungstheorie grundlegend gewesen ist.[93]
Der italienische Roman hat große, erhabene Gegenstände und
eine entsprechende Darstellungsform, denn es »fordert und wählt
der höhere Ton ein Erhöhen über die gemeinen Lebens-Tiefen«[94];
Jean Paul zählt neben Heinses ›Ardhingello‹ und Klingers Romanen auch seinen ›Titan‹ dazu. Der deutsche Roman nimmt die
Mittelstellung ein, fungiert »als Mittler zweier Stände« und ist
gleich weit vom hohen italienischen wie vom niederen niederländischen Roman entfernt, so daß er zwar die »bürgerliche Alltäg-
lichkeit« zum Gegenstand habe, sie aber »mit dem Abendrote des
romantischen Himmels überziehe und blühend färbe«[95]; Jean
Paul nennt von eigenen Werken ›Siebenkäs‹ und ›Flegeljahre‹ als
Beispiele. Seine Idyllen gehören aber in die dritte Klasse, die er als
»umgekehrte Höhe«[96] oder auch als »komische oder ernste Vertie-
fung«[97] bezeichnet. Er folgt in der ihm eigenen Metapherntermi-
nologie (welche er auch noch entschuldigt: »Man verzeihe dem
Mangel an eigentlichen Kunstwörtern den Gebrauch von anspie-
lenden.«[98]) vollkommen dem traditionellen Schema auch dann
noch, wenn er die Mischung der »drei Schulen oder Schulstuben
in einem Romane«[99] als das Übliche bezeichnet und damit der
Lehre vom Wechsel der Stile seinen Tribut zollt.

In der Systemtafel hat Jean Paul also ›Siebenkäs‹ und ›Flegeljahre‹ (1804/05) ganz nahe aneinandergerückt, obwohl ein Jahrzehnt zwischen der Entstehung der beiden Romane liegt und
dahinein auch noch die Arbeit an dem Hauptwerk seines Lebens
(›Titan‹, 1800–1803) fällt. Doch hat er recht daran getan, nicht
nur, weil sie nach Gegenstand und vorherrschender Stilrichtung
zusammengehören, sondern der zweite Roman das Erzählmodell
des ersten radikalisiert, in Walt und Vult die Konstellation Sie-
benkäs-Leibgeber auf einer anderen Ebene wiederholt und
zugleich weiterentwickelt. Ähnlichkeit und Geistesverwandtschaft

erwecken bei den beiden Helden der ›Flegeljahre‹ nicht nur den Anschein einer Zwillingsbrüderschaft, sie sind wirklich Zwillinge. Jean Paul hat dabei kaum eine Möglichkeit außer acht gelassen, ihre Nähe ab ovo hervorzuheben. Gottwalt hat als erster das Licht der Welt erblickt, als noch ein zweites Kind hervordringt, sagt der Vater, der Dorfschulze Hanisch: »Höchstens gibt's ein Mädchen, oder *was Gott will*.«[100] Quod deus vult, woraus dann der Name Vult wird, bedeutet dasselbe wie Gottwalt und ist ja bloß die in eine lateinische Phrase gebrachte Übersetzung dieses Namens. Vult, der das Realitätsprinzip verkörpert, steht seinem Bruder in allen schwierigen Lagen bei, in die ihn die Erbschafts-bedingungen aus dem van der Kabelschen Testament bringen, beide Brüder wollen gemeinsam einen »Doppelroman«[101] schrei-ben, der teilweise in die ›Flegeljahre‹ übergeht oder in sie einge-blendet ist, so daß wir – Roman im Roman – auch von dessen Entstehung erfahren.

In diesem Punkt kommt Jean Paul übrigens den Romantikern poetologisch am nächsten. Die ständige Reflexion des schriftstel-lerischen Produktionsprozesses, meist in komischer Verdrehung und Übertreibung, beherrscht Vorreden, Exkurse, Digressionen und wird in den ›Flegeljahren‹ gar zum wichtigen Thema der Romanhandlung selber. Modernes Selbstbewußtsein des Künst-lers meldet sich darin wie auch die sehr viel ältere Auffassung vom handwerklichen Charakter des Redens und Schreibens und ihren Techniken – ein ganz praktisches Verhältnis, wie es auch in der ›Vorschule‹ immer wieder zum Ausdruck kommt und dort etwa das Kapitel ›Regeln und Winke für Romanschreiber‹ bestimmt.

Dieser knappe Hinweis mag hier genügen, für den romanti-schen Künstlerroman wird das Motiv zu einem Hauptthema. Jedenfalls ist mit dem gemeinsamen Doppelromanprojekt die Überblendung der beiden Brüderfiguren – ihre Konturen nähern sich immer mehr, decken sich schließlich – durchaus noch nicht vollendet. Der Augenblick der größtmöglichen Identifizierung wird dabei zum Anlaß der endgültigen Trennung: Walt und Vult lieben dasselbe Mädchen. Auf einem Maskenfest in Rolle und Gestalt des Bruders erntet Vult die Liebeserklärung Winas, die aber eigentlich Walt gilt, den sie vor sich wähnt, obwohl er gerade als Spes, die Hoffnung, verkleidet an ihr vorübertanzt. »Jetzt hatt' er alles«, lautet der ironische Kommentar wie aus Vults eigenem Kopf, »nämlich ihr Liebes-Ja für seinen Scheinmenschen oder Rollenwalt, und lachte den wahren aus, der als Rolle und als Wahrheit noch bloße Hoffnung sei und habe; allein sein erzürntes Gemüt bequemte sich nun zu keinem Schattendank, sondern hartstumm tanzte er aus und verschwand plötzlich aus dem fortjauchzenden Kreise.«[102] Wenig später wird Vult den Bruder verlassen in jener so schlichten wie unsentimentalen Szene, die doch zu den ergreifendsten Abschiedsszenen der deutschen Literatur gehört, auf die Bitte Walts, ihm den nächtlichen Traum zu deuten, in dem sich die eigenen Hoffnungen und Ängste zur kosmischen Allegorie ausweiteten: »›Du sollst es gleich hören in dein Bett hinein‹, versetzte Vult, nahm die Flöte und ging, sie blasend, aus dem Zimmer – die Treppe hinab – aus dem Hause davon und dem Posthause zu. Noch aus der Gasse herauf hörte Walt entzückt die entfliehenden Töne reden, denn er merkte nicht, daß mit ihnen sein Bruder entfliehe.«[103]

Im Verhältnis der beiden Brüder zeigt Jean Paul seine ganze psychologische Meisterschaft. Vult, der Einsame und Leidende, der immer vergeblich Liebende, »der unaufhörlich stirbt, weil er keinen Himmel und keine Erde hat«[104], verfolgt ja in seinem ganzen Bruder-Projekt nur ein Ziel, Harmonie und Übereinstimmung zu erreichen und damit einen Platz in der Welt, den ihm der Vater verweigerte. Es ist der Versuch, durch Identifikation mit dem von den Eltern geliebten Kind etwas von dem, was ihm entgangen, für sich zurückzugewinnen. Das Ziel ist die Symbiose, die Unentbehrlichkeit für den Bruder, und Vults schlimmste Enttäuschung ist, als er merkt, daß Walt ihn gar nicht benötigt, daß die vielen Dienste, das ständige Anpassungsbemühen für ihn eigentlich nur mehr oder weniger nebensächliche Dinge sind, die sein Wesen nicht berühren. Gewiß liebt auch Walt den Bruder, der so gewandt und lebenserfahren ist, wie er selber gerne sein möchte, gewiß steigert der enthusiastische Freundschaftsbund seine Lebensfreude und sein Selbstgefühl, doch der Irrtum, die Enttäuschung haben keine katastrophalen Folgen und werden durch Trauer und Schmerz bewältigt, wie die Klothar-Episode zeigt, während die endgültige Erkenntnis Vults, daß die Symbiose mit dem Bruder nicht möglich ist, nicht wiedergutzumachende Folgen hat, ja im Augenblick der Störung, die durch die Nebenbuhlerschaft in ihr Freundschaftsverhältnis tritt, die Liebesgefühle schwinden, Verrat und Untreue an ihre Stelle treten und den endgültigen Bruch herbeiführen. Das Stichwort für die Trennung hatte (wiederum ohne es zu wissen) Walt selber mit seiner Traumerzählung geliefert, deren in diesem Zusammenhang wichtigste Maxime an ihrem Ende steht: »›Du und ich‹; zwei heilige, aber furchtbare, fast aus der tiefsten Brust und Ewigkeit gezogene Laute, als sage sich Gott das erste Wort und antworte sich das erste.«[105]

Der Konflikt zwischen Walt und Vult, aufgetragen auf dem archetypischen Modell des Bruderzwistes, das im 18. Jahrhundert eine so besondere Konjunktur erlebt hatte, rührt aber noch an eine andere Schicht, in der auch die Lebenserfahrung Jean Pauls sich niedergeschlagen hat. Varnhagen von Ense berichtete 1808 nach einem Besuch beim Autor der ›Flegeljahre‹, daß der dies Buch so besonders hoch schätze und über die meisten seiner anderen Werke stelle, als »seien Vult und Walt nur die beiden entgegengesetzten und doch verwandten Personen, aus deren Vereinigung er bestehe«.[106] In einem Brief aus dem Jahre 1807 bekräftigt Jean Paul diese Lesart: »Die zwei Brennpunkte meiner närrischen Ellipse: Hesperus-Rührung und Schoppens-Wildheit sind meine ewig ziehenden Punkte.«[107] Das Thema der Ich-Spaltung nach dem gängigen Muster der zwei Seelen in einer Brust bestimmt den Lösungsversuch des Doppel-Lebens im Roman, des Rollen- und Gesichtertauschs, als könne man, was sich nicht harmonisch zusammenfügt, in Sonderexistenzen auseinanderlegen und in derselben Welt als ein Zweifacher leben: als Dichter, ein tumber, doch reiner Tor mit der Seele Parcivals, der unbewußt schafft wie die Natur und dem die Grenzen zwischen Traum und Wirklichkeit verfließen; und als weltgewandter Artist ohne Illusionen, lebensgehärtet und vertraut auch mit den fragwürdigen Methoden des Überlebens – in der einen Maske ein Erd-, in der anderen ein Himmelsbewohner, um es in einem Jean Paul naheliegenden Bilde zu sagen. (Ob der ›Grüne Heinrich‹ oder ›Tonio Kröger‹, das Thema ist in der deutschen Literatur der Moderne heimisch geworden und bezieht selbst ein scheinbar so fern davon liegendes Werk und Schicksal wie das Franz Kafkas mit in eine Überlieferung ein.) Die Liebe Winas bringt die Täuschung an den Tag und hebt das Doppelleben auf, weil sie sich mit der Abspaltung des einen vom anderen Teil, mit der Maskerade nicht abfinden will noch kann. Doch was bleibt zurück, nachdem die Täuschung offenbar wurde und anerkannt werden mußte? Ein Wunschbild der Einheit und Reinheit auf Kosten des vielgestaltigen Lebens, das mit Vult davonzieht, und die Apotheose eines dichterischen Wesens, das unangefochten und unanfechtbar wäre, aber dieses auch nur sein könnte in der zeitenthobenen Idylle der schwedischen Landpfarrei, als welche der junge Peter Gottwalt Harnisch schon ganz zu Anfang seinen Lebenswunsch ausgemacht hatte. Im übrigen ist die Einsicht in die Unvereinbarkeit und Disharmonie von Hesperus-Rührung und Schoppens-Wildheit alles andere, nur nicht resignativ. Unter welcher Perspektive man diese Geschichte einer zuletzt fehlgeschlagenen Erziehung des weltfremd-idealistischen Träumers zum realitätsgerechten Bürger auch lesen mag: als individuelles Geschehen, das seinen beiden Polen nach im Doppelroman wiedergegeben wird, oder als die Erzählung vom Scheitern symbiotischer Menschenbeziehung überhaupt – die Melancholie wird jedesmal aufgehoben in der Sehnsucht nach der Überwindung der Entfremdung und Selbstentfremdung und der utopischen Verheißung, von der Walt »die entfliehenden Töne reden« noch in dem Moment des Abschieds und der Verweigerung. Es ist doch Walts eigenes Inkognito, das mit Vult entschwindet und bei ihm für eine Zeitlang, ohne daß er es wußte, Gestalt angenommen hatte, dann aber wieder, weil die Verhältnisse es nicht anders zulassen, aus seinem Leben herausfällt. Umgekehrt gilt für Vult dasselbe, nur mit dem Unterschied, daß das unbewußte Sehnen Walts in ihm ein bewußter verzehrender Wunsch geblieben ist. Was also auf seiten des Träumers, des Dichters als utopische, durch keine Erfahrung zu diskreditierende Sehnsucht erhalten bleibt, muß sich für Vult, den lebenstüchtigen Realisten, in Resignation auflösen. So enthält der fragmentarisch-offene Schluß durchaus zwei Bedeutungen: aus der Perspektive Walts signalisiert er hoffnungsvollen Traumschein des erfüllten Lebens, aus derjenigen Vults ewiges Bruchstückwerk und Vergeblichkeit.

Zieht man die Erläuterungen heran, die Jean Paul in seiner ›Levana‹ zum Bildungsideal und Erziehungsziel gemacht hat, wird die Ambivalenz dieses offenen Romanschlusses noch deutlicher. Den »Preis- und Idealmenschen« definiert er als »das harmonische Maximum aller individuellen Anlagen zusammengenommen«, die aber in jedem Einzelwesen einen unverwechselbaren Charakter aufweise.[108] In der Erziehung gehe es darum, alle Kräfte nacheinander zu entwickeln (»weil sich nicht auf einmal die ganze Summe potenzieren läßt«[109]). Diese Orientierung bleibt verpflichtend, auch wenn sich die zukünftig ausgerichtete Erziehung dem Ideal immer nur annähern kann. Das gilt mutatis mutandis für die ›Flegeljahre‹ ebenso. Sie waren als Probe aufs Exempel konzipiert und siehe, die Probe ging schlecht aus, weil die »Erhebung über den Zeitgeist«[110], die die Bedingung jeder einer ganzheitlichen Bildungsnorm verpflichteten Erziehung ist (auch Schiller fordert sie in seinen ›Ästhetischen Briefen‹) nur zeitweise gelingen kann, dann aber Konzessionen an diesen Zeitgeist gefordert werden, die alle frühere Absicht in Frage stellen. Im ›Hesperus‹ war das Konzept der Individualerziehung eingebettet in ein politisches Programm, das auch die äußeren Bedingungen dafür herstellen sollte und dessen Verwirklichung trotz aller Zweifel nicht mehr so weit entfernt schien. Dem Autor der ›Flegeljahre‹ sind solche optimistischen Vorstellungen fragwürdig geworden, und er macht keinen Hehl daraus, zeigt, daß eine auf das harmonische Maximum und die Aufhebung der Selbstentfremdung gerichtete Erziehung chimärisch geworden ist, ohne freilich für die Anpassung an die schlechte Wirklichkeit im Sinne des van-der-Kabelschen Testaments zu plädieren.

Die Treue zum Traum von einem besseren, mit sich selbst identischen Leben bildet den Maßstab auch in den Romanen, die auf die ›Flegeljahre‹ folgen: ›Des Feldpredigers Schmelzle Reise nach Fläz‹ (1807), ›Dr. Katzenbergers Badereise‹ (1809) und das ›Leben Fibels‹ (1811). In ihnen entfaltet Jean Paul eine monströse

Porträtgalerie von Narren, Käuzen und Sonderlingen, Exempel
für den »Anthropolithen« (versteinerten Menschen), in welchem
»der Idealmensch auf der Erde an⟨kommt⟩«[111], ohne daß es in den
jeweils geschilderten Fällen gelungen wäre, ihn daraus zu
befreien. Ob der Feldprediger Schmelzle, diese Inkarnation der
Furcht und des Zauderns, der vor den Schreckgestalten seiner
eigenen Phantasie davonläuft und ein Meister des Bemäntelns,
der fadenscheinigen Entschuldigungen und komischen Ausreden
ist (und im übrigen auch die weitverbreitete defätistische Stimmung gegenüber der napoleonischen Bedrohung karikiert); ob
der von den Kuriositäten, Verwachsungen, Mißgeburten und
Monstern besessene Dr. Katzenberger, der schon als junger Mann
zur Provokation seiner Mitmenschen genußreich Spinnen und
Schaben verzehrte und die mißgestalteten Embryonen seines
Schauerkabinetts sarkastisch mit »hoch und wohlgeboren« anre-
det, auf einer Richtstätte das größte Vergnügen erwartet und
selbst vor Mord nicht zurückschreckt, wenn er sich in den Besitz
einer weiteren Absonderlichkeit setzen will; ob schließlich der
ABC-Buch-Autor Gotthelf Fibel mit seiner aufgeblasenen Wich-
tigtuerei, ein bedeutungsloser Hohlkopf mit der Prätention zu
Höherem, dem die Dummheit seiner Zeitgenossen zu Auskommen und Ruhm verholfen hat – sie alle und ihre vielen Mitrei-
senden, Gleichgesinnten und tollen Kombattanten lassen in der
auffallenden grotesken Karikatur erkennen, was doch der Normalfall ist: die Verbiegung, Deformierung, Versteinerung des
menschlichen Charakters unterm Diktat des schlimmen Zeitgei-
stes. »Es ist der Geist der Ewigkeit, der jeden Geist der Zeit richtet und überschauet. Und was sagt er über die jetzige? Sehr harte
Worte ⟨. . .⟩. Etwas, sagt er, müsse in unserer Zeit untergegangen
sein, weil sogar das gewaltige Erdbeben der Revolution, vor welchem jahrhundertelang – wie bei physischen Erdbeben – unendlich viel Gewürm aus der Erde kroch und sie bedeckte, nichts
Großes hervorbrachte und nachließ als am gedachten Gewürme
schöne Flügel.«[112] Manchmal fehlen selbst die, wie im Falle Katzenbergers, dieser weit vorausweisenden Karikatur des skrupellosen Wissenschaftlers moderner Prägung, oft sind sie kaum noch
wahrnehmbar wie in der gutartigen Spießigkeit Fibels oder der

trotz allem immer wieder versöhnlichen Liebenswürdigkeit
Schmelzles. Daß sie Opfer derselben Verhältnisse sind wie die
Vults und Walts, wie Siebenkäs oder Lenette, macht ein Schlen-
ker zum Schluß des gerade zitierten Paragraphen aus der
›Levana‹ deutlich: »Endlich gibts noch sehr gebildete Menschen,
welche sich in entgegengesetzten Richtungen, nach Himmel und
nach Hölle zerspalten, wie ein entzweigeschnittener Salamander
mit der vordern Hälfte vor-, mit der andern rückwärts läuft.«[113]

Eine letzte Steigerung dieser Zerrissenheit begegnet uns in dem
Ledermenschen in Jean Pauls letztem, ebenfalls aus nicht bloß
äußerlichen Gründen Fragment gebliebenem Roman ›Der Komet
oder Nikolaus Marggraf‹ (1820–22), in jener unheimlichen
Figur also, die dem Helden und eingebildeten Fürstensproß
Nikolaus auf seiner Erkundungsreise nach dem geheimnisvollen
Vater in der Residenzstadt begegnet. Selber hält er sich für Kain,
den Brudermörder, ja für den Teufel persönlich, als ewiger Jude
ist er in der Stadt verschrien. Wahn und Kindlichkeit sind die
zwei Seiten seiner Seele, und seine Tollheit ist der Lautsprecher,
aus dem die Leiden der Zeit tönen, um sich in konzentriertem
Menschenhaß zu entladen. (»Zwei Kronschufte, die Gebrüder
Caracalla, wovon keiner nur zu einem römischen Sklaven taugte,
aber jeder den Freien und Sklaven zweier Weltteile die Gebote
gab, wollten in das damalige All sich teilen und der eine bloß
über Europa, der andere bloß über Asia schalten und Aufsicht
führen. So waret ihr von jeher, und die Zeit macht euch nur
bleich aus Angst und schwarz aus Bosheit, und erst hintennach
rot aus Scham. – – Tötet euch nur öfter . . . gehorcht ihnen jedesmal, wenn sie euch in das Schlachtfeld beordern . . . tut etwas
noch darüber, sterbt wenigstens, wenn ihr ihn nicht umbringt . . .
Was hindert mich jetzt im Reden?«[114]) Es ist ein durch und durch
dunkles, pessimistisches Panorama der Restaurationszeit, das
Jean Paul hier malt und in dem auch die Kunst nicht mehr sinn-
stiftend fungiert. Im Gegenteil. In der Figur des Nikolaus Marggraf knüpft Jean Paul an eine Lieblingsidee des ausgehenden
18. Jahrhunderts an, die Idee nämlich, daß die Stimulierung der
Einbildungskraft durch Kunst und Literatur, vor allem durch das
Lesen natürlich, eine gefährliche Sache sei – das passende Exem-

pel für die daraus entwickelte Antilesepropaganda gab ein
Romanheld ab, den auch Jean Paul vor Augen hatte, als er seinen
Nikolaus konzipierte: der Ritter von der traurigen Gestalt Don
Quijote. Der intensive Wunsch, die Realität mit seinen Phantasien
in Einklang zu bringen, führt auch im Roman ›Der Komet‹ zu
den absurdesten Konsequenzen und wird dem gelernten Apotheker Nikolaus durch die alchimistische Entdeckung der künstlichen Diamantenherstellung erleichtert. Im Hofstaate des eingebildeten Fürsten erhält auch der Kandidat Richter, welcher der
närrischen Reisegesellschaft begegnet, eine Stelle als – Prophet.
(»Wer anders als der arme Kandidat Richter, der auf einmal,
nachdem er so viele Jahre in Hof unter Kaufleuten und Juristen
mit seinem aufgedeckten Halse und langem Flatterhaar bestäubt
und unscheinbar hingeschlichen, sich im Gefolge und Pfauenrade
eines Fürsten als einen langen Glanzkiel sollte mitaufgerichtet
sehen, im täglichen engsten Verkehr mit lauter Hofleuten, nach
deren Bekanntschaft er schon damals hungerte und dürstete, um
später endlich Werke wie einen Hesperus, einen Titan u. dergl.
der Welt zu liefern, Werke, die sie ja gegenwärtig hat und schätzt
und worin eben Höfe treu und täuschend aufzutreten hatten!«[115])

5. ›Titan‹

»Titan sollte heißen Anti-Titan; jeder Himmelsstürmer findet
seine Hölle; wie jeder Berg zuletzt seine Ebene aus seinem Tale
macht. Das Buch ist der Streit der Kraft mit der Harmonie. Sogar
Liane, Schoppe müssen durch Einkräftigkeit versinken; Albano
streift daran und leidet wenigstens.«[116] Jean Pauls Hauptwerk
wurde abwechselnd als kritische Auseinandersetzung mit der
Weimarer Klassik und als Annäherung an sie gedeutet. Des
Autors Nähe zu den sonst als Antipoden empfundenen Schriftstellern in Weimar war niemals größer als in diesem Roman. Das
gilt für die Form, die ab Band zwei eine Geschlossenheit und Tek-
tonik aufweist, die Jean Pauls Schreib- und Kompositionsweise
ganz fremd anmutet; die Einschübe, Abschweifungen, komisch-
essayistischen Passagen wurden fast völlig herausgenommen und
im ›Komischen Anhang zum Titan‹ untergebracht.

Darunter auch, im zweiten Bändchen, das berühmte Stück
›Des Luftschiffers Gianozzo Seebuch‹ (1801), diese luftig-freie,
von keiner Erdenschwere und ihren Gesetzen mehr als unbedingt
notwendig eingeschränkte Phantasiereise und Erderkundung
(»Welche lüftende Freiheitsluft gegen den Kerkerbrodem unten!
Hier ein rauschendes Nachtluft-Meer, drunten ein morastiges
Krebsloch. Ich machte die Sänftenfenster dem frischen Luftzug
auf und blies vor Lust mit meinem Posthörnchen hinaus. Drunten
auf meinem zurückgelassenen Meeresboden stieg ein Dieb in eine
Kirche ein – unweit davon stieg ein Mönch aus einem Kloster als
Selbstdieb heraus – auf dem Feld Wächter gegen das diebische
Wild – ferner Reisende – Sentimentalisten usw.«[117]). Gianozzos
Blickwinkel ist eine Hauptperspektive aller satirischen Literatur,
spätestens seit den aufgedeckten Häusern Madrids durch Lesages
hinkenden Teufel, und läßt das Auge des Erzählers über Parkan-
lagen schweifen, wirkliche und fiktive (den Wörlitzer Schloßgar-
ten und den Park zu Lilar aus dem ›Titan‹), über Klein- und Resi-
denzstädte, in denen man Lauchstädt oder Berlin erkennen
kann, über anmutige Ebenen und leichenübersäte Schlachtfelder.
So daß sich die Schönheit der Natur und das Pfuschwerk des
Menschen gleichermaßen offenbaren, Torheit und Verbrechen
einsichtig werden und das kleine Treiben auf Erden so unwesentlich erscheint, wie es in Wahrheit ist. Allein, vor dem schwarzen
Pessimismus, der immer als Summe solch satirischer Erfahrung
droht, bewahrt den Luftschiffer die Hoffnung auf den Morgen
und das Erlebnis der aufgehenden Sonne, dieses Kaiser-Emblem
und Freiheitswappen der Epoche: »Welcher Goldblick! Im Abendrot glüht Aurora an. Was reißet so schnell das schwarze Leichen-
tuch vom Wasser-Orkus weg? – Wie brennen die Länder der
Menschen wie goldne Morgen!«[118]

Doch vom Anhang zurück zum Hauptstück. Neben einer formalen Annäherung an den klassischen Kunstbegriff (welcher
allerdings, wie eben dargelegt, durch den »komischen Anhang«
relativiert und ergänzt wird) ist es vor allem die Bildungskonzep-
tion, die den ›Titan‹ in den Umkreis des Weimarer Modells rückt,
ja in dessen romanhafte Rekonstruktion sogar mündet, wenn der
bürgerlich erzogene genialisch gewachsene und schließlich zum

Einklang mit sich selbst gelangte Albano den Fürstenthron besteigt. Die Dechiffrierung der Romanpersonen nach möglichen Vorbildern in der Realität, so daß etwa Linda als Abbild der Charlotte von Kalb und der Ritter Gaspard zur literarischen Verkörperung Goethes wird[119], führt freilich in die Irre, weil damit allzu schnell Jean Pauls Zu- oder Abneigungen auch auf die Kunstfigur und ihre Äußerungen übertragen werden. Sehen wir uns ein einschlägiges Beispiel an. Im Gespräch mit Albano, seinem vorgeblichen Sohn, und angesichts des monte testaccio und des protestantischen Friedhofs in Rom entwickelt Gaspard sein Bildungsideal des »*ganzen* Menschen« und einer harmonischen Vollendung seiner Kräfte, »wie etwan ein Fürst sein muß, weil dieser für seine allseitige Bestimmung, allseitige Richtungen und Kenntnisse haben muß«[120]. Nicht anders hat der Autor der ›Levana‹ geredet, und wenn nun Albano verstimmt reagiert, weil er daraus nur den Vorwurf an die eigene Adresse und die Kritik der Genieperiode heraushört, die für ihn noch nicht lange zurückliegt, so zielt diese Forderung des Ritters doch eben auf das Programm, das Albano sich selbst[121] gesetzt hat. Denn »zu dem Gottesdienste unter Raffaels Kunsthimmel« treten Körperübungen, das Studium der »alte⟨n⟩ und neue⟨n⟩ Kriegskunst«[122] – Hinweise auf jenes Erziehungsideal der Renaissance, das Castiglione im ›Buch vom Hofmann‹ (»Il libro del Cortegiano«, 1528) für Europa beispielhaft formuliert hatte, das zuletzt auf die Antike zurückgeht und nach vielen Zwischenstufen längst auch schon bürgerlich beerbt worden war. »Seit seiner Einigkeit mit sich selber wurd' er glücklicher«, heißt es in diesem Zusammenhang von Albano[123], und der Zeitpunkt ist nicht mehr fern, an dem ihm seine wahre Herkunft und Abstammung vom Herrschergeschlecht des Duodezfürstentums Hohenfließ eröffnet wird und er nach dem frühen Tode seines leiblichen Bruders Luigi als Thronfolger die Regierung übernehmen muß. Getreu der Devise des Autors, daß individuelle Geschichte und Völkergeschichte füreinander eintreten, entspricht dem Bildungsgang Albanos auch ein historischer Kursus, in welchem Jünglings- und Genieperiode in der neueren Geschichte mit der Revolutionszeit identifiziert werden, so daß Albano noch bei seiner italienischen

Reise angesichts der antiken Zeugnisse darin vor allen den Widerschein republikanischer, demokratischer Ideen findet und »gleich allen damaligen Jünglingen, der *Himmels-Königin,* der *Freiheit,* jauchzend nachzog«[124]. Wenn er dann zum Schluß des Romans, anstatt wirklich in den Freiheitskampf nach Frankreich zu ziehen, wie es die Absicht war, sich an die Spitze seines Kleinstaates stellt, so darf man darin weder eine vom bloßen Handlungsverlauf diktierte, ideologisch zufällige Wende, noch gar einen Verrat an den Träumen seiner Jugend sehen, sondern deren Transformation in eine andere Epoche seines Lebens und seiner Zeit, die bewußte Bejahung der veränderten subjektiven und objektiven Verhältnisse. (»Lebenslust, neue Kräfte und Plane, Freude am Throne, wo nur die geistige Anstrengung gilt, wie auf dem Schlachtfelde mehr die körperliche, die Bilder neuer Eltern und Verhältnisse und Unwille gegen die Vergangenheit stürmten durcheinander in seinem Geist.«[125])

Offensichtlich handelt es sich bei diesem heroischen Roman, den Jean Paul selber als Musterstück des italienischen Typus genannt hat, um eine besondere Art von Bildungsroman, und die Konzeption hat sich auch, verfolgt man ihre Genese seit den ersten Aufzeichnungen 1792 bis zur Endfassung, die 1800 bis 1803 in vier Bänden publiziert wurde, stetig ausgeweitet. Vom zunächst geplanten Künstlerroman, der die Entwicklung des Genies zum Gegenstand und Titel haben sollte, wird der Plan erweitert zu einer umfassenden Darstellung des Titanismus im menschlichen Leben, um schließlich mit einer Ausdehnung des Themas auf die Geschichte vollendet zu sein. Alle drei Bedeutungsschichten bestimmen aber gemeinsam die Romanhandlung und ihre programmatische Dimension. Wobei es sich trotz Roquairol, Schoppe, Liane und Linda, die scheiternden Titanennaturen, nicht um eine Denunziation jeder Größenanstrengung im individuellen Leben und der menschlichen Geschichte handelt, sondern um ihre Integration. Keine Relativierung, sondern Fortführung ist gemeint, und in Albano haben wir das Musterbeispiel für die Fortbildung des titanischen Wesens und seine Rettung in immer neuer (auch neuer historischer) Gestalt. So steht am Ende des Romans auch nicht etwa die Abkehr von der Revolution oder gar (wie eine kurzsichtige und wohlfeile Formel dafür lautet) der bürgerlich-feudale Kompromiß, sondern die Utopie des brüderlich vereinten Volks als Invariante der Geschichte in ihren revolutionär-titanischen wie gleichbauend-ruhigen Epochen: »›Schauet auf zum schönen Himmel ⟨...⟩ der Regenbogen des ewigen Friedens blüht an ihm, und die Gewitter sind vorüber, und die Welt ist hell und grün – wacht auf, meine Geschwister!‹ «[126]

Wenn wir die Entwicklung Albanos allein ihrer Struktur nach betrachten, unterscheidet er sich kaum vom klassischen Bildungsroman. Zwar spielt er sich in einer anderen gesellschaftlichen Sphäre ab als der ›Wilhelm Meister‹ Goethes, doch führt auch er von geniehaft-jugendlicher Überschwenglichkeit zu praktischer, tätiger Lebensmeisterung einen jeden an seinen Platz. Wobei die Entwicklungsgeschichte Albanos, der, unbekannt mit seiner Herkunft, doch auf das künftige Ziel seines Lebens, die Herrschaft über Hohenfließ, erzogen wird und am Schluß reif ist, die Erbfolge anzutreten, kontrastiert wird mit den Biographien in absteigender Linie: da ist die ätherisch-überspannte Liane, die aus dynastischen Gründen auf den geliebten Albano verzichtet und ihrer geheimen Überzeugung gemäß früh stirbt; ihr Bruder, der dämonische, heillos in sich selbst zerrissene Roquairol, der den Widersacher in sich trägt, zum Gegner und bösen Geist Albanos wird und sich selber tötet; die heroische, stolze Linda, von der Albano fälschlich glaubt, sie sei seine Schwester, und die einem teuflischen Betrugsmanöver Roquairols zum Opfer fällt, sich ihm hingibt im Glauben, er sei Albano, und dann ihr Leben auf immer zerstört sieht, gebunden an einen Unseligen, der tot ist; da ist schließlich Schoppe, der Zweifler und humoristische Philosoph, der unter Albanos Erziehern (dem griechischen Maler Dian allen voran, dann dem bürgerlich-aufrechten Wehrfritz und allen Magistern) eine besondere Rolle spielt und den wir unter dem Namen Leibgeber aus dem ›Siebenkäs‹ kennen; brütend über dem Gespinst der Intrigen und monströsen Täuschungen, genarrt von seinen Einbildungen, wird er zunehmend unfähig, Schein und Sein auseinanderzuhalten, und stirbt schließlich im Wahnsinn.

In der Konstellation dieser Figuren zueinander und zum Helden Albano kehren die entsprechenden Lieblingsmotive Jean

Pauls wieder: Ähnlichkeit (Lianes Doppelgängerin Idoine, die
Albano schließlich heiratet) und Verwechslung (Roquairol mit
der Stimme Albanos), Blindheit (Liane und Linda leiden beide
zeitweise daran, die eine in Erregungszuständen, die andere bei
Nacht) und Verdoppelung (der Inspektor Siebenkäs, der Schoppe
endgültig in den Wahnsinn treibt, weil er ihn nicht wiederer-
kennt, sondern sich selbst gegenüberzustehen glaubt). Maskerade
und Nebenbuhlerei, Ich-Spaltung (Roquairol, der Karl heißt,
wenn die gute Seite seiner Person einmal zum Durchbruch
kommt), die Unsicherheit der Gefühle und die heilende Kraft der
Liebe, Kindverwechslung, dynastische Intrige und die Initiations-
szenarien als strukturierendes Modell: die ganze Maschinerie von
Jean Pauls Romankunst ist aufgeboten, meisterhaft in Szene und
in Bewegung gesetzt zu einem Zwecke: den Glücksfall Albano um
so singulärer und erstaunlicher zu machen.

    Denn daß er kein Regelfall ist, macht schon das Übermaß an
mißglückten Lebensläufen der Menschen deutlich, die mit ihm
verbunden sind und von seinem (titanischen) Geschlecht. Hier
haben wir nun den Punkt auf Jean Pauls geistiger Landkarte, der
dem Modell Weimar und seinem Bildungsroman am entferntesten ist. Auch dem Entwicklungsgang Albanos liegt zwar wie
dem Wilhelm Meisters ein geheimer Plan zugrunde, auch er bildet sich an wechselnden Erziehern, an den Zufällen des Lebens,
dem Widerstand einer heterogenen Wirklichkeit, doch vollzieht
sich dies alles in Goethes Roman als zunehmende Verwirklichung
der Vernunft und Entelechie des individuellen Wesens. Albano
erlangt dies Ziel aber nur dank der Natur, die im ›Titan‹ (wie in
allen Romanen Jean Pauls) eine wichtige Rolle spielt als Wider-
und Vorschein des Paradiesgartens, als Bezugspunkt und Maß des
richtigen und des falschen Lebens, als ein der Kindheit verwandter Glückszustand, der aber punktuell aktualisiert werden kann
und das utopisch-revolutionäre Postulat der Wiederherstellung
und renovatio einschließt. Was die Naturanschauung selber
betrifft, so liegen diese Bestimmungen – teilweise wenigstens –
auch Goethe nahe, ohne daß er freilich ihre utopisch-rousseaui-
stische Tendenz teilte. Sie ist aber für Jean Paul die Hauptsache
und der Grund für ihre Wirksamkeit in seinem Erziehungsplan.

Es hat daher programmatische Bedeutung, wenn Jean Paul seinen
›Titan‹ mit dem geschliffenen Satz beginnen läßt: »An einem
schönen Frühlingsabend kam der junge spanische Graf von
Cesara mit seinen Begleitern *Schoppe* und *Dian* nach Sesto, um
den andern Morgen nach der borromäischen Insel Isola bella im
Lago maggiore überzufahren.«[127] Vor ihnen liegt die Insel, auf
der Albano die ersten Jahre seiner Kindheit mit leiblicher Mutter
und Schwester verbrachte, ein Bild, aufgetragen auf dem Arche-
typ der glückseligen, elysischen Insel (und, nebenbei bemerkt,
auch mit ihrer Zweideutigkeit als Toteninsel belastet), bestimmt
durch das Naturerleben, in das sich initiatorischer Schauder und
kindliche Wiedererkennung mischen und dessen Höhepunkt
Albanos Gipfelblick über die borromeischen Inseln darstellt:
gegen Ende der Nacht ist er, eine Binde um die Augen und
gleichsam blind (die Auferstehungsszene Gustavs aus der
›Unsichtbaren Loge‹ deutet herüber) von Terrasse zu Terrasse mit
den Freunden steigend, auf der höchsten Stelle angekommen.
»Und der Morgenwind warf die Sonne leuchtend durchs dunkle
Gezweig empor, und sie flammte frei auf den Gipfeln – und Dian
zerriß kräftig die Binde und sagte: ›Schau umher!‹ – ›O Gott!‹
rief er selig erschrocken, als alle Türen des neuen Himmels auf-
sprangen und der Olymp der Natur mit seinen tausend ruhenden
Göttern um ihn stand. Welch eine Welt! ⟨. . .⟩ Albano drehte sich
langsam im Kreise um und blickte in die Höhe, in die Tiefe, in die
Sonne, in die Blüten; und auf allen Höhen brannten Lärmfeuer
der gewaltigen Natur ⟨. . .⟩ O als er dann neben der unendlichen
Mutter die kleinen wimmelnden Kinder sah ⟨. . .⟩«[128] Ein Schauspiel, aber viel mehr als das, und der Erzähler schaltet sich selber
aus auktorialer Perspektive ein, um jede oberflächliche Deutung
der Szene zu unterbinden: »Hohe Natur! wenn wir dich sehen
und lieben, so lieben wir unsere Menschen wärmer ⟨. . .⟩«[129] In
dieser Anschauung von der Wirksamkeit der Natur lebt ein
Motiv der Genieperiode fort, weiterentwickelt und einer Naturphilosophie verwandt, die in Schelling ihren wichtigsten Vertreter
finden sollte. In der ›Vorschule‹ hat Jean Paul den Gedanken
offen ausgesprochen: in der Ebenbildlichkeit von Mensch und
Natur wurzelt der Bildungsroman des Individuums: »Die Natur

ist für den Menschen in ewiger Menschwerdung begriffen, bis
sogar auf ihre Gestalt; die Sonne hat für ihn ein Vollgesicht, der
halbe Mond ein Halbgesicht, die Sterne doch Augen, alles lebt
den Lebendigen; und es gibt im Universum nur Schein-Leichen,
nicht Schein-Leben.«[130] Albano steht auf gutem Fuß mit ihr, ein
Lieblingssohn ihrer Schöpfung und auserwählt, ein Held und
Fürst im Reiche der Menschen zu werden. Man darf das messianische Pathos, das seiner Gestalt die Aura gibt, auch späterhin
nicht vergessen, es gibt selbst noch der Herrschaftsübernahme in
Hohenfließ eine symbolische Tiefe, bezogen auf Zeitenwende und
den Anbruch eines neuen Welttags auf der schönen Insel der
Menschen.

6. Wilhelm Meister

Goethes Lebenswerk ist wie kein zweites in der deutschen Literatur von Leitfiguren bestimmt: Faust, der sie alle Überragende,
natürlich zuerst, selbst Werther gehört dazu, so sehr ihn Goethe
später mied und seine Autorschaft in diesem Fall als Last ansah
(»Hier sekkieren sie mich mit den Übersetzungen meines ›Werthers‹ ⟨. . .⟩ und fragen, welches die beste sei und ob auch alles
wahr sei! Das ist nun ein Unheil, das mich bis nach Indien verfolgen würde«, meldet er aus Rom[131]); im Eröffnungsgedicht der
›Trilogie der Leidenschaft‹ (1827) taucht sein »vielbeweinter
Schatten«[132] wieder auf. Doch nähert er sich freundlich, mit brü-
derlichem Gefühl, längst jenseits der labyrinthischen Leidenschaft, in die Goethes Leben 1823 in Marienbad abermals geraten war. Faust und Werther gehören, jeder auf seine Weise, zu
den »geistige⟨n⟩ Flügelmänner⟨n⟩« der Zeit, die uns, wie es Goethe
über Benvenuto Cellini sagt, »mit heftigen Äußerungen dasjenige
andeuten, was durchaus, obgleich oft nur mit schwachen
unkenntlichen Zügen, in jeden menschlichen Busen eingeschrieben ist«[133]. Gegen sie beide wirkt Wilhelm Meister merkwürdig
temperiert und kommod, Heftigkeit, Übersteigerung, brennendes
Ausleben liegen ihm fern, ein Widerschein von Parzival, nicht von
titanischem Drang beleuchtet sein Wesen. Im Brief an Schiller
nennt ihn Goethe auch anders: »›Wilhelm Schüler‹, der, ich weiß

nicht wie, den Namen ›Meister‹ erwischt hat.«[134] Gerade darin aber ist er zur Leitfigur geworden: in Goethes Leben und Werk, in seiner Epoche und für die neuere deutsche Literatur seither – und sei es auch, wie in Günter Grass' ›Blechtrommel‹, zur negativen Folie, von der man sich abheben möchte.

Drei Jahre, nachdem die ›Leiden des jungen Werthers‹ erschienen sind, hat Goethe mit dem neuen Roman begonnen: »Im Garten dictirt an W. Meister«, lesen wir in einer Tagebuchnotiz am 16. Februar 1777.[135] Das Datum ist bedeutungsvoll, denn wirklich unterscheidet sich der »Urmeister«, nämlich ›Wilhelm Meisters theatralische Sendung‹, dessen sechs Bücher in einer Abschrift erst 1910 wiederentdeckt wurden (Goethe hatte vor der italienischen Reise noch das 7. Buch begonnen, doch ist dieses Bruchstück nicht erhalten geblieben), dadurch von dem späteren Bildungsroman, daß sich sein thematischer Kreis gänzlich in der Sphäre des Theaters vollendet. Sein geistiger Fluchtpunkt ist die Nationaltheaterbewegung der Aufklärung, die in der Genieperiode ebenso enthusiastische Anhänger gefunden hatte wie zuvor schon in der älteren Generation. Als die »Träume eines patriotischen Deutschen«[136] hatte Helferich Peter Sturz seinen ›Brief über das deutsche Theater‹ (1767) bezeichnet, von welchem er nicht weniger erwartete als später Friedrich Schiller in seiner Rede ›Was kann eine gute stehende Schaubühne eigentlich wirken‹ (1784, ›Die Schaubühne als moralische Anstalt betrachtet‹ heißt ihr Titel in der Ausgabe von 1802) – daß sie nämlich zum nationalpädagogischen Institut, zur Schule der praktischen bürgerlichen Weisheit, der Aufklärung und Toleranz und schließlich der nationalen Übereinstimmung würde (»wenn wir es erlebten, eine Nationalbühne zu haben, so würden wir auch eine Nation«[137]).

Bei näherer Betrachtung verbinden sich im Urmeister die Züge einer geniezeitlichen Künstleridolatrie mit dem politischen Motiv, und wenn Wilhelm vom Theater als einer »idealische⟨n⟩ Republik« schwärmt[138], so meint er damit durchaus noch mehr als bloß den Charakter der gebildeten Geselligkeit, auf den die metaphorische Rede der ›Lehrjahre‹ an dieser Stelle zielt: »daß unter guten Menschen die republikanische Form die beste sei«[139], drückt sich Goe-

the nun recht allgemein aus. Auch hatte der Autor der ›Theatralischen Sendung‹ noch die Schauspielgesellschaft vielsagend als
eine Vereinigung von »freie⟨n⟩ Menschen«[140] bezeichnet. Theater
als Institution einer politisch ambitionierten literarischen Öffentlichkeit und Medium der bürgerlichen Meinungsbildung, als Pädagogium fürs Publikum und Modell einer wünschenswerten
Staatsverfassung und schließlich als organon der ästhetischen
Erziehung hin auf ein ganzheitliches Bildungsideal – diese
Gedanken des theatralischen Sendungsbewußtseins sind alle keine
neuen Entdeckungen, doch im frühen Roman mit großer Entschiedenheit zum bildungs- und kulturpolitischen Programm
erhoben. Goethe hat in vollem Umfang nur das letzte auch in den
›Lehrjahren‹ noch zur Geltung gebracht, aber selbst hierbei seinen Stellenwert wesentlich verändert: aus dem Ziel ist die bloße
Etappe in einem Bildungsprozeß geworden, zu dessen Vollendung
noch ganz andere Sphären durchschritten, ganz andere Aufgaben
gemeistert werden müssen und der niemals abgeschlossen ist.
1796 hat Goethe ›Wilhelm Meisters Lehrjahre‹, 1829 die ›Wanderjahre‹ fertiggestellt, deren letzte Bemerkung, »ist fortzusetzen«[141], nicht allein auf die Spruchweisheiten ›Aus Makariens
Archiv‹ bezogen werden müssen und den offenen Schluß dieses
großen Romanwerks mit aller Deutlichkeit pointieren.

Wenn wir Wilhelm erstmals begegnen, erscheint seine Theater-
leidenschaft wie der Vorwand für Gefühle ganz anderer Art, er
wartet auf die Rückkehr der Geliebten aus dem Schauspiele, wo
sie, »als junger Offizier gekleidet, das Publikum entzückte«[142].
Aber das ist nicht der einzige Beweggrund des jungen Kauf-
mannssohnes, wie wir sogleich erfahren, wenn er Mariane von
seinen kindlichen Entzückungen durchs Puppenspiel erzählt und
(es ist schon spät geworden) dabei gar nicht merkt, daß das
Mädchen in seinen Armen immer wieder einschläft. Auf sehr
feine Weise macht uns Goethe klar, daß dem Theater in der
Lebensgeschichte des jungen Mannes eine tiefere Bedeutung und
umfassendere Wirksamkeit zukommt, als es die gegenwärtige
Situation nahelegt. Mißverständnisse dieser Art wird Wilhelm
immer wieder provozieren, wenn er Philine oder Aurelie oder
selbst Mignon als Repräsentanten des Theaters, dem seine

Wesensneigung gilt, auffaßt, nicht als ihn liebende Frauen erkennt. Das Theater bleibt immer, auch wenn es ganz realistische Dimensionen annimmt und von der Wandertruppe über die Hofbühne bis zum stehenden Schauspiel von ihm mit allen Höhen und Tiefen erfahren wird, mit den Träumen seiner Kindheit und Jugend verschwistert. Auf den Brief Werners, der ihm das »Glück des bürgerlichen Lebens«[143] vorzeichnet, antwortet er, obwohl ihm, wie Herkules am Scheidewege, die eine Frau (gemeint ist die berufsbürgerliche Bestimmung) »nicht mehr so kümmerlich aus⟨sieht⟩ wie damals, und die andere nicht so prächtig«[144], antwortet er dennoch im wesentlichen unangefochten, daß es ihm nur mit Hilfe des Theaters glücken könne, »zu jener harmonischen Ausbildung meiner Natur« zu gelangen, die ihm seine Geburt versagt habe.[145] Gerade die Unabhängigkeit von den einengenden, mißformenden, vereinseitigenden Zwängen des bürgerlichen Erwerbslebens erscheint ihm als notwendige Voraussetzung zur Vervollkommnung der Person. Ein kritisches Motiv, das mit der Weimarer Klassik stets verbunden ist und seine theoretisch schärfste Ausformung in dem berühmten sechsten Brief Schillers über die ästhetische Erziehung des Menschen gefunden hat (»Ewig nur an ein einzelnes kleines Bruchstück des Ganzen gefesselt, bildet sich der Mensch selbst nur als Bruchstück aus ⟨...⟩«[146]). »Daß ich Dir's mit *einem* Worte sage«, schreibt Wilhelm an Werner: »mich selbst, ganz wie ich da bin, auszubilden, das war dunkel von Jugend auf mein Wunsch und meine Absicht.« Der Bürger könne sich Verdienste erwerben oder seine geistigen Fähigkeiten entwickeln, eine »personelle Ausbildung« sei (jedenfalls in Deutschland) nur dem Edelmanne möglich. Was er damit meint, erläutert er ausführlich. Persönlichkeit besagt für ihn »öffentliche Person«, die Erscheinungsweise des »freien Anstand⟨s⟩«, die ein angemessenes Verhalten fordert. Ein Mensch mit personeller Ausbildung hat nicht mehr die Wahl, sich so oder anders zu verhalten, mit allem, was er tut, bezahlt er »mit seiner Figur, mit seiner Person«[147]. Bei genauerem Zusehen geben diese Äußerungen allerlei Rätsel auf, denn ersichtlich geht es Wilhelm nicht um seine (modern gesprochen) Selbstverwirklichung als der Entfaltung aller individuellen Eigenarten, und die Objektivität,

das Leben der Gesellschaft, die Bedingungen der Natur werden
nur als Einschränkung und Zwang wahrgenommen. Als eigentliche Bildungsaufgabe ist ihm gegeben, die dem eigenen Charakter
(»ganz wie ich da bin«) würdige und angemessene Person (im
Sinne von Rolle) zu finden, seine subjektiv-individuellen Antriebe
mit den objektiven Rollenmöglichkeiten des sozialen Lebens in
Übereinstimmung zu bringen, auch entgegen den Nachteilen der
Geburt in einer ständisch geordneten Gesellschaft. (An welche sie
übrigens durchaus nicht gebunden sind, und das Problem bleibt
als ein prinzipiell unlösbarer, durch Erziehung nur nachträglich
zu mildernder Widerspruch auch für den modernen Leser viru-
lent.) Persona-Genese und Theater haben im Rollenbegriff einen
gemeinsamen Angelpunkt.[148] Repräsentation und Charakter, Person und psychische Konstitution fallen auch für den Schauspieler
zusammen, wenn er sich die ihm angemessene, wenn er sich *seine*
Rolle aussucht. »Auf den Brettern erscheint der gebildete Mensch
so gut persönlich in seinem Glanz als in den obern Klassen; Geist
und Körper müssen bei jeder Bemühung gleichen Schritt gehen,
und ich werde da so gut sein und scheinen können als irgend
anderswo.«[149] Wir brauchen gar nicht viel zu deuten, so ausdrücklich entwickelt Wilhelm sein Bildungsprogramm immer
wieder aus seinem, wie er zunehmend erkennen muß, freilich
idealisierten Bild vom Theater. Person als die freie Erscheinung
des Charakters: das ist die ihm angemessene Rolle, die einer in
der Lebenswirklichkeit spielt, und ob es ihm gelingt, aus der Vielfalt von Rollenmöglichkeiten, aus dem Repertoire des sozialen
Lebens die mit seinem Charakter übereinstimmende Person herauszufinden, gleichsam experimentell, durch Versuch und Probe,
entscheidet über Glück oder Unglück der Existenz.

Noch bevor Wilhelm diese Gedanken im Brief an Werner
zusammenfaßt, war an herausgehobener Stelle von dieser, die alte
theatrum-mundi-Idee mit neuem Sinn erfüllenden Vergleichung
die Rede gewesen – unter der Beteiligung eines unbekannten
Geistlichen, in dem wir später den Abgesandten der Turmgesellschaft identifizieren werden, welche die Regie-Instanz zu Wilhelms Lebensrollenspiel einnimmt. Die Szenerie stellt eine
gemeinsame Bootsfahrt mit Melinas Schauspielgesellschaft dar.

Zur geselligen Unterhaltung schlägt Laertes ein freies Rollenspiel vor: »Nehme jeder eine Rolle, die seinem Charakter am angemessensten ist, und wir wollen sehen, wie es uns gelingt.«[150] Worauf nach einiger Rede und Gegenrede der Unbekannte einwirft: »Es ist die beste Art, die Menschen aus sich heraus- und durch einen Umweg wieder in sich hineinzuführen.«[151] Wichtigstes Ziel: für das »Naturell«[152] des Schauspielers, Künstlers, ja vielleicht eines »jeden Menschen«[153] den richtigen Rollenausdruck zu finden, mit anderen Worten: die Repräsentation seines Wesens in der Erscheinung, durch Gebärden, Mienen und die ganzen »Bewegungen des Körpers«[154] ebenso wie durch Sprache, Ausdruck und Intonation. Damit ein Mensch wird, was er dem Naturell nach werden soll, bedarf er der Erfahrung vieler Möglichkeiten durch Erziehung, die ihn mit dem Repertoire zur Verwirklichung seiner Anlagen und Fähigkeiten bekannt macht, schließlich ihn in der ihm geziemenden persona-Rolle übt und vervollkommnet.

Den Grundstock des ganzen Konzepts, in dessen epischer Entfaltung die ›Lehrjahre‹ bestehen, bildet die antike persona-Idee, deren Gültigkeit sich bis in die Neuzeit verfolgen läßt[155], doch hat sie Goethe entscheidend modifiziert und mit dem modernen Entwicklungsgedanken verbunden. Denn was ehemals, etwa von Cicero, als ein Endpunkt beschrieben worden war, die Entdeckung und Ausbildung der angemessenen Rolle für den eigenen Charakter-Typus, wird für Goethe zum Durchgangsstadium, zum Moment eines unendlichen Prozesses, das statische Ideal wird gleichsam dynamisiert, zu einem Geschehen ständiger Rollenveränderungen, deren Reihenfolge zu immer höheren Personenidentifikationen führt (die Rolle Hamlets für Wilhelm ist eine solch herausragende, die bisherigen Möglichkeiten überragende Verkörperung seines Naturells – und doch noch lange nicht die letzte). Die Erfahrung mit der jeweiligen Rolle, selbst wenn sie zunächst den inneren Antrieben maßgeschneidert ist, verändert deren Konstitution, ohne daß man sagen kann, man hätte halt nur die falsche erwischt. Ob Wilhelm als Mäzen oder Regisseur, als Theaterdichter, Schauspieldirektor oder schließlich Hamlet-Spieler fungiert, jede dieser Rollen entspricht dem Stand seiner inneren Bildung. Doch eben diese ändert sich mit der Erfahrung,

die in der rollengemäßen Entäußerung der Charakterkonstitution
besteht. Indem sich Wilhelm der Kunstfigur Hamlet angleicht,
wächst er auch schon über sie hinaus, und im selben Maße, wie
er also (ohne die Identität zu verlieren) ein anderer wird, im
Sinne einer neuen Öffnung zur Welt, der Erweiterung aller
Erkenntnisvermögen und des Wissens, bedarf er auch zunehmend
einer neuen, mit dem Stand seiner persona-Genese erneut über-
einstimmenden Rolle. Das ist ein kühner und weit vorausweisen-
der Gedanke, der sich in dieser Konsequenz, mit diesen Distinktionen nirgendwo sonst bei den Zeitgenossen findet und erst von
Hegel zum System erhoben wird. Die stets aufs neue und notwendig sich einstellende Unangemessenheit von Innen und
Außen, Naturell und Person ist der Motor eines unendlichen Bil-
dungsprozesses, der niemals zur Ruhe kommt, durch den Tod nur
abgebrochen oder sogar (die metaphysische Utopie des Schlusses
von ›Faust II‹ oder, in unserem Roman, der Makarien-Gestalt)
nur unterbrochen, akzentuiert wird. Doch was verbürgt die Einheit im Wechsel, die Selbstübereinstimmung bei jedem Rollentausch? Im Roman wird es das »Naturell« genannt und bedeutet
Anlage, Möglichkeit und Potentialität, die individuell verschiedene Invariante der Richtung, in welcher die Person-Möglichkei-
ten sich entfalten und einander ablösen.

Da haben wir nun den Fahrplan von Goethes Bildungsroman,
und welchen Zug auch immer wir durch den Roman verfolgen,
er hält sich daran. Ob die Berufsfiguren, die Wilhelm probiert
(vom Handelsmann bis zum Wundarzt), die Gefühlshaltungen,
die er findet (*ein* Wilhelm liebt Mariane, ein anderer Wilhelm
läßt sich von Philine bezaubern, einen anderen zieht Mignon in
ihren Bann, wieder ein anderer nähert sich der Gräfin, zieht
für Aurelie aus, begegnet Therese oder findet schließlich in Natalie das Traumbild, die Retterin, die Wiedergeborene, die Frau in
allen Frauen wieder), die sozialen Rollenerwartungen, denen er
zu entsprechen sucht (der Geliebte und Freund, der Mentor und
Beschützer, der Junggeselle und der Vater), und die Künstlerfigu-
ren, die er verkörpert (vom kindlichen Puppenspieler zum Regisseur, Theaterdirektor und Hamlet-Darsteller), immer macht die
Erfüllung auch schon den Mangel spürbar, der weitertreibt.

Selbst die Räume, die Wilhelm durchlebt, lösen sich rollenmäßig ab und geben das objektive Korrelat zu seiner Personwerdung, zu dem kontinuierlichen Durchziehen von persona-Reihen wieder. Zuerst Wilhelms Elternhaus, welches – am Anfang noch von der Kultur des Großvaters durchwirkt – das Schöne mit dem Nützlichen verbindet und worin die Kunstsammlung den inneren Geist repräsentiert. Dann die Veränderung dieses Raumes durch den Eingriff des Vaters, seine Umstellung auf Nützlichkeit und Wirtschaftlichkeit, in der für die Kunst kein Platz mehr ist. Demgegenüber Marianes enge Stube, mit dem ganzen Zauber der Theaterwelt und der Geliebten erfüllt. Anschließend nun die Reiseform des Raums, die in die höfische Welt mündet: das ausrangierte, verfallende Schloßgebäude des alten Adels auf der einen, das neue, den oberflächlichen Vergnügungen einer adligen Lebewelt dienende Palais auf der anderen Seite (eine signatura domus, die dem Umbau des väterlichen Hauses entspricht). An Serlos Theater, die Sphäre der Kunst, schließen sich Lotharios Landgut und Thereses Hauswirtschaft an, die Sphäre des praktischen Lebens und der nüchternen Bewährung in Tat und Arbeit; aber beide werden überragt vom Turmbau der geheimen Gesellschaft, dem Monument einer Kulturidee, in welcher sich christlich-religiöser Grund (die ehemalige Kapelle) und aufklärerische Gesinnung (die Freimaurer-Zeremonie), säkularisierte Vorsehung und Erziehungsgedanke verbinden. Schließlich, sehr weit hinaus: der Raum aller Räume, das Grafenschloß, das wir schon aus der Erzählung der schönen Seele kennen, die Wohnung Natalies und Makariens, in welcher Mignons Totenzimmer liegt, dieser Überbau und Zielraum, in dem Wilhelm der großväterlichen Kunstsammlung wiederbegegnet und das er vieldeutig einen Tempel nennt.[156] »Wilhelm konnte sich nicht genug der Gegenstände freuen, die ihn umgaben. ›Welch ein Leben,‹ rief er aus, ›in diesem Saale der Vergangenheit! man könnte ihn ebensogut den Saal der Gegenwart und der Zukunft nennen. So war alles und so wird alles sein! Nichts ist vergänglich, als der eine, der genießt und zuschaut.‹«[157] Die Utopie als Zielraum, auf die alle anderen Räume hin angelegt sind und welche, als Vorschein künftiger Heimat, zugleich alle anderen in sich faßt. Erscheinungsweisen von Wilhelms Lebensraum, wie die verschiedenen persona-Rollen Erscheinungsweisen seiner eingeborenen Lebensbestimmung seines Naturells sind, und erst alle zusammen, die Überblendung von Vergangenheit, Gegenwart und Zukunft ergeben das einmalig Ganze und Authentische der Persönlichkeit, ergeben Wilhelm Meister. Oder mitThereses Worten: »Die Geschichte des Menschen ist sein Charakter.«[158]

Nach diesen Erläuterungen läßt sich auch genauer angeben, worin nun der Zusammenhang aller Stadien besteht und wie es kommt, daß eine imago die nächste gleichsam aus sich hervortreibt und die Räume nicht statisch bleiben, sondern Auszugsräume immerwährender persona-Bildung darstellen. Denn auf das Fremde, Unbekannte, auch Geheimnisvolle reagiert das Subjekt mit Entdeckertrieb und Neugierde, in ihm selber ist als Drang wirksam, was im äußeren Leben die Figuren und Raumformen unaufhaltsam weiterziehen und prozessieren läßt. Am Modell des Kinderspiels führt uns Goethe gleich zu Anfang solch Muster des Lebens vor, und Wilhelm Meister wiederholt auf immer neuen Stufen, in steter Variation die Erfahrung des Kindes. Das geheimnisvolle Geschehen auf der Puppenspielbühne erweckt zunächst Staunen und Ergriffenheit, dann Neugier und Forscherdrang (»Ich verlor mich in tiefes Nachdenken und war nach dieser Entdeckung ruhiger und unruhiger als vorher. Nachdem ich etwas erfahren hatte, kam es mir erst vor, als ob ich gar nichts wisse, und ich hatte recht; denn es fehlte mir der Zusammenhang, und darauf kommt doch eigentlich alles an.«[159]). Die Erfahrung führt zu Kenntnis und Vertrautheit, schließlich zum Wissen um die Mechanik des Puppenspiels, die Funktion der Rollen, des Textes, der Kulissen. Doch bleibt ein Rest, der weitertreibt, weil er sich dem bisherigen Verständnis entzieht, und schon in einem frühen Gedicht hat Wilhelm diese Situation ins allegorische Bild des Herkules am Scheidewege gefaßt, wobei die Dichtkunst als eine »Tochter der Freiheit« auftritt[160], als eine göttliche und unergründliche Leitfigur, die weiterzieht. Der Entzauberung des Puppenspiels kann so die neue Bezauberung durchs Theater folgen, doch kommt der Augenblick, wo auch diese Sphäre in alle Richtungen durchschritten ist und der unbe-

friedigte Rest aus dem Leben selber kommt, dem sie vorausscheint, und an die Stelle des Fascinosums Theater das Abenteuer
im Wirklichen tritt, vermittelt vor allem durch Felix, den Sohn
Wilhelms und Marianens, den Abkömmling des Theaters und der
Bürgerwelt: »Die Kinder waren weggefahren, und Wilhelm wollte
nun seinen förmlichen Abschied vom Theater nehmen, als er
fühlte, daß er schon abgeschieden sei und nur zu gehen
brauchte ⟨...⟩. Der schöne Knabe schwebte wie eine reizende
ungewisse Erscheinung vor seiner Einbildungskraft ⟨...⟩. Therese
war ihm noch viel werter geworden, seitdem er das Kind in ihrer
Gesellschaft dachte. Selbst als Zuschauer im Theater erinnerte er
sich ihrer mit Lächeln; beinahe war er in ihrem Falle, die Vorstellungen machten ihm keine Illusion mehr.«[161] Und so trifft uns
schließlich die Erkenntnis Wilhelms auch nicht mehr unvorbereitet, »daß wirklich der Knabe mehr ihn als er den Knaben
erziehe«[162].

Je intensiver und je öfter man sich mit dem »Wilhelm Meister«
beschäftigt, desto verständlicher wird die Bewunderung, die ihm
die Zeitgenossen entgegenbrachten, von wenigen Ausnahmen
abgesehen wie Herder (»Die Marianen und Philinen, diese ganze
Wirthschaft ist mir verhasst ⟨...⟩«[163]) oder Novalis, der nach
anfänglicher Zustimmung das Prosaische des Romans kritisierte.
Von einer »ungemeinen Simplicität« spricht Schiller[164], und wirklich ist es Goethe gelungen, den Reichtum an biographischen
Motiven und zeitgeschichtlichen Bezügen, die geistige Vielförmig-
keit und gedankliche Komplexität durch eine Art Struktur-Reim
auf klassische Einfachheit zurückzuführen. Handlungs- und Per-
sonenkonzeption, Raumordnung und Bildungsidee, Leitmotivik
und Gefühlsdynamik folgen alle einem einheitlichen Entwick-
lungsgesetz, so daß sie wie Spiegelungen desselben künstlerischen
Gedankens auf verschiedenen übereinandergeblendeten Ebenen
wirken. Geschichte nämlich als das Experimentelle, Versucheri-
sche, als die Häutung von Zuständen, Daseinsweisen und Rollen,
die den Menschen und alle mit ihm verbundenen Verhältnisse
immer mehr der ihm und ihnen schon immer eigenen Zielform
annähert. Zweckgerichtet sind alle Teile des Romans, doch so,
daß sie sich entsprechen, füreinander eintreten können, nicht im

Sinne der zunehmenden Verwirklichung eines vorgesetzten teleologischen Prinzips. Dem entsprechen Machart und Komposition des Romans, der sich trotz des in der Figur Wilhelms liegenden lebensgeschichtlichen Zusammenhangs im wesentlichen episodisch darstellt, und dies noch betonterweise, indem sein Autor auch aus dem gattungsästhetischen Repertoire sich gleichsam die jeweils passenden Gattungsfiguren aussucht: aus dem dramatischen Fach (vom Puppenspielbuch bis zum ›Hamlet‹ und dem Totenoratorium für Mignon), aus der Lyrik (die Lieder Mignons und des Harfners), aus der Novellenkunst (die unerhörten Begebenheiten in Mignons und des Harfners Geschichte, auch die Liebesgeschichte Wilhelms und der Gräfin), aus der autobiographischen Literatur (die fiktive Selbstlebensbeschreibung der schönen Seele), aus der philosophisch-rhetorischen Kunstprosa (die pädagogischen Gespräche, Werners und Wilhelms Briefe). Kein Wunder, daß die Romantik den Roman als Exempel für ihr Universalpoesie-Projekt auffassen konnte, in welchem das Getrennte in einem gleichsam unendlichen ästhetischen Prozeß wiedervereinigt werden sollte.

Noch sehr viel radikaler geschieht das in ›Wilhelm Meisters Wanderjahren‹, die 1807 begonnen und mit langen Unterbrechungen 1829 beendet wurden. Jetzt sehen wir die ästhetischen Errungenschaften der ›Lehrjahre‹ bis an ihre Grenze geführt und sogar darüber hinausgetrieben, ein ganz unzeitgemäßes Unternehmen, das weit in die Zukunft der Romankunst weist und daher von den Zeitgenossen kaum verstanden wurde. Die ›Wanderjahre‹ bestehen aus der locker fortgeführten Rahmenerzählung, die Wilhelms Lebensreise (zunächst zusammen mit Felix) nach dem Gebot der »Gemeinschaft der Entsagenden«[165] verfolgt; einer Reihe von Novellen, Erzählungen und Gedichten, die entweder durch die Personen oder thematisch und symbolisch mit der Rahmenhandlung und ihrer Gedankenführung verbunden sind; schließlich aus reflektierenden Passagen, die sich zur ganzen Aphorismensammlung (›Aus Makariens Archiv‹) ausweiten können. Daß darin ein bewußter Kunstsinn wirkt, nicht etwa formale Nachlässigkeit, verdeutlicht die heitere Ironie, mit welcher der Autor gleichsam augenzwinkernd dem Leser die Spielregeln erklärt. Bevor der Hausfreund und »belehrende Gesellschafter« Makariens aus seinen Lebensmaximen lesen kann, schaltet sich der auktoriale, mit seiner Rolle artistisch spielende Erzähler ein: »Wenn wir aber uns bewogen finden, diesen werten Mann nicht lesen zu lassen, so werden es unsere Gönner wahrscheinlich geneigt aufnehmen ⟨. . .⟩. Unsere Freunde haben einen Roman in die Hand genommen, und wenn dieser hie und da schon mehr als billig didaktisch geworden, so finden wir doch geraten, die Geduld unserer Wohlwollenden nicht noch weiter auf die Probe zu stellen. Die Papiere, die uns vorliegen, gedenken wir an einem andern Ort abdrucken zu lassen und fahren diesmal im Geschichtlichen ohne weiteres fort, da wir selbst ungeduldig sind, das obwaltende Rätsel endlich aufgeklärt zu sehen. Enthalten können wir uns aber doch nicht, ferner einiges zu erwähnen ⟨. . .⟩«[166] Graziös doppelsinnig und widerspruchsvoll hält der Erzähler (natürlich eine Kunstfigur wie die anderen Romanpersonen auch) seine geneigten Leser zum besten. In seiner andeutenden, digressionsreichen Anrede, die auf Einwände reagiert und den Dialog aufnimmt, finden wir die Aufbauform der Romanhandlung im kleinen und sogar zur Lektüreanweisung gewendet wieder. Derart entwickelt Goethe die dem Roman eigene Poetik auch ganz ausdrücklich in den Einreden, die den Erzählfluß unterbrechen, ihn als künstlich-kunstvolles Spiel der dichterischen Einbildungskraft zeigen. Die Kontinuität und Unterbrechung, der Wechsel von Personen und Geschichten, von Reflexion und Darstellung, das Ausprobieren von vielen literarischen Möglichkeiten und die Freiheit eines dauernden ästhetischen Formwechsels machen die › Wanderjahre ‹ zu einem sehr modernen Prosabuch, das fremd und erratisch in seiner Zeit steht, uns größtes Staunen abnötigt und eine Lesehaltung der Aktivität, nicht etwa des passiven Genusses verlangt. Die ständige Brechung von Zeit und Raum, das Hin-und-her-Spiegeln der Bedeutungen zwischen Novelle und Gedicht, Sentenz und Erzählung, Brief und Dialog, gelassener Erzählerrede und konzisem Essay, das Durchbrechen der Zeitenfolge und die Zuspitzung auf den Augenblick der Wahrheit in Gedanke und Erzählung: das alles sind Merkmale einer Romankunst, die wir Heutigen als Errungenschaft des

20. Jahrhunderts zu denken gewohnt sind und deren Kühnheit für die Goethezeit wir kaum noch ermessen können, da uns Stil und Sprache den Roman auf andere Weise verfremden und seiner Entstehungszeit gemäß erscheinen lassen.

Diese Poetik gilt es zu begreifen, wenn man die ›Wanderjahre‹ liest. Empirische Realität wiederzugeben ist zuletzt die Absicht des Romans, auch psychologische Wirklichkeit wird nur zitiert und nicht etwa zum Zweck der Darstellung gemacht. Die ersten Personen, denen Wilhelm und Felix gleich zu Romanbeginn begegnen, vermitteln sofort den deutlichsten Eindruck von den ästhetischen Erfahrungen, die den Leser erwarten. »Auch hatte die Mutter, als er sie näher betrachtete, unter dem blauen Mantel ein rötliches, zart gefärbtes Unterkleid, so daß unser Freund die Flucht nach Ägypten, die er so oft gemalt gesehen, mit Verwunderung hier vor seinen Augen wirklich finden mußte.«[167] Später klärt sich die Übereinstimmung, und Wilhelm findet die an ihm vorübergezogene Gruppe als die Bewohner eines ehemaligen Klostergebäudes wieder, in dessen Saal die Wände mit Gemälden geschmückt sind: »Die Gemälde stellten die Geschichte des heiligen Joseph vor.«[168] Der Gastgeber auf Wilhelms Erstaunen: »Gewiß, Ihr bewundert die Übereinstimmung dieses Gebäudes mit seinen Bewohnern, die Ihr gestern kennenlerntet. Sie ist aber vielleicht noch sonderbarer, als man vermuten sollte: das Gebäude hat eigentlich die Bewohner gemacht. Denn wenn das Leblose lebendig ist, so kann es auch wohl Lebendiges hervorbringen.«[169] Der Gedanke, auf platonische Vorstellungen zurückgehend und in mannigfachen Formen tradiert (um eine solche Angleichung des Bewußtseins zu erreichen, läßt Campanella die Ringmauern seiner Sonnenstadt mit Bildern bedeckt sein, so daß sie ständig auf die Bewohner einzuwirken vermögen), hat für Goethe den Sinn, die Person als Träger eines allgemeinen, sittlichen Gehalts, als Konstitution überindividueller Bestimmungen zu zeigen, die freilich ihren besonderen, einmaligen Ausdruck in der Lebenspraxis gewinnen. Das Leben von Maria und Joseph hat sich in einem dauernden Identifikationsprozeß der überlieferten, legendarischen Geschichte angepaßt und diese dadurch im Vollzug ihres Daseins ausgelegt. Die Lebenspraxis deutet die

Legende als ein weltimmanentes Geschehen, und das ehemalige Kloster als einstiger Ort nach innen gerichteter religiöser Frömmigkeit wird zum Ausgangspunkt nach außen orientierter aktiver Sittlichkeit und Daseinsbewährung: zum Geburtsort der »Weltfrömmigkeit«, wie es der Abbé im Brief an Wilhelm später formuliert, wenn auch in einem etwas anderen Zusammenhang. »Wir wollen der Hausfrömmigkeit das gebührende Lob nicht entziehen: auf ihr gründet sich die Sicherheit des Einzelnen, worauf zuletzt denn auch die Festigkeit und Würde des Ganzen beruhen mag; aber sie reicht nicht mehr hin, wir müssen den Begriff einer Weltfrömmigkeit fassen, unsre redlich menschlichen Gesinnungen in einen praktischen Bezug ins Weite setzen und nicht nur unsre Nächsten fördern, sondern zugleich die ganze Menschheit mitnehmen.«[170] Der Begriff der Weltfrömmigkeit hat nichts mit Kontemplation zu tun, er schließt Tätigkeit und Moral als menschliche Verpflichtung zusammen. Es ist leicht einzusehen, daß Goethe hier die in den ›Lehrjahren‹ begonnene Revision des rein individualistischen Personenbegriffs entschlossen zu Ende führt. Person, das ist die individualisierte, in den besonderen Charakter, das einzigartige Naturell des einzelnen Menschen aufgenommene, in ihm sich darstellende Idee oder das Allgemeine. In diesem Sinne führen uns die ›Wanderjahre‹ meist in Form von Binnenerzählungen und Novellen eine Personengalerie vor Augen, welche die verschiedenen Möglichkeiten der persona-Verkörperung demonstrieren, und man kann sogar eine Stufenleiter aufstellen, deren unterster Rang durch den ›Mann von fünfzig Jahren‹, die Verkörperung der Liebestorheit, oder durch den Typus des Abenteurers in der ›Neuen Melusine‹ eingenommen wird, während die höchste Stufe allein Makarien vorbehalten bleibt, die das Prinzip der persona-Individuation am reinsten, gleichsam idealtypisch darstellt. Zwischen beiden Polen aufgezogen nun die anderen Porträts, Maria und Joseph, Susanne, die in ihrer beruflichen Funktion, im Allgemeinen des sozialen Lebens die Bestimmung findet, oder Julie und Lucinde (»die jüngere, nekkisch, lieblich, unstät, höchst unterhaltend; die andere zu bezeichnen schwer, weil sie in Geradheit und Reinheit dasjenige darstellte, was wir an allen Frauen wünschenswert finden«[171]). Es

sind auch die Pole, zwischen denen Wilhelm und Felix auf ihrer
Lebenswanderschaft unterwegs sind, in ihnen begegnen sie den
eigenen Rollenmöglichkeiten im Leben, nicht als dem Repertoire,
aus dem sie wählen müssen, um dann ein für allemal die richtige
und angemessene zu finden, sondern (gleich den Josephs-Bildern
auf der Klosterwand) als Identifikationsmöglichkeiten, durch die
hindurch sie ihre Entelechie immer reiner hervortreiben: es sind
alle zusammen Durchzugsgestalten auf die immer nur annähernd
erreichbare Vollendung der Person in Makarie hin. »Makarie
befindet sich zu unserm Sonnensystem in einem Verhältnis, welches man auszusprechen kaum wagen darf. Im Geiste, der Seele,
der Einbildungskraft liegt sie, schaut sie es nicht nur, sondern sie
macht gleichsam einen Teil derselben; sie sieht sich in jenen
himmlischen Kreisen mit fortgezogen, aber auf eine ganz eigene
Art; sie wandelt seit ihrer Kindheit um die Sonne, und zwar, wie
nun entdeckt ist, in einer Spirale, sich immer mehr vom Mittelpunkt entfernend und nach den äußeren Regionen hinkrei-
send ⟨. . .⟩. Wie sie heranwuchs, überall hülfreich, unaufhaltsam in
großen und kleinen Diensten, wandelte sie wie ein Engel Gottes
auf Erden, indem ihr geistiges Ganzes sich zwar um die Welt-
sonne, aber nach dem Überweltlichen in stetig zunehmenden
Kreisen bewegte.«[172] Auch hier, am Ende der Wanderjahre und
trotz der ironischen Gelassenheit, in welcher der Erzähler sein
allegorisches Weltgemälde skizziert, wird alles Irdische zum
Gleichnis. Die Parallelen zum zweiten Teil des ›Faust‹ sind
unübersehbar; nicht allein in der ständigen räumlichen und sittlichen Aufwärtsbewegung dem Roman eingeschrieben oder in Ein-
zelmotiven (die Auswanderer-Utopie, Felix' Sturz) erkennbar,
sondern vor allem in der Ausweitung des gesamten geistigen und
ästhetischen Horizonts. Makarie erscheint schließlich als
Medium des Kosmos, ja als dessen menschliche Entsprechungsfi-
gur. Zugleich Weltmutter und Makanthropos, Engel und einge-
borenes Ziel der menschlichen Natur, das in allen Personentfal-
tungen wirkt, ohne jemals mit einer einzigen identisch zu werden,
und das empirische Individuum zum Fragment macht, das immer
nur werden, nie vollendet sein kann, verkörpert sie allegorisch die
höchstmögliche Teilhabe am Ganzen der Natur und auch der

Gesellschaft. So wird ihre aktive Wirkmacht im Roman mehrfach exemplarisch hervorgehoben, etwa, wenn ihr Lebenswirren lösender Rat und Einspruch in der Geschichte des ›Mannes von fünfzig Jahren‹ sowohl dem Vater wie dem Sohn aus der Gefühlsunordnung finden und sie die ihnen würdige, ihnen angemessene Frau erkennen läßt.

Makarie, das ist eine gesteigerte Iphigenie und nun wirklich das Bild der Göttin aus dem Innern des Menschen herausgesetzt und als kosmische Wirkmächtigkeit identifiziert. Insofern sie Natur und Geschichte, Individuum und Gesellschaft als deren höchste Möglichkeit vorausscheint, verkörpert sie das utopische Prinzip des Romans in allen seinen Sphären. Man muß sie daher auch mit jener »innere⟨n⟩ Stimme« in eins setzen, die Wilhelm seinen »eigentlichen Beruf ⟨. . .⟩ erkennen ließ«[173], nämlich Wundarzt zu werden. Jarno, der jetzt in einer anderen Rolle unter dem Namen Montan auftritt, hat ihm die Profession vieldeutig erläutert: »Es sei nichts mehr der Mühe wert, schloß er endlich, zu lernen und zu leisten, als dem Gesunden zu helfen, wenn er durch irgendeinen Zufall verletzt sei: durch einsichtige Behandlung stelle sich die Natur leicht wieder her; die Kranken müsse man den Ärzten überlassen, niemand aber bedürfe eines Wundarztes mehr als der Gesunde.«[174] Metaphorisch schließt Wilhelms Berufswunsch an die heilsgeschichtliche Linie in Goethes Werk an. Die Wunden der Welt zu heilen, darin besteht zuletzt der Sinn aller Lehrjahre und der Inhalt der Lebensmeisterung, zu welcher Wilhelm nur auf Umwegen kommt (der medizinische Instrumentenkasten, mit dem er einst selbst nach seinen Verwundungen behandelt wurde, gilt ihm als »Zeuge des Augenblicks, wo mein Glück begann, zu dem ich erst durch großen Umweg gelangen sollte«[175]). Der Umweg entspricht in der Initiationsmetaphorik der Wanderschaft dem Irrtum im Erkenntnisfortschritt: beide sind nicht Verfehlungen, sondern Mittel zum Zweck, der ohne sie gar nicht erreicht werden kann. »Nicht vor dem Irrtum zu bewahren, ist die Pflicht des Menschenerziehers, sondern den Irrenden zu leiten, ja ihn seinen Irrtum aus vollen Bechern ausschlürfen zu lassen, das ist die Weisheit der Lehrer. Wer seinen Irrtum nur kostet, hält lange damit Haus, er freuet sich dessen

als eines seltenen Glücks; aber wer ihn ganz erschöpft, der muß
ihn kennen lernen, wenn er nicht wahnsinnig ist.«[176]
    Wie weit hinauf Wilhelm Meister mit allen seinen Irrtümern
und auf allen labyrinthischen Umwegen gelangt ist, geht aber aus
Montans Worten hervor, der ihm die messianische Bedeutung der
letzten Berufsrolle vor Augen führt und unvermutet seine Verwandtschaft mit Makarien, die Zugehörigkeit zu ihrer Sphäre
hervortreten läßt. So steht wie am Ende des Faust-Dramas auch
am Ende des ›Wilhelm Meister‹ der Mythos, doch geladen mit
Utopie und Hoffnung. »Willst du dich«, so Montan zum Freund,
»ernstlich dem göttlichsten aller Geschäfte widmen, ohne Wunder
zu heilen und ohne Worte Wunder zu tun, so verwende ich mich
für dich.«[177] Recht eigentlich beginnt erst jetzt das Abenteuer im
Wirklichen, doch so, daß dies auf sein Heil hin verändert werde
– was nichts anderes als immer wieder heißen kann: ist fortzusetzen.

7. Gerettet aus dem »Schiffbruch der Welt«: Hölderlins Hyperion

Kein krasserer Gegenentwurf zum ›Wilhelm Meister‹ scheint
denkbar als Hölderlins einziger Roman, doch ziehen beider Protagonisten wie zwei ungleiche Brüder die gemeinsame Bahn ihrer
Zeit. Wie die ›Lehrjahre‹ im Bildungsgang Wilhelms hin zur
Bewährung im berufsbürgerlichen Leben auch eine Antwort auf
die Französische Revolution geben und dem deutschen Bürgertum (so man denn dem Roman überhaupt eine derart abstrakte
Programmatik entziehen mag) den ökonomischen Weg zur Aufhebung der bisherigen feudalen Machtverhältnisse weisen, so
führt auch Hyperions Geschichte auf ein Ziel weitab von den
revolutionären Zeitereignissen. Romanpläne Hölderlins reichen
zurück bis in seine Tübinger Zeit, 1793 begann er mit der Arbeit
und beendete ein Jahr später den ersten Teil, und Schiller druckte
ihn im November in der ›Neuen Thalia‹ vorab. Doch sollten
noch zwei Jahre bis zur Fertigstellung vergehen, und erst über
den Umweg einer Blankvers-Fassung gewinnt das Buch 1796
seine endgültige Gestalt; 1797 erschien bei Cotta in Tübingen der

erste, 1799 der zweite Band. Es ist, wie schon in der ersten Konzeption, ein Briefroman geworden. Hyperion schreibt an seinen deutschen Freund Bellarmin (›Bel Arminius‹[178]); die Geschehnisse seines Lebens, die er ihm, fortlaufend von Jugend an bis zu seinem jetzigen Geschick und nur unterbrochen durch die Einschaltung der kurzen Korrespondenz mit Diotima, mitteilt, liegen also bereits hinter ihm. Rückblick ist die Perspektive und oft elegisch bis verzweifelt der Ton, selbst die Schilderungen der glücklichen Kindheit, der Liebe zu Diotima heben sich nur ab vom dunklen Grund der Gegenwart, können ihn nicht vergessen machen. Gleich der erste Brief führt uns auch in die Stimmungslage des fiktiven Briefschreibers ein: »Wohl dem Manne, dem ein blühend Vaterland das Herz erfreut und stärkt! Mir ist, als würd ich in den Sumpf geworfen, als schlüge man den Sargdeckel über mir zu, wenn einer an das meinige mich mahnt, und wenn mich einer einen Griechen nennt, so wird mir immer, als schnürt' er mit dem Halsband eines Hundes mir die Kehle zu.«[179] Schon aus diesem kurzen Zitat kann man noch etwas anderes heraushören. Hölderlins Prosa ist hochgestimmt und rhythmisch gegliedert, der erhabene, auch hinreißende Stil ist ihr Ideal, und zum Wechsel bedient sie sich der rührend-erfreuenden Schreibweise, die schmucklos sachliche Berichtsebene begegnet selten. Solche Stilisierung, welche die durchgängig rhythmische Prosa streckenweise in reine Poesie verwandelt, die den Vergleich mit der Lyrik des Autors nicht zu scheuen braucht, scheint verwunderlich angesichts der Hoffnungslosigkeit und Bitterkeit, welche die ganze Sichtweise und Haltung Hyperions bestimmen. Wir können sie getrost schon als das erste Indiz für das die trostlose Lage transzendierende Ferngesicht dieses Romans nehmen.

Bedeutungsvoll und schon an dieser Stelle zu berücksichtigen, denke ich, ist der offene Schluß des Werkes: »Nächstens mehr«, so heißt es da in der letzten Zeile[180], und diese fragmentarische Form des Romans hängt mit seiner innersten Gestalt zusammen. Auch leitmotivisch durchzieht das Thema Hyperions Briefe, dabei zunächst bezogen auf die antiken Torsi. Von den »Steinhaufen des Altertums« ist gleich im ersten die Rede[181], und Diotima wird die Ruinen später als Zeugnisse vergangener Vollkommenheit auslegen, die vor dem inneren Blick des Betrachters zu ihrer ehemaligen Schönheit gelangen können: »›Wer jenen Geist hat‹, sagte Diotima tröstend, ›dem stehet Athen noch, wie ein blühender Fruchtbaum. Der Künstler ergänzt den Torso sich leicht.«[182] Auch in übertragener, auf den Menschen und seine Bildung bezogener Bedeutung gebraucht Hölderlin den Begriff. »Die Spartaner blieben ewig ein Fragment«, heißt es einmal[183], und die Deutschen, zu denen Hyperion nach dem Scheitern aller Hoffnungen und Lebenspläne flüchtet, erscheinen nun insgesamt wie eine Ansammlung von Bruchstücken (»Es ist ein hartes Wort und dennoch sag ich's, weil es Wahrheit ist: ich kann kein Volk mir denken, das zerrißner wäre, wie die Deutschen. Handwerker siehst du, aber keine Menschen, Denker, aber keine Menschen, Priester, aber keine Menschen, Herrn und Knechte, Jungen und gesetzte Leute, aber keine Menschen – ist das nicht, wie ein Schlachtfeld, wo Hände und Arme und alle Glieder zerstückelt untereinanderliegen, indessen das vergoßne Lebensblut im Sande zerrinnt?«[184]); die modernen Griechen freilich haben sich für Hyperion als nicht weniger fragmentarisch erwiesen.

Um aber die Reichweite des Fragmentbegriffs recht zu ermessen, müssen wir ihn im Zusammenhang jener Kunstform sehen, die die romantische Schule zu Ansehen und ästhetischer Geltung gebracht hat; mit den Athenäums-Fragmenten (1798-1800) spätestens hat ihre hohe Zeit begonnen, und sie ist ja heute noch nicht beendet. Das Fragment ist auch für Hölderlin zum bewußten Ausdrucksmittel geworden, ästhetisches Korrelat zu einer prozeßhaft erfahrenen Wirklichkeit, Zeichen einer ewigen Unvollendbarkeit oder wenigstens einer Erfüllung, die aussteht und nur für die Zukunft gedacht werden kann. Der zeitlichen Dimension des Fragmentbegriffs, der ja ein Nicht-mehr- oder Noch-nicht-Vollendetes meint, entspricht bei näherem Zusehen auch die Tempus-Struktur des ganzen Romans. Gegenwart bedeutet für Hyperion sein Eremitendasein in Griechenland, von wo aus er an Bellarmin schreibt und über seine Jugend, die Liebesgeschichte mit Diotima, die Freundschaft mit Alabanda, Teilnahme und Fiasko im griechischen Freiheitskampf, also über die erlebte Vergangenheit berichtet. Die, sofern sie nicht Diotima betrifft (und hier liegt auch der eigentliche Sinn dafür, daß ihre Korrespondenz mit Hyperion nicht in erinnerter Form erscheint, sondern in die Gegenwartsebene des Romans eingeblendet ist, wo sie gleichsam als Brücke zwischen unerfüllter Vergangenheit und Zukunft fungiert), ja wirklich abgelebt und ausgedient ist. Ganz im Gegensatz zu der erinnerten Vergangenheit der griechischen Antike, dem Sehnsuchtsbild Hyperions und seiner Freunde, das, ganz winckelmannisch, mit Gegenwart und Zukunft erfüllt ist. »Daß aber wirklich dies der Fall war bei den Griechen und besonders den Athenern, daß ihre Kunst und ihre Religion die echten Kinder ewiger Schönheit – vollendeter Menschennatur – sind, und nur hervorgehen konnten aus vollendeter Menschennatur, das zeigt sich deutlich, wenn man nur die Gegenstände ihrer heiligen Kunst, und die Religion mit unbefangenem Auge sehn will, womit sie jene Gegenstände liebten und ehrten.«[185] Diese Vergangenheit wird nicht als längst überwundene Vorgeschichte erfahren, sondern als »eine bessere Zeit« und »eine schönere Welt«[186], die dem gegenwärtigen Geschlecht auch vorhergeht im avantgardistischen Sinne, an der Spitze der Zeit. Ihrer Wiederherstellung gilt Hyperions ganze Hoffnung und Wirksamkeit. »Das sind andere Zeiten, das ist kein Ton aus meinem kindischen Jahrhundert, das ist nicht der Boden, wo das Herz des Menschen unter seines Treibers Peitsche keucht«[187], jauchzt er Alabanda entgegen, als der ihm sein Programm verkündet, und meint damit die Zeiten, die hinter und vor ihnen zugleich liegen. Diese Gedanken sind in der Epoche, aus welcher heraus der Roman geschrieben ist, nicht überraschend, allein Hölderlin hat sie mit einer entschlossenen Revision der Zeitenfolge radikalisiert (»Und, wie die Vergangenheit, öffnete sich die Pforte der Zukunft in mir.«[188]) und in den Zusammenhang einer umfassenden, auch das Politische einbegreifenden Utopie gestellt. Ihr Medium ist der Enthusiasmus, sind Jugend und Zeitenwende: »O Regen vom Himmel! o Begeisterung! Du wirst den Frühling der Völker uns wiederbringen. Dich kann der Staat nicht hergebieten ⟨...⟩ – frägst du mich, wann dies sein wird? Dann, wann die Lieblingin der Zeit, die jüngste, schönste Tochter der Zeit, die neue Kirche, hervorgehn wird aus diesen befleckten veralteten Formen ⟨...⟩«[189]

Die Berufung auf die Natur gehört zur Topik solcher Rede, und wenn Hyperion vom »Frühling der Völker« spricht, ist damit weitaus mehr als bloß eine bildliche Umschreibung gemeint. In der unentfremdeten göttlichen Natur, der die Griechen zwar näher waren, die aber fortbesteht und als das objektive Korrelat der Geschichtshoffnung erfahren werden kann, sieht ja Hyperion seine Hoffnungen verbürgt. Schon in einem der ersten Briefe an Bellarmin schildert er daher, wie ihn, den Knaben, sein Lehrer Adamas der Natur geweiht, indem er ihn dem Sonnengott, dessen Namen er trägt, zugeeignet: »Es dämmerte noch, da wir schon oben waren. Jetzt kam er herauf in seiner ewigen Jugend, der alte Sonnengott, zufrieden und mühelos, wie immer, flog der unsterbliche Titan mit seinen tausend eigenen Freuden herauf ⟨...⟩. ›Sei, wie dieser!‹ rief mir Adamas zu, ergriff mich bei der Hand und hielt sie dem Gott entgegen, und mir war, als trügen uns die Morgenwinde mit sich fort ⟨...⟩«[190] Eine Initiationsszene, wie der Aufstieg Albanos zur Terrassenspitze auf der Isola bella in Jean Pauls ›Titan‹, und wie dort begründet sie die Erneuerung der Welt aus der Natur heraus, die, ganz rousseauistisch, den kritischen Maßstab für die Denaturalisierung der menschlichen Gesellschaft und zugleich die objektiv-reale Möglichkeit für ihre Veränderung darstellt. Die Veränderung der menschlichen Natur gleicht dabei einer Art Vorspiel, so daß Diotima sagen kann, »dein Namensbruder, der herrliche Hyperion des Himmels ist in dir.«[191]

Hyperions Bildungsweg, wir haben das schon seinem ersten Brief entnommen, verläuft dann freilich doch ganz anders, als es der hochgemute Anfang nahelegt. In der Liebesgeschichte mit Diotima sieht er zwar seine Sendung noch aufs schönste bestätigt, als Einheit von Liebes- und Schönheitserlebnis, das ihm auch den lebendigen Zugang zu der antiken Zukunft in der Vergangenheit öffnet, so daß ihn Diotima zum »Erzieher unsers Volks«[192] ausrufen kann. Aber dieser Höhepunkt in seinem Lebensgang bezeichnet auch schon die Wende. Dem Aufstieg folgt der Sturz, als aus dem Erzieher unter dem Einfluß Alabandas ein Kämpfer wird, der aber bald erkennen muß, daß die Zeit noch nicht reif und der große Moment ein kleines Geschlecht gefunden hat. Das lebendige Volk, so können wir aus der Sprache des Romans in die historische Wirklichkeit übersetzen, die sein Autor natürlich im Visier hatte, glich in keinem einzigen Zug dem Volk in der Theorie, in den revolutionären Träumen seiner Jugend. »Es ist aus, Diotima! unsre Leute haben geplündert, gemordet, ohne Unterschied ⟨...⟩. In der Tat! es war ein außerordentlich Projekt, durch eine Räuberbande mein Elysium zu pflanzen.«[193] Auf einer anderen historischen Stufe läßt Hölderlin seine Romanfigur die gleiche Erfahrung machen, die in Schillers Erstlingsdrama so historisch vorausschauend vorweggenommen ist. »Das Schicksal stößt mich ins Ungewisse hinaus und ich hab es verdient ⟨...⟩«[194] Vollends deutlich für das Ausmaß der Katastrophe spricht der Umstand, daß Hyperion nun sein Heil nur noch im Krieg sehen kann, den er betrachtet »wie ein Bad, den Staub mir abzuwaschen.«[195] Die Rettung aus dem Inferno gelingt zwar, doch nur, um ihn dem größten Unglück auszusetzen: Diotimas Tod.

Die Schilderung der Seeschlacht, die Hölderlin nach zeitgeschichtlichen Quellen unternahm, mit ihrem dramatischen Höhepunkt, der Verletzung Hyperions und seinem Abtransport in letzter Minute, bevor das Schiff vom Feind gesprengt in die Luft fliegt, ist zwar ein historisches Zitat, aber darin auch die allegorische Deutung eines Lebensschicksals. Man muß die Stelle im Zusammenhang mit der Motivreihe lesen, auf die sie sich bezieht und an deren Ende sie steht. Um nur das ein oder andere Beispiel zu erinnern: den Höhepunkt seiner Liebesseligkeit vor Augen, fällt sich Hyperion verzweiflungsvoll ins Wort:»Ich seh, ich sehe, wie das enden muß. Das Steuer ist in die Woge gefallen, und das Schiff wird, wie an den Füßen ein Kind, ergriffen und an die Felsen geschleudert.«[196] Auch das zertrümmerte Athen erscheint ihm wie »ein unermeßlicher Schiffbruch, wenn die Orkane verstummt sind und die Schiffer entflohn, und der Leichnam der zerschmetterten Flotte unkenntlich auf der Sandbank liegt«[197], und schließlich, in letzter hybrider Steigerung und höchstem Überschwang des Glücks an seiten Diotimas:»Was kümmert mich der Schiffbruch der Welt, ich weiß von nichts, als meiner seligen Insel.«[198]

Das Modell der scheiternden Lebensfahrt, des schreckensvol-

len Untergangs im Schiffbruch der Welt und der Rettung aus
höchster Not – und sei es auch nur einer Rettung zum Eremitendasein, liegt dem ganzen Roman zugrunde und knüpft schließlich
an ein dem 18. Jahrhundert besonders wertes und geläufiges
Bildsystem an. Auf seine eigene, besondere Weise erfährt Hyperion das Schicksal Robinsons und aller anderen scheiternden Fahrensmänner der Epoche, doch erlebt er es nicht primär als persönliche Niederlage oder Vergeltung für Schuld und Verfehlung,
sondern als Opfer. Mitgerissen vom längst schon angekündigten,
längst schon ahnbaren Untergang seiner Welt und gerade in dem
Augenblick (das war auch Hölderlins Revolutionseuphorie), da
eine neue bessere Zeit greifbar nahe schien, sieht Hyperion sich
zum Strandgut geworfen, ausgesetzt in einer allem Göttlichen
entfremdeten Wirklichkeit. Abermals vor Athens Trümmer hingestellt, sieht selbst Diotima (in ihrem letzten Brief) nur noch die
Leere hinter dem Traumbild, das verging, und »daß jetzt die
Toten oben über der Erde gehn und die Lebendigen, die Götter-
menschen drunten sind ⟨. . .⟩«[199]

Doch so verzweiflungsvoll es jetzt scheint, endet der Roman in
Wahrheit nicht. Ist alles mißglückt, bleibt die Sehnsucht nach
einem identischen Leben doch, und die Enttäuschung korrigiert
die Hoffnung zwar, sie widerlegt sie aber nicht. In der Dichtung
überlebt sie und wird an die Zukunft weitergegeben. Das Schöne
– verkörpert in Diotima (»schöngeborenes Leben« nennt Hyperion sie[200]) – bleibt als sinnkräftiges Zeichen des noch fernen,
wieder ferngerückten, doch unnachlaßlich utopisch erhofften
neuen Reichs – selbst über Tod und Zerstörung hinaus: wie
anders soll man sonst Hyperions Überzeugung interpretieren,
Diotima sei ihm nah geblieben? Dichtung, so hatte er schon in
einem Kunstgespräch während seiner Glückszeit gesagt, »ist der
Anfang und das Ende dieser (der philosophischen) Wissenschaft.
Wie Minerva aus Jupiters Haupt, entspringt sie aus der Dichtung
eines unendlichen göttlichen Seins. Und so läuft am End auch
wieder in ihr das Unvereinbare in der geheimnisvollen Quelle der
Dichtung zusammen.«[201] Ein poetologisches Bekenntnis des
Autors und die Vorausdeutung auf das Ende des Romans. Bis
daraus eine Lebensüberzeugung wird, bedarf es allerdings der

Welterfahrung und des Schiffbruchs. Im letzten Brief Hyperions wird dieser große Bogen ausgezogen und durch alle Einzelstationen rekapituliert. »Bellarmin! Ich hatt es nie so ganz erfahren, jenes alte feste Schicksalswort, daß eine neue Seligkeit dem Herzen aufgeht, wenn es aushält und die Mitternacht des Grams durchduldet, und daß, wie Nachtigallgesang im Dunkeln, göttlich erst in tiefem Leid das Lebenslied der Welt uns tönt.«[202] Das steht am Anfang des Berichts, mit welchem Hyperion dem Freunde das Erlebnis von der momenthaften Wiederbegegnung mit Diotimas Geist klarzumachen sucht (»Es war der schönste Mittag, den ich kenne.«[203]), und besiegelt endgültig seine poetische Sendung. Denn man muß den Roman, der mit diesem Schreiben vorläufig abschließt, auch als die damit vorgelegte Probe aufs vorher vielbesprochene Exempel ansehen.

Blickt man von hier aus auf das Ganze des Romans, so tritt der Kontrast zu Goethes Bildungsroman in aller Deutlichkeit hervor. Denn das Ziel von Hyperions Entwicklung besteht zuletzt in einer neuen, notwendigen Bestimmung des Dichterberufs. Seine Lebenserfahrung ist die der Nichtidentität, der unaufhaltsamen Entfremdung von seiner eigenen göttlichen, sonnenhaften Natur, und sie bringt die unstillbare Sehnsucht nach einem identischen Dasein hervor. Dessen Bezugspunkt und Topos kann nicht die moderne, tote, bruchstückhafte, barbarische Welt sein, und der Dichter muß sich von ihr und seiner Zeit abwenden, will er nicht selber Opfer und in den Untergang hineingerissen werden. Er wird zum Eremiten, dessen Leben Exil und Asyl zugleich erfordert und der die verlorene und zukünftige heimatliche Welt in seiner Dichtung aufhebt. In der Utopie des Ästhetischen überlebt sie, ja die Kunst ist der einzige Ort, der ihr geblieben ist. Dieses Programm verbindet Hölderlins Roman mit den Ansichten der romantischen Schule, denn der Bildungsroman wird dann notwendig zum Künstlerroman, wenn nur in der Sphäre des Ästhetischen noch sich menschliche Bildung vollenden kann. Hölderlins ›Hyperion‹, neben den ›Wahlverwandtschaften‹ der am feinsten modellierte und seiner ausgeprägten Form nach kunstvollste Roman der deutschen Literatur seiner Epoche, ist auf jenen »Prinzipien für eine *Geschichte der Menschheit*« aufgebaut[204], die

Hölderlin zusammen mit Hegel und Schelling etwa zeitgleich (1795/96) in dem sogenannten ›Ältesten Systemprogramm des deutschen Idealismus‹ entwickelt hat. Ausgehend von einer grundsätzlichen Kritik an dem »elende⟨n⟩ Menschenwerk von Staat, Verfassung, Regierung, Gesetzgebung«[205], die den freien Menschen immer als Räderwerk und funktional behandeln muß, kommen die Autoren darin zu der Forderung, daß der Staat aufhören muß, wenn jemals »allgemeine Freiheit und Gleichheit der Geister« herrschen soll[206], und daß stattdessen die ästhetischen Verhältnisse auch im sozialen Leben selber zu verwirklichen sind. Bis es soweit ist, wird der Dichter zum Statthalter und die Dichtung zur Schule der Wahrheit und Güte. »Die Poesie bekömmt dadurch eine höhere Würde, sie wird am Ende wieder, was sie am Anfang war – *Lehrerin der Menschheit;* denn es gibt keine Philosophie, keine Geschichte mehr, die Dichtkunst allein wird alle übrigen Wissenschaften und Künste überleben.«[207] Das sind gewiß Gedanken, wie sie auch schon Schiller in seinen Briefen über die ästhetische Erziehung des Menschen auseinandergelegt hat – doch das dazugehörige Exempel als Bildungsroman hat dann ein Außenseiter geschrieben, der in Weimar nicht Fuß fassen konnte und exzentrisch blieb zu dem dort erprobten Modell der Klassik – und der schließlich, gleich seinem Protagonisten, zum Eremiten wurde und Asyl fand im Tübinger Turm. Nicht nur verarbeitete Hölderlin in seinem ›Hyperion‹ eigene lebensgeschichtliche Erschütterungen wie die hoffnungslose Liebe zu Susette Gontard, der Roman liest sich auch wie eine Prophezeiung des seinem Autor da ja noch bevorstehenden Schicksals und verleiht einer modernen These über Hölderlins letzte Lebensjahrzehnte ein weiteres Stück Glaubwürdigkeit: daß nämlich sein Dasein nach 1806 ein gar nicht so unfreiwilliger Rückzug war; eine Selbstexilierung, mit extremen, vielleicht wahnhaften Zügen sicherlich, aber nicht Folge und Zustand geistiger Umnachtung. »Doch uns ist gegeben, / Auf keiner Stätte zu ruhn, / Es schwinden, es fallen / Die leidenden Menschen / Blindlings von einer / Stunde zur andern, / Wie Wasser von Klippe / Zu Klippe geworfen, / Jahr lang ins Ungewisse hinab.«[208] Das ist die letzte Strophe von ›Hyperions Schicksalslied‹.

8. Vom Künstlerroman zum Bildungsroman der Kunst: Wackenroder, Tieck, Brentano, Novalis

»In der Einsamkeit eines klösterlichen Lebens, in der ich nur noch zuweilen dunkel an die entfernte Welt zurückdenke, sind nach und nach folgende Aufsätze entstanden.«[209] So schlicht und unprätentiös dieser Satz daherkommt, er steht am Anfang eines Buches, in welchem die Kunst zur Religion und die Beschäftigung mit ihr zum Gottesdienst erhoben wird. Wilhelm Heinrich Wakkenroders ›Herzensergießungen eines kunstliebenden Klosterbruders‹, 1797 anonym von Ludwig Tieck herausgegeben, der ein Freund des ein Jahr später vierundzwanzigjährig an Nervenfieber gestorbenen Wackenroder war. Tieck hat die Schriften mit eigenen Zusätzen versehen, so mit der Vorrede, aus welcher der Eingangssatz stammt, des weiteren mit dem ›Sehnsucht nach Italien‹ überschriebenen »Blatte« und schließlich mit zwei Briefen (›Ein Brief des jungen florentinischen Malers Antonio an seinen Freund Jacobo in Rom‹ und der ›Brief eines jungen deutschen Malers in Rom an seinen Freund in Nürnberg‹[210]). Dennoch ist es statthaft, das Buch als Einheit zu betrachten. Gemeinsame Diskussionen und Gespräche der Freunde liegen allen Stücken zugrunde; damit entspricht es der Sympoesie-Vorstellung der Romantik, als ein Gemeinschaftswerk, in dem zwar die wichtigsten Teile von Wackenroder stammen, sich aber in vollkommener Übereinstimmung mit den Ansichten des jungen Tieck befinden und selbst stilistische Unterschiede schwer auszumachen sind.

Die ›Herzensergießungen‹ haben einen doppelten Zweck: Manifest und Erprobung einer neuen Kunstauffassung zugleich, proklamieren sie das Kunstwerk zur göttlichen Offenbarung und führen dafür eine Reihe von Exempelgeschichten an. Verbunden damit ist ein Autoritätenwechsel: das Vorbild und ewige Muster der Antike wird ersetzt durch eine andere, ihr freilich als verwandt gedachte Epoche, und zwar handelt es sich zunächst durchaus noch nicht um das Mittelalter, wie es das uns geläufige Romantik-Klischee meist will. Was die Kunst bedeutet und welchen Rang sie einnimmt, wird an Malern wie Raffael, Leonardo, Dürer, Piero di Cosimo oder Michelangelo demonstriert: »So wie

die Epoche des Wiederauflebens der Wissenschaften und der
Gelehrsamkeit die vielumfassendsten, als Menschen merkwürdigsten, und am Geiste kräftigsten gelehrten Männer hervorbrachte;
so ward auch die Periode, da die Kunst der Malerei aus ihrer
lange ruhenden Asche, wie ein Phönix, hervorging, durch die
erhabensten und edelsten Männer in der Kunst bezeichnet.«[211] In
ihre Reihe, eine bedeutsame Wiederentdeckung und Neubewer-
tung, gehört eben auch Albrecht Dürer (»Liegt Rom und
Deutschland nicht auf einer Erde?«[212]), gehört Nürnberg, »die
lebendigwimmelnde Schule der vaterländischen Kunst«[213]. In diesem Zusammenhang gewinnt die Malerei insgesamt eine ganz
neue paradigmatische Bedeutung, das Sichtbare emanzipiert sich
vom Sagbaren, wird zur »Hieroglyphenschrift«[214], »durch welche
der Schöpfer den Menschen vergönnt hat, die himmlischen Dinge
in ganzer Macht, soviel es nämlich ⟨. . .⟩ sterblichen Geschöpfen
möglich ist, zu fassen und zu begreifen«[215]. Dies war die Weise,
mit welcher die romantischen Dichter die Kunst verklärten und
den Künstler zum Auserwählten machten, so daß der Bildungsroman seiner höchsten Bestimmung nach ein Künstlerroman werden mußte. Allein, schon die Kunstfigur des fiktiven Klosterbruders verrät, welch einen Verzicht der Kunstdienst zuletzt fordert,
und wenn wir uns an Hyperion erinnern, wird uns die Lage klar,
aus welcher heraus die romantische Schule ihre hohen Vorstellungen entwickelte. Aus einem gesellschaftlichen und politischen
Außenseiterdasein heraus nämlich, in dem der Freundeskreis, der
Kreis der wenigen Gleichgesinnten den eigentlichen Adressatenbezug darstellt. Eremitendasein und künstlerische Profession
gehören von nun an im Selbstverständnis der Schriftsteller
zusammen, wobei sie durchaus Vorzüge ihrer distanzierten Position entdeckten: als Voraussetzung ihrer Unabhängigkeit, Freiheit
und Unbestechlichkeit, auch als die Bedingung einer klareren und
vorurteilsfreieren Perspektive auf die menschlichen Verhältnisse
ihrer Epoche. Auch diese Entdeckung war nicht neu, und bereits
Schiller hatte davor gewarnt, »von der Wirklichkeit das Muster
zu empfangen, das du ihr geben sollst«, und sich etwa zu früh
und zu vorbehaltlos »in ihre bedenkliche Gesellschaft« zu begeben[216], doch Schriftsteller wie Tieck, Wackenroder oder Novalis

radikalisieren diesen Gedanken, indem sie die Kunst nun ganz aus dem Bannkreis der »irdischen Dinge«[217] zu entrücken suchten, um aus ihr jenen reinen, fleckenlosen Spiegel zu machen, in dem die wahre Bestimmung des Menschen und die Form seines unentfremdeten, mit sich selbst identischen Lebens hervorleuchtet. Eine Hoffnung, die in ihrer maßlosen Überspanntheit allerdings schon desperate Züge trägt.

Sie treten auch in Wackenroders Buch unübersehbar hervor, das nicht nur in seiner Mischung aus Künstlerroman und Anekdote, literarischem Porträt und Essay, Exempel und Bildbeschreibung, Lyrik und Erzählung ein mustergebendes Werk der neuen literarischen Bewegung darstellt, sondern auch auf der Ebene der Motiv- und Stoffgeschichte die meisten späteren Entwicklungen zumindest in nuce schon enthält. Bereits die Wahl der Epoche, der Renaissance, die als die Zeit größter sozialer Wirksamkeit und Anerkennung des Künstlers galt (und daher bis zu Lenbach und Makart immer wieder das Kostüm unzeitgemäßer Ambitionen liefern mußte), ist natürlich Ausdruck von Wunsch, nicht von Wirklichkeit, welche auf andere Weise, nämlich in den ungewöhnlichen, bizarren, irregulären Eigenheiten der künstlerischen Bildung in die romantische Schule Eingang gefunden hat. Durchaus wider Willen, wie Wackenroder an drei Stücken vorführt. Gebannt von den ›Seltsamkeiten des alten Malers Piero di Cosimo‹ und seiner »unruhigen finstern Phantasie«[218], versucht der Autor seine Faszination und die ihr eigentlich entgegenstehende Kunstauffassung in Einklang zu bringen: »Der Künstlergeist soll, wie ich meine, nur ein brauchbares Werkzeug sein, die ganze Natur in sich zu empfangen, und, mit dem Geiste des Menschen beseelt, in schöner Verwandlung wiederzugebären. Ist er aber aus innerem Instinkte, und aus überflüssiger, wilder und üppiger Kraft, ewig für sich in unruhiger Arbeit, so ist er nicht immer ein geschicktes Werkzeug, – vielmehr möchte man dann ihn selber eine Art von Kunstwerk der Schöpfung nennen.«[219] Ganz ähnliche Beobachtungen kann man an dem Kapitel ›Der merkwürdige Tod des zu seiner Zeit weitberühmten alten Malers Francesco Francia‹ machen, der zwar als Folie zur lichtvollen Erscheinung Raffaels, des ewigen Jünglings, dienen soll, doch gewinnen die Gestalten, die »das Haus seiner Seele von Grund aus ⟨. . .⟩ erschüttern«[220], schon eine Selbständigkeit und düstere ästhetische Anziehungskraft, die sich in dem literarisch bedeutendsten Stück des Buches vollendet; ich meine ›Das merkwürdige musikalische Leben des Tonkünstlers Joseph Berglinger‹. Hauptthema dieser, den Roman des problematischen Künstlerlebens bis hin zu Thomas Manns ›Doktor Faustus‹ vorprägenden Erzählung ist die »bittere Mißhelligkeit« zwischen dem »ätherischen Enthusiasmus und dem irdischen Anteil an dem Leben eines jeden Menschen«[221]. Ein Antagonismus, der den Künstlerroman auf die ein oder andere Weise von nun an bestimmen wird, ob mit einer eher positiven Wendung und der Aufwertung der Kunst wie in Tiecks ›Sternbald‹ oder Novalis' ›Heinrich von Ofterdingen‹ oder als Ursache von Hoffnungslosigkeit und Ausgestoßensein wie im Schicksal des Poeten Kreuzgang in den ›Nachtwachen von Bonaventura‹. Berglinger ist ein Verlorener von Anfang an, »bis ins Innerste zerrissen«[222], der sich auch durch die Kunst und die gewaltige Schöpfung eines Oster-Oratoriums »vor seinem zerrissenen Herzen nicht erretten« konnte.[223] Er stirbt an Nervenschwäche »in der Blüte seiner Jahre«[224] – eine denkwürdige Selbstprophezeiung seines Autors, der wenige Jahre nach der Niederschrift dieser Künstlernovelle an ebenderselben Krankheit mit 24 Jahren gestorben ist.

Für Berglingers Lebensgeschichte gibt es Vorbilder, wir finden sie in den übersteigerten Selbstdeutungen der Sturm-und-Drang-Genies (Friedrich Maximilian Klingers ›Der verbannte Göttersohn‹, 1777), doch auch in Wackenroders unmittelbarer Arbeitsumgebung: 1795/96 war Ludwig Tiecks ›Geschichte des Herrn William Lovell‹ erschienen, der Bildungsroman eines Künstlers ohne Kunst (so könnte man ihn nennen), wobei sein Autor das überlieferte Schema umkehrt. William Lovell, eine gefühlsintensive, schwärmerische Natur, der zum »schwermütigen Träumer«[225] tendiert, weil er an der Liebe, dem »poetischen Leiden«[226], erkrankt, wird zwar vom Vater auf eine Bildungsreise durch Frankreich nach Italien geschickt, doch verläuft die Entwicklung in absteigender Linie. Den Plan zu dem Buch habe er schon 1792 gefaßt, erinnert sich der Autor später. »Das Bestreben, in die

Tiefe des menschlichen Gemütes hinab zu steigen, die Enthüllung
der Heuchelei, Weichlichkeit und Lüge, welche Gestalt sie auch
annehmen, die Verachtung des Lebens, die Anklage der menschlichen Natur«, dies seien, fährt er fort, die wichtigsten Beweggründe für ihn gewesen.[227] Auch dabei gewinnt das Theater paradigmatische Funktion, doch nicht als ästhetische Bildungsanstalt,
sondern als allegorisches Deutungsmuster im Sinne des älteren
theatrum-mundi-Gleichnisses. »– Je nun, es ist ja das Spielwerk
des Lebens, daß sich die Menschen *betrügen;* alles ist maskiert,
um die übrige Welt zu hintergehen, wer ohne Maske erscheint,
wird ausgezischt: was ist es denn nun mehr? –«[228] Was hier in
leicht zynischem Ton hingeworfen wird, ist an anderen Stellen im
Roman Grund verzweifelter Klage und eines tiefen Ohnmachts-
und Verbitterungsgefühls. Schon nach der ersten Lektüre fällt ins
Auge, daß es Tieck, entgegen der eigenen Erklärung, erst in zweiter Linie auf eine psychologische Biographie ankommt. William
Lovells Leben ist ganz wie das Werthers eine Krankheit zum
Tode, doch ist er viel mehr ein Spielball äußerer Mächte, als dies
sein unglücklicher Vorgänger war, und erst die Wechselwirkung
von Welt und Charakter führt zum Untergang. Dabei tritt noch
ein anderer uns schon bekannter Bildbereich hervor: »Nirgends
kann man sich festhalten; unsre Welt sieht dann aus wie eine ehemalige Erde, die soeben in der Zertrümmerung begriffen ist –
und wir werden unbemerkt mit verschlungen.«[229] Wiederum die
Erfahrung vom Schiffbruch der Welt, und das Leben, als Maskenspiel von Schein, Lüge und Verblendung, gleicht einem Tanz
während der Katastrophe. Der um 1780 spielende Roman ist von
einer verzweiflungsvollen Krisenerfahrung geprägt, der Erfahrung einer Übergangszeit, eines brüchig und haltlos gewordenen
Daseins, in dem die alten Werte und gesellschaftlichen Ordnungen sich aufzulösen beginnen (der schwache, alte Lovell, ein bie-
derer, gerader, aufrechter Charakter, doch hilflos, ebenso hilflos
wie die treuen Diener) und eine neue, nur auf Kalkül, Nutzen
und ökonomische Herrschaft sich gründende Zeit bereits herauf-
zieht, dabei die alte unaufhaltsam und endgültig auflösend
(Repräsentant im Buch: der alte Burton, Prototyp des Verbre-
chers aus ökonomischer Berechnung). William Lovell und Balder

erfahren und erkennen die Krise und wissen (oder vielmehr erwerben dieses Wissen: darin besteht ihr Bildungsgang), daß es für sie keine Rettung gibt. Der eine flüchtet in den Wahnsinn und wird derart zum Lautsprecher für die Leiden der Zeit; der andere wird zum desperaten Ästheten, verfällt dem Untergangstaumel, einem apokalyptischen Rausch, von dem sich Rosaline und Emilie, Andrea Cosimo und die Comtesse Blainville jede auf ihre Weise anstecken lassen. Selbst Wilmont gibt zum Schluß seinen Widerstand auf (»Es ist mir unbegreiflich, wie das rohe Gefühl der Rache mich so bezaubern konnte, daß er mich nicht rührte. Konnt ich ihm nicht dies ärmliche Leben lassen, da er außer diesem vielleicht nichts besessen hat?«[230]) und bekennt sich als Angehöriger dieser verlorenen Generation, so daß sein Schuß aus der Duellpistole, der William Lovell niederstreckte, auch ihn selber traf.

Eine »Fülle an Neuheit und Poesie«[231] attestierte Clemens Brentano dem Roman, und wirklich erblicken wir darin das Panorama einer großartigen zeitgeschichtlichen Kolportage, in welcher die tiefen sozialen und kulturellen Umbrüche nach 1789 sich in einem kräftigen poetischen Bilderbogen entfalten. Ein Briefroman voll psychologischem Feinsinn in der Darstellung der problematischen, zerrissenen Natur und eben darin eine historische Allegorie, die eine ganze Reihe überlieferter ästhetischer Formen und literarischer Muster ineinanderschachtelt: den Verführungsroman Richardsons und das englische Schauerstück, die Künstlergeschichte und den Bildungsroman, Empfindsamkeit und genialischen Amoralismus. Wobei der scheiternde Held nicht bloß zur tragischen Figur wird, sondern mythische Ausmaße gewinnt: »O Gott, ich bin aus dem Reiche der Schöpfung hinausgeworfen.«[232] William Lovell ist Lucifer, der gefallene Engel, der gescheiterte große Empörer, dessen Sturz gerade von übermenschlicher Würde und Gottähnlichkeit zeugt; eine zentrale Gestalt in der romantischen Mythologie.

Aus ihrem Stamm ist auch eine andere Spiegelfigur frühromantischer Zwiespältigkeit: Brentanos Godwi (›Godwi oder das steinerne Bild der Mutter‹, 1801), der sich wie William Lovell aus einer als mechanisch, leer und dem schnöden Nutzen verfal-

lenen Welt in das erotische Abenteuer und den Rausch der Sinnlichkeit flüchtet, mit dem Willen, aus seinem Leben das erregende
Kunstwerk zu machen, das die prosaische Wirklichkeit ihm verweigert. Er nennt das Leben »eine Freikunst«[233], deren Zweck
»Glück und Genuß«[234] seien. Dem verständigen Freunde Römer
(wir erkennen in ihm eine neue literarische Inkarnation Werners
aus den ›Lehrjahren‹ wieder) verteidigt er seine Lebensauffassung: »Hast du je auf der Mittelstraße die Vortrefflichen gefunden, die nur Revolutionen und Originalität aufstellten?«[235] Und:
»Ich lebe nun einmal in einer Traumwelt, und tue ich nicht recht,
wenn ich darin lebe, wie man es kann?«[236] Seine spätere Entwicklung nimmt dann aber eine überraschende Wendung. Erschüttert
und verwandelt vom Schicksal, Verfall und Tod einer einstmals
verlassenen Geliebten, treffen wir ihn im zweiten Teil als überle-
genen, weise und lebensklug gewordenen Mann wieder, der dem
fiktiven Autor des ersten Teils seiner Lebensgeschichte (Maria)
mit gelassener Ironie begegnet und ihm hilft, in die völlig verworrene, labyrinthisch verrätselte und im ersten Teil als Briefroman präsentierte Geschichte seiner Jugend Ordnung und Zusammenhang zu bringen. Eine reflexive Struktur, wie wir sie schon
aus dem romantischen Drama vor allem Ludwig Tiecks kennen:
der Roman im Roman, ironische Brechung und Spiegelung der
einen Erzählebene in der anderen. Angesichts solcher artistisch-
spielerischen Kunstgriffe könnte man vergessen, daß gerade sie
Zeichen dafür sind, wie sehr viel näher dieser »verwilderte()
Roman« (so sein Untertitel) dem bewunderten Vorbild der ›Lehrjahre‹ steht als Tiecks Jugendwerk. Denn wenn in diesem die Verworrenheit und Krise als Welt- und Seelenzustand nach ihrer
schlimmsten Nachtseite ausgeschöpft wird, so führt in jenem der
Weg des Helden zur Klarheit und zur Meisterung des »Ungeheuren«[237], dem er einstmals zu verfallen drohte. »Er zeigte jene Art
von Ruhe, von der die Erfahrung begleitet wird, und welche die
muntere offene Jugend mit dem Stolze auf ihre wenigen errungenen Begriffe nicht reimen kann, und die ihr daher drückend
wird.«[238]
    Es lohnt sich, unter diesem Gesichtspunkt kurz auf einen zwei
Jahre zuvor erschienenen kleinen Roman zu blicken, der, freilich

aus einem anderen Grunde (des freimütig behandelten Liebes-
Themas wegen), sofort nach Erscheinen Skandal gemacht hatte:
Friedrich Schlegels ›Lucinde‹ (1799). Ein Künstlerroman nur
insofern, als Julius' Menschen- und Künstlerbildung von den
»Lehrjahren der Männlichkeit« bis zur Liebesidylle am Schluß,
vermittelt durch die Schule wechselnder Frauen, auch eine Rei-
fung seiner künstlerischen Lebensauffassung bedeutet und gleich
Brentanos ›Godwi‹ zu einem Ziel »heitrer Ruhe«[239] findet, einem
Lebenskunstwerk, dessen idyllische Züge ein sehnsuchtsvolles
Gegenbild zur erlebten Wirklichkeit ausmachen: »Leicht und
melodisch flossen ihnen die Jahre vorüber, wie ein schöner
Gesang, sie lebten ein gebildetes Leben, auch ihre Umgebung
ward harmonisch und ihr einfaches Glück schien mehr ein selte-
nes Talent als eine sonderbare Gabe des Zufalls.«[240] Die romantische Geselligkeit war dieser Utopie verpflichtet, und punktuell
wenigstens ist sie lebendig geworden: in den Salons der Rahel
Levin oder der Henriette Herz, um nur die wichtigsten zu nennen. Ein universalpoetisches Konzept, das sich auch in der Form
des kleinen Romans widerspiegelt, in dem Erzählung und Essay,
Poesie und Reflexion, Liebesgeschichte und Idylle einander
abwechseln. Gewiß auch eine bewußt spannungsvolle Komposition, doch artistisch ebenso auf einen harmonischen Ausgleich
angelegt, wie es der Bildungsgang von Julius ist. Die ausufernde
Riesengestalt von Brentanos Roman dagegen, der sich immer
wieder in Lyrik auflöst und dessen Konturen sich in Parodie und
Satire, Allegorie und Gespräch mehr verlieren als festigen, wäre
einer solchen Absicht unzugänglich geblieben, Brentano verfolgte
sie mit seinem Buch auch gar nicht: »Es ist wüst, wüst«, schrieb er
an Savigny, »hinten stirbt Maria, und eine satirische Lebensbeschreibung von ihm hat Winckelmann dazu gemacht, in der
Sonette an Sie sind und Parodien auf Gedichte großer Meister als
Leichengedichte.«[241]

Der erste wirkliche Künstlerroman in der umfassenden Bedeutung des Begriffs ist aber Ludwig Tiecks »altdeutsche Geschichte«
(wie der Untertitel lautet): ›Franz Sternbalds Wanderungen‹
(1798). Sehen wir von den ›Herzensergießungen‹ des Freundes
Wackenroder ab (dessen Intentionen in den ›Sternbald‹ eingegan-

gen sind), wurde bislang Kunst als Werk und künstlerische Produktivität zugleich nur nebenbei und insofern thematisiert, als sie für eine ästhetische Gestaltung des ersehnten Lebens bedeutsam werden konnten. Das gilt übrigens auch für einen anderen, weniger belangvollen Roman der Gattung, den ich aber doch wenigstens erwähnen will: ›Florentin‹, von Dorothea Veit, geborene Mendelssohn, 1801 anonym veröffentlicht, doch von Friedrich Schlegel herausgegeben, der damals schon mit seiner späteren Frau zusammenlebte. Neben der Tradition des Bildungsromans ist besonders der Einfluß von Tiecks ›Sternbald‹ bemerkbar: allerdings nicht beim Künstlerthema, sondern in der Figurengestaltung und dem romantischen Reisemotiv. Florentin ist ein Müßiggänger gleich dem Julius der ›Lucinde‹, ein Fremder im bürgerlichen Leben und durch seine geheimnisvolle Herkunft gleichsam ausgezeichnet. Sein Lebensweg soll ihn an die Seite der Revolutionäre im amerikanischen Freiheitskrieg führen, an eine Vollendung seiner Anlagen in künstlerischer Profession hat die Autorin wohl kaum gedacht. Der Handlungsfortschritt ist allerdings nicht mit letzter Sicherheit auszumachen, da nur der erste Band des Romans fertig wurde und später noch aus dem Nachlaß bloß einige Skizzen und Proben veröffentlicht wurden.

Seiner künstlerischen Berufung ist dagegen Sternbalds Wanderweg insgesamt und in allen Einzelheiten verpflichtet, selbst die Nebenabsichten (das Herkunftsrätsel auch dieses Helden oder seine Liebesgeschichten) lenken nicht ab, sondern verstärken es nur. So kommt es, daß die Produktion, das schöpferische Vermögen, die Psychologie des Werkprozesses selber zum Gegenstand der Erzählung werden, ja ihr eigentliches geheimes Zentrum bilden. Schreibt Franz in einem Brief aus Straßburg an seinen Freund Sebastian in Nürnberg über die Wirksamkeit des Kunst-Sinnes: »Auf eine magische Weise ⟨. . .⟩ ist meine Phantasie mit dem Engelsbilde angefüllt, von dem ich Dir schon so oft gesprochen habe. Es ist wunderbar. Die Gestalt, die Blicke, der Zug des Mundes, alles steht deutlich vor mir, und doch wieder nicht deutlich, denn es dämmert dann wie eine ungewisse, vorüberschwebende Erscheinung vor meiner Seele, daß ich es festhalten möchte ⟨. . .⟩. In Straßburg habe ich für einen reichen Mann eine Heilige Familie gemalt. Es war das erstemal, daß ich meinen Kräften in allen Stunden vertraute ⟨. . .⟩. In der Muttergottes habe ich gesucht die Gestalt hineinzuzeichnen, die mein Inneres erleuchtet ⟨. . .⟩. Es war beim Malen derselbe Kampf zwischen Deutlichkeit und Ungewißheit in mir, und darüber ist es mir vielleicht nur gelungen.«[242] Das sind nur einige Sätze aus dieser entscheidenden Passage, die das Produktionsgeschehen als einen unaufhörlichen Prozeß der Verwandlung, der Veränderung und des Wechsels deutlicher und undeutlicher Vorstellungen in der Phantasie sowohl wie in der malerischen Arbeit zeigt, ja diese selber als ein Herausarbeiten der Form aus der Dämmerung und dem Gestaltenwechsel der Phantasie faßt. Wobei sich Erinnerung (das »Engelsbild« der schönen Fremden) und gegenwärtige Empfindung zu einem Wunsch- und Traumbild mit zukünftiger Realität verbinden, denn »dichten« heißt im folgenden Zitat, ganz nach dem Verständnis des 18. Jahrhunderts, das Mögliche vorausentwerfen im Gegensatz zur erinnernden Vorstellung der Vergangenheit: »Sollte die Kunst vielleicht immer so verfahren, um Überirdisch-Unsichtbares sichtbar zu machen? Und, sonderbarer Gedanke, kann ich vielleicht nur dichtend malen, bis ich sie wiederfinde?«[243] Von dieser seiner wichtigsten Seite betrachtet, erscheint nun der ganze Roman selber als die episch-allegorische Entfaltung des Werkprozesses. Wenn Franz in der Hütte des alten Malers ein nächtliches Landschaftsbild mit einem hindurchziehenden Pilgrim entdeckt und kommentiert: »›Man könnte ⟨. . .⟩ dieses Gemälde ein allegorisches nennen‹«, antwortet der Alte bestimmt: »›Alle Kunst ist allegorisch.‹«[244]

Wobei natürlich die Pointe dieser Szene darin liegt, daß sich in eben jenem allegorischen Sinne im Bilde auch der Roman spiegelt und umgekehrt. Die Sphäre des klassischen Bildungsromans ist hier längst verlassen, Sternbalds Charakter macht kaum eine Entwicklung durch, und seine Reise, deren Beschreibung wie eine Rahmenerzählung die vielen Geschichten umgreift, aus denen der Roman (den ›Wanderjahren‹ entsprechend) zusammengesetzt wurde, dieser von Nürnberg über die Niederlande mit der Station bei Lukas van Leyden bis in das Rom Raffaels (der ist – wir schreiben das Jahr 1521 – gerade gestorben) führende Reiseweg verwirklicht im wesentlichen allein seine künstlerische Sendung. Rom sollte durchaus nicht die letzte Station sein, nur bricht das Romanfragment hier ab, allein: alle Zeichen stehen bereits auf Rückkehr nach Nürnberg. Also zum Ausgangspunkt, zur Einsicht, daß alles Reisen umsonst und ein Irrweg war? Wie im romantischen Reiseroman immer, geschieht jedoch auch hier auf den Umwegen gerade das Wichtigste, und niemals waren sie umsonst. Der Freund Castellani wird ganz am Ende des Romans das Programm von Sternbalds Reise als einer Initiationsreise des Künstlers zusammenfassen und auch schon ihr virtuell bleibendes Ziel formulieren: »Castellanis Begriffe von der Kunst waren so erhaben, daß er keinen der lebenden oder gestorbenen Künstler für ein Musterbild, für vollendet wollte gelten lassen. Er belächelte oft Sternbalds Heftigkeit, der ihm Raffael, Buonarotti, oder gar Albrecht Dürer nannte, der sich ungern in Vergleichungen einließ, und meinte, jeder sei für sich der Höchste und Trefflichste. ›Ihr seid noch jung‹, sagte dann sein älterer Freund, ›wenn Ihr weiterkommt, werdet Ihr statt der Künstler die Kunst verehren, und einsehn, wie viel doch einem jeden gebricht.‹«[245] So wird der Bildungsroman des Künstlers zur Allegorie für den Bildungsroman der Kunst, die zwar nie vollendet sein, sich aber der Vollendung in einem unendlichen Prozeß stetig annähern kann und soll. Dabei liegt die wichtigste Voraussetzung darin, die Kunst aus dem sozialen Entfremdungsprozeß herauszulösen, sie von den ihr heterogenen Zwängen des Nutzens und der bloßen Funktion zu befreien: »Ich sage es noch einmal, das wahrhaft Hohe kann und darf nicht nützen; dieses Nützlichsein ist seiner göttlichen Natur ganz fremd, und es fordern, heißt, die Erhabenheit entadeln und zu den gemeinen Bedürfnissen der Menschheit herabwürdigen.«[246] Das Bekenntnis klingt elitär, ist aber durchaus nicht an irgendwelche Standes- oder Bildungsgrenzen gebunden. An der Geschichte des Schmieds, der vom Anwalt des Nutzens selber zum Künstler wird und gerade dabei sein (Liebes-)-Glück macht, demonstriert Tieck die egalitäre Tendenz seiner Kunstanschauung, die niemanden ausschließt, doch eine schroffe Antithese zur modernen bürgerlichen Welt formuliert.

Aber noch aus einem weiteren Grund ist das Buch ein Schlüsselwerk der romantischen Bewegung geworden: es setzt die Ehrenrettung der altdeutschen Kunst fort, die Wackenroder und Tieck in den ›Herzensergießungen‹ ja schon begonnen hatten, allerdings noch völlig ohne Herabsetzung anderer nationaler Kunstentwicklungen. »Bisher scheint mir Dürer der erste Maler der Welt«, schwärmt Sternbald; »aber ich kann es mir vorstellen 〈. . .〉, wie viele Herrlichkeiten in anderen Gebieten glänzen.«[247] Allein, der patriotische Affekt blieb unübermerkbar, und Tieck hat ihn selber sehr viel später, auf diesen Roman zurückblickend, betont: Mir, schreibt er, »galt das Vaterland als Erstes und Höchstes. Sein Leben und seine Kunst, seine alte, einfache und treuherzige Weise, die man verlachte, weil man sie nicht kannte, wollte ich wieder zu Ehren bringen und im ›Sternbald‹ darstellen.«[248]

Diese Stimmung (denn nichts anderes beschreibt Tieck hier) klingt nach in Novalis' ›Heinrich von Ofterdingen‹ (1802), über den der Autor auch an Tieck schrieb, er werde »mancherley Aehnlichkeiten mit dem Sternbald haben«[249]. In seiner respektlosen und mutwilligen Musterung der romantischen Schule hat Heinrich Heine den legendenhaften Hintergrund des Romanfragments mit wenigen Sätzen skizziert: »Heinrich von Ofterdingen, der berühmte Dichter, ist der Held dieses Romans. Wir sehen ihn als Jüngling in Eisenach, dem lieblichen Städtchen, welches am Fuße jener alten Wartburg liegt, wo schon das Größte, aber auch schon das Dümmste geschehen; wo nämlich Luther seine Bibel und einige alberne Deutschtümler den Gendarmeriekodex des Herrn Kamptz verbrannt haben. In dieser Burg ward auch einst jener Sängerkrieg geführt, wo, unter anderen Dichtern, auch Heinrich von Ofterdingen mit Klingsohr von Ungerland den gefährlichen Wettstreit in der Dichtkunst gesungen, den uns die Manessische Sammlung aufbewahrt hat.«[250] Ein idealisiertes, legendäres Hochmittelalter, der historischen Idylle entsprechend, die Novalis in seiner berühmten Rede ›Die Christenheit oder Europa‹ (1799) entworfen hat, bildet demnach den Stoff des Romans, der im ersten Teil als Entwicklungsroman des Poeten und im zweiten, unvollendet gebliebenen, recht eigentlich utopischen Teil die Poetisierung des Lebens und der Welt zum Gegenstand hat. »Das ganze Menschengeschlecht wird am Ende poe-

tisch. / Neue goldne Zeit.«[251] So zwei Stichworte aus Novalis'
Notizen zur Fortsetzung des Buches. Poesie gilt ihm als subjektives Vermögen und objektive Möglichkeit zugleich. »Die Natur
hat Kunstinstinkt – daher ist es Geschwätz, wenn man Natur
und Kunst unterscheiden will«, lautet ein Fragment[252]; ein anderes: »Der Roman ist gleichsam die *freye Geschichte,* gleichsam die
Mythologie der Geschichte.«[253] Der geniale Dichter, der sein
Werk hervorbringt, wird mit dem Schöpfergott, der in Natur
und Geschichte wirkt, in eins gesetzt, künstlerische Kraft, poetische Produktivität und göttliche Zeugungsmacht erscheinen als
verschiedene Inkarnationen eines einheitlichen Wirkvermögens in
allem, was ist, und entgegengesetzt der gewöhnlichen Realität der
Kausalzusammenhänge, der modernen bürgerlichen Gesellschaft
und ihrer Ökonomie.

Die wirkungsvolle Konfrontation steht am Anfang des
Romans und treibt das berühmte Traummärchen von der blauen
Blume erst hervor. Der »einförmige⟨⟩ Takt« der Wanduhr[254]
bedeutet emblematisch die entfremdete Daseinsweise des Menschen, seine Entfernung von der Natur, die im selben Satz mit
dem regellos sausenden Wind vor den »klappernden Fenstern«
vor unsere Augen und Ohren gerufen wird. Es herrscht derselbe
Gegensatz wie zwischen Poesie und prosaischer Realität, Traumwelt und Wachwelt. »So ist mir noch nie zu Muthe gewesen: es ist,
als hätt ich vorhin geträumt, oder ich wäre in eine andere Welt
hinübergeschlummert; denn in der Welt, in der ich sonst lebte,
wer hätte da sich um Blumen bekümmert, und gar von einer so
seltsamen Leidenschaft für eine Blume hab ich damals nie gehört.
Wo eigentlich nur der Fremde herkam? Keiner von uns hat je einen
ähnlichen Menschen gesehn; doch weiß ich nicht, warum nur ich
von seinen Reden so ergriffen worden bin; die andern haben ja
das nämliche gehört, und keinem ist so etwas begegnet.«[255] Das
Hinüberträumen in eine andere Welt, auch als Entdeckung einer
Zufluchtshöhle (im Märchen vom Jüngling und der Königstochter), als Abstieg ins Bergwerk oder gar als Eingehen in die Natur
(im zweiten Teil) gedacht, erscheint als Grundlage und Voraussetzung der poetischen Daseinsweise. In dem Fremden können wir
getrost eine Verkörperung des »göttliche⟨n⟩ Gesandten« sehen, als

welchen Klingsohr den wahren Dichter beschreibt[256], und die Botschaft, die er Heinrich überbringt, wird von dem Jüngling auch verstanden: als Ruf und Berufung nämlich, und der Traum von der blauen Blume ist die poetisch chiffrierte Botschaft, der er folgt. Zunächst auf die Reise nach Augsburg, doch trotz solch geographischer Fixpunkte handelt es sich um einen allegorischen Raum, durch den sie sich bewegt. Ihr Zweck ist leicht auszumachen und besteht darin, Heinrich stets aufs neue und durch neue Erscheinungsweisen jenes Grundwiderspruchs hindurchzuführen, mit dem der Roman beginnt, ob es sich um die nüchterne Verständigkeit der Eltern und die Phantasie des Jungen[257], um die Erfahrungswelt der Kaufleute und Heinrichs Neigung zum Wunderbaren »als dem Elemente der Dichter«[258] oder schließlich um die glückliche und edle »Kunst« des Bergbaus handelt, die sich schroff von ökonomischer Nutzung abgrenzt (»die Natur will nicht der ausschließliche Besitz eines Einzigen seyn. Als Eigenthum verwandelt sie sich in ein böses Gift ⟨...⟩«[259]), immer begegnet Heinrich in diesen Konfrontationen der Entscheidung, und sie tritt als Probe an ihn heran, in welcher er sich und seine Sendung zu bewähren hat: in Standhaftigkeit und Überzeugungskraft. Ob er das Ziel erreicht, können wir nur (allerdings doch mit einigen Gründen) vermuten. Das offene Ende bedeutet nicht Beliebigkeit, so daß alles möglich wäre, sondern gibt die Richtung an, und von dem Fahrplan ist das ganze Buch durchsetzt. Wenn wir von seiner Unabgeschlossenheit reden, dürfen wir nicht nur an die lebensgeschichtlichen Ursachen dafür denken, sondern müssen uns fragen, ob sie nicht in Wahrheit als ästhetische Konsequenz von der geistigen Struktur des ganzen Romans verlangt wird. Auf die ein oder andere Weise, auch wenn sein Autor weiter daran hätte arbeiten können, hätte immer ein Bruchstück dabei herauskommen müssen.

Novalis hat an anderer Stelle ein schönes Bild gefunden, um das Fragment nun auch ins Verhältnis zu *seiner,* das heißt zu seiner ihm allein zukommenden Zeit zu setzen: »Jede künstliche Gestalt, jeder erfundene Charakter hat mehr oder weniger Leben und Ansprüche und Hoffnungen des Lebens. Die Galerien sind Schlafkammern der zukünftigen Welt. – Der Historiker, der Phi-

losoph und der Künstler der zukünftigen Welt ist hier einhei-
misch – er bildet sich hier und er lebt für diese Welt. Wer
unglücklich in der jetzigen Welt ist, wer nicht findet, was er
sucht, der gehe in die Bücher- und Künstlerwelt, in die Natur,
diese ewige Antike und Moderne zugleich, und lebe in dieser
Ecclesia pressa (leidenden Kirche) der bessern Welt ⟨...⟩. Einst
kommt die Zeit, wo jeder Eingeweihte der bessern Welt, wie Pygmalion, seine um sich geschaffene und versammelte Welt mit der
Glorie einer höhern Morgenröte erwachen und seine lange Treue
und Liebe erwidern sieht.«[260] Die eschatologische Perspektive
rückt das Fragment in eine neue Funktionsreihe, es ist nicht mehr
bloß Abdruck der Trennung von Ideal und Wirklichkeit, sondern
Gleichnis eschatologischer Hoffnung und zugleich ihr Unterpfand; ja mehr noch. Kunst und Literatur vergegenwärtigen das
noch ausstehende Heil, die bewußte Ungelungenheit des Fragments ist gleichsam die Hohlform der ausstehenden Gelungenheit. Wie Novalis diesen Gedanken auch verstanden wissen
wollte, hat er selber in einem schönen Gleichnis seines Romans
dargelegt, ich meine des näheren jene Episode, die Heinrich ins
labyrinthische Innere eines böhmischen Bergwerks führt und wo
er von dem dort lebenden Einsiedler ein Buch zur Einsicht erhält.
Es ist zwar in einer ihm unbekannten Sprache geschrieben, enthält aber Illustrationen, auf denen er sich selber und seine vertrauten Mitmenschen entdeckt. Es sind Bilder seiner vergangenen Lebensgeschichte darunter, doch auch solche, die offenbar zukünftige Ereignisse betreffen, zuletzt werden sie immer
undeutlicher. »Die letzten Bilder waren dunkel und unverständlich ⟨...⟩; der Schluß des Buches schien zu fehlen.«[261] Auf seine
Frage erläutert der Einsiedler dem begierigen Leser: »Soviel ich
weiß, ist es ein Roman von den wunderbaren Schicksalen eines
Dichters, worinn die Dichtkunst in ihren mannichfachen Verhältnissen dargestellt und gepriesen wird. Der Schluß fehlt an dieser
Handschrift, die ich aus Jerusalem mitgebracht habe ⟨...⟩«[262] Das
Motiv ist natürlich aufgetragen auf die Legende vom Buch des
Lebens, die Herkunft des Manuskripts erinnert ausdrücklich
daran. Daß es Fragment geblieben ist, macht aber seine eigentliche Bedeutung aus: Heinrichs Leben, das es ergänzen soll und

wird, gehört ja aus seiner Perspektive der zukünftigen Welt an. Novalis' Roman bringt also auch eine Auslegung des romantischen Fragment-Verständnisses: ob es nun mehr als Differenzgestalt von Ideal und Wirklichkeit oder als Antizipationsfigur von Zukunft beleuchtet wird – in der Auffassung vom tätig-offenen Fragment sind beide Bedeutungen geeint. Geht doch auf Heinrich von Ofterdingen von jenem Buchfragment eine anfeuernde, aktivierende, lebensverändernde Wirkung aus, die demonstriert, was der Autor des wirklichen (und ebenfalls Fragment gebliebenen) Romans, Novalis, sich von der Wirkung *seines* Werks erhoffte.

Die utopische Perspektive erweitert sich schließlich in Klingsohrs allegorischer Märchenerzählung zur heilsgeschichtlichen Hoffnung, zur poetischen Prophezeiung von der Erlösung der Welt durch die Poesie, so daß sich alles Getrennte wiederfindet, selbst der Antagonismus von Tod und Leben versöhnt wird und unterm Einfluß Sophiens, der Heiligen der Liebe, die »neue Welt« zur »schönen Wahrheit« wird.[263] Eine abstrakte Utopie, gewiß, die auch manchmal bedenklich die Grenze zu einer poetisch-sentimentalen Erbauungsliteratur streift, ihre Bilder aber dann immer noch rechtzeitig auf die Qualität und Einzigartigkeit ästhetischer Erfahrung (auch ästhetischer Naturerfahrung) zurückbezieht. Sie liefert zuletzt auch den kritischen Maßstab[264] für die Beurteilung der zeitgenössischen Realität und das Unglück des Künstlers in einer Gesellschaft, die seiner nur noch zur Zerstreuung und Verschönerung ihres einförmigen Lebens bedarf. Das Ideal bleibt zwar unerreichbar fern, kann aber dennoch regulativ wirken, weil seine Richtung: das Glück des unentfremdeten Daseins, stimmt. Wobei nun freilich die religiöse Metaphorik (»Gegründet ist das Reich der Ewigkeit, / In Lieb' und Frieden endigt sich der Streit, / Vorüber ging der lange Traum der Schmerzen, /Sophie ist ewig Priesterin der Herzen.«[265]) auch die Unsicherheit verrät, die diese Sehnsucht immer prekär macht: der Glaube soll die Zweifel zerstreuen. Doch Tod und Sterben, die Lemurenwelt und die moderne Welt der instrumentellen Rationalität bleiben dennoch ausdrücklich als Bedrohung stets gegenwärtig und geben dem Roman seinen sichtbaren Trauerrand.

Wenn demnach der romantische Künstlerroman stets auch sein Scheitern mit-thematisierte und dessen Möglichkeit in seiner Fragmentgestalt sichtbar einräumte, blieb es in der Regel doch erst einer späteren Generation vorbehalten, das Desolate, die Vergeblichkeit und Verrücktheit der künstlerischen Existenz als seinen beherrschenden Fluchtpunkt auszulegen. Eine Ausnahme machen die im Jahre 1804 (also lange vor E.T.A. Hoffmanns Erzählungen oder Mörikes ›Maler Nolten‹) anonym erschienenen ›Nachtwachen von Bonaventura‹, dessen Autor man bis in die neueste Zeit, aber mit stets anfechtbaren Argumenten, mal in Jean Paul oder Schelling, Brentano oder Klingemann hat sehen wollen. Ein Buch, in dem sich der beißend satirische Geist aufklärerischer Provenienz mit einer ins Negative verkehrten frühromantischen Künstler-Idolatrie aufs wirkungsvollste verbindet. Es übernimmt auch die Fragmentgestalt aus der romantischen Ästhetik, doch seine vorwärtsdeutende Offenheit verwandelt sich in die Ruinenform der Vergeblichkeit und des Abbruchs aller Hoffnungen. Anfangs- und Schlußsatz dieses bis heute merkwürdigen, ja geheimnisvollen Buches wirken als furchtbare Menetekel. »Die Nachtstunde schlug, ich hüllte mich in meine abenteuerliche Vermummung, nahm die Pike und das Horn zur Hand, ging in die Finsternis hinaus und rief die Stunde ab ⟨...⟩«[266] Was diese nun wahrhaft geschlagen hat, tönt dann vom letzten Satz herüber, nimmt der Introduktion jeden Anschein mondbeglänzter Zaubernacht: »Und der Widerhall im Gebeinhause ruft zum letzten Male – Nichts! –«[267] Apokalyptische Zeit herrscht in diesem düsteren Stundenbuch, und der Dichter ist ein Prophet des Untergangs, ja selber der Rächer und Reiniger, der die falschen Tempel zerstört; der Autor der Nachtwachen pointiert dies Selbstverständnis in sarkastischer Laune, doch gleichwohl ernsthaft: »Bösartig aber werden sie ⟨die Dichter⟩, sobald sie sich erdreisten, ihr Ideal an die Wirklichkeit zu halten, und nun in diese, mit der sie gar nichts zu schaffen haben sollten, zornig hineinschlagen.«[268] Fragmentarisch ist die Form dieses Romans in allen ihren Zügen, eine verfremdende Montage von Künstler- und Schauergeschichten, von Reden und allegorischen Gemälden, Dialog und Satire, die einander nicht geordnet ablösen, sondern

ineinandergeschachtelt jede Kontinuität zerstören, ein Schlachtfeld literarischer Formen und Motive. Das apokalyptische Wesen
gehört zum Fragment, ist nicht zu verwechseln mit den melancholischen memento-mori-Motiven anderer Ruinen- und Stück-
werkbilder der Vergangenheit. In den ›Nachtwachen des Bonaventura‹ wetterleuchtet derart noch der Geist von 1789, nur daß
die Endzeit jetzt total geworden ist und statt allein der Bastille
nun die ganze vorhandene Welt in Trümmern liegt. Freilich
springt aus den Fratzen dieser Weltnacht (die der anonyme
Autor dieses Romans ja in Wahrheit allegorisch bedeuten will)
auch die Angst hervor, daß nach dem großen Scherbengericht
nichts mehr übrigbleibt, so daß es nur den Untergang und nicht
zugleich die Wende zum Heil und zur neuen Erde einleitet. Schon
in den ›Nachtwachen‹ auch versehrt diese Angst die Gewißheit
der Sprache, indem der fiktive Erzähler beteuert, Unzusammen-
hängendes nur unzusammenhängend mitteilen zu können: »Was
gäbe ich doch darum, so recht zusammenhängend und schlecht-
weg erzählen zu können, wie andre ehrliche protestantische Dichter und Zeitschriftsteller«, lautet der ironische Stoßseufzer zu
Beginn der 6. Nachtwache.[269] Und es stimmt: die beiden Handlungsebenen des Buches durchdringen sich ständig, der Nachtwächtergang mit seinen Beobachtungen, Abenteuern und Reflexionen und die Lebensgeschichte des ausgeschiedenen Poeten und
jetzigen Nachtwächters Kreuzgang. Während sich in der einen
das satirische Urmodell des Weltgangs mit seinen Einblicken in
das verborgene Leben der Menschen spiegelt (wir im Geschick
des unglücklichen Stadtpoeten auch schon die vorausscheinende
Abbreviatur der negativen Künstlergeschichte erhalten), finden
wir im Lebenslauf des Nachtwächters Kreuzgang eine gegen den
Strich erzählte Künstlerbiographie, in welcher es nicht um Bildung und Vollendung einer poetischen Sendung, sondern um
Abdankung, Resignation und die immanente Exilierung des
Künstlers in der modernen bürgerlichen Gesellschaft geht.

Das Muster, das der Autor seinem negativen, pessimistischen
Entwicklungsroman unterlegt, erkennt man schnell an den ver-
trauten stehenden Motiven: der Dichter beginnt seine Karriere als
Findelkind an einem Kreuzweg (daher sein Name) – später

erfahren wir, daß er der höllischen Kopulation eines Alchimisten mit einer Zigeunerin im Angesicht des Teufels entstammt –, wird einem Schuhmacher in die Lehre gegeben, wächst jedoch über dies Geschäft hinaus und beginnt zu spekulieren (die der Romantik so wichtige Böhme-Reminiszenz ironisch zitiert), weise und findig über sein Alter hinaus, wird dann aber verkannt und fällt in Bann und Mißachtung, macht eine Periode der Finsternis und Verfolgung mit (Gefängnis, Irrenhaus) und zieht schließlich aus all diesen Zufällen seines Lebens die Konsequenz, sagt der Welt ab und schließt sich als Nachtwächter aus der gewöhnlichen Gesellschaft der Menschen und ihrer Tage aus. Am geöffneten Grabe des Vaters und angesichts seiner scheinbar unversehrt erhalten gebliebenen Gestalt bricht Kreuzgang in die Worte aus: »›Mit dir, alter Alchymist, möchte ich den Weg schon antreten ⟨. . .⟩. Die stürzenden Titanen sind mehr werth, als ein ganzer Erdball voll Heuchler ⟨. . .⟩. Laß uns dem Riesen der zweiten Welt gerüstet entgegengehen; denn nur wenn wir unsere Fahne dort aufpflanzen, sind wir es werth dort zu wohnen!‹«[270] Allein, Emphase und pathetische Haltung werden im nächsten Augenblick zur lächerlichen, hohlen Positur: »Wehe! Was ist das – bist auch du nur eine Maske und betrügst mich? – Ich sehe dich nicht mehr Vater – wo bist du? – Bei der Berührung zerfällt alles in Asche, und nur auf dem Boden liegt noch eine Handvoll Staub ⟨. . .⟩.«[271] Kein Zweifel: wir lesen eine Heldengeschichte als Farce, eine verkehrte Erlösergeschichte, die in Nacht und Grauen führt, in jene Sphäre der Geister, Verbrecher und Larvengestalten, die den Nachtwächtergang unsicher machen, so daß Priesterbetrug, Selbstmord, Nekrophilie zu seinen üblichen Erfahrungen gehören. Eine ganz und gar verkehrte Welt, in der das Laster und die Bosheit herrschen, eine Theaterwelt auch, in welcher Rolle und Maske zu einem Spiel aus Lug und Trug zusammenfinden, und allein das Tollhaus ist noch ein Residuum der Menschlichkeit.

Wer auch immer die ›Nachtwachen von Bonaventura‹ geschrieben hat, es ist ihm gelungen, aus dem überlieferten Modell des Künstlerromans ein außerordentlich modernes Buch zu machen, das auf dem langen Weg von Wackenroders Joseph

Berglinger zu Thomas Manns Dr. Faustus schon sehr weit fortgeschritten ist. Eine Montage aus Sozial- und Geschichtssatire, auch
Elementen des Schelmenromans und der Heldenerzählung, entfaltet es ein breites Panorama von den Nachtseiten der Romantik
und der romantischen Künstlerseele, das sich sogar zu einem allegorischen Weltgedicht in Prosa (einer rhythmischen Prosa
zumeist) ausweitet. Dabei ein höchst sinnreiches Kunstprodukt,
das auch einen neuen Anfang setzt. Der Künstlerroman der
Zukunft, ob es sich um Eichendorffs ›Ahnung und Gegenwart‹
(1815) oder Mörikes ›Maler Nolten‹ (1832) handelt, wird, und
je verschiedene Weise, auf diesem Wege fortfahren und den frühromantischen Künstlerroman aber- und abermals in seinen Idealen und Formen kolportieren, auch immer mehr sich dem
Schauer- (Hoffmanns ›Elixiere des Teufels‹, 1815/16) oder Abenteuerroman (›Ahnung und Gegenwart‹) annähern, während der
authentische Künstlerroman in Verbindung mit der Autobiographie zu neuer Blüte gelangen und in Kellers ›Grünem Heinrich‹
(1854/55) einen neuen Gipfelpunkt erreichen wird.

III. »Die ganze menschliche Gesellschaft mit ihren Wundern und ihren Torheiten«: Knigge, Klinger, Schiller

»In der Satire wird die Wirklichkeit als Mangel dem Ideal als der höchsten Realität gegenübergestellt. Es ist übrigens gar nicht nötig, daß das letztere ausgesprochen werde, wenn der Dichter es nur im Gemüt zu erwecken weiß ⟨...⟩. Die Wirklichkeit ist also hier ein notwendiges Objekt der Abneigung, aber, worauf hier alles ankömmt, diese Abneigung selbst muß wieder notwendig aus dem entgegenstehenden Ideale entspringen.«[1] Die Definition steht in Schillers Essay ›Über naive und sentimentalische Dichtung‹ (1795/96), der Grundlegung des modernen reflektierenden Dichters, und zeigt den Rahmen, in dem sich der Roman der Epoche bewegt, wenn das »moralische Individual-Gemälde« (Wieland)[2] übergeht in die Darstellung der gesellschaftlichen Verfassung des Menschen, in das moralische Sozial-Gemälde. Die Moral verbürgt dabei jene von Schiller geforderte Notwendigkeit, die die Kritik über die individuelle Empörung hinaus legitimiert und ihr allgemeine Verbindlichkeit sichert. Wir dürfen dabei nicht vergessen, daß im zeitgenössischen Verständnis die Moral nicht etwa nur auf das Individuum bezogen wurde, sondern ebenso Gesellschaft und Politik, ja die Weltweisheit selber als in ihr fundiert gedacht wurden. Auch das Ideal der Glückseligkeit als das summum bonum war zuallererst ein moralisches Ideal, und sämtliche Denkkonzepte sind mit ihm verschränkt. In diesem Sinne sieht Wieland, der Autor des ›Goldenen Spiegels‹ (1772), Sittenlehre und Staatsklugheit als Einheit[3], in diesem Sinne ist der Staats- und Gesellschaftsroman der Zeit ein moralischer und nicht, wie es unserem Verständnis nach heißen könnte, ein politischer Roman. Wobei die Distanzierung von jedem ›materielle⟨n⟩ Interesse« (Schiller)[4] gerade die Durchschlagskraft der neuen Ideen zu garantieren hatte. Denn der bloße Widerstreit der sozialen Welt mit den individuellen Neigungen oder den egoistischen Interessen einer einzelnen sozialen Schicht oder Klasse hätte nie-

mals Allgemeingültigkeit begründen können, dieses wichtigste
Kampfmittel des bürgerlichen Gleichheitsstrebens. »Entspringt
nämlich die Rührung aus dem der Wirklichkeit gegenüberstehen-
den Ideale, so verliert sich in der Erhabenheit des letzteren jedes
einengende Gefühl, und die Größe der Idee, von der wir erfüllt
sind, erhebt uns über alle Schranken der Erfahrung.«[5] Ohne
große Schwierigkeit lassen sich ästhetische Erörterungen dieser
Art auf das moralpolitische Konzept hin dechiffrieren, das in
ihnen immer mitgemeint ist, und wenn auch Reflexionshöhe und
Distinktionsvermögen bei den Romanschriftstellern der Zeit
durchaus verschieden ausgebildet sind, also etwa Knigges Schrift
›Über Schriftsteller und Schriftstellerey‹ (1793) mit Schillers
Denkanstrengung nicht verglichen werden darf, gibt es eine
gemeinsame Grundhaltung, die so verschiedene Schriftsteller wie
Wieland oder Klinger, Knigge oder Carl und Henriette Fröhlich
verbinden. Die »moralische Revolution«, auf die Knigge wartete[6],
ist dabei die erste von jenen »ernsthafte⟨n⟩, wichtige⟨n⟩ Wahrheiten«, deren suggestive Propagierung er als Hauptaufgabe des
Romans nennt.[7]

Seit Morus gibt die Methode der schroffen, unversöhnlichen
Kontrastierung von Ideal und Wirklichkeit das Modell des utopischen Staatsromans ab, Knigge hatte sie schon in seiner frühen
›Geschichte Peter Clausens‹ (1783) erfolgreich ausprobiert. Der
Roman besteht aus zwei ziemlich selbständigen Teilen: einer breit
ausgeführten Rahmenerzählung von abenteuerlichem Gepräge, in
welcher wir die Entwicklung des Helden vom törichten Jüngling
zum freien Mann erfahren und dabei vor allem Sittenschilderungen aus allen Bereichen der Gesellschaft vorgeführt bekommen:
vom Militär über die bürgerlichen Berufsstände bis zur Sphäre
des Hofes mit dem korrupten Staatsapparat, dem sittlich ver-
wahrlosten Adel und der Mätressen- und Günstlingswirtschaft.
Die höfische Karriere Peter Clausens ist aber nicht von Dauer,
nachdem er auch endgültig seine in die Pädagogik der Fürstenerziehung gesetzten Hoffnungen betrogen sieht, wird er noch das
Opfer einer schlimmen Intrige und zieht sich vom Hofleben ins
ländlich-natürliche Ruhetal zurück. Nicht aus Resignation, sondern weil unter den noch herrschenden Verhältnissen nur auf

diese Weise (und das ist gut rousseauistisch gedacht) der Bürger sich von den Verderbnissen der alten abgelebten Gesellschaft freihalten kann. Ein Denkmotiv des ganzen Jahrhunderts und darüber hinaus. Nicht auf die Reform der Gesellschaft ist es abgesehen, das macht der andere, in sich abgeschlossene und ins zweite Buch der ›Geschichte Peter Clausens‹ eingelassene Teil des Romans deutlich, der nach Art des utopischen Romans nun die Konstruktion idealer Staatsverhältnisse in Form einer längeren Traumerzählung bringt. Kulminierend in der Beschreibung einer idealen Kolonie, in welcher soziale Gleichheit, Gütergemeinschaft, Gerechtigkeit und Freiheit nach den Prinzipien Rousseaus verwirklicht erscheinen. Ein Gedankenexperiment, in dem noch einmal die Dichotomie der realen Zeitverhältnisse zur gewünschten gesellschaftlichen und staatlichen Verfassung aufgenommen ist und zeigen soll, daß die vernunftgemäße Ordnung des menschlichen Lebens sich auch in einem vernünftigen Organisationsmodell als *Werk* der Vernunft durchsetzen läßt. Daran ist nichts Originelles. Der utopische Staatsroman seit der Renaissance ist nach diesem Muster gebaut, Schnabel hatte es in seiner ›Insel Felsenburg‹ variiert, und Knigge wird auch nicht der letzte sein, der es benutzt. 1792 erscheint in Berlin Carl Fröhlichs Dialogsammlung ›Über den Menschen und seine Verhältnisse‹ (»Des Einzelnen Existenz ist nun nicht mehr seinen eigenen schwachen Händen anvertraut, die ganze Gesellschaft wird Bürge dafür, Glück und Unglück hat seine Kraft verloren, spielt nicht mehr mit dem Schwachen ein leichtes Spiel, das Ganze biethet ihm eine feste Stirn, und der Mensch steht wieder auf seinem Schicksale.«[8]), deren utopisches Programm fast zwei Jahrzehnte später Fröhlichs Frau Henriette in ihrem Amerika-Roman ›Virginia oder die Kolonie von Kentucky‹ ausfabuliert hat; das wohl schon um 1815 begonnene Buch erschien 1820 und handelt in Form eines Briefromans vom Schicksal einer Ansiedlergesellschaft im »Land der Freiheit«[9], der Gründung einer republikanischen Kolonie und der Verwirklichung vollkommener Freiheit und Gleichheit. Bis weit ins 19. Jahrhundert hinein, bis zu den Werken Willkomms, Sealsfields oder Gerstäckers reicht die literarische Tradition, die von Knigge nicht unwesentlich mitgeprägt worden ist.

Am deutlichsten aber wird das wechselseitige Abhängigkeits-
verhältnis von Satire und Utopie in einem anderen, erstmals 1791
anonym erschienenen Roman Knigges: in ›Benjamin Noldmann's
Geschichte der Aufklärung in Abyssinien oder Nachricht von seinem und seines Herrn Vetters Aufenthalte an dem Hofe des großen Negus, oder Priester Johannes‹. Der Titel ist eine Montage
und spielt auf die Sage vom Reich des Priesterkönigs Johannes an
(das einstmals freilich in Indien liegend vorgestellt worden war),
eines irdischen Paradieses von ungeheurem Ausmaß, das lange in
der legendarischen Volksüberlieferung gelebt hat. So erfüllt die
Formulierung gleich mehrfachen Zweck: Täuschung der Zensur,
Signal für den Leser und Zeichen der geistigen Spannweite, die
ihn in diesem Buch erwartet. Utopie und Aufklärung, Abenteuer-
fiktion und politisches Programm. Wie es ja auch sonst durchgängig zu seiner – einer breiten Wirkung verpflichteten –
schriftstellerischen Eigenart gehört, unterrichtet Knigge den
Leser über seine Absichten ziemlich unmißverständlich. Im Vorbericht noch gleichnishaft auf die Beschreibung des »bis jetzt fast
gänzlich unbekannt gewesenen Reichs in Afrika« mit seiner
»höchst merkwürdigen Revolution« bezogen[10], später dann ganz
freimütig und lehrhaft: »Die älteste Geschichte jedes Volks ist
daher, kleine Modifikationen abgerechnet, die Geschichte fast
aller Völker. – Das ist nicht auffallend; aber auffallender ist es
wohl und doch nicht weniger wahr, daß auch die nachfolgenden
Veränderungen, die mit der Kultur und allen moralischen und
politischen Umschaffungen vorgehen ⟨...⟩ in allen Teilen der
Welt nach einem und demselben Systeme herbeigeführt werden.
Indem ich nun eine Skizze von der Geschichte des Königreichs
Abyssinien entwerfe, wünsche ich, daß dies zugleich die
Geschichte des Despotismus überhaupt, in seiner Entstehung, seinem Wachstume und seinen Folgen ist, die ihm früh oder spät
das Grab bereiten.«[11] Das ist ziemlich genau Wielands Programm
aus dem ›Goldnen Spiegel‹, und wie schon dem bewunderten
Vorgänger kommt es Knigge nicht auf die Beschreibung mehr
oder weniger fiktiver Verhältnisse an; Aufklärung und Erkenntnis sind seine wahren Ziele. Der Reisebericht selber, die exotischen Details erlangen niemals Eigengewicht, haben allein, im

Dienste der Erkenntnis, Verfremdungsfunktion: der künstlich hergestellte Abstand läßt den eigentlichen Erkenntnisgegenstand: die heimatlichen Verhältnisse, auch in der Ironie klarer hervortreten. »Und nun, lieber Leser, muß ich Sie, ehe ich dies Kapitel schließe, fragen, ob Sie, bei der Schilderung des Despotismus in Nubien, nicht mit mir Ihr Schicksal gesegnet haben, das sie in Europa hat geboren werden lassen, wo wir dergleichen Tyranneien nicht kennen, wo die Rechte der Menschheit heilig gehalten werden und die echte Philosophie Regenten und Volk über ihre gegenseitigen Pflichten aufgeklärt hat?«[12]

Daß Noldmann mit seiner Aufgabe, die Aufklärung in Abyssinien zu verbreiten, scheitert, daß die sorgsam vorbereitete Bildungsreise des Kronprinzen durchs aufgeklärte Deutschland den gegenteiligen Zweck erreicht und zur Schule des Lasters und der Tyrannei wird, daß schließlich die Revolution in Nubien auch auf das Reich des Negus übergreift und das Regime stürzt, gehört zum Programm der Satire: als kritisches Fernspiegeln und Geschichtskarikatur, worin der Leser unschwer die europäischen Verhältnisse wiedererkannte. Doch der eigentliche Fluchtpunkt der Satire bleibt nicht etwa unausgesprochen: die republikanische Staatsverfassung, welche im fünften Teil des Buches entfaltet und erörtert wird zur Grundlegung eines neuen abyssinischen Reiches. Der ganze Aufwand vorweg geschah nur um ihretwillen, sie ist des Pudels Kern, und kaum hat er sich herausgewickelt, schließt der Autor seine Geschichte ohne viel Umstände ab. »Die zu lange gespannt gewesene Einbildungskraft scheint den Verf. gegen das Ende verlassen zu haben«, vermutet der Rezensent der Allgemeinen deutschen Bibliothek[13], doch zeigt sich darin wohl nur besonders deutlich Knigges Desinteresse an der ganzen romanhaften Verkleidung. Er hat die ›Geschichte der Aufklärung in Abyssinien‹ denn auch in der selbstverfaßten Ordnung seiner Werke unter die »moralischen, philosophischen und politischen Schriften« eingereiht. Was sich darin an Anekdoten, Erfindungen oder historisch-geographischen Realien befindet, verhält sich immer als Exempel zur ausgesprochenen Lehre, ob negativ und in kritischer Absicht oder vorbildhaft und zur Nachahmung empfohlen. Die Romanform selber hat wenig Bedeutung und hängt der Theorie wie ein bunter und etwas schiefer Mantel lose um die Schultern, wird also nicht zum Instrument der kritisch-satirischen Erkundung, zu ihrem wirklichen und unersetzbaren Schauplatz.

In welchem literarischen Werk das nun mit großem Kunstverstand und planmäßig geschieht, ist nicht leicht zu erraten, weil die Literaturgeschichte kaum Kenntnis davon genommen hat. »Ich wagte in den folgenden Bänden, was, so viel mir bekannt ist, kein Schriftsteller vor mir gewagt hat, ich faßte den wenigstens kühnen Entschluß, auf einmal den Plan zu zehn ganz verschiedenen Werken zu entwerfen, und zwar so, daß jedes derselben ein für sich bestehendes Ganzes ausmachte, und sich am Ende doch alle zu einem Hauptzweck vereinigten.«[14] Das dürfen wir nun nicht ganz so wörtlich verstehen, als habe Klinger sich, bevor er mit dem ersten Stück der Reihe, ›Fausts Leben, Thaten und Höllenfahrt‹ (1791), begann, einen Plan des ganzen zehnbändigen Romanwerks erarbeitet. Der Gesamtbau entstand vielmehr nach und nach, doch freilich in der Art, wie sich eine Idee entfaltet, und insofern ist die Selbsteinschätzung nicht unbegründet. Daß der Faust-Roman nicht allein stehen, sondern durch zwei Seitenstücke ergänzt werden sollte, stand von vornherein fest, und der Autor hat auch später immer wieder das frühere Werk als Inspirationsquelle genutzt, darin nicht gelöste Fragen erneut aufgegriffen und auch motiv- und stoffgeschichtliche Grundlagen fortgeführt. In seinen während jener Zeit geschriebenen Briefen hat er sich parallel zur Produktion der Romane immer wieder ihres gedanklichen Zusammenhangs vergewissert und etwa bei der Arbeit an der ›Geschichte eines Teutschen der neuesten Zeit‹ (1796/98) seinem Verleger mitgeteilt, »am großen Gang und durch den Schluß werden Sie sehen, daß es mit den ersten fünf Werken wieder verbunden ist ⟨...⟩«[15]. Ein Grundgedanke existierte zweifellos, den Menschen in seinen sozialen und moralischen Verhältnissen möglichst umfassend darzustellen, woraus sich nun bei der zwischen Rousseau und Kant wechselnden Denkart des Verfassers eine Konzeption ergeben mußte, nicht widerspruchsfrei, doch mit engem Bezug der Teile aufeinander. Eine Stringenz, die auch von der Entstehungszeit begünstigt wurde: dieses in Anlage und Ausführung ganz singuläre und bedeutende Außenseiterwerk der deutschen Literatur ist in nur etwa zehn Jahren entstanden, wobei die Romane gar bloß den Zeitraum zwischen 1791 (›Faust‹) und 1798 (›Der Weltmann und der Dichter‹) umfassen. Der als Autobiographie geplante Schlußstein (»welches aus meinem Innersten entwickeln sollte, wie ich nach und nach, durch die Wirkung der Welterscheinungen, auf mich, zu diesen Ansichten gekommen sey ⟨...⟩«[16]), ist dann in den ›Betrachtungen und Gedanken über verschiedene Gegenstände der Welt und der Literatur‹ (1803/05) aufgehoben, einem Aphorismenwerk, ganz anders als das Lichtenbergs oder der Romantiker und eher in der Tradition der französischen Moralisten stehend, aber fast jedem Vergleich standhaltend.

»Diese so sehr verschiedenen Werke sollten meine aus Erfahrung und Nachdenken entsprungne Denkungsart über die natürlichen und erkünstelten Verhältnisse des Menschen enthalten, dessen ganzes moralisches Daseyn umfassen und alle wichtigen Seiten desselben berühren. Gesellschaft, Regierung, Religion, Wissenschaften, hoher idealischer Sinn, die süßen Träume einer andern Welt, die schimmernde Hoffnung auf reineres Daseyn über dieser Erde sollten in ihrem Werthe und Unwerthe, in ihrer richtigen Anwendung und ihrem Mißbrauche aus den aufgestellten Gemälden hervortreten, die natürlich eben so vielseitig werden mußten, als sie sich uns in der moralischen Welt, durch ihren schneidenden Kontrast auffallend darstellen.«[17] Man kann schon aus diesen allgemeinen Thesen schließen, mit welchem Hauptmittel Klinger seine Absicht zu verwirklichen gedenkt, den »schneidenden Kontrast« gehörig zur Geltung zu bringen: es ist die Satire, und er hat sich auch mehrfach zu ihr geäußert, sie eine (darin Schiller folgend) »aus wahrer moralischer Energie entsprungene Indignation über Thorheiten und Laster« genannt[18], ihr Fehlen in der deutschen Literatur beklagt und die satirischen Schriftsteller als die eigentlichen »Geschichtschreiber der Sitten ihrer Zeit« gerühmt[19]. All das betrifft auch den Faust-Roman, den der Autor dem einstigen und inzwischen versöhnten Freunde Goethe in Weimar zwar als »Kampfplatz« beschreibt, auf welchem sich »ein kraftvoller Geist, durch das ihn empörende aufge-

regt, aus innerm Grimm schlägt«[20], in welchem das genialisch-
faustische Streben aber nur Anlaß und Beweggrund eines grellen
satirischen Bilderbogens abgibt. Unbefriedigt ist auch Klingers
Faust, sein Verlangen zielt auf persönliches Glück und das Glück
der Menschheit, durch die von ihm soeben erfundene Buchdruk-
kerkunst (hier hat Johann Fust, der Geselle Gutenbergs, Pate
gestanden) hofft er beides zu erringen. Enttäuscht und betrogen
um jeden Gewinn, fordert er, entgegen den Warnungen seines
guten Genius, die Mächte der Hölle heraus (»Ich hab' es lange
genug mit den Menschen und allem dem, was sie ersonnen, versucht; sie haben mich in Staub getreten, Schatten habe ich für
Wahrheit ergriffen, laß mich's nun mit dem Teufel versuchen!«[21]),
worauf ihm vom Satan Leviathan zur Seite gegeben wird. Nachdem dieser Geselle als ein dem Dunkel und der Falschheit ver-
schworener Geist Fausts Erkenntnisdurst nicht stillen helfen
kann, bedient sich Faust seiner Hilfe zu gröberem Zweck, nämlich um die Welt kennenzulernen. Schließlich überzeugt von ihrer
Schlechtigkeit und Verderbnis, faßt er den hybriden Entschluß,
die Welt zum Besseren zu verändern, die Schurken zu bestrafen
und die Guten vorm Unterliegen zu bewahren. Doch am Ende
muß er einsehen, daß auch seine besten Veranstaltungen nur
Unheil bewirkt haben, und fährt, längst schon ein echter Höllen-
gesell, zu den Seinen in die Unterwelt hinab. So die Rahmenhandlung, die die kritischen bis grotesken Sittenschilderungen motiviert,
auf die es der Autor eigentlich abgesehen hat. Die Fahrt geht von
Deutschland durch die Welt, wir erfahren von mißhandelten
Bauern und geschändeten Nonnen, von Bestechlichkeit und Völ-
lerei, Unterdrückung und Verrat, der ganze Lasterkatalog, wie er
seit Jahrhunderten die Narrenliteratur und Moral-Lehren dominiert, präsentiert sich in grellen Szenen von karikaturistischer
Einfachheit und Übertreibung. (»Der Teufel war beständig auf
der Seite des Papsts und Faust war von der Lukretia unzertrennlich. Jeder überließ sich in Ostia dem Zuge seiner thierischen
Natur und man beging in den wenigen Tagen Ausschweifungen,
wobei ein Tiber und Nero noch etwas hätte lernen können.«[22])
    Sehr viel mehr als mit dem Goetheschen Dr. Faust und seinem
Mephisto hat Klingers Buchdrucker und sein Leviathan mit Don

Cleophas und Asmodeus in Lesages ›Hinkendem Teufel‹ zu tun. Das Reisemotiv hatte schon im spanischen Schelmenroman den Zweck, einen als Beobachter und Opfer der gezeigten Verhältnisse fungierenden Helden durch die verschiedensten Bezirke des Lebens hindurchzuführen und in diesem Wechselspiel eine Reihe von kritischen Sittenbildern zu entfalten, die die eigentliche Wirkungsintention enthielten. Lesage hat dem liederlichen Studenten Cleophas den Teufel zum Gefährten gegeben, der vor den staunenden Augen seines Begleiters nächtens die Dächer von Madrid abdeckt, so daß sich das ganze geheime Leben des Lasters und der Torheit, der Ausschweifung und des Verbrechens in seinen so verabscheuungswürdigen wie lächerlichen Zügen dem Auge darbot. Derart zieht auch Klingers Leviathan für Faust gleichsam die Decke des privaten und öffentlichen, des beruflichen und politischen Lebens weg, um die wahren sittlichen Verhältnisse aufzudecken, so daß die einzelnen Abenteuer in mehr oder weniger geschlossener episodischer, ja novellistischer Form dargeboten werden. Unbeschadet einer gewissen Nähe zur Dramenstruktur (Klinger liebt auch in seinen Romanen die Einteilung in fünf Buch-Akte, und die Handlung löst sich über weite Strecken in dramatische Dialoge auf), herrscht das Prinzip der Reihung von Szenen und Episoden, die zwar auf eine gewisse Steigerung hin angelegt sind, aber im wesentlichen in der stadienweisen Entwicklung eines von Anfang an feststehenden Reiseprogramms aufgehen. Im Falle des Faust-Romans wird es von Satan als Auftrag an seinen Liebling Leviathan in dem hinreißenden Höllengespräch zu Beginn formuliert: »Dich, den geschmeidigsten Verführer, den grimmigsten Hasser des Menschengeschlechts fordre ich auf, hinaufzufahren und mir die Seele dieses Kühnen durch deine gefährlichen Dienste zu erkaufen ⟨. . .⟩. Senge durch das üppige Feuer der Wollust die edlen Gefühle seiner Jugend aus seinem Herzen ⟨. . .⟩. Er sehe Böses aus Gutem entspringen; das Laster gekrönt, Gerechtigkeit und Unschuld mit Füßen getreten ⟨. . .⟩. Führe ihn durch die wilden und scheußlichen Scenen des menschlichen Lebens ⟨. . .⟩. Und wenn er dann abgerissen steht von allen natürlichen und himmlischen Verhältnissen, zweifelnd an der edlen Bestimmung seines Geschlechts, der Sinn der Wollust und des Genusses in ihm verdampft ist, er sich an nichts mehr halten kann und der innere Wurm erwacht, so zergliedere ihm mit höllischer Bitterkeit die Folgen seiner Thaten, Handlungen und seines Wahnsinns und entfalte ihm die ganze Verkettung derselben bis auf künftige Geschlechter. Ergreift ihn dann die Verzweiflung, so schleudere ihn herunter und kehre siegreich in die Hölle zurück.«[23]

Die Erfüllung dieses Auftrags, sieht man näher hin, kann freilich wenig Befriedigung bieten, denn Faust hat alles getan, um ihm in die Hände zu arbeiten. Tatsächlich diente er Klinger ja auch vor allem zu dem Zwecke, seine satirischen Sittenschilderungen zu motivieren. Es lag aber noch mehr darin an epischen Möglichkeiten verborgen, die sich entwickeln ließen, wenn die Seele wirklich zum Widerstand bereit und zum Schauplatz eines moralischen Kampfes werden könnte. Was wäre gewesen, wenn Faust sich allen Versuchungen zum Trotz, allen Vereitelungen entgegen zum »Werkmeister der sogenannten moralischen Welt«[24] bekannt, wenn er sich wirklich entschlossen hätte, »durch seine Thaten und sein Würken den schönen Gang der moralischen Welt ⟨zu⟩ befördern und stöhren«, je nachdem das »in ihn gelegte Streben« und sein »freier Wille« zusammenwirkten?[25] Dieser Frage geht Klinger in den nun folgenden Romanen nach, und mehr und mehr wird ihm die Romanform dabei zum Experimentierfeld für das moralische Vermögen des Menschen unter den Bedingungen der modernen Welt. Er nimmt den Stoff dafür, wo er ihn findet, aus Märchen, Legende, historischem Leben. Die Satire bleibt auch nicht die einzige Form der Darstellung, oder vielmehr erweist sie sich nur als eine Spielart von Klingers besonderer, übergeordneter Kunstabsicht, der Konfrontation von Ideal und typisierter Realität. »Der idealisierende Dichter und der Satyriker nehmen sich beide vor, uns den Menschen zu malen. Der eine taucht seinen Pinsel in den ätherischen Glanz ⟨...⟩, der andere taucht ihn in stinkenden Morast. Wäre es möglich, die beiden ganz widerstrebenden Stoffe gehörig zu mischen ⟨...⟩, so möchte vielleicht das wahre Gemälde des Menschen über der Stafelei erscheinen.«[26]

In den beiden folgenden Romanen, ›Geschichte Raphaels de

Aquillas‹ (1793) und ›Geschichte Giafars des Barmeciden‹ (1792 und 1794), die nebeneinander entstanden (nach dem ersten Band des ›Giafar‹ schrieb er zunächst den ›Raphael‹), hat Klinger sich allen anderen voran der Mittel des idealisierenden Dichters bedient. Raphael und Giafar sind, anders als Faust, beide in sich gefestigte, durch sorgfältige Erziehung und Bildung entwickelte Idealhelden, der eine ein Idealist des Herzens, der andere einer der Vernunft. In beiden Fällen hat der Autor historische Quellen benutzt, um daraus die große Lebensprobe für seine Protagonisten zu machen. Einmal das Spanien der Inquisition und des die maurische Bevölkerung heimatlos machenden Austreibungs-Edikts, das andere Mal die arabische Kalifengeschichte, der Konflikt zwischen Harun und den Angehörigen der aus persischem Herrschergeschlecht stammenden Barmecidenfamilie. Auch die Ausgangspunkte sind vergleichbar, und in der Karriere beider Helden gibt es weiterhin viele Parallelen und thematische Berührungen. Raphael, auf dem Lande, weitab von Hof und Residenz aufgewachsen, ist Rousseaus Ideal abgemalt, natürlich und unverdorben. Giafar wurde zwar in Bagdad erzogen, doch nach der Ermordung seines Vaters durch den alten Kalifen Hadi hat er sich in die Wildnis zurückgezogen. Beide Helden werden schließlich durch äußeren Anlaß bewogen, ihrem natürlichen Asyl den Rücken zu kehren, Funktionen in der Hauptstadt zu übernehmen, eine unglückbringende Heirat einzugehen und darauf eine Menge von Abenteuern und Prüfungen über sich ergehen zu lassen, bis sie schließlich, trotz aller Anfechtungen und Versuchungen standhaft und treu dem moralischen Gesetz geblieben, unter dem sie angetreten, ihre Familie vernichtet sehen und selber Opfer eines grausamen Todes werden. Diese Heldenfigur ist ein stehender Typus in Klingers Romanwerk geworden. Abdallah im ›Faust der Morgenländer‹ (1796) gehört dazu, der so lange irrt und in Verzweiflung stürzt, bis er sein Schicksal aus dem »eigenen Herzen«[27] entschieden, der Welt und allen Auszeichnungen abgesagt und mit der Tochter eines Fischers ein Leben auf dem Lande zu führen entschlossen ist. Auch Ernst von Falkenburg in der ›Geschichte eines Teutschen der neuesten Zeit‹ (1796/98) ist hier zu nennen, der das Schema des Lebenslaufs mit Raphael ziemlich weitgehend gemeinsam hat, wie dieser durch das schlimmste Unglück auf die Höhe seiner moralischen Kraft geführt wird. Zuletzt ist noch der Dichter in dem nun völlig als Dialog-Roman nach Diderots Vorbild geschriebenen Buch ›Der Weltmann und der Dichter‹ (1798) aus dem moralischen Stamm Giafars oder Raphaels. Freilich wird die Faust-Linie ebenso noch fortgeführt. Mit Mahal in den ›Reisen vor der Sündflut‹ (1794/95), der, aus dem Geschlechte Noahs, von Gott selber den Auftrag erhält, das Menschengeschlecht zu erkunden, nur Verderben, Laster und Bosheit findet und darüber zum Hasser und Menschenfeind wird. Eine Satire nach Voltaires Vorbild (»Die Welt, wie sie ist – Eine Vision Babuks, von ihm selbst berichtet«), in welcher es, wie noch in dem letzten wirklich rein satirischen Roman Klingers ›Sahir, Evas Erstgeborener im Paradiese‹ (1798), um den unheilvollen Einfluß des Wissens und der Kultur auf die Sitten und Bräuche der Menschen geht. Mit dem ›Sahir‹ hat Klinger übrigens eine eigene ältere Vorlage wiederaufgegriffen: ›Die Geschichte vom Goldnen Hahn. Ein Beitrag zur Kirchen-Historie‹, 1785 erschienen. Eine recht zweideutige Religions- und Sittensatire ursprünglich über die Einführung von Hurerei und ehelicher Untreue in Circassien – ausgerechnet durch die Vertreter der christlichen Religion. (»Alle Laster der erleuchteten Christenheit zogen mit Triumph ein, an ihren scheußlichen Schweif hieng sich die Heucheley, und schnitt ihnen alle Kraft und Willen zur Rückkehr ab.«[28]) Für seinen Romanzyklus hat Klinger die Fabel verallgemeinert und als Exempel für die moralische Verderbnis gefaßt, die er als den Preis für kulturelle Verfeinerung und Aufklärungsfortschritt sieht.

Bei näherer Betrachtung zeigt sich, daß das so vielgestaltige Romanwerk, in dem Geschichtserzählung und Satire, Sittengemälde und politische Rede einander abwechseln, dessen Stoff aus den entferntesten historischen Quellen, aus Volksbuch, Märchen, Mythos zeitgenössischer Literatur entnommen wurde, doch nach überschaubaren und einheitlichen Prinzipien komponiert ist, und immer lautet die Kernfrage, wie, unter welchen Bedingungen, mit welchen Verlusten erscheint es möglich, als moralisches Wesen unter den Bedingungen einer korrupten, abgelebten, zur Ablösung fälligen Gesellschaft zu leben, die gleichwohl noch alle politische Macht in Händen hält. Diese Frage war für Klinger auch nach dem Ausbruch und Sieg der Französischen Revolution noch nicht gelöst, das Romanfragment von 1798, ›Das zu frühe Erwachen des Genius der Menschheit‹, behandelt sie ausdrücklich in bezug auf die französischen Zustände. Der Genius, diese allegorische Verkörperung aller menschlichen Tugenden, fliegt nach Frankreich, denn »dieses Volk hat mich gerufen, da es dem ganzen Erdboden laut verkündigte, es trete in die verlornen Rechte der Menschheit ein und wolle ihre Würde durch sie erkämpfen. Da nun Menschenrechte und Menschenwürde nur durch uns bestehen, und durch unsre Verbindung erhalten werden können, so müssen wir hier als erwartete und erwünschte Gäste aufgenommen werden.«[29] Die Voraussicht erweist sich als unbegründet, der Genius samt Gefolge bleibt unerwünscht, muß fliehen, um der Guillotine zu entgehen: er war wirklich zu früh erwacht, lautet die nicht sehr hoffnungsvolle Moral seiner ja auch objektiv fragmentarischen Geschichte. Im Chor der deutschen Revolutionskritiker nimmt Klinger gleichwohl eine Sonderstellung ein. Den revolutionären Weg lehnt er durchaus nicht von vornherein ab, sieht aber die Zeit als noch nicht reif, die Träger der Revolution in einer noch unzureichenden moralischen Verfassung. Auch haben diese Einsichten seine Kritik an der höfischen Gesellschaft und dem feudalen Herrschaftssystem nicht etwa gemildert.

Unter diesem Gesichtspunkt verdient besonders ein Roman noch größere Aufmerksamkeit: ›Die Geschichte eines Teutschen der neuesten Zeit‹. Es ist ein politischer Bildungs- und Erziehungsroman aus Rousseauschem Geist. Ernst und Ferdinand, der eine Sohn, der andere Ziehsohn des Freiherrn von Falkenberg, werden ganz nach der Methode des ›Emile‹ und auf dem Lande aufgezogen. Ernst ist der Typus des introvertierten, empfindlichen und phantasievollen Jünglings mit poetischen Anlagen, Ferdinand der realitätsgerechtere und dem öffentlichen Leben eher zugeneigte Charakter. Dennoch macht, trotz mancher Widerstände, Umwege, Gefährdungen Ernst zunächst alles Glück, steigt in der Gunst des Fürsten, betreibt und verwirklicht die Abschaffung der Leibeigenschaft, gründet eine Familie. Ferdinand dagegen kommt nach dem Ausbruch der Revolution aus Frankreich zurück, mittellos, um alle Hoffnungen betrogen. Jetzt beginnt die absteigende Linie in Ernsts Biographie. Den Jakobinerschnüfflern verdächtig, von mächtigen Feinden um Ruf und Geltung gebracht, von der Frau betrogen, die Ferdinands Werbungen erlegen, von den meisten verlassen, die ihn liebten, der Sohn an den Folgen eines unseligen, von Mutter und Liebhaber verschuldeten Unfalls gestorben: das Unmaß an Unglück hat Ernsts hohe moralische Überzeugungen völlig zerstört. »Die schönen Träume seiner Jugend waren entflohen, seine Grundsätze, auf denen er wie auf Felsen geruht hatte, zusammen gestürzt, sein Glaube erloschen; und die Tugend schwebte nur noch zerstückelt vor seinem düstern Sinne – seine Erfahrung an den Menschen, die Begebenheiten in Paris wurden ihm durch Renots Lehren erklärt.«[30] Renot vertritt in dem Buch die Stelle des bösen Geistes, der in ›Giafar‹ oder dem ›Faust der Morgenländer‹ die Helden von einer Prüfung zur anderen hetzt. Er hat einst den geliebten Lehrer Hadem, einen Rousseauisten durch und durch, verdrängt und dessen Lehren durch die Nützlichkeitsmoral eines Helvétius unschädlich machen wollen; was ihm nicht bei Ernst, dafür aber schließlich bei Ferdinand gelungen ist. Zum Schluß, da er recht zu behalten droht, tritt noch einmal Hadem auf den Plan und rettet seinen ehemaligen Zögling aus Wirrsal und Verzweiflung: »O, mein Vater, an deiner Seite konnte ich an der Tugend zweifeln! / HADEM. Und *Rousseau!* / *Rousseau!* antwortete Ernst – und aus den labyrinthischen Felsengängen der Höhle hallte es zurück, als antwortete die Ewigkeit.«[31]

Ein emphatischer Schluß, doch vermag er uns nicht darüber hinwegzutäuschen, daß seine lebenspraktische Bedeutung nur gering sein konnte. Rousseau behält das letzte Wort, der Roman führt die schärfste Kritik an den deutschen Zuständen, die man sich zutrauen konnte (»Kein Volk der Erde verdient mehr Achtung und Schonung von seinen Fürsten als das deutsche; und dieses Volk wird von ihnen verkauft! Weg mit dem elenden Gedanken, der Deutsche habe kein Vaterland! Er hat ein Vaterland; ich habe ein Vaterland.«[32]), schließlich plädiert Klinger darin unmißverständlich für soziale Reformen und skizziert sogar deren

Durchführung – doch als der Roman erschien, gab es weder in
Deutschland noch in Klingers unmittelbarem Erfahrungsbereich,
dem zaristischen Rußland (der Despotismus Pauls übertraf alle
Befürchtungen), irgendeinen Grund zum Optimismus. In der
›Geschichte eines Teutschen‹ bekräftigt Klinger daher, sicher in
bewußter Opposition gegen die Zeittendenzen, seine militant kritische Haltung, wohl wissend, wie wenig Aussicht auf Erfolg sie
haben konnte. An dem utopischen Impuls, an der kritischen
Hoffnung aber hat er festgehalten – ja gerade darin ein beleben-
des Element in der Praxis gesehen. In den Gesprächen zwischen
Weltmann und Dichter, die in manchen Punkten, wenn auch
anders, nämlich theoretisch, moralphilosophisch gewendet, die
Thematik der ›Geschichte eines Teutschen‹ wiederaufnehmen (so
etwa den Antagonismus von Sittlichkeit und der Zweckrationali-
tät des politischen Handelns), kann man immer wieder heraushören, wie auch des Autors eigene Lage sich dabei bemerkbar
macht: Weltmann und Dichter war er ja in einer Person. Gesteht
jener seinem Dialogpartner: »seit heute – seit einiger Zeit sehne
ich mich nach Träumen. Denn am Ende wird uns doch die Wirklichkeit gar zu wirklich.«[33]

Fragen wir nach den Gründen, weshalb Klingers Romane so
gründlich in Vergessenheit geraten konnten, so liegt der wichtigste dafür in den geistigen Interessen, die ihr Verfasser verfolgte
und denen sich Beschreibung und Darstellung, Anschauung und
Anschaulichkeit unterzuordnen hatten. Nicht um eine realistische
Naturgeschichte der menschlichen Gesellschaft zu entfalten, sondern zur Analyse der Gesellschaft, ihrer moralischen Verfassung,
ihrer Institutionen und Ideen, ist der Romanzyklus entworfen
und geschrieben. Das war die Weise, auf welche Klinger den
Erscheinungen insofern auf den Grund zu kommen hoffte, als er
sie auf den Zusammenhang von Ursache und Wirkung, Zweck
und Mittel untersuchen wollte. Nicht die sozialen Phänomene
selber, sondern ihre Strukturen sollten hervortreten, und indem
er sie in Bild und Allegorie, Dialog und Gleichnis faßte, gelang es
ihm, ihre Bedeutung, ihr eigentliches geistiges Wesen zum Vorschein zu bringen. Nicht den besonderen Fall dürfen wir als
Zweck nehmen, sondern die Grundsätze der Sittlichkeit, die aus

ihnen folgenden Regeln und Gesetze werden an zahlreichen Exempeln im Roman erprobt, für gut befunden, in Zweifel gezogen oder gar verworfen. Man hat Klingers Romane daher auch philosophisch genannt, in Analogie etwa zu den Erzählwerken Voltaires. Doch trifft diese Charakterisierung nur eine Seite, die der Analyse und Kritik, welche aber auf gar keinen Fall selbstzweckhaft gedacht werden dürfen. Klinger geht es ebensosehr darum, seine Leser von der Richtigkeit seiner Untersuchung zu überzeugen und auf ihre Denkungsart, ihr Verhalten, ja auf ihr ganzes Leben einzuwirken. »So findet der tätige Edle, Gute und Weise in diesem Leben, welches die Erscheinungen der Welt sonst zur unauflöslichen Aufgabe machen, einen Lichtweg zu erhabenen Gedanken, hohen Gefühlen, schönen Taten und knüpft durch jeden erhabenen Gedanken, jedes hohe Gefühl, jede schöne Tat die Verbindung mit dem Erhabensten, dem Unbegreiflichen fester, der sich ihm durch Tat − also durch die Fähigkeit, so denken, so fühlen und wirken zu können − so deutlich offenbaret hat, daß er ⟨. . .⟩ sich selbst mutig und hoffnungsvoll in unabhängiger Selbständigkeit auf diesem geheimnisvollen Schauplatz der Erde trägt, tragen kann und soll.«[34] Klingers Romane sind Erzeugnis seiner Beredsamkeit und mit rhetorischer Kunstfertigkeit ausgeführt. Es ist nur konsequent, wenn sie das Schicksal der Rhetorik, verdrängt und vergessen zu werden, teilen mußten.

Nicht anders wäre es auch gewiß einem anderen großen Werk rhetorischer Erzählkunst ergangen, hieße sein Autor nicht Friedrich Schiller und hätte der nicht ein noch größeres Gespür für den wirkungsvollen Stoff bewiesen als sein ihm in so vielen Zügen ähnlicher, ihm auch bewußt nachfolgender Kollege in Petersburg. Natürlich denke ich an den ›Geisterseher‹ (1787-89), den Fragment gebliebenen einzigen Roman Schillers, und nicht einmal die Popularität des Autors hat vermocht, dieses von ihm selber freilich arg unterschätzte Werk im 19. Jahrhundert lebendig zu halten. Er behandelt ein auch dem Autor des ›Wallenstein‹ oder ›Demetrius‹ zentrales Problem: Entstehung, Auswirkung und Machination politischer Macht in einer Welt, die diese Macht nicht mehr substantiell legitimieren kann. Schillers Kunstinstinkt hat ihn dafür nun ein Sujet wählen lassen, dessen Erfolg

schon mehrfach erprobt und das ganze 19. Jahrhundert hindurch
und bis zu Hofmannsthals ›Andreas‹-Fragment anhalten sollte:
das Venedig der Maskenbälle und geheimen Gesellschaften,
Repräsentationsort der Künste und Tatort seltsamer, ausgesuch-
ter Verbrechen. Hier wird ein deutscher Prinz Opfer einer weitge-
spannten, sich stufenweise aufbauenden jesuitischen Intrige, die
ihn schließlich auf dem Wege des Verbrechens (durch Beseitigung
der anderen, von Geschick und Geschlechterfolge bevorzugten
Anwärter) auf den Thron führen sollte – unter Preisgabe seiner
Konfession. Ein Lehrstück der Machtpolitik in Kolportagehand-
lung gesetzt, die (wie in den wenig späteren Romanen Klingers)
nicht etwa Politik und Gesellschaft darstellen, widerspiegeln, sondern die in ihnen wirksamen Kräfte an einem krassen, schlagen-
den Beispiel konstruktiv enthüllen soll. »Ich erzähle eine Begebenheit, die vielen unglaublich erscheinen wird«, beginnt der Graf
von O★★ seine Erinnerungen und fährt etwas später fort, daß er
sie als »Beitrag zur Geschichte des Betrugs und der Verirrungen
des menschlichen Geistes« betrachte. »Man wird über die *Kühnheit des Zwecks* erstaunen, den die Bosheit zu entwerfen und zu
verfolgen imstande ist; man wird über die Seltsamkeit der *Mittel*
erstaunen, die sie aufzubieten vermag, um sich dieses Zwecks zu
versichern.«[35] Im zweiten Buch des Romans tritt der Baron von
F★★★ anstelle des Grafen in die Erzählerrolle, ein die Spannung
erhöhender Kunstgriff, da er längst nicht den Geist und die Bildung seines Vorgängers besitzt, sondern die Funktion des durchschnittlichen, vieles mißverstehenden, jedenfalls der Handlung
immer weit hinterherhinkenden Chronisten erfüllt, der erst in der
modernen Spannungsliteratur späterer Zeit (man denke an Sher-
lock Holmes' Dr. Watson) so recht Karriere machen sollte.

Die Handlung des Romans ist eine Kette aus geheimnisvollen,
unerklärlichen Zufällen und Gegebenheiten samt ihrer Analyse,
der schließlich die Aufklärung folgt. Dabei wird jede der Mystifi-
kationen, denen der Prinz zum Opfer fallen soll, bis zu einem
Höhepunkt getrieben, der durch ihre Voraussetzungen nicht
mehr gestützt wird, so daß die Täuschungsabsicht hervortritt. Die
vernünftige Ordnung der Dinge vorausgesetzt, ist schließlich jede
Täuschung zum Verschwinden verurteilt, da sie, sollte sie wirk-

lich an die Stelle der Wahrheit treten, zuletzt auch die ganze natürliche Ordnung der Welt verkehren müßte. Kaum ist daher der letzte Betrug mißglückt, die Geistererscheinung bis auf die Schnürbodentricks durchschaut, als der Prinz nun auch alle vorherigen rätselhaften Geschehnisse Schritt für Schritt aufklärt, wobei das Geständnis des Sizilianers zunächst noch die Aufgabe hat, das Geheimnis des Armeniers (»Bei uns kennt man ihn nur unter dem Namen des *Unergründlichen*.«[36]) um so dunkler und unerklärlicher zu machen: »Nach dem, was man uns eben von dem Armenier erzählt hat, sollte sich der Glaube an seine Wundergewalt eher vermehrt als vermindert haben«[37], resümiert der Graf von O★★, bisher in der Rolle des aufgeklärten Zweiflers. Die aber wird jetzt vom Prinzen übernommen, der sich nun auch diesem »Gewebe seines Betrugs«[38] mit analytischem Mißtrauen zuwendet. So bleibt am Schluß nur noch ein kleiner Rest, die erste Prophezeiung auf dem Markusplatz, mit der der Roman beginnt und die dem Prinzen den Tod seines Cousins in der Sterbestunde gemeldet hatte. Eine vernünftige Erklärung hat der Prinz inzwischen auch dafür, hält sie aber selber für etwas zu »gekünstelt«, als daß sie wirklich überzeugen könnte.[39] So ist das Thema des Romans der Wechsel von Täuschung und Aufklärung, wobei allerdings gerade diese Aufklärung den Prinzen reif macht für die nun gar nicht wunderbare, sondern höchst rationale Intrige, die seiner wartet. Schlüsselpassage ist das sehr ausführliche Gespräch des Prinzen mit dem Sizilianer, in das die Geschichte vom Brudermord eingeschoben ist, ein Kabinettstück schauerromantischer Novellistik. Dieses Gespräch weist über die Grenzen der Romanhandlung hinaus und weitet sich zu einer Analyse künstlerischer Wirkungen aus, die auch in ästhetischer Terminologie geführt wird. All die unerklärlichen Erscheinungen während der Ausflugsfahrt des Prinzen sind das »Werk« des Sizilianers, der die »Rollen« verteilt und die spektakuläre Schlußveranstaltung unter dem Primat der Wirkung hin auf sein Publikum resp. den Prinzen organisiert hat, um »durch das Ungewöhnliche« seine »Einbildungskraft zu spannen«[40]. In der eingeschobenen Novelle verrät uns dieser Künstler auch einige wichtige Techniken, die garantieren sollen, daß der einmal erreichte ästhetische

Eindruck nicht wieder verschwindet. So entpuppt sich auch diese
Novelle als ein weiteres Exemplar seiner ästhetischen Anschauungen. Damit kein Irrtum möglich ist, wird der Prinz wenig später
selber die Parallele zur dramatischen Illusion ziehen, welcher der
Zuschauer eben deswegen zum Opfer fällt, weil er mitgerissen
wird: »Ich habe Richard den Dritten von Garrick gesehen – Und
waren wir in diesem Augenblick kalt und müßig genug, um
unbefangene Beobachter abzugeben?«[41]

Noch sehr viel detaillierter als hier möglich läßt sich der
›Geisterseher‹ nicht allein als die spannende Geschichte vom
Kampf der aufklärerischen Vernunft mit Spuk, Schwindel und
Vorurteil lesen, sondern auch als theoretische Auseinanderset-
zung mit zentralen Problemen der zeitgenössischen Ästhetik und
deren fatale Wirksamkeit bei der Übertragung in die Realität der
Gesellschaft und ihre Politik. Es geht um Wahrheit und Wahrscheinlichkeit, Illusion und Wirklichkeit, Täuschung durch die
Macht der Einbildungskraft und schließlich der Lüge durch die
Intrigen des Verstandes. Am Schluß des ersten Teils ist der Prinz,
der zu Anfang als ungebildet und weltabgewandt geschildert
wird, zu einem vorurteilslosen, aufgeklärten, geselligen und ganz
der Gegenwart lebenden Hof- und Weltmann, kurz: zum aufgeklärten Menschen geworden, der seine Vernunft wohl zu verteidigen, seinen Verstand recht zu gebrauchen gelernt hat. Aber
gerade dadurch sind die Voraussetzungen geschaffen für jene
»unerhörte Teufelei«, die nun kein Spuk mehr ist, sondern ein
»Bubenstück«, ein »schwarzer Anschlag«, ein »Verbrechen«[42], nicht
Opfer der Täuschung wird der Prinz, sondern Opfer der Wirklichkeit, der jesuitischen Politik. Damit aber ist bereits das Problem der ästhetischen ›Briefe‹ gestellt, seine Lösung anvisiert.
Eine allein auf Anspannung der Einbildungskraft zielende, mit
Illusionen als dem lügnerischen Schein arbeitende Kunst macht
den Menschen zum Raub einer bloß flüchtigen Täuschung, die
sich alsbald selber entlarvt.[43] Der solcherart *ent*täuschte Mensch,
der illusionslos sich den Zwecken seines augenblickshaften
Daseins unterordnet, dem weder die Zukunft etwas bedeutet,
noch daß er irgendeine Dauer, einen Zweck oder Sinn im
menschlichen Leben erblicken könnte[44], dieser Aufgeklärte ist um

so aussichtsloser jener Verkehrtheit ausgeliefert, die für Schiller das Ergebnis dieser Kultur ist.

Der hierin zum Ausdruck kommende pessimistische Realismus, Spiegelbild der desillusionierten Aufklärung, wird zum Stachel einer neuen ästhetischen Kultur, in der eine andere Kunst als die auf bloßer »betrügerische⟨r⟩ Schminke«[45] beruhende Einbildungskraft theoretisch begründet und gemäß ihrer Bedeutung für die Entwicklung des Menschen in ihrer individuellen wie historischen Dimension untersucht wird. Doch nicht in dieser Verbindung allein, die häufig genug herausgestellt wurde, liegt das eigentlich Zukunftsweisende der Schillerschen Ästhetik, sondern vielmehr in seiner besonderen Konzeption der Kunst als Schein der Wahrheit, die von der Wirklichkeit preisgegeben wurde. Die veritas aesthetica vermag für Schiller ihre utopische Wirksamkeit paradoxerweise erst dadurch zu entfalten, daß sie vom Künstler gänzlich jenem »Gleichgewicht des Schlimmen«[46] entfremdet wird, als das sich die historische Wirklichkeit ihrem Kritiker präsentiert. »Nur soweit er *aufrichtig* ist (sich von allem Anspruch auf Realität ausdrücklich lossagt) und nur soweit er *selbständig* ist, (allen Beystand der Realität entbehrt) ist der Schein ästhetisch. Sobald er falsch ist und Realität heuchelt, und sobald er unrein und der Realität zu seiner Wirkung bedürftig ist, ist er nichts als ein niedriges Werkzeug zu materiellen Zwecken, und kann nichts für die Freyheit des Geistes beweisen.«[47] Schillers Theorie vom aufrichtigen und vom falschen Schein, eine erste Erörterung des Ideologieproblems seiner dialektischen Struktur nach, bedeutet, wie er selber zu Beginn seiner ›Briefe über die ästhetische Erziehung‹ betont, nur scheinbar eine Ablenkung von den politischen Problemen seiner Zeit, in Wahrheit aber eine Bestimmung der Wirksamkeit der Kunst innerhalb eines weitreichenden Programms zu ihrer Lösung. Im ›Geisterseher‹ hatte Schiller die Möglichkeiten einer auf dem falschen Schein beruhenden Kunst und der ihr entsprechenden Machtpolitik ausprobiert, mit dem Ergebnis, daß nicht einmal dessen Zerstörung durch Aufklärung, geschweige denn seine Affirmation, den Verfall der moralischen, politischen und historischen Welt aufzuhalten vermochte. Indem sie sich nicht von ihr distanzierte, ein ihr

Fremdes wurde, wurde sie vielmehr Teil der Zerfallsgeschichte und beförderte sie gar. Die aufklärungskritische Handlung des vieldeutigen Romans führt also unmittelbar an die Schwelle eines neuen, utopischen Entwurfs der Kultur, in dem Täuschung und Wahrheit aufgehoben sind. Diese Konzeption war nun allerdings innerhalb des alten Bedingungsgefüges nicht mehr zu verwirklichen. Auch deshalb ist der ›Geisterseher‹ Fragment geblieben.

IV. Liebes- und Ehespiegel:
Goethe, Schlegel,
Arnim, Lafontaine

Wenn Goethe nach Riemers Zeugnis es als die Absicht der ›Wahlverwandtschaften‹ nannte, »sociale Verhältnisse und die Conflicte
derselben symbolisch gefaßt darzustellen«[1], so waren damit die
Umstände und Krisen gemeint, die das Zusammenleben der Menschen bestimmen, nicht natürlich die staatlich-rechtliche oder
wirtschaftliche Ordnung. In der Selbstanzeige von 1809 bezieht
er daher auch die »chemische Gleichnisrede« auf das sittliche Problem, deren Gemeinsamkeit in der einen Natur begründet liege,
so daß »auch durch das Reich der heitern Vernunftfreiheit die
Spuren trüber, leidenschaftlicher Notwendigkeit sich unaufhaltsam hindurchziehen, die nur durch eine höhere Hand und vielleicht auch nicht in diesem Leben völlig auszulöschen sind«[2]. Ein
Lebensthema Goethes seit ›Werthers Leiden‹, auf den diese Kennzeichnung (läßt man einmal das Gleichnis beiseite) gewiß ebenso
zutrifft; und wie das Jugendbuch, so sind auch die ›Wahlverwandtschaften‹ autobiographisch grundiert. Schon der junge
Goethe benutzte seine Erfahrungen dazu, im Roman die menschliche Natur nach ihrer extremen Empfindungs- und Leidensfähigkeit hin auszumessen, und hatte seinen Protagonisten dazu in
eine »Krankheit zum Tode« versetzt, einen Zustand, »wodurch die
Natur so angegriffen wird, daß teils ihre Kräfte verzehrt, teils so
außer Wirkung gesetzt werden, daß sie sich nicht wieder aufzuhelfen, durch keine glückliche Revolution den gewöhnlichen
Umlauf des Lebens wieder herzustellen fähig ist«[3]. Mehr als drei
Jahrzehnte später (1808/09 sind die ›Wahlverwandtschaften‹
geschrieben worden) geht es dem Autor nicht etwa einfach
darum, eigene Gefühlsverworrenheiten vorzuführen, sondern aus
ihnen heraus literarisch eine neue Zerreißprobe der menschlichen
Natur unter veränderten Bedingungen anzustellen. Liebesleiden-
schaft in ihrer verheerenden, Sozialität gefährdenden und zerstörenden Wirksamkeit erscheint nun als der Beweggrund einer neuen, nämlich sozialen Krankheit zum Tode, doch damit

nicht etwa verdammenswürdig. Zwei zutiefst in der menschlichen Natur verankerte Rechte – das Menschenrecht auf Glück und Liebe und das sittliche Gemeinschaftsrecht – treten in einen unlösbaren und daher tragischen Konflikt, und erst »durch den Tod ⟨salviert die sittliche Natur⟩ ihre Freiheit«[4].

Soviel zu den Kräften, die die Dynamik der Liebesgeschichte bestimmen. Man kann den Roman getrost als eine Art fiktionales Experiment betrachten, analog zu dem chemischen Vorgang, der den Namen für seinen Titel abgab und auf die Eigenschaft gewisser Stoffe anspielt, sich aus einer Verbindung zu lösen, um eine andere, gleichsam verwandtschaftlich nähere, einzugehen (»Gedenken wir nur des Kalks, der zu allen Säuren eine große Neigung, eine entschiedene Vereinigungslust äußert!«[5]). Wobei das Gleichnis freilich mehr bedeutet als die bloß uneigentliche Formulierung eines sozialen Tatbestandes: es interpretiert ihn zugleich. Den Verbindungen und Trennungen im menschlichen Gemeinschaftsleben liegt ebenso Natur zugrunde wie den chemischen Prozessen, und was wie freie Wahl aussehen kann, folgt in Wahrheit einer längst vorherbestimmten Bahn, die freilich nicht schicksalsmäßig vorgezeichnet ist, sondern sich aus der Ordnung der Dinge ergibt. »Es schien ihr ⟨heißt es von Ottilie⟩ in der Welt nichts mehr unzusammenhängend, wenn sie an den geliebten Mann dachte, und sie begriff nicht, wie ohne ihn noch irgend etwas zusammenhängen könne.«[6] Hier wird, natürlich abermals vor der Folie der Gleichnisrede, die Liebe zu einem kosmischen Ereignis, so daß die eine, einzige Verbindung sogar den kosmischen Zusammenhang stiftet, und wie die beiden Liebenden zueinandergefunden haben, so befinden sich plötzlich auch alle Dinge an ihrem Platz. Bei näherer Betrachtung finden wir in dieser Liebesutopie die Erinnerung an den abendländischen so wirkungsmächtig gewordenen Mythos, den Aristophanes in Platons ›Symposion‹ erzählt. Alle Menschen, so die Quintessenz, waren einstmals von idealer Kugelgestalt, ganz und vollkommen, bis sie als Strafe für gottlosen Übermut entzweigerissen wurden. Seither sehnen sie sich nach ihrer verlorenen Ganzheit zurück und suchen, was ihnen genommen wurde, damit die ihnen entrissene Hälfte sie wieder vervollkommne: »Also sucht nun immer jedes sein anderes Stück.«[7] Erinnerung an diesen Mythos, aber auch seine Ausweitung zu einem kosmisch-natürlichen Bildungsgesetz meinen die Wahlverwandtschaften unseres Romans. Dabei liegt die Wahl nur im Bejahen oder Verneinen, denn es gibt nur ein Treffen oder ein Verfehlen des einzig möglichen gemeinschaftlichen Seins, nicht aber die Entscheidung zwischen mehreren Ergänzungsmöglichkeiten.»Aber auch dem Behagen glich nichts, wenn er sich mit ihr zusammenfand. Und so war auch ihr dieselbe Empfindung geblieben; auch sie konnte sich dieser seligen Notwendigkeit nicht entziehen. Nach wie vor übten sie eine unbeschreibliche, fast magische Anziehungskraft gegeneinander aus ⟨...⟩. Nur die nächste Nähe konnte sie beruhigen, aber auch völlig beruhigen, und diese Nähe war genug; nicht eines Blickes, nicht eines Wortes, keiner Gebärde, keiner Berührung bedurfte es, nur des reinen Zusammenseins. Dann waren es nicht zwei Menschen, es war nur Ein Mensch im bewußtlosen, vollkommenen Behagen, mit sich selbst zufrieden und mit der Welt.«[8] Der Zustand, in dem sich Eduard und Ottilie hier gegen Ende des Romans befinden, ist schon exterritorial zur Gesellschaft, der sie angehören, ja exterritorial zum Leben selber und nimmt den Ausgang vorweg. Indem sie eins werden und sich als gesonderte, entzweite Individuen ineinander auflösen, gehen sie auf in einer Weltharmonie, die jede individuelle Abweichung korrigiert. Die gerade zitierte Passage schließt daher mit dem zweideutigen Satz: »Das Leben war ihnen ein Rätsel, dessen Auflösung sie nur miteinander fanden.«[9] Die vollkommene Befriedigung ihrer Existenz ist eins mit der Lösung des Lebensrätsels, die Auflösung heißt. Die Einigkeit miteinander und mit dem Leben löst alles Einzelwesen auf und vollendet sich im Tod als Eingang in die Natur. Ein Leitgedanke in Goethes Werk, doch vielleicht nirgendwo so kunstvoll entfaltet wie in den ›Wahlverwandtschaften‹, kaum irgendwo sonst auch mit so tragischer Schärfe gegen die Ansprüche der Gesellschaft gesetzt, die nicht zuläßt, was im Wunschtraum einer Liebesnacht zur unerhörten Begebenheit wird: daß die beiden Ehegatten im anderen nicht diesen selber, sondern das unerreichbare geliebte Wesen umarmen:»In der Lampendämmerung sogleich behauptete die innere Neigung, behauptete die Einbildungskraft ihre Rechte über das Wirkliche: Eduard hielt nur Ottilien in seinen Armen, Charlotten schwebte der Hauptmann näher oder ferner vor der Seele, und so verwebten, wundersam genug, sich Abwesendes und Gegenwärtiges reizend und wonnevoll durcheinander ⟨. . .⟩. Aber als Eduard des anderen Morgens an dem Busen seiner Frau erwachte, schien ihm der Tag ahnungsvoll hereinzublicken, die Sonne schien ihm ein Verbrechen zu beleuchten ⟨. . .⟩«[10] Im Augenblick der höchsten, wesenhaften Identifizierung entzieht ein Liebender dem anderen die Identität, macht ihn fremd im Leib und in der Seele: darin besteht das wahre Verbrechen, und wir begreifen nun, daß diese Deformation der Preis ist, den die Gesellschaft dafür verlangt, daß sie die Menschen, vor dem reißenden Strom ihres anarchischen Gefühlslebens bewahrt. Die Liebe als Utopie menschlicher und kosmischer Einswerdung zugleich ist nicht vereinbar mit der sozialen Moral- und Rechtsordnung, die durch sie gerade negiert und zerstört wird. Daher kann weder die Scheidung noch der gesellschaftlich gebilligte Modus des ungetreuen Lebens (wie es Graf und Baroneß im Roman vorführen) ein wahrhafter Weg für Eduard und Ottilie sein: es wäre ja durchaus dann nicht jedes Ding an seinem Platz und der Zusammenklang der Menschen und Dinge, schon in der nächsten Umgebung der vier Protagonisten, unmöglich geworden. An die Stelle des natürlich-wesenhaften Mißverhältnisses, dessen geprägte Form man in den Gesichtszügen des Kindes erblicken kann, träte die soziale Unordnung oder Verwirrung. Das ist der Sinn der zentralen Szene, in der Ottilie, in Charlottens Armen, Eduard entsagt. Denn von Charlotte, der mütterlichen Mentorin, hat sie einst das Gesetz ihres sozialen Lebens (»als eine arme Waise in der Welt«[11]) empfangen und erkennt nun, daß sie es verletzt, erkennt, »in welchem Verbrechen ich befangen bin«,[12] und daß die Aufhebung menschlicher Sozialität in der letzten Konsequenz ihrer Wahlverwandtschaft mit Eduard liegt. Sie rückgängig zu machen steht nicht in ihrer und keiner menschlichen Macht, ihren sozialen Vollzug zu verweigern bleibt die einzige Alternative, und erst im Tod fällt alles Hemmende, Verkehrende ab.

Der Ausgang des Experiments, das die sozialen Verhältnisse in

einem überschaubaren Rahmen unter einsichtigen, von außen
weitgehend unabhängigen Bedingungen einer extremen Bewäh-
rungsprobe unterwirft, steht von Anfang an fest, und wenn auch
der Gesellschaftsordnung zuletzt Genüge geschieht, so durchaus
nicht, »um den Geist zu höherer Freiheit und Versöhnung mit sich
selbst« zu führen, wie Hegel uns die Entsagung schmackhaft
machen will[13], sondern um ihm die Begrenzung und Einengung,
das Negative und die Entfremdung aufs krasseste zu offenbaren,
die das menschliche Leben bruchstückhaft und unerlöst machen.
Von Liebe redet der Roman nur als von einem notwendigen
Scheitern, und selbst die Geschichte von den wunderlichen Nach-
barskindern gerät über einen märchenhaften Anfang nicht hinaus, alle weiteren Andeutungen besagen auch hier nur eines: daß
nämlich die Erfüllung ausgeblieben ist. Zwei gegenläufige Bewegungen also bestimmen ersichtlich den Roman und, durch Über-
schneidungen oder Ausgleich, auch seine vielfältige Wirkung. Der
unablenkbare und bis zum Tod im Kern nicht desavouierte
Wunschsinn des Liebesthemas bricht sich an dem auf seine Entwertung, mindestens Relativierung gerichteten praktisch-sozialen
Postulat. Daraus entsteht ein Netz von unentrinnbaren Bestimmungen, das von Goethe mit einer ästhetischen Konsequenz, die
in der Geschichte des deutschen Romans kaum ihresgleichen hat,
versinnlicht und versinnbildlicht wurde. Er hat sich dafür einer
höchst kunstreichen Zeichentechnik bedient, die kein Ding, kein
Geschehen, keine Handlung nur buchstäblich vermittelt, sondern
in ihr auch zugleich eine andere Ebene mitbedeutet. Auch wenn
sich wahrscheinlich nicht alles jemals wird völlig entschlüsseln
lassen, kann man doch sagen, daß in diesem Buch nichts, auch
nichts Beiläufiges steht, das sich nicht auch auf einen verborgenen Zusammenhang bezöge – oder das vielmehr das Offensichtliche der Geschichte in einer anderen, tieferen Schicht verankerte.
Goethe hat das Verfahren symbolisch genannt und damit auch
die zuletzt wohl unausdeutbare Vielfalt von verborgenen Korrespondenzen gemeint, die jedes Detail mit dem nächsten und über
dieses mit allen anderen eingeht, wie entfernt sie sich auch stehen
mögen. Die Mooshütte mit ihrem melancholischen Gefühlswert,
der Nachbarschaft zu Tod und Trauer, und der gerade Weg –

von Eduard gemieden – zu ihr hin führt über den Kirchhof, der später von Charlotte in die Gestaltung des Gartens hineingenommen wird. In den Lebensraum der kultivierten Natur gehört von Anfang an die Todeslandschaft, und die von Eduard als eng empfundene Mooshütte wird der Ort sein, an dem das Fest von des Hauptmanns Ankunft und sein und Eduards (denn er heißt Otto mit weiterem Namen) Namenstag gefeiert wird. Dort sitzt man zu viert, gemeinsam mit Ottilie nach einer bedeutungsvollen Wanderung, und die Hütte soll schließlich sogar das Lieblingsziel der beiden Frauen bei ihren Spaziergängen mit dem Kinde werden, das nur geboren wurde, um zu sterben. Der Ort liegt erhöht und gestattet einen weiten Ausblick auf das Land ringsum, doch wird das Auge vor allem angezogen von den Platanen, dem bevorzugten Ziele Ottilies auf ihren späteren Wegen – gepflanzt wurden die Bäume einst am Tag ihrer Geburt, wie sich fast beiläufig herausstellt. Ottiliens Lebensbäume haben im Volksglauben keinen guten Klang und künden von Krankheit und Tod. Und wirklich wird bei den Platanen nur Unglück geschehen: während der Feier von Ottiliens Geburtstag stürzt hier ein Knabe in den See und kann gerade noch gerettet werden; zu ihnen hin treibt der Kahn, in dem Ottilie sitzt, die das tote Kind Charlottes und Eduards in ihren Armen hält. Unglücks-, Tod- und Vergänglichkeitsmetaphorik, ob im Bildbereich der Landschaft oder der Pflanzen, des Bauens, Entwerfens und Gründens (von der Mooshütte bis zum Sommerhaus, zu der Mühle oder der Kapelle), verklammert sämtliche Milieus des Romans, so wie die Personen durch Namensgleichheit oder -ähnlichkeit, durch die Übereinstimmung der Handschriften (Eduard und Ottilie), die Vorliebe für Musikinstrumente, die Entsprechung besonderer Merkmale (Ottilies Kopfweh an der linken, Eduards Schmerz an der rechten Seite) oder schließlich durch das Kind aneinandergekettet sind, das, von Eduard und Charlotte gezeugt, dennoch Ottilies Augen und die Gesichtszüge des Hauptmanns zeigt.

Die wenigen Hinweise müssen genügen, um jenes Zeichensystem im Ansatz sichtbar zu machen, das den Roman konstituiert. Kein Ding steht harmlos für sich, sondern tritt noch mindestens für ein anderes ein, die Zeichen sind allesamt Indizien, die ein

doppeltes Verbrechen beleuchten und zugleich seine Notwendigkeit sinnfällig machen: den Bruch der gesellschaftlichen und der
natürlichen Ordnung aneinander, ausweglos, und was immer die
Individuen tun: selbst wenn sie das Verhängnis zu hindern oder
gar umzukehren meinen, befördern sie es. In keinem seiner Dramen ist Goethe der Idee der antiken Tragödie so nahegekommen
wie in diesem Roman, und wenn er sonst vor ihrer Unerbittlich-
keit zurückscheute, hier hat er sie in der unauflösbaren, labyrinthischen Verstrickung von Zeichen ästhetisch so vollkommen verwirklicht, daß die Befremdung der Zeitgenossen ebenso plausibel
erscheint wie die Bewunderung, die dem Roman in unserem
Jahrhundert entgegengebracht wird: als Zeugnis einer konstruk-
tiven künstlerischen Gesinnung, die alle Erfahrungen in Artefakte
verwandelt und diese zu Bausteinen des Werkes als eines reinen
Kunstprodukts macht. »Von seinen ›Wahlverwandtschaften‹ sagt
er«, so berichtet Eckermann, »daß darin kein Strich enthalten, der
nicht erlebt, aber kein Strich so, *wie* er erlebt worden.«[14]

So außerordentlich und unvergleichbar dieser Roman in seiner
Zeit steht, gibt es doch eine ganze Reihe von Verbindungen zur
Literatur der Epoche. Damit meine ich weniger seine Machart
(obwohl das Nebeneinander von Reflexion und Erzählung oder
die kunstvolle Verschlüsselung autobiographischer Erfahrung
auch in Schlegels ›Lucinde‹ oder Arnims ›Gräfin Dolores‹ wiederzufinden sind), als vielmehr seine Liebesauffassung und ihre
kritische Beziehung zur sozialen Realität. Denn wenn diese auch
ihr Recht behauptet, vernichtet sie nicht den Anspruch der Liebe,
die menschliche Sehnsucht nach Einheit befriedigen zu können,
sondern bestätigt ihn. »Wir leben und lieben bis zur Vernichtung.
Und wenn die Liebe es ist, die uns erst zu wahren vollständigen
Menschen macht, das Leben des Lebens ist, so darf auch sie wohl
die Widersprüche nicht scheuen, so wenig wie das Leben und die
Menschheit; so wird auch ihr Frieden nur auf den Streit der
Kräfte folgen.«[15] Das steht in Friedrich Schlegels ›Lucinde‹ und
ist zehn Jahre vor den ›Wahlverwandtschaften‹ geschrieben.
Auch dieser kleine, bei seinem Erscheinen als skandalös empfun-
dene Roman feiert schon die Liebe als absoluten Wert und das
Einswerden von Mann und Frau als die Wiedervereinigung der

getrennten Natur, wobei Ehe und sexuelle Leidenschaft, geistige Liebe und erotische Sinnlichkeit im ganzheitlichen Lebensvollzug zusammenfallen sollen. »Der dritte und höchste Grad ⟨der Liebeskunst⟩ ist das bleibende Gefühl von harmonischer Wärme. Welcher Jüngling das hat, der liebt nicht mehr bloß wie ein Mann, sondern zugleich auch wie ein Weib. In ihm ist die Menschheit vollendet, und er hat den Gipfel des Lebens erstiegen.«[16] Auf diesem Gipfelpunkt schwindet der Unterschied zwischen menschlichem und göttlichem Wesen, und man kann geradezu sagen, daß in der Liebesreligiösität der Romantiker (denn unter dieser Perspektive verwandelt sich Liebe in Religion, ohne ihren Charakter konsequenter Diesseitigkeit etwa preiszugeben) schon ein großer, vielleicht der wichtigste Teil der an den Himmel verschleuderten Schätze des Menschen auf die Erde zurückgeholt wird. In diesem Sinne spricht Schlegel vom »Heiligtum der Ehe«[17] und davon, daß man die Welt in der Geliebten findet: »Alles, was wir sonst liebten, lieben wir nun noch wärmer. Der Sinn für die Welt ist uns erst recht aufgegangen. Du hast durch mich die Unendlichkeit des menschlichen Geistes kennen gelernt, und ich habe durch Dich die Ehe und das Leben begriffen, und die Herrlichkeit aller Dinge. / Alles ist beseelt für mich, spricht zu mir, und alles ist heilig. Wenn man sich so liebt wie wir, kehrt auch die Natur im Menschen zu ihrer ursprünglichen Göttlichkeit zurück. Die Wollust wird in der einsamen Umarmung der Liebenden wieder, was sie im großen Ganzen ist – das heiligste Wunder der Natur; und was für andre nur etwas ist, dessen sie sich mit Recht schämen müssen, wird für uns wieder, was es an und für sich ist, das reine Feuer der edelsten Lebenskraft.«[18] Nicht anders haben Schleiermacher, Tieck, Novalis gedacht[19], und Baader hat, in christlicher Umdeutung des platonischen Mythos, dazu die biblische Paraphrase geliefert, so daß der erste Mensch, noch ungeschieden Mann und Weib zugleich, erst durch die Spaltung, da ihm nach dem anderen Teil seines Selbst gelüstete, in Adam und Eva zerfiel und seither seine ursprüngliche, gottebenbildliche Ganzheit in der Liebe wiederherstellen möchte.

Alle diese Ideen finden wir auch in Goethes Roman wieder, und Eduard mit seiner Zerrissenheit und Konventionen brechenden Rücksichtslosigkeit, seiner gewalttätigen Sehnsucht, die auch die Geliebte nicht schont, seiner desperaten Liebesglut (»In Eduards Gesinnungen wie in seinen Handlungen ist kein Maß mehr ⟨. . .⟩. Ottiliens Gegenwart verschlingt ihm alles; er ist ganz in ihr versunken, keine andre Betrachtung steigt vor ihm auf, kein Gewissen spricht ihm zu; alles, was in seiner Natur gebändigt war, bricht los, sein ganzes Wesen strömt gegen Ottilien.«[20]), dieser in sich selbst verbrennende Eduard ist ja ein fast schon idealtypischer Entwurf des romantischen Charakters. Die Liebe soll die Befriedigung seiner unersättlichen Seele und seiner unerlösten Sinnlichkeit bringen, sie vermag es nicht und reißt nur den Abgrund weiter auf, in den er selber mit Ottilie stürzen wird. Da war Schlegels Julius noch glücklicher, wenn er in der Idylle auf dem Lande die Verwirklichung seiner drängenden Wünsche imaginiert (»Doch endlich wird des Tages fruchtlos Sehnen, eitles Blenden sinken und erlöschen, und eine große Liebesnacht sich ewig ruhig fühlen.«[21]) – was freilich, wie Schleiermacher kommentiert, natürlich nicht Wirklichkeit genannt werden kann. »Es ist nur abstrahiert von der bürgerlichen Welt und ihren Verhältnissen, und das ist doch, weil sie so sehr schlecht sind, in einem der Liebe geheiligten Kunstwerk schlechterdings notwendig.«[22] Zu solcher Idealisierung hat sich Goethe nicht verstehen können, an der Auffassung von der Liebe als einem Realsymbol für die Versöhnung der getrennten menschlichen Natur aber festgehalten.

Einen Seitenblick verdient an dieser Stelle ein Roman, der sowohl auf diese Goethesche Konzeption wie aber vor allem auf die frühromantische Idolatrie der Liebe und die mit ihr einhergehende Relativierung der Ehe als einer sakramentalen Institution kritisch antwortet, 1810 ist er erschienen: Ludwig Achim von Arnims ›Armut, Reichtum, Schuld und Buße der Gräfin Dolores‹. Der Titel enthält schon das ganze Programm des Buches, und es wird, in lehrhafter Absicht, ganz ausdrücklich (»⟨. . .⟩ die Welt ist aber in ewiger Fortschreitung und das Laster endigt früher und geht unter, während die dauernde Tugend mit allen Hindernissen ihrer Entwickelung kämpft.«[23]) oder als fabula docet der eingestreuten Erzählungen und der Haupthandlung immer aufs neue

wiederholt. Die Konstellation der Figuren in der Dolores-Ge-
schichte ähnelt derjenigen der Wahlverwandtschaften auf den
ersten Blick. Zwei eng verbundene Frauen, die Geschwister aus
einem verarmten gräflichen Hause, Dolores und Klelia; ihnen
gegenüber der rechtlich tugendhafte, religiös empfindende Graf
Karl, der Dolores heiratet, und der Marchese D., der sie verführt
und unter einer anderen Identität Klelia heiratet. Eine Variante
dieser klassischen menage bringt der Schluß des Romans. Da hat
Dolores längst gesühnt (»Es war eine schöne Buße, diese Mutter-
liebe.«[24]), der Graf nach einer Wallfahrt neuen Lebensmut
geschöpft, und Klelia ist Witwe geworden. Wenn es sie auch
schmerzt, »das Andenken des Herzogs, das ihr so teuer war, so
ganz in sich auslöschen zu müssen«, als sie von seinen Verfehlungen hört, bleibt ihr Trost genug: »aber die Wahrheit ist ihr Leben
und die Kinder füllen ihre Gedanken nun wahrhafter und schöner.«[25] Doch nun tritt eine Fürstin hinzu, die Gattin jenes Herr-
schers, mit dem sich Dolores' und Klelias Vater einst verfeindet,
schließlich wieder versöhnt hat und nach dessen Tode sie die
Regierungsgeschäfte führt. Sie verliebt sich in Karl, der aber
standhaft bleibt, statt seiner umarmt sie in nächtlicher Liebes-
stunde den eigenen, ihr sonst so lästigen Schreiber – ein farcen-
hafter Reflex auf die unerhörte Begebenheit der ›Wahlverwandtschaften‹. Das Unheil nimmt seinen Lauf, da Dolores ihren Mann
untreu glaubt und die Fürstin von der nächtlichen Verwechslung
(»Der schnöde Sklave hatte trüglich meinen Leib zu seiner Lust
mißbraucht.«[26]) erfährt: sich selbst und dem Schreiber Gift verab-
reichend, sterben beide in einer gräßlichen Szene unter Zuckun-
gen und Jammern, dieweil Dolores an innerer Erschöpfung und
Seelenqual, aber endlich doch noch im Bewußtsein der Treue
ihres Ehegatten dem Tod auf sanfte Weise begegnet – als letzte
Sühne einstiger Verfehlung: »Sie starb den vierzehnten Juli, an
demselben Tage, in derselben Mitternachtsstunde, in welcher sie
vor vierzehn Jahren die heilige Treue gegen Gott und ihren Mann
gebrochen.«[27]

Kolportierte Wahlverwandtschaften, doch zum abschreckenden Zwecke ins Schauerliche und Triviale umgebogen. Es geht
Arnim um die Verteidigung und Bekräftigung des Ehestandes,

und ob nun in der Rahmengeschichte der Gräfin Dolores oder in den Binnenerzählungen, meist handelt es sich dabei um eine mehr oder weniger fabelhafte Darstellung der Gefährdungen, denen die Ehe in der modernen Welt ausgesetzt ist. Die nur skizzenhaft – in ihrer Konfiguration, nicht ihrer psychologischen Entwicklung – wiedergegebenen Liebes- und Eheverhältnisse bieten alle den Anblick einer tiefen, ohne Rückbindung an den Glauben und die religiöse Bedeutung der Ehe unheilbaren Krise. Auch Arnims Roman bietet derart eine Reihe von Versuchsanordnungen, doch die Liebe, die hier versucherisch den Ehekreis oder das Liebesverhältnis stört, ist allemal bloße Wollust und grobe Sinnlichkeit, die der Zerstreuung und Ablenkung dient, unheilvoll in jedem Fall, weil sie den Gegensatz von Geist und Triebleben zementiert, deren Versöhnung nach Meinung des Autors nur in der religiös begründeten, normativ verpflichtenden Institution der Ehe möglich ist. In der Kernidee des Romans und allen seinen Haupt- und Nebenhandlungen entdecken wir damit eine entschlossene und radikale Revision der Ansichten, die von Schlegel und Schleiermacher bis Goethe auch den Liebesroman bestimmen und die Säkularisierung als Prinzip der modernen Welt auch im Verhältnis der Geschlechter durchsetzen wollten. Daß darin Emanzipationsideen wirksam wurden, wie sie den romantischen Frauen (ob Dorothea Veit oder Sophie Mereau) selbstverständlich geworden waren, braucht nicht extra betont zu werden: Lucinde ist in allem dafür das beste Beispiel, und für ihren Julius fallen Weiblichkeit und Menschheit zusammen.[28] Auf dem Boden solcher Auffassungen ist allerdings Liebestragik nicht mehr möglich, weil sie Versuch und Irrtum einschließen und die falsche Wahl jederzeit revidierbar ist, sogar revidiert werden muß im Sinne der einen und heiligen Liebe, die es zu finden und zu verwirklichen gilt. Da jede Verwirklichung allerdings einen Rest von Ungenügen zurückläßt und die Realität gegen das Ideal notwendig abfallen muß, konnte die praktische Konsequenz nicht anders aussehen, als sie es dann skandalträchtig tat: die wechselnden Liebes- und Eheverhältnisse innerhalb der romantischen Schule sprechen eine unmißverständliche Sprache. Ihr entgegnete auch Goethe, doch Verbindlichkeit und Absolutheitsanspruch werden von ihm

rein liebesimmanent begründet, nicht etwa in einem sakramentalen Wesen der Ehe aufgehoben. Für Arnim steht diese christliche
Restauration des Eheverhältnisses allerdings, wie wir nicht vergessen dürfen, im Kontext seiner umfassenden nationalpädagogischen Ideale, die, von einer eigenwilligen Interpretation des französischen Revolutionsgeistes ausgehend (»⟨. . .⟩ was die Revolu-
zion wollte muß allgemein werden und was menschlich an ihr
war muß untergehen, es muß die individuelle eingeborne Kraft
jedes Einzelnen frey werden ohne die Familienbildung zu vernichten.«[29]), in dem Ziel einer geistigen Veredlung des Volkes kulminieren: »Das ganze Volk muß aus einem Zustande der Unterdrük-
kung durch den Adel zum Adel erhoben werden.«[30] In den
patriarchalisch-ständestaatlichen Vorstellungen Arnims kommt
der Ehe durch ihre metaphysische Bindung und das soziale Stabi-
lisierungsvermögen eine besonders ausgezeichnete Wirksamkeit
zu, so daß wir die ›Gräfin Dolores‹, unbeschadet ihrer offenen,
phantastisch schweifenden Form, der lyrischen Einlagen und der
sorglosen Gattungsüberschreitungen, als ein lehrhaftes Stück
Prosa lesen können, worin das Liebesthema nicht um seiner
selbst, sondern seiner erzieherischen Bedeutung nach abgehandelt
wird.

In der Romanliteratur der Zeit kursierten die mit jeder Liebesauffassung verbundenen Aspirationen und Beängstigungen in
zahllosen Varianten, und wenn uns auch die Namen der Autoren
nur in seltenen Fällen noch geläufig sind, haben sie doch zur
Ausbreitung und Befestigung einer neuen bürgerlichen, auf der
Macht der Gefühle und dem Selbstwert der Liebe basierenden
Liebeskultur entscheidend beigetragen. Wir Heutigen können
kaum abschätzen, welche Bedeutung etwa die Romane eines Carl
Gottlob Cramer für ein Lesepublikum hatten, das sein Gefühls-
und Seelenleben erst zu entdecken und von engen Konventionen
zu befreien begann. »O, dieses unglückliche Herz kämpfte schon
lange einen schweren, schweren Kampf unter der Tirannei der
menschlichen Gesetze; jetzt – ach, warum mußtest du mich auch
hierher führen, wo der Anblick der großen freien Natur mich
über alle Konvenzionen der Menschen erhob – jetzt, in deinem
Arme, fühlte es sich frei, und warf jene Ketten ab.«[31] Eine Schlüs-

selstelle aus Cramers ›Der deutsche Alcibiades‹ (1791), und die
Motive sind uns alle bekannt: von der Behauptung der Rechte
des Herzens über die Berufung auf die Natur bis zur Befreiung
von den einengenden Gesetzen der Konvention und dem Sieg der
Tugend über die Leidenschaft:»Albert hatte sich noch nie in einer
so kritischen Lage befunden als jetzt; denn unter allen Weibern,
die in seinem Arme gelegen, war noch keine Amalie. Meisten-
theils hatte er schon das leichte Spinnegewebe der Tugend von der
großen Welt durchlöchert oder gar zerstört gefunden; hier fand
er sie noch mitten im lebhaftesten Kampfe mit der unglücklich-
sten Leidenschaft. Was sollte er thun?«[32] Als Ganzes sind diese
Bücher mit ihrem exaltierten Gefühlsüberschwang, der Tugend-
schwärmerei, die oftmals nur als Alibi für eine freizügigere
Behandlung des Themas herhalten muß, und ihrer theatralischen
Rhetorik kaum noch lesbar, doch ihre Wirkung für das kulturelle
Gepräge der Epoche war enorm. Sie fungierten als Verstärker,
freilich auch Verflacher der wichtigsten Ideen und sozialen Haltungen; ihnen Privatisierungstendenzen vorzuwerfen ist aber
töricht, denn eben auf die Kultivierung und seelische Verfeinerung des Privatlebens kam es gerade an. Selbst wenn die Schriftsteller selber sich bloß erfolgreicher Erzählmodelle bedienten, um
ökonomisch auf ihre Rechnung zu kommen, entsprachen sie
doch objektiv einem wichtigen sozialen und kulturellen Bedürfnis
vor allem der bürgerlichen Mittelschichten nach Vorbildern zur
Orientierung ihres Lebens.

Um es an einem beliebig herausgegriffenen Bestseller der Zeit
nochmals vor Augen zu führen, wähle ich August Lafontaines
(1758-1831) immer wieder aufgelegte und selbst von harten Kri-
tikern des Autors von ihrem Verdikt ausgenommene Liebesgeschichte aus der Revolutionszeit: ›Klara du Plessis und Klairant‹
(1794-97). Worum es darin geht, ist schnell erzählt. Klara ist die
Tochter eines vor der Französischen Revolution geflüchteten
Vicomte, und sie liebt Klairant, der aber leider nur der Sohn eines
Pächters ist und daher als Ehemann nicht in Frage kommt. Aus
diesem unlösbaren Konflikt folgen all die Gefühlsverstrickungen,
das geheime Spiel der Leidenschaft, die Machinationen einer
infamen Intrige zur Trennung der Liebenden, schließlich deren

unglückliches Ende. Lafontaines Interesse in diesem zu seinem Frühwerk zählenden Roman richtet sich auf die Annalen des Herzens, sein Thema ist ein Verbrechen besonderer Art, das nicht von weltlicher Gerechtigkeit erfaßt wird und doch zerstörerische, ja mörderische Folgen hat. »Unglücklicher Greis, der du nicht glauben willst, daß es Herzen giebt, die man nicht nach den Regeln der Politik beurtheilen soll! Wie streng bestraft die Natur, deren Allmacht du verlachtest, den einzigen Fehler, den du begingest, alles der Ehre zu geben, und nichts der Natur!«[33] Diese Rede richtet der fiktive Erzähler und Augenzeuge des Geschehens an den alten Vicomte, der am Sterbebett seiner Tochter Klara sitzt. Sie verrät auch die gewichtigsten Gewährsmänner Lafontaines, Rousseau und Richardson, denen er sowohl die Methode der subtilen Gefühlsdarstellung wie auch deren weltanschauliche Begründung verdankt. Das Herz ist organon der Natur, wie diese folgt es seinen eigenen Gesetzen, in ihm ist der Schlüssel zur Welt verborgen. Lafontaine vertritt in seinen Romanen Macht und Berechtigung des Gefühls, die Liebe ist ihm eine Möglichkeit zur Selbstverwirklichung jenseits der sozialen und politischen Schranken. »Ach Klara, sie kämpfen, sie toben, sie streiten gegen einander um Güter, die sie nicht kennen, um Schattenbilder, die sie Glück nennen. Unsere einfachen Herzen kannten das Glück. Ach wir waren geboren, um uns irgendwo in der Patriarchenwelt, oder in Indien auf einer Flur, oder an einem Brunnen zu begegnen, uns zu lieben, in den Schatten eines Baumes uns eine Hütte zu bauen, da in den einfachen Sitten eines Naturvolkes zu leben und zu sterben. Weh uns beiden, daß wir uns in diesem wütenden Gedränge von Unmenschen trafen.«[34] Der Wunsch nach der Befriedigung der persönlichen Existenz in der engen sozialen Beziehung zweier Liebender ist durchaus nichts Verächtliches, und selbst die Ausbruchsphantasie, das exotische Tableau, das in der Literatur des 19. Jahrhunderts so kräftig fortwirkt, enthält noch einen kritischen Stachel gegenüber den Verhältnissen, die einem Liebesverlangen von selbstverständlicher Klarheit und Berechtigung die Verwirklichung verweigern.

V. Bibliothek der Abenteuer

1. Populäre Lesestoffe

Als Johann Christian Ludwig Haken, der Freund Schleiermachers (1767-1835), seine ›Bibliothek der Abentheurer‹ (1810) plante, konnte er bereits auf ein reges Publikumsinteresse, auch auf ein allgemeines Verständnis rechnen, dem er schließlich zuvor schon mit einer anderen Anthologie entsprochen hatte, der fünfbändigen ›Bibliothek der Robinsone‹ nämlich (1805-1808), in welcher er von Defoe bis Schnabel und Wezel die wichtigsten Autoren des Genres zusammengeführt hatte. In der Vorrede dazu verwies er schon auf die »fruchtbare Race der Avanturiers«: »Zwar abstrahiren sie meistens von der Idee des Robinsonismus; desto weidlicher aber tummeln sie sich auf allen, in den Robinsonen nach und nach eröffneten Stechbahnen der Seefahrten, der Freibeuterei, der Türkensklaverei, der welschen Banditerei u. s. w. umher.«[1] Er nannte auch hier schon das wichtigste Merkmal dieser Romane: »Das Verdienst einer reichen Phantasie und einer originellen, oft bizarren Komposition läßt sich einem Theil derselben keineswegs absprechen«[2]; sieht sich dann aber doch genötigt, in den einleitenden Bemerkungen zum ersten (und einzigen) Band der Abenteurer-Bibliothek einschränkend hinzuzufügen, daß »⟨b⟩loße Seltsamkeit und Abentheuerlichkeit der Begebenheiten« nun aber nicht ein einziges Kriterium der Auswahl habe sein dürfen, sondern auch das Maß an Belehrung über die »Meinungen, Vorurtheile, Sitten, Gewohnheiten und gesellschaftlichen Verhältnisse«, die sie widerspiegelten.[3] ›Der Abentheuerliche Simplicissimus, Teutsch‹ ist der Inhalt des ersten Bandes; warum es dann wohl dabei hat bleiben müssen, verrät auch schon eine Bemerkung in der Vorrede. Was nämlich alles in den hundertjährigen Zwischenraum zwischen Grimmelshausens Roman und »Wieland, Hermes, Goethe und Wetzel ⟨Johann Karl Wezel⟩« falle, komme, so zahlreich es scheine, doch nicht an gegen die »an Superfötation grenzende⟨⟩ Fruchtbarkeit unsrer heurigen lieben Romantiker« schon im »ersten Jahrzehnd des laufenden Jahrhunderts.«[4]

Und es war ja auch so, daß die literarische Produktion gewaltig gestiegen war. Der Anteil der Poesie, also der belletristischen Literatur im weiteren Sinne, hatte sich im Zeitraum zwischen 1775 und 1800 nahezu verdoppelt (nämlich auf 27,3 Prozent) und war kontinuierlich weiter gestiegen: fast zehnmal soviel Romane wurden nun verfaßt wie noch Mitte des Jahrhunderts, und davon hat nur ein Bruchteil in den Literaturgeschichten überlebt, auch wenn es sich dabei gewiß nicht um den gefragtesten Lesestoff der Zeitgenossen gehandelt hat. Den muß man vielmehr mit den Büchern identifizieren, die Haken für seine Abenteuerbibliothek vorgesehen hatte: »Was sich gleich auf dem Titelblatte, oder doch im Texte selbst, als ›abentheuerlich‹ ankündigt – was von ›wunderbaren‹, ›seltsamen‹, ›außerordentlichen‹, ›Geschichten‹, ›Begebenheiten‹, ›Erlebnissen‹, ›Reisen‹, ›Glücks- und Unglücksfällen‹ handelt ⟨...⟩«[5] Dazu noch einige, die der Herausgeber aus verschiedenen Gründen ausgeklammert wissen will, nämlich alle »Helden-, Staats- und Liebesromane«, aber auch »das Heer der eigentlichen Ritter-Romane«.[6] 1826 verfaßte Wilhelm Hauff die vergnügliche Skizze ›Die Bücher und die Leserwelt‹, in welcher er den »herrlichen Plan« einer Schreibfabrik entwarf, worin die Gespenster-, Ritter-, Räuber- und Liebesromane gleich en gros entstehen könnten, weil es für jedes Milieu und jeden Bestandteil dieser Romane (für die Gespräche, die Städte oder Naturlandschaften gleichviel) Spezialisten gebe, die ihre Versatzstücke am laufenden Bande lieferten.[7] Die Parodie traf die Wirklichkeit ziemlich genau, wenn man sich die Werke der erfolgreichsten Schriftsteller ansieht: 150 Bände zählt das Romanwerk August Lafontaines, über 160 Titel verzeichnet das Werk Heinrich Zschokkes, auf 140 Bücher aus dem Räuber- und Schauer-Genre brachte es Johann Andreas Karl Hildebrandt, und auch der Bibliothekar und spätere großherzogliche Rat und Ritter des weißen Falkenordens Christian August Vulpius, der Bruder von Goethes Christiane, schrieb neben dem ›Rinaldo Rinaldini‹ immerhin etwa sechzig weitere Bücher. Das sind alles keine Ausnahmen, und auch wenn Haken eine seiner ›Bibliothek der Robinsone‹ vergleichbare strenge Auswahl getroffen hätte, schlechtere Produkte nur auszugsweise, von den ganz minderwertigen nur die Titel veröffentlicht hätte, wäre es ein gewaltiges Unternehmen geworden.

Doch noch mit einer weiteren Schwierigkeit wäre er konfrontiert gewesen. »Auch mich hat ein liebes Abenteuer erwartet«, läßt Goethe seinen Werther sagen. »Abenteuer? Warum brauche ich das alberne Wort, es ist nichts Abenteuerliches in einem sanften Zuge, der Menschen zu Menschen hinzieht. Unser bürgerliches Leben, unsere falschen Verhältnisse, das sind die Abenteuer, das sind die Ungeheuer.«[8] Unter der hier eingenommenen, nicht nur naheliegenden, sondern wirklich zutreffenden Perspektive ist der Abenteuerroman nur die besonders ausgeprägte Probe auf das allgemeine Exempel des bürgerlichen Romans, der immer von abenteuerlichem Wesen sein wird, weil die Bedingung dafür seinem Gegenstand selber (dem bürgerlichen Leben und seinen Verhältnissen) eigentümlich ist. Hegels philosophische Analyse geht dann später gerade auf diesen Sachverhalt ein. Die Abenteuerlichkeit der romantischen Kunst sieht er als Zeichen für den Zerfallsprozeß der künstlerischen Form an. Dieser kritische Blick erweist sich geradezu als die Bedingung seiner scharfsinnigen Untersuchung aller Momente, die das Abenteuer in der bürgerlichen Gesellschaft konstituieren. In einer selber ungesicherten Welt mit untergeordneten gesellschaftlichen Verhältnissen war das Abenteuer einst Bestandteil der »Zufälligkeit des äußerlichen Daseins«, dem der fahrende Ritter seine »chimärischen Zwecke« entgegensetzte. An die Stelle der Zufälligkeit trat die »sichere Ordnung der bürgerlichen Gesellschaft und des Staats«, und die Helden des modernen Abenteuers »stehen als Individuen mit ihren subjektiven Zwecken der Liebe, Ehre, Ehrsucht oder mit ihren Idealen der Weltverbesserung dieser bestehenden Ordnung und Prosa der Wirklichkeit gegenüber, die ihnen von allen Seiten Schwierigkeiten in den Weg legt.«[9] Während der Abenteurer in einer ritterlichen Welt deren Zusammenhang bestätigt – denn sein Weg der Prüfungen und Gefahren wird als gottgewollt angesehen, als ein Initiationsgeschehen inmitten der universalen Heilsordnung –, bricht der bürgerliche Abenteurer aus der bestehenden Ordnung aus, überliefert sein Dasein dem »ungefähre⟨n⟩ Zufall, woran das Glück mehr Theil hat, als der Vorbedacht«, wie eine Formulierung Adelungs lautet.[10] Die Zufälligkeit des Abenteuers steht offensichtlich im Widerspruch zur zweckhaften Ordnung der bürgerlichen Gesellschaft. Deren Schranken erkennt der Abenteurer nicht an, vielmehr bedeuten sie ihm nur die Aufforderung, sie zu überschreiten und seine »subjektiven Wünsche und Forderungen« im Kampf mit der »für ihn ganz ungehörigen Welt« zu realisieren.[11] Für Hegel ist der Abenteurer eine Art Don Quichotte, der »ein Loch in diese Ordnung der Dinge«[12] hineinzustoßen versucht, obwohl diese Ordnung ein objektiver Tatbestand ist, deren Druck sich das einzelne Subjekt nicht entziehen kann. »Diese Kämpfe nun aber sind in der modernen Welt nichts weiteres als die Lehrjahre, die Erziehung des Individuums an der vorhandenen Wirklichkeit, und erhalten dadurch ihren wahren Sinn. Denn das Ende solcher Lehrjahre besteht ja darin, daß sich das Subjekt die Hörner abläuft, mit seinem Wünschen und Meinen sich in die bestehenden Verhältnisse und die Vernünftigkeit derselben hineinbildet, in die Verkettung der Welt eintritt und in ihr sich einen angemessenen Standpunkt erwirbt.«[13] Nur scheinbar, meint Hegel also, widerspricht das Abenteuer der vernünftigen Ordnung der Dinge, in Wahrheit bereitet es das Individuum auf seine prosaischen Aufgaben und Verpflichtungen vor – am Ende steht der »Katzenjammer« aus Arbeit und Ehe. Die Rechtfertigung der vorhandenen Welt als der einzig vernünftigen läßt dem Abenteuer keinen anderen Raum als den der Schule fürs ordentliche bürgerliche Leben.

Das ist noch ganz aufklärerisch gedacht und ähnelt in der Argumentation den kritischen Einwänden, die einstmals viele Zeitgenossen gegen Werthers Abenteuer des Herzens und der Leidenschaften vorgebracht hatten: fehlte ihnen doch gerade jenes domestizierende Element, welches das Abenteuer zu rechtfertigen vermocht hätte. In Goethes späterem Bildungsroman hat es seine erzieherische Funktion zurückerhalten, doch blieb sie nicht unangefochten. Nicht erst der romantische Abenteurer vom Schlage der Tieckschen Helden oder des Taugenichts, wie ihn Eichendorff schuf, bleibt ein Fremder in den geordneten Verhältnissen des bürgerlichen Lebens; und es hieße, die häufig aufgesetzten, pflichtbewußt abschließenden Glücksfälle zu ernst nehmen, wollte man sie als Bestätigung von Hegels These auffassen. Die Faszination des Abenteuerromans, ob er nun als Schauer- oder Räuberroman auftritt, seine Helden in die Kostüme der Vergangenheit oder einer imaginierten Zukunft steckt, beruht auf dem Widerspruch zur prosaischen Alltagserfahrung, auf der Sehnsucht nach einer Freiheit und selbst Zügellosigkeit des Lebens, die nur noch in den künstlichen Paradiesen der Phantasie vorstellbar sind.

2. Ritterromantik: Wächter, Fouqué

Eine der wichtigsten Anregungen für die literarische Fassung solcher anarchischer Freiheitsträume lieferte die Geniebewegung, und es sind zwei Dramen – das eine ihren Anfang, das andere schon ihr Ende markierend –, welche die wohl folgenreichsten Modelle für den Abenteuerroman seit den neunziger Jahren geliefert haben: Goethes ›Götz von Berlichingen mit der eisernen Hand‹ (1773) und Schillers ›Räuber‹ (1781). Die Literatur der Ritter- und Räuberromane ist von hier ausgegangen, beide oft ununterscheidbar miteinander verknüpft, und auch die so ungemein populär gewordene Kulissenwelt eines künstlichen Mittelalters leitet sich davon her. Ihr erfolgreichster und wirkungskräftigster Bildner und Propagandist war Leonhard Wächter (1762-1837), Sohn eines Diakons, in dessen Kirchenbibliothek viele Schriften über das Mittelalter den Stoff zu früher begeisterter Lektüre boten; unter seinem Schriftstellernamen Veit Weber ist er zu solchem Ansehen und Ruhm gelangt, daß ihm die Heimatstadt Hamburg zum 100. Geburtstag ein Denkmal setzte. Wächter war ein freiheitsliebender, unabhängiger Mann, ein Anhänger der Französischen Revolution, auf deren Seite er kämpfte, zuletzt als Hauptmann bei einem Reiterregiment unter General Dumouriez. Von dieser Haltung zeugen auch seine Bücher, ausdrücklich die Reden ›Für Freiheit und Recht‹ (1815), indirekt in Handlungskonstruktion und Botschaft seine Romane, die denn auch 1804 von der preußischen Zensur verboten wurden. Weber hat ein umfangreiches Werk hinterlassen, traditionsbildend wurden aber besonders seine ›Sagen der Vorzeit‹; unter

diesem Titel faßte er in sieben Bänden (1787-98) eine Reihe von
historisierenden Abenteuerromanen zusammen, die ans mittelalterliche Ritterwesen anknüpfen. Obwohl Wächter sein mittelalterliches Epochenverständnis mit Details aus der Geschichtsschreibung anreicherte und beglaubigte (etwa Ludwig Klügers
›Das Ritterwesen des Mittelalters‹, 1785-91), haben wir es dabei
doch mit einem ganz künstlichen Gemälde zu tun, wie sein Autor
auch freimütig eingestanden hat: »Die Sage läßt hier Könige von
Dännemark und Frankreich auftreten«, erläuterte er in einer
Anmerkung zum dritten Band der ›Sagen aus der Vorzeit‹, »derer
Thaten, Schwachheiten, häuslicher Leiden und Freuden die
beglaubigte Geschichte nicht gedenkt, und bürdet dadurch jedem
Nachbilder ihrer Schattenrisse die Last auf, diese Gestalten so in
die Augen springend, der Wahrheit ähnlich durch nachgeahmte
Costume, Farbenzauberei und Vertheilung von Licht und Schat-
ten zu machen, daß man, beim Schauen, des Krittelns, der Appel-
lation an die Wahrheit, vergesse: aber das Costume hängt von der
Zeit ab, und die Figuren müssen, durch Licht und Schatten der
Zeit, in welcher sie leben, geründet, vermenschlicht werden: also
muß auch eine Zeit vestgesetzt seyn, von welcher die Bilder Licht
und Schatten erhalten. Da ich nun einmal diese Könige von
Frankreich und Dännemark für Undinge in der beurkundeten
Geschichte erkläre, die mir ein zu heiliges Buch ist, als daß ich
durch Häufung verschiedener Lesarten ihr Ansehen entwürdigen
sollte; so wird auch die Zeit, von der ich für die Umrisse, von der
Sage entworfen, Ründung, durch Sitten und Costume borge, keinen historischen Grieswärtel verführen können noch dürfen, ihre
Urbilder in den Schranken der damaligen, wahren Geschichte
aufzusuchen.«[14] Das ist deutlich, und Wächter benutzt die alte »ut
pictura poesis«-Doktrin zur Rechtfertigung für die Machart seiner Romane. Nicht auf historische Richtigkeit und Faktentreue
im Sinne des späteren historischen Romans im 19. Jahrhundert
hat er es bei der Erfindung und Bearbeitung der Sujets abgesehen, sondern auf Glaubwürdigkeit und Wahrscheinlichkeit zur
»Erinnerung einer Biederthat«, wie es in der Vorrede zum Roman
›Die Brüder des Bundes für Freiheit und Recht‹, im vierten Bande
der ›Sagen‹, heißt.[15] Damit meint Wächter sein ganz aktuelles

Wirkungsinteresse, das er zur Unterhaltung, Tarnung und quasi-
historischen Beglaubigung mit den Kostümen einer sagenhaften
mittelalterlichen Vorzeit drapiert.

Sieht man sich die Ideen und Vorstellungen an, die er in seinen
Romanen verfolgt, so entstammen sie denn auch vollständig den
Gedanken und Werten, die die Aufklärung in Umlauf gebracht
hatte. Freiheit, Recht und Toleranz, die freimaurerischen Bundes-
ideale, der Kampf gegen Dunkelmännerei, Wunderglauben, Des-
potie und Pfaffentum – darauf läuft das fabula docet seiner meisten Werke hinaus, und sie werden meist auf krudeste Manier
verbreitet und kolportiert. Wie im ›Müller im Schwarzthal‹
(zweiter Band der ›Sagen‹) sind es oft böse, verworfene und geile
Mönche, die brave Frauen und Mädchen entführen und verge-
waltigen, durch allerlei Machenschaften sich das Vermögen der
Gläubigen aneignen (»⟨. . .⟩ am Siechenlager hatte er schon manche Erbschaft erschlichen, auch hier fand er die Gelegenheit günstig, sein Kloster zu bereichern.«[16]) und mit dem Ablaß-Verkauf
ihren weltlichen Wucher treiben. Wie in der von Schillers
Romanfragment angeregten ›Teufelsverschwörung‹ (vierter Band
der ›Sagen‹) können auch betrügerische Geisterbeschwörer und
Wundertäter die Gegenaufklärung verkörpern und als schlimme
Betrüger und Mordbuben fungieren, wobei es Wächters Ziel
immer bleibt, die zunächst unerklärlich erscheinenden Wunder
und Zaubereien zu enttarnen und ihre Machinationen sichtbar zu
machen: »Mich jammerte doch endlich des alten Betrügers, der
mir, zur Entschädigung meines Verlustes, ein Buch voll Unsinn
und Lügen, geben wollte; stieg, da er eingeschlummert war, in
das hohle, gelenkte Bild (einer Christusfigur), bewegte bey seinem
Erwachen dreymal des Bildes Kopf, und schläferte dadurch den
bübischsten Schwarzkünstler ein zum letzten Erwachen im Himmel oder in der Hölle.«[17]

Soviel zu den Repräsentanten des Bösen, die in Wächters
Romanen wie in diesem Genre überhaupt immer schon eindeutig
an ihrem äußeren Signalement zu erkennen sind. Ihnen stehen,
gemäß der manichäischen Zweiteilung der Welt in Schwarz und
Weiß, Recht und Unrecht, Tugend und Laster, die guten, edelsin-
nigen Ritter gegenüber. Zum Beispiel Diederich von Aarhorst (in

›Der Müller im Schwarzthal‹), ein guter Ehemann und liebender
Vater, freier vorurteilsloser Geist und Kriegsheld ohne Furcht
und Tadel, beliebt bei seinen Knechten wegen seines Gerechtig-
keitssinns, seiner Großzügigkeit und von den Freunden geschätzt
ob seiner Treue und Verläßlichkeit. Daß gerade er ein Opfer der
teuflischen Mönche wird, durch sie sogar seine Ehre verliert und
selber zum Verbrecher wird, setzt das einfache, antithetische
Weltbild des Ritterromans nicht außer Kraft, sondern bestätigt
es, und wenn er am Schluß in den Armen seiner Tochter an
gebrochenem Herzen stirbt, beschwert auch das noch das Konto
seiner Widersacher. Sein Typus ist zu einer stehenden Figur des
Genres geworden, vergröbert und aufs höchste gesteigert in Carl
Gottlob Cramers ›Hasper a Spada, eine Sage aus dem 13. Jahrhundert‹ (1792/93), die Franz Horn 1813 mit kräftigen Worten
kennzeichnete. Ein Buch, schreibt er in seiner Darstellung der
schönen Literatur Deutschlands, »in welchem tausend Fahnen der
Pseudo-Deutschheit wehen, ein Buch, das ordentlich dröhnt von
Pferdegetrapp, Lanzensplittern, fallenden Burgen, Rittern und
Jungfrauen, in welchem das Herannahen des Weltgerichts selbst
auf dem Titelkupfer vermuthet wird, weshalb denn auch die Helden (unter denen Bomsen wohl die meisten Herzen gewonnen
haben dürfte) durch großartige Flüche, und anderweitige kolos-
sale Redensarten, sowie nicht minder durch eine perennirende
Betrunkenheit jene Schauer abzuwehren oder doch wenigsten zu
lindern bemüht sind: wer hat sich nicht ergötzt an den entsetzlichen Schlägen und Stößen, welche in diesem Werke den Böse-
wichtern zugetheilt werden, und an den übervollen, die Blätter
fast durchweichenden Humpen, mit denen hier die Tugend und
Tapferkeit belohnt wird, die auch billig mit nichts Geringerem
Vorlieb nimmt!«[18]
 Bis weit ins 19. Jahrhundert hinein reicht die Wirkung und
Popularität dieser Literatur, doch läßt sich nicht für alle die
gleiche Ursache namhaft machen. Sie können ebenso Spiegel
nationaler Sehnsüchte und höfischer Gesellschaftlichkeit sein,
wie sie anarchischen Freiheitswillen und die bürgerlichen Revolutionsideale in sich aufgenommen haben. Die Ritterromane des
preußischen Barons Friedrich de la Motte Fouqué schöpfen

aus demselben Stoff- und Figurenarsenal wie die Wächters oder Cramers und lassen doch den Zeitgeist der Napoleonischen Kriege erkennen, seinen Patriotismus und die kriegerische Ausrichtung. »In der trüben Zeit, wo durch Gottes damals unerforschlichen, jetzt aber wohl Allen, die Augen haben, klargewordenen Rathschluß ein dumpfzerdrückendes Band über unserm deutschen Vaterlande lag«, so Fouqué im Vorbericht zu den ›Wunderbaren Begebenheiten des Grafen Alethes von Lindenstein‹ (1817), »und es mir beinahe vorkam, als seye für Männer von gesetzlichem Sinn die Bahn zu ächten Thaten durch ehrne Riegel verschlossen, ⟨. . .⟩ – in Mitten all dieses ängstigenden Leidens geschah es, daß ich die vorliegende Geschichte zu schreiben begann.«[19] Diese Ausrichtung nach der Zeitgeschichte war gewiß einer der Hauptwege, auf dem Fouqué zu, wenn auch nur kurzfristigem, Ruhm gelangte, und seine Verherrlichung des ritterlichen Zweikampfes, der heroischen Walstatt aller männlichen Tugenden (»Alethes, auf dem Schlachtfelde immer von ganz eigenthümlicher, wunderbar gebietender Gewalt und Ruhe durchströmt ⟨. . .⟩«[20]) entsprach ganz seiner adligen Gesinnung, die das Rittertum als Kriegerkaste begriff und in der Gegenwart neu verankern wollte. Doch hat Fouqué auch stofflich dem Ritterroman durchaus eine eigene Note hinzugefügt, indem er ihn mit dem nordischen Erzählungs- und Sagenkreis verband. Nach dem Erfolg seines dreiteiligen Heldenspiels ›Der Held des Nordens‹ (1810), einer Dramatisierung der Nibelungensage, die Arno Schmidt allzu enthusiastisch »ein ganz gewaltiges Werk, voll mächtiger dramatischer Kraft« genannt hat[21], lag es nahe, das Rezept auch in der anderen Gattung zu versuchen. Das Ergebnis reicht nicht an den noch nach traditionellem Vorbild geschriebenen ›Zauberring‹ (1813) oder gar an ›Alethes von Lindenstein‹ heran und ist 1815 unter dem Titel ›Die Fahrten Thiodolfs des Isländers‹ erschienen. Ein Reckenepos voller Ungeheuerlichkeiten, Verherrlichung nordischer Größe und isländischen Lebens, Kriegsspektakel und Liebeskolportage in einem, wie sich das für den Ritterroman gehört. Ehe der riesenhafte nordische Jüngling Thiodolf, ein neuer Sigurd, seine Isolde, die Tochter eines stolzen provençalischen Freiherrn, endgültig gewinnt, muß er Abenteuer und Wagnisse aller Art bestehen, wird in Konstantinopel, wohin ihn endlich die Suche nach der entführten Geliebten bringt, zum Heerführer ernannt, soll eine Kaisertochter heiraten, gerät dann in schlimme Bedrängnis und wird daraus von Isolde gerettet. Das ganze Komplott mit seinen Geheimnissen und Irrwegen entpuppt sich schließlich als Verhängnis eines alten Familienfluches, der nun endlich gelöst ist. Die Frau bedeutet in diesen Romanen immer Unheil oder Erlösung, und mitunter besteht die Handlung wie im ›Alethes‹ aus dem langsamen, von Rückfällen immer wieder unterbrochenen Loslösungsprozeß des Helden von der hexenhaft schönen, treulosen und schlechten Frau (hier heißt sie Yolande), so daß er wieder frei wird für die wahre Geliebte – das glückliche Ende ist freilich nicht immer derart ins kitschige Übermaß getrieben wie in unserem Fall:»Die matten Augen noch zum letztenmal im süßen Lächeln erschließend, legte Yolande Alethes und Emiliens Hände zusammen, und starb. Inbrünstig betend knieten Beide neben dem schönen Bilde der abgeschiednen Freundin.«[22]

Doch selbst ein Schriftsteller wie Fouqué, der so leidenschaftlich Zeitgenosse war, von so überzeugter preußischer Gesinnung und christlicher Gläubigkeit, hat seine literarische Aufgabe nicht zuallererst politisch verstanden. Seine Romane und Erzählungen sind zwar Medium seiner Überzeugungen, doch nicht deren Instrument, sondern, wie in dem ganzen Genre, tagträumerische Phantasieveranstaltungen, deren Reiz auch heute noch nicht gänzlich erloschen ist. Über seinen Plan zum ›Zauberring‹ schrieb er die aufschlußreichen Worte:»Außerdem habe ich nun vor, nächstens einen großen Ritterroman anzufangen, wo deutsche, altfranzösische, spanische und italiänische Ritter, auch nordische Seekönige, Seeritter und Amazonen, ja mohrische Gazuls und Muzas nicht ausgenommen, sich in einen gewaltigen Teppich verweben sollen.«[23] Einen Märchenteppich, dessen Muster nach Motiven aus allen Himmelsgegenden entstanden ist. Bild vom »Wald der Welt«[24] und damit, so merkwürdig das klingt, einer Weltlandschaft, die Abbildung und Deutung in einem ist, Wunscherfüllungsort für alle noch so waghalsigen Hoffnungen und Träume.

Ihre Dramaturgie ist die der Spannungssteigerung und -lösung, des sorgsam kalkulierten Affektwechsels, des Spiels von Dämpfung und Erregung, dessen Technik die rhetorische Affektenlehre vermittelte. Wenn wir von heute aus das riesenhafte Corpus der Ritterromane betrachten, so treten tatsächlich alle Unterschiede – sei es in der ideologischen Botschaft, sei es in der Kombination und Montage der geläufigen Topoi und Motive – zurück hinter dem ihnen allen gemeinsamen ästhetischen Wirkungsinteresse der Affektstimulierung. Künstliche Paradiese für ein Lesepublikum, das ständig wuchs und dessen Bedürfnisse die Literatur zum Massenmedium machten. Bemerkte der Rezensent der Allgemeinen Literatur-Zeitung zum dritten Band von Wächters ›Sagen der Vorzeit‹: »Daß diese günstige Aufnahme nicht etwa schnell vorübereilende Manie seyn werde, dafür bürgt die reiche Imagination des Vf., der durch mannichfaltig abwechselnde Scenen die Aufmerksamkeit des Lesers immer von neuem zu fesseln versteht, sein Talent, jede Begebenheit mit den lebhaftesten Farben uns vors Auge zu stellen, und die allenthalben hervorleuchtende Kenntnis der Welt und des Menschen, wovon in manchem bändereichen Roman auch keine Spur zu finden ist.«[25] In solcher Anregung der geistigen und emotionalen Aktivität, wir wissen es, können auch reale Handlungshemmung und gesellschaftliche Ohnmacht kompensiert werden. Doch geschieht das auf zweideutige Weise, indem zugleich nämlich das Bewußtsein des Fehlenden wachgehalten wird. Der edle Ritter als Selbsthelfer aus aller historischen Misere ist ein naives, holzschnittartiges Wunschbild, doch ein aufreizendes, die erhoffte »Selbst- und Welterweiterung«[26] im Handstreich der Einbildungskraft vorwegnehmendes Bild.

3. Traumfiguren der Identität: Grosse, Voß

»Unzähligemal hatte ich vorher in diesem Walde gejagt, niemals hatte ich aber diese Hütte gesehen, oder war auf etwas Verdächtiges gestoßen. Man trug sich zwar mit seltsamen Sagen von einem verfallenen Schlosse in der Mitte des Waldes, wohin mich mein Weg niemals geführt hatte; nie hatte sich aber etwas ereig-

net was die Aufmerksamkeit der benachbarten Gegend bestimmt
auf diesen Fleck gezogen hätte.«[27] Das ist gar nicht eine der typischen, viel spektakuläreren Szenen aus dem Roman, an dem sich
die junge Romantikergeneration begeisterte und dessen Autor
über die Töchter des Göttinger Professors Michaelis ihre gesellschaftlichen Kreise an der Peripherie berührte: die vier Bände des
›Genius‹, aus dessen erstem Buch das Zitat stammt, sind zwischen
1791 und 1794 erschienen, geschrieben hat sie Carl Friedrich
August Grosse (1768-1847), der sich zeitweise Marquis von
Grosse nannte und sich auch sonst noch allerhand Ehrennamen
und Titel zulegte. Nach 1793 firmierte er als Edouard Romeo
Graf von Vargas und machte unter diesem Namen schließlich
noch eine respektable wissenschaftliche Karriere: von 1809 bis
1842 wirkte er in leitender Funktion am naturwissenschaftlichen
Museum in Kopenhagen, von 1842 bis zu seinem Tode als Direk-
tor. Schon die Biographie[28] liest sich wie ein Abenteuerroman
oder wenigstens wie dessen Nachahmung in der Wirklichkeit:
Carl Grosse hat sich selber in ein Artefakt verwandelt, sich
Namen, Karriere, eine eigene Geschichte erfunden, und es ist ihm
gelungen, diese Kunstfigur so glaubwürdig im Leben zu verkörpern, daß aus Phantasie Wirklichkeit wurde. Von solcher Suggestivkraft zeugt auch der ›Genius‹, sein neben zahlreichen Übersetz-
zungen und Bearbeitungen ausländischer Werke, neben weiteren
Romanen (›Der Dolch‹, 1794) und Erzählungen, neben philosophischen (›Über das Erhabene‹, 1788; ›Helim oder Über die See-
lenwanderung‹, 1789) und naturwissenschaftlichen Schriften
gewiß bedeutendstes Buch. In mehrfachen Abwandlungen verfolgt er darin eigentlich nur ein einziges Thema, das ja auch zum
entscheidenden Motiv seines Lebens geworden ist und das wir im
übrigen als einen immer wieder aufs neue faszinierenden Beweggrund der ganzen Kolportageliteratur der Folgezeit kennen:
Grosse war beherrscht von der Vorstellung, daß nichts, ob
Mensch oder Tier oder Landschaft, ob Ding oder Lebewesen, mit
sich selbst identisch sei, und so hat er seine literarische Welt mit
Masken und Scheinfiguren bevölkert, die sich zwischen trügerischen Kulissen bewegen und darin jederzeit zu Fall kommen können. Niemals kann der Held (und mit ihm der Leser) sicher sein,

daß nicht die vertraute Waldlandschaft sich mit einem Male in den Abenteuerwald ritterromantischer Prägung verwandelt oder die blühende Geliebte ihm von einem Moment auf den anderen in das erstarrte Bild einer Leiche übergeht: »Indem ich mich so ganz in ihrem Anschauen verlohr, bemerkte ich, daß sie etwas blässer wurde, die Augen schienen mir matter, der Mund verblüheter. Ich starrte erstaunt auf sie hin, doch schrieb ich es dem matten Scheine der Lichter und meiner Verblendung zu. Aber bald sah ich sie immer mehr und mehr erbleichen, die Augen erlöschten, die Oberlippe zuckte in einer krampfhaften Wallung, das ganze Gesicht ward länger und schmaler, und sie fieng an zu stammeln. ›Um Gotteswillen, Elmire, wie ist dir?‹ – ›Recht wohl, mein Geliebter‹, antwortete sie mühsam. Aber in dem Moment brachen sich zugleich ihre Augen, sie knirschte mit den Zähnen, sie beugte sich mit verzerrtem Munde und gräßlich starrenden Blicken zu mir hin, das eiskalte Gesicht einer Leiche fiel auf das meinige ⟨. . .⟩«[29] Doch ist dies nicht das letzte Wort, und Elmire wird wiederauferstehen, nur um dem Geliebten ein weiteres Mal geraubt und diesmal – wiederum scheinbar – das Opfer einer Pistolenkugel zu werden. Der durchgehende Handlungsfaden des Romans, die Lebensgeschichte des Marquis von G., welche die Geschichte seiner stufenweisen Erprobung und schließlich der Einweihung in den Geheimbund ist, der hinter allen Ereignissen steht, liefert nur den Rahmen, in den hinein der Autor seine Masken- und Identitätsverwirrspiele stellt, auf die es ihm einzig ankommt. In einem Moment wird der beste Freund zum wutentbrannten Mörder (»– Er stürzte auf mich rasend zu. / Aber halbsinnlos bog ich mich zur Seite, der Degen fuhr in die Rasenbank, wir rangen, der Graf fiel zu meinen Füßen.«), der nächste Augenblick verwandelt ihn in die vertraute Gestalt zurück (»Er ließ den Degen los, umfaßte mich mit beyden Armen. – ›Ach, Karlos‹, rief er aus, ›kannst du es glauben, du mein einziger Freund. Sieh! ich habe keine Sinne mehr.‹ «[30]).

Personhafte Identität wird uns im ›Genius‹ nicht als feststehende Grundtatsache des menschlichen Lebens glaubhaft gemacht, sondern als Konstruktion vor Augen geführt, nämlich als Geschichte, die einem Menschen darüber erzählt wird, wer er ist. Erscheint ihm eine andere Geschichte von sich selber plausibel genug, ja sogar plausibler und wünschenswerter, nimmt er die neue Identität an. Bereits in dem Bedürfnis des erzählenden Marquis, die wechselnden Geschichten zu glauben, deren Zeuge er wird oder die ihm berichtet werden von den Personen, mit denen er umgeht, wird sein grundsätzlicher Zweifel an dem, was ist, deutlich. In zahlreichen Brechungen erfahren wir dabei das Lebensmotiv des Autors, eine komplementäre Identität zur eigenen bisherigen zu finden, die als unzureichend abgelehnt wird. Doch beginnen die Schwierigkeiten in der Realität ja erst dann, wenn es gilt, die selbstgeschaffene Identität durch andere, durch die Familie, die Gesellschaft, in der man lebt, bestätigt zu erhalten. An dieser Stelle gewinnt dann der Geheimbund seine bedeutsamste Funktion, indem er die Identitäten zuteilt und ihre Veränderungen legitimiert.

Das ganze Konzept ist aber durchaus nicht so individualpsychologisch beschränkt, wie man zunächst glauben könnte. Das Verlangen zu wissen, wer man ist, und die zudiktierten Rollen und sozialen Identifikationsangebote zu verweigern, ist ja abhängig von dem Maße, in dem die individuellen Hoffnungen, Ansprüche und Selbstgewißheiten mit den objektiven Lebensbedingungen auseinanderklaffen und das geheime Wissen, nicht der zu sein, als der man sozial festgelegt ist, die Erfahrung bestimmt. Wir besitzen ein schönes Zeugnis dafür, daß von der Literatur diese Unangemessenheitserfahrung wenn nicht initiiert, so doch verstärkt wird und darin die eigentümliche Wirkungsweise von Romanen liegt, wie sie der ›Genius‹ besonders rein verkörpert. Womit ich mich auf Ludwig Tiecks Bericht von der gemeinschaftlichen Mammutlesung der ersten beiden Teile des Buches beziehe, die er mit Freunden an einem Tag zwischen vier Uhr nachmittags und zwei Uhr nachts verabredet und durchgeführt hat. Tieck schreibt an Wackenroder, wie er nach der Vorlesung, allein in seinem Zimmer, von gewaltsamen Visionen überwältigt wird, »Schatten jagten sich schrecklich um mich herum, mein Zimmer war als flöge es mit mir in eine fürchterliche schwarze Unendlichkeit hin, alle meine Ideen stießen gegeneinander, die große Schranke fiel dauernd ein, vor mir eine große, wüste Ebne, die Zügel entfielen meiner Hand, die Rosse rissen den Wagen unaufhaltsam mit sich, ich fühlte es wie mein Haar sich aufrichtete, brüllend stürzte ich in die Kammer. – Jene, in der Meinung, ich will sie erschrecken, schreien ebenfalls, als plötzlich sich die kleine Kammer wie zu einem weiten Saal ausdehnt, in ihnen zwei riesenmäßige Wesen, groß und ungeheuer ⟨...⟩, die Angst und Wut schüttelte alle meine Glieder, ich hätte beide niedergestochen, hätt' ich einen Degen in meiner Gewalt gehabt. Ich war auf einige Sekunden wirklich wahnsinnig.«[31] Das Erlebnis hat es in sich. In ihm durchlebte der erhitzte Leser die Phantasien, die der Roman vorher in ihm modelliert hatte, so daß die Bedeutung der Realität zerfällt und ein neues Bezugssystem für die handelnde, empfindende Person an ihre Stelle tritt, unbezweifelt für den Moment und als angemessener erfahren als die frühere. Daß der Berichterstatter daran die Befürchtung schließt, er könne überhaupt wahnsinnig werden, widerspricht nicht dem eigentlichen Wunschcharakter jener Identitätsverrückung, die natürlich der Realität und deren Selbstbewußtsein zuwiderläuft.

Haben wir es hier auch mit einer Extremerfahrung zu tun, so bringt sie doch die Wirkung dieses populären Literaturkonzepts nur besonders krass zum Ausdruck. Ein anderer Erfolgsroman der Zeit, 1792 im selben Jahr wie der zweite Teil des ›Genius‹ erschienen, verwirklicht es auf andere, doch die Leser offensichtlich nicht minder faszinierende Weise. In Christian Heinrich Spieß' ›Geistergeschichte‹ mit dem in unserem Zusammenhang bereits zweideutigen Titel ›Der alte Überall und Nirgends‹ wird die Geschichte des Ritters Georg von Hohenstaufen erzählt, der zur Zeit Karls des Großen seinen Ritterpflichten zwar auf vorbildliche Weise genügte, dabei aber mit der weltlichen Gerechtigkeit in Konflikt geriet und nicht nur zum Tode verurteilt, sondern sogar dazu verdammt wurde, in verschiedenen Identitäten durch die künftigen Jahrhunderte zu ziehen, bis er wenigstens fünf in jeder Hinsicht vollkommene Handlungen getan. Wie er durch die Zeiten wandert, so ist jede Gestalt, die er annimmt, doch nur die Auszugsgestalt der nächsten und eine bloße Abschlagszahlung auf die höchste und Wunsch-Identität des Mit-sich-selbst-eins-Seins in allem Fühlen, Denken und Handeln.

Eine Welt der Täuschung und des Scheins beschreibt auch Spieß' Roman, doch längst nicht so kunstvoll und hinreißend, wie das im ›Genius‹ geschieht, der ganz virtuos mit allen dafür einschlägigen Bildern und Motiven spielt und etwa auch, wohl nach dem Muster von Schillers ›Geisterseher‹, das Venedig der Maskenbälle und karnevalistischen Vermummungen zum Schauplatz für einen Höhepunkt am Ende des Romans wählt. Im Hintergrund von allem steht der rätselhafte Geheimbund, der aber auch keine Sicherheit bietet und einmal als verschworene Mörderbande, dann wieder als philanthropische Gesellschaft auftritt. Gewiß haben wir in dem populären Geheimbund-Thema eine besondere Form der literarischen Verarbeitung der Französischen Revolution vorliegen wie in allen Bundesromanen der Zeit. Den »Plan dieser Menschen«, des Geheimbunds, erläutert einer seiner Anhänger im Roman damit, daß er »groß und edel« sei und zuletzt in der »Vervollkommnung der ganzen Menschheit« bestehe. Worauf der Marquis die Bedenken vieler, gerade der deutschen Beobachter der Revolution vorbringt: »Wer bürgt mir dafür, ob alle meine besten Plane eines Menschen Leben, das ich ihnen aufopfern, oder sie aufgeben muß, wirklich werth sind?« Dem entgegnet aber der revolutionäre Geheimbündler ganz im Geist von Büchners St. Just und beruft sich auf die Schöpfung selber: »Einem einzigen großen Plane der Menschenbildung hingegeben, kümmert sie sich nicht um die neben ihr vorgehenden Veränderungen.«[32] Doch eben diese Gedankenkette, dem Zeitgenossen aus der antirevolutionären Propaganda vertraut, welche die Revolution als ein Werk internationaler freimaurerischer Verschwörung hinstellte, wird vom Autor nicht aus politischen Zwecken dem Romangeschehen zugrunde gelegt, sondern soll auch noch den verwickeltsten und unerklärlichsten Geschehnissen den Schein von Plausiblität und Glaubwürdigkeit verleihen, gehört also zur ästhetischen Strategie des Romans, weshalb seine Bewertung auch ständig schwankt. Nicht die Belehrung des Lesers und auch diesmal nicht in erster Linie seine ideologische Beeinflussung sind beabsichtigt, sondern seine ästhetisch-emotionale Stimulierung. Der Komposition der Handlung, dem Aufbau, der Gegenüberstellung und dem Verhältnis der Figuren, schließ-

lich dem Schema der Kulissen – dieser ganzen Ökonomie des
Abenteuerromans liegt der menschliche Affekthaushalt in seiner
zeitgemäßen Prägung zugrunde. Der Rezensent von Grosses
Roman in der ›Neuen Allgemeinen Deutschen Bibliothek‹
beschreibt daher den Sachverhalt ganz richtig, wenn er auch mit
seiner daraus abgelesenen kritischen Bewertung dennoch an dem
Zweck und der Wirksamkeit dieser Romane vorbeizielt. »Die
Geschichte wird in ihrem Fortgange immer abentheuerlicher,
immer verwickelter«, tadelt er in seiner Besprechung des zweiten
Teils. »Die unbegreiflichsten Begebenheiten folgen Schlag auf
Schlag, und dieser zweyte Theyl endet sich noch wunderbarer, als
der erste. Eine Dame, die dort mit drey Kugeln erschossen wird,
und an deren Körper der Held der Geschichte schon die unver-
kennbarsten Spuren der Fäulniß bemerkt hat, findet er hier frisch
und gesund in einer Alpenhütte wieder. In seiner Manier bleibt
sich der Verf. vollkommen gleich. Seine Erzählung ist lebhaft,
stellenweise hinreissend, aber die Sprache sehr oft gesucht,
schwülstig, und der Ton durchaus so gespannt, daß er eben
dadurch bald ermüdet. Fast jedes Beywort steht im Superlativ.
Alle Gewitter sind Orkane, alle Gegenden entzückend, alle
Nächte schauerlich ⟨. . .⟩«[33]

In der einstmals fast exklusiv der Tragödie vorbehaltenen Wirkungsabsicht der Pathoserregung kulminiert auch immer wieder
der Abenteuerroman, besonders augenfällig natürlich dann, wenn
er mit schauerromantischen Handlungselementen und Motiven
arbeitet, und es kommt mir gar nicht zufällig vor, daß Carl
Grosse sich in einer Jugendschrift (›Über das Erhabene‹,) mit
jener Kategorie auseinandergesetzt hat, welche die ästhetische
Grundlage des Abenteuerromans schon immer bezeichnete, übrigens besonders extrem seiner barock-heroischen Prägung nach.
Grosse befand sich damit in einer kunsttheoretischen Diskussion,
die das 18. Jahrhundert immer wieder beherrschte und in den
entsprechenden Schriften Kants und Schillers ihren Höhepunkt
und vorläufigen Abschluß fand. Es wäre zuviel verlangt, von dem
jungen Autor eine selbständige Weiterführung zu erwarten, doch
legt er bezeichnenderweise einen Schwerpunkt seiner Erörterung
auf die psychische Wirkung. Um nämlich die Seele zu großen und

kraftvollen Regungen zu veranlassen, dazu stellt die Einbildungskraft ihr den Gegenstand »im ausdrucksvollesten Gewande« dar, und »körperloß und rein geistig schwingt sie sich in großer Begeisterung ihrem Gegenstande nach; kein äußerer Eindruck hält sie mehr zurück und ist Bley an ihren Flügeln«[34]. Tiecks Schilderung von der Wirkung der ›Genius‹-Lektüre erscheint wie die Illustration solcher Einsicht. Sie läuft auf die ästhetische Wirkungsmaxime hinaus, den Leser zu bannen, ihn um seine Gemütsfreiheit, die Freiheit zu reflektieren und sich zu distanzieren, zu bringen und ganz in das Bezugssystem des Romans zu integrieren. Die ständige Anspannung aller Mittel, Steigerung und Vergrößerung, welche die Pause und das Nachlassen nur als kurzfristigen Anlauf zu neuer Höhe zulassen, haben darin ihren Grund. »Begebenheiten häufen sich auf Begebenheiten und drohen uns auf lockende Abwege zu leiten«[35], so beschrieb auch Benedicte Naubert die Machart ihrer historischen und Zauberromane, in denen die Geschichte nur die mehr oder weniger sorglos zusammengefügte und in der Datierung oft austauschbare Kulisse für die tagträumerischen Ereignisse der Phantasie darstellt. Es verwundert daher nicht, wenn sich die Schriftsteller dieses Genres als Handlungszeitraum nicht bloß die Vergangenheit und Gegenwart, sondern ebenso die Zukunft dienstbar gemacht haben. Julius von Voß, der sich so ziemlich aller Stoffe der Romanliteratur bemächtigte, ebenso Robinsonaden wie erotische Liebesromane, Kriminalgeschichten, satirische und schließlich Reise-Romane schrieb, hat auch das utopische Sujet entdeckt. »Wenn nun aber die Zeit gar unfriedlich ist, sollte da nicht ein Blick in die Zukunft das bedrängte, oft zagende Herz trösten, beleben, erheitern? Und eine bessere Zukunft naht so gewiß, als die Vergangenheit von der Gegenwart übertroffen wird. Wenigstens gilt die Behauptung, insofern wir, von der immer mehr entwickelten Kultur, das Heil der Sterblichen erwarten. Was wir aber noch nicht sehen können, träumen, ist ja wohl poetisch und religiös.«[36] Die Sätze sind wohl programmatischer gemeint, als wir es auf den ersten Blick auf den Roman vermuten würden, in dessen Vorrede sie stehen. »Ini. Ein Roman aus dem ein und zwanzigsten Jahrhundert« kann man auf der Titelseite

des 1810 erschienenen Buches lesen, über einer Vignette, auf der
ein riesiges Ballonluftschiff von einem Adlergespann durch die
Lüfte gezogen wird. Das Handlungsgerüst ist uns altvertraut und
entspricht im wesentlichen dem Schema, wie es der Abenteuerroman vorher in zahllosen Variationen verbreitet hat. Ein schöner
Jüngling namens Guido, von geheimnisvoller Geburt, liebt die
anmutige, hochgeborene Ini, muß aber, bevor er ihre Hand als
Preis erhält, eine dreijährige Reise unternehmen, um alle seine
Anlagen und Fähigkeiten vollendet auszubilden. Ein Weg der Prüfungen und Gefahren wartet seiner, doch in kriegerischen Auseinandersetzungen steht er ebenso seinen Mann wie als Nordpol-
fahrer gegen die Widrigkeiten der Natur. Zuletzt entpuppt er
sich gar als der Sohn des Kaisers von Europa und soll aus Staats-
räson die Tochter der afrikanischen Kaiserin ehelichen, in welcher er dann glücklicherweise just die einzig geliebte Ini wiederfindet. Die Geschichte stellt an die Glaubwilligkeit der Leser
keine größeren Ansprüche als etwa die für das ganze Genre bis
weit ins 18. Jahrhundert hinein vorbildliche ›Asiatische Banise‹
(1689) des Anselm von Zigler und Kliphausen. Sie ist auch für
den Autor nur der Anlaß, die Träume auszuspinnen, von denen er
in der Vorrede spricht. Sie fallen nun ziemlich unterschiedlich aus
und muten uns heute recht naiv an. Die Schiffe der Luft sind
adlergezogene Ballons, die des Meeres werden von gezähmten
Walfischen an ihren Bestimmungsort gebracht, auf breiten, ebenen und glatten Kunststraßen bewegen sich Wagen mit riesigen
Rädern, und in unterirdischen Städten verbarrikadieren sich die
Menschen vor den durchschlagskräftigen Kanonen. Doch gibt es
auch weniger phantastische Errungenschaften: ein dichtes, jedermann gegen geringe Gebühr zugängliches Telegrafennetz, Fern-
sprecheranlagen und Fallschirme, die in ihrer Funktion den späteren Erfindungen schon recht ähnlich sehen. Der Autor hat sich
zudem immer wieder bemüht, den Entwicklungsstand des
18. Jahrhunderts konsequent gleichsam in die Zukunft zu verlän-
gern, dabei allerdings ebenfalls mit manchmal kuriosen Ergebnissen. »Die Schädelkunde, am Ende des achtzehnten Jahrhunderts
entdeckt, sparsam im neunzehnten vervollkommnet, doch im
zwanzigsten und ein und zwanzigsten zur tiefen Wissenschaft

erhoben, leistete auch zur allgemeinen Veredlung bedeutend Hülfe, wie wir in der Folge zeigen wollen.«[37]

Diese Schlichtheit betrifft aber im wesentlichen nur Äußerlichkeiten und verweist überhaupt auf eine prinzipielle Schwäche des Zukunftsromans, der technische Entwicklungen immer nur als Vervollkommnung bereits vorhandener Tendenzen aufzeigen oder auf gut Glück per analogiam aus dem Kopfe konstruieren kann, wobei dann eben neben grotesken Mißgeburten der Einbildungskraft auch Gestalten herauskommen können, die wie wirkliche Prophezeiungen anmuten. Der eigentliche utopische Grundzug dieses Romans stammt aber aus anderer Gegend, ist verpflichtender und unveraltet, wenn auch zur Entstehungszeit des Romans (der Befreiungskriege nämlich) von besonderer, in der Vorrede anklingender Aktualität: nämlich buchstäblich bezogen auf Kants utopische Programmschrift ›Zum ewigen Frieden‹ (1795). Die Heirat von Guido und Ini wird als Voraussetzung und Einleitung jenes goldenen Zeitalters gefeiert. »Alle glorreiche Zeichen seiner Siege gingen voran im glänzendsten Zuge, zum Tempel, dem herrlichsten der Stadt, nun dem *ewigen Frieden* geweiht. Hier am Hochaltar erwartete die Kaiserin den Eidam, neben sich Ottona in einen Schleier gehüllt und sichtbar bebend. Die Vornehmen, durch Guidos Anblick getroffen, sanken vor ihm nieder in Huldigung. / Eben an diesem Tage begann das zwei und zwanzigste Jahrhundert. / Bescheiden nahte Guido dem Altar ⟨. . .⟩ / Er sah auf die Braut – – O Himmel: Ottona war Ini –«[38]

4. Edle Räuber: Vulpius

In Voß' utopischem Roman, dessen märchenhafte Naivität den heutigen Leser freilich nicht mit seiner (auch im Vergleich zu Wächter oder Grosse) literarischen Unbeholfenheit zu versöhnen vermag, wird ein weiteres Hauptmotiv des Abenteuerromans besonders deutlich, weil die Verlegung des Schauplatzes in die Zukunft seiner großzügigen Verwendung keine Hindernisse in den Weg legt – Schiller hat es in die Verse gefaßt: »Nur ein Wunder kann dich tragen / In das schöne Wunderland.«[39] Eine Gedankenfigur, die nun, auch in ihrer trivialliterarischen Formulierung, durchaus nicht notwendig den Errungenschaften der Aufklärung widersprechen muß. Das Wunder wird darin zum Mythos des kritischen Geistes, der das Denken nicht ersetzen, sondern vollenden soll.

Das Unerhörte, nie Dagewesene, alle Erwartungen so Übersteigende wie Erfüllende: der große Moment liegt in der Konsequenz einer Entwicklung, die sich selber ganz vernunftgemäß begreifen, ja konstruieren läßt. Denn das Wunder ist keine Unterbrechung im Gang der Ereignisse, nicht der Einbruch des Irrationalen in die vernünftige Ordnung der Welt und daher auch nicht gleichzusetzen mit jenen fragwürdigen Mirakelerscheinungen, die schon Bayle und Thomasius entwaffnet hatten. Im Gegenteil, es erschien nun als die höchste Steigerung, als der messianische Abschluß der Geschichte, deren Lauf es trotz der punktuellen Einschläge nicht berührte, die im großen Moment zum individuellen Erlebnis wurden. Die Aufklärung selber kristallisiert sich in jenen kostbaren Augenblicken der Wahrheit mit der Evidenz eines Wunders; der vollendete Moment, der plötzliche Einfall des Lichts in die Dunkelheit, und die Welt tut sich auf: immer wieder begegnet dies Thema in der Literatur des 18. Jahrhunderts, mehr oder weniger kostbar gefaßt. Das Naturbild eines erhabenen Augenblicks: die Gipfelersteigung vermittelte den Zeitgenossen besonders deutlich das Vorgefühl eines überwältigenden Ereignisses, das nach allgemeiner Überzeugung auf der Tagesordnung der Geschichte stand. »Wir müssen überzeugt sein, schrieb Hegel, »daß das Wahre die Natur hat, durchzudringen, wenn seine Zeit gekommen, und daß es nur erscheint, wenn diese gekommen«[40] – die Französische Revolution war ja als der ersehnte Augenblick von den meisten zunächst enthusiastisch begrüßt worden, ein Jubeltag, der die Freiheit ankündigte.

In wirkungsmächtige Gestalten hat das 18. Jahrhundert die Erwartung des Wunders gekleidet: in schwindlerische, deren Muster Cagliostro gab, oder in die Traumfiguren einer weit hinausschauenden Phantasie: Albanos Wunderblick über die Borromäischen Inseln, in Jean Pauls Titan, oder Fausts Utopie, die ihn zum Teufelspakt zwingt. Aber auch in Bilder von sehr viel drastischerer Farbigkeit, in Holzschnittmanier, doch alles andere als wirklichkeitsfremd. Der Mythos vom edlen Räuber entwickelte sich aus jenen Legenden, die Volkes Sage um die historischen Briganten und Banditen spann, er ist ikonologisch genau festgelegt. Selber Opfer eines Verbrechens, eines Unrechts »von oben«, tritt der edle Räuber als Rächer der Erniedrigten und Beleidigten auf, schwingt sich empor als Helfer und Schutzherr des Volkes, das ihn bewundert und in der Stunde der Not wiederum ihm und seinen Gesellen Unterschlupf und Pflege bietet; er tötet nur in Notwehr oder aus berechtigter Empörung über begangenes Unrecht, raubt allein die Reichen aus, um den Armen zu geben, und ist so gewaltig, tapfer und klug, daß bloß Verräterhand ihn überwinden kann. Ob Zschokkes Abällino (›Abbällino der große Bandit‹, 1794), der Edelmann in der Maske des großen Banditen, Cramers Haspar a Spada, Götz und Karl Moor in einer Person, oder schließlich der berühmteste von allen, Rinaldo Rinaldini – ungeachtet der zumeist sehr viel armseliger dreinblickenden Räuberwirklichkeit konzentrieren sich seit dem Ende des 18. Jahrhunderts die Sehnsüchte und Wünsche eines breiten Leserpublikums gerade auf diese Traumfiguren. Der Räuber ist dabei des Wunders zuverlässiger Komplize. Unerwartet und unerkannt wie Harun al Raschid taucht er auf, wenn er gebraucht wird, ein Retter in höchster Not und Ausdruck der sozialen Bedrängnis, deren Milderung er so hochstaplerisch leicht verspricht. Er korrigiert auf gewünschte Weise die erlittene Wirklichkeit gerade in den Momenten höchster Verzweiflung – ein trügerischer Halt kurz vor der Katastrophe, aber oft der einzige, der den Lesern dieser verachteten Literatur noch geblieben war. Im Bild des Räubers erscheint, ganz biblisch, der Retter in seiner niedrigsten Gestalt, ein verkleideter Messias, der auch noch die religiösen Hoffnungen, die in der Kirche keinen Platz mehr fanden, auf sich vereinte. Wie Jesus von Nazareth ist der edle Räuber ein Außenseiter der Gesellschaft, die ihn verfolgt, durch Verrat überwindet, einkerkert und hinrichtet; wie sein biblisches Musterbild vertritt er das Prinzip des ewigen Rechts und der göttlichen Ordnung gegen tyrannische Willkür oder beamtete Ungerechtigkeit. Vulpius ist sogar noch weiter gegangen. Sein Rinaldo ist alles andere als der himmelstürmende Kraftmensch, als der uns etwa Cramers Haspa

a Spada gegenübertritt, ein Träumer und Zögerer, der in Jugenderinnerungen und religiösen Schwärmereien schwelgt und nur
von seinen Gesellen zur Tat angeregt werden kann – und außerdem ein Mensch, der sich in der Hand einer höheren Macht
weiß: seine passive Haltung folgt aus dem sicheren Bewußtsein,
nur Werkzeug und zu Willen des geheimnisvollen Schutzbundes
zu sein, der ihm in der Gestalt des Alten von Fronteja überall
begegnet: »Du bist seit Anbeginn deiner celebren Bahn *nichts* als
eine Maschine gewesen, ⟨. . .⟩ meine Maschine, bist es noch, und
wirst es bleiben – so lange ich will. Von mir und meinen Planen
hängt auch jetzt dein Verderben, oder deine Rettung ab. Zwar
deine Unglücksfälle waren nie mein Werk, aber ich wußte dich
immer zu retten, wenn du dich gleich selbst oft verloren gabst.«[41]

Vulpius variiert das beliebte Geheimbundmotiv auf bezeichnende Weise. Entkleidet man die Dialoge zwischen Rinaldo und
dem Alten ihrer vordergründigen Anlässe, so kommen Religionsgespräche zum Vorschein, Disputationen über göttliche Allmacht
und menschliche Willensfreiheit, über menschlich verschuldetes
Unglück und göttlich verfügte Rettung, über die fragwürdige
Rolle des Auserwähltseins und die Ohnmacht des Erwählten. Fast
auf das Jahr genau fünfzig Jahre vor dem Eintritt Rinaldo Rinaldinis ins literarische Leben waren die ersten drei Gesänge des
›Messias‹ erschienen. Klopstocks Thema: die Vergegenwärtigung
der Wahrheit des göttlichen Geschehens, ist auch das geheime
Thema des vielbespotteten und noch mehr gelesenen Räuberromans. Hatte Klopstock einst als Ziel der heiligen Poesie beschrieben, »uns über unsere kurzsichtige Art zu denken ⟨zu⟩ erheben,
um uns dem Strome zu entreißen, mit dem wir fortgezogen werden«[42], so hat er damit ebenso die Tendenz jener Lehrgespräche
angegeben, die der Alte von Fronteja mit seinem Geschöpf führt:
in deutlich belehrender Absicht auf den Leser zu. Merkwürdige
Korrespondenzen, Widerhall von sehr Hohem an unerwarteter
Stelle: daß auch aus niedriger Gestalt Erhabenheit hervorleuchten
kann, ist schließlich christliche Überzeugung und Erbschaft des
Neuen Testaments. Das religiöse Motiv der »deformitas Christi«
hat sich in säkularisierter Form als eines der wirkungsmächtigsten in der für die Massenrezeption geschriebenen Literatur

erwiesen, die von Kindesvertauschungen, von der unerkannten
Gegenwart des Erhofften, Gefürchteten, sehnsüchtig Erwarteten,
von der traumgenährten Mythologie des verborgen unter den
Menschen wandelnden Erlösers lebt.»›Wenn er nur wieder käm!‹
– fuhr der Baron fort. / ›Da ist er;‹ – sagte Rinaldo, und trat in
den Saal.«[43] Reste animistischer Weltauffassung, in uns allen
lebendig, verleihen solchen an Beschwörungsrituale erinnernden
Szenen ihre nie nachlassende Wirkung. Quasireligiöse Ehrfurcht,
die es verbietet, Seinen Namen zu nennen, Magie und Zauberei
verbinden sich im spannenden Effekt. Der Allmacht des Helden
korrespondiert seine Allgegenwart, die auch in den mündlich
überlieferten Räuberlegenden eine wichtige Rolle spielt. Sie
schließlich legitimiert, bestärkt und erneuert das Vertrauen, das
dem Helden im Roman von seinen Gefolgsleuten entgegengebracht wird und von dem ein schwacher Abglanz auch noch die
Leserherzen füllt. Das Ziel der von ihm bis zur Vollendung
beherrschten Kunst, zur rechten Zeit am rechten Ort zu sein,
besteht in dem geheimen Wunsch, dem Leben wieder jenen harmonischen Klang zu geben, den es hatte, bevor Versagungserfah-
rungen dem Kinde die ersten erschütternden Enttäuschungen
bereiteten.

Dieser Zusammenhang wird sogar ganz ausdrücklich im
Roman selber thematisiert, als sich nämlich Rinaldo im letzten
Buch der ersten Fassung der »Tage seiner frohen Jugendzeit« erinnert, »in denen er seine Zeit in ländlicher Einsamkeit, auf der
Weide, hinter seinen Ziegen, zugebracht hatte«[44]. Doch dann kam
der Augenblick, da er über das »Patriarchalische dieses Geschäfts«
hinausstrebte, von einem Klausner mit den Errungenschaften der
Kultur, mit Plutarch, Livius und diversen Ritterbüchern bekannt
gemacht wurde, »die seiner Einbildungskraft einen romantischen
Heldenschwung gaben«, so daß er schließlich Soldat wurde, Karriere im Heer machte; dann allerdings wegen verschiedener Hän-
del und weil er sich »auf italienische Art, durch den Dolch an seinem Chef« rächte, in Ungnade fiel und fliehen mußte: »So kam er
unter die Räuber, die er bald selbst beherrschte, zu ordentlichen
Korps organisirte, und als ihr Hauptmann mit und unter ihnen
lebte, wie wir ihn gefunden haben.«[45] Das rousseauistische

Geschichtsmodell ist in dieser Abbreviatur von Rinaldos Lebensgeschichte noch schattenhaft erkennbar, Vulpius hat es mit kräftigen Zügen in die Sprache eines üblichen und daher um so wirk-
sameren Tagtraums übersetzt, der den Aufstieg aus den sozialen
Niederungen mit der Rebellion gegen die Gesellschaftsordnung
verknüpft und schließlich ins romantisch verklärte Außenseiterdasein führt.

Vulpius' Roman ist eines der interessantesten Studienobjekte
seiner Gattung. Keiner seiner Nachahmer kann mit einer derart
glücklichen Mischung aller populären Mythen des bürgerlichen
Alltags seiner Zeit aufwarten, auch er selber nicht, als er später
an seinen Erfolg anknüpfen will. Fast alle Themen der zeitgenössischen Kunst und Literatur, das ganze Arsenal der kollektiven
Tagträume seiner Gesellschaft geben sich ein buntes Stelldichein,
gruppieren sich zu immer neuen Mustern und Figuren. Sie alle
aber ordnen sich um jenes Wunschbild des plötzlich und leibhaft
eintretenden Wunders, das »Hilfe bringt, die Niedrigen erhöht
und die Hohen erniedrigt. »Denn ein wahrer Proteus soll er seyn,
und in tausenderlei Gestalten umher wandeln.«[46] Credo, quia
absurdum – ich glaube, weil es sinnwidrig ist –: diese Formel für
die religiöse Heilserwartung entgegen der historischen Erfahrung
beschreibt sehr präzise auch deren säkularisierte Variante in der
Kolportage. Dann natürlich blieb der ersehnte Retter aus, wenn
er gebraucht wurde, ja Schillers ›Räuber‹, Vorbild und Musterstück der ganzen Gattung, lehrt gerade die notwendige Enttäuschung dieser Hoffnung. Karl Moor scheitert, weil die absurde
Erwartung des Wunders, auf der sein ganzes Unternehmen auf-
baute, uneingelöst bleiben mußte. Aber derartige Enttäuschungen
enden nicht zwangsläufig in reibungsloser Anpassung an die
widerspenstige Realität, weil die Sphäre, in der das Wunderbare
geschieht, mit der, in der es ausbleibt, gar nicht kollidiert, dennoch aber aus jener in diese so etwas wie ein Kraftstrom fließt,
der dem lädierten Ich des Lesers als Stärkung zukommen mag.
Die Faszination dieser Literatur, die auch heutige Leser der
Romane von Vulpius oder Spieß noch einholt, ist nicht allein dem
ästhetischen Spielwert zu verdanken, den Abenteuerliteratur ganz
allgemein besitzt, sondern beruht auf der träumerischen Weise,

mit der sie menschliche Erwartungen, Phantasien und Wahrnehmungen koordinieren. Cagliostros Erfolg, Carl Grosses gesellschaftlicher Aufstieg durch Identitätswechsel und die Verklärung der Räuberexistenz nach dem Vorbild messianischer Heilserwartung, das sind sehr verschiedene Manifestationen einer meist ungezielten und diffusen Sehnsucht, die ihr Objekt nicht finden konnte, weil es in der Wahrnehmungswelt ausblieb. Vulpius, dessen Erfolg von Schwager Goethe mit gemischten Gefühlen betrachtet wurde, hat eines jener literarischen Koordinationsspiele zur Erhaltung des seelischen Gleichgewichts in einer enttäuschenden Wirklichkeit geschrieben, denen schließlich auch ›Werther‹ und die ›Wahlverwandtschaften‹ zuzurechnen sind. Das ist das eigentliche Inkognito des edlen Räubers und Retters in der Not. »Nun wurde die Sage zur Gewißheit: Dieser unbekannte Scheinsonderling war Rinaldini. – Alle erzählten sich jetzt Anekdoten von ihm; man freute sich, ihn gesehen zu haben, und der wahre Rinaldini entgieng den Blicken der Forscher. Das ist in der Welt so der Lauf der Dinge. Man spricht von der Entfernung und vergißt die Nähe ⟨...⟩. Die Gedanken folgten dem Unbekannten als Rinaldini ⟨...⟩ und der wahre, wirkliche Gegenstand dieser Gespräche, war mit den Händen zu ergreifen, ohne ergriffen zu werden.«[47]

VI. Exemplarische Erzählungen
und
Wunscherfüllungsphantasien

1. Unerhörte Begebenheiten

Schiller hat mit seinem Hinweis auf das berühmte italienische
Vorbild von Goethes ›Unterhaltungen deutscher Ausgewanderten‹ (»Erzählungen im Geschmack des ›Decameron‹ des Boccaz«)
nicht so sehr den Charakter der Novellen selber kennzeichnen
wollen, die sich von denen des ›Dekameron‹ auch wirklich
bedeutend unterscheiden, sondern damit eher die geistige Struktur gemeint, die sich in der Rahmenhandlung und in ihrem Verhältnis zu den Binnenerzählungen ausdrückt. Boccaccio läßt zehn
vornehme Florentiner Bürger vor der Pest (1348) aus der Stadt
fliehen und sich auf einem Landsitz zusammenfinden, wo sie sich
nun jene Geschichten erzählen, die den Hauptinhalt des Buches
ausmachen. Allein, sie werden nicht zum bloßen Zeitvertreib
erzählt. Boccaccio wählt das besonders spektakuläre Beispiel der
todbringenden Epidemie, um seine Auffassung von der Heilwir-
kung der Dichtung recht zur Geltung zu bringen: das Geschich-
tenerzählen »als verdienstliches, Lebenswirren lösendes Werk«, ja
sogar als »medizinisch wirksames«, wie Karl Borinski die Beweggründe und Ziele der italienischen Renaissancenovellistik
beschrieb.[1] Das Schwergewicht in der das Buch eröffnenden
»Darlegung des Autors, warum die später auftretenden Personen
zusammenkamen, um einander Geschichten zu erzählen«[2] liegt
auf den gesellschaftlichen Wirkungen der Pestepidemie: Familien-
und Freundschaftsbande zerfallen, die öffentliche Ordnung löst
sich auf, die egoistischen Triebe herrschen – kurz: der Zustand
einer »allgemeinen Entfremdung«[3] ist die Folge des tödlichen
Pestübels. Dem Chaos stellen die edlen Damen und Jünglinge nun
ihre »schöne Gesellschaft«[4] gegenüber, und sie bewährt sich nicht
nur in der gesellschaftlichen Barbarei, denn während alle anderen Rettungsversuche nur von zweifelhafter Wirkung sind

(»Obgleich ⟨...⟩ nicht alle starben, so kamen sie doch auch nicht alle davon ⟨...⟩«),[5] kehren sie nach Ablauf der Frist gesund wieder in ihre Häuser zurück.

Diesem Modell folgte Goethe, paßte es aber seinen eigenen Absichten rigoros an. Die schlimmen Zeitverhältnisse des Jahres 1793 bilden den Hintergrund der ›Unterhaltungen‹: die französische Revolutionsarmee auf deutschem Boden, Kriegs- und Flüchtlingselend bilden den dauernd gegenwärtigen Hintergrund: »In jenen unglücklichen Tagen, welche für Deutschland, für Europa, ja für die übrige Welt die traurigsten Folgen hatten, als das Heer der Franken durch eine übelverwahrte Lücke in unser Vaterland einbrach, verließ eine edle Familie ihre Besitzungen in jenen Gegenden und entfloh über den Rhein ⟨...⟩«[6] Der Verlobte der Tochter Luise ist »bei der alliierten Armee in täglicher Gefahr«[7], sein Schicksal ungewiß bis zuletzt und die Bedrohung auch sinnlich stets gegenwärtig »durch den Donner der Kanonen ⟨...⟩, den man, je nachdem der Wind sich drehte, aus der Ferne deutlicher oder undeutlicher vernahm«[8]. Wie in den ›Wahlverwandtschaften‹ hat Goethe Zug um Zug gleichsam eine Experimentieranordnung geschaffen, ihn interessieren vor allem die Reaktionen der Individuen in der Grenzsituation, mit der sie konfrontiert werden, und die Erforschung der Bedingungen, unter denen der Zusammenhalt und die Existenz des gesellschaftlichen Verbands der Familie dennoch gewahrt bleiben können. »Eines Tages machte die Baronesse die Bemerkung, daß man nicht deutlicher sehen könne, wie ungebildet in jedem Sinne die Menschen seien, als in solchen Augenblicken allgemeiner Verwirrung und Not. ›Die bürgerliche Verfassung‹, sagte sie ›scheint wie ein Schiff zu sein, das eine große Anzahl Menschen, alte und junge, gesunde und kranke, über ein gefährliches Wasser auch selbst zu Zeiten des Sturms hinüberbringt; nur in dem Augenblicke, wenn das Schiff scheitert, sieht man, wer schwimmen kann, und selbst gute Schwimmer gehen unter solchen Umständen zugrunde.«[9]

Von diesem allegorischen Bilde her erschließen sich die Unterhaltungen der Ausgewanderten, es faßt prägnant alle wesentlichen Bestrebungen der Weimarer Klassik zusammen. Die bürgerliche Verfassung erscheint als bloß unvollkommene Sicherung des menschlichen Daseins nach außen hin und berührt oberflächlich nur jenen Bereich, in dem auch die sittlichen Kräfte und das soziale Verantwortungsbewußtsein nichts mehr vermögen. Wichtige Stichworte dafür sind in Goethes Werk die Begriffe Verwirrung, Verworrenheit und die danach gebildeten Adjektive. »Viel verwirrtes Zeug«[10] stelle er an, klagt Werther, beschreibt die »Irrung und Finsternis« seiner Seele[11]; »Du scheinst verworren«, verdächtigt Pylades die in den Konflikt zwischen Göttergebot und Bruderliebe zerrissene Iphigenie, Orest gar befindet sich längst auf den »verworrenen Pfade⟨n⟩, die nach der schwarzen Nacht zu führen scheinen«[12], und aus dem Faustprolog wissen wir, wie der Herr Fausts Streben einschätzt: »Wenn er mir jetzt auch nur verworren dient, / so werd' ich ihn bald in die Klarheit führen.«[13] Die wenigen Beispiele genügen. Für den Autor des ›Werther‹ und der ›Wahlverwandtschaften‹, des ›Faust‹ und des ›Wilhelm Meister‹ ist das alles kein zufälliger oder konventioneller Sprachgebrauch, dahinter steckt eine besondere Vorstellung von der menschlichen Verfassung, von den Bedingungen, Gefährdungen und Möglichkeiten der Selbstverwirklichung und des sozialen Daseins.

Wie schon verschiedentlich bemerkt wurde, entwickelt sich Goethes novellistische Erzählkunst in seiner Auseinandersetzung mit der Französischen Revolution[14]; das gilt auch für seine Verserzählungen ›Reineke Fuchs‹ (1794) und ›Hermann und Dorothea‹ (1797), selbst die Entstehungsgeschichte der ›Novelle‹ (1828) reicht bis zum Ende der neunziger Jahre zurück, in jene Zeit also, in der auch die anderen Erzählungen geschrieben wurden: eine Tagebuchnotiz von 1797 erwähnt die »neue Idee zu einem epischen Gedichte«[15]. Das »Gedicht« – zunächst war ja noch nicht die Prosaform vorgesehen – spielt dann übrigens schon in Goethes Diskussion mit Schiller über die Gesetze epischer und dramatischer Dichtkunst eine paradigmatische Rolle. Das Revolutionsthema wird in der ›Novelle‹ dann gleich mehrfach verarbeitet: als Reminiszenz an des alten Fürsten Regierungszeit[16] und auf allegorischer Ebene in seiner Branderzählung, die auf das erneute Unglück vorausdeutet. Aus der strengen ästhetischen Konstruktion der Dichtung läßt sich ein program-

matischer Ordnungsentwurf herauslesen, dem historischen Chaos
entgegengesetzt. Die ehemals geplante Form des Versepos hätte
diesen Charakter noch betont. Das geschieht dann in den beiden
Verserzählungen, mit denen Goethe abermals, wenn auch auf
ganz unterschiedliche Weise, auf die Zeitereignisse reagiert. ›Reineke Fuchs‹ (1794), die Geschichte vom listenreichen, durchtrie-
benen und doppelzüngigen Intriganten an König Nobels Hof, der
es vom verfemten Gauner zum Ratsmitglied und »Kanzler des
Reiches«[17] bringt, taugte wohl zur satirischen Darstellung zeitgenössischer Verhältnisse, sowohl was das Versagen der feudal-
höfischen Gesellschaft (»Und so hatte denn Reineke wieder die
Liebe des Königs / Völlig gewonnen und ging mit großen Ehren
von Hofe«[18]) wie die Mangelhaftigkeit der Volksherrschaft und
ihrer revolutionären Präliminarien betrifft: »Doch das Schlimmste find' ich den Dünkel des irrigen Wahns, / Der die Menschen
ergreift: es könne jeder im Taumel / Seines heftigen Wollens die
Welt beherrschen und richten. / Hielte doch jeder sein Weib und
seine Kinder in Ordnung, / Wüßte sein trotzig Gesinde zu bändi-
gen, könnte sich stille, / Wenn die Toren verschwenden, in mäßi-
gem Leben erfreuen. / Aber wie sollte die Welt sich verbessern?
Es läßt sich ein jeder / Alles zu und will mit Gewalt die andern
bezwingen. /Und so sinken wir tiefer und immer tiefer ins
Arge.«[19] Zeitkritik im Gewande des alten Reineke-Epos, das Goethe aus seiner Jugend schon kannte und das nun von ihm in seine
schöne natürlich-leichte Hexameterform gebracht worden ist.
Voß zwar hat das Versmaß für die deutsche Literatur erobert,
doch Goethe erst nahm »Vossens Art in die richtige Schule«, wie
Hermann Grimm sagte, »streifte dem Deutschen Hexameter die
akademische Unbehülflichkeit ab und machte ihn den Lippen des
Volkes geläufig«[20]. Die pedantische Kritik mancher Zeitgenossen,
vor allem aus dem Voßschen Kreise, dokumentierte nur die
eigene Blindheit gegenüber der ästhetischen Freiheit, die Goethe
mit seiner Verskunst erreicht hat. So ist ein vergnüglicher Narrenspiegel entstanden, der zwar immer wieder satirischen Ernst
durchschimmern läßt, dessen Reiz aber im ganzen genommen auf
der Schelmengeschichte beruht und uns deren Helden trotz seiner
Bübereien durchaus menschlich nahebringt. »Denn wenn auch

hier das Menschengeschlecht sich in seiner ungeheuchelten Tierheit ganz natürlich vorträgt, so geht doch alles, wo nicht musterhaft, doch heiter zu, und nirgends fühlt sich der gute Humor gestört«, so des Autors bündige Kennzeichnung.[21]

Ausdrücklicher und entschiedener als im Tierepos hat Goethe im »idyllischen Epos«[22] ›Hermann und Dorothea‹ die Erzählung zum Medium des historischen Umbruchs gemacht, als dessen Zeugen er sich wußte. Die Struktur des Epos entspricht dabei ganz derjenigen der ›Unterhaltungen‹, nur daß es nicht die klassisch-humanistische Gesprächskultur ist, die sich inmitten der Auflösung, des Wandels und Wechsels aller Ordnungen zu bewähren hat, sondern die sittlich-bürgerliche Gesellschaft in ihrem praktisch-tätigen Leben selber. Die Handlung hat Goethe einer Anekdote entnommen, die von 1731 vertriebenen Protestanten aus dem Salzburger Land berichtet und schon das Flüchtlingsthema mit einer Liebesgeschichte verknüpfte. Auch Vossens ›Luise‹ (1783/84), von der sich Goethe erinnert, »es mit Freuden vorgelesen zu haben«[23], hat ihn wohl angeregt. Die alte Anekdote war leicht zu aktualisieren, und unter seiner Hand wurden aus den Religionsflüchtlingen deutsche Vertriebene aus französisch okkupiertem »überrheinische(n) Land«[24]: »Und wer erzählet es wohl, das mannigfaltigste Elend! / Schon von ferne sahn wir den Staub, noch eh' wir die Wiesen / Abwärts kamen; der Zug war schon von Hügel zu Hügel / Unabsehlich dahin, man konnte wenig erkennen. / Als wir nun aber den Weg, der quer durchs Tal geht, erreichten, / War Gedräng' und Getümmel noch groß der Wandrer und Wagen. / Leider sahen wir noch genug der Armen vorbeiziehn, / Konnten einzeln erfahren, wie bitter die schmerzliche Flucht sei / Und wie froh das Gefühl des eilig geretteten Lebens.«[25] Vor diesem drohenden Hintergrund, von dem niemand mit Sicherheit sagen kann, ob er nicht auch sein eigenes Dasein umstürzen wird (»Die Fluten des Rheines / Schützen uns zwar; doch ach! Was sind nun Fluten und Berge / Jenem schrecklichen Volke, das wie ein Gewitter daherzieht!«[26]), hat sich bürgerlicher Sinn und bürgerliche Tatkraft in allen Sphären zu bewähren, in praktischer Humanität und Offenheit. Zur Probe steht die Sittlichkeit der bürgerlichen Ordnung, hier des Städtchens mit seinen

Vertretern (Wirt, Apotheker, Pfarrer), und die natürliche Sittlichkeit der Familie (Vater, Mutter, Sohn Hermann), in welche das Flüchtlingsmädchen tritt und in die sie zum Schluß als die Braut des Sohnes aufgenommen wird. Auch Dorothea hat, ebenso wie der Richter bei den Flüchtlingen, ihre Tüchtigkeit und Lebensklugheit zu erweisen, und es gelingt ihr glänzend, in der Hauswirtschaft ebenso wie in der sittlichen Haltung, wenn sie zum Schluß gar auf den Geliebten verzichten will, um den Familienfrieden wiederherzustellen. Wenn auch spätere Zeiten das Bürger-Ideal in ›Hermann und Dorothea‹ trotz seiner weltbürgerlichen Orientierung (von Pfarrer und Richter repräsentiert) nicht frei von spießbürgerlichen Zügen sehen konnten, machen diese doch nicht den Kern der exemplarischen Erzählung aus. Aktive Lebensmeisterung aus bürgerlich-humanistischem Geist heraus ist ihr eigentliches Thema, und Goethe sieht sie von außen ebenso gefährdet wie durch Enge, Borniertheit und Erstarrung von innen.

Geschichtliches Dasein erscheint auch hier als verworrenes Dasein, ist Wirrwarr, Irrung, Finsternis, weil es keine klare, abgegrenzte Stufenfolge verschiedener Zustände und Begebenheiten gibt, die einander zwanglos ablösen, sondern nur einen dauernden »Wirbel von Verschlingungen«[27]. Goethes Psychologie ist immer historisch begründet und sein Geschichtsverständnis das Ergebnis lebensgeschichtlicher Erfahrung. Das ist nicht erst in ›Dichtung und Wahrheit‹ so, wenn auch dort erst in der klarsten, reflektiertesten Form. Lebensgeschichte und allgemeine, überindividuelle Historie fallen im Wirrwarr zusammen, für beide gibt es nur einen gemeinsamen Ausgang aus ihrem heillosen Zustand.

Gegen Ende von ›Dichtung und Wahrheit‹ kommt Goethe noch einmal auf den wichtigen Grundzug seinen Lebens zu sprechen. »Er ⟨nämlich Goethe, selber⟩ glaubte in der Natur, der belebten und unbelebten, der beseelten und unbeseelten, etwas zu entdecken, das sich nur in Widersprüchen manifestierte und deshalb unter keinen Begriff, noch viel weniger unter ein Wort gefasst werden könnte ⟨. . .⟩. Dieses Wesen, das zwischen alle übrigen hineinzutreten, sie zu sondern, sie zu verbinden schien, nannte sich dämonisch, nach dem Beispiel der Alten und derer, die etwas Ähnliches gewahrt hatten.«[28] Man lasse sich nicht durch den gebändigten Altersstil täuschen, der nur scheinbar jenseits von dem Dämonischen ist, das er beschreibt; in solchen Passagen wird alles in Frage gestellt, was doch erst die Nachwelt »ihrem« jeweiligen Goethe angetan hat: der Gips, die marmorne Klassizität, das geheimrätliche, hofmännische Wesen, die Repräsentation, die einseitige Betonung des Jugendwerks wie die Bevorzugung der klassischen Werke. »Ich suchte mich vor diesem furchtbaren Wesen zu retten«, fährt die Erinnerung fort, »indem ich mich, nach meiner Gewohnheit, hinter ein Bild flüchtete.«[29]

Die klassische Ordnung Goethes, sicherlich das höchste und wirkungsmächtigste Stadium im Prozeß von der Verworrenheit zur Klarheit, hat nichts gemein mit Einförmigkeit oder Erstarrung, Pedanterie oder Leblosigkeit, sie ist eine aktive, kämpferische Ordnung, sie ist es deshalb, weil sie immer zur Disposition steht, nie sicherer Besitz ist, in jedem Augenblick erneut dem Chaos, dem Dämonischen, dem Wirrwarr (oder wie immer die Bezeichnungen lauten) abgewonnen. »Verwirrungen und Mißverständnisse sind die Quellen des tätigen Lebens und der Unterhaltung«[30], lautet dann auch die mit Anstrengung erworbene Überzeugung und Lebensmaxime der Ausgewanderten; wobei Unterhaltung jenes Gesprächskunstwerk meint, in dem Geselligkeit, Sittlichkeit und Schönheit zugleich tätig-lebendig werden, eine Kulturleistung, den höchsten Beispielen der Renaissance, der Höfe von Urbino oder Ferrara würdig. »Bietet alle eure Kräfte auf«, mahnt die Baronesse ihre Mitemigranten, »lehrreich, nützlich und besonders gesellig zu sein! Und das alles werden wir – und noch weit mehr als jetzt – benötigt sein, wenn auch alles völlig drunter und drüber gehen sollte.«[31] Den Anforderungen der Baronesse beugen sich die übrigen, sie formuliert diese Charta noch verbliebener gemeinsamer Interessen, nachdem die Familie beinahe auseinandergebrochen wäre. Zu Anfang des Jahres der Französischen Revolution, am 22. Januar 1789, hatte Schiller im Brief an Körner mit anderen Worten denselben Gedanken ausgedrückt, und man muß darin wohl den Kern der alles Trennende überbrückenden gemeinsamen Gesinnung der beiden Schriftsteller und ihres gemeinschaftlich entworfenen

Modells Weimarer Klassik sehen: »Was ist das Leben der Menschen, wenn ihr ihm nehmet, was die Kunst ihm gegeben hat? Ein ewiger aufgedeckter Anblick der Zerstörung. Ich finde diesen Gedanken sogar *tief*, denn wenn man aus unserem Leben herausnimmt, was der Schönheit dient, so bleibt nur das *Bedürfniß*; und was ist das Bedürfniß anders, als eine Verwahrung vor dem immer drohenden Untergang?«[32]

Goethe hat bewußt als erzählerisches Paradigma für sein Ideal der Gesprächsgesellschaft eine Adelsfamilie gewählt, die dem niederen Landadel zugerechnet werden muß. Dessen Nähe zum Bürgertum hat eine lange Tradition und drückte sich in einer Übernahme bürgerlicher Verhaltensweisen und Wertvorstellungen aus bei gleichzeitiger Kultivierung der Lebensart und ästhetischen Erfahrung. Programmatisch spricht Goethe daher bereits im ersten Satz der ›Unterhaltungen‹ von der »edle⟨n⟩ Familie«[33], was in seinem Sprachgebrauch (und dem seiner Zeit) keine Einschränkung auf den Stand bedeutete: die edle Familie ist die beispielhafte Familie, die Gefährdungen und Vorzüge auf vorbildliche Weise verkörpert. Sie besitzt auch die bürgerlichen Tugenden (und, denkt man an den hitzköpfigen Karl, auch Untugenden), die Baronesse von C. wird »eine treffliche Hausmutter« genannt, der Sohn Friedrich erledigt alle Verrichtungen »mit Ordnung und Genauigkeit«[34]; darüber hinaus aber hat sie Anteil an der aufs feinste ausgebildeten ästhetischen Kultur des Adels, und gerade sie wird es dann sein, die die Familie vor dem drohenden Zerfall von innen her bewahrt.

Nachdem Karl und der Geheimerat unversöhnlich auseinandergegangen sind, das Gastrecht aufs schwerste verletzt ist, die Freunde beleidigt sind und die Baronesse ihre Jugendfreundin wieder verloren hat, gelingt die Rettung der Gemeinsamkeit nur noch durch die gegenseitige Verpflichtung auf die Grundsätze einer die historischen Widersprüche suspendierenden Gesprächskultur. Die Baronesse formuliert sie unmißverständlich: gegenseitige Schonung, Anerkennung eines gemeinschaftlichen Sinnes, Aufhebung aller ungeselligen Eigenheiten, Verzicht auf »alle Unterhaltung über das Interesse des Tages« und Beförderung jener »gesellige⟨n⟩ Bildung«[35], die das Zusammenleben der Menschen über den bloßen Notverbund hinausführt und doch als einzige Not und Zerstörung überstehen hilft. Man darf das Programm der Baronesse natürlich nicht als escapistische Standesideologie verkennen. Sie führt im Gegenteil zurück auf die alle Standesunterschiede nivellierende Idee der humanitas, die als antikes Erbe in der Renaissance wiederaufgenommen wurde und weiterwirkt in Aufklärung und vor allem der deutschen Klassik. Der menschliche Gemeinsinn als Grundlage aller Kultur; die Sprache als Bedingung dafür, daß »die zerstreuten Menschen von der wilden und rohen Lebensweise zu der jetzigen menschlichen und bürgerlichen Bildung« gelangen konnten (Cicero)[36]; lebendige Rede und Unterhaltung als Voraussetzung, ausgezeichnete Form und Garantie für die gesellschaftliche Verfassung des Menschen – das sind die wesentlichen Momente eines humanistischen Ideals, das Goethe aufs höchste durch die revolutionären Zeitereignisse gefährdet schien, dessen fortdauernde Geltung er aber bekräftigen wollte. Die Bemerkung seines temperamentvollen Widerparts Luise: »Hätten Sie sich eigentlicher ausgedrückt, so hätten wir nicht gestritten«, beantwortet der Alte: »Aber auch nicht gesprochen.«[37] Sprechen, der Streit der Meinungen geschieht nur, um das Richtige und Rechte zu finden, das noch nicht ausgemacht ist. Literatur und Kunst, die mehrdeutigen, uneigentlichen Gesprächsgegenstände sind eben deshalb die besten Medien zur Herstellung eines gemeinschaftlichen Wissens um das Wahre und Gute: im ›Märchen‹ und dann wieder in der ›Novelle‹ hat dieses Programm seine dauerhafteste und weiterwirkende Gestalt gewonnen. Das führt nicht zu einer prinzipiellen Ablehnung der politischen Sphäre des Lebens, sondern ihrer Suspension auf Zeit. Denn gerade das, was die Baronesse so strikt verlangt, befolgt der Autor der ›Unterhaltungen‹ ja gerade nicht, und die Interessen des Tages finden sowohl auf direkte als auch (wie im Märchen) höchst verschlüsselte Weise im Buch ihren Ausdruck. Es wird von Goethe ersichtlich als eine Frage der ästhetischen Kultur betrachtet, ob, inwieweit und in welcher Gestalt das Politische zum Gegenstand der Unterhaltung werden kann: als Gesprächsinhalt verfällt es damit demselben Urteil wie als historische Realität. Goethes (auch Schillers) Bestreben zielte, im Rahmen der Weimarer Klassik, auf die Überwindung des Politischen im Sinne der Aufhebung seiner entfremdenden, zerstörerischen Wirksamkeit.

Der wichtigste Vermittler dieser Überzeugung in der kleinen Gesprächsgesellschaft ist der alte Geistliche, eine Spiegelfigur des Abbés der Turmgesellschaft im ›Wilhelm Meister‹, Erzieher auch er, obwohl vor allem durch das Medium seiner Erzählungen und nur im kleinen Kreise der Emigrantenfamilie. Im Gespräch mit der Baronesse entwickelt er die Poetik seiner Geschichten in ihrem Geiste: »Zur Übersicht der großen Geschichte fühl ich weder Kraft noch Mut, und die einzelnen Weltbegebenheiten verwirren mich ⟨. . .⟩«[38] So hat er »Privatgeschichten« gesammelt, »die mir nur irgendeinen Charakter zu haben schienen, die meinen Verstand, die mein Gemüt berührten und beschäftigten und die mir, wenn ich wieder daran dachte, einen Augenblick reiner und ruhiger Heiterkeit gewährten«[39]. Später wird die Baronesse dieses Erzählideal etwas modifizieren und eine Geschichte verlangen, »die gut erfunden und gedacht ist, wahr, natürlich und nicht gemein ⟨. . .⟩. Ihre Geschichte sei unterhaltend, solange wir sie hören, befriedigend, wenn sie zu Ende ist, und hinterlasse uns einen stillen Reiz, weiter nachzudenken.«[40] Vor allem der Forderung nach Befriedigung, »wenn sie zu Ende ist«, haben die bisherigen Geschichten wenig entsprochen; die moralischen Geschichten vom Prokurator und von Ferdinands Schuld, Verirrung und Reifung dagegen befriedigen vor allem die sittlichen, das ›Märchen‹ dagegen die ästhetischen Bedürfnisse des Publikums.

Die vermeintliche Heterogenität der beiden Erzählreihen, derjenigen des ersten Abends und derjenigen des zweiten Tages, die am Abend mit dem Märchen ihren Abschluß findet, hat von Anfang an die Aufmerksamkeit der Leser und Interpreten erregt, wurde aber entweder als tadelnswertes Mißverhältnis oder als bewußte Steigerung empfunden. Doch hat Goethe seinen Erzähler selber erläutern lassen, was es mit dieser Ungleichgewichtigkeit der einzelnen Erzählungen auf sich hat. Auf Luises Vermutung, er wolle ihnen nun Probstücke aus einer »skandalöse⟨n⟩ Chronik« zum besten geben, entgegnet der Alte: »Sie irren sich«, und fügt später hinzu: »Sie behandeln, ich will es nicht leugnen, gewöhnlich die Empfindungen, wodurch Männer und Frauen verbunden oder entzweit, glücklich oder unglücklich gemacht, öfter aber verwirrt als aufgeklärt werden.«[41] Und nun folgen sie der Reihe nach, Goethe hat sie verschiedenen Quellen nacherzählt: die Geschichte von der Sängerin Antonelli, welcher der verstoßene Liebhaber auch nach dem Tode noch nachstellt; die Geschichte vom rätselhaften Klopfen, das jeden Schritt eines jungen hübschen Mädchens begleitet (der Sohn Fritz erzählt sie); die Geschichte von der schönen Krämerin nach den Memoiren des Marschalls von Bassompierre, die Karl überliefert und auf welche er auch selber antwortet, und zwar nach derselben Quelle: mit der Geschichte von der diskreten Ehefrau, die ihren Mann und seine Geliebte im Schlaf überrascht. Überblickt man sie alle, diese Gespenster- und Liebesgeschichten, so verwirren sie in der Tat mehr als sie aufklären, und auch die anschließenden Gespräche können nur Vermutungen, keine Gewißheiten bringen. Sie gehören durchaus schon zu jenem Genre, über das die Baronesse erst später, nach der Anhörung der Novelle vom Prokurator, bemerkt: »Ich liebe mir sehr Parallelgeschichten. Eine deutet auf die andere hin und erklärt ihren Sinn besser als viele trockene Worte.«[42] Die ersten Parallelgeschichten behandeln allesamt unerklärliche, unheimliche, mindestens vieldeutige Begebenheiten, die Unbehagen erregen, auch furchterregend sein können und Ängste widerspiegeln. Geschichten aus dem verworrenen Leben, wo Wirklichkeit und Phantasmagorie ineinander übergehen, die Anteile der Einbildungskraft und des objektiven Geschehens nicht mehr säuberlich voneinander zu trennen sind, sie spiegeln eine unsichere, unbestimmbare, ja launenhafte Welt wider, in der die Schulweisheit sich nicht zurechtfindet, und entsprechen somit sehr genau der tatsächlichen Situation, aber vor allem der psychischen Realität der Flüchtlinge, die aus allen Sicherheiten vertrieben wurden, denen nicht nur ihre Güter, sondern auch die soziale und kulturelle Identität, das historische Selbstverständnis bestritten werden. Goethe hat auf diesen Sinn der ersten vier Erzählungen unübersehbar hingewiesen – wiederum durch eine Geschichte, die nahtlos zu ihnen paßt, doch diesmal von keinem der Beteiligten berichtet, sondern von ihnen erfahren wird: Fritz hat die Geschichte vom geheimnisvollen Klopfen erzählt, Luise und Karl geben Kommentare, zum Schluß auch der Alte. »Kaum hatte er ausgeredet, als in der Ecke des Zimmers auf einmal ein sehr starker Knall sich hören ließ. Alle fuhren auf, und Karl sagte scherzend: ›Es wird sich doch kein sterbender Liebhaber hören lassen?‹«[43] Rahmen- und Binnenerzählung verschränken sich an dieser Stelle, die Ebenen lassen sich nicht mehr auseinanderhalten: die eine schlägt gleichsam in die andere ein, aus dem ästhetisch distanzierten Spiel wird in nächster Nähe Ernst: auch der Bann des Angsterregenden durch die Abstand schaffende Erzählung wird unwirksam, und Karls Scherz hat folgerichtig eine ganz andere als die beabsichtigte Wirkung, »denn Luise ward bleich und gestand, daß sie für das Leben ihres Bräutigams zittere«. Die Platte eines Schreibtischs ist gerissen, obwohl dieser, das »Muster einer vortrefflichen und dauerhaften Tischlerarbeit« bisher keinerlei Grund zur Beanstandung gegeben hat[44]. Später stellt sich heraus, daß das Pendant des Tisches, aus demselben Holz von der selben Hand gefertigt, auf dem Gut der Tante just gleichzeitig durch einen Brand zerstört worden war, dessen Widerschein man am Horizont hatte sehen können. Die Gesprächsgesellschaft spekuliert über den merkwürdigen Vorfall, kommt auch auf »manche unleugbare Sympathieen zu sprechen«[45], beläßt ihn aber zuletzt im Unerklärlichen. Doch erweist er auf seine Art, daß weit entfernte Geschehnisse ganz in der Nähe ihre unvermutete Wirkung entfalten können – wie schließlich auch Revolution und Krieg in der Verfassung dieser Familie ihren Widerhall finden und untergründig ihr Sein und Bewußtsein so bestimmen, daß noch ihre Gespenster- und Liebesgeschichten als chiffrierte Botschaften des Unheils gelesen werden müssen.

»Sie haben mich in diese Schule durch Irrtum und Hoffnung geführt«[46], gesteht die Frau des Handelsmannes ihrem klugen Lehrer und faßt damit prägnant das fabula docet der beiden moralischen Erzählungen zusammen, die nun eine neue Phase im Bildungsgang der Ausgewanderten eröffnen. Goethe hat den Stoff zur ersten, der Geschichte vom Prokurator, einer Novellensammlung des 15. Jahrhunderts, den ›Cent Nouvelles nouvelles‹,

entnommen; für die zweite, die Geschichte von Ferdinands Verirrung und Umkehr, ist keine Quelle nachgewiesen. Bewährungsge-
schichten sind beide, Klugheit und Tatkraft, Einsicht und Lernfä-
higkeit, Selbsterkenntnis und Entsagungsvermögen siegen schließlich über die Verwirrungen, Täuschungen und Verführungen des
menschlichen Lebens, der Weg, den sie beschreiben, führt aus
dem Zustand einer ungefestigten, irritierbaren Moral heraus zur
Lösung der inneren Konflikte und zu sittlicher Bildung. Sie stellen Modelle der Lebensmeisterung vor und zeigen, »daß der
Mensch in sich eine Kraft habe, aus Überzeugung eines Bessern
selbst gegen seine Neigung zu handeln«. Weil »keine moralische
Geschichte ⟨. . .⟩ etwas anderes lehren ⟨kann⟩« – so der alte Geistliche im Gespräch über die Prokurator-Novelle –, sind sie sich so
ähnlich, »daß man immer nur dieselbe zu erzählen scheint«, und
nur auf den ausdrücklichen Wunsch der Baronesse (»aber Schö-
neres ist nichts in der Welt als Neigung, durch Vernunft und
Gewissen geleitet«) erzählt er noch eine Parallelgeschichte, die
sich auch wirklich von der ersten dadurch unterscheidet, daß sie
den moralischen Konflikt im Rahmen eines »Familiengemäldes«
zeigt.[47] Beide Geschichten beschreiben auf exemplarische Weise
den Bildungsweg, den im Großen die ganze Kette der Erzählungen und Unterhaltungen darstellt, denn in ihrem Nacheinander
erscheinen sie nun, vom Ende her gesehen, als Stationen in einem
Selbstverständigungs- und Selbsterziehungsprozeß der Ausgewanderten, als außerordentlich dynamisches Gemälde *ihrer* Familie
also, das in der Vergewisserung der gemeinsamen Kultur und
Sprache, in Wohlwollen, Zuneigung und Duldung, ja im still-
schweigenden Bekenntnis zur *humanitas* gipfelt, worin menschliche Vernunft und Emotionalität, das Schöne und Wahre zwanglos zusammenfinden. Ein Ideal zwar, dem es aber »durch sanfte
Anleitung und durch Beispiel«[48], durch Fleiß und Tatkraft stets
aufs neue Geltung zu verschaffen gilt.

Das Vertrauen auf die Lebenskrisen überwindende Kraft
schöpferischer praktischer Tätigkeit, die Ferdinands Biographie
vorführt, ist, denken wir an Faust oder Wilhelm Meister, ein
Grundmotiv in Goethes Werk und Leben, es wird in den ›Unterhaltungen deutscher Ausgewanderten‹ zusammengeführt mit

dem einer anderen Tradition, auch wohl zunächst einer anderen gesellschaftlichen Klasse angehörenden Kulturideal des Gesprächs. Diese Synthese erst macht den Begriff der Klassik in Goethes und Schillers Verständnis aus, bewahrt ihn vor falscher und abstrakter Harmonie. Daß es dennoch ein utopischer Gedanke bleibt, war Goethe bewußt. Die anhaltende Gefährdung der Emigrantenfamilie, der Donner der Kanonen bleiben wichtige Momente in der Konstellation dieses Buches und werden ja auch im Gespräch nicht etwa aufgehoben. So darf man den Bildungsprozeß (wie den klassischen Bildungsbegriff überhaupt) auch nicht mit falschen Erwartungen überfrachten. Sein Ziel ist zunächst allemal individuelle Lebensmeisterung, das Beherrschen jener Schwimmkunst, von der die Baronesse im allegorischen Bilde anfangs sprach, wodurch zwar nicht das gefährliche sturmerregte Wasser beeinflußt, es aber immerhin überwindbar wird. Eine eminent praktische Zielsetzung, die beim Nahen, in der Sphäre des täglichen Lebens, einsetzt und in deren höchster Kultivierung allein die Rettung sieht. Die historischen Krisen, die soziale Frage, die politischen Konflikte bestehen weiter, und Goethe hat von seinem skeptisch-realistischen Grundsatz aus (hier gibt es wirklich eine prinzipielle Differenz zu Schiller) ihre Aufhebung nie ganz ernsthaft in Erwägung gezogen: auch diese Bedeutung hat das ›Märchen‹, und sie liegt noch seiner Benennung zugrunde. Das Gattungswort als Titel: Inbegriff, Summe und höchste Erscheinung aller Märchen zugleich ist diese Märchenutopie von der Erlösung des Menschen und der Welt. Der Anspruch auf Wirklichkeit wird ausdrücklich abgewehrt und – mit Anspielung auf die Zeitereignisse – als eine Quelle des Unheils namhaft gemacht: »Die Einbildungskraft ist ein schönes Vermögen, nur mag ich nicht gern, wenn sie das, was wirklich geschehen ist, verarbeiten will. Die luftigen Gestalten, die sie erschafft, sind uns als Wesen einer eigenen Gattung sehr willkommen; verbunden mit der Wahrheit bringt sie meist nur Ungeheuer hervor und scheint mir alsdann gewöhnlich mit dem Verstand und der Vernunft in Widerspruch zu stehen.«[49] Die Ironie Goethes will, daß ausgerechnet Karl, der sich doch dieser Verwechslung mehr als alle anderen schuldig machte, solche Maximen von sich gibt, Zeichen auch der Veränderungen, die mit ihm vorgegangen sind.

Deutlich hat Goethe das ›Märchen‹ von der Erzählkette abgehoben: die Verbindung zum Gesprächskontext ist gelockert durch seine zeitliche Distanz zur Erzählung, als einziges Beispiel trägt es einen Titel, der noch dazu der reine Gattungsname ist, die Erzählweise ist völlig neuartig, eine Komposition aus Märchen- und Sagenstoffen, Allegorien und Symbolen, und derart vieldeutig, daß keine Interpretation es erschöpft. Nur konsequent, daß die Gesprächsgesellschaft sich ihm eigens nach der Erzählung nicht mehr widmet, sondern sich gleichsam öffnet auf die inzwischen so zahlreiche Gesellschaft der Interpreten, ja in ihr eigentlich aufgeht, wie jene Xenien-Verse über die zwanzig geschäftigen Deutungskünstler sagen (»Mehr als zwanzig Personen sind in dem Märchen geschäftig. / ›Nun, und was machen sie denn alle?‹ Das Märchen, mein Freund.«[50]). Das ›Märchen‹ ist, wie die ›Novelle‹, eine allegorisch-symbolische Dichtung. Allegorisch erscheint es seinen mehrdeutig umkreisenden Bildern, den »quer sich hindurchschickenden Entsprechungen« (Bloch) nach, die doch niemals eindeutig zu fixieren sind. Symbolisch ist es als Ganzes gesehen, seiner Intention nach, die »das Eine, als Ontos On, bedeutet« (Bloch[51], also das utopische Totum letzter Identität und Versöhnung aller Gegensätze. Hier berührt das ›Märchen‹ die religiöse Sphäre auch ausdrücklich mit der Prophezeiung des alten Fährmanns: »Sage ihr«, der verzauberten Prinzessin Lilie, trägt er der Frau auf, »sie solle nicht trauern, ihre Erlösung sei nahe, das größte Unglück könne sie als das größte Glück betrachten, denn es sei an der Zeit.«[52] Ein Erlösungsmärchen, in dem mythologische und religiöse Motive zusammenkommen, in dem die Deutung der Gegenwart als einer historischen Krise, als Zeit der Erschütterung und Umwälzung (wie sie in den Unterhaltungen zuvor schon begründet wurde) wiederaufgenommen und mit der ins Religiöse, Metaphysische gewendeten Hoffnung verknüpft wird, daß es sich dabei um eine Heilkrise handelt, die schließlich doch die Erlösung bringen könnte.

Anders als Schiller hat Goethe seine Zukunftshoffnungen nicht philosophisch oder überhaupt in einem theoretischen Klartext ausgedrückt, und die Gründe dafür sind nicht schwer zu erraten. Er mißtraute den Möglichkeiten zur Veränderung viel mehr als der Autor der Briefe ›Über die ästhetische Erziehung des Menschen‹, er fürchtete die Banalität (»Gewissen Geheimnissen, und wenn sie offenbar wären, muß man durch Verhüllen und Schweigen Achtung erweisen, denn dieses wirkt auf Scham und gute Sitten.«[53]) und glaubte gerade, im Geheimsinn das Medium für eine gewisse prognostische Fähigkeit des Dichters sehen zu dürfen, wie er Eckermann anvertraute: »Wir wandeln alle in Geheimnissen. Wir sind von einer Atmosphäre umgeben, von der wir noch gar nicht wissen, was sich alles in ihr regt und wie es mit unserem Geiste in Verbindung steht. So viel ist wohl gewiß, daß in besonderen Zuständen die Fühlfäden unserer Seele über ihre körperlichen Grenzen hinausreichen können und ihr ein Vorgefühl, ja auch ein wirklicher Blick in die nächste Zukunft gestattet ist.«[54] Das ist zwar aus einem lebenspraktischen Zusammenhang heraus gesagt, aber gewiß nicht zufällig in dem Jahr, in dem die ›Novelle‹, die da noch »Jagdnovelle« heißt, hauptsächlich entstand. Jedenfalls erklärt diese Überzeugung die vielzitierte Stelle, an der Goethe davon spricht, die ›Novelle‹ habe sich »vom tiefsten Grunde meines Wesens losgelöst«[55], und die zu allerlei auch religiösen Spekulationen Anlaß gegeben hat.[56] Auf die religiöse Sprache und die biblischen Motive in ›Märchen‹ wie auch ›Novelle‹ ist viel hingewiesen worden, doch benutzt sie Goethe, um damit seine ganz weltliche Zukunftshoffnung auszudrücken, die auf Frieden und die Versöhnung alles Lebendigen hinausläuft. »Denn der Ewge herrscht auf Erden, / Über Meere herrscht sein Blick; / Löwen sollen Lämmer werden, / Und die Welle schwankt zurück. / Blankes Schwert erstarrt im Hiebe, / Glaub und Hoffnung sind erfüllt; / Wundertätig ist die Liebe, / Die sich im Gebet enthüllt.«[57] Die religiöse Metaphorik der ›Novelle‹ ist ebenso gleichnishaft gemeint wie die übrigen Bilder und Bestandteile der Erzählung: die topographische Gliederung zwischen neuem und altem Schloß, dessen Ruine zudem den höchsten Gipfelpunkt bezeichnet und wo der Knabe sein wunderbares Werk vollbringt, sich als Gewaltbändiger und Friedensstifter ausweisend; die Ebene, wo die Stadt liegt und der Brand ausbricht, so daß die wilden, aber nur scheinbar lebensbedrohenden Tiere aus ihren Käfigen hervorbrechen. Eine allegorische Landschaft und der Entwicklungsraum für die stetige menschliche Vervollkommnung, die freilich mit Anstrengung und Kultur errungen werden muß. Dem Bild der schönsten und glücklichsten Versöhnung auf der Höhe kontrastiert der Brand auf dem Marktplatz, in dem sich das so unheilvolle Erlebnis des alten Fürsten wiederholt: hier haben wir, ins Gleichnis gefaßt, die uns schon aus den ›Unterhaltungen‹ oder aus ›Hermann und Dorothea‹ vertraute Konstellation vor uns. Dazu stimmen auch alle übrigen Bestandteile der ›Novelle‹. Die Bestimmung der Kunst als Vollenderin der Natur; Honorios Selbstüberwindung als die subjektive Bedingung des Fortschreitens zur Höhe, wo ausgerechnet (Zukunft in der Vergangenheit) die Ruine des alten Ritterschlosses zum Schauplatz des Wunders wird; die Rolle des Knaben als eines kindlichen Heilsbringers – eine Figur, die wir aus der Literatur des 18. Jahrhunderts gut kennen, der neue Adam für ein bürgerlich herzustellendes irdisches Paradies und aufgetragen auf die wirkungsmächtigste Prägung dieser Vorstellung: die christliche Auffassung vom Kinde Gottes. In der ›Novelle‹ erfüllt der Knabe die Funktion, die dem Jüngling zusammen mit der schönen Lilie im ›Märchen‹ zukommt: Verkörperung der heilsgeschichtlichen Tendenz in der Welt, von der sein Vater in begeisterter Rede spricht. Eine Frömmigkeit, die alle weltlichen Dinge mit einbegreift und die Harmonie in allem Lebendigen hervorbringt. »Zu zeigen, wie das Unbändige, Unüberwindliche oft besser durch Liebe und Frömmigkeit als durch Gewalt bezwungen werde, war die Aufgabe dieser Novelle, und dieses schöne Ziel, welches sich im Kinde und Löwen darstellt, reizte mich zur Ausführung.«[58]

2. Märchenhafte Geschichte und künstliches Paradies: Novalis, Tieck, Fouqué

»In einem ächten Märchen muß alles wunderbar – geheimnißvoll und unzusammenhängend seyn – alles belebt. Jedes auf eine andre Art. Die ganze Natur muß auf eine wunderliche Art mit der ganzen Geisterwelt vermischt seyn. Die Zeit der allg(emeinen)

Anarchie – Gesezlosigkeit – Freyheit – der *Naturstand der Natur* – die Zeit vor der *Welt* (Staat.) Diese Zeit vor der Welt liefert gleichsam die zerstreuten Züge der *Zeit nach der Welt* – wie der Naturstand ein *sonderbares Bild* des ewigen Reichs ist. Die Welt des Märchens ist die *durchausentgegengesetzte* Welt der Welt der Wahrheit (Geschichte) – und eben darum ihr so *durchaus ähnlich* – wie das *Chaos* der *vollendeten Schöpfung.* (Über *die Idylle.*) | In der *künftigen* Welt ist alles, wie in der *ehmaligen* Welt – und *doch alles ganz Anders.* Die *künftige* Welt ist das *Vernünftige* Chaos – das Chaos, das sich selbst durchdrang – in sich und außer sich ist – Chaos[2.] oder ∞. | Das *ächte Märchen* muß zugleich *Prophetische Darstellung* – idealische Darstell⟨ung⟩ – abs⟨olut⟩ nothwendige Darst⟨ellung⟩ seyn. Der ächte Märchendichter ist ein Seher der Zukunft. | Bekenntnisse eines wahrhaften, synth⟨etischen⟩ *Kindes* – eines idealischen Kindes. (Ein Kind ist weit klüger und weiser, als ein Erwachsener – d⟨as⟩ Kind muß durchaus *ironisches* Kind seyn.) – Die Spiele d⟨es⟩ K⟨indes⟩ – *Nachahmung* der Erwachsenen. (Mit der Zeit muß d⟨ie⟩ Gesch⟨ichte⟩ Märchen werden – sie wird wieder, wie sie anfieng.)«[59] Man hat das Fragment durchaus mit Recht als Novalis' zentrale poetologische Reflexion des Märchens gewürdigt[60], und man begreift, sieht man die Bedeutung, die ihm hier zugemessen wird, daß der Autor an andrer Stelle das Märchen gar als »*Canon* der Poësie«[61], also als Inbegriff und höchste Vollendung dichterischer Kunst feiert. Dabei geht die Beschreibung der Märchenform über in eine geschichtsphilosophische Darlegung und Interpretation der Gattung. Die Zeit vor der staatlichen Welt, der noch ungeordnete, präreflexive und prämoralische, der paradiesische Naturstand entspricht dem goldenen Zeitalter, in welchem die Menschen in einem undifferenzierten, ungeregelten, gleichsam chaotischen oder anarchischen Einklang mit der Natur lebten. Dieses goldene Zeitalter ist für immer vergangen, abgelöst von dem Zeitalter der Entfremdung und Zerrissenheit, als welches die menschliche Geschichte nach dem Ausgang aus dem paradiesischen Urzustand erscheint. Doch besteht darin nicht etwa das Ziel der Entwicklung, sondern bloß ein Durchgangsstadium auf das neue goldene Zeitalter der Zukunft hin, das über

die bloße Wiederherstellung des alten hinausreicht und die Rückgewinnung seiner wesentlichen Qualitäten auf höherer Stufe
durch Vernunft, Kunst und Kultur bedeutet. Als dessen Propheten nennt Novalis den Dichter, und das besonders ausgezeichnete
organon seiner utopischen Rede ist ihm das Märchen oder märchenhafte Dichtung überhaupt, weil sie aus den zerstreuten
Zügen des vergangenen goldenen Zeitalters ein ahnungsvolles
Bild zukünftiger Vollendung erstehen läßt.

Da haben wir schon bei Novalis eine entschlossene Revision
des chronologischen Zeitindex, so daß Zukunft nicht nur ist, was
vor uns liegt, sondern sie in Gegenwart und Vergangenheit immer
schon vorkommt. Dieser Gedanke der utopischen Wirksamkeit
bleibt freilich noch ganz auf die Dichtung bezogen, die im
Medium des Märchens die (so Novalis' eigener Ausdruck)
»Zukunft in der Vergangenheit«[62] darstellt: »Die Welt wird
Traum, der Traum wird Welt, / Und was man geglaubt, es sei
geschehn, / Kann man von weitem erst kommen sehn.«[63] Im
Traum und dann besonders in dem Bewußtsein des Kindes hat
dieser von allem Ursprünglichen so faszinierte Dichter die psychischen Entsprechungen jenes vorgeschichtlichen Zustandes der
undifferenzierten Einheit von Mensch und Natur entdeckt, durch
welche der Zugang zur versunkenen und zur aufsteigenden Welt
allein möglich scheint. Daraus folgt die Verwandtschaft von
Traum und Dichtung, die Nähe des Dichters zur Kindheit (»Wo
Kinder sind, da ist ein goldnes Zeitalter.«[64]) und seiner märchenhaften Unbestimmtheit, in der sich Vergangenheit und die Fülle
der Zukunft treffen. Alle Menschen haben an diesem Zustand
teil, den meisten ist er unbewußt, und man muß den Ruf hören,
der aus dem gewöhnlichen Leben führt und das »Genie« in uns
erweckt, also das Vermögen, »die Zeitenfülle überhaupt« zu
erfahren.[65] In Novalis' Werk, aber auch dem Tiecks oder Fouqués, tritt uns die rätselhafte Gestalt des Fremden als der Bote
entgegen, der in eine neue Welt ruft. »Keiner von uns hat je einen
ähnlichen Menschen gesehn«, verwundert sich Heinrich von
Ofterdingen; »doch weiß ich nicht, warum nur ich von seinen
Reden so ergriffen worden bin; die andern haben ja das nämliche
gehört, und keinem ist so etwas begegnet.«[66] Und auch Hyazinth

(in Novalis' Märchen von ›Hyazinth und Rosenblüte‹), der als Kind »immerfort mit Tieren und Vögeln, mit Bäumen und Felsen ⟨sprach⟩«[67], trifft, herangewachsen und schon jenseits des kindlichen Paradieses, den Fremden, der ihm seltsame Geschichten erzählt, so daß ihm mit einem Male jede Ruhe abgeht, »Herz und Liebe mit«[68], und er hinaus muß, um das Verlorene wiederzugewinnen. Es sind dann Blumen und ein kristaller Quell, die ihm den Weg zur Mutter der Dinge weisen: »Unter himmlischen Wohlgedüften entschlummerte er, weil ihn nur der Traum in das Allerheiligste führen durfte.«[69]

Die Märchen des Novalis sind immer beides: geschichtsphilosophische Parabeln und märchenhafte Probe aufs Exempel zugleich, wobei die Perspektive von der Zukunft aus die Erzählung bestimmt und sie zu Erlösungsmärchen macht. Die mittlere Periode im triadischen Geschichtsverständnis, das Zeitalter der Entfremdung, der »Regelmäßigkeit und Gewöhnlichkeit des Lebens«[70], wie es im ›Heinrich von Ofterdingen‹ heißt, bildet zwar die Grundlage der Fabel, ist ihr Anlaß und kehrt in ihr auch verschlüsselt wieder, aber nur als Auszugs-Zeit, als eine Epoche des Übergangs, die von der Idee eines auf neuer Stufe wiederhergestellten goldenen Zeitalters überstrahlt wird, so daß sie ihre Schrecken verliert. Die utopische Sicht aller Dinge wird von Novalis so konsequent durchgehalten, daß sie alle enttäuschenden Erfahrungen als vorläufige zu integrieren vermag. Hierin liegt der wichtigste Unterschied zu den Märchenerzählungen Ludwig Tiecks, die zwar ebenfalls prophetische Sage sein wollen (»So wahrsagen wir auch aus dem Heiligthum unsres Innern, wie aus einer Welt des Traumes heraus.«[71]), doch in Gestalt der Sehnsucht, die »ewig nicht erfüllt wird«.[72] Das Unheimliche, Nächtige und Grausame, das Tiecks Märchen kennzeichnet, können wir deuten als Gestalt der Verzweiflung über seine Zeit, die er als Krisenzeit erfuhr, ohne an ihre historische Überwindung glauben zu können. So gewinnt das Kunstmärchen unter seinen Händen eine ganz andere Qualität und eröffnet den Weg, den dann E. T. A. Hoffmann zu Ende gehen wird. Es verdichtet sich zum verschlüsselten Bild der Vereitlung und Ohnmacht, eines Raumes, der als Refugium nicht taugt, weil die Krise und das Entsetzen

darüber, weil Angst und Beengung ihn mit den Figuren von Fie-
berträumen und Wahnphantasien anfüllen. »Nicht bloß auf den
ausgestorbenen Höhen des Gotthard erregt sich unser Gemüth
zum Grauen ⟨...⟩, sondern selbst die schönste Gegend hat
Gespenster, die durch unser Herz schreiten, sie kann so seltsame
Ahndungen, so verwirrte Schatten durch unsre Phantasie jagen,
daß wir ihr entfliehen, und uns in das Getümmel der Welt hinein
retten möchten. Auf diese Weise entstehn nun wohl auch in
unserm Innern Gedichte und Mährchen, indem wir die ungeheure
Leere, das furchtbare Chaos mit Gestalten bevölkern, und kunstmäßig den unerfreulichen Raum schmücken; diese Gebilde können dann freilich nicht den Charakter ihres Erzeugers verläugnen.
In diesen Natur-Mährchen mischt sich das Liebliche mit dem
Schrecklichen, das Seltsame mit dem Kindischen, und verwirrt
unsre Phantasie bis zum poetischen Wahnsinn, um diesen selbst
nur in unserm Innern zu lösen und frei zu machen.«[73] Es gibt
keine bessere Charakterisierung von Tiecks Märchen als seine
eigene hier, die sich in dem Gespräch der Freunde vor Beginn der
ersten Erzählrunde im ›Phantasus‹ findet. Das ganze Ensemble
seiner Märchenwelt, die geheimnisvolle Alte im ›Blonden Eckbert‹ (1796), die Bergkönigin oder das alte Waldweib im ›Runenberg‹ (1801/02), die ›Gespenster, Larven und Furien‹, die Emil im
›Liebeszauber‹ (1811) schrecken[74], sie alle erregen Angst und
Unsicherheit, und ihre Wirkung auf die Protagonisten der Märchengeschichten ist auch entsprechend grauenerregend. Doch für
den Erzähler, den Hörer oder Leser werden sie zu verläßlichen
Bildern, mit denen er seine Angstvorstellungen, die ungewissen
Spannungen seiner inneren Konflikte und die wesenlosen Erre-
gungen seiner Seelenkämpfe identifizieren kann. Die Mittlerfigu-
ren der Kindheit verkörpern wieder in einer Welt voller Gefahren
und Gefühlsverwirrungen die anonymen Mächte, von denen man
sich bedroht fühlt, machen sie namhaft und zumindest individuell beherrschbar. Die Gesprächsrunde des Phantasuskreises versucht damit auch ganz ausdrücklich, an alte, vornehmlich volkstümliche Erzählpraktiken anzuknüpfen, indem die Freunde in
Märchengeschichten sich ihre Erfahrungen deuten, sich ihrer
Vergangenheit vergewissern oder auf die Zukunft vorbereiten.

Erzählend und hörend probt man den Ernstfall, und um sein Verhalten auf neue Erfordernisse umstellen zu können, macht man eine Geschichte im voraus oder versetzt sich in eine überlieferte Geschichte hinein. Erzählen, dichten gewinnt derart eine unersetzbare Funktion bei der individuellen Lebensmeisterung. Wenn man von der Tendenz zur Psychologisierung des Märchens in Tiecks Werk gesprochen hat, so mit dieser Zielrichtung: sie ist richtig und falsch zugleich. Denn es gibt kein Märchen, ob Kunst- oder Volksmärchen gleichviel (wie haltbar diese Unterscheidung auch immer sein mag), das nicht die Befähigung zum eigenen Leben und die »Kraft des Auswegs« (Ernst Bloch)[75] lehrte. Wobei Tiecks Märchen freilich die besonderen Gefährdungen in sich aufgenommen haben, von denen sich ihr Autor bedroht fühlte. Man braucht auch nicht lange nach den zentralen Themen seiner Erzählungen zu suchen. Immer wieder der Verlust der Ich-Identität als Zerfall der personalen Einheit und (damit zusammenhängend) die Initiationskrisen beim Übergang vom Kindes- zum Erwachsenenalter; beide unerhört kunstvoll durchgeführt im ›Blonden Eckbert‹.

Die Kindheitsgeschichte Bertas, die ihren Eltern davonläuft und im Waldesinnern (»als wenn ich aus der Hölle in ein Paradies getreten wäre«[76]) auf die alte Frau trifft, die dort mit ihrem Hündchen und einem Vogel in der Hütte lebt: das ist ein Initiationsszenarium, wie man es aus Sage und Volksmärchen vielfach kennt. Doch besteht Berta die Proben nicht, und wenn sie der Alten davonläuft, mit dem wunderbaren Vogel in der Hand, kann man eigentlich nicht den Vertrauensbruch als ihr Versagen nennen, denn nur auf diese Weise vermag sie den Bann der Isolierung, des Moratoriums zu brechen: »Ich begriff nämlich wohl, daß es nur auf mich ankomme, in der Abwesenheit der Alten den Vogel und die Kleinodien zu nehmen, und damit die Welt, von der ich gelesen hatte, aufzusuchen.«[77] Sie läßt aber, unerlöst, den Hund zurück (»⟨...⟩ er sah mich mit bittenden Augen an, aber ich fürchtete mich, ihn mit mir zu nehmen.«[78]) und vergaß damit vielleicht das Beste. Jedenfalls ist das der Anfang ihrer Unglücksgeschichte, die nur durch eine kurze und noch dazu trügerische Wohlfahrt an Eckberts Seite – der in Wahrheit ihr Bruder ist –

unterbrochen wird. Es kann niemanden verwundern, daß ihr der Name des Hundes so gründlich entfiel: eine Verdrängung aus schlechtem Gewissen natürlich. Die Wiedererinnerung kommt schockartig, der Freund Walther, der doch eigentlich nichts davon wissen kann, ruft ihr beim Abschied den vergessenen Hundenamen wie beiläufig ins Gedächtnis zurück: »Edle Frau, ich danke Euch, ich kann mir Euch recht vorstellen, mit dem seltsamen Vogel, und wie Ihr den kleinen *Strohmian* füttert.«[79] Damit ist das Stichwort für den Einbruch des Grauens in Bertas doch endlich scheinbar geordnete Welt gegeben, ja dieses Wort selber ist die Stelle, wo der überwunden geglaubte Schrecken der Vergangenheit Einlaß findet und mit einem Male das Leben des Paares ändert. Aus Märchenhandlung wird ein Kriminalfall. Die vergangene Untat, ans Licht gekommen, vergiftet die Gegenwart, der Freund wird zum unerwünschten Zeugen, den es zu beseitigen gilt. Strohmian ist nur die Chiffre für den Punkt, an dem Bertas Lebensweg in die falsche Richtung abirrte, für die Regellosigkeit, die dauernd wieder durchbrechen kann, ja die sie in ihrer Inzest-Ehe unwissentlich schon lebt. So ruft er all das Versäumte in ihr wach, treibt sie in Trostlosigkeit und Verzweiflung, in den Todesschrecken eines ausphantasierten Verbrechens. Dabei bedeutet die nicht bestandene Einweihungsprüfung, wie es die Alte selber am Schluß ausführt (»⟨. . .⟩ ihre Probezeit war ja schon vorüber.«[80]), keine moralische Schuld im banalen Sinn, sondern Verfehlung des Lebens, ein Defekt beim Wechsel des existentiellen Zustandes, so daß der Übergang vom Dunkel zum Licht nicht glücken konnte. So ist Berta ewig in einem Zwischenzustand geblieben, und dessen Schilderung nun in Form eines objektiven Daseinszustandes ist das andere Thema der Erzählung. Bloch hat den glücklichen Begriff »Zwielicht«[81] für das ganze Gepräge dieses Märchens gebraucht, und es ist wirklich ein Zustand der Unentschiedenheit und Identitätsdiffusion, der auch alles übrige darin kennzeichnet. So daß Hugo mit Walther und die Alte mit beiden die Gesichter tauschen, Eckbert und Berta ineinanderfließen und aus dem Ehemann der Bruder wird. Der Wahnsinn ist das deutliche Zeichen für Eckberts verzweifeltes Engagement in einer aus Daseinsangst geborenen Phantasiewelt. Er lebt ganz isoliert von gesellschaftlichem Verkehr (»sehr ruhig für sich«), und von Berta heißt es, sie »liebte die Einsamkeit ebensosehr«[82]. So beginnt das Märchen schon mit dem Eingeständnis, daß es beiden nicht gelungen ist, ein natürliches, freies und selbstbewußtes Verhältnis zu ihrer Gesellschaft und deren geistigen und kulturellen Werten zu finden. Daß aber eine Existenz der Trennung von der sozialen Welt auf Dauer nicht möglich ist, sondern destruktiv, depersonalisierend wirken muß, diese Erfahrung bestimmt dann Form und Dynamik der Märchenhandlung. Auch Christian im ›Runenberg‹ macht sie, er fühlt sich, heißt es von ihm, »in einer feindseligen Einsamkeit verloren«[83], lebt in zwei Welten, von denen die eine diejenige der anderen Menschen, die andere aber »die wahre Gestalt meines Innern«, eine Welt der Versteinerung ist[84]; bis auch er über dieser geteilten Existenz wahnsinnig wird. Nicht anders ergeht es Emil im ›Liebeszauber‹, der in der schönen Braut plötzlich das Scheusal einer Zaubernacht zu erkennen meint, oder Marie und Elfriede, die aus ihrer Kinder- und Traumwelt nicht heraus- und »sich auf Erden nicht zurechtfinden können«[85].

Der berühmteste von ihnen allen aber ist Tannhäuser, dessen Gestalt Tieck in einer Doppelerzählung mit der Figur des getreuen Eckart verbunden hat (›Der getreue Eckart und der Tannhäuser‹, 1799), so daß uns die beiden grundsätzlichen Möglichkeiten exemplarisch vor Augen stehen, dem »holden Wahnsinn«[86] zu begegnen: ihm zu widerstehen, und sei es um den Preis des Lebens, oder ihm nachzugeben und »mit Zaubergewalt in die unterirdischen Klüfte« gerissen zu werden[87]. Immer sind es die Lockungen der Sinnlichkeit, denen Tiecks Märchenhelden begegnen. »Oft ergriff mich die Lieblichkeit und Fülle der herrlichen Natur«, erzählt Tannhäuser aus seiner Kindheit, »daß ich die Arme ausstreckte und wie mit Flügeln hineinstreben wollte, um mich, wie der Geist der Natur, über Berg und Tal auszugießen, und mich in Gras und Büschen allseitig zu regen und die Fülle des Segens einzuatmen.«[88] Die Wahrheit des sinnlichen Auffassens hat Anhänger nur noch unter Kindern und Künstlern (»Es wurde Eckart rege / Und wundert sich dabei, / Er hört der Töne Schläge / Und fragt sich, was es sei. // Ihm dünkt die Welt erneuet, / In

andern Farben blühn, / Er weiß nicht, was ihn freuet, / Fühlt sich
in Wonne glühn.«[89]), in der modernen Welt, die chiffrenhaft um
alle Märchen der Romantik herumsteht, ist sie ortlos geworden.
Wo die Wirklichkeit allein vom Verstand und von der Wissenschaft her gedeutet wird, kann der Gegenstand der Kunst nicht
mehr in einer verbindlichen Gegenständlichkeit der Welt liegen,
sondern allein noch in der Subjektivität: »Indem kommt im
Gemüte / Der Spielmann selbst ihm nah«, erfahren wir von der
ästhetischen Versuchung, der der getreue Eckart ausgesetzt ist[90]
und der er ganz im Sinne seiner ihm von seinem Herrn übertra-
genen Aufgabe begegnet. Er, der sich »der Regierung mit allem
Fleiße« annahm und die Vormundschaft über die Söhne des Herzogs treu besorgte[91], fungiert schließlich als der Repräsentant
einer Welt, in welcher die Rationalität der Zwecke beherrschend
geworden ist. Alles, was sich ihr nicht fügt, verliert Achtung und
soziale Bedeutung, es wird unwirklich, ihm wird die Bestimmtheit der Realität entzogen, so daß es sich in ein objektiv Unreales
verwandelt, das sich nur noch der Subjektivität, dem »Gemüt«
oder Gefühl erschließt. Es bekommt dadurch freilich einen reve-
nanthaften Charakter, wird zum Bedrohlichen, Feindseligen,
Unterirdischen, das die rationale Subjektivität zu überwältigen
droht. Die Heillosigkeit der Situation kommt in Tiecks Doppelmärchen geradezu idealtypisch zur Geltung. Denn der helden-
hafte Kampf, den Eckart gegen die Versuchungen der Sinnlichkeit führt, entmenschlicht ihn im selben Zug, wie er
ihn heroisiert, und sein Tod ist die unausweichliche Folge dieser
krassen Entfremdung von den sinnlichen Wurzeln des eigenen
Daseins. Tannhäuser, der den anderen Weg wählte, ergeht es
zuletzt nicht anders, denn die Rückgewinnung von Natur und
Sinnlichkeit im subjektiven Gemüt hat ihn aus dem rationalen
Dasein der Gesellschaft verrückt, seine Existenz unreal und
wahnhaft gemacht; so daß ihm sogar die Wirklichkeit der anderen als »die seltsamste von allen meine Begebenheiten« erscheinen
muß[92] und er zuletzt in seiner Verblendung zum Mordgesellen
wird.
    Was aber bleibt nun in diesem Gleichgewicht des Schlimmen?
Im Doppelmärchen scheint es so, als sei eine Entscheidung nicht

wahrhaft möglich, weil den Individuen auf die eine wie auf die
andere Weise nicht wohl werden kann. Schiller hatte mit seiner
ästhetischen Erziehung noch einen Ausweg gefunden und im
Spiel als dem ästhetischen Zustand par excellence die versöh-
nende Möglichkeit gesehen. Das Modell hat durchaus noch nicht
abgedankt, und schattenhaft nehmen wir seine Umrisse auch auf
dem Grunde von Tiecks Märchen noch wahr. Denn natürlich
bleibt immer etwas jenseits des Dilemmas, von dem die Märchen
so vieldeutig berichten: die Märchen selber, die Werke der Kunst,
der Phantasie und Einbildungskraft, doch wirken sie nicht als
Manifestation eines versöhnenden Spieltriebs, sondern als Organe
eines aus der Wirklichkeit entfernten Seins in allen durch seine
Ortlosigkeit bedingten Verkehrungen, Verfremdungen, gespensterhaften Verzerrungen. Utopisch darin ist der geheime Anspruch, daß die von der rationalen Subjektivität preisgegebene
Wahrheit der sinnlichen Erfahrung und Deutung der Welt notwendig zur befriedigten, vollgültigen menschlichen Existenz
gehört, ihr Fehlen aber Verkrüppelung und Entmenschlichung
zur Folge haben muß. Realistik und Illusionslosigkeit sind die
anderen Kennzeichen dieser Schauermärchen, indem sie die pro-
beweise Verwirklichung jenes Anspruchs, die vollkommene Identifizierung mit dem sinnlichen Leben ebenfalls scheitern lassen.
Regression ist nicht möglich oder nur um den Preis der Lebenstüchtigkeit, sie führt in Einsamkeit, Verworrenheit und Wahn.
Deren Gestalten sind zwar von hoher poetischer Suggestivkraft,
doch dürfen wir darüber nicht vergessen, daß es sich um Figuren
einer entstellten, unkenntlich gewordenen Wahrheit handelt.
Gerade die märchenhaft-phantastischen Erzählungen Tiecks erscheinen uns heute als Zeugnisse einer größtmöglichen Treue
zur wirklichen, also heillosen Verfassung des menschlichen
Daseins und zugleich der Sehnsucht, sie zu transzendieren.

Dabei bleiben sie nun durchaus nicht im Bannkreis der Subjektivität. »Wir sollen weder den moralischen noch physischen Ekel
in uns zu vernichten streben«, sagt zwar Ernst in der Phantasus-
Gesprächsrunde, und Manfred stimmt ihm trotz einer Einschränkung im wesentlichen zu. Er benutzt dabei eine bedeutsame
Metapher: »Aber auch nicht zu krankhaft ausbilden ⟨...⟩«, warnt

er. »Ein Weltumsegler unsers Innern wird auch wohl noch einmal die Rundung unsrer Seele entdecken, und daß man nothwendig auf denselben Punkt der Ausfahrt zurück kommen muß, wenn man sich gar zu weit davon entfernen will.«[93] Doch bleibt es nicht bei diesem Weg ins geheimnisvolle Innere des eigenen Bewußtseins, er führt auch, wenngleich mit den Erfahrungen der vorherigen Exkursion und nach Maßen ihres Wünschens, auch wieder hinaus – geradewegs in die Wunschlandschaft der Natur, die ja nicht bloß Abbild des inneren Labyrinths, sondern darin zugleich auch Weltbild, Weltlandschaft bedeutet. So entsteht im Gespräch des Phantasuskreises vor unseren Augen ein Bild der Welt als Garten. »Du hattest mir dort, in der Waldschenke, mein Freund Manfred, nur im allgemeinen von dieser Gegend erzählt«, berichtet Ernst, »und ich stellte mir ziemlich unbestimmt eine Sammlung grüner Gebüsche vor, die man so häufig jetzt Garten nennt; wie erstaunte ich, als wir den rauhen Berg nun erstiegen hatten, und unter mir die grünen Thäler mit ihren blitzenden Bächen lagen, so wie die zusammenschlagenden Blätter eines herrlichen alten Gedichtes, aus welchem uns schon einzelne liebliche Verse entgegen äugeln, die uns auf das Ganze um so lüsterner machen: nun entdeck' ich in der grünenden Verwirrung das hellrothe Dach deines Hauses und die reinlich glänzenden Wände, ich sah in den viereckten Hof hinein, und daneben in den Garten, den gerade Baumgänge bildeten und verschlossene Lauben, die Wege so genau abgemessen, die Springbrunnen schimmernd; alles dies schien mir eben so wie ein helles Miniaturbild aus beschriebenen Pergamentblättern alter Vorzeit entgegen ⟨. . .⟩. Ich gestehe gern, ich liebe die Gärten vor allen, die auch unsern Vorfahren so theuer waren, die nur eine grünende geräumige Fortsetzung des Hauses sind ⟨. . .⟩«[94] Im Fortgang der Unterhaltungen werden die beiden gegensätzlichen Gartentypen, der französische Garten und der englische Park, diskutiert und (als Kunst) in ihrem Verhältnis zur Natur bestimmt. Immer wieder fällt dabei der Vergleich mit der Poesie, bis schließlich alle Gesprächsstränge in dem einen Punkt kulminieren: »Kunst und Natur sind aber beide, richtig verstanden, in der Poesie wie in den Künsten ⟨wozu auch die Gartenkunst zählt⟩ nur ein und dasselbe.«[95]

Offensichtlich handelt es sich bei diesen Naturbildern um verschiedene Möglichkeiten planetarischer Landschaftsentwürfe als
Antwort auf die »Armseligkeit unsers Zustandes«[96], auf die Verödung einer in bloß rationaler Praxis begründeten Welt. Zum
vielversprechenden Gegenbild avanciert der Garten als sinnliche
Darstellung und Grundriß einer einheitlichen Welt, in der Haus,
Pflanzen- und Tierreich, Natur und Kunst ungeschieden ineinander übergehen, und der doch nur eine Metapher und Abbreviatur
des großen Weltgartens ist.[97] In Tiecks Märchen selber erscheint
er in mannigfachen Formen: als Garten der Lüste im Venusberg
(»Wie viele Jahre so verschwunden sind, weiß ich nicht zu sagen,
denn hier gab es keine Zeit und keine Unterschiede, in den Blumen brannte der Mädchen und der Lüste Reiz, in den Körpern
der Weiber blühte der Zauber der Blumen, die Farben führten
hier eine andre Sprache, die Töne sagten neue Worte, die ganze
Sinnenwelt war hier in *einer* Blüte festgebunden, und die Geister
drinnen feierten ewig einen brünstigen Triumph.«[98]), als Wald der
Welt mit seinen Geheimnissen, Abenteuern und Lockungen im
›Blonden Eckbert‹, als Bild der unbekannten Zonen jenseits der
Schwelle der uns vertrauten Wirklichkeit in den ›Elfen‹, oder
schließlich als das künstliche Paradies »vormaliger herrlicher
Steinwelten«[99] im ›Runenberg‹. Doch in welcher Funktion auch
immer, die Gartenlandschaften sind stets Wunschlandschaften
eines bedeutungsvollen, sowohl poetischen wie natürlichen
Lebens in seiner Sinnfälligkeit und Anschaulichkeit, Gegenwelten
auch, die aber (wie die imaginierte Steinwüste im ›Runenberg‹)
zur Chiffre jener modernen Entfremdung werden können, für
welche Christians Goldfieber steht, und die sie eigentlich aufheben sollten. Ansatzweise liefert damit bereits bei Tieck die Vorstellung vom Weltgarten, oder wenigstens einzelne seiner
Bestandteile, frei verfügbare poetische Versatzstücke, die nicht
mehr die Welt als Ganzes in ihrer Anschaulichkeit meinen, sondern vor allem Bausteine zu jener Sphäre des Abenteuers abgeben, die wir aus den Ritter- und Abenteuerromanen kennen.

Besonders Fouqué ist zum virtuosen Kolporteur des romantischen Kunstmärchens geworden, hat es mit der Rittergeschichte
verbunden (›Die Laterne im Schloßhofe‹, 1814) und aus dieser

Mischung seine kräftigen, plakativen Wirkungen erzeugt: »In einer sehr wilden Gegend der schottischen Hochlande steht auf einem steinichten Bergrücken eine uralte Veste. Da sah der Burgherr einstmalen an einem stürmischen Herbstabend aus dem Fenster in die Finsternis hinaus über den wohlverwahrten Schloßhof nach den jenseitigen Bergen hinüber, die kaum gegen den schwarzblauen Nachthimmel noch mit ihren rauschenden Baumwipfeln sichtbar blieben. Aus dem Tale heulte der Waldbach ein wunderliches Lied herauf, und die kreischenden Wetterfahnen klirrten, wie mit dem Sturm zankend, darein.«[100] Nun folgt eine melodramatische Handlung voll greller Effekte (am Schluß, an ihrer Leiche, identifiziert der Burgherr in dem hexenhaften Bettelweib, das er von seiner Burg hetzte, die verloren geglaubte Tochter), in die der Autor auch die wichtigsten Motive des Ritterromans verflochten hat, wie eine Brautentführung oder die Jagd, die vom rechten Weg ab und in unwegsame Einsamkeiten führt, wo seltsame Begebenheiten auf den verirrten Jäger warten. Natur und die wilde, unberührte Landschaft sind die bevorzugten Handlungsräume sämtlicher Romane und Erzählungen Fouqués.[101] Sie werden von ihm aus den überlieferten Topoi zu einer effektvollen Kulissenwelt ausgebaut, die neben den Bestandteilen der romantischen Märchenlandschaften, neben dichten, schwarzen Wäldern, unzugänglichen Gebirgen, Höhlen und tiefen Klüften freilich auch schon exotische Schauplätze integriert; den Helden der späteren Erzählung › Joseph und seine Geige‹ (1845) zieht es »von dem stillfriedlichen Abendlande fort entgegen einer geahnten Wunderwelt in den flammenden Reichen des Aufgangs.«[102] Die Konstruktion »unermeßlicher Zaubergärten« (›Ritter Toggenburg‹, 1817)[103] in Fouqués Abenteuermärchen sind in der Regel Imitationen nach literarischen Vorbildern, die Elemente dienen der Motivierung und Beglaubigung der abenteuerlichen Handlung, doch erschöpft sich deren Sinn damit nicht auch in der reinen Unterhaltung. Die besten Erzählungen Fouqués sind auf ganz radikale und neuartige Weise Traumwerk, phantastische Literatur von hoher Künstlichkeit. Das gilt für die berühmte ›Geschichte vom Galgenmännlein‹ (1810), einer Variante der Mär vom Burschen, der dem Teufel seine Seligkeit verkauft und sich dafür nicht endenden Reichtum einhandelt, und deren wohl meisterhafteste Fassung in der deutschen Literatur Adelbert von Chamissos Märchenerzählung ›Peter Schlemihl's wundersame Geschichte‹ (1814) darstellt. Doch was hier zur eindringlichen Parabel über die Existenz eines heimatlosen Außenseiters ausgefeilt wurde, zur exemplarischen Geschichte eines Menschen, der seine Identität verliert und damit die Seele und sein Liebesglück, indem er seinen Schatten (Chiffre seiner Seele und seines Selbst) für Geld hingibt, hatte für Fouqué ganz anderen Reiz. Zu einer gewiß kunstvollen, aber vor allem auf kräftige ästhetische Wirkung zielenden Schauergeschichte ausfabuliert, lebt das ›Galgenmännlein‹ von der Spannung, ob es dem leichtsinnigen Gesellen wohl gelingen wird, seinen unseligen Erwerb wieder loszuwerden – mit jener Steigerung am Ende, wo ein gräßlicher diabolus ex machina die unvermutete Wende bringt. Aus dem Erlebnis der Nichtidentität geht zwar auch bei Fouqué die Sehnsucht hervor, doch wird sie gleichsam ästhetisch umgelenkt, umgewandelt in eine ars inveniendi zur Erzeugung phantastischer Bilder und Geschichten. Das gilt, in freilich herausragendem Sinne, dann auch für Fouqués erzählerisches Glanzstück, das kostbare Kunstmärchen ›Undine‹ (1811), die Liebesgeschichte zwischen einem lieblichen, verführerischen Elementargeist und dem schönen jungen Ritter, die so fatal mit Leid, Enttäuschung, Tod und Verderben endet.

Den Stoff hat der findige Autor den in der romantischen Schule kursierenden naturphilosophischen Spekulationen des Paracelsus entnommen. Es ist eine Geschichte der wechselseitigen Grenzüberschreitung von Mensch und Natur. Die mädchenhafte Undine ist eine Grenzgestalt, sie tritt heraus aus der Sphäre der Elementargeister, wird zur liebenden Frau, begabt mit Seele und Gemüt, doch erntet sie Verrat, Leid, Schmerz und muß zurück zu den »klingenden Kristallgewölben«[104], in die heimatlichen Gewässer. Gescheiterte Humanisierung, doch nicht wegen der Unzulänglichkeit des schönen Naturwesens, sondern der feindlichen, dissonanten, menschlichen Kirchhofwelt wegen. Aber auch den Ritter Huldbrand haben wir ja eine Grenze überwinden sehen, zunächst »in einen verrufenen Wald hinein«[105] und dann ins Jenseits der Zivilisation auf die von Wasser umschlossene Insel, schließlich gar, indem er Undine heiratet, mitten ins Herz der Natur. Doch freilich, die Bande, die ihn an Herkunft und Kulturwelt binden, erweisen sich als fester, die Naturalisierung des Ritters mißlingt, Kleinmut, Verblendung in falscher Liebe, vor allem aber der horror natural des seinen Ursprüngen entfremdeten Menschen treiben ihn über die Grenze zurück, und erst im Tod gelingt die angestrebte Vereinigung: »Bebend vor Liebe und Todesnähe neigte sich der Ritter ihr entgegen, sie küßte ihn mit einem himmlischen Kusse, aber sie ließ ihn nicht mehr los, sie drückte ihn inniger an sich und weinte, als wolle sie ihre Seele fortweinen. Die Tränen drangen in des Ritters Augen und wogten im lieblichen Wehe durch seine Brust, bis ihm endlich der Atem entging und er aus den schönen Armen als ein Leichnam sanft auf die Kissen des Ruhebettes zurücksank.«[106] Eine hoffnungslose Utopie, gewiß, doch im ästhetischen Traumschein aufgehoben und auch diesmal wieder mit kräftigen Reizen und kolportagehafter Eindringlichkeit modelliert. Ein bittersüßes Märchen, zum ästhetischen Genuß ausgestellt, mit ihm verschmelzend.

In der Erzählung vom verrückten Dichter Ernst von Wallborn, der vom glühenden Rad Ixions in sich herumgetrieben wird (›Ixion‹, 1812), hat Fouqué nicht nur seine Eheenttäuschung verarbeitet, sondern darüber hinaus auch die wahren Beweggründe romantischer Phantasieerfahrung sichtbar gemacht. »Ist Ernst zu heilen«, meint die ihm einst untreu gewordene Geliebte, »so ist er's dadurch, daß man die Wirklichkeit klar und anlockend vor ihn hinstellt.«[107] Als dies geschieht, murmelt der in die »Regionen seines phantastischen Lebens«[108] emigrierte Dichter verwundert: »Verrückte Träume! Verrückte Träume!«[109] Und wie recht sollte er behalten, denn kaum hat ihn die Wirklichkeit wieder, wird er abermals getäuscht. Anlaß genug, endgültig sich selber »in das blühende Zaubergebüsch seiner Phantasie hineinzulenken«. Die Zurückbleibenden kaschieren ihr Unverständnis durch die verlegene Formel: »er war unheilbar seit diesem Augenblicke«.[110]

Die Wirklichkeit als verrückter Traum und die Phantasie als Schöpfungskraft neuer Wirklichkeit, die zukunftsweisende Bedeutung dieses kompromißlosen ästhetischen Credos erkannten nur wenige. Sicherlich, Fouqués Kostüme und Kulissen, die tapferen Ritter und verzauberten Burgfräulein, die nordischen Recken und glutäugigen Königstöchter, die Burgruinen und Schloßfluchten, die wilden Fels- und Küstenlandschaften, die öden Heide- und einsamen Waldgegenden stammen aus den weitläufigen Requisitenkammern des romantischen Welttheaters und sind nur selten genau den historischen Vorbildern nachgeahmt. In der dynamischen Imagination all dieser Requisiten aber geschieht etwas Neues, Überraschendes, das – natürlich – E. A. Poe wie sonst keiner gesehen hat. In seiner Rezension der ›Undine‹, dieser »feinsten Romanze, die existiert«, spricht er von der »exquisiten Manipulation der Einbildungskraft des Lesers« durch den »hohen Genius« des Autors.[111] Besteht doch Fouqués Kunst in der stimulierenden Erregung unserer Phantasietätigkeit – kein Wunder, daß ihn gerade die Schöpfer künstlicher Paradiese, Hoffmann und Poe, so schätzten, die (wie Poe es formulierte) mit dem »bösen Genius des nüchternen Tatsachensinnes« ebenfalls ständig auf Kriegsfuß lebten.

3. Aufklärung in Geschichten: Schiller, Hebel

»In der ganzen Geschichte des Menschen ist kein Kapitel unterrichtender für Herz und Geist als die Annalen seiner Verirrungen.«[112] Das ist der erste Satz aus Schillers Erzählung ›Der Verbrecher aus verlorener Ehre‹ (1786, unter dem Titel ›Verbrecher aus Infamie‹) und zugleich das Programm einer epischen Literaturform, die im Zeitalter der Aufklärung ihre da natürlich nicht unerwartete Konjunktur erlebte. Menschenkenntnis hieß das entsprechende Stichwort, und sie hatte sich nicht mehr nach normativen Vorstellungen und feststehenden anthropologischen Modellen zu orientieren, sondern an der Erfahrung und Selbsterfahrung des Menschen. Autobiographie, Tagebuch, die Lebensgeschichte merkwürdiger und bedeutender Menschen wurden zugleich Medien und Instrumente der Menschenkenntnis. Ich-Analyse und literarische Selbstdarstellung, Sammlung von Fallbeispielen und exemplarischen Biographien finden sich im Werk der unterschiedlichsten Schriftsteller. Ob Lichtenberg oder Christian Heinrich Spieß (›Biographien der Selbstmörder‹, 1785–1789; ›Biographien der Wahnsinnigen‹, 1795/96), August Gottlieb Meißner (›Kriminalgeschichten‹, 1796) oder Friedrich Schiller – sie alle lieferten reichhaltig ausgestattete Magazine zur Selbstaufklärung des bürgerlichen Menschen, die seine soziale und politische Emanzipation einleiten sollte. Menschenkenntnis ist ein Erfahrungswissen, wie man längst erkannt hatte, es gehört Beobachtungsgeist, Aufmerksamkeit und kombinatorisches Vermögen dazu, denn man muß aus Erscheinungen auf sonst gemeinhin verborgene Ursachen schließen. Im ›Grundriß der Erfahrungs-Seelenlehre‹ (1795) hat der Hallesche Philosoph Ludwig Heinrich Jakob das Allgemeinverständnis darüber wiedergegeben. »Wenn aber auch gleich der Mensch sein Inneres nicht in seinen Geberden, Mienen usw. vor sich herträgt; so verräth er doch seine Geschicklichkeiten, seine Denkungsart und seinen Charakter durch seine *Handlungen,* und diese sind daher die vorzüglichste Quelle, aus welcher die Kenntniß der Menschen zu schöpfen ist. – Es gehört aber zur Menschenkenntniß viel Uebung und Klugheit; theoretische Regeln für dieselbe lassen sich wenig geben.«[113]

Wenn wir die Entwicklung dieses Interesses seit Anfang des 18. Jahrhunderts, seit Christian Thomasius' Menschenkenntnislehre, verfolgen, so entdecken wir eine zunehmende Konzentration auf den menschlichen Sonder- und Extremfall, der in der Frühaufklärung allenfalls als abschreckendes Exempel für den Mißbrauch der Geistes- und Seelenkräfte stand. Wenn Thomasius etwa der unvernünftigen Liebe Beachtung schenkte, so nur um der vernünftigen willen, die von ihm in der ruhigen Übereinstimmung und Vereinigung der Gemüter, in Gemütsruhe und Tugendhaftigkeit gesehen wurde. Doch das war noch alles ethisch-normativ begründet. Sobald Erfahrung hinzutrat, nahm auch der Gegenstand des Wissens andere, realistische und vom Idealbild abweichende Züge an, weil sie allein verraten konnten, was sich hinter Ruhe und Gleichmaß, Leutseligkeit und Verträglichkeit (den Verhaltenstugenden des Thomasius) möglicherweise verborgen hielt. Schiller, ein praktischer Psychologe durch und durch, hat das im Proömium seiner »wahren Geschichte« vom ›Verbrecher aus verlorener Ehre‹, dem Sonnenwirt Christian Wolf, in wenigen, präzisen Sätzen ausgedrückt. »Bei jedem großen Verbrechen war eine verhältnismäßig große Kraft in Bewegung. Wenn sich das geheime Spiel der Begehrungskraft bei dem matteren Licht gewöhnlicher Affekte versteckt, so wird es im Zustand gewaltsamer Leidenschaft desto hervorspringender, kolossalischer, lauter; der feinere Menschenforscher, welcher weiß, wie viel man auf die Mechanik der gewöhnlichen Willensfreiheit eigentlich rechnen darf und wie weit es erlaubt ist, analogisch zu schließen, wird manche Erfahrung aus diesem Gebiete in seine Seelenlehre herübertragen und für das sittliche Leben verarbeiten.«[114] Krankheitserfahrung, Verbrechen, Unglück, Liebesleid, Wahnsinn – allgemeiner gesagt: die Nachtseiten der menschlichen Seele und darüber hinaus der Sonderling und Außenseiter gewinnen den Rang des Exemplarischen. Bewußtes Krisen-Erleben verstärkt und sensibilisiert die Selbsterfahrung, Krankheit und Verbrechen bringen die inneren Gemütsveränderungen an den Tag. Doch deren Erforschung verbindet sich immer auch zugleich mit der Frage nach ihren Ursachen. Warum ist ein Mensch schuldig geworden, welche Bedingungen mußten zusammenkommen, damit er zum Verbrecher wurde? Schillers Antwort ist nicht einfach, die inneren und äußeren Beweggründe bilden ein dichtes Netz, aus dem es für den Sonnenwirt keinen Ausweg gibt. Das beginnt mit seinem Aussehen (»Eine kleine unscheinbare Figur, krauses Haar von einer unangenehmen Schwärze, eine plattgedrückte Nase ⟨...⟩«[115]), mit Bübereien in der Schule, seinem labilen inneren Charakter, der schlechtgehenden Wirtschaft. Wilddiebereien schließen sich an, er wird gefaßt, hart verurteilt, die Braut verläßt ihn, Rückfall auf Rückfall, die Strafen fallen härter aus, auf der Festung wird er in Gesellschaft liederlichster Verbrecher inhaftiert und verliert den letzten Rest an menschlichen und moralischen Skrupeln. Eine Verbrecherkarriere, wie sie im Buche steht. Dennoch hat dieser Mann nie ganz die Sehnsucht nach einem gerechtfertigten bürgerlichen Dasein aufgegeben, alle Versuche, es zu erreichen, scheitern an der Hartherzigkeit und ablehnenden Haltung der Umwelt, als er gefaßt wird, ist er auf dem Weg ins Ausland, »um im Dienste des Königs von Preußen als ein braver Soldat zu sterben«[116].

Doch wäre es ein Mißverständnis, wollte man die Schuldfrage hier nun ganz zu Lasten der Gesellschaft und ihrer Institutionen gelöst sehen. Gewiß, Menschenverachtung, Kälte, Gleichgültigkeit und eine Justizmaschinerie, die allein nach dem Straf- und Abschreckungsprinzip funktioniert (»Die Zeitrechnung meiner Verbrechen fängt mit dem Urteilspruch an, der mich auf immer um meine Ehre brachte.«[117]), gehören ebenso zur Vorgeschichte des Verbrechens wie die individuellen Bedingungen, auch schränken sie die Wahlfreiheit derart ein, daß von moralischer Schuld im strengen Sinne kaum gesprochen werden kann. Schließlich lassen die wiederholten Versuche, einen Platz in der Gesellschaft zurückzugewinnen, den Verbrecher in einem zunehmend milderen Licht erscheinen. Allein, als die Hauptaufgabe sieht der Autor der Geschichte vom Sonnenwirt die »Leichenöffnung seines Lasters«[118], und aus der Kenntnis des vielfältigen Motivgeflechts lassen sich ebenso mannigfache Schlüsse und Lehren ziehen. In der Vorbemerkung zu seiner frühesten Erzählung (›Eine großmütige Handlung aus der neuesten Geschichte‹, 1782) hat Schiller schon ausdrücklich davon gesprochen, nicht Engel oder Teufel, diese Abstraktionen von Wirklichkeit, schildern zu wollen, sondern »Die Mitte – den Menschen«[119], und mit keiner anderen Absicht entwickelt er das ›Spiel des Schicksals‹ (1789), dies »Bruchstück aus einer wahren Geschichte«, dessen Held Aloysius von G. uns mit seinen glänzenden und seinen unangenehmen Seiten zugleich vorgeführt wird. Noch am Tiefpunkt seines Elends erinnert uns der Autor daran, wie wenig vorbildlich die Handlungen des so tief gefallenen Fürstengünstlings bei allen Vorzügen doch zu gelten haben. »Er kennt diesen Ort – Er selbst war es, der ihn, von einer niedrigen Rachgier getrieben, wenige Monate vorher neu erbaute, um einen verdienten Offizier darin verschmachten zu lassen 〈. . .〉. Mit erfinderischer Grausamkeit hatte er selbst die Mittel angegeben, den Aufenthalt in diesem Kerker grauenvoller zu machen.«[120] Schillers Interesse, Wirklichkeit wiederzugeben (und er benutzte sowohl bei der ›Großmütigen Handlung‹ wie beim ›Spiel des Schicksals‹ reale Vorlagen, auch die Geschichte vom Sonnenwirt hat einen historischen Kern), verbindet sich mit seinem gleichsam wissenschaftlichen,

sezierenden Vorgehen. Es lag also nahe, daß er sich auch jenen bei
den Zeitgenossen so beliebten Sammlungen von symptomatischen
Kriminalfällen widmete, die der Advokat François Gayot de Pitaval (›Causes célèbres et intéressantes, avec les jugements qui les
ont décidées‹, 1734-1743) ins literarische Leben gerufen und die
vielen Fortsetzer und Nachahmer gefunden hatte. Darunter auch
Meißner mit seinen ›Skizzen‹ (1778-1796), in welchen die meisten auf authentischen Fällen beruhen; eine seiner Erzählungen
benutzte Schiller wohl auch bei der Arbeit an seiner Kriminalge-
schichte vom Sonnenwirt. Übrigens stimmt Meißner mit seinem
berühmten Kollegen nicht nur in der belehrenden Absicht überein (»Wie oft würden wir in den Kriminalakten einer bestaubten
Gerichtsstube manche Begebenheiten antreffen, die zur geheimen
Geschichte des menschlichen Herzens uns bessere Aufschlüsse, als
ganze Quartanten so genannter tiefsinniger Menschenkenner, lieferte.«[121]), denn mit ihr gilt es schließlich auch das Publikum zu
erreichen. Zu der zweiten deutschen Ausgabe der ›Merkwürdigen
Rechtsfälle‹ aus dem Pitaval (1792-1795) schrieb Schiller die
Vorrede und betonte darin die beiden Perspektiven, unter denen
diese Geschichten die höchste Aufmerksamkeit verdienten. Wir
begegnen dabei wieder der Belehrung über das »geheime Spiel der
Leidenschaft«, über »die verborgenen Gänge der Intrige« und »die
Machinationen des *geistlichen* sowohl als *weltlichen* Betruges«:
»Triebfedern, welche sich im gewöhnlichen Leben dem Auge des
Beobachters verstecken, treten bei solchen Anlässen, wo Leben,
Freiheit und Eigentum auf dem Spiele steht, sichtbarer hervor,
und so ist der Kriminalrichter imstande, tiefere Blicke in das
Menschenherz zu tun.«[122] Doch führt Schiller noch einen anderen
Gesichtspunkt an, das Publikumsinteresse, den »allgemeinen
Hang der Menschen zu leidenschaftlichen und verwickelten
Situationen«[123], den der Schriftsteller benutzen solle, um Kopf
und Herz der Leser zu bessern:»Kein geringer Gewinn wäre es
für die Wahrheit, wenn bessere Schriftsteller sich herablassen
möchten, den schlechten Kunstgriffe abzusehen, wodurch sie sich
Leser erwerben, und zum Vorteil der guten Sache davon
Gebrauch machen.«[124]
  Neben das Wissen tritt die Unterhaltung, erzählen heißt

erfreuen und belehren zugleich, beide gehören zusammen, eins verfehlt den Zweck ohne das andere. »Ich schreibe für Lektüre und für Eindruck«[125], so hatte Spieß in der Vorrede zum zweiten Band seiner ›Neuen Biographien der Selbstmörder‹ (1800) diesen Zusammenhang formuliert, denn nur durch die unterhaltsame Lektüre erreicht der Schriftsteller den gewünschten psychologisch-moralischen Eindruck. Je umfassender sein Aufklärungswille ist, je breiter er sein Publikum erreichen und es bis in kleinbürgerliche und sogar bäuerliche Schichten ausdehnen will, um so mehr gilt es, an den Formen anzuknüpfen, die dieser Absicht entsprechen können und selber den Unterhaltungsbedürfnissen der Schichten entstammen, die man gewinnen will. Das ist hier durchaus mit einem anderen Akzent gemeint als in den Konzepten der Volksaufklärung, wie sie etwa Rudolf Zacharias Becker ein Jahrzehnt zuvor entwickelt hatte. Darin war der Unterhaltung, waren den ästhetischen Bedürfnissen, ihrer Ausbildung und Vervollkommnung nur soweit eine untergeordnete Bedeutung eingeräumt worden, als sie zur Anschaulichkeit verhalfen und das Exempel zur vernünftigen Gestaltung des Lebens in bäuerlichem Beruf und Alltag der Verständnisebene der Adressaten anzupassen vermochten. Doch Schillers Vorstellung vom »Volksredner oder Volksschriftsteller« geht hier schon weiter; auch wenn er seine Schreib- oder Vortragsweise »bloß didaktisch« nennt, räumt er der Einbildungskraft doch schon eine größere Bedeutung ein, sie »wird schon weit mehr ins Spiel gemischt« als beim wissenschaftlichen Vortrag, hält »etwas näher an das Leben und die Sinnenwelt«, wenn sie auch noch »*im Dienst des Verstandes* handelt«[126]. In der Hierarchie der Schreibweisen kommt dieser populären Art eine vermittelnde Funktion zu, sie leitet über zur höchsten, der freien sinnlich-lebendigen und schönen Darstellung und hat bereits teil an ihrer Sphäre, zu der sie das Publikum zuletzt führen soll. In seiner Auseinandersetzung mit Bürger wird er dann einen wahren Volksschriftsteller sogar denjenigen nennen, dem es gelingt, »dem ekeln Geschmack des Kenners Genüge zu leisten, ohne dadurch dem großen Haufen ungenießbar zu sein – ohne der Kunst etwas von ihrer Würde zu vergeben, sich an den Kinderverstand des Volkes anzuschmiegen.«[127] Ein Ideal, nun wirklich allumfassend und den Begriff Volk mit dem des gesamten wünschbaren Publikums identifizierend. Recht besehen haben wir hier keine soziologische, empirische Kategorie, sondern ein Ideal vorliegen, das es durch bestimmte Schreibstrategien zu erreichen gilt (»glückliche Wahl des Stoffs und höchste Simplizität in Behandlung desselben«[128]), und neben die Aufgaben der Verstandesaufklärung, der Unterrichtung in den praktischen Fragen des Lebens tritt an dieser Stelle nicht nur gleichberechtigt, sondern vorzugsweise die ästhetische Erziehung, die alle anderen Zwecke, ohne auf sie gerichtet zu sein, gleichsam selbstverständlich mit erfüllt.

»Der ›Hinkende Bote‹ gibt als Hauptingrediens seiner Leseartikel politische Begebenheiten des vorigen Jahrs, Mord- und Diebesgeschichten, verunglückten Schatzgräber- und Gespensterspuk, Feuersbrünste, Naturerscheinungen, edle Handlungen und witzige Einfälle, womöglich meistens aus seiner neuesten Vaterlandsgeschichte. Ahme man dieses nach! Auch der Bauer mag gerne wissen, was außer seiner Gemarkung vorgeht, und will, wenn er unterhalten und affiziert werden soll, etwas haben, von dem er glauben kann, es sei wahr. Mit erdichteten Anekdoten und Späßen ist ihm so wenig gedient als mit ernsten Belehrungen, und wenn wir doch, wie billig, edlere Zwecke mit der Kalenderlektüre erreichen wollen, welches Vehikel wäre zu den mannigfaltigsten Belehrungen geeigneter als Geschichte?«[129] Die Sätze stehen unter Ziffer 4 in dem ›Unabgeforderten Gutachten über eine vortheilhaftere Einrichtung des Calenders‹, die Johann Peter Hebel am 18. Februar 1806 an den Kammerrat Jägerschmidt richtete. Gemeint ist der ›Curfürstlich badische privilegierte Landkalender für die badische Marggravschaft lutherischen Antheils‹, dessen Nutznießung der aufgeklärte Landesfürst Karl Friedrich dem Karlsruher Gymnasium gewährt hatte, um der Schule damit zusammen mit anderen Privilegien die Grundlagen für einen inneren und äußeren Ausbau und zur Verbesserung ihrer Leistung zu liefern. Allein, der Absatz ließ mehr und mehr zu wünschen übrig, bis Hebel, der das gar nicht bezweckt hatte, aufgrund seiner gutachterlichen Stellungnahmen und besonderen Eignung (weil er »nicht allein alle hierzu erforderlichen Kenntnisse, sondern auch und insbesondere die seltenere Gabe, das Volk auf eine angenehme und faßliche Art zu belehren, in einem vorzüglichen Grade besitze«[130]) die Redaktion übertragen bekam. Er war da schon kein Unbekannter mehr. Der Subdiakonus des Karlsruher Gymnasiums wurde für seine pädagogischen Fähigkeiten weit gerühmt, 1803 waren die ›Allemannischen Gedichte‹ erschienen, mit denen er sich, nach Goethes Urteil, »einen eignen Platz auf dem deutschen Parnaß«[131] erschrieben hatte und in denen, so fährt der Rezensent in Weimar fort, der Verfasser »den Charakter der Volkspoesie ⟨...⟩ getroffen«[132] und »einen glücklichen Blick ins Wirkliche« mit dem Gespür für die »Hauptmotive der Volksgesinnung und Volkssagen« verbunden habe.[133] Hebel ist es gelungen, den Kalender als Instrument der Volksbelehrung und -unterhaltung zu einem neuen, seit Grimmelshausens ›Ewig währendem Calender‹ nicht wieder erreichten literarischen Höhepunkt zu führen. Naturgemäß hatte die Aufklärung sich vorher schon dieses Mediums zur Verbreitung ihrer Ideen und zur Erziehung des Volkes bedient, wobei dies freilich, wie Wilhelm Heinrich Riehl Mitte des 19. Jahrhunderts konstatierte, erst ziemlich spät, nämlich um 1780 und also vor allem im Zusammenhang mit der Volksaufklärungsbewegung, geschah. Die Kalender davor zeigten, wie »das Volk damals wirklich war«[134], sie enthielten historische Berichte und Geschichten vom vergangenen Jahr und Voraussagen fürs künftige, meteorologische, medizinische und andere volkstümlich-wissenschaftliche Informationen, durch die astrologische Brille betrachtet. Zum Beispiel das berühmte Aderlaßmännchen, eine Zeichnung, die astrologische Konstellationen mit der anschaulichen Anweisung zum Aderlaß verbindet. Die Aufklärung hatte den Kalender zum Erziehungstrichter gemacht: gespickt mit Belehrung und schulmeisterlicher Unterweisung, zeigte er, »was die gebildete Welt aus dem Volk machen möchte«[135]. Der Erfolg war oft sehr zweifelhaft, die trockene, pedantische Aufmachung wenig geeignet, das vor allem bäuerliche Publikum wirklich dauerhaft mit neuen Ideen vertraut zu machen – das Schicksal des badischen Landkalenders, bevor ihn Hebel übernahm, spricht auch für andere.

Unter dem Namen ›Der Rheinländische Hausfreund‹ wendet

er sich auch nach dem Redaktionswechsel zunächst ans bäuerliche Publikum, landwirtschaftlicher Rat bleibt nach wie vor wichtig, das Milieu, in dem die meisten Geschichten spielen, ist dörflich-ländlich, die Belehrungen zur Lebenspraxis halten sich an die Erfordernisse der Wirtschaft in Haus und Hof, handwerkliches oder gar industrielles Wirken bleibt am Rande. Dennoch hat Hebel in seinen Adressaten eben jene Bedürfnisse angesprochen, die das Lesepublikum auch anderer Schichten bewegte, ja, liest man das Gutachten genau, so war das von Anfang an bezweckt gewesen. Der Bauernkalender sollte dem unterhaltsamen bis reißerischen Volkskalender ja angeglichen werden, er sollte weder Erdichtungen noch trockene Belehrungen häufen, sondern Realien, wirklich Geschehenes bringen, das den bäuerlichen Lebensbereich transzendierte und daher exotischen Reiz besaß. Diese Überlegungen entsprechen ziemlich genau denen Schillers über Mittel und Aufgaben des Volksschriftstellers, der sein Publikum auch nach Hebels Ansicht für »edlere Zwecke«[136] gewinnen soll. Daher ist es gar nicht erstaunlich, wenn der ›Rheinländische Hausfreund‹ alsbald die badischen Grenzen überschritt, in ganz Deutschland Sukzeß machte und Leser in allen Ständen und Schichten fand. Konsequent ist es auch, wenn im Tübinger Verlag Cotta, dem Verlag der deutschen Klassik, im Jahre 1811 eine Anthologie von Hebels Geschichten und Aufsätzen erschien, die er seit acht Jahren im Kalender publiziert hatte: das ›Schatzkästlein des Rheinischen Hausfreundes‹.

Wie sehr sein Autor das Werk als Ganzes betrachtet hat, als getreuen Spiegel seiner Kalenderarbeit, geht schon aus dem Aufbau des Buches hervor. Die verschiedenen Sparten des Kalenders sind auch darin vertreten, es versammelt also durchaus nicht, was bei dem zu erwartenden bürgerlichen Lesepublikum der Cotta-Anthologie nahegelegen hätte, die Anekdoten, Geschichten und Erzählungen, sondern ebenso die wissenschaftlichen, naturkundlichen, astronomischen Beiträge des Verfassers. Nach der kurzen Vorrede beginnt das ›Schatzkästlein‹ mit einer ›Allgemeinen Betrachtung über das Weltgebäude‹, und die Vermutung liegt nahe, daß Hebel mit diesem gewiß wohlüberlegten Schritt einen Hinweis auf die innere Gestalt seiner Kalender-Abbreviatur geben wollte. Hatte Goethe feinfühlig dem Verfasser der ›Allemannischen Gedichte‹ schon nachgesagt, er verwandle seine »Naturgegenstände zu Landleuten und verbauert auf die naivste anmutigste Weise durchaus das Universum«[137], so gilt diese Beobachtung noch sehr viel genauer auch für das ›Schatzkästlein‹, das als Abbreviatur eines Weltbildes, als literarische Weltlandschaft gelesen sein will. »Dem geneigten Leser«, so beginnt Hebel seine allgemeine Betrachtung, »wenn er zwischen seinen bekannten Bergen und Bäumen daheim sitzt bei den Seinigen, oder bei einem Schöpplein im ›Adler‹, so ist's ihm wohl, und er denkt just nicht weiter. Wenn aber früh die Sonne in ihrer stillen Herrlichkeit aufgeht, so weiß er nicht, wo sie herkommt, und wenn sie abends untergeht, weiß er nicht, wo sie hinzieht, und wo sie die Nacht hindurch ihr Licht verbirgt ⟨. . .⟩. Guter Freund, das ist nicht löblich, daß man so etwas alle Tage sieht, und fragt nie, was es bedeutet. Der Himmel ist ein großes Buch über die göttliche Allmacht und Güte, und stehen viel bewährte Mittel darin gegen den Aberglauben und gegen die Sünde, und die Sterne sind die goldenen Buchstaben in dem Buch«.[138] Der alte Topos vom liber naturae wird von Hebel auf ganz eigene Weise für das Konzept des ›Schatzkästleins‹ reklamiert. Denn wer in dem Himmelsbuch lesen kann, dem wird die Zeit nicht lang, und auch zum Bösen ist er nicht mehr verführbar: »Also will jetzt der Hausfreund eine Predigt halten, zuerst über die Erde und über die Sonne, darnach über den Mond, darnach über die Sterne.«[139] Das Buch der Natur und das Buch des Hausfreundes, beide entsprechen einander, und das ›Schatzkästlein‹ tritt mit keinem geringeren Anspruch auf als dem, die Übersetzung jenes großen Weltbuchs in die Vorstellungswelt seiner Adressaten zu sein; es reklamiert damit die Symbolik auch für sich, die dem Kalender immer schon zukam. Als Bild der Ordnung und des geregelten Verlaufs des Jahres, aber auch als strukturierender Bestandteil kosmologischer Weltbilddarstellungen. Die Bedeutung wird von Hebel beibehalten, aber mit dem zeitgemäßen Inhalt der modernen Wissenschaftsergebnisse gefüllt. So korrigiert er die hartnäckig haftenden Vorstellungen vom geozentrischen Weltbild, teilt Ergebnisse exotischer Entdeckungsreisen mit oder zerstört das Vorurteil vom Maul-

wurf als Gartenschädling. Diese immer unterhaltsam-plaudern-
den Lektionen aus dem großen Buch der Natur folgen keinem
vordergründigen System, verzichten auf trockene Belehrung und
sind ersichtlich nach dem Kuriositätenwert ausgesucht, der hier
neben der unterhaltlichen Präsentation die Wirkung bestimmt:
»Im Meere gibt es Fische, welche auch aus dem Wasser gehen und
in der Luft fliegen können. Man sollte meinen, es sei erdichtet,
weil bei uns so etwas nicht geschieht. Aber wenn ein Mensch auf
einer Insel wohnt, wo er keinen andern Vogel, als Meisen,
Distelfinken, Nachtigallen ⟨...⟩ kennen lernen, so würde er es
ebenso unglaublich finden, wenn er hörte, daß es irgendwo ein
Land gebe, wo Vögel auf dem Wasser schwimmen und darin
untertauchen ⟨...⟩«[140] Unter dem Titel ›Klein und Groß‹ erscheinen die Extremprägungen der Tiergattungen, die kleinsten und
größten Vögel, Zwerghirsch und Riesenschaf, Elefant und Wal-
fisch. Diesen Nachrichten aus der Natur entsprechen die Mitteilungen aus der historischen Welt, über Katastrophen und Denkwürdigkeiten aus dem Krieg (›Das Bombardement von Kopenhagen‹), Anekdoten über Kaiser Joseph und Napoleon. Doch geht
hier schon Geschichte in Geschichten, History in Story über, in
welcher sich Erfahrung, Erkenntnis und Deutung ununterscheidbar mischen. Das betrifft Ereignisse wie Personen gleicherweise.
Die Geschichte vom ›Unglück der Stadt Leiden‹ lebt aus dem
Gegensatz von normalem, gewöhnlichem Leben auf dem sprichwörtlichen Pulverfaß (»Man stand an diesem Morgen noch auf,
wie alle Tage ⟨...⟩ und niemand dachte daran wie es am Abend
aussehen wird, obgleich ein Schiff mit siebenzig Fässern voll Pul-
ver in der Stadt war.«[141]) und zeigt Geschichte als den Bereich des
Unzuverlässigen, Feindlichen, Zerstörerischen, als unberechen-
bare Macht[142], über die der Mensch keine Gewalt hat. In solchen
Darstellungen steckt auch ein Plädoyer für die Provinz als
Lebensform, für das einfache bäuerliche Leben am Rande der reißenden Geschichte, ihr nicht entzogen, aber doch eine Enklave, in
welcher sich ihre Stürme mit List und gutem Mut überstehen lassen, wie es das Exempel vom Steiermarker zeigt, der sein Vermögen vor den plündernden Soldaten rettet. Gewiß, auch die Natur
kann sich menschenfeindlich zeigen, doch wie im Vergleich zur

Geschichte die von ihr ausgehende Gefahr zu bewerten ist, machen die Berichte über ›Schreckliche Unglücksfälle in der Schweiz‹ deutlich, in welche die Mitteilung zweier wunderbarer Rettungen eingebettet ist: »Der Herr hat seinen Engeln befohlen über dir, daß sie dich auf den Händen tragen. Denn er macht Sturmwinde zu seinen Boten, und die Lawinen, daß sie seine Befehle ausrichten.«[143] Zuletzt wird die Natur, wie im ›Unverhofften Wiedersehen‹ in höchster Steigerung suggeriert, im Bündnis mit der menschlichen Heilsgeschichte gesehen, und auch diese Nähe hat Goethe schon hervorgehoben, sie entsprach seinen eigenen Ansichten.

Freilich scheint Hebel Ausnahmen von der pessimistisch-fatalistischen Sicht aufs historische Geschehen machen zu wollen. In der Anekdote ›Kaiser Napoleon und die Obstfrau in Brienne‹ oder in dem Histörchen vom Kaiser Joseph als Arzt (›Ein gutes Rezept‹) erscheinen aber die Herrscher nicht bloß von ihrer menschlichsten Seite. Diese Erzählungen sind aufgetragen auf alte, mythisch eingefärbte kollektive Tagträume, auf die Wunschfigur des Retters in der Not, des Helfers der Hilflosen und Erlösers aller Schuldigen, das verrät sich gerade in dem so wirksamen Inkognito-Motiv. Sowohl die Obsthändlerin in Brienne erkennt ihren Kaiser nicht (»Fürs erste, so kennt Ihr den Kaiser nicht. Denn ich bin's.«[144]), wie auch die arme, kranke Frau in Wien den nicht zu durchschauen vermag, der ihr das Rezept ausstellt. Erst später erfährt sie durch den dann eintreffenden wirklichen Doktor: »›Frau‹, sagte er, ›Ihr seid einem guten Arzt in die Hände gefallen, denn er hat Euch fünfundzwanzig Dublonen verordnet, beim Zahlamt zu erheben, und unten dran steht: *Joseph,* wenn Ihr ihn kennt.‹«[145] Kaiser Joseph und Napoleon erscheinen hier als Wunschfiguren der Volksphantasie, den Märchenkönigen verwandt und vom Schimmer religiöser Erlösungshoffnungen umgeben; die Massenliteratur des 19. Jahrhunderts bis hin zur Ausmalung und Glorifizierung Ludwig II. wird dieses Motiv in unzähligen Variationen verbreiten. Isoliert gesehen, könnte man diese Anekdoten leicht als Erbauungsgeschichten auffassen, und die betulich-biedermeierliche Rezeption Hebels im bürgerlichen Zeitalter ist dieser Versuchung oft genug erlegen. Zumal für rebellische Regungen in seinem ›Schatzkästlein‹ kein Raum bleibt und etwa eine Gestalt wie Andreas Hofer, die so ausdrücklich, denkt man an Immermann (›Trauerspiel in Tirol‹, 1828), Heine und den Vormärz, zur revolutionären Identifikationsfigur werden sollte, in Hebels Darstellung entzaubert wird: als ein wirrköpfiger, wortbrüchiger Hauptmann von Horden wilder Mordgesellen tritt er uns entgegen, von seiner Herkunft aus einer zweifelhaften Wirtschaft für immer geprägt. Kein Zweifel, zum Aufrührer läßt sich der Hausfreund nicht modeln, jedenfalls nicht in der lauten und ausdrücklichen Bedeutung des Worts, er ist der Anwalt einer leisen, doch durchdringenden und ihrer Gesinnung nach dann durchaus umwälzenden Aufklärung.

Das verrät schon das Personal, das uns hier entgegentritt, und wie es gezeichnet ist. Kleine Leute zumeist, Bauern und dörfliche Schelme, Krämer und mittellose Soldaten. Doch beteiligt sich der Erzähler gerade nicht an der zeitgenössisch modischen Idealisierung dieser sozialen Schichten zu einem angeblich natürlichen und unverdorbenen Volk. Wir treffen auf meist zweifelhafte, gemischte Charaktere, die es, um zu überleben, gelernt haben, auf ihren Vorteil zu sehen, und dabei nicht zimperlich sind: Das »Merke« des Hausfreunds wird in solchen Fällen dann auch bewußt zweideutig, selbst ironisch und macht sich niemals pharisäerhafter Gesinnung schuldig. So beim Exempel des ›Schlauen Husaren‹, der einem Bauern die Hälfte der eben verdienten hundert Gulden abzuluchsen vermochte: »Das war fein und listig, aber eben doch nicht recht, zumal in einer Kapelle.«[146] So, um ein anderes Beispiel zu zitieren, in der unkommentierten Geschichte vom ›Schlauen Pilgrim‹, der sich unter dem Vorwand, nur ein »Wassersüpplein von Kieselsteinen« zu wollen, ein veritables Essen erschleicht und nach dem Mahle dankbar hinzusetzt: »›Frau Wirtin, Eure Suppe hat mich rechtschaffen gesättigt, so daß ich die schönen Kieselsteine nicht einmal mehr zwingen kann. Es ist schade dafür! Aber hebt sie auf. Wenn ich wiederkomme, so will ich Euch eine heilige Muschel mitbringen ab dem Meeresstrand von Askalon, oder eine Rose von Jericho.‹«[147] Auch die Welt dieser kleinen Leute ist nicht heil, denn die Verhältnisse sind nicht so, und da muß jeder sehen, wo er bleibt. Das Märchenmuster des tapferen Schneiderleins, der sich mit List und gutem Mut durch die ihm wenig gewogene Welt bringt, scheint überall durch. Selbst in den Schelmengeschichten vom Zundelheiner und Zundelfrieder, die immer am Rande des Zuchthauses ihr Schäfchen ins Trockene bringen. Wenn die beiden Gauner dem ehrlich gewordenen Roten Dieter das im Kessel siedende Schwein nach Max-und-Moritz-Manier Stück für Stück durch den Schornstein entführen, gibt es anschließend ein gemeinsames ausgelassenes Festessen. Die Diebe »brachten wieder, was sie gemaust hatten. Jetzt ging ein fröhliches Leben an. Man aß und trank, man scherzte und lachte, als ob man gemerkt hätte, es sei das letztemal ⟨. . .⟩«[148] Und wenn gar in einer anderen Geschichte der Zundelfrieder »dem Zuchthaus entwich und glücklich über die Grenzen kam«[149], wird das Schelmenstückchen, dem auch eine Gans noch zum wohlgefälligen Opfer fällt, vom Erzähler mit ersichtlicher Genugtuung berichtet.

Viele dieser Geschichten entstammen älteren Quellen, liefen als Schwänke und Anekdoten um, und wie die ihnen zugrundeliegende Fabel exemplarisch genommen sein will, erscheinen die Figuren typisch. Doch typisch im Sinne einer die Wirklichkeit hervortretenlassenden Konturierung, die niemals beschönigt und aus krumm etwa gerade macht. Denn die Kalenderweisheit Hebels ist auch praktische Lebensklugheit, sie nimmt nicht nur Partei, sondern will auch das Überleben lehren, gerade unter den widrigen Bedingungen, mit denen seine ersten und wichtigsten Adressaten zu rechnen hatten. In einem vorbildlichen Lebenslauf hat Hebel das Modell geliefert, das als Wunschbild den Fluchtpunkt aller Fabeln aus einer unvollkommenen, närrischen und schlechten Welt bildet. »Jakob Humbel, eines armen Bauern Sohn von Boneschwyl im Schweizerkanton Aargau, kann jedem seinesgleichen zu einem lehrreichen und aufmunternden Beispiel dienen, wie ein junger Mensch, dem es Ernst ist, etwas Nützliches zu lernen und etwas Rechtes zu werden, trotz allen Hindernissen, am Ende seinen Zweck durch eigenen Fleiß und Gottes Hülfe erreichen kann.«[150] Ein Lebenslauf in aufsteigender Linie, geprägt vom Erziehungsoptimismus der Epoche und als Muster der Lebensmeisterung unter widrigen Verhältnissen gedacht. Pharisäerhaft ist auch das nicht gemeint, aber der Erzähler weiß doch sehr wohl zu unterscheiden zwischen Buben- und Schelmenstück, zwischen der List lebenspraktischer Vernunft und dem frechen Betrug, dem oft gerade der Rechtschaffene und Arglose zum Opfer fällt. »Daraus ist also zu lernen, wie leicht man kann betrogen werden, wenn man den Vorspiegelungen jedes herumlaufenden Landstreichers traut ⟨...⟩«[151], lautet des Hausfreunds Kommentar zu den Quacksalbereien zweier Tagediebe. Aufklärung und Menschenkenntnis zu verbreiten gehört zu den vornehmsten Aufgaben des Erzählers, und wo einer seine Geschäfte mit Aberglauben und Dunkelmännerei macht, verfällt er seinem Verdikt, selbst wenn gegen das Motiv gar nichts einzuwenden wäre. Wird einem Bauer der Acker zertrampelt von Fußgängern, die den schlammigen Weg scheuen, so ist es sein Recht, sich dagegen zu wehren, heißt es ausdrücklich in der Geschichte vom ›Wohlbezahlten Gespenst‹, wenn er dies Ziel allerdings mit abergläubischem Betrug verfolgt, gibt es keine Entschuldigung, und die Prügel, die das zum Wächter bestellte vorgebliche Gespenst bezieht, erscheint als einzig angemessene Antwort: »Denn solche Leute wie unser handfester Ehrenmann, das sind allein die rechten Geisterbanner ⟨...⟩«[152]

Unentwegt lehren die Geschichten den richtigen Umgang mit Menschen jeglicher Art, plädieren für Verständigkeit und Umsicht, Mäßigkeit und Lebensart. Selbstkritik und Verhaltensänderung verdienen immer höchstes Lob (»Er besänftigte sich, nahm sich's zur Warnung, nimmer so aufzufahren, und glaubte, die gute Lehre, die er da erhalten habe, sei wohl sechs Kreuzer wert gewesen.«[153]), und auch die Prüfung und Auslegung von Sprichwörtern und anderen volkstümlichen Lebensweisheiten geschieht zum praktischen Zwecke. Trotz der Beschränkung auf den ländlichen Lebensraum treibt Hebel Aufklärung in einem ganz umfassenden Verständnis, nirgendwo findet sich ihre Denunziation als eng oder platt oder rationalistisch beschränkt. In sämtlichen Lebensbereichen entfaltet sie ihre Wirkung, dient der Emanzipation der Juden ebenso (›Der große Sanhedrin zu Paris‹) wie der Verwahrung der Frau vor den Übergriffen des Mannes, und das selbst dort noch, wo man sie (nach dem Muster von Shakespeares ›Zähmung der Widerspenstigen‹) gerechtfertigt finden könnte: »*Merke:* Im Reich Hispania machen's die Weiber zu arg, aber in Ballstall doch auch machmal die Männer. Ein Mann soll seine Frau nie schlagen, sonst verunehrt er sich selber. Denn ihr seid *ein* Leib.«[154] Ob in den Exempeln zur Alltagsethik, den welt- und naturkundlichen Belehrungen oder den historischen Anekdoten und Gespenstergeschichten: Selbstbewußtsein und Mündigkeit, die Überwindung von Aberglauben und Unwissenheit bleiben stets die vornehmsten Ziele. So duldsam der Hausfreund den kleinen menschlichen Schwächen, den Schelmereien aus Lebensnot gegenüber sich zeigt, so unnachsichtig verurteilt er Verrat und Untreue (›Untreue schlägt den eigenen Herrn‹), Hartherzigkeit und niedrige Gesinnung (»*Merke:* Es gibt Untaten, über welche kein Gras wächst.«[155]). Wirkliche bürgerliche Moral bewährt sich in den Konfliktfällen, den Krisensituationen und wenn die Versuchung an einen herantritt: als Besetzer im Feindesland wie in der Geschichte vom ›Husar in Neiße‹, oder als Befehl wie im Falle des guten Kommandanten in Hersfeld, der auf Napoleons Geheiß hin die Stadt plündern soll, dieses Vorhaben aber seinen Soldaten in so abschreckenden Bildern malt, daß niemand zum abscheulichen Werke vortritt: »Dies geschah zu Hersfeld im Jahr 1807, und das Städtlein steht noch.«[156] Dazu stimmen auch die wenigen Kriminal- und Mordgeschichten des ›Schatzkästleins‹: die Geschichte vom unschuldig gehenkten, doch mit dem Leben davongekommenen jungen Engländer, die »seltsame Geschichte«[157] vom ausgeplünderten vornehmen Herrn, die Moritat von der ›Heimlichen Enthauptung‹ oder die jedem Pitaval anstehende Erzählung »Wie eine greuliche Geschichte durch einen gemeinen Metzgerhund ist an das Tageslicht gebracht worden«. Doch verbindet sich in ihnen die moralische Abschreckung offensichtlich noch mit einem anderen Interesse das mit dem Schillers durchaus gleichgeht: mit dem psychologisch-ästhetischen Wirkungsinteresse. Die starke Beschäftigung des Affekts und der Einbildungskraft, die bizarren Formen und Erfindungen des Lasters, Anstrengung und Überhebung über das normale Alltagsmaß hinaus, sind auch für sich selber und ohne unmittelbaren moralischen Bezug mitteilenswert: »Der

Zustand des Affekts für sich selbst, unabhängig von aller Beziehung seines Gegenstandes auf unsre Verbesserung oder Verschlimmerung, hat etwas Ergötzendes für uns; wir streben, uns in denselben zu versetzen, wenn es auch einige Opfer kosten sollte. Unsern gewöhnlichsten Vergnügungen liegt dieser Trieb zum Grunde; ob der Affekt auf Begierde oder Verabscheuung gerichtet ⟨...⟩ kommt dabei wenig in Betrachtung. Vielmehr lehrt die Erfahrung, daß der unangenehme Affekt den größeren Reiz für uns habe und also die Lust am Affekt mit seinem Inhalt gerade in umgekehrtem Verhältnisse stehe.«[158] Wir wissen aus Hebels Gutachten über den wenig erfolgreichen Badischen Kalender, daß er »Mord- und Diebsgeschichten« als Ingredienzien für den volkstümlichen Kalender empfahl, doch die Faszination daran muß auch die eigene gewesen sein. Walter Benjamin hat uns darauf gestoßen, wieviel »Dämonisches in diesem Hebelschen Schwankwesen umgeht«[159], doch macht es sich natürlich auf besondere Weise in den entsprechenden Schauermären des ›Schatzkästleins‹ geltend. Höchst aufschlußreich dafür das rätselhafte Erlebnis des Scharfrichters von Landau, das unaufgelöst bleibt (»Nein, es hat niemand erfahren wer sie war, und was sie gesündiget hat, und niemand weiß das Grab.«[160]), dessen Wirkung also allein in dem Schauder liegt, den eine nächtliche Hinrichtung mit unbekanntem Opfer wohl auslösen kann: »In der Mitte saß auf einem Stuhl eine Person mit entblößtem Hals und mit einer Larve vor dem Gesicht, und muß etwas in dem Mund gehabt haben, denn sie konnte nicht reden, sondern nur schluchzen.«[169] Im Zeitalter der Geheimbundromane, der Freimaurerlegenden und romantischen Schauergeschichten eine Szene, die mit mannigfachem Echo in der Einbildungskraft rechnen mag und mit ihrer straff auf die wesentlichen Momente ausgerichteten Erzähltechnik und dem offenen Schluß von stärkster Wirkung ist. Hebels Kunstfertigkeit wurde lange unterschätzt, hier kann man sie studieren, an einer ganz modern anmutenden Kurzgeschichte, deren Höhepunkt die Frage und eine vielsagende Offenheit bildet. Gewiß finden wir auch in ihr den charakteristischen Sprechton mit seinen Erzählfloskeln wieder (»Hat der Scharfrichter von Landau früh den 17. Juni seiner Zeit die sechste Bitte des Vaterunsers mit Andacht gebetet, so

weiß ich's nicht.«[162]), doch hat auch er eine andere unheilvolle
Färbung, die sich dem düsteren Geschehen leicht anzupassen
weiß. Wie überhaupt der virtuose Wechsel der Töne und Schreibweisen zwischen sachlich mitteilendem Berichtstil, gefällig bei-
spielhafter Erzählung und bewegender, rührender Rede wechselt
und die Zwischennuancen nicht ausgelassen werden. Wobei
Hebel mit überlegenem Kunstsinn auch das Erzählen selber thematisiert, so in der ›Merkwürdigen Gespenstergeschichte‹, die es,
mit Ernst Blochs glücklicher Formulierung, in sich hat »wie nur
je ein reizender Chock«[163]. Heißt es doch dort von dem uner-
schrockenen Helden im vermeintlichen Spukschloß: »Zu dem
Ende stellte er zwei brennende Lichter auf den Tisch, legte ein
paar geladene Pistolen daneben, nahm zum Zeitvertreib den
›Rheinländischen Hausfreund‹, so in Goldpapier eingebunden an
einem roten seidenen Bändelein unter der Spiegelrahme hing, und
beschaute die schönen Bilder.«[164] Blochs Deutung: »Daran fällt
nun, bei Eile mit Weile, etwas über die Maßen auf; so als wäre
das Erzählte mit sich selber aus der Zeit gebrochen. Denn die
Geschichte, in die der fremde Herr eben jetzt verwickelt wird,
steht doch in dem Rheinländischen Hausfreund bereits selber,
gleich als träte die geschriebene, mithin längst passierte jetzt
erst heraus.«[165] Das kunstvolle, die Grenze von Literatur und
Leben chiffrenhaft überschreitende Ineinander der Zeitenebenen
geschieht, und nun sogar mit ironischem Unterton, auch in einer
anderen Geschichte. Von einem Offizier in Wien erfahren wir da,
der zum Mittagessen in den »Roten Ochsen« geht und dort das
Hebelsche Personal versammelt findet, »bekannte und unbekannte Menschen, Vornehme und Mittelmäßige, ehrliche Leute
und Spitzbuben«, die sich Geschichten erzählen, und zwar just
Geschichten, wie sie der Leser des ›Schatzkästleins‹ oder des
Kalenders schon kennt: »Das sind dem geneigten Leser bekannte
Sachen«, fügt der Erzähler hinzu, »denn er erfährt durch den
Hausfreund alles ein Jahr früher, als andere Leute.«[166] Wenn auf
die Weise die Uhr des Hausfreunds vorgeht, können wir tatsächlich niemals sicher sein, ob es nicht unsere Geschichte ist, die
gerade da erzählt wird – an den Tischen eines Wirtshauses, das
die Welt bedeutet und dem wir in der Literatur des 19. Jahrhun-

derts an unerwarteten Orten wiederbegegnen: in der »Kajüte« auf der Prärie am Jacinto (Charles Sealsfild) oder im Gasthaus bei Mutter Thick in San Francisko (Karl May).

Unübertroffen und vielgerühmt in seiner selbstverständlichen Meisterschaft erscheint »der reelle Einschlag von Gegenwart in lange Vergangenheit, dies kaum so, dem Stoff nach, wiederholbare Ineinander beider Zeiten« (Bloch)[167] in der vorletzten Erzählung des ›Schatzkästleins‹, seinem eigentlichen Herzstück, in dem Hebels Erzählkunst kulminiert und dem mit der abschließenden Andreas-Hofer-Historie die Rahmenfassung auch nach vorne gegeben ist. »In Falun in Schweden küßte vor guten fünfzig Jahren und mehr ein junger Bergmann seine junge hübsche Braut und sagte zu ihr: ›Auf Sankt Luciä wird unsere Liebe von des Priesters Hand gesegnet.‹« Es kommt dann anders, der Berg behält den Jüngling, er »kam nimmer aus dem Bergwerk zurück.«[168] Ein halbes Jahrhundert vergeht, bei neuen Schachtarbeiten entdecken Bergleute die vollkommen von Eisenvitriol durchdrungene und daher morgenfrisch erhaltene Leiche eines jungen Bergmannes, den niemand kennt. Bis die Braut von damals an die Bahre tritt: »Grau und zusammengeschrumpft kam sie an einer Krücke an den Platz und erkannte ihren Bräutigam; und mehr mit freudigem Entzücken als mit Schmerz sank sie auf die geliebte Leiche nieder ⟨. . .⟩«[169] Außer diesem Kurzschluß der Zeiten, der zudem von Hebel durch einen pointierten Katalog historischer Schlüsselereignisse der letzten fünfzig Jahre doch wieder vermittelt wird, wirkt in dieser Konfrontation auch noch ein anderes Moment der Rührung. Die Gestalt des Bräutigams in ihrer jugendfrischen Schönheit entspricht dem Bild, das die alt gewordene Braut von ihm in unwandelbarer Treue lebendig in sich aufbewahrt hat: die Lebende ist ein Bild des Verfalls und Alters, der Tote aber der Jugend und der Schönheit. Eine Statue wie die des Pygmalion, bevor sich der Wunsch des Bildhauers erfüllte, ein Kunstprodukt aus Erinnerung und Einbildungskraft und von der Natur getreulich zurückgegeben. Noch ein anderer populärer Erzählstoff wirkt hier mit, der vom Kinde und Jüngling, der in den Berg ging und nach drei oder sieben Tagen zurückkehrt, niemanden mehr kennt, denn in Wahrheit sind viele

Jahrzehnte ins Land gegangen. Didaktisch im Sinne der Merk-
Geschichten ist am ›Unverhofften Wiedersehen‹, dieser »schön-
ste⟨n⟩ Geschichte von der Welt« (Ernst Bloch), nichts mehr, allein
noch das lebendige Bild der Phantasie, Sinnlichkeit und Freiheit
erscheint hier, und der Kursus des Rheinländischen Hausfreunds
kulminiert somit in jenem Ideal des wahrhaft Schönen, in dem
für die Klassik alle anderen Zwecke miterfüllt sind, ohne selber
hervorzutreten. Denn zu welch anderem Zweck kehrt der Bräutigam zu seiner Braut zurück als dem des Versprechens auf eine
unausgemachte Zukunft jenseits von Alter und Tod, Grab und
Verfall? Was die Braut als Schönheit hier empfunden, wird ihr
bald schon als Wahrheit entgegentreten. »›Was die Erde einmal
wiedergegeben hat, wird sie zum zweitenmal auch nicht behalten‹, sagte sie, als sie fortging, und noch einmal umschaute.«[170]

4. Verwilderte Herzen in einer umgestürzten Welt: Kleists Erzählungen

Einem Verbrecher aus verlorener, oder genauer: aus vorenthalte-
ner Ehre begegnen wir in Heinrich von Kleists berühmtester
Erzählung wieder, und sie beruht ebenso wie Schillers Geschichte
auf historischen Quellen. ›Michael Kohlhaas‹, fragmentarisch
1808 im ›Phöbus‹ vorabgedruckt, 1810 im ersten Band der
Erzählungen veröffentlicht, sieht zunächst ganz so aus wie ein
Exempel jener merkwürdigen Rechtsfälle, an denen sich das
Publikum der Zeit nicht sattlesen konnte, weil sie nicht in das
Schema der gewöhnlichen Psychologie und Menschenkenntnis
paßten. Mit solcher Lese-Erwartung rechnet der Erzähler, wenn
er seinen Helden als den »rechtschaffensten zugleich und entsetz-
lichsten Menschen seiner Zeit« vorstellt, der für immer das
»Muster eines guten Staatsbürgers« abgegeben hätte, wäre er »in
einer Tugend nicht ausgeschweift«, und schließlich zur bündigen
Kennzeichnung die paradoxe Formulierung wählt: »Das Rechtge-
fühl aber machte ihn zum Räuber und Mörder.«[171] Dennoch
benutzt Kleist das Schema zu ganz anderen Zwecken als sein Vorgänger: wie im Fall des Ritterdramas oder Antikenstücks verkehrt er ein geläufiges Modell in sich selber, so daß seine

ursprüngliche Bedeutung zerfällt und aufgehoben wird. Einem Manne geschieht Unrecht, die Seinen werden verfolgt und malträtiert, die Frau tödlich verletzt, und da er bei staatlichen und kirchlichen Stellen keine Genugtuung erlangt, nimmt er das Recht selber in die Hand, stellt sich außerhalb der Gesellschaft, wird eine Art Räuberhauptmann, scheitert aber schließlich und wird öffentlich hingerichtet.

Soweit, als Lebenslauf in abstracto, ist an der Geschichte des Roßhändlers aus der Mitte des 16. Jahrhunderts nichts Ungewöhnliches. Doch erschöpft sich die Absicht des Erzählers nicht etwa darin, einem Manne, der in sein Verderben gestürzt wurde, zur historischen Gerechtigkeit zu verhelfen und die Frage der Schuld an die Gesellschaft zu richten, in der er lebte. Zwar ist von »ungesetzlichen Erpressungen«[172] die Rede, denen Kohlhaas ausgesetzt war, von seinem Rechtsgefühl heißt es, daß es »einer Goldwaage glich«[173], und erst, als es ihm trotz aller Anstrengungen nicht gelingen will, »die öffentliche Gerechtigkeit für sich aufzufordern«[174], macht er sich an »das Geschäft der Rache«.[175] Der Leser wird also Zeuge einer klassischen Zweckverwandlung. Das partikulare Motiv des Roßhändlers, sein untrüglicher Gerechtigkeitssinn, verkehrt sich in einer Feudalgesellschaft mit ihrer Korruption und den politischen Herrschaftsprivilegien und -techniken des Adels notwendig in sein Gegenteil. Damit ist Gesellschaftskritik verbunden, die für Kleist aber nicht im selben Zuge auch die Rechtfertigung des Roßhändlers mit sich bringt. Dessen Rachefeldzug fallen ja nicht nur seine Feinde zum Opfer, sondern auch unschuldige Frauen und Kinder: »⟨. . .⟩ und während Sternbald, mit drei geschäftigen Knechten, alles, was nicht niet- und nagelfest war, zusammenschleppten, und zwischen den Pferden, als gute Beute, umstürzten, flogen, unter dem Jubel Hersens, aus den offenen Fenstern der Vogtei, die Leichen des Schloßvogts und Verwalters, mit Weib und Kindern, herab.«[176] Ganze Städte versinken in Brand und Asche, weil Kohlhaas des Junkers Wenzel von Tronka nicht habhaft werden kann, der Staat selbst gerät in Gefahr, so daß der Doktor Martin Luther persönlich sich aufrafft, um den heillosen Empörer »in den Damm der menschlichen Ordnung zurückzudrücken«[177]. Sogar die eigene Frau widerspricht ihm noch auf ihrem Totenbett aus religiösem Gewissen, und seine Selbstidolatrie als »Engel des Gerichts«[178] und »Statthalter Michaels, des Erzengels, der gekommen sei ⟨...⟩ mit Feuer und Schwert, die Arglist, in welcher die ganze Welt versunken sei, zu bestrafen«, verzeichnet auch Kleist als größenwahnsinnige Lästerung, die noch dadurch betont wird, daß er die Unterzeichnungsformel hinzusetzt: »Gegeben auf dem Sitz unserer provisorischen Weltregierung, dem Erzschlosse zu Lützen.«[179]

Wie es zu dieser ungeheuerlichen Anmaßung kommen konnte, welche Motive zu der ursprünglichen Beleidigung hinzutreten mußten, um aus dem Rächer seines Eigentums und seiner Familie den Rebellen zu machen, der sich »zur Errichtung einer besseren Ordnung der Dinge« berufen fühlt[180], läßt Kleist im dunkeln. Allenfalls könnte man aus seiner Berichterstattung schließen, daß es sich hier so verhält, wie der verbreitete Allgemeinplatz es vorsieht: daß dem Roßhändler nämlich seine unerwarteten militärischen Erfolge über zahlenmäßig und waffentechnisch überlegene Gegner zu Kopf gestiegen seien. Die Dialektik des Selbsthelfertums jedenfalls war zu der Zeit, als er die Erzählung schrieb, längst hinreichend ausgeforscht und von keinem aktuellen Bedarf. Auch der Einfall, sie an einem Rechtsverfahren aus der Reformationszeit darzustellen, konnte ihr keine wesentlich neuen Aspekte abgewinnen. Den empfindlichsten Eindruck indessen vermittelt in dieser Geschichte schließlich nicht der Rechtshandel selber und seine Konsequenz, das Faustrecht, sondern was beide bewirken in einer Welt, die in ihrer »allgemeinen Not«[181] von Kohlhaas durchaus realistisch aufgefaßt wird und in welcher er sich zunächst seinen Platz der allgemeinen Ordnung gemäß geschaffen hat. Nicht um seine individuell zufällige Geschichte, die Psychologie seiner Motive und deren Veränderung im Handeln geht es zuallererst, sondern was sie an objektiven Bewegungen hervorrufen. Von Kohlhaas' innerer Biographie erfahren wir wenig, sein Verhalten erscheint Familie und Freunden rätselhaft und wird selten einmal aufgeklärt. Wenn der Erzähler von ihm sagt, daß er »mit keiner Miene, was in seiner Seele vorging, zu erkennen gab«[182], ist diese Undurchsichtigkeit nicht allein an die Gegner adressiert, sondern wird auch dem Leser gegenüber nicht etwa aufgehoben. Die Disputation mit Luther zeigt ihn als scharfsinnigen Redner bei einem politischen Streitgespräch, in welchem der Reformator durchaus zweideutige Züge offenbart[183], er selber aber als Person hinter seinen Argumenten verborgen bleibt.

Schließlich enthält auch die ganze künstlerische Ökonomie der Erzählung einen unübersehbaren Hinweis für eine andere Deutung, indem Kleist mehr als die Hälfte von ihr den Auswirkungen und Verwicklungen widmet, die Kohlhaas hervorruft, nachdem er sich dem Tribunal in Dresden zu stellen entschlossen hat. Wobei das Schwergewicht auf beinah nebensächlichen, doch breit ausgeführten Episoden ruht, wie etwa der komplizierten Suche nach den Gegenständen des Anstoßes, den beiden verschollenen Gäulen des Roßhändlers und ihrer so weitschweifigen wie peniblen Besichtigung durch die hohen Herren des Tribunals auf der Straße. Auch die ausgerechnet von Ludwig Tieck gerügte »phantastische Traumwelt« um die »wunderbare Zigeunerin«[184] gehört dazu oder der Zug des nun wirklich gefangengesetzten Kohlhaas nach Berlin mitten durch die kurfürstliche Jagdgesellschaft des sächsischen Hofes hindurch. Hier verrücken sich plötzlich die Proportionen, und in die Erzählweise selber kommt etwas von jener unvernünftigen Konsequenz, die Kohlhaas' Handeln bestimmte. In dem Maß, in dem sich die Erzählzeit verlangsamt, gewinnen die erzählten Ereignisse den Charakter eines immer schnelleren Massensturzes im kleinen, während sich die Distanz zu ihnen verringert. Wurden die Feldzüge des selbsternannten Rächers nur in groben Zügen geschildert, so folgt das Auge des Erzählers jeder Einzelheit, die sich bei der Untersuchung der beiden zu Karikaturen ihrer selbst abgemagerten Rappen ergibt – bis zum dramatischen Höhepunkt, der Lynchszene, in welcher der Kämmerer nur mit knapper Not der Wut des Volkes entgeht.

Der unerbittlichen, querulantischen Folgerichtigkeit, mit der Kohlhaas auf seinem Recht besteht, antwortet, einem Echo gleich, die unablenkbare bürokratische Aufmerksamkeit, die den beiden, schon beim Abdecker gelandeten Pferden zuteil wird (die man, »durch Schwingung einer Fahne über ihre Häupter, ehrlich gemacht, und aus den Händen des Abdeckers, der sie ernährte, zurückgezogen hatte«[185]). Sogar die verzweifelte Konzentration, mit welcher der Kurfürst von Sachsen die Kapsel mit der Zigeunerprophezeiung in seinen Besitz zu bringen sucht, verweist auf dieselbe Psychologie, die Kohlhaas auszeichnet. Disproportionalität von Aufwand, Ziel und Ergebnis, ob auf seiten des Roßhändlers oder seiner Gegner, und das erzählerische Ungleichgewicht zwischen den historischen Taten des »armen Kohlhaas«[186] und ihren possenhaften Ausläufern oder märchenhaften Ornamenten gehören zusammen und machen in ihrer Kombination erst jenes groteske Trauerspiel aus, das der Erzähler Kleist auf der Bühne des 16. Jahrhunderts vor unseren Augen entfaltet. Keime eines Schwank- und Schelmenstücks birgt schon der Anfang der Verwicklungen, in ihrer Derbheit und Hinterlist, Lasterhaftigkeit und Verräterei erscheinen die Gefolgsleute des Junkers von Tronka wie Repräsentanten der mittelalterlichen Lachkultur, und welcher Leser kann schon ernst bleiben bei dem Bild, das der biedere Herse von den beiden Rappen im junkerlichen Schweinekoben zeichnet: »Sie guckten nun, wie Gänse, aus dem Dach vor, und sahen sich nach Kohlhasenbrück, oder sonst, wo es besser ist, um.«[187] Überhaupt zeigt dieses Verhör Herses durch seinen Herrn schon alle Züge jener unangemessenen Folgerichtigkeit, in der sich die gewöhnliche Lebenslogik verkehrt und ganz phantastisch wird. Beispiele für dieses Verfahren gibt es in allen Erzählungen und vielen Anekdoten Kleists, doch erreichen sie dort (die Legende von der Heiligen Cäcilie ausgenommen) keine strukturbestimmende Wirkung. Daß »die Wahrscheinlichkeit nicht immer auf seiten der Wahrheit ist«, sagt der Erzähler der Historie vom Roßhändler Kohlhaas selber und will diese Sentenz zwar auf das unvermutete Wiederauftauchen der »geheimnisreiche⟨n⟩ Zigeunerin«[188] kurz vor Urteil und Hinrichtung gemünzt wissen, hat damit aber an einem besonders auffälligen Exempel das Prinzip seiner Erzählung selber mitbedeutet. Auf Wahrscheinlichkeit hat Kleist es in seinen Erzählungen (und, auf andere Weise, auch in seinen Dramen) zuallerletzt abgesehen, ihr eigentliches Merkmal besteht gerade darin, das Unwahrscheinliche selber plausibel zu machen und damit in unserem Denken und Fühlen jene Irritation auszulösen, die auch Gegenstand der Geschichte ist.

Und wie verhält es sich mit deren Wahrheit, wenn sie denn schon unwahrscheinlich genannt werden müssen? Sie fällt nicht, soviel steht fest, mit historischer oder empirischer Faktizität zusammen, dafür entzieht sich der Kontext selber, in welchem der zitierte Satz steht, das Erscheinen der wahrsagenden Zigeunerin, in der nun gar Elisabeth, Kohlhaasens tote Frau, wiederauferstanden sein soll, zu augenfällig jeder Nachprüfbarkeit. Ihre Wahrheit ist diejenige der grotesken Welt, die sie abbilden – oder vielmehr: die sie unter der gewöhnlichen, und das heißt von uns gewohnheitsgemäß angenommenen Ordnung der Dinge entdecken, indem sie sie uns vor Augen führen. Ob Michael Kohlhaas oder die Marquise von O., ob der Fremde in der ›Verlobung von St. Domingo‹ oder die unschuldige Littegarde im ›Zweikampf‹, sie alle fühlen sich in einer grotesken Welt ausgesetzt, in der man mit Entsetzen Scherz treibt, komische aus schrecklichen Erfahrungen folgen oder umgekehrt und aus den geringsten Ursachen die monströsesten Wirkungen entstehen. Was die Machart der Erzählungen betrifft, so finden sich auch hier alle Merkmale der Groteske: Maßlosigkeit ins Große und Kleine, paradoxe Kombination widersprüchlicher Sphären (der Geschichte und des Märchens, der privaten Verbohrtheit und politischen Funktion, des Rechts und Verbrechens), der Verzerrung ins Lächerliche bei der Figur des sächsischen Kurfürsten und ins Ideale bei seinem brandenburgischen Rivalen, bis schließlich alle Gegensätze zur gänzlich absurden Pointe getrieben werden – besonders krass im ›Michael Kohlhaas‹, wo der Held zum dissonanten Schluß sein Recht erhält: in Gestalt der wohlgenährten, weil wiederaufgepäppelten und ehrbar gemachten Rappen – dafür aber im gleichen Zug mit seinem Kopf bezahlen muß. Aus der Perspektive der üblichen Lebenslogik erscheint das alles paradox und absurd, und doch hat es seine eigene Wahrheit: in der Erfahrung der »Welt in einer ⟨. . .⟩ ungeheuren Unordnung«[189], in welcher die »Ordnung des Staats« ebenso »verrückt« wurde[190] wie diejenige der Natur, in der Sinn und Unsinn hart aneinanderstoßen und sich gegenseitig aufheben, also nicht mehr unterschieden werden können und die Dinge selber sich jeder sinnlichen oder vernünftigen Kenntnis entziehen.

Auch das ist eine Folge der besonderen Weltdeutung, die Kleist
aus Kants Philosophie bezog und welche ihm eigentlich nur die
theoretische Begründung seiner täglichen und weit zurückreichenden Lebenserfahrung lieferte. Diesen Zusammenhang hat
sehr feinfühlig Goethe, wenngleich in tadelnder Absicht, gespürt
und von der Gewaltsamkeit der Motive im ›Michael Kohlhaas‹
gesprochen – dabei die feine Erkenntnis hinzufügend:»Es gehöre
ein großer Geist des Widerspruchs dazu, um einen so einzelnen
Fall mit so durchgeführter, gründlicher Hypochondrie im Welt-
laufe geltend zu machen.«[191] Doch geht dies nur, und wer wüßte
das insgeheim besser als der Autor des ›Werther‹, des ›Tasso‹,
wenn der Weltlauf selber diesen Geist des Widerspruchs in sich
trägt. Es kann mir daher auch nicht einleuchten, wenn man, wie
immer wieder geschehen[192], rückwärts und vorwärts gewandte
Tendenzen in Kleists Weltbild und Geschichtsauffassung meint
auseinanderlegen und gegeneinander aufrechnen zu müssen.
Kleists Werk, und darin liegt dessen inkommensurable Größe in
seiner Zeit, ist über diesen immer nur relativen Antagonismus
längst hinaus, hat ihn integriert und in einen Bestandteil der Groteske verwandelt. Kleists Kritik am feudalen Staat und dessen
märchenhafte Idealisierung, der Anspruch des Individuums auf
die Sicherung seines Glücks und die damit schon begonnene Zerstörung desselben, die Versöhnung der Gemüter und die mit dem
Entschluß zu ihrer Konsolidierung bereits einsetzende Befreiung
sind die Merkmale einer Welt, in welcher die unversöhnlichen
Widersprüche herrschen und es im Guten und Bösen nichts Ver-
läßliches gibt. Zeitkritik ist damit nirgendwo als letzte Intention
gemeint, und wo sie doch, wie beim Thema Revolution, zum
Gegenstand der Erzählung wird, so nur als aktuelles Symptom
des eigentlichen Skandalon, eines heillos entfremdeten Lebens,
dem zuletzt (der Doppelselbstmord am Wannsee demonstriert
den existentiellen Ernst dieser Erkenntnis) auch keine ästhetische
Rechtfertigung mehr angemessen ist. In der deutschen Literatur
vor Franz Kafka gibt es kein Beispiel für eine derart radikale und
schonungslose Analyse menschlicher Existenzbedingungen.

Sie wird in allen Erzählungen Kleists fortgetrieben, mit verschiedenen Mitteln und daher mit unterschiedlicher diagnosti-

scher Schärfe. In der ›Marquise von O.‹ (1808) richtet sie sich auf die Selbstgewißheit der Sinne und des Leibes und die Eingriffe des unbewußten Trieblebens. Im ›Erdbeben in Chili‹ (1807) zeigt sich die apokalyptische Metaphorik von Sodom und Gomorrha als die Realität des menschlichen Sozialverhaltens. Ebenso in der ›Verlobung in St. Domingo‹ (1811) und der Legende ›Die heilige Cäcilie oder die Gewalt der Musik‹ (1810), in welchen die revolutionäre Energie nur Schreckensbilder erzeugt und – in Visionen vom »Wahnsinn der Freiheit«[193] – zur existentiellen Wirklichkeit wird. Alle Erzählstoffe, und das gilt auch für viele Anekdoten (›Der Griffel Gottes‹, ›Charité-Vorfall‹, ›Unwahrscheinliche Wahrhaftigkeiten‹), hat Kleist danach ausgesucht, wieweit sie sich zu Gleichnissen seiner Lebenserfahrung eigneten. »Die Zeit scheint eine neue Ordnung der Dinge herbeiführen zu wollen, und wir werden davon nichts als bloß den Umsturz der alten erleben.«[194] Die Zukunftsaussage bleibt vorsichtig, die bloße Vermutung einer neuen Ordnung. Gewiß ist nur eines, daß »die alte Ordnung der Dinge« (anders als es etwa die Marquise von O. zu dem Zeitpunkt der Erzählung, da dieser Satz fällt, glaubt) unwiderrufbar vorbei und keine darüber hinausführende Hoffnung besteht für die jetzt Lebenden. Auch darin bleibt Kleist radikal und unbestechlich, daß er sich nicht verführen läßt, die Gegenwart auf dem Altar der Zukunft zu opfern, daß er auf dem Menschenrecht auf Glück besteht – um so kompromißloser, je klarer er die Unmöglichkeit seiner Verwirklichung erkennt – und daß er jeden Schein der Beruhigung und Selbsttäuschung sogar zum Zwecke des Überlebens ablehnt. Aus dieser Haltung folgt eine Methodik der Wahrhaftigkeit, der Imperativ, daß wir uns nicht selbst belügen dürfen.

Aus solchem Spiegel stammt das nüchterne Bild vom grundlosen Menschendasein. Während es Schiller noch darauf ankam, eine der Linnéschen ähnliche Klassifikation für die moralische Geschichte des Menschen zu finden, geht Kleists Bestreben allein darauf aus, eine solche Aufteilung und Gruppierung ad absurdum zu führen. Die empirische Ordnung, die das 18. Jahrhundert in Wissenschaft, Kultur und Kunst gefunden und bekräftigt hat und die alle Lebewesen und Dinge nach Ähnlichkeit und Unterschied, Verwandtschaft und Nichtzusammengehörigkeit in Klassen und Gruppen einteilt, dann in namentliche Übereinstimmung bringt, wird in Kleists Erzählungen als oberflächlicher Schein und Täuschung identifiziert: Die Marquise von O. wird derart das Opfer der schlimmsten Erschütterung ihrer Selbstgewißheit und ihres Weltgefühls. »Wenn dein Bewußtsein dich rein spricht: wie kann dich ein Urteil, und wäre es das einer ganzen Konsulta von Ärzten nur kümmern?« fragt die Mutter ihre Tochter[195] und kann nicht begreifen, daß Bewußtsein und Sein, Tugendhaftigkeit und Empfängnis sich derart eklatant widersprechen, weil das auf eine »Umwälzung der Weltordnung«[196] hinausliefe, die ihr eigenes Leben bisher unerschütterlich bestimmt und ihre Wahrnehmungsschemata, die Techniken und Praktiken der Lebensmeisterung und auch die Sprache fixiert, die all dies ausdrückt. Das gilt eine Zeitlang auch für die Marquise. Scheinbar punktuell und vorübergehend nur war ihr Dasein durch die Eroberung der Zitadelle und den Brand des Kommandantenhauses erschüttert und gefährdet gewesen, der Graf hatte sie schließlich vor der eigenen Soldateska gerettet, und alles war »in die alte Ordnung der Dinge zurück⟨gekehrt⟩«[197]. Daß es sich dabei um eine Täuschung handelt, wird bald offenbar, denn die der Marquise so unbegreiflich erscheinende Schwangerschaft entzieht ihrem Leben die ursprüngliche Gewißheit: die ihres Leibes und ihrer Sinne.

Kleists Novelle berichtet von einer wahrhaft unerhörten Begebenheit, die aber nicht einzelnes Ereignis bleibt, sondern als Moment einer umfassenden Krise blitzartig auftaucht. Die Geschichte der Marquise ist damit eigentlich ein Bildungsroman im kleinen, doch führt er nicht zur Anerkennung der eigenen tätigen Bestimmung in einer sinnvoll geordneten Welt, sondern zur Erkenntnis ihrer Scheinhaftigkeit und der eigenen Ohnmacht. Wie sich die Marquise Schritt für Schritt gezwungen sieht, das Unbegreifliche zu akzeptieren, wie sie daraufhin der Verachtung ihrer Familie verfällt und von einem Augenblick zum anderen eine Außenseiterin wird, nicht etwa – wie es ausdrücklich heißt –, weil sie gefehlt haben könnte, denn solches wäre verzeihlich, sondern weil sie »ein Märchen von der Umwälzung der Weltordnung«[198] ersonnen habe; wie sie schließlich durch das Leid und

die Kraft, es zu tragen, »mit sich selbst bekannt gemacht« wird[199]
– diese Lebensgeschichte folgt zwar noch dem Schema von Prü-
fungsweg und Reifung, doch steht am Ende nicht die Aufnahme
in die Gesellschaft als ein Akt der Einweihung in ihre Kulturwelt
und damit ihrer erneuten Bestätigung, sondern die Bezweiflung
und Erschütterung ihrer moralischen Verfassung, ihrer religiösen
Werte und Umgangsformen. Daß es dennoch zu einer Art glück-
lichem Ende kommt, Marquise und Graf schließlich zusammenfinden, darf nun nicht zu dem Fehlschluß verleiten, die alte
Ordnung sei doch wiederhergestellt. Nicht sie triumphiert zum
Schluß. Was bleibt, ist Enttäuschung, die Entlarvung eines Scheins
– an dessen Stelle eine wenig tröstliche Entdeckung tritt: die »der
gebrechlichen Einrichtung der Welt«.[200]

Vom Zusammenbruch alter Gewißheiten handeln auch die
anderen Erzählungen. Das Erdbeben, dem 18. Jahrhundert in der
Lissaboner Katastrophe (1755) bereits als unübersehbares Menetekel seines Optimismus vertraut, bedeutet in der historischen
Bildersprache der Zeit die soziale und geistige Erschütterung, den
Umsturz aller Gewohnheiten. In Kleists ›Erdbeben in Chili‹ tritt
zum Bild der Naturkatastrophe das der zerstörten Gesellschaftsordnung, zu der es aber keine Alternative gibt, obwohl sie durch
Heuchelei und Unmenschlichkeit gezeichnet ist. Der Auszug ins
paradiesische Tal, wo die beiden schon zum Tode verurteilten Liebenden sich finden (»als ob es das Tal von Eden gewesen
wäre«[201]), bleibt ein kurzes Zwischenspiel, um so grausamer, als
es Hoffnungen geweckt, die dann nicht erfüllt werden. Führt
das Unglück in dem einen Moment zu einer trügerischen Versöhnung der Gemüter, so im nächsten schon wieder zum schlimmsten Gemetzel und Zusammenbruch aller Menschlichkeit. Nicht
anders ›Die Verlobung in St. Domingo‹, wo der Sklavenaufstand
und die raubende und mordende Rotte des fürchterlichen Negers
Congo Hoango Furcht und Schrecken verbreiten, das Refugium
sich als Mörderhöhle entpuppt, die vermeintlichen Helfer als
Verderber und die scheinbare Verräterin als die treueste Geliebte,
so daß es nichts gibt, woran man sich halten könnte, der Augenschein ebenso trügerisch wie das Gefühl. In die Galerie dieser Bilder aus einer bodenlos gewordenen, unzuverlässigen Welt gehört

auch ›Das Bettelweib von Locarno‹ (1810). Eine Spukgeschichte,
die vom Einbruch des Regellosen, Unbeständigen, Bedrohlichen
in die innere Sphäre des menschlichen Daseins handelt, so daß
Haus und Kaminzimmer, wo sonst Wärme und Heimeligkeit herrschen, unbewohnbar werden. Es ist das Schloß einer Marchese,
das derart vom gespensterhaften Schatten eines alten Weibes
erobert wird, an dessen Tod der Schloßherr, ohne ihn aber zu
wollen, schuldig geworden war. Dies Gleichnis ist im Zeitalter
der Französischen Revolution ebenso leicht zu entschlüsseln wie
der Sturm auf die Zitadelle und ihre Eroberung in der ›Marquise
von O.‹. Kleists Kritik, wenn wir sie hier einmal aus dem umfassenden allegorischen Kontext herauslösen wollen, in welchem
ihre zeitgebundenen politischen Gegenstände nur als Chiffren
unter anderen, und zwar für eine ständige Daseinsgefährdung
und Lebensunsicherheit stehen, für Umbruch und Übergang ohne
Zukunftshoffnung, Kleists Kritik richtet sich (darin der Goethes
und Schillers gleich) immer nach zwei Seiten. Das zeigt das
empfindungslose Verhalten des Schloßherrn in Locarno ebenso
deutlich wie die fragwürdige Rolle des Grafen oder der Starr-
sinn und die Borniertheit des Kommandanten in der ›Marquise
von O.‹. Sie gilt nicht nur der Revolution, die wie ein naturge-
schichtliches Ereignis erscheint, eine Folge von Massenimpulsen
ohne eigentliches Subjekt, noch ihren Anhängern allein, sondern
ebenso den höheren und nur scheinbar verfeinerten gesellschaftlichen Klassen. Die soziale Umwälzung erscheint Kleist eben in
erster Linie als symptomatische Ausprägung einer universalen
Erschütterung aller menschlichen Sicherungen und Gewißheiten.
Die politische Revolution und der Sklavenaufstand stehen damit
auf derselben Ebene eines Gleichnisses wie die Pest im ›Findling‹
oder der Verlust des Vertrauens zur »höchsten göttlichen Weisheit«[202], die sich im bislang für unfehlbar gehaltenen Gottesurteil
nur höchst zweideutig manifestiert. Auch die Errungenschaften
der Aufklärung selber bleiben nicht ungeschoren und werden in
den Prozeß der Zerstörung aller übernommenen Wahrheit hineingerissen. Eine Legende berichtet davon, doch warum soll das
von ihr bezeugte unerhörte und die Schulweisheit unerträglich
provozierende Ereignis weniger stichhaltig und glaubwürdig sein,

als was die historischen Chroniken und Tagesereignisse melden?
Erklärt die Äbtissin der Mutter der drei wahnsinnig gewordenen
Bilderstürmer: »›Gott selbst hat das Kloster, an jenem wunderbaren Tage, gegen den Übermut Eurer schwer verirrten Söhne
beschirmt. Welcher Mittel er sich dabei bedient, kann Euch, die
Ihr eine Protestantin seid, gleichgültig sein: Ihr werdet auch das,
was ich Euch darüber sagen könnte, schwerlich begreifen. Denn
vernehmt, daß schlechterdings niemand weiß, wer eigentlich das
Werk, das Ihr dort aufgeschlagen findet, im Drang der schrek-
kenvollen Stunde, da die Bilderstürmerei über uns hereinbrechen
sollte, ruhig auf dem Sitz der Orgel dirigiert habe.‹«[203]

Doch werden von Kleist diese zweifelhaften, ungewissen, in
sich selbst schwankenden Tableaus nicht um ihrer selbst willen
oder zur kritischen Betrachtung des Weltlaufs ausgestellt, er
benutzt sie als eine Art Experimentieranordnung, ja zur Zerreißprobe für die Menschen, damit sie sich zur Kenntlichkeit oder
Unkenntlichkeit verändern. Wir müssen diese aktiv-versucheri-
sche Energie in Kleists Erzählkunst erkennen, wollen wir nicht
bei noch so genauer Lektüre ihre Eigenart verfehlen, die gerade
darin besteht, die Protagonisten in die unversöhnlichsten Widersprüche hineinzuhetzen. Der »Wahnsinn der Freiheit«[204] gebiert
ebensolche Ungeheuer wie der mittelalterliche Glaube an die
Manifestation göttlicher Gerechtigkeit im Zweikampf, wie Pest
oder Naturkatastrophen. So daß hinter dem Engel der Teufel
hervortritt (sagt »in einer glücklichen Stunde« die Marquise zum
Grafen: »er würde ihr damals nicht wie ein Teufel erschienen sein,
wenn er ihr nicht, bei seiner ersten Erscheinung, wie ein Engel
vorgekommen wäre.«[205]); so daß die durch das Erdbeben ver-
ursachte Versöhnung der Gemüter umschlägt in Haß und
Unmenschlichkeit und der Verlobte seine Geliebte gerade um der
Tat willen mordet, die ihn rettete. So könnte man in der Beschreibung der Welt fortfahren, die die Chronik von Kleists Geschichten vor unseren Augen entrollt. Es ist eine durch und durch verkehrte Welt, in der dieselben Menschen gegen Sodom und
Gomorrha predigen, die eben dadurch Sittenverderbnis und
Greuel hervorrufen, in der sich die Engel auf seiten derer stellen,
die unrecht haben (doch der dies sagt, wird selber unrecht behal-

ten und zum Zeichen dafür die Waffe gegen sich richten)[206], in
der auch auf das Gottesurteil kein Verlaß mehr ist, weil es
Gerechte und Ungerechte gleicherweise trifft, und nur sophisti-
sche Interpretation einen Rest von Glauben noch zu retten vermag: »Der Kaiser aber ⟨...⟩ ließ ⟨...⟩ in die Statuten des geheiligten göttlichen Zweikampfs, überall wo vorausgesetzt wird, daß
die Schuld dadurch unmittelbar ans Tageslichte komme, die
Worte einrücken: ›wenn es Gottes Wille ist‹.«[207] Auch Goethes
›Unterhaltungen‹, erinnern wir uns, stehen im Kontext einer
umfassenden menschlichen Gefährdung durch die äußeren Verhältnisse. Sich dennoch zu behaupten, Anspruch und Gültigkeit
der eigenen Kultur zu bekräftigen, erzählen die Vertriebenen ihre
Geschichten. Indem sie Widerstand leisten sollen, erscheint zwar
in ihrer Perspektive immer wieder die Figur dessen, wogegen sie
sich richten, doch, vom gelegentlichen Einschlag des Rahmens in
die Binnenerzählung abgesehen, gibt es keine Gemeinschaft mit
dem andrängenden Chaos. Das ist in Kleists Erzählungen anders.
Sie haben Wirrwarr, Zweifel und Auflösung ganz in sich aufgenommen, um sie dann wieder nach außen als Verwilderung und
Zerstörung darzustellen. Gebannt verfolgt Kleist diesen Prozeß,
denn auch der Verfall ist voll Figur.

In der ›Marquise von O.‹ hat sich Kleist nun ein besonderes
Studienobjekt geschaffen, weil er an dem Schicksal dieser Frau
das subtile, verborgene Zusammenspiel von Täter und Opfer bis
in feinste Nuancen verfolgen kann. Soziale Geschichte und Trieb-
geschichte faßt der Erzähler dabei interessanterweise im selben
Bilde, dem des Schloßbrandes nämlich, zusammen. Als die in der
Literatur der Zeit gewiß nicht ungewöhnliche Metapher für den
Ausbruch und die zerstörerische Wirksamkeit der unteren Klassen, die uns hier in Gestalt jener »entsetzlichen, sich unter einander selbst bekämpfenden, Rotte«[208] entgegentreten; doch ebenso
(und diese Bedeutung ist ja in der verbreiteten Gleichnisrede von
den Flammen der Leidenschaft längst vorbereitet) für die Kräfte
des Trieblebens, denen sich Graf und Marquise, freilich auf verschiedenen Bewußtseinsstufen, ausgesetzt finden. Nachdem der
Graf die hilflose Frau vor den »schändlichsten Mißhandlungen«
ihrer »viehischen« Entführer gerettet[209], dafür aber um so siche-

rer in die eigene Gewalt gebracht hat, finden wir ihn wenig später unter den Helfern, die sich bemühen, »der Flamme, welche wütend um sich zu greifen anfing, Einhalt zu tun, und leistete selbst hierbei Wunder der Anstrengung ⟨. . .⟩«[210]

Man braucht nicht der psychoanalytischen Symboltheorie anzuhängen, um in diesen Vorgängen ein kaum verhülltes objektives Korrelat zu jenem Liebesgeschehen zu sehen, das Kleist kurz zuvor bloß mit einem Gedankenstrich bedeutet hat. Es handelt sich um ein Bild des übermächtigen Trieblebens, das alle Schranken durchbricht, die gesellschaftlichen Konventionen ebenso wie die religiösen Rücksichten, doch gewinnt es im Zusammenhang der Erzählung eine ganz zweideutige Wirksamkeit. Um den Grafen kann es dabei nicht mehr in erster Linie gehen, denn der hat sich für den aufmerksamen Beobachter (und den Leser) bald schon durch sein merkwürdiges Gebaren verraten, durch sein unmotiviertes Erröten, seine unkonventionellen Heiratsanträge, seine sonderbare Furcht und Eile. Im Kern interessiert Kleist nicht das gesellschaftsethische Problem, die Unterminierung der menschlichen Verhältnisse durch den Ausbruch der unteren Mächte, sondern wie Menschen sich behaupten, wenn ihnen jede Sicherheit entzogen wird – im Kern interessiert ihn an jener merkwürdigen Geschichte aus »einer bedeutenden Stadt im oberen Italien«[211] der Urstoff des Detektorischen, der in ihm steckt: die erotische Selbsterkenntnis der Marquise von O. Man darf dabei ruhig an das Ödipusdrama denken, dessen Strukturelemente wir hier alle beisammen finden und das Kleist auch sonst (›Der zerbrochne Krug‹) beschäftigt hat. Nachdem die Marquise zur Annahme des Unglaublichen gezwungen ist, sich selber dazu hat zwingen lassen, indem sie Arzt und Hebamme hinzuzog und von beiden nur die Bestätigung ihrer Befürchtungen erfuhr, geht ihr ganzes Trachten dahin, die Beweggründe dieses ihr unbegreiflichen Geschehens, in das sie unwissentlich verwickelt ist, aufzudecken und auch die Art und den Umfang der eigenen Beteiligung daran sich bewußt zu machen. Auf einer Ebene unterhalb der ausdrücklichen Geschichte vollzieht sich dabei das in kontrastierenden Symbolen, Figuren und Andeutungen gefaßte Aufklärungsdrama. »Sie beschloß, sich ganz in ihr Innerstes zurückzuzie-

hen«[212], heißt es nach ihrer Verstoßung durch die Familie, und
wir müssen sie uns jetzt unausgesetzt in jener leidenschaftlich in
die Wahrheitssuche verbohrten Verfassung vorstellen, die wir aus
dem antiken Stück kennen (dem »König O.«, wie wir ruhig einmal, ohne Kleist zu nahe zu treten, sagen dürfen). Das erste
Ergebnis ist die Veröffentlichung des Rätsels, die Aufforderung
in den Intelligenzblättern der Stadt, »daß der Vater zu dem
Kinde, das sie gebären würde, sich melden solle«[213]. Dann folgt
das Gespräch mit dem Grafen, der sich durch eine List und entgegen ihrem Verbot bei ihr Zugang verschafft (»durch eine hintere
Pforte, die ich offen fand«[214]), eine leidenschaftliche Unterhaltung, voller abgebrochener Geständnisse und Andeutungen, in
denen ein verzehrendes Feuer anderer Art sich Ausdruck schafft
und der Marquise mit einem Male per analogiam die gesuchten
Zusammenhänge entdeckt: »Ich *will nichts* wissen«[215], sagt sie –
und weiß alles, weigert sich nur noch, es auch anzuerkennen.
Nun geht das Drama seinen Gang, in der Folge der Stationen
gewiß nicht dem Vorbild gleich, doch in allen wesentlichen
Momenten ihm nachgezogen. Auch das Inzestmotiv kommt zum
Vorschein: in der Versöhnungsszene zwischen Vater und Tochter.
»Die Tochter sprach nicht, er sprach nicht; mit über sie gebeug-
tem Antlitz saß er, wie über das Mädchen seiner ersten Liebe,
und legte ihr den Mund zurecht, und küßte sie. Die Mutter
fühlte sich, wie eine Selige; ungesehen, wie sie hinter seinem
Stuhle stand, säumte sie, die Lust der himmelfrohen Versöhnung,
die ihrem Hause wieder geworden war, zu stören. Sie nahte sich
dem Vater endlich, und sah ihn, da er eben wieder mit Fingern
und Lippen in unsäglicher Lust über den Mund seiner Tochter
beschäftigt war, sich um den Stuhl herumbeugend, von der Seite
an ⟨. . .⟩. Sie lud und führte beide, die wie Brautleute gingen, zur
Abendtafel, an welcher der Kommandant zwar sehr heiter war,
aber noch von Zeit zu Zeit schluchzte, wenig aß und sprach, auf
den Teller niedersah, und mit der Hand seiner Tochter spielte.«[216]
Es gibt keine vergleichbare Szene in der Literatur der Zeit, welche
die erotische Konsequenz des Ödipus-Dramas, übertragen auf das
Verhältnis von Vater und Tochter, und seine Wirksamkeit in der
elementaren Anziehung der Geschlechter mit derart unerhörter

Offenheit ausgetragen und dabei noch die Schuldfrage gänzlich zu einer Sache der erstarrten Konventionen der Gesellschaft gemacht hätte. Eine »Herrliche, Überirdische«, eine »Reinere als Engel sind«, nennt die Mutter ihre Tochter[217] und will von nun an keine andere Ehre mehr kennen als ihre Schande. Die gotteslästerlich-emphatische Übertragung des heidnischen Dramas auf den Marienkult, das Motiv der unbefleckten Empfängnis und der Josephsehe (der Graf muß einen Kontrakt unterschreiben, in welchem er »auf alle Rechte eines Gemahls Verzicht tat«[218]) durchzieht die ganze Geschichte, deren Zweideutigkeit (auf der Ebene eines Witzes) Kleist übrigens selber bedeutet hat, in einem ironischen ›Phöbus‹-Epigramm: »Die Marquise von O . . . / *Dieser* Roman ist nicht für dich, meine Tochter. In Ohnmacht! / Schamlose Posse! Sie hielt, weiß ich, die Augen bloß zu.«[219] Die Ohnmacht gehört in Kleists Werk ja wirklich zu jenen Seelenzuständen wie Schlafwandeln oder das Schweben zwischen Träumen und Wachen, die zwar durch Geistesabwesenheit gekennzeichnet sind, aber ihre eigene Art von Wahrheit haben; auch nicht einfach mit Unbewußtem gleichzusetzen sind, sondern, ganz Leibnizisch, vorbewußter Natur, also Bewußtseinszustände des Dämmerns, die bis ins Unbewußte hin abnehmen, daran grenzen. So daß es mit der Ohnmacht der Marquise eine ähnliche Bewandtnis hat wie mit den Traumzuständen des Prinzen von Homburg oder des Käthchens von Heilbronn. Was mit der Marquise in jener Brandnacht geschah, ist damit aber nicht nur in ihrem Bewußtsein, wenn auch dunkel und verworren, immer gegenwärtig gewesen und hat ihr Verhalten in der Tagesrealität bestimmt, sondern entsprach durchaus ihrer zwar geheimen, ja tabuisierten Willensrichtung. Das eigentlich Erschütternde für die Marquise besteht nicht in der unausweichlichen Konsequenz, die sie zur Erkenntnis des Geschehens in jener vergangenen Brandnacht führt, sondern in der Erkenntnis, daß es im Rahmen ihrer Vorstellungen und ihren eigenen Begehrungstrieben folgend geschah, die sie noch dazu, der Leser weiß es nun genau, durch den Grafen hindurch auf eine andere, ihr viel ursprünglicher nahe, göttlichengelhafte Verkörperung ihrer Triebwünsche richtete.

Nur einmal noch hat Kleist das Thema mit vergleichbarer

Offenheit, doch ohne die psychologische Raffinesse und mit
gleichsam kolportagehafter Vergröberung behandelt: im ›Findling‹ nämlich. In dieser Erzählung, obgleich sie dem Ödipus-
Modell sehr viel genauer zu folgen scheint, weil in ihr der Sohn
sich der Mutter bemächtigt, fehlt das analytische Moment, die
Leidenschaft der Selbstentdeckung völlig, und auch die Verankerung der individuellen Passion in der historischen Krise geschieht
nur ganz andeutungsweise durch den Hinweis auf die »pestartige
Krankheit«[220], die die Menschen befällt und ansteckt, so daß sie
sterben oder zu Monstern entarten. Es stirbt Paolo, der Sohn von
Antonio und Elvire, an seine Stelle tritt der Findling Nicolo, der
die Krankheit zwar körperlich übersteht, von ihr aber ein »ver-
wildertes Herz«[221] übrigbehält. Einen »satanischen Plan«[222] heckt
er aus, um sich Elvire gefügig zu machen, und bedient sich dabei
eines rührenden Vorfalls »aus der Geschichte ihrer Kindheit«, als
die dreizehnjährige Elvire von einem jungen Genueser Edelmann
aus den Flammen eines brennenden Hauses gerettet wurde. Das
Bild ist uns nun schon vertraut und steht auch hier für die Liebesgefühle, die das Mädchen an ihren Retter so fesseln, daß sie
ihm über seinen frühen Tod hinaus auf ihre Weise die Treue hält:
sein lebensgroßes Bild hängt in ihrem Zimmer hinter einem rot-
seidenen Vorhang, und täglich liegt sie, obzwar längst mit einem
redlichen Kaufmanne verheiratet, »in der Stellung der Verzük-
kung«[223] vor ihrem Idol. Die Vergötterung des Toten bereitet dem
Sohn, der sich freilich aufgrund der erstaunlichen Ähnlichkeit
selber von Elvire geliebt glaubt, den Weg zum Frevel. Eines
Abends tritt er im Kostüm des jungen Genueser Ritters hervor
aus der Nische, worauf »sie schon: Colino! Mein Geliebter! rief
und ohnmächtig auf das Getäfel des Bodens niedersank.«[224] Da
ist das Geständnis heraus, und wenn Nicolo auch zum Musterbild eines »höllischen Bösewichts« gestempelt ist, kann doch über
Elvirens wahre Triebwünsche kein Zweifel bestehen. Wie in der
›Marquise von O.‹ hat Kleist damit alle Voraussetzungen für ein
vielspältiges Seelendrama geschaffen, es dann aber nicht ausgeführt, sondern diese Motive stattdessen an einen populären Lesestoff angeschlossen, der in der romantischen Literatur mannigfach kursierte. »Er war von einer besondern, etwas starren

Schönheit, seine schwarzen Haare hingen ihm, in schlichten Spitzen, von der Stirn herab, ein Gesicht beschattend, das, ernst und klug, seine Mienen niemals veränderte.«[225] Hinter Nicolos Bild taucht dasjenige Lucifers, des gefallenen Engels, auf, die starre Schönheit, der melancholische Ernst sind deutliche Zeichen. Ein Verworfener und ein Leidender, doch hält sich sein Weltschmerz, wie der Schluß der Geschichte zeigt, in Grenzen, Piachi ermordet ihn ja, weil er, statt Trauer oder gar Reue, nur Triumph zeigt. Dann gipfelt auch diese Erzählung in der Groteske: »In dem Kirchenstaat herrscht ein Gesetz, nach welchem kein Verbrecher zum Tode geführt werden kann, bevor er die Absolution empfangen. Piachi, als ihm der Stab gebrochen war, verweigerte sich hartnäckig der Absolution.«[226] Absurde Konsequenz einer widersinnigen Geschichte, aber zwischen dem »untersten Grund der Hölle«, in den sich Piachi sehnt, um sein Rachewerk an Nicolo zu vollenden[227], und dem gewöhnlichen Leben der Menschen werden die erstaunlichsten Korrespondenzen sichtbar. Abermals erkennen wir im mythologischen Bilde die Merkmale des Umbruchs der alten Welt und die vollkommene Hoffnungslosigkeit allem Zukünftigen gegenüber. Das ist alles kräftig ausgemalt und zeugt, wenngleich nicht in gleicher Kunstfertigkeit, von der »Beredsamkeit des Schmerzes«[228], in welche die Marquise von O. alle ihre Überzeugungskraft legte.

Es ist immer wieder erkannt worden, daß Kleists Sprache ihre Wurzel in der Verleugnung und Aufhebung aller Funktionen hat, die ihr traditionell (wenn auch, denken wir an ›Werther‹, nicht ausnahmslos) zugetraut und angewiesen wurden. Gewiß richtet er den Erzählton nach den verschiedenen Gattungsmöglichkeiten, die er wählt (den ›Kohlhaas‹ chronikalisch, die ›Cäcilie‹ legendenhaft), läßt aber neben der auf Aktion drängenden Schreibart, neben der sachlichen Mitteilungsform und den Elementen der Mündlichkeit doch immer wieder eine einheitliche Stilabsicht erkennen, die darauf hinausläuft, in allen entscheidenden Punkten Festlegungen zu vermeiden und die Zwiespältigkeit der Erfahrung, die Absurdität eines Geschehens auch sprachlich, in der kunstvollen Kompliziertheit der Sätze oder gerade in der strengsten, kontrastierenden Sachlichkeit des Berichts, erscheinen

zu lassen. Gerade die äußerste Genauigkeit und Plastizität, der
Kleists Sprache in den Erzählungen fähig ist, führt dabei aber
immer wieder an eine Grenze und vermag der Dynamik der
Gefühle, den Kräften des Trieblebens und der Gestalt der inneren,
seelischen Konflikte nur indirekt Ausdruck zu geben, in meta-
phyischer Andeutung oder zweideutiger Handlung. Die subjektive Unmittelbarkeit des Gefühls geht dabei nie gänzlich in
Objektivierung, sachlicher Entäußerung auf, ein Rest bleibt, jenseits der Sprache, und macht, der wohlgebauten Syntax entsprechend, den fragmentarischen Charakter auch des Erzählstils aus.
Immer stößt Kleists Sprache bewußt an ihre eigene Grenze, will
nur die Stelle mit Worten markieren, für welche noch keine Rede
gefunden wurde. Auch dabei ist Kleist seinem Ideal der Wahrhaftigkeit treu geblieben: Sprache nicht zur Täuschung und Überredung zu gebrauchen, als seien in ihr all die menschlichen Dinge
schon faßbar, die doch erst im Umbruch stehen: in einer, mit
Ernst Blochs Worten, »syntaktisch selber so unstilisierten
Welt«[229].

Fünfter Teil
Lyrik

I. Publikum, Wirksamkeit, Themen und Tendenzen

Im Jahre 1808 forderte die bayerische Regierung Goethe auf, ein lyrisches Nationalbuch zusammenzustellen. Die Absicht war natürlich durch die Zeitereignisse bestimmt und patriotisch begründet; das Buch sollte das nationale Selbstbewußtsein stärken und dem politischen Widerstand gegen die Großmachtpolitik Napoleons deutschen Sinn und deutsches Recht vermitteln – im Spiegel der Nationalpoesie. Das Buch ist nie zustande gekommen, doch verrät das Projekt, welche Wirksamkeit man der Poesie zutraute und welche Rolle sie im öffentlichen Bewußtsein schon spielte. Goethe hat auch mehrere Pläne zu einer solchen Anthologie entworfen und das Unternehmen immerhin so wichtig gefunden, daß er sie zu einem zusammenhängenden Aufsatz verarbeitete. Bei der Auswahl der Gedichte habe »der tüchtige Gehalt mehr als die Form« zu gelten, und auf die Frage, was denn zu bilden wünschenswert sei, lautet die bestimmte Antwort: »Der Charakter, nicht der Geschmack: der letzte muß sich aus dem ersten entwickeln.«[1] »Volksbedarf«, »Volksbildung«, so umschreibt er ganz auftragsgemäß die Ziele, vermeidet aber ersichtlich jede nationale Idolatrie, betont sogar, daß die deutsche Literatur äußeren Einflüssen ihre Ausbildung verdanke und »das fremde Gut unser Eigentum geworden«[2], so daß der Gedanke der Nationalliteratur durch die Idee der Weltliteratur ergänzt, ja der Tendenz nach aufgehoben wird.

Auch über die näheren Prinzipien der Auswahl hat Goethe Überlegungen angestellt. »Das *Vortreffliche* aller Art, das zugleich populär wäre, ist das Seltenste. Dies müßte man zu allererst aufsuchen und zum Grunde der Sammlung legen. Außer diesem ist aber das *Gute, Nützliche* und *Vorbereitende* aufzunehmen.« In diesem Sinne sollte dann das ganze Buch in Rubriken aufgeteilt sein, so daß es (ein bezeichnender Vergleich, der deutlich macht, welches Muster und welche Wirksamkeit ihm vor Augen stand) »alsdann den protestantischen Gesangbüchern« gliche.[3] Tatsächlich hatte das kirchliche Gesangbuch Modell für seine weltlichen Nachfolger gestanden, es gibt zahlreiche Zwischenstufen (so A. L. Hoppenstedts ›Lieder für Volksschulen‹, 1793), und auch die so ungemein populäre Liederanthologie Rudolf Zacharias Beckers (›Mildheimisches Lieder-Buch von acht hundert lustigen und ernsthaften Gesängen über alle Dinge in der Welt und alle Umstände des menschlichen Lebens, die man besingen kann‹, 1799) verwendet Kirchenmelodien. Vollends deutlich spricht der Umstand, daß Goethe Popularität als Kriterium der Auswahl bemüht, dafür, wie stark er sich mit seinen Vorschlägen an einer Bewegung orientiert, die eine Popularisierung der Dichtung im Sinne einer breiten Volksaufklärung betreibt und zu deren wichtigsten Repräsentanten ein Antipode der Weimarer Klassik, nämlich Gottfried August Bürger, gehört. Mit dessen Konzeption einer populären Poesie (»Alle Poesie soll volksmäßig sein, denn das ist das Siegel ihrer Vollkommenheit.«[4]) hatte sich Schiller 1789 in einer spektakulären Rezension ›Über Bürgers Gedichte‹ auseinandergesetzt und Popularität als die Eigenschaft einer Kunst definiert, die dem gesamten Publikum (dem »Geschmack des Kenners« ebenso wie dem »Kinderverstand des Volks«[5]) Genüge leistet. Ein Echo darauf finden wir in Goethes Ideal des Vortrefflichen und zugleich Populären, doch soll die geplante Anthologie auch Gedichte aufnehmen, die diesem strengen Maßstab nicht standhalten und so etwas wie propädeutische Aufgaben haben. Auch in seinem Vorschlag zur Rubrifizierung folgt Goethe geläufigen und etwa im ›Mildheimischen Liederbuch‹ vorgegebenen Prinzipien, wenn er die Skala von hohen und ideellen Themen (»Gott, Unsterblichkeit, höhere Sehnsucht und Liebe«) über Begriffe des Zusammenlebens und der praktischen Sittlichkeit (darunter »Anhänglichkeit an Familie und Vaterland«), über Gegenstände der Phantasie und Sinnlichkeit (wie »Legenden und Fabeln« oder »die unmittelbar ergreifende Liebe«) bis hin zu allem Witzigen, Anmutigen und Geselligen reichen läßt: »Wenn man mit einer Ode an Gott, an die Sonne anfinge, so dürfte man mit Studenten- und Handwerksliedern, ja mit dem Spottgedicht endigen.«[6] Lied und Gesang als Ausdrucksformen eines ursprünglichen Volkssinnes und kulturelle Medien eines

Gemeinsamkeitsgefühls: Herders Theorie liegt auch Goethes Plänen noch zugrunde, bekräftigt durch die gemeindebildende Kraft des deutschen Kirchenliedes (die auch im Pfarrersohn Bürger nachwirkt, wenn er die volkstümliche Dichtung »zum Heil und Frommen des Menschengeschlechts in diesem Jammertale« berufen fühlt[7]). 1808 gehörten zudem Lieder- und Gedichtanthologien wie das ›Mildheimische Liederbuch‹ längst zum gesicherten Bestand des deutschen Buchmarktes: während man für das Jahr 1770 nur sieben Beispiele zählen konnte, erhöht sich die Zahl 1790 auf dreißig und 1799 auf 57 Bücher dieser Art und nimmt nach der Jahrhundertwende so zu, daß ein vollständiges Verzeichnis kaum noch möglich scheint.[8] In solcher oder abgewandelter Form und Zielsetzung nehmen lyrische Hausbücher das ganze 19. Jahrhundert hindurch in den Verlagsprogrammen einen wichtigen Platz ein. Auch für den Unterricht in den Bildungsanstalten vorgesehen, man denke nur an Theodor Echtermeyers ›Auswahl Deutscher Gedichte für höhere Schulen‹, die 1836 erstmals erschienen ist und den Lyrik-Kanon der deutschen Literatur für eine ganze Epoche bestimmen sollte: ein Nationalbuch, wie es Goethe vorgeschwebt haben mochte, wenngleich viel stärker an Schillers klassischem Kunstbegriff orientiert als an Goethes Gesellikeitsideal, das ja Studenten- und Handwerkslieder einschloß und auch von den poetischen Formen keine vermissen mochte: »Im Knittelverse würde die für uns natürlichste und vielleicht die künstlichste in Sonett und Terzinen aufzunehmen sein.«[9] In wechselnden Zusammenhängen, angeregt durch seine Tätigkeit bei Hofe oder gesellige Veranstaltungen wie das »Mittwochskränzchen«, bei dem sich eine gebildete Gesellschaft zum lockeren, zwanglosen Gespräch zusammenfinden sollte (und sich oft nur auf steife Weise langweilte), ist Goethe immer wieder einmal auf die kollektivbildende Kraft des Liedes zu sprechen gekommen. »Was wir in Gesellschaft singen / Wird von Herz zu Herzen dringen«[10]. In bezug auf deutschsprachige Opernlibretti in den vergangenen Jahrzehnten bemerkt er 1817 in einem allzu optimistischen Rückblick gar: »Geschmack und Einsicht verbreiteten sich dadurch über die ganze Masse des Publikums, und für die lyrische Poesie überhaupt wuchs, von Jahr zu Jahr, der unschätzbare Vorteil, daß sie immer singbarer wurde, ohne an Gehalt abzunehmen. Religiöse, patriotische, gesellige, leidenschaftliche Lieder tönten von allen Seiten, und unsere ernste charakteristische Musik fand Gelegenheit zu tausendfältiger Anwendung ihrer unerschöpflichen Mittel.«[11]

Für den Zeitraum, in dem Goethe diese Einschätzung formulierte, trifft sie sogar die Realität, und die Anthologien verzeichnen neben den vielen poetae minores auch immer die repräsentativen Schriftsteller der Epoche, die Lieder von Eichendorff, Uhland und Chamisso, Kerner, Rückert oder Tieck. Freilich, noch im ersten Jahrzehnt nach der Jahrhundertwende sah das Bild ganz anders aus, wie ein Blick in Zeitschriften oder Musenalmanache lehrt. Immer noch gab es die Poesie aufklärerisch-didaktischer Provenienz, die sich entweder um volkstümliche, doch moralisch-nützliche Unterhaltung bemühte oder aber die Verbindung von Geistes- und Seelenbildung mit der Moral des bürgerlichen Alltags und seinen beruflichen Anforderungen zu verknüpfen suchte. Hier bildete sich der Typus des Bildungsbürgers heraus, der Besitz und kultivierte Geselligkeit gleichermaßen für sich reklamierte und die Einflüsse aufklärerischer Lehrdichtung aufnahm. Praktisch-nützliche Sentenzen, Lebenstüchtigkeit und Moral stehen im Zentrum der entsprechenden Sammlungen. Ein Beispiel aus dem Bremer ›Gesellschafts-Liederbuch‹ (1807/08 von Wilhelm Christian Müller herausgegeben):

Bestimmung führt uns aus der Eltern Kreise
Zur Wirksamkeit und zu der Ordnungsweise.
Das Bild des Fleißes sehn wir vor uns schweben,
Wie brave Männer sich zur Wohlfahrt heben.
So schafft den Muth in uns Bewunderung,
Und unsern Fleiß nährt die Erinnerung.[12]

Doch dergleichen trockene und meist nichts als verständige Gedankenpoesie erreichte nur noch ein kleines Publikum. Die Gedichtproduktion der Zeit ist ihrer Hauptmasse nach auf einen ganz anderen Ton gestimmt: um die Jahrhundertwende und lange danach dominiert in Zeitschriften, Almanachen und Anthologien das empfindsam sentimentale Gedicht von Autoren, die zu Recht längst vergessen sind und schon von der zeitgenössischen Kritik der »süßlich-weinerlichen Sorte«[13] zugerechnet wurden. Doch verfuhr man auch mit dergleichen Tadel nicht allzu streng. Denn »unter einer Menge von Dichtern, die uns in die Mitte nehmen, um uns ihre Niedlichkeiten vorzudeklamieren, wird uns etwas übel. Unterdeß man braucht ja nicht zu Allem: Schön! zu sagen und kann weiter gehn«[14]. Schließlich wird aber selbst solchen fragwürdigen Produkten noch eine positive Wirksamkeit zuerkannt, da »Alles verdient gelesen und in einem Herzen bewahrt zu werden«[15]. Wer sich der herrschenden Mode nicht fügte, wurde nicht gedruckt, und wie auf den Bühnen der Zeit nicht Schillers oder Goethes Dramen, sondern die Stücke Ifflands oder Kotzebues den größten Erfolg machten, so findet man auch unter den Gedichtautoren der einschlägigen Publikationsorgane nur selten jene Namen von literaturgeschichtlichem Belang, die uns heute noch vertraut sind. So hat man in vier Jahrgängen der Leipziger ›Zeitung für die elegante Welt‹ (1801-1804) insgesamt 139 Gedichte gezählt[16], davon wurden je fünf von Goethe und Tieck, je zwei von Schiller und Seume und je eins von Christian Felix Weiße, August Wilhelm Schlegel, Johann Gottfried Herder und Ernst Moritz Arndt verfaßt. Ein durchaus repräsentatives Bild. Der Rest besteht aus jener beliebten Unterhaltungslyrik, die vor allem der sentimentalen Gemütsstimulierung diente. Ihre wichtigsten Themen sind in dem Sonett verarbeitet, das Friedrich Cramer 1801 für die ›Zeitung für die elegante Welt‹ verfaßt hat:

Eingeweiht von leisen Lautentönen
Eil' o Blümchen mit zufriednem Sinn,
Voll des Balsamduftes zu der schönen,
Auserwählten Herzenskönigin.

Zeig' in deinem Thau ihr meine Thränen,
Meiner Liebe einzigen Gewinn;
Trag' o Blümchen! ihr mein stilles Sehnen,
Ach! ihr jeden meiner Seufzer hin.

Wird sie sich an deinen Düften weiden
Und wenn deine Todesathem wehn,
Lächelnd auf dein Welken niedersehn:

Ach! wie werd' ich dann in meinem Leiden,
Ewig, ewig dir das Glück beneiden,
Für ihr Lächeln in den Tod zu gehn.[17]

Die kleineren oder größeren Ereignisse des Gefühlslebens, Sehnsucht, Tod und Vergehen, Liebe, Abschied und Tränen, Wonne, Klage und Wehmut sind die wichtigsten Stimmungsthemen. Vorlieben dieser Art entstehen nicht grundlos, sondern aus einem vorbereiteten gesellschaftlichen Bedürfnis, das zwiespältiger ist, als es auf den ersten Blick erscheinen mag. Gewiß zeigt sich darin ein Harmonie-Ideal, das auf Selbstdisziplinierung und der Verinnerlichung von Triebregungen beruht; Verkleinerung und Domestizierung sind seine wichtigsten Mittel. Ein sich der gesellschaftlichen Durchformung weithin erfolgreich versperrender Bereich der Vitalität und Emotionalität gewinnt den Rang des eigentlichen Lebens und wird zum Kern, von dem aus die ästhetische Kultivierung der Privatsphäre ausgeht. Unpolitisch ist das nicht, wenn auch die spezifisch deutsche Form der Verbürgerlichung des Menschen von seinem Innenleben aus zweideutig bleiben sollte. Erfolgreich war sie allemal.

In der Tat, die Verfeinerung des Gefühls, die differenzierte Beobachtung der eigenen Gefühlsregungen, mit anderen Worten: die Empfindsamkeit hatte die Voraussetzungen für jene lyrische Massenproduktion geschaffen, mit welcher die Leser jeden gewünschten Affekt erzeugen konnten. Die Gedichte stellten die literarische Tastatur zur Verfügung, die man dazu brauchte. Das Mitempfinden prägte den Affekthaushalt dauerhaft und schuf jene spezifisch bürgerliche Affektlage, die nicht nur sämtliche mittelständischen Schichten, sondern ebenso Adel, Kleinbürgertum und gegen Ende des 19. Jahrhunderts (wie sich gerade an der Massenliteratur ablesen läßt) auch die Arbeiterschaft erfaßte. Eine Popularität, wie sie allerdings in keinem klassischen oder romantischen Bildungsplan vorgesehen war – und schon gar nicht in jenen politischen Konzepten, die nach 1789 und dann im Zusammenhang mit dem Widerstand gegen die Napoleonische Großmachtpolitik entstanden. Ließ doch der Herausgeber der ›Zeitung für die elegante Welt‹ 1801 verkünden, daß man der Redaktion »gar nichts, was auf Politik und Staatsverfassung, zunächst Bezug hat, zusende, weil solche unbenutzt liegen bleiben oder dem Einsender auf seine Kosten wieder zurückgesendet werden wird«[18]. Das ist eine deutliche Sprache, und selbst wenn andere Publikationsorgane mit einer anderen (auch kämpferisch-aufklärerischen) Tradition diese Linie nicht mitmachten wie etwa der ›Neue Teutsche Merkur‹, muß man sie wohl als Symptom einer herrschenden Abneigung nehmen, die auf andere Weise und mit anderer Begründung sich auch in Goethes und Schillers Modell »Weimarer Klassik« findet (»Alles, was entweder bloß den gelehrten Leser interessieren oder was bloß den nichtgelehrten befriedigen kann, wird davon ausgeschlossen sein«, schreibt Schiller in der Einladung zur Mitarbeit an den ›Horen‹; »vorzüglich aber und unbedingt wird sie sich alles verbieten, was sich auf Staatsreligion und politische Verfassung bezieht«[19]). Daß unmittelbar durch ästhetische und allgemeine Geschmacksbildung auch politische Wirkungen in diesem Konzept eingeschlossen sind, verschlägt in diesem Zusammenhang nicht.

Dabei gibt es zwischen Unterhaltungslyrik und politischem Gedicht eine auffallende Übereinstimmung: beide bedienen sich mit Vorliebe des Liedes oder liedhafter Formen. Ich erinnere an die zahlreichen Nachdichtungen der Marseillaise von Johann Friedrich Lucés ›Deutscher Marseillaise‹ bis zur vielleicht bekanntesten Version von Johann Heinrich Voss: »Sei uns gegrüßt, du holde Freiheit! / Zu dir ertönt froh der Gesang! / Du zerschlägst das Joch der Bezwinger /Und erhebst aus Elend in Heil!«[20] Auch die vielen Bundeslieder gehören dazu, die bei Festen und Revolutionsfeiern gesungen wurden und jenes enthusiastische Gemeinschaftsgefühl erzeugen sollten, von dem in den Berichten deutscher Revolutionstouristen aus Paris so oft zu lesen war. Der Hamburger Kaufmann Georg Heinrich Sieveking dichtete ein solches Freiheitslied für die Revolutionsfeier, die er am 14. Juli 1790 auf seinem Landsitz in Harvestehude allen

»rechtlichen, für Freiheit warmen Leuten in Hamburg« gab, wie
Knigge, der selber daran teilnahm, berichtete[21]: »Freie Deutsche,
singt die Stunde, / Die der Knechtschaft Ketten brach; schwöret
Treu dem großen Bunde / Unsrer Schwester Frankreich nach!«[22]
Wir haben uns zwar daran gewöhnt, diese Gedichte im Gefolge
der antiabsolutistischen patriotischen Lyrik der Sturm-und-
Drang-Bewegung und des Göttinger Hain generell unter der
Rubrik Jakobinerlyrik zusammengefaßt zu finden, was aber ihrer
vielfältigen politischen Abstufung kaum gerecht wird. Die meisten von ihnen verherrlichen die allgemeinen Ideale der Französischen Revolution – Freiheit, Gleichheit und Brüderlichkeit – und
bringen die politischen Schlagworte der Zeit in eine Reimord-
nung. Etwa dreitausend Revolutionsgedichte und -lieder sind
überliefert, ihre Autoren aus verständlichen Gründen vielfach
anonym geblieben. Zu den namentlich bekannten gehören neben
Dichtern wie Wieland, Schubart, Stäudlin, Pfeffel oder Klopstock, die die französischen Ereignisse als Konsequenz und Verwirklichung der Aufklärungsbewegung, als Kulminationspunkt
des Zeitalters der Kritik ansahen und feierten, auch radikale
Publizisten wie Eulogius Schneider (»Es sterbe der Tyrann, der
Volksverräter! / So sprach der hohe Rat der Nation. / Vernehmet
es, gekrönte Missetäter! / Und zittert auf dem blutbespritzten
Thron!«[23]), Gottfried Jakob Schaller, Friedrich Lehne oder Niklas
Müller, die in der kurzen Geschichte der Mainzer Republik eine
Rolle spielten. Abgedruckt in jakobinischen Zeitschriften, Flug-
blättern oder eigenen Anthologien wie Friedrich Christian Laukhards ›Zuchtspiegel für Fürsten und Hofleute‹ (1799), erreichte
diese Lyrik ihre Adressaten oft nur auf Um- oder Schleichwegen,
in handschriftlicher Kopie und versteckt im Handwerkstornister
oder unter den Waren fliegender Händler. »Liebe Getreue!« ist
eine »hessen-darmstädtische Verordnung von 1793 wider die
Revolutionspoesie« adressiert. »Da sich an einigen Orten Teutsch-
lands Krämer einschleichen sollen, die unter dem Vorwand des
Handelsverkehrs vielmehr die Absicht haben, durch die auf ihren
Waren z. B. Tabaksdosen etc. befindliche höchst gefährliche und
aufwiegelnde Verse, den französischen Revolutionsgrundsätzen
auf einem solchen Weg, bei dem gemeinen Mann Eingang zu ver-

schaffen, und den Geist des Aufruhrs auch in Teutschland zu verbreiten, wie Ihr aus der abschriftlichen Beilage in mehrerem zu
ersehen habt; so habt Ihr die Euch untergebene Geistlichkeit auf
dergleichen Leute und Verbreitung solcher Ware ein wachsames
Auge zu haben, und diejenige, so sich damit betreten lassen,
sogleich Unsern Beamten anzuzeigen.«[24]

Fast ausschließlich handelte es sich bei diesen Gedichten um
schnell gefertigte, nach populären Mustern entworfene Tages-
poesie, die sich aller populären Vers- und Liedformen bediente,
von epigrammatischen Losungsworten und Kampfformeln bis zu
vielstrophigen Liedern, Hymnen, Oden und Elegien. Dabei wurden die komplizierteren Formen den Vorlagen gleich einer Parodie nachformuliert – und wirken oft, wenngleich unfreiwillig,
auch wie eine solche: »Gleichheit, edler Göttersame, / Fülle aller
Erdenlust! / Schon dein süßer Zaubername / Wärmt die seh-
nungsvolle Brust. / Du erscheinst in dem Gewande / Friedlicher
Genügsamkeit, / Und an deinem Leitungsbande / Folget Erdense-
ligkeit.«[25] So reimte auf Schillers Spuren der Mainzer Jakobiner
Niklas Müller, durchaus repräsentativ für das Niveau der mei-
sten Produkte revolutionärer Tagesschriftstellerei. Gutgemeinte
Verse, dazu tauglich, das Zusammengehörigkeitsgefühl, die
Zuversicht und Tatbereitschaft der meist auf aussichtslosem
Posten agitierenden und rebellierenden Parteigänger der »edle⟨n⟩
Franken« und »weise⟨n⟩ Menschen-Wohlstands Kenner« (Friedrich
Müller)[26] zu stärken. Leicht ins Ohr mußten die Verse gehen, ihre
Adressaten waren schließlich zum größten Teil noch Analphabe-
ten oder des Lesens ungeübt. Daß diese Revolutionslyrik verges-
sen wurde, hatte gute Gründe, die nicht nur im mangelnden
Interesse an der Überlieferung ihrer Botschaft, sondern auch in
deren ästhetischer Unvollkommenheit liegen. Ein so unverdächti-
ger Zeuge wie der Verleger des Jungen Deutschland, Julius
Campe, wird später in vergleichbarer, nämlich vormärzlicher
Situation seinem Autor Dingelstedt verraten, daß viele von ihm
verlegte und durchgesetzte lyrische Produkte dieser Jahre Gedichte waren, »die der Zeit angehören, die in 10 Jahren leicht
vergessen sind ⟨. . .⟩, grade der Dinge wegen, die sie jetzt ziehen
machen.«[27] Es sind, neben Liedern, oftmals gebundene Reden in

der ursprünglich rhetorischen Bedeutung, politische Wirkung und Agitation, Verbreitung der Revolutionsideale und aufrührerischer Gesinnung machten ihre wesentlichen Ziele aus. Begeisterung und Parteilichkeit wollten sie erwecken, und so wurde das Schillersche Pathos, sein unverwechselbarer hymnischer Ton zur bevorzugten Stillage. Eine Erscheinung, die sich mit anderer, ja entgegengesetzter Stoßrichtung im ersten Jahrzehnt des 19. Jahrhunderts abermals durchsetzen sollte, als sich die patriotische Gesinnungslyrik der Romantik unter der napoleonischen Bedrohung mehr und mehr zu radikalisieren beginnt und die politische Lyrik der Befreiungskriege sich gegen die ungeliebten Folgen der Französischen Revolution richtet. So daß gar August Wilhelm Schlegel dann drängen kann: »Wir bedürften ⟨. . .⟩ einer durchaus nicht träumerischen, sondern wachen, unmittelbaren, energischen und besonders einer patriotischen Poesie ⟨. . .⟩. Vielleicht sollte, solange unsere nationale Selbständigkeit, ja die Fortdauer des deutschen Namens so dringend bedroht wird, die Poesie ganz der Beredsamkeit weichen.«[28]

II. Goethe und Schiller

1. Gelegenheit, Gedicht und Geselligkeit: Grundzüge von Goethes Lyrik

Unter den einzelnen Aussprüchen, die Goethe dem Lyriker oder der eigenen lyrischen Profession widmete, verdient jener Satz besondere Aufmerksamkeit, der im zehnten Buch von ›Dichtung und Wahrheit‹ fällt, nachdem sich sein Autor über das mangelnde Ansehen des Dichters »in der bürgerlichen Welt« verbreitet hat. »Das Gelegenheitsgedicht«, heißt es dort, »die erste und echteste aller Dichtarten, ward verächtlich auf einen Grad, daß die Nation noch jetzt nicht zu einem Begriff des hohen Wertes desselben gelangen kann, und ein Poet, wenn er nicht gar den Weg Günthers einschlug, erschien in der Welt auf die traurigste Weise subordiniert, als Spaßmacher und Schmarutzer, so daß er sowohl auf dem Theater als auf der Lebensbühne eine Figur vorstellte, der man nach Belieben mitspielen konnte.«[1] Darin klingen manche Bitterkeiten aus den ersten Weimarer Jahren mit, als er sich zuzeiten mehr in der Rolle eines zweitrangigen Maître de plaisir als in der eines geachteten und beliebten Dichters hatte fühlen müssen. Doch auch solche wenig ermutigenden Erfahrungen haben nicht vermocht, seine Ansicht vom geselligen Charakter der Poesie zu korrigieren und etwa der des späteren Verbündeten Friedrich Schiller anzunähern. Sein »Mittwochskränzchen«, wo »fleissig gesungen und poculiert« wurde[2], wie Schiller dem Freunde Körner nach Dresden berichtete, seine Anteilnahme an Zelters Berliner Liedertafel liefern die augenfälligsten Beispiele für diese Verbindung, doch verweist auch die große Zahl von Goethes Gelegenheitsgedichten auf eine Hochschätzung der sonst in dieser Zeit von der Erlebnislyrik verdrängten Casualcarmina, die ihren Grund eben in der geselligen, gesellschaftsstiftenden Funktion hat, die er der Literatur überhaupt, doch damit auch dem Gedicht zuschreibt.

Solches Erbe hat er aus der Anakreontik mitgenommen, in deren Umkreis seine Leipziger Liebesgedichte entstanden, eine anmutige, gesellige Lyrik voller Leichtigkeit und Grazie, deren spielerische Sinnlichkeit auf die schäferliche Liebesutopie, die Erotisierung des ganzen Lebens, verweist. Mit ihr hat Goethe auch nicht in der Weise gebrochen, wie es die Literaturgeschichte gerne möchte, die immer seine ›Sesenheimer Lieder‹ als Beginn der modernen Lyrik überhaupt gefeiert hat. Gewiß: Straßburg, Herder, das neue Natur- und Liebeserleben – das sind Stichworte einer Wende in seinem geistigen und dichterischen Leben, deren Bedeutung hier nicht heruntergespielt werden soll, die aber auch nicht so total war, wie oft angenommen. Die spielerisch-gesellige Haltung ist geblieben, selbst die Gedichte dieser Zeit werden bei Gelegenheit von Augenblicken und Ereignissen geschrieben, welche die Liebesgeschichte Goethes und Friederikes prägten; an ein Lesepublikum war, wenn überhaupt, erst in zweiter Linie gedacht. (»Entfernt von mir arbeitete sie für mich, und dachte auf irgend eine neue Unterhaltung, wenn ich zurückkäme; entfernt von ihr beschäftigte ich mich für sie, um durch eine neue Gabe, einen neuen Einfall ihr wieder neu zu sein. Gemalte Bänder waren damals eben erst Mode geworden; ich malte ihr gleich ein paar Stücke und sendete sie mit einem kleinen Gedicht voraus, da ich diesmal länger, als ich gedacht, ausbleiben mußte.«[3]) Aber das ist nicht alles. Der Roman mit Friederike ist tatsächlich auch ein Kunstprodukt, wenn auch mit Mitteln, die sich von denen bisheriger Poesie bedeutsam unterscheiden: eine Vereinigung von Kunst und Leben als Ziel, doch so, daß die Kunst sich der Natur und dem Leben annähert, im lebendigen Vollzug des individuellen und kollektiven (Volks-)Lebens inbegriffen. Die Friederikenpoesie ist Teil eines solchen Lebenskunstwerks, zu dem die Masken- und Gesellschaftsspiele der beiden Liebenden ebenso wie ihre Natur- und Liebesschwärmerei gehören.[4] Doch wie derart Kunst und Literatur in die Wirklichkeit hineingenommen werden und ihren rein artifiziellen Charakter verlieren, erhält umgekehrt das Leben eine ästhetische Bedeutsamkeit und Durchformung, die sich später zum Teil recht spektakulär in Werthermode und Genietreiben äußern sollte. Dichung wird Ausdruck von Erlebnis, doch dieses selber, als poetische Gelegenheit, ist bereits das Produkt ästhetischer Modellierung.

Solcher Verschränkung verdanken wir auch späterhin nicht allein die Gelegenheitsgedichte (darunter so bedeutende wie ›Ilmenau‹, 1783) im engeren Sinne, sondern auch die schönsten Früchte von Goethes poetischem Genie: von den Gedichten an Lida bis zu den ›Römischen Elegien‹ und dem ›West-östlichen Divan‹. Ich weiß wohl, daß es ketzerisch klingt, doch spricht einiges dafür, die Liebesgeschichte mit Charlotte von Stein (ganz parallel zum Sesenheimer Roman) als das wichtigste ästhetische Werk Goethes in seinem ersten Weimarer Jahrzehnt zu betrachten. Die erste Begegnung des da schon berühmten jungen Schriftstellers mit der fast acht Jahre älteren, wenig glücklich verheirateten, doch wohl auch nicht sehr liebereichen Frau geschah im November 1775, und bis zur italienischen Reise sollte die intensive Freundschaft dauern, die sich daran anschloß. Unterrichtet von ihr sind wir aus über 1500 Briefen, Zetteln, kleinen Billetts Goethes an die geliebte Frau (die ihren eigenen Teil der Korrespondenz vernichtet hat); sie gingen auch diesmal nicht selten mit kleinen Geschenken einher – und durch jene Gedichte an Lida, die den Briefen angelegentlich beigefügt waren: »Zum Tanze schick' ich dir den Strauß / Mit himmelfarbnem Band, / Und siehst du andern freundlich aus, / Reichst andern deine Hand, / So denk' auch an ein einsam Haus / Und an ein schöner Band.«[5]

Neben poetischen Artigkeiten dieser Beschaffenheit hat Charlotte den genialen Freund zu den schönsten Liebesgedichten inspiriert, »Warum gabst du uns die tiefen Blicke« oder ›Rastlose Liebe‹:

Dem Schnee, dem Regen,
Dem Wind entgegen,
Im Dampf der Klüfte,
Durch Nebeldüfte,
Immer zu! Immer zu!
Ohne Rast und Ruh!

Lieber durch Leiden
Möcht' ich mich schlagen,
Als so viel Freuden

Des Lebens ertragen.
All das Neigen
Von Herzen zu Herzen,
Ach wie so eigen
Schaffet das Schmerzen!

Wie – soll ich fliehen?
Wälderwärts ziehen?
Alles vergebens!
Krone des Lebens,
Glück ohne Ruh,
Liebe, bist du![6]

Goethe hat aus seiner Geliebten, aus Charlotte von Stein, wirklich Lida, eine Kunstfigur gedichtet[7], ein Idealbild als Adressatin seiner Liebe, zu dem er unbegrenztes Vertrauen empfinden konnte und dessen ungewöhnliche Faszination der Spiegel der eigenen erotischen Wünsche war. Ein Pygmalion-Erlebnis, wenn auch auf einer anderen lebensgeschichtlichen und kulturell entwickelteren Stufe. Nicht unwichtig in diesem Zusammenhang, daß der Autor von ›Dichtung und Wahrheit‹ beim Rückblick auf die ihm wesentlichen Theatererlebnisse seiner Jugend auch »eines kleinen, aber merkwürdig Epoche machenden Werks« gedenkt: »Es ist Rousseaus ›Pygmalion‹. Viel könnte man darüber sagen: denn diese wunderliche Produktion schwankt gleichfalls zwischen Natur und Kunst, mit dem falschen Bestreben, diese in jene aufzulösen. Wir sehen einen Künstler, der das Vollkommenste geleistet hat, und doch nicht Befriedigung darin findet, seine Idee außer sich, kunstgemäß dargestellt und ihr ein höheres Leben verliehen zu haben; nein! Sie soll auch in das irdische Leben zu ihm herabgezogen werden. Er will das Höchste, was Geist und Tat hervorgebracht, durch den gemeinsten Akt der Sinnlichkeit zerstören.«[8]

Tua fabula narratur? Immer wieder in den erotischen Geschichten seines Lebens? Wie es sich auch im Einzelfall jeweils verhalten haben mag, Goethes Gedichte antworten auch hier, wenn sie an Lida adressiert sind, auf eine kunstgemäß hergestellte, ideale poetische Gelegenheit, sie sind Teil einer umfassenden Gesprächssituation, eines Dialoges, in den zuallererst die beiden Liebenden, aber auch (in der Imagination) die Gesellschaft, die zu ihnen gehört (›An Frau von Stein und ihre Gesellschaft‹), und alles Lebendige dazu einbezogen sind. (»Aus dem Zaubertal dortnieden, / Das der Regen still umtrübt, / Aus dem Taumel der Gewässer / Sendet Blume, Gruß und Frieden, / Der dich immer treu und besser / Als du glauben magst geliebt.«[9]) Zwischen gebundener und ungebundener Rede gibt es in diesem Gesamtkunstwerk aus Leben und ästhetischer Veranstaltung nur graduelle Unterschiede der Metrik oder Rhythmik. »Lieber Engel, ich komme nicht ins Conzert. Denn ich bin so wohl, daß ich nicht sehen kann das Volk! Lieber Engel, ich ließ meine Briefe holen und es verdroß mich, daß kein Wort drin war von dir, kein Wort mit Bleystift, kein guter Abend. Liebe Frau, leide, daß ich dich so lieb habe. Wenn ich iemand lieber haben kann, will ich dir's sagen. Will dich ungeplagt lassen. Adieu, Gold! du begreiffst nicht, *wie* ich dich lieb hab.«[10] Dieses fast ein Jahrzehnt lang gelebte Kunstwerk war nur unter bestimmten Bedingungen möglich und nimmt in manchen Zügen jenes »Modell Weimar« vorweg, das eigentlich erst in der klassischen Kunstperiode und zusammen mit Schiller ausgearbeitet werden sollte. Es war dazu eine tolerante Geselligkeit nötig, die den ästhetischen Schein selber hervorbrachte und zu ihrer Repräsentation brauchte, des weiteren eine gleichsam unbeschriebene, unerfüllte Adressatin, bereit, in ihre Lebensgeschichte einen neuen und sie zweifellos erregenden Text einschreiben zu lassen, und schließlich ein Autor, der die Gelegenheit suchte, seine Idee von Liebe und erotischer Vollendung außer sich, kunstgemäß, doch lebendig darzustellen. Ein Verfahren, das in Schillers Sprache idealisieren heißt und das darin besteht, das Vortreffliche eines Gegenstandes, »die in mehreren Gegenständen zerstreuten Strahlen von Vollkommenheit in einem einzigen zu sammeln, einzelne, das Ebenmaß störende Züge der Harmonie des Ganzen zu unterwerfen, das Individuelle und Lokale zum Allgemeinen zu erheben.«[11] Nichts anderes hat Goethe getan, als er seine ja gar nicht ungewöhnliche Verbindung mit Charlotte zu einer künst-

lich-kunstvollen Lebensveranstaltung entwickelte, deren Rollen
und Szenen er entworfen, in der er, wie auf andere Weise im
höfischen Liebhabertheater Weimars, Autor, Spieler und Regisseur in einer Person war. Daß dieses Werk von lebensgeschichtlicher Bedeutung für ihn war, ein teils selbst geschaffenes,
teils aber natürlich durch die Wesensart Charlottes erst wirksames Instrument seiner Lebensmeisterung, soll dabei gar
nicht bestritten werden – welches Produkt seiner künstlerischen Phantasie hatte nicht auch immer (zumindest nebenbei)
diese Funktion? Zeugnisse einer solchen Wirkung liefern
seine Briefe aus diesen Jahren genug. »Wie ruhig und leicht ich
geschlafen habe, wie glücklich ich aufgestanden bin und die
schöne Sonne gegrüßt habe das erstemal seit vierzehn Tagen
mit freyem Herzen, und wie voll Danks gegen dich Engel
des Himmels, dem ich das schuldig bin. Ich muß dir's sagen, du
Einzige unter den Weibern, die mir eine Liebe ins Herz gab, die
mich glücklich macht. Nicht eher als auf der Redoute seh ich
dich wieder! wenn ich meinem Herzen gefolgt hätte – Nein,
will brav seyn – Ich liege zu deinen Füßen, ich küsse deine
Hände.«[12]

Doch gibt es noch einen weiteren Aspekt, der die Verbindung
mit Charlotte bedeutsam macht. Die Lida-Gedichte und die ihnen
zugrundeliegende Liebesgeschichte geben auch beispielhaft Aufschluß über Goethes dichterische Einbildungskraft und den wichtigsten Unterschied zwischen der Lyrik seiner Jugend- und seiner
Reifezeit. Vorklassisch dem Begriff nach, erreichen diese Gedichte
doch schon auf der Stufe ihrer Vollendung eine klassische Meisterschaft in Maß und Symbolisierkunst, die nicht hinter den
›Sonetten‹ zum Beispiel zurückstehen. »Die Symbolik verwandelt
die Erscheinung in Idee, die Idee in ein Bild, und so, daß die Idee
im Bild immer unendlich wirksam und unerreichbar bleibt und,
selbst in allen Sprachen ausgesprochen, doch unaussprechlich
bliebe.«[13] Eine Maxime, die nicht nur sehr prägnant Goethes Verhältnis zu Charlotte von Stein in eine poetische Regel faßt, sondern auch schon an den ihr gewidmeten Gedichten entfaltet werden kann. Um es an einem Beispiel zu zeigen: in ›Jägers
Nachtlied‹, der frühesten und lange den Lili-Gedichten zuge-

schriebenen Huldigung an Lida, bedeutet der Anblick des Mondes das Bild der Geliebten und umgekehrt:

Im Felde schleich ich still und wild,
Lausch mit dem Feuerrohr,
Da schwebt so licht dein liebes Bild,
Dein süßes Bild mir vor.

Du wandelst jetzt wohl still und mild
Durch Feld und liebes Tal,
Und, ach, mein schnell verrauschend Bild
Stellt sich dir's nicht einmal?

Des Menschen, der in aller Welt
Nie findet Ruh noch Rast,
Dem wie zu Hause so im Feld
Sein Herze schwillt zur Last.

Mir ist es, denk ich nur an dich,
Als säh' den Mond ich an;
Ein stiller Friede kommt auf mich,
Weiß nicht, wie mir getan.[14]

Bild und Bedeutung lassen sich noch ohne Schwierigkeiten auseinanderhalten, und die Idee wird in den beiden Schlußversen geradewegs ausgesprochen. Das Motiv des Mondes taucht auch sonst in den Lida-Gedichten auf (»Und ich geh' meinen alten Gang / Meine liebe Wiese lang; / Tauche mich in die Sonne früh, / Bad' ab im Monde des Tages Müh, / Leb in Liebes-Klarheit und -Kraft, / ⟨...⟩«[15]), seine Bedeutung variiert nur geringfügig und erscheint schließlich als vollendetes Symbol, das mit Idee und Erscheinung nicht mehr umstandslos zu identifizieren ist – lediglich der Vergleich mit den Vorstufen gibt uns einen Hinweis, dem wir freilich nur ein Stück weit folgen dürfen, wollen wir die Vieldeutigkeit nicht gewaltsam reduzieren und das Gedicht damit gerade um Reiz und Vollkommenheit bringen.

An den Mond

Füllest wieder 's liebe Tal
Still mit Nebelglanz,
Lösest endlich auch einmal
Meine Seele ganz.

Breitest über mein Gefild
Lindernd deinen Blick
Wie der Liebsten Auge, mild
Über mein Geschick.

Das du so beweglich kennst,
Dieses Herz im Brand,
Haltet ihr wie ein Gespenst
An den Fluß gebannt,

Wenn in öder Winternacht
Er vom Tode schwillt
Und bei Frühlingsleben Pracht
An den Knospen quillt.

Selig, wer sich vor der Welt
Ohne Haß verschließt,
Einen Mann am Busen hält
Und mit dem genießt,

Was den Menschen unbewußt
Oder wohl veracht'
Durch das Labyrinth der Brust
Wandelt in der Nacht.[16]

In einem kurzen Aufsatz ›Symbolik‹, der um 1794 entstanden
sein mag, hat Goethe seinen Symbolbegriff in konzentrierter
Form zusammengefaßt und die poetische Sprache gegenüber der
Sprache im gemeinen Leben abgesetzt: »Sobald von tiefern Verhältnissen die Rede ist, tritt sogleich eine andre Sprache ein, die

poetische.«[17] Deren Kennzeichen eben erblickt er in der Symbolik und unterscheidet insgesamt vier Arten des symbolischen Sprechens, je nachdem, ob es »mit dem Gegenstand physisch-real-identisch«, »ästhetisch-ideal-identisch« erscheint oder einen Bezug ausdrückt, »der nicht ganz notwendig, vielmehr einiger Willkür unterworfen ist, aber doch auf eine innere Verwandtschaft der Erscheinungen hindeutet«. Die vierte Klasse von Symbolen stammt aus der Mathematik, kommt daher sprachlich nicht vor und interessiert in diesem Zusammenhang nicht.[18] Doch die dritte Art des Symbolisierens führt zum poetischen Symbol im engeren Sinne, die innere Verwandtschaft wird dabei durch die Idee ausgedrückt, die aber weder mit der Erscheinung noch mit dem Bild in eins fällt, so daß also das Symbol die Idee zur Erscheinung bringt, ohne sie doch zu sein und auch die Erscheinung selber nur eine approximative Vorstellung von ihr zu vermitteln vermag. Diesen paradoxen Charakter des Symbols hat Goethe in den paradoxen Satz gefaßt: Das Symbol sei »die Sache, ohne die Sache zu sein, und doch die Sache«[19]. Mit anderen Worten verweist das Symbol nicht auf die Idee (wie in der allegorischen Statue die Justitia auf die Idee der Gerechtigkeit) als eine außerhalb liegende Bedeutung, sondern es hat die Idee in sich aufgenommen und stellt sie in sich dar, ohne sie doch vollkommen zur Realität bringen zu können, weil dies ihrer Seinsweise widerspricht. Durch den daher notwendig indirekten Bezug des Bildes auf die Idee wird das Symbol selber uneindeutig, interpretierbar. »Dies sind gerade die schönsten Symbole«, heißt es im Aufsatz über ›Wilhelm Tischbeins Idyllen‹, »die eine vielfache Deutung zulassen, indes das dargestellte Bildliche immer dasselbe bleibt.«[20]

Mit dem Symbol in dieser Bedeutung als gleichzeitiger sinnlicher Erscheinung von Erfahrung und Idee hat Goethe das Hauptanschauungsmittel klassischer Poesie gefunden; in einem Brief an Schiller vom 17. August 1797 hat er es zusammenfassend definiert. Symbolische Gegenstände, sagt er dort, »sind eminente Fälle, die, in einer charakteristischen Mannigfaltigkeit, als Repräsentanten von vielen andern dastehen, eine gewisse Totalität in sich schließen, eine gewisse Reihe fordern, Ähnliches und Frem-

des in meinem Geiste aufregen und so von außen wie von innen
an eine gewisse Einheit und Allheit Anspruch machen«[21]. Es gibt
Gedichte in Goethes lyrischem Werk, an denen sich der Symboli-
sierungsprozeß besonders schön verfolgen läßt. Zu ihnen gehört
›Auf dem See‹, das in dieser Form 1789 in den ›Schriften‹ veröf-
fentlicht wurde, aber auf Verse zurückgeht, die im Tagebuch der
Reise in die Schweiz unter dem Datum »15. Junius 1775, aufm
Zürichersee« stehen.

Und frische Nahrung, neues Blut
Saug' ich aus freier Welt;
Wie ist Natur so hold und gut,
Die mich am Busen hält!
Die Welle wieget unsern Kahn
Im Rudertakt hinauf,
Und Berge, wolkig himmelan,
Begegnen unserm Lauf.

Aug', mein Aug', was sinkst du nieder?
Goldne Träume, kommt ihr wieder?
Weg, du Traum, so gold du bist:
Hier auch Lieb' und Leben ist.

Auf der Welle blinken
Tausend schwebende Sterne,
Weiche Nebel trinken
Rings die türmende Ferne;
Morgenwind umflügelt
Die beschattete Bucht,
Und im See bespiegelt
Sich die reifende Frucht.[22]

    Anlaß des Gedichts, wir wissen es hier genau, ist also eine kon-
krete Naturerfahrung während einer Kahnpartie; wir kennen Ort
und Zeit dieser Begegnung. Doch wird das Erlebnis sogleich verwandelt in die Idee einer schöpferischen, spendenden, liebreich-
lebendigen Natur, einer alma mater, und diese Idee wiederum

erscheint bildlich auf zweifache Weise: sie wird subjekthaft vorgestellt (»Die mich am Busen hält!«), und der ganze Bildbereich
von See, Wasser, Kahnfahrt mit den dazugehörigen Bewegungen,
zunächst bloß unmittelbarer Ausdruck der Naturerfahrung, fungiert nun gleichzeitig als Medium jenes mütterlich bestimmten
Naturbegriffs, erhält also symbolische Qualität, indem im Einzelnen das Allgemeine, »eine gewisse Totalität«, in der Erscheinung
das Wesentliche und Charakteristische hervortritt. Dabei wird
weder die sinnliche Qualität von der Idee aufgezehrt, so daß
allein das frostige Gleichnis übrigbliebe, noch verschwindet die
Idee im sinnlich besonderen Ausdruck, sondern ist nur als Vorschein gegenwärtig, wird angezeigt, doch nicht schon hervorgebracht. Fast, aber nur fast geraten Bild und Bedeutung bereits in
dieser ersten Strophe des Gedichts zur Deckung, denn zwischen
der sinnlichen Erfahrung des Subjekts und seinem durch die Idee
vermittelten Gehalt besteht noch eine durchaus bemerkbare
Distanz, die nun sogar in der mittleren Strophe ausdrücklich hervorgehoben wird, indem sich jetzt das Subjekt mit seiner inneren
Erfahrung zur Geltung bringt: der Mensch als Frage und die
Natur, wie gleich zu lesen sein wird, als Antwort. In der dritten
und letzten Strophe taucht der Sprecher in seiner Individualität
nicht mehr auf, die Ganzheit der Natur erscheint in Bildsymbo-
len, in welchen Oben und Unten, Himmel und Wasser, Nah und
Fern, Tag und Nacht, Licht und Schatten zur Einheit verschmelzen; in dieser Einheit ist der fahrende Ruderer mitinbegriffen, als
Moment einer Naturtotalität, an und in der es sich auch nur
noch momenthaft (»trinken«) äußert. In den beiden Schlußversen
endlich gelangt die Symbolisierung der Naturerfahrung zum
Höhepunkt und vieldeutigen Abschluß, Bild und Bedeutung sind
nicht mehr als zwei verschiedene Seiten daran zu sondern, und
die Einheit von Ich und Natur, das Verschwinden des einzelnen
in ihrer umfassenden Weite und gleichzeitigen Intensität wird
zum ästhetischen Ereignis im Gedicht.

Die klassische Lyrik der neunziger Jahre und später (›Meeresstille‹, ›Glückliche Fahrt‹, ›Dauer im Wechsel‹, ›Gefunden‹) – bis
hin zu den Gedichten des ›West-östlichen Divans‹ – zeigt Goethes
Symbolkunst zwar in immer neuen Zusammenhängen, thema-

tisch aber sind es vor allem Natur und Liebe und die Erschütterungen des eigenen Lebens, die ihr den Erfahrungsstoff liefern.
Wobei ihm das symbolische Verfahren die Möglichkeit bietet,
Subjekt und Objekt, Mensch und Welt sich aneinander wie ineinander spiegeln zu lassen. »Hiebei bekenn‹ ich, daß mir von jeher
die große und so bedeutend klingende Aufgabe: erkenn dich
selbst, immer verdächtig vorkam, als eine List geheim verbünde-
ter Priester, die den Menschen durch unerreichbare Forderungen
verwirren und von der Tätigkeit gegen die Außenwelt zu einer
innern falschen Beschaulichkeit verleiten wollten. Der Mensch
kennt nur sich selbst, insofern er die Welt kennt, die er nur in
sich und sich nur in ihr gewahr wird. Jeder neue Gegenstand,
wohl beschaut, schließt ein neues Organ in uns auf.«[23]

2. Erotica Romana und Libellus Epigrammatum

Der Streit darüber, ob den ›Römischen Elegien‹ eine wirkliche
Liebeserfahrung Goethes in Italien zugrunde liegt und man seine
Geliebte, wie spätere Forschungen nahelegten[24], mit der jungen
römischen Witwe Faustine Antonini zu identifizieren habe oder
ob mit ihr eigentlich nur Christiane Vulpius gemeint sein kann[25],
die Goethe unmittelbar nach seiner Rückkehr kennen- und lie-
bengelernt hat, braucht hier nicht entschieden zu werden. Liebeserfahrung liegt den Gedichten jedenfalls zugrunde, und sie wird
auf besondere, kühne Weise mit der Erfahrung Italiens und der
Antike verbunden. Entstanden ist der erste große Gedichtzyklus
in Goethes Werk in den Jahren 1788 bis 1790, ob bereits Entwürfe und Vorstufen zu einzelnen Gedichten in die Zeit des römischen Aufenthalts fallen, kann man allenfalls vermuten und aus
Goethes Arbeitsweise schließen, die ja wirklich die Inspiration
durch die Gelegenheit brauchte.

In der Elegie spricht sich eine eigene, gemischte Empfindungs-
weise aus, durch sie wird sie vorzüglich definiert, nicht durch
Inhalt oder Form. Ihr Gegenstand nämlich wird zugleich als
angenehm und doch nicht gegenwärtig – wenngleich einmal
lebendige Gegenwart gewesen – vor Augen und Gefühl gestellt,
so daß sowohl Lust wie Trauer, Vergnügen wie Unstimmung die

Folge sind. Der Liebesgenuß als zugleich köstlichste und flüchtig-
ste Erfahrung mit einer eigenen Melancholie der Erfüllung als
Gefühlswirkung hat daher naturgemäß eine besondere Affinität
zu dieser lyrischen Gattung, und die römische Liebeslyrik von
Tibull bis Ovid und Properz, Goethes Vorbildern, bediente sich
ihrer, wobei das Distichon mit seiner steigenden und fallenden
Rhythmik als das elegische Versmaß per excellence angesehen
wurde. Dies nur am Rande. Die ›Römischen Elegien‹ sind jedenfalls ein heiterer Rückblick auf eine glückliche, liebeserfüllte
Lebensepoche, die Wehmut, die sich in diese Stimmung mitunter
mischt, verstärkt diese Wirkung. Trotz aller autobiographischen
Reminiszenzen und der Ich-Perspektive handelt es sich dabei aber
nicht etwa um eine Art lyrisches Tagebuch. Kunstabsicht im
Sinne des klassischen Symbolisierens und Idealisierens ist überall erkennbar: im antikischen Versmaß, in der Verknüpfung mit
der alten Götter- und Heroenwelt, den literarischen Anspielungen und sprachlichen Delikatessen. »Goethe zeigte mir heute
zwei höchst merkwürdige Gedichte«, notierte Eckermann am
25. 2. 1824, »beide in hohem Grade sittlich in ihrer Tendenz, in einzelnen Motiven jedoch so ohne allen Rückhalt natürlich und wahr,
daß die Welt dergleichen unsittlich zu nennen pflegt, weshalb er
sie denn auch geheim hielt und an eine öffentliche Mitteilung
nicht dachte.«[26] Gemeint ist das ›Tagebuch‹ und eine der vier
unterdrückten ›Römischen Elegien‹. Wobei Eckermann bemerkt,
daß diese der strengen Form wegen weniger anstößig wirkte.
»›Sie haben recht‹, sagte Goethe, ›es liegen in den verschiedenen
poetischen Formen geheimnisvolle große Wirkungen. Wenn man
den Inhalt meiner ›Römischen Elegien‹ in den Ton und in die
Versart von Byrons ›Don Juan‹ übertragen wollte, so müßte sich
das Gesagte ganz verrucht ausnehmen.‹«[27] Verrucht genug erschienen sie auch so, »alle ehrbaren Frauen sind empört über die
bordellmäßige Nacktheit«, meinte etwa Karl August Böttiger.[28]
   Im Mittelpunkt des an lyrischen Redeweisen so überaus reichen Gedichtzyklus steht die umfassende Initiationserfahrung
eines deutschen Schriftstellers in Rom, und das heißt unter anti-
kischem Himmel, im Bannkreis jener Kultur, welche die Sehnsucht aller gebildeten Zeitgenossen auf sich zog; heißt weiter die

Begegnung mit der antiken Götterwelt und der gegenwärtigen Weltstadt, mit Kunst, Mythos und lebender Schönheit. »Saget, Steine, mir an, o sprecht, ihr hohen Paläste! / Straßen, redet ein Wort! Genius, regst du dich nicht? / Ja, es ist alles beseelt in deinen heiligen Mauern / Ewige Roma; nur mir schweiget noch alles so still.« Erst die Liebe macht die stummen Zeugen beredt, führt zur Renaissance der Antike vor den Augen des Redners (»Eine Welt zwar bist du, o Rom; doch ohne die Liebe / Wäre die Welt nicht die Welt, wäre denn Rom auch nicht Rom.«[29]) und im selben Zuge zur Verwandlung und Wiedergeburt des fremden Reisenden, des »nordischen Gastes«[30]: »Hörest du, Liebchen, das muntre Geschrei den Flaminischen Weg her? / Schnitter sind es; sie ziehn wieder nach Hause zurück, / Weit hinweg. Sie haben des Römers Ernte vollendet, / Der für Ceres den Kranz selber zu flechten verschmäht. / Keine Feste sind mehr der großen Göttin gewidmet, / ⟨. . .⟩ / Laß uns beide das Fest im stillen freudig begehen! / Sind zwei Liebende doch sich ein versammeltes Volk. / Hast du wohl je gehört von jener mystischen Feier, / Die von Eleusis hierher frühe dem Sieger gefolgt? / ⟨. . .⟩ / Fern entwich der Profane; da bebte der wartende Neuling, / Den ein weißes Gewand, Zeichen der Reinheit, umgab.«[31] Ins Bild der eleusinischen Einweihungsmysterien hat Goethe seine Erfahrung gefaßt und sie damit gleichzeitig gedeutet: als grundlegende Erneuerung seiner gesamten Existenz. Aneignung der Antike und Lebensgenuß, künstlerische Produktivität und Liebesglück, Kulturerfahrung in einem fremden Land und die Begegnung mit einem anderen Volk, seinen Sitten und Bräuchen – in den ›Römischen Elegien‹ sind das keine verschiedenen Bereiche und gehören, wie die Sphären des Lebens selber, Liebe und Kunst, Natur und Gesellschaft, ungeschieden, unentfremdet zueinander. Darin, und nicht im Kunsterlebnis selber oder gar im Bilde der Geliebten, die so gar nicht hellenisch ist von Gestalt und Gepräge, macht sich die utopische Tendenz in Goethes Antikenrezeption geltend – wie ähnlich im Helena-Akt des ›Faust II‹. Auf welche Weise diese ersehnte Einheit im Gedicht wiederkehrt als Versöhnung der sonst geschiedenen Sphären, mag das Beispiel der fünften und wohl berühmtesten Elegie verdeutlichen.

Froh empfind' ich mich nun auf klassischem Boden begeistert,
  Vor- und Mitwelt spricht lauter und reizender mir.
Hier befolg' ich den Rat, durchblättre die Werke der Alten
  Mit geschäftiger Hand, täglich mit neuem Genuß.
Aber die Nächte hindurch hält Amor mich anders beschäftigt;
  Werd' ich auch halb nur gelehrt, bin ich doch doppelt
                                                    beglückt.
Und belehr' ich mich nicht, indem ich des lieblichen Busens
  Formen spähe, die Hand leite die Hüften hinab?
Dann versteh' ich den Marmor erst recht: ich denk' und
                                                    vergleiche,
  Sehe mit fühlendem Aug', fühle mit sehender Hand.
Raubt die Liebste denn gleich mir einige Stunden des Tages,
  Gibt sie Stunden der Nacht mir zur Entschädigung hin.
Wird doch nicht immer geküßt, es wird vernünftig gesprochen;
  Überfällt sie der Schlaf, lieg' ich und denke mir viel.
Oftmals hab' ich auch schon in ihren Armen gedichtet
  Und des Hexameters Maß leise mit fingernder Hand
Ihr auf den Rücken gezählt. Sie atmet in lieblichem Schlummer,
  Und es durchglühet ihr Hauch mir bis ins Tiefste die Brust.
Amor schüret die Lamp' indes und denket der Zeiten,
  Da er den nämlichen Dienst seinen Triumvirn getan.[32]

Glücklicher Zusammenklang von Erotik, Sexualität, Kunst und Antike als Einheit sonst unterschiedener Erfahrungs- und Erkenntnisweisen. In der sinnlich-erotischen, taktilen Seite der Kunst als Rhythmus und Plastik und im ästhetischen Ausdruck der Liebe als Schönheit der Frau und ihres Geliebten in lebendiger Bewegung haben Kunst und Leben ihr gemeinsames Band gefunden. Studium und Liebesleben, Arbeit und Genuß, Lektüre der alten Schriftsteller und erfüllte Gegenwart, sinnliche Erfahrung und theoretische Erkenntnis verschmelzen im einheitlichen Lebensvollzug. Auch ihr neues Kunstideal folgt daraus, in dem Form und Stil zu einem Ausgleich von Freiheit und Ordnung verhelfen. Klassizität auf dieser ästhetischen Stufe bedeutet Gleichmaß und heitere Gelöstheit, Vermeidung der Extreme und erfüllte Existenz in einem. Zwischen der ersten Elegie mit ihrer

Frage nach der Geliebten und der letzten mit ihrer Ratlosigkeit, wie und wem denn nun das gefundene und vollendete Glück mitzuteilen sei (»Schwerer wird es nun mir, ein schönes Geheimnis zu wahren, / Ach, den Lippen entquillt Fülle des Herzens so leicht!«[33]), zwischen der Erinnerung an die noch leere Sehnsucht des Beginns und der abschließenden Erinnerung an die erfüllte Sehnsucht (»Dir, Hexameter, dir, Pentameter, sei es vertraut, / Wie sie des Tags mich erfreut, wie sie des Nachts mich beglückt.«[34]), zwischen diese beiden Kapitel des elegischen Rückblicks fallen die Momente des Liebesgeschehens, die Augenblicke, in denen die Antike, Rom, die heidnischen Götter wiederkehren, episodisch gereiht, in zwangloser Folge, doch der eine ein Spiegel des anderen. »›War das Antike doch neu, da jene Glücklichen lebten!‹« spricht Amor zu dem Liebenden, der die griechischen und römischen Statuen bewundert, und verheißt ihm: »›Lebe glücklich, und so lebe die Vorzeit in dir! / Stoff zum Liede, wo nimmst du ihn her? Ich muß dir ihn geben, / Und den höhern Stil lehret die Liebe dich nur.‹«[35]

Die antike Götterwelt und Religiosität tritt uns in den ›Römischen Elegien‹ aber nicht nur in jenen spielerischen Wesen entgegen, die wir aus der Liebeslyrik seit der Renaissance kennen und deren rokokohafte Anmut einst auch den jungen Goethe bezaubert hatte. Die Liebesaffären der Götter sind stets gegenwärtig, doch ihre Vermenschlichung (da sie mit den Menschen nicht bloß die Sittlichkeit, sondern auch Liebe, Erotik und Sinnlichkeit gemeinsam haben) bedeutet im Gegenzug die Vergöttlichung des Menschen, der liebt. Die schlafende Faustine erscheint dem Freund wie die ruhend liegende Venus selbst: »Diese Formen, wie groß! wie edel gewendet die Glieder!«[36] Aurora und Ariadne werden zu Spiegelbildern der Geliebten, so wie diese selber das Bild der Göttinnen erkennen läßt. In dieser Korrespondenz, daß den Menschen Göttlichkeit und den Göttern Menschlichkeit zugeschrieben wird, liegt der humanistische Gedanke, das klassische Programm auch der ›Römischen Elegien‹, und erst die römische Iphigenie und die römische Faustine zusammengenommen ergeben das neue Kunst-, Lebens- und Menschenideal Goethes. Entschlossen diesseitig, dabei natürlich und ideal in einem, haftet ihm nichts von jener Marmorkälte an, die erst das Werk der Nachwelt und ihrer Epigonen war. Daß ihm noch keine volle Wirklichkeit zukommen kann, solches Götterleben dem Menschen immer nur augenblickshaft, annähernd oder gar nur als reines Zukunftsbild zugänglich ist, geht aus allen Umschreibungen und mythologischen Ausmalungen hervor und liegt als eigentliche unheilbare Melancholie der elegischen Stimmung zugrunde. Damit auch ja keine Verwechslung mit der Realität möglich ist, hat Goethe den politischen Bereich und die zeitgeschichtlichen Geschehnisse aus den Elegien fast vollkommen ausgeschlossen: »Schöne Damen und ihr, Herren der feineren Welt«, heißt es spöttisch im zweiten Stück des Zyklus, »/ ⟨. . .⟩ / Wiederholet, politisch und zwecklos, jegliche Meinung, / Die den Wanderer mit Wut über Europa verfolgt.« Wenig später verstärken einige Verse dieses Verdikt ganz ausdrücklich im Lob der Geliebten: » ⟨. . .⟩ die Liebste / Fürchtet, römisch gesinnt, wütende Gallier nicht; / Sie erkundigt sich nie nach neuer Märe ⟨. . .⟩«[37] Unverhohlen und absichtsvoll stellt der Autor derart eine idyllische Abgeschlossenheit und Reinheit her, so daß der Zyklus auch aus dieser Perspektive dem Helena-Akt verwandt erscheint.

Das ändert sich radikal in dem zweiten Gedichtzyklus, der einer italienischen Reise entstammt: in den ›Venezianischen Epigrammen‹. Goethe schrieb sie in ihrer endgültigen Form zwar erst nach seiner Ende Juni 1790 erfolgten Rückkehr aus Venedig, wo er die Herzogin Anna Amalia abholen sollte, aber beinah zweieinhalb Monate festgehalten worden war. Doch hatte er die Freunde daheim schon brieflich mit einigen Kostproben versorgt und Herder am 3. April vielsagend vorbereitet: »Meine Elegien sind wohl zu Ende; es ist gleichsam keine Spur dieser Ader mehr in mir. Dagegen bring' ich Euch ein Buch Epigrammen mit, die, hoff' ich, nach dem Leben schmecken sollen.«[38] Nicht nach dem erwünschten, erträumten, idealen, sondern nach dem wirklichen kruden, erlittenen Leben, ist gemeint:

Epigramme, seid nicht so frech!
  Warum nicht? Wir sind nur
Überschriften; die Welt hat die Kapitel des Buchs.[39]

Antikes Vorbild auch hier, Martials Epigramme mit ihrem realistischen Panoptikum der römischen Welt und ihrer Sitten. Die Versform des Epigramms ist ebenfalls das Distichon, der Aufbau der meist kurzen Gedichte auf Erwartung und Spannungserregung hin orientiert, mit einer überraschenden Lösung oder Pointe am Schluß. Als pikantes Beispiel die Nr. 86 aus Goethes Sammlung:

Ha! ich kenn dich, Amor, so gut als einer! Da bringst du
Deine Fackel, und sie leuchtet im Dunkel uns vor.
Aber du führest uns bald verworrene Pfade; wir brauchten
Deine Fackel erst recht, ach! und die falsche erlischt.[40]

Die Liebe bestimmt auch das Thema vieler Epigramme, doch nicht in sinnlicher Vergegenwärtigung, sondern zeichenhaft, auf die daheim gebliebene Geliebte verweisend (»Arm und kleiderlos war das Mädchen, als ichs geworben; / Damals gefiel sie mir nackt, wie sie mir jetzt noch gefällt.«[41]) oder als Teil jenes bunten, auch zuchtlosen Treibens, das dem Autor nur im italischen Leben so vorherrschend scheint.

Kehre nicht, liebliches Kind, die Beinchen hinauf zu dem Himmel;
Jupiter sieht dich, der Schalk, und Ganymed ist besorgt.[42]

Kaum glaublich, daß diese, die sogenannten Bettinen-Epigramme einmal Anstoß erregten. Die Gestalt der kindlichen Tänzerin und Gauklerin gehört nur am Rande zu den »willkürlich verwebten Gestalten, / Höllisch und trübe gesinnt«, die der kritische Beobachter, sich gar mit Breughel vergleichend, rund um sich her erblickt. Ein Maskenzug menschlicher Torheiten zieht an seinem Auge vorüber: der von einem falschen Begriff beseligte Pilgrim (Nr. 6), der Schwärmer und Wundertäter (Nr. 15), die Dirne, die häuslich-sittliche Weisen singt (Nr. 72), und allen voran die politischen Wirrköpfe und falschen Propheten (Nr. 52). Herausragendes Paradigma zeitgenössischer Narrheit natürlich die Französische Revolution (»Alle Freiheitsapostel, sie waren mir immer zuwider«[43]), doch freilich auch sie nur als Spiegel und Kehrseite einer anderen Medaille:

Sage, tun wir nicht recht? Wir müssen den Pöbel betrügen.
Sieh nur, wie ungeschickt wild, sieh nur, wie dumm er sich zeigt!
Ungeschickt scheint er und dumm, weil ihr ihn eben betrüget;
Seid nur redlich, und er, glaubt mir, ist menschlich und klug.[44]

In den zeitkritischen Epigrammen kommt ein Kennzeichen dieser lyrischen Gattung besonders gut zum Ausdruck: sie zeigen das Erlebnis als Exempel eines allgemeinen Weltzustandes, als die konkrete Gestalt der immerwährenden menschlichen Verfassung und verwandeln so die subjektive Erfahrung selber. Sie erhält die objektive Allgemeingültigkeit des Sinn- und Wahrspruchs, wird Erkenntnis und nähert sich der philosophischen Sentenz, die dann wieder auf den Einzelfall anwendbar ist als seine Deutung. Aus der Wirklichkeit abgezogen, liefert das Epigramm wiederum die Form, nach der sie erfahren und gedeutet werden kann. Der Autor verhält sich dabei zu seinem Gegenstand satirisch, er will ihn in seiner Mangelhaftigkeit, Niedrigkeit, empörenden Verunstaltung krass und schonungslos vor unsere Augen führen, als Objekt seiner Abneigung und Exempel für die Verderbtheit der Welt.

Wundern kann es mich nicht, daß Menschen die Hunde so lieben:
Denn ein erbärmlicher Schuft ist, wie der Mensch, so der Hund.[45]

Eine kleine Abteilung unter den ›Venezianischen Epigrammen‹ verdient allerdings noch eine besondere Aufmerksamkeit: ich denke an die Künstlergedichte und -sentenzen unter ihnen. Schon die Bettinenepigramme gehen in diese Richtung, und Goethe hat kein Hehl daraus gemacht, daß er sogar die eigene künstlerische Existenz im Bilde dieser anmutig-lockeren Tänzerin verschlüsselt fand. Wenn wir uns dann an ›Wilhelm Meister‹, seine fahrende Schauspieltruppe, an den Harfner und das Gauklermädchen Mignon erinnern, eine gar nicht mehr so überraschende Gemeinschaft:

›Welch ein Wahnsinn ergriff dich Müßigen? Hältst du nicht inne?
Wird dies Mädchen ein Buch? Stimme was Klügeres an!‹
Wartet, ich singe die Könige bald, die Großen der Erde,
Wenn ich ihr Handwerk einst besser begreife wie jetzt.
Doch Bettinen sing ich indes; denn Gaukler und Dichter
Sind gar nahe verwandt, suchen und finden sich gern.[46]

Dahinter steht das umfassende Thema Künstler – Gesellschaft,
steht das durch kein klassisches Kunstprogramm wirklich aufzu-
hebende prekäre Selbstbewußtsein des Dichters in einer Welt, die
seiner nicht bedarf – es sei denn als Gaukler und Unterhaltungs-
künstler, der den virtuosen Austausch zwischen Sein und Schein
zum allgemeinen Pläsier beherrscht und eigentlich nur noch der
ironische, parodistische Schatten jenes Künstlertums ist, das man
sich vorbildlich in der Antike verwirklicht vorstellte. Auch den so
offen autobiographischen Epigrammen, in denen Goethe seine
eigene Lage reflektiert (»Klein ist unter den Fürsten Germaniens
freilich der meine«[47]), muß man in diesem Kontext wohl eine
gewisse Zweideutigkeit ablauschen. Das Lob des allgemeinen
Knirpstums, die demonstrative Selbstbescheidung wirken wie
komische Schwindeleien mit sarkastischem Unterton. Eine Form
der betonten Anpassung, die schon wieder an Parodie grenzt:
»Gut – schon dank ich euch, Götter; ihr habt den glücklichsten
Menschen / Ehstens fertig: denn ihr gönnet das meiste mir
schon.«[48]

3. Lehrgedichte

Wir haben nur noch einen sehr eingeschränkten Begriff von
Lyrik, er bezieht sich fast ausschließlich auf ihre jüngste Entwicklung, die Erlebnislyrik, allenfalls balladenhafte und politisch-epi-
grammatische Gedichte zählen noch am Rande dazu; die Versuche Brechts oder Johannes R. Bechers, auf ihre eigene Weise auch
Gottfried Benns, die Lehrpoesie des 18. und 19. Jahrhunderts zu
erneuern, sind im wesentlichen folgenlos geblieben. Der Aufklärung noch galt das Lehrgedicht als Musterbeispiel des Horazi-
schen prodesse und delectare. »Wir haben in dem ersten Haupt-

stücke des ersten Theils gesehen«, beginnt Gottsched sein Kapitel »Von dogmatischen Gedichten« in der ›Critischen Dichtkunst‹, »daß die Dichter die ältesten Lehrer des menschlichen Geschlechts gewesen; und daß also die Dichtkunst die Weltweisheit der rohen Völker abgegeben. Diesen Begriff bestätigt nichts so sehr, als die Betrachtung einer großen Menge von eigentlichen Lehrgedichten, die uns aus dem Alterthume übrig geblieben 〈...〉«[49] Er selbst hat die eigene Übertragung von einem ihrer berühmtesten Stücke, Horaz' ›De arte poetica‹, an den Anfang seiner ›Critischen Dichtkunst‹ gesetzt und den Zweck der Lehrpoesie des eigenen Zeitalters darin gesehen, das aus der wissenschaftlichen und philosophischen Erkenntnis gewonnene Wahre dem Publikum als dem »größten Theil des menschlichen Geschlechts« so mitzuteilen, »daß man es mit Lust und Vergnügen lesen könne«[50]. Für Gottsched und die anderen Parteigänger der Aufklärung war das Lehrgedicht eine besonders gut geeignete Form, Wissen und Moral, Lebensklugheit und Weltkenntnis zu popularisieren, also in eingängige Lehrsätze und sowohl lebhafte wie sinnreiche Vorstellungsbilder zu übersetzen und durch Metrik, Reim und Rhythmus das Einprägen und die Erinnerung zu erleichtern. Schiller rühmte »die energische gedrängte Fülle der Hallerschen Lehrpoesien«[51], und Goethe hat sich mit ihm angelegentlich »über die Möglichkeit einer Darstellung der Naturlehre durch einen Poeten«[52] unterhalten.

Diese Gespräche stehen natürlich im Zusammenhang von Goethes eigenem Versuch »mit der Lucretischen Art«, nämlich »das Anschauen der Natur, wo nicht poetisch, doch wenigstens rhythmisch darzustellen«[53]. Es sollte ein großes Lehrgedicht über die Natur dabei herauskommen, doch wenn auch dieser vielumfassende Plan schließlich fallengelassen wurde, weil sich eine derart »große und wahrhaft heldenmäßige Idee«, wie Schiller hellsichtig meinte[54], immer nur fragmentarisch, in einer Folge von Annäherungen verwirklichen läßt, so hat Goethe doch an zwei Beispielen gezeigt, was ihm vorschwebte. ›Die Metamorphose der Pflanzen‹ (1799) und ›Metamorphose der Tiere‹, welch letzteres Lehrgedicht erst 1820 veröffentlicht wurde, aber möglicherweise mit der ›Metamorphose der Pflanzen‹ zusammen entworfen, skizziert oder gar schon ausgeführt wurde. »Dich verwirret, Geliebte, die tausendfältige Mischung / Dieses Blumengewühls über den Garten umher«[55] – gleich in der Anrede gibt der Autor Wirkungsintention und Motiv des Gedichts zu erkennen. Der Geliebten, nicht dem Wissenschaftler soll das Gedicht das Bildungsgesetz der pflanzlichen Natur erklären, deren unendlicher Reichtum aus der Kombination und Weiterentwicklung des Einfachsten entstanden ist: »Aber einfach bleibt die Gestalt der ersten Erscheinung.«[56] Aus einem Blatt haben sich alle Organe der Pflanze, aus einer Urpflanze alle Arten entwickelt, die die Erde bedecken, und dies Gesetz läßt sich überall beobachten, ob aus dem Samen die Pflanze, aus dem einfachen Trieb schließlich »Viel gerippt und gezackt, auf mastig strotzender Fläche«[57] das vielförmige Blatt heranwächst: »Und die seltenste Form bewahrt im Geheimen das Urbild«[58], so formuliert Goethe dieselbe Überzeugung in der ›Metamorphose der Tiere‹. Doch die Gedichte sind über die Tatsache hinaus, daß sie von Goethes naturwissenschaftlichem Denken poetisches Zeugnis ablegen, vor allem deshalb bemerkenswert, weil sich in ihnen Goethes qualitative, subjekthafte Naturauffassung ausdrückt, die ihn mit den Romantikern, mit Novalis und Schelling verbindet und bis heute eine Gegenlinie zur herrschenden quantitativen Doktrin lebendig erhalten hat. »Doch hier hält die Natur, mit mächtigen Händen, die Bildung / An und lenket sie sanft in das Vollkommenere hin.«[59] Das ist die naturierende, die schaffende Natur, von der auch das ›Prooemion‹ berichtet, die ihr eigenes Subjekt ist und sich künstlerisch zu immer größerer Vollkommenheit in ihren Gegenständen ausformt: »Also prangt die Natur in hoher, voller Erscheinung, / Und sie zeiget, gereiht, Glieder an Glieder gestuft. / Immer staunst du aufs neue, sobald sich am Stengel die Blume / Über dem schlanken Gerüst wechselnder Blätter bewegt. / Aber die Herrlichkeit wird des neuen Schaffens Verkündung; / Ja, das farbige Blatt fühlet die göttliche Hand, / Und zusammen zieht es sich schnell; die zärtesten Formen, / Zweifach streben sie vor, sich zu vereinen bestimmt.«[60] Die Welt in ihrem sinnlich-poetischen Glanz wird selber zu Gleichnis und Symbol, zum figurenreichen Prozeß, dessen Sinn auszulegen es auch einer besonderen Deutungskunst bedarf. Das sind Brunosche Gedanken, die hier wieder auftauchen, sie durchziehen leitmotivisch Goethes gesamte Lehrdichtung, noch in den ›Urworten‹ (1820) wird ihnen entsprechend das Verhältnis von Einzelnem und Unendlichem, von individuell geprägter Lebensgestalt und umfassender Einheit poetisch chiffriert.

Wie an dem Tag, der dich der Welt verliehen,
Die Sonne stand zum Gruße der Planeten,
Bist alsobald und fort und fort gediehen
Nach dem Gesetz, wonach du angetreten.
So mußt du sein, dir kannst du nicht entfliehen,
So sagten schon Sibyllen, so Propheten;
Und keine Zeit und keine Macht zerstückelt
Geprägte Form, die lebend sich entwickelt.[61]

Der Gedanke von der Allgegenwart des Ganzen im Einzelnen, des Unendlichen im Individuellen, bedeutet keine Einschränkung des Gegenstandsbereichs, dem das Lehrgedicht sich widmet, sondern faßt ihn vielmehr selber als unendlich groß. Nicht im Sinne einer bloßen Summierung menschlicher Erkenntnisgegenstände, sondern als deren Rückführung auf die allen Erscheinungen zugrundeliegende Schöpferkraft, die doch besonders und unverwechselbar sich in der Überfülle der Gestalten repräsentiert. Darauf zielen Schillers Bemerkungen in dem berühmten Brief vom 23. August 1794: »Sie nehmen die ganze Natur zusammen, um über das Einzelne Licht zu bekommen; in der Allheit ihrer Erscheinungsarten suchen Sie den Erklärungsgrund für das Individuum auf 〈. . .〉. Dadurch, daß sie ihn der Natur gleichsam nacherschaffen, suchen Sie in seine verborgene Technik einzudringen.«[62]

Lehrdichtung in diesem ungewöhnlichen, modellhaft-experimentierenden Sinne nimmt daher in Goethes lyrischem Werk (von dem Schillers einmal ganz abgesehen) großen Raum ein und greift auf alle anderen, auf gesellschaftliche, philosophische, ästhetische Themen über: von der ›Erklärung eines alten Holzschnittes, vorstellend Hans Sachsens poetische Sendung‹ (1776)

bis hin zu ›Urworte. Orphisch‹ (1820) oder ›Eins und Alles‹ (1823).

Im Grenzenlosen sich zu finden,
Wird gern der Einzelne verschwinden,
Da löst sich aller Überdruß;
Statt heißem Wünschen, wildem Wollen,
Statt läst'gem Fordern, strengem Sollen,
Sich aufzugeben ist Genuß.

Weltseele, komm, uns zu durchdringen!
Dann mit dem Weltgeist selbst zu ringen
Wird unsrer Kräfte Hochberuf.
Teilnehmend führen gute Geister,
Gelinde leitend, höchste Meister,
Zu dem, der alles schafft und schuf.

Und umzuschaffen das Geschaffne,
Damit sich's nicht zum Starren waffne,
Wirkt ewiges lebendiges Tun.
Und was nicht war, nun will es werden,
Zu reinen Sonnen, farbigen Erden,
In keinem Falle darf es ruhn.

Es soll sich regen, schaffend handeln,
Erst sich gestalten, dann verwandeln;
Nur scheinbar steht's Momente still.
Das Ewige regt sich fort in allen:
Denn alles muß in Nichts zerfallen,
Wenn es im Sein beharren will.[63]

»Goethe liest mir«, berichtet Eckermann, »das frisch entstandene, überaus herrliche Gedicht: ›Kein Wesen kann zu nichts zerfallen –‹. ›Ich habe‹, sagte er, ›dieses Gedicht als Widerspruch der Verse: ‚Denn alles muß zu nichts zerfallen, wenn es im Sein beharren will –‘, geschrieben, welche dumm sind, und welche meine Berliner Freunde bei Gelegenheit der Naturforschenden

Versammlung zu meinem Ärger in goldenen Buchstaben ausgestellt haben.‹«[64] Der Kongreß, auf den Goethe anspielt, hatte im Herbst 1828 stattgefunden und neben einem Spruch Schillers auch die beiden Schlußverse des Gedichts ›Eins und Alles‹ zum Losungswort gewählt (1823). Goethes Selbstkritik und Dementi ist hart und nur gerechtfertigt, wenn man die Äußerung auf die beiden isolierten Verse bezieht, denn nur dann, also für sich genommen, sind sie widersinnig und »dumm«. Ob Eckermann uns hier genau unterrichtet, bleibe unerörtert, jedenfalls hat sich Goethe an anderer Stelle anders ausgedrückt; auch wenn er dabei wieder die Betonung auf das Absurde des Gedichts legt, tut er das diesmal im Hinblick auf seinen Gegenstand: »Diese Strophen enthalten und manifestieren vielleicht das Abstruseste der modernen Philosophie.«[65] Die Sehnsucht, aufzugehen im Allgemeinen, ist Leitmotiv in Goethes Denken und meist mit pantheistischer Emphase, mindestens solchem Unterton versehen. Er ist auch hier zu spüren, jedoch in besonderer Weise, nämlich als Problem. Wie verhält sich Grenzenloses zu Einzelnem, Weltseele und Weltgeist zum Individuum, das sich durchdringen lassen oder widerstehen will? Die beiden ersten Strophen tun nicht mehr, als eben die wechselseitige Hinneigung, die Tendenz des Individuellen und des Unendlichen zueinander festzuhalten, eine Bestandsaufnahme, ein geistiges Resümee einer menschlichen, zuvörderst Goetheschen Grunderfahrung, die sowohl das soziale Leben wie auch das Verhältnis zur Natur, zum Kosmos betrifft. Aber wie steht es überhaupt mit der Möglichkeit eines solchen Einswerdens, setzt sich nicht das Unendliche überhaupt nur aus unendlich vielen endlichen und einzelnen Monaden zusammen, ist es somit gar nichts anderes als deren Summe, in die hinein das einzelne sich gar nicht auflösen kann?

Auf das unausgesprochene Problem antworten die beiden letzten Strophen, um diese Antwort dann in den Schlußversen knapp auf die paradoxe Formel zu bringen. Wenn das Unendliche nämlich als schöpferische Kraft und Fülle begriffen wird, die so groß und reich ist, daß sie nichts abstrakt Allgemeines hervorbringt, sondern das endlich Besondere und andererseits in jedes Individuelle das Wesen des Allgemeinen als Tätigkeit, Kraft, verwan-

delnde Bewegung legt (»Das Ewge regt sich fort in allen«), so ist
das Einzelne damit immer auch zugleich Teil des Unendlichen,
von dem es sein eigentliches Sein als pulsenden Lebenszusammen-
hang erhält. Nur wenn es aus ihm herausfiele, als Starres und
Petrifiziertes, wäre es auch abgetan und tot. Nach diesen Erläuterungen löst sich nun aber die Paradoxie der Schlußverse auf:
denn wenn alles individuelle Endliche in seiner Besonderheit
nicht immer wieder sich auflöste, sich negierte, könnte es nicht in
der unerschöpflichen Kraft des allgemeinen Hen Kai Pan »beharren«, würde aus seinem Prozeß, erstarrt und verdinglicht, ausge-
schieden. So daß jetzt aber recht verstanden auch die umgekehrte
Formulierung gilt, mit der das Gedicht »Vermächtnis« beginnt:
»Kein Wesen kann zu Nichts zerfallen / Das Ew'ge regt sich fort
in allen ⟨...⟩«[66] Denn alles, sofern es Wesen ist, ist an der unerschöpflichen Überfülle des Unendlichen beteiligt, stellt in sich als
Takt und Tätigkeit die Einheit des unendlichen Lebensimpulses
dar, der unzerstörbar bleibt. In der Tat ein paradoxer Gedanke,
der von Bruno bis Leibniz und Schelling die neuere Philosophie
beschäftigt.[67]

Die Beispiele haben schon etwas von dem geistigen Spektrum
erkennen lassen, das sich in Goethes Lehrdichtung entfaltet. Auch
die gemeinsam mit Schiller zusammen verfaßten ›Xenien‹ (für
den ›Musenalmanach‹ für das Jahr 1797) zählen dazu, da sie der
Klärung eigener ästhetischer Standpunkte im Widerstreit theore-
tischer oder weltanschaulicher Meinungen dienten. Vollends
gehört die Spruchdichtung des Alterswerks mit ihrer pointiert
aphoristischen Redeweise hierher: in zugespitzten Reflexionen
verwandelt sie Grundformen der Lebenswelt, des menschlichen
Umgangs und der eigenen Profession bei Gelegenheit einzelner
Erlebnisse, Lektüre- oder Kunsterfahrungen in einprägsame, sen-
tenziöse Wendungen, die an Sprichwörter und altdeutsche
Spruchsammlungen erinnern; als deren besonderer Liebhaber hat
Goethe sich schon früh zu erkennen gegeben. Ihr Vorzug, rühmte
der Autor von ›Dichtung und Wahrheit‹, auf seine Anfänge
zurückblickend, bestünde darin, daß sie, »statt vieles Hin- und
Herfackelns, den Nagel gleich auf den Kopf treffen«[68].

Mit Schillers Lehrgedichten fällt dann aber noch ein anderes

Licht auf diese bevorzugte Gattung klassischer Lyrik. Denn nicht
allein um Belehrung, um die Verankerung des Wissens im kollektiven Gedächtnis und die gebildete Unterhaltung ist es dabei seit
der Antike immer wieder gegangen, noch ein weiteres Motiv
wirkte mit: die Feier menschlicher Wissenschaft und Tugend, die
Lobredentradition.

Wie schön, o Mensch, mit deinem Palmenzweige
Stehst du an des Jahrhunderts Neige,
In edler stolzer Männlichkeit,
Mit aufgeschloßnem Sinn, mit Geistesfülle,
Voll milden Ernsts, in tatenreicher Stille,
Der reifste Sohn der Zeit,
Frei durch Vernunft, stark durch Gesetze,
Durch Sanftmut groß, und reich durch Schätze,
Die lange Zeit dein Busen dir verschwieg,
Herr der Natur, die deine Fesseln liebet,
Die deine Kraft in tausend Kämpfen übet
Und prangend unter dir aus der Verwildrung stieg![69]

Mit diesen Versen beginnt in unverwechselbarem Ton Schillers
großes »Nichtgedicht« (wie er es selber in einem Brief an Wieland
apostrophiert[70]) ›Die Künstler‹ (1789), von dem er später, als er
seine Lyrik für die Sammlung zu einer Ausgabe durchging, selber
nicht mehr so sehr überzeugt war, daß er es in den ersten Band
seiner Gedichte (1800) hätte aufnehmen wollen. Inhalt ist die
ästhetische Überzeugung seines Autors von Sinn und Aufgabe der
Kunst bei der Erziehung des Menschengeschlechts, von ihrem
Einfluß auf den Prozeß seiner Zivilisation und Kultur: »Nur
durch das Morgentor des Schönen / Drangst du in der Erkenntnis Land.«[71] Die Idee kennen wir, daß es einfach gesprochen
eigentlich die Kunst ist oder das ästhetische Vermögen als umfassende Potentialität, was den Menschen allen anderen Lebewesen
überlegen macht, dem er Sittlichkeit und Erkenntnis verdankt. Im
›Künstler‹-Gedicht hat Schiller diesen Gedanken historisch
durchgeführt, von den griechischen Anfängen über die Renaissance bis zur gegenwärtigen Vollkommenheit des Menschen, die

freilich nicht ungefährdet ist, wie die Künstler schon immer seit den Anfängen der Geschichte: »Der Menschheit Würde ist in eure Hand gegeben, / Bewahret sie! / Sie sinkt mit euch! Mit euch wird sie sich heben! / Der Dichtung heilige Magie / Dient einem weisen Weltenplane, / Still lenke sie zum Ozeane / Der großen Harmonie!«[72] Diese Kunstauffassung ist das Hauptthema von Schillers Lehrdichtung geblieben, ob er sie in mythologischer Erzählung (›Das Eleusische Fest‹, 1799; ›Die Teilung der Erde‹, 1795; ›Pegasus im Joche‹, 1796) oder aus dem Begriff des schönen und reinen Scheins entfaltet (›Das Ideal und das Leben‹, 1795). In der ›Macht des Gesanges‹ (»So rafft von jeder eiteln Bürde, / Wenn des Gesanges Ruf erschallt, / Der Mensch sich auf zur Geisterwürde / Und tritt in heilige Gewalt / ⟨. . .⟩«[73]) erscheint die Wirkungskraft der Kunst dann wieder in jenem allegorischen Naturbilde, das ein Jahr zuvor in der Elegie ›Der Spaziergang‹ (1795) breit ausgeführt worden war. In beiden Fällen werden Kunst und Natur analogisiert, wobei im ›Spaziergang‹ allerdings das kritische Motiv vorherrscht, nämlich die Warnung vor einer zu großen Entfernung der Kunst von der Natur, die als einzige und unvergängliche Quelle wahrer Schönheit dasteht.

Bin ich wirklich allein? In deinen Armen, an deinem
    Herzen wieder, Natur, ach! und es war nur ein Traum,
Der mich schaudernd ergriff mit des Lebens furchtbarem Bilde,
    Mit dem stürzenden Tal stürzte der finstre hinab.
Reiner nehm ich mein Leben von deinem reinen Altare,
    Nehme den fröhlichen Mut hoffender Jugend zurück!
Ewig wechselt der Wille den Zweck und die Regel, in ewig
    Wiederholter Gestalt wälzen die Taten sich um.
Aber jugendlich immer, in immer veränderter Schöne
    Ehrst du, fromme Natur, züchtig das alte Gesetz,
Immer dieselbe, bewahrst du in treuen Händen dem Manne,
    Was dir das gaukelnde Kind, was dir der Jüngling vertraut,
Nährest an gleicher Brust die vielfach wechselnden Alter;
    Unter demselben Blau, über dem nämlichen Grün
Wandeln die nahen und wandeln vereint die fernen Geschlechter,
    Und die Sonne Homers, siehe! sie lächelt auch uns.[74]

Die heilsgeschichtliche, utopische Bedeutung und Wirksamkeit der Kunst, die seiner Ästhetik folgend in der modernen Welt das Erbe und die Aufgabe der Religion übernimmt, hat Schiller auch an einem Reiz-Thema der Zeit dargestellt, und zwar mit solcher Schroffheit, ja Unversöhnlichkeit, daß er damit geradezu einen Literaturstreit heraufbeschwor:»Ich mögte lieber der Gegenstand des allgemeinen Hohns sein, als nur ein solches Lied gemacht haben, wenn auch ein solches Lied mir den Ruhm des großen und lieben Homers zu geben vermögte. Wenn ein unmündiges Publikum mich für das Gift, welches ich ihm im Becher der Musen gereicht hätte, vergötterte, so würde ich mir selber ein mutwilliger Knabe scheinen, welcher seinen Pfeil gegen die Sonne losschnellt, weil sie sich von ihm nicht greifen läßt.«[75] Die entrüstete Rede stammt von Friedrich Leopold Graf zu Stolberg und gilt dem Gedicht ›Die Götter Griechenlands‹, 1788 in erster Fassung im ›Teutschen Merkur‹ erschienen und eigentlich der Anfang von Schillers großer Lehrdichtung. Halb elegische Beschwörung vergangener Götter- und Heroen-Schönheit (»Da ihr noch die schöne Welt regiertet, / An der Freude leichtem Gängelband / Glücklichere Menschenalter führtet, / Schöne Wesen aus dem Fabelland!«[76]), halb hymnischer Lobpreis auf ihre segensreiche Wirksamkeit, beruht seine provozierende Wirkung auf der harten Antithese von alter und moderner Welt in ihren religiösen Verhältnissen.

Seiner Güter schenkte man das beste,
Seiner Lämmer liebstes gab der Hirt,
Und der Freudentaumel seiner Gäste
Lohnte dem erhabnen Wirt.
Wohin tret ich? Diese traurge Stille
Kündigt sie mir meinen Schöpfer an?
Finster, wie er selbst, ist seine Hülle,
Mein Entsagen – was ihn feiern kann.

Damals trat kein gräßliches Gerippe
Vor das Bett des Sterbenden. Ein Kuß
Nahm das letzte Leben von der Lippe,

Still und traurig senkt' ein Genius
Seine Fackel. Schöne, lichte Bilder
Scherzten auch um die Notwendigkeit,
Und das ernste Schicksal blickte milder
Durch den Schleier sanfter Menschlichkeit.[77]

  Aus diesem Gegensatz werden nun die wichtigsten kulturkritischen Antithesen entwickelt, die seit Winckelmann und bis zu
Hölderlin die Diskussionen des Zeitalters bestimmen. Der vergöt-
terten griechischen Natur steht die entgötterte, seelenlose Natur
der gegenwärtigen Wissenschaft gegenüber (»Unbewußt der
Freuden, die sie schenket, / ⟨. . .⟩ / Fühllos selbst für ihres Künstlers Ehre, / Gleich dem toten Schlag der Pendeluhr, / Dient sie
knechtisch dem Gesetz der Schwere, / Die entgötterte Natur!«[78]),
dem vollendeten Menschenbild des Hellenen kontrastiert »Nur
der Würmer Erster, Edelster«[79], dem arkadischen Glück die
gegenwärtige Verfallszeit. Das waren alles geläufige Vorstellungen in den Jahren, die zum Vorhof dieses Gedichts gehören; daß
die Schillersche Version so Anstoß erregte, lag wohl einfach
daran, daß nun auch unmißverständlich die christliche Religion
in die menschliche Verfallsgeschichte hineingenommen, ja genau
besehen sogar als ihre wichtigste Wirkursache namhaft gemacht
wurde. Denn was können die Verse »Da die Götter menschlicher
noch waren, / Waren Menschen göttlicher«[80] anderes meinen, als
daß die Vergöttlichung des Menschen, der gleichsam bürgerlich-
republikanische Umgang mit dem Olymp (»Bürger des Olymps
konnt ich erreichen«[81]) die eigentliche menschliche Bestimmung
und das Göttliche selber im Menschen zu Hause ist, aber diese
hohe Anlage sich nur gegen den Christengott, »Dessen Strahlen
mich darnieder schlagen«[82], ausführen, vervollkommnen läßt.
Man spürt einen rebellischen Ton in diesem Gedicht, das insgeheim von der religiösen Revolution das menschliche Heil erhofft.
Im ›Brief eines reisenden Dänen‹ hat Schiller denselben Gedanken, nur in moderaterer Form, niedergeschrieben: »Der Mensch
brachte hier etwas zustande, das mehr ist, als er selbst war, das
an etwas Größeres erinnert als seine Gattung – beweist das vielleicht, daß er weniger ist, als er sein wird? ⟨. . .⟩ Wenn der Mensch

nur Mensch bleiben *sollte* – bleiben *könnte,* wie hätte es jemals Götter und Schöpfer dieser Götter gegeben? ⟨...⟩ Man denke ihren ⟨der Griechen⟩ Kunstwerken nach, und das Problem wird sich lösen. Die Griechen malten ihre Götter nur als edlere Menschen und näherten ihre Menschen den Göttern. Es waren Kinder *einer* Familie.«[83] Die anthropologische Religionskritik Feuerbachs liegt, wie ich schon einmal hervorgehoben habe, in solchen Kerngedanken der deutschen Klassik längst bereit, in denen sich Schiller und Goethe (man denke an ›Iphigenie‹) ganz einig waren. Denn in seiner Konsequenz liegt die Aufhebung der Religion im Menschen, wie er sein kann und sein soll. Schiller hat in der Endfassung des Gedichts die aufsässige letzte Strophe gestrichen und an ihre Stelle die Verse gesetzt:

Ja, sie kehrten heim, und alles Schöne,
Alles Hohe nahmen sie mit fort,
Alle Farben, alle Lebenstöne,
Und uns blieb nur das entseelte Wort.
Aus der Zeitflut weggerissen, schweben
Sie gerettet auf des Pindus Höhn,
Was unsterblich im Gesang soll leben,
Muß im Leben untergehn.[84]

Das wirkt auf den ersten Blick wie eine Entschärfung, eine lyrische Paraphrase des Max-Piccolomini-Schicksals, und begründet doch – denkt man den Versen konsequent nach – die revolutionäre Macht der Kunst. Denn »kehrten zu dem Dichterlande / Heim die Götter«[85], so haben sie auch ihr eigentliches Wesen als Projektionen menschlicher Zukunftsbestimmung mitgenommen, in die Kunst hinein aufgehoben, der es nun obliegt, die Göttlichkeit im Menschen zu verwirklichen. Das bedeutet zugleich die Wiederherstellung seiner Natur auf einer höheren Ebene, denn die Götterlehre der Griechen hat, wie der Autor von ›Dichtung und Wahrheit‹ ausführt, deren Kreis niemals verlassen. So daß die Dichter, die in diesem Verständnis die Aufgabe der Religion übernehmen, auch zu Bewahrern der Natur werden. »Wo sie dieses nicht ganz mehr sein können und schon in sich selbst den zerstörenden Einfluß willkürlicher und künstlicher Formen erfahren oder doch mit demselben zu kämpfen gehabt haben, da werden sie als die *Zeugen* und als die *Rächer* der Natur auftreten.«[86]

›Die Götter Griechenlands‹, das erste große Beispiel von Schillers Lehrdichtung, enthält in konzentrierter oder keimhafter Form schon ihre wichtigsten Themen. Nur einen größeren Gegenstandsbereich gibt es, der in dem Gedicht von 1788 noch nicht oder nur in mythologischen Anspielungen enthalten ist: die Tugenden des menschlichen Lebens. Ihnen gilt eine Reihe von umfangreichen, emphatischen Lobreden in gebundener Sprache: ›An die Freude‹ (1786), ›Würde der Frauen‹ (1796), ›Die Geschlechter‹ (1797), ›Das Glück‹ (1799), ›An die Freunde‹ (1803), ›Das Lied von der Glocke‹ (1800), um die wichtigsten aufzuzählen. In wechselnder lyrischer Form, als Hymnus oder Elegie, erhalten wir in ihnen ein Gemälde bürgerlicher Tüchtigkeiten und sozialer Grundhaltungen, in den höchsten, erhabensten Tönen gerühmt und mit dem enthusiastischsten Gefühl beschrieben. Aus der Diskrepanz solcher den größten, unbezweifelten Gütern vorbehaltenen Sprechweise und ihrem so offensichtlich zeit- und schichtengebundenen Inhalt haben manche dieser Gedichte eine unfreiwillige Wirkung bezogen: ›Das Lied von der Glocke‹ gehört ebenso wie ›Würde der Frauen‹ zu den meistparodierten Gedichten der deutschen Literatur, und beide erregten auch schon ganz unbeabsichtigte Heiterkeit unter den jungen Romantikern. Freilich bedroht Schwulst Schillers Gedichte noch von einer anderen Seite, von dort nämlich, wo der pathetischen Sprache nicht nur ein unangemessener Inhalt zugrunde liegt, sondern wo ihr der Autor (sei es aus eigener Ratlosigkeit, sei es aus einer Art ruchlos-leichtfertigen Optimismus oder einem Gemisch aus beidem) zumutet, einen eigentlich fehlenden Begriff oder illusionären Gedanken zu fingieren – also wie in den folgenden Strophen aus ›Das Ideal und das Leben‹ (1795) die Erfahrung individueller Ohnmacht und sozialer Unfreiheit durch eine Art von idealistischen »mythische⟨n⟩ Maschinen« (so Schillers eigener Ausdruck) zu kompensieren[87]:

Nur der Körper eignet jenen Mächten,
Die das dunkle Schicksal flechten,
Aber frei von jeder Zeitgewalt,
Die Gespielin seliger Naturen
Wandelt oben in des Lichtes Fluren,
Göttlich unter Göttern, die *Gestalt*.
Wollt ihr hoch auf ihren Flügeln schweben,
Werft die Angst des Irdischen von euch.
Fliehet aus dem engen, dumpfen Leben
In des Ideales Reich![88]

Auch eine Reihe von Epigrammen gehört zu Schillers Lehrdichtung; im Unterschied zu den Goetheschen gehen sie nur selten von einem gegenwärtigen, selber erfahrenen Vergleichsgegen-
stand aus, um daran das kritische, gedankliche, pointierte
Resümee zu schließen, sondern geben den Anlaß entweder künstlich vor (durch eine Frage oder eine topische Situation: »Spiele,
Kind, in der Mutter Schoß!«[89]) oder formulieren sogleich die
Quintessenz der Erkenntnis, nähern sich damit dem Spruch, der
Sentenz:

Würde des Menschen

Nichts mehr davon, ich bitt euch. Zu essen gebt ihm, zu wohnen,
Habt ihr die Blöße bedeckt, gibt sich die Würde von selbst.[90]

Eine kleine Abteilung von Gedichten findet sich noch, die am
ehesten dem uns heute geläufigen Lyrik-Begriff entsprechen, da
sie ganz oder doch in wesentlichen Zügen im Medium des lyrischen Bildes bleiben, die Idee nicht aussagen oder gar bloß illu-
strieren, sondern indirekt, vieldeutig darauf verweisen, ja sogar
Erlebnisdichtung heißen dürfen, selbst wenn ihr Autor sich eifrig
der überlieferten loci communes bedient wie in der ›Erwartung‹
(1800). ›Des Mädchens Klage‹ (1799) wäre hier noch zu nennen,
vor allem aber ›Das Mädchen aus der Fremde‹ (1797), über das
Körner schrieb: »Hier bemerke ich gar nichts von Deiner ehemaligen Manier, die Produkte der Phantasie für den Verstand zu wür-
zen. Das Bild steht noch in der Gestalt vor uns, wie es empfangen
wurde.«[91]

In einem Tal bei armen Hirten
Erschien mit jedem jungen Jahr,
Sobald die ersten Lerchen schwirrten,
Ein Mädchen, schön und wunderbar.

Sie war nicht in dem Tal geboren,
Man wußte nicht, woher sie kam,
Und schnell war ihre Spur verloren,
Sobald das Mädchen Abschied nahm.

Beseligend war ihre Nähe,
Und alle Herzen wurden weit,
Doch eine Würde, eine Höhe
Entfernte die Vertraulichkeit.

Sie brachte Blumen mit und Früchte,
Gereift auf einer andern Flur,
In einem andern Sonnenlichte,
In einer glücklichern Natur.

Und teilte jedem eine Gabe,
Dem Früchte, jenem Blumen aus,
Der Jüngling und der Greis am Stabe,
Ein jeder ging beschenkt nach Haus.

Willkommen waren alle Gäste;
Doch nahte sich ein liebend Paar,
Dem reichte sie der Gaben beste,
Der Blumen allerschönste dar.[92]

Schiller hatte diese Strophen seinen Gedichtsammlungen vorangestellt und damit das einengende Mißverständnis selber befördert, dem er etwa auf die Frage des Grafen Plater, was es
bedeute, unwirsch-abweisend begegnete: »mit seinem Gedichte
vom ›Mädchen aus der Fremde‹ habe er eben nur das ›Mädchen
aus der Fremde‹ gemeint«.[93]
    Nein, das ›Mädchen aus der Fremde‹ ist keine frostige Allego-

rie und Illustration zu Schillers Kunsttheorie; Jugend und Produktivität, Kindheit und Zeitwende, Unschuld und Reife machen ihren Liebreiz aus. Wie nach griechischem Mythos die Mädchengöttin des Frühlings oder wie die italische Anna Perenna erscheint sie mit jedem jungen Jahr. Doch die bestrickende Buhlerin des Mars, die Schutzpatronin jener ausgelassenen Gelage, die alljährlich am 15. März einen Hain am Tiber mit Fröhlichkeit erfüllten, hat sich bedeutend verändert. Sie ist jetzt mehr die hilfreiche, aufopferungsvolle und schöne Schwester, die Retterin, die wir aus Märchen und Legenden kennen, Gestalt einer glückbegünstigten Kindheit und mit der Kraft begabt, zu schützen und zu erlösen wie die mythischen Kindgötter oder das Messiaskind der Bibel. Göttliches Kind und göttliche Mutter zugleich, tritt sie als Mädchen und Jungfrau auf, aber auch als Spenderin der Fruchtbarkeit jener in einer glücklichen Natur gereiften Blumen und Früchte, deren schönste sie den Liebenden vorbehalten hat als Zeugen für die Fruchtbarkeit der Erde und die Überschwenglichkeit des Lebens. So ist ihre Wirksamkeit nicht nur auf die Befriedigung gegenwärtiger Wünsche, sondern ebenso auf die Zukunft gerichtet.

Die Zeitlosigkeit der Idylle ist damit aber aufgehoben, und wie die letzte Strophe eine künftige Entwicklung vorwegnimmt, so erscheint jetzt das ganze Gedicht als Sinnbild eines noch ausstehenden Glücks. Der Autor der Abhandlung ›Über naive und sentimentalische Dichtung‹ war bereits zu einer solchen Umdeutung der Idylle als literarischer Gattung gelangt, auch ihm galt die Kindheit als »die einzige unverstümmelte Natur, die wir in der kultivierten Menschheit noch antreffen«[94]. Indem Kinder das Paradies täglich vorspielen, das der Mensch schon verloren glaubt, verkörpern sie für Schiller wie für Hölderlin, für die Romantiker wie für das Junge Deutschland die Möglichkeit einer immanenten Transzendenz der Welt, und das, wie Rousseaus Émile zeigt, in durchaus praktischer Absicht. Das rätselhafte Mädchen in Schillers Gedicht ist durch alle diese uns meist fremd gewordenen Mythen, Märchen und Geschichten, durch die kollektiven und die individuellen Tagträume der menschlichen Phantasie gegangen, ohne in ihnen aufzugehen.

4. Balladen

Immer wieder kann man lesen, im Unterschied zu Schillers dramatischen und auf sittliche Entscheidungen hinauslaufenden, sie
exemplarisch verdeutlichenden Balladen habe Goethe die natur-
magische Ballade gepflegt[95], und diese Differenzierung erscheint
auch durchaus plausibel – schon wenn man die Stoffwahl der
beiden Dichter sich ansieht. Schiller entnimmt die Sujets für seine
Balladen der Geschichte und Chronik menschlicher Taten und
Ereignisse oder deren sagenhafter Überlieferung; er ist vor allem
Geschichtsdichter, ob als Autor von Dramen oder von Balladen.
Anders Goethe. Ihn interessiert vorzüglich das Verhältnis des Individuums zur Natur, und er bemüht sich, Stoffe aufzuspüren, in
denen von der besonderen, zuletzt meist unerklärbaren Einwirkung der Naturkräfte auf den Menschen berichtet wird. Selbst
wenn er einmal Sagenstoffe oder wenigstens deren Derivate verarbeitet wie im ›Hochzeitlied‹ (1804) oder im ›Getreuen Eckart‹
(1815), dienen auch sie als Gefäß seiner Naturbetrachtung und der
bildhaften, naturmythologischen Deutung menschlicher Wider-
fahrnisse. Doch in der Hauptsache sind sich die beiden Schriftsteller durchaus einig, und diese Einigkeit zeigt sich in ihren
theoretischen, vor allem gattungstheoretischen Ansichten aufs
schönste und klarste. Höhepunkt beider Beschäftigung mit dem
Genre war das Jahr 1797, das sogenannte Balladenjahr, in dem
aus gemeinsamer Diskussion und wechselseitiger Anregung die
klassischen Balladen entstanden sind: Goethes ›Schatzgräber‹,
›Legende‹, ›Die Braut von Korinth‹, ›Der Gott und die Bajadere‹,
›Der Zauberlehrling‹; Schillers ›Ring des Polykrates‹, ›Die Kraniche des Ibykus‹, ›Der Taucher‹, ›Ritter Toggenburg‹, ›Der Handschuh‹, ›Der Gang nach dem Eisenhammer‹, schließlich, 1798,
›Die Bürgschaft‹. Wie schon die Ergebnisse ihrer Diskussion über
epische und dramatische Dichtung hat Goethe auch die gemeinsamen Überlegungen über die Ballade, die damit zusammenhängen, in kurzer, prägnanter Form resümiert, und zwar in der
»Betrachtung und Auslegung« seiner nur mit dem Gattungsnamen
überschriebenen ›Ballade‹ (1821) und besonders in den ›Noten
und Abhandlungen zu besserem Verständnis des west-östlichen

Divans‹ (1819). Hier stellt er sie ins Verhältnis zu den drei echten
Naturformen der Poesie, und das sind: »die klar erzählende, die
enthusiastisch aufgeregte und die persönlich handelnde: *Epos,*
Lyrik und *Drama.* Diese drei Dichtarten können zusammen oder
abgesondert wirken. In dem kleinsten Gedicht findet man sie oft
zusammen, und sie bringen eben durch diese Vereinigung im engsten Raume das herrlichste Gebild hervor, wie wir an den schät-
zenswerten Balladen aller Völker deutlich gewahr werden.«[96]
Man kann schon aus dieser Stelle herausfinden, was die Ballade
den beiden Schriftstellern so wertvoll machte: daß in ihr die drei
Naturformen der Poesie noch ungeschieden zusammenwirken, sie
also jenen, die einzelnen menschlichen Vermögen vermittelnden
Einfluß für sich schon auszuüben vermag, den sie sonst der Literatur insgesamt zuschrieben. Der Balladendichter oder auch der
Rezitator, sagt Goethe daher etwas später, wird, »um deutlich zu
sein, erst erzählen, dann, um Interesse zu erregen, als handelnde
Person sprechen, zuletzt enthusiastisch auflodern und die Gemüter hinreißen«[97]. Das ursprünglich der Rhetorik entstammende
triadische Wirkungsschema von docere, delectare, movere (oder
pragma, ethos und pathos) erweist sich auch diesmal als struk-
turbildend bei der Systematisierung der gattungsspezifischen
Wirkungsweisen. Der Ballade eigentümlich ist ihre Synthese, und
das bestimmt den Platz dieser »Dichtart« in einer utopischen
Konzeption, die auf die Befriedigung der menschlichen Existenz
durch harmonische Vereinigung und Ausbildung der verschiedenen Anlagen hinausläuft und sie auf dem Wege ästhetischer
Erziehung erreichen zu können glaubt. Die Ballade ist ihr
Modellfall und Instrument in einem.

Wir können diese Ansichten Goethes schon vorgeprägt finden
in seiner frühesten und noch unter Herders Ägide stehenden
Beschäftigung mit der Volksballade, in welcher sich wie im
Volkslied die Poesie ihrer ursprünglichen Daseinsform als Muttersprache des menschlichen Geschlechts am nächsten zeigt. Die
Frucht davon waren Goethes erste große Balladen, darunter,
neben dem ›Fischer‹ (1779) die berühmteste von allen, die späteren aus hochklassischer Zeit eingeschlossen: ›Erlkönig‹. Goethe
hat sie 1782 geschrieben, angeregt von Herders Übersetzung

einer alten dänischen Volksballade (›Erlkönigs Tochter‹), doch
ohne ihr mehr als einige wenige Motive zu entnehmen. Gedacht
war sie ursprünglich für sein »Wald- und Wasserdrama«[98], das
Singspiel ›Die Fischerin‹, als dessen Eröffnungslied. Doch hat sie
sich schnell aus der Verzahnung mit diesem leichten Genrestück
gelöst, das sein Autor für den Tiefurter Laienspielkreis der Her-
zogin-Mutter verfaßt hatte; 1789 erscheint die Ballade unverändert in Goethes ›Schriften‹.

Die Szenerie ist nächtlich, und der Ritt durch die Nacht,
denken wir an das Sesenheimer Gedicht ›Willkommen und
Abschied‹, schon vorher ein poetisches Sujet Goethes gewesen.
Dort erscheint es auch bereits in seiner Bedeutung als Bewäh-
rungsprobe, deren Überwindung der Liebeserfüllung vorausgeht:
eine Abbreviatur der klassischen, in Märchen und Volksliedern
mannigfach variierten Abenteuerfahrt. Das Schema ist sicherlich
der Ballade eingeschrieben, doch mit bezeichnenden Veränderungen. Der Ritt durch eine dunkle, feindliche Welt, die Begegnung
mit gefährlichen, dämonischen Mächten, schließlich die Heim-
kunft, die Stationen sind noch deutlich erkennbar, doch was zwischen ihnen geschieht, hat nicht mehr viel Ähnlichkeit mit dem
üblichen Muster der Abenteuer- und Initiationsreise. Der Weg
der Prüfungen endet in einem Desaster, die Begegnung mit den
Fabelwesen der Natur bringt Tod und Verderben, das Ziel wird
nur mit Müh und Not und durchaus verlustreich erlangt. Fast
scheint es, als fände hier geradezu eine Umkehr des sonst auch in
Goethes Werk vorherrschenden Sinnes statt, mit dem, denken wir
an Faust oder Wilhelm Meister, der Bildungsweg des Individuums und seine Begegnung mit den Naturmächten versehen wird.

Wer reitet so spät durch Nacht und Wind?
Es ist der Vater mit seinem Kind;
Er hat den Knaben wohl in dem Arm,
Er faßt ihn sicher, er hält ihn warm. –

Mein Sohn, was birgst du so bang dein Gesicht? –
Siehst, Vater, du den Erlkönig nicht?
Den Erlenkönig mit Kron' und Schweif? –
Mein Sohn, es ist ein Nebelstreif. –

›Du liebes Kind, komm, geh mit mir!
Gar schöne Spiele spiel' ich mit dir;
Manch' bunte Blumen sind an dem Strand;
Meine Mutter hat manch' gülden Gewand.‹

Mein Vater, mein Vater, und hörest du nicht,
Was Erlenkönig mir leise verspricht? –
Sei ruhig, bleibe ruhig, mein Kind!
In dürren Blättern säuselt der Wind. –

›Willst, feiner Knabe, du mit mir gehn?
Meine Töchter sollen dich warten schön;
Meine Töchter führen den nächtlichen Reihn
Und wiegen und tanzen und singen dich ein.‹

Mein Vater, mein Vater, und siehst du nicht dort
Erlkönigs Töchter am düstern Ort? –
Mein Sohn, mein Sohn, ich seh' es genau;
Es scheinen die alten Weiden so grau. –

›Ich liebe dich, mich reizt deine schöne Gestalt;
Und bist du nicht willig, so brauch' ich Gewalt.‹ –
Mein Vater, mein Vater, jetzt faßt er mich an!
Erlkönig hat mir ein Leids getan! –

Dem Vater grauset's, er reitet geschwind,
Er hält in Armen das ächzende Kind,
Erreicht den Hof mit Mühe und Not;
In seinen Armen das Kind war tot.[99]

An dieser Stelle müssen wir uns nun etwas genauer mit dem merkwürdigen Gespräch beschäftigen, das zum großen Teil den Inhalt der Ballade ausmacht. Nach einer Erzählerstrophe am Anfang, die die Situation beschreibt, folgt in der zweiten Strophe der Dialog zwischen Vater und Sohn, der ihre unterschiedliche Erfahrung der äußeren Natur gegeneinanderstellt; von der dritten bis sechsten Strophe lösen sich die Verführungsreden des Erlkönigs und der Vater-Sohn-Dialog strophenweise ab, bis beide Redesphären in einer, der vorletzten Strophe, ehe der Erzähler das Gedicht abschließt, zusammengeführt werden und dieser Zusammenstoß auch zugleich die Krise bringt. In älteren Interpretationen wurde viel Mühe darauf verwandt, die unterschiedlichen Ebenen dieses Gesprächs zu klären, denn zwischen Vater und Sohn findet ein Dialog statt, die Reden des Erlkönigs vernimmt nur der Sohn, während der Vater das Säuseln dürrer Blätter im Wind hört. Der unterschiedlichen Hörerfahrung entspricht die unterschiedliche Seherfahrung. Wo der Sohn den »Erlenkönig mit Kron' und Schweif« und Erlkönigs Töchter erblickt, kann der Ältere bloß einen Nebelstreif und alte Weiden erkennen.

Doch dürfen Vater und Sohn nicht einfach als Abbilder menschlicher Personenverhältnisse gesehen werden: sie fungieren als Repräsentanten für die zwei entgegengesetzten Möglichkeiten des Menschen, die Natur aufzufassen. Selbstverständlich ist es nicht zufällig und damit ohne weiteres reversibel, daß sich das Kind ihre Erscheinungen durch das Medium der Einbildungskraft, der Vater durch den Verstand aneignet. Dahinter steht die Psychologie des 18. Jahrhunderts, die dem Kind vor allem die niederen Erkenntnisweisen zuordnete, also die Empfindungen, die Einbildungskraft und das Gedächtnis; sie liefern aber nur undeutliche, verworrene, bloß sinnliche Vorstellungen. Die höheren, diese Bezeichnung überhaupt erst verdienenden Denkvermögen sind dem Kinde zwar auch schon gegeben, bedürfen aber der Erziehung und Ausbildung in besonderem Maße: Verstand und Vernunft, die klare und deutliche Vorstellungen vermitteln und zur höchsten Erkenntnis führen. In Goethes Ballade ist es die erwachsene, reife, vernünftige Haltung des Vaters, die für die fortgeschrittene Naturerkenntnis steht. Allein, je weiter das Jahrhundert fortschritt, um so zweifelhafter wurde zwar nicht dieses Menschenbild, aber doch die Rangordnung der mit ihm verbundenen Erkenntnisweisen, ihre Bewertung, so daß, vor allem unter dem Einfluß Rousseaus, Herders und Lessings, eine Umwertung begann, die zwar in der extremen Einseitigkeit der Sturm-und-Drang-Emphase mündete und in dieser Form keinen Bestand hatte, aber niemals wieder ganz rückgängig gemacht werden konnte.

Die Ballade zeigt die rationalistische Perspektive des Vaters als hilflos und eng, er kann dem Sohn nicht beistehen, weil er dessen Ängste gar nicht wirklich begreift und sie bloß als Übersteigerungen der Einbildungskraft, als, im Wolffschen Sinne, verworrene, undeutliche Vorstellungen, nicht aber als angemessene Reaktionen und Ergebnis einer authentischen Naturerfahrung auffassen kann. Betrachtet man das Gespräch zwischen Vater und Sohn als die Konfrontation zweier Naturansichten, einer qualitativen, subjekthaften, sich in anschaulichen Gestalten herausbildenden Natur und einer quantitativen, funktionalisierten, pragmatischen Natur, so kann keine Unsicherheit darüber bestehen, wer zuletzt recht behält. Den rationalen Argumenten des Vaters vermag das Kind, vermag die kindliche Anschauung nur in mythologischen Bildern zu antworten, doch ist die ganze Existenz des Knaben davon erfaßt, und zuletzt steht er für seine Sicht der Dinge mit dem Leben ein. Wenn der Vater den Hof, den sicheren Hort des zivilisierten Lebens und gleichsam das Stammhaus der instrumentellen Vernunft nur mit Mühe und Not erreicht, so ist damit, auch unabhängig von der Entdeckung des toten Kindes, dem die väterliche Verständigkeit nicht zu helfen vermochte, die geringe Tragfähigkeit der eigenen Position erwiesen, die durch den letzten Schrei des Kindes »Erlkönig hat mir ein Leids getan!« schon genug erschüttert war: »Dem Vater grauset's, er reitet geschwind ⟨...⟩« Die Natur, die das Kind sieht, erlebt, erleidet, ist die wahre, lebendige Natur, »und der Tod ist ihr Kunstgriff, viel Leben zu haben«, wie es das Tiefurter Fragment formuliert.[100] Die Naturansicht des Vaters aber entpuppt sich als bloße rationalistische Konstruktion, als verständiger Schein und vernünftige Täuschung.

Zu Beginn des ›Faust‹-Dramas hat Goethe auf besonders spektakuläre Weise denselben Gegensatz zwischen schöpferischer, unendlicher Natur und ihren bloßen Derivaten in Szene gesetzt, und zwar durchaus schon in jener fragmentarischen Fassung, die er 1775 nach Weimar mitbrachte. Wie erinnerlich, räsoniert Faust in seinem großen Monolog über all die verschiedenen Wissenschaften, mit deren Hilfe er erfolglos zu erkennen versucht hatte, »was die Welt / Im Innersten zusammenhält«[101], um schließlich in der Beschwörung des Erdgeistes (»Weh! ich ertrag dich nicht.«[102]) seine Grenzen zu erfahren: »Wo bist du, Faust, des Stimme mir erklang, / Der sich an mich mit allen Kräften drang? / Du! der, den kaum mein Hauch umwittert, / In allen Lebenstiefen zittert, / Ein furchtsam weggekrümmter Wurm.«[103] Auch diese Begegnung von Mensch und Natur endet schon fatal, zwar nicht mit Fausts frühem Tode, aber doch mit einem Zusammenbruch aller Selbstgewißheit nach des Erdgeists schrecklichem Urteil: »Du gleichst dem Geist, den du begreifst, / Nicht mir!«[104]

Goethe hat später den Kontrast zwischen der Natur und dem Kulturleben des Menschen sogar noch verschärft in seiner Balladendichtung zum Ausdruck gebracht: in der ›Braut von Korinth‹, wo er ins Subjekt selber als Widerspruch zwischen seiner Natur mit den Ansprüchen der (christlichen) Religion verlegt ist und eine zerrissene, unglückliche Existenz hervorbringt. Auf dem Altar ihres neuen Glaubens hat die Mutter die Tochter geopfert, und wie in den ›Göttern Griechenlands‹ erscheint das Christentum als sinnen- und naturfeindliche Religion.

Ferne bleib' o Jüngling, bleibe stehen!
Ich gehöre nicht den Freuden an.
Schon der letzte Schritt ist, ach! geschehen
Durch der guten Mutter kranken Wahn,
Die genesend schwur:
Jugend und Natur
Sei dem Himmel künftig untertan.

Und der alten Götter bunt Gewimmel
Hat sogleich das stille Haus geleert.
Unsichtbar wird Einer nur im Himmel,
Und ein Heiland wird am Kreuz verehrt;
Opfer fallen hier,
Weder Lamm noch Stier,
Aber Menschenopfer unerhört.[105]

Doch das von der rigorosen christlichen Ethik Unterdrückte kehrt in verwandelter Gestalt wieder, revenanthaft sein Recht

fordernd (»Aus dem Grabe werd' ich ausgetrieben, / Noch zu
suchen das vermißte Gut, / Noch den schon verlornen Mann zu
lieben / Und zu saugen seines Herzens Blut. / Ist's um den
geschehn, / Muß nach andern gehn, / Und das junge Volk erliegt
der Wut.«[106]).

Da ist auch keine Versöhnung mehr zu erhoffen, der Scheiter-
haufen bleibt die ultima ratio einer Haltung zur Natur, die nur
auf Schwächung, Entkräftung, Zerstörung und Vergewaltigung
ausgeht: im Lichte unserer Erfahrung mag uns dies als besonders
prophetische Konsequenz vorkommen. Wobei mit den Schlußversen ein Ausweg bedeutet wird, den wir längst kennen. »›Wenn
der Funke sprüht, / Wenn die Asche glüht, / Eilen wir den alten
Göttern zu.‹«[107] Zweifellos haben wir diese Epiphanie nur gleichnishaft zu verstehen, und die Ballade, in welcher Goethe das
Motiv wieder aufnimmt, ja es zum Beweggrund der ganzen
Handlung macht, wird denn auch ausdrücklich als »indische
Legende« apostrophiert: ›Der Gott und die Bajadere‹. Die Vorstellung von Göttern oder Gottesboten, die zu den Menschen kommen, sie zu prüfen und zu wägen, ist alt: ob die zwei Engel, die
gen Sodom kamen, oder die fremden Gäste, die bei Philemon und
Baucis einkehrten, oder ob »Mahadöh, der Herr der Erde«, herab-
steigt, sie alle sind kritische Beobachter der Welt und der
menschlichen Leistung, herniedergestiegen zu prüfen und zu
wägen.

Mahadöh, der Herr der Erde,
Kommt herab zum sechsten Mal,
Daß er unsersgleichen werde,
Mit zu fühlen Freud' und Qual.
Er bequemt sich, hier zu wohnen,
läßt sich alles selbst geschehn.
Soll er strafen oder schonen,
Muß er Menschen menschlich sehn.[108]

In Goethes Ballade findet (wie später auch bei Brecht übrigens) der Gott seine Heimstatt gerade in der Niedrigkeit, wo
man es am wenigsten erwarten sollte: im Hause einer Bajadere,

und ausgerechnet sie erweist sich als die menschlichste von allen, denen er begegnete:»Der Göttliche lächelt; er siehet mit Freuden / Durch tiefes Verderben ein menschliches Herz.// Und er fordert Sklavendienste; / Immer heitrer wird sie nur, / Und des Mädchens frühe Künste / Werden nach und nach Natur.«[109] Unterm göttlichen Einfluß verschwindet, was der verderbliche Einfluß der Kultur ergab, und darunter kommt der natürliche Mensch zum Vorschein, der auch wieder natürlicher Gefühle fähig ist, schließlich in Liebe zu dem fremden Gast entbrennt. Spätestens seit den antiken Mythen gehören Verführung und erotische Anziehung zum Thema des Gottesbesuchs beim Menschen, und er endet auch in den meisten Fällen wie hier mit einer Erhöhung der oder des Geliebten. Gott und Bajadere steigen gereinigt und vereint aus den reinigenden Flammen empor: »Es freut sich die Gottheit der reuigen Sünder; / Unsterbliche heben verlorene Kinder / Mit feurigen Armen zum Himmel empor.«[110] Das Erlösungsmotiv des ›Faust‹-Dramas klingt an, wo Engel Fausts »Unsterbliches« davontragen, doch mag in unserer Ballade noch eine andere Bedeutung hineinspielen: die durch göttliche Liebe bewirkte Naturalisierung des Menschen kulminiert in seiner Vereinigung mit den Elementen, und das Feuer ist ein Urstoff der Natur, auf den sich die Welt zurückführen läßt. So wenigstens in der griechischen Tradition, und wenn Goethe zwar sein Gedicht durch den Legendenstoff hindurch auf die indische Sitte der Leichen- und Witwenverbrennung bezogen hat, so lassen die »feurigen Arme« im Kontext der europäischen Tradition eine zusätzliche Interpretation zu.

Vom ›Erlkönig‹ einmal abgesehen (und vielleicht noch dem ›Zauberlehrling‹, 1798), sind Schillers Balladen sehr viel populärer geworden als die Goethes. Das hängt auch mit der Stoffwahl zusammen. Schiller wählte mit Vorliebe reißerische Themen mit kriminalistischem oder moritatenhaftem Einschlag, der dramatische Aufbau seiner Balladen ist meist viel spannungsreicher, die szenische Anschaulichkeit größer als bei den Gedichten Goethes, in denen die episch-lyrischen Elemente vorherrschen. In Versform und Strophenbau brauchen auch Schillers Balladen allerdings keinen Vergleich zu fürchten: entweder als formgeschichtlicher

Höhepunkt wie im ›Ring des Polykrates‹ oder als Eigenschöpfung des Autors wie bei der ›Bürgschaft‹. Doch gehen Vers und Strophe trotz aller komplizierten Kunstfertigkeit leicht ins Ohr und über die Lippen, sind für den mündlichen Gebrauch geschrieben, dem Theater, der Sprechbühne näher als dem Buch, erfüllen also auf ideale Weise die Anforderungen, welche ein »Improvisator auf öffentlichem Markte«[111] an einen solchen Text zu stellen hätte. Hinzu kommt ihr pädagogisch-moralischer Exempelwert, konnten Schulmeister aller Generationen mit ihnen doch auf eindeutige, wenngleich selten aufdringliche Weise die bürgerlichen Tugenden und Ideale als ihr fabula docet herausstellen. Daß dabei andere und möglicherweise weiterführende Leitgedanken dieser Balladen gar nicht in den Blick gerieten, hat ihre Rezeption erst 150 Jahre später behindert.

Doch sehen wir uns ein einschlägiges Beispiel an. ›Der Ring des Polykrates‹ (1797), die fast geflügelt gewordene Geschichte vom Neid der Götter, die sich so leicht als Warnung vor der Idee eines fleckenlos glücklichen Lebens und im Sinne realistischer, auf Arbeit und Mühen beruhender Daseinsbewältigung deuten ließ. Aber die mythologische Erzählung geht darin nicht auf, zeigt ihren Autor als den Denker eines widerspruchsvollen Lebens- und Geschichtsverständnis, als Vorläufer Hegels, der schon 1785, mit erst fünfzehn Jahren, in sein Tagebuch den Grundsatz der Dialektik notiert hatte: »Jedes Gute hat seine böse Seite.«[112] Auch darin war Schiller ein Wegbereiter und Lehrer Hegels, daß er die Dialektik aus dem Bereich der Gesprächskunst und Rhetorik ins Sein selber als dessen innerstes Wesen verlegte, vorab ins historische Sein, wo Bewegung durch die jedem Moment eigene Negativität entsteht, durch die innere Widersprüchlichkeit, so daß Geschichte als eine Walstatt, als Feld des Kampfes und Streits erscheint und der Mensch also noch gar nicht in einer versöhnten Welt unter Verhältnissen leben kann, die ihm zur Identität, zum identischen Dasein verhelfen. Im Gespräch zwischen Polykrates und seinem Gastfreund geht es um eben diesen Tatbestand. Der nämlich erinnert sich angesichts der unheimlichen Glücksfälle vor seinen Augen des eigenen Geschicks: »Auch mir ist alles wohlgeraten, / Bei allen meinen

Herrschertaten / Begleitet mich des Himmels Huld, / Doch hatt ich einen teuren Erben, / Den nahm mir Gott, ich sah ihn sterben, / Dem Glück bezahlt ich meine Schuld. // Drum, willst du dich vor Leid bewahren, / So flehe zu den Unsichtbaren, / Daß sie zum Glück den Schmerz verleihn.«[113]

Nur zwei Möglichkeiten bleiben übrig, wenn Positives und Negatives so notwendig zusammengehören, daß das eine das andere produziert: entweder ist das Glück des Polykrates nur Schein und Täuschung, wie der Gastfreund auch zu Anfang mutmaßt; aber Schritt für Schritt muß er sich durch eine Steigerung von Glücksfällen eines Besseren belehren lassen. Oder dieser Reichtum an Glück muß als These gesehen werden, die unweigerlich ihr Gegenteil hervorbringt, und dies mit ebensolchem, dann aber zermalmenden Gewicht wie zuvor Gewinn und Gelingen. Das allein bleibt übrig: »Die Götter wollen dein Verderben.«[114] Und der Mensch wäre ihnen ganz und gar ausgeliefert? Polykrates selber hat Anteil daran, seine Verblendung hindert ihn, die Gefahr zu erkennen, die im Rücken all der Glücksfälle schon wächst, und nur die Ermahnungen des Freundes vermögen ihn zu einem unangemessenen Opfer zu bewegen. Für die Wirkung der Ballade ist nun aber über die stets gegenwärtige Untergangsdrohung hinaus noch ein weiteres psychologisches Motiv entscheidend, das wohl jeder kennt und das sich dem Leser durchs Medium jenes Grausens mitteilt, von dem der ägyptische Freund spricht. Es ist die unbeabsichtigte, unwahrscheinliche und daher unheimliche Wiederholung der Glücksfälle, die wie von außen gesteuert erscheint und einerseits an überwundene, doch nicht gänzlich außer Kraft gesetzte Reste animistischer Seelentätigkeit rührt, andererseits den Wiederholungszwang der Triebe reaktiviert.[115]

In einem freilich provozierten Glückswechsel anderer Art kulminiert die Geschichte einer weiteren Ballade, deren von lautmalerischer Eindringlichkeit zeugende Verse noch mancher im Ohr haben mag (»Und es wallet und siedet und brauset und zischt«[116]). Schiller schrieb den ›Taucher‹ im Juni 1797 und druckte ihn ein Jahr später im ›Musenalmanach‹, dem Schaufenster seiner und Goethes Balladenproduktion. Auch hier treibt der

unerhörte Glücksfall sein Gegenteil hervor, doch das wiederum
äußerst dramatisch in Szene gesetzte Geschichtsmärchen zielt mit
seinem Hauptgedanken doch in eine andere Richtung.

›Wer wagt es, Rittersmann oder Knapp,
Zu tauchen in diesen Schlund?
Einen goldnen Becher werf ich hinab,
Verschlungen schon hat ihn der schwarze Mund.
Wer mir den Becher kann wieder zeigen,
Er mag ihn behalten, er ist sein eigen.‹

Der König spricht es und wirft von der Höh
Der Klippe, die schroff und steil
Hinaushängt in die unendliche See,
Den Becher in der Charybde Geheul.
›Wer ist der Beherzte, ich frage wieder,
Zu tauchen in diese Tiefe nieder?‹

Und die Ritter, die Knappen um ihn her
Vernehmens und schweigen still,
Sehen hinab in das wilde Meer,
Und keiner den Becher gewinnen will.
Und der König zum drittenmal wieder fraget:
›Ist keiner, der sich hinunterwaget?‹[117]

Das Meer, drohend und wildbewegt, ist eine den Zeitgenossen
wie Schiller selbst durchaus geläufige Geschichtsmetapher, er
benutzt sie etwa in dem Aufsatz ›Über die tragische Kunst‹
(1792). Die Stelle steht gleich im zweiten Absatz (»Ein Meer-
sturm, der eine ganze Flotte versenkt, vom Ufer aus gesehen,
würde unsere Phantasie ebenso stark ergötzen, als er unser füh-
lendes Herz empört ‹. . .›«[118]) und wurde bereits – von Dolf
Sternberger – als »Allegorie der verschlingenden und vernichtenden Geschichte selber« gedeutet[119]. Jean Paul entwickelt das Bild
in dieser Bedeutung fast mit denselben Vorstellungen wie der
Autor des ›Taucher‹: »Allerdings blickt die Vergangenheit uns so
grausend an wie ein aufgedeckter Meeresboden«, heißt es in den

›Dämmerungen für Deutschland‹, »welcher voll liegt von Gerippen, Untieren, Kanonen, modernden Kostbarkeiten und verwitternden Götterstatuen.«[120] König und Gefolge, die historischen Handlungsträger, auf der einen, der herrliche Jüngling auf der anderen Seite und vor ihnen das aufgewühlte Meer der Geschichte: wir erkennen den Bildgedanken wieder, haben ihn sich im Konflikt zwischen Wallenstein und Max Piccolomini dramatisch entfalten sehen und erleben auch in der Ballade, was es mit dem Los des Schönen auf der wildbewegten Erde auf sich hat. Gelingt es dem Jüngling auch noch, den Pokal zu gewinnen und den Preis davonzutragen, solange er keine weitere Absicht damit verbindet (»Und sieh! aus dem finster flutenden Schoß / Da hebet sichs schwanenweiß, / Und ein Arm und ein glänzender Nacken wird bloß, / Und es rudert mit Kraft und mit emsigem Fleiß, / Und er ists, und hoch in seiner Linken / Schwingt er den Becher mit freudigem Winken.«[121]), so mißglückt das große Unternehmen in dem Moment, da ein fremder, äußerer Zweck zum wichtigsten Beweggrund wird: »Da treibts ihn, den köstlichen Preis zu erwerben, / Und stürzt hinunter auf Leben und Sterben.«[122] Die Idee vom gefährlichen, unzuverlässigen, verschlingenden Geschichtsleben hat Schiller fasziniert, und wenn sie nicht geradezu der gedankliche Hauptinhalt einer Ballade ist (wie etwa noch in ›Hero und Leander‹, 1802), so doch wenigstens der dunkle Untergrund drohender und allenfalls auf Zeit ausgesetzter ·Zerstörung (›Kassandra‹, 1803; auch: ›Der Handschuh‹, 1798). Das gilt auf besondere Weise selbst für die so kolportagehaft-reißerisch wirkenden Balladen, die das Interesse ihres Autors am »Schatz der Lesebibliotheken«[123] sehr wohl verraten, also für den schaurigen ›Gang nach dem Eisenhammer‹ (1798), aber auch für ›Die Kraniche des Ibykus‹ (1798) und ›Die Bürgschaft‹ (1799).

Einen Kriminalfall aus der Antike könnte man die Mordgeschichte um den Dichter Ibykus nennen, der auf seinem Wege nach Athen von Wegelagerern erschlagen wird. Nicht der Mechanismus der Tat, die »Leichenöffnung des Lasters«[124] interessiert den Autor, sondern die Psychologie der Entdeckung, der Augenblick der Wahrheit, herbeigeführt durch den Erinnyen-

Chor auf der Bühne. Wobei die ästhetisch-emotionale Wirkung nicht bloß von außen durch die Selbstentdeckung der Mörder zu erschließen, sondern selber Gegenstand der Ballade ist. Die Perspektive wechselt nämlich plötzlich vom sachlichen Berichterstatter, der die Festveranstaltung Revue passieren läßt, zu den Schuldigen selber, und das ganz abrupt, unvermittelt mitten in der Strophe:

Wer zählt die Völker, nennt die Namen,
Die gastlich hier zusammenkamen?
Von Theseus' Stadt, von Aulis Strand,
Von Phokis, vom Spartanerland,
Von Asiens entlegner Küste,
Von allen Inseln kamen sie
Und horchen von dem Schaugerüste
Des *Chores* grauser Melodie,

Der streng und ernst, nach alter Sitte,
Mit langsam abgemeßnem Schritte,
Hervortritt aus dem Hintergrund,
Umwandelnd des Theaters Rund.
So schreiten keine irdschen Weiber,
Die zeugete kein sterblich Haus!
Es steigt das Riesenmaß der Leiber
Hoch über menschliches hinaus.

Ein schwarzer Mantel schlägt die Lenden,
Sie schwingen in entfleischten Händen
Der Fackel düsterrote Glut,
In ihren Wangen fließt kein Blut.
Und wo die Haare lieblich flattern,
Um Menschenstirnen freundlich wehn,
Da sieht man Schlangen hier und Nattern
Die giftgeschwollnen Bäuche blähn.[125]

»So schreiten keine irdschen Weiber«, an dieser Stelle liegen Bruch und Wechsel der Perspektive. Als der Chor von der Theaterbühne abtritt, ist der seelische Boden bereitet für den Aufzug eines anderen stummberedten Chors auf der Bühne des Himmels, dessen Anklage in der Seele der Mörder derart laut widerhallt, daß alle Versammelten das Echo vernehmen können. »Die Gerichtsbarkeit der Bühne fängt an, wo das Gebiet der weltlichen Gesetze sich endigt«, hatte der Mannheimer Redner über die Schaubühne als moralische Anstalt 1784 dekretiert, und die Ballade legt diesen Satz allegorisch aus, nach dem Muster von Hamlets »Mausefalle«. Denn nimmt man das Gedicht als die Ebene des Dramas, so fungiert das Chorlied der Erinnyen als Spiel im Spiel. Mittels der Dichtung wird der Mord am Dichter zur Sühne gebracht: eine zusätzliche Pointe, die mit der Lebenserfahrung Schillers ja durchaus manchen Berührungspunkt hat.

Das Schema des Spiels im Spiel, freilich nicht zur Sühne eines Verbrechens, sondern zum Ausweis edler Menschlichkeit, hat Schiller noch einmal in einer Ballade benutzt und dort mit legendenhaften Zügen versehen: ›Der Graf von Habsburg‹ (1804). Beim Krönungsmahle König Rudolfs (»Zu Aachen in seiner Kaiserpracht«[126]) tritt ein Sänger auf und erinnert den Herrscher an die eigene Vorgeschichte als ein auch für die Zukunft verpflichtendes »tua fabula narratur«: als fortwährende Anerkenntnis göttlichen Waltens und damit dessen, »›Von dem ich Ehre und irdisches Gut / Zu Lehen trage und Leib und Blut / und Seele und Atem und Leben.‹«[127] Daraus nun freilich auf das priesterliche Wesen des dichterischen Auftrags zu schließen, wie manche Interpreten wollen[128], hieße aber doch, den Text der Ballade zu buchstäblich zu nehmen. Genauer verbirgt sich dahinter wieder der Grundgedanke der ästhetischen Erziehung, der ganz innerweltlich, diesseitig ist und auf die Überzeugung hinausläuft, daß die Dichtung nun die Wirksamkeit übernommen hat, die in früherer, voraufklärerischer Zeit der Religion bei der Erziehung des Menschengeschlechts zugekommen war.

Daß der Mensch allein der Werkmeister seines Heils ist, lehrt schließlich auch die wohl bekannteste Schiller-Ballade: ›Die Bürgschaft‹. Loblied auf die unverbrüchliche, durch keine Tyrannenmacht verführbare Freundschaft – so wurde sie zuallererst interpretiert. Und es stimmt ja: Freundschaft, den anderen bürgerli-

chen Idealen der Brüderlichkeit und Menschlichkeit nah verwandt, ist ein Hauptmotiv der dramatischen Balladenhandlung.
Deren Dynamik übrigens wird durch einen Kunstgriff bestimmt,
der uns aus der Spannungsliteratur bis heute vertraut ist und
zeigt, daß Schiller es durchaus ernst meinte, wenn er das Studium
der wenig geachteten Autorenkollegen aus der Leihbibliotheks-
sphäre empfahl: das Motiv der bestimmten, lebens- und urteils-
entscheidenden Frist und der verrinnenden Zeit, mit Rettung in
allerletzter Minute und fünf Minuten vor zwölf. Allein, dies ist
nur eine, die erste Leseebene der Ballade, ihre Handlung ist aufgetragen auf ein sehr viel erhabeneres Geschehen und läuft auf
nichts weniger hinaus als eine Revision der biblischen, neutesta-
mentarischen Heils- und Opfertodgeschichte. Für den schuldigen
Damon tritt, genau gesagt, ein schuldloser Stellvertreter ein,
nimmt die Gefahr auf sich, den Kreuzestod zu sterben.

Und die Sonne blickt durch der Zweige Grün
Und malt auf den glänzenden Matten
Der Bäume gigantische Schatten;
Und zwei Wanderer sieht er die Straße ziehn,
Will eilenden Laufes vorüberfliehn,
Da hört er die Worte sie sagen:
›Jetzt wird er ans Kreuz geschlagen.‹[129]

Offensichtlich aber wiederholt sich in der Stunde dieses
Opfertodes nicht das Ereignis von Golgatha, im Gegenteil, die
Ballade widerlegt es:

Und die Sonne geht unter, da steht er am Tor
Und sieht das Kreuz schon erhöhet,
Das die Menge gaffend umstehet,
An dem Seile schon zieht man den Freund empor,
Da zertrennet er gewaltig den dichten Chor:
›Mich, Henker!‹ ruft er, ›erwürget!
Da bin ich, für den er gebürget!‹[130]

Der Ausgang der Geschichte ist bekannt, der unschuldige Stellvertreter wird ausgelöst, doch auch der Schuldige muß nicht ster-

ben, seine Treue, seine tätige Menschlichkeit rechtfertigen ihn, der tyrannische Vatergott, gegen den der Sohn rebellierte, ist versöhnt und sogar überwunden. Muß man noch deutlicher sagen, daß sich auch hierin Schillers Geschichtsoptimismus ausspricht, ja daß seine Balladen auf die eine oder andere Weise alle nur Belege für die eine utopische Gedankenfigur liefern, die er konzentriert in dem kurzen Lehrgedicht ›Hoffnung‹ ausspricht – es ist 1797 entstanden, im selben Zeitraum wie die meisten Balladen:

Es reden und träumen die Menschen viel
   Von bessern künftigen Tagen,
Nach einem glücklichen goldenen Ziel
   Sieht man sie rennen und jagen.
Die Welt wird alt und wird wieder jung,
Doch der Mensch hofft immer Verbesserung.

Die Hoffnung führt ihn ins Leben ein,
   Sie umflattert den fröhlichen Knaben,
Den Jüngling locket ihr Zauberschein,
   Sie wird mit dem Greis nicht begraben,
Denn beschließt er im Grabe den müden Lauf,
Noch am Grabe pflanzt er – die Hoffnung auf.

Es ist kein leerer schmeichelnder Wahn,
   Erzeugt im Gehirne des Toren,
Im Herzen kündet es laut sich an:
   Zu was Besserm sind wir geboren!
Und was die innere Stimme spricht,
Das täuscht die hoffende Seele nicht.[131]

5. West-östlicher Divan

»Ich sehe immer mehr ⟨. . .⟩, daß die Poesie ein Gemeingut der Menschheit ist, und daß sie überall und zu allen Zeiten in Hunderten und aber Hunderten von Menschen hervortritt. Einer macht es ein wenig besser als der andere und schwimmt ein wenig länger oben als der andere, das ist alles. Der Herr von Matthisson muß daher nicht denken, er wäre es, und ich muß nicht denken, ich wäre es, sondern jeder muß sich eben sagen, daß es mit der poetischen Gabe keine so seltene Sache sei, und daß niemand eben besondere Ursache habe, sich viel darauf einzubilden, wenn er ein gutes Gedicht macht. Aber freilich, wenn wir Deutschen nicht aus dem engen Kreise unserer eigenen Umgebung hinausblicken, so kommen wir gar zu leicht in diesen pedantischen Dünkel. Ich sehe mich daher gerne bei fremden Nationen um und rate jedem, es auch seinerseits zu tun.«[132] Das sagt Goethe zu Eckermann in einem Gespräch, in dem er nochmals seine Auffassung von Weltliteratur darlegt (»Nationalliteratur will jetzt nicht viel sagen, die Epoche der Weltliteratur ist an der Zeit, und jeder muß jetzt dazu wirken, diese Epoche zu beschleunigen«, lautet der nächste Satz), doch nicht sie interessiert uns jetzt. Über die Grenzen der Nationalliteratur sind seine Interessen, seine Neugier und Aufmerksamkeit schon immer hinausgegangen. Herder war darin für ihn der früheste wichtige Autor gewesen, und wenn er auch das Besondere der deutschen Literatur, Tradition und Kunstgeschichte – man denke an den Aufsatz ›Von deutscher Baukunst‹ (1772) – zu pflegen und kultivieren forderte, so dies doch immer in einem republikanischen Wettstreit mit den anderen Kulturen auf der Grundlage der Gleichheit; »für musterhaft« (und auch dies bestätigt er hier nochmals im Gespräch mit Eckermann) galten ihm nur die »alten Griechen«.[133]

Natürlich spielt noch etwas anderes eine Rolle bei dieser Vorliebe fürs Fremde, gar Exotische in der Überlieferung anderer Völker: die ganz pragmatische Suche des professionellen Schriftstellers nach frischen Inspirationsquellen und Stoffen. Gerade der Lyriker Goethe zeigt sich hier ständig auf der Suche nach neuen literarischen Erfahrungen zum eigenen Nutzen. Das kann sich zuerst sogar allein auf die Form beziehen, wie der Zyklus der ›Sonette‹ zeigt, den Goethe in den Jahren 1807 und 1808 schrieb, 1815 in den ›Werken‹ erstmals veröffentlichte und für welchen er natürlich absichtsvoll nur den Gattungsnamen als Titel wählte. Angeregt von der romantischen Schule (Zacharias

Werner, August Wilhelm Schlegel), sind es diesmal Petrarca und die rhetorisch geprägte Kunstlyrik des Humanismus; im 16. Gedicht des Kreises, ›Epoche‹, hat Goethe Gemeinsames und Trennendes nun selber zum Gegenstand eines Sonetts gemacht, dessen Form für sich schon antithetischem Denken entspricht.

Mit Flammenschrift war innigst eingeschrieben
Petrarcas Brust vor allen andern Tagen
Karfreitag. Ebenso, ich darf's wohl sagen,
Ist mir Advent von Achtzehnhundertsieben.

Ich fing nicht an, ich fuhr nur fort zu lieben
Sie, die ich früh im Herzen schon getragen,
Dann wieder weislich aus dem Sinn geschlagen,
Der ich nun wieder bin ans Herz getrieben.

Petrarcas Liebe, die unendlich hohe,
War leider unbelohnt und gar zu traurig,
Ein Herzensweh, ein ewiger Karfreitag;

Doch stets erscheine, fort und fort, die frohe,
Süß, unter Palmenjubel, wonneschaurig,
Der Herrin Ankunft mir, ein ew'ger Maitag.[134]

Karfreitag und Advent: auf eine kurze Formel gebracht der Gegensatz zweier Liebeskulturen, aber auch das, worin sie ihr gemeinsames Zentrum haben: in der Liebespoesie als unvergänglicher Apotheose der ewig Geliebten, als Minnedienst der »Herrin«. Metaphorische Liebessprache, erhöhte Redeform und der Gebrauch der Antithese als Form der besonderen Liebeserfahrung: von Sehnsucht und Entsagung (»Und endlich, als das Meer den Blick umgrenzte, / Fiel mir zurück ins Herz mein heiß Verlangen; / Ich suchte mein Verlornes gar verdrossen. // Da war es gleich, als ob der Himmel glänzte; / Mir schien, als wäre nichts mir, nichts entgangen, / Als hätt' ich alles, was ich je genossen.«[135]), sämtliche dieser Elemente in Goethes ›Sonetten‹ sind beim Vorbilde schon ausgeprägt, ihre Eigenart in diesem Zyklus gewinnen sie aus der Spannung von persönlicher Liebessprache und überkommener Form, von sinnlichster Daseinsfreude und Sublimierkunst, von erotischem Weltsinn und strenger Nüchternheit: »Das Allerstarrste freudig aufzuschmelzen, / Muß Liebesfeuer allgewaltig glühen.«[136]

Das ist poetologisches Bekenntnis und Lebensmaxime in einem, darin Beweggrund von Goethes später Lyrik überhaupt. Wobei in der Existenzform selber jener Widerstand der geprägten, vom Leben eigenst sedimentierten Gestalt liegen kann: die Alterslyrik Goethes wird das auf besondere Weise veranschaulichen, mit dem bezeichnenden Unterschied, daß dann auch die Poesie zum Schmelztiegel gehört, das Erstarrte aufzulösen. Gewiß nicht regellos und in die formale Ungebundenheit der Geniebewegung vergangener Epoche, sondern in jener Heiterkeit und Gelöstheit, der die Form nur Spielform, Anlaß zu Experiment und Variation ist (›Frühling übers Jahr‹, 1820; ›Um Mitternacht‹, 1821). Eine Ausnahme macht allerdings die ›Trilogie der Leidenschaft‹ (1825, 1827), denn noch einmal erscheint Poesie hier als Rettungsform und ästhetische Verwahrung vor der anarchischen Bedrohung durch die Macht der Affekte. Sogar Werthers »vielbeweinter Schatten«[137] taucht aus tiefer, sonst gern verdrängter Vergangenheit auf, doch gerade seine Wiederkehr zeugt von künstlerischer Distanz, ist ironisches Selbstzitat, zwar mit dem Untergrund der Verzweiflung, aber doch schon Meisterung und die »Aussöhnung« verratend, von der ganz offenkundig der dritte Teil der Trilogie berichtet:

Und so das Herz erleichtert merkt behende,
Daß es noch lebt und schlägt und möchte schlagen,
Zum reinsten Dank der überreichen Spende
Sich selbst erwidernd willig darzutragen.
Da fühlte sich – o daß es ewig bliebe! –
Das Doppelglück der Töne wie der Liebe.[138]

Auch die Poesie, sagte ich, gewinnt für Goethe im Alter zunehmend die Wirksamkeit, ihn vor Erstarrung und Gewohnheit zu bewahren, die Beschäftigung mit der Weltliteratur hat diesen

lebensgeschichtlichen Aspekt und verdankt sich nicht nur seiner
Einsicht, daß die Epoche der Weltliteratur, einer durch keine
nationalen Grenzen beschränkten universalen literarischen Kommunikation auf der Tagesordnung der Geschichte stehe; diese
Tagesordnung kam ihm vielmehr wie gerufen, paßte ins Lebens-
konzept, das er sich selbst verschrieben. Die Vergleichung, die er
für sich als Autor des ›West-östlichen Divans‹ wählt, macht uns
diese individuelle Absicht unmißverständlich erkennbar. »Am
liebsten aber wünschte der Verfasser vorstehender Gedichte«,
pointiert er schon in der Einleitung der ›Noten und Abhandlungen‹, »als ein Reisender angesehen zu werden, dem es zum Lobe
gereicht, wenn er sich der fremden Landesart mit Neigung
bequemt, deren Sprachgebrauch sich anzueignen trachtet, Gesinnungen zu teilen, Sitten aufzunehmen versteht ⟨. . .⟩. Damit aber
alles, was der Reisende zurückbringt, den Seinigen schneller
behage, übernimmt er die Rolle eines Handelsmanns, der seine
Waren gefällig auslegt und sie auf mancherlei Weise angenehm
zu machen sucht ⟨. . .⟩«[139] Zu den Rollen und Masken, die Goethe
im ›Divan‹ ausprobiert, zu den Kunstfiguren, in denen er eigene
und fremde Erfahrung sich spiegeln läßt, tritt hier eine weitere,
die des Reisenden, der seine Preziosen ausbreitet, von seinem
Gang durch fremde Kulturlandschaften berichtet und damit
(›Wilhelm Meisters Wanderjahre‹ liegen nicht fern) die Reiseform ständig sich erneuernder Bildung ein weiteres Mal bezeugt
– »weil man weder im Vollkommenen noch im Unvollkommenen
lange verharren kann, sondern eine Umwandlung nach der
andern immerhin erfolgen muß ⟨. . .⟩«[140] In seinen ›Noten und
Abhandlungen‹ macht Goethe keinen Hehl daraus, was ihn an
persisch-orientalischer Poesie, an der islamischen Kultur, an den
Gedichten des Hafis so besonders anzog: »den weit umgreifenden
Blick über alle Wertgegenstände, die Leichtigkeit zu reimen,
sodann aber eine gewisse Lust und Richtung der Nation, Rätsel
aufzugeben«[141]; Eigenschaften, die, konstatiert er, vor allem einer
reifen, ja »einer alternden Weltepoche« zukommen, mit ihrem
Reichtum an Geist, Übersicht und »freien Gebrauch der Talente«:
»Jene Dichter haben alle Gegenstände gegenwärtig und beziehen
die entferntesten Dinge leicht aufeinander ⟨. . .⟩«[142] Unter ihnen

allen sticht Hafis hervor, das »glücklichste Naturell; große Bildung, freie Fazilität und die reine Überzeugung (vereinigend), daß man den Menschen nur alsdann behagt, wenn man ihnen vorsingt, was sie gern, leicht und bequem hören, wobei man ihnen denn auch etwas Schweres, Schwieriges, Unwillkommenes gelegentlich mit unterschieben darf.«[143] Ganz offensichtlich ist Hafis für Goethe eine Wunschfigur der Selbstidentifizierung, und es liegt eine nicht geringe, doch charakteristische Selbsteinschätzung darin, wenn er die eigene Lebensphase durch dessen Figur hindurch im Spiegel historischer Epochenentwicklung deutet. Der ›Divan‹ ist Produkt einer hohen, bis ins Feinste ausgebildeten Spielkultur, sowohl der Vorlage wie dem Geist seines Autors nach, gewiß von einem anderen Charakter, als Schiller es jemals gedacht hat, da er seine Philosophie einer auf dem Spieltrieb beruhenden Kultur ausführte, und doch dem Prinzip und objektiven Sinn nach die späte und schönste Ausprägung seiner Idee. »Der geistreiche Mensch, nicht zufrieden mit dem, was man ihm darstellt, betrachtet alles, was sich den Sinnen darbietet, als eine Vermummung, wohinter ein höheres geistiges Leben sich schalkhaft-eigensinnig versteckt, um uns anzuziehen und in edlere Regionen aufzulocken.«[144]

Solche Rede ist zweideutig und steht nicht zufällig in der Note zum ›Buch der Liebe‹. Denn das Spiel mit Masken und Figuren, die vor unseren Augen aufziehen, hat viele Dimensionen, ist Erweiterung in dem Sinne, wie Schiller es bestimmte, als gleichzeitige und harmonische Entfaltung der menschlichen Doppelnatur, heißt aber auch »orientalisieren«[145], um an dem Geistreichtum der fremden Kultur teilzunehmen, wird zum ästhetischen Spiel mit Bildern und Bedeutungen, Chiffren und Gleichnissen – und ist in allem noch ein Stück Lebens- und Liebesspiel, das der Dichter nicht alleine, sondern mit seiner Geliebten, mit Marianne von Willemer, spielt. Zwar war der ›Divan‹-Plan älter als die Bekanntschaft mit der jungen Frau seines Frankfurter Freundes, und auch die ersten Lieder, die Suleikas Namen führen, mögen sich noch uneingestanden und allenfalls schattenhaft auf sie beziehen. Allein, die Spielsituation war geschaffen, als er im August 1815 in Frankfurt eintraf, um dann für viele Wochen als

Gast in Willemers Gerbermühle zu wohnen. Am 12. September und nachdem er schon wieder in Frankfurt war, kurz vor seiner Abreise nach Weimar, entsteht das erste Gedicht jenes Wechselgesangs mit Marianne, dem wir den ›West-östlichen Divan‹ verdanken (»Nicht Gelegenheit macht Diebe, / Sie ist selbst der größte Dieb; / Denn sie stahl den Rest der Liebe, / die mir noch im Herzen blieb.«[146]). Ihr Anteil daran ist nicht gering zu veranschlagen, ihre Chiffrengedichte (Zeilen aus ihrem Hafis-Exemplar in die Zahlen der Versnumerierung verschlüsselt – als geheime Botschaft für den Geliebten) inspirierten Goethe zu den schönsten Liedern, und sie selber antwortete ihm in Versen, die seinen in nichts nachstehen (»Hochbeglückt in deiner Liebe«, »Was bedeutet die Bewegung«, »Ach, um deine feuchten Schwingen«); so wurde Marianne, im Banne und unterm Einfluß des poetisch-ästhetischen Spiels, das Goethe begonnen hatte, zur gleichrangigen Dichterin, das vollkommenste Beispiel für die Macht und den Einfluß ästhetischer Erziehung auf den einzelnen Menschen, das wir ihm verdanken.

Ohne uns nun etwa in den auch heute immer wieder einmal aufkommenden Streit[147] um die Frage zu vertiefen und zu verlieren, ob der ›West-östliche Divan‹ nun als eine lockere, motivisch verknüpfte Gedichtsammlung oder als ein geschlossenes Kunstwerk anzusehen sei, in dem jedes Einzelgedicht seinen notwendigen Platz und Stellenwert habe, sei doch bemerkt, daß es für beide Positionen plausible Argumente gibt, weil der Gegensatz künstlich ist. 1819 ist der Zyklus erstmals erschienen, Goethe hat aber immer noch weitere Gedichte hinzugefügt, wie der Vergleich mit der Ausgabe letzter Hand sofort zeigt. Auch gibt es unter den zwölf Büchern, in die er den ›Divan‹ aufteilte, Ungleichgewichtigkeiten und Leerstellen. Vom ›Buch Timur‹ sagt er selber, daß es »eigentlich erst gegründet werden« müsse, weil die Erfahrung »ungeheurer Weltereignisse«[148] die »Aneignung des Orientalismus«, von der er zu Boisserée redete[149], eher zu behindern als zu fördern vermochte. Beim ›Buch der Parsen‹ bekennt der Autor, »vielfache Ableitungen« hätten ihn verhindert, »die so abstrakt scheinende und doch so praktisch eingreifende Sonn- und Feuerverehrung in ihrem ganzen Umfang dichterisch darzustellen«[150], doch gelten diese Einschränkungen nicht auch für andere, vom Umfang zwar größere, doch dem Thema nach unausschöpfbare Kapitel wie diejenigen über die Liebe oder die Dichtkunst? Ein geplantes ›Buch der Freunde‹ ist gar nicht ins Werk gesetzt worden. Der ›Divan‹ hat eine offene Form, ist, mit Wölfflins Begriff gesagt, atektonisch, aber natürlich auch nicht ein Sammelort beliebig einreihbarer oder herauszulösender Gedichte, wie der Autor übrigens zu seinem nicht geringen eigenen Erstaunen anerkennen mußte, als er für Zelters Liedertafel einen Text daraus nehmen wollte: »Jedes einzelne Glied nämlich ist so durchdrungen von dem Sinn des Ganzen, ist so innig orientalisch, bezieht sich auf Sitten, Gebräuche, Religion und muß von einem vorhergehenden Gedicht erst exponirt sein, wenn es auf Einbildungskraft oder Gefühl wirken soll. Ich habe selbst noch nicht gewußt, welches wunderliche Ganze ich daraus vorbereitet.«[151] Gesichertheit, Wohlgeordnetheit, Abgeschlossenheit sind zwar dem ›Divan‹ fremde Kategorien, doch Beliebigkeit, Zufälligkeit und Zerfall in lauter Episodisches ebenso. Seine durchgehaltene Form eigener, orientalischer Art ist die Arabeske, das offene Verweisungssystem, worin, wie Hugo von Hofmannsthal fand, »jegliches auf jegliches deutet«[152]. Wobei es aber eine Invariante der Richtung gibt, die aus dem geistigen Expeditionscharakter folgt, den der ›Divan‹ auch hat, als einer planvoll erkundenden Begegnung west-östlicher Lebens- und Kunstformen. Vollständigkeit war von Goethe niemals beabsichtigt, wäre auch nicht durchführbar, und so richtet sich der Kompaß des Dichters insbesondere in vier Themenrichtungen: die Liebe allen voran, dann die Dichtkunst, schließlich Trunkenheit und Nüchternheit des Lebens, ohne daß aber selbst darin systematische Trennung herrschte (»Wenn man nicht trinken kann, / soll man nicht lieben; / Doch sollt ihr Trinker euch / Nicht besser dünken, / Wenn man nicht lieben kann, / Soll man nicht trinken.«[153]). Die unaufhebbare Verzahnung der Gedichte mag ein Beispiel erhellen. Das Gedicht ›Vollmondnacht‹ wird exponiert durch das vorangehende ›Wiederfinden‹, wo Goethe Einheit und Trennung, Abschied und Wiedersehen als zwei menschliche, ihn schon immer faszinierende Grundsituationen mit der Unvollkommenheit der Schöpfung identifiziert. Das dem

Autor der Farbenlehre naheliegende Gleichnis ist die Trennung
von Licht und Finsternis, welche aber zugleich den Schöpfer- und
Vereinigungstrieb des Menschen begründet; nur in Kunst und
Liebe vermag er jene Einheit zu schaffen, die die Schöpfung entbehren muß (»Allah braucht nicht mehr zu schaffen, / Wir
erschaffen seine Welt.«[154]). Die letzte Strophe findet das fabula
docet der vorangegangenen kosmologischen Rede in der konkreten, unverwechselbaren Liebesgeschichte, von der das ›Buch
Suleika‹ und der ganze ›Divan‹ erzählen.

So, mit morgenroten Flügeln,
Riß es mich an deinen Mund,
Und die Nacht mit tausend Siegeln
Kräftigt sternenhell den Bund.
Beide sind wir auf der Erde
Musterhaft in Freud' und Qual,
Und ein zweites Wort: Es werde!
Trennt uns nicht zum zweitenmal.[155]

Die Schlußstrophe bereitet den Übergang zum nächsten
Gedicht, und verfolgen wir die Perspektive, unter der das Thema
in beiden Gedichten erscheint, so können wir eine zunehmende
Konzentration beobachten: von der unvollkommenen Schöpfung
über die Liebeserfüllung zwischen zwei Menschen bis zum einzelnen Augenblick, der Trennung und Wiederfinden in einem ist. In
umgekehrter Blickrichtung öffnet sich dieser Augenblick der
Vollmondnacht in die erhabene Harmonie-Ordnung des gestirn-
ten Himmels, als eine Subjektausbreitung ungeheurer Art.

Vollmondnacht

Herrin, sag', was heißt das Flüstern?
Was bewegt dir leis die Lippen?
Lispelst immer vor dich hin,
Lieblicher als Weines Nippen!
Denkst du deinen Mundgeschwistern
Noch ein Pärchen herzuziehn?

›Ich will küssen! Küssen! sagt’ ich.‹

Schau! Im zweifelhaften Dunkel
Glühen blühend alle Zweige,
Nieder spielet Stern auf Stern;
Und smaragden durchs Gesträuche
Tausendfältiger Karfunkel;
Doch dein Geist ist allem fern.

›Ich will küssen! Küssen! sagt’ ich.‹

Dein Geliebter, fern, erprobet
Gleicherweis’ im Sauersüßen,
Fühlt ein unglücksel’ges Glück.
Euch im Vollmond zu begrüßen,
Habt ihr heilig angelobet,
Dieses ist der Augenblick.

›Ich will küssen! Küssen! sag’ ich.‹[156]

»Immer sehnt sich mein Herz nach deinen Lippen«, lautete die Hafiszeile in Mariannes Brief, welche Goethe zu seinem Gedicht inspirierte. Es trägt das Datum vom 24. Oktober 1815, dem Tag des ersten Vollmonds nach dem Abschied von Marianne Willemer, als die Liebenden jene Gedenkstunde verabredeten. Dergleichen Informationen könnte man noch einige weitere beibringen, über die zweifelhafte Herkunft der Frankfurter Bankiersgattin, ihre jahrelange, mit dem Schicksal der jungen Christiane Vulpius vergleichbare Stellung im Hause Willemer und die Zeit, die Goethe hier verbrachte, auch, daß die refrainartig wiederkehrende Schlußzeile der drei Strophen von Hafis stammt – doch bedarf gerade dieses Gedicht, scheint es, solcher Prothesen am wenigsten.

Die Konstellation ist klar erkennbar: ein Gespräch zwischen der Dienerin und ihrer Herrin, die sonst im ›West-östlichen Divan‹ Suleika heißt, über Hatem, den fernen Geliebten, über das Unglück der Trennung und die Seligkeit der Erinnerung. Auch die Verabredung selber gibt keine Rätsel auf, ein Liebesspiel, das auch heute noch unter Liebenden seine Anhänger hat – ebenso wie die hübsche Mode der Rätsel-Briefchen, die Goethe und Marianne wechselten: harmlose Plaudereien auf der Oberfläche, und nur der wahre Adressat vermag die eigentliche, verborgen glühende Bedeutung zu entziffern. Etwas von einer solchen »Geheimschrift« (und das nächste Gedicht des ›Buches Suleika‹ handelt ausdrücklich davon) haben auch diese Strophen – gerade durch ihre offensichtliche Harmlosigkeit. Die Dienerin ist zugleich Vertraute, sie weiß von der Verabredung ihrer Herrin, ihre Fragen nach der Ursache für Suleikas Entrückung wirken (auf jeden Fall von der letzten Strophe her gesehen) wie bloße Anspielungen auf das gemeinsame Geheimnis. Die Antwort läßt sie unbefriedigt, doch nicht, weil sie lückenhaft wäre, sondern weil ihre Fragen einen ganz anderen Sinn haben. Ein Dialogge-dicht bilden diese Verse nur auf den ersten Blick: die Worte der einen haben die Aufgabe, die angemessene Umgebung und Atmo-sphäre für die verzückte Rede der anderen zu schaffen. Mit ihrem »verführerischen Klangspiel« (Max Kommerell) verstärkt sie die rauschhafte Hingabe der Herrin (Strophe eins), verwan-delt die Vollmondnacht in eine Liebesnacht, in der die ganze Natur sich, hochzeitlich geschmückt, vereinigt (Strophe zwei), und beschwört schließlich den Geliebten, wenn der magische Augenblick gekommen ist.

Kein Zweifel, das eigentliche Rätsel des Gedichts ist die von den Interpreten so genannte Dienerin: Von ihr erfahren wir nur durch die Anrede »Herrin, sag', was heißt das Flüstern?« Doch ist das schon genug, ihre Identität zu bestimmen, und ist nicht auch im folgenden ›Geheimschrift‹ genannten Gedicht von der »Her-rin« die Rede, doch unzweifelhaft so, daß wir in dem Sprecher Hatem erkennen? Das Gedicht des Hafis, in dem die Refrainzeile steht, ist ebenfalls ein Dialog zwischen den beiden *Liebenden,* und wird nicht tatsächlich, wer immer hier zu Suleika tritt, in Wahrheit zum Medium des Geliebten? Und mag dann nicht, bedenkt man Autor und Adressatin, bedenkt man die »Geheime Doppelschrift«[157] des folgenden Gedichts und schließlich das Schlüsselspiel der Verse und Briefchen, die hin und her gingen,

mag dann nicht eine andere und wirklich gemeinsame Vollmondnacht hinter dieser auftauchen, in den verabredeten Augenblick
gleichsam einschießen, ihn erfüllen?

So erklärte sich endlich jener Tempuswechsel in Suleikas
Refrain-Rede, der auch einen Adressatenwechsel andeutet. »Ich
will küssen! Küssen! sagt' ich« – das bezieht sich auf Nachfrage
und Anrede in den beiden ersten Strophen. »Ich will küssen! Küssen! sag' ich« – das ist die Forderung des Augenblicks an den
Geliebten, das carpe diem setzt seine Präsenz voraus. Derart wird
die Vollmondnacht erneut zur Liebesnacht, tauscht wenigstens
die Gesichter mit ihr, und die Vergangenheit steht in dem günstigen Moment wieder auf, der alle Bedingungen des einstigen
Glücks erfüllt.

Warum aber dann nicht noch einen Schritt weiter gehen und
die nächtliche Liebesbegegnung des Gedichts auf dem Hintergrunde einer anderen Beschwörungsszene sehen, die in Goethes
Werk bedeutsam ist? Ich meine die Beschwörung der Helena, die
Faust auf ebensolche Weise entzückt und auf den Gipfelpunkt
seines Liebesglücks führt, wie die Suleika des Gedichts Erfüllung
findet durch die nächtliche Beschwörung des Geliebten. Im
Drama wird die zeitliche Ferne aufgehoben im idealen Raum, im
Gedicht schwindet die räumliche Entfernung im zeitenthobenen
Augenblick. Die Adressatin wird auch diese Botschaft wohl verstanden haben. Bei aller Bedeutung, die die Liebenden ihrem heiligen Versprechen zumessen, bei aller Erinnerungsseligkeit, die
dem Vollmond in Liebessachen immer schon zukam – der Ort
solch magischer Erfahrung ist keine wirkliche Nacht auf Erden
mehr, sondern allein noch möglich im Gedicht, im ästhetischen
Spiel: die Kunst bewahrt alle Empfindungen auf, aktualisiert sie
nach Verabredung. Womit nun die ›Vollmondnacht‹ zum Schlüs-
selgedicht des ganzen Zyklus wird, der schließlich in weiten Teilen und vollends im Liebesbuch ›Suleika‹ verabredet wurde, oder
genauer: Verabredung ist, im wörtlichen Sinne. Mit jenem neuen
»Anstrich von Quodlibet«[158], den Goethe an der orientalischen
Poesie bemerkte und der seinen eigenen Neigungen vollkommen
entsprach. Welche unerhörten Lebensbezüge im Wiederfinden
einer Vollmondnacht aber aufscheinen können, zu welcher Voll-

endung die darin brennende Sehnsucht drängt, macht vollends
ein anderes Gedicht deutlich, das Konrad Burdach das schwierig-
ste Gedicht Goethes genannt hat und das nun ins geistige Zentrum des Zyklus führt, seine Licht- und Feuer-, Tag- und Nacht-
Metaphorik aufnehmend, um sie im gemeinsamen Inbegriff
gipfeln zu lassen.

Selige Sehnsucht

Sagt es niemand, nur den Weisen,
Weil die Menge gleich verhöhnet,
Das Lebend'ge will ich preisen,
Das nach Flammentod sich sehnet.

In der Liebesnächte Kühlung,
Die dich zeugte, wo du zeugtest,
Überfällt dich fremde Fühlung,
Wenn die stille Kerze leuchtet.

Nicht mehr bleibest du umfangen
In der Finsternis Beschattung,
Und dich reißet neu Verlangen
Auf zu höherer Begattung.

Keine Ferne macht dich schwierig,
Kommst geflogen und gebannt,
Und zuletzt, des Lichts begierig,
Bist du, Schmetterling, verbrannt.

Und so lang du das nicht hast,
Dieses: Stirb und werde!
Bist du nur ein trüber Gast
Auf der dunklen Erde.[159]

Um zu diesem Gedicht im ›West-östlichen Divan‹ zu gelangen,
muß man sich erst einen Weg durch die Gelehrsamkeit bahnen;
kaum ein Interpret, der nicht seinen Ehrgeiz dareingesetzt hätte,

seine Wurzeln bis in die feinsten Verzweigungen der orientalischen Metaphysik zu verfolgen. Deren Vorstellung, daß Tod und Untergang zugleich Wiedergeburt eines höheren Lebens sind, war Goethe freilich von Jugend an vertraut, und sie hat in seinem Leben eine so wichtige Rolle gespielt, daß alle entscheidenden Krisen und Umbrüche darin ebenso wie in der Entwicklung seiner Kunstfiguren (ob Faust, Egmont, Orest oder Iphigenie) in diese Denkfigur gefaßt werden.

Doch provozierend wirkt das Gedicht auch ganz unmittelbar und schon mit den ersten Versen, welche die Exklusivität der Erfahrung betonen, die ihm zugrunde liegt. Die kryptischen Bilder und paradoxen Sentenzen der folgenden Strophen, kulminierend in dem ehemals vielzitierten »Stirb und werde«, bringen ja eine Lebenshaltung zum Ausdruck, die unsere gewöhnlichen Vorstellungen von Tod und Leben verkehrt, indem sie das Sterben zur Bedingung des Lebens macht. Das rührt an die tabuisierten Zonen unseres Denkens, obgleich doch jede Liebeserfahrung einen ganz analogen Verlauf nimmt. Höchster und flüchtigster Genuß zugleich; Erfüllung, aber nur für den Moment, der Ankunft und Abschied in einem ist. Schon die einfache und liedhafte Form des ganzen Gedichts deutet auch darauf, daß es sich dabei eigentlich um eine ganz einfache, nämlich elementare Erfahrung handelt, wenn sie auch verschüttet ist und daher fremd, verstörend wirkt bei ihrer Wiederkehr.

Nur zwei Möglichkeiten bleiben uns, darauf zu reagieren: eilige Abwehr oder die Umwendung selber zu proben, die das Gedicht vollzieht – auch auf die Gefahr hin, daß dann die täuschenden Verwahrungen und Ausflüchte vor dem Tode, denen wir uns gerne hingeben, an Wert verlieren. Der Augenblick, der alles erfüllt, »das ist der Tod«, sagt Prometheus in Goethes frühem Dramenfragment[160], und ein Vorgefühl davon kommt für ihn auch im Moment des höchsten Genusses, der Liebeserfüllung, zum Ausdruck. Das Divangedicht nimmt beide Erfahrungen wieder auf und deutet sie durch das alte Vergänglichkeitsemblem der niederbrennenden Kerze. Das Lebendige, im Genuß der Liebe gleich wie im Genuß des Lebens sich selbst verzehrend, geht nicht nur wie Phönix verjüngt aus der Asche seiner alten Erscheinung hervor, sondern verlangt nach höherer Erfüllung, unbeschränkter, lichtvoller, reiner als die vorherige war.

Im Bilde des Schmetterlings, der in die Kerzenflamme fliegt, kommt diese Gedankenbewegung zu einem vieldeutigen Abschluß. Die Sehnsucht zum Licht macht den Tod des Schmetterlings; indem sie gestillt wird, verzehrt die Flamme sein Dasein; die Vereinigung mit ihr ist sein Tod. Ist damit aber die Grenze erreicht, über die hinaus kein Verlangen mehr treibt, weil alles licht geworden ist im Augenblick dieser, der letzten Vereinigung? Jener selige Augenblick wäre dann auch zugleich der wirklich erfüllte, dem keine Zeit mehr etwas anhaben kann und der die Vollendung brächte.

»Vollendung« hatte das Gedicht auch einmal heißen sollen, Goethe hat diese Überschrift aber dann verworfen, wohl auch der Schlußstrophe wegen, die mit ernüchternder Geradheit den Blick vom Sehnsuchtsbilde weg aufs unvollkommene Dasein zwingt, das in seiner Lichtsymbolik (wie eben auch im Gedicht ›Wiederfinden‹) durchs Bild des trübenden Mediums bedeutet wird. Eine Abkühlung des zuvor so kunstvoll erzeugten Überschwangs und damit die poetische Probe auf die in der zweiten Strophe ins Paradox verschlüsselte Liebeserfahrung. Die Vertreibung aus dem poetischen Bildersaal ins empirische Dasein und in die Tätigkeit des Lebens ist dabei eine ebenso charakteristische Wendung Goethes wie die Vorstellung vom menschlichen Entwicklungsgang als einer stetigen Vervollkommnung im Wechsel von Werden und Vergehen. Gewiß ist gerade dieser Bildungsgedanke von der Pädagogik und Popularphilosophie des 19. Jahrhunderts bis zur Unerträglichkeit trivialisiert worden, im Divangedicht aber tritt er in seiner ganzen existentiellen Ernsthaftigkeit – seiner Exklusivität eben – hervor. Denn »Dieses: Stirb und Werde!« bedeutet ja eine unerhörte Zumutung: die Aufforderung, das Leben wirklich daranzusetzen, in der Furcht des Todes so zu erzittern, daß alles Dasein wie aufgelöst ist, jenes Selbstopfer also, das ein weiterer alter Überschriftenentwurf dem Gedicht vorschreiben wollte. Es ist das Grundmotiv aller tragischen Situationen, und es bedarf dazu wirklich nicht, wie Goethe an anderer Stelle ausführt, Gift oder Dolch, Spieß oder Schwert. Zu neuer

Bildung und Formung, zur Wiedergeburt führt der Weg nur durch den apokalyptischen Untergang des Alten – es gibt nichts, was ferner von aller Erbauung und näher an der bedrängendsten Erfahrung des Lebens wäre als diese selige Sehnsucht, das Lösungswort des gesamten Zyklus.

III. Hölderlin

1. *Enthusiasmus des Geistes*

Wir haben uns daran gewöhnt, Hölderlins lyrisches Werk in drei große Epochen einzuteilen, deren Übergänge so ziemlich mit den großen Zäsuren seines Lebens zusammenfallen. Am Anfang stehen – nach den Proben aus Schulzeiten – die während seines Studiums in Tübingen entstandenen Hymnen. Sie gelten als unselbständig, dem großen Vorbild Schiller nachgedichtet, und erst in seiner Frankfurter und Homburger Zeit sei er zum unverwechselbaren und originalen Dichter gereift. Die Erfahrung der Trennung von der geliebten Susette Gontard leitet über zur Lyrik der Spätzeit, deren wichtigste Stücke zwischen 1800 und 1804 entstanden. Die privaten Erlebnisse und Lebenszufälle traten nach seinem Abschied aus dem Hause Gontard und kulminierend in Susettes Tod 1802 in eine immer unheilvollere Konstellation mit den Zeitereignissen, denen Hölderlins Interesse seit seinen enthusiastischen Stiftsfreundschaften galt und das durch den revolutionär gesinnten Freund Sinclair, seinen Homburger Wohngenossen, erneut aufgeregt wurde. Es gab Verbindungen zu revolutionären Gruppen. Eine Republik wollte man in Württemberg errichten, rechnete auf die Hilfe der französischen Revolutionstruppen und wurde bitter enttäuscht. Private und politische Katastrophen, das unstete Leben zwischen Stuttgart, Hauptwil und Bordeaux, der gescheiterte Versuch, bei der Mutter in Nürtingen Gleichgewicht und Lebensmut zu finden, schließlich der Hochverratsprozeß gegen Sinclair, dessen Auswirkungen Hölderlin mit knapper Not entkam: das sind in gedrängter Kürze die wesentlichen Erfahrungen der Jahre zwischen 1798 und 1805, vor seiner Einlieferung in die Autenriethsche Klinik, dem Beginn des langen Exils seines Geistes im Tübinger Turm und dem Versiegen seines poetischen Talents. Niederdrückend waren alle diese Erfahrungen, wären es auch für weniger sensible, gröbere Naturen gewesen und bestätigten die schlimmsten Befürchtungen, die sein kritisch alarmierter Geist schon lange gehegt hatte.

Dabei hatte alles hoffnungsfroh begonnen. Als Hölderlin im Herbst 1788 ins Tübinger Stift zog, geschah das mit einem ganzen »Plunder Gedichte«[1] im Gepäck, geschrieben im Stil der Zeit, nämlich Klopstocks, Friedrich Leopold Stolbergs, Ossians, auch Schubarts und Matthissons. Widmungsgedichte wie das ›Dankgedicht an die Lehrer‹ noch aus den Denkendorfer Jahren, an Freunde und die Familie, aber auch große Odendichtungen waren schon darunter: ›Mein Vorsatz‹ (1787) oder ›Die Unsterblichkeit der Seele‹ (1788). Von seinen großen Themen der Folgezeit begegnen wir in ihnen bereits einigen: Freundschaft und Liebe vor allen, doch auch das Lob der Freiheit (›Männerjubel‹, 1788) und rebellische Weisen finden sich, im Ton ganz unter dem Einfluß Schubarts formuliert: »Hört, größre, edlere der Schwabensöhne! / Die ihr vor keinem Dominiksgesicht / Euch krümmet, welchen keine Dirnenträne / Das winzige, geschwächte Herzchen bricht. // Hört, größre, edlere der Schwabensöhne! / In welchen noch das Kleinod Freiheit pocht, / Die ihr euch keines reichen Ahnherrn Miene, / Und keiner Fürstenlaune unterjocht.«[2] Gedichte schreiben, muß man wissen, gehörte zur Schulausbildung, sich dabei nach großen Vorbildern zu richten, um, sie imitierend, zu lernen, war pädagogisches Programm, und daß auch Klopstock, Schubart, der junge Schiller dazuzählten, verstand sich von selbst für den Geist einer aufsässigen Jugend. Erst in der Tübinger Zeit wird die Orientierung klarer und fester, nach einer Übergangsphase, in welcher etwa die Oden ›An die Ruhe‹, ›An die Ehre‹, ›Einst und jetzt‹ entstehen, rückt Schiller für Hölderlin immer mehr in den Vordergrund, bis er schließlich zur wichtigsten auctoritas des jungen Dichters geworden ist. ›Lied der Freundschaft‹ heißt das erste Gedicht der ›Tübinger Hymnen‹, und in welchem atmosphärischen Zusammenhang sie entstanden, geht aus Magenaus Schilderung sehr schön hervor, der zusammen mit Neuffer und Hölderlin 1790 einen Dichterbund gegründet hatte. »Ein niedliches Gartenhäuschen nahm uns da auf, und an Rheinwein gebrach es nicht. Wir sangen alle Lieder der Freude nach der Reihe durch. Auf die Bowle Punsch hatten wir Schillers Lied ›An die Freude‹ aufgespart. Ich ging, sie zu holen ⟨...⟩. Und nun sollte das Lied beginnen, aber Hölderlin begehrte, daß wir

erst an der kastalischen Quelle uns von allen unsern Sünden reinigen sollten ⟨. . .⟩; dies Lied von Schiller, sagte Hölderlin, darf
kein Unreiner singen!«[3] Hier haben wir einen jener schwärmerischen Freundschaftsbünde, die, man denke an den Göttinger
Hain, zum Gepräge bürgerlicher Jugend im 18. Jahrhundert
gehörten und, von Schiller bis Jean Paul und eben Hölderlin, ein
Gegenstand der Literatur waren. In ihnen nur Gesellschaftsflucht
sehen zu wollen[4] wird dem komplizierten Sozialbestand nicht
gerecht. Es ist gerade auch ein Heraussehnen aus dem zum
Gefängnis gewordenen gesellschaftlichen Leben darin, bei den
drei Freunden konkret die Opposition gegen den Zwang und die
disziplinarische Ordnung des Stiftslebens, bei Hölderlin immer
mehr auch gegen die geistige Unfreiheit eines ungeliebten Theolo-
giestudiums (»Sie sehen, liebste Mama, meine körperliche und
Seelenumstände sind verstimmt in dieser Lage; Sie können
schließen, daß der immerwährende Verdruß, die Einschränkung,
die ungesunde Luft, die schlechte Kost, meinen Körper vielleicht
früher entkräftet als in einer freiern Lage.«[5]). Also wohl Rückzug,
freiwillige Abschließung von der Gesellschaft, aber auch Probe-
stufe neuer und alternativer Kontaktformen, modellhafte Verwirklichung eines Ideals menschlicher Gesellschaftlichkeit, das
seine Sprengkraft in der Französischen Revolution erweisen
sollte: die große Feier des brüderlichen Freundschaftsbundes aller
Franzosen am 14. Juli 1790 bringt diesen familiären Geist nach
außen, zu kultureller Repräsentation. In den ›Vorlesungen über
die Philosophie der Geschichte‹ erinnert sich Hegel (mit ihm und
Schelling zusammen teilte Hölderlin ab Oktober 1790 die Augu-
stinerstube im Stift) an die Wirkung der französischen Zustände:
»Es war dieses somit ein herrlicher Sonnenaufgang. Alle denkenden Wesen haben diese Epoche mitgefeiert. Eine erhabene Rührung hat in jener Zeit geherrscht, ein Enthusiasmus des Geistes
hat die Welt durchschauert, als sei es zur wirklichen Versöhnung
des Göttlichen mit der Welt nun erst gekommen.«[6]
  Wir Heutigen sind leicht geneigt, die ›Tübinger Hymnen‹ als
schwärmerische, doch abstrakte Preislieder auf die humanistischen Ideale, auf Schönheit und Freiheit, Freundschaft und Liebe,
Mut und Harmonie zu lesen, doch sind sie insgesamt Ausdruck

jener »erhabenen Rührung«, von der Hegel spricht, und damit
eben in den historischen Prozeß eingesenkt, poetische Zeichen
seiner Tendenz. Im Enthusiasmus, dem genus vehemens nach rhetorischer Bestimmung, steckt ja mehr als die bloße Absicht zur
Selbsterzeugung des Affekts, die emotionale Aufreizung ist Mittel zum Zweck, sie will Haltungsänderungen bewirken und auf
das praktische Handeln Einfluß nehmen, es möglicherweise überhaupt in Gang setzen. In diesem Punkt liegt auch ein gewisser
Unterschied zwischen Schillers und Hölderlins hymnischen Dichtungen. Lehrhaft im weitesten Sinne sind beide, auch die Lobab-
sicht teilen sie, doch die Feierstimmung in den Gedichten des jüngeren Lyrikers ist durchsetzt mit Veränderungswillen, einer
gedrängten Gewalt, die aus den gefeierten Zeitereignissen selber
kommt und auf sie zurückwirken soll.

Schon lernen wir das Band der Sterne,
Der Liebe Stimme männlicher verstehn,
Wir reichen uns die Bruderrechte gerne,
Mit Heereskraft der Geister Bahn zu gehn;
Schon höhnen wir des Stolzes Ungebärde,
Die Scheidewand, von Flittern aufgebaut,
Und an des Pflügers unentweihtem Herde
Wird sich die Menschheit wieder angetraut.

Schon fühlen an der Freiheit Fahnen
Sich Jünglinge, wie Götter, gut und groß,
Und, ha! die stolzen Wüstlinge zu mahnen,
Bricht jede Kraft von Bann und Kette los;
Schon schwingt er kühn und zürnend das Gefieder,
Der Wahrheit unbesiegter Genius,
Schon trägt der Aar des Rächers Blitze nieder,
Und donnert laut, und kündet Siegsgenuß.[7]

  Strophe drei und vier aus der ›Hymne an die Menschheit‹, die
Hölderlin im Herbst 1791 geschrieben hat: ganz in der politi-
schen Metaphorik der Revolutionszeit, die schon mit dem ersten
Vers des Gedichts (»Die ernste Stunde hat geschlagen«[8]) verbreitet

wird. Gemeint ist die Zeit der Befreiung und des Kampfes gegen die Ungleichheit, gegen die sozialen Scheidewände, die der brüderlichen Vereinigung der Menschheit entgegenstehen. Das Gedicht enthält den kaum verhüllten Aufruf, »der Freiheit Fahnen« zu folgen, und bringt in den Schlußstrophen die Wendung an das Vaterland, dessen Befreiung aus räuberischer Gewalt antizipiert und mit der antiken Demokratie gleichsam genealogisch (»der alten Väter Heere«) verbunden wird. Königlich ja sind die Enkel, weil sie keine Könige mehr sind, doch frei und gleich wie sie:

Er hat sein Element gefunden,
Das Götterglück, sich eigner Kraft zu freun;
Den Räubern ist das Vaterland entwunden,
Ist ewig nun, wie seine Seele, sein!
Kein eitel Ziel entstellt die Göttertriebe,
Ihm winkt umsonst der Wollust Zauberhand;
Sein höchster Stolz und seine wärmste Liebe,
Sein Tod, sein Himmel ist das Vaterland.

Zum Bruder hat er dich erkoren,
Geheiliget von deiner Lippe Kuß
Unwandelbare Liebe dir geschworen,
Der Wahrheit unbesiegter Genius!
Emporgereift in deinem Himmelslichte,
Strahlt furchtbarherrliche Gerechtigkeit,
Und hohe Ruh vom Heldenangesichte –
Zum Herscher ist der Gott in uns geweiht.

So jubelt, Siegsbegeisterungen!
Die keine Lipp in keiner Wonne sang;
Wir ahndeten – und endlich ist gelungen,
Was in Äonen keiner Kraft gelang –
Vom Grab erstehn der alten Väter Heere,
Der königlichen Enkel sich zu freun;
Die Himmel kündigen des Staubes Ehre,
Und zur Vollendung geht die Menschheit ein.[9]

Die letzte Strophe schlägt ein Thema an, das die Hymnen immer wieder, auch oft noch ausdrücklicher bewegt und das zu einem Lebensthema Hölderlins werden sollte: die griechische Antike als Paradigma der Menschlichkeit und Schönheit, der Einheit von Natur, Menschen und Göttern und einer vorbildlichen staatlichen Ordnung. Es ist das Thema Winckelmanns und der deutschen Klassik, eine Antikenrezeption, die niemals nur vergangenheitsbezogen bleibt, sondern das Dagewesene als Versprechen der Zukunft nimmt, als eine Vergangenheit, die der Geschichte noch bevorsteht. Die vor der ›Hymne an die Menschheit‹ und wohl Ende des Jahres 1790 entstandene, Fragment gebliebene ›Hymne an den Genius Griechenlands‹ dürfen wir als das erste enthusiastische Zeugnis des »Hellenen« Hölderlin lesen: »Jubel! Jubel! / Dir auf der Wolke! / Erstgeborner / Der hohen Natur! / Aus Kronos' Halle / Schwebst du herab, / Zu neuen geheiligten Schöpfungen / Hold und majestätisch herab.«[10] Die antiken Götter, an die auch einige weitere Hymnen adressiert sind, ob Aphrodite-Urania als Göttin der Harmonie und der Schönheit, oder Eos, die Göttin der Morgenröte, und Ceres, die Göttin des Ackerbaus, sie alle sind mythologische Verkörperungen einer schon in dieser Zeit als einheitlich begriffenen göttlichen Welt, einer übergreifenden Ordnung des Daseins, in der Götter und Menschen einander noch nicht entfremdet waren. Eine solche Konstruktion ist zweideutig. Sie kann zu einer Entwertung der Gegenwart und Zukunft führen, doch kann aus dem idealisierten Bilde der Vergangenheit auch Kraft für die Zukunftshoffnung geschöpft werden. Das wäre dann ganz Schillerisch gedacht, im Geist des 9. Briefes ›Über die ästhetische Erziehung‹, in welchem der Autor (ich habe die Stelle in anderem Zusammenhang schon zitiert) dem Künstler rät, »unter fernem griechischen Himmel zur Mündigkeit« zu reifen, damit er nicht aus einem Sohn seiner Zeit zu deren Zögling oder gar Günstling werde.[11] Das ist, wir wissen es längst, gleichnishaft zu verstehen, als Exodus in eine Kultur, die den Zeitgenossen in allen einzelnen Zügen vorbildhaft erschien und die durch ihre Kunst die Möglichkeit zum lebendigen Erbe eröffnet hat. Für Hölderlin hatte dieses humanistische Bildungsideal, das Gespräch mit den antiken Klassikern durch die

Lektüre und das Studium ihrer Schriften aber auch ganz lebenspraktische Bedeutung. Im Brief an Neuffer schildert er seine wechselnden Stimmungen, darunter aber auch jene »Götterstunden, wo ich aus dem Schoße der beseligenden Natur oder aus dem Platanenhaine am Ilissus zurückkehre, wo ich, unter Schülern Platons hingelagert, dem Fluge des Herrlichen nachsah, wie er die dunklen Fernen der Urwelt durchstreift, oder schwindelnd ihm folgte in die Tiefe der Tiefen, in die entlegensten Enden des Geisterlands, wo die Seele der Welt ihr Leben versendet in die tausend Pulse der Natur, wohin die ausgeströmten Kräfte zurückkehren nach ihrem unermeßlichen Kreislauf, oder wenn ich trunken vom sokratischen Becher und sokratischer geselliger Freundschaft am Gastmahle den begeisterten Jünglingen lauschte 〈. . .〉«[12] Die enthusiastische Beredsamkeit des Briefes entspricht der hymnischen Tonlage der Gedichte, verrät den gemeinsamen Grund in den affektiven Selbstzuständen des Autors. Hölderlins Gefühlsleben ist der Spiegel einer von den objektiven Möglichkeiten der Zeit und der eigenen Erwartungsfülle begeisterten Jugend. Nur wenn man diesen unbändigen Trieb nach Selbsterweiterung, die besondere Existenzbedingung Hölderlins, wahrnimmt und das Gepräge der Hymnen nicht etwa bloß als epigonale Rhetorik in Schillers Manier auffaßt, kann man die Katastrophe ermessen, die über Hölderlin hereinbrechen mußte, als keine seiner Blütenhoffnungen reifte. Schiller und die Rhetorik des Erhabenen lieferten die angemessenen Ausdrucksformen, mögen auch verstärkend gewirkt haben im Sinne Pseudo-Longins, der dem 18. Jahrhundert als der antike Gewährsmann der begeisternden, hinreißenden Rede und Dichtart galt. Um die Seele zur Größe zu erziehen, heißt es in seiner Schrift »Vom Erhabenen«, muß man sie »stets mit hohen Gedanken gleichsam schwängern«[13]. In einer Zeit der Wende, wo der hohe Gedanke nicht nur die Wirklichkeit regierte, sondern Wirklichkeit geworden schien und jugendliche Gefühlslage in einer revolutionären Jugendzeit der Geschichte widerhallte, hatte jenes überschwengliche Sicheinbilden in antike Größe nichts von Flucht an sich, besaß im Gegenteil Verstärkerfunktion, solange der Kontakt mit der Wirklichkeit nicht verlorenging. Von dieser Gefahr war Hölderlin freilich immer wieder bedroht, wie er selbst sehr wohl wußte. »Übrigens komm ich jetzt so ziemlich von der Region des Abstrakten zurück«, schreibt er Mitte April an Freund Neuffer, »in die ich mich mit meinem ganzen Wesen verloren hatte. Ich lese auch jetzt nur bei dürftiger Laune.«[14] Den Stimmungswechseln, die schließlich, wie man es Hölderlins Roman ›Hyperion‹ ablesen kann, zunehmend in eine desperate Haltung zur immer hoffnungsloser werdenden Gegenwart münden, entsprechen auch ganz verschiedene Töne im Gedicht. Die Gewißheit weicht dem Zweifel, der Hymnus der Elegie, und wie Hyperion trostlos auf das Trümmerfeld der Antike blickt, nur in Schönheit und Gesang noch ihren Geist erfahrend, so rückt Griechenland auch im gleichnamigen Gedicht von 1793/94 in die Ferne endgültiger Vergangenheit:

Ach! es hätt in jenen bessern Tagen
Nicht umsonst so brüderlich und groß
Für ein Volk dein liebend Herz geschlagen,
Dem so gern des Dankes Zähre floß; –
Harre nun! sie kommt gewiß, die Stunde,
Die das Göttliche vom Staube trennt!
tirb! du suchst auf diesem Erdenrunde,
Edler Geist! umsonst dein Element!

Attika, die Riesin, ist gefallen,
Wo die alten Göttersöhne ruhn,
Im Ruin gestürzter Marmorhallen
Brütet ew'ge Todesstille nun;
Lächelnd steigt der süße Frühling nieder,
Doch er findet seine Brüder nie
In Ilissus' heil'gem Tale wieder,
Ewig deckt die bange Wüste sie.[15]

Viele Gedankenfiguren, die Hölderlins Lyrik auch späterhin beherrschen, finden sich bereits in den Gedichten der Tübinger Zeit: der Harmoniegedanke und die Schönheitsmetaphysik, die Bedeutung der ästhetischen Erziehung fürs Leben und der Ideale für die Wirklichkeit. Der Idealismus Hölderlins, so fremd und abstrakt er unserm Verständnis bleibt, ist historisch begründet und immer mit der Erfahrung vermittelt. Die Ideale, die er besingt, Freiheit und Wahrheit, Liebe und Freundschaft, Kühnheit und Natürlichkeit, entwickeln den Vorschein einer richtiggestellten Wirklichkeit und sind in den Zeitereignissen selber wirksam. Die Reinigung von allem Falschen, Zufälligen, Disharmonischen, die mit dem Ideal gemeint ist, war schließlich revolutionär zum Ereignis geworden, und nur in dieser Realkorrespondenz gewinnen die ›Tübinger Hymnen‹ ihre Substanz und Aussagekraft, aus diesem Zentrum heraus werden sie zum Zyklus, gewinnen die sonst abstrakten Begriffe den Status göttlicher Schöpfungen durch die menschliche Tat.

Gott der Zeiten! in der Schwüle fächeln
Kühlend deine Tröstungen uns an;
Süße, rosige Gesichte lächeln
Uns so gern auf öder Dornenbahn;
Wenn der Schatten väterlicher Ehre,
Wenn der Freiheit letzter Rest zerfällt,
Weint mein Herz der Trennung bittre Zähre
Und entflieht in seine schönre Welt.

Was zum Raube sich die Zeit erkoren,
Morgen steht's in neuer Blüte da;
Aus Zerstörung wird der Lenz geboren,
Aus den Fluten stieg Urania;
Wenn ihr Haupt die bleichen Sterne neigen,
Strahlt Hyperion im Heldenlauf –
Modert, Knechte! freie Tage steigen
Lächelnd über euern Gräbern auf.[16]

2. »und wozu Dichter in dürftiger Zeit«

In den hymnischen Dichtungen seiner Jugend ist auch das Hauptthema Hölderlins vorgeprägt, wenngleich es noch mit kaum getrübter Hoffnung, ja wohl sogar mit Optimismus vorgetragen wird: die Frage nämlich nach der Legitimität der Dichtkunst. In der ›Hymne an die Muse‹ erscheint sie noch nicht ausdrücklich, wird zugedeckt von der hymnischen Gewißheit vom Wert und der Auserwähltheit der »edeln Geister«: »Mag der Pöbel seinen Götzen zollen, / Mag, aus deinem Heiligtum verbannt, / Deinen Lieblingen das Laster grollen, / Mag in ihrer Schwäche Schmerz entbrannt, / Stolze Lüge deine Würde schänden, / Und dein Edelstes dem Staube weihn, / Mag sie Blüte mir und Kraft verschwenden, / Meine Liebe! – dieses Herz ist dein!«[17] In dem Gedicht werden die Kunstbegeisterten, die Jünger der Muse auch die »Auserkornen« und »Priester« genannt[18], die den wahren Adel repräsentieren und in »süßem brüderlichen Bunde« Millionen zählen »auf dem Erdenrunde«: »Betet an, was schön und herrlich ist! / Kostet frei, was die Natur bereitet, / Folgt der Pieride (der Muse) treuen Hand, / Geht, wohin die reine Liebe leitet, / Liebt und sterbt für Freund und Vaterland.«[19] Das sind die letzten Verse, und sie binden die Wirkung der Dichtkunst dann doch nicht nur an Schönheit und trunknen Sinn, sondern an Kampf und Bewährung im Leben. In diesem metaphorischen Sinne übrigens muß man das patriotische Motiv auch sonst in Hölderlins Lyrik deuten – bis hin zu seiner Entfaltung in der Ode ›Der Tod fürs Vaterland‹, deren erste Entwürfe bis in das Jahr 1796 zurückgehen, daher wohl durch die politischen Ereignisse ausgelöst, aber doch von ihnen in der endgültigen Gestalt wieder so weit entfernt wurden, daß das eigentliche Vorhaben nicht verdunkelt wird: die Macht der Dichtkunst exemplarisch an einer besonders herausgehobenen Situation vor Augen zu führen: »Denn die Gerechten schlagen, wie Zauberer, / Und ihre Vaterlandsgesänge / Lähmen die Kniee den Ehrelosen.«[20]

Hölderlins Dichtung gewinnt (und das gilt, wenn wir in der späten ›Patmos‹-Hymne die Verkündigung des neuen Göttertages lesen, bis zuletzt) ihre eigene, bis heute nachwirkende Kraft und Energie aus dem Wärmestrom enthusiasmierter Phantasie, der den Anschluß an das Leben sucht, es ebenfalls zu erwärmen. In den Frankfurter Oden wird er, dank der persönlichen Liebesbegegnung, besonders spürbar (›Diotima‹, 1798; oder ›An die Deutschen‹, 1798), bildet aber den utopischen Grundzug in Hölderlins

Dichtung und Selbstverständnis. Er entspringt freilich einer Kälte-Erfahrung eigener Art (»Weh mir, wo nehm ich, wenn / Es Winter ist, die Blumen, und wo / Den Sonnenschein, / Und Schatten der Erde? / Die Mauern stehn / Sprachlos und kalt, im Winde / Klirren die Fahnen.«[21]), deren Metaphorik wir ebenfalls durch das ganze Werk verfolgen können: die von der Einsamkeit und Ortlosigkeit des Dichters, von der Zufälligkeit und Beliebigkeit seines Tuns und Wirkens. Die Folgen sind beträchtlich und zerrüttend. Aus der objektiven Bestreitung der Daseinsberechtigung durch die moderne neuzeitliche Gesellschaft ergeben sich zwangsläufig subjektive Existenzzweifel und Unwertgefühle. Sie sind der desperate Grund für das Gegenbild, das seine Bestandteile ebenso wie sein Versprechen aus der idealisierten Vergangenheit und einer als unzerstörbar gedachten ewig schöpferischen natura naturans bezieht. Das sind geläufige Gedankenfiguren, doch gewinnen sie in Hölderlins Werk einen neuen, existentiellen Sinn. Von Winckelmann bis Schiller war die antike Götterwelt ein realhistorisches Gleichnis für die Bestimmung des Menschengeschlechts, sein Zukunftsbild in einer als glücklich, paradiesisch idealisierten zeitlichen Ferne. Auch Hölderlin hat davon seinen Ausgang genommen, und die »Götter Griechenlands« hatten für ihn fast so etwas wie initiatorische Bedeutung, doch macht er existentiellen Ernst aus Schillers Idee vom poetischen Nach- und Weiterleben der Götter (»Aus der Zeitflut weggerissen, schweben / Sie gerettet auf des Pindus Höhn, / Was unsterblich im Gesang soll leben, / Muß im Leben untergehn.«[22]), bedeutet diese Idee doch für den Dichter als einen unentfliehbaren Zeitgenossen die konkrete Erfahrung des eigenen Lebens unter den Bedingungen der dem Göttlichen entfremdeten Welt, und das heißt die Selbsterfahrung der Nichtidentität, der Entfremdung von der angestammten, dem Ich zugehörigen göttlichen Natur, welche damit ebenfalls zum Untergang verurteilt ist. Leben und Absterben werden eins.

Die scheinheiligen Dichter

Ihr kalten Heuchler, sprecht von den Göttern nicht!
　Ihr habt Verstand! ihr glaubt nicht an Helios,
　　Noch an den Donnerer und Meergott;
　　　Tot ist die Erde, wer mag ihr danken? –

Getrost ihr Götter! zieret ihr doch das Lied,
　Wenn schon aus euren Namen die Seele schwand,
　　Und ist ein großes Wort vonnöten,
　　　Mutter Natur! so gedenkt man deiner.[23]

　Die Sehnsucht nach einem identischen Leben, dessen Schlüsselwort »Natur« Hölderlins Lyrik durchzieht, geht aus totaler Ent-
fremdungserfahrung hervor, ihr Bezugspunkt kann nicht das
moderne soziale Leben, die tote Welt der gegenwärtigen Epoche
sein. Von ihr vielmehr wendet sich der Dichter ab, er wird nun
auch bewußt und mit Absicht zum Fremden in seiner Zeit.

O die Kinder des Glücks, die frommen! wandeln sie fern nun
Bei den Vätern daheim, und der Schicksalstage vergessen,
Drüben am Lethestrom, und bringt kein Sehnen sie wieder?
Sieht mein Auge sie nie? ach! findet über den tausend
Pfaden der grünenden Erd, ihr göttergleichen Gestalten!
Euch der Suchende nie, und vernahm ich darum die Sprache,
Darum die Sage von euch, daß immertrauernd die Seele
Vor der Zeit mir hinab zu euern Schatten entfliehe?
Aber näher zu euch, wo eure Haine noch wachsen,
Wo sein einsames Haupt in Wolken der heilige Berg hüllt,
Zum Parnassos will ich, und wenn im Dunkel der Eiche
Schimmernd, mir Irrenden dort Kastalias Quelle begegnet,
Will ich, mit Tränen gemischt, aus blütenumdufteter Schale
Dort, auf keimendes Grün, das Wasser gießen, damit doch,
O ihr Schlafenden all! ein Totenopfer euch werde.
Dort im schweigenden Tal, an Tempes hangenden Felsen,
Will ich wohnen mit euch, dort oft, ihr herrlichen Namen!
Her euch rufen bei Nacht, und wenn ihr zürnend erscheinet,

Weil der Pflug die Gräber entweiht, mit der Stimme des Herzens
Will ich, mit frommem Gesang euch sühnen, heilige Schatten!
Bis zu leben mit euch, sich ganz die Seele gewöhnet.
Fragen wird der Geweihtere dann euch manches, ihr Toten!
Euch, ihr Lebenden auch, ihr hohen Kräfte des Himmels.[24]

Zu leben mit den Kindern des Glücks, sich ganz hineinzubilden
in ihre Zeit, diesen Wunsch darf man nicht nur metaphorisch
nehmen, in dem Sinne, wie er in Schillers ästhetischer Erziehung
und den humanistischen Bildungsprogrammen der Epoche
gemeint war. Hier werden wir mit einem anderen Konzept konfrontiert: der Neurealisierung des fälschlich für historisch vergangen, für abgegolten und nur noch scheinhaft Gehaltenen:
»Aber droben das Licht, es spricht noch heute zu Menschen, /
Schöner Deutungen voll und des großen Donnerers Stimme /
Ruft es: Denket ihr mein? und die trauernde Woge des Meergotts /
Hallt es wider: Gedenkt ihr nimmer meiner, wie vormals? /
Denn es ruhn die Himmlischen gern am fühlenden Herzen; /
⟨. . .⟩«[25] Doch damit nicht etwa genug. Die Neurealisierung
durchs fühlende Herz, die Versenkung in die »Köstliche Früh-
lingszeit im Griechenlande«[26] ist ein gefahrvolles Unternehmen,
bedeutet nämlich zugleich die Entwirklichung der gefürchteten
und verachteten Lebenswelt, ihre auch existentielle Negation. Die
Gefahr hat Hölderlin immer gesehen, seine Klage über die
dunkle, kalte, erstarrte Zeit gibt ja nicht nur Kritik wieder, sondern auch Daseinsgefühl, den Preis, den der Dichter bezahlt. Er
kommt ihm auf anderem Wege aber wieder zugute, als ein
Moment seiner neuen und neu notwendigen Bestimmung. In seiner Kunst als Ausdruck seiner dem gegenwärtigen Leben entfremdeten, dem göttlichen Dasein aber versöhnten Existenz kehrt
auch die verlorene heimatliche Welt wieder, die imaginäre Situation wird realisiert im Gedicht, überlebt in ihm und kann an die
Zukunft weitergegeben werden.

Mein Eigentum

In seiner Fülle ruhet der Herbsttag nun,
  Geläutert ist die Traub und der Hain ist rot
    Vom Obst, wenn schon der holden Blüten
      Manche der Erde zum Danke fielen.

⟨. . .⟩

Und leuchtest du, o Goldnes, auch mir, und wehst
  Auch du mir wieder, Lüftchen, als segnetest
    Du eine Freude mir, wie einst, und
      Irrst, wie um Glückliche, mir am Busen?

Einst war ich's, doch wie Rosen, vergänglich war
  Das fromme Leben, ach! und es mahnen noch,
    Die blühend mir geblieben sind, die
      Holden Gestirne zu oft mich dessen.

Beglückt, wer, ruhig liebend ein frommes Weib,
  Am eignen Herd in rühmlicher Heimat lebt,
    Es leuchtet über festem Boden
      Schöner dem sicheren Mann sein Himmel

⟨. . .⟩

Und daß mir auch, zu retten mein sterblich Herz,
  Wie andern eine bleibende Stätte sei,
    Und heimatlos die Seele mir nicht
      Über das Leben hinweg sich sehne,

Sei du, Gesang, mein freundlich Asyl! sei du,
  Beglückender! mit sorgender Liebe mir
    Gepflegt, der Garten, wo ich, wandelnd
      Unter den Blüten, den immerjungen,

In sichrer Einfalt wohne, wenn draußen mir
  Mit ihren Wellen allen die mächt'ge Zeit,
    Die Wandelbare, fern rauscht und die
      Stillere Sonne mein Wirken fördert.

Ihr segnet gütig über den Sterblichen,
   Ihr Himmelskräfte! jedem sein Eigentum,
      O segnet meines auch, und daß zu
         Frühe die Parze den Traum nicht ende.[27]

   Die Dichtung als Asyl vor einer Wirklichkeit, die wahrhaft
prosaisch geworden ist, gegenüber der schönen und lebendigen
Natur eine abgestorbene Welt, ein Machwerk des Verstandes und
der bürgerlichen Geschäfte, Endzustand eines Prozesses, in dem
nicht der vergöttlichte, sondern der gänzlich wesenlos gewordene
Mensch sich verwirklichte und der also sein eigenes Werk ist:
eine wahrhaft aussichtslose Diagnose. »Mein Eigentum« ist die
Ode überschrieben, und gedichtet hat Hölderlin sie unter dem
verzweiflungsvollen Eindruck seiner Trennung von Susette Gontard, dem Modell Diotimas. Auch aus diesen Strophen lesen wir
Hölderlins Selbstentwurf, und er geht über die eigene individuelle
Geschichte hinaus. Das Ich ist Subjekt biographischer individueller Erfahrung, doch damit zugleich auch organon des historischen Prozesses, Subjekt der Dichtkunst überhaupt.

Zu lang ist alles Göttliche dienstbar schon
   Und alle Himmelskräfte verscherzt, verbraucht
      Die Gütigen, zur Lust, danklos, ein
         Schlaues Geschlecht und zu kennen wähnt es,

Wenn ihnen der Erhabne den Acker baut,
   Das Tagslicht und den Donnerer, und es späht
      Das Sehrohr wohl sie all und zählt und
         Nennet mit Namen des Himmels Sterne.

Der Vater aber decket mit heil'ger Nacht,
   Damit wir bleiben mögen, die Augen zu.
      Nicht liebt er Wildes! Doch es zwinget
         Nimmer die weite Gewalt den Himmel.

Noch ist's auch gut, zu weise zu sein. Ihn kennt
   Der Dank. Doch nicht behält er es leicht allein,

Und gern gesellt, damit verstehn sie
Helfen, zu anderen sich ein Dichter.

Furchtlos bleibt aber, so er es muß, der Mann
Einsam vor Gott, es schützet die Einfalt ihn,
Und keiner Waffen braucht's und keiner
Listen, so lange, bis Gottes Fehl hilft.[28]

Wir erkennen den Gedanken Schillers noch in dieser ›Dichterberuf‹ überschriebenen Ode aus den Jahren 1800/801, daß nämlich der alles trennende Verstand, daß Wissenschaft und Technik,
also die neuzeitliche Rationalität, das Sein auf Meßbarkeit und
Veränderung reduzierte (»Die Kultur selbst war es, welche der
neuern Menschheit diese Wunde schlug«, heißt es im schon mehrfach zitierten 6. Brief über die Ästhetische Erziehung.[29]). Die
ursprüngliche Einheit der Welt als göttlich-kosmische Harmonie
ist zerbrochen, von den Himmlischen zeugt kaum eine Spur mehr
in der Wirklichkeit, nur Fühllosigkeit und Entfremdung, Dürre
und Versteinerung sind geblieben. Die Schlußstrophe mündet in
den paradoxen Gedanken, daß gerade der Mangel auch zur
Umkehr führen, die Verelendung bis hin zur größten Not auch
die Kräfte wecken wird, die eine Veränderung herbeiführen. Zeitgeschichte und Lebensgeschichte koinzidieren auch in diesem
Punkt, wie sich überhaupt die drei großen Erlebnisse Hölderlins:
die Französische Revolution, die griechische Humanität und die
Liebe zur Frankfurter Bankiersgattin Susette Gontard ständig
durchdringen und gleichnishaft füreinander eintreten. Das Bild
einer von Schönheit und Göttlichkeit getrennten Zeit liegt als
Untergrund immer vor, kommt aber in ganz verschiedenen Versionen zum Ausdruck. An den Fassungen des ›Diotima‹-Gedichts
von 1796/97 kann man das schön verfolgen: »Lange tot und tief-
verschlossen, / Grüßt mein Herz die schöne Welt«[30]. Aufbruch,
Begeisterung bestimmen den Ton, und der Liebesenthusiasmus
(»Wo wir Eins und Alles werden«[31]) schafft den eigentlichen,
doch realitätsfernen Lebensraum:

O Begeisterung! so finden
Wir in dir ein selig Grab,
Tief in deine Woge schwinden
Stillfrohlockend wir hinab,
Bis der Hore Ruf wir hören,
Und mit neuem Stolz erwacht,
Wie die Sterne, wiederkehren
In des Lebens kurze Nacht.[32]

Die Nacht des Lebens löst den hellen Tag der Liebe und
Schönheit ab, neuer Stolz zwar fließt als Kraft zu, die Lebens-
nacht zu überstehen, doch erst die letzte Fassung bezieht, ausdrücklich an dieser Stelle, auch die dichterische Tätigkeit ein, und
der Poet wird zum Mittler zwischen Tag und Nacht, zwischen
Göttlichem und Sterblichem:

Wie dein Vater und der meine,
Der in heitrer Majestät
Über seinem Eichenhaine
Dort in lichter Höhe geht,
Wie er in die Meereswogen,
Wo die kühle Tiefe blaut,
Steigend von des Himmels Bogen,
Klar und still herunterschaut:
So will ich aus Götterhöhen,
Neu geweiht in schönrem Glück,
Froh zu singen und zu sehen,
Nun zu Sterblichen zurück.[33]

Auch in anderen Gedichten (›An Diotima‹, in anderer Fassung
›Diotima‹, wohl 1797 entstanden) zeigt sich der Gegensatz
(»Schönes Leben! du lebst wie die zarten Blüten im Winter, / In
der gealterten Welt blühst du verschlossen, allein.«[34]), doch gibt
es die Liebe, die ihn versöhnt, indem sie das schöne Leben zum
Blühen bringt: »Zu erwarmen an ihr, suchst du die Jugend der
Welt«[35]. Freilich fühlt sich auch Diotima in eine ihr fremde Zeit
versprengt, auch sie sehnt sich nach der »Sonne des Geists«, vergeblich, denn sie ist untergegangen: »Und in frostiger Nacht zan-

ken Orkane sich nur«[36]. An kosmischen und Natur-Bildern entfaltet Hölderlin seine Ansicht des Lebens und der modernen
Welt, die Stimmung schwankt zwischen hoffnungsfreudigen Auf-
schwüngen und Niedergeschlagenheit, kommt aber zeitweise
geschichtsphilosophisch zur Ruhe, wenn die barbarische Gegenwart wenigstens bloß als Übergangszeit aufgenommen werden
kann. In der berühmten, Wilhelm Heinse gewidmeten Elegie
›Brot und Wein‹ (1800/1801) bestimmt die Möglichkeit auch das
ganze Schema des Gedichts. Dreimal drei Strophen gemäß dem
triadischen Geschichtsbild, das dahintersteht. Nacht ist es, zeigt
das erste Kapitel, zeigt es in der für Hölderlin charakteristischen
Identifizierung von Besonderem und Allgemeinem, so daß die
Nacht als Phase im chronologischen Lauf der Zeit erscheint,
doch zugleich auch als Spiegel der Weltnacht (»So bewegt sie die
Welt und die hoffende Seele der Menschen«[37]), als menschliche
Ruhezeit, in der sich die Kräfte sammeln, und als Geschichtszeit,
die den Übergang schlägt, und es folgt »der besonnene Tag«. Als
Zwischenzeit geht sie aber nicht schlechthin in Wandel und Vergehen auf, sondern enthält auch Tendenz und die Invariante einer
Richtung, von der es im Gedicht heißt, »Daß im Finstern für uns
einiges Haltbare sei«[38]. Derart wird der Dichter zum Wächter
(»wachend zu bleiben bei Nacht«), zu jenem archetypischen Amte
berufen, das auch der bei seinen Schiffen wachende Agamemnon
versieht und dessen Glanz hinaufreicht bis zur nächtlichen Szene
im Garten Gethsemane. Offensichtlich erweist sich die Nacht
subjektiv und objektiv (»Göttliches Feuer auch treibet, bei Tag
und bei Nacht, / Aufzubrechen.«[39]) tendenzerfüllt, und die Dichter (»das strömende Wort«) bringen zum Vorschein, was sonst im
Finstern verborgen bliebe, gleich den Feuersäulen in der Wüste
ziehen sie ihrer Nacht-Zeit vorher und können dies, weil sie
(»frohlockender Wahnsinn«) die Erinnerung haben an das wahrhaft Haltbare, Göttliche, erworben auf jener Reise, von der die
zweite Strophen-Triade berichtet: »Seliges Griechenland! du Haus
der Himmlischen alle, / Also ist wahr, was einst wir in der
Jugend gehört?«[40]

Das ist eine Ausfahrt in den Tag der Weltgeschichte, der blen-
dend scheint zunächst, so überwältigt die Gegenwart der Götter.

Allein, auch diese Erfahrung endet mit der Erkenntnis von der Vergangenheit des himmlischen Festes auf Erden, dessen letzte Krone die beiden Schlußverse der sechsten Strophe nennen: »Oder er kam auch selbst und nahm des Menschen Gestalt an / Und vollendet' und schloß tröstend das himmlische Fest.«[41] Der Schlußteil des Gedichts bringt die melancholische Wende: »Aber Freund! wir kommen zu spät. Zwar leben die Götter, / Aber über dem Haupt droben in anderer Welt.«[42] Rückkehr in die Nacht der Gegenwart heißt Rückkehr in die Gottferne, in eine sich selbst überlassene Welt, nur vom Traum der Götter lebt noch der Mensch. Und hier werden wir nun mit ihr konfrontiert, mit der verzweifelten Frage nach der Legitimität des Dichters in dürftiger Zeit. Das Gedicht beantwortet sie in religiöser Metaphorik und unter Bezug auf den christlichen Hintersinn des Titels, mit der Vision einer Vereinigung von Christus und Dionysos. So daß nun die letzte Strophe der Elegie die Aussöhnung von Tag und Nacht immerhin voraussagen kann und die Zukunftsperspektive aus der Gegenwart heraus eröffnet, mit durchaus produktiver Erinnerung nach vorn: »Siehe! wir sind es, wir; Frucht von Hesperien ist's!«[43] Dies septimus nos ipsi erimus.

Diese knappen Hinweise mögen genügen, um die Leseebenen des Gedichts wenigstens anzudeuten, in dem sich historische und religiöse Metaphorik, ästhetische und mythologische Gedankenfiguren, Zeitkritik und Utopie durchdringen. Alle wichtigen Themen Hölderlins finden wir darin wieder: die Erfahrung und Deutung der eigenen Gegenwart als Krise und Übergang; die Sehnsucht aus Nacht zum Licht; die Ausfahrt nach Griechenland in die göttliche Welt und der Dichter als ihr Statthalter in düsterer Zeit; die Hoffnung auf die Wiederkunft des Tages im Zeichen von Christus und Dionysos als Versöhnung des Menschen mit seiner göttlichen Bestimmung. Hölderlin entfaltet sie auf den Bildebenen des Naturkreislaufs und des Wechsels von Tag und Nacht; des triadischen Geschichtsprozesses und schließlich der abendländisch-christlichen Heilsgeschichte. Im Mittelpunkt solchen Weltentwurfs steht der Dichter, steht seine Rechtfertigung als Prophet und Sänger künftigen Heils. Man kann aus der Intensität, mit der Hölderlin in seinem gesamten lyrischen, epischen und dramatischen Werk das Thema verfolgt, schon heraushören, daß er damit auf eine ganz akute Frage antwortet. Wirklich ist die Diskussion der bisher für unbezweifelbar gegoltenen Wirklichkeitsstrukturen ein Problem der Moderne, das besonders dringend wurde, nachdem Herrschaft sich nicht mehr durch Ableitung von göttlicher Macht rechtfertigen konnte, sondern naturrechtlich, durch Vernunftgesetze oder das Gemeinwohl, begründet werden mußte. Hölderlin ist sich sehr wohl dieses Kontextes bewußt, in dem er das Legitimationsproblem in der Kunst behandelt, ebenso natürlich, daß er mit seiner Lösung quer zu den säkularen Tendenzen seiner Gegenwart stand, weil diese gerade für die Misere verantwortlich waren, unter der er litt und die es aufzuheben galt. Hier liegt der Grund für einen unlösbaren, tiefen Konflikt in Hölderlins Denken, das die Französische Revolution geschichtsphilosophisch als Anbruch zunächst, dann als Vorschein künftiger Freiheit begriff und doch die damit verbundene Vollendung der Säkularisierung des Lebens als Entfremdung kritisieren mußte.

Sonst ward der Schwärmer doch ans Kreuz geschlagen,
Und oft in edlem Löwengrimme rang
Der Mensch an donnernden Entscheidungstagen,
Bis Glück und Wut das kühne Recht bezwang;
Ach! wie die Sonne, sank zur Ruhe nieder,
Wer unter Kampf ein herrlich Werk begann,
Er sank und morgenrötlich hub er wieder
In seinen Lieblingen zu leuchten an.

Jetzt blüht die neue Kunst, das Herz zu morden,
Zum Todesdolch in meuchlerischer Hand
Ist nun der Rat des klugen Manns geworden,
Und furchtbar, wie ein Scherge, der Verstand;
Bekehrt von euch zu feiger Ruhe, findet
Der Geist der Jünglinge sein schmählich Grab,
Ach! ruhmlos in die Nebelnächte schwindet
Aus heitrer Luft manch schöner Stern hinab.

Umsonst, wenn auch der Geister Erste fallen,
Die starken Tugenden, wie Wachs, vergehn,
Das Schöne muß aus diesen Kämpfen allen,
Aus dieser Nacht der Tage Tag entstehn;
Begräbt sie nur, ihr Toten, eure Toten!
Indes ihr noch die Leichenfackel hält,
Geschiehet schon, wie unser Herz geboten,
Bricht schon herein die neue beßre Welt.[44]

»An die klugen Ratgeber« ist das Gedicht ironisch überschrieben und stammt aus dem Jahre 1796. Der Abfall des Menschen von den Göttern, die Selbstentfremdung, der Gedanke ist uns längst vertraut, geht zurück auf den Mord durch den Verstand. In der zweiten Fassung des Gedichts hat Hölderlin an die Stelle der objektiven Geschichtsutopie die subjektive dichterische Antizipation gesetzt:

Umsonst! mich hält die dürre Zeit vergebens,
Und mein Jahrhundert ist mir Züchtigung;
Ich sehne mich ins grüne Feld des Lebens
Und in den Himmel der Begeisterung;
Begrabt sie nur, ihr Toten, eure Toten,
Und preist das Menschenwerk und scheltet nur!
Doch reift in mir, so wie mein Herz geboten,
Die schöne, die lebendige Natur.[45]

In Hölderlins Dichterauffassung kulminieren die verschiedenen Stränge klassischer Humanität, die Abgrenzung von der Gesellschaft nimmt allerdings verzweifelt exklusive Züge an. Tendenzen dieser Art finden sich auch bei Schiller, Goethe, und natürlich ist die romantische Schule von Anfang an nicht frei davon, ihre Kritik am bürgerlichen Krämergeist und der Vernutzung des Lebens schloß immer schon den Dichter als Sonderwesen aus. Doch die ästhetische Exklusivität ist für Hölderlin nur noch in einem einzigen Sinne von Bedeutung: als Form, die der drohenden Entgrenzung und Zerrüttung Widerstand leisten muß. Es ist schon häufig bemerkt worden, mit welcher Strenge

Hölderlin seine Formkunst verfolgte, wie sehr er auf handwerkliche Güte und klare Gesetzmäßigkeit in der rhythmischen, metrischen und strophischen Gestalt seiner Gedichte sah und etwa bei der Ode sich vorzüglich auf zwei Strophentypen, die alkäische und asklepiadeische Strophe, beschränkte und sie mit größter Sicherheit und Vollkommenheit handhabte.[46] Doch darf man darin nicht bloß einen notwendigen Ausgleich zu den ekstatischaffekthaften Kräften seines Talents sehen, sondern muß in dieser dichterischen Praxis den zuletzt hoffnungslosen Versuch erkennen, allein mit ästhetischen Mitteln die von einer entfremdeten Wirklichkeit drohenden Gefahren zu bannen.

3. Götterwelt und schöne, lebendige Natur

Wenn ich gesagt habe, daß sich Hölderlin mit seiner Dichterlehre und ihrer Ableitung von der göttlichen Sendung im Widerstreit mit den Säkularisierungsbestrebungen seines Zeitalters befindet, bedarf das doch noch einer genaueren Betrachtung. Kein Zweifel kann einerseits nach den zitierten Belegen (»Getrost ihr Götter! ⟨...⟩, / Wenn schon aus euren Namen die Seele schwand, / ⟨...⟩«[47]) daran bestehen, daß es ihm nicht etwa um eine plane Restauration antiker Mythologie ging, andererseits sind die Götter in seinem Werk mehr als eine bloß rhetorische Instanz des Dichters, auch mehr als elegische Fixpunkte und allegorische Wesen für allerlei Ideen und Begriffe: sie sind ästhetische Schöpfung und verkörpern eine neue utopische Mythologie. Dazu mußte der Mythos allerdings in seinem Kern verändert werden, und das geschieht auf dreifache Weise in Hölderlins Dichtung. Zum einen durch die Verwandlung des mythischen Erinnerungsbildes in einen Verheißungsmythos; zum anderen und damit zusammenhängend durch die Öffnung des unhistorischen Seinsdenkens zur Zukunft hin, und das heißt durch die messianische Deutung des antiken Mythos in der Vereinigung von Dionysos und Christus; zum dritten schließlich durch Aufladen des Mythos mit dem Substrat der Natur, aus qualitativer Betrachtungsweise.

Zur Verdeutlichung wähle ich ein Gedicht, das nach 1800 entstanden und wohl spätestens 1801 vollendet wurde:

Natur und Kunst *oder* Saturn und Jupiter

Du waltest hoch am Tag und es blühet dein
  Gesetz, du hältst die Waage, Saturnus' Sohn!
    Und teilst die Los' und ruhest froh im
      Ruhm der unsterblichen Herrscherkünste.

Doch in den Abgrund, sagen die Sänger sich,
  Habst du den heil'gen Vater, den eignen, einst
    Verwiesen und es jammre drunten,
      Da, wo die Wilden vor dir mit Recht sind,

Schuldlos der Gott der goldenen Zeit schon längst:
  Einst mühelos, und größer, wie du, wenn schon
    Er kein Gebot aussprach und ihn der
      Sterblichen keiner mit Namen nannte.

Herab denn! oder schäme des Danks dich nicht!
  Und willst du bleiben, diene dem Älteren,
    Und gönn es ihm, daß ihn vor allen,
      Göttern und Menschen, der Sänger nenne!

Denn, wie aus dem Gewölke dein Blitz, so kömmt
  Von ihm, was dein ist, siehe! so zeugt von ihm,
    Was du gebeutst, und aus Saturnus'
      Frieden ist jegliche Macht erwachsen.

Und hab ich erst am Herzen Lebendiges
  Gefühlt und dämmert, was du gestaltetest,
    Und war in ihrer Wiege mir in
      Wonne die wechselnde Zeit entschlummert:

Dann kenn ich dich, Kronion! dann hör ich dich,
  Den weisen Meister, welcher, wie wir, ein Sohn
    Der Zeit, Gesetze gibt und, was die
      Heilige Dämmerung birgt, verkündet.[48]

Die göttliche Geschlechterfolge von Saturn und Jupiter deutet
Hölderlin als historischen Wechsel, doch nicht in dem Sinne, daß
das goldene Zeitalter in der Vergangenheit, in einer abgeschlossenen Urzeit liege, sondern daß es der Schoß ist, aus dem das Neue
sich entwickelt, dem es sich recht eigentlich verdankt und dessen
Qualität und Versprechen es auf einer neuen Stufe zu entfalten
(»Herab denn!«) und schließlich an die Zukunft weiterzugeben
hat (»was die / Heilige Dämmerung birgt, verkündet.«). Vergangenheit und Gegenwart verschwinden vor dem »Gott der goldenen Zeit«, der die Wahrheit nicht nur als vergangenes Ereignis,
sondern ebenso nach vorne, ins Offene der heraufdämmernden
Zukunft, repräsentiert. Aus einer ehrwürdigen Gestalt der Erinnerung an ein goldenes Naturreich wird die Verheißungsfigur der
Kunst, die sich historisch entfaltet. In der Hymne ›Der Einzige‹
erleben wir den Mythos nun gänzlich in biblisches, eschatologi-
sches Verheißungsdenken überführt, und Christus erscheint als
des Herakles und Dyonysos (»des Euiers«) Bruder.

Viel hab ich Schönes gesehn
Und gesungen Gottes Bild
Hab ich, das lebet unter
Den Menschen. Denn sehr, dem Raum gleich, ist
Das Himmlische reichlich in
Der Jugend zählbar, aber dennoch,
Ihr alten Götter und all
Ihr tapfern Söhne der Götter,
Noch einen such ich, den
Ich liebe unter euch,
Wo ihr den letzten eures Geschlechts,
Des Hauses Kleinod mir
Dem fremden Gaste bewahret.
⟨. . .⟩
Ich weiß es aber, eigene Schuld
Ist's, denn zu sehr,
O Christus! häng ich an dir,
Wiewohl Herakles' Bruder
Und kühn bekenn ich, du

Bist Bruder auch des Euiers, der einsichtlich, vor alters
Die verdrossene Irre gerichtet,
Der Erde Gott, und beschieden
Die Seele dem Tier, das lebend
Vom eigenen Hunger schweift' und der Erde nach ging,
Aber rechte Wege gebot er mit einem Mal und Orte,
Die Sachen auch bestellt er von jedem.[49]

Drei verschiedene Stufen der Menschheitsentwicklung veranschaulichen die drei Halbgötter, wobei Dionysos und Herakles
auf Christus, den einzigen, bezogen bleiben als Träger der Ender-
wartung, durch den auch sie selber am Futurum teilhaben und
ihre utopische Dimension bekommen. Ein nicht getilgtes Text-
fragment einer anderen Handschrift des Gedichts macht die
Bedeutung der drei Halbgötter (»Herrlich grünet / Ein Klee-
blatt.«[50]) als Figuren einer Heilsgeschichte, eines mythologischen
Entwicklungsromans gleichsam, vollends erkennbar.

Wie Fürsten ist Herakles. Gemeingeist Bacchus. Christus aber ist
Das Ende. Wohl ist der noch andrer Natur; erfüllet aber
Was noch an Gegenwart
Den Himmlischen gefehlet an den andern.[51]

Hölderlins Mythos orientiert sich am Wunschinhalt des letzten und höchsten Guts, dessen mögliche Präsenz als eine des
erfüllten Endes Christus bedeutet. Das macht ihn »einzig«, zeichnet ihn aus im mythologischen Stufengang der Heilsgeschichte
vor seinen beiden anderen, frühere Phasen repräsentieren-
den Brüdern. Derart wird der Mythos als Erinnerung an eine
vergangene Glanz- und Glückszeit von Hölderlin herüberge-
bogen in eine bevorstehende Endzeit, wird Erinnerung an die
Zukunft.

Noch ein Wort aber fällt dem Kenner bei den zitierten Strophen dieser späten Hymne ins Auge: die »Jugend« als Bezugsraum
des Himmlischen; ein Hauptmotiv Hölderlins und wechselnd mit
der Vorstellung von der Kindheit als der paradiesischen Vergangenheit jedes individuellen Menschen. »Daß man werden kann,

wie die Kinder, daß noch die goldne Zeit der Unschuld wiederkehrt, die Zeit des Friedens und der Freiheit, daß doch *eine*
Freude ist, *eine* Ruhestätte auf Erden! / Ist der Mensch nicht ver-
altert, verwelkt, ist er nicht wie ein abgefallen Blatt, das seinen
Stamm nicht wieder findet und umhergescheucht wird von den
Winden, bis es der Sand begräbt? / Und dennoch kehrt sein Frühling wieder!«[52] So schreibt Hyperion an Bellarmin und meint
damit mehr als eine individuelle Erfahrung. Dahinter taucht zwar
Rousseau auf, den Hölderlin seit seiner Studienzeit verehrte und
dem er um 1800 eine (Fragment gebliebene) Ode widmete; ein
Rousseau indes, der selber schon die Lebensstadien in die
Menschheitsgeschichte projiziert und damit Kindheit und Jugend
revolutionär aufgeladen hatte. »Von Kinderharmonie sind einst
die Völker ausgegangen, die Harmonie der Geister wird der
Anfang einer neuen Weltgeschichte sein«, versichert Hyperion in
einem anderen Brief dem Freunde.[53] Der Traum von der Wiederkehr des goldenen Zeitalters ist in der individuellen Erfahrung
von Kindheit und Jugend verbürgt und mit einer historischen
Utopie verbündet. Geht aber allein darin nicht auf, daher wird
Jugend von Hölderlin nicht nur zeitlich, sondern auch raumhaft
gefaßt, als Schatzkammer des Himmlischen gleichsam. Was
damit ganz konkret gemeint ist, hat er in anderen Gedichten
unmißverständlich ausgeführt, in der ›Hymne an den Genius der
Jugend‹ (1792) oder ihrer mehr elegischen späteren Fassung ›Der
Gott der Jugend‹ (1794/95); auch in einem Fragment gebliebenen Gedicht, das wohl 1798 entstand und in dem er die besondere und niemals einholbare Erfahrung der Kindheit als besondere Naturerfahrung ganz auskostet:

Da ich ein Knabe war,
  Rettet' ein Gott mich oft
    Vom Geschrei und der Rute der Menschen,
      Da spielt ich sicher und gut
        Mit den Blumen des Hains,
          Und die Lüftchen des Himmels
            Spielten mit mir.

Und wie du das Herz
Der Pflanzen erfreust,
Wenn sie entgegen dir
Die zarten Arme strecken,

So hast du mein Herz erfreut,
Vater Helios! und, wie Endymion,
War ich dein Liebling,
Heilige Luna!

O all ihr treuen
Freundlichen Götter!
Daß ihr wüßtet,
Wie euch meine Seele geliebt!

Zwar damals rief ich noch nicht
Euch mit Namen, auch ihr
Nanntet mich nie, wie die Menschen sich nennen,
Als kennten sie sich.

Doch kannt ich euch besser,
Als ich je die Menschen gekannt,
Ich verstand die Stille des Äthers,
Der Menschen Worte verstand ich nie.

Mich erzog der Wohllaut
Des säuselnden Hains
Und lieben lernt ich
Unter den Blumen.

Im Arme der Götter wuchs ich groß.[54]

Hier haben wir endlich das dritte, Hölderlins Mythologie kon-
stituierende Moment, die Natur mit ihrem qualitativen Reichtum
der Wesen und Dinge, die nicht ihrem Namen nach, also in der
üblichen Klassifikationsweise, von Bedeutung sind, sondern als
unverwechselbare Qualität (»Wenn sie entgegen dir / Die zarten

Arme strecken,«), die ihre eigene Sprache sprechen und Liebe lehren. Hölderlins Dichtung hat aus dieser mythologischen Rekonstruktion der Natur (denn um eine solche handelt es sich im Zeitalter der modernen quantifizierenden Wissenschaft) den größten künstlerischen Gewinn gezogen, insofern die qualitativen Merkmalanalogien eine reiche Vielfalt von Übereinstimmungsmöglichkeiten eröffnen und der gesamte Bereich der sichtbaren Welt bis hinauf in kosmische Entsprechungsgestalten in eine Ordnung gebracht wird, die ästhetischen oder emotionalen oder strukturellen Prinzipien folgt. So daß Ding- und Bilderketten aus komplexen und konkreten Gegenständen entstehen, deren Gemeinsamkeit sich nicht in meßbaren Quantitäten fassen läßt, wohl aber in Ton, Farbe, Geruch oder, wie im folgenden berühmten Beispiel, einer sinnlich manifesten Bewegungsfigur:

Mit gelben Birnen hänget
Und voll mit wilden Rosen
Das Land in den See,
Ihr holden Schwäne,
Und trunken von Küssen
Tunkt ihr das Haupt
Ins heilignüchterne Wasser.[55]

Aus dieser mythologischen Struktur der Weltauffassung, die mit kosmischer Ausweitung immer einen neuen Himmel und eine neue Erde antizipiert, folgt der den Interpreten schon immer aufgefallene, von ihnen aber fast ausnahmslos als statisch und ahistorisch gedeutete Triumph des Raums über die Zeit (»Vor seiner Hütte ruhig im Schatten sitzt / Der Pflüger, dem Genügsamen raucht sein Herd. / Gastfreundlich tönt dem Wanderer im / Friedlichen Dorfe die Abendglocke.«[56]). Doch immer ist dieser Raum voll Figur, Heimatraum zwar, wie in den eben zitierten Versen aus der ›Abendphantasie‹ (1799), aber ein Zielraum, auf den alle anderen Räume bezogen bleiben und auf welchen auch die berühmte Anfangszeile der dritten Strophe weist: »Wohin denn ich?« So daß auch seiner räumlichen Struktur nach der utopische Mythos Hölderlins nicht Bann und Erinnerung, sondern erhoffte Gelungenheit, Höhenlage und einen Aufstiegsraum anzeigt, den er schon in die Vorstellungsstruktur seiner Gedichte, in der Spannung von irdisch und himmlisch aufgenommen hat:

Reif sind, in Feuer getaucht, gekochet
Die Früchte und auf der Erde geprüfet und ein Gesetz ist,
Daß alles hineingeht, Schlangen gleich,
Prophetisch, träumend auf
Den Hügeln des Himmels.[57]

IV. Frühromantik:
Schlegel, Tieck, Novalis, Wackenroder, Brentano, Arnim

1. Unendliche Beziehung und Bedeutung

Im Dezember 1795 ist Schillers erster ›Musenalmanach‹ (»für das Jahr 1796«) erschienen, Friedrich Schlegel hat sowohl die strenge wie auch liberale Auswahl in dieser »Poetische⟨n⟩ Ausstellung«[1] gerühmt, die »nicht etwa bloß auf einen gewissen Ton gestimmt und auf eine Manier einseitig beschränkt ⟨sei⟩, sondern dem Interessanten jeder Art gleich günstig«[2]. Neben Gedichten Schillers (darunter ›Die Ideale‹, ›Kolumbus‹, ›Würde der Frauen‹) und Goethes (neben ›Nähe des Geliebten‹ oder ›Meeresstille‹ und ›Glückliche Fahrt‹ auch die ›Venetianischen Epigramme‹) finden sich darin auch Gedichte Sophie Mereaus und Hölderlins (›Der Gott der Jugend‹); allein, die Weimarer Richtung dominiert offensichtlich, und Schiller hat sich, denkt man an Hölderlins Versuche, seine Gedichte im Musenalmanach zu veröffentlichen, oftmals nicht sehr großzügig erwiesen, wenn es um neue Töne ging. Schlegels im ganzen sehr freundliche Rezension, was den Herausgeber nicht an bissigen Xenien in der nächsten Folge des Almanachs hinderte und Herder zu einigen brieflichen Sottisen veranlaßte[3], kann man aber nicht als repräsentativ für die Generation junger Schriftsteller nehmen, war wohl auch von Publikationstaktik nicht frei (der Bruder August Wilhelm ist ebenfalls unter den Autoren). Ludwig Tiecks Kritik zeugt viel stärker von einem neuen Geist, einer neuen Poesieauffassung. Zwar sagt auch er, daß man unter den Gedichten viele finden wird, »die Sie entzücken und Ihre ganze Seele ausfüllen werden. Sie dürfen nur einige von Schiller aufschlagen«, doch an ›Würde der Frauen‹ tadelt er den bloß »prosaischen, vernünftigen Zusammenhang«[4] und verlangt an anderer Stelle, der Dichter dürfe »Ideen nicht bloß mehr oder minder allegorisch« vortragen[5], auch die Gegenstände nicht etwa bloß wie in einem Katalog aufzählen: »Wird nicht jeder poetische Mensch in eine Stimmung versetzt, in der ihm Bäume und Blumen wie belebte und befreundete Wesen erscheinen, und ist dieses nicht das Interesse, das wir an der Natur nehmen? Nicht die grünen Stauden und Gewächse entzükken uns, sondern die geheimen Ahndungen, die aus ihnen gleichsam heraufsteigen und uns begrüßen.«[6]

Die Schlüsselwörter fallen sofort auf: Stimmung und Ahnung, beides sind Kernbegriffe der romantischen Poetik, die Tieck in der Auseinandersetzung mit Schiller vor allem und im kompatriotischen Gespräch mit den Freunden Wackenroder und Novalis langsam entwickelt hat. Sie sind, wie man sieht, durchaus und von Anfang an fest umrissen, bedeuten nicht nur ein subjektives Gestimmtsein in genauer Analogie zum musikalischen Gebrauch des Wortes, der hier immer mit zu assoziieren ist, sondern ebenso die objektive Seite dieser poetischen Kommunikation mit der Welt, die Stimme der Naturdinge selber, Ton und Laut, womit sie zu den Menschen reden, in Form geheimer Ahnungen – oder vielmehr: womit sie zum menschlichen Herzen reden, das, in bildlicher Redeweise, als eigentliches organon solcher Erfahrung entdeckt wird. Besser: wiederentdeckt wird, denn in solcher Wirksamkeit war es schon eine Generation zuvor aufgefaßt worden, in Empfindsamkeit und Geniebewegung. Die frühen Stücke Schillers übrigens, von den ›Räubern‹ bis ›Kabale und Liebe‹, gehörten zu den berauschenden Lektüre-Erlebnissen der Freunde Wackenroder und Tieck, und in ihnen wird das Herz als eben die Instanz verehrt, die ihm Tieck nun wieder im Bereich der Poesie schrankenlos einräumen möchte. Aus dem Jahre 1796 datiert eines seiner Gedichte, das wie das Exempel zu seinen gleichzeitig entwickelten theoretischen Vorstellungen wirkt, ›Der neue Frühling‹, und darin stehen die Verse:

Hinter mir hört' ich ein leises Rieseln,
Wie wenn Bächlein über Kiesel jauchzen,
Hinter mir lief Wind durch das Gebüsche,
Seitwärts nickten alle Blumen freundlich,
Und in sanften röthern Strahlen spielte
Sonnenschein zum grünen Boden nieder.
⟨...⟩

Mir entgegen streckten sich Gewinde
Ach! aus Myrthen, zauberischen Rosen,
Kein Cypressenblatt im ganzen Kranze,
Und die schönste Hand streckt' ihn entgegen.[7]

Das romantische Kunstwerk geht aus dem Grund der absoluten Subjektivität als Genie hervor. »So ist die Seele des Künstlers
oft von wunderlichen Träumereien befangen«, kommentiert der
Erzähler Franz Sternbalds Stimmungen in Tiecks frühem Roman,
»denn jeder Gegenstand der Natur, jede bewegte Blume, jede zie-
hende Wolke ist ihm eine Erinnerung, oder ein Wink in die
Zukunft. Heereszüge von Luftgestalten wandeln durch seinen
Sinn hin und zurück, die bei den übrigen Menschen keinen Eingang antreffen: besonders ist der Geist des Dichters ein ewig
bewegter Strom, dessen murmelnde Melodie in keinem Augenblicke schweigt, jeder Hauch rührt ihn an und läßt eine Spur
zurück, jeder Lichtstrahl spiegelt sich ab, er bedarf der lästigen
Materie am wenigsten, und hängt am meisten von sich selber ab,
er darf in Mondschimmer und Abendröte seine Bilder kleiden,
und aus unsichtbaren Harfen niegehörte Töne locken, auf denen
Engel und zarte Geister herniedergleiten, und jeden Hörer als
Bruder grüßen ⟨. . .⟩. In jenen beklemmten Zuständen des Künstlers liegt oft der Wink auf eine neue nie betretene Bahn, wenn er
mit seinem Geiste dem Liede folgt, das aus ungekannter Ferne
herübertönt. Oft ist jene Ängstlichkeit ein Vorgefühl der unendlichen Mannigfaltigkeit der Kunst, wenn der Künstler glaubt, Leiden, Unglück oder Freuden zu ahnden.«[8] Es gibt nichts, was nicht
kunstwürdig wäre, sofern es nur die dichterische Einbildungskraft bewegt, die Entscheidung darüber ist zufällig, hängt von
dem besonderen Augenblick und den persönlichen Konstellationen ab (»Die Gegenstände müssen wie die Töne der Äolsharfe
daseyn, auf einmal, ohne Veranlassung, ohne ihr Instrument zu
verraten«, sagt Novalis.[9]); die Wahl darüber ist jedenfalls frei von
irgendeiner Objektklassifikation oder der Nötigung durch die
Vernunft, die die Phantasie in Fesseln schlägt (›Die Phantasie‹,
1798). Der Einfluß Fichtes und des jungen Schelling wird in solchen Gedankengängen spürbar, wenn die Freiheit mit dem dich-

terischen, künstlerischen Bewußtsein identifiziert wird, als ein
unendliches Setzen und Produzieren, ein nie zu befriedigendes
Streben, das Sehnsucht heißt (»Warum Schmachten? / Warum
Sehnen? / Alle Thränen / Ach! sie trachten / Weit nach Ferne, /
Wo sie wähnen / Schönre Sterne. / ⟨. . .⟩ / Ach! ach! wie sehnt sich
für und für / O fremdes Land, mein Herz nach dir!«[10]). Eine
Schaffenslust geht daraus hervor, die so unbegrenzt ist, weil sie
nirgendwo, an keinem Gegenstand ihr Genügen findet, sondern
ewige Schöpferkraft ist, die sich an der ewigen Schöpferkraft der
Natur entzündet.

Dichtkunst

Durch Himmelsplan die rothen Wolken ziehen,
Beglänzet von der Sonne Abendstrahlen,
Jetzt sieht man sie in hellem Feuer glühen,
Und wie sie sich in seltsam Bildniß mahlen:
So oftmals Helden, große Thaten blühen,
Aufsteigend aus der Zeiten goldnen Schaalen,
Doch wie sie noch die Welt am schönsten schmücken,
Fliehn sie wie Wolken und ein schnell Entzücken.

Was dieser fliehnde Schimmer will bedeuten,
Die Bildniß, die sich durch einander jagen,
Die Glanzgestalten, die so furchtbar schreiten,
Kann nur der Dichter offenbarend sagen;
Es wechseln die Gestalten wie die Zeiten,
Sind sie euch Räthsel, müßt ihr ihn nur fragen,
Ewig bleibt stehn in seinem Lied gedichtet,
Was die Natur schafft und im Rausch vernichtet.

Es wohnt in ihr nur dieser ewge Wille
Zu wechseln mit Gebärden und Erzeugen,
Vom Chaos zieht sie ab die dunkle Hülle,
Die Tön' erweckt sie aus dem todten Schweigen,
Ein Lebensquell regt sich die alte Stille,
In der Gebilde auf und nieder steigen,

Nur Phantasie schaut in das ewge Weben,
Wie aus dem Tod' erblüht verjüngtes Leben.[11]

    Unverbindlichkeit des Gegenstands schließt die Flüssigkeit und
Beliebigkeit der Form ein, und wie Wolkenfiguren steigen die
Gebilde auf und nieder. Dahinter steckt die vertraute Metapher
vom Buch der Natur, die aus der Kanzelberedsamkeit stammt,
aber bereits im Mittelalter in die mystisch-philosophische Spekulation übertragen wurde[12] und bei Paracelsus und Böhme den
besonderen Sinn bekam, daß das Buch der Natur nicht stillsteht
(und seine Schrift ein für allemal fixiert ist), sondern ein formen-
des Geschehen, ein dauernder Gestalten- und Figurenwandel aus
ständiger Schöpfung. Jakob Böhme gehört zu den allerersten
Heiligen im philosophischen Kalender der Romantik, seine Spekulationen kannte und diskutierte man, Tieck und Novalis
machen da keine Ausnahme. Das geht bis in Einzelheiten, bis in
die Anschauung von der Welt als dem Baum des Lebens. In der
heute nur noch literaturgeschichtlich interessanten, freilich von
den Zeitgenossen höchst geschätzten Romanze ›Die Zeichen im
Walde‹, einer Umdeutung von Goethes ›Erlkönig‹, findet sich (in
der Rede des Sohnes an den Vater) die aufschlußreiche Strophe:
»Ihr seid selbst ein Zweig vom Baume, / Welcher steht in Gottes
Grunde; / Alle Zweig' und Laub sind Engel, / All' formirt zu seinem Ruhme.«[13] Die Natur wird selber als ein poetisches Werk
begriffen, voller realer Symbole und Allegorien, die der Dichter
in seinem Buch abermals – diesmal sprachlich – chiffriert, nachdem er sie zuvor in seiner Einbildungskraft dechiffriert hat. Die
meisten Naturgedichte Tiecks fallen in diese Rubrik, nehmen ihre
Gegenstände ganz ausdrücklich als Bedeutungsgestalten. Etwa in
dem vielteiligen Gedicht ›Wald, Garten und Berg‹ von 1798:

Wandl' im Grünen,
Willst du die Blumen verstehn,
Mußt du erst den Wald durchgehn.
Ist dir erschienen
Der Sinn des Grünen
Dann magst du die Blumen verstehn.[14]

Die in Poesie verwandelte Welt braucht den Dichter, um verstanden zu werden: gemeint ist damit immer noch die Rechtfertigung künstlerischer Existenz, diesmal auf naturphilosophische
Weise. Deshalb kann Novalis von einer »Poetik der Natur« sprechen. »Der Philosoph wäre am Ende auch nur der innre Dichter –
und so alles Wirkliche durchaus poetisch.«[15] Die Vorstellung, die
dahintersteht, stammt auch wiederum aus mystischer Spekulation, daß nämlich die Welt in ihrer ganzen Fülle und Mannigfaltigkeit gleicherweise außer, wie im Dichter ist (»Der Dichter ist
wahrhaft sinnberaubt – dafür kommt alles in ihm vor.«[16]), so
daß er, wenn er in sich hineinhört, in sich hineinliest, ebenso die
Bewegungsfiguren der Natur und des äußeren Lebens vernimmt;
ja dies der einzige Weg ist, die Weltfiguren zu entziffern. »Der
wahre Inhalt des Romantischen ist die absolute Innerlichkeit«,
hat Hegel diagnostiziert[17], doch darin durchaus nicht nur Negatives gesehen. Die Subjektivität als individuelles Talent gibt der
Kunst doch eben die eigene Verbindlichkeit, in Form der eigenen
Wahrheit und besonderen, einmaligen Darstellungskunst, damit
ein Äquivalent zu der objektiven Bestimmtheit des Gegenstandes
in der Kunst früherer Epochen. Wenn für Hegel das Romantische
auch ein sehr viel umfassender Begriff und nicht auf die eigene
Epoche beschränkt ist, befindet er sich hier durchaus im Einklang
mit den wichtigsten Schriftstellern der romantischen Schule. »Je
persönlicher, localer, temporeller, eigenthümlicher ein Gedicht
ist, desto näher steht es dem Centro der Poesie«[18], akzentuierte
diese Ansicht Novalis, der auch, worüber noch zu handeln sein
wird, den Weg nach innen als den Königsweg dichterischer
Erkenntnis besonders wirkungsvoll begründete. Indem nun jeder
Gegenstand, auch der bedeutungsloseste, seinen Inhalt vom Autor
erhält, ja Autorschaft sich gerade darin erweist, daß der Künstler
sich in den Gegenstand hineinbildet, um ihn derart verwandelt
nach außen hin darzustellen, werden auch die Beziehungen untereinander zufällig und beliebig, ein Echo unendlicher und offener
Bedeutungen. Nimmt man die theoretischen Aussagen zu diesem
Punkt oder die Quintessenz der poetologischen Gedichte der
romantischen Schriftsteller zusammen und vergleicht man sie mit
ihren lyrischen Erfüllungen, so fällt freilich sofort eine ziemliche

Diskrepanz ins Auge. Der Gegenstandsbereich ist längst nicht so unendlich, so vielfältig und zufällig, wie man uns glauben machen will. Tiecks Gedichte, im Jenenser Kreis August Wilhelm Schlegels und vor dessen Bruder Friedrich, vor Schelling und Novalis mit großem Erfolg vorgetragen, weisen nur ein ganz begrenztes Repertoire an Themen und Motiven auf: die Jahreszeiten, darunter vor allem der Frühling (»Nun regt sich's und wühlt in allen Zweigen, / Alle Quellen mit neuem Leben spielen, / In den Ästen Lust und Kraft und Wühlen, / Jeder Baum will sich vor dem andern zeigen.«[19]), Wald und Blumen, Bäche und Wiesen; immer wieder dieselben Situationen: Reise und Abschied, die Begegnung der Liebenden und ihre Gefühle, natürlich die ganze Skala der Affekte und Gemütszustände: Melancholie, Trauer und »süße Ahndung«, Wehmut und Freude, Trost und Klage, allen voran natürlich Sehnsucht und Begeisterung. Der aus den Gedichtüberschriften zusammengestellte Katalog ist noch nicht vollständig, macht aber den Kreis hinreichend sichtbar, den Tiecks Gedichte immer wieder durchlaufen. Die Elemente sind, einmal sprachlich gefertigt oder übernommen, jederzeit verfügbar und werden vom Autor spielerisch und willkürlich kombiniert. Das Verfahren ist assoziativ, und so entstehen ganze Bilderketten, die keinen anderen Zusammenhang haben als die Ähnlichkeit der Vorstellungen, die sie erregen: »Da singen alle Frühlingslüfte, / Da duften und klingen die Blumendüfte, / Lieblich Rauschen geht das Thal entlang: / ›Sei muthig, nicht bang!‹«[20] Diese Beobachtungen kann man auch an den Gedichten anderer Schriftsteller des Kreises machen (wenngleich in denjenigen Ludwig Tiecks auch die Funktionalisierung der Motive und Bilder besonders hervorsticht, weil es ihm selten gelungen ist, ihnen die »*Einheit* des *Gemüths*«[21] zu geben), etwa in jener Musikalität, welche die Gedichte Brentanos auszeichnet:

O kühler Wald
Wo rauschest Du,
In dem mein Liebchen geht,
O Widerhall
Wo lauschest Du
Der gern mein Lied versteht.

O Widerhall,
O sängst Du ihr
Die süßen Träume vor,
Die Lieder all,
O bring' sie ihr,
Die ich so früh verlor. –

Im Herzen tief,
Da rauscht der Wald
In dem mein Liebchen geht,
In Schmerzen schlief
Der Widerhall,
Die Lieder sind verweht.

Im Walde bin
Ich so allein,
O Liebchen wandre hier,
Verschallet auch
Manch Lied so rein,
Ich singe andre Dir.[22]

So verschieden in Ton und Kunstfertigkeit, so einheitlich in der Absicht. Soll eine Metapher, ein Name geöffnet werden für ein Streuungsfeld von Bedeutungen, so müssen sie von ihren bisherigen Festlegungen gelöst werden. Dies geschieht in den Gedichten Tiecks oder Brentanos (auch Friedrich Schlegels: »Wildes Rauschen, Gottes Flügel, / Tief in kühler Waldesnacht; / Wie der Held in Rosses Bügel, / Schwingt sich des Gedankens Macht. / Wie die alten Tannen sausen, / Hört man Geistes Wogen brausen.«[23]) durch die Automatisierung, die stereotype Anwendung der Sprache in ihrem eigentlichen und uneigentlichen Gebrauch. Das Waldesrauschen, die Waldeinsamkeit, die mondbeglänzte Zaubernacht: das sind Formeln, deren gegenständlicher Bezug kaum noch eine Rolle für ihre poetische Verwendung spielt. Das geschieht sowohl innerhalb des einzelnen Gedichts durch seinen Autor wie aber auch durch die kollektive Funktionalisierung bestimmter zentraler Chiffren und Topoi in der ganzen romantischen Schule.

Der Spinnerin Nachtlied

Es sang vor langen Jahren
Wohl auch die Nachtigall,
Das war wohl süßer Schall,
Da wir zusammen waren.

Ich sing' und kann nicht weinen,
Und spinne so allein
Den Faden klar und rein
So lang der Mond wird scheinen.

Als wir zusammen waren
Da sang die Nachtigall
Nun mahnet mich ihr Schall
Daß du von mir gefahren.

So oft der Mond mag scheinen,
Denk' ich wohl dein allein,
Mein Herz ist klar und rein,
Gott wolle uns vereinen.

Seit du von mir gefahren,
Singt stets die Nachtigall,
Ich denk' bei ihrem Schall,
Wie wir zusammen waren.

Gott wolle uns vereinen
Hier spinn' ich so allein,
Der Mond scheint klar und rein,
Ich sing' und möchte weinen.[24]

Der Kehrreim, dessen Meister Brentano ist, ein ursprüngliches Kunstmittel der Volksdichtung, ist hier das Instrument, mit dem die Austauschbarkeit der einzelnen Bestandteile des Gedichts hervorgehoben wird. Ein anderes Mittel ist die Fragmentarisierung, wodurch bestimmte Wendungen verkürzt und durch bewußte harte Versfügung aneinandergereiht werden, wobei der Reim – weit entfernt davon, als Vereinheitlichung zu wirken – das bruchstückhaft Stenogrammartige, Skizzenhafte der Verse verstärkt, wie im folgenden Beispiel von Tieck:

Himmelblau,
Hellbegrünte Frühlingsau,
Lerchenlieder
Zur Erde nieder,
Frisches Blut,
Zur Liebe Muth;
Beim Gesang
Hüpfende Schäfchen auf Bergeshang.[25]

Novalis hat die Generallinie dieser verschiedenen Verfahrensweisen, die poetische Sprache zu verflüssigen, benannt und auch ihr eigentliches Ziel angegeben, das nicht auf Mimesis, auch nicht auf Bedeutung aus ist, sondern emotionale Wirkung bezweckt: »Wenn der Philosoph nur alles ordnet, alles stellt, so lößte der Dichter alle Bande auf. Seine Worte sind nicht allgemeine Zeichen – Töne sind es, Zauberworte, die schöne Gruppen um sich her bewegen ⟨. . .⟩. Dem Dichter ist die Sprache nie zu arm, aber immer zu allgemein. Er bedarf oft wiederkehrender, durch den Gebrauch ausgespielter Worte. Seine Welt ist einfach, wie sein Instrument, aber ebenso unerschöpflich an Melodieen.«[26]

2. Kunst der Gefühlserregung

Erst die spätere Rezeption (übrigens schon der zweiten Romantik) hat die ästhetische Diskussion und die neue Poetik aus der sozialen und politischen Verknüpfung herausgelöst, in die sie im Verständnis ihrer Wortführer gehörte. Dabei sind die Analogien aufdringlich genug. An die Stelle hierarchischer Strukturen im Verhältnis der poetischen Gegenstände tritt ihre vollkommene Gleichheit und Gleichberechtigung, statt sorgsam getrennter, übereinander geordneter Gattungen propagiert man mit Friedrich Schlegel die progressive Universalpoesie, die alle Gattungen und Künste ohne Unterschied vereinigen soll, und nicht Bildung und Wissen, Kunstfertigkeit und Technik entscheiden über den Rang eines Dichters, sondern Talent, Naturanlagen und Volksverbundenheit. Freiheit ist die wichtigste Bedingung künstlerischer Schöpfung, reine Willkür soll herrschen, nicht Regel und Gesetz, gar die Autorität der Alten. Wenn auch Mittelalter und Renaissance zu vorbildlichen Kunstwelten erklärt werden, so nicht im Sinne vorgesetzter Vollkommenheit, wie es die Antike für Goethe, Schiller, Hölderlin war, sondern als poetisches Sujet. Generell kann man feststellen, daß auch in der Dichtkunst sämtliche vertikalen durch horizontale Beziehungen ersetzt werden, weil sie ebenso wie romantische Musik und Malerei Bestandteil der neuen Zeit und neuen Welt ist, die man mit der Französischen Revolution heraufgekommen sieht. Als Republikaner haben sie sich alle bezeichnet, Tieck und Novalis, die Brüder Schlegel und Fichte und Steffens. Poesie, sagt Friedrich Schlegel ausdrücklich, sei »republikanische Rede«, und zwar »eine Rede, die ihr eigenes Gesetz und ihr eigener Zweck ist, wo alle Teile freie Bürger sind, und mitstimmen dürfen.«[27] Man muß sich diesen Satz genau merken, er gibt den ästhetischen Imperativ der jungen Romantikergeneration wieder, von ihm könnte man sämtliche Einzelmaximen ableiten, ob es sich um Gegenstandsbeziehungen, Form- oder Wirkungsverhältnisse handelt. Varnhagen hat dieses zeitgeschichtliche Wesen der neuen Kunstbewegung pointiert ausgedrückt: »Die Französische Revolution war in vollem Gange, und während sie den Staat im Ausland beschäftigte, wirkte sie sehr stark auf das Leben im Innern ein. Denkweisen, Erziehung, Orientierung des Geistes, der Tendenzen, des Geschmacks waren vollkommen frei geworden 〈...〉. Ordnung, Rang und Reichtum behielten natürlich ihre Bedeutung in der Gesellschaft, wie es auch immer sein wird, aber sie setzten auf keinem Gebiet die Regel, der sich das Gesellschaftsleben unterwarf; dieses richtete sich vielmehr nach der Laune, dem Talent und der Aktivität der Menschen 〈...〉«[28] Rückblickend auf die so ganz andere Entwicklung, die die romantische Schule dann wirklich genommen hat, mit ihrer Zirkelbildung, exklusiven Abgrenzung und religiösen Wende zum Katholizismus, versucht Tieck so etwas wie eine Ver-

teidigung: »Der scharfe Geist, der im ›Athenäum‹, noch mehr in
der Lucinde herrscht, und das Paradoxe, das diese beiden Werke
so unpopulär macht, brachte bald die Menge gegen sie auf, die
über nichts mehr erzürnt war, als wenn sie merkt, daß ihr etwas
wirklich unverständlich ist ⟨. . .⟩. Schon seit lange war in jedem
Buche die Rede gewesen, man müsse keine Autorität mehr gelten
lassen. Von uns geschah, was jene immer gepredigt hatten ⟨. . .⟩.
Nun sagt man, wir loben uns um die Wette, wir bilden ein Com-
plott, eine Clique, wie sich andere ausdrücken, blos das zu erheben, was wir hervorbringen ⟨. . .⟩«[29] Ich will hier nichts weiter
sagen, als daß aus dieser Stelle auch hervorgeht, wie überzeugt
die Romantiker waren, die aufklärerischen Ideen der Vergangenheit nun praktisch zu vollziehen. In unserem Zusammenhang
kann man aus der allgemeinen Form dieser Erklärung aber noch
mehr herauslesen: die gewünschte Befreiung bezieht sich nicht
nur auf die äußere Welt, auf künstlerische Produktion und tägli-
ches Leben, sondern ebenso auf die Anlagen des Menschen selber
und damit verbunden auf die ästhetische Wirkungsintention.
Schon Schiller hatte in seiner Konzeption des harmonisch freien
Ausgleichs von Formtrieb und Stofftrieb im ästhetischen Spielzu-
stand eine Möglichkeit vorgeschlagen, die romantische Schule
propagiert und praktiziert eine andere: »Es gibt eine materiale,
enthusiastische Rhetorik, die unendlich weit erhaben ist über den
sophistischen Mißbrauch der Philosophie, die deklamatorische
Stilübung, die angewandte Poesie, die improvisierte Politik, welche man mit demselben Namen zu bezeichnen pflegt. Ihre
Bestimmung ist, die Philosophie praktisch zu realisieren, und die
praktische Unphilosophie und Antiphilosophie nicht bloß dialektisch zu besiegen, sondern real zu vernichten.«[30] Die enthusiastische Rhetorik, die Rhetorik der Affekte und Gefühle, bestimmt
die romantische Wirkungsästhetik, auch darin ist eine republikanische Idee verborgen, weil der Mensch als Gefühlswesen all die
Schranken und Unterschiede praktisch, im Vollzug des Fühlens
nämlich, aufhebt, die Verstand und Vernunft geschaffen, so daß
allein auch er imstande ist, die Philosophie der Freiheit zu verwirklichen. Weshalb Schlegel fortfährt: »Rousseau und Fichte
verbieten auch denen, die nicht glauben, wo sie nicht sehen, dies

Ideal für chimärisch zu halten.«[31] Enthusiasmus ist der Gemüts-
zustand der Freiheit. Zwar klingt platonische Erinnerung in dem
Begriff fort, so daß der Dichter ein Begeisterter ist, ein Gottbe-
geisterter genauer gesagt nach Schellings Übersetzungsvor-
schlag[32], doch ist er den Romantikern aus einem anderen Grunde
wichtig: Enthusiasmus reißt den Menschen aus seiner Gefangenschaft in einem prosaischen Leben, aus den Bindungen und sozialen Grenzen seines Daseins fort, ohne ihn ist, mit Kants Worten,
in der Welt niemals »etwas Großes ausgerichtet worden«[33]. Gleich
das zweite Gedicht in Tiecks Zusammenstellung seines lyrischen
Werkes ist der ›Begeisterung‹ (1803) gewidmet (»Wie beglückt,
wer auf den Flügeln / Seiner Phantasieen wandelt, ⟨. . .⟩«[34]), doch
ein sehr viel früheres Gedicht, ›Rausch und Wahn‹ von 1795,
verbindet den Affektzustand mit seiner wichtigsten Bedeutung
im allegorischen Bilde der Befreiung aus der Gefangenschaft:

Ich fühle mich von jeder Schmach entbunden,
Die uns vom schönen Taumel rückwärts hält,
Die jämmerlichen Ketten sind verschwunden,
Mit Freudejauchzen stürzen goldne Stunden
Rasch auf mich ein, und ziehn mich tanzend durch die Welt.[35]

Der Zweck der Gefühlserregung kulminiert in den vehemen-
ten, hinreißenden, aufschwingenden Gefühlen, bleibt aber natürlich nicht auf sie begrenzt. Die Skala reicht von den süßen, milden, leisen, hinschmelzenden Gefühlen bis hin zu den immer
höher hinaufreichenden Passionen. Nach dem Muster der überlieferten Affektenlehre soll die gewünschte Wirkung durch möglichst unmittelbare Gefühlsübertragung geschehen. Daher die
Hochschätzung der Musik und des Liedes, im Gedicht sollte der
»schneidende Widerspruch des Gesanges und der Rede ⟨. . .⟩ aufgehoben werden«[36] durch seine musikalische klangliche Komposition. Über die allgemeine Sprache der Musik bemerkt daher
Novalis: »Der Geist wird frei, *unbestimmt* angeregt – das thut
ihm so wohl, das dünkt ihm so bekannt, so vaterländisch – er ist
auf diese kurzen Augenblicke in seiner indischen Heymath. Alles
Liebe und Gute, Zukunft und Vergangenheit regt sich in ihm,

Hoffnung und Sehnsucht. Vers bestimmt durch die Musik zu sprechen.«[37] Wobei mit Geist der Gegensatz zu Körper und Materie gemeint ist, nicht etwa Verstand oder Vernunft, denn die Musik, so lautet Solgers prägnante Umschreibung, ist »einerseits inneres Fühlen der Seele überhaupt, andererseits Ausdruck der besonderen Empfindung«[38]. Tonbewegung, Seelenbewegung und Gemütsbewegung korrespondieren unmittelbar miteinander und begründen die Hochschätzung der Musik in der Romantik. »Wie jedes einzelne Kunstwerk nur durch dasselbe Gefühl, von dem es hervorgebracht ward, erfaßt und innerlich ergriffen werden kann, so kann auch das Gefühl überhaupt nur vom Gefühl erfaßt und ergriffen werden«[39]; derart schließen sich Wackenroder und Tieck in den ›Phantasien über die Kunst‹ an die vorromantische Wirkungsästhetik aus rhetorischer Affektenlehre an, und immer sind es die Töne, »wodurch wir das Gefühl fühlen lernen«[40]. In diesem Zusammenhang muß man die Musikalität von Brentanos Lyrik sehen, ebenfalls seine und Tiecks Musikgedichte, die die Sprache nach Analogie eines Klangkörpers behandeln und ihr vor allem Töne, mit dem Zweck der Gefühlserregung, zu entlocken suchen. Ich denke insbesondere an Tiecks Musikgedicht (1798), in dem Harfe, Flöte (»Unser Geist ist himmelblau / Führt dich in die blaue Ferne, / Zarte Klänge locken dich, / Im Gemisch von andern Tönen. / Lieblich sprechen wir hinein, / Wenn die andern munter singen; / Deuten blaue Berge, Wolken, / Lieben Himmel sänftlich an, / Wie der letzte leise Grund / Hinter grünen frischen Bäumen.«[41]), Oboe, Trompete und Geige nach der besonderen Art der Gefühlsabtönung in ihrer Wirkung zum Sprechen gebracht werden und Wörter oder Bilder allein als Gefühls- und Tonkorrelate von Bedeutung sind. In Brentanos Wechselgesang zwischen ›Guitarre und Lied‹, wohl Ende des Jahres 1799 entstanden, wird die Spannbreite der Gefühlsbewegungen von den schönen, süßen Empfindungen bis hin zu einer Art kosmischer Erhebung ausgezogen:

Guitarre und Lied

GUITARRE Wache auf, Du süßes Lied,
Öffne Deine goldnen Augen;

Mondschein still herniedersieht.
Leise, kühle Lüfte hauchen
Durch die tiefe dunkle Nacht.
Lasse Deinen hellen Blick,
Leuchtend, durch die Schatten schweben;
Antwort kehret bald zurück,
Wenn des Echos Wechselleben
Hallend an dem Fels erwacht.
    Sag', wo willst Du hin?
Soll ich Dich begleiten,
Durch die Dunkelheiten
Deine Schritte leiten?
Soll ich stiller Liebe
Deinen düstern Sinn
Freundlich deuten?
Willst Du Deine Triebe
Durch den Abend singen;
Oder höher,
Immer höher
Zu den Sternen klingen?
Laß Dich traulich umschlingen;
Sprich Deine Worte
In meine Akkorde.[42]

Die Vertonung ihrer Gedichte war für diese Schriftsteller daher nicht eine nachträgliche musikalische Zutat, sondern Verwirklichung ihres lyrischen Prinzips und schloß selbstverständlich ein, »daß der Dichter sich völlig dem Musiker unterordnen, ja aufopfern muß«, wie Ludwig Tieck ohne Bedauern eingestand.[43] Achim von Arnim warb geradezu um neue Kompositionen nach eigenen Gedichten, mit Bettina Brentano verband ihn zunächst besonders dieses Interesse, und von ihr stammt auch eine Reihe von Vertonungen[44]; mit Clemens Brentano zusammen wollte er ein »Liederbuch der Liederbücher« herausbringen, das auch die entsprechenden Noten enthalten sollte, und es existiert sogar von ihm eine eigene Vertonung eines seiner Gedichte (»Mädchen mit

der klaren Stimme«). Auch für Arnim bedeutete also die Annäherung des Gedichts an musikalischen Klang den Wiedergewinn
einer unmittelbar wirkenden Gefühlssprache, die das Wort verloren hat:

Wär' mir Lautenspiel nicht blieben,
Ach wie sagt ich dir was lieben?
Doch die vielgebrauchten Worte
Öffnen klingend sich die Pforte,
Zu der tiefen Herzenskammer.
Neue Freude, alter Jammer,
Alles was in mir empfunden,
Ruft in einem Klang verbunden.[45]

Des »Gesanges herrschende Kraft« beschwört Karoline von
Günderode in ihrem ›Orphischen Lied‹[46], und die Romanze ›Der
Gefangene und der Sänger‹ hat gleichnishafte Bedeutung für die
befreiende Wirkung von Lied und Musik:

Ich wallte mit leichtem und lustigem Sinn
Und singend am Kerker vorüber;
Da schallt aus der Tiefe, da schallt aus dem Thurm
Mir Stimme des Freundes herüber. –

›Ach Sänger! verweile, mich tröstet dein Lied,‹
›Es steigt zum Gefangnen herunter,‹
›Ihm macht es gesellig die einsame Zeit,‹
›Das krankende Herz ihm gesunder.‹

Ich horchte der Stimme, gehorchte ihr bald,
Zum Kerker hin wandt' ich die Schritte,
Gern sprach ich die freundlichsten Worte hinab,
Begegnete jeglicher Bitte.

Da war dem Gefangenen freier der Sinn,
Gesellig die einsamen Stunden. –

›Gern gäb ich dir Lieber! so rief er: die Hand,‹
›Doch ist sie von Banden umwunden.‹

›Gern käm' ich Geliebter! gern käm' ich herauf‹
›Am Herzen dich treulich zu herzen;‹
›Doch trennen mich Mauern und Riegel von dir,‹
›O fühl' des Gefangenen Schmerzen.‹

›Es ziehet mich mancherlei Sehnsucht zu dir;‹
›Doch Ketten umpfangen mein Leben,‹
›Drum gehe mein Lieber und laß mich allein,‹
›Ach Armer ich kann dir nichts geben.‹ –

Da ward mir so weich und so wehe ums Herz,
Ich konnte den Lieben nicht lassen.
Am Kerker nun lausch' ich von Frührothes Schein
Bis Abends die Farben erblassen.

Und harren dort werd' ich die Jahre hindurch,
Und sollt' ich drob selber erblassen.
Es ist mir so weich und so sehnend ums Herz
Ich kann den Geliebten nicht lassen.[47]

Der Ton kann, wie man sieht, recht sentimental werden und
hat in dieser Wirkung das Verständnis von romantischer Poesie,
ja von Lyrik überhaupt geprägt. So daß man sie als mehr oder
weniger vollkommene Stimmungsmalerei auffaßte, bei welcher es
dem Dichter vor allem auf irrationale Wirkung ankommt. Doch
ist der Gegensatz zwischen ratio und irratio ein Konstrukt der
Wirkungsgeschichte. »Wer es nicht mitfühlt, dem ist es auch nicht
zu beweisen«, heißt es in Tiecks ›Sternbald‹[48], und diese Sentenz
zeugt nicht etwa bloß von der romantischen Lust am Paradox,
sondern fußt auf einem Begriff von Vernunft, der nicht in der
Reduktion auf bloß quantifizierenden Verstand aufgeht. In den
emotionalen Beweisgründen hat schon immer die Rhetorik einen
großen Teil ihrer Überzeugungsmittel gefunden und rationale
sowie emotionale Wirkung als Einheit aufgefaßt, beide sind mit

technischen Mitteln und in ihrer klugen Anwendung zu erreichen.

Romantische Poesie als eine Spielart manieristischer, auf Rhetorik fußender Gefühlserregungskunst[49], mit dieser Auffassung
ergibt sich auch die Brücke zur modernen Lyrik, wie am besonders hervorragenden Beispiel Brentanos auch schon herausgestellt
wurde. Von Brentanos »geradezu revolutionärem« Sprachverhält-
nis[50] hat Hans Magnus Enzensberger gesprochen und in der Entstellung das wichtigste Verfahren seiner Poetik gefunden, das ihn
mit der Moderne verbindet: »Für das, was wir heute unter dieser
modernen Poesie verstehen, ist die Entstellung ein fundamentales
Prinzip geworden. Der syntaktische Choc, die Bildverdichtung,
die Animation, die unverbundene Reihung, die grammatische
Entstellung, die Identifikation, die entstellte Redensart und viele
andere entstellende Verfahren sind zu weitverbreiteten poetischen
Mitteln geworden.«[51] Sie waren es schon immer, wäre hinzuzufügen, in den Epochen der Literaturgeschichte, in denen manieristi-
sche Züge dominierten um einer vor allem emotionalen Stimulierung willen. Die Wortbedeutung wird dabei zwar nicht wesenlos,
doch dient sie der Verstärkung der gleichsam musikalischen Wirkung der Verse durch die Assoziationsfelder, die mit den Worten
und Bildern verbunden sind, wie ein Gedicht Arnims exemplarisch verdeutlichen mag:

Stunden fliehen,
Ziehen Tage,
Jagen Jahre;
Bahre, Trauer,
Trauerjahre,
Fahren über;
Trüber schwebet
Bebet winkend,
Sinket Liebe.

Liebegluthen
Fluthen immer,
Immer strebe,

Bebe nimmer;
Immer wendet
Endet Wähnen
Thränen Schmerzen
Herzenssehnen.[52]

Einen Aspekt solcher Gefühlserregungskunst darf man freilich nun nicht übersehen: sie ist nämlich durchaus nicht bloß Selbstzweck. Brentano bietet dafür vielleicht das beste Beispiel, dessen Zerrissenheit und bizarrer Charakter in der Literaturgeschichtsschreibung notorisch geworden sind. Heftige Gefühlsschwankungen, Unausgeglichenheit, Ästhetizismus, Sprunghaftigkeit lauten die entsprechenden Stichworte, sie verweisen alle in dieselbe Richtung und lassen den therapeutischen Charakter seiner Poesie wie im virtuellen Bilde hervortreten. »Affecten sind Arzeneyen«, sagt Novalis, und dieser Satz fällt in einem interessanten Zusammenhang, als Resümee nämlich der Überlegung, daß die Poesie keine Effekte machen solle und Affekte fatal seien: »Selbst die Rhetorik ist eine falsche Kunst«, heißt es dann weiter, »wenn sie nicht zu Heilung von Volkskranckheiten und Wahnsinn methodisch gebraucht wird.«[53] Sehen wir hier einmal von der »l'art pour l'art«-These ab, so wird die Rhetorik als Technik der Affekterregung in therapeutischem Sinne festgelegt, ganz der antiken Affektenlehre entsprechend, die mit der Erregung der Leidenschaften deren Abfuhr oder Reinigung bezweckte. In der rhythmischen und klanglichen Gestalt vieler Gedichte Brentanos (doch auch Tiecks) können wir diesen Prozeß der Aufregung und Abspannung verfolgen, der als Gefühlsgeschehen auch im Leser in Gang gesetzt werden soll:

Wie wird mir? Wer wollte wohl weinen,
Wenn winkend aus wiegendem See
Süß sinnend die Sternelein scheinen,
Werd' heiter, weich' weiter du wildwundes Herz.

Komm Kühle, komm küsse den Kummer,
Süß säuselnd von sinnender Stirn,

Schlaf schleiche, umschleire mit Schlummer
Die Schmerzen, die schwül mir die Seele umschwirrn.

Flöß' flehend du Flötengeflüster
Mir Himmel und Heimat ans Herz,
Leucht' lieblich und lispele düster
Und fächle, daß lächle im Schlummer der Schmerz.

Sieh! sind schon die Sonnen gesunken,
Glück glimmet in Abendlichts Glut
Und Finsternis feiert mit Funken,
Licht locket ins Leben das liebende Blut.

Wir wanken in wohnsamer Wiege,
Wind weht wohl ein Federlein los,
Wie's wehe, wie's fliege, wie's liege,
Fein fiel es und spielt es dem Vater im Schoß.[54]

3. Dichtung des Unbewußten

»Das Unendliche umgibt den Menschen, das Geheimnis der Gottheit und der Welt. Was er selbst war, ist und sein wird, ist ihm verhüllt. Süß und fruchtbar sind diese Geheimnisse ⟨. . .⟩. Die reellen Seelenkräfte langen mit unendlicher Sehnsucht in die unendliche Ferne: Der Geist des Menschen aber, wohl fühlend, daß er nie das Unendliche in voller Klarheit in sich auffassen wird, und müde des unbestimmt schweifenden Verlangens, knüpft bald seine Sehnsucht an irdische Bilder, in denen ihm doch ein Blick des Überirdischen aufzudämmern scheint ⟨. . .⟩. Dies mystische Erscheinen unsres tiefsten Gemütes im Bilde, dies Hervortreten der Weltgeister, diese Menschwerdung des Göttlichen, mit einem Worte: dies Ahnen des Unendlichen in den Anschauungen ist das Romantische.«[55] Die Sätze stehen in einem Aufsatz aus dem ›Sonntagsblatt für gebildete Stände‹ 1807, einem handschriftlich gefaßten Publikationsorgan des Tübinger Kreises junger Schriftsteller, zu dem neben Kerner, Mayer und Köstlin auch Uhland gehörte, der bald der berühmteste und bedeutendste von ihnen werden sollte. Von ihm stammt auch der Artikel ›Über das Romantische‹, aus dem ich zitierte. Ludwig Uhland war kaum zwanzig Jahre alt, als er ihn schrieb, originelle Gedanken wird man darin vergeblich suchen, doch faßt er mit wenigen Formulierungen ästhetische Grundüberzeugungen der Schriftsteller zusammen, denen sich die Tübinger Studenten verbunden fühlten, also Fichtes und Novalis', Schlegels und Tiecks Gedanken. Das Unbewußte im Menschen als organon einer wesentlichen Wirklichkeit, die hinter den Erscheinungen liegt und von ihnen allenfalls mittelbar bedeutet wird, diese Ansicht hatte sich längst allgemein in der romantischen Schule durchgesetzt und ist ja der Ausdruck eines ästhetischen Protests gegen eine zunehmend als prosaisch, banal und politisch enttäuschend empfundene Lebenswelt. Mit ihr will man sich nicht abfinden, sucht in ihr die Symbole und Allegorien auf, die auf eine dahinterliegende, unendliche und daher unerschöpfbare eigentliche Wirklichkeit deuten.

Wenn nicht mehr Zahlen und Figuren
Sind Schlüssel aller Kreaturen,
Wenn die so singen oder küssen,
Mehr als die Tiefgelehrten wissen,
Wenn sich die Welt ins freye Leben,
Und in die Welt wird zurück begeben,
Wenn dann sich wieder Licht und Schatten
Zu ächter Klarheit wieder gatten,
Und man in Mährchen und Gedichten
Erkennt die wahren Weltgeschichten,
Dann fliegt vor Einem geheimen Wort
Das ganze verkehrte Wesen fort.[56]

Das vielberufene programmatische Gedicht von Novalis, mit seiner Hoffnung auf das Zauberwort mystische Spekulationen erinnernd, wie sie etwa Reuchlin mit seiner Schrift ›De verbo mirifico‹ (1494) vertreten hatte und die Gemeingut der mystischen Überlieferung geworden waren, akzentuiert die romantische Überzeugung von der Dichtung als dem Zugang zur wahren Welt hinter den Dingen, in welcher der Dichter im Schaffensprozeß Zugang gewinnt. »Alles bewußte Schaffen«, so Schelling, »setzt ein bewußtloses schon voraus und ist nur Entfaltung, Auseinandersetzung derselben. Nicht umsonst haben die Alten von einem göttlichen und heiligen Wahnsinn gesprochen. So sehen wir ja auch die schon in freier Entfaltung begriffene Natur in dem Verhältnis, als sie dem Geist sich annähert, gleichsam immer taumelnder werden. Denn es befinden sich zwar alle Geschöpfe der Natur in einem besinnungslosen Zustand; jene Geschöpfe der Natur aber, die der Zeit des letzten Kampfes zwischen Scheidung und Einung, Bewußtsein und Bewußtlosigkeit angehören und in den Schöpfungen der Natur unmittelbar den Menschen vorangehen, erblicken wir in einem der Trunkenheit ähnlichen Zustande dahinwandeln.«[57] In der Stufenfolge der Bewußtseinszustände nimmt für Schelling zwar immer noch das klare Bewußtsein den Zielrang ein, doch vor allem als Entfaltung des im Unbewußten schöpferisch gärenden Inhalts. Der psychologische Hauptgedanke des 18. Jahrhunderts von der Gestalt des Bewußtseins gibt immer noch das Schema ab, doch gewinnen die dunklen, verworrenen, eben unbewußten oder halbbewußten Vorstellungen eine neue Qualität, in ihnen kommt die vom hellen Bewußtsein des Verstandes und der Vernunft abgewandte, von ihnen daher gar nicht perzipierbare Seite der Welt zu dem einzig möglichen Ausdruck, der einzig reellen Gestalt.

Die Blumen

Wer je mit Wollust schaute
In seinem goldnen Strahl
Den hohen Himmelssaal,
Und seinem Licht vertraute;
Wer in der tiefen Nacht
Die goldnen Lichter fühlte,
Mit Augen sehnend zielte
Nach ihrer Liebes – Macht;
Gern Mond und Sonne dann,
Die Stern all im Gemüth
Verklärt als Liebe sieht:

Der schau' uns Blumen an.
Wir sind nicht hoch, nicht ferne,
Tief, wie ein liebend Herz,
Sich regt ein heitrer Schmerz
Beim Anblick unsrer Sterne.[58]

Um in dieser Weise hellzusehen und den Offenbarungsinhalt der Natur wahrzunehmen, muß der Dichter in sein eigenes Bewußtsein hinuntertauchen (»Nach innen führt der geheimnisvolle Weg«, Novalis), weit unter die klaren und hellen Stufen hinab, er muß gleichsam einschlafen, die oberen Vermögen seiner Seele betäuben. Tiecks allegorisches Gedicht ›Der Traum‹ (1798), ganz unter dem Eindruck von Wackenroders Tod entstanden, zeigt am Beispiel dieses Verlusts die Wirksamkeit der unbewußten Seelenzustände, sie entschädigen den Träumer für die in einer falschen Realität erlittenen Verluste (»Ich wachte nun aus meinem holden Schlummer, / Und um mich war der Glanz, das süße Licht: / Doch ach! o unerträglich herber Kummer, / Den vielgeliebten Freund, ihn fand ich nicht, / Ich suchte wieder den entflohnen Schlummer, / Das liebe, wundervolle Traumgesicht, / ⟨. . .⟩ / Entflieh mir nicht, gesellt laß uns durcheilen / Der Kunst und Poesie geweihtes Land, / Ich würde ohne dich den Muth verlieren, / So Kunst als Leben weiter fortzuführen.«)[59] Das bedeutendste Zeugnis solcher Traumpoesie stammt aber von Novalis, ich meine seine ›Hymnen an die Nacht‹ (1800), in welcher die neue dichterische Erkenntnisweise mit dem nächtlichen Bewußtseinszustand verknüpft wird.

»Welcher Lebendige, Sinnbegabte, liebt nicht vor allen Wundererscheinungen des verbreiteten Raums um ihn, das allerfreuliche Licht – mit seinen Farben, seinen Stralen und Wogen; seiner milden Allgegenwart, als weckender Tag. Wie des Lebens innerste Seele athmet es der rastlosen Gestirne Riesenwelt, und schwimmt tanzend in seiner blauen Flut – athmet es der funkelnde, ewigruhende Stein, die sinnige, saugende Pflanze, und das wilde, brennende, vielgestaltete Thier – vor allen aber der herrliche Fremdling mit den sinnvollen Augen, dem schwebenden Gange, und den zartgeschlossenen tonreichen Lippen. Wie ein König der irdischen Natur ruft es jede Kraft zu zahllosen Verwandlungen, knüpft und löst unendliche Bündnisse, hängt sein himmlisches Bild jedem irdischen Wesen um. – Seine Gegenwart allein offenbart die Wunderherrlichkeit der Reiche der Welt.

Abwärts wend ich mich zu der heiligen, unaussprechlichen, geheimnißvollen Nacht. Fernab liegt die Welt – in eine tiefe Gruft versenkt – wüst und einsam ist ihre Stelle. ⟨. . .⟩ Was quillt auf einmal so ahndungsvoll unterm Herzen, und verschluckt der Wehmut weiche Luft? Hast auch du ein Gefallen an uns, dunkle Nacht? Was hälst du unter deinem Mantel, das mir unsichtbar kräftig an die Seele geht? Köstlicher Balsam träuft aus deiner Hand, aus dem Bündel Mohn. Die schweren Flügel des Gemüths hebst du empor. Dunkel und unaussprechlich fühlen wir uns bewegt – ein ernstes Antlitz seh ich froh erschrocken, das sanft und andachtsvoll sich zu mir neigt, und unter unendlich verschlungenen Locken der Mutter liebe Jugend zeigt. Wie arm und kindisch dünkt mir das Licht nun – wie erfreulich und gesegnet des Tages Abschied.«[60]

Novalis' ›Hymnen an die Nacht‹ sind die radikale und schönste poetische Widerlegung des aufklärerisch-klassischen Bildungsprogramms, ja des gesamten Modells Weimar, die man sich denken kann. Mit der neuen Form des Wissens, die darin gefeiert wird und welche in der Erkenntnis durch die »unendlichen Augen, die die Nacht in uns geöffnet«, kulminiert; mit dem neuen Bildungsweg, der nicht mehr durch Nacht zum Licht, vom Dunkeln, Verworrenen zum Hellen, Bewußten führt, sondern umgekehrt in Ahnung, Traum und Schlaf; schließlich mit der Absage an die äußere Welt und der Eröffnung der inneren Erfahrung.

»Muß immer der Morgen wiederkommen? Endet nie des Irdischen Gewalt? unselige Geschäftigkeit verzehrt den himmlischen Anflug der Nacht. Wird nie der Liebe geheimes Opfer ewig brennen? Zugemessen ward dem Lichte seine Zeit; aber zeitlos und raumlos ist der Nacht Herrschaft. – Ewig ist die Dauer des Schlafs. Heiliger Schlaf – beglücke zu selten nicht der Nacht Geweihte in diesem irdischen Tagwerk. Nur die Thoren verkennen dich und wissen von keinem Schlafe, als den Schatten, den du in jener Dämmerung der wahrhaften Nacht mitleidig auf uns wirfst.«[61] Doch damit noch nicht genug. Die dritte Hymne überträgt den neuen Plan auf die individuelle Entwicklungsgeschichte: die Entfernung vom dunklen Ursprung der Kindheit führt in Ödnis und Verlassenheit, doch dann kommt »von den Höhen meiner alten Seligkeit ein Dämmerungsschauer«, das Wegzeichen »in eine neue, unergründliche Welt« und es ist die Geliebte, die dahinein zieht: »Es war der erste, einzige Traum – und erst seitdem fühl ich ewigen, unwandelbaren Glauben an den Himmel der Nacht und sein Licht, die Geliebte.«[62] Der Höhepunkt so verstandener Lebensinitiation, der »Wallfahrt zum heiligen Grabe« ist, die vierte Hymne sagt es, der Tod, auf den alle »Himmlische Müdigkeit« bezogen bleibt. Bis dieses große Ziel, die Erfüllung aller Sehnsucht, erreicht ist, bleibt viel Tagwerk (»Gern will ich die fleißigen Hände rühren ⟨...⟩«), das nun aber, nachdem das eigentliche Telos erkannt und ergriffen, nicht mehr in seiner entfremdenden und vereinsamenden Wirkung erlebt wird, sondern wie ein freundlicher Vorhof zum eigentlichen, nun nicht mehr zu verfehlenden Palast: »Aber getreu der Nacht bleibt mein geheimes Herz, und der schaffenden Liebe, ihrer Tochter.«[63] Mit Entschiedenheit weitet Novalis in der fünften Hymne seine nachtvolle Erziehlehre auf die Weltgeschichte aus, kein neues Verfahren, wie wir längst wissen, aber seinem Inhalt nach gegen alles gerichtet, was den klassischen deutschen Humanismus ausmacht. Heilsgeschichtliche Konstruktion auch bei dem romantischen Dichter, aber in fast ausdrücklichem Widerspruch gegen ein lyrisches Manifest Weimars, gegen Schillers ›Götter Griechenlands‹. »Ueber der Menschen weitverbreitete Stämme herrschte vor Zeiten ein eisernes Schicksal mit stummer Gewalt.«[64] Das ist der schwere Auftakt eines Geschichtsgemäldes, das zuvor auch die Griechen »die frölichen Menschen« nennt[65], doch nicht in der Apotheose ihrer Lebenslust und Sinnenfreude gipfelt, sondern in der Darstellung des Schwarzgrundes, über den sie sich, so Novalis' These, hinwegzutäuschen suchten.

»Alle Geschlechter verehrten kindlich die zarte, tausendfältige Flamme, als das höchste der Welt. Ein Gedanke nur war es. Ein entsetzliches Traumbild,

Das furchtbar zu den frohen Tischen trat
Und das Gemüth in wilde Schrecken hüllte.
Hier wußten selbst die Götter keinen Rath,
Der die beklommne Brust mit Trost erfüllte.
Geheimnißvoll war dieses Unholds Pfad
Des Wuth kein Flehn und keine Gabe stillte;
Es war der Tod, der dieses Lustgelag
Mit Angst und Schmerz und Thränen unterbrach.

Auf ewig nun von allem abgeschieden,
Was hier das Herz in süßer Wollust regt,
Getrennt von den Geliebten, die hinieden
Vergebne Sehnsucht, langes Weh bewegt,
Schien matter Traum dem Todten nur beschieden,
Ohnmächtges Ringen nur ihm auferlegt.
Zerbrochen war die Woge des Genusses
Am Felsen des unendlichen Verdrusses.

Mit kühnem Geist und hoher Sinnenglut
Verschönte sich der Mensch die grause Larve,
Ein sanfter Jüngling löscht das Licht und ruht –
Sanft wird das Ende, wie ein Wehn der Harfe.
Erinnrung schmilzt in kühler Schattenflut,
So sang das Lied dem traurigen Bedarfe.
Doch unenträthselt blieb die ewge Nacht,
Das ernste Zeichen einer fernen Macht.«[66]

Vor dem Tod vergeht die antike Welt und Religion, seine Probe haben die griechischen Götter nicht bestanden.[67] In Christus' Botschaft und Person erst wurde die Macht des Todes gebrochen, indem er selber nicht als Endpunkt allen Lebens, sondern als Durchgangstor zum eigentlichen, unbeschwerten, seligen Leben begriffen wurde. Das war der Tod zuvor schon immer, aber seine Deutung war falsch, die richtige kam durch die christliche Religion in die Welt, die den antiken Götterglauben herrlich in sich aufgehoben hat.

Getrost, das Leben schreitet
Zum ewgen Leben hin;
Von innrer Glut geweitet
Verklärt sich unser Sinn.
Die Sternwelt wird zerfließen
Zum goldnen Lebenswein,
Wir werden sie genießen
Und lichte Sterne seyn.

Die Lieb' ist frey gegeben,
Und keine Trennung mehr.
Es wogt das volle Leben
Wie ein unendlich Meer.
Nur Eine Nacht der Wonne –
Ein ewiges Gedicht –
Und unser aller Sonne
Ist Gottes Angesicht.[68]

Wie die Nacht das Ziel des Tages, so findet der Daseinszweck im Tod seine höchste Bestimmung: »Zur Hochzeit ruft der Tod.«[69] Der Lebensweg als Gräberstraße führt zur strahlenden Apotheose der Gottheit, bedeutet zugleich aber auch die Entwertung des Diesseits. Novalis hat diese Gefahr erkannt und sie dadurch zu bannen gesucht, daß er die Daseinsfreude mit dem Sieg über den Tod, dem Vergehen der Todesfurcht begründete (»Gehoben ist der Stein – / Die Menschheit ist erstanden –«)[70] und das Sterben selber nun zur hohen Zeit des Menschen verklärte. Womit er aber nichts anderes tut, als was er der griechischen Kultur anlastet: die Ästhetisierung und Beschönigung einer unheilbaren Versehrung des Lebens, nicht aber sein Bestehen. Das hat ganz anders zu geschehen, wie Hegel wenige Jahre später in dem berühmten Kapitel ›Herrschaft und Knechtschaft‹ seiner ›Phänomenologie des Geistes‹ ausgeführt hat. Die vielzitierte Stelle sei mit ihren Kernsätzen hier erinnert. Zur wahren Selbständigkeit nämlich kommt das Bewußtsein dadurch, daß es die Bedrohung des Nichtseins in der arbeitenden Auseinandersetzung mit der Welt erfährt. Dann aber hat es »nicht um dieses oder jenes noch für diesen oder jenen Augenblick Angst gehabt, sondern um sein ganzes Wesen; denn es hat die Furcht des Todes, des absoluten Herrn empfunden. Es ist darin innerlich aufgelöst worden, hat durchaus in sich selbst erzittert, und alles Fixe hat in ihm gelebt ⟨...⟩ es hebt darin in allen *einzelnen* Momenten seine Anhänglichkeit an natürliches Dasein auf; und arbeitet dasselbe hinweg.«[71] Novalis verkündet eine andere Lehre, preist die freiwillige Identifikation mit dem unerbittlichen Feind, indem er ihn mit seliger Nacht, mit Liebe und Wollust auflädt, bis er der Gestalt der verführerischen Geliebten bis zum Verwechseln ähnelt. Das letzte Unbewußte ist das Nichtsein, in das einzutreten er sich ebenso sehnte wie in Schlaf, Traum und nächtliches Bewußtsein überhaupt. Diese Verbindung von Eros und Thanatos liegt auf einer Linie, die bis zu Wagners ›Tristan und Isolde‹ reicht. Die Schriftsteller der romantischen Schule haben das Thema mannigfach variiert. Brentanos ›Schwanenlied‹ sei als ein weiteres Beispiel zitiert:

Wenn die Augen brechen,
Wenn die Lippen nicht mehr sprechen,
Wenn das pochende Herz sich stillet
Und der warme Blutstrom nicht mehr quillet:
O dann sinkt der Traum zum Spiegel nieder,
Und ich hör' der Engel Lieder wieder,
Die das Leben mir vorüber trugen,
Die so selig mit den Flügeln schlugen
Ans Geläut der keuschen Maiesglocken,
Daß sie all die Vöglein in den Tempel locken,
Die so süße wildentbrannte Psalmen sangen:
Daß die Liebe und die Lust so brünstig rangen,
Bis das Leben war gefangen und empfangen;
Bis die Blumen blühten;
Bis die Früchte glühten,
Und gereift zum Schoß der Erde fielen,
Rund und bunt zum Spielen;
Bis die goldnen Blätter an der Erde rauschten,
Und die Wintersterne sinnend lauschten,

Wo der stürmende Sämann hin sie säet,
Daß ein neuer Frühling schön erstehet.
Stille wird's, es glänzt der Schnee am Hügel
Und ich kühl' im Silberreif den schwülen Flügel,
Möcht' ihn hin nach neuem Frühling zücken,
Da erstarret mich ein kalt Entzücken –
Es erfriert mein Herz, ein See voll Wonne
Auf ihm gleitet still der Mond und sanft die Sonne
Unter den sinnenden, denkenden, klugen Sternen
Schau' ich mein Sternbild an in Himmelsfernen;
Alle Leiden sind Freuden, alle Schmerzen scherzen
Und das ganze Leben singt aus meinem Herzen:
Süßer Tod, süßer Tod
Zwischen dem Morgen- und Abendrot.[72]

Der romantische Todeskult wurde viel besprochen und er beschränkte sich ja durchaus nicht bloß auf die Literatur. »Zur süßen Liebesfeyer wird der Tod, / Vereinet die getrennten Elemente, / Zum Lebensgipfel wird des Daseins Ende«[73], dichtete Karoline von Günderrode, deren spektakuläre Selbsttötung gleichwohl die Zeitgenossen erschütterte. An Heinrich von Kleist und Henriette Herz sei hier erinnert oder an den so viel späteren Fall der Charlotte Stieglitz, die sich am 29. Dezember 1834 erstach und ihrem Mann den Brief hinterließ: »*Unglücklicher konntest Du nicht werden, Vielgeliebter! Wohl aber glücklicher im wahrhaften Unglück!* In dem unglücklich *sein* liegt oft ein wunderbarer Segen, *er wird sicher über Dich* kommen!!! Wir litten beide ein Leiden, Du weißt es, wie ich in mir selber litt; nie komme ein Vorwurf für Dich, Du hast mich viel geliebt! Es wird besser mit Dir werden, viel besser jetzt, warum? ich fühle es, ohne Worte dafür zu haben. Wir werden uns einst wiederbegegnen, freier, gelöster! Du aber wirst noch hier Dich herausleben und mußt Dich noch tüchtig in der Welt herumtummeln.«[74]

Das Selbstopfer als Stimulanzmittel für einen unbegabten und darunter leidenden Ehemann – konnte man die Todesidolatrie auf eine groteskere Spitze treiben? Jedenfalls zeigt der Selbstmord als eine Zeiterscheinung, die er war[75], vor allem das Bestre-

ben, durch die große, in nichts mehr zu übertreffende Gebärde
der eigenen Vernichtung eine Persönlichkeitssteigerung zu erreichen, die aus mannigfachen objektiven, also gesellschaftlichen
Beschränkungen und individuellen Versagungen sonst nicht
erreichbar schien. Auch ein älteres Motiv natürlich, das des »Stirb
und werde« gewinnt dabei wieder neue Anziehungskraft, wie aus
dieser letzten Strophe von Achim von Arnims ›Waldgeschrei‹
hervorgeht:

Im Walde, im Walde, da kommt mir die Nacht,
Wenn es in aller Welt funkelt,
Da nahet sie mir so ernst und so sacht,
Daß ich in den Schoß ihr gesunken,
Da löschet sie aller Tage Schuld,
Mit ihrem Athem voll Tod und voll Huld,
Da sterb ich und werde geboren.[76]

4. Volkslieder

Anfang September 1805, doch mit dem Erscheinungsdatum
1806 haben Clemens Brentano und Achim von Arnim bei dem
Heidelberger Buchhändler Zimmer den ersten Band jenes Lieder-
buchs veröffentlicht, das wie kein anderes das Romantik-Ver-
ständnis der Folgezeit prägen sollte: ›Des Knaben Wunderhorn‹,
mit dem bezeichnenden Untertitel ›Alte deutsche Lieder‹. Und
wirklich, was immer noch als die berühmteste deutsche Volkslie-
dersammlung gilt, als das neben Grimms ›Volksmärchen‹ (1812),
Tiecks Bemühungen um die Volksbücher (›Die schöne Magelone‹,
›Heymons Kinder‹, 1797) oder Görres' ›Die teutschen Volksbücher‹ (1807) wichtigste Dokument deutscher Volkskultur und
der romantischen Erbschaft an ihren Schätzen, verdient diesen
Ruf nur sehr bedingt, legt man jedenfalls Eichendorffs Maßstab
an, den er in seiner ›Geschichte der poetischen Literatur Deutschlands‹ (1857), für die Epoche sprechend, zusammengefaßt hat:
»Das Volkslied mit dieser hieroglyphischen Bildersprache ist
daher durchaus musikalisch, rhapsodisch und geheimnisvoll wie
die Musik, es lebt nur im Gesange, ja viele dieser Volksliedertexte

sind geradezu erst aus und nach dem Klange irgendeiner älteren Melodie entstanden. Hier gibt es keine einzelne berühmten Dichter; die einmal angeschlagene Empfindung, weil sie wahr und natürlich und allgemein verständlich ist, tönt durch mehrere Generationen fort; jeder Berufene und Angeregte bildet, moduliert und ändert daran, verkürzt oder ergänzt, wie es Lust und Leid in glücklicher Stunde ihm eingibt. So ist ihr das Volkslied, in seiner unausgesetzt lebendigen Fortentwicklung, recht eigentlich das poetische Signalement der Völkerindividuen.«[77]

Die meisten der mit dem Herkunftsvermerk »mündlich« im ›Wunderhorn‹ bezeichneten Lieder stellen, durch die Herausgeber oftmals gravierend bearbeitete Texte dar; die Vorlagen dazu stammen vielfach von durchaus unsicheren Gewährsleuten, die die mündliche Überlieferung allenfalls fingierten. Man hat ermittelt, daß von den ›Wunderhorn‹-Liedern dreihundertundvierzig aus gedruckten Büchern und Zeitschriften, hundert aus Flugschriften, vierzig aus alten Handschriften und etwa zweihundertundfünfzig aus handschriftlichen Einsendungen stammen.[78] Unter den Autoren sind neben Brentano und Arnim noch eine ganze Reihe berühmter, zumindest aber nicht unbekannter Dichter zu finden, wie Abraham a Santa Clara, Spee, Fischart, Sachs, Opitz, Schubart, Overbeck oder Pfeffel, um nur einige Namen zu nennen. Der Mythos vom Volkslied als dem anonymen Produkt der Völkerindividuen ist selber eine romantische Schöpfung, ausgehend von Herders Vorstellung vom unverdorbenen, natürlichen und schlichten Volk, mit Rousseau-Erinnerungen und Allusionen an das Ideal vom edlen Wilden. Ein Idol, eine Konstruktion natürlich, in der sich höchst verschiedene Wunschtendenzen kreuzten: das Volk als Gesundbrunnen der Kultur, als soziales Asyl vor den populistischen Erscheinungen des Zeitalters, aber auch als Versprechen für die Zukunft. So motiviert noch Ludwig Uhland seine Studien nach dem Scheitern der achtundvierziger Revolution: »Eine Arbeit dieser stillen Art setzt sich freilich dem Vorwurf aus, daß sie in der jetzigen Lage des Vaterlandes nicht an der Zeit sei. Ich betrachte sie aber nicht lediglich als eine Auswanderung in die Vergangenheit, eher als ein rechtes Einwandern in die tiefere Natur des Volkslebens, an dessen Gesundheit man irre werden muß, wenn man einzig die Erscheinung des Tages vor Augen hat.«[79] Hier klingt zwar schon ein kritisch-pessimistischer Ton mit, motiviert durch Uhlands Erfahrung mit dem feigen und wankelmütigen Charakter jenes Volkes, das er selber so oft besungen, bei den vergangenen revolutionären Ereignissen, doch der Kern der alten romantischen Auffassung ist erhalten geblieben.

Einer hat von Anfang an mit nüchternem Blick das enthusiastische Vorurteil von der Volkspoesie durchschaut und dennoch dabei nicht, wie manch andere zeitgenössische Kritiker, wie etwa Johann Heinrich Voß oder Friedrich Schlegel (von ihm stammt das böse Wort von den »Brentanereien« im ›Wunderhorn‹) den Wert der Sammlung verkannt: Goethe, dem Arnim und Brentano den ersten ›Wunderhorn‹-Teil gewidmet hatten. Seine Rezension erschien im Januar 1806 in der ›Jenaischen Allgemeinen Literatur-Zeitung‹ und wir lesen darin die Sätze: »Diese Art Gedichte, die wir seit Jahren Volkslieder zu nennen pflegen, ob sie gleich eigentlich weder vom Volk noch fürs Volk gedichtet sind, sondern weil sie so etwas Stämmiges, Tüchtiges in sich haben und begreifen, daß der kern- und stammhafte Teil der Nationen dergleichen Dinge faßt, behält, sich zueignet und mitunter fortpflanzt – dergleichen Gedichte sind so wahre Poesie, als sie irgend nur sein kann; sie haben einen unglaublichen Reiz, selbst für uns, die wir auf einer höheren Stufe der Bildung stehen, wie der Anblick und die Erinnerung der Jugend fürs Alter hat.«[80]

Nach Herders Anregung hatten sich schon vor Arnim und Brentano andere Schriftsteller mit Volkslied-Anthologien versucht, Nicolai, Eschenburg, Gräter und Elwert; ihr eigenes Unternehmen wollen die beiden Freunde während ihrer Rheinreise 1802 ins Auge gefaßt haben, doch läßt sich das Interesse Arnims noch weiter zurückverfolgen (›Das Wandern der Künste und Wissenschaften‹, 1798), überhaupt war die Zeit reif dafür und die Lyrik, wie bereits angedeutet, auch nicht das einzige Feld, auf dem die romantische Begeisterung für Volksgeist und Volkskunst Früchte trug. Ihre Sammeltätigkeit, das Sichten älterer Liederbücher (Georg Forsters ›Ausbund schöner Teutscher Liedlein‹, 1552) und die Verbreitung ihrer Idee zwecks weiterer Nachrichten setzten jedenfalls 1802 ein, wurden 1804 in Berlin zugleich ausgedehnter und konzentrierter, im Juli 1805 begann nach gemeinsamer Redaktionstätigkeit und von beiden Herausgebern überwacht, der Druck. Der zweite und dritte Teil des ›Wunderhorns‹ ist 1808 erschienen und ein vierter Band erst 1854 aus Arnims Nachlaß, den man also nicht im eigentlichen Sinne zum Corpus des gemeinsamen Werks rechnen kann.

Die beiden Herausgeber hatten übrigens durchaus verschiedene Vorstellungen von ihrer Tätigkeit, es gab Verstimmungen und manche Mißhelligkeiten zwischen ihnen. Arnim hatte von Anfang an auf deutschen Volksliedern bestanden, was mit seinen nationalerzieherischen Interessen zusammenhängt (»Es ist das Eigenthümliche des Bösen wie der Krankheit: wo es erscheint, da erscheint es ganz, in ganzer Thätigkeit, das Gute hingegen und die Gesundheit wie Sterne dunkeler Nacht wird selten nicht sichtbar ⟨. . .⟩. Die Volkslehrer, statt in der Religion zu erheben, was Lust des Lebens war und werden konnte, erhoben schon früh gegen Tanz und Sang ihre Stimme: – – wo sie durchdrangen, zur Verödung des Lebens und zu dessen heimlicher Versündigung; wo sie überschrieen, zum Schimpf der Religion ⟨. . .⟩. Das Wandern der Handwerker wird beschränkt, wenigstens verkümmert, der Kriegsdienst in fremdem Land hört ganz auf, den Studenten sucht man ihre Weisheit allenthalben im Vaterlande auszumitteln und zwingt sie voraus, darin zu bleiben, während es gerade das höchste Verdienst freyer Jahre, das Fremde in ganzer Kraft zu empfangen, das Einheimische damit auszugleichen.«[81]). In letzter Minute bei der Drucklegung und ohne Absprache hatte Arnim noch weitere Lieder eingefügt, auch versuchte er den Freund (etwa bei den Liedern ›Wär ich ein wilder Falke‹ und ›Es waren zwei Königskinder‹) über den nicht unbeträchtlichen eigenen dichterischen Anteil an deren Texten im Unklaren zu lassen, und immer wieder hat Brentano Einspruch erhoben, wenn Arnim allzu ungeniert zeitgenössische Texte als alte Volkslieder aufnehmen wollte. Schließlich hatten die beiden Editoren ein durchaus unterschiedliches Sprachempfinden. Brentano schätzte die derben, direkten, auch frivol-zweideutigen Formulierungen volkstümlichen Sprechens ziemlich anders ein als Arnim. Daß das

Volkslied keine Prüderie kennt, wissen wir heute längst; für Herder und andere idealistische Volksfreunde war das eine Quelle ständiger Verlegenheit und wenn auch Brentano an den Freund schrieb, die »Sammlung darf nur Lieder ohne Zoten enthalten«[82], gingen ihre Meinungen, was denn eine Zote sei, weit auseinander. Waren für den einen die Verse »Ich dreh mich gleich herum, weis ihm den bloßen Arsch. / Ei du verfluchter Bettelvogt, leck du mich brav im Arsch« noch gänzlich tolerierbar, korrigierte sie der andere, vermutlich kopfschüttelnd: »Ich dreh mich gleich herum und seh nach seiner Frau / Ei du verfluchter Bettelvogt, was hast für schöne Frau!«[83] Insgesamt genommen ist das ›Wunderhorn‹ ein bedeutendes Dokument romantischer Kunstpoesie, enthält kaum einmal eins von jenen Liedern, die »ungedruckt und ungeschrieben zu uns durch die Lüfte dringen, wie eine weisse Krähe« – wie es Arnim in dem ebenfalls mit Brentano gar nicht abgesprochenen Nachwort zum ›Wunderhorn‹ »Von Volksliedern« formuliert.[84] Völlig unbearbeitet ist kein Text geblieben und ein besonders schönes Beispiel mag illuminieren, wie weit die Herausgeber–Autoren dabei gingen. In Forsters Liederbuch hatte Arnim (auch Brentano wird das zugeschrieben) das Gedichtfragment gefunden: »Ich soll und muß ein bulen haben / trabe dich thierlein trabe / und solt jchn auß der erden graben / trabe dich thierlein trab / und solt jchn auß der erden graben / trabe thierlein trabe.«[85] Aus dieser Keimstrophe entwickelt der Nachdichter eine ganze allegorische Liebesphantasie:

Sollen und Müssen

Mündlich

Ich soll und muß ein Buhlen haben,
Trabe dich Thierlein, trabe,
Und sollt ich ihn aus der Erde graben,
Trabe dich Thierlein, trabe.

Das Murmelthierlein hilft mir nicht,
Es hat ein mürrisch Angesicht,
Und will fast immer schlafen.

Ich soll und muß ein Buhlen erringen,
Schwinge dich Falke, schwing dich,
Du sollst mir ihn aus den Lüften bringen,
Schwinge dich Falke, schwing dich.

Das Turteltäublein hilft mir nicht,
Schnurren und girren kann ich nicht,
Sein Leben muß es lassen.

Ich soll und muß ein Buhlen finden,
Laufe mein Hündlein, laufe,
Und sollt ich ihn fangen mit meinen Winden,
Laufe mein Hündlein, laufe.

Der edle Hirsch er hilft mir nicht,
Sein Horn ist mir zu hoch gericht,
Er möchte mich erstechen.

Ich soll und muß ein Buhlen haben,
Schalle mein Hörnlein, schalle,
Und wen du rufst, der muß mich laben,
Schalle mein Hörnlein, schalle.

Drey schöne Thierlein stellen sich,
Die holt kein Hund, kein Falke nicht,
Die muß ich selber fangen.

Ich soll und muß ein Rößlein haben,
Nimm mich Jägerlein, nimm mich,
Ich möcht gern durch die Wälder traben,
Nimm mich, Jägerlein, nimm mich.

Trabst du gern, so nimm mein Roß,
So wär ich dann das Elßlein los,
Ade, Ade, mein Rößlein!

Ich soll und muß ein Falken kriegen,
Nimm mich, Jägerlein, nimm mich,
Der muß mit mir zum Himmel fliegen,
Nimm mich, Jägerlein, nimm mich.

Nimm hin, nimm hin mein Federspiel,
Lieb Bärbelein du warst zu viel,
Ade, Ade, mein Falke.

Ich soll und muß ein Küßlein haben,
Küß mich, Jägerlein, küß mich,
Du sollst und mußt einen Jäger haben,
Küß mich, Jungfräulein, küß mich.

Die dritt, die dritt, die nenn ich nicht,
Sie hat ein klares Angesicht,
Und soll mir nicht erröthen.[86]

Ein anderes berühmt gewordenes Lied ist durch die Ver-
schmelzung zweier verschiedener Quellen entstanden, nämlich
aus »O Bremen! ich muß dich lassen« mit »Es, es, es ist ein harter
Schluß«. Die ersten beiden Strophen des ›Wunderhorn‹-Gedichts
stammen aus der ersten Vorlage und entsprechen deren Strophen
eins und fünf. Ist die eine unverändert übernommen, finden wir
in der anderen schon bezeichnende Variationen. Aus den Versen
»Wir haben oft beysamm'n gesessen / manche schöne halbe
Nacht«[87] wurde: »Wir haben oft beisamm gesessen, / Manche
schöne Monden-Nacht«[88]. Die Strophen drei, vier und fünf sind
Neudichtungen mit motivischen Anklängen und aus der zweiten
Vorlage (»Das, das, das Schifflein hat sein Lauf; / der, der, der
Schiffmann steht schon drauf. / Da sieh ich ein Sturmwindlein
gehn, / als wollt das Schiff zu Grunde gehn, / da stehn meine
Gedanken, / zum Wanken.«[89]) in freier Verfügung die beiden
Schlußstrophen entwickelt, so daß folgendes Lied entstand:

Abschied von Bremen

Mündlich

O Bremen, ich muß dich nun lassen,
O du wunderschöne Stadt,
Und darinnen muß ich lassen
Meinen allerschönsten Schatz.

Wir haben oft beisamm gesessen,
Manche schöne Monden-Nacht,
Manchen Schlaf zusamm vergessen,
Und die Zeit so zugebracht.

Mein Koffer rollt, der Morgen kühlet,
Ach, die Straßen sind so still,
Und was da mein Herze fühlet,
Nimmermehr ich sagen will.

Der Weg mich schmerzlich wieder lenket
Hin, wo Liebchen sah herab,
Daß sie ja noch mein gedenket,
Drück ich zwei Pistolen ab.

Bald jagt vor dir in diesen Gassen,
Manches Windlein dürren Staub,
Meine Seufzer sinds, sie lassen
Vor dir nieder trocknes Laub.

So steh ich wirklich nun im Schiffe,
Meinen Koffer seh ich drauf,
Wie der Schiffer herzhaft pfiffe,
Zogen wir wohl Anker auf.

Ich seh den Sturmwind rauschend gehen,
O mein Schiff hat schnellen Lauf,
Wird es wohl zu Grunde gehen,
Wanket nicht Gedanken drauf.[90]

Zwei signifikante Fälle, die ich auch deshalb vorgeführt habe, weil uns die ›Wunderhorn‹-Gedichte auf einzigartige Weise einen

Einblick in die Werkstatt der beiden durch ihre »Sympoesie« (der Ausdruck des Novalis für die kollektiv verbundene romantische Arbeitsweise) verabredeten Schriftsteller gestattet. Von historisch-philologischer Treue hielten beide nichts, so daß Friedrich Schlegels Kritik (»Wenn nur auch die Sorgfalt der Behandlung und der Auswahl dem Reichthum einigermaßen entspräche! wenn nur nicht so manches Schlechte mit aufgenommen, so manches Eigne und Fremdartige eingemischt wäre, und die bey einigen Liedern sichtbare willkührliche Veränderung nicht bey dem größten Theil der Leser ein gerechtes Mistrauen auch gegen die übrigen einflößen müßte.«[91]) ganz an ihrer Intention vorbeiging, aus fremden, unterschiedlich überlieferten Anregungen heraus auf mehr oder weniger freizügige Art eine Poesie zu entwickeln, die volkstümlich sein sollte im Hinblick auf ein ihnen vorschwebendes Idealbild vom Volk. Wobei für Brentano das artistische Interesse wohl oftmals überwog, ein Aspekt, der die Wirkungsgeschichte des ›Wunderhorn‹ von Uhland und Heine bis Hugo von Hofmannsthal bestimmte, für welche alle auf sehr unterschiedliche Weise diese Liedersammlung nun ihrerseits wieder zum Inspirationsmedium ihrer eigenen Poesie geworden ist. Brentano hat auch ziemlich schnell das Interesse an dem ganzen Unternehmen verloren, nachdem es einmal einen gewissen Abschluß erreicht hatte; seine Sammeltätigkeit ist nach 1808 eingeschlafen, die zweite Auflage hat er allein Arnim überlassen und eine spätere Neuauflage nur halbherzig unterstützt.[92] Die dem ›Wunderhorn‹ immanente Poetik ist ein modernes Erzeugnis romantischer Kunstauffassung, die die Dichtung als Spiegel des produzierenden Subjekts hervorbringt, das objektiv Entfernte zusammenbringt, Kirchenlieder und Gassenhauer, Liebeslyrik und Landsergesänge, Kinderverse und Kunstpoesie mischt und kontaminiert und zu Gegenständen eines ästhetischen Spiels macht. Auch darf man nicht bloß krude Täuschungsabsicht in Arnims und Brentanos Verfahren sehen, die Herkunft der Lieder zu verschleiern oder zu fingieren; das gehört vielmehr zum Charakter des Kunstwerks ›Wunderhorn‹, zu welchem sich seine Autoren wechselweise als Produzenten und Arrangeure verhalten, die verschiedene Masken ausprobieren, die unterschiedlichsten Gestaltungsweisen und früheren Kunstformen sich aneignen und den ganzen Vorrat an Bildern und Versen, Liedstrophen und Gedichten, der ihnen zur Verfügung stand, nach Maßgabe ihrer eigenen Geschicklichkeit variierten, umdichteten, montierten und verfremdeten. Auf welch ironisch-leichte doppelbödige Weise das geschehen kann, mag ein kleines Kinderlied zeigen:

> Hast du auch was gelernt?
> Wacker Mägdlein bin ich ja,
> Rothe Strümpflein hab ich an,
> Kann stricken, kann nehen,
> Kann Haspel gut drehen,
> Kann noch wohl was mehr![93]

Brentano hat nichts weiter getan, als den fünf Versen eine verharmlosende Überschrift zu geben und sie in den Kontext der ›Wunderhorn‹-Abteilung »Kinderlieder« einzuordnen, wodurch der zweideutig-frivole Sinn zwar kaschiert wird, aber auch einen zusätzlichen Reiz erhält, da die lose Anspielung nun aus einem züchtigen Gewande gleichsam durchschimmert.

Ob Arnim das überhaupt bemerkt hat? Für ihn jedenfalls hat das ›Wunderhorn‹ noch eine weit über die ästhetische Wirkung hinausreichende Aufgabe, die unmittelbar aus seinem fast religiösen Begriff von Volkspoesie hervorgeht. »Es wird uns, die wir vielleicht eine Volkspoesie erhalten, in dem Durchdringen unserer Tage, es wird uns anstimmend seyn, ihre noch übrig lebenden Töne aufzusuchen, sie kommt immer nur auf dieser einen ewigen Himmelsleiter herunter, die Zeiten sind darin feste Sprossen, auf denen Regenbogen Engel niedersteigen, sie grüßen versöhnend alle Gegensätzler unsrer Tage und heilen den großen Riß der Welt, aus dem die Hölle uns angähnt, mit ihrem Zeigefinger zusammen.«[94] Volkskunst besitzt für Arnim ein ganz eigenes Wesen, hat noch etwas bewahrt von dem paradiesisch-natürlichen Ursprung der Geschichte, jedes Volkslied transportiert demnach die Erinnerung an Übereinstimmung und Ganzheit, an die Zeit der Gemeinwesen und eines gemeinschaftlichen Glücks ohne Herrschaft. Doch ist das alles nicht etwa regressiv gemeint, wie

es das immer noch populäre Romantikvorurteil denkt. Da jene
Vergangenheit in der Volksüberlieferung lebendig geblieben ist,
soll diese helfen, den Zustand der Freiheit und Gleichheit auf
neuer Stufe wiederherzustellen, aus dem sie einst hervorgegangen.
Nationale Erneuerung heißt das Stichwort: »Wo Deutschland sich
wiedergebiert, wer kann es sagen, wer es in sich trägt, der fühlt
es mächtig sich regen. – Als wenn ein schweres Fieber sich löst in
Durst, und wir träumen das langgewachsene Haar in die Erde zu
pflanzen, und es schlägt grün aus und bildet über uns ein Laub-
dach voll Blumen, die schönen weichen den späten schöneren, so
scheint in diesen Liedern die Gesundheit künftiger Zeit uns zu
begrüßen. Es giebt oft Bilder, die mehr sind als Bilder, die auf uns
zuwandeln, mit uns reden, wäre so doch dieses! Doch bewährt
die tiefe Kunstverehrung unserer Zeit, dieses Suchen nach etwas
Ewigem, was wir selbst erst hervorbringen sollten, die Zukunft
einer Religion, die dann erst vorhanden, wenn alle darin als Stufen eines erhabenen Gemüths begriffen, über das sie selbst begeistert ausflorirt. In diesem Gefühle einer lebenden Kunst in uns
wird gesund, was sonst krank wäre, diese Unbefriedigung an
dem, was wir haben, jenes Klagen der Zeit.«[95]
     Man kann aus diesen allgemeinen Thesen sehr gut die kultur-
politische Zielsetzung ersehen, die die romantische Schule mit
ihrer Dichtung verband und die eine umso konstruktivere Gesinnung verrät, als sie sich eben nicht mit dem Sammeln und Sichten
begnügten, sondern aus ihrem Begriff vom Volk die besondere
Gestalt des Volksliedes entwickelten, die diesem Begriff entsprechen sollte. Sie verfuhren dabei ebenso wie die Gebrüder Grimm
mit ihren ›Volksmärchen‹ ab der dritten Auflage (1837), in welcher die Geschichten zu bewußten Nacherzählungen in jenem
populären Ton geworden sind, der sie erst zum Erfolg geführt
hat. Diese Praxis entspricht aber nicht nur pädagogisch-didak-
tischen Absichten, sondern zugleich der Einsicht in die Veränderung einer Rede oder eines Gesanges, wenn er aus dem Medium
der Mündlichkeit in das der Schriftlichkeit übertragen und Literatur geworden ist. In diesem Sinne hatte Brentano die erste Auflage der Grimmschen Märchen kritisiert: »Ich finde die Erzählung
aus Treue äußerst liederlich und versudelt und in manchen

dadurch sehr langweilig, wenngleich die Geschichten sehr kurz sind. Warum die Sachen nicht so gut erzählen als die Rungeschen ⟨›Von dem Fischer un syner Fru‹; ›Van dem Machandelboom‹⟩ erzählt sind? Will man ein Kinderkleid zeigen, so kann man es mit aller Treue, ohne eines vorzuzeigen, an dem alle Knöpfe heruntergerissen, das mit Dreck beschmiert ist, und wo das Hemd den Hosen heraushängt. Wollten die frommen Herausgeber sich selbst genug tun, so müßten sie bei jeder Geschichte eine psychologische Biographie des Kinds oder des alten Weibs, das die Geschichte so oder so schlecht erzählte, voransetzen. Ich könnte z. B. wohl zwanzig der besten aus diesen Geschichten auch getreu, und zwar viel besser oder auf ganz andere Art schlecht erzählen. ⟨...⟩ Ich habe bei diesem Buch recht empfunden, wie durchaus richtig wir beim Wunderhorn verfahren, und daß man uns höchstens größeres Talent hätte zumuten können. Denn dergleichen Treue, wie hier in den Kindermärchen, macht sich sehr lumpicht.«[96]

5. Patriotische Gesänge: Körner, Arndt

Das Interesse für die geschichtliche Vergangenheit des eigenen Volkes und seiner kulturellen Zeugnisse ist so etwas wie der Generalnenner der romantischen Schule, jedenfalls in ihrer ersten frühen Phase, und verbindet sich durchaus fruchtbar mit den aufklärerischen Ideen. Ja, die Wendung auf die eigene nationale Geschichte lag in deren Konsequenz insofern, als mehr und mehr deutlich wurde, daß die weltbürgerliche, auf Emanzipation des Menschen schlechthin ausgerichtete Absicht nicht über die Besonderheiten der nationalen Geschichte hinweggehen durfte, sollte überhaupt Aussicht darauf bestehen, Anschluß an die fortgeschrittenen Entwicklungen anderer Völker zu finden. Eine übrigens auch dem Denken Schillers natürlich längst wesentliche Einsicht. Wie aber die gewünschte Erneuerung im nationalen Rahmen vollziehen, wenn deren Substrat, die einheitliche Nation, fehlt? Und wie soll diese sich bilden, wenn alle Ansätze dazu entmutigt, wenn eine expansive Machtpolitik von Frankreich aus, nach seinem Sieg über die gegenrevolutionäre europäische Alli-

anz, die anderen Nationen in ihrem Bestand bedrohte und vor
allem Deutschland, nach der verheerenden Niederlage Preußens
im Krieg von 1806/07 zu einem politisch gedemütigten, wirt-
schaftlich jedenfalls in den preußischen Ländern geschwächten
und territorial hilf- und rechtlosen Spielball fremder Interessen
machte? Eine Konstellation, die deutscher Geschichte seither und
bis heute zu ihrem Unglück erhalten geblieben ist und aus deren
antagonistischen Widersprüchen nur falsche Wege herausführen
können. Das gilt sowohl für denjenigen der deutschen Fürsten,
Zurückhaltung bis zur Kollaboration zu üben, wie auch für den
Behelf der sozialen Mittelschichten und der bürgerlichen Intelligenz, in einer nationalistischen Ideologie das kompensatorische
Heil für die politischen Kränkungen und Katastrophen zu
suchen. Gewiß, sieht man nur das kurzfristige Ziel, Deutschland
von fremder Herrschaft zu befreien und nicht zugleich, welche
unersetzlichen Reformen und notwendigen institutionellen Veränderungen die napoleonische Politik für Deutschland mit sich
gebracht hat und daß der Sieg nur zur neuen Konsolidierung der
alten Machtverhältnisse führen konnte, so war das Programm
einer ungehemmten Nationalisierung des öffentlichen Bewußtseins von größtem Erfolg gekrönt und der liberale Freiherr vom
Stein schon hat vermutet, daß sich in Heidelberg ein guter Teil
des deutschen Feuers entzündet habe, das dann die Franzosen
vernichtete. Die politische Lyrik der Epoche jedenfalls gehört zu
diesem Programm, und sie übertönte auf den Höhepunkten des
Kampfes gegen Napoleon sämtliche anderen Tendenzen. Ihr Themenbereich ist nicht sehr groß, enthält aber deutliche Akzentun-
terschiede und reicht von der substanziellen Begründung des
nationalen Selbstbewußtseins (Liebe zum Vaterland und seinen
Repräsentanten, Lob deutscher Vergangenheit, deutschen Volks-
charakters, deutscher Überlieferung) über die generelle Politisie-
rung des Bewußtseins – einschließlich der daraus folgenden
nationalen Selbstkritik – bis hin zu den Kampf- und Kriegslie-
dern mit ihrer direkten Wirkungsabsicht, kulminierend in den
exzessiven Haßgesängen gegen Frankreich und die Franzosen.

An der Aufgabe, das vaterländische Bewußtsein zu stärken,
haben sich fast alle frühromantischen Schriftsteller beteiligt, die

meisten von ihnen auch auf dem Gebiet der Lyrik, die in ihrer liedhaften, auf kollektive Rezeption und Realisierung angelegten Form als besonders geeignetes Medium erschien. Der junge Novalis reimte Lobverse auf Friedrich den Großen (»Noch spät zogst du dein Schwerdt zum Schützen / Der deutschen Freyheit gegen Habsburgs Dräun / Noch einmal ließest du es furchtbar blitzen / Doch stecktest du es bald als Sieger ein. / ⟨. . .⟩ / Vielleicht als unser Engel schüzest / Du nun dein weinendes verwaystes Land / und greifet es ein stolzer Feind an blitzest / Du gegen ihn mit starker Seraphs Hand.«[97]) und Friedrich Schlegels Freiheitswünsche entzündeten sich am Anblick schöner deutscher Landschaft:

Im Spesshart

Gegrüßt sey du viel lieber Wald!
Es rührt mit wilder Lust,
Wenn Abends fern das Alphorn schallt,
Erinnrung mir die Brust.

Jahrtausende wohl stand'st du schon,
O Wald so dunkel kühn,
Sprachst allen Menschenkünsten Hohn,
Und webtest fort dein Grün.

Wie mächtig dieser Aeste Bug,
Und das Gebüsch wie dicht,
Was golden spielend kaum durchschlug
Der Sonne funkelnd Licht.

Nach oben strecken sie den Lauf,
Die Stämme grad' und stark;
Es strebt zur blauen Luft hinauf,
Der Erde Trieb und Mark.

Durch des Gebildes Adern quillt
Geheimes Lebensblut,

Der Blätterschmuck der Krone schwillt
In grüner Frühlingsgluth.

Natur, hier fühl' ich deine Hand,
Und athme deinen Hauch,
Beklemmend dringt und doch bekannt
Dein Herz in meines auch.

Dann denk' ich, wie vor alter Zeit,
Du dunkle Waldesnacht!
Der Freiheit Sohn sich dein gefreut,
Und was er hier gedacht.

Du warst der Alten Haus und Burg;
Zu diesem grünen Zelt,
Drang keines Feindes Ruf hindurch,
Frei war noch da die Welt.[98]

Einen eigenständigen Themenbereich bilden die Gedichte an
Louise von Preußen (der übrigens Novalis in der Fragmentensammlung ›Glauben und Liebe oder Der König und die Königin‹
auf seine Weise huldigte), Körner, Arnim, Kleist und Brentano
haben sich mit Kantaten und Preisliedern an dem poetischen Sän-
gerwettstreit um die beliebte, nach ihrem frühen Tod 1810 in der
Volksphantasie mit mythischen Zügen überhöhte Königin beteiligt, die von Napoleon bei ihrem Bittgang am 6. Juli 1807 so
gedemütigt worden war.

Herrlich war Sie vor der Sonne
Herrlich war Sie vor dem Licht
Und es lachte hohe Wonne
Auf dem holden Angesicht.

Sie trug auf der hohen Stirne
Würdig dieses Landes Gestirne
Eine goldne Königskrone.

Sie trug auf der edlen Stirne
Aller Tugend schön Gestirne
Eine süße Blumenkrone.

Herrlich war Sie vor der Sonne,
Herrlich war Sie vor dem Licht,
Und es lachte hohe Wonne
Auf dem holden Angesicht.[99]

Zur Patriotin des Befreiungskampfes wird die Königin in Arnims Stiftungslied der deutschen Tischgesellschaft:

Nimmer sollen Fremde herrschen
Über unsern deutschen Stamm,
Allen wilden Kriegesmärschen
Setzt die Treue einen Damm.
Unsres Volkes treue Herzen
Bindet eine Geisterhand,
Und wir fühlen *Sie* in Schmerzen,
Sie, die uns von Gott gesandt,
Daß sich Glaub' und Liebe finde,
Und in Hoffnung sich verkünde,
Ewig lebt *die Königin.*

CHOR.
Ewig lebt *die Königin!*[100]

»Muttersprache, Mutterlaut! / Wie so wonnesam, so traut!«[101], dichtete Max von Schenkendorff, in Uhlands und Eichendorffs Zeitgedichten ist es vor allem die heimatliche Natur und Friedrich Schlegel beschwört den Geist der hohen Ahnen (›An die Deutschen‹, 1800). Wobei die Rückwendung in die Vergangenheit oftmals mit einer kritischen Haltung zur Gegenwart verbunden ist, so in Schlegels ›Rückkehr des Gefangenen‹ (1807):

Wo warst du deutscher Adel?
Man sah nur Schand' und Tadel

In deinem üpp'gen Thun.
Nach schnödem Golde trachtend,
Kein Recht noch Sitte achtend;
Was helfen sie dir nun,
Der eitlen Schwäche Krücken,
Und was des Bürgers Raub?
Du magst den stolzen Rücken
So knechtischer denn bücken
Bis nieder in den Staub.[102]

Töne dieser Art finden sich auch im lyrischen Werk der anderen romantischen Schriftsteller und machen die Ambivalenz deutlich, mit der die meisten von ihnen den Zeitläufen gegenüber standen, weil sie in ihnen und der deutschen Geschichte selbst begründet war. »Fest beiß ich mich, mein schwankend Vaterland, / Und beiß' ich dich mit allen Zähnen«, so beginnt Achim von Arnims Vaterland-Gedicht (1806) und die Metapher macht die desperate Gesinnung deutlich, die trotz aller Entschlußkraft und Parteilichkeit dahinter steht. Dasselbe gilt für seine Stellung zum Kriege. Einerseits ließ er im Sommer 1806 neun Kriegslieder drucken und an die Soldaten ausgeben (»Wenn ihr das Franzsche nicht versteht, / So macht es euch bequem, / Das Reden ihm sogleich vergeht, / Wie ihr den Kopf abmäht«[103]), wobei freilich von ihm selber nur zwei davon auch gedichtet wurden; andererseits machte er aus seinem Abscheu gegen den Krieg keinen Hehl (spricht sogar später von der »gemeinen Menschenschlächterei«[104]) und bedauerte schon zwei Jahre nach seiner Aktion in Göttingen »herzlich meine politische Blendung vor zwei Jahren, wo ich ⟨. . .⟩ meine Hoffnungen an jeden Pferdeschwanz der vorüberziehenden Reiter band, die sie dann in den Kot schleiften und traten«[105].

Von solchen Skrupeln waren die Schriftsteller ziemlich frei, die man im engeren Sinne zur Poesie der Befreiungskriege rechnet. »Ins Feld, ins Feld! Die Rachegeister mahnen«, beginnt Körners »Lied der schwarzen Jäger« und wenn auch uns Heutigen mit unseren Erfahrungen kein Verständnis mehr für diesen am Kriegsgeschäft auflodernden Enthusiasmus möglich ist (»Gebt

kein Pardon! Könnt ihr das Schwert nicht heben, / So würgt sie
ohne Scheu; / und hoch verkauft den letzten Tropfen Leben! /
Der Tod macht Alle frei. // Noch trauern wir im schwarzen
Rächerkleide / Um den gestorbnen Muth; / Doch fragt man
euch, was dieses Roth bedeute: / Das deutet Frankenblut.«[106]), so
müssen wir darin doch vor allem die rhetorischen Überbietungs-
formen einer zeitgemäßen, auf die Sicherung der nationalen Existenz fast zwangsläufig verpflichteten Gesinnung erkennen, in
welcher sich so unterschiedliche Männer wie Fichte und Fouqué,
Ernst Moritz Arndt und Friedrich Schleiermacher, Wilhelm von
Humboldt, der spätere Turnvater Jahn und die Schriftsteller der
romantischen Schule einig waren. Wir erleben hier auch erstmals
in der neueren deutschen Geschichte, daß Bildung und Künstler-
tum keine sicheren Verwahrungen vor der Selbstauslieferung an
die Inhumanität darstellen und daß sogar Dichter wie Heinrich
von Kleist der Verführung zu martialischer Rhetorik verfielen
(»Eine Lustjagd, wie wenn Schützen / Auf die Spur dem Wolfe
sitzen! / Schlagt ihn tot! Das Weltgericht / Fragt euch nach den
Gründen nicht!«[107]). Chauvinistische Töne und Franzosenhaß
waren freilich aus der Niederlage und Schwäche geboren, ideologische Mittel gegen die französische Expansionspolitik, und in
mancher Hinsicht konnte diese Propaganda mit den antiwelschen
Affekten des 18. Jahrhunderts (eben der Geniebewegung) rechnen. Doch darf man bei alledem nicht die weitgreifenden politischen Hoffnungen vergessen, die man mit einem Sieg verknüpfte
und die dann freilich schmählich betrogen wurden. Ernst Moritz
Arndts bohrende Frage aus dem Gedicht von 1813: »Was ist des
Deutschen Vaterland?« verstummte auch nach 1815 nicht, der
Imperativ der letzten Strophe: »Das ganze Deutschland soll es
sein!«[108] behielt seine Gültigkeit. So enthält die Lyrik der Befreiungskriege jedenfalls in ihren bedeutendsten Exempeln eine
Sprengkraft, wie man sie vor Tische gar nicht geahnt, sie richtete
sich nun freilich nicht mehr gegen einen äußeren Feind. Arndts
nicht minder berühmte Verse »Der Gott, der Eisen wachsen ließ, /
Der wollte keine Knechte«[109] mit ihrem aufsässigen Geist ließen
sich ohne Schwierigkeiten auf den neuen Gegner umadressieren,
wenn man einige antifranzösische Verse schlicht wegließ: »Laßt

brausen, was nur brausen kann, / In hellen, lichten Flammen, /
Ihr Deutschen alle Mann für Mann / Fürs Vaterland zusammen! /
Und hebt die Herzen himmelan / Und himmelan die Hände /
Und rufet alle Mann für Mann: / Die Knechtschaft hat ein
Ende!«[110]. Nun, sie hatte kein Ende, demokratische Freiheit
rückte so fern wie nie zuvor, die deutschen Fürsten hatten die
historische Lektion auf ihre Weise so wenig gelernt wie große
Teile der bürgerlichen Mittelschichten, so daß Ludwig Uhlands
Mahnung ›Am 18. Oktober 1816‹ schon mehr wie ein bitterer,
endgültiger Kommentar auf die enttäuschten Hoffnungen denn
als aussichtsvolle rechtzeitige Warnung und Erinnerung der Fürsten an ihre Versprechungen während der Befreiungskriege gelesen werden können:

Wenn heut ein Geist herniederstiege,
Zugleich ein Sänger und ein Held,
Ein solcher, der im heil'gen Kriege
Gefallen auf dem Siegesfeld,
Der sänge wohl auf deutscher Erde
Ein scharfes Lied, wie Schwertesstreich,
Nicht so, wie ich es künden werde,
Nein! himmelskräftig, donnergleich:
⟨...⟩
Ihr Fürsten! seid zuerst befraget:
Vergaßt ihr jenen Tag der Schlacht,
An dem ihr auf den Knieen laget
Und huldiget der höhern Macht?
Wenn eure Schmach die Völker lösten,
Wenn ihre Treue sie erprobt,
So ist's an euch, nicht zu vertrösten,
Zu *leisten* jetzt, war ihr gelobt.
⟨...⟩
Ihr Fürstenrät' und Hofmarschälle
Mit trübem Stern auf kalter Brust,
Die ihr vom Kampf um Leipzigs Wälle
Wohl gar bis heute nichts gewußt,
Vernehmt! an diesem heut'gen Tage

Hielt Gott der Herr ein groß Gericht.
– Ihr aber hört nicht, was ich sage,
Ihr glaubt an Geisterstimmen nicht.[111]
⟨. . .⟩

Sechster Teil
Rhetorische Kunstprosa

I. Formen und Funktion

Im Programm seiner ästhetischen Erziehung hat Friedrich Schiller dem Dichter den hervorragendsten Platz zugewiesen, ihn zum Vorbild vollkommener Menschlichkeit überhaupt erhoben und den Geschichtsverlauf von seiner Wirkung abhängig gemacht. Dieser Auffassung entspricht es, wenn er immer wieder in philosophische Erörterungen die detaillierte Reflexion »handwerklicher« Probleme einschiebt, Beispiele aus seinen Erfahrungen als Dramatiker anführt und seinen ausgedehnten Briefwechsel häufig um Fragen konzentriert, die das Verfertigen von Kunstwerken, die schriftstellerische Technik, betreffen. Dennoch hat er mit Ausnahme eines Aufsatzes – ›Über die notwendigen Grenzen beim Gebrauch schöner Formen‹ (1795) – keine ausführliche Darstellung, keine systematische Erörterung seiner poetologischen Prinzipien gegeben; und selbst dieser Aufsatz, aus zwei Entwürfen entstanden, die beide als Verteidigungsschriften gegen Angriffe Fichtes gedacht waren, liefert keine geschlossene Theorie seiner Schreibweise, sondern behandelt vor allem die Bedingungen und Möglichkeiten philosophischer Kunstprosa. Doch dies auf programmatische und für die ganze Zeit bedeutsame Weise. Denn blicken wir einen Augenblick zurück, so besteht die große Leistung des 18. Jahrhunderts, von Leibniz und Thomasius angefangen und in Gottsched kulminierend, in der Kultivierung der deutschen Sprache, so daß sie als Sprache der Literatur, der Philosophie und der Wissenschaften tauglich wurde. Wenn die Forschungen hier auch erst begonnen haben, läßt sich doch schon erkennen, in welchem Umfang die Rhetorik als Theorie, Technik und Methode zugleich diese Kulturentwicklung in allen Phasen bestimmt hat, ja die Ausbildung einer Deutschen Rhetorik – aus der antiken Überlieferung abgeleitet und den besonderen zeitgenössischen Anforderungen entsprechend – gehört zu den wichtigsten Errungenschaften der Aufklärung.[1] Aus ihr entstand nicht nur die geistliche Rede oder Homiletik, die Briefstellerei und die politische Rede, sondern vor allem eine rhetorische Kunstprosa und Essayistik, die den Begriff einer auf Popularisierung und Ästhetisierung des Wissens gerichteten Aufklärung erfüllt. Da deren Interesse noch sehr grundlegend gerichtet war, auf Aneignung und Weiterentwicklung hinsichtlich der besonderen aufklärerischen Zielsetzung konzentriert, spielte für sie das Medium der Rede, Mündlichkeit oder Schriftlichkeit, eine untergeordnete und insgesamt wenig problematische Rolle. Das verwundert nicht, da die Übertragung der rhetorischen Prinzipien auf die schriftliche Rede ansatzweise schon in der Antike, dann in Mittelalter und Humanismus geschehen war, so daß man auch in dieser Frage auf eine gesicherte Tradition zurückgreifen konnte.

Die Epoche nach 1789 zeigt nun in diesem Punkt zwei kraß entgegengesetzte Ausrichtungen. Da ist einmal auf seiten der politischen Publizisten das unbegrenzte Vertrauen in die rhetorische Wirksamkeit ihrer Sprache, mit welcher sie ihr bürgerlich-demokratisches Programm überzeugungskräftig und allgemein zu vermitteln suchen. Darin stimmen jüngere und ältere Generation, radikale und liberale Schriftsteller im wesentlichen überein; und ob Wieland, Knigge, Forster, Wekhrlin oder Kant – sie alle betrachten die politisch-aufklärerische Rede als ein geeignetes und unproblematisches Mittel zur Verbreitung ihrer Ideen. Fast gleichzeitig dazu setzt sich aber eine ganz andere Meinung langsam durch, und sie hat gewiß etwas mit dem – nach Meinung der meisten deutschen Schriftsteller – offenkundigen Scheitern der Französischen Revolution zu tun, die eben nicht den Citoyen, den aufgeklärten, mündigen Bürger, sondern auf der einen Seite einen in das »Elementarreich« herabgesunkenen, auf der anderen durch moralische Dekadenz verdorbenen Menschen hervorgebracht hatte. Um es ganz mit Schillers deutlichen Worten zu sagen: »Die Kultur, weit entfernt, uns in Freiheit zu setzen, entwickelt mit jeder Kraft, die sie in uns ausbildet, nur ein neues Bedürfnis, die Bande des Physischen schnüren sich immer beängstigender zu, so daß die Furcht, zu verlieren, selbst den feurigen Trieb nach Verbesserung erstickt und die Maxime des leidenden Gehorsams für die höchste Weisheit des Lebens gilt. So sieht man den Geist der Zeit zwischen Verkehrtheit und Rohigkeit, zwischen Unnatur und bloßer Natur, zwischen Superstition und moralischem Unglauben schwanken, und es ist bloß das Gleichgewicht des Schlimmen, was ihm zuweilen noch Grenzen setzt.«[2] Die Sätze stehen im fünften Brief ›Über die ästhetische Erziehung des Menschen‹, dem – zusammen mit dem sechsten Brief – kulturkritischen Hauptstück der Schrift. Was ich daraus zitiert habe, macht mit einem Schlage klar, daß die rednerisch bestimmte Kultur des Denkens mit der Revolution und ihren Folgen in ein neues Stadium getreten ist und der Inbegriff der Aufklärung, der die praktische Philosophie der Vernunft und ihre Rhetorik umfaßt, nun selber fragwürdig geworden ist.

Man weiß, wohin die Philosophie und die Wissenschaften von hier aus geraten sind, sie haben sich immer mehr vom Publikum entfernt, haben sich zu Spezialdisziplinen entwickelt, die der öffentlichen Kontrolle entzogen sind. Den Prozeß der Verwissenschaftlichung aller Disziplinen des Denkens und der Autonomisierung der Kunst muß man auch als Ausweichen vor einer als fragwürdig erkannten Ideologisierung in der Vergangenheit betrachten; er beginnt erst in der Epoche der Französischen Revolution, ist seiner Vollendung nach ein Produkt des späteren 19. Jahrhunderts, dessen überall spürbarem Sog die klassischen und romantischen Schriftsteller sogar entschiedenen Widerstand entgegensetzen. Schillers Ästhetik ist wohl dabei der umfassendste Versuch, den Zielinhalt der Freiheit und Würde auf neuem Wege zu erreichen. Woraus sich die scheinbare Paradoxie ergibt, daß er die unmittelbare, als solche aufklärerisch gewollte Verbindung mit der bestehenden politischen Realität aus Engagiertheit für deren künftigen, utopisch gedachten Vollzug aufgekündigt hat. Widersprüchlich vermag diese Gedankenfigur allerdings nur dem unhistorischen Blick erscheinen, denn die Entgegensetzung hebt sich im geschichtlichen Fortschreiten auf, wobei es zur dringenden Aufgabe wird, die Fehlerquellen zu identifizieren, die zur gegenwärtigen Krise geführt haben, um derart auch die Vernunfttätigkeit und ihre sprachliche Ausübung neu und positiv zu bestimmen. Ganz konkrete Überlegungen in diese Richtung stellte Schiller im Zusammenhang mit seinen ästhetischen Briefen an, weil sie schließlich nicht nur ihrem Inhalt nach mit diesen Fragen befaßt sind, sondern auch die Darstellung selber betreffen. Dem Breslauer Philosophen Garve, den er um die Mitarbeit an den ›Horen‹ angegangen hatte, versucht er nun dieses Thema in einer bestimmten, ihn besonders bewegenden Hinsicht schmackhaft zu machen. »Es ist noch eine Materie, die ich von Ihnen vorzugsweise beleuchtet wünschte, das Verhältniß des Schriftstellers zu dem Publikum und des Publikums zu dem Schriftsteller. In unsern Zeiten, wo ein so großer Theil der Menschen seine eigentliche Erziehung durch Lecture bekommt, und wo ein anderer nicht unbeträchtlicher Theil sich diese Erziehung durch Schriften zum Geschäft seines Lebens macht, scheint es mir eben so interessant als zweckmäßig, das Innere dieses wechselseitigen Verhältnißes aufzudecken, die Folgen die es für beide Theile hat, anthropologisch zu entwickeln, und es wo möglich, durch ein aufgestelltes Ideal von dem was es für beide Theile seyn könnte und sollte, zu reinigen und zu veredeln.«[3] Auch als Garve nicht wie gewünscht reagiert, läßt Schiller nicht locker, sondern führt seinen Gedanken sogar noch etwas weiter aus. »Aus dem ganz eigenen Umstand, daß der Schriftsteller gleichsam unsichtbar und aus der Ferne auf einen Leser wirkt, daß ihm der Vortheil abgeht, mit dem lebendigen Ausdruck der Rede und dem accompagnement der Gesten auf das Gemüth zu wirken, daß er sich immer nur durch abstrakte Zeichen, also durch den Verstand an das Gefühl wendet, daß er aber den Vortheil hat, seinem Leser eben deswegen eine größere Gemüthsfreyheit zu lassen, als im lebendigen Umgang möglich ist. u.s.f. Aus Allem diesem scheinen mir ganz eigene Regeln hervorzugehen, die eine nähere Entwickelung verdienten. Bei dem Sprechenden mischt sich das Individuum schon mehr in die Sache, und darf sich mehr darein mischen. Von dem Schreibenden wird die *Sache* weit strenger gefordert. Nun giebt es aber ein Mittel der Sache nichts zu vergeben und dennoch durch Mittheilung seiner Individualitaet den Vortrag zu beseelen. Auf dieses Mittel nun wünschte ich die Aufmerksamkeit vorzüglich gerichtet zu sehen.«[4] Wie wenig Garve für eine solche Aufgabe der richtige Mann war, zeigt seine Kritik an den ästhetischen Briefen[5], und Schiller hat seine Überlegungen schließlich selber zusammengefaßt, dabei auch jenes Mittel dargelegt, das seiner Meinung nach alle Wünsche erfüllt, die man an den Rhetor als einen Schriftsteller richten kann: es macht seine Rede erst zu einem »schönen Vortrag«.

Bevor er jedoch in seinem Gedankengang so weit fortgeschritten ist, hält er sich noch bei zwei anderen Formen schriftlicher Rede auf. Da ist zunächst der wissenschaftliche Vortrag, dessen Zweck in der reinen Lehre besteht (nach rhetorischem Sprachgebrauch im docere), der daher eine strenge Überzeugung aus Prinzipien bewirken will; nicht nur sein Inhalt, »sondern auch die Darlegung desselben muß den Denkgesetzen gemäß« sein[6]. Seine Methode ist der Syllogismus, alles Individuelle und Sinnliche bleibt ausgeschlossen, er ist schmucklos, klar, von sachlicher und logischer Konsequenz, was den Entschluß des Lesers voraussetzt, »um der Sache willen die Schwierigkeiten nicht zu achten, welche von der Form unzertrennlich sind.«[7]

Ein solcher Adressatenbezug, der keine weiteren Beweggründe als das Streben nach Erkenntnis voraussetzt, ist begrenzt auf die Wissenschaftsvermittlung in einem engen Sinne. Fehlen dafür die Bedingungen, tritt an die Stelle des wissenschaftlichen der populäre oder didaktische Vortrag, der die »Anschauungen und einzelnen Fälle« gleich mitliefert[8], mit Beispielen aus dem Leben, einer sinnlich-anschaulichen Ausdrucksweise, mit Bildern und Gleichnissen arbeitet, um ein nur wenig oder gar nicht vorgebildetes, wissenschaftlich also allenfalls gering motiviertes Publikum an den Erkenntnissen dennoch teilnehmen zu lassen. Das Denken wird dabei von der Einbildungskraft unterstützt, aber der eigentliche Zweck bleibt die Verstandesaufklärung, die sich der rhetorischen Mittel zur Unterhaltung und Entlastung bedient. Es ist nicht schwer zu erraten, wen Schiller als Beispiel dafür vor Augen hatte, der von ihm populär genannte Vortrag, dessen sich der Volksredner oder Volksschriftsteller bedient, war das Hauptmedium der popularphilosophischen Aufklärung von Thomasius bis Garve oder Engel und hatte damit freilich seine ganz eigene Begrenztheit schon bewiesen. Das Ideal einer rhetorischen Kunstprosa findet der Autor der ästhetischen Briefe daher nicht in der didaktischen Rede, sondern im schönen Vortrag, der Denken und Einbildungskraft, Erkenntnis und Imagination vereinigt. »Findet nun zwischen diesen Begriffen, als dem geistigen Teil der Rede, der genaueste Zusammenhang statt, während daß sich die ihnen korrespondierenden Anschauungen, als der sinnliche Teil der Rede, bloß durch ein willkürliches Spiel der Phantasie zusammenzufinden scheinen, so ist das Problem gelöst, und der Verstand wird durch Gesetzmäßigkeit befriedigt, indem der Phantasie durch Gesetzlosigkeit geschmeichelt wird.«[9] Worauf es beim schönen Vortrag zuletzt abgezielt ist und was ihn wirklich in den Rang einer neuen Kunstform erhebt, die zwar mit allen überlieferten rhetorischen Mitteln arbeitet, sie aber in den Dienst einer neuen Absicht stellt, hebt Schiller an anderer Stelle seines Aufsatzes hervor: »Wer mir seine Kenntnisse in schulgerechter Form überliefert, der überzeugt mich zwar, daß er sie richtig faßte und zu behaupten weiß; wer aber zugleich imstande ist, sie in einer schönen Form mitzuteilen, der beweist nicht nur, daß er dazu gemacht ist, sie zu erweitern, er beweist auch, daß er sie in seine Natur aufgenommen und in seinen Handlungen darzustellen fähig ist. Es gibt für die Resultate des Denkens keinen andern Weg zu dem Willen und in das Leben, als durch die selbsttätige Bildungskraft. Nichts, als was *in uns selbst* schon lebendige Tat ist, kann es *außer uns* werden ⟨...⟩«[10] Wir erkennen den Gedankengang wieder, erleben eine weitere Anwendung der ästhetischen Spieltheorie, womit nun wirklich aber der Rahmen abgesteckt ist, in dem sich alle weiteren Überlegungen zu diesem Thema bewegen. Auch Adam Müller geht davon aus, wenn er gegen die stumme deutsche Gelehrtenwelt polemisiert (»ein Gebäude von Chiffren, sinnreich, aber einsam, unerwärmend, unerfreulich, ohne Antwort oder Erwiderung von irgendeiner Seite her!«), wenn er sie wieder »von dem lebendigen Odem der Rede ⟨...⟩ ergriffen« sehen will[11] und wenn er schließlich eine neue Beredsamkeit zu begründen sucht, die in sich selber widerstreitend ist, doch eben deshalb überzeugend nach außen zu wirken vermag: »Wer wirken will, muß seinen Gegenstand zu ergreifen wissen: die gemeine Eroberung, Besitznahme und Unterwerfung genügt der größeren Seele nicht. Die Beredsamkeit will ergreifen, aber durch Reiz, durch Motive, die in der Brust dessen liegen, auf den sie es abgesehn: sie will ihre Beute nicht tot haben wie der gemeine Eroberer, aber im vollen Sinne des Worts lebendig. Sie will eine freie Seele bezaubern und beherrschen; sie will ihren Gegner nur zwingen und reizen, niederzuknien vor der Wahrheit, die größer ist als sie beide. Sobald also der Redner allein spricht, ohne seinen Gegner, vielmehr sobald in der Rede des Redners nicht alle Argumente des Gegners enthalten sind, sobald ist er seines Gegenstandes Meister noch nicht und seines Sieges nicht gewiß. *Jede wahre Rede ist also Gespräch:* in dem Munde des einen Redners sprechen notwendig zwei, er und sein Gegner.«[12] Die grundlegende Gemeinsamkeit der rhetorischen Kunstprosa der Zeit ist damit gefunden, es geht ihr nicht oder erst in zweiter oder dritter Linie um Wissensvermittlung, sie will die lebendige Erfahrung des Gegenstandes, der selber nicht tot ist, sondern sich fortentwickelt. Korrespondenz ist das Ziel, Entsprechung von subjektiver Erfahrung und objektivem Prozeß, so daß aus dieser Bewegung heraus Neues entsteht. Ein utopischer Zug ist dieser Kunstprosa eigen, weil sie nicht Reproduktion, sondern Produktion will. »Das Unbekannte ist der Reiz des Erkenntnisvermögens«, sagt Novalis und ergänzt an anderer Stelle:»Es ist nicht das Wissen allein, was uns glücklich macht, es ist die Qualität des Wissens, die subjektive Beschaffenheit des Wissens.«[13] Ich könnte nun Zeugnisse aus allen Gegenden des Zeitraums zitieren, der Klassik und Romantik umfaßt, Goethes Ideal der Tätigkeit heranziehen (»Eine tätige Skepsis: welche unablässig bemüht ist, sich selbst zu überwinden, um durch geregelte Erfahrung zu einer Art von bedingter Zuverlässigkeit zu gelangen.«[14]), auf die romantische Theorie des Fragments verweisen (Friedrich Schlegel:»Ich habe einige Ideen ausgesprochen, die aufs Zentrum deuten, ich habe die Morgenröte begrüßt nach meiner Ansicht, aus meinem Standpunkt. Wer den Weg kennt, tue desgleichen nach seiner Ansicht, aus seinem Standpunkt.«[15]) und Kleists Ratschläge ›Über die allmähliche Verfertigung der Gedanken beim Reden‹ (1807/08) verfolgen, sie alle laufen darauf hinaus, daß Wahrheit und Erkenntnis, in welchem Fall auch immer, nicht als fixe Resultate genommen werden dürfen, sondern mit ihrer eigenen, unabgeschlossenen Entwicklung zusammenfallen. Für ihre Darstellung muß daher eine Prosaform gefunden werden, die dem neuen, prozeßhaften Wahrheitsbegriff entspricht. Wenn nämlich, räsonierte Bacon, »Alles als längst in jeder Rücksicht vollendet dargestellt wird«, so muß der wissenschaftliche Fortschritt stocken, wogegen das Verfahren, die »durch Naturstudien erworbnen Kenntnisse ⟨...⟩ in Aphorismen oder kurze nicht methodisch verkettete Sätze zu fassen«,[16] dem Stande des fragmentarischen Wissens selber angemessen ist und zu weiteren Forschungen anregt. Die einheitliche Hervorbringung von Sache und Wort war, gegenüber der didaktischen Trennung beider Bereiche in den Lehrbüchern, immer das eigentliche Ideal der rhetorischen Kunst. Der Unterschied liegt nicht darin, daß wir es in dem einen Falle mit einer unwillkürlichen Einheit, im anderen mit einer absichtsvollen Operation zu tun hätten. Der eigentliche Gewinn, der in der Einheit von Denken und Sprechen liegt, muß darin gesehen werden, daß Reden oder Schreiben dann nicht mehr bloß eine Bekleidung von Sachen mit Worten bedeutet, sondern Erkenntnis produziert, also richtig verstanden eine ars inveniendi in allen Wissenschaften darstellt. Auch Lichtenberg hat diese Absicht mehrfach bekräftigt. Beginnend mit der Berufung auf Plato, der gesagt habe, »das poetische Genie werde durch die Harmonie und die Versart rege gemacht, und dieses setze den Dichter in den Stand ohne Überlegung seine Gedichte zu verfertigen ⟨...⟩ ein jeder wird dieses bei sich verspürt haben, wenn er mit Feuer Verse gemacht hat, vielleicht könnten wir durch ähnliche Kunstgriffe unsre übrige Fähigkeiten ebenso in Bewegung setzen, hauptsächlich auch die Ausübung der Tugend. Eine große Fertigkeit im Dividieren und zwar nach der Methode, die man über sich dividieren heißt, die ich bei jemand bemerkte, brachte mir zuerst den Lusten zur Rechenkunst bei; ich dividierte mehr der eiförmigen Gestalt der Auflösung willen, als aus einer andern Absicht.«[17] Gerade dieses Beispiel aus Heft A der Sudelbücher scheint mir bemerkenswert, weil es auf den psychologischen und sinnkräftigen Einfallsreichtum zielt, der selbst der abstrakten mathematischen Problemerörterung dienlich ist. Eine spätere Notiz nimmt den Gedankengang wieder auf und bezieht ihn nun direkt auf das Schreiben. »Zur Aufweckung des in jedem Menschen schlafenden Systems ist das Schreiben vortrefflich, und jeder, der je geschrieben hat, wird gefunden haben, daß Schreiben immer etwas erweckt was man vorher nicht deutlich erkannte, ob es gleich in uns lag.«[18] Auch noch einen dritten Beleg möchte ich zitieren, weil er das Überraschende, Unvorhersehbare dieses in Analogie zu religiöser Erfahrung beschriebenen Erweckungsprozesses pointiert:»Wenn ich über etwas schreibe, so kommt mir das Beste immer so zu, daß ich nicht sagen kann woher.«[19] Lichtenbergs Wahrheitsbegriff erschöpft sich nicht, wie man wohl erwarten könnte, in der Angleichung an die Sache, die es zu erkennen gilt, so daß allein das Objekt das Verständnis des Subjekts bestimmte. Erkenntnis ist ihm vielmehr Produkt eines schöpferischen Prozesses, in dem das Interesse des Subjekts, seine Gefühle und Neigungen nicht allein als Hemmnisse mit eingehen, sondern die angemessene Erfahrung der Wirklichkeit erst ermöglichen.

Eine festumrissene, in ihrer Struktur ein für allemal festgelegte literarische Form widerspräche offensichtlich der Auffassung von der Wahrheitserzeugung im Erkenntnisprozeß, und die moderne Kunstprosa läßt sich auch nicht auf eine bestimmte rhetorische Verfahrensweise reduzieren; sie verwendet alle, probiert sie aus, benutzt sie als Instrument und Darstellungsmittel der Erkenntnis zugleich. Das Experiment mit literarischen Formen, der Wechsel der Schreib- und Redeweisen gelten als wichtigste Gegenmittel gegen uniformes, erstarrtes Denken, und vergleicht man die popularphilosophische Essayistik der Aufklärung mit Schillers und Goethes, Lichtenbergs und Forsters, Schlegels und Kleists Kunstprosa, so fällt der Unterschied sogleich ins Auge. Die gegenüber der Schulphilosophie aufgelockerte, mit Beispielen und Gleichnissen versetzte, doch einheitliche Redeweise, die so ziemlich Schillers Kategorie vom didaktischen Vortrag entspricht, ist abgelöst worden durch eine Prosa, die zwischen Aphorismus und Fragment auf der einen und Buchessay sowie Vortragsreihe auf der anderen Seite eine Fülle von Zwischenstufen und Variationen kennt. Deren formale Charakteristika erscheinen so unbestimmt und vielfältig, daß sich aus ihnen keine einheitliche Gattungsbeschreibung gewinnen läßt. In einem gewissen Sinne kann man sogar die Lehrgedichte dazu rechnen, und wenn Tieck die Erlebnisse seiner Italienreise nicht in einem der üblichen Berichte, sondern als Gedichtzyklus faßt, so liegt auch dies zuletzt an seiner Absicht, keine Ergebnisse zu dokumentieren, sondern eine bestimmte Erfahrungsweise selber zum Gegenstand zu machen: die Reise als poetische Entdeckungsfahrt. In der Wirkungsintention aber stimmen die modernen Essayisten überein, und sie allein liefert das Hauptmerkmal zur Bestimmung der Gattung. Um wieder Schiller das Wort zu geben, der ihr erster und wichtigster Theoretiker in seiner Zeit gewesen ist: »Ein solcher Schriftsteller ist aber aus eben diesem Grunde ganz und gar nicht dazu gemacht, einen Unwissenden mit dem Gegenstande, den er behandelt, bekannt zu machen oder, im eigentlichsten Sinne des Worts, zu *lehren*. ⟨...⟩ Der Lehrer in strengster Bedeutung muß sich nach der Bedürftigkeit richten; er geht von der Voraussetzung des Unvermögens aus, da hingegen jener von seinem Leser oder Zuhörer schon eine gewisse Integrität und Ausbildung fordert. Dafür schränkt sich aber seine Wirkung auch nicht darauf ein, bloß tote Begriffe mitzuteilen, er ergreift mit lebendiger Energie das Lebendige und bemächtigt sich des ganzen Menschen, seines Verstandes, seines Gefühls, seines Willens zugleich.«[20]

II. Themen und Tendenzen

1. Reisebeschreibung

Das Kernstück der zeitgenössischen Reiseliteratur ist Goethes Italienische Reise. Die Gattung selber war natürlich längst eingeführt und steht in einer langen, bis in die Antike zurückreichenden ununterbrochenen Tradition. Im 18. Jahrhundert, das ist bekannt, erfreute sie sich größter Beliebtheit; wurde die Reise doch zunehmend als unentbehrliches Mittel betrachtet, die aufklärerischen Zwecke, Welt- und Menschenkenntnis, zu erreichen und im ausführlichen, sachlichen, auf der empirischen Wahrnehmung und so genauen wie zielgerichteten Beobachtung beruhenden Bericht den Zeitgenossen die neuen Erfahrungen mitzuteilen. Dies war ein Weg, ihnen die Teilnahme am Bildungsfortschritt zu ermöglichen, auch wenn sie selber nicht die Mittel für weitläufige Reisen besaßen. Die konkreten Zielsetzungen schwankten dabei entsprechend dem Interesse oder Auftrag des Reisenden. Georg Forsters ›Beschreibung einer Reise um die Welt während den Jahren 1772 bis 1775 in dem von Captain J. Cook commandirten Schiffe The Resolution‹ (1777) zeigen ihn als scharfsinnigen und aufmerksamen Beobachter von Natur- und Völkerleben, der sich um Unvoreingenommenheit und Toleranz bemüht. Von seiner trefflichen Beschreibung spricht daher bewundernd Alexander von Humboldt in seinem ›Kosmos‹, dessen Untertitel ›Entwurf einer physischen Weltbeschreibung‹ (1845) die eigene Zielsetzung kurz, aber zureichend charakterisiert. Das wissenschaftliche Interesse dominierte bei Reisebeschreibungen dieses Typs, doch kommt auch ein weltbürgerliches und zivilisationskritisches Motiv hinzu. Im Vorwort zu seiner Übersetzung von Georg Keates ›Nachrichten von den Pelew-Inseln in der Westgegend des stillen Ozeans‹ (1789) bemerkte Forster, daß die Bewohner jener beliebtesten Traumgegend des europäischen Publikums gerade »in ihrer Unwissenheit und Einfalt« die Bedingungen ihres harmonischen Daseins finden.[1] Die Französische Revolution hatte dann noch eine Art von politischem Bildungs-

reisenden hervorgebracht, der nach Paris fuhr, um die Ereignisse
an Ort und Stelle zu erleben und darüber nach Hause zu berichten (Campe, Reichardt, von Halem). Das Reisebuch, ob nun enzy-
klopädisch angelegt wie bei Humboldt oder als Großstadterkun-
dung wie in Lichtenbergs ›Englischen Briefen‹ (1776), ob den
fernsten Weltgegenden gewidmet wie die zahlreichen Entdecker-
geschichten oder den Ländern nahe der eigenen Heimat wie
Georg Forsters ›Ansichten vom Niederrhein, von Brabant, Flan-
dern, Holland, England und Frankreich, im April, Mai und
Junius 1790‹ (1791-94), das Reisebuch diente nicht nur der Wiedergabe erfahrener Realien, sondern als Kompendium aller möglichen Interessen und Einfälle. »Als literarisches Genre triumphiert die Reisebeschreibung«, resümiert Paul Hazard in seiner
schon klassischen Kulturgeschichte der Aufklärung; »in ihrer
unbestimmten Abgrenzung war sie bequem, weil man alles hin-
einbringen konnte, gelehrte Dissertationen und Museumskata-
loge ebensogut wie Liebesgeschichten. Sie konnte eine gewichtige,
äußerst wissenschaftliche Abhandlung sein oder eine psychologische Studie oder ein reiner Roman oder auch alles auf einmal.«[2]
Die Diagnose gilt noch für Forster, und wirklich nehmen die Reiseberichte oftmals den Charakter eines gebildeten, doch weitläufigen Gesprächs über verschiedene Gegenstände der Welt, der
Natur und Kunst an, wobei auch zunehmend die Selbsterfahrung
des Reisenden als Auseinandersetzung mit dem Fremden, Relativierung der eigenen Maßstäbe und Vergewisserung der mitge-
brachten Kenntnisse in die Darstellung einbezogen wird.

   Goethes ›Italienische Reise‹, um nun endlich zu ihr zurückzu-
kommen, vereinigt alle diese Züge und ist darin das getreue Spiegelbild der umfassenden Interessen ihres Autors. Zeitlich
erstreckt sie sich über eindreiviertel Jahre, dauert vom 3. September 1786, dem Tag der heimlichen Abreise aus Karlsbad, bis zum
18. Juni 1788. Schon der Vater Goethe hatte seinen Sohn auf den
eigenen Spuren und dem häufigen Bildungsbrauch folgend nach
Italien schicken wollen, doch der war ungehorsam gewesen und
nach Weimar gegangen. Nun, vier Jahre nach des Vaters Tod,
wurde die alte Absicht verwirklicht; die Ziele, die Goethe inzwischen mit der Reise verband, sahen freilich etwas anders aus.

Jetzt floh er vor der Überlast an Regierungsgeschäften, aus einer quälend unbefriedigend gebliebenen Liaison (mit Charlotte von Stein), mit der Hoffnung, all die angefangenen literarischen Arbeiten endlich zu beenden (›Iphigenie‹, ›Tasso‹, ›Faust‹), seine malerischen Fertigkeiten auszubilden und das theoretisch, aus dem Buch- und Bilderstudium gewonnene Antikebild durch die lebendige Erfahrung zu ergänzen. Das hatte freilich nichts mit dem antiquarischen Interesse zu tun, das Bildungsreisen nach Italien sonst kennzeichnete. Goethe hat das Faktum dieser Reise (wie ähnlich einst den Aufbruch nach Weimar) sogleich lebensgeschichtlich gedeutet, ihm einen epochalen Sinn gegeben, der die Reise-Erfahrung selber verändert hat – in seinen Tagebuchnotizen und Briefen, die er dem Reisebuch zugrunde legte, kommt das sehr viel klarer und direkter zum Ausdruck als in dem fertigen, auf vielfache Weise künstlerisch bearbeiteten und stilisierten Werk. Schon auf dem Brenner spricht er von »dieser wichtigen Epoche meines Lebens«[3], auf der Fahrt von Trient nach Rovereto hält eine Notiz fest: »Mir ists wie einem Kinde, das erst wieder leben lernen muß«[4], und in einem Brief aus Rom an Frau von Stein steht nun auch das längst fällige Stichwort: »Die Wiedergeburt die mich von innen heraus umarbeitet, würckt immer fort, ich dachte wohl hier was zu lernen, daß ich aber so weit in die Schule zurückgehn, daß ich so viel *ver*lernen müßte dacht ich nicht.«[5] Die Wiedergeburtsphantasie ist eine Wunschphantasie, die uns auch in Goethes dichterischem Werk schon begegnet ist, hier verknüpft sie sich mit dem kulturellen Renaissance-Motiv, das im 18. Jahrhundert, denken wir an Winckelmann und die Folgen, weit verbreitet war. Selbsterfahrung und Kultur- wie Natur-Erfahrung korrespondieren im Bewußtsein dieses Reisenden auf ungewöhnliche Weise und machen das eigenartige, exemplarische Wesen seines Reisebuchs aus; er hat damit natürlich auch in der ausgearbeiteten Fassung nicht hinter dem Berge gehalten: »Wie mir's in der Naturgeschichte erging, geht es auch hier, denn an diesen Ort knüpft sich die ganze Geschichte der Welt an, und ich zähle einen zweiten Geburtstag, eine wahre Wiedergeburt, von dem Tage, da ich Rom betrat.«[6]

Wenn wir in aller Kürze die Erträge der Italienischen Reise

rekapitulieren, so liegen sie auf allen Gebieten von Goethes weit-
gespannten Interessen. Klima-, Boden- und Pflanzenbeobachtun-
gen (»Im Angesicht so vielerlei neuen und erneuten Gebildes fiel
mir die alte Grille wieder ein, ob ich nicht unter dieser Schar die
Urpflanze entdecken könnte. Eine solche muß es denn doch
geben!«[7]), Landschafts- und Stadtbesichtigungen, Erkundung von
Volksbräuchen (›Römisches Carneval‹) und Betrachtung von
Kunstwerken, Besuch von Theateraufführungen und Ausgra-
bungsstätten. Er stellt kunsthistorische und völkerpsychologische
Studien an und bewährt dabei seine ganze Vielseitigkeit aufs
beste, auch anekdotische Berichte kommen nicht zu kurz. Einmal,
am Gardasee, verdächtigen Einheimische den malenden Goethe
der Spionage[8], ein andermal leckt die Katze der Wirtin hinge-
bungsvoll den Gipsabguß eines Jupiterkopfes, weshalb deren
Besitzerin über die Religiosität des Tieres in größtes Entzücken
gerät. Darauf Goethe: »Der guten Frau ließ ich ihre Verwunderung, erklärte mir aber diese seltsame Katzenandacht dadurch,
daß dieses scharf riechende Tier wohl das Fett möchte gespürt
haben, das sich aus der Form in die Vertiefungen des Barts
gesenkt und dort verhalten hatte.«[9]

Die wichtigste Eigenart dieser Reisebeschreibung ist aber die
Erlebnisweise ihres Autors selber und wie er die Realien in den
eigenen Bildungsprozeß einbezieht, ohne ihren Sachgehalt zu ver-
biegen und zu verletzen. Was in dieser unerschütterlichen Selbstgewißheit nur erklärlich ist durch die ganz ursprüngliche, gleichsam eingeborene Überzeugung Goethes von der Verpflichtung
der Natur gegenüber der eigenen Existenz. Ins Tagebuch hat er
am 24. September 1786 notiert: »Doch muß man auf alle Fälle
wieder und wieder sehn, wenn man einen reinen Eindruck der
Gegenstände gewinnen will. Es ist ein sonderbares Ding um den
ersten Eindruck, er ist immer ein Gemisch aus Wahrheit und
Lüge im hohen Grade, ich kann noch nicht recht herauskriegen
wie es damit ist.«[10] Man erkennt, Goethe ist sich der methodologischen Probleme der Reise-Erfahrung wohl bewußt, der verfäl-
schenden Wirkung des Vorwissens und der vorgefaßten Meinungen, die den Reisenden daran hindern, in der fremden Erscheinung auch gleich deren Wesen aufzufassen, obwohl der erste,

frische, neue Eindruck doch auch einen so nie wieder zu errei-
chenden Einblick in die Sache gewähren könnte. Das mehrmalige
Sehen hat dann bewirkt, daß man sich der im ersten Eindruck
unvermerkt mitwirkenden Lüge, also, um es mit Bacon zu sagen,
der Trugbilder oder Idole bewußt wird, sich ihrer entledigt, sie
gleichsam suspendiert und derart zum »reinen Eindruck« vor-
stößt, aus dem die Sache selber spricht. Daß dafür freilich erst die
Sinne geschärft sein müssen und die richtige Vorbildung dann
sogar den Weg zum reinen Eindruck eröffnet, ist ein Ergebnis der
Architektur- und Kunsterfahrung, und Goethe meldet aus Venedig: »Ich sah in Verona und Vicenz was ich mit meinen Augen
ersehen konnte, in Padua fand ich erst das Buch ⟨er meint Palla-
dios Werk⟩, jetzt studier ich's und es fallen mir wie Schuppen von
den Augen, der Nebel geht auseinander und ich erkenne die
Gegenstände.«[11] Dies zu erfahren und zu erkennen ist aber kein
reproduktiver, sondern ein schöpferischer Vorgang, eine Tätigkeit, die sich mit Widerständen auseinanderzusetzen hat und
durch sie hindurch die Kommunikation mit den Gegenständen
sucht. Deren Anblick ist dann eine sachgemäße Konstruktion des
Gegenstandes aus Wahrnehmung und subjektiver Einbildung. Die
Interpreten haben immer wieder darauf hingewiesen, daß Goethes an Winckelmann und Palladio geschultes Griechenbild es
ihm nur erlaubte, die hellenistische und römische Antike angemessen aufzunehmen, während er den Zeugnissen der eigentlichen klassischen Epoche Griechenlands verständnislos gegenüber-
gestanden habe. Es wäre töricht, das schlichtweg zu bestreiten,
doch bewährt sich Goethes komplizierter Blick selbst an den
dorischen Tempelruinen von Paestum, und seine Beschreibung
macht deutlich, in welchem Maße er sich von dergleichen Befan-
genheiten zu befreien, seine Vorprägungen zu relativieren
suchte.[12] Eine unbändige sinnliche und theoretische Neugierde
kennzeichnet seinen Reisebericht, der freilich insofern ganz ein
Werk der Weimarer Klassik ist, als er subjektives Interesse und
objektiven Geltungsanspruch vereinen möchte: »Der Genuß auf
einer Reiße ist wenn man ihn rein haben will, ein abstrackter
Genuß, ich muß die Unbequemlichkeiten, Widerwärtigkeiten, das
was mit mir nicht stimmt, was ich nicht erwarte, alles muß ich

bey Seite bringen, in dem Kunstwerck nur den Gedancken des Künstlers, die erste Ausführung, das Leben der ersten Zeit da das Werck entstand heraussuchen und es wieder rein in meine Seele bringen, abgeschieden von allem, der alles unterworfen ist und der Wechsel der Dinge darauf gewürckt haben. Dann hab ich einen reinen bleibenden Genuß und um dessentwillen bin ich gereißt, nicht um des Augenblicklichen Wohlseyns oder Spases willen.«[13]

Keiner der romantischen Fahrensmänner wenige Jahre später hätte dieses Reiseprogramm noch unterschrieben. Gewiß unterscheidet es sich bedeutsam von der rein zweckbestimmten Aufklärungsreise eines Friedrich Nicolai (›Beschreibung einer Reise durch Deutschland und die Schweiz, im Jahre 1781‹, 1783), der von vornherein beschlossen hatte, »was ihm nicht dienet, lieber ganz weg⟨zu⟩lassen, und sich auf das ein⟨zu⟩schränken, was seinem Zwecke gemäß ist«[14], und auch Goethe läßt sich immer wieder einmal treiben und – horribile dictu für rationalistisches Verständnis – vom Zufall führen. Wenn er die Arena in Verona verläßt, verweilt er bei einem Ballspiel[15], und in Venedig, so hält er fest, »verlief ich mich wieder ohne Führer in die entferntesten Quartiere der Stadt«[16]. Da ist noch etwas vom Wesen jener Geniereisen zu spüren, die er einst von Straßburg und Wetzlar, auch anfänglich noch in die Umgebung Weimars oder, gemildert schon, in die Schweiz (1779) unternommen hatte: »Wenn einer zu Fuß, ohne recht zu wissen warum und wohin in die Welt lief, so hieß dies eine Geniereise, und wenn einer etwas Verkehrtes ohne Zweck und Nutzen unternahm, ein ›Geniestreich‹.«[17] Das derart prägnant formulierte Reiseprogamm, das eben keines mehr ist, hat mit Goethes italienischem Unternehmen aber nicht mehr viel gemein, wenn auch noch manches in seinen Erlebnissen vom Reiz der früheren Entzückungen zeugt; im Tagebuch, das aber nur fragmentarisch erhalten ist, mehr und offensichtlicher als in der späteren Druckfassung, in der Goethe vieles das Temporelle, Impressionistische, den spontanen Eindruck und die individuell-zufällige Reaktion Wiedergebende gestrichen oder ins Exemplarische verdichtet hat. Die Romantiker entdecken dann die Geniereisen neu, das ziel- und planlose Wandern, die Improvisation, das

Sich-Verlieren auf Ab- und Umwegen bei Vermeidung der Haupt-
straßen, das Verweilen nach Genuß und Laune, der unregelmä-
ßige Reiserhythmus und das Vergessen der Zeitrechnung – dies
alles sind Merkmale einer rein subjektbezogenen Reiseart, in welcher sich der individuelle Charakter mit seinen Vorlieben und
Abneigungen, seinen zufälligen Motiven und abenteuerlichen
Vorstellungen zu erkennen gibt und die objektive Realität, Landschaft, Städte, andere Menschen nur gleichsam katalysatorische
Funktion erhalten, damit sich der Reisende in seiner Eigentümlichkeit so recht zur Geltung bringen kann. Weshalb es auch gar
nicht verwundert, daß die romantische Reise von vornherein zum
poetischen Sujet tendiert, es romantische Reiseberichte vor allem
in der Form des Romans, als dessen integrale Bestandteile gibt,
nicht aber oder nur selten einmal als selbständiges Genre. Wo
dies der Fall ist, wie ganz zu Anfang der romantischen Bewegung
in Wackenroders Reiseberichten aus den süddeutschen, vor allem
fränkischen Landen, da dominieren ebenso die Realien wie etwa
in Goethes ›Italienischer Reise‹ oder seiner ›Campagne in Frankreich‹. Auch Wackenroder ist vielseitig interessiert, berichtet über
mineralogische und geologische Beobachtungen, über den Lehr-
betrieb an Schulen und Universitäten, über Dosenfabrikation und
Bergbau, Landwirtschaft und Lebensgewohnheiten der Bevölkerung. Doch darf man den unmittelbaren Adressaten dieser
Berichte nicht vergessen, die Familie in Berlin, vor allem den
Vater, einen preußischen Justizbeamten, der die Reisen finan-
zierte und über ihren nützlichen, erzieherischen Wert informiert
sein wollte. Wo Wackenroder über Kunst und Künstler spricht,
wird indessen auch der Ton ein wenig anders und verrät etwas
von der Beteiligung, die bei entsprechenden Gesprächen mit seinen Reisekameraden Tieck oder Wilhelm von Burgsdorff
geherrscht haben mag: »Nürnberg ist eine Stadt, wie ich noch
keine gesehen habe, und hat ein ganz besonderes Interesse für
mich. Man kann sie, ihres Äußern wegen, in der Art romantisch
nennen. Mit jedem Schritt heftet sich der Blick auf ein Stück des
Altertums, auf ein Kunstwerk in Stein oder in Farben.«[18] Doch
die eigentliche romantische Reiseerfahrung findet man nicht in
diesen materialreichen Briefen, sondern in den Romanen der jun-

gen Schriftsteller, in ›Franz Sternbalds Wanderungen‹ von Tieck, in Novalis' ›Heinrich von Ofterdingen‹ oder Eichendorffs ›Ahnung und Gegenwart‹ (1815). Einen Höhepunkt dieser subjektiv-poetischen Reiseliteratur bilden aber Tiecks ›Reisegedichte eines Kranken‹ (1805), in welchen die Stationen seiner italienischen Reise nun ganz konsequent in lyrischen Stimmungsbildern mehr hervorgerufen als beschrieben werden, von Tirol und Innsbruck über Verona und Venedig bis Rom, dann zurück (›Rückkehr des Genesenden‹) über Livorno, Bologna, Parma. Nicht was dem Reisenden begegnet, in seiner Selbständigkeit und Neuheit, ist Thema dieses Zyklus, sondern die Gefühlsreaktionen, die zufälligen Assoziationen und Erinnerungen, die der Anblick wechselnder Gegenstände in ihm wachruft. »Seid mir gegrüßt, du alte Veste, / Du schönes Land, ihr lieben Hügel, / Du schöner Strom, / Und all ihr zarten Erinnerungen, / Die wie frohe Kinder, mahnend, neckend, / Sinnig lächelnd um mich gaukeln, / Mir dies und jenes zu zeigen« – so beginnt das ›Verona‹ überschriebene Reisegedicht[19], und wenn natürlich auch Tiecks italienische Reise nach einem Programm verläuft, die Stationen ziemlich feststehen, werden die Aufenthalte doch nach Art poetischer Impressionen ausgefüllt mit jener absichtslos verknüpfenden Bewegung, die das romantische Reisen kennzeichnet und in der Übertragung der ästhetischen ars inveniendi auf das Raumverhältnis besteht. »Der echte Beobachter ist Künstler«, resümiert Novalis das Thema, »– er ahnt das Bedeutende und weiß aus dem seltsamen, vorüberstreichenden Gemisch von Erscheinungen die wichtigen herauszufühlen.«[20]

Wenn wir solche Maximen lesen, Franz Sternbalds Selbstgespräch über das Reisen dazunehmen, wie es ihm als »ein herrlicher Zustand« erscheint, »diese Freiheit der Natur, diese Regsamkeit aller Kreaturen, der reine weite Himmel und der Menschengeist, der alles dies zusammenfassen und in *einen* Gedanken zusammenstellen kann: – o glücklich ist der, der bald die enge Heimat verläßt, um wie der Vogel seinen Fittich zu prüfen und sich auf unbekannten, schöneren Zweigen zu schaukeln. Welche Welten entwickeln sich im Gemüte, wenn die freie Natur umher mit kühner Sprache in uns hineinredet, wenn jeder ihrer Töne

unser Herz trifft und alle Empfindungen zugleich anrührt.«[21];
wenn wir dieses und die vielen anderen Zeugnisse der Zeit, die
ich anführen könnte, in unser Gedächtnis zurückrufen, wird auch
der wahre Adressat, der Gegner, deutlicher, gegen den sich die
romantische Wanderlust richtet. Das ist nämlich nur auf den
ersten Blick der aufklärerische Reisende, dessen Beschreibungen
Tieck übrigens in seinem ›Peter Lebrecht‹ persifliert[22], dahinter
erscheint vielmehr das neue Naturverständnis als der eigentliche
Grund zum Anstoß. Die Entfaltung der modernen bürgerlichen
Wirtschaftsweise, Aufschwung der Naturwissenschaften und
Entdeckungs- wie Forschungsreisen bilden einen engen, unheilvollen Bedingungszusammenhang, in dem die Erde nur noch als
Werkstatt vorkommt und die Vernutzung der Natur immer
umfassendere Ausmaße annimmt. Die ausdrückliche oder unbewußte Motivation des aufklärerischen Reisenden war ökonomischer Art, zielte auf die Entdeckung von Handelsmärkten, die
Erforschung von Bodenschätzen, von nützlicher Flora und Fauna.
Der romantische Reisende will davon nichts wissen, für ihn ist
die ästhetische Erfahrung der wichtigste Sinn seines Wanderns,
und das Wort Freiheit wirkt in seinen Berichten wie ein Signal,
meint subjektive und objektive Unabhängigkeit vom Zweckratio-
nalismus der Wissenschaften und Techniken, und er hat in seinem
Gemüt, in Gedächtnis und Phantasie die Vermögen entdeckt, sich
und sein Land derart freizusetzen. Der Natur-Raum, durch den
er zieht, wächst ihm gleichsam unter den Füßen hervor, ist sein
schöpferisches Produkt und bildet sich erst im Vollzug seines
Wanderns und Reisens. Den letzten Extrempunkt romantischer
Reiselust hat Novalis in seinen Blütenstaub-Fragmenten bezeichnet: »Nach Innen geht der geheimnißvolle Weg.«[23]

2. Geschichtsschreibung

»Meine Absicht bei diesem Versuche ist mehr als erreicht, wenn
er *einen* Teil des lesenden Publikums von der Möglichkeit überführt, daß eine Geschichte historisch treu geschrieben sein kann,
ohne darum eine Geduldprobe für den Leser zu sein, und wenn er
einem andern das Geständnis abgewinnt, daß die Geschichte von

einer verwandten Kunst etwas borgen kann, ohne deswegen notwendig zum Roman zu werden.«[24] Die Vor-Rede Schillers ist von
seiner ersten historischen Schrift, der ›Geschichte des Abfalls der
Vereinigten Niederlande von der spanischen Regierung‹ (1788),
und der bescheidene Ton darf nicht darüber hinwegtäuschen, daß
in ihm recht hochgespannte Absichten vorgetragen werden. Sie
laufen auf nichts Geringeres hinaus als die Erneuerung einer großen Tradition, an deren Anfängen Herodot, Thukydides oder
Plutarch gestanden haben und in der die Geschichtsschreibung
als Kunst, genauer: als rhetorische Kunst, aufgefaßt und betrieben wurde. Das Bewußtsein von diesem Zusammenhang war
auch im 18. Jahrhundert vollkommen präsent, noch Eschenburg
handelt die »Historische Schreibart«, der Übereinkunft entsprechend, im Buche ›Rhetorik‹ seiner ›Theorie der schönen Wissenschaften‹ (1794) ab. »So, wie sich Philosoph und Geschichtsschreiber dadurch voneinander unterscheiden, daß jener sich
meistens mit allgemeinen Wahrheiten, dieser hingegen mit einzelnen Fällen und Thatsachen beschäfftigt; so ist auch historischer
Vortrag oder Erzählung darin von dem dogmatischen Vortrage
oder der Abhandlung verschieden, daß diese Wahrheiten und
Sätze, jener aber Handlungen und Begebenheiten zum Gegenstande hat, und dieselben nicht sowohl umständlich untersucht
und erörtert, als vielmehr bloß, nach der Beschaffenheit ihres
Verlaufs und nach ihren einzelnen Umständen, berichtet und
erzählt.«[25] Nicht anders sieht es Schiller, auch er betont das
erzählerische Prinzip, weil es allein der Geschichte als einer Ereignisfolge menschlicher Verhältnisse, die sich nicht unter ein
abstraktes Gesetz zwingen lassen, gerecht zu werden vermag.
Gewiß, er hat seine historische Profession aus pragmatischen
Gründen und zur Existenzsicherung betrieben, war auch nicht
länger als vier Jahre, von 1788 bis 1792, in dieser Disziplin tätig,
doch Historiker ist er im Sinne einer Grundanschauung der Welt
immer gewesen, von seinem ›Fiesco‹ bis ›Wilhelm Tell‹ und
›Demetrius‹, hat seine geschichtlichen Studien mit Ernst betrieben, auch wenn er sie des dramatischen Zwecks wegen brauchte
(Musterbeispiel: die ›Wallenstein‹-Trilogie, die Golo Mann ein
»Wunderwerk in allen seinen einander durchdringenden Schich-

ten« genannt hat.[26]), und selbst in seinen ästhetischen und dramentheoretischen Schriften mehr oder weniger ausdrücklich seinen historischen Denkansatz zur Geltung gebracht. Aber es gilt auch die Umkehrung: Als Historiker ist Schiller immer Dramatiker gewesen, und seine ureigene Epoche, der er sich in seinen historischen Schriften fast ausschließlich widmete, das Jahrhundert von 1550 bis 1650, war eine Zeit dramatischer Entwicklungen, des politischen und religiösen Aufbruchs, der Gegenreformation und der Sicherung der protestantischen Freiheiten, der Erneuerung Frankreichs und des großen europäischen Krieges auf deutschem Boden, der die Geschichte Deutschlands in seinen katastrophalen Folgen bis in das 18. und 19. Jahrhundert bestimmte; ein Krieg, schreibt Schiller gleich am Anfang seiner ›Geschichte des dreißigjährigen Krieges‹ (1791-93), »der den aufglimmenden Funken der Kultur in Deutschland auf ein halbes Jahrhundert verlöschte und die kaum auflebenden bessern Sitten der alten barbarischen Wildheit zurückgab. Aber Europa ging ununterdrückt und frei aus diesem fürchterlichen Krieg, in welchem es sich zum erstenmal als eine zusammenhängende Staatengesellschaft erkannt hatte; und diese Teilnehmung der Staaten an einander, welche sich in diesem Krieg eigentlich erst bildete, wäre allein schon Gewinn genug, den Weltbürger mit seinen Schrecken zu versöhnen.«[27] An dieser Stelle ist mehreres bemerkenswert. Die Perspektive der Geschichtsschreibung, das »Verhältnis eines historischen Datums zu der *heutigen* Weltverfassung«[28], wie sie Schiller pointiert in seiner Antrittsvorlesung beschreibt. Denn eben dieses Verlöschen der Kultur macht er verantwortlich für die notorische Verspätung Deutschlands. Sodann die europäische, ja weltpolitische Interessenrichtung, die die nationalen Belange und Ereignisse in ihrem internationalen Wechselverhältnis auffaßt — ein Gesichtspunkt, der mit der Entstehungszeit des Buches in engem Zusammenhang gesehen werden muß. Das europäische Ereignis der Französischen Revolution steht hinter diesen historiographischen Reflexionen über die Heterogonie historischer Ereignisse. Freiheit und staatliche Vereinigung, wer hörte aus solchen Motiven nicht sogleich die politischen Aspirationen heraus, die sich in Deutschland an die Ereignisse in Frankreich und

die von ihnen ausgelösten Erschütterungen knüpften? Die
Geschichtsschreibung der Epoche ist, ob ausgesprochen oder
nicht, immer auch Medium der Gegenwartserfahrung, ob in
Johannes von Müllers historischen Schriften oder denjenigen
Schillers, der seinerseits allerdings mehr als alle anderen die Sache
der Zukunft verficht und sich als Historiker einer Freiheitsgeschichte versteht, die sich vollkommen noch nie und nirgends
begeben hat, deren Indizes aber in der Vergangenheit aufgespürt
werden können, gerade in den Umbruchszeiten der europäischen
Geschichte.»Man drängte sich nach einem Lande, wo die Freiheit
ihre erfreuende Fahne aufsteckte, wo der flüchtigen Religion
Achtung und Sicherheit und Rache an ihren Unterdrückern
gewiß war ⟨...⟩. Mitten unter dem Waffengeräusch blühten
Gewerbe und Handel, und der ruhige Bürger genoß im voraus
alle Früchte der Freiheit, die mit fremdem Blut erst erstritten
wurden.«[29] Eine Lobrede auf die Niederlande, und wir können
daraus auch den Wirkungszweck ablesen, den Schillers
Geschichtsrede verfolgt. Er besteht gewiß nicht in einer Lektion,
wonach sich aus der Geschichte für Gegenwart und Zukunft die
nötigen Maximen entnehmen ließen. Wohl aber darin, das
Bewußtsein der Freiheit wachzuhalten, deren durchaus nicht
automatisches, sondern durch menschliche Handlungen ausgelö-
stes und weitergetriebenes Fortschreiten seiner Überzeugung
nach überhaupt Geschichte erst setzt und in Gang hält. Diese
Überzeugung allgemein zu machen, sehen wir Schiller alle rhetorischen Register der Historiographie ziehen, dramatische Szenen
und lebhafte Porträts wechseln einander ab, Antithese und Paral-
lelismus, wirkungskräftige Bilder und anschauliche Exempelgeschichten sind seine Hauptdarstellungsmittel, die politische
Geschichte dominiert, auch wenn Religions- und Sozialgeschichte
immer wieder in einzelnen Ereignissen beispielhaft die Staatenge-
schichte ergänzen und beleuchten. Wobei der Historiker alles
andere als der bloße Sekretär des Weltgeists genannt werden
kann. Seine Aufgabe ist es, die schier unendliche Masse der Fakten intelligibel zu machen, aus ihnen eine Geschichte zu konstruieren, Ordnung in eine unüberschaubare Zahl von Daten und
Tatsachen zu bringen, die für sich chaotisch erscheinen. Darauf

beruht die Wahlverwandtschaft von Historiker und Künstler sowie die epische Qualität der Geschichtsschreibung: »Er nimmt also diese Harmonie aus sich selbst heraus und verpflanzt sie außer sich in die Ordnung der Dinge, d.i. er bringt einen vernünftigen Zweck in den Gang der Welt und ein teleologisches Prinzip in die *Weltgeschichte*.«[30]

Da sind wir bei dem Gegensatz von Geschichte als Erfahrung oder Ereignis und Geschichte als Erkenntnis oder Bericht angelangt. Die Aufgabe des Geschichtsschreibers hat Schiller darin gesehen, die empirische Zufälligkeit und Unendlichkeit der Erfahrung in die Ordnung der Erkenntnis zu verwandeln. Er hat damit, wie in seiner Ästhetik, grundlegend für die Folgezeit gewirkt. Für Novalis entsteht dann ebenfalls Geschichte »durch Verknüpfung der Vergangenheit und Zukunft«[31], und wenn er die Aufgaben des Historikers erläutert, klingt das wie eine Paraphrase Schillerscher Gedanken: »Auch ist die Gegenwart gar nicht verständlich ohne die Vergangenheit und ohne ein hohes Maß von Bildung, eine Sättigung mit den höchsten Produkten, mit dem gediegensten Geist des Zeitalters und der Vorzeit, und eine Verdauung, woraus der menschlich prophetische Blick entsteht, dessen der Historiker, der tätige, idealistische Bearbeiter der Geschichtsdaten nicht so entbehren kann wie der grammatische und rhetorische Erzähler. Der Historiker muß im Vortrag oft Redner werden.«[32] Ganz ähnliche Vorstellungen finden wir in Friedrich Schlegels Überlegungen zur Universalhistorie. »*Geschichte* ist der Inbegriff der vergangnen Menschheit; nicht zu trennen von der Ahndung der künftigen«[33], verkündet er und beschreibt das konstruktive Ideal der Geschichtsschreibung: »Da man immer so sehr gegen die Hypothesen redet, so sollte man doch einmal versuchen, die Geschichte ohne Hypothese anzufangen. Man kann nicht sagen, daß etwas ist, ohne zu sagen, was es ist. Indem man sie denkt, bezieht man Fakta schon auf Begriffe, und es ist doch wohl nicht einerlei, auf welche.« Im Sinne dieser Überzeugung (auf die Formel gebracht: »Construktion + Charakteristik = Historie«[34]) hat Schlegel auch selber Geschichte geschrieben und den Fortschritt der griechischen Poesie aus der Entwicklung eines idealen Lebenszusammenhangs gewonnen.

Die romantische Geschichtsschreibung hat aber diesen Weg
nicht weiterverfolgt; sie ist nicht allein, wie schon Schlegel, vom
Primat der politischen Geschichte abgegangen und hat sich auf
die Kunst-, vor allem die Literaturgeschichte konzentriert, son-
dern auch das Paradigma der Hypothesenbildung gewechselt:
Mittelalter, katholische Kirche, feudaler Ständestaat traten an die
Stelle der antiken Kunst und ihrer Grundlage, der politischen
Freiheit des griechischen Volks. Diese Zusammenhänge habe ich
ausführlich im Kapitel über die politische Romantik entfaltet,
Novalis' Rede über ›Die Christenheit oder Europa‹, Görres'
›Teutsche Volksbücher‹, die germanistischen Arbeiten der Brüder
Grimm liegen alle in der Linie einer nationalen Konzentration der
historischen Perspektive aus den ideologischen Erfordernissen der
patriotischen Bewegung heraus. Politische Unterschiede zwischen
der abstrakt-utopischen Wunschpoesie von Novalis, Adam Müllers ungenierter Apologie des Feudalstaats und den Vertretern
der Idee einer demokratischen Volksbewegung, die sich aus den
Quellen der eigenen nationalen Vergangenheit entwickeln sollte,
sind denkbar groß, doch gemeinsam ist ihnen eine Ideologisierung der vaterländischen Geschichte zum Zwecke ihrer aktuellen
Wirksamkeit. Womit nun das Element der Konstruktion, das epische Prinzip der Geschichtsschreibung, ein Übergewicht über die
Rekonstruktion der historischen Erfahrungen erhält, was fast
wie ein Rückfall in die Historiographie des frühen 18. Jahrhunderts aussieht. Auch wird dem historischen Exempel ein unmittel-
bares fabula docet entnommen, von dem man sich eine Stärkung
des patriotischen Bewußtseins und der Widerstandskraft in den
aktuellen Kämpfen erhofft. Wenn die Konsequenzen auch selten
so abenteuerlich geraten wie in Novalis' Europa-Rede, wirken
alle diese Faktoren zusammengenommen doch auf eine Veren-
gung des historischen Bewußtseins hinaus, sowohl was die uni-
versalhistorische wie die Zukunfts-Perspektive betrifft. Denn
auch die utopische Zielsetzung wird gleichsam eingezogen und
der kurzfristigen Absicht der Befreiungskämpfe angepaßt. Deshalb gibt es denn auch keine den Schillerschen Schriften vergleichbare romantische Historiographie, die über die Literaturgeschichte der Brüder Schlegel oder die germanistischen Forschun-

gen der Brüder Grimm, später Uhlands, hinausginge; mehr und
mehr wird der Historiker zum forschenden Antiquar, der allenfalls seine Gegenwart im Blick behält, aber das Werden der
Zukunft als eines politischen Geschehens aus seinem Gesichtskreis verbannt hat.

3. Philosophischer und wissenschaftlicher Essay

Die philosophische und wissenschaftliche Prosa gehört aller
Übereinkunft gemäß nicht in den Bereich der schönen Künste,
ihre Aufgabe ist die Lehre dessen, was gewiß ist und daher aus
subjektiv wie objektiv zureichenden Gründen für wahr gehalten
wird. Von diesem Gebiet des Wissens grenzt zum Beispiel Kant
scharf und kompromißlos die Gebiete des Meinens und Glaubens
ab: Überredung, sagt er, ist unstatthaft, wenn die Wahrheit her-
ausgefunden werden soll, deren Modus ja die Notwendigkeit ist,
so daß sie für alle und jederzeit von sich aus gelten muß.[35] Selbst
einmal diese strenge Distinktion akzeptiert und hier zugrunde
gelegt, kann sich weder der Wissenschaftler noch der Philosoph
damit begnügen, die herausgefundene Wahrheit auf streng
logisch-mathematische Weise zu demonstrieren, wenn er an ihrer
Durchsetzung oder gar praktischen Wirksamkeit interessiert ist.
In dem Augenblick, wo er das Gebiet des Wissens verläßt, und
das heißt das Gebiet der mathematischen Erzeugung des Erkennt-
nisgegenstandes, muß er sich sowieso anderer Methoden bedienen. Glaubensinhalte und das Meinungsmäßige ebenso wie die
Fragen der Moral und der Lebensführung gewinnen Überzeugungskraft nicht bloß aus der Sache und ihrer logischen Deduk-
tion, sondern ebenso aus ihrer glaubwürdigen Erscheinung und
dem Ethos des Vortragenden. Kants Rhetorikkritik, die in der
deutschen Geistesgeschichte ebenso fatal als ein Mißverständnis
gewirkt hat, wie ihr platonischer Vorläufer in der europäisch-
abendländischen Denktradition, hat einen unverkennbar anderen
Gegenstand und gilt, der ganze Sprachgebrauch verrät es dem
Kundigen (Kant nennt sie »bloße Wohlredenheit«, vergleicht sie
mit einer »hinterlistigen Kunst«, die es nur darauf abgesehen
habe, »sich der Schwächen der Menschen« zu eigenen zweifelhaf-

ten Absichten zu bedienen)[36], einer bestimmten Spielart rhetorischer Praxis, die als corrupta eloquentia spätestens seit Quintilian und Tacitus auch Gegenstand innerrhetorischer Kritik gewesen ist. Es gibt genug Schriften Immanuel Kants selber, in welchen er die Überzeugungsherstellung auf rhetorischem Wege sucht, also etwa den Essay über die ›Beantwortung der Frage: Was ist Aufklärung?‹ (1784), einen anderen über den ›Mutmaßlichen Anfang der Menschengeschichte‹ (1786), den Entwurf ›Zum ewigen Frieden‹ (1795) oder die Schriften über das Schöne und Erhabene und die ›Träume eines Geistersehers‹ (1766). Schiller geht dann sogar wieder so weit, sein Ideal einer philosophischen Kunstprosa ganz aus rhetorischem Geist zu gewinnen: »Die Begriffe entwickeln sich nach dem *Gesetz der Notwendigkeit,* aber nach dem *Gesetz der Freiheit* gehen sie an der Einbildungskraft vorüber; der Gedanke bleibt derselbe, nur wechselt das Medium, das ihn darstellt. So erschafft sich der beredte Schriftsteller aus der Anarchie selbst die herrlichste Ordnung und errichtet auf einem immer wechselnden Grunde, auf dem Strome der Imagination, der immer fortfließt, ein festes Gebäude.«[37] Oder mit anderen, genaueren Worten, die nun gar die Polemik umkehren: »Wenn der Schulverstand, immer vor Irrtum bange, seine Worte wie seine Begriffe an das Kreuz der Grammatik und Logik schlägt, ⟨...⟩ so gibt das Genie dem seinigen mit einem einzigen glücklichen Pinselstrich einen ewig bestimmten, festen und dennoch ganz freien Umriß. Wenn dort das Zeichen dem Bezeichneten ewig heterogen und fremd bleibt, so springt hier wie durch innere Notwendigkeit die Sprache aus dem Gedanken hervor und ist so sehr eins mit demselben, daß selbst unter der körperlichen Hülle der Geist wie entblößet erscheint. Eine solche Art des Ausdrucks, wo das Zeichen ganz in dem Bezeichneten verschwindet, und wo die Sprache den Gedanken, den sie ausdrückt, noch gleichsam nackend läßt, da ihn die andre nie darstellen kann, ohne ihn zugleich zu verhüllen, ist es, was man in der Schreibart vorzugsweise genialisch und geistreich nennt.«[38] Wir brauchen uns in der essayistischen Literatur der Zeit nicht lange umzusehen, um neben Schiller weitere Beispiele für die von ihm beschriebene und in Meisterstücken wie den Versuchen ›Über naive und sentimentalische Dichtung‹, wie den ›Kallias‹-Briefen (1793) und den Briefen ›Über die ästhetische Erziehung des Menschen‹ verwirklichte philosophische Kunstprosa zu finden. Wilhlem von Humboldts sprachphilosophische Schriften gehören ebenso hierher wie die philosophischen Versuche der Romantischen Schule: Schellings Dialog ›Bruno oder über das göttliche und natürliche Prinzip der Dinge‹ (1802) wäre zu nennen, seine ›Aphorismen über die Naturphilosophie‹ (1806) oder das Gespräch ›Über den Zusammenhang der Natur mit der Geisterwelt‹ (1810). Auch Fichtes Reden ›Über die Würde des Menschen‹ (1794) oder die ›Wissenschafts-Lehre‹ von 1804, trotz der Auseinandersetzung, die sich zwischen ihm und Schiller über die angemessene philosophische Schreibweise entwickelte.[39] Wobei Fichte freilich sehr viel stärker den didaktischen Auftrag des Wissenschaftlers betonte: »Der Ungelehrte ist bestimmt, das Menschengeschlecht auf dem Standpunkte der Ausbildung, die es errungen hat, durch sich selbst zu erhalten, der Gelehrte, nach einem klaren Begriffe, und mit besonnener Kunst dasselbe weiter zu bringen ⟨. . .⟩. Dazu bedarf es einer klaren Übersicht des bisherigen Weltzustandes, einer freien Fertigkeit im reinen und von der Erscheinung unabhängigen Denken, und, damit er sich mitteilen könne, des Besitzes der Sprache bis in ihre lebendige und schöpferische Wurzel hinein.«[40]

Solange das Bildungsideal eines umfassenden Wissens, einer Entwicklung sämtlicher menschlicher Fähigkeiten und Anlagen im wesentlichen ungebrochen fortlebte, und das war auch noch in der Epoche nach 1789 der Fall, solange galt auch die Forderung nach der Mitteilbarkeit für alle wissenschaftlichen Disziplinen. In welchem Maße aber Theorie und Praxis trotz solcher Übereinkunft auseinanderklafften, läßt Adam Müllers Wissenschaftskritik ziemlich sicher vermuten, wenn er die Autoren der wissenschaftlichen Lehrbücher mit Rednern vergleicht, »die eigentlich niemanden anreden, sondern in sich selbst hineinsprechen«, und die deutschen Gelehrten als besondere Vortragskünstler porträtiert, »die sich öffentlich vor ganz Deutschland sprechend, und weitläufig sprechend, hinstellen, – ohne irgend jemand anzureden.«[41] Doch war das Ideal selber noch wirkungs-

kräftig genug, die Kritik zu legitimieren und auch den allgemeinen Bildungsanspruch der Naturwissenschaften zu begründen. So
erläutert Goethe sein Unternehmen der ›Morphologie‹ (1817)
mit der umfassenden Wirkung, die die forschende Auseinandersetzung mit der Natur für die Fortentwicklung des menschlichen
Geistes hat, so daß auf diesem Wege sich gar die Vollendung des
Lebensglücks finden ließe:»Wenn der zur lebhaften Beobachtung
aufgeforderte Mensch mit der Natur einen Kampf zu bestehen
anfängt, so fühlt er zuerst einen ungeheuern Trieb, die Gegenstände sich zu unterwerfen. Es dauert aber nicht lange, so dringen sie dergestalt gewaltig auf ihn ein, daß er wohl fühlt, wie
sehr er Ursache hat, auch ihre Macht anzuerkennen und ihre Einwirkung zu verehren. Kaum überzeugt er sich von diesem wechselseitigen Einfluß, so wird er ein doppelt Unendliches gewahr,
an den Gegenständen die Mannigfaltigkeit des Seins und Wer-
dens und der sich lebendig durchkreuzenden Verhältnisse, an sich
selbst aber die Möglichkeit einer unendlichen Ausbildung, indem
er seine Empfänglichkeit sowohl als sein Urteil immer zu neuen
Formen des Aufnehmens und Gegenwirkens geschickt macht.
Diese Zustände geben einen hohen Genuß und würden das Glück
des Lebens entscheiden, wenn nicht innre und äußre Hindernisse
dem schönen Lauf zur Vollendung sich entgegenstellten.«[42] Goethes naturwissenschaftliche Schriften zu analysieren und etwa
seine Farbenlehre mit ihrer qualitativen Naturbetrachtung im
Lichte der modernen, das mechanistische Weltbild sprengenden
Physik zu diskutieren, gehört nicht mehr zum hier erörterten
Thema und müßte für unser Interesse viel zu weitläufig ausfallen.
Doch sei immerhin angedeutet, daß Goethes ganze Forschungsab-
sicht darauf gerichtet ist, naturwissenschaftliche und ästhetische
Auffassung von Naturphänomenen zur Synthese zu bringen.
»Vergebens bemühen wir uns«, sagt er im Vorwort zum didak-
tischen Teil der Farbenlehre, »den Charakter eines Menschen zu
schildern; man stelle dagegen seine Handlungen, seine Taten
zusammen, und ein Bild des Charakters wird uns entgegentreten. /
Die Farben sind Taten des Lichts, Taten und Leiden. In diesem
Sinne können wir von denselben Aufschlüsse über das Licht
erwarten. Farben und Licht stehen zwar untereinander in dem

genausten Verhältnis, aber wir müssen uns beide als der ganzen Natur angehörig denken: denn sie ist es ganz, die sich dadurch dem Sinne des Auges besonders offenbaren will.«[43] Die Vergleichung ist aufschlußreich, weil Goethe sie nicht nur zur Illustration benötigt, sondern weil sie seine Methode, den Analogieschluß, und die Darstellungsweise kennzeichnet, die von einem Natursubjekt ausgeht, dessen Handlungen und Verhältnisse zur sprachlich-rednerischen Erscheinung kommen sollen. Seine wichtigste Überzeugung, daß das Licht ein unteilbares Ganzes sei und die Farben nach der ewigen Formel des Lebens aus der Polarität von Hell und Dunkel, Licht und Finsternis durch Vermittlung der trüben Atmosphäre und nach dem Prinzip der Steigerung entstünden, hat Goethe in zahlreichen Versuchsbeschreibungen und Beobachtungen, in subtilen ästhetischen Betrachtungen und breiten historischen Interpretationen dargelegt, seine Redeweise wechselt zwischen anschaulichen Bildbeschreibungen, diskursiven, doch immer verständlichen Erklärungen und heftiger Polemik gegen Newtons Lehre, durchläuft damit sämtliche Stilarten und stellt ein Musterbeispiel der reichhaltigen und abwechslungsvollen, zwischen den genera dicendi nach Gegenstand und Wirkungszweck wählenden Prosaform dar.

Goethes ›Farbenlehre‹, 1810 in zwei umfänglichen Bänden veröffentlicht, ist gewiß – und dafür bürgt ihr Autor als so genialer wie professioneller Schriftsteller – ein Gipfelpunkt naturwissenschaftlicher Prosa. Bleibt zu fragen, wie weit wir seine literarisch-rhetorische Leistung dennoch beispielhaft nennen dürfen. Aber schon ein kurzer Blick in die Bücherverzeichnisse der Zeit – etwa in die medizinischen Schriften der Schellingschule (Windischmann oder Markus), in Carl Friedrich von Kielmeyers Buch über ›Die Verhältnisse der organischen Kräfte untereinander in der Reihe der verschiedenen Organisationen‹ (1793) oder in Lorenz Okens naturgeschichtliche Werke – klärt uns darüber auf, daß stilistische Kunstfertigkeit kein Privileg des belletristischen Schriftstellers war. Allgemeine rhetorische Erziehung in Schule und Universität legte die Grundlage des Ausdrucksvermögens in sämtlichen Disziplinen, und Goethe stand auch mit dem Gedanken vom Bildungswert naturwissenschaftlicher Studien nicht allein. Noch vertrat Lorenz Oken den Konsensus der Gebildeten, wenn er 1809 in seiner Schrift ›Über den Wert der Naturgeschichte besonders für die Bildung der Deutschen‹ das klassisch-romantische Programm (hier darf man es einmal in einem Atemzuge so nennen) bekräftigte: »Wir dürfen zu unserer Ermunterung glauben, daß die Bildung des deutschen Volkes weiter gediehen ist, als die Anpreiser und Einführer der Naturgeschichte vorauszusetzen sich nicht zu scheuen verstehen; daß der Deutsche nicht den elenden, den Geist und selbst den Leib unterdrückenden Nutzen in den Wissenschaften sucht, sondern daß er den edlern, zu allen geistigen und leiblichen Emporstrebungen vorhandenen, erfreuenden, bereichernden Wert der Wissenschaften erkenne, und sie um ihrer selbst willen ehre, erwerbe und pflege. Ist noch eine unedle Ansicht der Naturgeschichte unter unserm Volke, so ist sie bloß durch die, ihren Wert verkennenden, Lehrer derselben unter es gekommen. Kann wohl etwas die Flucht alles wahrhaft gelehrten Sinnes, alles wissenschaftlichen Geistes mehr beurkunden als das Unterfangen, einzelne Bruchstücke aus der Naturgeschichte herauszureißen, und sie als eine selbständige Wissenschaft zu behandeln! Was soll aus der Wissenschaft, was aus unserer Bildung werden, wenn jene am Ende aus nicht mehr besteht, als aus Färber-, Förster-, Fabrikantennaturgeschichte; wenn wir statt der Mineralogie, die uns allein über das Dasein unsers Planeten, über seine Entstehung, über den Charakter seiner Bestandteile, und dadurch über alle mögliche Benutzungsarten aufklärt, wenn wir, statt dieser vollendeten Wissenschaft, eine Maurer-, oder Färber- oder Apothekermineralogie usw. erhalten; was aus der Botanik, wenn nichts mehr gelehrt und gehört wird, als ökonomische, medizinische, Forst- und Küchenbotanik! Die Zoologie hat sich noch am meisten wissenschaftlich erhalten, aber ohne Zweifel bloß darum, weil sie selbst in sich so wissenschaftlich gebaut ist, daß die herausgerissenen nützlichen oder schädlichen Individuen nie als eine ganze Wissenschaft sich behandeln ließen.«[44]

4. *Literaturkritik*

Es hängt mit der zeitgenössischen Auffassung vom Dichter und Schriftsteller zusammen, daß das kritische Vermögen ganz selbstverständlich zu seinen Eigenschaften gezählt wird. Für eine kurze Zeit nur – vor der Geniebewegung – war diese Verbindung aufgekündigt worden, als mit dem Kampf gegen Norm- und Regelwesen in der Literatur auch deren Beurteilung dem subjektiven Gefühl überlassen werden sollte. Ich will mich hier nicht in die historische Untersuchung der Tradition einlassen, in der das Bild des gelehrten, kritisch urteilsfähigen Dichters entstanden ist und kultiviert wurde, nur soviel sei angedeutet, daß auch ihm Rhetorik zugrunde liegt. Sehr allgemein gesprochen, kann man zwei große Traditionsstränge unterscheiden, die häufig miteinander konkurrierten, aber auch oftmals zu einer Synthese gebracht wurden. Die eine zählt Platon zu ihrem wichtigsten Sprecher, aus ihr entwickelte sich die Inspirationslehre mit ihrem Kernpunkt, daß nämlich die Rede des Dichters nicht aus einer klaren Einsicht, sondern, bei Abwesenheit der Vernunft, aus der Begeisterung hervorgehe. Die andere ist aristotelischen Ursprungs und im Zusammenhang mit der Rhetorik entstanden; ihren Vertretern bedeutet die Kunst eine bewußte Schöpfung, die zwar das Talent des Autors als eine natürliche Anlage voraussetzt, aber ohne Bildung, ohne die Kenntnis der literarischen Techniken und Methoden, ohne das kritische Unterscheidungsvermögen (iudicium), das zur Wahl der angemessenen Mittel befähigt, schlechterdings nicht vollendet werden kann. Da die Ausbildung des Redners und Dichters vor allem an den vorbildlichen Autoren mittels nachahmender Übung erfolgt, richtet sich die Kritik notwendigerweise nicht nur auf das eigene Werk, sondern ebenso auf das Werk anderer Autoren. Für die klassische Epoche der deutschen Literatur und übrigens ebenso für die Romantische Schule gilt die synthetische Konzeption, die früh schon Horaz in die vielberufenen Verse gebracht hat: »Ob ein Gedicht der Natur oder Kunst Vollkommenheit danke, / Hat man öfter gefragt. Der Fleiß ohne inneren Reichtum / Oder das rohe Genie ist meines Erachtens kein Vorteil; / Eines erfordert das andre, und beide verbünden

sich innig.«[45] Nach diesen Erläuterungen läßt sich genauer angeben, welche Funktion die Literaturkritik im Werk der Schriftsteller hat, die hier zur Diskussion stehen: nicht bloß die eines
Nebenprodukts, ja nicht einmal eine streng von der übrigen Produktion getrennte Sondergattung, sondern Betätigung der genui-
nen Kunstfertigkeit eines Schriftstellers, der sich nicht isoliert,
sondern der in einem Kommunikations- und kulturellen Bedin-
gungsverhältnis steht, von dessen Einflüssen er sich nicht dispen-
sieren kann. Literaturkritik wird dabei nicht allein in Rezensio-
nen betrieben, in Vorreden und Romanen (die ›Hamlet‹-Kritik im
›Wilhelm Meister‹), in Vers und Prosa erscheint sie mit gleicher
Selbstverständlichkeit, die Xenien Schillers und Goethes oder
viele Fragmente von Schlegel und Novalis sind ebenso Zeugnisse
literaturkritischer Reflexion wie Adam Müllers Vorlesungen oder
Jean Pauls ›Vorschule der Ästhetik‹. Schon diese Formenvielfalt
deutet auf eine besondere Schwierigkeit, die im früheren 18. Jahrhundert so nicht angetroffen wird: ich meine die individuelle
Ausrichtung der Literaturkritik. Wenn wir uns die Schriftsteller
der klassischen und romantischen Literatur vor Augen führen,
entdecken wir schnell, daß trotz aller Werkbund- und Schulbil-
dung von einem allgemeinen theoretischen Konsens als Grundlage der literaturkritischen Tätigkeit nicht gesprochen werden
kann, und daß die Einigkeit nicht einmal so weit reicht, wie sie
zwischen Gottsched und seinen Schweizer Kontrahenten Bodmer
und Breitinger selbst zur Zeit ihres schärfsten Zwistes prinzipiell
noch bestand. Zwischen Goethes ästhetischen Überzeugungen
und denen Schillers bestehen schon grundsätzliche Unterschiede,
auch wenn sie nicht so offenkundig werden, weil sie in der kritischen Anwendung oftmals zu den gleichen oder doch ähnlichen
Ergebnissen führen. Doch muß man nur die wirklichen Rezensio-
nen der beiden Schriftsteller lesen, um sofort einen Begriff von
den unterschiedlichen kritischen Temperamenten zu bekommen.

Beide gehen von einer Vorstellung der Ganzheit als dem obersten Maßstab aus, begründen dies aber sehr unterschiedlich. Im
Falle Schillers steht seine Theorie vom ästhetischen Zustand als
der harmonischen Vereinigung von Formtrieb und Stofftrieb
dahinter; Goethe geht von einer gleichsam natürlichen Ganzheit

aus und begreift sie nach Analogie des Organismus, geht aber
dann weiter, sozusagen in Schillers Richtung, wenn er eine Universalität der Bildung als die Allgemeinheit fordert, die im
Besonderen des Kunstwerks zum Ausdruck kommt. »Der Poet
⟨...⟩«, erläutert er Eckermann, »soll das Besondere ergreifen, und
er wird, wenn dieses nur etwas Gesundes ist, darin ein Allgemeines darstellen. Die englische Geschichte ist vortrefflich zu poetischer Darstellung, weil sie etwas Tüchtiges, Gesundes und daher
Allgemeines ist, das sich wiederholt.«[46] Das Allgemeine wird hier
zwar historisch begründet als Ergebnis der englischen Geschichte,
doch läßt das Wort Gesundheit aufmerken, das ja nur in einem
organischen Verständnis sinnvoll ist; und wirklich werden Kultur
und Geschichte von Goethe nach Analogie der Naturbildungen
betrachtet. Weshalb er auch den Ausdruck »Komposition« für
ein künstlerisches Werk als viel zu technisch-maschinenmäßig
ablehnt: »Eine geistige Schöpfung ist es, das Einzelne wie das
Ganze aus einem Geiste und Guß und von dem Hauche eines
Lebens durchdrungen, wobei der Produzierende keineswegs versuchte und stückelte und nach Willkür verfuhr, sondern wobei
der dämonische Geist seines Genies ihn in der Gewalt hatte, so
daß er ausführen mußte, was jener gebot.«[47] Da tauchen dann
auch platonische Gedanken auf und verbinden sich mit der geniezeitlichen Auffassung vom Künstler als dem verlängerten Arm
der Natur, dessen Produkte dann eben auch natürlich und den
Organismen gleich sind. Die Folgen für die literaturkritische Praxis lassen sich leicht ablesen, nehmen wir zum Beispiel Goethes
Kritik an Calderons Drama ›Tochter der Luft‹ (1822). Hauptkri-
tikpunkt am Autor: »Eigentliche Naturanschauung verleiht er
keineswegs ⟨...⟩«[48], statt dessen seien die Zwischenszenen »rhetorisch, dialektisch, sophistisch«[49], und der Gesamtplan »liegt klar
vor dem Verstand«[50]. Schließlich folgt noch der Vergleich mit
Shakespeare, seit Goethes literarischen Anfängen das wichtigste
Paradigma seiner naturgemäßen Kunstanschauung: »Shakespeare
reicht uns im Gegenteil die volle, reife Traube vom Stock; wir
mögen sie nun beliebig Beere für Beere genießen ⟨...⟩. Bei Calderon dagegen ist dem Zuschauer, dessen Wahl und Wollen nichts
überlassen; wir empfangen abgezogenen, höchst rektifizierten

Weingeist, mit manchen Spezereien geschärft, mit Süßigkeiten gemildert ⟨...⟩«[51] Das Gleichnis spricht für sich. Die Naturanalogie hat aber noch eine weitere Konsequenz, insofern nicht allein der Autor des kritisierten Werks, sondern auch der Kritiker als Spezies eines natürlichen Ganzen erscheint und daher seinen Ausgangspunkt ganz legitim von sich selber nimmt: »An diesen Mann«, und Goethe meint hier Laurence Sterne, »dem ich so viel verdanke, werd' ich oft erinnert; auch fällt er mir ein, wenn von *Irrtümern* und *Wahrheiten* die Rede ist, die unter den Menschen hin und wider schwanken.«[52] Derart sehen wir die individuelle Natur sogar zum Instrument der Kritik werden.

Die romantische Literaturkritik besteht in einer konsequenten Entfaltung dieses bei Goethe noch historisch oder – denken wir an seine Konzeption der Weltliteratur – sogar universalhistorisch vermittelten organischen, naturgemäßen Kunstverständnisses. Novalis verlangt demzufolge nach kritischen Journalen, »die die Autoren kunstmäßig medicinisch und chirurgisch behandelten, und nicht blos die Kranckheit aufspürten, und mit Schadenfreude bekanntmachten. Die bisherigen Kurmethoden waren größestentheils barbarisch«[53]. Von hier ist es nur noch ein kleiner Schritt zu Adam Müllers Gleichsetzung von Schönheit und Leben: »Schönheit und Leben hatten sich als ein und dasselbige gezeigt, daher die Nähe der Poesie in allen Verkündigungen der neueren Naturphilosophie. Die Naturphilosophie sieht neben und in den einzelnen Lebendigen und Lebenserscheinungen allezeit eine Totalität des Lebens; in ihrer Sprache, sie sieht neben und in den Handlungen, Spielen und Äußerungen der einzelnen Organe immer ein Ganzes, einen Organismus. Bei den früheren Naturforschern wurden Feuer, Licht, Magnet, Wärme, Luft usf. einzeln für sich, jedes als Äußerung irgendeines abgesonderten Organes betrachtet: daher der Tod, und ich darf hinzufügen die Häßlichkeit dieser Erscheinungen. Die neue Lehre untersucht die Natur in Wechselblicken, die unaufhörlich bald den Teil, bald das Ganze, bald das Organ, bald den Organismus treffen, und wie wir, um das Geheimnis der Liebe oder der Schönheit zu erkennen, in unsrer neulichen Unterhaltung abraten mußten, daß man ausschließend den geliebten und schönen Gegenstand betrachte, ebenso, daß man ausschließend idealistisch den betrachte, der die Schönheit des Gegenstandes empfände, wie wir auf beide und auf die Harmonie zwischen beiden, als dem Sitze der Schönheit, hinzeigen mußten, auf diese und keine andre Weise will jene das Geheimnis des Lebens erfinden oder vielmehr desselben in unendlichem Umgange teilhaftig werden.«[54]

Keine kritische Position könnte weiter von diesem vitalistischen Schönheitsbegriff entfernt sein als diejenige Friedrich Schillers, den Adam Müller doch so geschätzt hat, während Friedrich Schlegel, der erbitterte Kontrahent, eigentlich die Linie fortsetzt, die der Autor der spektakulären Bürger-Kritik in besonders auffallender Weise bekräftigt hatte. Deren Vorgehen, die Kriterien, nach denen das Werk beurteilt werden soll, zunächst darzulegen und theoretisch zu begründen, um danach ein verbindliches, Beistimmung heischendes Kunsturteil durch ständige kritische Vergleichung zu erlangen, ist um Objektivierung bemüht. Wir erkennen diese Struktur der Kritik in Friedrich Schlegels Entwurf allgemeiner Grundsätze wieder, wonach sie »1. gleichsam eine Geographie des Kunstwerks ⟨...⟩ 2. eine geistige und ästhetische Architektonik des Werks, seines Wesens, seines Tons; und endlich 3. eine psychologische Genesis« zu liefern habe.[55] Schlegels Ausführungen sind uneinheitlich, auch nicht frei von bewußt provokatorischen Zügen, doch findet er immer wieder zu einer Auffassung zurück, die Kritik mit Analyse identifiziert, das Ganze in seinen Teilen prüfen will und sich dazu seiner pragmatischen Entstehungsgeschichte vergewissert. »Wenn manche mystische Kunstliebhaber, welche jede Kritik für Zergliederung, und jede Zergliederung für Zerstörung des Genusses halten, konsequent dächten: so wäre Potz tausend das beste Kunsturteil über das würdigste Werk. Auch gibts Kritiken, die nichts mehr sagen, nur viel weitläufiger.«[56] Die Werke und Kunstformen faßt Schlegel als ein Kontinuum auf, dessen Erkenntnis und Konstruktion »die eine und wesentlichste Grundbedingung einer Kritik« ist[57], welche zuletzt darin besteht, die Abhängigkeit des Einzelnen von der mit diesem Ganzen in eins gesetzten Idee der Kunst herauszustellen. Walter Benjamin hat den sehr modernen Begriff einer solchen Literaturkritik in einem eindringlichen Gleichnis gefaßt: »Die

Absolutierung des geschaffenen Werkes, das kritische Verfahren, war ihm das Höchste. Es läßt sich in einem Bild versinnlichen als die Erzeugung der Blendung im Werk. Diese Blendung – das nüchterne Licht – macht die Vielheit der Werke verlöschen. Es ist die Idee.«[58] Die mystische Metapher unterschlägt allerdings, daß die Aufhebung des Einzelwerks im Ganzen der Idee, das in ihm durch Kritik zum Vorschein gebracht wird, eine bewußte Konstruktion, eine Produktion nach Regeln ist, die aus dem Werk selber durch Analyse zuvor gewonnen wurden. Die romantische Literaturkritik kann man daher – in einem emphatischen Sinne – spekulativ nennen. Sie macht die sonst unbewußt und verdeckt bleibende Beziehung des Einzelwerks und seiner Teile zur Totalität des geschichtlichen Lebens offensichtlich, ihr oberster kritischer Maßstab liegt in ebendieser erkannten Beziehung, welche nicht nur den Inhalt, sondern auch die Formen bestimmt. Wobei die romantischen Schriftsteller mit Goethes Begriff der Weltliteratur Ernst machen, der auf einer anderen Ebene jener Idee entspricht, die die Kritik sichtbar zu machen hat.

5. Predigt

»Doch wozu Umschweife! es gibt nur eine heilige, eine christliche Beredsamkeit! Wenn alle Hausmittelchen der Überredung, wenn alle die ängstlichen Lehren der Alten befolgt und erschöpft sind, wenn man Hörer hat wie sie sein sollen, wenn sich die Kunst abgemattet, um eine große Wirkung hervorzubringen – dann fühlt man, daß ohne jene Quelle, aus der die Gefühle der Ehre, der Liebe, des Gehorsams, der freien Dienstbarkeit geflossen sind, die ganze Mühe der Rede, sowohl was ihre Form, als was ihren Stoff betrifft, nicht belohnt werden kann.«[59] Das ist die peroratio der elften Rede Adam Müllers über die Beredsamkeit und deren Verfall in Deutschland, er sagt das also, wohlgemerkt, vor einem sehr weltlich gesinnten, gebildeten Publikum, bei dem er nicht ohne weiteres auf Übereinstimmung in dieser Frage rechnen konnte. Die abschließende zwölfte Vorlesung ist denn auch der »Scheu unsrer gebildeten Zeitgenossen vor der Erwähnung heiliger Dinge in der Betrachtung der weltlichen« gewidmet[60] und reiht sich damit fast ausdrücklich in die Tradition apologetischer Literatur ein, die Schleiermacher so wirkungsvoll 1799 mit seiner Schrift ›Über die Religion. Reden an die Gebildeten unter ihren Verächtern‹ erneuert hatte. Sie steht ziemlich am Anfang der romantischen Frömmigkeitsbewegung, in der sich die chiliastischen Impulse mit einer resignativen Haltung mischten. Die religiöse Wende der Romantischen Schule jedenfalls, an der Schleiermacher nicht unbeteiligt war, auch wenn sie dann in eine andere Richtung verlief, als es seinen Intentionen entsprach, bereitete den Boden für eine religiöse Durchformung des gesellschaftlich-geselligen Lebens.

Überblickt man die Entwicklung der geistlichen Beredsamkeit nach 1789, so fallen drei Punkte ins Auge. Theoretisch bleibt sie weitgehend abhängig von der Rhetorik des 18. Jahrhunderts, auch wenn sie sich natürlich in ihren Themen den Zeitproblemen geöffnet hat, so daß etwa der schwäbische Theologe Johann Harter am 14. Juli 1800, dem 11. Jahrestag der Revolution, in seiner Predigt in Worms die Vorteile der republikanischen Regierungsverfassung pries, ein anderer Pfarrer am 4. Oktober 1812 eine ›Predigt zur Dankfeier für die am 7. September 1812 gewonnene Schlacht an der Moskwa‹ hielt, weil viele seiner württembergischen Landsleute in Napoleons Truppen mitgekämpft hatten, oder der Stuttgarter Stiftsprediger einen Erntedank nach den Hungerjahren 1816 und 1817 abstattete.[61] Die Beispiele ließen sich häufen, doch änderte der zeitbezogene Gegenstand nichts an dem herkömmlichen Aufbau und der üblichen Zwecksetzung, daß der Prediger zwar Wissen, Erfahrung, philosophische Erkenntnis zur Glaubensdarlegung benötigt, diese aber den absoluten Vorrang genießt, und die Belehrung des Verstandes mit der Erbauung des Willens Hand in Hand zu gehen habe. Die zweite Auffälligkeit: Homiletik und Predigt sind vom klassischen Kulturmodell Weimars unberührt geblieben, wie auch dieses selber, ungeachtet Herders Wirken in Weimar oder Wielands Herkunft, keine Spuren davon zeigt, Goethe und Schiller im Gegenteil immer wieder einmal unchristlicher Gesinnung verdächtigt wurden. Keinen von beiden kann man sich recht auf der Kanzel vorstellen: Schillers Beredsamkeit verrät zwar hin und

wieder in Pathos und Bildlichkeit, daß Jahrhunderte hindurch in
Deutschland die Kanzel fast der einzige Ort einer kontinuierlichen rednerischen Praxis gewesen ist, doch kann man diesen Einfluß allgemein in der deutschen Schrift- und Umgangssprache
nachweisen, darüber hinaus geht er nicht, wie das etwa bei Jean
Paul zu beobachten wäre.[62] Drittens schließlich beginnt die Pre-
digttheorie als eigenständige rhetorische Gattung gerade in dem
Augenblick an Bedeutung zu verlieren, in dem die Predigt selber
zu einer beliebten oratorischen und literarischen Form avanciert,
die nicht mehr an die christliche Glaubensverkündigung in der
Kirche gebunden ist. Das mag paradox erscheinen, gehorcht aber
dem Kulturgesetz, daß die Gesellschaft im Medium ästhetischer
Repräsentation das zu retten sucht, was seine wirkliche soziale
Bedeutung zu verlieren beginnt. Zwar gibt es noch bedeutende
homiletische Schriften wie Franz Theremins ›Die Beredsamkeit
eine Tugend‹ (1814), aus welcher sich auch Adam Müller für
seine Zwecke reichlich bedient hat, doch wirkt es wie ein Signal,
daß der gewichtigste und berühmteste Prediger der Epoche, der
Romantischen Schule durch vielfältige Beziehungen auch persönlich verbunden, daß Friedrich Schleiermacher zwar zahlreiche,
rhetorisch beeinflußte Werke und Vorlesungen verfaßt und seine
Hermeneutik davon besonders profitiert hat, daß er aber keine
systematische Homiletik geschrieben hat. Dennoch hat er sich
natürlich über Aufgaben und Form der Predigt geäußert, und
sein »dialogisches Verfahren«[63] zeugt vom romantischen Geselligkeitsideal, überträgt die Gesprächshaltung auf die Predigt, auf
den Dialog des Predigers mit seiner Gemeinde. Auch aufklärerische Überlieferung wirkt weiter, in der ethischen Auffassung der
Predigt als einer sittlichen Tat bei Franz Theremin zum Beispiel,
der die Beredsamkeit gar als »Entwicklung des ethischen Triebes«
definierte.[64]

Unaufhaltsam und ohne nennenswerten Widerspruch vollzieht
sich die Entwicklung der Predigt zur Kultpredigt, die sicherlich in
Schleiermacher ihren Höhepunkt erreicht, aber auch andere
Repräsentanten wie Zacharias Werner gefunden hat, dessen Pre-
digten während des Wiener Kongresses größten Zulauf erhielten.
Nicht belehren und bekehren, den biblischen Text auslegen und

als Ausgangspunkt eigener Meditationen nehmen sollen diese
Predigten, sondern christlich-fromme Gesinnungen zur angenehmen bis hinreißenden Gemütserregung darstellen. »Anschauen des
Universums, ich bitte befreundet Euch mit diesem Begriff, er ist
der Angel meiner ganzen Rede, er ist die allgemeinste und höchste Formel der Religion, woraus Ihr jeden Ort in derselben finden
könnt, woraus sich ihr Wesen und ihre Gränzen aufs genaueste
bestimmen laßen.«[65] Das steht in Schleiermachers ›Reden an die
Gebildeten‹, und in Fortführung dieses Gedankens wird er den
Prediger dann ganz im Sinne der »enthusiastischen Beredsamkeit«
Friedrich Schlegels zum Medium des Universums machen.[66]
Schleiermachers Predigten in der Berliner Dreifaltigkeitskirche
waren gesellschaftliche Ereignisse, ihre Themen stammen aus
allen Bereichen, neben dem kirchlichen aus dem häuslichen, bürgerlichen, sozialen Leben, auch politische Fragen des Tages hat er
behandelt; am 28. März 1813, dem Tage des Kriegsanfangs, hält
er eine seiner berühmtesten patriotischen Predigten: »Nun darf
keiner mehr zweifeln! Dank den edlen Heerführern, die den
Schein des Ungehorsams nicht achtend es wagten, im Geist des
Königs den ersten Schritt zu tun! Dank dem König, der das ungeduldig erwartete Wort gesprochen ⟨. . .⟩ dessen Wollen die reinste
Übereinstimmung mit den Wünschen des Volkes zeigt! *Der heilige Krieg beginnt.*«[67] Das politische Verständnis der Predigt hat
auch Franz Theremin in seiner Rhetorik bekräftigt: »Ich muß hier
meine Leser bitten, auf ein Resultat aufmerksam zu seyn, das sich
aus der bisherigen Untersuchung mit der größten Gewißheit
ergiebt ⟨. . .⟩, daß nämlich die kirchliche Beredsamkeit mit der
politischen, ihren Ideen, das heißt, ihrem Wesen nach, durchaus
eine und dieselbe ist. Wodurch wir übrigens nicht leugnen, daß
sie nicht in ihrer äußeren Form bedeutend von einander abweichen; denn Staat und Kirche sind sehr verschiedene Verhältnisse,
und den Verhältnissen hat jede sittliche Thätigkeit immer einen
wesentlichen Einfluß auf sich gestattet.«[68] Diese Verweltlichung,
Ästhetisierung, schließlich Literarisierung der Predigt (Schleiermachers ›Reden an die Gebildeten‹ fingieren bezeichnenderweise
die Predigtsituation nur) trieb auch sonderbare Blüten. Johann
Heinrich Bernhard Dräseke, evangelischer Bischof und nicht min-

der berühmter Kanzelredner, wurde auf seinen Reisen vom Publikum stets jubelnd begrüßt und im Triumphzug begleitet, und die Predigten Wilhelm Krummachers (1796-1868) hat kein Geringerer als Goethe »narkotische Predigten« genannt: »Er setzt voraus, der Mensch tauge von Haus aus nichts, droht auch wohl einmal mit Teufeln und ewiger Hölle; doch hat er stets das Mittel der Erlösung und Rechtfertigung bei der Hand. Daß jemand dadurch rein und besser werde, verlangt er nicht, zufrieden, daß es auch nicht schade, weil, das Vorhergesagte zugegeben, auf oder ab die Heilung immer bereit ist und schon das Vertrauen zum Arzte als Arznei betrachtet werden kann. Auf diese Weise wird sein Vortrag tropisch und bilderreich, die Einbildungskraft nach allen Seiten hingewiesen und zerstreut, das Gefühl aber konzentriert und beschwichtigt. Und so kann sich ein jeder dünken, er gehe gebessert nach Hause, wenn auch mehr sein Ohr als sein Herz in Anspruch genommen wurde.«[69]

Die Literatur des 19. Jahrhunderts ist von dieser Grenzüberschreitung der Predigt zur gesellig-ästhetischen Veranstaltung nicht unberührt geblieben. Wienbargs ›Wanderungen durch den Thierkreis‹ (1835) sind großenteils verkappte politische Predigten, die Reden des Büchnerfreundes Friedrich Ludwig Weidig, der ›Hessische Landbote‹, die massenhaft verbreitete Erbauungsliteratur, das sind nur beliebig herausgegriffene Beispiele, die ihrer Wirkung nach aber wohl alle zurücktreten müssen hinter dem pathetischen Kultbuch aus homiletischem Geist, Nietzsches ›Also sprach Zarathustra‹. Doch ist das, auch stilistisch, der Endpunkt einer anderen Geschichte, die weit wegführt von Weimar und Jena, dem Prolog menschlicher Freiheit und Würde.

Anhang

Anmerkungen

Erster Teil: Deutsche Literatur und Französische Revolution

I. Vorbild Frankreich

1 Schlözer, August Ludwig von: Der 14. Juli 1789. In: A.L.S.: Staatsanzeigen. Göttingen 1789. Bd. 13, S.467.
2 Gottsched, Johann Christoph: Brief an Herrn ✶✶ in Paris vom 20. 9. 1756. In: Die französische Aufklärung im Spiegel der deutschen Literatur des 18. Jahrhunderts. Hrsg. von Werner Krauss. Berlin 1963. S.97.
3 Vgl. Peter-Eckhard Knabe: Die Rezeption der französischen Aufklärung in den ›Göttingischen Gelehrten Anzeigen‹ (1739-1779). Frankfurt/Main 1978.
4 Zit. nach Werner Krauss: Studien zur deutschen und französischen Aufklärung. Berlin 1963. S.414.
5 Wekhrlin, Ludwig: Chronologen. Leipzig 1779. S.122.
6 Vgl. Werner Krauss: Perspektiven und Probleme. Zur französischen und deutschen Aufklärung und andere Aufsätze. Neuwied/Berlin 1965. S.121.
7 Eckermann, Johann Peter: Gespräch mit Goethe vom 21. 3. 1831. In: J.P.E.: Gespräche mit Goethe in den letzten Jahren seines Lebens. Hrsg. von Regine Otto. München 1984. S.420.
8 Forster, Georg: Rede an den Mainzer Jakobinerklub. In: Forsters Sämtliche Schriften. Hrsg. von Therese Forster. Bd. 6. Leipzig 1843. S.416.
9 Klopstock, Friedrich Gottlob: Kennet euch selbst. In: F.G.K.: Ausgewählte Werke. Hrsg. von Karl August Schleiden. München 1962. S.140f.
10 Lichtenberg, Georg Christoph: Sudelbücher. In: G.C.L.: Schriften und Briefe. Hrsg. von Wolfgang Promies. Bd. 1. München 1968. S.708.
11 Campe, Joachim Heinrich: Briefe aus Paris zur Zeit der Revolution. Braunschweig 1790. S.134f.
12 Forster, Parisische Umrisse 1793. In: Friedenspräliminarien. Hrsg. von einem Freunde der Menschheit (L. F. Huber). Altona 1794. S.348.

13 Eickemeyer, Rudolf: Denkwürdigkeiten des Generals Eickemeyer. Hrsg. von Heinrich König. Frankfurt 1845. S.153.

14 Wie Conrady meint. Vgl. Karl Otto Conrady: Anmerkungen zum Konzept der Klassik. In: K.O.C. (Hrsg.): Deutsche Literatur zur Zeit der Klassik. Stuttgart 1977. S.7.

15 Schiller, Friedrich: Über die ästhetische Erziehung des Menschen in einer Reihe von Briefen. In: F.S.: Sämtliche Werke. Hrsg. von Gerhard Fricke und Herbert G. Göpfert. 5 Bde. München 1958 f. Bd. 5, S.575.

II. Aspekte der literarischen Verarbeitung der Revolution in Deutschland

1 Herder, Johann Gottfried: Auch eine Geschichte der Philosophie zur Bildung der Menschheit. In: J.G.H.: Sämmtliche Werke. Hrsg. von Bernhard Suphan. Bd. 5. Berlin 1881. S.582.

2 Lessing, Gotthold Ephraim: Brief an Nicolai vom 25. 8. 1769. In: G.E.L.: Gesammelte Werke. Hrsg. von Paul Rilla. Bd. 9. Berlin 1957. S.327.

3 Schubart, Christian Friedrich Daniel: Helvetien. In: Deutsche Chronik 1 (1774), S.217.

4 Schubart: Helvetien. In: Deutsche Chronik 2 (1775), S.188.

5 (Bahrdt, Carl Friedrich:) Dr. Carl Friedrich Bahrdts Geschichte seines Lebens, seiner Meinungen und Schicksale. Von ihm selbst geschrieben. 4 Thle. Frankfurt am Mayn und Berlin 1790 (1. und 2. Thl.), Berlin 1791 (3. und 4. Thl.). Thl. 3, S.357.

6 J.F.H.: Die Freiheit Amerikas. In: Berlinische Monatsschrift 1 (1783), S.388.

7 Schubart: Zeitungsnachricht vom 20. 5. 1776. In: Deutsche Chronik 3 (1776), S.321.

8 Krauss, Werner: Einleitung. In: Die Französische Aufklärung im Spiegel der deutschen Literatur des 18. Jahrhunderts. Hrsg. von Werner Krauss. Berlin 1963. S.XXXIII ff.

9 Klopstock, Friedrich Gottlob: Weissagung. In: F.G.K.: Ausgewählte Werke. Hrsg. von Karl August Schleiden. München 1962. S.122.

10 Stolberg, Friedrich Leopold von: Freiheitsgesang aus dem zwanzigsten Jahrhundert. In: Französische Aufklärung (s. Anm. 8), XLII.

11 Vgl. Wolfgang Stammler: Politische Schlagworte in der Zeit der Aufklärung. München 1948.

12 Bürger, Gottfried August: Die Republik England. In: G.A.B.: Sämt-

liche Werke. Hrsg. von Wolfgang von Wurzbach. 7 Bde. Berlin 1905. Bd. 6, S. 160.

13 Klopstock, Die Etats Generaux. In: Klopstock, Ausgewählte Werke (s. Anm. 9), 140.

14 Anonymus: Gesang für freie Bürger, am Freiheitsfest ihrer Franken-Brüder. Nach einem Hymnus der Freiheit von Voss. In: Liederlese für Republikaner. Hamburg 1797. S. 45.

15 Vgl. Werner Krauss: Perspektiven und Probleme. Zur französischen und deutschen Aufklärung und andere Aufsätze. Neuwied/Berlin 1965. S. 121.

16 Kant, Immanuel: Der Streit der Fakultäten. In: I. K.: Werke. Hrsg. von Wilhelm Weischedel. Bd. 6. Frankfurt/Main 1964. S. 358.

17 Halem, Gerhard Anton von: Blicke auf einen Teil Deutschlands. Bd. 2. Berlin 1799. S. 311.

18 Gentz, Friedrich: Brief an Christian Garve vom 5. 12. 1790. Zit. nach Alfred Stern: Der Einfluß der französischen Revolution auf das deutsche Geistesleben. Stuttgart. 1928. S. 13.

19 Vgl. Jost Hermand (Hrsg.): Von deutscher Republik 1775-1795. Bd. 1. Frankfurt/Main 1968. S. 101 ff.

20 Zit. nach Werner Krauss: Studien zur deutschen und französischen Aufklärung. Berlin 1963. S. 411.

21 Zit. nach Heinrich Sieveking: Georg Heinrich Sieveking. Hamburg 1923, S. 48.

22 Sieveking, Georg Heinrich Sieveking, 50 ff.

23 Wieland, Christoph Martin: Meine Antworten. Aufsätze über die Französische Revolution 1789-1793. Nach den Erstdrucken im Teutschen Merkur hrsg. von Fritz Martini. Marbach 1983. S. 8.

24 Wieland, Unparteiische Betrachtungen über die Staatsrevolution in Frankreich. In: C. M. W.: Sämmtliche Werke. 36 Bde. Leipzig 1853-1858. Bd. 31, S. 85.

25 Wieland, Betrachtungen, 86.

26 Vgl. Fritz Martini: Nachwort. In: Wieland, Meine Antworten (s. Anm. 23), 132 ff.

27 Goethe, Johann Wolfgang: Der Bürgergeneral. In: J. W. G.: Gedenkausgabe der Werke, Briefe und Gespräche. 24 Bde. und 3 Erg.-Bde. Zürich 1948 ff. Bd. 6, S. 707.

28 Goethe: Epigramme. Venedig 1790. In: Goethe, Gedenkausgabe der Werke, Briefe und Gespräche. Hrsg. von Ernst Beutler. Bd. 1. Zürich 1950. S. 233.

29 Goethe, Epigramme, 233.

30 Eckermann, Johann Peter: Gespräch mit Goethe vom 27. 4. 1825. In: J.P.E.: Gespräche mit Goethe in den letzten Jahren seines Lebens. Hrsg. von Regine Otto. München 1984². S.496.

31 Eckermann, Gespräch mit Goethe vom 4. 1. 1824. In: Eckermann, Gespräche (s.Anm. 30), 472.

32 Vgl. Karl-Heinz Hahn: Schiller und die Geschichte. In: Berghahn, Klaus L. (Hrsg.): Friedrich Schiller: Zur Geschichtlichkeit seines Werkes. Kronberg/Ts. 1975. S.34.

33 Reinhard, Karl Friedrich: Brief an Schiller vom 16. 11. 1791. In: Briefe an Schiller. Hrsg von L. Urlichs. Stuttgart 1877. S.121.

34 Schiller, Friedrich: Was heißt und zu welchem Ende studiert man Universalgeschichte? In: F.S.: Sämtliche Werke. Hrsg. von Gerhard Fricke und Herbert G. Göpfert. 5 Bde. München 1958.

35 Schiller, Universalgeschichte, 766.

36 Schiller, Universalgeschichte, 766.

37 Schiller: Briefe an Georg Göschen vom 14. 10. 1792. In: Schillers Briefe. Kritische Gesamtausgabe. Hrsg. von Fritz Jonas. 7 Bde. Stuttgart 1892-96. Bd. 3, S.220.

38 Jean Paul: Brief an Christian Otto vom 1. 6. 1791. In: Jean Pauls Sämtliche Werke. Historisch-kritische Ausgabe. Hrsg. von Eduard Berend. III. Abt., 9 Bde. Berlin 1956-64. Bd. 1, S.337.

39 Vgl. Wolfgang Harich: Jean Pauls Revolutionsdichtung. Hamburg 1974, S.121.

40 Jean Paul: Titan. In: J. P.: Werke. Hrsg. von Norbert Miller. Bd. 3. München 1961, S.587.

41 Jean Paul: Brief an Christian Otto vom 12. 7. 1792. In: Jean Pauls Sämtliche Werke (s.Anm. 38), III, 1, 360.

42 Wie Harich (Jean Pauls Revolutionsdichtung (s.Anm. 39), 7 ff.) es will.

43 Tieck, Ludwig: Brief an Wackenroder vom 28. 12. 1792. In: Wakkenroder, Wilhelm Heinrich: Werke und Briefe. Hrsg. von L. Schneider. Heidelberg 1967, S.405.

44 Wackenroder, Brief an Tieck vom Januar 1793. In: Wackenroder, Werke und Briefe (s.Anm. 43), 411.

45 Schlegel, Friedrich: Versuch über den Begriff des Republikanismus. In: F.S.: Seine prosaischen Jugendschriften. Hrsg. von Jacob Minor. 2 Bde. Wien 1882. Bd. 2, S.66 f.

46 Vgl. Richard Brinckmann: Deutsche Frühromantik und Französische Revolution. In: Deutsche Literatur und Französische Revolution. Sieben Studien. Göttingen 1974. S.178.

47 Schlegel: Über das Studium der Griechischen Poesie. In: Schlegel: Kritische Schriften. Hrsg. von Wolfdietrich Rasch. München 1964, S. 225.

48 Fichte, Johann Gottlieb: Beiträge zur Berichtigung der Urteile des Publikums über die französische Revolution. In: J.G.F.: Sämtliche Werke. Hrsg. von I. H. Fichte. 9 Bde. Berlin 1845. Bd. 6, S. 39.

49 Wieland: Brief an Johann Wilhelm Ludwig Gleim vom 12. 4. 1793. In: Ausgewählte Briefe von C. M. Wieland an seine Freunde. Zürich 1815. Bd. 4, S. 29.

50 Kant, Der Streit der Fakultäten (s. Anm. 16), 358.

51 Kant, Streit, 360.

52 Kant, Streit, 361.

53 Fichte, Beiträge (s. Anm. 48), 39.

54 Stolberg, Friedrich Leopold von: Die Westhunnen. Juni 1794. In: Vor dem Untergang des alten Reichs. Hrsg. von E. Horner. Darmstadt 1973. S. 222.

55 Forster, Georg: Brief an Therese Forster vom 8. 4. 1793. In: G.F.: Werke in vier Bänden. Hrsg. von Gerhard Steiner. Bd. 4. Frankfurt/Main 1970. S. 843.

56 Fichte, Einige Vorlesungen über die Bestimmung des Gelehrten. In: Fichtes Werke (s. Anm. 48), 310.

57 Wieland, Betrachtungen über die gegenwärtige Lage des Vaterlandes (s. Anm. 23), 101.

58 Wieland, Betrachtungen, 116.

59 Wieland, Betrachtungen, 106.

60 Rebmann, Georg Friedrich: Vollständige Geschichte meiner Verfolgungen und meiner Leiden. Amsterdam (Altona) 1796. S. 21.

61 Reinhold, Karl Leonhard: An seine in Jena zurückgelassenen Zuhörer. In: Neuer Teutscher Merkur. Hrsg. von C. M. Wieland. 7. Stück Juli 1794, S. 317.

62 Reinhold, Zuhörer, 317.

63 Wieland: Über teutschen Patriotismus. In: Wieland, Meine Antworten (s. Anm. 23), 128.

64 Wieland, Patriotismus, 130.

65 Wieland, Patriotismus, 129.

66 Eckermann: Gespräch mit Goethe vom März 1832. In: Eckermann, Gespräche (s. Anm. 30), 439.

67 Eichendorff, Joseph Freiherr von: Geschichte der poetischen Literatur Deutschlands. In: J.E.: Werke und Schriften. Hrsg. von Gerhart Baumann und Siegfried Grosse. Bd. 4. Stuttgart 1958. S. 244.

68 Fichte: Reden an die deutsche Nation. Hrsg. von Alwin Diemer. Hamburg 1955. S. 192 f.

69 Rehberg, August Wilhelm: Untersuchungen über die französische Revolution nebst kritischen Nachrichten von den merkwürdigsten Schriften, welche darüber in Frankreich erschienen sind. Hannover, Osnabrück 1793. S. 170.

70 Novalis: Das Allgemeine Brouillon. In: N.: Schriften. Die Werke Friedrich von Hardenbergs. Hrsg. von Paul Kluckhohn und Richard Samuel. 2., nach den Handschriften erg., erw. und verb. Aufl. in vier Bänden und einem Begleitband. Darmstadt 1960 ff. Bd. 3, S. 321.

71 Novalis, Glauben und Liebe. In: Novalis, Schriften (s. Anm. 70), 2, 489.

72 Samuel, Richard: Einleitung zu Novalis, Die Christenheit oder Europa. In: Novalis, Schriften (s. Anm. 70), 3, 500.

73 Novalis, Die Christenheit oder Europa. In: Novalis, Schriften (s. Anm. 70), 3, 509.

74 Schelling, Friedrich Wilhelm Joseph: Schriften zur Identitätsphilosophie. In: F. W. J. S.: Werke. Bd. 3. Hrsg. von Manfred Schröter. München 1927, S. 550.

75 Müller, Adam: Die Elemente der Staatskunst. Hrsg. von Othmar Spann. 2 Bde. Jena 1922. Bd. 1, S. 37.

76 Müller, Elemente, 55.

77 Müller, Elemente, 334.

78 Schmitt, Carl: Politische Romantik. München 1919, S. 69.

79 Schmitt, Romantik, 66.

80 Arnim, Achim von: Rede vor der Tischgesellschaft 1815. (Unveröffentlichtes Manuskript. In: Knaack, Jürgen: Achim von Arnim - Nicht nur Poet. Mit ungedruckten Texten. Darmstadt 1976. S. 133.

81 Arnim: Taschenbuch. In: Knaack, Achim von Arnim (s. Anm. 80), 13.

82 Arnim, Taschenbuch, 13.

83 Vgl. Alfred Körner: Die Wiener Jakobiner. Stuttgart 1972. S. 18 ff.

84 Über die Folgen des Friedens in Bayern, Straßburg im 9. Jahre der Republik. In: Jakobinische Flugschriften aus dem deutschen Süden Ende des 18. Jahrhunderts. Hrsg. von Heinrich Scheel. Berlin 1965. S. 485.

85 Eickemeyer, Rudolf: Die Übergabe der Festung Mainz. In: Denkwürdigkeiten des Generals Eickemeyer. Hrsg. von Heinrich König. Frankfurt 1845. S. 138.

86 Vgl. Claus Träger (Hrsg.): Mainz zwischen Rot und Schwarz. Die
    Mainzer Revolution 1792-93 in Schriften, Reden und Briefen. Ber-
    lin 1963. S. 5 ff.

87 Goethe: Campagne in Frankreich 1792. In: Goethes Werke. Ham-
    burger Ausgabe in 14 Bänden. Hrsg. von Erich Trunz. München
    1981¹². Bd. 10, S. 188.

88 Goethe: Belagerung von Mainz. In: Goethes Werke (s. Anm. 87), 10,
    396.

89 Goethe, Mainz, 397.

90 Goethe, Mainz, 396.

91 Forster: Zweifel gegen die Entwicklungstheorie. Berlin 1787. In:
    Forster: Philosophische Schriften. Hrsg. von Gerhard Steiner. Berlin
    1957, S. 26.

92 Forster: Cook der Entdecker. Vorrede. In: Forster: Des Kapitän
    Cooks dritte Entdeckungsreise. Berlin 1788, S. 3.

93 Lichtenberg: Sudelbücher. In: Lichtenberg, Schriften und Briefe
    (s. Anm. 10), 821.

94 Forster: Anrede an die Gesellschaft der Freunde der Freiheit und
    Gleichheit am Neujahrstage 1793. In: Forster, Philosophische
    Schriften (s. Anm. 91), 186.

95 Steiner, Gerhard: Vorwort. In: Forster, Philosophische Schriften
    (s. Anm. 91), VII ff.

96 Forster: Geschichte der englischen Literatur vom Jahre 1790. In:
    Forster: Sämtliche Schriften. Hrsg. von Therese Forster, Bd. 6. Leip-
    zig 1843, S. 84.

97 Forster: Brief an Huber vom 15. 11. 1793. In: Forster, Philosophi-
    sche Schriften (s. Anm. 91), LXIII.

98 Wedekind, Georg: Über die Regierungsverfassungen. Eine Volks-
    rede. Mainz 1792. S. 45.

99 Forster, Anrede (s. Anm. 94), 185.

100 Forster, Anrede, 186.

101 Forster, Anrede, 185.

102 Forster, Anrede, 187.

103 Forster, Anrede, 187.

104 Forster: Über die Beziehung der Staatskunst auf das Glück der
    Menschheit. In: Forster, Philosophische Schriften (s. Anm. 91),
    191 f.

105 Forster, Beziehung, 193.

106 Forster, Beziehung, 224.

107 Forster, Beziehung, 223.

Zweiter Teil: Weimar und Jena

I. Modell Weimar

1 Immermann, Karl Leberecht: Brief an Ferdinand Immermann vom 24. 4. 1830. In: K. L. I.: Briefe. Hrsg. von Peter Hasubek. 3 Bde. München 1978. Bd. 1, S. 836.

2 Vgl. Klaus L. Berghahn: Von Weimar nach Versailles. Zur Entstehung der Klassik-Legende im 19. Jahrhundert. In: Die Klassik-Legende. Hrsg. von Reinhold Grimm und Jost Hermand. Frankfurt/Main 1971. S. 75 ff.

3 Gervinus, Georg Gottfried: Geschichte der Deutschen Dichtung. 5 Bde. 4., gänzlich umgearb. Aufl. Leipzig 1853. Bd. 1, S. 10.

4 Gervinus, Geschichte (s. Anm. 3), 5, 666.

5 Gervinus, Geschichte, 5, 666 f.

6 Schlegel, Friedrich: Über Goethes Meister. In: F. S.: Schriften und Fragmente. Hrsg. von Ernst Behler. Stuttgart 1956. S. 38 f.

7 Goethe, Johann Wolfgang: Literarischer Sansculottismus. In: Goethes Werke. Hamburger Ausgabe in 14 Bänden. Hrsg. von Erich Trunz. München 1982¹². Bd. 12, S. 240 f.

8 Goethe: Auf Miedings Tod. In: Goethes Werke (s. Anm. 7), 1, 115.

9 Hans Eberhard: Goethes Umwelt. Forschungen zur gesellschaftlichen Struktur Thüringens. Weimar 1951.

10 Goethe: Brief an Kästner vom 20. 6. 1784. In: Goethes Briefe. Hrsg. von Karl Robert Mandelkow. Hamburger Ausgabe in 4 Bänden. Hamburg 1962-67. Bd. 1, S. 444.

11 Goethe, Brief an Charlotte von Stein vom 2. 4. 1782. In: Goethes Briefe (s. Anm. 10), 1, 387.

12 Rückert, Joseph: Bemerkungen über Weimar. In: Weimar im Urteil der Welt. Hrsg. von Herbert Greiner-Mai. Berlin, Weimar 1975. S. 79 f.

13 Jagemann, Karoline: Die Erinnerungen der Karoline Jagemann nebst zahlreichen unveröffentlichten Dokumenten aus der Goethezeit. Hrsg. von Eduard von Bamberg. Dresden 1926. S. 42.

14 Rückert, Bemerkungen (s. Anm. 12), 80 f.

15 Eckermann, Johann Peter: Gespräch mit Goethe vom 15. 9. 1823. In: J. P. E.: Gespräche mit Goethe in den letzten Jahren seines Lebens. Hrsg. von Regine Otto. München 1984². S. 39

16 Goethe, Literarischer Sansculottismus (s. Anm. 7), 241.

17 Goethe, Literarischer Sansculottismus, 241 f.

18 Eckermann: Gespräch mit Goethe vom 3. 5. 1827. In: Eckermann, Gespräche (s. Anm. 15), 541.

19 Eckermann, Gespräch mit Goethe vom 3. 5. 1827, 543.

20 Goethe: Glückliches Ereignis. In: Goethe: Gedenkausgabe der Werke, Briefe und Gespräche. Hrsg. von Ernst Beutler. Zürich 1949. Bd. 16, S. 865.

21 Goethe, Ereignis, 867.

22 Goethe, Ereignis, 868.

23 Zuletzt Hans Mayer: Goethe. Ein Versuch über den Erfolg. Frankfurt/Main 1973.

24 Schiller, Friedrich: Brief an Körner vom 12. 9. 1788. In: Briefwechsel zwischen Schiller und Körner. Hrsg. von Klaus L. Berghahn. München 1973. S. 86.

25 Schiller, Brief an Körner vom 1. 9. 1794 (s. Anm. 24), 224.

26 Goethe: Ferneres in Bezug auf mein Verhältnis zu Schiller. In: Goethe, Gedenkausgabe, 12, 624.

27 Goethe, Ferneres, 624.

28 Schiller: Brief an Charlotte Gräfin von Schimmelmann vom 23. 11. 1800. In: Schillers Briefe. Hrsg. von Fritz Jonas. Bd. 6. Stuttgart 1895. S. 218 f.

29 Gervinus, Geschichte (s. Anm. 3), 5, 403.

30 Goethe, Gespräch mit Kanzler von Müller vom 12. 7. 1798. In: Biedermann, Flodoard von: Goethes Gespräche. Bd. 3. Leipzig 1910. S. 97.

31 Fleischer, Wilhelm: Über bildende Künste. Frankfurt 1792. S. 122.

32 Kehr, Ludwig Christian: Selbstbiographie. Zunächst für angehende Buchhändler geschrieben. Kreuznach 1834. S. 21.

33 Kehr, Selbstbiographie, 22.

34 Vgl. Goldfriedrich, Johann: Geschichte des Deutschen Buchhandels vom Beginn der klassischen Literaturperiode bis zum Beginn der Fremdherrschaft (1740-1804). Leipzig 1909. S. 273 (= Geschichte des Deutschen Buchhandels. Im Auftrag des Börsenvereins der Deutschen Buchhändler hrsg. von der Historischen Kommission desselben. Bd. 3).

35 Goldfriedrich, Geschichte, 270 f.

36 Vgl. Walter H. Bruford: Die gesellschaftlichen Grundlagen der Goethezeit. Frankfurt/Main 1975. S. 280 f.

37 Sengle, Friedrich: Die klassische Kultur von Weimar, sozialgeschichtlich gesehen. In: Internationales Archiv für Sozialgeschichte der Literatur 3 (1978), S. 82.

38 Goethe, Glückliches Ereignis (s. Anm. 20), 868.

39 Schiller: Die Horen. Einladung zur Mitarbeit. In: Schiller: Sämtliche
    Werke. Hrsg. von Gerhard Fricke und Herbert G. Göpfert. 5 Bde.
    München 1958 f. Bd. 5, S. 868.

40 Schiller, Über Bürgers Gedichte. In: Schiller, Sämtliche Werke
    (s. Anm. 39), 5, 974.

41 Schiller, Ankündigung. Die Horen (s. Anm. 39), 5, 870.

42 Schiller, Ankündigung, 870.

43 Schiller, Ankündigung, 870 f.

44 Goethe, Glückliches Ereignis (s. Anm. 20), 868.

45 Schiller, Brief an Körner vom 1. 9. 1794 (s. Anm. 25), 224.

46 Goethe, Glückliches Ereignis (s. Anm. 20), 868.

47 Goethe, Glückliches Ereignis, 867.

48 Goethe: Brief an Karl Friedrich Zelter vom 9. 11. 1830. In: Goethes
    Briefe (s. Anm. 10), 4, 408 f.

49 Schiller, Über die ästhetische Erziehung des Menschen in einer Reihe
    von Briefen. In: Schiller, Sämtliche Werke (s. Anm. 39), 5, 573.

50 Brecht, Bertolt: Der Dreigroschenprozeß. In: B. B.: Gesammelte
    Werke. Bd. 18. Hrsg. von Elisabeth Hauptmann. Frankfurt/Main
    1967. S. 165.

51 Schiller, Ästhetische Erziehung (s. Anm. 49), 582.

52 Schiller, Ästhetische Erziehung, 584.

53 Schiller, Ästhetische Erziehung, 588.

54 Schiller, Ästhetische Erziehung, 575.

55 Schiller, Ästhetische Erziehung, 580.

56 Schiller/Goethe: Xenien. In: Schiller, Sämtliche Werke (s. Anm. 39), 1,
    260. (s. Anm. 39), 1, 260.

57 Schiller, Ästhetische Erziehung (s. Anm. 49), 591.

58 Schiller: Über die tragische Kunst. In: Schiller, Sämtliche Werke
    (s. Anm. 39), 5, 393.

59 Schiller, Ästhetische Erziehung (s. Anm. 49), 593.

60 Schiller, Ästhetische Erziehung, 596.

61 Borinski, Karl: Die Antike in Poetik und Kunsttheorie. 2 Bde. Darm-
    stadt 1965. Bd. 1, S. 124.

62 Borinski, Antike, 124.

63 Schiller: Über naive und sentimentalische Dichtung. In: Schiller,
    Sämtliche Werke (s. Anm. 39), 5, 767.

64 Borinski, Karl: Baltasar Gracian und die Hoflitteratur in Deutsch-
    land. Tübingen 1971. S. 43.

65 Schiller, Ästhetische Erziehung (s. Anm. 49), 667.

66 Schiller: Kallias oder über die Schönheit. In: Schiller, Sämtliche Werke (s. Anm. 39), 5, 424 f.

67 Schiller: Aus den ästhetischen Vorlesungen. In: Schiller, Sämtliche Werke (s. Anm. 39), 5, 1021.

68 Schiller, Vorlesungen, 1022.

69 Schiller, Ästhetische Erziehung (s. Anm. 49), 598.

70 Schiller, Ästhetische Erziehung, 599.

71 Schiller, Ästhetische Erziehung, 600.

72 Schiller, Ästhetische Erziehung, 634.

73 Borinski, Gracian (s. Anm. 64), 42.

74 Vgl. Klaus Dockhorn: Macht und Wirkung der Rhetorik. Bad Homburg 1968. S. 126.

75 Borinski, Gracian (s. Anm. 64), 42.

76 Schiller, Ästhetische Erziehung (s. Anm. 49), 642.

77 Schiller, Ästhetische Erziehung, 643.

78 Schiller, Ästhetische Erziehung, 621.

79 Schiller: Über das Erhabene. In: Schiller, Sämtliche Werke (s. Anm. 39), 5, 807.

80 Schiller, Über das Erhabene, 799; Hervorhebung von mir.

81 Schiller, Über das Erhabene, 807.

82 Schiller, Über das Erhabene, 800.

83 Schiller, Über das Erhabene, 800.

84 Schiller, Über das Erhabene, 802.

85 Schiller, Über das Erhabene, 802.

86 Schiller, Über das Erhabene, 803.

87 Vgl. Hans Günther Thalheim: Schillers Stellung zur Französischen Revolution und zum Revolutionsproblem. In: Forschen und Wirken. Festschrift zur 150-Jahr-Feier der Humboldt-Universität. Berlin 1960. S. 206 f.

88 Schiller, Über das Erhabene (s. Anm. 79), 804.

89 Schiller, Über das Erhabene, 805.

90 Schiller, Über das Erhabene, 802.

91 Schiller, Über das Erhabene, 805.

92 Schiller, Über das Erhabene, 806.

93 Schiller, Über das Erhabene, 808.

II. Jena oder der Traum einer romantischen Volksbewegung

1 Heine, Heinrich: Die Romantische Schule. In: H.H.: Sämtliche Schriften. Hrsg. von Klaus Briegleb. Bd. 3. München 1971. S.361.

2 Wackenroder, Wilhelm Heinrich: Herzensergießungen eines kunstliebenden Klosterbruders. In: W.H.W.: Werke und Briefe. Hrsg. von L. Schneider. Heidelberg 1967. S.11.

3 Schiller, Friedrich: Brief an Charlotte Gräfin von Schimmelmann. In: Schillers Briefe. Kritische Gesamtausgabe. Hrsg. von Fritz Jonas. 7 Bde. Stuttgart 1892-96. Bd. 6, S.219f.

4 Vgl. Arthur Henkel: Was ist eigentlich romantisch? In: Festschrift für Richard Alewyn. Hrsg. von Herbert Singer und Benno von Wiese. Köln 1967. S.302.

5 Vgl. Raymond Immerwahr: Romantisch. Genese und Tradition einer Denkform. Frankfurt/Main 1972.

6 Schlegel, Friedrich: Fragmente. In: F.S.: Kritische Schriften. Hrsg. von Wolfdietrich Rasch. München 1971. S.6.

7 Schlegel, Fragmente, 7.

8 Schlegel, Fragmente, 13.

9 Schlegel, Fragmente, 5.

10 Schlegel, Fragmente, 19.

11 Schlegel, August Wilhelm: Allgemeine Übersicht des gegenwärtigen Zustandes der deutschen Literatur. In: A.W.S.: Über Literatur, Kunst und Geist des Zeitalters. Hrsg. von Franz Finke. Stuttgart 1964. S.50.

12 Schlegel, Übersicht, 84f.

13 Zuletzt noch von Ernst Ribbat: Poesie und Polemik. In: Romantik. Hrsg. von Ernst Ribbat. Königstein 1979. S.58ff.

14 Humboldt, Wilhelm von: Brief an Karl Gustav von Brinckmann vom 4. 2. 1804. In: W.v.H.: Studienausgabe in drei Bänden. Hrsg. von Kurt Müller-Vollmer. Frankfurt/Main 1970. Bd. 1, S.175.

15 Wackenroder: Phantasien über die Kunst für Freunde der Kunst. In: Wackenroder, Werke und Briefe (s.Anm. 2), 140.

16 Schlegel, Fragmente (s.Anm. 6), 23.

17 Novalis: Blüthenstaub. In: N.: Schriften. Die Werke Friedrich von Hardenbergs. Hrsg. von Paul Kluckhohn und Richard Samuel. 2., nach den Handschriften erg., erw. und verb. Aufl. in vier Bänden und einem Begleitband. Darmstadt 1960ff. Bd. 2, S.431.

18 Novalis, Romantische Welt. Die Fragmente. Hrsg. von Otto Mann. Leipzig 1929. S.39.

19 Knigge, Adolph Freiherr von: Über den Umgang mit Menschen. Hrsg. von Gert Ueding. Frankfurt/Main 1977. S. 67.

20 Knigge, Umgang, 49.

21 Novalis, Blüthenstaub (s. Anm. 17), 437.

22 Novalis, Blüthenstaub, 413.

23 Novalis, Blüthenstaub, 431.

24 Novalis, Blüthenstaub, 431.

25 Schleiermacher, Friedrich Daniel Ernst: Versuch einer Theorie des geselligen Betragens. In: Schleiermachers Werke. 4 Bde. Hrsg. von Otto Braun. Leipzig 1913. Bd. 2, S. 3.

26 Knigge, Umgang (s. Anm. 19), 447.

27 Knigge, Umgang, 448 f.

28 Knigge, Umgang, 10.

29 Schleiermacher, Theorie (s. Anm. 25), 3 f.

30 Schleiermacher, Theorie, 3.

31 Schleiermacher, Theorie, 10.

32 Schleiermacher, Theorie, 4.

33 Schleiermacher, Theorie, 6 f.

34 Schleiermacher, Theorie, 9.

35 Schleiermacher, Theorie, 8.

36 Schleiermacher, Theorie, 25.

37 Müller, Adam: Zwölf Reden über die Beredsamkeit und deren Verfall in Deutschland. Hrsg. von Walter Jens. Frankfurt/Main 1967. S. 53.

38 Müller, Reden, 62.

39 Zit. nach Carl Schmitt: Politische Romantik. München 1919. S. 53.

40 Vgl. dazu Otto Dann: Gruppenbildung und gesellschaftliche Organisierung in der Epoche der deutschen Romantik. In: Romantik in Deutschland. Ein interdisziplinäres Symposion. Hrsg. von Richard Brinkmann. Stuttgart 1978. S. 124 ff.

41 Köpke, Rudolf: Bericht über Tiecks erste Bekanntschaft mit Novalis. In: Novalis, Schriften (s. Anm. 17), 4, 632.

42 Köpke, Bericht, 633.

43 Novalis, Randbemerkungen zu Friedrich Schlegels ›Ideen‹ (1799). In: Novalis, Schriften (s. Anm. 17), 3, 481 ff.

44 Novalis, Randbemerkungen, 492.

45 Novalis, Randbemerkungen, 492.

46 Arnim/Brentano: Aufforderung zu Des Knaben Wunderhorn. In: C. B.: Sämtliche Werke und Briefe. Hrsg. von Heinz Rölleke. Bd. 8. Stuttgart 1977. S. 347.

47 Rahel Varnhagen und ihre Zeit. (Briefe 1800-1833). Hrsg. von Friedhelm Kemp. München 1968. S. 386 f.

48 Vgl. Ernst Behler: Die Zeitschriften der Brüder Schlegel. Darmstadt 1983. S. 8.

49 Schleiermacher, Theorie (s. Anm. 25), 22.

50 Schleiermacher, Theorie, 10.

51 Brentano, Universitati Litterariae. Kantate. In: C. B.: Werke. Hrsg. von Wolfgang Frühwald. Bd. 1. München 1968. S. 220 f.

52 Humboldt, Über die innere und äußere Organisation der höheren wissenschaftlichen Anstalten in Berlin. In: Humboldt, Studienausgabe (s. Anm. 14), 2, 137.

53 Humboldt, Organisation, 134 ff.

54 Humboldt, Organisation, 136.

55 Vgl. Thomas Ellwein: Die deutsche Universität. Vom Mittelalter bis zur Gegenwart. Königstein 1985. S. 150.

56 Humboldt, Brief an Karl Gustav von Brinckmann vom 4. 2. 1804 (s. Anm. 14), 177.

57 Schlegel, Lucinde. Friedrich Schleiermacher. Vertraute Briefe über Friedrich Schlegels Lucinde. Sonderausgabe. Frankfurt/Main 1964. S. 24.

58 Schmitt, Carl: Politische Romantik. München 1919. S. 225.

59 Schlegel, Fragmente (s. Anm. 6), 48.

60 Vgl. Otto Dann, Gruppenbildung (s. Anm. 40).

61 Wackenroder, Reiseberichte. In: Wackenroder, Werke und Briefe (s. Anm. 2), 468.

62 Wackenroder, Reiseberichte, 473.

63 Tieck, Ludwig: Shakespeares Behandlung des Wunderbaren. In: L. T.: Ausgewählte kritische Schriften. Hrsg. von Ernst Ribbat. Tübingen 1974. S. 3.

64 Zit. nach Schmitt, Politische Romantik (s. Anm. 58), 100 f.

65 Novalis, Fragmente (s. Anm. 18), 76.

66 Wie Schmitt tut (s. Anm. 58), 101 f.

67 Novalis, Fragmente (s. Anm. 18), 76.

68 Novalis, Blüthenstaub (s. Anm. 17), 433.

69 Grimm, Jacob: Zirkular wegen Aufsammlung der Volkspoesie (1815). In: J. G.: Schriften und Reden. Hrsg. von Ludwig Denecke. Stuttgart 1985. S. 45 f.

70 Grimm, Gedanken wie sich die Sagen zur Poesie und Geschichte verhalten. In: Grimm, Schriften und Reden (s. Anm. 69), 43.

71 Uhland, Ludwig: Brief an Konrad D. Haßler vom 31. 12. 1849. In:

Uhlands Briefwechsel. Hrsg. von Julius Hartmann. 4 Bde. Stuttgart und Berlin 1911-16. Bd. 3, S. 438.

72 Novalis, Fragmente (s. Anm. 18), 68.

73 Novalis, Fragmente, 68.

74 Novalis, Heinrich von Ofterdingen. In: N.: Werke, Tagebücher und Briefe Friedrich von Hardenbergs. Hrsg. von Hans-Joachim Mähl. 2 Bde. München 1978. Bd. 1, S. 378.

75 Novalis: Die Christenheit oder Europa. Ein Fragment. In: Novalis, Schriften (s. Anm. 17), 3. 507.

76 Novalis, Christenheit, 523 f.

77 Heine, Romantische Schule (s. Anm. 1), 118.

78 Müller, Adam: Die Elemente der Staatskunst. Hrsg. von Othmar Spann. 2 Bde. Jena 1922. Bd. 1, S. 45.

79 Müller, Elemente, 1, S. 37.

80 Adam Müllers Lebenszeugnisse. Hrsg. von Jakob Baxa. München 1966. S. 220.

81 Müller, Elemente (s. Anm. 78), 1, 304.

82 Müller, Elemente, 304.

83 Müller: Vorlesungen über Friedrich II. Berlin 1810. S. 158.

84 Müller, Elemente (s. Anm. 78), 1, 73 f.

85 Novalis, Blüthenstaub (s. Anm. 17), 436.

86 Schlegel, Fragmente (s. Anm. 6), 10 f.

87 Quintilianus, Marcus Fabius: Ausbildung des Redners. Hrsg. und übersetzt von Helmut Rahn. 2 Bde. Darmstadt 1972 und 1975. Bd. 2, S. 289 (IX, 2.46).

88 Schlegel, Fragmente (s. Anm. 6), 20 f.

89 Schlegel, Fragmente, 12.

90 Schlegel, Fragmente, 13.

91 Solger, Karl Wilhelm Ferdinand: Vorlesungen über Ästhetik. Hrsg. von Karl Wilhelm Ludwig Heyse. Leipzig 1829, S. 241 f.

92 Hegel, Georg Wilhelm Friedrich: Ästhetik. Hrsg. von Friedrich Bassenge. 2 Bde. Frankfurt/Main o. J., Bd. 1, S. 73 f.

93 Hegel, Ästhetik, Bd. 1, 19.

94 Hegel, Ästhetik, Bd. 1, 574.

95 Novalis, Fragmente und Studien 1799/1800. In: Novalis, Werke, Tagebücher und Briefe (s. Anm. 74), 2, 840.

96 Schiller, Über den Gebrauch des Chors in der Tragödie. In: F. S.: Sämtliche Werke. Hrsg. von Gerhard Fricke und Herbert G. Göpfert. Bd. 2. München 1960, S. 818.

97 Goethe, Johann Wolfgang: Maximen und Reflexionen. In: Goethes

Werke. Hamburger Ausgabe in 14 Bänden. Hrsg. von Erich Trunz. München 1982[12]. Bd. 12, S. 481.

98 Herder, Johann Gottfried: Fragmente über die neuere deutsche Literatur. In: J.G.H.: Werke. Hrsg. von Wolfgang Pross. Bd. 1. München 1984. S. 66.

99 Schlegel, Fragmente (s. Anm. 6), 27.

100 Schlegel, Fragmente, 38 f.

101 Novalis, Fragmente (s. Anm. 18), 31.

102 Novalis, Fragmente, 293 f.

103 Novalis, Heinrich von Ofterdingen (s. Anm. 74), 313.

104 Schlegel, Fragmente (s. Anm. 6), 57.

Dritter Teil: Drama

I. Antikes und modernes Drama

1 Winckelmann, Johann Joachim: Gedancken über die Nachahmung der Griechischen Wercke in der Mahlerey und Bildhauer-Kunst. In: J.J.W.: Kleine Schriften - Vorreden - Entwürfe. Hrsg. von Walther Rehm. Mit einer Einl. von Hellmut Sichtermann. Berlin 1968. S. 29 f.

2 Zum Nachleben Winckelmanns bis ins 20. Jahrhundert vgl. z.B. Wolfgang Schadewaldt: Winckelmann und Rilke. Pfullingen 1968.

3 Gottsched, Johann Christoph: Versuch einer Critischen Dichtkunst ⟨. . .⟩. 4., verm. Aufl. Leipzig 1751. Fotomech. Ndr. Darmstadt 1962[5]. S. 129.

4 Vgl. Wolfgang Schadewaldt: Antikes und Modernes in Schillers »Braut von Messina«. In: Jahrbuch der Deutschen Schillergesellschaft 13 (1969), S. 288.

5 Goethe, Johann Wolfgang: Winckelmann. In: Goethes Werke. Hamburger Ausgabe in 14 Bänden. Hrsg. von Erich Trunz. München 1982[12]. Bd. 12. S. 103.

6 Vgl. Siegfried Streller: Antikerezeption und Schicksalsproblematik. Der Versuch einer Erneuerung der antiken Tragödie. In: Parallelen und Kontraste. Studien zu literarischen Wechselbeziehungen in Europa zwischen 1750 und 1850. Hrsg. von Hans-Dietrich Dahnke. Berlin und Weimar 1983. S. 221-243.

7 Vgl. die von Manfred Fuhrmann besorgte Ausgabe der Horaz-Übersetzungen von Wieland: Wieland, Christoph Martin: Überset-

zung des Horaz. Hrsg. von Manfred Fuhrmann. In: C.M.W.: Werke in zwölf Bänden. Hrsg. von Gonthier-Louis Fink u.a. Bd. 9. Frankfurt/Main 1986.

8   Vgl. Lothar Schirmer: Theater und Antike. Probleme der Antikenrezeption auf Berliner Bühnen vom Ende des 18. Jahrhunderts bis zur Gegenwart. In: Berlin und die Antike. Katalog-Ergänzungsband. Berlin 1979. S. 303-349.

9   Wieland, Christoph Martin: Versuch über das deutsche Singspiel und einige dahin einschlagende Gegenstände. In: C.M.W.: Sämmtliche Werke. 39 Bde. und 6 Supplementbde. Leipzig 1794-1811. Fotomech. Ndr. Hamburg 1984. Bd. 24, S. 245.

10 Schirmer, Theater und Antike (s. Anm. 8), 307.

11 Vgl. Wolfgang Schadewaldt: Antike Tragödie auf der modernen Bühne. Zur Geschichte der Rezeption der griechischen Tragödie auf der heutigen Bühne. Heidelberg 1957. S. 40.

12 Goethe: Brief an Schiller vom 19. 1. 1802. In: Goethes Briefe. Hamburger Ausgabe in 4 Bänden. Hrsg. von Karl Robert Mandelkow. Hamburg 1962-67. Bd. 2, S. 428.

13 Goethe: Gespräch mit Riemer am 20. 7. 1811. In: Goethes Gespräche. Hrsg. von Wolfgang Herwig. Bd. 2. Zürich und Stuttgart 1969. S. 677.

14 Goethe: Dichtung und Wahrheit. In: Goethes Werke (s. Anm. 5), 10, 49.

15 Goethe, Dichtung und Wahrheit, 50.

16 Goethe: Gespräch mit Stephan Schütze vom November 1806. In: Goethes Gespräche. Hrsg. von Woldemar Freiherr von Biedermann. 5 Bde. Leipzig 1889 ff. Bd. 2, S. 138 f.

17 Eckermann, Johann Peter: Gespräch mit Goethe vom 27. 3. 1825. In: J.P.E.: Gespräche mit Goethe in den letzten Jahren seines Lebens. Hrsg. von Regine Otto. München 1984[2]. S. 490 f.

18 Goethe, Brief an Schiller vom 19. 1. 1802 (s. Anm. 12), 428.

19 Eckermann, Gespräch mit Goethe vom 1. 4. 1827. In: Eckermann, Gespräche (s. Anm. 17), 527.

20 Schiller, Friedrich: Brief an Körner vom 9. 3. 1789. In: Schillers Werke. Nationalausgabe. Begr. von Julius Petersen, fortgef. von Lieselotte Blumenthal und Benno von Wiese. Hrsg. im Auftrag der Nationalen Forschungs- und Gedenkstätten der klassischen deutschen Literatur in Weimar und des Schiller-Nationalmuseums in Marbach von Norbert Oellers und Siegfried Seidel. Weimar 1943 ff. Bd. 25, S. 221.

21 Klinger, Friedrich Maximilian: Betrachtungen und Gedanken. In: F. M. K.: Sämmtliche Werke in zwölf Bänden. Stuttgart und Tübingen 1842. Bd. 12, S. 203.

22 Goethe: Iphigenie auf Tauris. In: Goethes Werke (s. Anm. 5), Bd. 5. S. 8; I. Aufzug, 1. Auftritt (Angegeben wird im folgenden Seitenzahl; Aufzug, Auftritt)

23 Vgl. Goethe, Iphigenie, 10 f.; I, 2.

24 Goethe, Iphigenie, 22; I, 4.

25 Winckelmann, Gedanken (s. Anm. 1), 43.

26 Goethe, Iphigenie (s. Anm. 22), 60; V, 3.

27 Vgl. Goethe, Iphigenie, 41 ff.; III, 2 und 3.

28 Schiller: Über die Iphigenie auf Tauris (Rezension). In: Schiller: Sämtliche Werke. Hrsg. von Gerhard Fricke und Herbert G. Göpfert. 5 Bde. München 1958 f. Bd. 5, S. 965.

29 Schiller, Über die Iphigenie, 966 f.

30 Goethe, Iphigenie (s. Anm. 22), 53 f.; IV, 5.

31 Goethe, Iphigenie, 66; V, 6.

32 Schiller: Brief an Körner vom 12 (11.) 12. 1788. In: Schillers Werke (s. Anm. 20), 25, 158.

33 Schiller, Brief an Körner vom 20. 8. 1788. In: Schillers Werke (s. Anm. 20), 25, 97.

34 Schiller, Brief an Körner vom 15. 11. 1802. In: Schillers Werke (s. Anm. 20), 31, 172.

35 Schiller, Brief an Körner vom 9. 3. 1789 (s. Anm. 20), 25, 222.

36 Vgl. dazu vor allem Paul Böckmann: Schillers Dramenübersetzungen. In: Studien zur Goethezeit. Festschrift für Lieselotte Blumenthal. Hrsg. von Helmut Holtzhausen und Bernhard Zeller. Weimar 1968. S. 30-52.

37 Schiller: Iphigenie in Aulis. In: Schiller, Sämtliche Werke (s. Anm. 28), Bd. 3, S. 288; I. Akt, 1. Aufzug (Angegeben werden im folgenden Seitenzahl; Akt, Aufzug).

38 Schiller, Iphigenie, 299; II,2.

39 Schiller, Iphigenie, 302; II,4.

40 Schiller: Wallensteins Tod. In: Schiller, Sämtliche Werke (s. Anm. 28), Bd. 2, S. 414; I. Aufzug, 4. Auftritt.

41 Schiller, Iphigenie (Anmerkungen) (s. Anm. 37), 350.

42 Vgl. Gert Ueding: Wilhelm Tell. In: Schillers Dramen. Neue Interpretationen. Hrsg. von Walter Hinderer. Stuttgart 1979. S. 271-293.

43 Schiller, Iphigenie (s. Anm. 37), 342; V,5.

44 Schiller, Iphigenie, 343; V,5.

45 Schiller, Über die Tragische Kunst. In: Schiller, Sämtliche Werke (s. Anm. 28), 5, 376.

46 Schiller, Über die Tragische Kunst, 372.

47 Schiller: Brief an Goethe vom 26. 1. 1803. In: Schillers Werke (s. Anm. 20), 32, 5.

48 Schiller: Brief an Caroline von Beulwitz und Charlotte von Lengefeld vom 4. 12. 1788. In: Schillers Werke (s. Anm. 20), 25, 153.

49 Schiller: Über den Grund des Vergnügens an tragischen Gegenständen. In: Schiller, Sämtliche Werke (s. Anm. 28), 5, 370.

50 Schiller, Brief an Körner vom 21. 1. 1802. In: Schillers Werke (s. Anm. 20), 31, 90.

51 Vgl. Böckmann, Schillers Dramenübersetzungen (s. Anm. 36).

52 Schiller: Über das Pathetische. In: Schiller, Sämtliche Werke (s. Anm. 28), 5, 532.

53 Schiller, Über das Pathetische, 536.

54 Schiller: Brief an Humboldt vom 17. 2. 1803. In: Schillers Werke (s. Anm. 20), 32, 11; vgl. auch z. B. die Briefe an Cotta (11. 2. 1803), an Körner (14. 2. 1803) und an Iffland (24. 2. 1803).

55 Schiller: Brief an Körner vom 13. 5. 1801. In: Schillers Werke (s. Anm. 20), 31, 36.

56 Schiller: Brief an Körner vom 15. 11. 1802. In: Schillers Werke (s. Anm. 20), 31, 172.

57 Schiller: Brief an Iffland vom 22. 4. 1803. In: Schillers Werke (s. Anm. 20), 32, 32.

58 Schiller: Brief an Körner vom 10. 3. 1803. In: Schillers Werke (s. Anm. 20), 32, 20.

59 Vgl. Schadewaldt, Braut von Messina (s. Anm. 4).

60 Vgl. Schiller: Brief an Goethe vom 26. 12. 1797. In: Schillers Werke (s. Anm. 20), 29, 176.

61 Vgl. Walter Benjamin: Ursprung des deutschen Trauerspiels. Rev. Ausgabe besorgt von Rolf Tiedemann. Frankfurt/Main 1963. S. 137 ff.

62 Schiller: Die Braut von Messina. In: Schiller, Sämtliche Werke (s. Anm. 28), Bd. 2, S. 837; Vers 411 (Angegeben werden im folgenden Seitenzahl; Vers).

63 Schiller, Braut von Messina, 837; 417.

64 Schiller, Braut von Messina, 900; 2473 f.

65 Schiller: Über den Gebrauch des Chors in der Tragödie. In: Schiller, Sämtliche Werke (s. Anm. 28), 2, 823.

66 Vgl. Schiller, Braut von Messina (s. Anm. 62), 901; 2483 ff.

67 Schiller, Braut von Messina, 901; 2506-09.

68 Schiller, Braut von Messina, 903; 2557.

69 Schiller, Braut von Messina, 906; 2652.

70 Vgl. Schiller, Braut von Messina, 907; 2693 ff.

71 Vgl. Schiller, Braut von Messina, 906-12; 2657 ff.

72 Schiller, Braut von Messina, 912; 2338 f.

73 Vgl. Schiller, Über den Gebrauch des Chors (s. Anm. 65), 822 f.

74 Vgl. Schiller, Über den Gebrauch des Chors, 823.

75 Schiller, Über den Gebrauch des Chors, 816 f.

76 Schiller, Über den Gebrauch des Chors, 820.

77 Schiller, Über den Gebrauch des Chors, 821.

78 Schiller, Über den Gebrauch des Chors, 822 f.

79 Vgl. Schadewaldt, Braut von Messina (s. Anm. 4), 307.

80 Klinger: Aristodemos. In: Klinger, Sämmtliche Werke (s. Anm. 21), Bd. 2, S. 114; II. Akt (Angegeben werden im folgenden Seitenzahl; Akt).

81 Klinger, Aristodemos, 144; V.

82 Klinger: Medea in Korinth: In: Klinger, Sämmtliche Werke (s. Anm. 21), Bd. 2, S. 156; I. Akt (Angegeben werden im folgenden Seitenzahl; Akt).

83 Klinger, Medea in Korinth, 156; II.

84 Klinger, Medea in Korinth, 189; III.

85 Klinger, Medea in Korinth, 223; V.

86 Klinger, Medea auf dem Kaukasos. In: Klinger, Sämmtliche Werke (s. Anm. 21), Bd. 2; S. 236; I. Akt (Angegeben werden im folgenden Seitenzahl; Akt).

87 Klinger, Medea auf dem Kaukasos, 288 f., V.

88 Schiller: Über die ästhetische Erziehung des Menschen in einer Reihe von Briefen. In: Schiller, Sämtliche Werke (s. Anm. 28), 5, 640.

89 Schiller, Über das Pathetische (s. Anm. 52), 525.

90 Schiller, Über das Pathetische, 536.

91 Schiller, Über den Gebrauch des Chors (s. Anm. 65), 822.

92 So Walter Müller Seidel: *Penthesilea* im Kontext der deutschen Klassik. In: Kleists Dramen. Neue Interpretationen. Hrsg. von Walter Hinderer. Stuttgart 1981. S. 146 f.

93 Kleist, Heinrich von: Penthesilea. In: H. v. K.: Sämtliche Werke und Briefe. Hrsg. von Helmut Sembdner. 2 Bde. 2., verm. und rev. Aufl. München 1961. Bd. 1, S. 329; 1. Auftritt, Vers 226-30; vgl. auch 342; 4,623 f. (Angegeben werden im folgenden Seitenzahl; Auftritt, Vers).

94 Kleist, Penthesilea, 357; 7,1072-76.

95 Kleist, Penthesilea, 403; 20,2388-91.

96 Vgl. Hans Mayer: Heinrich von Kleist. Der geschichtliche Augenblick. Pfullingen 1962.

97 Kleist: Brief an Wilhelmine von Zenge vom 22. 3. 1801. In: Kleist, Sämtliche Werke (s. Anm. 93), 2, 633.

98 Kleist, Brief an Wilhelmine von Zenge vom 22. 3. 1801, 634.

99 Kleist, Brief an Wilhelmine von Zenge vom 22. 3. 1801, 634.

100 Kleist, Penthesilea (s. Anm. 93), 362; 9,1219-21.

101 Kleist, Penthesilea, 363; 9,1248-53.

102 Kleist, Penthesilea, 411; 22,2594-97.

103 Kleist, Penthesilea, 361; 9,1193.

104 Kleist, Penthesilea, 405; 20,2427.

105 Kleist, Penthesilea, 405; 20,2427.

106 Kleist, Penthesilea, 408; 21,2496.

107 Kleist, Penthesilea, 349; 5,857-60.

108 Kleist, Penthesilea, 355; 7,1007.

109 Kleist, Penthesilea, 371; 11,1443.

110 Kleist, Penthesilea, 374 f.; 13,1513-21.

111 Kleist, Penthesilea, 354; 7,985.

112 Kleist, Penthesilea, 424; 24,2950.

113 Vgl. Wolfgang Schadewaldt: Furcht und Mitleid? In: W. S.: Hellas und Hesperien. Gesammelte Schriften zur Antike und zur neueren Literatur. Zürich und Stuttgart 1960. S. 346-388.

114 Kleist, Penthesilea (s. Anm. 93), 389; 15, 1957-60.

115 Kleist, Penthesilea, 392; 15, 2069-73.

116 »Denn wer das Käthchen liebt, dem kann die Penthesilea nicht ganz unbegreiflich sein, sie gehören ja wie das + und − der Algebra zusammen, und sind ein und dasselbe Wesen« (Kleist, Brief an von Collin vom 8. 12. 1808 (s. Anm. 97), 818; vgl. auch den Brief an Marie von Kleist vom Spätherbst 1807 (s. Anm. 97), 797).

117 Schiller: Brief an Goethe vom 2. 10. 1797. In: Schillers Werke (s. Anm. 20), 29, 141 f.

118 Vgl. Kleist: Der zerbrochne Krug (Vorrede). In: Kleist, Sämtliche Werke (s. Anm. 93), 1, 176.

119 Kleist, Der zerbrochne Krug (Vorrede), 176.

120 Vgl. dazu Wolfgang Schadewaldt: Der ›zerbrochene Krug‹ von Heinrich von Kleist und Sophokles' ›König Ödipus‹. In: Schadewaldt, Hellas und Hesperien (s. Anm. 113), 843-850.

121 Bloch, Ernst: Philosophische Ansicht des Detektivromans. In: E. B.: Gesamtausgabe. Bd. 9. Frankfurt/Main 1965. S. 255.

122 Kleist, Der zerbrochne Krug (s. Anm. 118), 177; 1,1-6 (Angegeben werden im folgenden Seitenzahl; Auftritt, Vers).

123 Vgl. Kleist, Der zerbrochne Krug, 187; 3,269-79.

124 Kleist, Der zerbrochne Krug, 226; 10,1462-63.

125 Kleist, Der zerbrochne Krug, 193; 6,441.

126 Kleist, Der zerbrochne Krug, 194; 6,490-91.

127 Kleist, Der zerbrochne Krug, 230 f.; 10,1590-94.

128 Kleist, Der zerbrochne Krug, 227; 10,1489-98.

129 Vgl. Peter Michelsen: Die Lügen Adams und Evas Fall. Heinrich von Kleists *Der zerbrochne Krug*. In: Geist und Zeichen. Festschrift für Arthur Henkel zum 60. Geburtstag. Hrsg. von Herbert Anton, Bernhard Gajek und Peter Pfaff. Heidelberg 1977. S. 268-304; Michelsen übersieht freilich die rhetorische Struktur des Stücks.

130 Kleist, Der zerbrochne Krug (s. Anm. 118), 208; 7,903-09.

131 Kleist, Der zerbrochne Krug, 181; 1,135.

132 Vgl. z. B. Michelsen, Lügen Adams (s. Anm. 129).

133 Kleist, Der zerbrochne Krug (s. Anm. 118), 236; 11,1742.

134 Kleist, Der zerbrochne Krug, 244; 1965-66.

135 Kleist: Brief an Ulrike von Kleist vom 5. 10. 1803. In: Kleist, Sämtliche Werke (s. Anm. 93), 2, 735 f. Vgl. zum Folgenden Mayer, Heinrich von Kleist (s. Anm. 96), 206 ff.

136 Kleist: Brief an Ulrike von Kleist vom 26. 10. 1803. In: Kleist, Sämtliche Werke (s. Anm. 93), 2, 737.

137 Goethe: Tagebücher. In: J. W. v. G.: Gedenkausgabe der Werke, Briefe und Gespräche. Hrsg. von Ernst Beutler. 2. Erg.-Bd. Hrsg. von Peter Boerner. Zürich und Stuttgart 1964. S. 279.

138 Kleist: Amphitryon. In: Kleist, Sämtliche Werke (s. Anm. 93), Bd. 1, S. 290 f.; II. Akt, 5. Szene, Vers 1434-57 (Angegeben werden im folgenden Seitenzahl; Akt, Szene, Vers).

139 Kleist, Amphitryon, 291; II,5,1471-73.

140 Kleist, Amphitryon, 303; III,5,1840.

141 Kleist, Amphitryon, 282; II,4,1159-60.

142 Kleist, Amphitryon, 319; III,11,2321-24.

143 Kleist, Amphitryon, 319; III,11,2334; vgl. auch 288; II,5,1355.

144 Vgl. Kleist, Amphitryon, 248; I,1,32-37.

145 Vgl. Kleist, Amphitryon, 307; III,6 und 312; III,10 sowie 315; III, 11.

146 Vgl. Kleist, Amphitryon, 299; III,2.

147   Kleist, Amphitryon, 254; I,2,239-40.
148   Kleist, Amphitryon, 257; I,2,343-45.
149   Kleist, Amphitryon, 291; II,5,1457.
150   Kleist, Amphitryon, 308; III,8,1970-73.
151   Hölderlin, Friedrich: Brief an Böhlendorff vom 4. 12. 1801. In: F.H.: Sämtliche Werke und Briefe. Hrsg. von Günther Mieth. 2 Bde. München 1984⁴. Bd. 2, S. 927.
152   Hölderlin, Brief an Christian Gottfried Schütz (Winter 1799/1800). In: Hölderlin, Sämtliche Werke und Briefe (s. Anm. 151), 2, 878 f.
153   Hölderlin, Brief an Christian Gottfried Schütz (Winter 1799/1800), 879.
154   Hölderlin, Brief an Neuffer vom 3. 7. 1799. In: Hölderlin, Sämtliche Werke und Briefe (s. Anm. 151), 2, 833 f.
155   Winckelmann, Gedancken (s. Anm. 1), 30 f.
156   Schiller, Über naive und sentimentalische Dichtung. In: Schiller, Sämtliche Werke (s. Anm. 28), 5, 715.
157   Vgl. Schiller, Ästhetische Erziehung (s. Anm. 88), 593.
158   Zum Verhältnis von Empedokles' Lehre auf Hölderlin vgl. Uvo Hölscher: Empedokles und Hölderlin. Frankfurt/Main 1965. S. 17 ff.
159   Hölderlin: Der Tod des Empedokles (Erste Fassung). In: Hölderlin, Sämtliche Werke (s. Anm. 151), Bd. 2, S. 65; Vers 1449 und 1463 f. (Angegeben werden im folgenden Seitenzahl; Vers).
160   Hölderlin, Empedokles, 67 f.; 1537-61.
161   Hölderlin: Grund zum Empedokles. In: Hölderlin, Sämtliche Werke (s. Anm. 151), 2, 126.
162   Hölderlin, Empedokles (s. Anm. 159), 29; 443-44.
163   Hölderlin, Empedokles, 29; 451-52.
164   Hölderlin, Empedokles, 29; 453.
165   Hölderlin, Empedokles, 71; 1634-40.
166   Vgl. dazu Christoph Prignitz: Zeitgeschichtliche Hintergründe der ›Empedokles‹-Fragmente Hölderlins. In: Hölderlin-Jahrbuch 23 (1982/83), S. 229-257.
167   Vgl. zu Hölderlins Götterbild in seinen antiken Dramenübersetzungen Friedrich Beißner: Hölderlins Übersetzungen aus dem Griechischen. Stuttgart 1961².
168   Hölderlin: Der Tod des Empedokles (2. Fassung). In: Hölderlin, Sämtliche Werke (s. Anm. 151), 2, 97, Vers 304-08.
169   Hölderlin, Empedokles, 96; 272.
170   Hölderlin, Empedokles, 147; 362.

171 Hölderlin, Empedokles, 148; 383-87.
172 Vgl. z.B. Prignitz, Zeitgeschichtliche Hintergründe (s.Anm. 166).
173 Hölderlin, Empedokles (s.Anm. 168), 101; 431.
174 Der genaue Zeitpunkt ist nicht bekannt, er wird erstmals in den Briefen aus dem Jahre 1802 erwähnt.
175 Hölderlin, Brief an Wilmans vom 28. 9. 1803. In: Hölderlin, Sämtliche Werke (s.Anm. 151), 2, 935 f.
176 Hölderlin, Brief an Böhlendorff vom 4. 12. 1801 (s.Anm. 151), 927.
177 Vgl. Wolfgang Schadewaldt: Hölderlins Übersetzung des Sophokles. In: Über Hölderlin. Hrsg. von Jochen Schmidt. Frankfurt/Main 1970. S.243.
178 Hölderlin: Anmerkungen zum Ödipus. In: Hölderlin, Sämtliche Werke (s.Anm. 151), 2, 395 f.
179 Hölderlin, Anmerkungen zum Ödipus, 392.
180 Hölderlin: Anmerkungen zur Antigone. In: Hölderlin, Sämtliche Werke (s.Anm. 151), Bd. 2, S.455.
181 Hölderlin: Ödipus der Tyrann. In: Hölderlin, Sämtliche Werke (s.Anm. 151), Bd. 2, S.330; I. Akt, 1. Szene, Vers 24 (Angegeben werden im folgenden Seitenzahl; Akt, Szene, Vers).
182 Hölderlin, Ödipus, 335; I,2,174.
183 Vgl. Hölderlin: Antigone. In: Hölderlin, Sämtliche Werke (s.Anm. 151), Bd. 2, S.422; III. Akt, Vers 604 (Angegeben werden im folgenden Seitenzahl; Akt, Szene, Vers).
184 Hölderlin, Antigone, 443; V,1189-91.
185 Hölderlin, Antigone, 427; III,1,768.
186 Hölderlin, Antigone, 439; IV,2,1097.
187 Hölderlin, Anmerkungen zur Antigone (s.Anm. 180), 452.
188 Hölderlin, Anmerkungen zur Antigone, 454.
189 Hölderlin, Anmerkungen zur Antigone, 457.
190 Hölderlin, Anmerkungen zur Antigone, 458.

II. Vom Charakterstück zum historischen Drama

1 Knigge, Adolph Freiherr von: Über Schriftsteller und Schriftstellerey. Hannover 1793. S.209 f.
2 Knigge, Schriftsteller und Schriftstellerey, 208.
3 Gottsched, Johann Christoph: Versuch einer Critischen Dichtkunst ⟨...⟩. 4., verm. Aufl. Leipzig 1751. Fotomech. Ndr. Darmstadt 1962[5]. S.613.

4 Gottsched, Critische Dichtkunst, 619.

5 Klopstock, Friedrich Gottlieb: Brief an Gleim vom 19. 12. 1767. In:
   F. G. Klopstocks sämmtliche Werke, ergänzt in drei Bänden durch
   seinen Briefwechsel, lebensgeschichtliche und andere interessante
   Beiträge von Hermann Schmidlin. Stuttgart 1839. Bd. 1, S. 304 f.

6 Klopstock: Sämmtliche Werke. Leipzig 1854 f. Bd. 6, S. 362.

7 Goethe, Johann Wolfgang von: Dichtung und Wahrheit. In: Goethes Werke. Hamburger Ausgabe in 14 Bänden. Hrsg. von Erich
   Trunz. München 1982[12]. Bd. 9, 413.

8 Goethe: Zum Shakespeares-Tag. In: Goethes Werke (s. Anm. 7), 12,
   226.

9 Pseudo-Longinos: Vom Erhabenen. Griech. und dt. Übers. und hrsg.
   von Reinhard Brandt. Darmstadt 1966. S. 29 f.

10 Schiller, Friedrich: Erinnerung an das Publikum (zu: »Die Verschwörung des Fiesco zu Genua«). In: F. S.: Sämtliche Werke. Hrsg.
   von Gerhard Fricke und Herbert G. Göpfert. 5 Bde. München
   1958 f. Bd. 1, S. 753.

11 Schiller: Die Verschwörung des Fiesco zu Genua. Vorrede. In: Schiller, Sämtliche Werke (s. Anm. 10), 1, 640.

12 Schiller, Fiesco (Vorrede), 641.

13 Schiller, Erinnerung (s. Anm. 10), 753.

14 Schiller, Erinnerung, 753.

15 Schiller, Erinnerung, 753.

16 Schiller, Fiesco (s. Anm. 11), S. 731; IV. Aufzug, 14. Auftritt (Angegeben werden im folgenden Seitenzahl; Aufzug, Auftritt).

17 Schiller, Fiesco, 732; IV,14.

18 Schiller: Was heißt und zu welchem Ende studiert man Universalgeschichte? In: Schiller, Sämtliche Werke (s. Anm. 10), 4, 764.

19 Schiller, Universalgeschichte, 766 f.

20 Schiller, Universalgeschichte, 764.

21 Goethe: Brief an Schiller vom 21. 8. 1799. In: Schillers Werke.
   Nationalausgabe. Begr. von Julius Petersen, fortgef. von Lieselotte
   Blumenthal und Benno von Wiese. Hrsg. im Auftrag der Nationalen Forschungs- und Gedenkstätten der klassischen deutschen Literatur in Weimar und des Schiller-Nationalmuseums in Marbach
   von Norbert Oellers und Siegfried Seidel. Weimar 1943 ff.
   Bd. 38/I, S. 147.

22 Schiller: Brief an Goethe vom 30. 10. 1797. In: Schillers Briefe.
   Hrsg. und mit Anm. vers. von Fritz Jonas. Kritische Gesamtausgabe. 7 Bde. Stuttgart, Leipzig, Berlin, Wien o. J. Bd. 5, S. 282.

23 Vgl. Schiller: Brief an Goethe vom 4. 4. 1797. In: Schillers Briefe, 5, 167-69.

24 Schiller: Brief an Goethe vom 28. 11. 1796. In: Schillers Briefe, 5, 119.

25 Schiller: Brief an Körner vom 28. 11. 1796. In: Schillers Briefe, 5, 121.

26 Schiller: Brief an Körner vom 28. 11. 1796. In: Schillers Briefe, 5, 122.

27 Schiller: Über die Tragische Kunst. In: Schiller, Sämtliche Werke (s. Anm. 10), 5, 388.

28 Schiller, Tragische Kunst, 390.

29 Schiller: Über den Gebrauch des Chors in der Tragödie. In: Schiller, Sämtliche Werke (s. Anm. 10), 2, 816 f.

30 Schiller: Über Egmont, Trauerspiel von Goethe. In: Schiller, Sämtliche Werke (s. Anm. 10), 5, 933.

31 Schiller, Über Egmont, 935.

32 Vgl. Goethe: Brief an Carl August vom 1. 10. 1788. In: Goethes Werke. Sophien-Ausgabe. IV. Abt., Bd. 9. Weimar 1891. S. 36 f.

33 Goethe: Egmont. In: Goethes Werke (s. Anm. 7), Bd. 4, S. 394; II. Aufzug (Angegeben werden im folgenden Seitenzahl; Aufzug).

34 Goethe, Egmont, 395; II.

35 Goethe, Egmont, 426; IV.

36 Goethe, Egmont, 414 f.; IV.

37 Vgl. Norbert Elias: Die höfische Gesellschaft. Untersuchungen zur Soziologie des Königtums und der höfischen Aristokratie. Neuwied und Berlin 1969.

38 Goethe, Brief an Carl August vom 1. 10. 1788 (s. Anm. 32), 37.

39 Vgl. Schiller: Über Anmut und Würde. In: Schiller, Sämtliche Werke (s. Anm. 10), 5, 433-488.

40 Müller, Kanzler Friedrich von: Unterhaltungen mit Goethe. Mit Anm. vers. und hrsg. von Renate Grumach. 2., durchges. Aufl. München 1982. S. 137.

41 Goethe, Egmont (s. Anm. 33), 453; V.

42 Goethe: Brief an Carl August vom 11. 8. 1787. In: Goethes Briefe. Hamburger Ausgabe in 4 Bänden. Hrsg. von Karl Robert Mandelkow. Hamburg 1962-67. Bd. 2, S. 63.

43 Goethe: Torquato Tasso. In: Goethes Werke (s. Anm. 7). Bd. 5, S. 163; V. Aufzug, 5. Auftritt, Vers 3311-17 (Angegeben werden im folgenden Seitenzahl; Aufzug, Auftritt, Vers).

44 Eckermann, Johann Peter: Gespräch mit Goethe vom 3. 5. 1827. In:

J.P.E.: Gespräche mit Goethe in den letzten Jahren seines Lebens. Hrsg. von Regine Otto. München 1984[2]. S.539.

45 Goethe: Italienische Reise. In: Goethes Werke (s.Anm. 7), 11, 705.

46 Goethe, Tasso (s.Anm. 43), 77; I,1,167-70.

47 Goethe, Tasso, 80; I,2,243.

48 Goethe, Tasso, 81; I,2,291 f.

49 Vgl. Wilfried Barner: Barockrhetorik. Untersuchungen zu ihren geschichtlichen Grundlagen. Tübingen 1970. S.86-135 und Richard Alewyn: Das große Welttheater. Die Epoche der höfischen Feste. München 1985.

50 Goethe, Tasso (s.Anm. 43), 138; IV,2,2414 f.

51 Goethe, Tasso, 156; V,2,3072-78.

52 Goethe, Tasso, 156; V,2,3081-87.

53 Hegel, Georg Wilhelm Friedrich: Ästhetik. 2 Bde. Hrsg. von Friedrich Bassenge. Frankfurt/M. o.J. Bd. 2, S.357.

54 Goethe, Tasso (s.Anm. 43), 166; V,5,3422-33.

55 Vgl. Hans-Jürgen Schings: Melancholie und Aufklärung. Melancholiker und ihre Kritiker in der Erfahrungsseelenkunde und Literatur des 18. Jahrhunderts. Stuttgart 1977. S.267.

56 Goethe, Tasso (s.Anm. 43), 157; V,3,3090 f.

57 Goethe, Tasso 167; V,5,3452 f.

58 Vgl. Goethe, Tasso, 145; IV,4,2670.

59 Goethe: Campagne in Frankreich. In: Goethes Werke (s.Anm. 7), 10, 359.

60 Goethe, Campagne, 358.

61 Goethe, Campagne, 359.

62 Goethe, Der Groß-Cophta. In: J.W.v.G.: Gedenkausgabe der Werke, Briefe und Gespräche. Hrsg. von Ernst Beutler. 24 Bde. und 2 Erg.-Bde. Zürich 1948 ff. Bd. 6, S.607.

63 Goethe, Groß-Cophta, 666.

64 Goethe, Groß-Cophta, 669.

65 Goethe: Der Bürgergeneral. In: Goethe, Gedenkausgabe (s.Anm. 62), 6, 682.

66 Goethe, Bürgergeneral, 707.

67 Goethe: Brief an Reinhard vom 31. 12. 1809. In: Goethes Briefe (s.Anm. 42), 3, 117.

68 Goethe, Bürgergeneral (s.Anm. 65), 707.

69 Goethe, Bürgergeneral, 707 f.

70 Eckermann: Gespräch mit Goethe vom 4. 1. 1824. In: Eckermann, Gespräche (s.Anm. 44), 471.

71 Goethe: Die Aufgeregten. In: Goethes Werke (s. Anm. 7). Bd. 5, S. 191; II. Aufzug, 4. Auftritt (Angegeben werden im folgenden Seitenzahl; Aufzug, Auftritt).

72 Goethe, Die Aufgeregten, 192; II,4.

73 Goethe, Die Aufgeregten, 195; III,1.

74 Goethe, Campagne (s. Anm. 59), 359.

75 Goethe, Die Aufgeregten (s. Anm. 71), 195; III,1.

76 Eckermann, Gespräch mit Goethe vom 4. 1. 1824 (s. Anm. 70), 472.

77 Goethe: Tag- und Jahreshefte. In: Goethe, Gedenkausgabe (s. Anm. 62), 11, 672 f.

78 Goethe: Die natürliche Tochter. In: Goethes Werke (s. Anm. 7). Bd. 5, S. 215; I. Aufzug, 1. Auftritt, Vers 1-5 (Angegeben werden im folgenden Seitenzahl; Aufzug, Auftritt, Vers).

79 Goethe, Natürliche Tochter, 218; I,2,127-29 und 220; I,3, 174-76.

80 Goethe, Natürliche Tochter, 216; I,1,32.

81 Zu Allegorie und Symbol vgl. Ernst Bloch: Tübinger Einleitung in die Philosophie. Frankfurt/Main 1964 und Walter Benjamin: Ursprung des deutschen Trauerspiels. Rev. Ausgabe besorgt von Rolf Tiedemann. Frankfurt/Main 1963.

82 Goethe, Natürliche Tochter (s. Anm. 78), 229; I,6,466 f.

83 Vgl. Goethe, Natürliche Tochter, 249; III,1,1149 ff.

84 Goethe, Natürliche Tochter, 252; III,1,1261.

85 Goethe, Natürliche Tochter, 263; III,4,1657 f.

86 Vgl. Goethe, Natürliche Tochter, 269; IV,2,1876 ff.

87 Goethe, Natürliche Tochter, 296; V,8,2826.

88 Goethe, Natürliche Tochter, 223; I,5,265-69.

89 Goethe, Natürliche Tochter, 226; I,5,360.

90 Goethe, Natürliche Tochter, 226; I,5,361 f.

91 Goethe, Natürliche Tochter, 225; I,5,337.

92 Goethe, Natürliche Tochter, 297; V,8,2852-67.

93 Vgl. Goethe, Natürliche Tochter, 228; I,6,458 f.

94 Goethe, Natürliche Tochter, 289; V,5,2593 f.

95 Goethe, Natürliche Tochter, 299; V,9,2938-47.

96 Goethe: Brief an Schiller vom 9. 3. 1802. In: Goethes Briefe (s. Anm. 42), 2, 431 f.

97 Goethe, Natürliche Tochter (s. Anm. 78), 224; I,5,301-05.

98 Schiller: Brief an Körner vom 8. 1. 1798. In: Schillers Briefe (s. Anm. 22), 5, 320.

99 Humboldt, Wilhelm von: Brief an Christine Reinhard-Reimarus

vom 21. 10. 1800. In: W. v. H.: Briefe an Christine Reinhard-Reimarus. Hrsg. von Arndt Schreiber. Heidelberg 1956. S. 96.

100 Hegel: Über Wallenstein. In: G. F. W. H.: Sämtliche Werke. Jubilä-
umsausgabe in zwanzig Bänden. Hrsg. von Hermann Glockner.
Stuttgart 1958. Bd. 20, S. 458.

101 Hegel, Ästhetik (s. Anm. 53), 2, 580.

102 Schiller: Brief an Goethe vom 2. 10. 1797. In: Schillers Briefe
(s. Anm. 22), 5, 270.

103 Schiller: Brief an Körner vom 28. 11. 1796. In: Schillers Briefe
(s. Anm. 22), 5, 121.

104 Schiller: Wallenstein. Prolog. In: Schiller, Sämtliche Werke (s. Anm.
10), Bd. 2, S. 273; Vers 114.

105 Schiller: Wallensteins Lager. In: Schiller, Sämtliche Werke (s. Anm.
10), Bd. 2, S. 300; I. Aufzug, 11. Auftritt, Vers 748-56 (Angegeben
werden im folgenden Seitenzahl; Aufzug, Auftritt, Vers).

106 Schiller, Wallensteins Lager, 303; I,11,842.

107 Vgl. Schiller, Wallensteins Lager, 306 f.; I,11, bes. 961-86.

108 Schiller: Die Piccolomini. In: Schiller, Sämtliche Werke (s. Anm. 10),
Bd. 2, S. 395; V. Aufzug, 1. Auftritt, Vers 2333-38 (Angegeben
werden im folgenden Seitenzahl; Aufzug, Auftritt, Vers).

109 Schiller, Piccolomini, 329; I,4,463.

110 Schiller, Piccolomini, 332; I,4,561-65.

111 Schiller, Piccolomini, 331; I,4,534 f.

112 Kant, Immanuel: Zum ewigen Frieden. In: I. K.: Werke. Hrsg. von
Wilhelm Weischedel. Bd. 11. Frankfurt/M. 1964. S. 251.

113 Vgl. Schiller: Brief an Goethe vom 22. 9. 1797. In: Schillers Briefe
(s. Anm. 22), 5, 264.

114 Vgl. Benno von Wiese: Friedrich Schiller: Stuttgart 1959.

115 Schiller: Brief an Körner vom 13. 7. 1800. In: Schillers Briefe
(s. Anm. 22), 6, 171 f.

116 Schiller, Piccolomini (s. Anm. 108), 342 f.; II,5,831-44.

117 Vgl. Gert Sautermeister: Idyllik und Dramatik im Werk Friedrich
Schillers. Stuttgart 1971. S. 132.

118 Schiller: Wallensteins Tod. In: Schiller, Sämtliche Werke (s. Anm.
10), Bd. 2, S. 414; I. Aufzug, 4. Auftritt, Vers 161 (Angegeben werden im folgenden Seitenzahl; Aufzug, Auftritt, Vers).

119 Schiller, Wallensteins Tod, 416; I,4,220-22.

120 Schiller, Wallensteins Tod, 433; II,2,730 f.

121 Schiller, Wallensteins Tod, 520; IV,12,3177-80.

122 Schiller, Wallensteins Tod, 538; V,5,3677-79.

123 Vgl. Schillers Gedicht »Resignation« von 1786.

124 Vgl. Wolfgang Schadewaldt: Antikes und Modernes in Schillers »Braut von Messina«. In: Jahrbuch der Deutschen Schillergesellschaft 13 (1969), S. 304.

125 Schiller: Über die ästhetische Erziehung des Menschen in einer Reihe von Briefen. In: Schiller, Sämtliche Werke (s. Anm. 10), 5, 572.

126 Schiller, Ästhetische Erziehung, 572.

127 Schiller, Ästhetische Erziehung, 575.

128 Schiller, Ästhetische Erziehung, 573.

129 Schiller: Brief an Goethe vom 27. 3. 1801. In: Schillers Briefe (s. Anm. 22), 6, 262.

130 Schiller: Brief an Goethe vom 26. 4. 1799. In: Schillers Briefe (s. Anm. 22), 6, 26.

131 Schiller: Brief an Reinwald (März 1783). In: Schillers Briefe (s. Anm. 22), 1, 102.

132 Schiller: Brief an Reinwald vom 27. 3. 1783. In: Schillers Briefe (s. Anm. 22), 1, 107 f.

133 Schiller: Brief an Goethe vom 26. 4. 1799. In: Schillers Briefe (s. Anm. 22), 6, 26 f.

134 Schiller: Brief an Goethe vom 3. 9. 1799. In: Schillers Briefe (s. Anm. 22), 6, 84.

135 Schiller: Maria Stuart. In: Schiller, Sämtliche Werke (s. Anm. 10), Bd. 2, S. 561; I. Aufzug, 4. Auftritt, Vers 323 f. (Angegeben werden im folgenden Seitenzahl; Aufzug, Auftritt, Vers).

136 Schiller, Maria Stuart, 656; IV,10,3108-11.

137 Schiller, Maria Stuart, 658; IV,11,3265-82.

138 Schiller, Maria Stuart, 667; V,6,3489-94.

139 Vgl. Hegel, Ästhetik (s. Anm. 53), 1. 188.

140 Schiller, Maria Stuart (s. Anm. 135), 576; I,7,825.

141 Schiller: Die Jungfrau von Orleans. In: Schiller, Sämtliche Werke (s. Anm. 10), Bd. 2, S. 765; III. Aufzug, 6. Auftritt, Vers 2318-30 (Angegeben werden Seitenzahl; Aufzug, Auftritt, Vers).

142 Schiller, Jungfrau von Orleans, 787; IV,9,2908.

143 Schiller, Jungfrau von Orleans, 736; II,3,1469 und 1478.

144 Schiller: Brief an Körner vom 25. 4. 1805. In: Schillers Briefe (s. Anm. 22), 7, 241.

145 Schiller: Demetrius. In. Schiller, Sämtliche Werke (s. Anm. 10), 3, 17.

146 Schiller, Demetrius, 18.

147 Schiller, Demetrius, 17.

148 Schiller, Demetrius, 29.

149 Schiller, Demetrius, 63.

150 Schiller, Jungfrau von Orleans (s. Anm. 141), 811; V,14,3525-27.

151 Vgl. Gert Ueding: Die Wahrheit lebt in der Täuschung fort. Historische Aspekte der Vor-Schein-Ästhetik. In: Literatur ist Utopie. Hrsg. von Gert Ueding. Frankfurt/Main 1978. S. 81-102.

152 Schiller, Jungfrau von Orleans (s. Anm. 141), 701; Prolog, 4, 395-400.

153 Schiller, Jungfrau von Orleans, 699; Prolog, 3, 332-36.

154 Schiller, Jungfrau von Orleans, 699; Prolog, 3, 344-54.

155 Schiller: Brief an Wieland vom 17. 10. 1801. In: Schillers Briefe (s. Anm. 22), 6, 308.

156 Vgl. dazu Hans Mayer: Außenseiter. Frankfurt /Main 1975. bes. S. 50 ff.

157 Schiller, Jungfrau von Orleans (s. Anm. 141), 774; IV,1,2567.

158 Schiller, Jungfrau von Orleans, 777; IV,2,2639.

159 Wolzogen, Karoline von: Schillers Leben. Stuttgart, Berlin 1903. S. 250.

160 Schiller: Brief an Goethe vom 30. 10. 1797. In: Schillers Briefe (s. Anm. 22), 5, 282.

161 Schiller: Brief an Goethe vom 19. 7. 1799. In: Schillers Briefe (s. Anm. 22), 6, 59.

162 Schiller: Brief an Körner vom 9. 9. 1802. In: Schillers Briefe (s. Anm. 22), 6, 415.

163 Schiller: Brief an Wilhelm von Wolzogen vom 27. 10. 1803. In: Schillers Briefe (s. Anm. 22), 7, 90.

164 Daher die Rückgriffe auf Motive des Calderonschen Dramas in diesem Stück, die Walter Benjamin schon bemerkte; vgl. Benjamin. Trauerspiel (s. Anm. 81), 129.

165 Der Gedanke der Nemesis, den Schiller von Herder übernommen hat (vgl. von Wiese, Schiller (s. Anm. 114), 361 ff.), spielt in diesem Zusammenhang nur eine untergeordnete Rolle, als Metapher für den tragischen Antagonismus zwischen dem Geschehen und dem Traum der Geschichte, zwischen historischer Wirklichkeit und Möglichkeit, der ja nicht nur subjektiv ist, sondern, vermittelt durch Tat und Handlung, Beweggrund des historischen Prozesses.

166 Schiller, Wilhelm Tell. In: Schiller: Sämtliche Werke (s. Anm. 10), Bd. 2, S. 921; I. Aufzug, 1. Szene, Vers 120 f. (Angegeben werden im folgenden Seitenzahl; Aufzug, Szene, Vers).

167 Schiller, Wilhelm Tell, 921; I,1,127.

168 Schiller, Wilhelm Tell, 921; I,1,137.

169 Schiller, Wilhelm Tell, 923; I,1,177.

170 Vgl. Joseph Campbell: Der Heros in tausend Gestalten. Frankfurt/ Main 1953. S. 51 ff.

171 Schiller, Wilhelm Tell (s. Anm. 166), 991; IV,1,2206.

172 Schiller, Wilhelm Tell, 996; IV,2,2365-70.

173 Schiller, Wilhelm Tell, 1021; V,1,3083.

174 Schiller, Wilhelm Tell, 1021; V,1,3086.

175 Schiller, Wilhelm Tell, 1029; V,3,3290.

176 Völlig mißverstanden hat Franz Mehring dieses Drama und auch diese Szene (als Unterwürfigkeit und Selbsterniedrigung); vgl. Franz Mehring: Schiller. Ein Lebensbild für deutsche Arbeiter. Bearb. und hrsg. von Walter Heist. Berlin 1949. S. 160.

177 Schiller, Wilhelm Tell (s. Anm. 166), 998; IV,2,2416-22.

178 Das im 18. Jahrhundert so beliebte Cäsar/Brutus-Motiv reflektiert dieses Problem in seinen verschiedenen Nuancen; auch Schiller hatte es in seinen Räubern aufgenommen.

179 »Hier gilt das Töten der Tiere, die als schädliche Feinde erscheinen, die Erwürgung z. B. des Nemeischen Löwen durch Herakles . . . als etwas Hohes, wodurch die Helden sich Götterrang erkämpften . . .« (Hegel, Georg Wilhelm: Vorlesungen über die Ästhetik. Erster und zweiter Teil. Einf. von Rüdiger Bubner. Stuttgart 1977. S. 474).

180 Vgl. Schiller, Wilhelm Tell (s. Anm. 166), 1004; IV,3,2606 ff.

181 Hegel, Ästhetik (s. Anm. 179), 474.

182 Körner, Christian Gottfried: Brief an Schiller vom 17. 3. 1804. In: Schillers Briefwechsel mit Körner von 1784 bis zum Tode Schillers. Hrsg. von Karl Goedeke. Leipzig ²1878.

183 Ranke-Graves, Robert von: Griechische Mythologie. Quellen und Deutung. 2 Bde. Hamburg 1960. Bd. 2, S. 364.

184 Ranke-Graves, Mythologie, 2, 295.

185 Schiller, Wilhelm Tell (s. Anm. 166), 981; III,3,1936-40.

186 Schiller, Wilhelm Tell, 982; III,3,1976.

187 Schiller, Wilhelm Tell, 983; III,3,1985-89.

188 Schiller: Brief an Lotte von Lengefeld vom (26.) 3. 1789. In: Schillers Briefe (s. Anm. 22), 2, 262.

189 Böttiger, Karl August: Gespräch mit Schiller vom 20. 3. 1804. In: Schillers Werke (s. Anm. 21), 42, 380 f.

190 Vgl. Schiller: Brief an Iffland vom 14. 4. 1804. In: Schillers Briefe (s. Anm. 22), 7, 138.

191 Geschäftsbriefe Schillers. Hrsg. von Karl Goedeke. Leipzig 1875.
     S. 317.
192 Schiller, Wilhelm Tell (s. Anm. 166), 1003; IV,3,2566 ff.
193 Schiller, Wilhelm Tell, 1003; IV,3,2570 ff.
194 Schiller, Wilhelm Tell, 1004; IV,3,2589.
195 Schiller, Wilhelm Tell, 1004; IV,3,2596.
196 Schon Melitta Gerhard hat den Zusammenhang des »Wilhelm Tell«
     mit den staats- und geschichtsphilosophischen Vorstellungen gese-
     hen (vgl. Melitta Gerhard: Schiller. Bern 1950), doch erst Gert Sau-
     termeister hat darüber hinaus die spannungsvolle Grundfigur die-
     ses Dramas als Wechselspiel von Idyllik und Geschichtlichkeit
     aufgezeigt (vgl. Sautermeister, Idyllik (s. Anm. 117)).
197 Schiller, Wilhelm Tell (s. Anm. 166), 1006; IV,3,2643.
198 Schiller, Wilhelm Tell, 1024; V,2,3138.
199 Schiller, Wilhelm Tell, 1025; V,2,3183 f.
200 Schiller, Wilhelm Tell, 1027; V,2,3250 ff.
201 Schiller: Brief an Iffland vom 5. 12. 1803. In: Schillers Briefe
     (s. Anm. 22), 7, 98.
202 Schiller, Wilhelm Tell (s. Anm. 166), 1023; V,2,3134 f.
203 Vgl. Hellmut A. Hartwig: Schillers *Wilhelm Tell* und der »Edle
     Wilde«. In: Carl Hammer (Hrsg.): Studies in German Literature.
     Baton Rouge, Louisiana 1963. S. 72-84.
204 Schiller: Brief an Goethe vom 24. 8. 1798. In: Schillers Briefe
     (s. Anm. 22), 5, 418.
205 Schiller: Brief an Iffland vom 12. 7. 1803. In: Schillers Briefe
     (s. Anm. 22), 7, 57.
206 Kleist, Heinrich von: Fragment aus dem Trauerspiel: Robert Guis-
     kard, Herzog der Normänner. In: H. v. K.: Sämtliche Werke und
     Briefe. Hrsg. von Helmut Sembdner. 2 Bde. 2., verm. und rev. Aufl.
     München 1961. Bd. 1, S. 172; 10. Auftritt, Vers 501-15 (Angegeben
     werden im folgenden Seitenzahl; Auftritt, Vers).
207 Kleist, Robert Guiskard, 173; 10,519 f. und 524.
208 Kleist: Brief an Ulrike von Kleist vom 24. (10. 1806). In: Kleist,
     Sämtliche Werke (s. Anm. 206), 2, 770 f.
209 Kleist: Die Hermannsschlacht. In: Kleist, Sämtliche Werke (s. Anm.
     206), Bd. 1, S. 544 f.; I. Akt, 3. Auftritt, Vers 308 f. und 313 f.
     (Angegeben werden im folgenden Seitenzahl; Akt, Auftritt, Vers).
210 Schiller: (Deutsche Grösse). In: Schiller, Sämtliche Werke (s. Anm.
     10), 1, 473 f.
211 Kleist, Hermannsschlacht (s. Anm. 209), 545; I,3,332-35.

212 (Werner, Zacharias:) Einige Worte an das Publikum über das Schauspiel »Die Weyhe der Kraft«. Vom Verfasser desselben. Berlin 1806. S. 3 f.

213 Werner, Zacharias: Martin Luther, oder die Weihe der Kraft. In: Zacharias Werner's sämmtliche Werke. 13 Bde. Grimma o. J. Bd. 6, S. 9.

214 Brühl, Gräfin Tina: Brief an Zacharias Werner vom März 1807. In: Briefe des Dichters Friedrich Ludwig Zacharias Werner. Mit e. Einf. hrsg. von Oswald Floeck. 2 Bde. München 1914. Bd. 2, S. 427.

215 Werner: Wanda, Königin der Sarmaten. In: Werner's sämmtliche Werke (s. Anm. 213) 7, 270.

216 Fouqué, Friedrich de la Motte: Sigurd, der Schlangentödter. In: Deutsche Nationallitteratur. Hrsg. von Joseph Kürschner. Bd. 146, 2. Abt., 1. Teil. Hrsg. von Max Koch. Stuttgart o. J. S. 3 f.

217 Fouqué: Burg Geroldseck. In: F.: Ausgewählte Werke. Bd. 12. Halle 1841. S. 108 f.

218 Briefe an Fouqué. Berlin 1848. S. 61.

219 Vgl. Franz Grillparzer: Selbstbiographie. In: F.G.: Sämtliche Werke. Historisch-kritische Gesamtausgabe. Hrsg. von August Sauer. 42 Bde. Wien 1909 ff. Bd. 16, S. 185.

220 Dorothea Schlegel. Zit. nach Johannes Struker: Beiträge zur kritischen Würdigung der dramatischen Dichtungen Theodor Körners. Diss. Univ. Münster 1911. S. 2.

221 Körner, Theodor: Zriny. In: Körners sämtliche Werke in vier Bänden. Mit einer Einl. von Hermann Fischer. Stuttgart und Berlin o. J. Bd. 3, S. 92 f.; V. Aufzug, 7. Auftritt.

222 Kleist, Hermannsschlacht (s. Anm. 209), 567; III,3,964.

223 Kleist, Hermannsschlacht, 567; III,3,966.

224 Kleist, Hermannsschlacht, 570; III,3,1070 und 1071 f.

225 Vgl. Kleist, Hermannsschlacht, 594; IV,9,1718 ff.

226 Kleist, Hermannsschlacht, 590; IV,6,1608.

227 Vgl. Kleist, Hermannsschlacht, 566; III,2,945 ff.

228 Vgl. Kleist, Hermannsschlacht, 594; IV,9,1700 und 1709.

229 Vgl. Kleist, Hermannsschlacht, 619 f.; V,18,2388.

230 Kleist: Prinz Friedrich von Homburg. In: Kleist, Sämtliche Werke (s. Anm. 206), Bd. 1, S. 206; V. Akt, 11. Auftritt, Vers 1858 (Angegeben werden im folgenden Seitenzahl; Akt, Auftritt, Vers).

231 Kleist, Prinz Friedrich von Homburg, 633; I,1,65.

232 Kleist, Prinz Friedrich von Homburg, 636; I,4,112.

233 Kleist, Prinz Friedrich von Homburg, 632; I,1,39.

234 Kleist, Prinz Friedrich von Homburg, 653; II,2,474 f.

235 Kleist, Prinz Friedrich von Homburg, 706; V,9,1822 und 1819.

236 Kleist, Prinz Friedrich von Homburg, 707; V,9,1827 f.

237 Kleist, Prinz Friedrich von Homburg, 704; V,7,1750-52.

238 Kleist, Prinz Friedrich von Homburg, 675; III,5,981-83.

239 Kleist, Prinz Friedrich von Homburg, 680 f.; IV,1,1149-55.

240 Kleist, Brief an Marie von Kleist vom 19. 11. 1811. In: Kleist, Sämtliche Werke (s. Anm. 206), 2, 884.

241 Kleist, Brief an Ulrike von Kleist vom 21. 11. 1811. In: Kleist, Sämtliche Werke (s. Anm. 206), 2, 887.

242 Kleist, Prinz Friedrich von Homburg (s. Anm. 230), 707; V,10,1840.

243 Kleist, Prinz Friedrich von Homburg, 709; V,10,1856.

244 Vgl. K. H. Krause: Mein Vaterland unter den Hohenzollerischen Regenten. Halle 1803.

245 Broch, Hermann: Die Schlafwandler. Eine Romantrilogie. In: E. B.: Gesammelte Werke. Bd. 2. Zürich 1931/32. S. 364.

246 Kleist, Prinz Friedrich von Homburg (s. Anm. 230), 632; I,1,31.

247 Kleist, Prinz Friedrich von Homburg, 701; V,5,1690.

248 Goethe, Dichtung und Wahrheit (s. Anm. 7), 413.

249 Goethe: Brief an Salzmann vom 28. 11. 1771. In: Goethes Briefe (s. Anm. 42), 1, 128.

250 Goethe: Dichtung und Wahrheit. In: Goethes Werke (s. Anm. 7), 10, 117.

251 Wieland, Christoph Martin: Sendschreiben an einen jungen Dichter. In: C. M. Wielands sämmtliche Werke. Hrsg. von J. G. Gruber. Bd. 44. Leipzig 1826. S. 172 f.

252 Eckermann: Gespräch mit Goethe vom 9. 3. 1831. In: Eckermann, Gespräche (s. Anm. 44), 409.

253 Herder, Johann Gottfried: Auch eine Philosophie der Geschichte zur Bildung der Menschheit. In: Herders Sämmtliche Werke. Hrsg. von Bernhard Suphan. Bd. 5. Berlin 1891. S. 505.

254 Schlegel, August Wilhelm: Brief an Goethe vom 1. 11. 1824. In: Briefe an Goethe. Hamburger Ausgabe in 2 Bänden. Hrsg. von Karl Robert Mandelkow. Hamburg 1969. Bd. 2, S. 400.

255 Brentano, Clemens: Die Entstehung und der Schluß des romantischen Schauspiels ›Die Gründung Prags‹. In: C. B.: Werke. 4. Bd. Hrsg. von Friedhelm Kemp. München 1966. S. 528.

256 Brentano, Gründung Prags, 531.

257 Brentano, Gründung Prags, 534.

258 Schiller, Piccolomini (s. Anm. 108), 346; II,6,962.

259 Arnim, Achim von: Der Auerhahn. In: Arnims Werke. Hrsg. von Alfred Sauer. Bd. 3. Leipzig o. J. S. 307.

260 (Arnim): Etwas über das deutsche Theater in Frankfurt am Mayn. Von einem Reisenden. In: Berlinische Musikalische Zeitung. Hrsg. von Johann Friedrich Reichardt. 2 (1806), Nr. 6, S. 21.

261 Vgl. Hermann August Korff: Geist der Goethezeit. Versuch einer ideellen Entwicklung der klassisch-romantischen Literaturgeschichte. 5 Bde. Leipzig 1958-62. Bd. 4, S. 327.

262 Vgl. u. a. Ernst Fischer: Heinrich von Kleist. In: E. F.: Auf den Spuren der Wirklichkeit. Reinbek 1968. S. 70-155 und Georg Lukács: Die Tragödie Heinrich von Kleists. In: G. L.: Deutsche Realisten des 19. Jahrhunderts.

263 Kleist: Brief an Marie von Kleist im Spätherbst 1807. In: Kleist, Sämtliche Werke (s. Anm. 206), 2, 797.

264 Kleist: Das Käthchen von Heilbronn. In: Kleist, Sämtliche Werke (s. Anm. 206), Bd. 1, S. 520; V. Akt, 3. Auftritt, Vers 2446-52 (Angegeben werden im folgenden Seitenzahl; Akt, Auftritt, Vers).

265 Also nicht »Wirklichkeit«, wie Reske oder Dettmering meinen (vgl. Hermann Reske: Traum und Wirklichkeit im Werk Heinrich von Kleists. Stuttgart, Berlin, Köln, Mainz 1969. S. 110 und Peter Dettmering: Heinrich von Kleist. Zur Psychodynamik in seiner Dichtung. München 1975. S. 39). Dagegen hat schon Müller-Seidel darauf hingewiesen, daß auch die psychologische Realität Kleistscher Charaktere durchaus fragwürdig ist (vgl. Walter Müller-Seidel: Versehen und Erkennen. Eine Studie über Heinrich von Kleist. Köln, Graz 1961).

266 Wilhelm Emrich betont die Zweideutigkeit auch der Gefühlswelt in Kleists Werken (vgl. Wilhelm Emrich: Heinrich von Kleist: Selbstbewußtsein als Pflicht. In: W. E.: Geist und Widergeist. Wahrheit und Lüge der Literatur. Frankfurt/Main 1965. S. 129-146).

267 »Historische und personale Wirklichkeit sind aufgehoben zu Gunsten der künstlerischen Wirklichkeit des Traums« (Hoffmeister, Elmar: Täuschung und Wirklichkeit bei Heinrich von Kleist. Bonn 1968. S. 27).

268 Kleist, Käthchen von Heilbronn (s. Anm. 264), 451; I,2,613 f.

269 Kleist, Käthchen von Heilbronn, 432; I,1,30-34.

270 Kleist, Käthchen von Heilbronn, 433; I,1,66-73.

271 Kleist, Käthchen von Heilbronn, 451; I,2,624.

272 Kleist, Käthchen von Heilbronn, 454; II,1,685-709.

273 Kleist, Käthchen von Heilbronn, 509; IV,2,2144 f.
274 Kleist, Käthchen von Heilbronn, 509; IV,2,2147.
275 Kleist, Käthchen von Heilbronn, 509; IV,2,2159-63.
276 Kleist, Käthchen von Heilbronn, 515; V,1,2992-94.
277 Kleist, Käthchen von Heilbronn, 519; V,2,2403-05.
278 Kleist, Käthchen von Heilbronn, 519 f.; V,2,2424-30.
279 Kleist, Käthchen von Heilbronn, 522; V,6,2474-78.
280 Kleist, Käthchen von Heilbronn, 483; III,3,1585 f.
281 Kleist, Käthchen von Heilbronn, 527 f.; V,12,2603-13.
282 Kleist, Käthchen von Heilbronn, 505; IV,2,2075.
283 Kleist, Käthchen von Heilbronn, 472; II,10,1250.
284 Kleist, Käthchen von Heilbronn, 498; III,15,1903.
285 Kleist: Über das Marionettentheater. In: Kleist, Sämtliche Werke
     (s. Anm. 206), 2, 345.
286 Kleist, Käthchen von Heilbronn (s. Anm. 264), 469; II,9,1160-63.
287 Kleist, Käthchen von Heilbronn, 471; II,9,1209 f.

III. Romantische Dramen: Tieck, Werner, Müllner, Brentano

1 Müller, Adam: Deutsche Wissenschaft und Literatur X. In: A. M.:
   Kritische, ästhetische und philosophische Schriften. Hrsg. von Walter Schroeder und Werner Siebert. 2 Bde. Neuwied und Berlin 1967.
   Bd. 1, S. 110.
2 Schlegel, August Wilhelm: Vorlesungen über schöne Litteratur und
   Kunst. Hrsg. von Jacob Minor. 3 Tle. Heilbronn 1884. Bd. 2, S. 19.
3 Vgl. Hans Joachim Kreutzer: Der Mythos vom Volksbuch. Studien
   zur Wirkungsgeschichte des frühen deutschen Romans seit der
   Romantik. Stuttgart 1977.
4 Tieck, Ludwig: Brief an Solger vom 30. 1. 1817. In: Tieck and Solger. The complete correspondance. Hrsg. von Percy Matenko. New
   York, Berlin 1933. S. 334.
5 Tieck, Brief an Solger vom 30. 1. 1817, 335.
6 Tieck: Vorbericht zur ersten Lieferung. In: Tieck: Schriften. 28 Bde.
   Berlin 1828-54. Bd. 1, S. XXVI.
7 Tieck: Brief an Iffland. In: Johann Valentin Teichmanns literarischer
   Nachlaß. Hrsg. von Franz Dingelstedt. Stuttgart 1863. S. 281.
8 Tieck, Brief an Solger vom 30. 1. 1817 (s. Anm. 4), 335.
9 Tieck: Leben und Tod der heiligen Genoveva. In: Tieck: Werke in
   4 Bänden. Hrsg. von Marianne Thalmann. München 1963-66. Bd. 2,
   S. 366.

10 Tieck, Genoveva, 411.

11 Tieck, Genoveva, 459.

12 Tieck, Genoveva, 461.

13 Tieck, Genoveva, 482.

14 Tieck, Genoveva, 497.

15 Tieck, Genoveva, 467.

16 Tieck, Genoveva, 466.

17 Tieck, Genoveva, 428.

18 Tieck, Genoveva, 442.

19 Tieck, Genoveva, 421.

20 Tieck, Genoveva, 423.

21 Tieck, Genoveva, 459.

22 Tieck, Genoveva, 481.

23 Tieck, Genoveva, 422.

24 Tieck, Genoveva, 547.

25 Werner, Zacharias: Brief an Goethe vom 22. 11. 1808. In: Briefe des Dichters Friedrich Ludwig Zacharias Werner. Mit einer Einf. hrsg. von Oswald Floeck. Kritisch durchges. und erl. Gesamtausgabe. 2 Bde. München 1914. Bd. 2, S. 156.

26 Werner: Der vierundzwanzigste Februar. In: Werner: Sämmtliche Werke. 13 Bde. Grimma o. J. Bd. 9, S. 76.

27 Werner, Februar, 82.

28 Werner, Februar, 163.

29 Werner, Februar, 184.

30 Heine, Heinrich: Die Romantische Schule. In: H. H.: Sämtliche Schriften. Hrsg. von Klaus Briegleb. 6 Bde. München 1968-76. Bd. 3, S. 378.

31 Kleist, Heinrich von: Berliner Abendblätter. 2 Bde. Berlin 1809 f. Bd. 2, S. 149.

32 Goethe, Johann Wolfgang: Gespräche. Hrsg. von Woldemar Freiherr von Biedermann. 5 Bde. Leipzig 1889 ff. Bd. 2, S. 300.

33 Tieck: Vorrede zur ersten Ausgabe der Dramaturgischen Blätter 1826. In: Meisterwerke deutscher Literaturkritik. Hrsg. von Hans Mayer. Bd. 1. Berlin 1954. S. 799.

34 Tieck: Der Abschied. In: Tieck, Schriften (s. Anm. 6), 2, 292.

35 Tieck: Karl von Berneck. In: Tieck, Schriften (s. Anm. 6), 11, 63.

36 Werner: Brief an Iffland vom 1. 1. 1809. In: Briefe des Dichters Friedrich Ludwig Zacharias Werner (s. Anm. 25), 2, 177.

37 Werner, Februar (s. Anm. 26), 3.

38 Werner, Februar, 46.

39 Werner, Februar, 4.

40 Werner, Februar, 46.

41 Werner, Februar, 47.

42 Werner, Februar, 15.

43 Werner, Februar, X.

44 Werner, Februar, 53 f.

45 Vgl. Johannes Krogoll: Nachwort. In: Werner: Der vierundzwanzig-
    ste Februar. Hrsg. von Johannes Krogoll. Stuttgart 1967. S.78.

46 Müllner, Adolf: der 29. Februar. Hrsg. von A. Koppitz. Wien 1911. S. 6.

47 Müllner, Februar, 5.

48 Tieck: Ritter Blaubart. In: Tieck, Schriften (s. Anm. 6), 5, 6.

49 Tieck: Der gestiefelte Kater. In: Tieck, Werke (s. Anm. 9), 2, 207.

50 Tieck: Ritter Blaubart (s. Anm. 48), V.

51 Tieck: Phantasus. In: Tieck: Schriften in 12 Bänden. Hrsg. von Man-
    fred Frank. Frankfurt/Main 1985. Bd. 6, S. 346.

52 Tieck, Ritter Blaubart (s. Anm. 48), VII.

53 Tieck: Brief an Julie Rettich (wohl 1828). In: Dichter über ihre Dich-
    tungen. Band 9/I–III: Ludwig Tieck. Hrsg. von Uwe Schweikert.
    München 1971. Bd. 9/I, S. 112.

54 Tieck: Brief an Philipp Eduard Devrient vom 27. 11. 1835. In: Dich-
    ter über ihre Dichtungen (s. Anm. 53), 9/I, 115.

55 Tieck, Brief an Philipp Eduard Devrient vom 27. 11. 1835, 115.

56 Tieck, Ritter Blaubart (s. Anm. 48), 34.

57 Tieck, Ritter Blaubart, 46.

58 Tieck: Leben und Tod des kleinen Rotkäppchens. In: Tieck, Schriften
    (s. Anm. 6), 2, 354.

59 Tieck: Die verkehrte Welt. In: Tieck, Werke (s. Anm. 9), 2, 356.

60 Tieck, Der gestiefelte Kater (s. Anm. 49), 249.

61 Tieck: Zerbino. In: Tieck, Schriften (s. Anm. 6), 10, 5.

62 Tieck, Der gestiefelte Kater (s. Anm. 49), 207.

63 Tieck, Der gestiefelte Kater, 208.

64 Tieck, Der gestiefelte Kater, 220.

65 Tieck, Der gestiefelte Kater, 221.

66 Tieck, Die verkehrte Welt (s. Anm. 59), 329.

67 Tieck, Die verkehrte Welt, 239.

68 Tieck, Die verkehrte Welt, 354.

69 Tieck, Die verkehrte Welt, 262.

70 Tieck, Der gestiefelte Kater (s. Anm. 49), 234 ff.

71 Tieck, Der gestiefelte Kater, 228 ff.

72 Tieck, Der gestiefelte Kater, 212 ff.

73 Tieck, Genoveva (s. Anm. 9), 317 ff. und 331 f.
74 Tieck, Die verkehrte Welt (s. Anm. 59), 290 f.
75 Tieck, Die verkehrte Welt, 346.
76 Tieck, Die verkehrte Welt, 292.
77 Tieck, Die verkehrte Welt, 280.
78 Tieck, Die verkehrte Welt, 323 f.
79 Tieck, Die verkehrte Welt, 324.
80 Tieck: Brief an Solger vom 16. 12. 1816. In: Tieck and Solger (s. Anm. 4), 311.
81 Tieck, Brief an Solger vom 16. 12. 1816, 311.
82 Tieck: Brief an Friedrich von Raumer vom 21. 12. 1817. In: Dichter über ihre Dichtungen (s. Anm. 53), 9/I, 287.
83 Tieck: Fortunat. In: Tieck, Werke (s. Anm. 9), 633.
84 Tieck, Fortunat, 643.
85 Tieck, Fortunat, 559.
86 Tieck: Däumchen. In: Tieck, Schriften (s. Anm. 6), 5, 571.
87 Tieck, Die verkehrte Welt (s. Anm. 59), 247.
88 Brentano, Clemens: Ponce de Leon. In: C. B.: Werke. 4 Bde. Bd. 4. Hrsg. von Friedhelm Kemp, München 1966. S. 155.
89 Brentano, Ponce de Leon, 148.
90 Brentano, Ponce de Leon, 149.
91 Brentano, Ponce de Leon, 170.
92 Brentano, Ponce de Leon, 222.

IV. Rührstücke: Kotzebue, Iffland

1 Jagemann, Karoline: Die Erinnerungen - nebst zahlreichen unveröffentlichten Dokumenten aus der Goethezeit. Hrsg. von Eduard von Bamberg. 2 Bde. Dresden 1926. Bd. 2, S. 283.
2 Scholz, Ferdinand Wilhelm von: Ueber August von Kotzebue, als Mensch, Dichter und Geschäftsmann. Frankfurt/Main 1802. S. 4.
3 Goethe, Johann Wolfgang von: Brief an Knebel vom 17. 3. 1817. In: J. W. G.: Gedenkausgabe der Werke, Briefe und Gespräche. Hrsg. von Ernst Beutler. 24 Bde. und 2 Erg.-Bde. Zürich 1948 ff. Bd. 21, S. 222.
4 Goethe: Invectiven. In: Goethe, Gedenkausgabe (s. Anm. 3), 2, 426.
5 Goethe: Gespräch mit J. D. Falk vom 14. 6. 1809. In: Goethe, Gedenkausgabe (s. Anm. 3), 22, 556.
6 Goethe: Brief an Eichstädt vom 19. 4. 1806. In: Goethes Werke. Hrsg. im Auftrage der Großherzogin Sophie von Sachsen. IV. Abth., 19. Bd. Weimar 1895. S. 123.

7 Kotzebue, August von: Die jüngsten Kinder meiner Laune. 2 Bde. Leipzig 1797², Bd. 1, S.4f.

8 Iffland, August Wilhelm: Vorrede. In: A.W.I.: Theater. Dritter Band. Wien 1843. S.7.

9 Schlegel, August Wilhelm: Vorlesungen über dramatische Kunst und Literatur. Erster Teil. In: A.W.S: Schriften. Hrsg. von Edgar Lohner. Bd. 5. Stuttgart 1966. S.101.

10 Werner, Zacharias: Rezension des ›Almanachs dramatischer Spiele‹. In: Jenaische Allgemeine Literaturzeitung 1805, Nr. 3, S.74.

11 Goethe, Kampagne in Frankreich. In: Goethe, Gedenkausgabe (s.Anm. 3), 12, 411.

12 Kotzebue: Menschenhaß und Reue. In: Kotzebue: Schauspiele. Mit einer Einf. von Benno von Wiese. Hrsg. von Jürg Mathes. Frankfurt/Main 1972. S.121f.

13 Kotzebue: Bruder Moritz. In: Kotzebue, Schauspiele (s.Anm. 12), 287.

14 Kotzebue: Die Indianer in England. In: Kotzebue, Schauspiele (s.Anm. 12), 19.

15 Kotzebue: Die edle Lüge. In: Kotzebue: Schauspiele. 5 Bde. Leipzig 1797. Bd. 1, S.18.

16 Kotzebue, Die edle Lüge, 5.

17 Kotzebue: Mein literärischer Lebenslauf. Leipzig 1796, S.135.

18 Iffland: Die Jäger. In: Iffland: Theatralische Werke in einer Auswahl. 8 Bde. Leipzig 1858ff. Bd. 1, S.140.

19 Iffland: Reue versöhnt. In: Iffland, Theatralische Werke (s.Anm. 18), 1, 255.

20 Iffland: Verbrechen aus Ehrsucht. In: Iffland, Theatralische Werke (s.Anm. 18), 5, 110.

21 Iffland, Verbrechen aus Ehrsucht, 111.

22 Kotzebue, Menschenhaß und Reue (s.Anm. 12), 72.

23 Kotzebue: Die beiden Klingsberg. In: Kotzebue, Schauspiele (s.Anm. 12), 398.

24 Kotzebue, Die Indianer in England. In: Kotzebue, Schauspiele (s.Anm. 12), 162.

25 Vgl. Dolf Sternberger: Panorama oder Ansichten vom 19. Jahrhundert. Frankfurt/Main 1974.

26 Iffland: Bewußtseyn. In: Iffland, Theatralische Werke (s.Anm. 18), 9, 128.

27 Kotzebue: La Peyrouse. In: Kotzebue, Schauspiele (s.Anm. 12), 324.

28 Kotzebue, La Peyrouse, 324.

29 Anonymus: Rezension zu ›Octavia‹. In: Berlinisches Archiv der Zeit und des Geschmacks. Juli 1800. Bd. 2, S. 49.

V. Goethes »Faust«

1 Goethe, Johann Wolfgang von: Brief an Schiller vom 22. 6. 1797. In: Goethes Briefe. Hamburger Ausgabe in 4 Bänden. Hrsg. von Karl Robert Mandelkow. Hamburg 1962-67. Bd. 4, S. 279.

2 Goethe: Brief an Schiller vom 2. 12. 1794. In: Goethes Werke. Hrsg. im Auftrage der Großherzogin Sophie von Sachsen. IV. Abth., 10. Bd. Weimar 1892. S. 209.

3 Goethe: Faust in ursprünglicher Gestalt (Urfaust). In: Goethes Werke. Hamburger Ausgabe in 14 Bänden. Hrsg. von Erich Trunz. München 1982[12]. Bd. 3, S. 367; Vers 1 (Angegeben werden im folgenden Seitenzahl; Vers).

4 Schiller, Friedrich: Brief an Goethe vom 23. 6. 1797. In: Briefe an Goethe. Hamburger Ausgabe in 2 Bänden. Hrsg. von Karl Robert Mandelkow. 2., durchges. und verb. Aufl. Hamburg 1982. Bd. 1, S. 271.

5 Goethe: Dichtung und Wahrheit. In: Goethes Werke (s. Anm. 3), 9, 413.

6 Goethe, Urfaust (s. Anm. 3), 420.

7 Goethe: Faust. Erster Teil. In: Goethes Werke (s. Anm. 3), Bd. 3, S. 16 f.; Vers 271-78 (Angegeben werden im folgenden Seitenzahl; Vers).

8 Goethe, Faust I, 17; 287 f.

9 Goethe, Faust I, 19; 352 f.

10 Goethe, Faust I, 17; 309.

11 Goethe: Anmerkungen über Personen, Gegenstände, deren in dem Dialog Rameau's Neffe erwähnt wird. In: Goethes Werke. Hrsg. im Auftrage der Großherzogin Sophie von Sachsen. I. Abth., Bd. 45. Weimar 1900. S. 207.

12 Angelus Silesius (d. i. Johannes Scheffler): Cherubinischer Wandersmann oder Geistreiche Sinn- und Schlußreime. Hrsg. von Louise Gnädinger nach dem Text von Glatz 1675. Zürich 1986. S. 34.

13 Goethe, Faust I (s. Anm. 7), 18; 340-43.

14 Goethe, Faust I, 18; 336.

15 Goethe, Faust I, 18; 328 f.

16 Goethe, Faust I, 55; 1631 f.

17 Goethe, Faust I, 57; 1712.

18 Goethe, Faust I, 56: 1676 f.

19 Goethe, Faust I, 56; 1678.

20 Goethe, Faust I, 57; 1698-1702.

21 Goethe, Faust I, 21; 414-17.

22 Goethe, Faust I, 40; 1074.

23 Goethe, Faust I, 41; 1118-22.

24 Goethe, Faust I, 60; 1828 f.

25 Goethe, Faust I, 66; 2052-54.

26 Vgl. Goethe, Faust I, 78 f.; 2429 ff.

27 Goethe, Faust I, 87; 2717-20.

28 Goethe, Faust I, 88; 2727.

29 Goethe: Wilhelm Meisters Wanderjahre. In: Goethes Werke (s. Anm.
    3), 8, 362.

30 Goethe, Wanderjahre, 375.

31 Goethe, Faust I (s. Anm. 7), 86.

32 Goethe, Faust I, 87; 2693 f.

33 Goethe, Faust I, 104; 3247-50.

34 Goethe, Faust I, 145.

35 Goethe: Faust. Zweiter Teil. In: Goethes Werke (s. Anm. 3), 3, 146.

36 Goethe, Faust II, 148; 4679-85.

37 Goethe, Faust II, 148; 4695 f.

38 Goethe, Faust II, 158; 5057.

39 Goethe, Faust II, 190; 6191 f.

40 Goethe, Faust II, 196; 6391 f.

41 Goethe, Faust II, 199; 6498 f.

42 Goethe, Faust II, 200; 6501.

43 Goethe, Faust II, 288; 9562-73.

44 Goethe, Faust II, 296; 9813.

45 Vgl. Ernst Bloch: Subjekt - Objekt. Erläuterungen zu Hegel. Erwei-
    terte Ausgabe. In: E. B.: Gesamtausgabe. Bd. 8. Frankfurt/Main 1962.

46 Goethe, Faust II (s. Anm. 35), 309; 10229.

47 Goethe, Faust II, 336.

48 Goethe, Faust II, 335; 11 127 f.

49 Goethe, Faust II, 336; 11 158.

50 Goethe, Faust II, 339; 11 241 f.

51 Goethe, Faust II, 338 f.; 11 239 f.

52 Goethe, Faust II, 348; 11 559-86.

53 Goethe, Faust II, 349; 11 598-600.

54 Goethe, Faust II, 350.

55 Goethe, Faust II, 359.

56 Vgl. Erich Trunz: Anmerkungen. In: Goethes Werke (s. Anm. 3), Bd. 3, S. 629.

57 Vgl. Goethe: Torquato Tasso. In: Goethes Werke (s. Anm. 3). Bd. 5, S. 156 f., V. Aufzug, 2. Auftritt, Vers 3079 ff.

58 Goethe, Faust II (s. Anm. 35), 363; 12076-83.

59 Eckermann, Johann Peter: Gespräch mit Goethe vom 25. 2. 1824. In: J. P. E.: Gespräche mit Goethe in den letzten Jahren seines Lebens. Hrsg. von Regine Otto. München 1984². S. 80.

60 Eckermann: Gespräch mit Goethe vom 2. 5. 1824. In: Eckermann, Gespräche (s. Anm. 59), 100.

61 Eckermann: Gespräch mit Goethe vom 4. 2. 1829. In: Eckermann, Gespräche (s. Anm. 59), 265.

62 Eckermann: Gespräch mit Goethe vom 1. 9. 1829. In: Eckermann, Gespräche (s. Anm. 59), 320.

63 Goethe, Faust II (s. Anm. 35), 349; 11601-03.

64 Goethe: Brief an Sulpiz Boisserée vom 8. 9. 1831. In: Goethes Briefe (s. Anm. 1), 4, 445.

Vierter Teil: Erzählende Prosa

I. Seelengeschichte und die »Stimmung des wirklichen Lebens«

1 Goethe, Johann Wolfgang von: Deutsche Sprache. In: J. W. G.: Gedenkausgabe der Werke, Briefe und Gespräche. Hrsg. von Ernst Beutler, 24 Bde. und 2 Erg-Bde. Zürich 1948 ff. Bd. 14, S. 268 f.

2 Vgl. Johann Goldfriedrich: Geschichte des Deutschen Buchhandels vom Beginn der klassischen Litteraturperiode bis zum Beginn der Fremdherrschaft (1740-1804). Leipzig 1909. S. 247 ff. (= Geschichte des Deutschen Buchhandels. Im Auftrag des Börsenvereins der Deutschen Buchhändler hrsg. von der Historischen Kommission desselben. Bd. 3).

3 Kant, Immanuel: Über die Buchmacherey. Königsberg 1798. S. 65.

4 Herder, Johann Gottfried: Briefe zu Beförderung der Humanität. In: Herders sämmtliche Werke. Hrsg. von Bernhard Suphan. Bd. 18. Berlin 1883. S. 109 f.

5 Herder, Briefe, 108.

6 Novalis: Teplitzer Fragmente. In: N.: Schriften. Hrsg. von Paul Kluckhohn und Richard Samuel. Bd. 2. 2., nach den Handschriften erg. und verb. Aufl. Stuttgart 1960. S. 599.

7 Wezel, Johann Karl: Herrmann und Ulrike. Ein komischer Roman.
   4 Bde. Fotomech. Ndr. der Ausgabe Leipzig 1780. Stuttgart 1971.
   Bd. 1, S. II.

8 Blanckenburg, Christian Friedrich von: Versuch über den Roman.
   Liegnitz 1774. Faksimiledruck mit einem Nachw. von Eberhard
   Lämmert. Stuttgart 1965. S. XIII.

9 Eschenburg, Johann Joachim: Entwurf einer Theorie und Literatur
   der schönen Wissenschaften. Berlin und Stettin 1783. S. 267.

10 Bouterwek, Friedrich: Philosophie der Romane. In: Kleine Romanen-
   Bibliothek. Romanen-Kalender für das Jahr 1798. Hrsg. von Karl
   Reinhard. Erstes Bändchen, Göttingen 1798. S. 9.

11 de Staël, Germaine: Versuch über die Dichtungen, übersetzt von J. W.
   von Goethe. In: Die Horen. Eine Monatsschrift. Hrsg. von Friedrich
   Schiller. Jg. 1796, Bd. 5, Stück 2, S. 22 f.

12 de Staël, Versuch, 39.

13 de Staël, Versuch, 42.

14 Vgl. auch Konrat Ziegler: Einleitung. In: Plutarch: Große Griechen
   und Römer. Aus dem Griech. übertr., eingel. und erl. von Konrat
   Ziegler. Bd. 1. München 1979. S. 7-37.

15 de Staël, Versuch (s. Anm. 11), 41.

16 Vgl. de Staël, Versuch, 40.

17 Goethe: Wilhelm Meisters Lehrjahre. In: Goethes Werke. Hamburger
   Ausgabe in 14 Bänden. Hrsg. von Erich Trunz. München 1982[12].
   Bd. 7, S. 307.

18 Goethe: Brief an Schiller vom 9. 8. 1797. In: Goethes Briefe. Hamburger Ausgabe in 4 Bänden. Hrsg. von Karl Robert Mandelkow.
   Hamburg 1962-67. Bd. 2, S. 290.

19 Schiller, Friedrich: Über naive und sentimentalische Dichtung. In:
   F. S.: Sämtliche Werke. Hrsg. von Gerhard Fricke und Herbert
   G. Göpfert. 5 Bde. München 1958 f. Bd. 5, S. 741.

20 Schiller: Brief an Goethe vom 9. 12. 1794. In: Schillers Werke.
   Nationalausgabe. Begr. von Julius Petersen, fortgef. von Lieselotte
   Blumenthal und Benno von Wiese. Hrsg. im Auftrag der Nationalen
   Forschungs- und Gedenkstätten der klassischen deutschen Literatur
   in Weimar und des Schiller-Nationalmuseums in Marbach von Nor-
   bert Oellers und Siegfried Seidel. Weimar 1943 ff. Bd. 27, S. 102.

21 Schiller: Brief an Goethe vom 20. 10. 1797. In: Schillers Werke
   (s. Anm. 20), 29, 149.

22 Vgl. Schiller, Naive und sentimentalische Dichtung (s. Anm. 19),
   740 f.

23 Schiller: Brief an Goethe vom 15. 6. 1795. In: Schillers Werke (s. Anm. 20), 27, 196.

24 Lessing, Gotthold Ephraim: Rez. von: Don Quixote im Reifrocke. In: G. E. Lessings sämtliche Schriften. Hrsg. von Karl Lachmann. 3., auf's neue durchges. und verm. Aufl. besorgt durch Franz Muncker. Bd. 5. Stuttgart 1890. S. 202.

25 Schiller: Brief an Goethe vom 20. 10. 1797 (s. Anm. 21), 149.

26 Schiller: Brief an Goethe vom 5. 7. 1796. In: Schillers Werke (s. Anm. 20), 28, 245.

27 Blanckenburg, Versuch über den Roman (s. Anm. 8), 458.

28 Blanckenburg, Versuch über den Roman, V.

29 Vgl. Heinrich Lausberg: Handbuch der literarischen Rhetorik. 2., durch einen Nachtrag verm. Aufl. München 1973. S. 132 und 205.

30 Herder: Einleitende Briefe zu: Bekenntnisse merkwürdiger Männer von sich selbst. Herausgegeben von Joh. Georg Müller, nebst einigen einleitenden Briefen von Hrn. Vicepräsident Herder. In: Herders sämmtliche Werke (s. Anm. 4), 374.

31 Herder, Einleitende Briefe, 375.

32 Herder, Einleitende Briefe, 374.

33 (Moser, Johann Jacob:) Lebens-Geschichte Johann Jacob Mosers von ihm selbst beschrieben. 4 Thle. 3., stark verm. und fortgesetzte Aufl. Frankfurt und Leipzig 1777 und 1783. Vorrede.

34 Moser, Lebens-Geschichte, Vorrede.

35 Bräker, Ulrich: Lebensgeschichte und Natürliche Ebentheuer des Armen Mannes im Tockenburg. Hrsg. von Samuel Voellmy. Vorwort von Hans Mayer. Zürich 1978. S. 41.

36 Bräker, Lebensgeschichte, 44.

37 Bräker, Lebensgeschichte, 237.

38 Bräker, Lebensgeschichte, 237.

39 Bräker, Lebensgeschichte, 283.

40 Bräker, Lebensgeschichte, 45.

41 Vgl. Hans Mayer: Aufklärer und Plebejer: Ulrich Bräker, der Arme Mann im Tockenburg. In: Bräker, Lebensgeschichte, 5-35.

42 Bräker, Lebensgeschichte, 179.

43 (Bahrdt, Carl Friedrich:) Dr. Carl Friedrich Bahrdts Geschichte seines Lebens, seiner Meinungen und Schicksale. Von ihm selbst geschrieben. 4 Thle. Frankfurt am Mayn und Berlin 1790 (1. und 2. Thl.), Berlin 1791 (3. und 4. Thl.), Thl. 2, S. 350.

44 Bahrdt, Geschichte seines Lebens, 1, 3 f.

45 Bahrdt, Geschichte seines Lebens, 1, 47 f.

46 (Trenck, Friedrich von der:) Des Freyherrn Friedrichs von der Trenck merkwürdige Lebensgeschichte. 3 Thle. Thl. 1 und 2 in zweiter, rechtmäßiger und verb. Aufl. Wien 1787. Thl. 1, Vorrede, o. P.

47 Trenck, Lebensgeschichte, Vorrede, o. P.

48 (Laukhard, Friedrich Christian:) F. C. Laukhards, vorzeiten Magisters der Philosophie, und jetzt Musketiers unter dem von Thaddenschen Regiment zu Halle, Leben und Schicksale, von ihm selbst beschrieben, und zur Warnung für Eltern und studierende Jünglinge herausgegeben. Ein Beitrag zur Charakteristik der Universitäten in Deutschland. 2 Thle. Halle 1792. Thl. 1, S. XII. (Die Teile 3-6 erschienen Leipzig 1796-1802.)

49 Laukhard, Leben und Schicksale, 4/2, 361 f.

50 Laukhard, Leben und Schicksale, 4/1, 11.

51 Laukhard, Leben und Schicksale, 4/1, 467.

52 Laukhard, Leben und Schicksale, 1, 176.

53 Schiller: Aus der Allgemeinen Sammlung Historischer Memoires. In: Schiller, Sämtliche Werke (s. Anm. 19). Bd. 4. 4., durchges. Aufl. München 1966. S. 840.

54 Probst, Johann Gotthilf: Handwerksbarbarei, oder, Geschichte meiner Lehrjahre. Ein Beytrag zur Erziehungsmethode deutscher Handwerker. Halle 1790. S. 21 f.

55 Goethe, Nekrolog des deutschen Gil Blas. In: Goethe, Gedenkausgabe (s. Anm. 1), 14, 503.

56 Seume, Johann Gottfried: Mein Leben. In: J. G. S.: Prosaschriften. Mit einer Einleitung von Werner Kraft, Darmstadt 1974. S. 154.

57 Seume: Spaziergang nach Syrakus im Jahre 1802. In: Seume, Prosaschriften, 163.

58 Seume, Spaziergang, 158.

59 Seume, Spaziergang, 158.

60 Seume: Mein Sommer. In: Seume, Prosaschriften (s. Anm. 56), 638.

61 Seume, Sommer, 638.

62 Seume, Sommer, 639.

63 Seume, Sommer, 639.

64 Seume, Sommer, 640.

65 Seume, Sommer, 642.

66 Eckermann, Johann Peter: Gespräch mit Goethe vom 30. 3. 1831. In: J. P. E.: Gespräche mit Goethe in den letzten Jahren seines Lebens. Hrsg. von Regine Otto. München 1984[2]. S. 426.

67 Eckermann; Gespräch mit Goethe vom 30. 3. 1831, 426.

68 Goethe: Dichtung und Wahrheit. In: Goethes Werke (s. Anm. 17),

Bd. 9 und 10, hier: Bd. 9, S. 10 (Angegeben werden im folgenden Band, Seitenzahl).

69 Goethe, Dichtung und Wahrheit, 9, 7.

70 Goethe, Dichtung und Wahrheit, 9, 541.

71 Goethe: Tagebücher. In: Goethe, Gedenkausgabe (s. Anm. 1), 2. Erg.-Bd., S. 298.

72 Goethe, Dichtung und Wahrheit (s. Anm. 68), 9, 632.

73 Goethe: Brief an Wilhelm von Humboldt vom 1. 12. 1831. In: Goethes Briefe (s. Anm. 18), 4, 463.

74 Goethe: Wilhelm Meisters Wanderjahre. In: Goethes Werke (s. Anm. 17), 8, 465.

75 Goethe: (Entwurf einer Vorrede zum 3. Teil von Dichtung und Wahrheit). In: Goethes Werke. Hrsg. im Auftrage der Großherzogin Sophie von Sachsen. I. Abth., Bd. 28. Weimar 1890. S. 356.

76 Vgl. Aristoteles: Dichtkunst. Ins Deutsche übersetzt, mit Anm., und besondern Abhandlungen, vers. von Michael Conrad Curtius. Hannover 1753. Fotomech. Ndr. Hildesheim, New York 1973. S. 19 ff.

77 Vgl. Siegfried Kracauer: Geschichte - Vor den letzten Dingen. In: S. K.: Schriften. Bd. 4. Hrsg. von Karsten Witte. Frankfurt/Main 1971.

78 Goethe: Bedeutende Fördernis durch ein einziges geistreiches Wort. In: Goethes Werke (s. Anm. 17), 13, 38.,

79 Goethe, Dichtung und Wahrheit (s. Anm. 68), 9, 8.

80 Vgl. Goethe, Dichtung und Wahrheit, 9, 19 f.

81 Goethe, Dichtung und Wahrheit, 9, 18.

82 Goethe, Dichtung und Wahrheit, 10, 180.

83 Goethe, Dichtung und Wahrheit, 10, 183.

84 Goethe, Dichtung und Wahrheit, 10, 187.

85 Goethe, Dichtung und Wahrheit, 10, 283.

II. Lehrjahre der Lebenskunst

1 Knigge, Adolph Freiherr von: Der Roman meines Lebens. In: A. K.: Sämtliche Werke. Hrsg. von Paul Raabe. Nendeln 1978. Bd. 1 und 2, hier: Bd. 2, S. 138 f. (Die Seitenangabe folgt der Paginierung des Herausgebers.)

2 Knigge, Roman, 2, 140.

3 Sulzer, Johann Georg: Allgemeine Theorie der Schönen Künste. Vierter Theil. Neue vermehrte zweite Auflage. Leipzig 1794. S. 110.

4 Knigge, Roman (s. Anm. 1), 2. 138.

5   Knigge, Das Zauberschloß oder Geschichte des Grafen Tunger. In: Knigge, Sämtliche Werke (s. Anm. 1), 7, 277.

6   Knigge, Die Verirrungen des Philosophen oder Geschichte Ludwigs von Seelberg. In: Knigge, Sämtliche Werke (s. Anm. 1), 4, 5.

7   Knigge, Seelberg, 6.

8   Knigge, Seelberg, 6.

9   Knigge, Seelberg, 8.

10 Walch: Rezension zu Knigge, Geschichte des armen Herrn von Mildenburg. In: Nicolai, Friedrich: Allgemeine Deutsche Bibliothek. Bd. 116, Stück 1. Berlin 1794. S. 111.

11 Hippel, Theodor Gottlieb von: Kreuz- und Querzüge des Ritters A bis Z. In: T. G. H.: Sämmtliche Werke. Achter Band. Berlin 1828, Erster Theil, S. 35.

12 Hippel, Kreuz- und Querzüge, 130.

13 Engel, Johann Jacob: Herr Lorenz Stark. Ein Charaktergemälde. In: J. J. E.: Schriften. Zwoelfter Band. Berlin 1806. S. 399.

14 Goethe, Johann Wolfgang: Brief an Schiller vom 3. 2. 1798. In: Der Briefwechsel zwischen Schiller und Goethe. Hrsg. von Emil Staiger. Frankfurt/Main 1966. S. 566.

15 Zit. nach Dagmar von Gersdorff: Dich zu lieben kann ich nicht verlernen. Das Leben der Sophie Brentano-Mereau. Frankfurt/Main 1984. S. 242 f.

16 Mereau, Sophie: Das Blüthenalter der Empfindung. Gotha 1794. S. 31.

17 Pestalozzi, Johann Heinrich: Lienhard und Gertrud. In: J. H. P.: Werke. Hrsg. von Gertrude Cepl-Kaufmann und Manfred Windfuhr. Bd. 1. München 1977. S. 9.

18 Pestalozzi, Lienhard und Gertrud, 14.

19 Pestalozzi, Lienhard und Gertrud, 562.

20 Pestalozzi, Lienhard und Gertrud, 567 f.

21 Pestalozzi, Lienhard und Gertrud, 587.

22 Pestalozzi, Lienhard und Gertrud, 669.

23 Pestalozzi, Lienhard und Gertrud, 669.

24 Pestalozzi, Lienhard und Gertrud, 670.

25 Windfuhr, Manfred: Nachwort. In: Pestalozzi, Werke (s. Anm. 17), 835.

26 Novalis: Das Allgemeine Brouillon. In: N.: Schriften. Hrsg. von Paul Kluckhohn und Richard Samuel. Bd. 3. Stuttgart 1960. S. 256.

27 Jean Paul: Vorschule der Ästhetik. In: J. P.: Werke. Hrsg. von Norbert Miller. I. Abt., 6 Bde. München 1960-63. Bd. 5, S. 250.

28 Jean Paul, Vorschule der Ästhetik, 127.

29 Jean Paul, Vorschule der Ästhetik, 125.

30 Jean Paul: Blumen- Frucht- und Dornenstücke oder Ehestand, Tod und Hochzeit des Armenadvokaten F. St. Siebenkäs. In: Jean Paul, Werke (s. Anm. 27), 2, 167.

31 Jean Paul, Vorschule der Ästhetik (s. Anm. 27) 132 f.

32 Jean Paul: Die unsichtbare Loge. Eine Lebensbeschreibung. In: Jean Paul, Werke (s. Anm. 27), 1, 385 f.

33 Jean Paul: Selberlebensbeschreibung. In: Jean Paul, Werke (s. Anm. 27), 6, 1083.

34 Jean Paul, Selberlebensbeschreibung, 1059.

35 Jean Paul, Selberlebensbeschreibung, 1058.

36 Jean Paul, Selberlebensbeschreibung, 1052.

37 Jean Paul, Selberlebensbeschreibung, 1061.

38 Jean Paul: Hesperus oder 45 Hundposttage. Eine Lebensbeschreibung. In: Jean Paul, Werke (s. Anm. 27), 1, 493.

39 Eckermann, Johann Peter: Gespräch mit Goethe vom 30. 3. 1831. In: J.P.E.: Gespräche mit Goethe in den letzten Jahren seines Lebens. Hrsg. von Regine Otto. München 1984[2], S. 426.

40 Jean Paul, Brief an Emanuel in Weiher bei Holfeld vom 3. 8. 1818. In: Jean Pauls Sämtliche Werke. Historisch-kritische Ausgabe. Hrsg. von Eduard Berend. Berlin 1956-64. Bd. 7, S. 224.

41 Jean Paul, Selberlebensbeschreibung (s. Anm. 33), 1061.

42 Jean Paul, Loge (s. Anm. 32), 34.

43 Jean Paul, Loge, 55.

44 Jean Paul, Loge, 57.

45 Jean Paul, Loge, 63.

46 Jean Paul, Loge, 185.

47 Jean Paul, Loge, 348.

48 Jean Paul, Loge, 359.

49 Jean Paul, Loge, 57.

50 Jean Paul, Loge, 359.

51 Jean Paul, Loge, 394.

52 Jean Paul, Loge, 418.

53 Jean Paul, Loge, 421.

54 Vgl. Bloch, Ernst: Das Prinzip Hoffnung. In fünf Teilen. Frankfurt/ Main 1959, S. 181 ff.

55 Jean Paul, Loge (s. Anm. 32), 58.

56 Jean Paul, Loge, 57.

57 Jean Paul, Loge, 378.

58 Jean Paul, Loge, 425.
59 Jean Paul, Vorschule der Ästhetik (s. Anm. 27), 258.
60 Jean Paul, Loge (s. Anm. 32), 422.
61 Jean Paul, Vorschule der Ästhetik (s. Anm. 27), 260.
62 Jean Paul, Vorschule der Ästhetik, 257 f.
63 Jean Paul, Hesperus (s. Anm. 38), 504 f.
64 Jean Paul: Levana oder Erziehlehre. In: Jean Paul, Werke (s. Anm. 27), 5, 561.
65 Jean Paul, Vorschule der Ästhetik (s. Anm. 27), 76.
66 Jean Paul: Brief an Christian Otto vom 27. 3. 1793. In: Jean Pauls Sämtliche Werke (s. Anm. 40), 1, 377.
67 Jean Paul, Levana (s. Anm. 64), 567.
68 Jean Paul, Hesperus (s. Anm. 38), 1230.
69 Jean Paul, Hesperus, 1224.
70 Harich, Wolfgang: Jean Pauls Revolutionsdichtung. Versuch einer neuen Deutung seiner heroischen Romane. Reinbek 1974, S. 121 ff.
71 Jean Paul, Levana (s. Anm. 64), 578.
72 Jean Paul: Dr. Katzenbergers Badereise nebst einer Auswahl verbesserter Werkchen. In: Jean Paul, Werke (s. Anm. 27), 6, 352.
73 Weshalb Harich (Jean Pauls Revolutionsdichtung (s. Anm. 70), 471) nicht viel mit ihm anfangen kann.
74 Jean Paul: Brief an Christian Otto vom 26. 3. 1793. In: Jean Pauls Sämtliche Werke (s. Anm. 40), 1, 375 f.
75 Jean Paul, Siebenkäs (s. Anm. 30), 165.
76 Jean Paul, Siebenkäs, 309 f.
77 Jean Paul, Siebenkäs, 39.
78 Jean Paul, Siebenkäs, 66.
79 Jean Paul, Siebenkäs, 105.
80 Jean Paul, Siebenkäs, 109.
81 Jean Paul, Siebenkäs, 560.
82 Jean Paul, Siebenkäs, 556 f.
83 Jean Paul, Siebenkäs, 560.
84 Jean Paul, Siebenkäs, 266 ff.
85 Jean Paul, Siebenkäs, 261.
86 Jean Paul, Siebenkäs, 262.
87 Jean Paul, Siebenkäs, 270.
88 Jean Paul, Levana (s. Anm. 64) 578.
89 Angelus Silesius (d. i. Johannes Scheffler): Cherubinischer Wandersmann oder Geistreiche Sinn- und Schlußreime. Hrsg. von Louise Gnädinger nach dem Text von Glatz 1675. Zürich 1986. S. 34.

90 Jean Paul, Siebenkäs (s. Anm. 30), 516.

91 Jean Paul, Vorschule der Ästhetik (s. Anm. 27), 253.

92 Jean Paul, Vorschule der Ästhetik, 253.

93 Vgl. den Unsinn bei Harich (Jean Pauls Revolutionsdichtung (s. Anm. 70), 197 f.).

94 Jean Paul, Vorschule der Ästhetik (s. Anm. 27), 254.

95 Jean Paul, Vorschule der Ästhetik, 254 f.

96 Jean Paul, Vorschule der Ästhetik, 254.

97 Jean Paul, Vorschule der Ästhetik, 255.

98 Jean Paul, Vorschule der Ästhetik, 253.

99 Jean Paul, Vorschule der Ästhetik, 255.

100 Jean Paul: Flegeljahre. Eine Biographie. In: Jean Paul, Werke (s. Anm. 27), 2, 600.

101 Jean Paul, Flegeljahre, 667.

102 Jean Paul, Flegeljahre, 1056.

103 Jean Paul, Flegeljahre, 1065.

104 Jean Paul, Flegeljahre, 1056.

105 Jean Paul, Flegeljahre, 1065.

106 Varnhagen von Ense, Karl August: Denkwürdigkeiten des eignen Lebens. In: K. A. V.: Ausgewählte Schriften. Zweiter Band. Leipzig 1871. S. 142.

107 Jean Paul: Brief an Knebel vom 16. 1. 1807. In: Jean Pauls Sämtliche Werke (s. Anm. 40), 5, 126.

108 Jean Paul, Levana (s. Anm. 64), 566 f.

109 Jean Paul, Levana, 559.

110 Jean Paul, Levana, 567.

111 Jean Paul, Levana, 561.

112 Jean Paul, Levana, 570.

113 Jean Paul, Levana, 571.

114 Jean Paul, Der Komet oder Nikolaus Marggraf. Eine komische Geschichte. In: Jean Paul, Werke (s. Anm. 27), 6, 1001 f.

115 Jean Paul, Komet, 834.

116 Jean Paul, Brief an Jacobi vom 8. 8. 1803. In: Jean Pauls Werke (s. Anm. 40), 4, 236 f.

117 Jean Paul: Komischer Anhang zum Titan. In: Jean Paul, Werke (s. Anm. 27), 3, 942.

118 Jean Paul, Komischer Anhang, 992.

119 Vgl. Harich, Jean Pauls Revolutionsdichtung (s. Anm. 70), 434.

120 Jean Paul, Titan (s. Anm. 117), 590.

121 Jean Paul, Titan, 591.

122 Jean Paul, Titan, 590.

123 Jean Paul, Titan, 590.

124 Jean Paul, Titan, 587.

125 Jean Paul, Titan, 811 f.

126 Jean Paul, Titan, 830.

127 Jean Paul, Titan, 13.

128 Jean Paul, Titan, 21 f.

129 Jean Paul, Titan, 23.

130 Jean Paul, Vorschule der Ästhetik (s. Anm. 27), 38.

131 Goethe: Italienische Reise. In: Goethes Werke. Hamburger Ausgabe in 14 Bänden. Hrsg. von Erich Trunz. München 1982[12]. Bd. 11, S. 516.

132 Goethe: Trilogie der Leidenschaft. In: Goethes Werke (s. Anm. 131), 1, 380.

133 Goethe: Benvenuto Cellini. In: J. W. G.: Gedenkausgabe der Werke, Briefe und Gespräche. Hrsg. von Ernst Beutler. 24 Bde. und 2 Erg.-Bde. Zürich 1948 ff., Bd. 15, S. 894.

134 Goethe: Brief an Schiller vom 6. 12. 1794. In: Der Briefwechsel zwischen Schiller und Goethe. Hrsg. von Emil Staiger. Frankfurt/Main 1966. S. 72.

135 Goethe: Tagebücher. In: Goethe, Gedenkausgabe (s. Anm. 133), 2. Erg.-Bd., S. 35.

136 Sturz, Peter Helfrich: Brief über das deutsche Theater an die Freunde und Beschützer desselben in Hamburg. In: P. H. S.: Schriften. Zweite Sammlung. Leipzig 1782. Ndr. München 1971. S. 156.

137 Schiller, Friedrich: Was kann eine gute stehende Schaubühne eigentlich wirken? In: F. S.: Sämtliche Werke. Hrsg. von Gerhard Fricke und Herbert G. Göpfert. 5 Bde. München 1958 f. Bd. 5, S. 830.

138 Goethe: Wilhelm Meisters Theatralische Sendung. In: Goethe, Gedenkausgabe (s. Anm. 133), 8, 815.

139 Goethe, Wilhelm Meisters Lehrjahre. In: Goethes Werke (s. Anm. 131), 7, 215.

140 Goethe, Theatralische Sendung (s. Anm. 138), 815.

141 Goethe: Wilhelm Meisters Wanderjahre. In: Goethe, Gedenkausgabe (s. Anm. 133), 8, 521.

142 Goethe, Lehrjahre (s. Anm. 139), 9.

143 Goethe, Lehrjahre, 289.

144 Goethe, Lehrjahre, 276.

145 Goethe, Lehrjahre, 291.

146 Schiller: Über die ästhetische Erziehung des Menschen in einer Reihe von Briefen. In: Schiller, Sämtliche Werke (s. Anm. 137), 5, 584.

147 Goethe, Lehrjahre (s. Anm. 139), 290.

148 Vgl. dazu und zu dem folgenden Manfred Fuhrmann: Persona, ein römischer Rollenbegriff. In: Identität. Hrsg. von Odo Marquard und Karlheinz Stierle. München 1979. S. 83-106. (Poetik und Hermeneutik VIII).

149 Goethe, Lehrjahre (s. Anm. 139), 292.

150 Goethe, Lehrjahre, 118.

151 Goethe, Lehrjahre, 119.

152 Goethe, Lehrjahre, 120.

153 Goethe, Lehrjahre, 120.

154 Goethe, Lehrjahre, 120.

155 Vgl. Fuhrmann, Persona (s. Anm. 148).

156 Goethe, Lehrjahre (s. Anm. 139), 519.

157 Goethe, Lehrjahre, 540 f.

158 Goethe, Lehrjahre, 443.

159 Goethe, Lehrjahre, 19.

160 Goethe, Lehrjahre, 32.

161 Goethe, Lehrjahre, 490.

162 Goethe, Lehrjahre, 503.

163 Herder, Johann Gottfried: Brief an Karoline Adelheid Cornelia Gräfin Baudissin von vor Mai 1795. In: J. G. H.: Briefe. Unter Leitung von Karl-Heinz Hahn hrsg. von den Nationalen Forschungs- und Gedenkstätten der klassischen deutschen Literatur in Weimar (Goethe- und Schiller-Archiv). 8 Bde. Weimar 1977-84. Bd. 7, S. 153.

164 Schiller: Brief an Körner vom 19. 12. 1794. In: Schillers Werke. Nationalausgabe. Begr. von Julius Petersen, fortgef. von Lieselotte Blumenthal und Benno von Wiese. Hrsg. im Auftrag der Nationalen Forschungs- und Gedenkstätten der klassischen deutschen Literatur in Weimar und des Schiller-Nationalmuseums in Marbach von Norbert Oellers und Siegfried Seidel. Weimar 1943 ff. Bd. 27, S. 106.

165 Goethe, Wanderjahre (s. Anm. 131), 8, 11 f.

166 Goethe, Wanderjahre, 118.

167 Goethe, Wanderjahre, 9.

168 Goethe, Wanderjahre, 14.

169 Goethe, Wanderjahre, 15.

170 Goethe, Wanderjahre, 243.
171 Goethe, Wanderjahre, 87.
172 Goethe, Wanderjahre, 449 f.
173 Goethe, Wanderjahre, 281.
174 Goethe, Wanderjahre, 281.
175 Goethe, Wanderjahre, 280.
176 Goethe, Lehrjahre (s. Anm. 139), 494 f.
177 Goethe, Wanderjahre (s. Anm. 165), 282.
178 Vgl. Wolfgang Binder: Hölderlins Namenssymbolik. In: Hölderlin-
    Jahrbuch 12/(1961-62), S. 95-204.
179 Hölderlin, Friedrich: Hyperion oder Der Eremit in Griechenland.
    In: F. H.: Sämtliche Werke und Briefe. Hrsg. von Günter Mieth.
    2 Bde. München 1970. Bd. 1, S. 581.
180 Hölderlin, Hyperion, 744.
181 Hölderlin, Hyperion, 581.
182 Hölderlin, Hyperion, 664.
183 Hölderlin, Hyperion, 656.
184 Hölderlin, Hyperion, 737 f.
185 Hölderlin, Hyperion, 658.
186 Hölderlin, Hyperion, 644.
187 Hölderlin, Hyperion, 605.
188 Hölderlin, Hyperion, 648.
189 Hölderlin, Hyperion, 607.
190 Hölderlin, Hyperion, 590.
191 Hölderlin, Hyperion, 650.
192 Hölderlin, Hyperion, 668.
193 Hölderlin, Hyperion, 699.
194 Hölderlin, Hyperion, 700.
195 Hölderlin, Hyperion, 704.
196 Hölderlin, Hyperion, 654.
197 Hölderlin, Hyperion, 663.
198 Hölderlin, Hyperion, 666.
199 Hölderlin, Hyperion, 712.
200 Hölderlin, Hyperion, 715.
201 Hölderlin, Hyperion, 659.
202 Hölderlin, Hyperion, 741.
203 Hölderlin, Hyperion, 743.
204 Hölderlin: Das älteste Systemprogramm des Deutschen Idealismus.
    In: Hölderlin, Sämtliche Werke und Briefe (s. Anm. 179), 1, 917.
205 Hölderlin, Systemprogramm, 918.

206 Hölderlin, Systemprogramm, 919.

207 Hölderlin, Systemprogramm, 918.

208 Hölderlin: Hyperions Schicksalslied. In: Hölderlin, Sämtliche Werke und Briefe (s. Anm. 179), 1, 229.

209 Wackenroder, Wilhelm Heinrich: Herzensergießungen eines kunstliebenden Klosterbruders. In: W. H. W.: Werke und Briefe. Hrsg. von L. Schneider. Heidelberg 1967, S. 9.

210 Zur Autorschaftsfrage vgl. Ludwig Schneider: Bemerkungen des Herausgebers. In: Wackenroder, Werke und Briefe (s. Anm. 209), 613 ff.

211 Wackenroder, Herzensergießungen (s. Anm. 209), 18.

212 Wackenroder, Herzensergießungen, 58.

213 Wackenroder, Herzensergießungen, 57.

214 Wackenroder, Herzensergießungen, 69.

215 Wackenroder, Herzensergießungen, 67.

216 Schiller, Ästhetische Erziehung (s. Anm. 146), 595.

217 Wackenroder, Herzensergießungen (s. Anm. 209), 67.

218 Wackenroder, Herzensergießungen, 76.

219 Wackenroder, Herzensergießungen, 78.

220 Wackenroder, Herzensergießungen, 23.

221 Wackenroder, Herzensergießungen, 115.

222 Wackenroder, Herzensergießungen, 129.

223 Wackenroder, Herzensergießungen, 130.

224 Wackenroder, Herzensergießungen, 130.

225 Tieck, Ludwig: William Lovell. In: L. T.: Werke in 4 Bänden. Hrsg. von Marianne Thalmann. München 1963-66. Bd. 1, S. 239.

226 Tieck, William Lovell, 239.

227 Tieck: Vorbericht zur zweiten Lieferung. In: Tiecks Schriften. 28 Bde. Berlin 1828-1854. Bd. 6, S. XVI.

228 Tieck, William Lovell (s. Anm. 225), 371.

229 Tieck, William Lovell, 629.

230 Tieck, William Lovell, 697.

231 Brentano, Clemens: Brief an Achim von Arnim vom August 1803. In: C. B.: Briefe. Hrsg. von Friedrich Seebaß. 2 Bde. Nürnberg 1951. Bd. 1, S. 195.

232 Tieck, William Lovell (s. Anm. 225), 666.

233 Brentano, Clemens: Godwi oder Das steinerne Bild der Mutter. Ein verwilderter Roman. In: C. B.: Werke. 4 Bde. Bd. 2. Hrsg. von Friedhelm Kemp. München 1963, S. 42.

234 Brentano, Godwi, 41.

235 Brentano, Godwi, 39.

236 Brentano, Godwi, 41.

237 Brentano, Godwi, 39.

238 Brentano, Godwi, 247.

239 Schlegel, Friedrich: Lucinde. Friedrich Schleiermacher: Vertraute Briefe über Friedrich Schlegels ›Lucinde‹. Sonderausgabe Frankfurt/Main 1964, S. 86.

240 Schlegel, Lucinde, 63.

241 Brentano: Brief an Savigny (etwa 5. 8. 1801). In: Das unsterbliche Leben. Unbekannte Briefe von Clemens Brentano. Hrsg. von Wilhelm Schellberg und Friedrich Fuchs. Jena 1939. Bd. 1, S. 222.

242 Tieck: Franz Sternbalds Wanderungen. Eine altdeutsche Geschichte. In: Tieck, Werke (s. Anm. 225), 1, 836 f.

243 Tieck, Sternbald, 837 f.

244 Tieck, Sternbald, 894.

245 Tieck, Sternbald, 979.

246 Tieck, Sternbald, 811 f.

247 Tieck, Sternbald, 846.

248 Köpke, Rudolf: Ludwig Tieck. Erinnerungen aus dem Leben des Dichters nach dessen mündlichen und schriftlichen Mittheilungen. Bd. 2. Leipzig 1855. S. 171 f.

249 Novalis: Brief an Tieck vom 23. 2. 1800. In: N.: Werke, Tagebücher und Briefe Friedrich von Hardenbergs. Hrsg. von Hans-Joachim Mähl und Richard Samuel. 2 Bde. München 1978. Bd. 1, S. 732.

250 Heine, Heinrich: Die romantische Schule. In: H. H.: Beiträge zur deutschen Ideologie. Hrsg. von Hans Mayer. Frankfurt/Main 1971, S. 184 f.

251 Novalis: Heinrich von Ofterdingen (s. Anm. 249), Bd. 1, S. 397.

252 Novalis, Fragmente und Studien 1799/1800 (s. Anm. 249), Bd. 2, S. 810.

253 Novalis, Fragmente, 830.

254 Novalis, Heinrich von Ofterdingen. In: Novalis, Werke, Tagebücher und Briefe (s. Anm. 249), 1, 240.

255 Novalis, Heinrich von Ofterdingen, 240.

256 Novalis, Heinrich von Ofterdingen, 333.

257 Novalis, Heinrich von Ofterdingen, 243 ff.

258 Novalis, Heinrich von Ofterdingen, 254.

259 Novalis, Heinrich von Ofterdingen, 292.

260 Novalis: Romantische Welt. Die Fragmente. Eine Auswahl. Hrsg. von Otto Mann. Leipzig 1929, S. 293 f.

261 Novalis, Heinrich von Ofterdingen (s. Anm. 251), 312.
262 Novalis, Heinrich von Ofterdingen, 312.
263 Novalis, Heinrich von Ofterdingen, 361.
264 Weshalb der Roman auch »positive Satire« genannt wurde; vgl.
    Hermann Granzow: Künstler und Gesellschaft im Roman der Goe-
    thezeit. Bonn 1960. S. 108.
265 Novalis, Heinrich von Ofterdingen (s. Anm. 251), 364.
266 (Klingemann, August): Nachtwachen von Bonaventura. Hrsg. und
    mit einem Nachw. vers. von Jost Schillemeit. Frankfurt/Main
    1974. S. 9.
267 Nachtwachen, 199.
268 Nachtwachen, 96.
269 Nachtwachen, 72.
270 Nachtwachen, 198.
271 Nachtwachen, 198.

*III. »Die ganze menschliche Gesellschaft mit ihren Wundern und ihren
Torheiten«: Knigge, Klinger, Schiller*

1 Schiller, Friedrich: Über naive und sentimentalische Dichtung. In:
   F. S.: Sämtliche Werke. Hrsg. von Gerhard Fricke und Herbert
   G. Göpfert. 5 Bde. München 1958 f. Bd. 5, S. 722.
2 Wieland, Christoph Martin: Unterredungen mit dem Pfarrer von
   ★★★. In: C. M. W.: Sämmtliche Werke. 39 Bde. und 6 Supplementbde.
   Leipzig 1794-1811. Fotomech. Ndr. Hamburg 1984. Bd. 30, S. 512.
3 Wieland, Der goldene Spiegel. In: Wieland, Sämmtliche Werke
   (s. Anm. 2), 6, XIV.
4 Schiller, Naive und sentimentalische Dichtung (s. Anm. 1), 722.
5 Schiller, Naive und sentimentalische Dichtung, 722 f.
6 Knigge, Adolph Freiherr: Der Roman meines Lebens. In: A. K.: Sämtliche Werke. Hrsg. von Paul Raabe. Nendeln 1978. Bd. 1 und 2, hier:
   Bd. 2, S. 108 (Die Seitenangabe folgt der Paginierung des Herausgebers).
7 Knigge, Ueber Schriftsteller und Schriftstellerey (s. Anm. 6), Bd. 19,
   S. 342.
8 Frölich, Carl: Ueber den Menschen und seine Verhältnisse. Hrsg. von
   Gerhard Steiner. Berlin 1960. S. 253 f.
9 Frölich, Menschen, 276.
10 Knigge, Benjamin Noldmanns Geschichte der Aufklärung in Abyssinien. In: Knigge, Sämtliche Werke (s. Anm. 6), 14, 5.

11 Knigge, Noldmann, 95 f.

12 Knigge, Noldmann, 158.

13 Walch: Renzension zu Knigge, Benjamin Noldmanns Geschichte der
    Aufklärung in Abyssinien. In: Allgemeine deutsche Bibliothek 107
    (1792), Stück 1, S. 184.

14 Klinger, Friedrich Maximilian: Vorrede. In: F. M. K.: Sämmtliche
    Werke in zwölf Bänden. Stuttgart 1842. Bd. 3, S. III.

15 Klinger: Brief an Nicolovius vom 5. 8. 1797. In: Klinger: Briefbuch.
    Sein Leben und Werke. Hrsg. von M. Rieger. Darmstadt 1896. S. 35.

16 Klinger, Brief an Goethe vom 26. 5. 1814. In: Klinger, Briefbuch
    (s. Anm. 15), 163.

17 Klinger, Vorrede (s. Anm. 14), III f.

18 Klinger, Betrachtungen und Gedanken über verschiedene Gegen-
    stände der Welt und der Literatur. In: Klinger, Sämmtliche Werke
    (s. Anm. 14), 11, 53.

19 Klinger, Betrachtungen, 280.

20 Klinger, Brief an Goethe vom 26. 5. 1814. In: Klinger, Briefbuch
    (s. Anm. 15), 162.

21 Klinger, Fausts Leben, Thaten und Höllenfarth. In: Klinger, Sämmtli-
    che Werke (s. Anm. 14), 3, 15.

22 Klinger, Fausts Leben, 213 f.

23 Klinger, Fausts Leben, 33 f.

24 Klinger, Fausts Leben, 271 f.

25 Klinger, Fausts Leben, 270.

26 Klinger, Betrachtungen (s. Anm. 18), 5.

27 Klinger, Der Faust der Morgenländer. In: Klinger, Sämmtliche
    Werke (s. Anm. 14), 7, 58.

28 Klinger: Die Geschichte vom Goldnen Hahn. Ein Beytrag zur Kir-
    chen-Historie. o. O. (Gotha) 1785. S. 173.

29 Klinger, Das zu frühe Erwachen des Genius der Menschheit. In: Klin-
    ger, Sämtliche Werke (s. Anm. 14), 10, 213.

30 Klinger, Geschichte eines Deutschen der neuesten Zeit. In: Klinger,
    Sämtliche Werke (s. Anm. 14), 8, 305 f.

31 Klinger, Geschichte eines Deutschen, 324.

32 Klinger, Geschichte eines Deutschen, 129.

33 Klinger, Der Weltmann und der Dichter. In: Klinger, Sämtliche
    Werke (s. Anm. 14), 9, 200.

34 Klinger, Vorrede (s. Anm. 14), VII f.

35 Schiller, Der Geisterseher. In: Schiller, Sämtliche Werke (s. Anm. 1),
    5, 48.

36 Schiller, Geisterseher, 76 f.
37 Schiller, Geisterseher, 93.
38 Schiller, Geisterseher, 93.
39 Schiller, Geisterseher, 103.
40 Schiller, Geisterseher, 75.
41 Schiller, Geisterseher, 100.
42 Schiller, Geisterseher, 104.
43 Schiller, Geisterseher, 100 f.
44 Schiller, Geisterseher, 162.
45 Schiller, Über die ästhetische Erziehung des Menschen in einer Reihe von Briefen. In: Schiller, Sämtliche Werke (s. Anm. 1), 5, 660.
46 Schiller, Ästhetische Erziehung, 581.
47 Schiller, Ästhetische Erziehung 659.

IV. *Liebes- und Ehespiegel: Goethe, Schlegel, Arnim, Lafontaine*

1 Riemer, Friedrich Wilhelm: Tagebuch vom 28. 8. 1808. Zit. nach Goethe, Johann Wolfgang: Goethes Werke. Hamburger Ausgabe in 14 Bänden. Hrsg. von Erich Trunz. München 1982[12]. Bd. 6, S. 638.
2 Goethe: Selbstanzeige im »Morgenblatt für gebildete Stände« vom 4. 9. 1809. In: Goethes Werke (s. Anm. 1), 6, 638.
3 Goethe: Die Leiden des jungen Werther. In: Goethes Werke (s. Anm. 1), 6, 48.
4 Goethe, Gespräch mit Riemer vom Dezember 1809. Zit. nach Goethes Werke (s. Anm. 1), 6, 640.
5 Goethe: Die Wahlverwandtschaften. In: Goethes Werke (s. Anm. 1), 6, 273.
6 Goethe, Wahlverwandtschaften, 414.
7 Platon: Symposion. In: P.: Sämtliche Werke. In der Übersetzung von Friedrich Schleiermacher mit der Stephanus-Numerierung hrsg. von Walter F. Otto, Ernesto Grassi und Gert Plamböck. Bd. 2. Hamburg 1957. S. 222 (191 d).
8 Goethe, Wahlverwandtschaften (s. Anm. 5), 478.
9 Goethe, Wahlverwandtschaften, 478.
10 Goethe, Wahlverwandtschaften, 321.
11 Goethe, Wahlverwandtschaften, 462.
12 Goethe, Wahlverwandtschaften, 463.
13 Hegel, Georg Wilhelm Friedrich: Ästhetik. Hrsg. von Friedrich Bassenge. 2 Bde. Berlin o. J. Bd. 1, S. 489.
14 Eckermann, Johann Peter: Gespräch mit Goethe vom 17. 2. 1830. In:

J. P. E.: Gespräche mit Goethe in den letzten Jahren seines Lebens.
Hrsg. von Regine Otto. München 1984². S. 341.

15 Schlegel, Friedrich: Lucinde. Friedrich Schleiermacher: Vertraute
    Briefe über Friedrich Schlegels ›Lucinde‹. Sonderausgabe Frankfurt/
    Main 1964, S. 71.

16 Schlegel, Lucinde, 23.

17 Schlegel, Lucinde, 69.

18 Schlegel, Lucinde, 74.

19 Vgl. Ricarda Huch: Die Romantik. 2 Bde. Leipzig 1899 und 1902.

20 Goethe, Wahlverwandtschaften (s. Anm. 5), 328.

21 Schlegel, Lucinde (s. Anm. 15), 88.

22 Schleiermacher, Vertraute Briefe (s. Anm. 15), 161.

23 Arnim, Achim von: Armut, Reichtum, Schuld und Buße der Gräfin
    Dolores. In: A. A.: Werke. Hrsg. von Walter Migge. Bd. 1. München
    1962. S. 314.

24 Arnim, Dolores, 328.

25 Arnim, Dolores, 327.

26 Arnim, Dolores, 507.

27 Arnim, Dolores, 509.

28 Schlegel, Lucinde (s. Anm. 15), 24.

29 Arnim, Was soll geschehen im Glücke (Unveröffentlichter Aufsatz).
    In: Jahrbuch der Deutschen Schillergesellschaft 5 (1961), S. 200.

30 Arnim, Was soll geschehen, 200.

31 Cramer, Carl Gottlob: Der deutsche Alcibiades. 3 Thle. Weißenfels
    und Leipzig 1791. Thl. 1, S. 81.

32 Cramer, Alcibiades, 1, 83 f.

33 Lafontaine, August Heinrich Julius: Klara du Plessis und Klairant.
    Mit einem Nachwort von Hans-Friedrich Foltin. Berlin 1795. Foto-
    mech. Ndr. Hildesheim, New York 1976. S. 609.

34 Lafontaine, Klara du Plessis, 480.

V. Bibliothek der Abenteuer

1 (Haken, Johann Christian Ludwig:) Vorrede zu: Bibliothek der
   Abentheuer. Bd. 1. Magdeburg 1810. S. XIV.

2 Haken, Vorrede, XIV.

3 Haken, Vorrede, V.

4 Haken, Vorrede, VII.

5 Haken, Vorrede, III.

6 Haken, Vorrede, IV.

7 Hauff, Wilhelm: Die Bücher und die Lesewelt. In: W.H.: Sämtliche Werke. Hrsg. von Hermann Fischer. 6 Bde. Stuttgart o.J. Bd. 5, S.242.

8 Goethe, Johann Wolfgang von: Briefe aus der Schweiz. In: Goethe's Werke. Vollständige Ausg. letzter Hand. Bd. 16. Stuttgart und Tübingen 1830. S.206.

9 Hegel, Georg Wilhelm Friedrich: Ästhetik. Hrsg. von Friedrich Bassenge. 2 Bde. Frankfurt/Main o.J., Bd. 1, S.567.

10 Adelung, Johann Christoph: Grammatisch-kritisches Wörterbuch der Hochdeutschen Mundart. Mit D. W. Soltau's Beyträgen, revidirt und berichtiget von Franz Xaver Schönberger. Erster Theil, von A-E. Wien 1808. S.26.

11 Hegel, Ästhetik (s.Anm. 9), 1, 567 f.

12 Hegel, Ästhetik, 1, 567.

13 Hegel, Ästhetik, 1, 567 f.

14 (Wächter, Leonhard:) Tugendspiegel. In: (L.W.:) Sagen der Vorzeit von Veit Weber. 7 Bde. Berlin 1787-98. Bd. 3, S.5.

15 Wächter: Die Brüder des Bundes für Freiheit und Recht. In: Wächter, Sagen, 4, 141.

16 Wächter: Der Müller im Schwarzthal. In: Wächter, Sagen, 2, 260.

17 Wächter: Die Teufelverschwörung. In: Wächter, Sagen, 4, 129.

18 Horn, Franz: Die schöne Litteratur Deutschlands, während des achtzehnten Jahrhunderts. 2 Thle. Berlin und Stettin 1813. Thl. 2, S.193 f.

19 Fouqué, Friedrich de la Motte: Vorbericht zu: Die wunderbaren Begebenheiten des Grafen Alethes von Lindenstein. Frankfurt/Main 1980. S.7.

20 Fouqué, Alethes von Lindenstein, 360.

21 Schmidt, Arno: Fouqué und einige seiner Zeitgenossen. Biographischer Versuch. Frankfurt/Main 1975. S.184.

22 Fouqué, Alethes von Lindenstein (s.Anm. 19), 360.

23 Fouqué: Brief an Chamisso vom 14. 2. 1811. Zit. nach Schmidt, Fouqué (s.Anm. 21), 188.

24 Fouqué. Zit. n. Schmidt, Fouqué (s.Anm. 21), 188.

25 Rez. von: Sagen der Vorzeit. Von Veit Weber. Dritter Band. Tugendspiegel. In: Allgemeine Literatur-Zeitung vom 27. 12. 1791. Sp. 635.

26 Vgl. Ernst Bloch: Das Prinzip Hoffnung. In fünf Teilen. 2 Bde. Frankfurt/Main 1959. Bd. 2, S.1175 ff.

27 Grosse, Carl: Der Genius. Aus den Papieren des Marquis C* von G**. Frankfurt/Main 1982. S.63.

28 Vgl. Marianne Thalmann: Der Trivialroman des 18. Jahrhunderts und der romantische Roman. Ein Beitrag zur Entwicklungsgeschichte der Geheimbundmystik. Berlin 1923. Nachdr. Nendeln/ Liechtenstein 1967 sowie Else Kornerup: Graf Edouard Romeo Vargas/Carl Grosse. Eine Untersuchung ihrer Identität. Kopenhagen 1954.

29 Grosse, Genius (s. Anm. 27), 77.

30 Grosse, Genius, 33.

31 Tieck, Ludwig: Brief an Wackenroder vom 4. 6. 1792. In: Werke und Briefe von Wilhelm Heinrich Wackenroder. Hrsg. von Ludwig Schneider. Heidelberg 1967. S. 317.

32 Grosse, Genius (s. Anm. 27), 87 f.

33 Bs. (d. i. Schatz): Rez. von: Der Genius. Zweyter Theil. In: Neue Allgemeine Deutsche Bibliothek. Jg. 1793. Bd. 1, S. 548.

34 Grosse, Genius (s. Anm. 27), 755.

35 Naubert, Benedicte: Konradin von Schwaben oder Geschichte des unglücklichen Enkels Kaiser Friedrichs des Zweyten. Leipzig 1788. S. 12.

36 Voß, Julius von: Ini. Ein Roman aus dem ein und zwanzigsten Jahrhundert. Berlin 1810. S. 1 f.

37 Voß, Ini, 7.

38 Voß, Ini, 367 f.

39 Schiller, Friedrich: Sehnsucht. In: F. S.: Sämtliche Werke Hrsg. von Gerhard Fricke und Herbert G. Göpfert. Bd. 1. 4., durchges. Aufl. München 1965. S. 411.

40 Hegel, Georg Wilhelm Friedrich: Phänomenologie des Geistes. In: G. W. F. H.: Werke in zwanzig Bänden. Theorie-Werkausgabe. Hrsg. von Eva Moldenhauer und Karl Markus Michel. Bd. 3. Frankfurt/ Main 1970. S. 66.

41 Vulpius, Christian August: Rinaldo Rinaldini der Räuber Hauptmann. Eine romantische Geschichte unsers Jahrhunderts. Fotomech. Nachdr. der Ausgabe Leipzig 1799-1800. Mit einem Vorwort von Hans-Friedrich Foltin. 18 Teile in 3 Bdn. Hildesheim, New York 1974. Bd. 2, Teil 3, S. 15 f. (Angegeben werden im folgenden Band, Teil, Seitenzahl).

42 Klopstock, Friedrich Gottlieb: Von der heiligen Poesie. In: F. G. K. Ausgewählte Werke. Hrsg. von Karl August Schleiden. Mit einem Nachw. von Friedrich Georg Jünger. München o. J., S. 1001.

43 Vulpius, Rinaldo Rinaldini (s. Anm. 41), 1,1,217.

44 Vulpius, Rinaldo Rinaldini, 2,3,226.

45 Vulpius, Rinaldo Rinaldini, 2,3,226 f.; vgl. Götz Großklaus: Chri-

stian August Vulpius. In: Estratto da Annali - Studi Tedeschi (1975, 2). Istituto Rientale di Napoli. S. 109-16.

46 Vulpius, Rinaldo Rinaldini, 1,1,184.

47 Vulpius, Rinaldo Rinaldini, 1,1,282 f.

VI. Exemplarische Erzählungen und Wunscherfüllungsphantasien

1 Borinski, Karl: Die Antike in Poetik und Kunsttheorie. Bd. 1. Leipzig 1914. Fotomech. Ndr. Darmstadt 1965. S. 112.

2 Boccaccio, Giovanni: Das Dekameron. Vollständige Ausgabe in der Übertragung von Karl Witte. München 1952. S. 11.

3 Boccaccio, Dekameron, 18.

4 Boccaccio, Dekameron, 29.

5 Boccaccio, Dekameron, 17.

6 Goethe, Johann Wolfgang: Unterhaltungen deutscher Ausgewanderten. In: Goethes Werke. Hamburger Ausgabe in 14 Bänden. Hrsg. von Erich Trunz. München 1982[12]. Bd. 6, S. 125.

7 Goethe, Unterhaltungen, 126.

8 Goethe, Unterhaltungen, 130.

9 Goethe, Unterhaltungen, 128.

10 Goethe: Die Leiden des jungen Werther. In: Goethes Werke (s. Anm. 6), 6, 43.

11 Goethe, Werther, 39.

12 Goethe, Iphigenie auf Tauris. In: Goethes Werke (s. Anm. 6), 5, 50 ff.

13 Goethe: Faust. Eine Tragödie. In: Goethes Werke (s. Anm. 6), 3, 17.

14 Christine Träger: Novellistisches Erzählen bei Goethe. In: Goethe-Jahrbuch 101 (1983), S. 182-202.

15 Goethe: Tagebuch vom 23. 3. 1797. In: J. W. G.: Gedenkausgabe der Werke, Briefe und Gespräche. Hrsg. von Ernst Beutler. 24 Bde. und 2 Erg.-Bde. Zürich 1948 ff. 2. Erg.-Bd., S. 208.

16 Goethe: Novelle. In: Goethes Werke (s. Anm. 6), 6, 491.

17 Goethe: Reineke Fuchs. In zwölf Gesängen. In: Goethes Werke (s. Anm. 6), 2, 433.

18 Goethe, Reineke Fuchs, 345.

19 Goethe, Reineke Fuchs, 370.

20 Vgl. Herman Grimm: Goethe. Vorlesungen. Bd. 2. Stuttgart 1903. S. 144 ff.

21 Goethe: Campagne in Frankreich 1792. In: Goethes Werke (s. Anm. 6), 10, 359 f.

22 Hegel, Georg Wilhelm Friedrich: Ästhetik. Hrsg. von Friedrich Bas-
    senge. 2 Bde. Berlin o. J. Bd. 2, S. 468.
23 Eckermann, Johann Peter: Gespräch mit Goethe vom 9. 2. 1831. In:
    J. P. E.: Gespräche mit Goethe in den letzten Jahren seines Lebens.
    Hrsg. von Regine Otto. München 1984². S. 382.
24 Goethe: Hermann und Dorothea. In: Goethes Werke (s. Anm. 6), 2,
    437.
25 Goethe, Hermann und Dorothea, 441.
26 Goethe, Hermann und Dorothea, 462.
27 Goethe, Hermann und Dorothea, 510.
28 Goethe: Dichtung und Wahrheit. In: Goethes Werke (s. Anm. 6), 10,
    175 f.
29 Goethe, Dichtung und Wahrheit, 176.
30 Goethe, Unterhaltungen (s. Anm. 6), 186.
31 Goethe, Unterhaltungen, 139.
32 Schiller, Friedrich: Brief an Körner vom 22. 1. 1789. In: Schillers
    Werke. Nationalausgabe. Begr. von Julius Petersen, fortgef. von
    Lieselotte Blumenthal und Benno von Wiese. Hrsg. im Auftrag der
    Nationalen Forschungs- und Gedenkstätten der klassischen deut-
    schen Literatur in Weimar und des Schiller-Nationalmuseums in
    Marbach von Norbert Oellers und Siegfried Seidel. Weimar
    1943 ff. Bd. 25, S. 186 f.
33 Goethe, Unterhaltungen (s. Anm. 6), 125.
34 Goethe, Unterhaltungen, 125.
35 Goethe, Unterhaltungen, 139.
36 Cicero, Marcus Tullius: De oratore. Über den Redner. Lat. und dt.
    Übers. und hrsg. von Harald Merklin. Stuttgart 1976. S. 61.
37 Goethe, Unterhaltungen (s. Anm. 6), 186.
38 Goethe, Unterhaltungen, 142.
39 Goethe, Unterhaltungen, 143.
40 Goethe, Unterhaltungen, 167.
41 Goethe, Unterhaltungen, 142 f.
42 Goethe, Unterhaltungen, 187.
43 Goethe, Unterhaltungen, 159.
44 Goethe, Unterhaltungen, 159.
45 Goethe, Unterhaltungen, 161.
46 Goethe, Unterhaltungen, 185.
47 Goethe, Unterhaltungen, 186 f.
48 Goethe, Unterhaltungen, 142.
49 Goethe, Unterhaltungen, 208 f.

50 Goethe: Xenien. In: Goethes Werke (s. Anm. 6), 1, 213.

51 Bloch, Ernst: Das Prinzip Hoffnung. In fünf Teilen. 2 Bde. Frankfurt/Main 1959. Bd. 1, S. 199 ff.

52 Goethe, Unterhaltungen (s. Anm. 6), 218.

53 Goethe: Wilhelm Meisters Wanderjahre. In: Goethe, Gedenkausgabe (s. Anm. 15), 8, 165.

54 Eckermann: Gespräch mit Goethe vom 7. 10. 1827. In: Eckermann, Gespräche (s. Anm. 23), 563.

55 Goethe: Gespräch mit Christoph Friedrich Schulz am 10. 1. 1829. Zit. nach: Goethes Werke (s. Anm. 6), 6, 727.

56 Vgl. Hermann Meyer: Raumgestalt und Raumsymbolik in der Erzählkunst. In: Studium Generale (10) 1957, S. 620-630.

57 Goethe, Novelle (s. Anm. 16), 509.

58 Eckermann: Gespräch mit Goethe vom 18. 1. 1827. In: Eckermann, Gespräche (s. Anm. 23), 184.

59 Novalis: Das Allgemeine Brouillon. In: N.: Schriften. Die Werke Friedrich von Hardenbergs. Hrsg. von Paul Kluckhohn und Richard Samuel. 2., nach den Handschriften erg., erw. und verb. Aufl. in vier Bänden und einem Begleitband. Darmstadt 1960 ff. Bd. 3, S. 280 f.

60 Vgl. Friedmar Apel: Die Zaubergärten der Phantasie. Zur Theorie und Geschichte des Kunstmärchens. Heidelberg 1978. S. 132 f.

61 Novalis, Brouillon (s. Anm. 59), 449.

62 Novalis: Heinrich von Ofterdingen. In: Novalis, Schriften (s. Anm. 59), 1, 318.

63 Novalis, Heinrich von Ofterdingen, 319.

64 Novalis: Romantische Welt. Die Fragmente. Eine Auswahl. Hrsg. von Otto Mann. Leipzig 1929. S. 5.

65 Novalis, Fragmente, 116.

66 Novalis, Heinrich von Ofterdingen (s. Anm. 62), 195.

67 Novalis, Die Lehrlinge zu Sais. In: Novalis, Schriften (s. Anm. 59), 1, 91.

68 Novalis, Lehrlinge, 93.

69 Novalis, Lehrlinge, 94 f.

70 Novalis, Heinrich von Ofterdingen (s. Anm. 62), 199.

71 Tieck, Ludwig: Phantasus. In: Tiecks Schriften. 28 Bde. Berlin 1828-54. Bd. 4, S. 96.

72 Tieck, Phantasus, 32.

73 Tieck, Phantasus, 128 f.

74 Tieck, Phantasus, 89.

75 Bloch: Erbschaft dieser Zeit. Erweiterte Ausgabe. Frankfurt/Main
    1962. S. 168.

76 Tieck: Der blonde Eckbert. In: Tieck: Werke in 4 Bänden. Hrsg. von
    Marianne Thalmann. München 1963-66. Bd. 2, S. 13.

77 Tieck, Eckbert, 17 f.

78 Tieck, Eckbert, 19.

79 Tieck, Eckbert, 21.

80 Tieck, Eckbert, 26.

81 Bloch: Bilder des Déjà vu. In: E. B.: Literarische Aufsätze. Frankfurt/
    Main 1965, 240.

82 Tieck, Eckbert (s. Anm. 76), 9.

83 Tieck: Der Runenberg. In: Tieck, Werke (s. Anm. 76), 2, 72.

84 Tieck, Der Runenberg, 76.

85 Tieck: Die Elfen. In: Tieck, Werke (s. Anm. 76), 2, 178.

86 Tieck, Der getreue Eckart und der Tannenhäuser. In zwei Abschnit-
    ten. In: Tieck, Werke (s. Anm. 76), 2, 45.

87 Tieck, Eckart, 58.

88 Tieck, Eckart, 50.

89 Tieck, Eckart, 45.

90 Tieck, Eckart, 46.

91 Tieck, Eckart, 43.

92 Tieck, Eckart, 57.

93 Tieck, Phantasus (s. Anm. 71), 66.

94 Tieck, Phantasus, 77 f.

95 Tieck, Phantasus, 126 f.

96 Tieck, Phantasus, 56.

97 Vgl. dazu Hans Holländer: Konturen einer Ikonographie des Phanta-
    stischen. In: Phantastik in Literatur und Kunst. Hrsg. von Christian
    W. Thomsen und Jens Malte Fischer. Darmstadt 1980. S. 387-403.

98 Tieck, Eckart (s. Anm. 86), 56.

99 Tieck, Runenberg (s. Anm. 83), 77.

100 Fouqué, Friedrich de la Motte: Die Laterne im Schloßhofe. In: F.:
    Romantische Erzählungen. Hrsg. von Gerhard Schulz. München
    1977. S. 240.

101 Vgl. Frank Rainer Max: Der ›Wald der Welt‹. Das Werk Fouqués.
    Bonn 1980. S. 325 ff.

102 Fouqué: Joseph und seine Geige. In: Fouqué, Romantische Erzäh-
    lungen (s. Anm. 100), 430.

103 Fouqué: Ritter Toggenburg. In: Fouqué, Romantische Erzählungen
    (s. Anm. 100), 313.

104 Fouqué: Undine. Eine Erzählung. In: Fouqué, Romantische Erzählungen (s. Anm. 100), 73.

105 Fouqué, Undine, 55.

106 Fouqué, Undine, 114.

107 Fouqué: Ixion. Eine Novelle. In: Fouqué, Romantische Erzählungen (s. Anm. 100), 122.

108 Fouqué, Ixion, 120.

109 Fouqué, Ixion, 123.

110 Fouqué, Ixion, 124 f.

111 Poe, Edgar Allan: Rez. zu Fouqué, Undine. In: E. A. P.: Werke. Hrsg. von Kuno Schumann und Hans Dieter Müller. 4 Bde. Olten 1966. Bd. 3, S. 295 f.

112 Schiller, Friedrich: Der Verbrecher aus verlorener Ehre. In: F. S.: Sämtliche Werke. Hrsg. von Gerhard Fricke und Herbert G. Göpfert. 5 Bde. München 1959. Bd. 5, S. 13.

113 Jakob, Ludwig Heinrich: Grundriß der Erfahrungsseelenlehre. Halle 1795. S. 392 f.

114 Schiller, Verbrecher (s. Anm. 112), 13.

115 Schiller, Verbrecher, 16.

116 Schiller, Verbrecher, 31.

117 Schiller, Verbrecher, 31.

118 Schiller, Verbrecher, 15.

119 Schiller: Eine grossmütige Handlung aus der neuesten Geschichte. In: Schiller, Sämtliche Werke (s. Anm. 112), 5, 9.

120 Schiller, Spiel des Schicksals. Ein Bruchstück aus einer wahren Geschichte. In: Schiller, Sämtliche Werke (s. Anm. 112), 5, 43.

121 Meißner, August Gottlieb: Skizzen. Bd. 1. Göttingen 1778. S. 96.

122 Schiller: Merkwürdige Rechtsfälle als ein Beitrag zur Geschichte der Menschheit. Vorrede. In: Schiller, Sämtliche Werke (s. Anm. 112), 5, 865.

123 Schiller, Rechtsfälle, 864.

124 Schiller, Rechtsfälle, 864 f.

125 Spieß, Christian Heinrich: Biographien der Wahnsinnigen. Hrsg. von Wolfgang Promies. Neuwied 1966. S. 323.

126 Schiller, Über die notwendigen Grenzen beim Gebrauch schöner Formen. In: Schiller, Sämtliche Werke (s. Anm. 112), 5, 674.

127 Schiller, Über Bürgers Gedichte. In: Schiller, Sämtliche Werke (s. Anm. 112), 5, 974.

128 Schiller, Über Bürgers Gedichte, 974.

129 Hebel, Johann Peter: Unabgefordertes Gutachten über eine vorteil-

haftere Einrichtung des Kalenders. In: J.P.H.: Werke. 2 Bde. Hrsg. von Wilhelm Altwegg. Freiburg o.J. Bd. 1, S.433.

130 Zit. nach Heinrich Funck: Über den Rheinländischen Hausfreund und Johan Peter Hebel. Leipzig 1886. S.152.

131 Goethe: Allemannische Gedichte. In: Goethe, Gedenkausgabe (s.Anm. 15), 14, 436.

132 Goethe, Allemannische Gedichte, 439.

133 Goethe, Allemannische Gedichte, 440.

134 Riehl, Wilhelm Heinrich: Volkskalender im achtzehnten Jahrhundert. In: W.H.R.: Culturstudien. Stuttgart 1859, S.38.

135 Riehl, Volkskalender, 38.

136 Hebel, Johann Peter: Schatzkästlein des Rheinischen Hausfreundes. Ein Werk in seiner Zeit. Hrsg. von Hannelore Schlaffer. Tübingen 1980. S.300.

137 Goethe, Allemannische Gedichte (s.Anm. 131), 437.

138 Hebel, Schatzkästlein (s.Anm. 136), S.14.

139 Hebel, Schatzkästlein, 14.

140 Hebel, Schatzkästlein, 97.

141 Hebel, Schatzkästlein, 95 f.

142 Vgl. Jan Knopf: Geschichten zur Geschichte. Kritische Tradition des Volkstümlichen in den Kalendergeschichten Hebels und Brechts. Stuttgart 1973. S.92 f.

143 Hebel, Schatzkästlein (s.Anm. 136), 203.

144 Hebel, Schatzkästlein, 157.

145 Hebel, Schatzkästlein, 200.

146 Hebel, Schatzkästlein, 62.

147 Hebel, Schatzkästlein, 108 f.

148 Hebel, Schatzkästlein, 153.

149 Hebel, Schatzkästlein, 213 f.

150 Hebel, Schatzkästlein, 110.

151 Hebel, Schatzkästlein, 70.

152 Hebel, Schatzkästlein, 91.

153 Hebel, Schatzkästlein, 78.

154 Hebel, Schatzkästlein, 210.

155 Hebel, Schatzkästlein, 143.

156 Hebel, Schatzkästlein, 120.

157 Hebel, Schatzkästlein, 167.

158 Schiller: Über die tragische Kunst. In: Schiller, Sämtliche Werke (s.Anm. 112), 5, 372.

159 Benjamin, Walter: Johann Peter Hebel. Zu seinem 100. Todestage.

In: W.B.: Gesammelte Schriften. Hrsg. von Rolf Tiedemann und Hermann Schweppenhäuser. Frankfurt/Main 1977 ff. Bd. 2/1, S.278.

160 Hebel, Schatzkästlein (s.Anm. 136), 187.

161 Hebel, Schatzkästlein, 186.

162 Hebel, Schatzkästlein, 185.

163 Bloch: Nachwort zu Hebels Schatzkästlein. In: Bloch, Literarische Aufsätze (s.Anm. 81), 182.

164 Hebel, Schatzkästlein (s.Anm. 136), 137 f.

165 Bloch, Nachwort (s.Anm. 163), 182 f.

166 Hebel, Schatzkästlein (s.Anm. 136), 172.

167 Bloch, Nachwort (s.Anm. 163), 176.

168 Hebel, Schatzkästlein (s.Anm. 136), 232.

169 Hebel, Schatzkästlein, 233.

170 Hebel, Schatzkästlein, 234.

171 Kleist, Heinrich von: Michael Kohlhaas (Aus einer alten Chronik). In: H.K.: Sämtliche Werke und Briefe. Hrsg. von Helmut Sembdner. 2., verm. und rev. Aufl. München 1961. Bd. 2, S.9.

172 Kleist, Kohlhaas, 10.

173 Kleist, Kohlhaas, 14.

174 Kleist, Kohlhaas, 20.

175 Kleist, Kohlhaas, 31.

176 Kleist, Kohlhaas, 32.

177 Kleist, Kohlhaas, 42.

178 Kleist, Kohlhaas, 32.

179 Kleist, Kohlhaas, 41.

180 Kleist, Kohlhaas, 41.

181 Kleist, Kohlhaas, 13.

182 Kleist, Kohlhaas, 60.

183 Vgl. Klaus Müller-Salget: Das Prinzip der Doppeldeutigkeit in Kleists Erzählungen. In: Müller-Seidel, Walter (Hrsg.): Kleists Aktualität. Neue Aufsätze und Essays. Darmstadt 1981. S.169.

184 Tieck: Vorrede zu Kleists Hinterlassenen Schriften 1821. In: Heinrich von Kleists Nachruhm. Eine Wirkungsgeschichte in Dokumenten. Hrsg. von Helmut Sembdner. Bremen 1967. S.636.

185 Kleist, Kohlhaas (s.Anm. 171), 101.

186 Kleist, Kohlhaas, 65.

187 Kleist, Kohlhaas, 19.

188 Kleist, Kohlhaas, 96.

189 Kleist, Kohlhaas, 24.

190 Kleist, Kohlhaas, 51.
191 Falk, Johannes: Goethe aus näherm persönlichen Umgang dargestellt. Leipzig 1832. S. 104.
192 Zuletzt noch Peter Horn: Heinrich von Kleists Erzählungen. Eine Einführung. Königstein/Ts. 1978.
193 Kleist: Die Verlobung in St. Domingo. In: Kleist, Sämtliche Werke und Briefe (s. Anm. 171), 2, 170.
194 Kleist, Brief an Otto August Rühle von Lilienstern von Ende November 1805. In: Kleist, Sämtliche Werke und Briefe (s. Anm. 171), 2, 761.
195 Kleist, Die Marquise von O . . . In: Kleist, Sämtliche Werke und Briefe (s. Anm. 171), 2, 121.
196 Kleist, Marquise, 122.
197 Kleist, Marquise, 109.
198 Kleist, Marquise, 122.
199 Kleist, Marquise, 126.
200 Kleist, Marquise, 143.
201 Kleist, Das Erdbeben in Chili. In: Kleist, Sämtliche Werke und Briefe (s. Anm. 171), 2, 149.
202 Kleist, Der Zweikampf. In: Kleist, Sämtliche Werke und Briefe (s. Anm. 171) 2, 254.
203 Kleist, Die heilige Cäcilie oder Die Gewalt der Musik. Eine Legende. In: Kleist, Sämtliche Werke und Briefe (s. Anm. 171), 2, 227.
204 Kleist, Die Verlobung in St. Domingo (s. Anm. 193), 170.
205 Kleist, Marquise von O . . . (s. Anm. 195), 143.
206 Kleist, Die Verlobung in St. Domingo (s. Anm. 193), 171.
207 Kleist, Der Zweikampf (s. Anm. 202), 261.
208 Kleist, Marquise von O . . . (s. Anm. 195), 105.
209 Kleist, Marquise, 105.
210 Kleist, Marquise, 106.
211 Kleist, Marquise, 104.
212 Kleist, Marquise, 126.
213 Kleist, Marquise, 104.
214 Kleist, Marquise, 129.
215 Kleist, Marquise, 129.
216 Kleist, Marquise, 138 f.
217 Kleist, Marquise, 135.
218 Kleist, Marquise, 142.
219 Kleist, Epigramme. In: Kleist, Sämtliche Werke und Briefe (s. Anm. 171), 1, 2.

220 Kleist, Der Findling. In: Kleist, Sämtliche Werke und Briefe (s. Anm. 171), 2, 199.

221 Kleist, Der Findling, 209.

222 Kleist, Der Findling, 212.

223 Kleist, Der Findling, 207.

224 Kleist, Der Findling, 212.

225 Kleist, Der Findling, 200.

226 Kleist, Der Findling, 214.

227 Kleist, Der Findling, 214.

228 Kleist, Die Marquise von O ... (s. Anm. 195), 122.

229 Bloch, Ernst: Gesprochene und geschriebene Syntax; das Anakoluth. In: Bloch, Literarische Aufsätze (s. Anm. 163), 566.

Fünfter Teil: Lyrik

I. Publikum, Wirksamkeit, Themen und Tendenzen

1 Goethe, Johann Wolfgang: Plan eines lyrischen Volksbuches. In: Goethes Werke. Hamburger Ausgabe in 14 Bänden. Hrsg. von Erich Trunz. München 1982[12]. Bd. 12, S. 285.

2 Goethe, Plan, 286.

3 Goethe, Plan, 285.

4 Bürger, Gottfried August: Von der Popularität der Poesie. In: G. A. B.: Sämtliche Werke. Hrsg. von Wolfgang von Wurzbach. 7 Bde. Leipzig 1902. Bd. 3, S. 20.

5 Schiller, Friedrich: Über Bürgers Gedichte. In: F. S.: Sämtliche Werke. Hrsg. von Gerhard Fricke und Herbert G. Göpfert. 5 Bde. München 1958 f. Bd. 5, S. 974.

6 Goethe, Plan (s. Anm. 1), 286.

7 Bürger, Popularität (s. Anm. 4), 11.

8 Vgl. Max Friedländer: Das deutsche Lied im 18. Jahrhundert. Quellen und Studien. 2 Bde. Stuttgart 1902. Bd. 1, S. 49.

9 Goethe, Plan (s. Anm. 1), 286.

10 Goethe: Gesellige Lieder (Motto). In: Goethe: Gedenkausgabe der Werke, Briefe und Gespräche. Hrsg. von Ernst Beutler. 24 Bde. und 2 Erg.-Bde. Zürich 1948 ff. Bd. 1, S. 76.

11 Goethe: Deutsche Sprache. In: Goethe, Gedenkausgabe (s. Anm. 10), 14, 267 f.

12 Wellmann, Friedrich: Bremische Dichtungen aus der Zeit um 1800.

In: Mitteilungen aus der Stadtbibliothek in Bremen 3 (1911), S. 38.

13 Zeitung für die elegante Welt. Hrsg. von Karl Spazier. Leipzig 1804. Nr. 135.

14 Zeitung für die elegante Welt, 135.

15 Zeitung für die elegante Welt, 135.

16 Vgl. Laszlo Tarnoi: Unterhaltungslyrik der eleganten Welt in den ersten Jahren des 19. Jahrhunderts. In: Impulse 4 (1982), S. 222-252.

17 Cramer, Friedrich: Die Blume. In: Zeitung für die elegante Welt. Leipzig 1801. Nr. 91.

18 Zeitung für die elegante Welt. Intelligenzblatt. Leipzig 1801. Nr. 5.

19 Schiller: Die Horen. Einladung zur Mitarbeit. In: Schiller, Sämtliche Werke (s. Anm. 5), 5, 867.

20 Voss, Johann Heinrich: Gesang der Neufranken für Gesetz und König. In: Engels, Hans Werner: Gedichte und Lieder deutscher Jakobiner. Stuttgart 1971. S. 78.

21 Vgl. Adolf Wohlwill: Neuere Geschichte der Freien und Hansestadt Hamburg. Gotha 1914. S. 87.

22 Sieveking, Georg Heinrich: Bundeslied. In: Sieveking, Heinrich: Georg Heinrich Sieveking. Hamburg 1923. S. 50 f.

23 Schneider, Eulogius: (ohne Titel). In: Engels, Gedichte und Lieder (s. Anm. 20), 144.

24 Hessen-Darmstädtische Verordnung vom 27. 3. 1793. In: Engels, Gedichte und Lieder (s. Anm. 20), 228.

25 Müller, Niklas: An die Gleichheit. In: Engels, Gedichte und Lieder (s. Anm. 2), 118.

26 Müller, Friedrich: Glücklicher Fortgang der Revolution. In: Engels, Gedichte und Lieder (s. Anm. 20), 14.

27 Campe, Julius: Brief an Franz Dingelstedt vom 10. 9. 1841. Zit. nach Büttner, Georg: Julius Campes Briefe an Franz Dingelstedt. In: Zeitschrift für Bücherfreunde. NF. 6/II (1915), S. 321.

28 Schlegel, August Wilhelm: Poesie. In: A. W. S.: Kritische Schriften und Briefe. Hrsg. von Edgar Lohner. Bd. 2. Stuttgart 1963. S. 252.

II. Goethe und Schiller

1 Goethe, Johann Wolfgang: Dichtung und Wahrheit. In: Goethes Werke. Hamburger Ausgabe in 14 Bänden. Hrsg. von Erich Trunz. München 1982[12]. Bd. 9, S. 397.

2 Schiller, Friedrich: Brief an Körner vom 23. 9. 1801. In: Schillers Werke. Nationalausgabe. Begr. von Julius Petersen, fortgeführt von

Lieselotte Blumenthal und Benno von Wiese. Hrsg. im Auftrag der Nationalen Forschungs- und Gedenkstätten der klassischen deutschen Literatur in Weimar und des Schiller-Nationalmuseums in Marbach von Norbert Oellers und Siegfried Seidel. Weimar 1943 ff. Bd. 31, S. 59.

3 Goethe, Dichtung und Wahrheit (s. Anm. 1), 466.

4 Vgl. Pierre Bertaux: Gar schöne Spiele spiel ich mit dir! Zu Goethes Spieltrieb. Frankfurt/Main 1986. S. 69 ff.

5 Goethe: Gelegenheitsgedichte. In: Goethes Werke (s. Anm. 1), 1, 126.

6 Goethe: Rastlose Liebe. In: Goethes Werke (s. Anm. 1), 1, 124.

7 Vgl. dazu Heinrich Meyer: Goethe. Das Leben im Werk. Stuttgart 1949. S. 247 ff.

8 Goethe, Dichtung und Wahrheit (s. Anm. 1), 1, 489.

9 Goethe: An Frau von Stein: In: Goethe: Gedenkausgabe der Werke, Briefe und Gespräche. Hrsg. von Ernst Beutler. 24 Bde. und 2 Erg.-Bde. Zürich 1948 ff. Bd. 2, S. 234.

10 Goethe: Brief an Charlotte von Stein vom 28. 1. 1776. In: Goethe, Gedenkausgabe (s. Anm. 9), 18, 305.

11 Schiller: Über Bürgers Gedichte. In: Schiller: Sämtliche Werke. Hrsg. von Gerhard Fricke und Herbert G. Göpfert. 5 Bde. München 1958 f. Bd. 5, S. 979.

12 Goethe: Brief an Charlotte von Stein vom 23. 2. 1776. In: Goethe, Gedenkausgabe (s. Anm. 9), 18, 312.

13 Goethe: Maximen und Reflexionen. In. Goethes Werke (s. Anm. 1), 12, 470.

14 Goethe: Jägers Nachtlied. In: Goethes Werke (s. Anm. 1), 1, 121.

15 Goethe: Aus den Briefen an Frau von Stein. In: Goethes Werke (s. Anm. 1), 1, 125.

16 Goethe: An den Mond. In: Goethes Werke (s. Anm. 1), 1, 128 f.

17 Goethe: Symbolik. In: Goethe, Gedenkausgabe (s. Anm. 9), 16, 855.

18 Goethe, Symbolik, 855 f.

19 Goethe: Nachträgliches. In: Goethes Werke. Hrsg. im Auftrage der Großherzogin Sophie von Sachsen. I. Abth., Bd. 49. Weimar 1898. S. 142.

20 Goethe: Wilhelm Tischbeins Idyllen. In: Goethe, Gedenkausgabe (s. Anm. 9), 13, 904.

21 Goethe: Brief an Schiller vom 16. 8. 1797. In: Der Briefwechsel zwischen Schiller und Goethe. Hrsg. von Emil Staiger. Frankfurt/Main 1966. S. 439.

22 Goethe: Auf dem See. In: Goethes Werke (s. Anm. 1), 1, 102 f.
23 Goethe: Bedeutende Fördernis durch ein einziges geistreiches Wort. In: Goethe, Gedenkausgabe (s. Anm. 9), 16, 879 f.
24 Vgl. Antonio Valeri: Goethe in Roma. Rom 1899. S. 87.
25 Wie noch Bertaux, Spiele (s. Anm. 4), 98) meint.
26 Eckermann, Johann Peter: Gespräch mit Goethe vom 25. 2. 1824. In: J. P. E.: Gespräche mit Goethe in den letzten Jahren seines Lebens. Hrsg. von Regine Otto. München 1984². S. 76.
27 Eckermann, Gespräch mit Goethe vom 25. 2. 1824, 77.
28 Böttiger, Karl August: Brief an Friedrich Schulz vom 27. 7. 1795. In: Bode, Wilhelm: Goethe in vertraulichen Briefen seiner Zeitgenossen. 3 Bde. Berlin 1921. Bd. 1, S. 528 f.
29 Goethe: Römische Elegien. In: Goethes Werke (s. Anm. 1), 1, 157.
30 Goethe, Elegien, 158.
31 Goethe, Elegien, 164.
32 Goethe, Elegien, 160.
33 Goethe, Elegien, 173.
34 Goethe, Elegien, 173.
35 Goethe, Elegien, 166.
36 Goethe, Elegien, 167.
37 Goethe, Elegien, 157 f.
38 Goethe: Brief an Herder vom 3. 4. 1790. In: Goethes Briefe. Hamburger Ausgabe in 4 Bänden. Hrsg. von Karl Robert Mandelkow. Hamburg 1962-67. Bd. 2, S. 124.
39 Goethe, Epigramme. Venedig 1790. In: Goethe, Gedenkausgabe (s. Anm. 9), 1, 234.
40 Goethe, Epigramme, 239.
41 Goethe, Epigramme, 241.
42 Goethe, Epigramme, 230.
43 Goethe, Epigramme, 233.
44 Goethe, Epigramme, 233 f.
45 Goethe, Epigramme, 237.
46 Goethe, Epigramme, 232.
47 Goethe, Epigramme, 229.
48 Goethe, Epigramme, 228.
49 Gottsched, Johann Christoph: Versuch einer Critischen Dichtkunst ⟨. . .⟩. 4., verm. Aufl. Leipzig 1751. Fotomech. Ndr. Darmstadt 1962⁵. S. 566.
50 Gottsched, Dichtkunst, 577.
51 Schiller: Gespräch mit Karl Philipp Conz. In: Schillers Gespräche.

Berichte seiner Zeitgenossen über ihn. Hrsg. von Julius Petersen. Leipzig 1911. S. 203.

52 Goethe: Tagebuch vom 18. 6. 1796. In: Goethe, Gedenkausgabe (s. Anm. 9), 2. Erg.-Bd., S. 236.

53 Goethe: Brief an Knebel von Anfang Juli 1798. In: Goethes Briefe (s. Anm. 38), 2, 365.

54 Schiller: Brief an Goethe vom 23. 8. 1794. In: Briefwechsel zwischen Schiller und Goethe (s. Anm. 21), 34.

55 Goethe: Die Metamorphose der Pflanzen. In: Goethes Werke (s. Anm. 1), 1, 199.

56 Goethe, Metamorphose der Pflanzen, 199.

57 Goethe, Metamorphose der Pflanzen, 199.

58 Goethe: Metamorphose der Tiere. In: Goethes Werke (s. Anm. 1), 1, 201.

59 Goethe, Metamorphose der Pflanzen (s. Anm. 55), 200.

60 Goethe, Metamorphose der Pflanzen, 200.

61 Goethe: Urworte. Orphisch. Dämon. Goethes Werke (s. Anm. 1), 1, 359.

62 Schiller: Brief an Goethe vom 23. 8. 1794 (s. Anm. 54), 34.

63 Goethe: Eins und Alles. In: Goethes Werke (s. Anm. 1), 1, 368 f.

64 Eckermann: Gespräch mit Goethe vom 12. 2. 1829. In: Eckermann, Gespräche (s. Anm. 26), 269.

65 Goethe: Gespräch mit Friedrich Riemer vom 28. 10. 1821. In: Goethes Gespräche in vier Bänden. Hrsg. von Wolfgang Herwig. Zürich 1965-84. Bd. 3, S. 327.

66 Goethe: Vermächtnis. In: Goethes Werke (s. Anm. 1), 1, 369.

67 Vgl. Bloch, Ernst: Leipziger Vorlesungen zur Geschichte der Philosophie. Hrsg. von Ruth Römer u. a. Frankfurt/Main 1985. Bd. 2-4.

68 Goethe, Dichtung und Wahrheit (s. Anm. 1), 251.

69 Schiller: Die Künstler. In: Schiller, Sämtliche Werke (s. Anm. 11), 1, 173.

70 Schiller: Brief an Wieland vom 5. 2. 1789. In: Schillers Briefe. Hrsg. und mit Anm. vers. von Fritz Jonas. Kritische Gesamtausgabe. 7 Bde. Stuttgart, Berlin, Wien o. J. Bd. 2, S. 223.

71 Schiller, Die Künstler (s. Anm. 69), 174.

72 Schiller, Die Künstler, 186.

73 Schiller: Die Macht des Gesanges. In: Schiller, Sämtliche Werke (s. Anm. 11), 210.

74 Schiller: Der Spaziergang. In: Schiller, Sämtliche Werke (s. Anm. 11), 1, 234.

75 Stolberg, Friedrich Leopold: Gedanken über Herrn Schillers Gedicht: Die Götter Griechenlandes. In: Schiller und sein Kreis in der Kritik ihrer Zeit. Hrsg. von Oscar Fambach. Berlin 1957. S. 47.

76 Schiller: Die Götter Griechenlandes. In: Schiller, Sämtliche Werke (s. Anm. 11), 1, 163.

77 Schiller, Die Götter Griechenlandes, 166.

78 Schiller, Die Götter Griechenlandes, 168.

79 Schiller, Die Götter Griechenlandes, 169.

80 Schiller, Die Götter Griechenlandes, 169.

81 Schiller, Die Götter Griechenlandes, 168.

82 Schiller, Die Götter Griechenlandes, 169.

83 Schiller: Brief eines reisenden Dänen. In: Schiller, Sämtliche Werke (s. Anm. 11), 5, 883.

84 Schiller, Die Götter Griechenlandes (s. Anm. 76), 173.

85 Schiller, Die Götter Griechenlandes, 173.

86 Schiller: Über naive und sentimentalische Dichtung. In: Schiller, Sämtliche Werke (s. Anm. 11), 5, 712.

87 Schiller: Brief an Körner vom 29. 10. 1798. In: Schillers Briefe (s. Anm. 70), 5, 455; vgl. dazu Ueding, Gert: Schillers Rhetorik. Tübingen 1971, S. 79 ff.

88 Schiller: Das Ideal und das Leben. In: Schiller, Sämtliche Werke (s. Anm. 11), 1, 201.

89 Schiller: Epigramme. In: Schiller, Sämtliche Werke (s. Anm. 11), 1, 243.

90 Schiller, Epigramme, 248.

91 Körner: Brief an Schiller vom 11. 10. 1796. In: Briefwechsel zwischen Schiller und Körner. Hrsg. von Klaus L. Berghahn. München 1973. S. 247.

92 Schiller: Das Mädchen aus der Fremde. In: Schiller, Sämtliche Werke (s. Anm. 11), 1, 407 f.

93 Schiller: Aus einem Gespräch mit Graf Plater vom 10. 11. 1804. In: Schillers Werke (s. Anm. 2), 42, 403.

94 Schiller, Über naive und sentimentalische Dichtung (s. Anm. 86), 695.

95 Vgl. Wolfgang Kayser: Geschichte der deutschen Ballade. Berlin 1936. S. 116 ff.

96 Goethe: Noten und Abhandlungen zu besserem Verständnis des west-östlichen Divans. In: Goethes Werke (s. Anm. 1), 2, 187 f.

97 Goethe, Noten, 188.

98 Goethe: Brief an Merck vom 15. 7. 1782. In: Goethes Briefe. Ham-

burger Ausgabe in 4 Bänden. Hrsg. von Karl Robert Mandelkow. Hamburg 1962-67. Bd. 1, S. 402.

99 Goethe: Erlkönig. In: Goethes Werke (s. Anm. 1), 1, 154 f.

100 Goethe: Die Natur. Fragment. In: Goethes Werke (s. Anm. 1), 13, 47.

101 Goethe: Faust. In ursprünglicher Gestalt. In: Goethes Werke (s. Anm. 1), 3, 367.

102 Goethe, Faust, 370.

103 Goethe, Faust, 371.

104 Goethe, Faust, 371.

105 Goethe: Die Braut von Korinth. In: Goethes Werke (s. Anm. 1), 1, 269.

106 Goethe, Die Braut von Korinth, 273.

107 Goethe, Die Braut von Korinth, 273.

108 Goethe: Der Gott und die Bajadere. In: Goethes Werke (s. Anm. 1), 1, 273.

109 Goethe, Der Gott und die Bajadere, 274.

110 Goethe, Der Gott und die Bajadere, 276.

111 Goethe, Noten (s. Anm. 96), 188.

112 Hegel, Georg Wilhelm Friedrich: Tagebuch vom 3. 7. 1785. In: Der junge Hegel in Stuttgart. Aufsätze und Tagebuchaufzeichnungen 1785-1788. Hrsg. von Friedhelm Nicolin. Stuttgart 1970, S. 34.

113 Schiller: Der Ring des Polykrates. In: Schiller, Sämtliche Werke (s. Anm. 1), 1, 345.

114 Schiller, Der Ring des Polykrates, 346.

115 Vgl. Sigmund Freud: Das Unheimliche. In: S. F.: Studienausgabe. Hrsg. von Alexander Mitscherlich u. a. Bd. 4. Frankfurt/Main 1970. S. 259 ff.

116 Schiller: Der Taucher. In: Schiller, Sämtliche Werke (s. Anm. 11), 1, 369.

117 Schiller, Der Taucher, 368 f.

118 Schiller: Über die tragische Kunst. In: Schiller, Sämtliche Werke (s. Anm. 11), 5, 372.

119 Sternberger, Dolf: Gerechtigkeit für das 19. Jahrhundert. Frankfurt/Main 1984, S. 157.

120 Jean Paul: Dämmerungen für Deutschland. In: J. P.: Werke. Hrsg. von Norbert Miller. Bd. 5. München 1963. S. 921.

121 Schiller, Der Taucher (s. Anm. 116), 370.

122 Schiller, Der Taucher, 373.

123 Schiller: Merkwürdige Rechtsfälle als ein Beitrag zur Geschichte

der Menschheit. Vorrede. In: Schiller, Sämtliche Werke (s. Anm. 11), 5, 864.

124 Schiller: Der Verbrecher aus verlorener Ehre. In: Schiller, Sämtliche Werke (s. Anm. 11), 5, 15.

125 Schiller: Die Kraniche des Ibykus. In: Schiller, Sämtliche Werke (s. Anm. 11), 1, 349.

126 Schiller: Der Graf von Habsburg. In: Schiller, Sämtliche Werke (s. Anm. 11), 1, 378.

127 Schiller, Der Graf von Habsburg, 380 f.

128 Vgl. Benno von Wiese: Friedrich Schiller. Stuttgart 1959. S. 621.

129 Schiller: Die Bürgschaft. In: Schiller, Sämtliche Werke (s. Anm. 11), 1, 355.

130 Schiller, Die Bürgschaft, 355 f.

131 Schiller: Hoffnung. In: Schiller, Sämtliche Werke (s. Anm. 11), 1, 216 f.

132 Eckermann, Gespräch mit Goethe vom 31. 1. 1827. In: Eckermann, Gespräche (s. Anm. 26), 198.

133 Eckermann, Gespräch mit Goethe vom 31. 1. 1827, 198.

134 Goethe, Epoche. In: Goethes Werke (s. Anm. 1), 1, 302 f.

135 Goethe, Abschied. In: Goethes Werke (s. Anm. 1), 1, 297 f.

136 Goethe, Die Liebenden. In: Goethes Werke (s. Anm. 1), 1, 302.

137 Goethe, Trilogie der Leidenschaft. In: Goethes Werke (s. Anm. 1), 1, 380.

138 Goethe, Aussöhnung. In: Goethes Werke (s. Anm. 1), 1, 386.

139 Goethe, Noten (s. Anm. 96), 127.

140 Goethe, Noten, 256.

141 Goethe, Noten, 190.

142 Goethe, Noten, 165.

143 Goethe, Noten, 196.

144 Goethe, Noten, 197.

145 Goethe, Noten, 181.

146 Goethe, West-östlicher Divan. In: Goethes Werke (s. Anm. 1), 2, 63.

147 Vgl. Ingeborg Hillmann: Dichtung als Gegenstand der Dichtung. Bonn 1965. S. 99 ff.

148 Goethe, Noten (s. Anm. 96), 200.

149 Goethe, Gespräch mit Sulpiz Boisserée vom 3. 8. 1815. In: Goethes Gespräche (s. Anm. 65), 2, 1031.

150 Goethe, Noten (s. Anm. 96), 206.

151 Goethe: Brief an Karl Friedrich Zelter vom 17. 5. 1815. In: Goethes Briefe (s. Anm. 38), 3, 310.

152 Hofmannsthal, Hugo von: Goethes ›West-östlicher Divan‹. In: H.H.: Gesammelte Werke. Hrsg. von Herbert Steiner. Bd. 3. Frankfurt/Main 1952. S.159.
153 Goethe, Divan (s.Anm. 146), 90.
154 Goethe, Divan, 84.
155 Goethe, Divan, 84.
156 Goethe, Divan, 84 f.
157 Goethe, Divan, 86.
158 Goethe, Noten (s.Anm. 96), 182.
159 Goethe, Divan (s.Anm. 146), 18 f.
160 Goethe: Prometheus. Dramatisches Fragment. In: Goethes Werke (s.Anm. 1), 4, 187.

III. Hölderlin

1 Hölderlin, Friedrich: Brief an Immanuel Nast vom 18. 2. 1787. In: F.H.: Sämtliche Werke und Briefe. Hrsg. von Günter Mieth. 2 Bde. München 1984[4]. Bd. 2, S.478.
2 Hölderlin: Die Demut. In: Hölderlin, Sämtliche Werke und Briefe (s.Anm. 1), 1, 45. Abweichend von den übrigen Kapiteln beziehen sich die Jahreszahlen hinter Hölderlins Gedichten, wenn nicht anders angegeben, nicht auf die Erstveröffentlichung, sondern geben das Datum der Entstehung des Gedichtes wieder, was durch die späte und ungleiche Editionsgeschichte nahegelegt wird.
3 Rudolf Magenau. Zit. nach Hölderlin, Sämtliche Werke und Briefe (s.Anm. 2), 1, 946.
4 Vgl. Wolf Lepenies: Melancholie und Gesellschaft. Frankfurt/Main 1969. S.99 ff.
5 Hölderlin: Brief an die Mutter vom 25. 11. 1789. In. Hölderlin, Sämtliche Werke und Briefe (s.Anm. 1), 2, 518.
6 Hegel, Georg Wilhelm Friedrich: Vorlesungen über die Philosophie der Geschichte. In: G.W.F.H.: Werke in 20 Bänden. Hrsg. von Eva Moldenhauer und Karl Markus Michel. Frankfurt/Main 1970. Bd. 12, S.529.
7 Hölderlin: Hymne an die Menschheit. In: Hölderlin, Sämtliche Werke und Briefe (s.Anm. 1), 1, 133.
8 Hölderlin, Hymne an die Menschheit, 132.
9 Hölderlin, Hymne an die Menschheit, 134 f.
10 Hölderlin: Hymne an den Genius Griechenlands. In: Hölderlin, Sämtliche Werke und Briefe (s.Anm. 1), 1, 111.

11 Schiller, Friedrich: Über die ästhetische Erziehung des Menschen in einer Reihe von Briefen. In: F.S.: Sämtliche Werke. Hrsg. von Gerhard Fricke und Herbert G. Göpfert. München 1958 f. Bd. 5, S.593.

12 Hölderlin: Brief an Neuffer vom 21. 7. 1793. In: Hölderlin, Sämtliche Werke und Briefe (s.Anm. 1), 2, 564.

13 Pseudo-Longinos: Vom Erhabenen. Griech. und dt. Übers. und hrsg. von Reinhard Brandt. Darmstadt 1966, S.43 (9, 1).

14 Hölderlin: Brief an Neuffer (gegen Mitte April 1794), In: Hölderlin, Sämtliche Werke und Briefe (s.Anm. 1), 2, 595.

15 Hölderlin: Griechenland *An Gotthold Stäudlin* (Erste Fassung): In: Hölderlin, Sämtliche Werke und Briefe (s.Anm. 1), 1, 162.

16 Hölderlin: Hymne an die Freiheit. In: Hölderlin, Sämtliche Werke und Briefe (s.Anm. 1), 1, 144.

17 Hölderlin: Hymne an die Muse. In: Hölderlin, Sämtliche Werke und Briefe (s.Anm. 1), 1, 124.

18 Hölderlin, Hymne an die Muse, 124.

19 Hölderlin, Hymne an die Muse, 125.

20 Hölderlin: Der Tod fürs Vaterland. In: Hölderlin, Sämtliche Werke und Briefe (s.Anm. 1), 1, 235.

21 Hölderlin: Hälfte des Lebens. In: Hölderlin, Sämtliche Werke und Briefe (s.Anm. 1), 1, 345.

22 Schiller: Die Götter Griechenlands. In: Schiller, Sämtliche Werke (s.Anm. 11), 1, 173.

23 Hölderlin: Die scheinheiligen Dichter. In: Hölderlin, Sämtliche Werke und Briefe (s.Anm. 1), 1, 224.

24 Hölderlin: Der Archipelagus. In: Hölderlin, Sämtliche Werke und Briefe (s.Anm. 1), 1, 276 f.

25 Hölderlin, Der Archipelagus, 277.

26 Hölderlin, Der Archipelagus, 279.

27 Hölderlin: Mein Eigentum. In. Hölderlin, Sämtliche Werke und Briefe (s.Anm. 1), 1, 245 f.

28 Hölderlin: Dichterberuf. In: Hölderlin, Sämtliche Werke und Briefe (s.Anm. 1), 1, 333 f.

29 Schiller, Ästhetische Erziehung (s.Anm. 11), 583.

30 Hölderlin: Diotima (Mittlere Fassung). In: Hölderlin, Sämtliche Werke und Briefe (s.Anm. 1), 1, 185.

31 Hölderlin, Diotima, 188.

32 Hölderlin, Diotima, 188.

33 Hölderlin: Diotima (Jüngere Fassung). In: Hölderlin, Sämtliche Werke und Briefe (s.Anm. 1), 1, 191.

34 Hölderlin: An Diotima. In: Hölderlin, Sämtliche Werke und Briefe (s. Anm. 1), 1, 214.

35 Hölderlin, An Diotima, 214.

36 Hölderlin: Diotima. In: Hölderlin, Sämtliche Werke und Briefe (s. Anm. 1), 1, 214.

37 Hölderlin, Brot und Wein. In: Hölderlin, Sämtliche Werke und Briefe (s. Anm. 1), 1, 309.

38 Hölderlin, Brot und Wein, 310.

39 Hölderlin, Brot und Wein, 310.

40 Hölderlin, Brot und Wein, 311.

41 Hölderlin, Brot und Wein, 312.

42 Hölderlin, Brot und Wein, 313.

43 Hölderlin, Brot und Wein, 314.

44 Hölderlin: An die klugen Ratgeber. In: Hölderlin, Sämtliche Werke und Briefe (s. Anm. 1), 1, 192 f.

45 Hölderlin: Der Jüngling an die klugen Ratgeber. In: Hölderlin, Sämtliche Werke und Briefe (s. Anm. 1), 1, 194.

46 Vgl. Wolfgang Binder: Einführung in Hölderlins Tübinger Hymnen. In: Hölderlin-Jahrbuch 18 (1973), S. 1 ff. und Friedrich Beißner: Vom Baugesetz der späten Hymnen Hölderlins. In: Hölderlin-Jahrbuch 1950, S. 28 ff.

47 Hölderlin: Die scheinheiligen Dichter (s. Anm. 23), 224.

48 Hölderlin: Natur und Kunst oder Saturn und Jupiter. In: Hölderlin, Sämtliche Werke und Briefe (s. Anm. 1), 1, 325.

49 Hölderlin: Der Einzige (Dritte Fassung). In: Hölderlin, Sämtliche Werke und Briefe (s. Anm. 1), 1, 376 f.

50 Hölderlin, Der Einzige, 378.

51 Hölderlin, Der Einzige, 1071.

52 Hölderlin: Hyperion oder Der Eremit in Griechenland. In. Hölderlin, Sämtliche Werke und Briefe (s. Anm. 1), 1, 628.

53 Hölderlin, Hyperion, 640.

54 Hölderlin: (Da ich ein Knabe war . . .). In: Hölderlin, Sämtliche Werke und Briefe (s. Anm. 1), 1, 230.

55 Hölderlin, Hälfte des Lebens (s. Anm. 21), 345.

56 Hölderlin: Abendphantasie. In: Hölderlin, Sämtliche Werke und Briefe (s. Anm. 1), 1, 237.

57 Hölderlin: Mnemosyne (Dritte Fassung). In: Hölderlin, Sämtliche Werke und Briefe (s. Anm. 1), 1, 394.

IV. Frühromantik: Schlegel, Tieck, Novalis, Wackenroder, Brentano, Arnim

1 Schlegel, Friedrich: An den Herausgeber Deutschlands, Schillers Musenalmanach betreffend. In: Schiller und sein Kreis in der Kritik ihrer Zeit. Hrsg. von Oscar Fambach. Berlin 1957. S. 265.

2 Schlegel, Herausgeber, 266.

3 Herder, Johann Gottfried: Brief an Schiller vom 25. 8. 1796. In: Schiller und sein Kreis (s. Anm. 1), 273.

4 Tieck, Ludwig: Die neuesten Musenalmanache und Taschenbücher. 1796-1798. In: L. T.: Kritische Schriften. Zum erstenmale gesammelt und mit einer Vorrede hrsg. von Ludwig Tieck. 4 Bde. Leipzig 1848-52. Fotomech. Ndr. Berlin, New York 1974. Bd. 1, S. 84.

5 Tieck, Musenalmanache und Taschenbücher, 78.

6 Tieck, Musenalmanache und Taschenbücher, 82.

7 Tieck: Der neue Frühling. In: Tieck: Gedichte. 3 Bde. Dresden 1821. Bd. 1, S. 7-10.

8 Tieck: Franz Sternbalds Wanderungen. Eine altdeutsche Geschichte. In: Tieck: Werke in 4 Bänden. Hrsg. von Marianne Thalmann. München 1963-66. Bd. 1, S. 741 f.

9 Novalis: Fragmente und Studien 1799-1800. In: N.: Werke, Tagebücher und Briefe Friedrich von Hardenbergs. Hrsg. von Hans-Joachim Mähl und Richard Samuel. 2 Bde. München 1978. Bd. 2, S. 754.

10 Tieck: Sehnsucht. In: Tieck, Gedichte (s. Anm. 7), 1, 1.

11 Tieck: Dichtkunst. In: Tieck, Gedichte (s. Anm. 7), 1, 74 f.

12 Vgl. Ernst Robert Curtius: Europäische Literatur und lateinisches Mittelalter. Bern, München 1967[6].

13 Tieck: Die Zeichen im Walde. In: Tieck, Gedichte (s. Anm. 7), 1, 27.

14 Tieck: Wald, Garten, und Berg. In: Tieck, Gedichte (s. Anm. 7), 2, 142.

15 Novalis, Fragmente (s. Anm. 9), 809.

16 Novalis, Fragmente, 840.

17 Hegel, Georg Wilhelm Friedrich: Ästhetik. Hrsg. von Friedrich Bassenge. 2 Bde. Frankfurt/Main o. J. Bd. 1, S. 500.

18 Novalis, Fragmente (s. Anm. 9), 826.

19 Tieck: Frühlings- und Sommerlust. In: Tieck, Gedichte (s. Anm. 1), 1, 223.

20 Tieck: Frühling und Leben. In: Tieck, Gedichte (s. Anm. 7), 1, 12.

21 Novalis, Fragmente (s. Anm. 9), 838.

22 Brentano, Clemens: Gedichte 1795-1803. In: C.B.: Werke. 4 Bde. Bd. 1. Hrsg. von Wolfgang Frühwald. München 1968, S.125 f.

23 Schlegel, Friedrich: Im Walde. In: Friedrich Schlegels Sämmtliche Werke. Bd. 1. Gedichte. Berlin 1809. S.292.

24 Brentano: Der Spinnerin Nachtlied. In: Brentano, Werke (s.Anm. 22), 1, 131.

25 Tieck: Schalmeyklang. In: Tieck, Gedichte (s.Anm. 7), 1, 252.

26 Novalis: Fragmente und Studien 1797-1798. In: Novalis, Werke, Tagebücher und Briefe (s.Anm. 9), 2, 322.

27 Schlegel: Fragment 65. In: Schlegel: Kritische Schriften. Hrsg. von Wolfdietrich Rasch. München 1956. S.13.

28 Varnhagen von Ense, Karl August: Denkwürdigkeiten des eignen Lebens. 8 Bde. 3., verm. Aufl. Leipzig 1871. Bd. 8, S.342.

29 Tieck: Ryno. In: Tieck: Nachgelassene Schriften. Hrsg. von Rudolf Köpke. 2 Bde. Leipzig 1855. Bd. 2, S.40.

30 Schlegel: Athenäums-Fragment 137. In: Schlegel, Kritische Schriften (s.Anm. 27), 40.

31 Schlegel, Fragment 137, 40.

32 Schelling, Friedrich Wilhelm Joseph: Philosophie der Offenbarung. In: F.W.S.: Sämmtliche Werke. Hrsg. von K.F.A. Schelling. Stuttgart 1856. Bd. 13, S.446.

33 Kant, Immanuel: Versuch über die Krankheiten des Kopfes. In: Kants Gesammelte Schriften. Hrsg. von der Akademie der Wissenschaften in Berlin. Bd. 2: Vorkritische Schriften. Berlin 1905. S.267.

34 Tieck: Begeisterung. In: Tieck, Gedichte (s.Anm. 7), 1, 3.

35 Tieck: Rausch und Wahn. In: Tieck, Gedichte (s.Anm. 7), 1, 239.

36 Tieck: Das Ungeheuer und der verzauberte Wald. Ein musikalisches Märchen in vier Aufzügen. Bremen 1800. S.II.

37 Novalis: Das allgemeine Brouillon. In: Novalis, Werke, Tagebücher und Briefe (s.Anm. 9), 2, 517.

38 Solger, Karl Wilhelm Ferdinand: Vorlesungen über Ästhetik. Hrsg. von K.W.L. Heyse. Leipzig 1829. S.341.

39 Wackenroder, Wilhelm Heinrich: Phantasien über die Kunst, für Freunde der Kunst. Herausgegeben von Ludwig Tieck. In: W.H.W.: Werke und Briefe. Hrsg. von L. Schneider. Heidelberg 1967. S.222.

40 Wackenroder, Phantasien, 223 f.

41 Tieck: Musik. In: Tieck, Gedichte (s.Anm. 7), 3, 47 f.

42 Brentano: Guitarre und Lied. In: Brentano, Werke (s.Anm. 22), 1, 30 f.

43 Tieck: Vorbericht. In: Tiecks Schriften. Bd. 11. Berlin 1829, S. XLVIII f.

44 Vgl. Thomas Sternberg: Die Lyrik Achim von Arnims. Bonn 1983, S. 61 ff.

45 Arnim, Achim Ludwig von: Wär' mir Lautenspiel nicht blieben. In: A. A.: Sämmtliche Werke. Bd. 23. Hrsg. von Herbert R. Liedke und Alfred Anger. Tübingen 1976. S. 9.

46 Günderrode, Karoline von: Orphisches Lied. In: K. G: Der Schatten eines Traumes. Gedichte, Prosa, Briefe. Hrsg. von Christa Wolf. Darmstadt Neuwied 1979. S. 113.

47 Günderrode: Der Gefangene und der Sänger. In: Günderrode, Schatten eines Traumes (s. Anm. 46), 114 f.

48 Tieck, Franz Sternbalds Wanderungen (s. Anm. 8), 742.

49 Vgl. Gustav René Hocke: Manierismus in der Literatur. Hamburg 1959. S. 123 ff., der unverständlicherweise dafür den Begriff Pararhetorik einführt.

50 Enzensberger, Hans Magnus: Brentanos Poetik. München 1961, S. 138 f.

51 Enzensberger, Poetik, 139.

52 Arnim: Pendellied. In: Arnim: Ariels Offenbarungen. Roman. Göttingen 1804. S. 197.

53 Novalis, Fragmente (s. Anm. 9), 757.

54 Brentano: Gedichte 1804-1815. In: Brentano, Werke (s. Anm. 22), 1, 244 f.

55 Uhland, Ludwig: Über das Romantische. In: L. U.: Werke. Hrsg. von Hans-Rüdiger Schwab. 2 Bde. Frankfurt/Main 1983. Bd. 2, S. 8 f.

56 Novalis: Materialien zum ›Heinrich von Ofterdingen‹. In: Novalis, Werke, Tagebücher und Briefe (s. Anm. 9), 1, 395.

57 Schelling, Sämmtliche Werke. Hrsg. von K. F. A. Schelling. Stuttgart 1856. Bd. I,8, S. 337.

58 Tieck: Die Blumen. In: Tieck, Gedichte (s. Anm. 7), 3, 29.

59 Tieck, Der Traum. Eine Allegorie. In: Tieck, Gedichte (s. Anm. 7), 2, 89 f.

60 Novalis, Hymnen an die Nacht. In: Novalis, Werke, Tagebücher und Briefe (s. Anm. 9), 1, 149 ff.

61 Novalis, Hymnen, 153.

62 Novalis, Hymnen, 155.

63 Novalis, Hymnen, 157.

64 Novalis, Hymnen, 161.

65 Novalis, Hymnen, 161.

66 Novalis, Hymnen, 163.

67 Vgl. Max Kommerell: Novalis. Hymnen an die Nacht. In: Gedicht und Gedanke. Hrsg. von Heinz Otto Burger. Halle 1942, S. 202-236 und Peter Pfaff: Geschichte und Dichtung in den ›Hymnen an die Nacht‹ des Novalis. In: Text und Kontext 8 (1980), S. 88-106.

68 Novalis, Hymnen (s. Anm. 60), 173.

69 Novalis, Hymnen, 171.

70 Novalis, Hymnen, 171.

71 Hegel, Georg Wilhelm Friedrich: Phänomenologie des Geistes. In: G. W. F. H.: Werke. Hrsg. von Eva Moldenhauer und Karl Markus Michel. Bd. 3. Frankfurt/Main 1970. S. 148.

72 Brentano: Schwanenlied. In: Brentano, Werke (s. Anm. 22), 1, 245 f.

73 Günderrode: Die Malabrischen Witwen. In: Günderrode, Schatten eines Traumes (s. Anm. 46), 108.

74 Stieglitz, Charlotte: Brief vom 29. 12. 1834. Zit. nach Wolfgang Promies: Der ungereimte Tod, oder wie man Dichter macht. In: Akzente 6 (1985), S. 568.

75 Vgl. Hermann Marggraf: Deutschlands jüngste Literatur- und Culturepoche. Stuttgart 1839.

76 Arnim: Waldgeschrei. In: Arnim, Sämmtliche Werke (s. Anm. 45), 13, 11 f.

77 Eichendorff, Joseph Freiherr von: Geschichte der poetischen Literatur Deutschlands. In: J. E.: Werke und Schriften. 4 Bde. Hrsg. von Gerhart Baumann und Siegfried Grosse. Bd. 4. Stuttgart 1958. S. 134.

78 Vgl. Heinz Rölleke: ›Nebeninschriften‹. Brüder Grimm - Arnim und Brentano - Droste-Hülshoff. Literarhistorische Studien. Bonn 1980. S. 101.

79 Uhland Ludwig: Brief an Konrad D. Haßler vom 31. 12. 1849. In: Uhlands Briefwechsel. Hrsg. von Julius Hartmann. 4 Bde. Stuttgart und Berlin 1911-16. Bd. 3, S. 438.

80 Goethe, Johann Wolfgang: Des Knaben Wunderhorn. In: Goethes Werke. Hamburger Ausgabe in vierzehn Bänden. Hrsg. von Erich Trunz. München 1982[12]. Bd. 12, 282.

81 Arnim, Von Volksliedern. In: Des Knaben Wunderhorn. Alte deutsche Lieder. Gesammelt von L. A. v. Arnim und Clemens Brentano. Hrsg. von Heinz Rölleke. 6 Bde. Stuttgart 1975 ff. (= Frankfurter Brentano-Ausgabe. Text: Bd. 6-8. Kommentar: Bd. 9/1-9/3). Bd. 6, S. 418 ff.

82 Brentano: Brief an Arnim Ende 1804. In: Brentano: Briefe. Hrsg. von Friedrich Seebaß. 2 Bde. Nürnberg 1951. Bd. 1, S. 267.

83 Arnim/Brentano, Der Bettelvogt. In: Des Knaben Wunderhorn (s. Anm. 81), 6, 94 f. und 9/1, 221.

84 Arnim, Von Volksliedern (s. Anm. 81), 6, 430.

85 Arnim/Brentano, Sollen und Müssen. In: Des Knaben Wunderhorn (s. Anm. 81), 9/1, 181.

86 Arnim/Brentano, Sollen und Müssen, 6, 76 f.

87 Arnim/Brentano, Abschied von Bremen. In: Des Knaben Wunderhorn (s. Anm. 81), 9/1, 492.

88 Arnim/Brentano, Abschied von Bremen, 6, 282.

89 Arnim/Brentano, Abschied von Bremen, 9/1, 493.

90 Arnim/Brentano, Abschied von Bremen, 6, 281 f.

91 Schlegel, Friedrich: Rez. zu Des Knaben Wunderhorn. Heidelberger Jahrbücher der Literatur 1/1808. In: Fambach, Oscar: Der Romantische Rückfall in der Kritik der Zeit. Berlin 1963, S. 21.

92 Vgl. Heinz Rölleke: Zur Entstehungsgeschichte des Wunderhorn: In: Des Knaben Wunderhorn (s. Anm. 81), 9/1, 24.

93 Arnim/Brentano, Hast du auch was gelernt? In: Des Knaben Wunderhorn (s. Anm. 81), 8, 315.

94 Arnim, Von Volksliedern (s. Anm. 81), 6, 430.

95 Arnim, Von Volksliedern, 437.

96 Brentano: Brief an Arnim vom Frühjahr 1813. In: Brentano, Briefe, (s. Anm. 82), 2, 87 f.

97 Novalis: An Friedrich II. In: Novalis, Werke, Tagebücher und Briefe (s. Anm. 9), 1, 19.

98 Schlegel, Friedrich: Im Spesshart. In: Schlegels Sämmtliche Werke (s. Anm. 23), 1, 322 f.

99 Brentano: Kantate auf den Tod Ihrer Königlichen Majestät Louise von Preußen. In: Brentano, Werke (s. Anm. 22), 1, 207 f.

100 Arnim, Stiftungslied der deutschen Tisch-Gesellschaft. Zit. nach Reinhold Steig: Heinrich von Kleists Berliner Kämpfe. Berlin 1901. S. 28.

101 Schenckendorff, Max von: Muttersprache 1814. In: M. S.: Gedichte. Hrsg. von A. Hagen. Stuttgart 1862. S. 300.

102 Schlegel: Rückkehr des Gefangenen. In: Schlegels Sämmtliche Werke (s. Anm. 23), 1, 364.

103 Arnim: Es ist nichts lust'ger auf der Welt. In: Arnim: Werke. 3 Bde. Hrsg. von Reinhold Steig. Leipzig 1911. Bd. 3, S. 370.

104 Arnim: Brief an Bettina vom 14. 7. 1809. In: Achim von Arnim und Bettina Brentano. Hrsg. von Reinhold Steig. Berlin 1913. S. 308.

105 Arnim: Betrachtung über die Kriegslieder. 8. 12. 1808. In: Achim von Arnim und Bettina Brentano (s. Anm. 104), 237.

106 Körner, Theodor: Lied der schwarzen Jäger. In: Körners Sämmtliche Werke. Hrsg. von Karl Streckfuß. Bd. 1. Berlin 1876. S. 77 f.

107 Kleist, Heinrich von: Germania an ihre Kinder. Eine Ode. In: H. K.: Sämtliche Werke und Briefe. Hrsg. von Helmut Sembdner. 2 Bde. München 1961. Bd. 1, S. 27.

108 Arndt, Ernst Moritz: Des Deutschen Vaterland. 1813. In: E. M. A.: Ausgewählte Gedichte und Schriften. Hrsg. von Gustav Erdmann. Berlin 1969. S. 66 ff.

109 Arndt: Vaterlandslied. 1812. In: Arndt, Ausgewählte Gedichte und Schriften (s. Anm. 108), 61.

110 Arndt, Vaterlandslied, 61 f.

111 Uhland, Ludwig: Am 18. Oktober 1816. In: L. U.: Werke. Hrsg. von Hartmut Fröschle und Walter Scheffler. 4 Bde. München 1980 ff. Bd. 1, S. 69 f.

Sechster Teil: Rhetorische Kunstprosa

I. Formen und Funktionen

1 Vgl. Gert Ueding und Bernd Steinbrink: Grundriß der Rhetorik. Geschichte - Technik - Methode. Stuttgart 1986.

2 Schiller, Friedrich: Über die ästhetische Erziehung des Menschen in einer Reihe von Briefen. In: F. S.: Sämtliche Werke. Hrsg. von Gerhard Fricke und Herbert G. Göpfert. 5 Bde. München 1958 f. Bd. 5, S. 581.

3 Schiller: Brief an Garve vom 1. 10. 1794. In: Schillers Werke. Nationalausgabe. Begr. von Julius Petersen, fortgef. von Lieselotte Blumenthal und Benno von Wiese. Hrsg. im Auftrag der Nationalen Forschungs- und Gedenkstätte der klassischen deutschen Literatur in Weimar und des Schiller-Nationalmuseums in Marbach von Norbert Oellers und Siegfried Seidel. Weimar 1943 ff. Bd. 27, S. 57.

4 Schiller: Brief an Garve vom 25. 1. 1795. In: Schillers Werke (s. Anm. 3), 27, 126 f.

5 Garve, Christian: Brief an Christian Felix Weise vom 8. 3. 1795. In: Schiller und sein Kreis in der Kritik ihrer Zeit. Hrsg. von Oscar Fambach. Berlin 1957. S. 168.

6 Schiller: Über die notwendigen Grenzen beim Gebrauch schöner Formen. In: Schiller, Sämtliche Werke (s. Anm. 2), 5, 672.

7 Schiller, Grenzen, 673.

8 Schiller, Grenzen, 674.

9 Schiller, Grenzen, 676.

10 Schiller, Grenzen, 682.

11 Müller, Adam: Zwölf Reden über die Beredsamkeit und deren Verfall in Deutschland. Hrsg. von Walter Jens. Frankfurt/Main 1967, S. 37 f.

12 Müller, Reden, 46 f.

13 Novalis: Romantische Welt. Die Fragmente. Hrsg. von Otto Mann. Leipzig 1929, S. 143.

14 Goethe, Johann Wolfgang: Maximen und Reflexionen. In: Goethes Werke. Hamburger Ausgabe in 14 Bänden. Hrsg. von Erich Trunz. München 1982[12]. Bd. 12, S. 406.

15 Schlegel, Friedrich: Fragmente. In: F. S.: Kritische Schriften. Hrsg. von Wolfdietrich Rasch. München 1971. S. 108.

16 Bacon, Franz: Neues Organ der Wissenschaften. Übersetzt und hrsg. von Anton Theobald Brück. Darmstadt 1981. S. 66.

17 Lichtenberg, Georg Christoph: Sudelbücher. In: G. C. L.: Schriften und Briefe. Hrsg. von Wolfgang Promies. Bd. 1. München 1968. S. 214.

18 Lichtenberg, Sudelbücher, 978.

19 Lichtenberg: Vermischte Schriften. Neue, vermehrte von dessen Söhnen veranstaltete Original-Ausgabe. Göttingen 1844. Bd. I, S. 288.

20 Schiller, Grenzen (s. Anm. 6), 681 f.

II. Themen und Tendenzen

1 Forster, Georg: Reise um die Welt. In: G. F.: Werke. Hrsg. von Gerhard Steiner. 4 Bde. Frankfurt 1967-70. Bd. 1, S. 281.

2 Hazard, Paul: Die Krise des europäischen Geistes. Aus dem Französischen von Carlo Schmid. Hamburg 1965. S. 33 f.

3 Goethe, Johann Wolfgang: Tagebuch der italiänischen Reise für Frau von Stein. In: J. W. G.: Gedenkausgabe der Werke, Briefe und Gespräche. Hrsg. von Ernst Beutler. 24 Bde. und 2 Erg.-Bde. Zürich 1984 ff. 2. Erg.-Bd., S. 133.

4 Goethe, Tagebuch, 134.

5 Goethe: Brief an Charlotte von Stein vom 25. 1. 1787. In: Goethes Briefe. Hamburger Ausgabe in 4 Bänden. Hrsg. von Karl Robert Mandelkow. Hamburg 1962-67. Bd. 2, S. 45 f.

6 Goethe: Italienische Reise. In: Goethes Werke. Hamburger Ausgabe

in 14 Bänden. Hrsg. von Erich Trunz. München 1982[12]. Bd. 11, S. 147.

7 Goethe, Italienische Reise, 266.

8 Goethe, Italienische Reise, 31 ff.

9 Goethe, Italienische Reise, 152.

10 Goethe, Tagebuch (s. Anm. 3), 150.

11 Goethe, Tagebuch, 163.

12 Goethe, Italienische Reise (s. Anm. 6), 219 f.

13 Goethe, Tagebuch (s. Anm. 3), 153.

14 Nicolai, Friedrich: Beschreibung einer Reise durch Deutschland und die Schweiz im Jahre 1781. Bd. 1. Berlin und Stettin 1788. S. 13.

15 Goethe, Italienische Reise (s. Anm. 6), 44.

16 Goethe, Italienische Reise, 69.

17 Goethe, Dichtung und Wahrheit. In: Goethes Werke (s. Anm. 6), 10, 161.

18 Wackenroder, Wilhelm Heinrich: Reiseberichte. In: W. H. W.: Werke und Briefe. Hrsg. von L. Schneider. Heidelberg 1967, S. 511.

19 Tieck, Ludwig: Verona. In: L. T.: Gedichte. Dresden 1821. Bd. 3, S. 114.

20 Novalis: Romantische Welt. Die Fragmente. Hrsg. von Otto Mann. Leipzig 1929. S. 171.

21 Tieck: Franz Sternbalds Wanderungen. In: Tieck, Werke in vier Bänden. Hrsg. von Marianne Thalmann. München 1963-66. Bd. 1, S. 712 f.

22 Vgl. Tieck: Peter Lebrecht. In: Tieck, Werke (s. Anm. 21), 1, 122 ff.

23 Novalis: Blüthenstaub. In: N.: Schriften. Die Werke Friedrich von Hardenbergs. Hrsg. von Paul Kluckhohn und Richard Samuel. 2., nach den Handschriften erg., erw. und verb. Aufl. in vier Bänden und einem Begleitband. Darmstadt 1960 ff. Bd. 2, S. 419

24 Schiller, Friedrich: Vorrede zu Geschichte des Abfalls der Vereinigten Niederlande von der spanischen Regierung. In: F. S.: Sämtliche Werke. Hrsg. von Gerhard Fricke und Herbert G. Göpfert. 5 Bde. München 1958 f. Bd. 4, S. 31.

25 Eschenburg, Johann Joachim: Entwurf einer Theorie und Literatur der schönen Wissenschaften. Berlin 1794. S. 326.

26 Mann, Golo: Schiller als Geschichtsschreiber. In: G. M: Zeiten und Figuren. Schriften aus vier Jahrzehnten. Frankfurt/Main 1961. S. 99.

27 Schiller: Geschichte des dreißigjährigen Kriegs. In: Schiller, Sämtliche Werke (s. Anm. 24), 4, 366.

28 Schiller: Was heißt und zu welchem Ende studiert man Universalgeschichte? In: Schiller, Sämtliche Werke (s. Anm. 24), 4, 762.

29 Schiller, Geschichte des Abfalls (s. Anm. 24), 39.

30 Schiller, Universalgeschichte (s. Anm. 28), 764.

31 Novalis, Fragmente (s. Anm. 20), 285.

32 Novalis, Fragmente, 285.

33 Schlegel, Friedrich: Philosophische Fragmente. In: F. S.: Kritische Ausgabe. Hrsg. von Ernst Behler. Bd. 18. München 1963, S. 389.

34 Schlegel, Philosophische Fragmente, 96.

35 Vgl. Immanuel Kant: Kritik der reinen Vernunft. In: I. K.: Werke. Hrsg. von Wilhelm Weischedel. Frankfurt/Main 1968. Bd. 4/2, S. 687 ff.

36 Kant, Kritik der Urteilskraft. In: Kant, Werke (s. Anm. 35), 10/2, 430 f.

37 Schiller, Über die notwendigen Grenzen beim Gebrauch schöner Formen. In: Schiller, Sämtliche Werke (s. Anm. 24), 5, 677.

38 Schiller, Über naive und sentimentalische Dichtung. In: Schiller, Sämtliche Werke (s. Anm. 24), 5, 706.

39 Vgl. Gert Ueding: Schillers Rhetorik. Idealistische Wirkungsästhetik und rhetorische Tradition. Tübingen 1971. S. 109 ff.

40 Fichte, Johann Gottlieb: Reden an die deutsche Nation. Hrsg. von Alwin Diemer. Hamburg 1955. S. 173 f.

41 Müller, Adam: Zwölf Reden über die Beredsamkeit und deren Verfall in Deutschland. Hrsg. von Walter Jens. Frankfurt/Main 1967, S. 36 f.

42 Goethe, Morphologie. In: Goethes Werke (s. Anm. 6), 13, 53.

43 Goethe, Zur Farbenlehre. In: Goethes Werke (s. Anm. 6), 13, 315.

44 Oken, Lorenz: Über den Wert der Naturgeschichte besonders für die Bildung der Deutschen. Jena 1809. Hrsg. von J. Schuster. Berlin 1939, S. 3 f.

45 Quintus Horatius Flaccus: De arte poetica liber. Die Dichtkunst. Lat. und dt. von Horst Rüdiger. Zürich 1961, S. 41 (Vers 408 ff.).

46 Eckermann, Johann Peter: Gespräch mit Goethe vom 11. 6. 1825. In: J. P. E.: Gespräche mit Goethe in den letzten Jahren seines Lebens. Hrsg. von Regine Otto. München 1984², S. 140.

47 Eckermann: Gespräch mit Goethe vom 20. 6. 1831. In: Eckermann, Gespräche (s. Anm. 46), 655.

48 Goethe, Calderons ›Tochter der Luft‹. In: Goethes Werke (s. Anm. 6), 12, 303.

49 Goethe, Calderon, 304.

50 Goethe, Calderon, 303.

51 Goethe, Calderon, 304.

52 Goethe: Lorenz Sterne. In: Goethes Werke (s. Anm. 6), 12, 346.

53 Novalis, Blüthenstaub (s. Anm. 23), 464.

54 Müller: Von der Idee der Schönheit. In: Müller, Kritische, ästhetische und philosophische Schriften. Hrsg. von Walter Schroeder und Werner Siebert. Bd. 2. Neuwied/Berlin 1967. S. 23.

55 Schlegel, Friedrich: Schönheit in der Poesie. In: F. S.: Neue philosophische Schriften. Hrsg. von Josef Körner. Frankfurt/Main 1935, S. 382.

56 Schlegel, Kritische Fragmente. In: Schlegel 1794-1802. Seine prosaischen Jugendschriften. Hrsg. von Jakob Minor. 2 Bde. Wien 1882. Bd. 2, S. 191.

57 Schlegel, Lessings Geist aus seinen Schriften. 3 Bde. Leipzig 1804. Bd. 1, S. 34. Vgl. dazu jetzt Rolf Grimminger: Die Ordnung, das Chaos und die Kunst. Für eine neue Dialektik der Aufklärung. Frankfurt/Main 1986. S. 94 ff.

58 Benjamin, Walter: Der Begriff der Kunstkritik in der deutschen Romantik. In: W. B.: Gesammelte Schriften. Hrsg. von Rolf Tiedemann und Hermann Schweppenhäuser. Bd. 1. Frankfurt/Main 1974. S. 119.

59 Müller, Reden (s. Anm. 41), 188.

60 Müller, Reden, 190.

61 Vgl. Wo die Hoffnung Hand und Fuß hat. Predigten aus zehn Jahrhunderten. Hrsg. von Johannes Kuhn und Reinhard Breymayer. Stuttgart 1987.

62 Vgl. Ursula Naumann: Predigende Poesie. Zur Bedeutung von Predigt, geistlicher Rede und Predigertum für das Werk Jean Pauls. Nürnberg 1976.

63 Schleiermacher, Friedrich: Über die Religion. Reden an die Gebildeten unter ihren Verächtern. Berlin 1799. S. 40.

64 Theremin, Franz: Die Beredsamkeit eine Tugend, oder Grundlinien einer systematischen Rhetorik. 2. verb. Aufl. Berlin 1837. S. 25.

65 Schleiermacher, Über die Religion (s. Anm. 63), 55.

66 Vgl. die gesamte vierte Rede.

67 Schleiermacher: Predigt am 28. 3. 1813. In: Schleiermacher: Sämmtliche Werke. Bd. 2. Berlin 1834. S. 25.

68 Theremin, Die Beredsamkeit (s. Anm. 64), 35.

69 Goethe: Blicke ins Reich der Gnade. In: Goethe, Gedenkausgabe (s. Anm. 3), 14, 391 f.

Bibliographie

Vorbemerkung

Der allgemeine Teil des bibliographischen Anhangs enthält in Auswahl die für den behandelten Zeitraum wichtigen Bibliographien, Forschungsreferate, Literaturgeschichten und Untersuchungen unter umfassenden und allgemeinen, insbesondere sozialgeschichtlichen Aspekten.

Der spezielle Teil folgt im wesentlichen der Gliederung der vom Verfasser vorgenommenen Aufteilung des Bandes nach Literaturgattungen (Drama, Erzählende Prosa, Lyrik, Rhetorische Kunstprosa). Diesen Teilen ist ein Kapitel vorangestellt, das diejenigen Monographien verzeichnet, in denen unter speziellen Gesichtspunkten eine Epoche oder das Leben und Werk eines einzelnen Schriftstellers behandelt wird.

Mehr der Ordnung halber sei erwähnt, daß angesichts der immensen Fülle von Forschungsliteratur gerade zu dem hier dargestellten Zeitraum natürlich auch nicht nahezu ein Anspruch auf Vollständigkeit erhoben wird. Vollständig vermerkt sind lediglich die Titel, die der Verfasser bei seiner Arbeit dankbar benutzt hat.

Allgemeiner Teil

I. *Bibliographien und Forschungsreferate*

Allgemeines Repertorium der Literatur für die Jahre 1785 bis 1800. (Bearb. von Johann Samuel Ersch). 8 Bde. Jena, Weimar 1793-1807.

Arnim, Ludwig Achim von. - Mallon, Otto: Arnim-Bibliographie. Berlin 1925. Ndr. Hildesheim 1965. - Hoffmann, Volker: Die Arnim-Forschung 1945-1972. In: Deutsche Vierteljahrsschrift für Literaturwissenschaft und Geistesgeschichte 47 (1973), Sonderheft, S. 270-342.

Bibliographie der deutschen Bibliographien. Jahresverzeichnis der selbständig erschienenen und der in deutschsprachigen Büchern und Zeitschriften enthaltenen versteckten Bibliographien. Bd. 1 ff. Leipzig 1957 ff.

Bibliographie der deutschen Literaturwissenschaft. Hrsg. von Hanns W. Eppelsheimer, ab Bd. 2 bearb. von Clemens Köttelwesch. Bd. 1 ff. Frankfurt/Main 1957 ff. Ab Bd. 9 (1969) u. d. T.: Bibliographie der deutschen Sprach- und Literaturwissenschaft.

Bibliographie deutschsprachiger Bücher und Zeitschriftenaufsätze zur deutschen Literatur von der Aufklärung bis zur bürgerlichen Revolution 1848/49. Bearb. von Gottfried Wilhelm. In: Weimarer Beiträge 1 (1955) ff. Erw. Forts. u. d. T.: Internationale Bibliographie zur deutschen Klassik 1750-1850. In: Weimarer Beiträge 6-10 (1960-64), ab Folge 11/12 in selbst. Form bearb. von Hans Henning und Siegfried Seifert. Weimar 1968 ff.

Bibliographisches Handbuch der deutschen Literaturwissenschaft. 1945-1969. Hrsg. von Clemens Köttelwesch. 3 Bde. Frankfurt/Main 1973-79.

Blinn, Hansjürgen: Informationshandbuch Deutsche Literaturwissenschaft. Frankfurt/Main 1982.

Brentano, Clemens. - Mallon, Otto: Brentano-Bibliographie. Berlin 1926. Ndr. Hildesheim 1965. - Frühwald, Wolfgang: Stationen der Brentano-Forschung 1924-1972. In: Deutsche Vierteljahrsschrift für Literaturwissenschaft und Geistesgeschichte 47 (1973), Sonderheft, S. 182-269. – Gajek, Bernhard: Die Brentano-Literatur 1973-1978. Ein Bericht. In: Euphorion 72 (1978), S. 439-502.

Bohatta, Hanns/Hodes, Franz: Internationale Bibliographie der Bibliographien. Unter Mitarb. von W. Funke. Frankfurt 1950.

Brieger, Lothar: Ein Jahrhundert deutscher Erstausgaben. Die wichtigsten Erst- und Originalausgaben von etwa 1750-1880. Stuttgart 1925.

Deutsche Bibliographie. Wöchentliches Verzeichnis. 1 ff. Frankfurt/Main 1947 ff. (Dazu kumulierte Vierteljahres-, Halbjahres- und Mehrjahresverzeichnisse).

Deutsche Nationalbibliographie. Bearb. und hrsg. von der Deutschen Bücherei. Leipzig 1931 ff.

Germanistik. Internationales Referatenorgan mit bibliographischen Hinweisen. Bd. 1 ff. Tübingen 1960 ff.

Gesamtverzeichnis des deutschsprachigen Schrifttums (GV) 1911-65. 150 Bde. Hrsg. von Reinhard Oberschelp und einem Geleitwort von Wilhelm Totok. Bearb. von Willi Gorzny. München 1976-80.

Goedeke, Karl: Grundriß zur Geschichte der deutschen Dichtung. Aus den Quellen. Bd. 1-15. 2. bzw. 3., ganz neu bearb. Aufl. Dresden 1884-1966. Fotomech. Ndr. mit einem Index von Hartmut Rambaldo Nendeln 1975.

Goethe, Johann Wolfgang von. - Pyritz, Hans: Goethe-Bibliographie. Unter redaktioneller Mitarb. von Paul Raabe. Fortgef. von Heinz Nicolai und Gerhard Burkhardt. 2 Bde. Heidelberg 1965-68. Periodische Bibliographie von Heinz Nicolai in: Goethe 145 (1952/53) ff. Fortgesetzt von Hans Henning: Goethe-Bibliographie 1970 ff. in: Goethe-Jahrbuch 89 (1972) ff. - Henning, Hans (Hrsg.): Faust-Bibliographie. 5 Bde. Berlin 1966-76.

Hadley, Michael: Romanverzeichnis. Bibliographie der zwischen 1750 und 1800 erschienenen Erstausgaben. Bern, Frankfurt, Las Vegas 1977.

Hansel, Johannes: Personalbibliographie zur deutschen Literaturgeschichte. Studienausgabe. Berlin 1974².

Harris, Kathleen (Hrsg.): Goethezeit. Handbuch der deutschen Literaturgeschichte. Bd. 7. Zweite Abteilung: Bibliographien. Bern 1976.

Heinsius, Wilhelm: Allgemeines Bücher-Lexikon oder Vollständiges alphabetisches Verzeichnis aller von 1700-1892 erschienenen Bücher. 19 Bde. Leipzig 1812-94. Fotomech. Ndr. Frankfurt/Main 1962/63.

Heinsius, Wilhelm: Alphabetisches Verzeichnis der von 1700 bis zu Ende 1810 erschienenen Romane und Schauspiele. Leipzig 1813. Ndr. München 1972.

Herder, Johann Gottfried. - Günther, Gottfried/Volgina, Albina A./Seifert, Siegfried: Herder-Bibliographie. Berlin, Weimar 1978.

Hölderlin, Friedrich. - Seebass, Friedrich. Hölderlin-Bibliographie. München 1922. - Kohler, Maria/Kelletat, Alfred: Hölderlin-Bibliographie 1938-1950. Stuttgart 1953. Fortführung im Hölderlin-Jahrbuch 9

(1955/56) ff. - Internationale Hölderlin-Bibliographie. Erste Ausgabe 1804-1983. Hrsg. vom Hölderlin-Archiv der Württembergischen Landesbibliothek Stuttgart. Bearb. von Maria Kohler. Stuttgart 1985.

Internationale Bibliographie zur Geschichte der deutschen Literatur von den Anfängen bis zur Gegenwart. Gesamtredaktion: Günther Albrecht und Günther Dahlke. 4 Tle. Berlin 1969-77 und München 1970-77 und 1984.

Jahresverzeichnis der deutschen Hochschulschriften. 1 ff. Berlin 1887-1936. Leipzig 1937 ff.

Jean Paul. - Berend, Eduard: Jean-Paul-Bibliographie. Neu bearb. von Johannes Krogoll. Stuttgart 1963. - Periodische Bibliographie in: Jahrbuch der Jean-Paul Gesellschaft 1 (1966), S. 163-179; 5 (1970), S. 185-212; 19 (1984), S. 137-205.

Kayser, Christian Gottlob: Vollständiges Bücher-Lexikon, enthaltend alle von 1750 bis 1910 in Deutschland und den angrenzenden Ländern gedruckten Bücher. 36 Bde. und 6 Reg.-Bde. Leipzig 1834-1911. Fotomech. Ndr. Frankfurt/Main 1961-63.

Kayser, Christian Gottlob: Vollständiges Verzeichnis der von 1750 bis zu Ende des Jahres 1832 in Deutschland und in den angrenzenden Ländern gedruckten Romane und Schauspiele. Leipzig 1836. Ndr. München 1972.

Kleist, Heinrich von. - Rothe, Eva: Kleist-Bibliographie 1954 bis 1960. In: Jahrbuch der Deutschen Schillergesellschaft 5 (1961), S. 414-547.

Kosch, Wilhelm: Deutsches Literatur-Lexikon. Biographisches und bibliographisches Handbuch. 4 Bde. Bern 1949-58. 3., völlig neu bearb. Aufl. hrsg. von Bruno Berger und Heinz Rupp. Bd. 1 ff. Bern, München 1968 ff.

Körner, Josef: Bibliographisches Handbuch des deutschen Schrifttums. 3., völlig umgearb. Aufl. Bern 1949, Ndr. Bern 1966.

Lanckoronska, Maria/Rümann, Arthur: Geschichte der deutschen Taschenbücher und Almanache aus der klassisch-romantischen Zeit. München 1954.

Lichtenberg, Georg Christoph. - Jung, Rudolf: Lichtenberg-Bibliographie. Berlin 1973.

Osborne, John: Romantik. Bern/München 1971 (= Handbuch der deutschen Literaturgeschichte Abt. 2, Bd. 8).

Plaul, Hainer: Bibliographie deutschsprachiger Veröffentlichungen über Unterhaltungs- und Trivialliteratur vom letzten Drittel des 18. Jahrhunderts bis zur Gegenwart. München 1980.

Raabe, Paul: Einführung in die Bücherkunde zur deutschen Literaturwis-

senschaft. 9., durchges. Aufl. unter Mitarb. von Werner Arnold und
Ingrid Hannich-Bode. Stuttgart 1980.

Raabe, Paul: Einführung in die Quellenkunde zur neueren deutschen
Literaturgeschichte. Stuttgart 1974³.

The romantic movement. A selective and critical bibliography. In: Philo-
logical Quarterly 29 (1949) ff. Weiterführung In: English Language
Notes. 1965 ff.

Schiller, Friedrich von. - Vulpius, Wolfgang: Schiller-Bibliographie
1893-1958. Weimar 1959, nebst Erg.-Bd. 1959-1963. Berlin, Weimar
1967. Fortgef. von Peter Wersig: Schiller-Bibliographie 1964-1974.
Berlin, Weimar 1977. - Periodische Bibliographien von Paul Raabe/
Ingrid Bode in: Jahrbuch der Deutschen Schiller-Gesellschaft 6
(1962), S. 10 (1966), S. 465-505, 14 (1970), S. 584-636, 18 (1974),
S. 642-701, 23 (1979), S. 549-612, 27 (1983), S. 493-551. - Koopmann, Helmut: Schiller-Forschung 1970-1980. Ein Bericht. Marbach
1982.

Schlegel, Friedrich. - Deubel, Volker: Die Friedrich-Schlegel-Forschung
1945-1972. In: Deutsche Vierteljahrsschrift für Literaturwissenschaft
und Geistesgeschichte 47 (1973), Sonderheft, S. 48-181.

Totok, Wilhelm/Weimann, Karl Heinz/Weitzel, Rolf: Handbuch der
bibliographischen Nachschlagewerke. Frankfurt/Main 1977⁵. (1954¹).

Ullrich, Hermann: Robinson und Robinsonaden. Bibliographie,
Geschichte, Kritik. Bd. 1: Bibliographie. Weimar 1898.

Wilpert, Gero von/Gühring, Adolf: Erstausgaben deutscher Dichtung.
Eine Bibliographie zur deutschen Literatur 1600-1960. Stuttgart
1967.

II. Literaturgeschichten

Best, Otto F./Schmitt, Hans-Jürgen (Hrsg.): Die deutsche Literatur. Ein
Abriß in Text und Darstellung. 16 Bde. Stuttgart 1974 ff.
Bd. 7: Klassik. Hrsg. von Gabriele Wirsich-Irwin. Durchges. und erg.
Ausgabe. 1978.
Bd. 8: Romantik. Hrsg. von Hans-Jürgen Schmitt. 2 Teilbde. Durch-
ges. und erg. Ausgabe. 1978.

Boesch, Bruno (Hrsg.): Deutsche Literaturgeschichte in Grundzügen. Die
Epochen deutscher Dichtung. 3., neu bearb. und erw. Aufl. Bern 1977.

Deutsche Literaturgeschichte. Von den Anfängen bis zur Gegenwart. Von
Wolfgang Beutin u. a. 2., überarb. und erw. Aufl. Stuttgart 1984.

Epochen der deutschen Literatur. 6 Bde. geplant. Stuttgart 1912 ff. Bd. 4: Schultz, Franz: Klassik und Romantik der Deutschen. Teil I: Die Grundlagen der klassisch-romantischen Literatur. Teil II: Wesen und Form der klassisch-romantischen Literatur. 2., durchges. Aufl. Stuttgart 1952.

Eppelsheimer, Hanns W.: Handbuch der Weltliteratur von den Anfängen bis zur Gegenwart. Frankfurt 1960³. (1937¹).

Erläuterungen zur deutschen Literatur. Hrsg. von einem Kollektiv für Literaturgeschichte. Klassik. Berlin 1978⁸; Zwischen Klassik und Romantik. Berlin 1977⁸; Romantik. Berlin 1977³. Literatur der Befreiungskriege. Berlin 1973³.

Frenzel, Herbert A./Frenzel, Elisabeth: Daten deutscher Dichtung. Chronologischer Abriß der deutschen Literaturgeschichte. 2 Bde. München 1969.

Gervinus, Georg Gottfried: Geschichte der Deutschen Dichtung. 4., gänzlich umgearbeitete Auflage. 5 Bde. Leipzig 1853.

Gervinus, Georg Gottfried: Geschichte der poetischen National-Literatur der Deutschen. 5 Bde. Leipzig 1842-1846.

Geschichte der deutschen Literatur von den Anfängen bis zur Gegenwart. Begr. von Helmut de Boor und Richard Newald. München 1949 ff.

Bd. 7: Schulz, Gerhard: Die deutsche Literatur zwischen Französischer Revolution und Restauration. Teil 1: Das Zeitalter der Französischen Revolution: 1789-1806. München 1983.

Geschichte der deutschen Literatur von den Anfängen bis zur Gegenwart. Bisher Bd. 1-5. Stuttgart 1965-85.

Bd. 2: Kohlschmidt, Werner: Vom Barock bis zur Klassik. Stuttgart 1965.

Bd. 3: Kohlschmidt, Werner: Von der Romantik bis zum späten Goethe. Stuttgart 1974.

Geschichte der deutschen Literatur von den Anfängen bis zur Gegenwart. Hrsg. vom Kollektiv für Literaturgeschichte. Geplant auf 12 Bde (mehrere Teilbände). Berlin 1960 ff.

Bd. 7: 1789 bis 1830. Hrsg. von H-D. Dahnke und T. Höhle. Berlin 1978.

Glaser Horst Albert (Hrsg.): Deutsche Literatur. Eine Sozialgeschichte. Bd. 5: Zwischen Revolution und Restauration: Klassik, Romantik 1786-1815. Reinbek 1980.

Hettner, Hermann: Literaturgeschichte des 18. Jahrhunderts. 3 Tle. Braunschweig 1856-70. (Zahlr. bearb. Teilaufl. Zuletzt: H.H.: Literaturgeschichte der Goethezeit. Hrsg. von Johannes Anderegg. München 1970.)

Lange, Victor: Das klassische Zeitalter der deutschen Literatur. 1740-1815. München 1983.

Markwardt, Bruno: Geschichte der deutschen Poetik. 5 Bde. 2. bzw. 3. Aufl. Berlin 1956 ff. (1937[1]).
Bd. 3: Klassik und Romantik. Berlin 1958[3].

Martini, Fritz: Deutsche Literaturgeschichte von den Anfängen bis zur Gegenwart. Stuttgart 1977[17]. (1949[1]).

Neues Handbuch der Literaturwissenschaft. Hrsg. von Klaus von See. 25 Bde. Frankfurt/Main 1972 ff.
Bd. 12: Europäische Aufklärung. Teil 2. Hrsg. von Heinz-Joachim Müllenbrock. Frankfurt/Main 1984.
Bd. 13: Europäische Aufklärung. Teil 3. Hrsg. von Jürgen von Stackelberg. Frankfurt/Main 1980.
Bd. 14: Europäische Romantik. Teil 1. Hrsg. von Karl Robert Mandelkow. Frankfurt/Main 1982.
Bd. 15: Europäische Romantik. Teil 2. Hrsg. von Klaus Heitmann. Frankfurt/Main 1982.
Bd. 16: Europäische Romantik. Teil 3: Restauration und Revolution. Hrsg. von Norbert Altenhofer und Alfred Estermann. Frankfurt/Main 1985.

Zmegac, Victor (Hrsg.): Geschichte der deutschen Literatur vom 18. Jahrhundert bis zur Gegenwart. Königstein/Ts. 1978 ff. Bd. I/1,2: 1700-1848.

III. Grundlegende Untersuchungen

Albrecht, Günter/Mittenzwei, Johannes (Hrsg.): Klassik. Berlin 1967[5].

Alewyn, Richard: Das große Welttheater. Die Epoche der höfischen Feste. 2., erw. Aufl. München 1985.

Aretin, Karl Ottmar: Heiliges Römisches Reich 1776-1806. Reichsverfassung und Staatssouveränität. 2 Bde. Wiesbaden 1967.

Bänsch, Dieter (Hrsg.): Zur Modernität der Romantik. Stuttgart 1977.

Balet, Leo/Gerhard Eberhard: Die Verbürgerlichung der deutschen Kunst, Literatur und Musik im 18. Jahrhundert. Frankfurt/Main 1973.

Barner, Wilfried: Barockrhetorik. Untersuchungen zu ihren geschichtlichen Grundlagen. Tübingen 1970.

Barth, Ilse Marie: Literarisches Weimar. Kultur, Literatur, Sozialstruktur im 16.-20. Jahrhundert. Stuttgart 1971.

Baumgart, Fritz: Vom Klassizismus zur Romantik 1750-1832. Köln 1974.

Béguin, Albert: Traumwelt und Romantik. Versuch über die romantische Seele in Deutschland und in der Dichtung Frankreichs. Bern/München 1972.

Benz, Richard: Die Zeit der deutschen Klassik. Kultur des achtzehnten Jahrhunderts 1750-1800. Stuttgart 1953.

Berghahn, Klaus L. (Hrsg.): Die Weimarer Klassik. Paradigma des Methodenpluralismus in der Germanistik. Kronberg/Ts. 1976.

Bloch, Ernst: Gesamtausgabe. 17 Bde. Frankfurt/Main 1959 ff.

Bloch, Ernst: Leipziger Vorlesungen zur Geschichte der Philosophie. Hrsg. von Ruth Römer u. a. 4 Bde. Frankfurt/Main 1985. Bd. 2-4.

Borchmeyer, Dieter: Die Weimarer Klassik. Eine Einführung. 2 Bde. Königstein/Ts. 1980.

Brandt, Helmut/Beyer, Manfred: Ansichten der deutschen Klassik. Berlin 1981.

Brinkmann, Richard (Hrsg.): Romantik in Deutschland: ein interdisziplinäres Symposion. Stuttgart 1978.

Bruford Walter Horace: Kultur und Gesellschaft im klassischen Weimar 1775-1806. Göttingen 1966.

Bruford, Walter Horace: Die gesellschaftlichen Grundlagen der Goethezeit. Frankfurt/Main 1975.

Brunschwig, Henri: Gesellschaft und Romantik in Preußen im 18. Jahrhundert. Die Krise des preußischen Staates am Ende des 18. Jahrhunderts und die Entstehung der romantischen Mentalität. Frankfurt/Main 1976.

Bürger, Christa: Der Ursprung der bürgerlichen Institution Kunst im höfischen Weimar. Frankfurt/Main 1977.

Burger, Heinz Otto: Dasein heißt eine Rolle spielen. Studien zur deutschen Literaturgeschichte. München 1963.

Burger, Heinz Otto (Hrsg.): Begriffsbestimmung der Klassik und des Klassischen. Darmstadt 1972.

Campbell, Joseph: Der Heros in tausend Gestalten. Frankfurt/Main 1953.

Conrady, Karl Otto (Hrsg.): Deutsche Literatur zur Zeit der Klassik. Stuttgart 1977.

Danzel, Thomas W.: Zur Literatur und Philosophie der Goethezeit. Stuttgart 1962.

Dilthey, Wilhelm: Das Erlebnis und die Dichtung. Lessing Goethe Novalis Hölderlin. Göttingen 1921[12].

Dyck, Joachim: Athen und Jerusalem. Die Tradition der argumentativen Verknüpfung von Bibel und Poesie im 17. und 18. Jahrhundert. München 1977.

Dyck, Joachim: Ticht-Kunst. Deutsche Barockpoetik und rhetorische Tradition. Bad Homburg 1966.

Elias, Norbert: Die höfische Gesellschaft. Untersuchungen zur Soziologie des Königtums und der höfischen Aristokratie. Neuwied und Berlin 1969.

Ellwein, Thomas: Die deutsche Universität. Vom Mittelalter bis zur Gegenwart. Königstein/Ts. 1985.

Engelsing, Rolf: Der Bürger als Leser. Lesergeschichte in Deutschland 1500-1800. Stuttgart 1974.

Fuhrmann, Manfred: Brechungen. Wirkungsgeschichtliche Studien zur antik-europäischen Bildungstradition. Stuttgart 1982.

Gerth, Hans H.: Bürgerliche Intelligenz um 1800. Zur Soziologie des deutschen Frühliberalismus. Göttingen 1976.

Glaser, Hermann: Spießer-Ideologie. Von der Zerstörung des deutschen Geistes im 19. und 20. Jahrhundert. Freiburg 1967.

Göpfert, Herbert G.: Vom Autor zum Leser. Beiträge zur Geschichte des Buchwesens. München 1977.

Grimm, Reinhold/Hermand, Jost (Hrsg.): Die Klassik-Legende. Frankfurt/Main 1971.

Grimminger, Rolf: Die Ordnung, das Chaos und die Kunst. Für eine neue Dialektik der Aufklärung. Frankfurt/Main 1986.

Habermas, Jürgen: Strukturwandel der Öffentlichkeit. Neuwied/Berlin 1968[3].

Hahn, Karl-Heinz: Aus der Werkstatt deutscher Dichter. Goethe Schiller Heine. Halle 1963.

Hauser, Arnold: Sozialgeschichte der Kunst und Literatur. München 1967.

Haym, Rudolf: Die romantische Schule. Ein Beitrag zur Geschichte des deutschen Geistes. Berlin 1870. Ndr. Darmstadt 1961.

Hazard, Paul: Krise des europäischen Geistes. Aus dem Französischen von Carlo Schmid. Hamburg 1965.

Henkel, Arthur: Was ist eigentlich romantisch? In: Festschrift für Richard Alewyn. Hrsg. von Herbert Singer und Benno von Wiese. Köln 1967, S.292-308.

Herrmann, Ulrich (Hrsg.): ›Die Bildung des Bürgers‹. Die Formierung der bürgerlichen Gesellschaft und die Gebildeten im 18. Jahrhundert. Weinheim, Basel 1982.

Hillebrand, Karl: Unbekannte Essays. Hrsg. von Hermann Uhde-Bernays. Bern 1955.

Heselhaus, Clemens: Die romantische Gruppe in Deutschland. In: Die Europäische Romantik. Hrsg. von Ernst Behler u.a. Frankfurt/Main 1972, S. 44-162.

Hoffmeister, Gerhard: Deutsche und europäische Romantik. Stuttgart 1978.

Huch, Ricarda: Die Romantik. Ausbreitung, Blütezeit und Verfall. 2 Bde. Leipzig 1899 f. Ndr. Tübingen 1964.

Immerwahr, Raymond: Romantisch. Genese und Tradition einer Denkform. Frankfurt/Main 1972.

Das Jahrhundert Goethes. Kunst, Wissenschaft, Technik und Geschichte zwischen 1750 und 1850. Hrsg. v.d. Nationalen Forschungs- und Gedenkstätten der klassischen dt. Literatur in Weimar. Berlin, Weimar 1967.

Jens, Walter: Statt einer Literaturgeschichte. Pfullingen 1980[7]. (1957[1]).

Kapitza, Peter: Die frühromantische Theorie der Mischung. Über den Zusammenhang der romantischen Dichtungstheorie und zeitgenössischer Chemie. München 1968.

Kapp, Friedrich/Goldfriedrich, Johann: Geschichte des Deutschen Buchhandels. Im Auftrag des Börsenvereins der Deutschen Buchhändler hrsg. von der Historischen Kommission desselben. Leipzig 1886-1923.
Bd. 3: Goldfriedrich, Johann: Geschichte des Deutschen Buchhandels vom Beginn der klassischen Litteraturperiode bis zum Beginn der Fremdherrschaft (1740-1804). 1909.
Bd. 4: Goldfriedrich, Johann: Geschichte des Deutschen Buchhandels vom Beginn der Fremdherrschaft bis zur Reform des Börsenvereins im Deutschen Reich (1805-1889). 1913.

Karoli, Christa: Ideal und Krise enthusiastischen Künstlertums in der deutschen Romantik. Bonn 1968.

Kindermann, Heinz: Theatergeschichte der Goethezeit. Wien 1949.

Kleßmann, Eckart: Deutschland unter Napoleon. Düsseldorf 1965.

Kleßmann, Eckart: Die Welt der Romantik. München 1969.

Kluckhohn, Paul: Die Auffassung der Liebe in der Literatur des 18. Jahrhunderts und in der deutschen Romantik. Tübingen 1966[3].

Kluckhohn, Paul: Das Ideengut der deutschen Romantik. Tübingen 1966[5].

König, Helmut: Zur Geschichte der bürgerlichen Nationalerziehung in Deutschland zwischen 1807 und 1815. 2 Tle. Berlin 1973.

Kopp, Bernhard: Beiträge zur Kulturphilosophie der deutschen Klassik. Eine Untersuchung im Zusammenhang mit dem Bedeutungswandel des Wortes Kultur. Meisenheim 1974.

Kraft, Herbert: Um Schiller betrogen. Pfullingen 1978.

Krauss, Werner: Einleitung. In: Die Französische Aufklärung im Spiegel der deutschen Literatur des 18. Jahrhunderts. Hrsg. von Werner Krauss. Berlin 1963. S. IX-CLXXXVII.

Krauss, Werner: Perspektiven und Probleme. Zur französischen und deutschen Aufklärung und andere Aufsätze. Neuwied/Berlin 1965.

Krauss, Werner: Studien zur deutschen und französischen Aufklärung. Berlin 1963.

Lepenies, Wolf: Melancholie und Gesellschaft. Frankfurt/Main 1969.

Literaturwissenschaft und Geistesgeschichte. Festschrift für Richard Brinkmann. Hrsg. von Jürgen Brummack u.a. Tübingen 1981.

Literaturwissenschaft und Sozialwissenschaften. Bd. 3: Deutsches Bürgertum und literarische Intelligenz 1750-1800. Hrsg. v. Bernd Lutz. Stuttgart 1974.

Bd. 11: Legitimationskrisen des deutschen Adels 1200-1900. Hrsg. von Peter Uwe Hohendahl. Stuttgart 1979.

Mason, Eudo C.: Deutsche und englische Romantik. Eine Gegenüberstellung. Göttingen 1970.

Mayer, Hans: Aussenseiter. Frankfurt/Main 1975.

Mayer, Hans: Von Lessing zu Thomas Mann. Wandlungen der bürgerlichen Literatur in Deutschland. Pfullingen 1959.

Mayer, Hans: Zur deutschen Klassik und Romantik. Pfullingen 1963.

Mortier, Roland: Diderot in Deutschland 1750-1850. Stuttgart 1967.

Naumann, Dietrich: Literaturtheorie und Geschichtsphilosophie. Stuttgart 1979.

Nivelle, Armand: Frühromantische Dichtungstheorie. Berlin 1970.

Ökonomie und Literatur. Lesebuch zur Sozialgeschichte und Literatursoziologie der Aufklärung und Klassik. Für die Schule hrsg. von Heinz Ide und Bodo Lecke. Frankfurt/Main, Berlin, München 1973.

Peter, Klaus (Hrsg.): Romantikforschung seit 1945. Königstein/Ts. 1980.

Pikulik, Lothar: Romantik als Ungenügen an der Normalität. Frankfurt/Main 1979.

Prang, Helmut: Die romantische Ironie. Darmstadt 1980^2 (1972^1).

Prang, Helmut (Hrsg.): Begriffsbestimmung der Romantik. Darmstadt 1968.

Praz, Mario: Liebe, Tod und Teufel. Die schwarze Romantik. München 1963.

Promies, Wolfgang: Der Bürger und der Narr oder Das Risiko der Phantasie. 6 Kapitel über das Irrationale in der Literatur. München 1966.

Reed, Terence J.: Die klassische Mitte. Goethe und Weimar 1775-1832. Aus dem Englischen von Heinz-Peter Menz und Christoph Gutknecht. Stuttgart 1982.

Rehm, Walther: Griechentum und Goethezeit. Geschichte eines Glaubens. Bern/München 1969[4] (Leipzig 1936[1]).

Ribbat, Ernst (Hrsg.): Romantik. Ein literaturwissenschaftliches Studienbuch. Königstein/Ts. 1979.

Romantische Utopie. Utopische Romantik. Hrsg. von Gisela Dischner und Richard Faber. Hildesheim 1979.

Schadewaldt, Wolfgang: Hellas und Hesperien. Gesammelte Schriften zur Antike und zur neueren Literatur. Zürich und Stuttgart 1960.

Schanze, Helmut: Romantik und Aufklärung. Untersuchungen zu Friedrich Schlegel und Novalis. Nürnberg 1966.

Schenda, Rudolf: Volk ohne Buch. Studien zur Sozialgeschichte der populären Lesestoffe 1770-1910. Frankfurt/Main 1970.

Schings, Hans-Jürgen: Melancholie und Aufklärung. Melancholiker und ihre Kritiker in der Erfahrungsseelenkunde und Literatur des 18. Jahrhunderts. Stuttgart 1977.

Schmalzriedt, Egidius: Inhumane Klassik. Vorlesung wider ein Bildungsklischee. München 1971.

Schmidt, Jochen: Die Geschichte des Genie-Gedankens in der deutschen Literatur, Philosophie und Politik 1750-1945. 2 Bde. Darmstadt 1985.

Schmitt, Carl: Politische Romantik. München 1919.

Schulz, Franz: Klassik und Romantik der Deutschen. 2 Bde. Stuttgart 1952.

Sengle, Friedrich: Die klassische Kultur von Weimar, sozialgeschichtlich gesehen. In: Internationales Archiv für Sozialgeschichte der Literatur 3 (1978), S. 68-86.

Soboul, Albert: Die Große Französische Revolution. Ein Abriß ihrer Geschichte 1789-1799. Frankfurt/Main 1973.

Steffen, Hans (Hrsg.): Die deutsche Romantik. Poetik, Formen und Motive. Göttingen 1967.

Stern, Alfred: Der Einfluß der französischen Revolution auf das deutsche Geistesleben. Stuttgart, Berlin 1928.

Sternberger, Dolf: Gerechtigkeit für das 19. Jahrhundert. Frankfurt/Main 1984.

Sternberger, Dolf: Panorama oder Ansichten vom 19. Jahrhundert. Frankfurt/Main 1974.

Storz, Gerhard: Klassik und Romantik. Eine stilgeschichtliche Darstellung. Mannheim, Wien, Zürich 1972.

Strich, Fritz: Deutsche Klassik und Romantik, oder Vollendung und Unendlichkeit. Bern 1965[6] (1922[1]).

Strohschneider-Kohrs, Ingrid: Die romantische Ironie in Theorie und Gestaltung. Tübingen 1977[2].

Studien zur Goethezeit. Festschrift für Lieselotte Blumenthal. Zum 60. Geburtstag. Hrsg. von Helmut Holtzhauer und Bernhard Zeller. Weimar 1968.

Szondi, Peter: Poetik und Geschichtsphilosophie. 2 Bde. Frankfurt/Main 1974.

Thalmann, Marianne: Romantik in kritischer Perspektive. Zehn Studien. Heidelberg 1976.

Thalmann, Marianne: Romantiker als Poetologen. Heidelberg 1970.

Tümmler, Hans: Das klassische Weimar und das große Zeitgeschehen. Historische Studien. Köln 1975.

Ueding, Gert: Die anderen Klassiker. Literarische Porträts aus zwei Jahrhunderten. München 1986.

Ullmann, Richard/Gotthard, Helene: Geschichte des Begriffes ›Romantisch‹ in Deutschland. Vom ersten Aufkommen des Wortes bis ins dritte Jahrzehnt des neunzehnten Jahrhunderts. Berlin 1927.

Valjavec, Fritz: Die Entstehung der politischen Strömungen in Deutschland 1770-1815. München 1951.

Vierhaus, Rudolf: Kultur und Gesellschaft im 18. Jahrhundert. In: Das Achtzehnte Jahrhundert als Epoche. Hrsg. von Bernhard Fabian und Wilhelm Schmidt-Biggemann. Nendeln 1978, S.71-85.

Vietta, Silvio (Hrsg.): Die literarische Frühromantik. Göttingen 1983.

Wiese, Benno von (Hrsg.): Deutsche Dichter der Romantik. Ihr Leben und Werk. Berlin 1981[2].

Wiese, Benno von (Hrsg.): Deutsche Dichter des 18. Jahrhunderts. Ihr Leben und Werk. Berlin 1977.

Zur Modernität der Romantik. Hrsg. von Dieter Bänsch. Stuttgart 1977.

Spezieller Teil

I. Monographien

Alewyn, Richard (Hrsg.): Schiller zum 10. November 1959. Festschrift des Euphorion. In Verb. mit Rainer Gruenter und Walter Killy hrsg. von Richard Alewyn. Heidelberg 1959.

Arendt, Dieter: Der poetische Nihilismus in der Romantik: Studien zum Verhältnis von Dichtung und Wirklichkeit in der Frühromantik. 2 Bde. Tübingen 1972.

Barner, Wilfried u. a. (Hrsg.): Unser Commercium. Goethes und Schillers Literaturpolitik. Stuttgart 1984.

Behler, Ernst: Die Zeitschriften der Brüder Schlegel. Ein Beitrag zur Geschichte der deutschen Romantik. Darmstadt 1983.

Beißner, Friedrich: Hölderlin. Reden und Aufsätze. Weimar 1961.

Belgardt, Raimund: Romantische Poesie. Begriff und Bedeutung bei Friedrich Schlegel. The Hague 1969.

Benjamin, Walter: Der Begriff der Kunstkritik in der deutschen Romantik. Frankfurt/Main 1973.

Berghahn, Klaus L. (Hrsg.): Friedrich Schiller. Zur Geschichtlichkeit seines Werkes. Kronberg/Ts. 1975.

Bertaux, Pierre: Friedrich Hölderlin. Frankfurt/M. 1978.

Bertaux, Pierre: Gar schöne Spiele spiel ich mit dir! Zu Goethes Spieltrieb. Frankfurt/Main 1986.

Binder, Wolfgang: Hölderlin-Aufsätze. Frankfurt/Main 1970.

Bollacher, Martin: Wackenroder und die Kunstauffassung der frühen Romantik. Darmstadt 1983.

Borchmeyer, Dieter: Höfische Gesellschaft und Französische Revolution bei Goethe: Adliges und bürgerliches Wertsystem im Urteil der Weimarer Klassik. Kronberg 1977.

Brentano, Bernard von: August Wilhelm Schlegel. Geschichte eines romantischen Geistes. Mit einem Nachwort von Hans Mayer. Frankfurt/Main 1986.

Brinkmann, Richard: Romantische Dichtungstheorie in Friedrich Schlegels Frühschriften und Schillers Begriffe des Naiven und Sentimentalischen. In: Deutsche Vierteljahrsschrift 32 (1958), S. 344-371.

Bubner, Rüdiger: Goethe und Hegel. Heidelberg 1978.

Denecke, Ludwig: Jacob Grimm und sein Bruder Wilhelm. Stuttgart 1971.

Dettmering, Peter: Heinrich von Kleist. Zur Psychodynamik in seiner Dichtung. München 1975.

Deutsche Literatur und Französische Revolution. Sieben Studien. Von Richard Brinkmann u.a. Göttingen 1974.

Drewitz, Ingeborg: Bettine von Arnim. Romantik, Revolution, Utopie. Köln 1969.

Eberhard, Hans: Goethes Umwelt. Forschungen zur gesellschaftlichen Struktur Thüringens. Weimar 1951.

Eichner, Hans: Friedrich Schlegel. New York 1970.

Emrich, Wilhelm: Heinrich von Kleist: Selbstbewußtsein als Pflicht. In: W.E.: Geist und Widergeist. Wahrheit und Lüge der Literatur. Frankfurt/M. 1965, S.129-146.

Fischer, Ernst: Heinrich von Kleist. In: E.F.: Auf den Spuren der Wirklichkeit. Reinbek 1968. S.70-155.

Fink, Gonthier-Louis: Das Frankreichbild in der deutschen Literatur und Publizistik zwischen der Französischen Revolution und den Befreiungskriegen. In: Jahrbuch des Wiener Goethe-Vereins 81/82/83-(1977/1978/1979), S.59-87.

Frank, Manfred: Das Problem ›Zeit‹ in der deutschen Romantik. Zeitbewußtsein und Bewußtsein von Zeitlichkeit in der frühromantischen Philosophie und in Tiecks Dichtung. München 1972.

Fuhrmann, Manfred: Wielands Horaz-Übersetzungen. In: Christoph Martin Wieland: Übersetzung des Horaz. Hrsg. von Manfred Fuhrmann. In: C.M.W.: Werke in zwölf Bänden. Hrsg. von Gonthier-Louis Fink u.a. Bd. 9. Frankfurt/Main 1986, S.1061-1095.

Fuhrmann, Manfred: Persona, ein römischer Rollenbegriff. In: Identität. Hrsg. von Odo Marquard und Karlheinz Stierle. München 1979. S.83-106. (Poetik und Hermeneutik VIII).

Gajek, Bernhard: Homo poeta. Zur Kontinuität der Problematik bei Clemens Brentano. Frankfurt/Main 1971.

Gerhard, Melitta: Schiller. Bern 1950.

Goldschmidt, Hermann Levin: Pestalozzis unvollendete Revolution. Schaffhausen 1977.

Grumach, Ernst: Goethe und die Antike. 2 Bde. Potsdam 1949.

Hahn, Johannes: Julius von Voß. Berlin 1910.

Harich, Wolfgang: Jean Pauls Revolutionsdichtung. Hamburg 1974.

Haslinger, Joseph: Die Ästhetik des Novalis. Königstein/Ts. 1981.

Hegener, Johannes: Die Poetisierung der Wissenschaften bei Novalis dargestellt am Prozeß der Entwicklung von Welt und Menschheit. Studien zum Problem enzyklopädischen Welterfahrens. Bonn 1975.

Heine, Roland: Transzendentalpoesie. Studien zu Friedrich Schlegel, Novalis und E. T. A. Hoffmann. Bonn 1974.

Heinrich, Gerda: Geschichtsphilosophische Positionen der deutschen Frühromantik. Friedrich Schlegel und Novalis. Berlin 1976.

Hiebel, Friedrich: Novalis. Der Dichter der blauen Blume. München 1972².

Hinck, Walter: Goethe - Mann des Theaters. Göttingen 1982.

Hoffmeister, Elmar: Täuschung und Wirklichkeit bei Heinrich von Kleist. Bonn 1968.

Kaiser, Gerhard: Vergötterung und Tod. Die thematische Einheit von Schillers Werk. Stuttgart 1979.

Janz, Rolf-Peter: Autonomie und soziale Funktion der Kunst. Studien zur Ästhetik von Schiller und Novalis. Stuttgart 1973.

Jäger, Hans Wolf: Politische Kategorien in Poetik und Rhetorik der zweiten Hälfte des 18. Jahrhunderts. Stuttgart 1970.

Kawa, Rainer (Hrsg.): Zu Johann Peter Hebel. Stuttgart 1981.

Kelletat, Alfred (Hrsg.): Hölderlin. Beiträge zu seinem Verständnis in unserem Jahrhundert. Tübingen 1961.

Kern, Johannes P.: Ludwig Tieck: Dichter einer Krise. Heidelberg 1977.

Knaack, Jürgen: Achim von Arnim - Nicht nur Poet. Die politischen Anschauungen Arnims in ihrer Entwicklung. Darmstadt 1976.

Knabe, Peter-Eckhard: Die Rezeption der französischen Aufklärung in den ›Göttingischen Gelehrten Anzeigen‹ (1739-1779). Frankfurt/ Main 1978.

Kommerell, Max: Jean Paul. Frankfurt/Main 1957³.

Koopmann, Helmut: Friedrich Schiller. 2 Bde. Stuttgart 1977.

Korff, Friedrich Wilhelm: Diastole und Systole. Zum Thema Jean Paul und Adalbert Stifter. Bern 1969.

Kornerup, Else: Graf Edouard Romeo Vargas/Carl Grosse. Eine Untersuchung ihrer Identität. Kopenhagen 1954.

Kully, Rolf Max: Johann Peter Hebel. Stuttgart 1969.

Kurzke, Hermann: Romantik und Konservatismus. Das ›politische‹ Werk Friedrich von Hardenbergs (Novalis) im Horizont seiner Wirkungsgeschichte. München 1983.

Lüders, Detlev (Hrsg.): Clemens Brentano. Beiträge des Kolloquiums im Freien Deutschen Hochstift 1978. Tübingen 1979.

Lukács, Georg: Die Tragödie Heinrich von Kleists. In: G.L.: Deutsche Realisten des 19. Jahrhunderts. Berlin 1952.

Mähl, Hans-Joachim: Die Idee des goldenen Zeitalters im Werk des Novalis. Heidelberg 1965.

Mann, Golo: Schiller als Geschichtsschreiber. In: G. M.: Zeiten und Figuren. Schriften aus vier Jahrzehnten. Frankfurt/M. 1979. S. 98-116.

Mason, Eudo C.: Hölderlin and Goethe. Bern/Frankfurt 1975.

Max, Frank Rainer: Der ›Wald der Welt‹. Das Werk Fouqués. Bonn 1980.

Mayer, Hans: Goethe: ein Versuch über den Erfolg. Frankfurt/Main 1973.

Mayer, Hans: Heinrich von Kleist. Der geschichtliche Augenblick. Pfullingen 1962.

Mehring, Franz: Schiller. Ein Lebensbild für deutsche Arbeiter. Bearb. und hrsg. v. Walter Heist. Berlin 1949.

Mommsen, Katharina: Kleists Kampf mit Goethe. Frankfurt/Main 1979.

Müller-Seidel, Walter: Versehen und Erkennen. Eine Studie über Heinrich von Kleist. Köln, Graz 1961.

Müller-Seidel, Walter (Hrsg.): Heinrich von Kleist. Aufsätze und Essays. Darmstadt 1973.

Müller-Seidel, Walter (Hrsg.): Kleists Aktualität. Neue Aufsätze und Essays 1966-1978. Darmstadt 1981.

Paulin, Roger: Ludwig Tieck. Stuttgart 1987.

Peter, Klaus: Einleitung. In: Die politische Romantik in Deutschland. Eine Textsammlung. Hrsg. von Klaus Peter. Stuttgart 1985, S. 9-73.

Peter, Klaus: Friedrich Schlegel. Stuttgart 1978.

Pohlheim, Konrad: Die Arabeske. Ansichten und Ideen aus Friedrich Schlegels Poetik. München, Paderborn, Wien 1966.

Reske, Hermann: Traum und Wirklichkeit im Werk Heinrich von Kleists. Stuttgart, Berlin, Köln, Mainz 1969.

Ribbat, Ernst: Ludwig Tieck. Studien zur Konzeption und Praxis romantischer Poesie. Kronberg/Ts. 1978.

Riley, Helene M. Kastinger: Achim von Arnim in Selbstzeugnissen und Bilddokumenten. Reinbek bei Hamburg 1979.

Riley, Helene M. Kastinger: Clemens Brentano. Stuttgart 1985.

Riley, Helene M. Kastinger: Das Bild der Antike in der deutschen Romantik. Amsterdam 1981.

Ryan, Lawrence: Friedrich Hölderlin. Stuttgart 1962.

Schadewaldt, Wolfgang: Winckelmann und Rilke. Zwei Beschreibungen des Apollon. Pfullingen 1968.

Schirmer, Ruth: August Wilhelm Schlegel und seine Zeit. Ein Bonner Leben. Bonn 1986.

Schmidt, Jochen: Heinrich von Kleist: Studien zu seiner poetischen Verfahrensweise. Tübingen 1974.

Schmidt, Jochen (Hrsg.): Über Hölderlin. Aufsätze. Frankfurt/Main 1970.

Schöne, Albrecht: Götterzeichen Liebeszauber Satanskult. Neue Einblicke in alte Goethetexte. München 1982.

Schrimpf, Hans Joachim: Goethes Begriff der Weltliteratur. Essay. Stuttgart 1986.

Schulz, Gerhard: Novalis. Darmstadt 1970.

Schweikert, Uwe (Hrsg.): Jean Paul. Darmstadt 1974.

Segebrecht, Wulf (Hrsg.): Ludwig Tieck. Darmstadt 1976.

Sichelschmidt, Gustav: Ernst Moritz Arndt. Berlin 1981.

Staiger, Emil: Goethe. 3 Bde. Zürich 1952 ff.

Stecher, G.: Jung Stilling als Schriftsteller. Berlin 1913.

Trunz, Erich: Weimarer Goethe-Studien. Weimar 1984.

Thalmann, Marianne: Ludwig Tieck. Der romantische Weltmann aus Berlin. München 1955.

Ueding, Gert: Schillers Rhetorik. Idealistische Wirkungsästhetik und rhetorische Tradition. Tübingen 1971.

Ueding, Gert: Die Wahrheit lebt in der Täuschung fort. Historische Aspekte der Vor-Schein-Ästhetik. In: Literatur ist Utopie. Hrsg. von Gert Ueding. Frankfurt/Main. 1978. S. 81-102.

Viëtor, Karl: Goethe. Dichtung, Wissenschaft, Weltbild. Bern 1949.

Vordtriede, Werner: Novalis und die französischen Symbolisten. Zur Entstehungsgeschichte des dichterischen Symbols. Stuttgart 1963.

Wackwitz, Stephan: Friedrich Hölderlin. Stuttgart 1985.

Wackwitz, Stephan: Trauer und Utopie um 1800. Studien zu Hölderlins Elegienwerk. Stuttgart 1982.

Weiland, Werner: Der junge Friedrich Schlegel oder die Revolution in der Frühromantik. Stuttgart 1968.

Weis, Eberhard: Der Durchbruch des Bürgertums 1776-1847. Frankfurt/Berlin 1978 (= Propyläen Geschichte Europas Bd. 4).

Wiese, Benno von: Friedrich Schiller. Stuttgart 1959.

Wiethölter, Waltraud: Witzige Illumination: Studien zur Ästhetik Jean Pauls. Tübingen 1979.

Wittkowski, Wolfgang (Hrsg.): Friedrich Schiller. Kunst, Humanität und Politik in der späten Aufklärung. Tübingen 1982.

II. Drama

Arens, Hans: Kommentar zu Goethes Faust I. Heidelberg 1982.

Bachmaier, Helmut/Horst, Thomas: Die mythische Gestalt des Selbstbewußtseins. Zu Kleists ›Amphytrion‹. In: Jahrbuch der deutschen Schillergesellschaft 22/1978, S. 404-441.

Beißner, Friedrich: Hölderlins Übersetzungen aus dem Griechischen. Stuttgart 1961².

Beißner, Friedrich: Klopstocks vaterländische Dramen. Weimar 1942.

Benjamin, Walter: Ursprung des deutschen Trauerspiels. Rev. Ausgabe besorgt von Rolf Tiedemann. Frankfurt/M. 1963.

Berghahn, Klaus L.: Formen der Dialogführung in Schillers klassischen Dramen. Münster 1970.

Beuth, Ulrich: Romantisches Schauspiel. Untersuchungen zum dramatischen Werk Zacharias Werners. Diss. Univ. München 1979.

Binder, Wolfgang: Kleists und Hölderlins Tragödienverständnis. In: Kleist-Jahrbuch (1981/82), S. 33-49.

Blumenthal, Lieselotte: Goethes »Grosskophta«, in: Weimarer Beiträge 7 (1961), S. 1-26.

Böckmann, Paul: Schillers Dramenübersetzungen, in: Studien zur Goethezeit. Festschrift für Lieselotte Blumenthal. Hg. v. Helmut Holtzhauer u. Bernhard Zeller. Weimar 1968. S. 30-52.

Borchmeyer, Dieter: Tragödie und Öffentlichkeit. Schillers Dramaturgie im Zusammenhang seiner ästhetisch-politischen Theorie und die rhetorische Tradition. München 1973.

Borchmeyer, Dieter: »Torquato Tasso«. Betrachtungen über Goethes Schauspiel anläßlich der Aufführung des Deutschen Nationaltheaters Weimar, in: Goethe Jahrbuch 99 (1982), S. 138-145.

Brahm, Otto: Das deutsche Ritterdrama des achtzehnten Jahrhunderts. Studien über Joseph August von Törring, seine Vorgänger und Nachfolger. Straßburg und London 1880.

Braunbehrens, Volkmar: Egmont, das lang vertrödelte Stück. In: text und kritik, Sonderband: Johann Wolfgang von Goethe (1982), S. 84-100.

Brück, Max von: Johann Wolfgang von Goethe: Egmont. Frankfurt/Main, Berlin 1969.

Buchtenkirch, Gustav: Kleists Lustspiel »Der zerbrochene Krug« auf der Bühne. Heidelberg 1914.

Burckhardt, Sigurd: »Die natürliche Tochter«: Goethes »Iphigenie in Aulis«? In: Germanisch-Romanische Monatsschrift N.F. 10 (1960), S. 12-34.

Burger, Heinz Otto (Hrsg.): Studien zur Trivialliteratur. Frankfurt/M. 1976[2].

Chambers, W. Walker: Die Dramen von Friedrich de la Motte Fouqué. In: Maske und Kothurn 10 (1964), S.521-531.

Diekmann, Rudolf: Zacharias Werners Dramen. Ihre Quellen und ihr Verhältnis zur Geschichte. Diss. Univ. Münster 1913.

Emrich, Wilhelm: Die Symbolik von Faust II. Wiesbaden 1978[4].

Girschner, Gabriele: Zum Verhältnis zwischen Dichter und Gesellschaft in Goethes »Torquato Tasso«. In: Goethe Jahrbuch 101 (1984), S.162-186.

Glaser, Horst Albert: Das bürgerliche Rührstück. Stuttgart 1969.

Hamm, Heinz: Goethes ›Faust‹. Werkgeschichte und Textanalyse. Berlin 1978.

Hartmann, Max: Ludwig Achim von Arnim als Dramatiker. Diss. Univ. Breslau 1910.

Hartwig, Hellmut A.: Schillers *Wilhelm Tell* und der »Edle Wilde«. In: Carl Hammer (Hrsg.): Studies in German literature. Baton Rouge, Louisiana 1963. S.72-84.

Hayashi, Mutsumi: Goethes Krise und Wandlung in »Torquato Tasso«, in: Weimarer Beiträge 28 (1982), H. 10, S.152-156.

Heininger, Friedrich: Clemens Brentano als Dramatiker. Diss. Univ. Breslau 1916.

Henkel, Arthur: Zur Frage nach dem Sinn von Kleists ›Amphitryon‹. In: Kleist Jahrbuch (1981/82), S.278-285.

Hinck, Walter (Hrsg.): Deutsche Geschichtsdramen. Interpretationen. Frankfurt/Main 1981.

Hinck, Walter (Hrsg.): Handbuch des Dramas. Düsseldorf 1980.

Hinderer, Walter: Der Mensch in der Geschichte. Ein Versuch über Schillers ›Wallenstein‹. Stuttgart 1979.

Hinderer, Walter (Hrsg.): Goethes Dramen. Neue Interpretationen. Stuttgart 1980.

Hinderer, Walter (Hrsg.): Kleists Dramen. Neue Interpretationen. Stuttgart 1981.

Hinderer, Walter (Hrsg.): Schillers Dramen. Neue Interpretationen. Stuttgart 1979.

Hölscher, Uvo: Empedokles und Hölderlin. Frankfurt/Main 1965.

Hubbs, Valentine C.: Die Ambiguität in Kleists ›Prinz Friedrich von Homburg‹. In: Kleist-Jahrbuch (1981/82), S.184-194.

Kayser, Rudolf: Arnims und Brentanos Stellung zur Bühne. Diss. Univ. Würzburg 1914.

Keller, Werner (Hrsg.): Aufsätze zu Goethes Faust I. Darmstadt 1974.

Kilian, Eugen: Zur Bühnengeschichte des Egmont. In: Goethe-Jahrbuch 33 (1912), S. 67-72.

Klingenberg, Karl-Heinz: Iffland und Kotzebue als Dramatiker. Weimar 1962.

Kober, Margarete: Das deutsche Märchendrama. Frankfurt/Main 1925.

Koziełek, Gerard: Das dramatische Werk Zacharias Werners. Woroclaw 1967.

Leistner, Bernd: Dissonante Utopie. Zu Heinrich von Kleists »Prinz Friedrich von Homburg«. In: Impulse 2 (1979), S. 259-317.

Maurer, Doris: August von Kotzebue. Ursachen seines Erfolges. Konstante Elemente der unterhaltenden Dramatik. Bonn 1979.

Michelsen, Peter: Der Imperativ des Unmöglichen: Über Heinrich von Kleists Penthesilea. In: Antike Tradition und Neuere Philologien. Symposium zu Ehren von Rudolf Sühnel. Hrsg. v. Hans-Joachim Zimmermann. Heidelberg 1984. S. 127-150.

Michelsen, Peter: Die Lügen Adams und der Fall Evas. Heinrich von Kleists Der zerbrochene Krug. In: Geist und Zeichen. Festschrift für Arthur Henkel zu seinem 60. Geburtstag. Hrsg. v. Herbert Anton, Bernhard Gajek u. Peter Pfaff. Heidelberg 1977. S. 268-304.

Neubuhr, Elfriede: Einleitung. In: Geschichtsdrama. Hrsg. v. Elfriede Neubuhr. Darmstadt 1980. S. 1-37.

Neuhaus, Volker: Chr. A. G. Eberhard Das Erdbeben, oder der Schulmeister und seine Frau. Eine Parodie auf die Schicksalstragödie aus dem Jahre 1812. In: Euphorion 67 (1973), S. 198-204.

Peacock, Ronald: Goethes ›Die natürliche Tochter‹ als Erlebnisdichtung. In: Deutsche Vierteljahrsschrift für Literaturwissenschaft und Geistesgeschichte 36 (1962), S. 1-25.

Petersen, Julius: Geschichtsdrama als nationaler Mythos. Grenzfragen zur Gegenwartsform des Dramas. Stuttgart 1940.

Petersen, Uwe: Goethe und Euripides. Untersuchungen zur Euripides-Rezeption in der Goethezeit. Heidelberg 1974.

Prignitz, Christoph: Zeitgeschichtliche Hintergründe der ›Empedokles‹-Fragmente Hölderlins, in: Hölderlin-Jahrbuch 23 (1982/83), S. 229-257.

Rasch, Wolfdietrich: Goethes ›Iphigenie auf Tauris‹ als Drama der Autonomie. München 1979.

Samuel, Richard: Eine unbekannte Fassung von Heinrich von Kleists Hermannsschlacht. In: Schiller-Jahrbuch 1 (1957), S. 179-210.

Sautermeister, Gert: Idyllik und Dramatik im Werk Friedrich Schillers. Stuttgart 1971.

Schadewaldt, Wolfgang: Antike Tragödie auf der modernen Bühne. Zur Geschichte der Rezeption der griechischen Tragödie auf der heutigen Bühne. Heidelberg 1957.

Schadewaldt, Wolfgang: Antikes und Modernes in Schillers »Braut von Messina«, in: Jahrbuch der Deutschen Schillergesellschaft 13 (1969), S. 286-307.

Schadewaldt, Wolfgang: Der ›zerbrochene Krug‹ von Heinrich von Kleist und Sophokles' ›König Ödipus‹ (1957). In: W. S.: Hellas und Hesperien. Gesammelte Schriften zur Antike und zur neueren Literatur. Zürich und Stuttgart 1960. S. 843-850.

Schadewaldt, Wolfgang: Furcht und Mitleid. In. W. S.: Hellas und Hesperien. Gesammelte Schriften zur Antike und zur neueren Literatur. Zürich und Stuttgart 1960. S. 346-388.

Schirmer, Lothar: Theater und Antike. Probleme der Antikenrezeption auf Berliner Bühnen vom Ende des 18. Jahrhunderts bis zur Gegenwart. In: Berlin und die Antike. Katalog-Ergänzungsband. Berlin 1979. S. 303-349.

Schlosser, Horst Dieter: Zur Entstehungsgeschichte von Kleists *Hermannsschlacht*. In: Euphorion 61 (1967), S. 170-174.

Schunicht, Manfred: Heinrich von Kleist: »Der zerbrochene Krug«, in: Zeitschrift für deutsche Philologie 84 (1965), S. 550-562.

Sengle, Friedrich: Das historische Drama in Deutschland. Geschichte eines literarischen Mythos. [2]1969. (1. Aufl. u. d. T.: Das deutsche Geschichtsdrama. Stuttgart 1952).

Sponagel, Ute: Schicksal und Geschichte in Clemens Brentanos historisch-romantischem Drama »Die Gründung Prags«. Diss. Univ. Marburg 1972.

Stock, Fritjof: Kotzebue im literarischen Leben der Goethezeit. Polemik - Kritik - Publikum. Düssedorf 1971.

Streller, Siegfried: Antikerezeption und Schicksalsproblematik. Der Versuch einer Erneuerung der antiken Tragödie. In: Parallelen und Kontraste. Studien zu literarischen Wechselbeziehungen in Europa zwischen 1750 und 1850. Hrsg. von Hans-Dietrich Dahnke. Berlin u. Weimar 1983. S. 221-243.

Streller, Siegfried: Das dramatische Werk Heinrich von Kleists. Berlin 1966.

Struker, Johannes: Beiträge zur kritischen Würdigung der dramatischen Dichtungen Theodor Körners. Diss. Univ. Münster 1911.

Stuckert, Franz: Das Drama Zacharias Werners. Entwicklung und geschichtliche Stellung. Frankfurt/Main. 1926.

Ueding, Gert: Wilhelm Tell. In. Schillers Dramen. Neue Interpretationen. Hrsg. von Walter Hinderer. Stuttgart 1979. S. 271-293.

Voss, E. Theodor: Kleists »Zerbrochener Krug« im Lichte alter und neuer Quellen. In: Wissen aus Erfahrungen. Werkbegriff und Interpretation heute. Festschrift für Hermann Meyer zum 65. Geburtstag. Hrsg. v. Alexander von Bormann. Tübingen 1976. S. 338-370.

Wesollek, Peter: Goethe als politischer Agitator. Wertung und Wertvermittlung in Goethes Revolutionsdramen »Der Bürgergeneral« und »Die Aufgeregten«. In: Werte in kommunikativen Prozessen. Hrsg. v. Götz Großklaus und Ernst Oldemeyer. Stuttgart 1980. S. 178-198.

Wiese, Benno von: Geschichte und Drama. In: Deutsche Vierteljahrsschrift für Literaturwissenschaft und Geistesgeschichte 20 (1942), S. 412-434.

Wittkowski, Wolfgang: Heinrich von Kleists »Amphitryon«. Materialien zur Rezeption und Interpretation. Berlin, New York 1978.

Wittkowski, Wolfgang: ›Der zerbrochene Krug‹: Gaukelspiel der Autorität, oder Kleists Kunst, Autoritätskritik durch Komödie zu verschleiern. In: Sprachkunst 12 (1981), S. 110-130.

III. Erzählende Prosa

Althof, Hans-Joachim: Carl Friedrich August Grosse (1768-1847) alias Graf Edouard Romeo von Vargas-Bedemar. Ein Erfolgsschriftsteller des 18. Jahrhunderts. Diss. Univ. Bochum 1975.

Apel, Friedmar: Die Zaubergärten der Phantasie. Zur Theorie und Geschichte des Kunstmärchens. Heidelberg 1978.

Ayrault, Roger: Jean Paul: Leben des vergnügten Schulmeisterlein Maria Wuz in Auenthal. In: Interpretationen. Bd. IV: Deutsche Erzählungen von Wieland bis Kafka. Hrsg. v. Jost Schillemeit. Frankfurt/M. u. Hamburg 1966.

Bach, Hans: Jean Pauls Hesperus. Leipzig 1929.

Beaujean, Marion: Der Trivialroman in der zweiten Hälfte des 18. Jahrhunderts. Bonn 1964.

Berger, Albert: Ästhetische Bildung. Thesen und Erläuterungen zu ›Wilhelm Meisters Lehrjahren‹. In: Sprachkunst 6 (1975), S. 224-237.

Binder, Wolfgang: Hölderlins Namenssymbolik. In: Hölderlin-Jahrbuch 12 (1961-62), S. 95-204.

Blessin, Stefan: Die Romane Goethes. Königstein/Ts. 1979.

Borcherdt, Hans Heinrich: Der Roman der Goethezeit. Urach und Stuttgart 1949.

Brinkmann, Richard: Nachtwachen von Bonaventura. Kehrseite der Frühromantik? Pfullingen 1966.

Brock, Stephan: Caroline von Wolzogens »Agnes von Lilien« (1798). Ein Beitrag zur Geschichte des Frauenromans. Diss. Univ. Berlin 1914.

Brummack, Jürgen: Satirische Dichtung: Studien zu Friedrich Schlegel, Tieck, Jean Paul und Heine. München 1979.

Campe, Joachim: Die moralische Revolution. Zu Jean Pauls Romanen. In: Sprache im technischen Zeitalter 20 (1980), S. 287-311.

Dahler, Hans: Jean Pauls Siebenkäs. Struktur und Grundbild. Bern 1962.

Dammann, Günter: Antirevolutionärer Roman und romantische Erzählung. Vorläufige konservative Methode bei C. A. Vulpius und E. T. A. Hoffmann. Kronberg/Ts. 1975.

Dischner, Gisela: Friedrich Schlegels Lucinde und Materialien zu einer Theorie des Müßiggangs. Hildesheim 1980.

Drews, Gabriele: Nachwort. In: Jung-Stilling, Johann Heinrich: Heinrich Stillings Jugend, Jünglingsjahre und Wanderschaft. Hrsg., erl. u. mit e. Nachw. vers. v. Gabriele Drews. München 1982. S. 279-296.

Engels, Elmar: Die Raumgestaltung bei Jean Paul. Eine Untersuchung zum Titan. Diss. Univ. Bonn 1969.

Fischer, Bernd: Literatur und Politik - Die ›Novellensammlung von 1812‹ und das ›Landhausleben‹ von Achim von Arnim. Frankfurt/Main, Bern 1983.

Flessau, Karl I.: Der moralische Roman. Studien zur gesellschaftskritischen Trivialliteratur der Goethezeit. Köln 1968.

Geppert, Hans Vilmar: Achim von Arnims Romanfragment ›Die Kronenwächter‹. Tübingen 1979.

Gerhard, Melitta: Götter-Kosmos und Gesetzes-Suche: zu Goethes Versuch seines Achilleis-Epos. In: Monatshefte 56 (1964), S. 145-159.

Gierlich, Susanne: Jean Paul: »Der Komet oder Nikolaus Marggraf. Eine komische Geschichte.« Diss. Univ. Marburg 1972.

Greiner, Martin: Die Entstehung der modernen Unterhaltungsliteratur. Studien zum Trivialroman des 18. Jahrhunderts. Hrsg. und bearb. von Therese Poser. Reinbek bei Hamburg 1964.

Grothe, Wolfgang: Ironie, Präfiguration und Ambiguität im Roman *Die Wahlverwandtschaften*. In: Studia Neophilologica 42 (1970), S. 211-224.

Hedinger-Fröhner, Dorothee: Jean Paul. Der utopische Gehalt des Hesperus. Bonn 1977.

Hirsch, Julian: Fouqués »Held des Nordens«. Seine Quellen und seine Komposition. Diss. Univ. Würzburg 1910.

Holländer, Hans: Konturen einer Ikonographie des Phantastischen. In: Phantastik in Literatur und Kunst. Hrsg. von Christian W. Thomsen und Jens Malte Fischer. Darmstadt 1980. S. 387-403.

Horn, Peter: Heinrich von Kleists Erzählungen. Eine Einführung. Königstein/Ts. 1978.

Jacobs, Jürgen: Wilhelm Meister und seine Brüder. Untersuchungen zum deutschen Bildungsroman. München 1972.

Janz, Rolf-Peter: Zum sozialen Gehalt der »Lehrjahre«. In: Literaturwissenschaft und Geschichtsphilosophie. Festschrift für Wilhelm Emrich. Hrsg. von Helmut Arntzen u. a. Berlin, New York 1975. S. 320 bis 340.

Kiesel, Helmuth: Gesellschaftskritik und gesellschaftspolitische Vorstellungen in Johann Gottwerth Müllers »Komischen Romanen«. In: Alexander Ritter (Hrsg.): J. G. Müller von Itzehoe und die deutsche Spätaufklärung. Studien zur Literatur und Gesellschaft im 18. Jahrhundert. Heide in Holstein 1978. S. 167-183.

Klein, Albert: Die Krise des Unterhaltungsromans im 19. Jahrhundert. Ein Beitrag zur Theorie und Geschichte der ästhetisch geringwertigen Literatur. Bonn 1969.

Kleinewefers, Antje: Licht und Dunkel in Goethes »Wahlverwandtschaften«. In: Hommage a Maurice Marache 1916-1970. Nizza 1972. S. 273-286.

Klussmann, Paul Gerhard: Die Zweideutigkeit des Wirklichen in Ludwig Tiecks Märchennovellen. In: Zeitschrift für Deutsche Philologie 83 (1964), S. 426-452.

Knopf, Jan: Geschichten zur Geschichte. Kritische Tradition des »Volkstümlichen« in den Kalendergeschichten Hebels und Brechts. Stuttgart 1973.

Köhn, Lothar: Entwicklungs- und Bildungsroman. Ein Forschungsbericht. Stuttgart 1969.

Kreutzer, Hans Joachim: Der Mythos vom Volksbuch. Studien zur Wirkungsgeschichte des frühen deutschen Romans seit der Romantik, Stuttgart 1977.

Kreuzer, Ingrid: Märchenform und individuelle Geschichte. Zu Text- und Handlungsstrukturen in Werken Ludwig Tiecks zwischen 1790 und 1811. Göttingen 1983.

Kunz, Josef: Die deutsche Novelle zwischen Klassik und Romantik. Berlin 1966.

Lützeler, Paul Michael (Hrsg.): Romane und Erzählungen der deutschen Romantik. Neue Interpretationen. Stuttgart 1981.

930 ANHANG

Marcuse, Herbert: Der deutsche Künstlerroman. In: H.M.: Schriften. Bd. I. Frankfurt/M. 1978. S.7-344. (Zugl.: Diss. Univ. Freiburg i.Br. 1922).

Marelli, Adriana: Ludwig Tiecks frühe Märchenspiele und die Gozzische Manier. Eine vergleichende Studie. Diss. Univ. Köln 1968.

Mayer, Gerhart: Wilhelm Meisters Lehrjahre. Gestaltbegriff und Werkstruktur. In: Goethe Jahrbuch 92 (1975), S.140-164.

Mayer, Hans: Aufklärer und Plebejer: Ulrich Bräker, der Arme Mann im Tockenburg. In: Bräker, Ulrich: Lebensgeschichte oder Ebentheuer des Armen Mannes im Tockenburg. Hrsg. von Samuel Vollmy. Vorwort von Hans Mayer. Zürich 1978. S.5-35.

Meixner, Horst: Romantischer Figuralismus. Kritische Studien zu Romanen von Arnim, Eichendorff und Hoffmann. Frankfurt/Main 1971.

Meyer, Hermann: Natürlicher Enthusiasmus. Das Morgenländische in Goethes »Novelle«. Heidelberg 1973.

Meyer, Hermann: Raumgestalt und Raumsymbolik in der Erzählkunst. In: Studium Generale 10 (1957), S.620-30.

Moering, Renate: Die offene Romanform von Arnims »Gräfin Dolores«. Mit einem Kapitel über Vertonungen Reichardts. Heidelberg 1978.

Müller, Klaus-Detlef: Autobiographie und Roman. Studien zur literarischen Autobiographie der Goethezeit. Tübingen 1976.

Münz, Walter: Individuum und Symbol in Tiecks »William Lovell«. Materialien zum frühromantischen Subjektivismus. Bern, Frankfurt/Main 1975.

Peterken, Paul: Gesellschaftliche und fiktionale Identität. Eine Studie zu Theodor Gottlieb von Hippels Roman ›Lebensläufe nach aufsteigender Linie nebst Beilagen A, B, C‹. Stuttgart 1981.

Polheim, Karl Konrad: Friedrich Schlegels ›Lucinde‹. In: Zeitschrift für deutsche Philologie 88 (1969), Sonderheft: Friedrich Schlegel und die Romantik, S.61-90.

Rasch, Wolfdietrich: Blume und Stein. Zur Deutung von Ludwig Tiecks Erzählung Der Runenberg. In: The Discontinous Tradition. Studies in German Literature in honour of Ernest Ludwig Stahl. Ed. by P.F. Ganz. Oxford 1971. S.113-128.

Rasch, Wolfdietrich: Die Erzählweise Jean Pauls. München 1961.

Reincke, Olaf: Goethes Roman »Wilhelm Meisters Lehrjahre« - ein zentrales Kunstwerk der klassischen Literaturperiode in Deutschland. In: Goethe-Jahrbuch 94 (1977), S.137-187.

Rösch, Ewald (Hrsg.): Goethes Roman ›Die Wahlverwandtschaften‹. Darmstadt 1975.

Rouge, I.: Erläuterungen zu Friedrich Schlegels Lucinde. Lausanne 1904.

Ryan, Lawrence: Hölderlins ›Hyperion‹. Exzentrische Bahn und Dichterberuf. Stuttgart 1965.

Schlaffer, Hannelore: Wilhelm Meister: Das Ende der Kunst und die Wiederkehr des Mythos. Stuttgart 1980.

Scholz, Rüdiger: Welt und Form des Romans bei Jean Paul. Bern u. München 1973.

Schuffels, Klaus: Griechenlandbild und Schönheitsideal als Ausdruck demokratischen Denkens zu Hölderlins Hyperion. In: Études Germaniques 28 (1973), S. 304-317.

Schulz, Gerhard: Jean Pauls *Siebenkäs*. In: Aspekte der Goethezeit. Hrsg. v. Stanley A. Corngold, Michael Curschmann u. Theodore J. Ziolkowski. Göttingen 1977. S. 215-239.

Schumann, Detlev W.: Rätsel um Eichendorffs ›Ahnung und Gegenwart‹. Spekulationen. In: Literaturwissenschaftliches Jahrbuch 18 (1977), S. 173-202.

Schwab, Lothar: Vom Sünder zum Schelmen. Goethes Bearbeitung des Reineke Fuchs. Frankfurt/Main 1971.

Schweikert, Uwe: Jean Pauls »Komet«. Selbstparodie der Kunst. Stuttgart 1971.

Segeberg, Harro: Friedrich Maximilian Klingers Romandichtung. Untersuchungen zum Roman der Spätaufklärung. Heidelberg 1974.

Selbmann, Rolf: Der deutsche Bildungsroman. Stuttgart 1984.

Sölle-Nipperdey, Dorothee: Untersuchungen zur Struktur der ›Nachtwachen‹ von Bonaventura. Göttingen 1959.

Steck, Emanuel: Jean Pauls »Hesperus«. Freiburg 1968.

Strack, Friedrich: Auf der Suche nach dem verlorenen Erzähler. Zu Aufbau, Programm und Stellenwert von Hölderlins Romanfragment *Hyperions Jugend*. In: Euphorion 69 (1975), S. 267-293.

Thalmann, Marianne: Der Trivialroman des 18. Jahrhunderts und der romantische Roman. Ein Beitrag zur Entwicklungsgeschichte der Geheimbundmystik. Berlin 1923. Ndr. Nendeln 1967.

Thalmann, Marianne: Ludwig Tieck, »Der Heilige von Dresden«. Aus der Frühzeit der deutschen Novelle. Berlin 1960.

Thalmann, Marianne: Die Romantik des Trivialen. Von Grosses »Genius« bis Tiecks »William Lovell«. München 1970.

Thüsen, Joachim von der: Der Romananfang in ›Wilhelm Meisters Lehrjahren‹. In: Deutsche Vierteljahrsschrift für Literaturwissenschaft und Geistesgeschichte 43 (1969), S. 622-630.

Tismar, Jens: Kunstmärchen. 2., durchges. und verm. Aufl. 1983.

Träger, Christine: Novellistisches Erzählen bei Goethe. In: Goethe Jahrbuch 101 (1983), S. 182-202.

Velde, Leonardus von: Die Struktur von Hölderlins »Fragment von
Hyperion«. In: Neophilologus 61 (1977), S. 565-574.

Weigand, Karlheinz: Tiecks »William Lovell«. Studie zur frühromantischen Antithese. Heidelberg 1975.

Wiese, Benno von: Novelle. Stuttgart 1963.

Willimsky, Horst-Joachim: Johann Gottfried Seume als Reiseschriftstel-
ler. Diss. Univ. Greifswald 1936.

Winter, Hans-Gerhard: Dialog und Dialogroman in der Aufklärung. Mit
einer Analyse von J. J. Engels Gesprächstheorie. Darmstadt 1974.

Witte, Bernd: Autobiographie als Poetik. Zur Kunstgestalt von Goethes
›Dichtung und Wahrheit‹. In: Neue Rundschau 89 (1978), S. 384-401.

Wüstling, Fritz: Tiecks William Lovell. Diss. Univ. Halle 1911.

IV. Lyrik

Albertsen, Leif Ludwig: Gesellige Lieder, gesellige Klassik. In: Goethe-
Jahrbuch 96 (1979), S. 159-173.

Albertsen, Leif Ludwig: Rom 1789, Auch eine Revolution. Unmorali-
sches oder vielmehr Moralisches in den ›Römischen Elegien‹. In: Goethe-Jahrbuch 99 (1982), S. 183-194.

Beißner, Friedrich: Geschichte der deutschen Elegie. Berlin 1941.

Beißner, Friedrich: Vom Baugesetz der späten Hymnen Hölderlins. In:
Hölderlin-Jahrbuch 1950, S. 28-46.

Binder, Wolfgang: Einführung in Hölderlins Tübinger Hymnen. In: Hölderlin-Jahrbuch 18 (1973), S. 1-19.

Böschenstein-Schäfer, Renate: Idylle. Stuttgart 1967.

Dietze, Walter: Poesie der Humanität. Anspruch und Leistung im lyrischen Werk Johann Wolfgang Goethes. Berlin, Weimar 1985.

Düntzer, Heinrich: Schillers lyrische Gedichte. 3 Bde. Wenigen-Jena
1864-1866.

Dyck, Martin: Die Gedichte Schillers. Figuren der Dynamik des Bildes.
Bern 1967.

Enzensberger, Hans Magnus: Brentanos Poetik. München 1973.

Friedländer, Max: Das deutsche Lied im 18. Jahrhundert. Quellen und
Studien. 2 Bde. Stuttgart 1902.

Fülleborn, Ulrich: Das deutsche Prosagedicht. München 1970.

Haller, Rudolf: Geschichte der deutschen Lyrik vom Ausgang des Mittelalters bis zu Goethes Tod. Bern, München 1967.

Hamburger, Käte: Schiller und die Lyrik. In: Jahrbuch der Deutschen Schillergesellschaft 16 (1972), S. 299-329.

Henckmann, Gisela: Gespräch und Geselligkeit in Goethes ›West-östlichem Divan‹. Stuttgart 1975.

Hillmann, Ingeborg: Dichtung als Gegenstand der Dichtung. Untersuchungen zum Problem der Einheit des ›West-östlichen Divan‹. Bonn 1965.

Hinck, Walter: Die deutsche Ballade von Bürger bis Brecht. Kritik und Versuch einer Neuorientierung. Göttingen 1968.

Hinderer, Walter (Hrsg.): Geschichte der deutschen Lyrik vom Mittelalter bis zur Gegenwart. Stuttgart 1983.

Hinderer, Walter (Hrsg.): Geschichte der politischen Lyrik in Deutschland. Stuttgart 1978.

Jost, Dominik: Deutsche Klassik. Goethes ›Römische Elegien‹. Pullach/München 1974.

Kayser, Wolfgang: Geschichte der deutschen Ballade. Berlin 1936.

Killy, Walter: Elemente der Lyrik. München 1972.

Killy, Walter: Wandlungen des lyrischen Bildes. Göttingen 1956.

Kommerell, Max: Gedanken über Gedichte. Frankfurt/Main 1956.

Kommerell, Max: Novalis: Hymnen an die Nacht. In: Gedicht und Gedanke. Hrsg. von Heinz Otto Burger. Halle 1942, S. 202-236.

Korff, Hermann August: Goethe im Bildwandel seiner Lyrik. 2 Bde. Hanau 1958.

Krättli, Anton: Die Farben in der Lyrik der Goethezeit. Zürich 1949.

Laufhütte, Hartmut: Die deutsche Kunstballade. Heidelberg 1979.

Mayer, Hans: Schillers Gedichte und die Traditionen deutscher Lyrik. In: Jahrbuch der Deutschen Schillergesellschaft 4 (1960), S. 72-89.

Mecklenburg, Norbert (Hrsg.): Naturlyrik und Gesellschaft. Stuttgart 1977.

Michaelis, Rolf: Die Struktur von Hölderlins Oden. Der Widerstreit zweier Prinzipien als »kalkulables Gesetz« der Oden Hölderlins. Masch. schr. Diss. Univ. Tübingen 1958.

Miessner, Wilhelm: Ludwig Tiecks Lyrik. Eine Untersuchung. Berlin 1902.

Mieth, Günter: Hölderlins Tübinger Hymnen. Wirklichkeit und Dichtung. Masch. schr. Diss. Univ. Leipzig 1965.

Müller-Seidel, Walter: Brentanos naive und sentimentalische Poesie. In: Jahrbuch der Deutschen Schiller-Gesellschaft 18 (1974), S. 441-465.

Müller-Waldeck, Gunnar: ›Der Erlkönig‹ - ›Der Fischer‹. Zur Gestaltung des Phantastischen in zwei Goethe-Balladen. In: Weimarer Beiträge 30/1984, S. 438-447.

Pfaff, Peter: Geschichte und Dichtung in den ›Hymnen an die Nacht‹ des Novalis. In: Text und Kontext 8 (1980), S. 88-106.

Preisendanz, Wolfgang: Die Spruchform in der Lyrik des alten Goethe und ihre Vorgeschichte seit Opitz. Heidelberg 1952.

Rölleke, Heinz: ›Nebeninschriften‹. Brüder Grimm - Arnim und Brentano - Droste-Hülshoff. Literarhistorische Studien. Bonn 1980.

Rüdiger, Horst: Goethes ›Römische Elegien‹ und die antike Tradition. In: Goethe-Jahrbuch 95 (1978), S. 174-198.

Ryan, Lawrence: Hölderlins Lehre vom Wechsel der Töne. Stuttgart 1960.

Schlütter, Hans-Jürgen: Goethes Sonette. Anregung, Entstehung, Intention. Bad Homburg 1969.

Schmidt, Jochen: Hölderlins Elegie ›Brod und Wein‹. Die Entwicklung des hymnischen Stils in der elegischen Dichtung. Tübingen 1965.

Schmidt, Jochen: Hölderlins letzte Hymnen ›Andenken‹ und ›Mnemosyne‹. Tübingen 1970.

Schmidt, Jochen: Hölderlins später Widerruf in den Oden ›Chiron‹, ›Blödigkeit‹ und ›Ganymed‹. Tübingen 1978.

Seeba, Hinrich C.: Das wirkende Wort in Schillers Balladen. In: Jahrbuch der Deutschen Schillergesellschaft 14 (1970), S. 275-322.

Segebrecht, Wulf: Das Gelegenheitsgedicht. Ein Beitrag zur Geschichte und Poetik der deutschen Lyrik. Stuttgart 1977.

Stein, Peter: Politisches Bewußtsein und künstlerischer Gestaltungswille in der politischen Lyrik 1780-1848. Hamburg 1971.

Sternberg, Thomas: Die Lyrik Achim von Arnims. Bilder der Wirklichkeit - Wirklichkeit der Bilder. Bonn 1983.

Storz, Gerhard: Gesichtspunkte für die Betrachtung von Schillers Lyrik. In: Jahrbuch der Deutschen Schillergesellschaft 12 (1968), S. 259-274.

Stoye-Balk, Elisabeth: Weltanschauliche Aspekte der Goethe-Balladen ›Der Fischer‹ und ›Erlkönig‹. In: Zeitschrift für Germanistik 3 (1982), S. 293-302.

Suppan, Wolfgang: Volkslied. Stuttgart 1966.

Tarnoi, Laszlo: Unterhaltungslyrik der ›eleganten Welt‹ in den ersten Jahren des 19. Jahrhunderts. In: Impulse 4/1982, S. 222-252.

Träger, Christine: Die Ballade als Modellfall genretheoretischer Erörterung bei Goethe. In: Goethe-Jahrbuch 94 (1977), S. 49-68.

Trunz, Erich: Die Formen der deutschen Lyrik in der Goethezeit. In: Deutschunterricht 16 (1964), H. 6, S. 17-32.

Viëtor, Karl: Geschichte der deutschen Ode. München 1923. Ndr. Hildesheim 1961.

Viëtor, Karl: Die Lyrik Hölderlins. Eine analytische Untersuchung. Frankfurt/Main 1921. Ndr. Darmstadt 1967.

Wackwitz, Stephan: Trauer und Utopie um 1800. Studien zu Hölderlins Elegienwerk. Stuttgart 1982.

Wolf, Alfred: Zur Entwicklungsgeschichte der Lyrik von Novalis. Ein stilkritischer Versuch. Uppsala 1928.

Wünsch, Marianne: Der Strukturwandel in der Lyrik Goethes: die systemimmanente Relation der Kategorien ›Literatur‹ und ›Realität‹. Probleme und Lösungen. Stuttgart 1975.

Zeman, Herbert: Goethes anakreontische Lyrik der Weimarer Zeit. In: Zeitschrift für Deutsche Philologie 94 (1975), S. 203-235.

Zeman, Herbert: Goethes Elegiendichtung in der Tradition der Liebeslyrik des 18. Jahrhunderts. In. Goethe-Jahrbuch 95 (1978), S. 163-173.

Ziegler, Klaus: Die Religiosität des Novalis im Spiegel der ›Hymnen an die Nacht‹. In: Zeitschrift für Deutsche Philologie 70 (1948), S. 396-418.

V. Rhetorische Kunstprosa

Auerbach, Erich: Mimesis. Dargestellte Wirklichkeit in der abendländischen Literatur. Bern und München 1964[3].

Berger, Bruno: Der Essay. Form und Geschichte. Bern, München 1964.

Böckmann, Paul: Formgeschichte der deutschen Dichtung. 2 Bde. Hamburg 1949 ff.

Boerner, Peter: Tagebuch. Stuttgart 1969.

Borinski, Karl: Die Antike in Poetik und Kunsttheorie von Ausgang des klassischen Altertums bis auf Goethe und Wilhelm von Humboldt. 2 Bde. Leipzig 1914 und 1924. Ndr. Darmstadt 1965.

Bouterwek, Friedrich: Geschichte der Poesie und Beredsamkeit seit dem Ende des 13. Jahrhunderts. 4 Bde. Göttingen 1801-1819.

Curtius, Ernst Robert: Europäische Literatur und Lateinisches Mittelalter. 5. durchges. Aufl. München 1967.

Curtius, Ernst Robert: Literarische Kritik in Deutschland. Hamburg 1950.

Dierkes, Hans: Literaturgeschichte als Kritik. Untersuchungen zu Theorie und Praxis von Friedrich Schlegels frühromantischer Literaturgeschichtsschreibung. Tübingen 1980.

Dockhorn, Klaus: Macht und Wirkung der Rhetorik. Vier Aufsätze zur Ideengeschichte der Vormoderne. Bad Homburg, Berlin, Zürich 1968.

Fischer, Heinz-Dietrich (Hrsg.): Deutsche Publizisten des 15. bis 20. Jahrhunderts. München, Berlin 1971.

Gröben, Margaret: Friedrich Schlegels Entwicklung als Literarhistoriker und Kritiker. Essen 1934.

Haacke, Wilmont: Handbuch des Feuilletons. 3 Bde. Emsdetten 1951-53.

Haacke, Wilmont: Die politische Zeitschrift 1665-1965. Bd. 1. Stuttgart 1968.

Haas, Gerhard: Essay. Stuttgart 1969.

Hahn, Karl-Heinz: Aus der Werkstatt deutscher Dichter. Halle 1963.

Hiebel, Friedrich: Biographik und Essayistik. Zur Geschichte der Schönen Wissenschaften. Bern, München 1970.

Hohendahl, Peter Uwe (Hrsg.): Geschichte der deutschen Literaturkritik (1730-1980). Mit Beiträgen von Klaus L. Berghahn u. a. Stuttgart 1985.

Horn, Franz: Die Poesie und Beredsamkeit der Deutschen von Luthers Zeit bis zur Gegenwart. 4 Bde. Berlin 1824.

Jens, Walter: Die christliche Predigt: Manipulation oder Verkündigung? In: W. J.: Republikanische Reden. Frankfurt/Main 1979, S. 13-32.

Jens, Walter: Von deutscher Rede. München 1969.

Körner, Josef: Die Botschaft der deutschen Romantik an Europa. Augsburg 1929.

Küntzel, Heinrich: Essay und Aufklärung. Zum Ursprung einer originellen deutschen Prosa im 18. Jahrhundert. München 1969.

Mann, Golo: Schiller als Geschichtsschreiber. In: G. M.: Zeiten und Figuren. Schriften aus vier Jahrzehnten. Frankfurt/Main 1961. S. 98-116.

Michael, Fritz: Jean Paul als Feuilletonist. Diss. masch. Univ. München 1949.

Michel, Willy: Ästhetische Hermeneutik und frühromantische Kritik: Friedrich Schlegel. Göttingen 1982.

Naumann, Ursula: Predigende Poesie. Zur Bedeutung von Predigt, geistlicher Rede und Predigertum für das Werk Jean Pauls. Nürnberg 1976.

Neumann, Gerhard: Ideenparadiese. Untersuchungen zur Aphoristik von Lichtenberg, Novalis, Friedrich Schlegel und Goethe. München 1976.

Niebergall, Alfred: Die Geschichte der christlichen Predigt. In: Leiturgia. Hrsg. von K. F. Müller und W. Blanckenburg. 2 Bde. Kassel 1955, Bd. 2, S. 181-353.

Norden, Eduard: Die antike Kunstprosa. 2 Bde. Darmstadt 1971[6].

Rohner, Ludwig: Der deutsche Essay. Materialien zur Geschichte und Ästhetik einer literarischen Gattung, Neuwied, Berlin 1966.

Schultz, Franz: Josef Görres als Herausgeber, Literarhistoriker, Kritiker. Leipzig 1902.

Schulz, Gerhard A.: Literaturkritik als Form der ästhetischen Erfahrung. Eine Untersuchung am Beispiel der literaturkritischen Versuche von Coleridge und A. W. Schlegel. Frankfurt/Main 1984.

Stewart, William E.: Die Reisebeschreibung und ihre Theorie im Deutschland des 18. Jahrhunderts. Bonn 1978.

Trillhaas, Wolfgang: Schleiermachers Predigt. Berlin, New York 1975.

Weithase, Irmgard: Zur Geschichte der gesprochenen deutschen Sprache. 2 Bde. Tübingen 1961.

Wellek, René: Geschichte der Literaturkritik 1750-1950. Bd. 1: Das späte 18. Jahrhundert. Das Zeitalter der Romantik. Berlin, New York 1978.

Wintzer, Friedrich: Claus Harms. Predigt und Theologie. Flensburg 1965.

Wintzer, Friedrich: Die Homiletik seit Schleiermacher bis in die Anfänge der dialektischen Theologie in Grundzügen. Göttingen 1968.

Zehnder, Hans: Die Anfänge von August Wilhelm Schlegels kritischer Tätigkeit. Mühlhausen 1930.

Ziegler, Hans Gerhard: Friedrich Schlegel als Zeitschriften-Herausgeber. Eine Studie zum literarischen Leben der Goethezeit. Berlin 1967.

Register

Die beiden Register – Sach- und Personenregister – erfassen den Textteil
des Bandes und die Bibliographie, nicht jedoch den Anmerkungsteil.

Das Sachregister versteht sich als Stichwortregister; es bietet eine Auswahl von Begriffen und diese mit ausgewählten Belegstellen.

I Personen- und Werkregister

II Sachregister